錢謙益年譜長編

（上）

卿朝暉 著

浙江古籍出版社

圖書在版編目（CIP）數據

錢謙益年譜長編 / 卿朝暉著. -- 杭州：浙江古籍出版社，2025.3. -- ISBN 978-7-5540-3153-7

Ⅰ. K825.6

中國國家版本館CIP數據核字第2024BL2774號

錢謙益年譜長編

卿朝暉 著

出版發行	浙江古籍出版社
	（杭州市環城北路177號　郵編：310006）
網　　址	http://zjgj.zjcbcm.com
封面題簽	徐　俊
責任編輯	祖胤蛟
文字編輯	岳子衡
封面設計	吳思璐
責任校對	吳穎胤
責任印務	安夢玥
照　　排	浙江大千時代文化傳媒有限公司
印　　刷	浙江新華印刷技術有限公司
開　　本	880 mm × 1230 mm　1/32
印　　張	50.875　　插頁　8
字　　數	1234千
版　　次	2025年3月第1版
印　　次	2025年3月第1次印刷
書　　號	ISBN 978-7-5540-3153-7
定　　價	580.00圓（全三册）

如發現印裝質量問題，請與本社市場營銷部聯繫調换。

錢謙益全身像

錢謙益半身像（蘇州圖書館藏《彭城退士牧齋年譜》）

柳如是全身像

牧齋　　　　　　　　錢謙益印

牧翁鑑定 　　　　　　錢謙益印

絳雲樓　　　　　　　錢謙益印

錢謙益部分藏書印

拂水山莊圖（蘇州圖書館藏《彭城退士牧齋年譜》）

絳雲樓圖（蘇州圖書館藏《彭城退士牧齋年譜》）

錢謙益撰《徐紹虹墓誌》殘石（現在江蘇省常熟市徐市中心小學）

大佛頂首楞嚴經疏解蒙鈔卷第五之一

　　　　　　海印弟子蒙叟錢謙益鈔

二　別破疑情之
二　解結同體疑二　　　一　阿
難伸請二　　　一
○躡上卷別破疑情科之二○二解結同體疑二八一阿
難白佛言世尊如來雖說第二義門今觀世間
解結之人若不知其所結之元我信是人終不能
世尊我及會中有學聲聞亦復如是從無始際與諸
無明俱滅俱生雖得如是多聞善根名為出家猶隔
日瘧跋前敘因果同異今疑根塵解結故曰第二
中應當審詳煩惱根本乃至汝觀世間解結之人等
文　△　私謂前第二義門雖指第二結今訣定請根
此牒而請也阿難已知六根是結元月
環三師之解是也

酒經一冊乃絳雲未燼之書五車四部盡為六
丁下取獨留此經天殆縱余終老醉鄉故以此
轉授遵皇令勿遠求羅浮鐵橋下耶余已得
脩羅採花法釀仙家燭夜酒視此經又如餘杭
老姬家油囊佾譜耳辛丑初夏蒙翁戲書

錢謙益《酒經》題跋（中國國家圖書館藏）

古人墨跡多從鼎遷代革後想見風流如黃山谷趙松雪輩至今流傳人間固人文之傑而亦國運昌明斯足以垂不朽如謝文正諸公圓翰館閣立朝丰度生氣猶可想像讀此卷泂微諸公為人龍兩称篩太平具見一班矣

丙寅正月望謙益書于金閶舟次

錢謙益手書題跋（北京保利2023秋拍《明賢十札》卷局部）

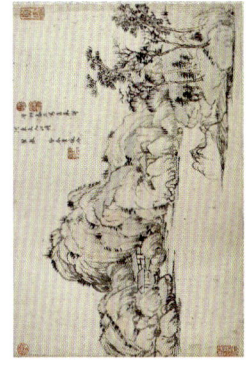

柳如是、錢謙益、黃媛介書畫合卷局部（北京故宮博物院藏）

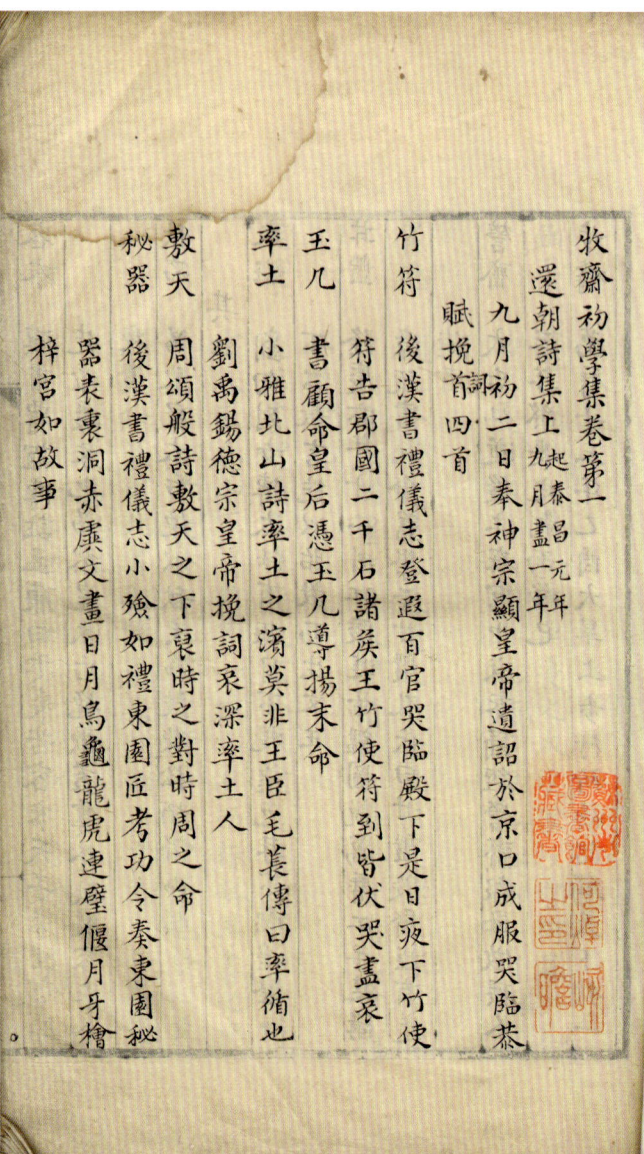

牧齋初學集卷第一

還朝詩集上 起泰昌元年九月盡一年

賦挽詩四首

九月初二日奉神宗顯皇帝遺詔於京口成服哭臨恭

竹符 後漢書禮儀志登遐百官哭臨殿下是日疲下竹使符告郡國二千石諸矦王竹使符到皆伏哭盡哀

玉几 書顧命皇后憑玉几導揚末命

率土 小雅北山詩率土之濱莫非王臣毛萇傳曰率俌也

劉禹錫德宗皇帝挽詞衰深率土人

敷天 周頌般詩敷天之下裒時之對時周之命

秘器 後漢書禮儀志小殮如禮東園匠考功令奏東園秘器表裏洞赤廣文畫日月鳥龜龍虎連璧偃月牙檜梓宮如故事

錢謙益《初學集》抄本卷首（蘇州圖書館藏）

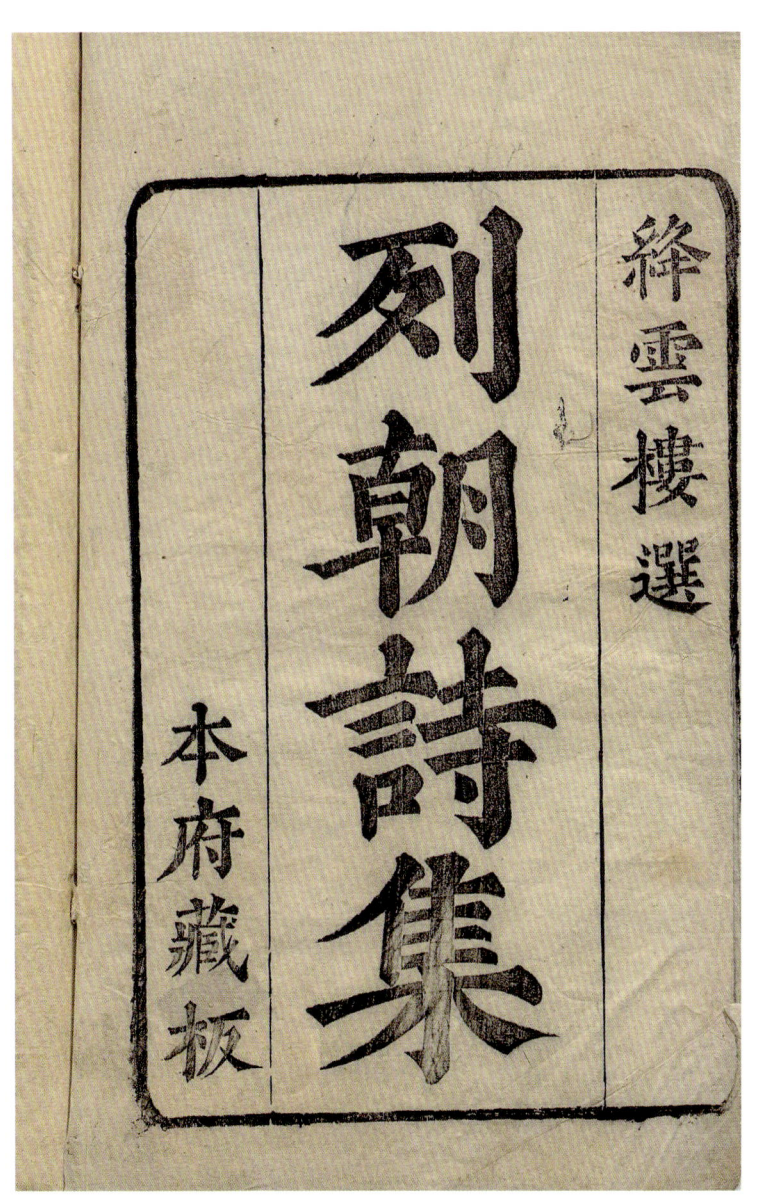

錢謙益《列朝詩集》刻本內封（日本內閣文庫藏）

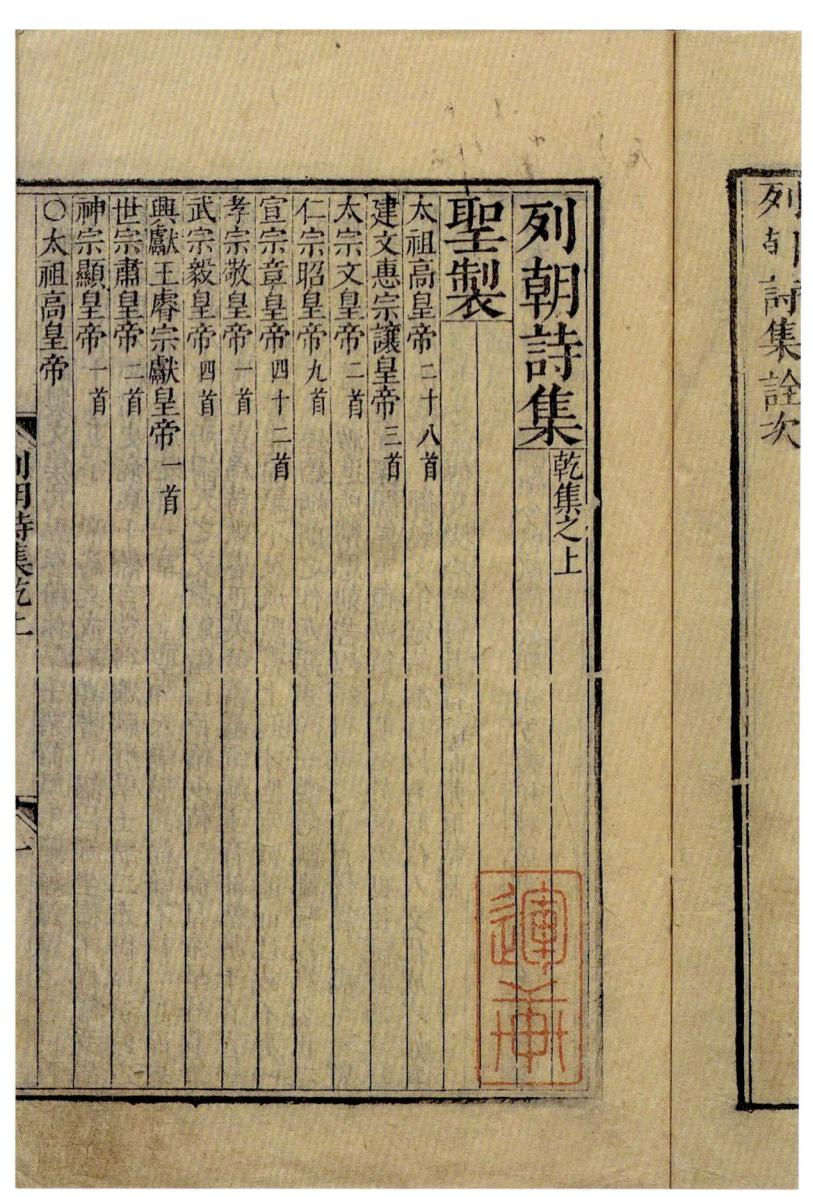

列朝詩集 乾集之上

聖製

太祖高皇帝二十八首
建文惠宗讓皇帝三首
太宗文皇帝二首
仁宗昭皇帝九首
宣宗章皇帝四十二首
孝宗敬皇帝一首
武宗毅皇帝四首
興獻王睿宗獻皇帝一首
世宗肅皇帝二首
神宗顯皇帝一首
○太祖高皇帝

錢謙益《列朝詩集》刻本卷首（日本內閣文庫藏）

序

　　錢謙益舊譜常用的一共有四種，最早的是康熙時候崑山葛萬里所編。葛氏先世與錢家連姻，因此是譜雖然簡單，却保留了一些稀見内容，比如陳夫人出嫁、卒年等等。其次是清朝末年錢集流行時，彭城居士所編。此譜成書倉促，過於簡略，没有太多發明。再者是民國十七年（1928）常熟人金鶴沖所編。此譜較爲特殊，重在"發潛德之幽光"，表揚牧齋忍辱負重，參與抗清之事。又勇於決斷，可謂得失參半。其後陳寅恪撰柳如是别傳，即追隨此譜。最後是今人方良所編，洋洋三十萬字，最稱詳備，勝出舊譜甚多。其不足之處主要有三：一是僅依據錢仲聯先生牧齋全集進行編寫，未能廣聚版本，廣羅文獻。錢先生整理全集時，主要以刻本爲底本，而刻本多有删改，因此衆多詩文無法直接編年；二是譜中繫年錯誤頗多，甚至有前後矛盾者；三是與牧齋交遊者，多不核查交遊者文集，彼此不能互見互證，遺失太多信息。特别是牧齋全集未能提及之人，如早年張變、商家梅、潘之恒等人，雖然來往頻頻，却都付之闕如。

本譜的編纂，開始於2012年。當時整理錢曾牧齋初學集詩註，見其多註典故，偶及本事，有感於陳寅恪"有負牧齋"之語，於是踵事搜羅。詩集部分粗有成編，發郵件請正浙江大學朱則傑教授，朱先生回信，鼓勵尤多。有學集前十四卷詩歌部分，在成書之初編排就有些錯亂，先生特爲指出，又惠以清詩考證電子稿。不久，有學集詩註整理完成，因出版受阻，窮極無聊，又決心整理牧齋文集。疫情來臨，看書不便，工作時斷時續。2020年，臺灣李欣錫教授託友人問訊，見我獨學無友，於是介紹其門弟子侯宇丹博士助我一臂之力。古人説，"舉帆遇風勁，逸勢如飛奔"，年譜編寫自此走上快車道，有"一日千里"之感。

李教授與宇丹曾對牧齋詩文存世版本作過詳細調查，認定有學集當以國家圖書館所藏"律吕本"爲最佳。這是個重大發現。此本的來源，可能是牧齋的原稿，其文集部分，篇目多有寫作年月，與錢仲聯先生整理本迥異，牧齋入清以後詩文的繫年，於是乎可定。推而廣之，尺牘部分的繫年，根據事件，也於是乎可定。在此基礎上，我又詳考初學、有學二集，證之家譜、碑刻、方志、總集，翻閲同時之人詩文别集數百種，聚沙成塔，集腋成裘，輯得牧齋佚文十萬餘字，文集於是乎定稿。去歲五月，年譜亦告成書。祖胤蛟兄適來約稿，遂清稿交付，事後又通校兩遍，更正錯誤無算。而祖兄又請朱先生作文推薦，先生欣然爲執筆。

一日與許雋超先生網聊，許先生對我説，編纂年譜，應該要有骨、肉、神三個層次。將詩文編年，考證訛誤，補其遺漏，就像疊床架屋，只是骨架；證之交遊，突出細節和場景，人物就有了血肉。而只有立於當時，求其內在，方能得其精神。我聽後大爲觸動，遂奉此言爲圭臬。然而要求得一人之精神，又何其之難。以此標準，本譜不過骨架血肉，仍是死物耳。

本譜初衷，只是要作詩歌本事，擬題錢牧齋詩歌編年紀事。後增補填充，積至八十餘萬字，於是改作長編。"長編"之名，前人未曾用作年譜，今人卻多用之。至於爲何要用"長編"二字，主要有兩個原因。一是本譜乃抄書之作，缺乏揀擇，和修史先編纂資料長編之義倒也相合。二是舊譜皆稱年譜，想區而別之，不欲相混，以此不能免俗。

年譜在編纂過程中，尚得到華東師範大學劉永翔教授、復旦大學鄭凌峰博士、浙江古籍出版社路偉兄、浙江人民美術出版社吳嘉龍兄、中國社會科學院劉明副研究員、中國社會科學院陳瑶博士、南京圖書館韓超副研究員、吳江圖書館姜雨婷館員、國家圖書館向輝研究員、上海大學鄭幸教授、蘇州圖書館孫中旺研究員、中國農業博物館劉貝嘉博士、上海古籍出版社張旭東兄及杜禎彬、倪浩文、王志偉、陳品良諸兄的鼓勵和幫助，銘感五内，理當致謝。

甲辰元宵後一日，卿朝暉序於虎丘七里人家。

凡　例

一、全書分世系、正譜、譜後三部分，正譜年月不詳者，附正譜後。

一、年譜各條目下皆註明出處，爲避免繁瑣，不再羅列參考文獻。

一、年譜人物衆多，索引最爲要緊，附最後。

一、軍國大事不單設，僅選擇與譜主相關者入譜。

一、稗官野史，擇要選取，重事件而輕細節可也。

一、爲行文方便，全書採用農曆紀時。

一、年月推算，似易實難，實數、虛數，酌情處理。

一、壽序、墓誌、德政碑等，多無具體寫作時間，僅依據情事，取近似年月。

一、全書採用繁體全式標點，闕字加【】，錯字加()，顯誤者徑改，不作説明。解釋説明亦用()。

一、引文擇善而從，所用版本，未必即與通行本同。

一、牧齋全文，以鄙人整理本爲準，主要包括牧齋初學集、牧齋有學集、牧齋外集、晚年家乘文、錢牧齋先生尺牘、補遺六部分。

一、字形差異較大的異體字盡量保留，不作更改；避諱字如常嘗、校較、檢簡、玄元圓、胤允之類，爲避免誤解，皆改回原字，闕筆同改。

一、人物小傳，一般不交代出處，個別稀見者，註明資料來源。

一、古今行政區劃，難以一一對應，地名僅註明省份，以明大概，不註今名。

目　録

上　册

世　系 …………………………………………… 1

正　譜 …………………………………………… 10

 明神宗萬曆十年壬午（1582）　一歲 ………… 10

 明萬曆十一年癸未（1583）　二歲 …………… 16

 明萬曆十二年甲申（1584）　三歲 …………… 16

 明萬曆十三年乙酉（1585）　四歲 …………… 17

 明萬曆十四年丙戌（1586）　五歲 …………… 17

 明萬曆十五年丁亥（1587）　六歲 …………… 17

 明萬曆十六年戊子（1588）　七歲 …………… 18

 明萬曆十七年己丑（1589）　八歲 …………… 18

 明萬曆十八年庚寅（1590）　九歲 …………… 19

 明萬曆十九年辛卯（1591）　十歲 …………… 20

明萬曆二十年壬辰(1592)　十一歲 …………… 20

明萬曆二十一年癸巳(1593)　十二歲 …………… 20

明萬曆二十二年甲午(1594)　十三歲 …………… 21

明萬曆二十三年乙未(1595)　十四歲 …………… 22

明萬曆二十四年丙申(1596)　十五歲 …………… 23

明萬曆二十五年丁酉(1597)　十六歲 …………… 25

明萬曆二十六年戊戌(1598)　十七歲 …………… 25

明萬曆二十七年己亥(1599)　十八歲 …………… 26

明萬曆二十八年庚子(1600)　十九歲 …………… 28

明萬曆二十九年辛丑(1601)　二十歲 …………… 29

明萬曆三十年壬寅(1602)　二十一歲 …………… 32

明萬曆三十一年癸卯(1603)　二十二歲 …………… 33

明萬曆三十二年甲辰(1604)　二十三歲 …………… 33

明萬曆三十三年乙巳(1605)　二十四歲 …………… 39

明萬曆三十四年丙午(1606)　二十五歲 …………… 40

明萬曆三十五年丁未(1607)　二十六歲 …………… 48

明萬曆三十六年戊申(1608)　二十七歲 …………… 55

明萬曆三十七年己酉(1609)　二十八歲 …………… 58

明萬曆三十八年庚戌(1610)　二十九歲 …………… 64

明萬曆三十九年辛亥(1611)　三十歲 …………… 76

明萬曆四十年壬子(1612)　三十一歲 …………… 80

明萬曆四十一年癸丑(1613)　三十二歲 …………… 86

明萬曆四十二年甲寅(1614)　三十三歲 …………… 92

明萬曆四十三年乙卯(1615)　三十四歲 …………… 95

明萬曆四十四年丙辰(1616)　三十五歲……　103

明萬曆四十五年丁巳(1617)　三十六歲……　111

明萬曆四十六年戊午(1618)　三十七歲……　132

明萬曆四十七年己未(1619)　三十八歲……　148

明萬曆四十八年(1620)　光宗泰昌元年庚申

　三十九歲……　159

明熹宗天啟元年辛酉(1621)　四十歲……　173

明天啟二年壬戌(1622)　四十一歲……　192

明天啟三年癸亥(1623)　四十二歲……　212

明天啟四年甲子(1624)　四十三歲……　224

明天啟五年乙丑(1625)　四十四歲……　241

明天啟六年丙寅(1626)　四十五歲……　255

明天啟七年丁卯(1627)　四十六歲……　269

明思宗崇禎元年戊辰(1628)　四十七歲……　286

明崇禎二年己巳(1629)　四十八歲……　323

明崇禎三年庚午(1630)　四十九歲……　367

明崇禎四年辛未(1631)　五十歲……　381

明崇禎五年壬申(1632)　五十一歲……　391

明崇禎六年癸酉(1633)　五十二歲……　418

明崇禎七年甲戌(1634)　五十三歲……　431

明崇禎八年乙亥(1635)　五十四歲……　443

明崇禎九年丙子(1636)　五十五歲……　461

明崇禎十年丁丑(1637)　五十六歲……　483

中　册

明崇禎十一年戊寅（1638）　五十七歲 …………… 537
明崇禎十二年己卯（1639）　五十八歲 …………… 576
明崇禎十三年庚辰（1640）　五十九歲 …………… 602
明崇禎十四年辛巳（1641）　六十歲 ……………… 634
明崇禎十五年壬午（1642）　六十一歲 …………… 681
明崇禎十六年癸未（1643）　六十二歲 …………… 712
明崇禎十七年甲申（1644）　清世祖順治元年
　　六十三歲 ………………………………………… 754
清順治二年乙酉（1645）　明弘光元年　隆武元年
　　六十四歲 ………………………………………… 779
清順治三年丙戌（1646）　明隆武二年
　　六十五歲 ………………………………………… 805
清順治四年丁亥（1647）　明永曆元年
　　六十六歲 ………………………………………… 819
清順治五年戊子（1648）　明永曆二年
　　六十七歲 ………………………………………… 830
清順治六年己丑（1649）　明永曆三年
　　六十八歲 ………………………………………… 853
清順治七年庚寅（1650）　明永曆四年
　　六十九歲 ………………………………………… 867
清順治八年辛卯（1651）　明永曆五年
　　七十歲 …………………………………………… 892

清順治九年壬辰(1652) 明永曆六年
 七十一歲………………………………… 915
清順治十年癸巳(1653) 明永曆七年
 七十二歲………………………………… 934
清順治十一年甲午(1654) 明永曆八年
 七十三歲………………………………… 953
清順治十二年乙未(1655) 明永曆九年
 七十四歲………………………………… 991

下　册

清順治十三年丙申(1656) 明永曆十年
 七十五歲………………………………… 1023
清順治十四年丁酉(1657) 明永曆十一年
 七十六歲………………………………… 1071
清順治十五年戊戌(1658) 明永曆十二年
 七十七歲………………………………… 1112
清順治十六年己亥(1659) 明永曆十三年
 七十八歲………………………………… 1145
清順治十七年庚子(1660) 明永曆十四年
 七十九歲………………………………… 1184
清順治十八年辛丑(1661) 明永曆十五年
 八十歲…………………………………… 1231
清聖祖康熙元年壬寅(1662) 八十一歲……… 1312
清康熙二年癸卯(1663) 八十二歲 ………… 1354

清康熙三年甲辰(1664) 八十三歲 …………… 1394
年月不詳 ……………………………………… 1418

譜　後 ……………………………………… 1497

世　系

　　錢氏之先，出自少典，少典即黃帝之父。黃帝八傳至籛鏗，封於彭城，即後世所稱彭祖，壽八百歲。彭祖生子五十四人，第二十八子孚，爲周文王師，官錢府上士，始以錢爲姓。

　　數傳至武肅王錢鏐，建吴越國，爲吴越第一世。至十二世千一公，諱元孫，字亨父，隨父官通州。元兵南下，渡江徙居常熟之奚浦（今屬張家港市），遂世居常熟。千一公爲海虞始祖，殁後葬浦西南三千里塋。

　　自千一公以下，十七世通九公鏞，字國器，號靜閒，居禄園里（又作鹿園里），爲禄園之祖。其弟通十公珍，字時用，居奚浦里，爲奚浦之祖。珍第三子友義生五子，以第二子柳溪公寬、第三子竹深公洪最爲知名，後世遂分爲柳溪、竹深二支。

　　寬（1404—1468），字理容，號柳溪。與兄廣、弟洪相度浦上土疆沃衍，舟輿交會，遂通商置市，家業大盛。三家競修甲第，重廈廣峻，冠於一邑。柳溪樂善好施，有堂曰寶善、振德。楊壽爲作振德堂記，云："一門百口，庭無間言。東西七十里，無爭訟焉。左右百餘家，無飢凍焉。"長子頤，娶御史吳訥兄女。

洪（1406—1463），字理平，號竹深，爲謙益六世祖。讀書汲古，倜儻好義。正統十四年（1449），赴京進鞍馬備邊，賜章服以歸。"于時名人如晏鐸振之、聶大年壽卿、卞（方）榮華伯、劉溥原博，皆定文字交，而於湯胤勣公讓爲尤深。今東谷遺藁所載永福庵記、奚浦觀音堂碑，爲府君祖父作也。振德堂記、鐵券歌，爲府君兄弟作也。平軒記、竹深堂、水月舫詩賦，爲府君作也。"（初學集卷八十五跋湯公讓東谷遺藁）巡撫周文襄忱議濬奚浦塘，洪身董其役。自此奚浦無水旱之苦，而有魚鹽之利，屹然號爲重鎮。竹深之後，錢氏科第蟬聯，遂徙居常熟城內。

洪長子泰（1428—1510），字嵩嶽，號益齋，即謙益五世祖。詩文清麗，著有益齋稿及名家唱和集，正德中燬於火。

謙益高祖元禎（1480—1521），泰三子，字仕爵，號濱江。

曾祖體仁（1509—1575），字長卿。少孤，家道亦中落。自恨不能射策甲科，以大其門。生子五人，長子順時、仲子順德以髫穎稱，乃一意教子，爲之延請名師宿儒。順時、順德不負所望，先後成進士。體仁晚年醉心老氏致虛之學，顏其室曰虛菴，自號虛中子，採集古今名臣鉅儒前言往行，編爲虛窗手鏡一書，子順德跋。

按：牧齋家乘文云體仁卒於甲戌閏十一月十二日，年六十六,是年實閏十二月。

祖順時(1532—1560),字道隆,號行所。嘉靖三十四年(1555)舉人,三十八年進士,皆同里嚴訥主考。殿試二甲七十名,觀政刑部。是冬,奉命餉遼東軍。中寒,抵家五日而卒。順時倜儻有大志,謂士當博通典故,儲待有用之學,不應雕章繪句,爲雕蟲小儒。集古今物變、天人經紀、世務便宜,勒成一書,分輿象、君臣、政事、藝文、禮樂、戎備、田賦七部,凡一百三十目,名曰資世文鑰。

按:據海虞錢氏家乘,順時、順德鄉試皆以春秋第,座主皆陝西馬自强。

祖母卞氏(1531—1604),順時去世時,年甫三十,獨子世揚年僅七歲,寡婦弱子,强撐門戶。謙益出生後,祖母對其疼愛有加:"謙益長而夜讀,夫人辟纑易數錢置果食,王母卞夫人間賜糕餅,案頭累累然與筆墨雜貯。謙益目屬之,雖欠伸不敢寢。"(初學集卷七十四外庶王母陳氏夫人壙銘)卞氏熟讀小學、女訓之書,治家嚴正,凜然如丈夫。里人教女伎燕客,聞而戒謙益曰:"脂粉兩般迷眼藥,笙歌一派敗家聲。汝得志,勿昧此語。"(牧齋晚年家乘文)中年歸心佛乘,破山興福寺傾圮,命世揚延僧營建,復還舊觀。

叔祖順德(1535—1601),字道充,號春池。嘉靖四十三年(1564)舉人,次年會試中式,因事告殿,隆慶二年(1568)再補進士,授刑部廣東清吏司主事。萬曆七年(1579),陞湖廣常德知府。丁母艱,再補福建興化知府。十五年,再陞浙江按察司副使,備兵嘉興,徙金衢道,以病調簡。十九年,再補山東武德道。時倭寇蹢朝鮮，順德戒嚴爲備，御史參其怯懦，遂不復仕。順德娶妻趙氏，生三女（牧齋晚年家乘文作四女），側室沈氏，生二子，長曰世臣，次曰世顯，皆先順德卒（初學集卷七十五春池府君行狀）。另有幼子曰世熙，側室程出。

> 按：順德進士年份，縣志、進士題名碑錄皆作隆慶二年（1568）戊辰，海虞錢氏家乘卷六列傳致：“遂以嘉靖甲子舉于鄉，明年成進士，念兩尊人老，移疾歸，以隆慶戊辰奉大對，授刑部廣東司主事。”故牧齋晚年家乘文、初學集卷七十五春池府君行狀，皆云嘉靖四十三年甲子（1564）中舉，四十四年乙丑成進士，隆慶二年（1568）釋褐，並記順時易簀之時對順德之言曰：“汝命必第，其在困敦、赤奮若之年乎？”太歲困敦、赤奮若即地支之子、丑。

叔祖順理（1537—1558），字道行，號觀海。少穎悟，遇邪病卒。娶妻徐氏（1539—1608），故工部侍郎徐恪孫女，年十九歸錢氏，次年寡居，苦節五十餘年。萬曆三十六年（1608）旌節婦。順理無子，以順德次子世顯爲後，世顯卒，復抱其子謙貞爲後。

叔祖順治（1537—1560），字道安，號見素。博士弟子員。有羸病，因病廢學。順時卒，慟哭過哀，遂不起，年僅二十四歲。配時氏。

叔祖順化（1532—1609），字道光，號存虛。不好爲儒，而好參同、悟真道家之言。又好施予，修寺塑像，供佛飯僧，營齋刻經，施生掩骼，皆一力承擔。嫡配黃氏，有一女，嫁於譚。側室陳氏(1549—1625)，生一子世美，生一女，嫁於顧。

　　按：順化早年艱于子，牧齋晚年家乘文云其晚年得一子，名霸，人云積善所致。霸應即世美別名。世美名見牧齋外集卷十五陳令人墓誌銘，海虞錢氏家乘作世淳。

外祖父顧玉柱，字臺卿，一字邦石，號一江。嘉靖十年(1531)舉人，次年進士，授南京工部主事。改北，晉郎中。以艱補刑部。左遷道州同知，陞代州知州。復陞南京刑部郎中。未上，擢大名知府，遷山東按察司副使。因與嚴嵩相左，致仕歸里。遭倭警，首捐金助城役。倭薄城，守城東南隅，身嚙矢石。年六十五卒。仲子耿光(1547—1603)，字介明，一字汝覬，人稱曲江公，任俠尚氣，豪舉結客，壯年折節，精於治家，兼習吏事。萬曆二十六年(1598)，受邑令段公委託，協理通邑田賦，以勞瘁致疾卒。耿光子德基，字用晦。與毛晉善，著有咏七十二候詩一卷。德基子茂位，字靖共，號春江。亦善詩。有補溪集、菊社唱和詩。

外嫡祖母王氏、劉氏，生平不詳。

外庶祖母陳氏(1528—1606)，實生謙益母，玉柱卒，依錢氏以終。

父世揚(1554—1610)，字士興，又字孝成，儕孝，自號景行子，晚號聲隅子。世揚七歲而孤，同里嚴文靖公訥爲其父順時座主，遂招致家塾就學。世揚少時銳志功名，不問生產，然累試不售。萬曆十九年(1591)，方中副榜。平生最慎所交，所莊事者，顧憲成、瞿汝稷、陳禹謨、李喬新數人而已。從遊最知名者，有翁憲祥、翁應祥、瞿純仁、何允澄、何允泓、錢時俊、許儁諸人。世揚通胡氏春秋,授經處曰吹藜閣,著有春秋説十卷、彭城世徵十卷、古史談菀(又寫作苑)三十六卷、聲隅子、吹藜閣雜俎等。

> 按:吹藜閣,見初學集卷十贈翁朔州兆吉二首其二:"吹藜高閣俯廻廊,絳帳青燈列鴈行。朔州爲先夫子高足弟子。吹藜閣,先夫子授經處也。三傳春秋推武庫,一門簪笏儼靈光。誰從宣室虚前席?且説安昌坐後堂。尚憶荷衣呼出拜,白頭愁絶舊書郎。"吹藜閣雜俎見絳雲樓書目。

> 古史談菀刻本三十六卷,牧齋晚年家乘文作三十四卷,牧齋外集卷十四先父景行府君行狀作百餘卷。

母顧氏(1554—1633),嘉靖三十三年甲寅十一月二十二,生於常熟之虞山里。年十七歸於錢氏,舉子多不育,婚後十二年生謙益。初葬海虞山北市橋,後改葬拂水新阡,與夫同穴。

庶母,姓名身世皆不詳。

從叔父世臣(1569—1598),字忠甫,號荆珍,小名徐州。順德長子。無後。

從叔父世顯(1571—1595),字令甫,號豐穎。順德次子。取徐氏,生子謙貞。

從叔父世熙,順德三子,生平不詳。

從叔父世美(淳),字濟甫。順化子。

> 康熙重修常熟縣志卷十九孝友:"世美字濟甫,補邑諸生,屢躓鎌院,念父既卒,獨子不得一第以光圹後,涙常樸簌下也。篤行長德,邑有利病,必質成。錢五房,長公姪宫保

貴,早暮咨問得失。分最尊,事事庇其族人,族人至今思之。"

岳父陳欽光(1558—1610),字唐父。父諱堯仁,南康府同知,取瞿景淳女。妻朱氏(1551—1618),監察御史朱木之女。子三人,曰治體、治猷、治揆。女子四人。

妻陳氏,欽光次女。

妾知其姓氏者有王氏、朱氏、柳如是。

江熙掃軌聞談:"錢牧齋寵姬在柳如是前有王氏者,桂村人,嬖倖畧與柳等。會崇禎初,有旨以禮部左侍郎起用,牧齋殊自喜,因盛服以示王曰:'我何似?'王睆翁戲曰:'似鍾馗耳。'蓋以翁黑而髯故也。翁不悦。後適以枚卜罷,遂遣王歸母家,居一樓以終。今其樓尚存。"

大妹(1585—1639),因嚴文靖公訥於錢家有恩,遂嫁其孫柞,病暍暴卒。柞,字子若,爲訥長子治第九子。生子有翼,女六人。

按:謙益妹壻,初學集卷七十四亡妹嚴氏孺人合葬誌作嚴柞,牧齋外集卷十四先父景行府君行狀作嚴樞。而據天水嚴氏家譜,治有十一子,四子名栴,有一女適毛晉;第九子名杜,字子若,號隱芝,娶世揚女。

次妹(?—1642),嫁歸士琮。

按:歸士琮,見牧齋外集卷十四先父景行府君行狀。考京兆歸氏世譜,謙益次妹所適爲歸士琚。士琚字楚白,爲雲南按察副使紹隆長子,學周孫。學周字道濂,號蓮峰,有四書考編修篩二十三卷(重修常昭合志卷十八作四書人物考三十三卷,海虞藝文目録作四書考編),錢謙益作序。
幼妹,殤。

  海虞文苑卷十八錢世揚畸人傳:"有幼女淑穎不凡,畸人絶憐愛之,昕夕撫而自娱,竟以痘殤。"幼妹大概死於萬曆三十七年(1609)。

弟二酉(1610—1611),世揚去世之時,年方二歲,三歲左右去世。生母不詳。

從弟謙貞(1593—1646),字履之,晚號耐翁。生子孫保、孫艾。著有未學庵詩稿。

長子佛霖,陳氏生,殤。

次子檀僧,妾王氏生,殤。

三子壽耇(1623—1627),極聰慧,殤。

四子孫愛(1629—?),後改名上安,字孺貽。順治三年(1646)舉人。官永城知縣,陞大理寺評事。致仕歸,閉户不見一人。

幼子孫娠(1633—?),殤。

女一(1648—?),柳如是生,適無錫趙管。

從姪孫保(1624—?),字求赤。謙貞長子,趙士春婿。喜藏書,藏書處曰懷古堂。

從姪孫艾(1625—1645),初名孫謀,字頤仲。謙貞次子。年二十一即卒,有遺稿一卷。亦喜藏書。

孫佛日(1651—1658),小名桂哥。幼聰慧,殤。

孫錦城,字鏡先,號臨皋。善詩,有卧篁集。

  王應奎海虞詩苑卷十:"錦城,字鏡先,號臨皋,牧翁宗伯之孫也。當翁晚年居半野堂，屢集邑中少俊，授簡賦詩，定其甲乙。是時，君年未冠，而所作斐然，輒推領袖。迨翁既没，君乃失其眠瞭，無復向時之斐然矣。其家湘靈先生有詩云：'豈是彌明便旋後，鼎中灰炝已成寒。'蓋譏之也。"

沈德潛國朝詩别裁集卷二十六："錢錦城，字鏡先，江南常熟人。牧齋宗伯孫。"並録其席上詠物分得橘詩一首："丹實離離間碧林，千頭聲價重南金。踰淮若改平生質，孤負當年作頌心。言堅貞之質，不可變易也。乃祖能守此兩言，便爲東林完人矣。"

王應奎柳南隨筆卷一："錢錦城，字鏡先，宗伯孫也。少以詩名，有集一卷，其家副憲爲序。嘗之京師，攜其集就正新城先生。先生一見其序，即曰：'其家有湘靈陸燦在，舍之而求副憲，是從爵位起見也，詩可知矣。'遂擲去不觀。"

正　譜

明神宗萬曆十年壬午(1582)　一歲

六月二十四,首輔張居正病逝。

九月二十六,錢謙益出生於常熟城東賓湯門內坊橋西。

>有學集卷十一恤廬詩:"牧齋老人,紈綺兒曹。少長祖第,縣東坊橋。"

>初學集卷十二獄中雜詩三十首其三十自註:"九月二十六日,劉尚書諸公釀酒爲壽。"

>有學集卷五十題李小有戒殺雞文,末署:"乙未九月二十六日,蒙叟錢謙益初度之日,書于許更生氏松石軒。"

>萬曆三十八年庚戌科序齒錄:"行一,壬午九月二十六(生)。"

字受之,

>取尚書"謙受益,滿招損"之義。

號牧齋、

取易"謙謙君子,卑以自牧"之義。
尚湖、
萬曆三十八年庚戌科序齒録:"錢謙益,直隸蘇州府常熟縣民籍。附生。字受之,號尚湖。治春秋。"
尚湖漁父、
見牧齋所撰陳昂白雲集序、重刻思玄先生集敘落款印章。
籛後人、
錢氏爲籛鏗之後,故錢氏族人多有此號。
蒙叟、
有學集卷五十題易箋:"余再蒙大難,思文明柔順之義,自名爲蒙叟。"最早署名蒙叟的文章是題鈔本元微之集後,時間爲順治五年(1648)戊子五月廿七日,此時牧齋再度被清廷逮捕,故云"再蒙大難"。
東澗遺老、
有學集卷十六遵王四子字序:"頃者吉州施偉長謁臨海先廟,觀周成王饗彭祖三事鼎,鼎足篆東澗二字,蓋周家卜雒時欸識也。余老耋不忘先烈,遂自號東澗遺老。"

有學集卷四十九題吉州施氏先世遺冊云:"乙未歲,偉長游臨海,謁先廟,拜武肅、忠懿、文僖畫像,獲觀鐵券及周成王饗彭祖三事鼎,鼎足篆東澗二字,蓋以周公卜宅時,乃卜澗水東、瀍水西,故有此欸識也。謙益老耄昏庸,不克燛除先人之光烈,尚將策杖渡江,灑掃墓祠,拂拭宗器,以無忘忠孝刻文,乃自號東澗遺老,所以志也。"乙未,即順治十二年(1655)。

石渠舊史、

　　以嘗任史官之故。

那羅延窟弟子、海印弟子、海印居士、

　　牧齋師憨山，故以自稱。那羅延窟在崂山，傳説爲菩薩修行之處。華嚴經記載："東海有處，名那羅延窟，從昔以來，諸菩薩衆，于中止處。"萬曆十一年（1583），德清離開五臺，易號憨山（原號澄印），前往崂山尋訪那羅延窟，並於其旁居住兩年有餘。十四年，慈聖太后頒賜經藏，首施四邊，東海牢山、南海普陀、西蜀峨嵋、北邊蘆芽，命各地修寺安供，憨山因于牢山舊址修建海印寺，開堂講法。

聚沙居士、

　　牧齋外集卷十三異夢記偈云："昔我童稚時，夢中見寶塔。……又夢往昔世，爲金馬道人。與尊者角法，寶塔見手中。四衆悉歸依，尊者爲義墮。用是自思維，得非積劫中，曾供養舍利？故于睡夢中，重疊現斯事。以此居士號，自命爲聚沙。"

　　常熟縣破山興福寺志卷二僧德清吳越忠懿國王造銅阿育王舍利塔記："我明萬曆初，常熟顧耿光造其父憲副一江公塋，地中掘出一小銅塔，高五寸許，如阿育王塔式，内刻欵云'吳越國王錢弘俶敬造八萬四千寶塔，乙卯年記'一十九字……顧爲太史錢公母舅，因公爲忠懿王之後，遂以塔付之。公得此，自號聚沙居士，志因也，乃送興福蘭若供養。"

没口居士、虞山俗衲、聾駴道人、

筆雲道人、

　　錢曾亦有筆雲集。筆雲之意，見佛經："有大人相，名筆雲,用羊兔毛爲體,常放黑摩尼光明,令諸衆生書寫善事。"

樵陽老人、

見牧齋爲周之德所作玄宗印古序。牧齋好仙,虞山相傳爲仙窟,列朝詩集閏集三彭幼朔九日登高有感寄懷虞山錢太史詩注云:"公自注云:近有發許旌陽石函記,虞山太史官地具載,其當在樵陽八百之列無疑也,故落句及之。"牧齋以己當之,故有此號。

有吳遺民、虞山老民、虞鄉老民、
虞鄉鮮民(一作虞山鮮民)、

牧齋遺事柳姬小傳:"鮮民者,宗伯勝國,內院新朝也。"按:此説非是。牧齋崇禎六年(1633)十月所作姚孝子仲宣哀辭、七年正月所作孫子長詩引,即用此號。詩云:"鮮民之生,不如死之久矣。無父何怙,無母何恃?"崇禎六年牧齋母顧氏亡,故用此號。

敬他老人。

有學集卷十二投筆集後秋興之十二:"飛走都窮瘴海頭,而今人説國亡秋。食殘鬼母方知苦,酒醒天公亦解愁。戎醜時來皆市虎,英雄運去總沙鷗。老人生角君休誚,八百終期啟汴州。"錢曾註云:"去紅豆莊數里,地名鮎魚口,有一老人於乙未正月一日鼻端忽生一角。"又云:"永樂六年,姚廣孝奉旨勒碑于乾清宮之左廡,末云:敬他老人頭似雪,汴梁城中造宮闕。從此天下皆太平,周朝八百人重説。未猴年,青龍月,此碑一出天下裂。"

棗林雜俎仁集大內石刻:"重修西宮,得石刻曰:'木猴年,青龍月,紅日忽沉明月缺。白頭王主人棲雊,赤頭蟲子皆流血。一小又一了,眼上一刀丁戊擾。平明騎馬入宮門,散坐皇極京城擾。白虎啣刀砍李花,蓋天一木宮槎枒。牛宿三宮稱宰輔,君臣不顧徒傷嗟。幸得三張天大口,李花未白不長久。金臺忽死金陵生,東南福主中原走。南明巽巳午火微,未申奠安連江南。黃花玉蕊丹桂發,西風吹墜落東籬。戌邊水火自然滅,亥子窺京胡騎飛。醜奴空戰三十載,還復寅方建義騎。卯上樓船動,當震青龍天下靖。一朝得,一朝失,東西南北兩邊立。劫我百官上長安,可憐難渡雁門關。摘盡李花殺盡胡,天清地白歸京都。京都老人起吳越,耳邊但知十一白(百)。敬他老人頭似雪,汴梁城中起官闕。從此天下方太平,周家八百人重說。木猴年,青龍月,此碑一出天下裂。永樂六年二月□□日,臣少師姚廣孝撰。'甲申九月末,都人盛傳其事。按,姚榮公官太子少師,文皇帝嘗呼少師不名,非實銜也。且禁中非人所到,事不可解。"

此碑爲讖語詩,類似推背圖。"木猴年",甲屬木,猴爲申,意爲甲申,即崇禎十七年(1644);"青龍月",龍爲辰,指甲申三月(辰月);"紅日忽沉明月缺",日月明,指明亡;"白頭王",即"皇"字,人棲雉,指崇禎自縊;"赤頭蟲子",指農民起義軍;"一小又一了",即"李"字拆解,"眼上一刀",即"自"字,"丁戊",即"成"字,指李自成;"白虎啣刀",即虜字;"蓋天一木","宋"字,疑指宋獻策;"牛宿三宮",即李自成部下牛金星;"三張天大口",口天爲吳,即吳三桂;"金臺忽死金陵生,東南福主中原走",指崇禎自縊,福王之子朱由崧自河南逃往南京;"巽巳",東南位,指金陵;"未申",西南位,指桂王。"黃花玉蕊丹桂發",似指潞王、魯王、唐王、桂王諸人。

長安唐昌觀玉蕊花有名,似指唐王,丹桂即桂王;"戍邊水火",即"滅"字;"醜奴"指清軍,明人蔑稱;"寅方",即東北方,指清軍入關;"卯""震"爲東方,疑指海上義師。"劫我百官上長安,可憐難渡雁門關",指李自成雖然攻下北京,卻被清軍所敗。十一白,合並即"皇"字。朱元璋早年有建都汴梁之議,"汴梁城中起宮闕",似指此。

又漢書五行志:"景帝二年九月,膠東下密人年七十餘,生角,角有毛。時膠東、膠西、濟南、齊四王有舉兵反謀,謀由吳王濞起,連楚、趙,凡七國。下密,縣居四齊之中。角,兵象,上鄉者也;老人,吳王象也;年七十,七國象也。天戒若曰,人不當生角,猶諸侯不當舉兵以鄉京師也。禍從老人生,七國俱敗云。諸侯不寤,明年吳王先起,諸侯從之,七國俱滅。京房易傳曰:冢宰專政,厥妖人生角。"生角應指天下動蕩。

牧齋此號,應與反清有關。牧齋自以上應符命,最終能效仿太公,重建周朝八百年天下。

其用印有謙益、籛後人、錢謙益印、牧齋、牧翁、牧齋蒙叟、海虞、敬它老人、牧齋老人、惜玉憐香、如來真子天子門生、鴻朗籛齡白頭蒙叟、忠孝之家、錢受之、東澗、宗伯學士、絳雲樓書畫印、籛後人謙益讀書記、聾騃道人、錢受之讀書記、前身金馬道人、史官、尚湖漁父、雒陽忠孝家、斟雉受壽、帝顓頊之苗裔等。

明萬曆十一年癸未(1583)　二歲

明萬曆十二年甲申(1584)　三歲

八月十二日,嚴訥去世,年七十四。

  天水嚴氏家譜卷六申時行文靖嚴公墓誌銘:"明萬曆甲申秋八月十二日,太子太保、吏部尚書、武英殿大學士常熟嚴公卒于里第。"

  嚴訥(1511—1584),字敏卿,號養齋。嘉靖二十年(1541)進士。累官吏部尚書、武英殿大學士,入參機務。卒諡文靖。

又方良年譜據瞿式耜顯考江西布政使司右參議達觀瞿府君行狀,本年有"邑人瞿汝説等結成常熟拂水山房社"一條。行狀云:"歲甲申,補博士弟子員,卒業山中。……當是時,吳下相沿爲沓拖腐爛之文,府君與執友邵君濂、顧君雲鴻、瞿君純仁,結社拂水,創爲一家言,以清言名理相矜尚,而府君尤以精深雅則爲一世所宗。"瞿汝説補博士弟子員在本年,結社似未必即在本年,且附此。

  瞿汝説(1566—1623),字星卿,號達觀。常熟人。景淳幼子,式耜父。萬曆二十年(1592)進士。官至廣東布政司參議。著有詩經世業、皇明臣略纂聞等。

  邵濂(1566—1611),字茂齋。廩生。善談名理,尤精於毛詩。歌詩清曠玄淡。有水雲集。

  顧雲鴻(1567—1607),字朗仲,號鬼乙。萬曆二十八年

(1600)舉人。學者私諡孝毅先生。

瞿純仁(1567—1620)，字元初。康熙重修常熟縣志卷二十文苑瞿純仁傳："太公布衣節俠，奇純仁才，搆精舍數楹，直拂水巖下，資以薪水膏火，俾純仁讀書取友，如瞿汝說、顧雲鴻、錢謙益、邵濂輩，皆樂與純仁游處。拂水文社遂甲吴下。"可見文社乃純仁爲主導。

嚴熊嚴白雲詩集卷九寶恩堂文讌次宋既庭韻二首自註亦云："先曾祖與瞿文懿諸公結十傑社，錢宗伯與顧朗仲諸公結拂水山房社。"

文社除上述諸人外，尚有一曾道生(1588—1642)。康熙重修常熟縣志卷二十一耆碩："曾道生，字立甫，郡增生。孝友端謹，讀書彊善。弱冠與錢牧齋、顧朗仲諸先生同事拂水文社，蜚聲郡邑。五與賓興，三舉行優。天啓甲子登副榜。三歲失恃，事繼母盡孝。伯兄早世，撫遺孤如己子。年五十五而卒。後數年，以子振甲丁亥進士貴，贈文林郎。長子肇甲，順治甲午副榜貢，授知縣職。"

明萬曆十三年乙酉(1585) 四歲

明萬曆十四年丙戌(1586) 五歲

明萬曆十五年丁亥(1587) 六歲

看演鳴鳳記。

有學集卷十四病榻消寒雜詠四十六首其十一自註："余五六歲，看演鳴鳳記，見孫立庭袍笏登場。"

孫丕揚(1532—1614),字孝叔,號立亭。陝西富平人。嘉靖三十五年(1556)進士。官至刑部、吏部尚書。與東林黨關係密切。鳴鳳記,演嚴嵩倒台之事。孫丕揚當時負責查抄嚴氏家産。

聘族叔繼科爲童子師。

初學集卷七十六族兄觀伯錢君墓誌銘:"先生諱繼科,飲酒賦詩,慷慨善談論。余六歲就傅,先君請爲童子師。王母卞夫人笑曰:'若爲兒擇師,乃自覓酒伴耶!'先生目喪明,教授弟子數人,其長子觀伯偕來講授。余捨所授書,越席往聽。觀伯與諸弟子皆目笑之。余心知其爲少我也。"

錢繼科(1544—1604),字登甫,一作士登,晚字無登,號初平子、中岳山人。錢爾光(1575—1626),字觀伯,號奚楨。即龍惕父。

明萬曆十六年戊子(1588)　七歲

明萬曆十七年己丑(1589)　八歲

從祖順化攜往見密藏道開禪師。

有學集卷五十藏逸經書標目後記:"師以萬曆己丑駐錫虞山東塔,余方童稚,從祖祖父存虛府君攜往禮足,標目中所謂錢文學順化也,距今七十年矣。師得龍樹尊者不死之法,長髯褐衣,時時游行人間,偶睹此册,必將曰:'此吾向日摩頂撫慰八歲小兒也。'今老大,掉弄筆舌如是,能無粲然而顧笑乎?"

藏逸經書標目題跋:"藏師刻藏時,駐錫吾邑東塔,從祖存虛先生攜余頂禮，受其摩頂。此帙中經書有云，得之常熟錢順化文學，又云虞山錢存虛錄者。俯仰遺跡，掩卷愾然。"

　　道開，字得心，號密藏。南昌人。紫柏弟子。萬曆間，發願在五臺山刻經。後移嘉興楞嚴寺，版藏餘杭徑山寂照庵，故稱嘉興藏，又名徑山藏。

明萬曆十八年庚寅(1590)　九歲

八月初八，瞿式耜生。

　　忠宣公行實："府君生于萬曆庚寅年八月初八日。"

冬，太倉王世貞去世。

　　王世貞(1526—1590)，字元美，號鳳洲。嘉靖二十六年(1547)進士，官至南京刑部尚書。爲"後七子"首領，主文壇二十餘年。

　　按：顧起元嬾真草堂集卷二十九弇州先生誄："萬曆十有九年十月某日，大司寇弇州王公薨。"亦有記載作萬曆二十一年(1593)卒者，皆誤。其十世孫景洵所編瑯琊鳳麟兩公年譜合編作萬曆十八年十一月二十七日卒。

　　牧齋早年對王世貞非常崇拜，"崆峒、弇州二集，瀾翻背誦，暗中摸索，能了知某行某紙"，後與嘉定李長蘅、程嘉燧等游處，始服膺歸有光。其在初學集、有學集及列朝詩集中，多次引王世貞歸太僕贊"久而自傷"語，稱其晚年深自悔恨，爲俗學所誤。此即弇州"晚年定論"公案，在當時及後世影響都很大。然懷疑者亦不少，廖可斌教授即認爲牧齋改原文"始傷"爲"自傷"，炮製王世貞"自我否定"，是爲了攻擊復古運動。

明萬曆十九年辛卯(1591)　十歲

與李胤熙相識,後同硯席。

> 初學集卷五十五李緝夫墓誌銘:"吾先君之執友曰李丈伯樗,篤學好修人也。伯樗每過先君,攜其子緝夫以來,先君教余呼緝夫爲兄,曰:'安得若能文如李家兄乎?'是時緝夫長于余三歲,余才十歲耳。余稍長,即與緝夫同硯席。"

> 李胤熙(1580—1628),字緝夫。常熟人。後棄儒修官宅地理之學。父喬新,字伯樗,爲管志道弟子,瞿汝説、顧大章業師。理學深醇,才名頗著,然數奇不售。晚耽禪悦,翛然坐化。

> 按:據李緝夫墓誌銘,胤熙死於崇禎元年(1628)四月,年四十九,長牧齋二歲,非三歲。

明萬曆二十年壬辰(1592)　十一歲

明萬曆二十一年癸巳(1593)　十二歲

出痘,情況危急,叔祖順化四處奔走,爲禱神求醫。

> 牧齋晚年家乘文族譜後録上篇:"余十二病痘疹,夜分危急,舉家啼哭。存虚翁已炳燭立榻前,禱神召醫,呼噪達旦。翁爲余病,風雪中一夕數往來,浹月未嘗就枕也。"

八月六日,族弟錢謙貞生。

> 錢龍惕大充集卷下孝節先生錢府君墓誌銘:"孺人與先生生同日,蓋萬曆二十一年癸巳八月六日也。"

本年,馮舒生。

默庵遺藁卷一甲戌除夕:"無端四十二年春,又作今宵守歲人。"甲戌爲崇禎七年(1634),可知馮舒生於本年。

馮舒(1593—1649),字己蒼,號默庵,別號癸巳老人、屏守居士。常熟人。諸生。與弟班專力於詩,時稱二馮。爲人遇事敢爲,不避權勢。崇禎十年(1637),因錢謙益、瞿式耜事牽連就逮,次年放回。順治六年(1649),以争論地方官吏聚斂事,被邑令瞿四達拘獄,拷掠致死。富藏書,精校勘。

明萬曆二十二年甲午(1594)　十三歲

隨父拜訪顧憲成,憲成見其四書文,大加讚賞。

牧齋外集卷七吕全五二集序:"余兒童時,以先官保之執友,侍顧端文公函丈。"

顧端文公集卷十四錢受之四書義題辭:"甲午歸田,伯子攜其郎君受之過訪。已,出其文視予,予讀之,見其精思傑采,飛舞筆端,令人應接不暇,洒然異焉,笑謂伯子曰:'是當一日千里,爲乃翁先驅矣。'亦時時以語人。"

計東改亭集卷七送王子重還楚序:"昔我鄉錢尚書受之少時,修父執禮於涇陽顧先生。先生亦愛其博雅,一日正色謂尚書曰:'子多讀異書,然老夫有一書,子未讀,何也?'尚書憮然問:'何書?'先生出袖中小學一卷示之曰:'子歸,但熟讀公明宣學於曾子一章,則立身學術大要盡此矣。'斯言也,東聞之虞山、錫山兩邑之師友。"此言指摘牧齋能讀書而不能修行。

顧憲成(1550—1612),字叔時,號涇陽,世稱東林先生。

萬曆八年(1580)進士。本年因推選王家屏等人入內閣，被神宗革職，故世揚前來慰問。三十三年，顧憲成與弟允成、高攀龍、安希范、劉元珍、錢一本、薛敷教、葉茂才八人在東林書院制定會約，議政講學。有志之士，紛至沓來，與朝臣遙相呼應，史稱東林黨。憲成死後，東林與閹黨鬭爭趨於白熱化。天啟五年(1625)，熹宗下詔，拆毀全國書院，禁止講學，並追奪顧憲成太常卿封號。崇禎二年(1629)，顧憲成平反，贈吏部右侍郎，謚端文。

牧齋年輕時，所見父執輩可考者，尚有王逢年、錢明相諸人。

王逢年，字舜華。初名治，字明佐，號玄陽山人。崑山人。性奇特，以古文自負。又工詩，與王世貞相左。列朝詩集丁十："舜華與先宮保善，余兒時猶及見之，先宮保言其生平如是。舜華詩集甚富，余從其家鈔得之，亂後失去。今從先宮保遺篋中搜得若干首。"張大復崑山人物傳卷九王逢年："海虞錢翰林謙益得公書，意欲傳之其人，即未就，不沒沒無疑耳。"

錢明相，字希哲。通州人。列朝詩集丁十三下："與先宮保爲縞紵之交，每偕顧公子懋賢及其徒李生元遇，踰狼五山，渡江過訪，相留判年，猶未忍去。謙益幼侍側，見其長身聳肩，儀觀修整，與先宮保酌酒論交，陶陶永夕。先宮保嘗指扇頭詩命謙益曰：'錢伯，淮海之詩人也。汝其識之！'先生歿，無子。先宮保哭之，過時而悲，去今五十餘年矣。"

明萬曆二十三年乙未(1595) 十四歲

族叔世顯卒，年二十五，即謙貞之父。

本年,寧國許成器來任教諭。

許成器(1546—1617),字道甫。萬曆元年(1573)舉人。二十三年至二十九年任常熟教諭。葺學舍,賑貧乏,士皆愛敬之。陞翰林孔目,再歷兵部武選司員外郎。辰、沅兵噪,擢湖廣副使。卒,牧齋爲作湖廣提刑按察司副使許府君墓誌銘,文在初學集卷五十三。墓誌云:"余少識君於廣文時,長而習君長安。其爲人樂易誠篤,議論依名實,寬然長者也。"

明萬曆二十四年丙申(1596)　十五歲

隨父往見顧憲成,與其子與淳、與沐相識。

初學集卷六十一顧端文公淑人朱氏墓誌銘:"余年十五,從先夫子以見於端文,端文命二子與淳、與沐與之遊。今老矣,白首屏廢,實與東林黨論相終始。"

與淳(1574—1621),字亭之,號緝齋。憲成長子。

與沐(1580—?),字木之,號菲齋。憲成次子。萬曆四十六年(1618)舉人。貞觀祖父。

又初學集卷三十八顧母王夫人壽序:"王夫人者,故南京光禄寺少卿涇陽顧公之配也。光禄未第時,與予先君友善。余兒時從先君造門,光禄呼爲小友,拜夫人堂下。自時厥後,過涇里必起居夫人,二十餘年矣。……余初謁光禄,光禄以吏部郎里居。門庭蕭寂,凝塵滿座,已出見與淳兄弟,摳衣低首,頌禮甚嚴。余淩厲蹋跥,塵拂拂上羈貫,意豁如也。"

作留侯論。

有學集卷四十八自跋留侯論後："余年十五作留侯論，盛談其神奇靈怪，文詞俶儻，頗爲長老所稱許。"

讀吳越春秋，作伍子胥論。

有學集卷四十七跋吳越春秋："余十五六，喜讀吳越春秋，流觀伉俠奇詭之事，若蒼鷹之突起于吾前，欲奮臂而與共撒擊者。刺其語作伍子胥論，長老吐舌擊賞。"

本年起，持準提咒。

葛萬里年譜："又送幻空上人序：余十五六奉持準提咒，六十餘年不綴。"送幻空上人序未見。

本年，收得新語一部，並加以批點。

跋文見國家圖書館藏明李廷梧刻本新語末："此書亦余十五時所收，用紫色點過。"

與陳家兄弟爲文社，讀書寺院。

初學集卷七十六陳府君合葬墓誌銘："余成童，與伯子爲文社，在塔院之荷亭。府君莅焉，余甫削藁，上浮屠，穿廊廡，叫囂跳擲，日下舂歸院，伯子猶刺促硯席間。府君手余文，巡其坐而數之曰：'若嘔出心肺，得錢家郎一言半句乎？若何不承其餘竅乎？'既而夫人送酒殽相勞，且譙且數，刺刺不少休，燭跋而罷。院僧環聽竊笑以爲常。"伯子即牧齋內兄陳治體。

本年，錢岱取台州譜與海虞譜相合（牧齋晚年家乘文族譜後錄上篇）。

海虞始祖千一公，名元孫，從其父通州，過江居常熟，其弟思孫、憲孫、奕孫、文孫、詒孫留台州，喪亂後互不相聞，至此方合譜。不久，錢岱即邀宗族合刻海虞錢氏家乘。

錢岱(1541—1622),字汝瞻,號秀峰。常熟人。謙益族兄,曾曾祖。隆慶五年(1571)進士。授廣州府推官,歷官湖廣道監察御史,巡按山東。

明萬曆二十五年丁酉(1597)　十六歲

隨父之吳門,住瑞光寺,與竺璠相識。

初學集卷四十二瑞光寺興造記:"余十五六時,從吾先君之吳門,則主瑞光寺僧藍園遠公。迄今三十餘年,先君停舟解裝,與遠公逢迎笑言之狀,顯顯然在心目間。每過寺門,輒泫然回車不忍入也。"

初學集卷六十九竺璠禪師塔銘:"余年十六,寓瑞光後院。師少于余六歲,短小類侏儒,余狎之,墨其面以為戲。已而拉之游寺,經行廢塔破壁,瓴甓圬墁兀甈壓人,相與狂奔而返。"

藍園生平不詳。圓靜(1588—1639),字竺璠。藍園徒孫。九歲出家,天啟、崇禎間,修復瑞光禪寺。與蕅益善。蕅益大師宗論卷六贈純如兄序:"若同行善知識,生平止得一人,壁如鎬兄是也。外護善知識,于松陵得一人,曰鑒空寧公;于吳門得一人,曰竺璠淨公;今丹霞得一人,曰純如白公。"

明萬曆二十六年戊戌(1598)　十七歲

讀書山中。

初學集卷五十八張義卿墓誌銘:"年十六七讀書山中,君僂而過余。"

初學集卷十二昔我年十七:"昔我年十七,鼓篋游博士。文章吐陸離,衿帶垂旖旎。朝英啓夕秀,粲若嫩花榮。"

少年時,熟讀李夢陽、王世貞之文。又喜讀李贄書。

有學集卷四十三答山陰徐伯調書:"僕年十六七時,已好陵獵爲古文。崆峒、弇州二集,瀾翻背誦,暗中摸索,能了知某行某紙。搖筆自喜,欲與驅駕,以爲莫己若也。"

有學集卷四十三又與遵王書:"僕少壯失學,熟爛崆峒、弇州之書,中年奉教孟陽諸老,始知改轅易向。"

有學集卷四十九讀宋玉叔文集題辭:"弱冠時,熟爛空同、弇州諸集,至能闇數行墨。"又云:"少奉弇州藝苑卮言,如金科玉條。"

又有學集卷二十七松影和尚報恩詩艸序:"余少喜讀龍湖李禿翁書,以爲樂可以歌,悲可以泣,歡可以笑,怒可以罵,非莊非老,不儒不禪,每爲撫几擊節,旰衡扼腕,思置其人于師友之間。"

族叔錢世臣卒,年三十一。

牧齋曾代其父世揚作從父弟忠甫、令甫壙誌,見初學集卷七十五。

明萬曆二十七年己亥(1599) 十八歲

與陸銑補郡庠弟子員。

牧齋外集卷十一陸母任夫人七十壽序:"萬曆己亥,余與陸子孟鳧補郡庠弟子員。"

皇明虞陽采芹錄:"萬曆二十七年己亥,文宗陳子貞案臨宜興,考取六十四名。"

陸鈗(1581—1654)，字孟鳧。崇禎四年(1631)歲貢。授無錫教諭，除廣西潯州推官，陞養利州知州。孟鳧家城東芝川，與牧齋"幼同學，長同志，衰同老"，是牧齋執友。孟鳧歿，錢謙益爲作墓誌銘。

按：牧齋初攻舉業，以晉江李光縉所選四書文毂爲範本。有學集卷十六家塾論舉業雜説："比學舉業，先宫保命讀衷一小題義，日課不輟。又得其刊行四書文毂，奉爲彀率。"李光縉(1549—1623)，字衷一。晉江人。萬曆十三年(1585)舉人。

作燔書坑儒、闢異端文兩篇。

兩文不見初學集，載錢岱所編海虞錢氏家乘卷七，題下注云："十八歲時，計二首。"燔書坑儒認爲秦皇焚書，百家之説不存，齷齪小儒滅跡，實有功于六經儒術。闢異端提倡儒釋道三教一體，彼此不得以異端論。

中秋之夕，夜夢世尊，命持誦首楞嚴經。

牧齋外集卷二大佛頂首楞嚴經疏蒙鈔緣起論云："萬曆己亥之歲，蒙年一十有八，我神宗顯皇帝二十有七年也。帖括之暇，先宫保命閲首楞嚴經。中秋之夕，讀衆生業果一章，忽發深省，寥然如涼風振蕭，晨鐘扣枕。夜夢至一空堂，世尊南面凝立，眉間白毫相光，昱昱面門，佛身衣袂，皆涌現白光中。旁有人傳呼禮佛，蒙趨進禮拜已，手捧經函，中貯金剛、楞嚴二經，大學一書。世尊手取楞嚴壓金剛上，仍面命曰：'世人知持誦金剛福德，不知持誦楞嚴福德尤大。'蒙復跪接經函，肅拜而起。既寤，金口圓音，落落在耳。"

按：牧齋所記異夢尚多，牧齋外集卷十三異夢記偈云：

"昔我童稚時，夢中見寶塔。幢幡寶纓絡，裝校皆真珠。珠中龍寶燈，一一光映徹。菩薩諸天人，周遭憑欄楯。齊出玅音聲，唱嘆諸佛法。停住虛空中，回翔而西逝。落落天梵音，睡覺猶在耳。旬日之蓮宮，諷誦寶塔品。風鈴樹羅網，宛肰見昔夢。又夢往昔世，爲金馬道人。與尊者角法，寶塔見手中。四衆悉皈依，尊者爲義墮。用是自思維，得非積劫中，曾供養舍利？故于睡夢中，重疊現斯事。以此居士號，自命爲聚沙。"

趙國琦任常熟縣令。

趙國琦，字伯玉。南昌人。萬曆二十三年(1595)進士。授廬江知縣，轉常熟，官至河南按察司副使。

明萬曆二十八年庚子(1600)　十九歲

與何允泓讀書東海上，去陸銑家不數武，時往其家。銑弟鈫，字仲威，亦從之遊。(牧齋外集卷十一陸母任夫人七十壽序)。

何允泓(1585—1625)，字季穆。廩生。家多藏書。厭薄科舉，專心讀書，博學能文，尤精史學及水利學。著有桓庚齋詩存。

何家園池亦名東皋，張大復梅花草堂筆談卷三東皋："出海虞小東門五百步，得徑谽如，則何季穆之東皋在焉。疎林修竹，精宇廣道。嘗與邵茂齊、瞿元初、龔淵孟、王季和、錢受之、陸孟鳧、沈雨若飲其下，歡甚。有荷一畝，碧葉亭峙。"

娶陳氏(葛萬里年譜)。

十二月初六,叔祖順德去世,年六十六,即謙貞之祖。

　　順德死後,宵人趁機侵佔財産,賴錢世揚方得以保全。海虞文苑卷十八錢世揚畸人傳:"仲叔圽,幼子童孫僅免於孩。宵人思乘間有所乾没,爲殫力鎮定之,諸疑者、謗者、怨且詶者,身當之,無所辭。其子孫竟藉有成立。蓋仲叔以此報伯兄,而畸人亦然。"

　　牧齋晚年家乘文族譜後録上篇:"憲副公卒,徭役疊至,媒孽蝟起,孤嫠孩稚,岌岌累卵。先君傾一身爲枝柱,役肩其最煩者,怨敵其最强者,囚首公庭,攘臂私家,牽連頓瘁,一無顧卹。而後憲副公身後,安堵如平時。"

　　牧齋後代世揚作故叔父山東按察司副使春池府君行狀,文在初學集卷五十七。

明萬曆二十九年辛丑(1601)　二十歲

弱冠,從邵濂等讀書北山,文章頗受時人讚譽。

　　牧齋外集卷十六雪樵邵封君合葬墓誌銘:"余弱冠,從邵兄茂齊卒業北山。"弱冠爲二十餘歲通稱,未必即二十,皆附此。

　　初學集卷五十五邵茂齊墓誌銘:"初,余與茂齊讀書山中,茂齊早起,宿膏火,走筆盡數紙,颯颯如蠶之食葉。冠盥整衣,横經列席,應四方學子之叩擊,從頌洛誦,聲出林表。午飯已,偕余散步北山,信足輒數里,覩某水某峯,乃知行之近遠。間過遜國忠臣黄公墓,纍纍蓬顆中,必要余斂容肅拜,摩挲卧碣,愾歎久之乃去。當是時,余方冠首,茂齊折輩行與交,以文章事業相期許,余因以有聲諸生間。"

有學集卷二十六送南昌丁景呂序:"萬曆中,南昌丁公守太倉,招致名士,鏃礪其子伯勉,師邵茂齊、友黃經甫、姚孟長,吳人至今傳之。……伯勉偕經甫屬文,竟日成十章,余心少之,日中而援筆,如其數。茂齊曰:'子才足兼二子,吾猶欲以吾子之移時,驕二子之移日也。'趨封題詒伯勉。……伯勉晚猶藏弆篋衍,時時出示子弟,以吾童稚時拋磚浣壁之餘,猶爲人矜重如此。"

丁永祚,字爾錫,號見白。南昌人。萬曆二十年(1592)副榜舉人。二十四年至三十一年官太倉知州。黃元會,字經甫。太倉人。萬曆四十一年(1613)進士。官至江西按察使。

初學集卷三十七陳孟孺七十敘:"余冠首時,每一屬筆,不能自休,抽黃對白,東塗西抹,未嘗知學爲文也,而見者交口諛之。浸淫二十年,始自悔其少作,盡抹去之,以庶幾求當于作者之旨。字鉥句劇,縮恧不能出,間以示人,人或反唇相斥笑,有蒙恥自媿而已。"牧齋萬曆時詩文存世甚少,此其原因之一。

又同表兄何玠枝讀書破山寺。

有學集卷三十五何君實墓誌銘:"萬曆辛丑,余年二十,偕兄讀書破山寺。"

玠枝(1577—?),字君實。牧齋從姑丈何允濟子。

除何玠枝外,同學尚有魏沖等人,而牧齋年少伉浪,"好越禮以驚衆"。

魏沖(?—1640),字叔子。崇禎三年(1630)舉人。復社名士。爲人寠甚,然衣非紈綺不御,食非兼味不樂。嚴杖、孫永祚皆出其門。兄浣初(1580—1638),字仲雪。萬曆四十四年(1616)進士。官至廣東參政。

沖與牧齋情好頗洽,桐菴年譜卷上崇禎十年(1637)條:"叔子貧士,好潔,好受用,雖旅次必極精美,晚酌必呼余,相對甚樂。……余問何以得此,曰:'牧齋斂會得三百金,家兄仲雪四十金,差不苦耳。'"

初學集卷五十五李緝夫墓誌銘:"余少跅弛自喜,好越禮以驚衆。"

初學集卷五十七陳則興墓誌銘:"陳君於余,二十年以長。余少佹浪,不可人意,君折輩行與游。嘗語余曰:'里中貴人遇我,多繆爲恭敬,時具酒食啗我,我輒掉臂不顧。公等多狎侮人,善嫚駡,我顧喜從公等游。'"

與邑人趙隆美兄弟交遊。

初學集卷六十一中憲大夫四川敘州府知府趙君墓誌銘:"余弱冠,則與趙文毅公之二子叔度、季昌游。叔度激昂自喜,眉宇軒然,籠蓋人上。季昌,敘州君也,沈實恭謹,刻苦於學,嗛然如有所不足。皆所謂佳公子也。"

趙祖美(1576—1610),字叔度,號繼仲。用賢次子。趙隆美(1581—1641),字文度,號季昌。用賢三子。以父蔭官敘州知府。

又與瞿純仁遊。

初學集卷五十五瞿元初墓誌銘:"余弱冠與君游,君時時顧余嘆曰:吾往從尊府先生授春秋,見子之長與書案等耳,豈自意今日與子上下筆硯間哉!"

作客張鳳翼家。

列朝詩集丁八張舉人鳳翼：“伯起與余從祖春池府君，同舉嘉靖甲子。余弱冠，與二三少年銜酒闌入其家譙，酒闌燭炧，伯起具賓主，身行酒炙，執手問訊，其言藹如。先進風流，至今猶可思也。”

張鳳翼(1527—1613)，字伯起，號靈虛。長洲人。嘉靖四十三年(1564)舉人，四上春官報罷，遂棄去。才情橫溢，尤擅詞曲傳奇。著有紅拂記、祝髮記、灌園記、虎符記等。鳳翼與弟獻翼、燕翼並名於世，號"吳中三張"。

與崑山張大復交往。

初學集卷五十四張元長墓誌銘：“君與先君生同年，友余於弱冠，呼先君爲叔父，其何忍不辭？”張大復(1554—1630)，字元長。三歲能以指畫腹作字。既長，通漢、唐以來經史詞章之學。中歲失明，著述乃口授，由嗣子桐筆錄。著有梅花草堂集、聞雁齋筆談等。

蔣鐄張元長先生傳：“式先生之廬而造請者，海虞則宮詹錢公、潤州則中翰劉公、山東則司理王公，俱主盟千秋而執鞭弭。”

明萬曆三十年壬寅(1602)　二十一歲

校讀春秋繁露，改正數百字。

有學集卷四十七跋春秋繁露：“萬曆壬寅，余讀春秋繁露，苦金陵本譌舛，得錫山安氏活字本，校讎增改數百字，深以爲快。”

本年，譚昌言任常熟縣令。

譚昌言(1571—1625)，字聖俞，號凡同。嘉興人。萬曆二十九年(1601)進士。任常熟知縣,拔瞿式耜於諸生中。三十二年去職。後巡狩登、萊,以積勞嘔血卒。有狷石居稿八卷。

初學集卷五十三譚公墓誌銘:"公令常熟時,余爲書生,揖余而語曰:'吳中士大夫,田連阡陌,受請寄,避徭役,貽累閭里。身殁而子孫爲流傭者多矣。君他日必自表異,以風厲流俗。'余嘗過公之里,訪問其素風,然後知公之所以勖余者,蓋信而有徵也。"

明萬曆三十一年癸卯(1603)　二十二歲

顧憲成來常熟,與錢世揚講德論道。

顧憲成涇皋藏稿卷十七明故貞節錢母卞太孺人墓誌銘:"憶昔癸卯,予客琴川景行錢伯子齋頭,相與講德論道,切磨文義。因得聞其母卞太孺人之賢甚悉。"

十二月十七日,紫柏尊者因妖書案牽連,死於獄中,壽六十一,僧臘四十一。

真可(1543—1604),字達觀,晚號紫柏,俗姓沈。吳江人。明末四大高僧之一。曾倡導刊刻大藏經。後弟子繼承遺志,刊成嘉興藏。

明萬曆三十二年甲辰(1604)　二十三歲

錢時俊中進士。

錢時俊(1565—1634),字用章,號仍峰。常熟人。岱子,錢曾祖父。歷官湖廣按察副使,所至以清惠聞。少不務聲華,篤志力學,貫通春秋四傳。

在府學，與嘉定徐允禄定交，二人同爲郡弟子員。

有學集卷二十二徐女廉遺集序："嘉定徐女廉名允禄，長于余十七年，同爲郡弟子員。郡守大校士，廣場歙集。女廉爲大師都講，褒衣方領，抆手闊步，諸生皆屬目卻行。女廉從衆中覓余，拱揖而言曰：'此虞山錢受之也。今日乃得相見。幸甚。'諸生皆視歸于余，肩腫骿蹸。女廉徐執余手引去。既而定交於崑山之西寺，用士相見禮，曰：'吾生四十年方得一友，敢不重拜。'禪房止宿，劇談申旦。屈指一時名人勝流，皆不可女廉意，輒搖手曰：'假，假。'間有許可，或時論所蹈籍，掀髯顧視，意豁如也。"

徐允禄(1565—1625)，字女廉。嘉定人。屢試不第，窮困以死。友潘應鯉經紀其喪，唐時昇爲作墓誌銘。

徐允禄思勉齋集文編卷十二與錢受之編修二首其一："弟自分世緣淺薄，便當以老腐儒閉户終矣，天下事自有大力者負之，此弟近年本懷也。前時得兄及第報，不覺有動，舉酒自賀曰：'是我往年輒吐知己之言，于崑山西寺中一宿，而不我外之友也，是我往年嘗貽書於其落第後，輒以養成鼎鉉之業相期，而囅然一笑之友也。'且賀且酌，竟醉矣。而又自罰也，曰：'新貴人安所與老腐儒事，而作此沾沾態。'則又黯然傷矣。後益復窮愁膠固，不忍施可憎之面目於人。即兄奔令先君子之喪至自燕，僅能附一名於諸通家之末而已。追思南京句曲中相見，契闊至今。至于茂齊物故，尚欠一赴哭，意兄必以弟爲怪焉，否則置之度外，不復齒録焉矣。乃弟近遭兒變，過厪兄憂，遠貽手札，諭以西河之非以寬譬之，且徵其悲秋之咏以寵驕之，慤慤高誼，緬然感交道之不辱。

會少便鴻，未得申報。項在崑山，旅見新任翁學師於公寓，學師一見，即稱兄以賤名再三相托。是何君子之用情于故人，一至此哉！即日兄開東閣，其視昔人不逢故人之語，其厚薄當何如？而弟爾時以衰老腐儒，更自婆娑發舒，以仰托于青雲之士，弟有望矣，其爲慶幸一日千古。因雨若兄之便，草草附此。"

詩編卷二懷錢受之時致手書相存，感而口占："老去窮來成憎物，憐窮敬老即吾師。玉堂誰氏能爲此，眼見編修錢受之。"此詩與上文皆作於萬曆三十九年(1611)邵茂齊死後，附此。

又婁堅學古緒言卷七敕封太安人錢母顧氏七十壽序："茌苒向衰，識受之於崑山客舍，見其在衆中，穆然端凝，竊私與友人歎其賢。"二人相識，當亦在此時。

婁堅(1554—1631)，原名孟堅，字子柔，號歇庵。嘉定人。與程嘉燧、李流芳、唐時昇稱"嘉定四君子"。

除徐允禄外，又與李流芳、王志堅等相交。

初學集卷五十四王淑士墓誌銘："余爲諸生時，與嘉定李流芳長蘅、崑山王志堅淑士交。已而與長蘅同舉於鄉，萬曆庚戌與淑士同舉進士。三人者，器資不同，其嗜讀書，好禪説，標置於流俗勢利之外，則一也。"

李流芳(1575—1629)，字茂宰，一字長蘅，號檀園、六浮居士、慎娛居士。萬曆三十四年(1606)舉人。三次會試不第，遂絕意進取。詩畫皆工。

王志堅(1576—1633)，字弱生，更字淑士，亦字聞修，號珠垾山農。萬曆三十八年(1610)進士。授南京兵部主事。

崇禎四年(1631)升僉事,督湖廣學政,禮部推爲學政第一。六年,卒於官。通籍後,卜居吳門古南園,杜門卻掃,肆志讀書。與李流芳、歸昌世並稱三才子。

牧齋外集卷十嘉定張子石六十壽序:"余取友于嘉定,先後輩流,約略有三。初爲舉子,與徐女廉、鄭閑孟掉鞅詞科,而長蘅同舉鄉榜,鍼砭文行,以古人相期許。此一輩也。因長蘅得交婁丈子柔、唐丈叔達、程兄孟陽,師資學問,儼然典型,而孟陽遂與余耦耕結隱,衰晚因依。此又一輩也。侯氏二瞻、黃子蘊生、張子子石,暨長蘅家僧筏、緇仲,皆以通家末契,事余于師友之間。……此又一輩也。"

鄭允驤,字閑孟,嘉定人。與李流芳齊名,時以李、鄭並稱。文思敏捷,然視舉子業,輒蹙額不爲,因此坎壈於時。所著有泠善齋集。

王聞修先生河渚集卷三錢受之稿序:"甲辰,始與余把臂論交。時受之力求脱舊時蹊徑,爲春容典雅之文。"

與姚希孟相識。

初學集卷七十七祭姚母文夫人云:"昔在甲辰,始識孟長。如古定交,杵臼之儔。"

初學集卷八十四書姚母旌門頌後:"余與孟長定交二十有五年。"此文作於崇禎元年(1628)六月。

姚希孟(1579—1636),字孟長,號現聞。吳縣人。生十月而孤,母文氏勵志鞠之。稍長,與舅氏文震孟同學,竝負時名。萬曆四十七年(1619)進士。天啟五年(1625),被劾爲繆昌期黨,廷杖,削籍歸里。崇禎二年(1629),起爲左贊善,因與温體仁修怨,以少詹事外貶南京。尋移疾歸,二年後卒。弘光時,賜謚文毅。

五月一日,童子師錢繼科卒,年六十一。

破山興福寺修葺完畢,自萬曆二十九年(1601)動工,至此前後四年。閏九月朔,屠隆爲作序。寺之興復,倡始於僧明昱,而以錢家、翁家、孫家出貲最多。

明昱,字無著,號高原,四川蓬溪人,俗姓趙。出家終南。爲賢首大師,著有成唯識論俗詮、相宗八要解等,皆存。崇禎初年尚在世,卒年九十餘。

程嘉燧破山興福寺志卷四:"無著禪師,名明昱,蜀人也。建煉魔場于吳郡天池寺,以魔撓棄去,居興福廢寺,導力興復,捐衣損食,伐木輂土,與其伴偕力作者數年,二百年蕪廢蔚爲寶坊。萬曆三十四年,卒于寺,葬高僧塔旁。"

卷三又云:"寺蕪廢幾二百年,古殿在寺之東偏,頹垣敗壁,像設崩墜,其地皆爲荆棘林矣。僧徒募修,未幾輒棄去。無著禪師昱公自天池來,誓葺茲宇,披攘經營,不舍晝夜。萬曆二十九年經始大殿,三十二年落成,三世佛、十八羅漢塑像皆備。請大藏于南都,會其徒以繙閱將建閣尊藏,未果而卒。興福今復爲叢林,昱公開山之力也。"寺志明昱卒葬之年,與其生平不符,不審何故。

屠隆序云:"高僧無著者,遠從雲水之蹤,覽名山而太息;遂即榛蕪之地,思古蹟而經營。無言率物,桃李之下成蹊;至德感人,枹鼓之應如響。善女人罄產倡緣,幾似昔賢之捨宅;諸檀信發心樂助,一同長者之布金。梵宇巍峩,倏爾高騫雲表;玉毫璀璨,焕然光暎林端。山光潭影,亦增秀于往時;鳥性人心,且振響于雅詠。是如來式臨之日,佛日中興之期也。方殿宇仗緣而落成,適道民采真而至止。錢侍御汝瞻、翁給諫兆隆,及侍御子用章進士、太學生錢君偁孝、孫君子桑等,率僧無著問記道民。"

　　孫子桑,名森,號蘭畹。萬曆三十四年(1606),與牧齋同舉鄉薦。官弋陽令。有女嫁許士柔。

　　初學集卷二十九破山寺志序:"山寺之廢而復新也,先君奉王母卞淑人之命,經營草昧,以潰于成。屠長卿寺碑云:'善女人罄產倡緣,似昔賢之捨宅。'謂王母也。"

　　張大復梅花草堂集卷七錢母卞夫人傳:"虞有破山寺,頹廢既久,幾為蒿萊榛莽之區,一旦莊嚴璀璨,復還舊觀,說者為夫人之力十而九矣。"

本年,祖母卞夫人卒,年七十四。

　　張大復梅花草堂集卷七錢母卞夫人傳:"夫人矢志四十餘年,死時年七十四(四十七)。屬纊時,一心不亂,趺坐如儀。謙益問:'阿母何往?'夫人曰:'願生西方。笛裏其著力時矣。'"

　　顧憲成涇皋藏稿卷十七明故貞節錢母卞太孺人墓誌銘:"故生於嘉靖之辛卯,卒於萬曆之甲辰,合之得七十有四者,太孺人之小年也。"

年末,錢繼科下葬,為作伯父中岳先生行狀。

　　此文見海虞文苑卷二十一,不見初學集。文云:"吾世父中岳先生之歿也,其孤爾光手草事行,謁東海屠先生請銘焉。已,過謙益而泣曰……爾光卜以甲辰歲十二月十五日葬先生于羅墩新阡。謙益既敘述先生事行,未嘗不三嘆于爾光也。"

費元禄有詩懷虞山諸子。

  甲秀園集卷十五讀拂水山房稿,懷瞿星卿先生,洎顧朗仲、邵茂齊、錢受之、陸羽明、瞿元初、王季和諸君子:"夢讀虞山拂水歌,因懷名士毘陵多。東行星聚經天井,對案文披帶地河。共鼓繁絃音杳眇,各提如意舞婆娑。諸君未愛岩房雪,相伴金堤振玉珂。"

  費元禄,字無學,一字學卿。鉛山人。堯年子。

明萬曆三十三年乙巳(1605)　二十四歲

本年,瞿式耜從牧齋受業。

  有學集卷三十三王君墓誌銘:"萬曆乙巳,稼軒年十六,從余讀書拂水。余錄柳柳州文,至襄陽丞趙君墓誌,爲言此文敍徒行求葬事,詳委曲折。稼軒喜之,每雒誦,輒十數過。"

  忠宣公行實:"乙巳,受業於宗伯錢公謙益,讀書拂水山房,與執友顧公雲鴻、邵公濂及族叔祖純仁互相鏃礪,學業大進。"

夜夢紫柏尊者。

  有學集卷二十五紫柏尊者別集序:"尊者之化去三年爲萬曆乙巳,余夢至高山,有大和尚危坐巖端,謂是達觀尊者,恭敬禮足已,指左方地命余坐,密語付囑,戒以勿忘,涕淚悲泣而寤。"

錢氏建接待菴成,李維楨作記。

  萬曆常熟縣私誌卷二十六李維楨城南接待菴記:"性鎮上人,余里人也。少祝髮沙羡之龍華寺,已參少室及兩京諸名山，禪窟義林，入理泓然。至于海虞，賢士大夫與結支、許之契。檀八十一人，卜地南郭三里橋，搆團焦居之，以接四方赤髭白足之侶也。爲大雄殿，造佛菩薩像，已爲千臂曼殊像，蓋錢氏觀察順德、侍御岱、太史謙益、存虛居士順化四公，及其群從首事。夕郎翁憲祥、轉運使學使兩瞿公汝稷、汝說，贊之後先。海虞令叚公然輩，暨今楊公漣爲之題目，而巍然稱東南名刹矣。會余叔弟維柱宦海虞，樂觀厥成，上人介之請記于余。"李維楨記文具體時間不詳，稱太史謙益，應在萬曆三十八年（1610）後。

牧齋外集卷十二接待菴記："出南門二里許，有庵曰接待，楚僧性鎮所建。雪浪大法師恩公記曰：'虞山北枕江海，南通吳會，僧徒往來，煙包雨笠，無所爱止。有大護法憲副錢公，謀建招提爲接待之所。公有西河之戚，藉爲昇濟之因。鳩善友八十一人，人施一金，叶華嚴經卷之數，買金氏廢地于三里橋。萬曆戊戌六月迄乙巳冬，搆大殿三間，及諸傍舍。憲副即世，弟順化、姪世揚、諸善女人後先蕆事，而經營僦工，鎮爲其首。'記所載憲副錢公，吾從祖祖父春池府君也。曰弟順化、姪世揚，則吾季祖父存虛翁，與先君宫保公也。"所謂西河之戚，指萬曆戊戌順德子世臣亡故，見前。

明萬曆三十四年丙午（1606） 二十五歲

春，縣令耿橘疏濬奚浦，錢時俊作碑文以記其事，錢岱、牧齋等人爲立石。

常熟縣水利全書附錄卷下錢時俊奚浦碑："其明年春，嗣興三丈浦之役，顧瞻奚浦……計所濬長肆千叁百丈有奇，廣叁丈,深叁尺,竟與三丈浦同日報竣,距經始纔一月耳。"末云:"鄉宦錢受徵、錢懋勳、錢岱、錢達道,舉人錢謙益,監生錢懋嘉、黃定鼎、錢盛時,生員錢遵道、錢造道、黃定顯、錢從夏、黃定志、黃定國同立石。"立石應在秋冬,牧齋中舉後。

同卷錢岱三丈浦碑:"而以丙午春,鳩橇檋之工于茲浦,奚浦亦並受工。"

耿橘,字庭懷,號蘭陽。獻縣人。萬曆二十九年(1601)進士。三十二年任常熟縣令。

五月,顧憲成應耿橘之請,來虞山書院講學,後作虞山商語三卷。

顧文端公年譜卷下:"五月,作虞山商語【一】。"注:"應耿庭懷及闔邑士紳之請,會講虞山書院。"

按:本年耿氏興復虞山書院,又刊刻虞山書院志。牧齋捐佐工銀二兩,佐書銀三兩,見虞山書院志卷一。

秋,鄉試得雋,出江西新建徐良彥、山西太原傅新德之門。

補遺嚴子六制義序:"往者丙午之役,余以第三人失解,榜發之後,主司皆有中眉之歎。"

牧齋外集卷十四先父景行府君行狀:"丙午,不肖得魁南都,先君痛祖母不及見,攜不肖拜柩前。"

海虞文苑卷十八錢世揚畸人傳:"謙益果領丙午之薦,爲第三人云。"

顧憲成涇皋藏稿卷十七明故貞節錢母卞太孺人墓誌銘:"景行高材篤行,人倫欽矚。謙益丙午舉南畿麟經第一人。父子之間,侃然以古道交勗。"

王聞修先生河渚集卷三錢受之稿序："是年，受之雋去。聞主司歎其卷，以爲麟經自婁東先生以來，未嘗有此。聞者以爲知言。"

本年常熟中式的尚有陸化熙、吴汝第、徐待任、孫森。鄉試主考官爲馮有經、傅新德。

徐良彦，字季良。江西新建人。萬曆二十六年(1598)進士。歷官都察院右僉都御史、工部侍郎。

傅新德(1569—1611)，字明甫，一字玄明，號湯銘，太原定襄人。萬曆十七年(1589)進士。官至國子監祭酒。著有文恪集、大事狂談、總集、類書等書千餘卷，多不傳。

中舉後，竟至鬻故第以償債。

初學集卷七十四先太淑人述："謙益舉於鄉，請於先公，鬻故第以償債。太淑人勸爲之，曰：'兒它日非無大宅者也。'鄉人轉鬻故第，我貧不能贖。太淑人方食，放箸而歎，以是知其始之挫情也。"

友李流芳、尹嘉賓亦同榜中舉。

有學集卷三十一尹孔昭墓誌銘："萬曆中，余應鄉、會科舉，取友二人焉，曰嘉定李流芳長蘅、江陰尹嘉賓孔昭。"

尹嘉賓(1572—1622)，字孔昭，號澹如。江陰人。萬曆三十八年(1610)又與牧齋同榜成進士。授中書舍人，擢職方司員外郎，奉詔募兵山東。天啟元年(1621)陞湖廣提學副使，次年卒於長沙官署。工詩，病革時將生平著述付之一炬，其子拾掇殘餘，集爲一卷，名焚餘詩集。

列朝詩集丁十三下尹提學嘉賓秋日寄受之太史："屋梁落月思悠悠，清夢依然到虎丘。月滿講臺宵度曲，雲生西嶺晚登樓。林香冉冉流清梵,楓葉蕭蕭下小舟。苦憶風流錢太史,賞心何日續同遊。"詩不知作於何時,附見于此。

方應祥同中舉人,與之相識。

初學集卷三十九方太夫人鄭氏八十序:"萬曆庚申,西安方孟旋之母鄭太夫人壽八十……孟旋以萬曆丙午與余同舉于南京,孟旋弟畜余者十五年,于此登堂拜母,退而歌棠棣、伐木者,宜莫先于余矣。"

有學集卷三十三方孟旋先生墓誌銘:"丙午,與余同舉南京。"

方應祥(1561—1628),字孟旋,號青峒。衢州西安人。萬曆四十四年(1616)進士。官至山東布政司參議,兼按察司僉事,提督學政。

江西永新尹先覺亦舉南雍,與之交,並爲其行卷作序。

初學集卷七十八尹長思哀辭:"余以萬曆丙午舉于南京,與永新尹先覺字長思同出新建徐先生之門。當舉子旅見其師,徒御喧嘩,道路填咽聚觀。余獨指目長思,長思亦從衆中知爲余也。長思過余邸舍,白皙而修眉,神宇疎亮,欲來映人。已得讀其行卷,牢籠漱滌,鈢心招腎,忽焉攄幽發榮,若登高臺以臨雲氣,欲抗日月而上之也。余爲敘而刻之。振奇之士,莫不吐舌驚嘆,又或慕而效之。于是長思之名噪吳、越間,亦或以余言也。"又云:"長思與余聚首公車,每過語,必移日。西安方生、嘉定李生與焉。方儻俄好食酒,李澹宕善畫,長思溫潤而栗,從容獻酬,酒酣以往,角巾攲斜,掀脣豁齒,指畫古今人才節義,如奮臂出其間也。"

尹先覺(?—1615),字長思,號天愚。三上公車不第,死於道。

與金壇虞大復相識。

有學集卷四十七祭虞來初文:"昔丙午之嘉會,幸竊附乎嘉賓。"

虞大復(1579—1654),字來初,一字元建。本年舉人,三十五年(1607)進士。初授知縣,後官禮部主事,遷浙江按察司僉事、江西提學參政。吏部尚書周應秋婿,與周應秋依附魏忠賢,以貪橫著稱。魏璫敗,革職。福王時,牧齋依附馬士英,爲大復翻案,稱"虞大復之哭光斗,則臣師孫承宗誌光斗之墓,大書其事,其文爲士林傳誦者也",輿論嘩然。虞氏家有豫園,負有盛名。

鄉試考中後,拜見顧憲成,顧憲成爲作錢受之四書義題辭。

顧端公文集卷十四錢受之四書義題辭:"今年秋,果舉南闈春秋第一,聞者以予爲知言。予因告受之曰:'……有能一日用其力於仁矣乎,吾未見力不足者,此吾受之風簷之次,心手自參,灼灼而言之者也,願無忘焉,又當一日千古矣。'受之起謝曰:'美哉言乎,敢不祗服?'適書林乞得其四書義梓之,輒寫此語志其端,以爲是又受之一券也,異日者,予將執而取之矣。受之歸,以告景行,景行悅,簡予曰:'吾聞君子愛人以德,子其有焉。'"

秋,縣令耿橘在虞山書院邀請名公鉅儒講學。九月,高攀龍應邀來虞。

虞山書院志卷十有嚴澂耿令公重闢書院成,對月清談至夜分,賦此,丙午中秋前三日、嚴栴耿老師書院成,丙午重九大會四方,名公鉅卿、孝廉文學,一時群集,枂聽講三日,不覺茅塞之頓開也,敬步湛源先生、道澂家伯二韻等詩。

高忠憲公年譜卷二:"三十四年丙午,四十五歲……九月,講學虞山。"

高攀龍(1562—1626),初字雲從,改存之,號景逸。無錫人。萬曆十七年(1589)進士。授行人,謫揭陽典史。遭親喪,三十年不出。與顧憲成修復東林書院,先後主講,世稱"高顧",爲東林領袖。熹宗時,官至左都御史。爲閹黨所惡,削籍歸。天啟六年(1626),閹黨崔呈秀假造奏本,誣告高攀龍、周起元等七人貪污,派緹騎前來抓捕。高氏不願被辱,投池自盡。崇禎二年(1629),謚忠憲,封贈太子少保、兵部尚書。

又牧齋嘗從高攀龍問學,牧齋外集卷七呂全五二集序:"余兒童時,以先官保之執友,侍顧端文公函丈。長而從高忠憲游,本仁祖義,懷文抱質,道誼之風,薰人肺腑。上下五十年,陵谷變遷,諸君子人貌榮名,已超然千古之上矣。"呂全五二集序作於順治十六年(1659)己亥,至本年五十四年,時間契合。

湯顯祖示以作文之道。

有學集卷四十九讀宋玉叔文集題辭:"午、未間,客從臨川來。湯若士寄聲相勉:'本朝文,自空同以降,皆文之輿臺也。古文自有真,且從宋金華著眼。'自是指歸大定。"此客疑爲江陰李至清,據湯顯祖李超無問劍集序,萬曆三十四年浴佛日、三十五年秋九月,李至清曾兩次至臨川訪問湯顯祖。

有學集卷四十三答山陰徐伯調書:"臨川湯若士寄語相商曰:'本朝勿漫視宋景濂。'于是始覃精研思,刻意學唐、宋古文。因以及金元元裕之、虞伯生諸家,少得知古學所從來,與爲文之阡陌次第。"

湯顯祖(1550—1616),字義仍,號若士。臨川人。萬曆十一年(1583)進士。有玉茗堂全集、臨川四夢等。

十月十五,外庶王母陳氏卒。

初學集卷七十四外庶王母陳氏夫人壙銘云:"夫人,外王父山東按察司副使顧公諱玉柱之側室也,實生吾母。外王父卒,夫人來依吾母,遂老錢氏。……謙益舉於鄉,夫人病,喜而少間,旬日卒,享年七十有九,萬曆三十四年十月十五日也。"

冬,將北上會試,遇張大復於舟中。

張大復梅花草堂集卷三我輩怕老成:"丙午冬,虞山錢受之初試鹿鳴,予見之舟中,着澣衣甚敝,心疑之,以語瞿元初、王季和二公,曰:'不然,受之即年少高捷,肯着意耶?今日方有外祖母之戚故爾。'予笑曰:'故疑之,非我輩人得意怕不老成,我輩人得意正怕老成耳。'二公絕倒。"

北上同行有李流芳、陸化熙、顧雲鴻等人。

有學集卷四十三答山陰徐伯調書:"爲舉子,偕李長蘅上公車,長蘅見其所作,輒笑曰:'子他日當爲李、王輩流。'僕駭曰:'李、王而外,尚有文章乎?'長蘅爲言唐、宋大家與俗學迥別,而略指其所以然。僕爲之心動,語未竟而散去。浮湛里居又數年,與練川諸宿素游,得聞歸熙甫之緒言,與近代剽賊傭賃之病。"

過滁州，愛其山水，與李流芳有異時吏隱之約。

　　初學集卷一過滁州，懷李三長蘅，長蘅偕上公車，愛滁陽山水，有異時吏隱之約，故及之。牧齋此詩作於泰昌元年(1620)九月，詩云："十五年前再往還，停車猶記竝開顏。"故繫此。

　　有學集卷四十七題李長蘅畫扇冊其四："過南滁，上清流關，關山屈盤，關門有壯繆侯廟，朱干紅飾，閃颭山城麗譙上……長蘅過此，口占示余曰：'出門日日向東頭，才過濠州又宋州。心似磨盤山下路，千迴萬折幾時休？'……長蘅詩檀園集失載，追記于此。"

　　李流芳檀園集卷四旅宿滁州，同子將、無際步屨至龍潭山，憶丙午偕羽明、受之來遊，已一紀矣：龍潭樹密晚煙勻，豐樂亭空野望新。舊日經過餘十載，重來朋好亦三人。勝情老去渾無恙，遺跡追思已半湮。自是風物易顯頹，形神於此一相親。

　　陸化熙，字羽明，號濬源。常熟人。化淳弟。萬曆四十一年 (1613) 進士。官至湖廣布政參政。

顧雲鴻雪夜夢與牧齋登樓，作詩一首。

　　列朝詩集丁十三下顧先輩雲鴻雪夜夢與受之登樓，境界超遠，已覺，恍有所得，口占紀之："任城臘五夜，雪勢浩方永。擁衾深帷中，照見鬚眉影。神馬挾馮夷，我馭何不騁。遂登白玉樓，俯視方壺頂。秋陽鬱平林，下界亦井井。有美樓居人，含毫發奇穎。拍肩遂其歌，綺思一時冷。談笑聞鄰鐘，泠然得深省。"小傳云："嘗謂余曰：天下多事，丈夫當出而死國。及此介居，留連煙雲泉石間，聊借以瑩心神、養氣骨耳。埽除一室,豈吾黨之所有事乎!"

按:顧雲鴻死於明年,牧齋此前從未北上,故繫此。

本年,錢世揚始著古史談菀。

初學集卷七十四刻古史談菀目録後序:"先君子讀史之役,始於萬曆丙午,而談菀之成,則在萬曆己酉,凡四載而始竣。"

明萬曆三十五年丁未(1607) 二十六歲

錢希言聞牧齋中舉,作詩來賀。

討桂編卷十家姪受之以麟經魁南畿,余過其讀書草堂,喜而有作,兼呈偶孝大兄二首:吾宗群彥競瑤瑛,爾握驪龍領下珠。林起一枝新擢桂,家稱千里舊名駒。鬱輪奪解才何忝,鼓瑟題詩姓豈殊?縱是天人猶未對,聲華早已動皇都。

憶昔樓成擬瑞麟,膝前文若最堪珍。父書讀遍籤猶在,祖澤傳來笏尚新。徑竹解消清畫暑,庭花還發舊時春。翟門賓客依稀盡,借問重過有幾人?客秋余有事于白嶽,解后方歙縣伯文自南闈還,云場中爭擬受之作解,後竟不果,故前詩及之,兼寓期望之意云。

康熙重修常熟縣志卷二十:"錢希言,字簡棲。少遇家難,避地之吳門。博覽好學,刻意爲聲詩,王百穀折輩行與交。所至浙東、荆南、豫章,屠長卿、湯若士皆稱其才。然負才恃氣,所如多不合。所書曰松樞十九山,才情爛熳,罕見其比。又徵古今劍事,撰劍策通記,採摭詳博。家藏卷帙甚富。梁溪鄒迪光序其集曰:'簡栖舌本木强,好抵掌人事,殊不了了。與人荒荒忽忽，人近彼遠，人遠彼近，都無况味。及讀其所著書，而與之交，土木其身，而龍虎其文，憨轉爲慧，無味轉爲有味。'當時以爲畫出希言也。希言以窮死，家宗伯謙益買地，并先世數柩葬之烏目山。"希言卒年不詳，大概在天啟間。

會試落第。南歸，與李流芳竝馬過滕縣，貰酒看花。李流芳贈牧齋詩有"榖城山好青如黛，滕縣花開白似銀"之句（初學集卷一丁未春，與李三長蘅下第，竝馬過滕縣，貰酒看花，已十四年矣，感歎舊游，如在宿昔，作此詩以寄之）。

按：長蘅全詩未見。王士禛亦甚愛此句，有七絶一首。

是時，博羅韓上桂亦落第，作詩與牧齋相別。

韓上桂（1572—1644），字孟郁，號月峰，廣東博羅人。萬曆二十二年（1594）舉人。天啟初，爲易州學正，時白蓮教方熾，奮袂請行，覘敵形勢。葉向高當國，壯其志而未能用。遷南京國子監博士、如皋縣令、永平府通判。李自成陷北京，痛哭不食而死。

初學集卷四短歌答博羅韓孟郁博士自注："孟郁丁未落第，和余詩云：異時倘相尋，或在吳門市。"

韓上桂韓節愍公遺稿卷七別錢受之："丈夫涉世間，出處各有以。百里曾飯牛，公孫先牧豕。渭水有時興，桐江竟不起。出者乘雲龍，處者耽玄旨。性定詎能移，情真固難改。子抱干將奇，利器誰與比？屠龍偶未酬，剚犀終可擬。予也枯槁姿，癖意在山水。羝羊數觸藩，朽樗何用爾。組紱既無緣，煙霞任棲止。便汎五石瓠（匏），將躡東郭履。異時倘相尋，或在吳門市。"

徐允祿作書安慰，以相業相期許。

> 徐允祿思勉齋集文編卷十二與錢受之編修二首其一："是我往年嘗貽書於其落第後，輒以養成鼎鉉之業相期，而囅然一笑之友也。"

下第後，力修舉業。

> 王聞修先生河渚集卷三錢受之稿序："丁未落第，慨然曰：'文不能使不知我者亦知，終未工也。'退而力修其業。"

顧雲鴻下第病死，江陰繆昌期經紀其喪，與牧齋定交。

> 列朝詩集丁十三下顧先輩雲鴻小傳："丁未鎖院對策，語及於朝政敝竇、天災民隱，淚簌簌下，沾漬畢牘不能收。下第歸，發病卒。易簀之夕，猶誦易象，聲琅琅出席蓐間。"

> 初學集卷四十八繆公行狀："公與同年生顧雲鴻鏉礪志節，以古人相期許，予從雲鴻識公於公車。雲鴻歿，經紀其喪事，遂定交。"

> 繆昌期（1562—1626），字當時。江陰人。萬曆二十八年（1600）舉人，四十一年進士。東林黨人。楊漣彈劾魏氏二十四大罪狀，京城盛傳出自昌期之手。天啟六年（1626），被閹黨逮捕，殺於獄中。

初夏，張燮自京城南還，偕方應祥過吳門，與牧齋會於虎丘。適李光縉亦在，拉與同飲。

> 霏雲居集卷十偕孟旋將發吳門，以瞿元初留泛虎丘，遂共酒集，適錢受之、王季和後至，薄暮邂逅李宗謙：榜人催柂又停舟，無那關情山澤游。紅藥放花開女鬟，綠楊隨葉下僧樓。中原雲氣簪初盍，上界鐘聲展未休。卻笑生公餘講座，只今惟慣酒家籌。

霏雲居集卷十七有虎丘夜返,錢受之留訂次日游太湖,乃舟人未明遄歸,比醉起,已數十里矣,對孟旋不覺失笑,爲賦二絕,然刻本闕頁,有目無文。

霏雲居集卷三十一偕方孟旋發彭城至武林出關游記:"(十七日)會將發舟,偕孟旋過別瞿元初,元初曰:'拂水諸君刻下且至,何惜逗留少許乎?'孟旋目余微笑,乃乘元初舟,更續虎丘之行。……余偶坐小樓上書扇,而錢先輩受之、王茂才季和來。受之聞余在內,排户走入,恨相見晚。受之英朗駿快,善嘲噱,舌杪如瀉天漢,真名下無虛也。諸君出坐千人石上,引滿酬叫久之。適李先輩宗謙挾一客逡巡,聞我輩狂呼聲,殆將僻匿,余往拉之來,諸君欣然與共款洽。是會,昏黑始返棹。受之必欲更遲余一日,且曰:'豈有紹和便作興甚惱人?'余黨尚在猶豫,次早夢回,舟子已鼓枻前橋三十里矣。起視孟旋,相顧大笑,非舟子無賴者,吾兩人未能割情至爾也。"

張燮群玉樓集卷三坐虎丘千人石,憶與方孟旋、錢受之劇飲處,歌以志感:"昔者與吾友,同作南歸客。維舟雲水湄,顧盼雙飛翮。虞山有俊人,蕩槳來相索。拉我萬頃雲,分甘手自擘。錢公目如電,方公髯似戟。交態樹合歡,談鋒泉百脉。斜日坐此間,八極恣揮斥。玉山良未頹,旁人皆避匿。深夜漫分襟,萍風隨所適。異時雖合并,是會難再獲。"

張燮(1573—1640),字紹和,號汰沃。福建龍溪人。萬曆二十二年(1594)舉人。工詩,爲龍溪七子之一。著有霏雲居集、群玉樓集等。

霏雲居續集卷三有詞盟續詠錢太史受之:"錢君凤駿

快,一往有深致。芳叢嚼其蕤,逸蹄總其轡。方外削神嵂,箇中參義肆。鈴索避喧歸,久謝金門侍。"

以詩文請正李光縉。

有學集卷十六家塾論舉業雜説:"丁未落第,相遇於虎丘。觀其衣冠舉止,儼如古人,談及文毅,衷一蹴然拱手曰:'當時偶標目示二三學徒,不意其遂傳,無從禁止耳。'是歲歸閩,悉取近科時文,選次爲一集,題之曰赴鵠編,而敘其緣起曰:'向之云文毅者,志先正之毅,余與受之之所共也。今之云赴鵠者,赴受之之鵠也。'曹子建謂劉季緒才不能逮于作者,而好詆訶文章,掎摭利病。如衷一之虛心善下,推挹後輩,豈徒賢于世之君子乎?余少壯盛氣,頗犯季緒之病,老不解事,猶有餘愧。"

李光縉景璧集卷七序赴鵠:"余自長安歸,舟次于虎丘之寺下。方孟旋、錢受之、瞿元初、王季和三四君子訪余舟中,因招飲于頃月亭。日暮酒闌,山光月色,輝映襲人。諸君興發,相與趺坐于生公講臺。錢君語余曰:'今天下之文何如哉?'余笑曰:'無文也。以爲障非文也,以爲無障亦非文也。李宗伯先生謂今日文衰之極是矣。'錢君曰:'信然哉。今者欲正之矣。正之愈力,辭愈舛,此馮具區先生所以失而欲求之野也。余向者讀足下所選次文毅書,而始得其司南。足下何不網羅先後諸名公文而併集之,擇其正者以發時人之覆?'余笑曰:'不佞敗鼓之皮也,擊不鳴矣。足下與方君方執牛耳,登壇四方,士無不章章赴足下之鵠,願足下圖之。'錢君謝曰:'不佞亦具有隻眼,但不能如足下嚴耳。'瞿、王兩君默然嗒然,方君莞然而笑。酒既罷,方君解纜南下,錢、瞿三君復飲予于閶門之舟次,因出其所自著稿與所選悅響編、惺惺編及拂水山房近稿數十種,笑語余曰:'此亦足下求野時也,請以大刀斧擘正焉。'余笑而受,舟中無事,日拈百餘首,筆之存者什二,刪者什八,令受之見之,不過曰余嚴也,然良者僅此矣。以其原本出受之之鵠,故名爲赴鵠云。"

又徐允禄思勉齋集文編卷六悅響序:"吾友虞山瞿元(本)初、錢受之集諸同志之文以行,題其名曰悅響,而索予言爲引。"悅響一書未見,徐序大概亦作於此時。

本年,又輯春秋制科程墨,名存雅録,請姚希孟爲序。

姚希孟響玉集卷九春秋程墨存雅録序:"海虞錢受之以春秋先畿士,次年從春官罷歸,蒐獵制科程墨,次第選集之,顔曰存雅録,而問序於余。"

按:據顧炎武日知録卷十六,當時科舉之文有四類:程墨乃三場主司及士子之文,房稿乃十八房進士之作,行卷爲舉人之作,社稿乃諸生會課之作。

本年,虞山書院志鐫成,任校對之役。

虞山書院志十卷,卷五官師有今常熟縣知縣耿公、郡守趙公等語,查府縣志,耿橘萬曆三十六年(1608)離任,楊漣接任,趙世禄萬曆三十五年(1607)任蘇州知府,文中又有"萬曆三十五年五月"等語,因繫此。牧齋時任校對,卷二、卷三、卷七首葉皆署名。

秋,在吴門,拜管志道爲師。

初學集卷四十九管公行狀:"謙益少游於梁溪,顧獨喜讀公之書,私淑者數年。丁未之秋,執弟子禮,侍公於吴郡之竹堂寺。公老且衰矣,晨夕訓迪,不少勌。間嘗涉公之書,而驚其才辯,以爲如河漢,如鬼神。驟而即之,有道貌,無德機,渾然赤子也。聞公之風,而欽其風節,以爲如高山,如烈日。徐而挹之,有掖引,無迎距,盎然元氣也。"

管志道(1536—1608),字登之,號東溟。太倉人。隆慶五年(1571)進士。官至廣東按察僉事。著述甚多,以三教一統爲指歸。

與陸鈂、何允泓復相聚,又益以瞿、顧、龔、李十餘輩,相得益歡。

牧齋外集卷十一陸母任夫人七十壽序云:"余去東海數年,至丁未、戊申間,余三人復聚首,又益以瞿、顧、龔、李十餘曹,相得益驩。"

何允泓顧用晦詩集序:"予所居僻在海東北角,去州郡各百里而遙,儔侶最寡,比鄰有兩陸子,大陸名鈂,小陸名鉞,二子一長予,一少予,各二三歲,其才皆弘麗精敏百倍予,時助予歌咏。大陸子酷嗜時家言,倡和予者,祇七言長篇。小陸子與予觴咏無間夕,不啻形影也。無何錢子謙益來,爾時錢子決志千古,其鋒悍甚,日呼慶陽、歷城爲小兒。四子者,朝夕縱談於予家綠玉館,謔浪居多,詩學亦稍稍進。浹期,錢子、大陸子各散去,而顧子用晦來。用晦者,錢子之中表也。"

陸鉞(1587—?),字仲威,號巽庵。鈂弟。諸生。後目盲。工詩,有紀年詩文集、杜詩註證謬等。

又與何允泓、龔立本諸人遊光福銅井,題名絕壁。

崇禎元年(1628),牧齋與邵彌至光福賞梅,歸舟作詩四首,見初學集卷五。其自注曰:"余與龔一淵孟、何三季穆偕游銅井,題名絶壁,去今二十二年矣。"

龔立本(1572—1644),字淵孟。萬曆四十三年(1615)舉人。選太平府教授,遷知福安縣。官至南京刑部郎中。以事坐罪,歸。清兵入關,絶食死。

冬,與李流芳訪雪浪法師於蘇州望亭。

初學集卷六十九華山雪浪大師塔銘:"余自毁齒,即獲侍瓶錫。丁未,偕李長蘅扣師望亭。瞻嚮之餘,心骨清瑩,始悔嚮者知師之淺也。"

初學集卷八十六跋雪浪大師書黄庭後:"余少習雪浪師,見其御鮮衣,食美食,譚詩顧曲,徙倚竟日,竊疑其失衲子本色。丁未冬,訪師於望亭,結茅飯僧,補衣脱粟,蕭閑枯淡,了無舊觀。居無何,而示寂去矣。"

洪恩(1545—1608),字雪浪。金陵黄氏子。

明萬曆三十六年戊申(1608) 二十七歲

春,李至清訪湯顯祖歸,與何允泓、牧齋夜集錢謙貞齋中,牧齋有詩贈李至清。

列朝詩集丁十二李生至清虞山别受之短歌有序:"萬曆戊申春,余自臨川訪義仍先生還江上。將擔簦北遊,别受之于虞山。與何子季穆,夜集履之覽鳳軒。受之即席賦詩贈余云:'總爲廉纖世上兒,漂零千里一軍持。胸中塊壘三生誤,脚底嶙峋五岳知。使酒浪抛居士髮,佯狂真插羽門旗。游燕莫問中朝事,紫柏龍湖是汝師。'余爲之擊節高歌,感激流涕,口占短歌奉酬,兼以爲别。人生如空中鳥跡,越北燕南,滅没萬里,今夜一尊,知非長別。他日寓書臨川,以吾二人詩示之。　　幽期不爲春風殢,十里桃花千里淚。無計飢寒欲賣天,有時骩骳能翻地。交知半窮亦半老,呼鷹走馬恨不蚤。是處離魂殉緑波,十年姓氏萎青艸。越人病吟楚人泣,長歌歌罷謀長別。才子心花筆下生,旅人愁藋燈頭結。悲風噫雲雲化鬼,睍簾欲嚙詞人紙。青眼高歌能送予,眼中臨川與吾子。"

小傳云:"李生至清,字超無,江陰人。少負軼才,跅弛自放。年十二,負笈遊四方,友其名人魁士。遇里中兒,輒嫚罵,或向人作驢鳴,曰聊以代應對耳。里人噪而逐之。年二十來依余,結隱破山。居三年別去,薙髮于堯峯。余以姚少師姊語規之。未幾果蓄髮,韎韐從戎,復棄去。薄遊江外,謁義仍于玉茗堂。髡髮鬖鬖然,時時醉眠伎館。義仍作詩諷之,所謂倒城、太平橋者,皆臨川构欄地也。江上富人與超無有連,超無醉後唾罵富人若圈牢中養物,多藏阿堵爲大盜積耳。富人被盜,疑超無畜健兒爲之。縣令遣尉搜超無篋衍,書尺狼籍,所與往還,皆一時勝流。令指其冠歎曰:'此物戴吾頭不久矣。'鍛鍊具獄,坐超無爲盜,謀曲殺之以自解。超無在獄中飛書賦詩,唾罵縣令。富人蜚語間入,令益恨且懼,令獄吏撲殺之。李生恃才橫死,身填牢户,要爲臨川通人所共歎息。録臨川贈詩,遂牽連及之,無使其無聞也。超無有問劍(世)集,臨川爲序,載玉茗堂集中。"

康熙江陰縣志卷二十錢謙益送李生隱破山:"結廬何處是,萬竹伴柴荆。采藥還過嶺,修琴好到城。巖風依宴坐,山鳥伴經行。寂莫空潭上,寒雲夜夜生。"

張大復梅花草堂筆談卷八李超無:"李超無負異人之姿,而有無賴之性。酗酒發狂易,爲世眼所物色,浪得慶忌、荆軻之名,卒以賈禍,豈不冤哉!超無聰明小孺子,雖復顛癖,要爲禮義所可遷化。視之太奇,疾之太甚,宜其及矣。所遺詩若文,儘輕脫可喜。受之云:'令後世讀其義,謂詩人故嘗作賊,雅亦不俗。'"

七月十六日,管志道卒,享年七十三。

十一月十五日,雪浪洪恩去世,世壽六十四。

初學集卷六十九華山雪浪大師塔銘,末云:"蒼雪法師徹公,潤公之法子,闡法吳下者也,追惟祖德,請余爲塔上之文,余何敢辭?"不知作於何時,附此。蒼雪爲雪浪徒孫。

本年,楊漣任常熟縣令。

楊漣在常熟與牧齋交往頗多。初學集卷五十五徐元晦墓誌銘:"應山楊忠烈公識元晦於余家,即以忠義相期許。每遺書論天下事,必曰元晦視如何也。其推服元晦如此。"

卷五十八陳孺人張氏墓誌銘:"初,忠烈爲常熟令,語余曰:子不可不識吾元朴。"

列朝詩集閏集三彭仙翁幼朔小傳:"漣爲常熟令,爲余語祝事甚悉。又曰:祝今更姓名曰彭齡,字幼朔,即吳中所謂江甑甀也。"

楊漣(1572—1625),字文孺,號大洪,湖廣應山人。萬曆三十五年(1607)進士。授常熟縣令,考最,陞給事中,官至左副都御史。天啓五年,被閹黨折磨致死。崇禎時,追贈爲兵部尚書,謐忠烈。

徐文任(1573—1623),字元晦。太倉人。亦牧齋摯友。

明萬曆三十七年己酉(1609)　二十八歲

春,通潤與牧齋諸人遊破山,有詩。

通潤二楞庵詩卷春日同錢受之、李長蘅、徐元晦、邵茂齊、陸孟鳧、沈雨若、陸仲威遊破山寺作:"風流七子世稱賢,踏緑躋紅叩法筵。山氣畫明籃筍外,野花風亂角巾邊。過橋雲結重重樹,入座香飄寸寸煙。欲和無生最深調,更從竹裏聽鳴泉。"

通潤(1565—1624),字一雨。蘇州洞庭鄭氏子。師雪浪。弘法金山、華山、中峰等處。疏註楞嚴、楞伽二經,自稱二楞主人。著作甚多,有大乘起信論續疏、二楞庵詩卷等。

據蒼雪大師行年考略:"一雨以師友既喪,思欲静居立言,因卜居於海虞秋水庵。"所謂師友,即雪浪、雪山二人,皆去年卒。又據考略,本年夏,通潤即往金陵結夏。因繫此。

六月十九日,馬元俊卒。數年後,因其子兆聖之請,爲作墓誌銘(牧齋外集卷十五)。

馬元俊(1548—1609),字伯英,號成巖。常熟人。兆聖父,精毛詩。墓誌云:"往予過顧朗仲于藤溪,客有偕朗仲游者,長身修髯,善談笑,相與循谿流,聽松風,觴詠竟日。予視其眉睫蕭疎近人,而微有不可干之色。朗仲語予:'是所謂成巖馬君者也。'王子季和爲馬君弟子,時時爲予言馬君,予益有意乎其人,而馬君逝矣。其子兆聖以狀來謁銘。"兆聖請銘時日不可知,附此以見交遊。

季和名宇春(?—1625),參政之麟子。好佛,事蓮池大師。顧大章被捕,冒暑求解,傷暍道卒。牧齋爲作墓誌銘,文在初學集卷五十五。

秋，北上應試，何允泓贈之以詩，以吳中名臣激勵牧齋。

列朝詩集丁十三下何秀才允泓詠懷吳中先哲贈別受之孝廉七章小序云："今天下需文武才甚急，而中外人材，何今昔遼絕也。嘗上遡憲、孝朝，下及永陵之季，元老長德，接武殿閣，春坊夕垣，各循厥職。而在外者，或慷慨出塞，或拮據治渠，用能宣力帝室，洪濟時難。予不佞，志不出閭巷，何知天下士？即吾吳二百年來，鄉先生錯列琬琰，代不乏人，視今日何如也？每與受之扼擥盛衰之際，不勝昔人九京之歎。己酉之秋，受之偕計吏上公車，爰有銓述，納諸篋笥，蓋贈處之義備焉。"詩略。

過南京，拜謁方孝孺祠。

有學集卷八金陵雜題其六自註："己酉歲計偕北上，弔方希直先生墓，詩云：孤臣一樣南枝恨，墓草千年對孝陵。"此詩錢曾有註，亦見天啟重刻朱鷺建文書法儗卅編上，詩不見初學集，全錄如下。謁方希直先生墓祠四首：萬曆龍飛，錫祠，王弘誨、趙用賢、鄧以讚、汪應蛟、湯顯祖、程心德相繼營成之。侍講祠堂歲享烝，西山遜帝壠誰升？忠臣一樣南枝恨，墓草千年對孝陵。

一著麻衣哭太孫，孤臣十族死啣恩。燕王孫子今天子，珍重春秋祭墓門。

塚中碧血不成灰，蕭瑟寒梅傍塚栽。悵望金川曾失守，忠魂怕上雨花臺。

怯步何心問雨花，年年掛紙泣琵琶。行人尚說前朝事，女種依稀似鐵家。方家女事，見湯臨川集。

又登朱棣所建報恩寺塔,作詩述感。

此詩亦不見初學集,見天啟重刻朱鷺建文書法儗衬編上。登報恩寺塔感述:文皇起藩服,提劍事誅討。喋血遍四海,迴心禮三寶。琳宫逼諸天,窣波直雲表。既顯人王力,不禁孽火燎。三界風輪轉,彌天劫灰掃。煨燼百年餘,孤塔尚縹紗。朝拱孝陵尊,襟帶江流小。回首雙闕間,依稀舊輦道。登臨王氣出,還顧憂心摽。猶憶燕師入,金川痛失保。閶宫玉石燔,禁殿戈鋋擾。以彼一炬威,窮此人天好。須臾報恩刹,煙燄亦圍繞。怪矣灾相尋,幸哉塔光紹。熒熒萬歲燈,長照舊宫草。

十月,過山東臨清,何周置酒,醉後作長干行,題詩壁間。錢塘胡胤嘉、沈守正亦在座。

初學集卷二長干行小序:"萬曆己酉十月,偕計吏過臨清,新安何周無黨邀谷、范兩名姬置酒,勝流歡集,燕賞淋漓。樂美人之目成,惜雲英之未嫁。醉後作長干行題於北里谷氏之壁間,凡二百八十三字。明日,同席者傳寫其藁,乃録而藏之篋中。名士胡胤嘉、沈守正、胡潛皆屬和焉。"

初學集卷五十四都察院司務無回沈君墓誌銘:"余爲舉子,與休復、無回,方舟而北。休復蕭閒淡漠,如定僧静女;無回神宇高徹,顧盼風生。余居其間,兩相得也。"

沈守正雪堂詩集卷三舟泊臨清,再集何無黨宅,錢受之賦長干行,有風塵名士之歎,感而和之:"柳條一夜侵朝霜,遊子停舟促酒觴。何郎俠骨傲青女,典貂闖入少年場。谷姬窈窕復容與,眼底眉前皆有語。緩拍吳歌三兩聲,鴈叫寒飆蛩泣雨。坐中聞之慨以慷,欲問不敢心摧藏。明朝解佩逢交甫,始知羞學畫眉長。更有小范來風前,黃鵠何不遂翻翩。王孫善賞徒善句,賈兒解妬不解憐。綠珠已墮翔風老,銅雀姑蘇盡荒草。佳人何地不堪悲,古來壯士空懷抱。我本天地不平人,長干讀罷倍傷神。世間萬事多如此,何況區區香粉身。"

胡胤嘉(1570—1614),字休復,號柳堂。萬曆四十一年(1613)進士。選翰林院庶吉士,踰年卒。

沈守正(1572—1623),字允中,更字無回。萬曆三十一年(1603)舉人。官至都察院司務。著述甚多,有雪堂集、詩經説通、四書説叢等。卒後,牧齋爲作墓誌銘。

胡潛,字仲修。新安人,家於杭。布衣,能詩。列朝詩集丁集七:"潛字仲修。歙人,僑居武林。游跡甚廣,北抵燕,南游閩,西入秦、蜀,善詼諧,年八十餘,耳聾目眇,猶多微詞,口吃吃笑不休,屬余序其詩而未果也。"

抵京,十一月十六日,作書顧與淳。

壯陶閣書畫録卷十一:别後曾附二札,一在出京時,一在放榜後,想俱達矣。舟行遥遥,數旬始得抵都下。夾之兄出手書見示,始知兄以入觳復失,更爲悵惋。夾之又言兄與令弟俱發憤下帷,爲焚舟破釜之計。我輩意氣,自應如此。造物者陶鑄英雄,亦不在目睫取途也。長安中望尊台先生之出,真如望歲。蒼生之望,似不可不一出慰之。按君一疏,葉相公復爾杜門,雖奉温旨,亦以破却局面,票擬之權,恐不他有所屬,則内有所歸。孫太宰亦以推升一二被論。給諫爲臺省所不滿,亦杜門求去矣。天下事,未知作何收局。總之,昔人所云天若祚宋,必無此事而已。寒窗點筆,聊此奉聞。弟近況頗不惡，功名利鈍，亦在有意無意之間，畢竟自有定數，著忙不得耳。見君常兄弟、虞工、巒稚諸相知，一一致聲，令弟不及另簡，并此道意。小弟謙益頓首，亭之仁兄知我，十一月十六日。冲。

葉向高蘧編卷三：“三十七年己酉……六月，余以病告。時太宰富平孫公到任數月，推補各官不下，亦具疏求去。”

葉向高(1559—1627)，字進卿，號臺山。福清人。萬曆十一年(1583)進士。萬曆、天啟兩任閣相。

顧與浹，字夾之，號白餘。萬曆三十四年(1606)舉人。顧憲成從子。早卒。陳子龍安雅堂稿卷十二有孝廉白餘顧公暨元配徐孺人墓表，文中云：“其師資也，則澄江繆諭德，其所取友也，則茂苑文殿學、姚詹事、虞山錢宗伯、同邑馬太史。”馬太史即馬世奇。

馬世奇(1584—1644)，字君常，號素修。無錫人。崇禎四年(1631)進士。官至左庶子。都城陷，肅衣冠，捧所署司經局印，望朝拜畢，自縊死。明諡文忠，清改忠肅。

顧嘉舜(1578—1640)，字虞工，號固庵，別號視齋。無錫人。天啟元年(1621)副貢。爲人方嚴有氣骨，爲學旁通博覽，尤深於尚書。

吴鐘巒(1577—1651)，字巒稚，又字峻伯，號霞舟。武進人。崇禎七年(1634)進士，授長興知縣。十二年被削籍，謫紹興。十五年，改桂林府推官。福王立，擢禮部主事。魯王監國，官禮部尚書。順治八年(1651)兵敗，自焚於舟山。師事顧憲成、高攀龍等，治心性之學，尤精於易。著述甚富。

冬，在京城應試，與袁中道、賀烺、方應祥等人遊。

袁中道遊居柿録卷三:"中郎移襆被入署,予亦出至極樂寺,與錢受之、賀函伯修業。出西直門,過高梁橋,虬枝遮天,宛似郭河陽畫,河冰如琉璃。"同卷又有"錢受之話王逸季事"云云。

初學集卷三十三賀中泠浄香稿序:"余爲舉子,與公安袁小修、丹陽賀中泠卒業城西之極樂寺。課讀少閒,余與小修尊酒相對,談諧閒作。而中泠覃思自如,一燈熒熒,雪車冰柱,摯戞筆硯間。"

方應祥青來閣初集卷九自順城門遊極樂寺紀事:"己酉之臘,余與袁小修、錢受之嘗婆娑焉,今爲貴人子所扃。"

袁中道(1570—1626),字小修。湖北公安人。萬曆四十四年(1616)進士。授徽州府教授,陞南京國子監博士,官至南京吏部郎中。與兄宗道、宏道齊名,並稱三袁。

賀世壽(?—1651),原名烺,字函伯。亦萬曆三十四年(1606)舉人,三十八年(1610)進士。東林黨人,以户部尚書致仕。著有浄香池稿。

與李流芳、王志堅交流制藝。

王聞修先生河渚集卷三錢受之稿序:"己酉,余與長蘅讀書廣成蘭若,受之在極樂寺,每秋成,輒示吾兩人,則精光陸離,不可逼視。長蘅與余言友輩文,輒首爲屈指。乃受之果以此第。"

冬,錢世揚安葬母親卞氏。

牧齋外集卷十四先父景行府君行狀:"己酉冬,祖母始克葬。"

海虞文苑卷十八錢世揚畸人傳:"己酉歲,勉舉母大人裏。"

明萬曆三十八年庚戌(1610)　二十九歲

正月,仍與袁中道等人遊。

> 袁中道遊居柿録卷四:"受之云:生平知交有一顧朗仲,今已死矣。"同卷又有"錢受之言及崑山王明佐事"。同卷又云:"與受之、函伯至法華寺看求仲,求仲曰:予數夢至此寺看牡丹,似是好消息也。"皆正月事。

> 袁中道珂雪齋集卷十一徐田仲文集:"庚戌計偕,予與李長蘅、韓求仲、錢受之諸公結社修業,田仲與焉。"

> 徐文龍,字田仲。休寧人。萬曆三十四年(1606)舉人。官杭州同知。

> 韓敬(1580—?),字簡與,一字求仲,號止修。歸安人。本年狀元。

孫承宗以會試策文示董思霬,思霬以爲必牧齋所作。

> 列朝詩集丁十二雷簡討思霬:"庚戌闈中,高陽公得余五策,以示何思,首策訟言江陵社稷之功,而詆諆紹述者。何思曰:'楚人不敢言也,非楚人不能知也。吳士有錢受之者,其人通博好持大義,得無是乎!'高陽撤棘告余,歎何思能知人也。"

> 孫承宗(1564—1638),字稚繩。河北高陽人。萬曆三十二年(1604)進士。官至兵部尚書。致仕里居,率衆抵禦後金軍,城陷被殺。

> 董思霬(?—1611),字何思。湖北夷陵人。萬曆二十九年(1601)進士。

進士及第,一甲三名,授翰林院編修。

會試論一道(聖王必以其欲從天下之心),表一道(擬上留北直隸諸處本年應解內幣稅銀以二分充軍餉一分賑饑民廷臣謝表),策五道,見初學集卷八十九,廷試策一道,見初學集卷八十八。又四書文齊景公有馬千駟、事孰爲大兩道,見錢孫保所編匪庵文選一集。

按:初學集八十九所錄牧齋會試墨卷表下注萬曆三十七年,並非寫作時間,而是據題目要求擬表時間。

座主有孫承宗、蕭雲舉、曹于汴、王圖等人。

蕭雲舉(1554—1627),字允升。廣西宣化人。萬曆十四年(1586)進士。官至禮部尚書,兼翰林院學士。

曹于汴(1558—1634),字自梁。安邑人。萬曆二十年(1592)進士。官至都察院左都御史。

王圖(1557—1627),字則之。陝西耀州人。萬曆十四年(1586)進士。官至禮部尚書。

殿試是夕,看演湯顯祖邯鄲夢。

有學集卷十四病榻消寒雜詠四十六首其十二:"硯席書生倚稚驕,邯鄲一部夜呼嚻。朱衣蚤作臚傳讖,青史翻爲度曲訛。炊熟黃粱新剪韭,夢醒紅燭舊分蕉。衛靈石槨誰鐫刻?莫向東城嘆市朝。"自註:"是夕又演邯鄲夢。"

錢曾註云:萬曆三十八年庚戌,命吏部侍郎蕭雲舉、王圖爲考試官,取中舉人韓敬等三百名。時同考試官翰林湯賓尹、南師仲、張邦紀、張以誠、孫承宗、王家植、駱從宇、張鳳彩、雷思霈、丘禾嘉、陳五昌、彭雲霄,給事中曹于汴、胡忻、胡應台,吏部朱世守,兵部徐鑾,工部張濤,知貢舉者,禮部署部事右侍郎吴道南也。三月廷试策士,赐韩敬、马之騏、钱谦益等进士及第,出身有差。笺曰:汤宾尹尝避跡西湖,韩敬具贽执经,情好最密。己酉,敬中顺天乡榜。庚戌会试,敬卷在徐鑾房,已加涂抹,宾尹以敬故,徧往各房搜阅,识其文,携归洗刷,重加评定,取中首卷。复于各房多所更换以乱其跡,吴公道南动色相争,榜出后,吴公欲发其事,福清止之而止。及廷试,道呈阁拟公第一人。汤、韩密谋,辇四万金通内,神宗拔敬第一,次公第三。三十九年辛亥,汤罗察典,敬诣王公图求解,王曰:"第一款即兄之事。"敬语塞而退。四十年壬子,御史孙居相直发科场大弊,疏参汤、韩,下部看议,部覆韩敬应照不谨例闲住。汤临川尝语公曰:"邯郸梦作於前,曲中先有韩卢之句,竟成庚戌胪传之谶。此曲似乎为韩而作,亦可异也。"

因殿试状元为归安韩敬,东林党人意甚不平,为以后党争埋下伏笔。

初学集卷六十二安邑曹公神道碑:"万历中之党议,播于庚戌而煽于辛亥,二三小人,飞谋钓谤,以一网尽东西南北之君子。"

又静志居诗话卷十七:"陈翼飞,字元朋,平和人。万历庚戌进士。除宜兴知县,被劾归。有慧阁、长梧二集,己未、庚申、辛酉、壬戌行卷。元朋牵丝百里,遽挂弹文,坎壈终身,赖诗篇以陶冶,集甚繁富,几与明卿、伯玉争多。史取一编,惜乎未就。观其解组记,自述与韩求仲偕游金山,有诗僧慧秀,携沈孝廉虎臣札来谒韩,中称引宜兴吴徹如,触韩怒,嫚骂吴不绝口,以慧秀诗挂松枝上,斥而遣之。慧秀诉之於吳。時沁水孫尚書居相以御史督運漕，吳嗾孫劾之，代爲草奏，辭連鄒臣虎、湯嘉賓。黨禍既成，元朋一跌，遂不復振矣。錢氏與求仲、臣虎、元朋皆同籍，而列朝詩槩削去不録。嗚呼，桑海既遷，猿鶴沙蟲悉化，而雌黃藝苑者，黨論猶不釋于懷，可爲長太息也。"虎臣即沈德符，徹如即東林黨人吳正志。

李流芳、沈守正二人皆落第，相識於京邸。

　　李流芳檀園集卷十祭沈無回文："吾兩人之交，自庚戌始傾蓋燕中，中間吳、越相望，聚散不常，良晤之期，廿年有幾，而今遂成隔世耶？猶憶受之言曰：'近識沈無回，酒杯流行，意態俯仰，絕似長蘅。'比索無回於邸中，相視而笑，求其相似者而不得也。而今遂使我爲中郎虎賁，不逾痛耶？"

初入史館，得識吳道南。

　　初學集卷五十三承事郎平樂縣知縣郭君墓誌銘："余初入史館，得侍崇仁吳公。公曰：'闈中評文，有甚予者曰，是年長矣。'應之曰：'老成人不可不惜。'又曰：'是將不登甲榜。'曰：'得良乙榜亦可矣。'"

　　吳道南(1550—1623)，字會甫。江西崇仁人。萬曆十七年(1589)進士。時年四十，故有年長之説。本年陞禮部尚書，四十五年致仕。

謁見孫丕揚，孫以宰相相期許。

　　有學集卷十四病榻消寒雜詠四十六首其十一自註："庚戌登第，富平爲太宰延接，如見古人，迄今又五十四年矣。"

　　牧齋外集卷二十五南北記事題詞："余初登第，謁見冢宰立山孫公。公謬以余爲可教，執手訓迪，以古名宰相相期許。"

父世揚趣令上書旌表祖母苦節,未報。

> 晚年家乘文族譜後錄上篇:"謙益舉進士及第,先君趣令上書,疏奏祖母苦節,請旌門,未報。"

春,從姑丈何允濟在京謁選,不如意,將歸。先是,京城喜雨,爲牧齋賦霖雨行。

> 初學集卷三十七壽何崞縣序:"萬曆庚戌之春,商楣何先生以崞令需次選人,得滇南幕。先生過余嘆曰:'余髮種種矣,折腰一官,羇紲萬里,獨不畏老櫞笑人乎?余且歸矣。'先是旬日,余拜史官命,初入玉堂之署,畿輔方喜雨,先生爲余賦霖雨行,音節激昂,殊不類山澤之癯,不意其遽勇退若此也。"老櫞,即其家中所種香櫞樹。

何允濟(1557—1617),字商楣,號還赤。順德壻。萬曆十六年(1588)舉人。官崞縣令。

三月十三日,瞿汝稷去世,年六十三。

> 瞿汝稷(1548—1610),字元立,號洞觀。景淳長子。以蔭補官,官至長蘆都轉運使,卒於滄州官舍,詔加太常寺少卿。著有同卿集、指月錄等。卒,葉向高爲撰墓誌銘。汝稷有三子:長子式耒,娶趙用賢孫女;仲子式黼,取牧齋從祖順德孫女;三子式鉉,娶蕭應宮孫女。汝稷有三弟:汝夔,字太素,因與汝稷妻徐氏通姦,被家族除名;汝益,字靜觀;汝說,字星卿,一字達觀,即式耜父。

汝稷死,牧齋爲作傳,文在初學集卷七十二。又卷七十八瞿少潛哀辭云:"太僕公之歿也,請余爲家傳。余舉其大節,無所孫避。族人群噪之,少潛曰:吾頭可斷,此傳不可改也。"族人所噪者,即傳中所言徐氏通姦事。

牧齋又有瞿元立畫像贊,見初學集卷八十二。贊小序云:"公之生平,少保福清公誌及余傳備矣。"葉向高墓誌作於萬曆四十三年乙卯(1615)十二月下葬之時,牧齋贊應在其後,且附此。

陳禹謨亦有祭文,見學半齋集。

張燮聞牧齋及第,作詩一首志喜。

霏雲居集卷十四聞錢受之及第:"昔挾鷟文奮,今開虎觀披。人臣推罕輩,帝乃嘆同時。漢殿芝三秀,郗林桂一枝。銀魚腰下瘦,金馬望中移。案在饒青玉,詞傳盡色絲。冰銜分露掌,水鏡拭雲旗。江左才名峙,朝端事業窺。冠彈王吉貴,鞭著祖生馳。太乙藜偏照,魁三象自知。願言玄感會,莫遣素心疑。"

閏三月十二日,岳父陳欽光去世。

初學集七十六陳府君合葬墓誌銘:"(我先君)長於府君六歲,賢府君而友之,酒食徵逐,披見肺腑,故次女歸於我。……府君爲文,攻苦振奇,搯擢胃腎,年五十二,才得試鎖院。歸語夫人:'吾生平望省門,向西而笑,今得快意矣。'日相度旗竿何向,燕饗何所,戒夫人疛羊酒以俟,已而寂然。煩冤結轖,意不自聊,病不良食。明年庚戌,余及第報至,爲解顏,少食粥糜。閏三月十二日,遂不起。夫人後府君八年卒,年六十有六。"

五月十六日,父世揚卒,年五十七。易簀前一日,以所著古史談菀付牧齋。

牧齋外集卷十四先父景行府君行狀:"先君生于嘉靖甲

寅九月初十日,卒于萬曆庚戌五月十六日,年僅五十有七。"

初學集卷七十四刻古史談苑目録後序云:"易簀之前一日,手自封識,以詒謙益,曰:此宋人之遺弓也,吾死,無忘吾所爲殫瘁矣。"

初學集卷七十四請誥命事略:"卒之日,手定其所爲古文,及所輯古史談苑,藏弆之以畀謙益,且遺之言曰:必報國恩,以三不朽自勵,無以三不幸自狃。"

世揚死,李維楨爲作家傳,載古史談苑卷端。

時建寧謝兆申滯留虞山,牧齋爲之周旋,謝氏感而賦詩,並作祭錢景行文。

謝耳伯初集卷十三祭錢景行文:"維萬曆三十有八年庚戌,贈君景行先生既聞令子廷試第三人之命,遂寢疾焉。且革,遺誡令子曰:'若宜以三不朽自立,勿以三不幸自傲。'而令子有風木之痛矣,逮令子奔喪歸,予始獲以醳薦焉。"

詩集卷六錢受之奔喪歸即急予感而有賦:子爲風木悲,我以客遊窘。颯颯涼風來,絺綌聊自袗。仰觀鴻雁飛,嗷嗷爲予閔。況兹水涸時,琴川徒潤潤。我雖急友生,誰謂拙者敏。犖犖二三子,視予將結靷。豈不感同心,喟我尚無軫。以子一咨嗟,使我忘淒凜。

方此淒淒日,白鷺翩已飛。況有露禽鳴,寧不思天垂。天高尚有風,舉翮豈無資。蟋蟀依宇下,有心當誰語。豈意棘欒欒,乃以念新知。意氣有所敦,豈爲宿相思。我亦思古處,而胡倏在兹。嗟哉行道人,徒爲目以嗤。

謝兆申(?—1621),字伯元,號耳伯、太弋山樵。福建建寧人。萬曆貢生。傾家購書,積之五萬餘卷。歲遊吳、越間,出必載書數車。後客死麻城,書留僧舍,散佚殆盡。友人醵金葬南都雨花臺。

爲弟二酉訂婚。

有學集卷三十七李緝夫室瞿孺人墓誌銘:"先君即世,幼弟二酉才二齡(一本作不一齡),余奉諱歸,摳衣肅拜,定昏于緝夫之女,以爲李氏兩世素交,先君之神所式馮也。踰年二酉殤,孺人哭其壻,過時而悲,余每爲揮涕。"

秋,坊間刻唐詩選玉,託名牧齋評注。

王重民中國善本書提要:新刻錢太史評註李于鱗唐詩選玉七卷卷首一卷,五册,國會。明萬曆刻本(十行十九字)。原題:"濟南李攀龍于鱗甫編選,常熟錢謙益受之評註。"校以袁宏道本,内容大致相同,惟此本又較簡略耳。此本在袁本前,然此兩本之前,當更有一祖本,爲此兩本所從出。余疑其祖本,即唐汝詢、蔣一葵註解本也。此本卷末有"萬曆庚戌秋月書林劉龍田鐫"牌記,龍田書坊名喬山堂,設在建林之書林。是年春,謙益以第三名成進士,入翰林,而秋月刻書,即託之"錢太史"。又是年進士第一名爲韓敬,故又以序文託之。書林與館閣相呼應,其影響之捷快有如此者!

秋,見邵濂,濂病甚,已無意于人世。

初學集卷五十五邵茂齋墓誌銘:"庚戌之秋,執余手而語曰:'余病消渴甚,自此無意于人世矣。'視其中若有不自得者。"

九月,至武林,入雲棲,薦先禮懺。

有學集卷四十九題武林兩關碑刻云:"神廟庚戌之歲,

余居憂禮懺雲棲。"

袾宏(1635—1615),字佛慧,號蓮池。俗姓沈。仁和人。駐錫杭州雲棲寺,爲明末四大名僧之一。

冬,學宮修儒學志成,爲作學志序。

序云:"永陽楊侯之令吾虞也,朝於學宮,周視而歎……於是散錢以儆功,攷禮以備物,立廩以周食,逾年而克有成。諸生嚴子栴廼論次學志,而屬余敍。"此書即常熟縣儒學志,共八卷。時縣令楊漣新修學宮,邑中諸生繆肇祖、朱曾省、嚴栴、馮復京、宋奎光、袁光翰呈請學政,纂修此志。校閱者則爲教諭李維柱。

李維柱,字本石。湖廣京山人。維楨弟。萬曆四年(1576)舉人。三十七年官常熟教諭。書得顏平原筆意,尊經閣下南華堂大額及破山寺碑,皆其筆。

本石亦喜漢書,初學集卷八十五跋前後漢書:"京山李維柱,字本石,本寧先生之弟也。書法橅顏魯公。嘗語余:'若得趙文敏家漢書,每日焚香禮拜,死則當以殉葬。'余深媿其言。"

民國重修常昭合志卷十九金石:"海虞學志碑。萬曆三十八年、三十九年。……學志序五篇:一楊漣撰,嚴澂書;一翁憲祥撰,陳元素書;一李維楨撰,嚴栴書;一王穉登撰并書;一撰書人姓名已泐。"所泐之文即牧齋此文,殘文又載邵松年海虞文徵卷二。

十二月,爲杜文煥作榮福堂記(牧齋外集卷十三)。

記云:"榆陽杜大將軍弢武,爲堂以奉其尊人特進公來儀暨母周夫人,而顏之曰榮福。堂既成,弢武爲特進舉七十觿。……發武蹶然起立,裹糧走使數千里,授簡于史錢子。……萬曆庚戌季冬嘉平之吉,賜進士及第翰林院編修文林郎虞山通家友弟錢謙益頓首拜譔。"

杜文煥(1581—?),字發武,號日章、元鶴逸史。先祖本崑山人,洪武時遷延安衛。家世累有戰功。文煥因蔭得官,累進參將、副總兵。萬曆四十三年(1615),擢寧夏總兵,鎮延綏。天啟間,因戰奢崇明有功,擢總理,統領四川、貴州、湖廣諸軍。崇禎時再鎮延綏,破家捍賊,以病掛冠,天子念其勞苦,以太保致仕,頃以子弘域詰進崇明侯。甲申夏,方結盟同志北上勤王,聞北都失守而罷。福王登極,仍領諸將。福王敗,隱居崑山。生平見其自述元鶴逸史傳。父桐,字來儀。以總兵鎮保定、延綏、寧夏等處,以勇謀著。桐弟松(?—1619),字來清,歷鎮延綏、薊州、遼東、山海關等處,威名遠揚,死於薩爾滸之戰。

編制義全稿,請王志堅序之。

王聞修先生河渚集卷三錢受之稿序:"受之既捷南宮,復以第三人讀書中祕,一時操觚家望其稿如望歲焉,則出其計偕以來義刻之,曰渡江草。已復以前所行稿,更爲校定,題曰受之全稿,而以示余。"

是年,彭仙翁來,從之學仙。

列朝詩集小傳閏集三彭仙翁幼朔:幼朔,名齡,不知何許人也。萬曆丙戌、丁亥間,游寓蜀之潼川州,自稱鄒長春。常熟人顧雲鳳爲州守,從諸生得其填詞,異而物色之。戴高簷帽,乘輿以來。守與語,激詭多奇,因而稍規之。遂徒步往還,多談容成御女之術。又七年甲午來吳中,稱江鶴,號瓠甄子。攜其妻寓雲間，常出游旬月，妻蓬髮閉戶，迨其歸，始櫛沐。交士大夫，多言其居官時事，皆有端緒。每及正、嘉間鉅公，輒曰某某吾門生也。人扣之，莫知其所以。已而往長安，妻死，爲發喪，乃知爲二陳太監妹也。又數年，游楚中，又自稱祝萬壽，號海園。承德間諸生從之學舉業，爲諸生評點課義。應山楊漣，少落拓，不肯習程文，諸生皆心薄之。每詢祝何人命中，祝云："楊二會中。"諸生咸噪之，以爲欺我。漣爲其父卜葬，勞劇成疾，不食數月，將屬纊，諸生聚而哭之。及其未絕也，致奠焉。諸生有陳愚者，會哭而歸，祝從光、黃間來，抵愚家，問："楊二好否？"愚曰："楊二病不可爲矣。諸生已設生奠，聚哭而歸矣。"祝曰："楊二那得會死。"捉愚臂往視之，撼之不動，頮其面，大呼楊二者三，唇微張，喜曰："猶可爲也。"袖中出藥一粒，以箸啟其齒下之，氣息惙惙，夜分而甦。明日，諸生就漣家，攜酒肴享祝，漣從牀上躍出，飲啖兼坐人。承德間人皆云："祝老能生死人也。"癸卯元旦，試諸生，批漣文後云："但得三人同一口，九霄之上便飛騰。"漣以是科鄉薦，主考曰孫如游、董復亨，房考曰劉文琦，三人同口之徵也。漣爲常熟令，爲余語祝事甚悉，又曰："祝今更姓名曰彭齡，字幼朔，即吳中所謂江瓠甄也。"越二年，彭從楚中來，余與之游，先後四五年，用服氣法授人，間傳汞銀法，談百餘年朝野事，歷歷如指掌。與人言，依於長者，好爲人排難解怨。妻少婦，亦中貴家女，長齋誦金剛經，翁亦從其佞佛，時時作有爲功德。其語音似江、楚間人，又常言與某某同朝，然亦竟莫知爲何許人也。天啟中，楊漣以給諫論劾魏閹，大獄連染，翁大出橐中裝助其家。

又懼禍改馮姓，往依涿相以居。丙寅歲，還金陵，依李沮修，卜壽藏于金陵之龍泉山，經營甫畢，集友朋告別，談笑而逝。既殮，其妻闔户自經，沮修爲合葬焉。葬後兩月，有人乘馬夜扣沮修門，授尺書而去。發之，則彭翁手書也。言化後事甚詳，且云黄腸一具極其完美，法喜以絨繩自縊云云。手跡如生平，字稍楷而墨加濃。與翁孝先書亦然，託致問于余。後一年，有人見之登萊山中，僕從車馬甚盛，自是不復見矣。余嘗問翁何故數更姓名，曰：“此古人逃劫法也。陰府勾攝，用無常鬼。鬼智力短，不能出五百里外。劫數將到，變姓名遁五百里外，鬼無從攝我，又過一劫矣。”酒闌語熱，引杯看劍，若有不能舍然者。嘗語余，近有人入青城山中，見老人跨白鹿曰：“我三國徐庶也。”世寧有英雄不爲神仙者乎？幼朔之爲英雄，爲神仙，吾不得而定之也，吾知其爲異人而已矣。幼朔有女嫁膠州高太守鏘，其詞翰高氏多有之。

乾隆漢陽府志卷四十四：祝海韋，江西人。萬曆中，至孝昌，主二郎畈劉申錫家，工養生家言，貌常似四十許人，言後事多奇中。與應山楊忠烈漣善，時忠烈尚在諸生，韋嘗賦詩云：“曾到蓬萊第一關，卿雲扶我下塵寰。看殘海上千秋月，醉卧江南萬里山。庭燎蒼茫傳火罷，官聲磊落步虛還。唐封深夜靈奇事，分與刀圭駐舊顔。”楊、左之事，海韋蓋先言之矣。久之去，更姓名彭幼朔，遨遊天下數十年。人或見之揚州興化縣寺中，其顔如故也。

民國榆林縣志卷三十六：一炁，姓彭氏，字幼朔，號海侗子，不知何許人。貌甚古，數更姓名，人不能測。萬曆四十六年春，副使陳性學、許汝奎，鎮將杜文焕邀致，授以服氣煉神、存真知命之道,云能修此,則可證隆砂八百之數。每於指光中見未來事。後一旦飄然去,往來吳、楚間,後不知所終。

按:楊漣爲常熟縣令在萬曆三十六年,故繫之此。

明萬曆三十九年辛亥(1611)　三十歲

三月,京察開始。主其事者爲吏部尚書孫丕揚、侍郎蕭雲舉、都御史許弘綱、吏科給事中曹于汴等人。丁元薦首發宣黨首領湯賓尹與韓敬科舉舞弊案,湯賓尹被罷斥。

文秉定陵注略卷九:"湯賓尹當民變時,遁跡西湖,莫有過而問者。韓敬以太學生具五十金爲贄,執業請正。兩人交好最密也。己酉,敬中順天鄉榜。庚戌會試,敬卷在徐鑾房中,已塗抹矣。賓尹遍往各房搜閱諸卷,識韓卷於落卷中,移歸本房,潛行洗刷,重加圈點,遂取中本房第一。復以敬故,於各房恣意搜閱,彼此互換,以亂其跡。吳公道南在場中,與賓尹動色相爭。主考蕭、王兩公亦大不堪。……榜出,都下大譁。吳擬發其事,請教福清。福清曰:'若此弊一發,將蕭、王俱不能安其位。且公資在兩公後,恐有排擠前輩之嫌。'吳乃止。既朝廷,湯、韓密謀,輦四萬金進奉內帑。進呈閣擬,錢謙益第一,神廟拔韓敬爲第一,謙益第三。次年,湯遂羅密典。臨期,韓詣王爲湯求解,王曰:'第一欸即兄之事。'韓語塞而退。"

又同卷:"韓敬與金沙于玉立爲兒女姻,于頗以紈絝畜之,敬深以爲恨。及登第後,于方喜葭莩之借光,而不知其飲恨甚也。時適當淮撫之事,因淮撫而并及錫山,徐兆魁前驅最力。于寓書於敬,授以書稿,令攻兆魁,保舉淮撫,且云:'不特一時之譽望攸歸,而日後之援立,可握券以取矣。'敬接疏稿,反以授兆魁。於是彼黨合噪以攻于,摧駁無完膚。同仁咸爲不平,丁禮部元薦首發其場中搜換情弊,孫遂繼出此疏。"

四月,于婁江舟中,作春秋胡傳翼序,闡明胡傳得失(錢時俊春秋胡傳翼卷端)。

序云:"余姪水部用章氏輯春秋胡傳翼成,不佞讀而歎曰……"用章,即錢時俊。時俊此書尚存。

七月十四,傅新德卒,年僅四十三。

袁中道有書寄牧齋。

袁中道珂雪齋集卷二十四寄錢太史受之:"京華一別之後,得一奉手教,不啻晤言。復見尊稿序中,諄諄齒及于弟,知兄之不忘弟也。……乃不意相愛相知之慈兄,一旦舍我而去,顧影淒涼,何以度日,憂能傷人,血病大作,遂逃之青溪、紫蓋之間,誅茆而老焉。聽泉看山,不覺沉疴頓起,而老親之病繼作,不得已復返初服。……因禪友怡山東歸之便,附字奉候。"參遊居柿録,中道遁居養病正在本年,因繫此。

顧憲成有書寄牧齋,討論諸壽賢之事。

顧憲成涇皋藏稿卷四與錢受之:"敬陽儀部畢竟是君子,頃面效其狂言,了不爲忤,非特不爲忤,且覽且喜,且感且謝,不啻其口已。復促膝細談,不覺淚下曰:'世安有愛我如君者,此一副心腸,從何處得來?'大凡人之過出於有心,則有遮護,其改之也難;出於無心則無遮護,其改之也易,以此知儀部必能始終爲君子,不至半途而墮落也。計足下所樂聞,特及之。"

同卷與諸敬陽儀部:"乃數年以來,所聞浸異,一而至,置之矣,再又至焉,再而至,亦置之矣,三又至焉,迄於今,猶然嘖嘖未已也,乃始不能釋然。……今日之敬陽即昔日之敬陽也,何判然兩截?……足下行年六十有二矣,還能再活六十二否?此時一蹉,永劫難補,可容兒戲?弟誠不勝惓惓,輒此饒舌,惟足下作一竹竿到頭人,惟足下作百尺竿頭進步人。"

同卷又一通云:"足下受善之勇,真不可及,佩服佩服。聞琴川、松陵各有寄莊戶,此必迫於親交之情,不得已而應之耳,急須除之。君子自愛愛人,皆以德不以姑息,萬勿再爲因循,冒虛名而貽實玷。"

高攀龍高子遺書卷八與諸景陽:"晚節難持,不謂老丈有此敗著,以踐人言,令友朋喪氣,斯道無光。可惜可惜。老丈以貧儒起家,要許多田產何用?爲今之計,惟有賣去一二千,盡還諸逋,盡絶俗交,杜門讀書,禁戢賢郎,纖毫勿與外事,爲世間立箇悔過痛改的榜樣,猶爲大勇,不失令名。若再失此着,懸其身於不道不俗之間,兩下不收,小人喜得其間,君子恨毀其藩,即老丈自欺,亦屬面目可憎,語言無味矣。輕擲一生之品,坐棄千載之業,何爲乎哉?弟辱老丈骨肉之愛,半世于茲,無以報德,敢下此苦口,千萬念之。"

諸氏不知何事,疑與其助親眷爭奪田產有關。

諸壽賢,字延之,號敬陽,本姓朱,避國姓改諸。崑山人。萬曆十四年(1586)進士。既釋褐,上疏曰:"願放歸田力學十年,然後從政。"章下所司,寢不奏。因疏劾房寰欺罔罪,奪官還家省愆。久之,起南陽教授,入爲國子助教,擢禮部主事,乞病歸。隱居吳縣寶華山講學,造就甚衆。年七十一卒。

據萬曆丙戌科登科錄,諸壽賢生於庚戌年(1550)五月二十九,六十二即在今年,因繫此。

本年,邵濂去世,年四十六。

初學集卷五十五邵茂齊墓誌銘:"病革之日,顧稚子在前,指以屬余,無甚憐之色。偕僧徒頌佛號,奉手而逝,年四十有六。萬曆三十九年某月也。"

本年,弟二酉殤。

吳之甲有書信來。

静悱集卷十答錢受之:"每過吳門晤孟長,諗知年丈屏居静攝,不以物務裝懷,澄心如水,宰相之胎也。貴邑父母,今之古人,古之良吏,商彝周鼎,見者蔑不嘆爲高品。至不肖生平癡絕,不能疑人謗人,亦不計人之疑謗。彼悠悠之口,亦枉費螢鐵燒空之力哉。一笑。"不詳何事。同卷與楊大洪書亦云:"唯生平不能萌一害人之念,不敢生一尤人之心,此可矢神明、質天日者耳。"

吳之甲(1580—?),字元秉,號兹勉。江西臨川人。萬曆三十八年(1610)進士,乃牧齋同年。三十九年授松江推官。後官浙江提學副使、參政。爲人清廉,頗得民心。天啓末卒。楊漣萬曆三十六年至四十年任常熟縣令,故繫此。

作明故太學治齋張君暨章令人墓表(牧齋外集卷十七)。

張希詠(1537—1604),字與元,號治齋。太學生。茸半野堂居之，花月召群從觴詠其間。文嘉、文彭、陸治、彭年、黃姬水等，皆與之交。半野堂後歸嚴氏。妻章氏，卒於今年，年六十七。且繫此。

明萬曆四十年壬子(1612)　三十一歲

二月,程嘉燧與瞿式耜同舟自武昌歸南京,舟中錄新舊詩七百餘首,爲李流芳、牧齋等人所歎賞。後又多次增補,成今所傳松圓浪淘集十八卷。

程嘉燧松圓偈庵集卷上浪淘集序："壬子二月,武昌回,與瞿起田同舟,江行苦風浪,半月而至九江,簸蕩掀圻之中,搖神滌藏,時時以酒澆之。半酣,起田輒濡筆伸紙,請吟余詩,隨手書之,余頹然之餘,聊爲爾爾。風不止,起田亦不倦。至南京,則余詩幾盡,凡七佰餘篇,錄成而歸,李長蘅、汪無際各傳寫之。錢受之與好事尤亟稱之,多有其本。余固不得藏已。在上黨無事,因合書爲一集,增定計千餘篇,題曰浪淘者……"松圓浪淘集卷十三春帆集小序："壬子二月,由武昌回,瞿起田同舟,追錄舊詩八百首。"

程嘉燧(1565—1644),字孟陽,號松圓、偈庵。晚年皈依佛教,釋名海能。休寧人,僑寓嘉定。工詩善畫,對牧齋一生影響甚大。著有松圓浪淘集十八卷、松圓偈庵集二卷、耦耕堂集五卷。

松圓偈庵集卷下有通錢探花一書："自首傳香案之臚音,已心戀板輿之色養。於是逍遙道山蓬萊之海,婆娑詞源竹素之林。紬蘭臺藜閣之藏,啟副墨名山之業。力窮搜採,手自裁編。上下國家三百年,勒成金石書千卷。豈徒以備累朝不刊之典，實將以正後人無缺之謨。……宜將召李泌於南嶽，何得卧安石於東山？某章句陳儒，簿書賤吏，即欲通名而未敢，豈獨親炙之無階。非有紹介之緣，大出平生之望。許齒牙爲羽翼，期卵鷇以翻飛。蓋爲國育才，不求其備；取人以友，不待其交。仰恃大賢爲依歸，敢云模範；俯衿小夫之局曲，尚愧梯媒。"則二人相交在牧齋中進士之後。

然程嘉燧牧齋先生初學集序云："蓋余識先生于未第時，一見而莫逆于心，且三十年矣。"此序作於崇禎十五年(1642)冬，三十年前即本年，牧齋已第。

五月二十三日，顧憲成去世，年六十三。

秋，新安汪逸來訪，日與張維、顧德基等賦詩爲樂。

錢謙益來鶴軒草小引："去年秋，新安汪遺民訪我艸堂。每夕張叔維、顧用晦諸君畢集，必賦詩。遺民落筆千言，風旋電走，用晦獨與角奇角捷，酒筒墨池，幾爲戰場。叔維側弁而哦，夜分不休。余股慄從壁上觀，時呼酒爲一擊節耳。"來鶴軒即顧德基書齋，參見下年。

顧德基東海散人集卷二夜集來鶴軒同汪三園客、復聞上人、錢太史受之、張五叔維、家兄康叔、吴校書分韻得四支："日落留髡獨酌時，西窗新月照蛾眉。畫堂好擁東山伎，豪客頻空北海卮。曲盡聲同雲影住，燭殘詩並夜光奇。眼前最好多羈旅，莫唱陽關腸斷詞。"

汪逸，字遺民。新安人。

張維(1581—1630)，字叔維。常熟人。季弟，以畫擅名。年五十卒。

顧德基(1587—?)，字用晦。常熟人。耿光子。工吟詠。晚年與毛晉、戈汕、龔立本等相唱和。著有東海散人集,毛晉爲刊刻行世。

八月,東林公祭顧憲成,同年、同社及後學門生四十餘人至東林會哭,錢謙益亦在列。

> 顧端文公年譜卷四:"同年同社及後學門生于孔兼、錢一本、吴達可、薛敷教、朱鳳翔、諸壽賢……文震孟、荆之琦、錢謙益……四十餘人。至者先於東林會哭,及入涇拜奠,皆相向失聲,或流連浹日始去。"

吴門華山寺僧巢松、大雲欲募修大殿,作華山寺募緣疏(初學集卷八十一)。

> 疏中未及募修僧人姓名,參見下袁中道、王袗各條。

十月,有信寄袁中道,中道答之,並寄示新詩。

> 袁中道遊居柿錄卷七:"渡江,息於中郎硯北樓下,僧大雲以錢太史書並巢松書至。巢松在姑蘇花山寺,花山跡久湮,居士趙凡夫恢復。巢松,住山僧也。"袁中道此條日期,在十月二十日後。

> 珂雪齋集卷二十四答錢受之:"大雲來,得手教,備悉近況。……去六十歲止得十七年,忙忙打疊那邊事,尚恐不迭,何心逐逐世緣也。……華山緣疏,花攢錦簇,讀之齒牙三日猶香。……游玉泉諸詩寄覽,有便即附一字。"

> 慧浪(1566—1621),字巢松。長洲人。雪浪弟子。

本年,又作書友人王袗(補遺)。

> 書云:"□月中,有敝同年戴鳳伯謁選,附致八行,並龍川集諸書,而仁兄已南還矣。……静夜端居,想極樂寺中偕弟與小修輩痛飲狂歌,忽忽成往劫事,亦復一搔首相念否?

别兄南還,伏影苫塊,日作貧薄書生課業。……兄鳳有遊吴之約,秋闈已近,政宜買棹南來,爲取友會文之計,並與弟一傾倒契闊,萬勿遲此良晤也。吴郡華山寺,爲晉代古刹,趙凡夫居士延名僧巢松主之。而衲子大雲募修大殿,徵材于楚,弟令其一見仁兄,以兄爲法門龍象,不難以口舌作佛事也。"

按:此文收信者名字脱去,然信中有"兄以何時抵家,坐水明樓中,讀書談道,父子相師友,此亦人生大快"。據同治續輯漢陽縣志卷二十一文苑:"王袗,字章甫。少英異,從蕭良有、郭正域學爲詩文,構水明樓,闢葵園。與李贄、謝三秀、潘之恒、袁宏道兄弟流連唱和。詩清麗,有晚唐風。以貢入太學,官華州牧,遷成都同知。卒。子應振,貢生,官教諭。"可知是王袗。

破山寺僧孚如請李維柱書屠隆重建破山寺碑,李維楨代作破山寺碑跋。

李維楨大泌山房集卷一百三十三:"海虞破山,相傳白龍母葬此,忽一夕雷雨,移其棺,改葬今白龍祠,而山爲之破,因是得名。……建寺自倪牧捨宅始,唐常建賦詩有'山光悦鳥性,潭影空人心'之句,而名益顯。年遠寺圮,錢太史受之王母卞夫人罄其資繕之,諸檀那從之,名藍復還舊觀,屠緯真儀部爲之記。是時比丘爲蜀無著,未及勒石,再傳而其徒衡陽人孚如,以錢太史受兹介福于其王母,緯真先生言深悟道秘,在簡栖頭陀上,屬余書碑。因附數語,志其始末如此。"破山興福寺志卷三亦載此文,頗有不同,末作"屬余弟本石書碑,余因附數語,志其始末如此"。另有拓本,作者署李維柱。

　　李維楨(1547—1626)，字本寧。湖北京山人。隆慶二年(1568)進士。官至南京禮部尚書。著有大泌山房集一百三十四卷。卒，牧齋爲作墓誌銘，見初學集卷五十一。

立冬日，作屠隆重建破山寺碑跋(海虞文徵卷八)。

　　跋云："本石先生書長卿碑勒石，如子屬余志其後。"如子即孚如。

十二月，袁中道又有書來。

　　袁中道珂雪齋集卷二十四答錢受之："華山僧寄手書來，備悉近況。弟今歲抄春，遭家嚴之變，父兄相繼而亡，痛不欲生。……已造得一小舟，當以明正涉江，直走吳、越，恐仁兄春間入都，不及一把臂也。"

　　據袁中道遊居柿錄卷七，造舟事在十二月初二日後："東下舟已成……舟中可坐十餘人，外用六槳，堅而迅速，予遊山訪友之資已具，婚喪事已完，準于明春東下矣。"

歲末，至廣陵，再與汪逸、張維遊。

　　來鶴軒草小引："歲暮，抵廣陵，與遺民、叔維續舊遊，甚快，輒恨座無用晦，令遺民得縱橫自喜。"

　　西泠印社拍賣公司有蒙叟所書扇面，題寒夜同汪遺民兄弟張叔維集顧小侯第作："渡江十日故人期，選勝邀歡百不辭。隋苑風煙殘柳報，揚州詩興早梅知。歌徵白苧將花發，燭檢青藜帶雪吹。但是觀濤能起色，諸侯兄弟政相思。"顧小侯即顧大猷，乃鎮遠侯顧成後裔。

本年，蘇松兵備參議高出留任，作贈蘇松兵使高君加銜留任序(初學集卷三十四)。

序云："東海孩之高君以左參議備兵蘇松，甫三載，而有陝西之擢。撫臣上言蘇松國家重地，江海鉅防，請加憲使職銜，治兵備事如故。奏上，不旬日而璽書下，東南士民莫不交口讙呼。"又云："而今年歲星在虛、危，虛、危，齊地之分埜也，吳分與虛、危接比如鄰壤。"歲星在虛危，于辰爲子，因繫本年。

高出（1574—1633），字孩之，號懸圃。海陽人。萬曆二十六年（1598）進士。官至遼東按察使。遼陽淪陷，與牛象乾等棄城而逃，下獄論死。高出工詩，雖是北地人，卻能"不襲歷下餘派"（朱彝尊語），著有鏡山庵集。

本年，楊漣以治行第一升户科給事中，作常熟令應山楊公去思祠記（補遺）。

文云："應山楊侯令常熟五年，上計以治行第一徵去。"楊漣萬曆三十六年（1608）至四十年官常熟縣令，故繫此。

民國重修常昭合志卷十九："常熟令應山楊公去思祠記，萬曆□年，錢謙益撰，石在楊公祠。撰人名已剗除。蔭按：余弟謙貞云云，斷爲謙益所撰。顧賢、顧夏時跋云：逆璫煽虐，生祠毁廢，三碑墮地。崇禎癸酉募工重修。"

本年，僧一乘於黄山師子林建菴，爲作募疏（黄海紀蹟卷二十七）。

一乘，五臺僧，生平不詳，萬曆四十五年丁巳（1617）在常熟乾元宫舊址募建竹林菴。據卷前潘之恒記，萬曆四十年壬子，一乘欲於三月十八上梁之日，請潘氏等人會於黄山，而宰官湯賓尹亦來，一時號爲盛事，遂請諸人作疏。

明萬曆四十一年癸丑(1613)　三十二歲

周延儒、繆當時、周順昌、鹿善繼等皆舉進士。

春,爲顧德基作來鶴軒草小引。

> 此文不見初學集,見東海散人集卷端。

今年,母顧夫人六十,李維楨爲作壽詩。

> 李維楨大泌山房集卷四有壽錢太史母:"太史詩陳壽母篇,上尊春酒奉祈年。四方冠蓋賓筵集,五色絲綸帝命宣。入饌江魚垂釣雪,相邀海鶴駕凌煙。白龍祠殿前身在,閱世三千有大千。"

婁堅亦有壽詩。

> 吳歈小草卷九壽錢太史母夫人:"旭日深閨侍晏溫,如雲上客頌璵璠。十年不負丸熊意,三歲長懷化鶴魂。廣被早容寒士接,閭門時共族人言。他年相業歸田稷,古道由來壽母敦。"此詩列朝詩集題作壽錢太史顧太孺人六十,故繫此。

馬世奇亦有壽詩。

> 澹寧居詩集壽言部壽錢受之母夫人六十四首:火炤青藜太乙精,主恩三錫在承明。從來富貴仍朝暮,愛爾千秋令子名。
>
> 雲和一曲綠初斑,金石聲中識珮環。異數舊傳嚴相國,應知佳話在虞山。
>
> 鳳影差池血未收,闕逢初換感春秋。懷清自合傳千古,不賦靈椿賦柏舟。
>
> 彈絲吹竹薄吳趨,乞得金蓮炤掌珠。猶有丸熊餘意在,

不須麟脯借麻姑。

馬之駿爲作壽序。

妙遠堂全集序九壽錢太夫人六十序:"余束髮譚秋,即知海內有錢受之,以名家子負才蓋代。比庚戌對公車,與受之同出高陽孫先生門,相得歡甚。今年余以権關之役來,則受之寔待次里居,其於徵逐謙遊之迹甚密。乃是時,受之母太夫人顧年六十矣,先期受之私予曰:'太夫人修西方行,恐守令之羔鴈、嬸婭之牛酒,多所椎擊,傷菩提心,將以一輕舠遠出避之,請無復用賀聞。'"

據道光滸墅關志,馬之駿萬曆四十一年(1613)任權使,次年爲李佺臺所代,故繫此。馬之駿(1588—1625),字仲良。新野人。兄之騏(1580—?),字時良,號康莊。二人同舉萬曆三十八年(1610)進士。之駿所著妙遠堂全集,牧齋爲之校閱。

又,牧齋曾向之駿推薦王世周,張大復梅花草堂筆談卷四王世周:"錢受之爲關尹馬仲良言之,意欲相邀,聽其談義。"

王伯稠(1542—1614),字世周。常熟人,移家崑山。少隨父入京師,見城闕戚里之盛,輒有歌詠,時號神童。見賞於王世貞,曰:"故是吾輩中人。"

列朝詩集丁集十王秀才伯稠:"晚年嘗過余,投所著樂府古詩一帙,蠅頭細字,塗乙刪改,旁行側出,如蛛絲蚊翼,非定睛諦視,不能詳也。"

馮舒懷舊集卷下張維小傳:"嘗與予言二事,其一爲滸墅關吏河南馬君。當馬君権稅時,道路無阻,商貨絡繹,凡謁馬者，無不如意。君介其同年牧齋錢公書往，始謁之，忻然乞君畫，君僦館舍自買絹素，覃思匝月，得十幅。比獻，馬已忘之，一往不得通，再往則杖其閽人，竟挈畫歸。他日，錢尚書詢其故，馬曰：'吾與若無緣也。'"

方應祥會試落第，南歸，過吳門，有書寄牧齋。

方應祥青來閣初集卷五與錢受之："日藉使者報命，相候至九日午刻解維，歸思之永，遂不獲盡吐胸中所欲言。……繆當時改庶吉士，孟光擇夫，三十始嫁，未免就小姑廚下問食，乃視校官冷豬肉生活爲差勝之。"繆昌期本年會試中式，殿試三甲五十四名，館選第七名，改翰林院庶吉士。

又同卷有方氏求牧齋作序之信："吳門兩寄問，未及候回音，至今耿耿。……弟幸徽兄輩耶許之賜，小得了八股頭夙業。……拙稿多在坊間，弟囑元晦收取，檢而梓之。裁定，煩兄並祈一序先之，幸幸！"

又卷七與王季和："受之在家，所郵二書俱付去。弟住金昌五日，亦不見其回音，不知作何浮沉耳。"

方應祥青來閣初二集中有致牧齋書五通，多難繫年。

與商家梅結交，並同遊荷花蕩。

列朝詩集丁十三下商秀才家梅："馬仲良榷關滸墅，偕仲良之吳門。其交于余也，以鍾（惺）、馬，而其游吳中也，最數且久，居閩之日與游吳相半，則以余故也。"

那庵詩選卷七錢受之過訪吳關："知君不忘故，相見即相存。忍向世情冷，能將交道尊。別離深歲月，坐且畢朝昏。一片心如此，升沉安敢言？"

同卷受之招泛荷花蕩："已及吳門未泛舟,今朝蓮蕩最堪遊。臨風歌處花如面,隔葉香來水不秋。趣在烟波寧獨往,情依魚鳥每相留。湖光且莫先歸去,新月娟娟待遠洲。"

商家梅(？—1637),字孟和。閩縣人。著有那庵詩選。

又曹學佺石倉三稿文上題鍾伯敬、錢受之詩卷跋："伯敬、受之與孟和爲素心之友。此卷前後爲二兄書與孟和倡和詩,而伯敬者最多。雖然伯敬已矣,吾猶恨其少也。受之與予俱有後死之責,更當何日與孟和日夕酬倡,盈累篇牘,書之不盡者乎？予時爲孟和跋伯敬詩畫者三,而此卷則不能不惡乎涕之無從也。"

八月,爲錢岱兩晉南北史合纂作序。

九月九日,與馬之駿、沈德符、秦鑣、商家梅同登吳郡上方山。

妙遠堂全集黃集九日同錢受之、沈虎臣、秦京、商孟和登高上方:何時山不可,到此必今時。獨以地能遠,易爲秋所悲。水寒峰影定,霜緊葉聲知。隨意徵鄉土,舟航百戲爲？

所貴吳山勝,無山不見湖。時將殘橘柚,地已半菰蘆。蠻蜑青相帶,雲天白漸無。持螯雖樂事,搔首屢躊躕。

沈德符(1578—1624),字景倩,一字虎臣。嘉興人。萬曆四十六年(1618)舉人。著有萬曆野獲編。上方山在蘇城石湖旁。

秦鑣,字周京。汝陽人。列朝詩集丁十六秦秀才鑣:"嘗訪余于虞山,曰:吾游不獨好山水,以求友也。吾於天中友王損仲、張林宗、阮太沖,今訪子于吳,訪袁小修于楚,訪曹能始于闽，归而息影南陔，终身不復出矣。"

那庵詩選卷七九日同受之仲良登上方山："舟行餘十里，浦盡乃寒湖。歌吹先林末，壺觴塞路隅。山方登九日，俗可見三吳。樹色蒼茫去，波光遠近殊。沙痕翻藻荇，洲影落菰蒲。返照諸峰有，遥烟兩岸無。更留清興在，明月莫同孤。"

與馬之駿、商家梅訪趙宧光。

那庵詩選卷八同受之仲良重訪趙凡夫山中："秋光尋未了，復到此岩阿。水木還如故，烟霜看獨多。鐘聲隨客滿，潭影厭雲過。可見心俱澹，頻來就薜蘿。"

趙宧光（1559—1625），字凡夫，號寒山長。吳縣人，原籍太倉。生而倜儻，泛覽百氏，尤精於篆書、古文奇字。策名上庠，終生不仕。與妻陸卿子皆以詩文名於世。著述甚豐。

寒夜，與馬之駿過訪商家梅。

那庵詩選卷八寒夜受之仲良過集所居："客路爲家可閉門，良朋同到坐黃昏。庭除葉厚因通徑，竹木霜多尚有園。憶得前山爲遠對，攜來片月照清言。依稀不覺冬將半，雪色梅花事復存。"

商家梅又來常熟相訪。

那庵詩選卷八訪受之宿雨湖中："別君無幾日，亦復去尋君。薄暮愁難進，奇寒積未分。波痕深送雨，山色斷爲雲。宿處依鴻雁，聲聲夢裏聞。"

本年，歸昌世來訪，與顧大韶、王宇春同集。

歸昌世假庵詩草錢受之齋夜話同顧仲恭、王季和癸丑：

"白社重尋約,深心靜夜論。貧來時態見,交盡古人存。日月抉青眼,乾坤重片言。酬君意何限,玄對以清樽。"

歸昌世(1574—1645),字文休,號假庵。崑山人。有光孫,莊父。工詩文,尤擅畫竹,歸莊傳其業。

顧大韶(1576—1641),字仲恭。常熟人。大章孿生弟。有炳燭齋隨筆等。

本年,文翔鳳有書報牧齋。

文翔鳳皇極篇第五癸丑簡牘六篇報錢受之翰編:"弟吏東萊,與膠州握手時,未嘗不懷美之人於江之皋也,惟膠州亦曰受之念我……惟受之負冷汰之骨,不受塵撲,有意出世之學,此弟所同也。第先能了盡人間,不爲浪語,六合之外,聖人存而不論。家夫子倡尊天之説,弟踵而闡之,故不敢曰舍所學而從我。然萬古此天,萬法此帝,春秋之法,誰敢借王。惟願挺身孔氏門廡,勿以異説自堅,即令別有清館在鴻濛之先,亦何忍舍此群靈,聽其塗炭,而甘一身自快也。弟寔於名教外,不忍措一辭,以爲後進之惑。六經之外,存之可以。受之遠而訊我,故略兒女子之欵語,以所韞結者爲贈。"

文翔鳳(1577—1642),字天瑞,號大青,又號西極。陝西三水人。萬曆三十八年(1610)進士,與牧齋同年。官至山西提學副使。生平以事天尊孔爲事,力排外教。

本年,錢希言刊松樞十九山,牧齋任討桂編校訂。

討桂編卷端題有"姪謙益訂"。松樞十九山附録家姪史氏受之書:"苦雨浹旬,兼以足瘡作惡,忽得聽濫志,快讀一過,如魏武讀檄文時驟起狀也。徵鬼徵人,使淫昏之魅無所逃罪,牛渚之犀不是過已。昔人以干寶爲鬼之董狐,不圖今日復覩此神奇。當題數語,以附青雲。小説家三種,亦亟欲寓目,不減雲杜。公刻成,幸先見寄。劍笈非醝使君不能任,下車時,當力爲慫慂。此公雅人,必無難色也。商羊無不已,恐作丁未故事。冷局之人,頗以憂生爲累,銀巨羅已入酒家矣。小姪謙益頓首。"聽濫志,亦松樞十九山之一種,卷末刻書牌記作"萬曆癸丑春三月,吴趨月駕園雕本"。討桂編卷四、卷九、卷十、卷十七亦有牌記,皆作"萬曆癸丑秋"。

明萬曆四十二年甲寅(1614)　　三十三歲

四月晦日,胡胤嘉卒於京師。

沈守正雪堂集卷二十四輓胡休復庶常捌章小序:"休復兄以甲寅四月晦日,卒於京邸。"

秋,有書寄袁中道,並寄茶、墨,中道作書謝之。

袁中道珂雪齋集卷二十四答錢太史受之:"今春至秋,鬱鬱抱恚,無展眉時。……承佳茗竹合之賜,足仞不忘千里故人。自製墨尤佳,易水一派,又在海虞矣。來人行迫,弟又抱疾,口占令侍史代書,少致訊私,惟原宥。"

袁中道遊居柿録卷九:"得錢受之書,大雲長老已去世,其師巢松來,將復料理華山殿宇事體。"據遊居柿録,袁中道去年仲秋病瘧,延綿之今年十月方漸痊愈。

八月,葉向高辭去首輔。八月二十七出都,十二月初三抵家。途經吴地,牧齋爲作吴門送福清公還閩八首(初學集卷一)。

葉向高三十五年陞任禮部尚書、東閣大學士,此後主持内閣達七年之久。四十二年八月,連上六十二道奏疏乞歸,獲允。

沈德潛國朝詩別裁集卷一録二首,評云:"詩作於萬曆季年,福清公,葉臺山向高也。公在政府,士林倚以爲重,後以不能救萬燝死,又林汝翥忤奄,群奄辱及於公,公去而東林君子無噍類矣。詩中白馬清流,其有先見乎!"

冬,商家梅再度來訪,臨行,送至胥江而別,相約明春再會。

那庵詩選卷十過錢受之賦此題壁:何限鄉園意,因君却緩歸。交情深古道,應世入禪機。木石閒多韻,琴書對亦微。所期雖速事,離聚每依依。

蕭蕭門庭裏,清齋留古今。情温冰雪下,談極燭燈深。好學知良友,吟詩見夙心。只緣驚歲晚,未□□□。

同卷同受之津逮軒看月:月在霜中素,客即月中心。寂若鑒幽緒,與之歸沉吟。群動共一光,木落不能陰。靜後忽爲響,切切來寒林。語向葉聲下,月更隨聲深。斯月即良友,清輝惟我尋。

同卷題受之津逮軒:雖然城市即山居,纔理清齋木石餘。除却高僧誰是伴,只容孤月照圖書。

山中常醉遠公酒,泉畔時烹陸羽茶。更有蕭疎三畝竹,人人道似子猷家。

既許鶯花來次第,何妨門徑且淒清。栖栖禮佛祇爲佞,寂寂焚香亦有情。

山水既能爲性命,文章聊且托園林。閉門更了羲農事,坐卧無言萬物深。

此題第一首，列朝詩集作"雖然城市即山居，纔理清齋木石餘。坐卧此中信自遠，月來先照滿床書。"

同卷與受之同舟至胥江夜别：何期今日别，乃在此江關。暫對篷窗宿，忽分霜月還。目中爲遠道，天際自寒山。落葉歸離思，蕭蕭聲未閒。

臨行屢相約，來必及春明。即此踟躕意，俱爲夢寐情。烟霜千里重，歲晚一身輕。不忍聞江水，凄然是此聲。

本年，文翔鳳又有書來，答謝所贈詩文。

文翔鳳皇極篇第六甲寅簡牘十二篇簡錢受之翰編："受之不愛彤管，以賜家君子，方諸洙、泗教主，殆可俟後聖於不惑者哉！其辭雅質，可當崔、蔡，敬付歸聘之伻，上之庭闈，又奉嘉貺之勤，故代家君子九頓。……大撰作乞數種示我，我帳下之二三子，雅欲私淑者。弟之舊詩草，倘可復也，幸搜而徠，庶楚山吴水，不終隔爾。"牧齋文未見。

本年，趙琦美開始校鈔古今雜劇，前後歷時三載。

此書現名脉望館抄校本古今雜劇，尚存二百四十二種。先後經趙琦美、錢謙益、錢曾、季振宜、何焯、黄丕烈、汪士鐘、趙宗建、丁祖蔭遞藏，今在國家圖書館。

趙琦美(1563—1624)，原名開美，字玄度，又字如白，號仲朗，自號清常道人。常熟人。用賢長子。以父蔭歷官刑部郎中。平生節衣縮食，借書繕寫，親自校勘。得善本，其父作序，琦美刊刻。藏書室名脉望館。所藏以脉望館抄校本古今雜劇最爲有名。又刻有東坡雜著、新唐書糾繆、酉陽雜組等。

明萬曆四十三年乙卯(1615)　三十四歲

夏,商家梅如約來,同遊破山,盡歡而別。

那庵詩選卷十二夜至錢受之家共賦志喜:臨別約芳草,到時將沮暑。晚色俱入門,燈光照言語。盼予屢晨昏,人與春延佇。命酒坐竹聲,艱辛慰修阻。深衷獨勸勉,披豁展多緒。欲行自不行,須臾亦儔侶。半榻墜殘月,清輝心處所。

同卷同受之往破山寺:好山宜久住,暫到亦清緣。出郭無多路,諸林生遠烟。松疎潭影上,僧候鳥聲前。轉入幽深地,群情已寂然。

破龍澗同受之觀水:寺傍通遠澗,昔者破龍名。昨夜峰頭雨,今朝林上聲。瀑分空翠落,石與水雲傾。來往飛湍裏,風波無世情。

觀受之洗石澗上:洗滌氣蒼凉,幽奇山不藏。可知心遠淨,應見石文章。澗樹澄爲影,岩花淡有光。一時丘壑理,靈變已無方。

薄暮同受之洞師坐龍澗:"臨流同晚坐,神在澗邊清。落日歸山色,殘霞照水聲。苔生松際厚,翠積石邊明。但覺群峰裏,青青接此情。"洞師即洞聞。

山寺別受之:去住原非一,憐茲山水中。且依禪意澹,自是別心同。古樹露微月,輕舟從遠風。臨行言語贈,切記在余衷。

住破山,有多通信致龔立本。

瞿綬鈔本東澗尺牘:元初字來,知兄與大陸已作文二十餘首,焚舟之勇,不過此矣。文機之生熟,由于心機之死活,作文不論多少，要以心機常活爲主，無過自苦，過苦則扞格生，反不得力矣。此老生常談，却自切要也。弟之不洞庭而破山，蓋爲遥制之計，亦出老母意也。山中大發洗石之興，而天即降以大雨，澗水怒生，奇石遞出。商孟和在此，相與大叫稱絶。孟和即日尋兄輩于白門，共爲大戰之計也。

又一通：安度行在山中，有八行不及寄，今并附孟和呈上。孟和好友，有文心，有道韻，兄宜督之作時文，令一戰而霸，與吾黨相後先也。元晦兄已到金陵，弟竟不及一晤。元晦行後，弟追孟旋于吴門，又不相及。日來大雨如注，與孟和在山中，赤脚科頭，坐破山澗上，已洗得數塊奇石，誓欲了昔年之願，已與山靈約之矣。兄何以助我？元初意興何如，作文自是斲輪老手，且勸其于喜怒哀樂上，撙節調養，便是場中得力處耳。元晦性甚爽，似亦時受此病也。弟近住山，頗覺心地清涼，獨一事經心，未免作攪耳。任甫兄如相晤，促其急致一信爲望。老張浪遊，不知何往，待其歸，當有一事商于兄也。

夏，許重熙訪湯顯祖於玉茗堂，鈔玉茗堂文集歸。湯顯祖託許氏帶話，告牧齋古文之道，莫以王、李爲歸。

初學集卷三十一湯義仍先生文集序：臨川湯義仍文集若干卷，吴人許子洽生以萬曆乙卯謁義仍於玉茗堂，而手鈔之以歸者也。義仍告許生曰："吾少學爲文，已知訾謷王、李，掃掃然駢枝儷葉，從事於六朝，久而厭之，是亦王、李之朋徒耳。氾濫詞曲，蕩滌放志者數年，始讀鄉先正之書，有志於曾、王之學。而吾年已往，學之而未就也。子歸，以吾文際受之，不蘄其知吾之所就，而蘄其知吾所未就也。知吾之所就，所謂王、李之朋徒耳，知吾之所未就，精思而深造之，古文之道其有興乎？"

許重熙序："熙於乙卯之夏，一登夫子之堂。"許重熙（1578—1665），字緝美，號子洽，晚號東村。學者私諡憲文先生。常熟人。庠生。崇禎時，私撰五朝注略，爲溫體仁所忌，去衣巾。南都時，以史才薦中書科中書。與洪承疇善，薦爲官，固辭，洪以事困之，賴熊文舉力救得解。著有江陰守城記、明季甲乙彙編、國朝殿閣部院大臣年表等。

按：沈際飛刻獨深居點定玉茗堂集載牧齋序，而文辭與初學集卷三十一湯義仍先生文集序相差甚遠，初學集應是此後改定本。選集本序云："吾友許子洽氏以萬曆乙卯謁義仍先生於臨，攜所著古文以歸，集爲十卷，而屬予序之。"徐朔方定於本年，似可從。

又玉茗堂全集卷四十九有答錢受之太史："文章之道，有盡所托。曠世可以研心，異壤猶乎交臂。存來感往，咸效於斯。或爲風神形似之言，或以情理氣質爲體，愜一而止，得全寔難。捧讀大制，弘郁之文，深微之旨，豐美者如群鳳華萋，而朝陽溢其采；簡妙者如高鴻巀嶙，而靈露發其音。渴者飲其情瀾，倦者驚其神岳。翰天飛而不窮，厄日出以無盡。粲矣，備矣。而復垂音一介，獎借橫披，所謂溝中之斷，寵以丹青，混沌之姿，鮮其眉目，通懷若斯，心感何極？不佞壯莫猶人，衰當復甚。世途瞶瞶，妄馳王霸之思；神理綿綿，長負師友之愧。賦學羞乎壯夫，曲度誇其下里。諸如零星小作，移時輒用投捐。蓋亦寸心所知，匪煩人定者也，又何足掩空虛而對問，侈怡悦以把似者哉！江外三藩，時勤星使,如天西顧,候望有期。"徐朔方箋云:"作於萬曆四十三年乙卯(一六一五),謝其爲玉茗堂選集作序也。"

又初學集卷五十四張元長墓誌銘:"若士遺余書曰:讀張元長先世事略,天下有真文章矣。"張大復先世事略見梅花草堂集卷九,湯顯祖此書亦不知作於何時,且附此。

五月初四,平民張差持棍入太子宫,打傷多人,引發朝臣"瘋漢闌入"與"貴妃指使"之争,史稱梃擊案。

七月初四,雲棲袾宏去世,年八十一。

本年,邑中魏浣初、王運昌、龔立本、翁懋祥、瞿式耜、錢裔肅六人中舉。

九月,父世揚古史談菀刻竣,作刻古史談菀目録後序(初學集卷七十四)。

序云:"先君子讀史之役,始於萬曆丙午,而談菀之成,則在萬曆己酉,凡四載而始竣。謙益奉諱以還,每發故篋,淚浥浥不忍視。里人郭春卿任是正,崑山張夐孟任梓,又六年始告成事。"此書三十六卷,尚存刻本。刻本牧齋序署"萬曆乙卯夏六月",初學集作九月。

郭際南,字春卿。喜讀書,善填小詞。

按:鄒迪光石語齋集卷十六有古史談菀序,疑亦作於此時,參見下條。

秋,邵潛持鄒迪光書來訪,不遇而去。

有學集卷二十三邵潛夫詩集序:"乙卯之秋,潛夫挾彦吉書謁余,不遇而去。"邵潛(1581—1665),字潛夫,號五嶽外臣。南通人。布衣。以氣節自高。工詩,尤善五言。著有皇明印史、州乘資等書。

乾隆直隸南通州志卷十五人物下:"按:澄嘗過虞山謁錢牧齋,門尹緩復者,即大罵去。牧齋以書招,且引罪,終不顧。"此事出陳維崧邵潛夫先生八十壽序。

秋,鄉試結束,商家梅再度過訪。

那庵詩選卷十二過受之:此時仍訪子,落落豈前心。事外聊疎放,胸中試淺深。秋聲從遠韻,菊意待幽尋。且復同斟酌,月光正入林。

同卷蕉窗雨下同受之賦:蕉葉來秋雨,雨與葉俱水。寒碧爲聲光,身在綠波裏。焚香對坐之,百情此中止。静見文章魂,細及岩鑿理。萬物固已遠,世情失所以。

十月十四,馮有經卒,年五十(初學集卷六十三慈溪馮氏先塋節孝碑)。

馮有經(1566—1615),字正子。慈溪人。萬曆十七年(1589)進士。官至右春坊右中允,東宮講讀官。有經爲萬曆三十四年鄉試主考官,故牧齋自稱門生。楊守勤寧澹齋全集卷七馮孝子源明先生行狀云卒於九月十四。

永新尹先覺再上公車,至雄縣,猝死車中。

初學集卷七十八尹長思哀辭:"長思再試禮部不第,乙卯上公車,晨起行雄縣道中,呼僮覓人參啗我。午,飯于逆旅,脱輿下騾背,呼長思不出,褰帷撼之,僵矣,兩指爪握參,未脱口也。"多年後,其子右轅不遠千里來請牧齋作銘,牧齋爲作哀辭。

高原法師明昱有書自蜀來,請爲新修青蓮寺作記(初學集卷四十二)。

記云:"高原法師昱公自蜀之蓬溪,不遠數千里,遣其上首弟子真禪遺書謙益曰:'縣治東南一百二十里曰天池之山,其下有青蓮寺,唐武德中,玄奘大師西踰劍閣,駐錫于此,池生青蓮,寺因以名。萬曆九年,斸地得碑,知其緣起者,昱也。……萬曆四十三年,昱自南都奉大藏還,謀建閣尊奉,有善土地相宅之術者,以謂寺在山足,不若移之于頂,山陟水旋,風氣茂密,於建立爲宜。我龜爰契,人謀叶從。于是建庋經之樓,以間計者五,拓置寺之基,以晦計者若干,買飯僧之田,以晦計者若干。其捐橐庀工者,昱之弟趙文清也。移大雄殿于經樓之前,棼橑廻帶,髹彤眩矖,觀音、韋馱兩殿,兩廡三門,庖湢階阤,繕治以次。其齊心伙助者,昱之姪趙承祥等也。寺既蕆事,念後先興復之因,與俗姓架搆之力,皆不可以蕪滅,願爲我書其歲月,刊之好石,以圖永久。'余爲諸生,晤昱公于海虞之破山寺,廣顙豐頤,具大人相,私心嚴事之。及觀其詮釋相宗諸典,鈎貫義學,摘抉遐隱,諸方推服,咸以爲今之教魁也。……予故爲之述其梗槩,而系以銘。"

本年,史孟麟謫歸,牧齋迎之吳門。

初學集卷三十六史玉池太常六十序:"起家太常寺少卿,奉使至中途,抗疏救劉御史,及請蚤立皇太孫甚力,上切責譴歸。余遇之吳門,勞苦先生。先生蹶然起立曰:'孟麟言事無狀,天子幸寬鈇鑕之誅,且人臣無狗馬積誠足以動主,至煩人主震怒,其又敢自爲名乎?'余微窺先生,視益下,息益深,憂國戀主,蓋低廻不能置也。"

劉御史即劉光復,梃擊案發後,神宗詣慈寧宮,在後班大聲言"皇上慈愛,太子仁孝",廷杖下獄。史孟麟(1559—

1623),字際明,號玉池。宜興人。萬曆十一年(1583)進士。官至太常少卿。崇禎時,追贈禮部右侍郎。

作石刻首楞嚴經緣起(初學集卷八十六)。

文云:"新安程生高明,少而好學,歲乙卯,有真靈降於其室,如紫陽、桐柏之於楊、許者,久之辭去。有馮于卟者而告曰:'余,唐李太白也。'有問焉,則如響。多譚名理,書畫奇逸無俗筆,人以爲真太白也。爲生書首楞嚴經,將刻之石以傳,而屬余序其緣起。"因附此。

爲徐良彥作繡斧西巡歌四首(初學集卷一),徐時爲四川巡按御史。

太倉黃翼聖從遊。

有學集卷二十七黃子羽六十壽序:"余自通籍後,浮湛連蹇,強半里居。子羽方弱冠,負笈來相從,風晨月夕,懷鉛握槧,周旋于漁灣蟹舍之間,及門爲最久。……憶初識子羽時,風神娟美,眉目如畫。"因繫此。

黃翼聖(1596—1659),字子羽,號攝六。太倉塗松里人。元勳孫。弱冠從陸銑、何允泓、錢謙益游。崇禎中以諸生應聘,官四川新都知縣,陞安吉知州。明亡後杜門不出,築蓮蕊棲,自號蓮蕊居士。與妻王氏精修浄業,日持佛號數萬。王氏,即王錫爵之孫女。翼聖性好古銅瓷器及宋雕古書,搜訪賞玩,如美人好友。

本年,同年楊嗣昌出任南京國子監博士,作書牧齋,勸其出山。

楊文弱先生集卷四十五答錢太史謙益:"向得年兄書信,不時往,遂忘作答,然吾輩神情往來,都不在此,或甚相思而無便鴻，或人如織而興不到，故兩失之也。武陵一片石，不足爲弟戀戀，虞山有石幾片，而足下亦忘長安耶？雖然一入長安，輪蹄無暇，徑將人下酒食地獄，此則不如窮鄉獨坐，從吾所好之爲適，弟以此故遲遲金陵，而不知足下復何以故遲遲金臺也。弟往時皮相，兄多欲而喜豪，今一變至道，遂欲總轡烟霞，咄咄怪事。弟於此道畧無所識，不足佐足下高談，妄意先賢有言，少欲覺身輕，乃家常藥物耳。足下以爲何如？"

楊嗣昌(1588—1641)，字文弱，號肥翁。湖廣武陵人。鶴子。萬曆三十八年(1610)進士。歷官杭州教授、南京國子監博士、户部主事、户部員外郎。天啟時，隨父罷官。崇禎九年(1636)，奪情出任兵部尚書，圍堵農民軍。崇禎十四年(1641)三月，死於任上。

請張大復爲俞娘作傳。

張大復梅花草堂筆記卷七俞娘："又虞山錢受之近取西廂公案，參倒洞聞、漢月諸老宿，請俞娘本戲作傳燈録甚急，某無以應也。"俞娘，崑山人，年十七夭，病中讀牡丹亭，批註滿紙，張大復嘗録一副本，並致書湯顯祖。俞娘一文繫年大致在乙卯，因附此。

立春前一日，商家梅再來，同上臺看雪。

那庵詩選卷十二立春前一日復到受之家：出門正值送春時，明日春來客在兹。一歲相醉復相見，長途歸早反歸遲。尚留雪色爲殘臘，曾奈梅花發遠思。此際過君仍宿宿，恐於別後轉難期。

同卷早起受之招登臺上看雪：臺上望高林，林從雪色侵。晨光凝樹杪，松翠墜岩陰。天地生新意，友朋觀素心。超然人境上，萬物共遥深。

家梅本年在虞山度歲，與瞿元初、等慈、何季穆等唱酬甚多。

明萬曆四十四年丙辰(1616)　三十五歲

正月，努爾哈赤建立後金，年號天命。

正月初三大雪，與何允泓至拂水訪商家梅。

那庵詩選卷十三正月初三日大雪受之同季穆至拂水：山氣隨春長，春情與雪滋。僧傳吾友至，客當主人爲。柏酒能忘醉，梅花若有思。寒邊談自好，歸路任遲遲。

人日，商家梅來津逮軒。

那庵詩選卷十三人日同受之返津逮軒：客裏逢人日，君家却當歸。空堦猶積雪，近樹得餘暉。風與竹聲至，鳥從香霧飛。故園當此際，亦有試春衣。

雪夜，商家梅有詩懷牧齋。家梅至仲春方離津逮軒，移太倉徐元任北園。

那庵詩選卷十三又雪懷受之：偶到湖鄉雪又飛，湖邊山翠雪添微。憐予日暮閒看好，與子偕前相對非。寂寂孤情栖竹榻，紛紛寒色掩柴扉。明朝未識能晴否，縱逆風濤亦自歸。

同卷與受之待田郎：良夜偶能期，胡爲道獨遲。花間翻不似，燈外忽相疑。對酒各無語，寄言何所之。開簾見疎竹，猶想往來時。

同卷夜坐見殘月如新月，思而賦之，然三春去一，皆津逮軒所歷之候也：何曾殊此月，殘後却如新。簾際猶窺客，花間更着人。漸消半輪影，已減一重春。歸思無聊甚，餘輝亦損神。

二月，袁中道、瞿式耜、方應祥等中進士。

本年，捐資建净慈寺放生池。

南屏净慈寺志卷九：四十四年正月，護法趙爾昌、鄒之嶧議捨原買張永年蕩一十三畝三分六釐三毫，價二百兩，止收其半，虞山居士王宇春募其鄉紳錢謙益、顧大章、翁憲祥、瞿汝説等共足之。

仲春，商家梅自北園來訪，又別。

那庵詩選卷十四津逮軒同受之談北園事：婁江非久別，別事頗堪論。緣藉人天結，心因我友存。朝雲親筆研，夜月共林園。寧止生幽意，聰明見慧根。相依何遠道，閒坐可微言。若使考盤裏，真能矢勿諼。

同卷宿津逮軒有懷：歷盡冬春宿，今宵忽不同。燈光驚落月，簾影動微風。鐘遠聲相過，花藏夢欲通。婁江烟樹色，俱在此軒中。

同卷將返北園與受之説別：所期夫豈遠，兹返未爲遲。不强淹留意，應憐夢寐時。烟增春水色，月向麗人思。但恐北園裏，連朝望復疑。

同卷與受之舟中宿別：同舟宿烟水，舟去水相分。樹影燈前動，波聲雨後聞。談猶栖夜氣，夢不隔春雲。百里婁江路，歸時再別君。

同卷受之遣信北園賦答：晤言猶未已，遣信更斯時。戀友能如此，思君亦似之。情多難屢別，書密易相期。一水虞山去,余歸夢在茲。

牧齋有書致方應祥,應祥未復,託徐元晦致意。

方應祥青來閣初集卷一與徐元晦:"殿試放榜,得落末進士第。……錢受之書未能復之,所欲質之意,亦如此。"應祥爲三甲末名,故云。

夏日,爲周之德作玄宗印古序。

此書爲學仙之書,國家圖書館藏殘本,序不見初學集。

周之德,字旋谷,號和烟野人。無錫人,居常熟乾元宫。

六月十六日,湯顯祖去世,年六十七。

秋,寄信商家梅,時家梅在武林。

那庵詩選卷十六錢受之書至,有"可能專席舊吴娃"句,詩以答之:"別來更向武林居,春色秋光山水餘。一札殷勤煩借問,吴娃便説是君書。"牧齋詩未見。

秋八月,作重刻思玄先生集敘。

序曰:"思玄先生集十六卷,吾友翁奉常兆隆所重刻也,刻成而命余爲之序。"此書爲翁憲祥所刻桑悦文集,尚存。

翁憲祥(1554—1617),字兆隆,號完虛。萬曆二十年(1592)進士。世揚學生。授浙江鄞縣知縣,充鄉試主考官,擢禮科給事中,遷吏户刑三科給事中。亢直敢諫,一時朝政闕失,皆抗章論駁。中官不法,亦連疏彈劾。擢太常寺少卿,奉使歸里,廷推湖廣巡撫,命下而前卒。

秋八月,翁憲祥又刻掖垣疏草,又作翁兆隆奏議序。

此書刻本多鏟去牧齋之名,國家圖書館抄本此序末署"萬曆丙辰秋八月,友弟錢謙益撰"。

瞿式耜自京南歸,袁中道寄一信于牧齋。

袁中道珂雪齋集卷二十五寄受之:"考選之事竟成不了之局,弟亦束裝歸矣,即旨下亦不能待也。……因起田歸,草寄字,不盡欲吐。"

遊居柿錄卷十一:"上久俞考選中祕之命,而催者緩其事,候考者皆散去,予以居諸之難,亦思南歸,於九月初三日往部中給假。""九月二十六日,從都門發,歸興頗濃。"

瞿忠宣公行實:"(四十四年)是冬,還里。"

孫漢卿攜牧齋書入京,袁中道再寄信一通與牧齋,談論選官之事。

袁中道珂雪齋集卷二十五與錢受之:"貴門生瞿起田丈人旋,已有一字奉寄,未知到否?孫漢卿來,得尊札,娓娓讀之,惟恐其易盡也。……退藏一着,的係我輩護身符也。弟名數應爲縣令,夫縣令者之不宜于弟,豈獨受之知之,即弟亦自知之也。惟有改廣文一節,頗與弟相宜,已久定計矣,即受之亦必以爲當也。目下雖閣中已上考館本,而旨意未下。且近日世局,避嫌之意多,憐才之意少,正恐不可得耳。若其可得,則三年後便可退藏,何嘗不快乎?總之,弟輩一中進士,了却頭巾,便是天地間大快活人,升沉内外,總可置之不問。"

孫漢卿南還,袁中道又作書一封,論選官、作序諸事。

袁中道珂雪齋集卷二十五答錢受之:"弟大對名次最後,當爲縣令,縣令于弟不宜,幸有館選一途可以藏拙。然秘書有限,非不競之地,恐亦未可必得也。打疊乞假南歸,徘徊山水間半年,至明歲秋初來選,乞兩京一教職。青氊我家舊物,尤與嬾拙之人相宜……四五年間得列郎署,便脱身歸矣。館職亦自好，只是借債太多，恐身子不得脱。然受之勸弟俯就之，就之而得固欣然，就之而失亦可喜也。……弟前歲一病幾殆，故取近作壽之于梓，名爲珂雪齋集。蓋弟有齋名珂雪，取觀經觀如來白毫相如珂雪意也。近轉覺其冗濫，不欲流通，正思取一生詩文之精警者，合爲一集。時方令人抄寫，完後當寄一帙，受之爲我序而傳之可也。……漢卿兄來，未半月即南還矣，行忙未能爲之地，奈何，奈何，因其還，草率寄報，不盡欲言。"

冬十月，過半塘，跋善繼上人血書華嚴經（初學集卷八十六）。

此經尚存蘇州西園寺，先後題跋者有四百餘人，然扃藏甚密，不得一見。牧齋跋文末署"丙辰冬十月，過半塘，瞻禮是經，因志其後"。

又吳都法乘卷二十六李維楨題壽聖寺募緣疏："錢太史受之載酒泛舟至半塘壽聖寺，登藏經閣。閣高數仞，創自前朝，有朱案，云籍沈氏物。最古者雉兒塔，是晉生公時事。又元僧善繼刺血書華嚴經八十一卷，宋文憲學士爲讚。"

冬十一月朔，作宋文憲公護法錄序（初學集卷二十八）。

此書嘉興藏有刻本，題"雲棲袾宏輯，虞山錢謙益訂"。

顧大韶炳燭齋稿募刻護法錄疏："予友錢受之氏，欲以姚少師之道餘錄、沈待詔之續原教論，并雲棲大師所錄文憲集中之闡揚佛法者，彙而刻之，名曰護法錄。而紫柏大師之嫡子曰澹居鎧禪師者，遂欣然身任其役。申既定之法，挽浸廢之流，將在此舉矣。不佞韶，虞山之鄙人也，德不足以倡，財不足以施，而僅以筆舌行檀。"

跋宋濂壁峯禪師塔銘（初學集卷八十六書宋文憲公壁峯禪師塔銘後）。

護法録卷一亦收此文，末署"丙辰冬十一月，錢謙益謹跋"。

往嘉興弔包鴻逵，又往武林禮雲棲之塔。

錢牧齋先生尺牘卷一與時伯和："適往檇李，弔敝同年包儀甫，并往武林，拜雲棲大師之塔。"

萬曆三十八年庚戌科序齒録："包鴻逵，浙江嘉興府秀水籍，直隷華亭人。監生。字儀甫，號振瑞。治禮記。行一。丙子十二月十一日生，己酉鄉試一名，會試十八名，廷試三甲一百三十六名，吏部觀政，湖廣長沙府湘潭知縣。壬子、乙卯本省同考，丙辰卒。"因繫此。

時雍出任無錫教諭，作書相賀。

錢牧齋先生尺牘卷一與時伯和："仁兄榮行，不及一祖道，殊爲悵然。去家不百里，以青氊爲吏隱，藏身進德，俱第一義。……鄒彦吉先生，晤間爲道鄙懷。武林歸，尚當專人奉候耳。"

時雍，字伯和，慕邵康節之學，號邵庵。以歲貢授無錫教諭。國變後，隱居不出。

本年，又有錫山之行。

見上與時雍書，下憨山答錢受之太史書，及下年初與時雍書。

冬，憨山大師東游吳越，於餘杭寂照菴度歲，有書相招。

憨山老人年譜自敘實録卷下："四十四年丙辰……長至月望，至寂照菴……遂留山中度歲。……時虞山錢受之太史、嚴天池中翰以書見招，武林金中丞、虞吏部諸縉紳皆具書來迎，時以歲暮，未應。"

夢遊全集卷九答錢受之太史："久嚮居士爲當代裴楊，法門保障，且知慈念慇懃，準擬一詣丈室。昨云慈航曾待於錫山，當面錯過，大爲悵然。適辱慈音遠及，法供種種，捧誦再三，彌感情至，益令妄想飛越，足不容緩。但雨雪連綿，少晴出山，尚有雲棲一行，湖上無多流連，歸次吳門，必入毗耶之室。先此致謝，不宣。"

德清（1546—1623），字澄印，號憨山。全椒人。俗姓蔡。明末四大高僧之一。萬曆間，慈聖太后爲建寺，名海印寺，又賜經一部。隨後以私創寺院，充軍雷州，於嶺南説法，住持曹溪。得赦後卜居廬山。牧齋對憨山極爲尊敬，終身稱海印弟子。

本年，與漢月相往來，有佛性頌，漢月和之。

弘儲三峰和尚年譜："四十四年丙辰……當是時，儒林嚮往，嚴天池、王季和、李長蘅諸公並雲棲弟子，往來座下。答嚴邵武偈，和錢太史佛性頌，趙承德琦美扣易旨，和尚示河洛究一篇。"牧齋佛性頌未見。

本年，從姑丈何允濟六十，作壽何嶧縣序（初學集卷三十七）。

本年，作滸墅關重修關壯繆廟碑銘（初學集卷二十七）。

文云："萬曆某年，户部黄州張君大猷榷關滸墅，重修漢前將軍漢壽亭侯壯繆廟，奉揚今天子之明命，加以袞冕，而屬史官錢謙益爲之銘。"

張大猷，字武程。湖廣黄陂人。萬曆二十三年（1595）

進士。四十三年任滸墅關榷使,次年爲洪啓初所代。

  道光滸墅關志卷九廟宇:"關帝廟在鎮南興賢橋,祀漢壽亭侯,有香火田三十畝,榷部所置。萬曆四十四年,榷使張大猷重修,范允臨書記。"因繫此。

本年,李維楨七十,作李本寧先生七十敘(初學集卷三十六)。

  又姚希孟文遠集卷四書牘李本寧先生:"去春在都中,荷長者遠念,錫以瑤華,并家慈傳贊,捧讀之餘,感佩無量。恭承稀齡介壽,誼當從通家子姓之後,操一觴以申頌禱,因爲家慈築懷清之臺,經營數月,迄歲暮始獲息肩,遂不遑專走一介,敬申下忱。已謀之同人錢受之,使其效一言之祝,想不日當齋獻也。"

作京山李先生祠堂記(牧齋外集卷十三)。

  記曰:"故學博京山李先生祠堂,在虞山東北嶺下。遠望仲雍,旁鄰齊女,蒼茫蕭瑟。先生游虞山,時時指顧其下。諸博士弟子員爲堂祀之,歲時伏臘,約以其私漬酒,如侍先生游讌時也。既成,邑令張公樹之眉,率縣之寅屬拜焉。"

  李先生即李維柱。張公即張節,字符禹,安陸人,萬曆四十四年(1616)進士。授常熟縣令,四十八年去任。祠當作於四十四年至四十八年間,且附此。又李維柱去思碑,翁憲祥撰文,立于萬曆四十三年,有拓本。

  又初學集卷二十七義冢碑銘:"虞山之北,縣天潭谷邐迤而下,林麓薈蔚,後岡而面城凡五十餘畮,買之置義塚焉。……參政陸君仲謀實爲經始,請於邑宰張侯,溝封之,而申其禁令。謙益謹書其事,系之銘詩,以告後之人,俾勿壞。"仲謀即陸問禮,縣令即張節,亦附此。

本年,龔立本有編纂縣志之意,牧齋助之。崇禎時書成,共十五卷。

龔立本敘曰:"虞邑圖志蕪缺,萬曆辰、巳間,予讀書東海上,與何子季穆共商蒐輯。時方從事制舉,忽忽未暇,賤性善忘,所採摭旋,多散佚。錢子受之、陳子旦融間出殘編相示,槊置塵篋,垂二十年。"

明萬曆四十五年丁巳(1617) 三十六歲

正月,許重熙國朝殿閣部院大臣年表成,牧齋參與校訂。

此書現存刻本,前有萬曆丁巳春正月許重熙自序,卷端題錢謙益、瞿式耜、魏浣初、許士柔等人參定,諸人姓名又見卷前助成友人姓氏。其自序云:"乙卯夏秋,朋輩群走京都,予憂居無聊,因過豫章謁鬱儀先生于府第,鬱儀留心國典,縱談夜半,予不勝意癢。歸,客受之齋中,得盡讀本朝實錄。檢點舊事,擬撰六表,而大臣表最先成,有悅之者,私取梓焉。萬曆諸公,稽考不備,猶未卒業,鬱儀貽書督我,遂因受之草次成編。"

朱謀㙔,字明父,一字鬱儀。南昌人。明宗室。閒暇好閉戶著書,著書甚多。

年初,又有書致時雍。

錢牧齋先生尺牘卷一與時伯和:"客歲風雨過錫山,不遑一謁高齋。再辱手教,深荷見存。……聞憨山大師,惠然肯來,果然,則水邊林下,少日周旋,或不至終身作瞎漢矣。……家居苦無佳況，元夕左右，將訪仙翁於雲陽，取道錫山，定須與仁兄快晤。第訪道之遊，頗畏邦君大夫物色，未免逡巡耳。或借彥吉作一主人，聽清歌以當邂逅，亦好事也。"

本年京察，齊、楚、浙三黨專攻東林，牧齋、繆昌期皆列名其中，得劉一燝大力護持，得免。

有學集卷三十二文端劉公墓誌銘："丁巳內計，群小大索黨人，謀盡逐詞林名賢，若武進孫文介、高陽孫文忠、江陰繆文貞輩，而謙益亦與焉。公歎曰：'館閣眉目，賴此數公，吾敢愛一官，不以殉衆君子？'堅持之，皆得免。浙人謠曰：'他司大熟，詞林無收。'謂是舉善類盡斥，獨不克逞志于詞林也。"

初學集卷四十八繆公行狀："又明年內計，公與予竝中蜚語，南昌劉公掌院，力持之而止。自時厥後，予兩人取次爲黨人射的。"丁巳京察，客觀上加劇了黨派之間的對立。

春三月，作馬生醫旨序（牧齋外集卷三）。

此爲馬兆聖作。兆聖，字瑞伯，號無競、遇丹道人。常熟人。元俊子。兆聖少習儒業，年十五抱病，遂廢舉子業，專攻岐黃。萬曆三十三年（1605）秋，得從繆仲淳游，遂以醫名家。有醫林正印刻本傳世。醫林正印，即牧齋所稱醫旨也。子夢桂、廷桂先後舉孝廉，夢桂成進士，授鄞縣知縣。

按：牧齋外集未署年月，兆聖字誤作伯瑞，皆據刻本改定。

三月四日，翁憲祥卒，年五十六。爲作祭文（初學集卷七十七祭翁太常文）。

憲祥受業於牧齋父世揚，祭文對二人交情，記述頗爲詳細。文云："君少執經，于我先子。君居函丈，余嬉稚齒。著履加膝，捉筆書几。顛倒裳衣，狼籍文史。君不余嗔，領之而已。時或眷然，顧我則喜。君爲鄞令，冠帶陸離。盈盈雅步，宛宛容儀。余方駘宕，幼而服奇。蓬髮歷齒，不介而馳。君笑顧我，如髫齓時。呼我英妙，勉我下帷。余偕計吏，君官夕郎。握手道故，推星閱霜。興言負笈，念我倚床。釣游儼然，況乃門墻。引滿爲壽，感嘆相將。伊余通籍，閔凶遽臨。冰雪距門，哀猿叫音。風濤相逕，歲月滯淫。我思古人，考槃在吟。君躋首垣，陟于卿寺。休沐言歸，把醆相視。契闊過存，雜坐讘語。流連故舊，問訊寒暑。魷籌廻翔，令章容與。人醒夢夢，君醉楚楚。余顧而言，君其鼎呂。是亦爲政，何必遠舉。納言甫推，賀門攸萃。不燕于堂，胡哭于次？明旌低昂，拭眼疑寐。單杯親筓，髣髴殘醉。於乎哀哉！"憲祥卒日，見海虞翁氏族譜。

春夏間，迎憨山至常熟。五月憨山離去，送至曲阿。

有學集卷三十六憨山大師曹溪肉身塔院碑云："萬曆丁巳□月，大師東游，涖三峰，然燈説戒。漢月師請坐堂上勘辯學人，余與漢師左右侍立，諸禪人魚貫而前，摳衣胡跪，各各呈解。大師頓語開示，應病與藥，皆俛首點胸，禮拜而退。厥後爭開堂豎拂，開化一方，今亦多順世去矣。"

列朝詩集閏三憨山大師清公："師之東游也，得余而喜曰：'法門刹竿，不憂倒卻矣。'燈炕月落，晤言亹亹，所以付囑者甚至。衰老無聞，偷生視息，録師之詩而略記其行履，不自知清淚之沾潰也。"

憨山老人年譜自敘實錄卷下:"四十五年丁巳……將行,洞聞、漢月、錢太史、王季和、瞿元初迎至常熟,遂至虞山,信宿拂水,太史送至曲阿。"

四月,題憨山所著大學綱領決疑(初學集卷八十六)。

又見夢遊全集卷四十四:"大師居曹溪,章逢之士,多負筆問道,大師現舉子身而爲説法。今年過吴門,舉似謙益曰:'老人游戲筆墨,猶有童心,要非衲衣下事也,子其謂何?'……萬曆丁巳四月,虞山幅巾弟子錢謙益焚香敬題。"初學集無落款。

佛生日,憨山大師爲作吴越忠懿國王造銅阿育王舍利塔記。

常熟破山興福寺志卷二載此記云:"我明萬曆初,常熟顧耿光造其父憲副一江公塋,地中掘出一小銅塔,高五寸許,如阿育王塔式,内刻欵云'吴越國王錢弘俶敬造八萬四千寶塔,乙卯年記'一十九字……顧爲太史錢公母舅,因公爲忠懿王之後,遂以塔付之。公得此,自號聚沙居士,志因也,乃送興福蘭若供養。予適東遊,訪太史,過洞聞上座,覩其塔,奇其事,因記之。"另有拓片。

汪逸聞憨山來,有詩寄牧齋。

山夏詩寄受之,時迎憨山師住山:許時曾未一通聞,每到難逢感易分。不少故人同貴達,宦情如水獨憐君。

僧緣自屬宰官身,禪悟于君有夙因。一片藤溪清夜月,自然難易帝京塵。

邀程嘉燧來拂水結夏,兩人遂有偕隱之約,又談及嘉定詩人張公路。

有學集卷二十三張公路詩集序:"萬曆丁巳,余邀程孟陽結夏拂水,孟陽爲余言,菰蘆中有張公路先生,褐衣蔬食,衡門兩板,諳曉王霸大略,談古今兵事,指陳其勝敗之所以然,星占分野,關塞陀塞,皆能指掌圖記,若繩裁刀解,粉畫線織。去年九十有一,死安亭江上矣,惜乎吾子之不獲見其人也。"

初學集卷四十五耦耕堂記:"萬曆丁巳之夏,予有幽憂之疾,負痾拂水山居。孟陽從嘉定來,流連旬月。山翠濕衣,泉流聒枕,相與顧而樂之,遂有棲隱之約。亡何,孟陽有長治之役,卒卒別去。"

程嘉燧松圓浪淘集卷十六吳裝集自序:"丁巳,居閶門廡隱,夏棲拂水。"

五月,與程嘉燧往雪厓大師處觀黃公望仙山圖,次日,程嘉燧憶之作圖。

有學集卷九題孟陽倣大癡仙山圖小序云:"萬曆丁巳夏五月,余與孟陽棲拂水山莊。中峯雪厓師藏大癡仙山圖,相邀往觀。是日毒熱,汗濯濯滴篊輿上,日落乃返。次日,孟陽憶之作圖,筆硯燥渴,點染作焦墨狀,至今猶可辨也。"

虞山三峰清涼寺志卷下名僧:"雪崖,眉宇晴朗,有道氣,專持陀羅尼。爲人放焰口有奇驗。與漢月同住三峰數載。"

憨山大師返廬山,有書信往來。

夢遊全集卷三十五寄錢太史受之:"匡廬列雲霄,江湖邈天際。地湧青蓮華,枝葉相鮮麗。睠彼華中人,超然隔塵世。夢想五十年,良緣圖未遂。偶乘空中雲,隨風至吳會。

東南美山水，醞藉多佳士。一見素心人，精神怳如醉。未語肝膽傾，清言入微細。相對形骸忘，了然脫拘忌。精白出世心，太虛信可誓。苦海方洪波，願言駕津濟。把別向河梁，遂我歸山志。長揖返匡廬，藏蹤杳深邃。五老與七賢，日夜常瞻對。誅茅卧空山，烟霞爲衣被。視此芭蕉身，一擲如棄涕。緬想未歸人，馳情勞夢寐。安得駕長虹，凌風倏然至。暫謝塵世緣，入我真三昧。"

夏六月，作資慶院重修記（初學集卷四十二）。

記云："武林之塘棲有僧院曰資慶，剏自宋建炎間。至國朝，凡再燬，頹垣斷礎，僅存菅棘中。沙門圓公居之，六時禮誦，與饑鴟窮鼯嘯呼應和。間右之族知其有道也，驩然相之，剒朽翦蕆，庀材僦工。萬曆二十年茶亭成，又四年禪堂成。……庶吉士胡君休復，塘棲里人也，聞其風而悅之，爲唱導于里中，高門懸箔，譁舞赴功。某年，大雄殿及大士殿成，又某年，放生池、普同塔次第畢舉。方伯桐城吳公揭以資慶院故額，靚深完好，視昔有加焉。……圓公介卓子去病，走其徒虞山中，謁余請記，去病蓋與休復共興復兹院者。二子者，皆吾友也，余爲之書其事以復去病，使買石刻之，相爲感歎焉。"

圓公生平不詳，武林梵志錄卷四："資慶院，宋建炎間創，元末兵燬。景泰三年重建，嘉靖四十五年復燬。萬曆三十一年間，上院僧守廉請禪僧如圓移築塘棲。"則如圓，圓公其名也。

卓爾康（1570—1644），字去病。杭州塘棲里人。明卿子。萬曆四十年（1612）舉人。授祥符教諭，假守許州。入陞南京刑部主事、工部屯田司郎中。左遷常州府檢校,徙大同推官。時盧象昇爲督府,多有建樹。甲申之難,憤懣而死。著有易説五十卷、詩學四十卷、春秋辨義十卷、河渠議十篇。牧齋爲作墓誌銘。

周宗建时爲邑令,亦有資慶禪院重修碑記,末署"萬曆歲在戊午冬初吉旦,吳郡周宗建季侯撰"。

又作放生説(初學集卷二十六)。

文云:"塘栖張子羽斥菜湖爲放生池,建流水長者閣於池中,延秘密嚴公主其事,其友張秀初、沈不傾共爲唱導。……衡公自栖水來,敘諸君建置之意,屬余綴以一言。余拱手讚歎曰:'斯所謂諸上善人俱會一處,得厠名其間,幸矣。'作是説以廣之。"菜湖,即翠紫湖,俗名菜子湖。

張鴻舉,字子羽。錢塘人。弘光恩貢,官延平府通判。天啟間,刻有子書類纂一書,周延儒作序,陳元素、卓爾康、歸奉世等參閲。秀初即張岐然。沈宗培,字伯吹,號不傾。錢塘人。喜刻書,刻有初學記、昭明文集等。衡公,不知何人。

唐栖志卷下:"放生會,明弘、正間,沈存濟倡放生會,請官禁約。丁西軒方伯、邵康僖太僕、卓月波光禄相繼輔之,胡休復庶常、卓去病銓部復請于邑侯周,設放生社于資慶院。"

唐栖志卷上周宗建資慶禪院重修碑記:"禪師如圓,以萬曆壬辰依此,一瓢一笠耳。有善男子吉如定佐僧拮據創茶亭。丙申、丁西復得衆信李如懷、張如聞輩,拓地建禪堂五楹,而胡庶常休復過此談法,則又捐金草疏,趣衆起大雄暨普門殿前後五楹。于是請明府給帖,方伯賜額,以爲茲院長久計。旋闢放生池,建普同塔,次第修舉。聊且成一梵王宮矣。"

六月,劉永基母王氏卒,作儀孟劉母銘旌記(初學集卷四十三)。

記云:"萬曆四十五年六月,劉母王氏夫人卒于其子永基宜興之官寢,宜興之民三日哭,罷市,其大夫士聚而銘其旌,曰儀孟劉母之柩。……謙益未第時,與塙、永基定交。二子者之與謙益友也,歸以告于其母。謙益習知母儀法,聞銘旌之舉,考于大夫士之辭,以爲其可以傳也,遂刻石而爲之記。"

塙(1566—1626),字冲倩,號靜主。山陰人。有文名,七試場屋不售。弟永基(1568—1629),字特倩,號止庵。萬曆四十四年(1616)進士,選宜興知縣,改贛縣,擢兵部車馬司主事、山右道兵備僉事,以忤閹被黜。崇禎元年(1628)再起爲陝西洮泯道,涖任僅一月病卒。

立秋夜,與程嘉燧賦詩。

松圓浪淘集卷十六吴裝集拂水山房立秋夜同錢受之作:山館傷春後,重來經早秋。低回纖月墮,高枕細泉流。多病猶生理,無家尚旅愁。不須更搖落,始覺萬端憂。

秋,游太倉,徐握卿邀牧齋看菊花墅,此後又多次前往。

握卿生平不詳。牧齋外集卷十一徐母曹氏六十序云:"丁巳秋,余游太倉,徐子握卿邀余看菊于花墅。花墅者,握卿貯菊之室,董太史玄宰所題也。菊數百本,皆握卿手自灌植。……已數過從握卿,飲甚驩,乃知握卿博雅好古,不事家人生產,而事母夫人最孝,有忘貧屏貴之風,私心以此益多握卿。"

秋七月,作刻二陳先生全集序(牧齋外集卷三)。

作序年月見萬曆刻本二陳先生全集。序云:"此爲邑先達二陳先生所著疏議及其詩文,其曾孫玉陛次第刻之,謂益姻家末屬,使爲其序。"二陳先生,即陳察、陳寰兄弟。

陳察(1471—1554),字原習。弘治十五年(1502)進士。授南昌推官,擢南京御史。嘉靖初巡撫四川,忤旨貶海陽教諭,累遷山西左布政使,入爲光禄卿。嘉靖十二年(1533),以左僉都御史巡按南贛,乞休,又以忤旨斥爲民。

弟寰(1477—1539),字原大,號琴溪。正德六年(1511)進士。官南京國子監祭酒,與修毅宗實録。

玉陛,字允升。寰玄孫。牧齋序作曾孫,乃統稱。

秋,有藥託徐文任送方應祥,應祥作書謝之。

方應祥青來閣二集卷五與錢受之年兄:"讀元晦攜來手札及丸子方,仰仞吾兄肺腑之愛。……今藉元晦介者,藥已合成,謹于九月初二甲子日始屏謝一切,收斂精神,如法信服,勉副殷望。"萬曆四十五年九月初二正是甲子,故繫此。

同卷與徐元晦:"今日爲始,信服新合丸子,屏棄一切,收斂精神,祈延壽命,仰副藥誨。諸凡登對,具報錢受之書,兄取細閲,好封送之。"

冬,作外庶王母陳氏夫人壙銘,宋珏書石(初學集卷七十四)。

銘云:"夫人,外王父山東按察司副使顧公諱玉柱之側室也,實生吾母。外王父卒,夫人來依吾母,遂老錢氏。……謙益舉於鄉,夫人病,喜而少間,旬日卒,享年七十有九,萬曆三十四年十月十五日也。以歲之不易,權厝於外王父墓旁。四十五年十二月初一日,始克葬。尻葬事者,外王父冡孫夏時也。夫人卒五年,謙益中進士及第,官翰林,念夫人之勤,於其葬也,漬淚徹壙,書銘告哀。……丁巳長至,莆田宋珏書石納壙。"

宋轂(1576—1631),一作珏,字比玉。莆田人。太學生。長年寓居吳門、杭州、金陵等地,後客死吳門。工詩善畫,與李流芳、程嘉燧、顧夢游皆善。

冬,憨山有書相寄,請牧齋早日刊刻宋濂護法録。

夢遊全集卷九答錢受之太史:"虞山之會,匆匆未盡所懷。辱聯舟遠送,更感惓惓。別後仲夏望後抵匡山,卜居山南七賢、五乳之間,誅茅數椽,聊爾棲息。前寄八行時,尚未得定止也。一向老病相侵,幻軀故有濕疾作楚,冬來方覺小可。護法編時對披讀,諸老壙銘,言言指歸向上一路,得宗門正眼。我明法運大開,賴有此爲衡鑑,若刻施流通,利法不淺。其稿竢明春,當專持上。"

憨山與牧齋書中多次談及護法編及編書、刻書之事,大概皆在萬曆四十五至四十六年之間,附此。夢遊全集卷九:"向致楞伽筆記,此經的爲心宗正脉,未審曾留意否。……讀護法編,未嘗不撫卷而歎也。季世末習,大有不可挽者。必若人,然後可言太平之治。且天道運而不息,豈斯世而絕無斯人哉!山野自愧爲法門棄物,生無補於世,而憂法之心,如出諸己,故所望于居士者,重且大。切願乘時深畜厚養,以胥天眷,其於社稷蒼生,引領翹足極矣,安忍不發深心重願乎。護法編，文章不必重加批點，但就諸祖塔銘開正眼處略發一二，則已爲贅，幸蚤刻之爲望。近拙述楞嚴通議，先已令致覽。此經廣博，包含一代聖教，迷悟因果，理無不徹。向來解者，未盡發揮。山野此作，大非故轍，似更易入。其法華通義，亦盡翻舊案。不知法華，則不知如來救世之苦心。不知楞嚴，則不知修心迷悟之關鍵。不知楞伽，則不辨知見邪正之是非。此三經者，居士宜深心究之，他日更有請焉。"

同卷："護法錄，即禪宗之傳燈也。其所重，在具宗門法眼。觀其人，則根器師資、悟門操行建立。至若末後一著，尤所取大。今于毫端通身寫出，不獨文章之妙，其于護法深心，無字不從實際流出。其于教法來源，顯密授受，詳盡無遺。此古今絕唱一書，非他掇拾之比。今但就宗門諸大老塔銘中者，以正見正行爲主，如居士之見者大同，亦不敢更增染污。其於碑記序文，特文章耳，則不必也。今以後寄底本覆上，若早刻一日，則法門早受一日之惠也。山僧向讀高皇文集，有關佛教及諸經序文，并南京天界、報恩、靈谷、能仁、雞鳴五勅建寺中，各有欽錄。簿中所載要緊事蹟，意要集成一書，以見聖祖護法之心。若同此錄共成一部，足見昭代開國君臣一體，亦古今所未有也。惟居士乘此留意一尋，最爲勝事，實山僧所至願也。"

冬，瞿式耜謁選永豐縣令。作送瞿起田令永豐序（初學集卷三十五）。

瞿玄錫臨桂伯稼軒行實："丁巳冬，府君謁選，授江西吉安府永豐縣令。……戊午四月到任。"序當作於本年或次年春,且附此。

山曉閣明文選續集卷四評云:"前賢模範,後人之師。末俗澆漓,只是看得前賢爲迂闊耳。此文之意,大要在致勉起田,其勉起田只在師前賢,師前賢又在砥問學,如此議論,正世人所厭聞,則取其言而焚之,當亦遠患之道宜耳。安章頓句,前後照應,幾於字無虛設,而神氣暇裕,又何游行自如也。寢食於古而得其化,應推曠代一人。"

十二月,向錢允治借鈔猗覺寮雜記。

南京圖書館藏猗覺寮雜記,有何焯過録錢允治跋:"此書乃丙辰九月十日借張千里本連日夜鈔完。丁巳六月十三日,江陰李貫之借歸,至十月十二日留住真本,以此册見還。十二月二十一日,常熟錢受之借去拆散影鈔,顛倒亂釘,今年戊午閏四月初六日始還,一向怕看。七月初九日,始復拆散理清,草釘如右,然其中差譌不知無算也。借與人書,不可不慎。裝完,因寫於後,七十八翁記。"

錢允治(1541—1624),初名府,後以字行,更字功甫,別號少室山人。吳縣人。穀子。家富藏書,死後無子,皆散去。

本年,作汪節母壽序(初學集卷四十七)。

序云:"吴郡汪邦柱,余之同年友也。邦柱少育於叔母程。……萬曆丁巳,程年七十。于是程之爲寡婦者五十有一年,爲寡母者四十有四年矣。鄉老上其狀于所司,所司未及請。汪子愍焉懼旌典之有闕遺也,將望走海內文章家,以昭于管彤,而先之錢子。"

汪邦柱,字如石。長洲人。萬曆三十四年(1606)舉人,四十七年進士。官湖廣參議。

本年,爲姚希孟母作節婦文氏旌門頌(初學集卷二十七)。

頌序云:"吳縣有姚節婦文,實榮三七世孫汝轍之妻,巡按御史請得表署其門……文之隕所天也,爲萬曆庚辰,子希孟生十月,乳哺之餘,掖置苦次,麻與襁相襲也。……萬曆乙卯,孀居三十有六年,與被旌典。"

初學集卷八十四書姚母旌門頌後:"余爲姚母作旌門頌,在萬曆之丁巳。"

文氏族譜續集:"旌節坊,在中街路。明天啟間爲衛輝公女姚汝轍妻文氏立。"

本年,沈守正有詩懷牧齋。

雪堂集卷一署中懷人十絕編修錢受之謙益,虞山人,跡潛譽遠,是將出矣:"破龍山下惜居諸,子厭承明退著書。莫似茂陵常病渴,明光視草待相如。"

作陳徵君仲醇六十序(牧齋外集卷十)。

陳繼儒(1558—1639),字仲醇,號眉公。松江人。諸生。年二十九,取儒衣冠焚棄之,隱居崑山之陽,後居東佘山。工詩善文,兼能繪事。著述甚富,有陳眉公全集等。

按:翠娛堂小品有陳繼儒與錢抑之書,瀚海拆分爲二,改爲與錢受之書。

作鄭氏清言敍(初學集卷二十九)。

清言十卷,鄭仲夔撰。鄭仲夔,字龍如。江西玉山人。天啟七年(1627)舉人。此書刻本,韓敬、曹徵庸、王宇春等人序皆署萬曆丁巳,故繫此。牧齋序尚未見刻本。

本年,徐元任母王氏卒,年八十五,作祭徐元晦母王夫人文(初學集卷七十七)。

初學集卷五十三明故徐府君墓誌銘:"太倉徐文任將葬其父母,謁銘于其友太史氏錢謙益曰:……萬曆三十八年,吾父歿,年七十九。又七年,吾母終,年八十五。吾母太原王氏也,事君姑,遇子婦,皆有節法。"故繫于此。

本年,作故淮府左長史何公墓誌銘(初學集卷五十六)。

墓誌云:"公以嘉靖乙酉生,卒時萬曆癸卯也。後卒之十五年而葬,墓在覆釜山之新塋。……公與先大父同舉於鄉,以猶子字我先人,而余因以童子得見,知公為審,乃撮季子允泓所次公生平,著公之志,以質於幽竁。"

何鈁(1525—1603),字子宣。常熟人。允澄、允泓父。嘉靖三十四年(1555)舉人。授平陽知縣,官至淮王左長史。著有性理節要。又婁堅為傳,姚希孟為墓碣。

本年,繆昌期為常州推官何薦可請文,作常州何司理考績序(初學集卷三十四)。

序云:"郢中具茨何侯起家進士,司理常州,三年而政成,上其績於宰士,膺上上考。繆太史當時,侯之同年友也,詒書諗余:子其敘矣。"

何薦可,字替否,號具茨。湖北潛江人。萬曆四十一年(1613)進士。官至南京廣西道御史。據康熙常州府志卷十三,何氏任推官在萬曆四十二年(1614),因繫此。

本年,又作靖江令趙侯考績序(初學集卷三十四)。

序云:"南昌趙侯亦以乙科來,顧能以茲邑重,以三年奏最上於天官,邑人臚侯治狀,余覆而徵之。"

趙應旂，字敏卿。南昌人。萬曆二十五年(1597)舉人。陳繼儒亦有趙侯奏績序。

初學集文與康熙靖江縣志引文區別甚大。縣志引文云："侯邑人朱伯隆司訓吾邑，偕其弟孝廉君仲濟臚侯治狀，謁余一言。……而從子銓部公嘗令虞山，虞山至今歌思之。"所謂從子者，即常熟前縣令趙國琦。兩朱君不詳。

縣志引文又云："癸丑秋，大中丞暨直指使上書請慎選靖令，選人稔知南昌石炤趙侯可，趣侯往。侯下車浹旬，循聲四溢。余聞而異之。無何，侯以三年奏最，上于天官。"任職在萬曆四十一癸丑(1613)秋，縣志記錄趙氏任職在萬曆四十二年(1614)至四十六年。

山曉閣明文選續集卷四評云："朝廷設官分職，故當為地擇人。靖江為江防要害，東南形勢之地也。而顧輕其所任，平居選擇，既無慎重之思，一旦有警，緩急將何所恃？是直以國事僥倖耳。此文相度形勢，摹寫吏情，總只是要襯出趙侯來，得令如趙侯，則民生既遂，警備自不弛。因一人而厪根本之慮，行文固大有關係。"

卓發之作花燭詞相贈。

卓發之漉籬集卷二錢受之花燭詞："燭花微紅月微白，巫山之雲夜飛入。隋苑繁華漏一枝，蘭風桂露滿肌骨。低頭却立未肯前，映戶凝嬌似可憐。柳暗花殷雜啼笑，墮紅破莓相新鮮。風流文采好兒郎，一夕千年能自量。暗芳着體消難得，朝來猶有鬱金香。"似牧齋有納妾之事。

卓發之(1587—1638)，字天星，號左車。瑞安人。人月父，爾康從弟。寓居南京，七試不第，窮促而死。漉籬集批閔氏籍有牧齋名。

卷六又有昭君怨寄錢受之:"深宮悵望月荒涼,絕塞胡笳未足傷。却恨春風吹蔓艸,幽香也自到君傍。"

又卷二十二與錢受之官詹:"初冬一別,又迫歲除,寒月征途,殊深馳想。憶十餘年踪跡曠疎,即暫得萍集,隨復霧散,雖見于面顏,而披露于醉氣者,猶未得快然耳目間也。平居困於憂患,常自離索,荏苒日月,以待後來。今髩有二毛,精力銷鑠,每一回首,輒為黯然。⋯⋯而仁兄騰踔一世,奴僕往古⋯⋯又無竢貧賤之士爲之推戴,而有補于周公之化。是以但有雲泥之闊絕,而無相須之意如左右手者。無怪弟之不敢自前,而泮渙若此也。玆以沈無回之便,致訊近履,卒卒不盡所懷。前忠貞公集,尚是未竟之業,今已成遺書二卷,謹以序目奉覽,崇俟藏室如椽之筆,以闡幽光。乞即草一序,隨寄無回擲來。前拙草數首,祈批抹發還。哀生失路之人,落筆自憎,甚切問津之懷,乞正法眼藏一爲指引,勿坐視其淪墜也。"無回,即沈守正。此書大概作於天啟間,附此。

卓敬,字惟恭。洪武二十一年(1388)進士。死於靖難,誅五族。私謚忠貞。

錢岱舉鄉飲大賓,顧大韶作檄文討之,牧齋移文切責大韶,大韶作書答之。

香豔叢書筆夢敘附顧仲恭討錢岱檄:原任削籍御史錢岱者,山川鐘戾,宇宙窮凶。筮仕節推,而佯敗弈棋,作吳太守之門客;躐等侍御,而號呼狗竇,附張相國之義男。敬大臣命題,士林訕笑;八醜記成曲,里巷喧傳。既失江陵之鷹犬，而垂首以歸；旋爲虞邑之豺狼，而張吻以噬。丞簿佐貳，悉供頤指氣使之人；門皂吏胥，盡結爪牙腹心之黨。瞿起吾以刀筆入幕，素著閣老之稱；王壽舍以籌算登堂，兼擅國舅之寵。署曹完爲發丘校尉，趙王墳之白骨夜零；授葉鳳爲橫海將軍，揚子江之赤波晝沸。用文則高良、朱文臣之徒逞其詐，用武則陸勝、侯文學之屬耀其威。立分管四十九區，處處生波造釁；准手本數千百紙，日日傳板投文。極勢力之可吞，大不厭乎萬貫；苟搏攫之所及，細不遺乎百文。其可以柔取者，則餌之以酒食，釣之以女優，不惜捐廉喪恥；其可以強取者，則逼之以私牢，刮之以官法，奚憚極慘窮刑？金玉滿堂，盡是禦人之貨；田園半邑，孰非悖入之財？家僮無算，不治饔飧，而慣習酒肆爲醉飽之地；伎樂成群，不給衣飾，而專倚市門爲粉黛之資。締構則但畫圖樣，而重閣層樓，聽督工者之巧覓；宴享則止開品件，而山珍海錯，任買辦者之旁搜。毀文學書院爲中堂，而荷亭之卧榻難穩；截蕉尾琴川爲西沼，而輞川之疆界日恢。局哄族叔君平，立罝錢三山百年之產；奸誘妾姊鄭氏，潛移顧豫川半萬之資。殺夫大逆也，貪其色而掩其好，則有若蕭文煌之嫂；強盜重辟也，賴其贓而收其黨，則有若王玉川之兒。父子相爭，則助子以殺父，骨肉之焚屍暴矣；主僕成訟，則佐僕以毆主，李翁之託孤痛哉！陳尚書敕諭猶新，松楸之斬伐殆盡；趙少宰骨肉未冷，田廬之攘奪靡遺。翁都諫二姓姻盟，愛女幾葬於幽阱；陸職方兩榜年誼，親弟垂斃於老拳。捏假命以詐鄉紳，則先太常忍恥唾面；縱群優以辱甲榜，則王進士飲恨垂涕。龔孝廉發忿以成名，半因撻之朝市；浦舉人撫膺而立死，正緣辱及妻孥。認奴子爲孫行，裔昌之登譜牒，不可解也；壓宗女爲奴配，錢梗之投書揭，豈能已乎？總之，作惡似惟日不足，行兇真罄竹難書。計罷官以來，歷三紀於兹，日管一事，則所破不下百萬餘家；月殺一人，則所斃何止三百餘命。若斯人者，鯨鱷不足喻其貪，虺蠍不足比其毒，蛆蠅不足喻其穢，鬼奸不足比其蜮。上自衣冠縉紳，下至行乞負販，方百里之内，五萬户之民，聞者無不痛心，言之莫不切齒。以故龍橋羞爲之父，焚封誥以絶恩；陳氏恨爲之妻，借託鉢以表怨。張大尹醜詆於公案，秦直指榜示於通衢。乃至甘、鄧二案臺、耿、楊兩父母，屢欲伸威國法，迄今漏網天誅。豈意衆棄之罪人，突踞上元之賓席？老生利其微賄，攘臂公然具呈；學師畏其積威，給解先行謝事。將使千年庠序，轉爲盜賊飲博之區；五百鬚眉，盡成兒女唾罵之物。高皇之大誥何在？列聖之申飭蕩如。匪直一邑之羞，實重三吴之耻！且岱八旬安富，三世豪奢。再輸重寶於天合家，業已腰纏金帶；預拜房師於相國寺，亦遂名薦賢書。兼之貽厥孫謀，直足繩其祖父。殺婢僕如草芥，縛良善如雞豚。而國家既逭癉惡之刑，造化尚稽禍淫之報。止存一線之清議，聊當百姓之口誅。若遂抹殺公評，倒持學政，堂堂儁主，強顔爲之酬酢；赫赫憲綱，盛典登其姓氏。則兇邪必加肆橫，世界行且陸沉。迄今子游之遺迹尚存，仁宰之新政伊始。豈容殉一二無耻之請，禁億兆不平之鳴？韶雖伏枕卧床，不覺裂眥怒髮。通學雲翔而不救，則國學亦可儳言；壯夫林立而不前，則病夫亦可仗義。雖岱勢堪摇岳，錢可通神，觸之必焦，犯之必碎。姚志禹微訐之，而身殞於毒餅，孫弘道隱諷之，而禍懸於伏機。然韶廢棄散材，留殘微息，視一生如蝶夢，等七尺於鴻毛。欲敗其名，則彈章波及之人，已忌情於寸進；欲殺其命，則奇病荐臻之際，又何戀夫餘生？是用危言於濁亂之鄉，奮筆於痿痹之手。敢持大義，責爾諸儒。若不能抗步以揚聲，舉觥而發卮悼，亦便當卷堂而削迹，蹈海以追仲連。腎腸既敷，聾瞶斯警，檄文所至，士類咸知。

據梧子筆夢敘：〝年八十，郡縣敦請應鄉飲大賓，咸里雜沓慶賀，乃出女樂演戲相歓，列筵百順堂。徹席後，復作管弦之會。已而令女樂十人齊舞，且歌且舞，夜半方散。人盡歎爲觀止。〞

虞書：〝錢御史岱，子時俊副使、孫裔肅孝廉，年七十餘舉鄉飲，太學生顧大韶作討錢檄攻之，以其曾黨江陵故也。遂不與飲。此萬曆末年事，若至今日，誰能侃侃若此。〞

黃宗羲明文案卷六十七顧大韶與錢牧齋書：〝韶頓首受之足下，昨接手教，愛我惜我，又似恨我，殊令人悶悶。已遣一札相報，中頗多譃浪語，使兄以爲譃浪而置不省，則吾心終不喻矣。我心之喻與不喻，于我無加損，然我兄長爲不喻我心之人，吾豈遂能恝然也，故敢復正言之。孟子云：'無是非之心，非人也。'孔子云：'匹夫不可奪志也。'今西門氏之威，豈不可畏也，其險豈可測耶？弟之于彼，豈有怨耶，豈有忌耶？夫以無怨無忌之人，突然而起，蹶然而趨，犯可畏之盛，蹈不可測之險，何哉？非癡非鬼，此其故可思也。其信于是非之心，而行于不奪之志，斷可知也。既信于是非之心，而行于不奪之志，則雖嚴父血撻之于前，慈母泣諭之于後，猶將弗顧，而況于儕偶乎？當狂言初發時，元初嘗苦口勸我,我又豈耳聾不聽聞耶?然卒不爲之易慮者,誠有不可已焉者也。竊念蕞爾虞山耳,吾黨以雄文高論洗發而光大之,令海內知有虞山,【幾】與五嶽等,其有功于山靈不淺矣。乃者鄉飲之事,亦遂出于虞山,使彼竟高坐學官,歌鹿鳴之什而退。旁郡邑有持清議者,過而問焉,吾黨何以措【頮】舌,虞山面目不遂黯淡乎?以二十年(二人)之洗發光大,成一朝之黯淡,我不馳檄責人,山靈且移文責我。此弟之所耿耿于中,以爲必不可已焉者也。弟此檄一出,薦紳大夫最老成長厚如萬石君、龍伯高者,里間小民負薪賣菜不識之乎一字者,無不讚嘆傳寫,踴躍相告,豈弟户到而人囑之哉。此其故又可思也。乃兄獨慘然不釋于懷,惴惴然惟恐禍之及己,一何用意之僻耶?昔董卓燃臍,中郎竊嘆,遂不免子師之戮,使子師而在,吾不知何以待兄也。兄自幼締交吾黨,三尺童子知之,弟之疎誕自命,歷落可咲,昔猶今也。不能絕之于十五年之前,而欲避之於今日,不亦晚乎?既已盍簪,死生共之,脫弟果以狂言觸禍,猶望一二烈士啣刀闕廷,剖心鳴怨,兄爲太史,秉南、董之筆,敘述褒揚其事,次之節義,此弟所心口自許,以爲必能得之兄輩者也。今生前尚如此,死後將誰望耶?弟以七尺爲瓦注,而兄以一官爲金注,安在其二人同心也?男兒墮地,官爵年壽必有司之者,其不制于西門之手明矣。即弟未作檄之前,顛躓淪落且二十年,沉困殘疾,不死不生,亦且四五年,豈亦西門氏之爲耶?縱弟自作禍事,餘波及兄,亦兄之命居磨蝎耳,懼何益乎?且兄之于西門氏,其人之薰蕕,事之冰炭也,有由來矣。假令兄痛絕吾黨,曲意西門,亦豈遂塤箎宛藹,而金石無恙乎?

吾有以知其不能也。竊聞諸道路，彼之含沙相向，亦既不遺餘力矣。以義斷之，則顯受其禍，以仁舍之，則陰受其殃，吾未知得失之所歸也。弟嘗奉教于尊先公，尊先公每向弟云：'我家有二惡人，殲（一作穢）我世系，西門第一，韓墩次之，世人輕絕韓墩而重絕西門，茹柔吐剛，可爲浩歎。'此言猶在耳也。豈兄於過庭時，尊先公絕未嘗齒及之乎？弟又嘗見兄家譜牒矣，前則援引他宗，後則厠雜非種，頗爲識者所笑，兄何不別立小宗，明與西門氏告絕，遠法智果之別族，近放明允之叙譜，于心豈不快乎？此其説近怪，然非弟不能爲此言，如吾兄者，亦不可不聞此言也。古人有放言自廢者，弟既已廢矣，又何憚而不放言乎？纚纚盈篇，無非忠告，願兄且垂青眼，亦可以少慰愁眉也。"此文又見明文海卷一百八十六，對照補足。

　　初學集卷七十六錢府君墓表："公長才偉節，騁足仕塗，中年牽累，一斥不復，以座主江陵公之故也。公爲御史八年，未嘗有不次遷拜，其在山東，歲所決囚不滿額，江陵恚之，顧亦以此知公。江陵故急才，得公所上封事，輒反復稱善。江陵未爲不知公，公故未嘗附江陵也。夫不附江陵者，公之義也，江陵之能知公者，公之材也，江陵之察也。……繇此言之，謂公附江陵，不知公者也。諱公爲江陵所知，又豈知公意哉？"此段正爲錢岱開脱。

　　虞山妖亂志卷中："萬曆丁巳，侍御舉鄉飲，將登賓筵，一國嘩然。監生顧大韶出檄文討其居鄉諸不法事，邑諸生王宇春從而和之。"檄文有"八旬安富"，似是虛指。與牧齋書中，有瞿元初語，瞿元初死時，錢岱尚未八十。

本年,作陳太守考績序(牧齋外集卷九)。

序云:"陳公守蘇州,在皇帝御極之四十有三載。"又云:"而會今太守閩蓮湖陳公三年考績,錫予貤恩,一如天官掌故。公之僚郡丞席、楊、康三公,司李鄭公,抵書山中,命余以載筆之役。"

陳訏謨,字以弼,號蓮湖。福建長樂人。萬曆二十九年(1601)進士。四十一年至四十七年任蘇州知府(蘇州府志),衆稱神明。郡人侯峒曾、顧宗孟、顧燕詒、曹荃,皆其所甄拔。

明萬曆四十六年戊午(1618)　三十七歲

正月,作顧母王夫人壽序(初學集卷三十八)。

序云:"王夫人者,故南京光祿寺少卿涇陽顧公之配也。光祿未第時,與予先君友善。余兒時從先君造門,光祿呼爲小友,拜夫人堂下。自時厥後,過涇里必起居夫人,二十餘年矣。戊午正月,夫人年七十,契家子某屬余爲文以壽。"

考顧憲成年譜、行狀,以及涇里顧氏宗譜,皆云妻朱氏,未言側室。朱氏生於嘉靖二十八年(1549)十月,本年正好七十,不知"王"是"朱"字之誤否。

黃公渚評云:"顧母王夫人壽序,前幅從兩家交誼中,寫出憲成之生平,及其子之賢。後幅引王章、孔融事,悽愴悲涼,忽轉入和平典雅作結,而於夫人之事,則祇約略帶過,讀此可悟文章開闔輕重之法。"

正月二十八日,作陸母任夫人七十壽序(牧齋外集卷十一)。

任夫人(1549—?),即陸銑之母。

春,過太倉徐握卿家,爲作徐母曹氏六十序(牧齋外集卷十一)。

序云:"戊午春,復過握卿,握卿語余:'吾母明年六十矣,家貧無以爲歡,所藉手獻一觴者,董先生之畫與子之文耳。'"

暮春,程嘉燧欲之上黨,與牧齋告別。

松圓浪淘集卷十六吴裝集雨中宿錢受之館惜别:別館風花急,停舟問數移。莫辭經夜宿,已值暮春時。身遠歸難定,家貧出每遲。消魂南浦上,不覺淚如絲。

宋珏重刻陳昂白雲集,夏日,作刻白雲集序。

此文不見初學集,僅見白雲集卷端,署"戊午夏日,海虞錢謙益題于函雅堂"。文云:"吾友宋比玉與爾瞻同邑里,頃僑居白下,裹餉弔古,恨不得爾瞻與之游。愛其詩,有'酒負今生債,詩留異代緣'之句,此白雲集所爲刻也。"

陳昂,字爾瞻。莆田人。人稱白雲先生。鍾惺有白雲先生傳。

六月,在吴門與龔立本等遊。

龔立本北征日記一:"(戊午六月)廿二日,自吴塔抵閶門,錢子受之遲我於河滸,飯於其舟。……有頃,受之往訪麗人,訂於虎丘。其同舟且飲且行者,愚祖孫與平仲也。既至虎丘,受之輩已偕陸覺南擁一吴姬快飲,亟呼予登松岡。引滿,予寔倦,不堪叫號矣。"平仲,即何允澄,外集有其墓志銘。

"廿三日……受之適至,聯舟聚談,久而就寢。"

"廿四日,弔徐仲容内艱,以巳刻歸寓。遲受之,同汎荷花蕩。花繁客盛,良是勝遊。酒闌,受之别而歸。"

徐冽(1573—1622),字仲容。吴縣人。萬曆三十一年(1603)順天舉人。早卒。

初學集卷五十七龔府君墓誌銘:"余與龔子立本游,數年而始識其尊人仰峯君。戊午之六月,立本邀余侍君汎舟荷花蕩。余聞君故游于酒人,觥籌交錯,糺逖促數,往往能困其坐客,則亦巧爲令章以當君,君囅嚬曰:'無多酌我,君當恕老人也。'余少寬之,則又引滿舉白,賈勇而致師,酬酢竟日,數告困,亦數求困人,至於回舟秉燭,談笑極驩而罷。"

七月三十日爲葉向高六十壽辰,作賀福清相公啟(初學集卷七十九),又作壽福清公六十序(初學集卷三十六)。

啟云:"伏諗釋位言歸,稱觴初度。……未逮懸車之歲,先爲秉燭之游。卧里門者五年,歷春秋始六十。"葉向高萬曆四十二年(1614)底辭官,前後正五年。

壽序云:"閣師少保臺山葉公以萬曆戊午壽六十,舉初度之觴。……謙益對制策,公讀卷爲總裁官。而繆子昌期以癸丑舉南宫,皆公門下士。荷公覆蓋日久,不敢自後于道旁指目及舟中叫呶之人,故謙益敢稱南山之詩以獻于公。"

葉向高蘧編卷十:"四十六年戊午,余六十歲。……秋七月,鄉里親知來賀六十,諸交遊及門生故吏亦多遣人來,酬應甚困。"

八月,復遊吳門。

龔立本北征日記一:"八月初一日,受之晨至,同詣三茅殿,樹下散坐。汪如石偶集,飯罷過仰蘇樓,孟長攜兩郎相尋。抵莫,移舟如石家共飲,二更還虎丘。"

"初二日……午前偕受之過方丈小飲。"

"初三日,飯罷,李長蘅至自嘉定,同受之造仰蘇樓。微雨映山。黄仲蓋亦至,抵莫,飲涵月房,頗適。長蘅即夕別去。"

"初四日,校閲經文,飯後會同受之登東崗。"

"初五日,閲經文。是夕,受之別去。"

"十八日,德升、漸羽晨至,別後檢校刻文。申刻,受之偕陸仲謀來,同登仰蘇樓。邀魏武陵劇話,武陵者,山中老人也。"

朱陛宣(1578—1633),字德升,萬曆四十年(1612)舉人。數上春官不第。與文震孟、姚希孟、張世偉、周順昌齊名,稱吳門五君子。卒,弟子私謚孝介,祁彪佳撫吳,請贈翰林院待詔,祀鄉賢。

陸問禮,字仲謀,一字衷虛。常熟人。一鳳孫,崇禮弟。萬曆三十二年(1604)進士。授永嘉令,歷陞廣東布政,尋陞右副都御史,巡撫南贛。海寇竊發,悉蕩平之。居鄉行義,與宣化門外買隙地置義冢,牧齋爲記。卒贈兵部右侍郎。著有撫虔兵略數卷。

八月,柳如是出生。

顧苓河東君小傳:"定情之夕在辛巳六月初七日,君年二十四矣。"

孫永祚孫雪屋文集壽河東君三十序:"今歲居雙魚,月當作噩,年已登三,德惟從一。某等喜宗伯之完名,感夫人之亮節,一觴爲壽,三祝有嘉。"雙魚爲亥宫,爲順治四年丁亥(1647);月當作酉,即酉月(八月)。

九月,史孟麟六十,作史玉池太常六十序(初學集卷三十六)。

序云:"先生今年六十,湯子鶴翔等徵余言爲先生壽。"據義莊史氏宗譜卷十八所載毛士龍玉池史先生行狀:"先生生於嘉靖之己未,卒於天啟之癸亥,享年六十有五。"知六十在今年。又本文,史氏宗譜改署"萬曆戊午九月,吉水鄒元標拜撰"。

湯鶴翔,字雪翎。宜興人。邑廩生。深研經學,工詩古文辭,有文譽。與文震孟、黃毓祺等相友善。

秋,作林母吳太夫人八十序(初學集卷三十八)。

序云:"萬曆戊午,建州夷蹂遼東,大司馬傳檄徵天下兵。羽書首及南都,南都兵多游閒市兒,一旦聞調發之令,人抱妻子牽衣哭,抵死不欲行。閩中林克武先生守南職方郎,申儆軍令,以大義激勉士卒,南都兵旬日而發,不後師期,先生之教也。是年秋,先生忤來視余,余訪職方署中事,且問訊先生母太夫人。……先生往司理吾郡,諸博士弟子之有聞者,皆召置門下,而謙益其首。今年太夫人年八十,諸弟子咸往爲壽,而以其序屬余。"壽序大概即作於此時。

林克武即林文熊。據福建通志,文熊字青海,萬曆三十二年(1604)進士,司理蘇州,歷任南京職方郎中、廣州知府、雲南按察司副使。

秋,同沈春澤、商家梅吾谷賞楓。

商家梅那庵詩選卷二十錢受之、沈雨若同邀吾谷看楓葉二首:何處無秋葉,能如此谷中。影能生夕照,情更艷春風。水滿碧相映,山深紅未終。誰知霜氣裏,真可豁幽衷。

臨行泛秋色,載酒坐山光。水約今宵月,林知昨夜霜。淺深衣欲染,點綴葉疑香。每到涼風候,因君望此鄉。

沈春澤(？—1629),字雨若,號竹逸。常熟人,後徙居金陵。監生。能詩,善草書,工畫蘭竹。有秋雪堂集。與鍾惺善,曾刻其集。

列朝詩集丁集七有沈春澤受之貽我盆中古檜報以短歌詩,附此:"冬冬叩門驚坐起,一札傳來香霧泚。乃是錢郎貽我書,古檜忽從庭下徙。虯枝鐵幹不似人間來,柏葉松身何足擬。君言爾有涼月臺,移傍朱闌故可喜。又言吾家童子不好事,坐見蒼鬈委蟟螳。捧緘撫檜三歎息,我知君意不止此。君何不貽我一樹花,花隨風雨三更死。又何不貽我一束書,恨殺人情薄于紙。古檜亭亭傲歲寒,沈郎不受人憐應似爾。感君此意寧可辭,著意護持推小史。日高不厭置苔階,寒來莫更添梅水。他年老作博望槎,往問支機我與子。"

聞鍾惺在吳,有書相問。

鍾惺隱秀軒集卷八沈雨若自常熟過訪,九月七日要集敝止,有虞山看紅葉之約時喜得錢受之書:見君疑舊識,不必故人書。所念久離別,欣聞近起居。朋來鴻鴈後,雨止菊花初。得問虞山樹,寒紅三月如。

按:鍾惺簡明年表將此詩繫年在萬曆四十七年(1619),非是。

鍾惺(1574—1626),字伯敬,號退谷。竟陵人。萬曆三十八年(1610)進士,爲牧齋同年,出董思霮之門。官至福建提學僉事。與同里譚元春創爲竟陵派,提倡幽深孤峭的詩歌風格。

　　牧齋早年與鍾惺感情頗洽，嗣後極抵竟陵派。列朝詩集丁十二譚解元元春：“天喪斯文，餘分閏位，竟陵之詩與西國之教、三峰之禪，旁午發作，並爲孽于斯世，後有傳洪範五行者，固將大書特書，著其事應，豈過論哉！伯敬爲余同年進士，又介友夏以交于余，皆相好也。吴中少俊，多訾謷鍾、譚，余深爲護惜，虚心評騭，往復良久，不得已而昌言擊排。”楊旭輝先生認爲，錢謙益是覘覦鍾惺地位，而對其進行打壓。

　　南雷文定附牧齋書札：“自國家多事以來，每謂三峰之禪，西人之教，楚人之詩，是世間大妖孽。三妖不除，斯世必有陸沈魚爛之禍。”

　　譚元春(1586—1637)，字友夏。天啟七年(1627)解元。譚元春與牧齋相識，然兩人詩文中皆未有交往事跡。

冬，潘之恒留滯吴門，有詩相寄。

　　潘之恒漪游草卷三寄錢受之太史：“投分論心久，羈愁會面遲。難將千古事，賴有一人知。吴市行何蹇，虞山夢不迷。尺書朝暮至，良晤未須疑。”

　　潘之恒(1573—1622)，字景昇，號鸞嘯生。歙縣人。僑居南京，與汪道昆結白榆社，又師王世貞。

往吴門會鍾惺，不值，又至婁江相見。

　　鍾惺隱秀軒集卷十二喜錢受之就晤婁江，先待予吴門，不值：“不敢要君至，既來彌解顔。友朋相見意，行跡亦何關？兩度來迎候，孤舟費往還。可知心過望，正以事多艱。學道身初健，憂時神頗屏。浮沈十載内，毀譽衆人間。試看予流寓,何殊子入山?機緣如互湊,述作有餘閒。"

董應舉南歸,與牧齋會於閶閭城下,舟中共談策遼之事。夜泊滸墅關,作夜泊滸墅關卻寄董太僕崇相四首(初學集卷一)。

董應舉(1557—1639),字崇相,號見龍。閩縣人。萬曆二十六年(1598)進士。授廣州府教授。歷南京國子監博士、南京太僕寺卿、太常少卿、工部右侍郎、户部侍郎等職。後得罪閹黨,被彈劾免職。家居十餘年卒。據神宗顯皇帝實錄,本年十月二十四日,"南京大理寺寺丞董應舉以疾乞歸,疏數上,許之"。又牧齋詩中有"霜林"等語,可見確在冬日。

再疊前寄董應舉韻答何允泓(初學集卷一)。

列朝詩集丁十三下何秀才允泓和受之滸墅夜泊感事次韻四首:棲遲在野半星過,混跡時逢醉尉訶。晝永閒門遊跡少,夜闌警枕淚痕多。誰人共汝聞雞舞,少日憐余扣角歌。料得橫霄黄鵠翅,未須逃死入蜂窠。

承平久不念苞蕭,擁護神京仗度遼。反復臺端貓洇鼠,養成夷孽脛如腰。天街豈畏旄頭逼,閣道奚堪卷舌驕。卅載沉沉仙仗隔,何年前席坐通宵。

靜看世變起徐徐,閣夜挑燈檢七書。新韻争傳梁父似,老謀誰復繞朝如?侵凌漢地吾生後,恢復唐邊午夢餘。雙手絲綸江海夜,不知身本是佃漁。

艸澤冥冥祲未除,蛇龍自古宅于沮。鸑臺誰肯繙金史,牛角將無掛漢書。日下金星争刻度,燕中木介象儲胥。全身惟有爲農好,久矣吾師歎不如。

十二月，姚希孟赴京會試，臨行，爲其母壽，牧齋、瞿純仁、何允泓前往祝壽，牧齋爲作壽序（初學集卷三十九姚母文夫人壽序）。

壽序云："旌門之明年戊午，而夫人始壽。姚子將應進士舉，遲回久之，以初度之日壽夫人而後行。于是姚子之友瞿子純仁、何子允泓暨謙益輩，相率奉觴壽夫人。"

姚希孟棘門集卷六文宜人行狀："先母生于嘉靖己未之十二月初五日，卒于天啟乙丑之四月二十八日，得年僅六十有七。"文夫人爲文震孟姊，文元發四女，二十二歲孀居，本年正六十初度。

臘月，潘之恒來訪。

潘之恒漪游草卷三放舟虞山訪錢受之：寂寞平江道，栖栖問渡人。愁來思蹈海，興盡恰逢春。山冷疑無主，天空託有鄰。梅花能媚客，獨與爾相親。

歸夢猶多滯，孤懷一向君。傾心隨拂水，揮淚與寒雲。秦客貂雖敝，吳門練不分。黃山思舊侶，昨日有移文。

潘之恒漪游草卷三殘臘夜同吳季立、兒時等慈、平方二師集錢太史宅得東字：倦游還與舊遊同，踪跡依然是轉蓬。四五月殘邀白晝，橫斜梅綻遲廻風。看山破處知從北，泛海窮時譣向東。老去何方求解脫，武丘石上叩生公。

吳大洲，字季立。徽州人。

等慈（？—1619），名廣潤，吳興人，俗姓錢，名行道，字叔達。少負文藻，與鄉曲牴牾繫獄，得釋，遂削髮於雲棲。遊虞山，瞿純仁延居拂水，遂老於此，葬破山。生平見常熟縣破山興福寺志卷四及康熙重修常熟縣志卷二十二。

將別，與張維、何允泓、沈春澤等人再集津逮軒。

　　潘之恒漪游草卷三海虞別夜，始會張叔維、何季穆、沈雨若集津逮軒，同平方、受之、季立分得過字：昨恨今方釋，朝愁夕若何。恨難先騰去，愁不待春過。海僻孤青嶂，湖寬積淥波。義令交臂重，別負壯心多。信美情無定，橫陳淚已沱。君看飛棹緩，豈爲戀烟羅？

　　同卷虞山歲暮行留別受之太史：歲暮栖栖遠何及，曆短冬殘春已立。誰憐送臘不送窮，更向窮途紛灑泣。辭君看日虞山巔，扶桑倏見虞淵入。縱有珊瑚拂釣竿，空思雲水充行笈。遺之白粲腹久柗，實以青蚨囊未澀。昨日馮夷擊鼓迎，瀟女簫聲帶雲濕。無由匹練裂雙纏，遂使望洋枯一吸。東海烟寒不得噓，揭天怒翼那堪戢。欲倩能行顧玉川，朝過金陵暮抵歙。玉川，吳之善行者，一日夜可八百里。

　　列朝詩集閏集三等慈歲抄潘景升過海虞夜集受之内翰齋頭得歌字："好音良晤幾蹉跎，不意高齋此夜過。叢竹徑幽霜氣薄，疎梅香冷月痕多。尋芳往事樽前語，脱艸新詩燭下歌。二十年來枯寂甚，已無殘夢到松蘿。"

　　列朝詩集丁十四潘太學之恒："晚年訪余津逮軒，酒間唱酬，率意塗抹，無復持擇，人謂老而才盡。"

除夕，再疊前寄董應舉韻和何允泓，並寄示黃翼聖（初學集卷一）。

本年，鄒迪光七十，翁應祥來請壽序，作鄒彥吉七十序（初學集卷三十五）。

　　翁應祥（1565—1641），字兆吉，號昇宇。憲祥弟，世揚弟子。萬曆二十八年（1600）舉人。授無錫儒學教諭，遷福建光澤知縣,擢山西朔州知州,罷歸。在鄉五舉鄉飲大賓。

鄒迪光(1550—1626),字彥吉,號愚谷。無錫人。萬曆二年(1574)進士。授工部主事,官湖廣提學副使。十七年罷歸,在惠山下築愚公谷,多與文士觴詠其間,極園亭歌舞之勝。晚信佛教,齋名調象庵。

山曉閣明文選續集卷四評此文云:"泉石煙霞,自是高人韻事,爲富貴者所不得而兼。彥吉宦成而歸,爲園於名勝之區,放情山水,吐納風流,自可樂而忘老。若必欲大究其用,則彼終身塵俗,溺而不出者,其於林下風味,全未領畧,雖復百年,猶駒隙也,況屬有盡之期乎?不以彼易此,彥吉看得破,先生説得出,以此稱祝,蕭疏澹遠,真絶不知有人間煙火。"

鄒迪光石語齋集卷四方外姚方階挾董玄宰、錢受之二太史卷至,極其揚诩,二公素深玄教,所推重惟君,則其術可知,乃作短歌貽之,後一首爲弔陶行,弔茅元儀妾陶楚生,大致在萬曆四十一年(1613)。

鄒迪光始青閣稿卷二十一與錢受之:"錫皐、琴川,一衣帶水耳,如隔三大千界,亡能憑半葦片葉濟度,作竟日周旋,真大懊喪事。有僧雪徑者,禿而髠,齋而酒,比丘而俠,越俗而不駭俗,有機鋒而無機械,其中如雪,其於世事如塗足油,貝多而外能書,能詩書,已窺三昧,而詩亦不甚醜。頃與言虞山、尚湖之勝,便動屐齒。又與言錢先生文心慧業之盛,更大動屐齒。遂以炎雲爲曇雲,赤日爲化日,踏木杯而前,固知維摩榻不易下天花,丈室倘容闖入,將如跂鞾陁梨山王,睹一切至寶。彼之懽喜,亦何有量也。"

又卷二十二："文曜辱臨，會居田間，屐不及倒，裳不及顛，車轄不及投，即門下未遽題鳳，而主人竟失對揮塵，蒼頭越宿來報，有呫呫懊喪而已。然梁溪、琴川，一衣帶水，可興盡返，亦可興至來。來者可來，去者亦可去，非隔香水大海，卒難飛渡，何必以一相會爲愉快，一相左爲惆悵也。不佞居恒嘗謂：我吳山川，獨海虞最，蓋其逶迤中有峭拔，雅淡中有穠致，舉足可盡，而遊目無盡。加以兩湖駘蕩，洗天浴日，漣漪葱菁，互相映帶，如苧蘿村女，不施粉膩，天然娟好，真是山水大饒勝處。獨恨出母腹時，未曾帶有此福分，不得移家其間，傍文人韻士以居，相與盤桓探討，是一条最可恨事耳。"

鄒迪光亦喜神仙之術，張燮霏雲居續集卷五有李尺度百餘歲矣，望之似僅過半百，客鄒彦吉學憲許，人皆呼爲仙人，錢受之謂是其阿祖石交云，漫歌以贈詩。

本年，周炳八十，作似虞周翁八十序（初學集卷三十七）。

周炳（1539—1631），別號似虞。常熟人。明醫。又與魏良輔游，曲盡其妙。

初學集卷五十七陳府君墓誌銘："余邑有兩明醫，曰似虞周翁、襟宇陳翁，皆與余厚善。周翁晚年卻杖，徒步行里中，見他醫乘肩輿，盛僕從，必障面唾之，曰：鼠輩惡薄，吾何曾見顧愛杏如此！……周翁年九十三，危坐而逝。"

本年，讀陳基夷白集，對張士德事頗有懷疑（初學集卷一百一太祖實錄辯證卷一）。

辯證云："余以萬曆戊午讀夷白集，懷疑胸臆，如有物結轄者。迄今數年，排纘鮮剥，稍有條理，乃敢次第書之。"此文又見海虞文苑卷十九。

爲趙國琦作南昌趙氏族譜序（初學集卷二十八）。

序云："參議公令常熟，謙益以博士弟子受知於公，故不辭而敘其譜。"據神宗顯皇帝實錄卷五百七十，萬曆四十六年（1618）五月十六日癸卯，擢原任文選司主事趙國琦爲浙江嘉湖道參議。又據熹宗哲皇帝實錄，泰昌元年（1620）十二月十四日，趙國琦由浙江布政使司參議陞河南按察司副使。則此文大致作於萬曆四十六年五月至泰昌元年十二月間，姑繫此。

憨山有書來，述其閉關之事。

夢遊全集卷九答錢受之太史："辱手教委悉近況，且述眉公札中末後句，此山野久所切心，不待今也。……況年來衰病日至，足有濕疾，行履多艱，山居草草，聊爾棲息。且懼餘日無多，生死心切，閉關絕緣，單提一念，待死而已。昨於中秋，業已從事。念二十餘年，苦海風波，青山白雲，時在夢想，今幸一旦遂之，又肯作等閒看耶？……今愧衰老，色力不充，自試常能强半，特效遠公六時蓮漏，以香代花。數月以來，身心自臻極樂。知垂念之深，故敢以告。"

憨山老人年譜自敘實錄卷下："四十七年己未……八月望，予閉關謝緣，效遠公六時刻香待漏，專心淨業。"憨山此信似作於本年冬，因附此。

本年，謝兆申奔喪南歸，有書寄賀世壽，托其帶信牧齋，代尋僧人一超。

謝耳伯初集卷十六與賀函伯書："但不孝出都門之日，

原爲先父有病，急歸，所以不及相過一寓契闊，不意先父溘矣見棄……小力去速，不及致書受之，乞以此意告之。別有書寄僧一超者，即金將軍五川也，與受之最契，向在京師，遥禮本師無來大師爲祖。二月出京時，曾約渠同訪本師。今本師已住南昌西山，煩足下持此書致受之，覓一超即到南昌德勝門外龍光寺訪問海師，即知本師居止，萬乞遣一信實使者，覓見一超即投此書。"

參見下年謝兆申與牧齋書。

本年，岳母陳朱氏卒，年六十六。

初學集卷七十七陳府君合葬墓誌銘："夫人朱氏，工部主事諱寅之孫，監察御史諱木之子也。……夫人後府君八年卒，年六十有六。"牧齋岳父死於萬曆三十八年庚戌，故繫此。

本年，徐錫胤來請，作陳孟孺七十敘（初學集卷三十七）。

陳孟孺（1549—?），不知何人。據壽序及陳孟孺先生集敘，孟孺爲常熟人，年輕時曾客遊京城，鎮撫名公皆與之交。閒暇則訪問邊塞阨塞，及海內奇才劍客可備緩急者。應是任俠之士。敘又云："里中陳孟孺先生，獨稱余文不去口。有斥笑余文者，必面叱之。居嘗語余，必我也，爲子謝、尹者。余聞之滋愧。"

徐錫胤（1573—1629），又名于，字于王。待聘子。諸生。康熙重修常熟縣志卷二十文苑："徐于，字于王，邑之甲族，其宗人以田廬衣馬相豪。身又爲貴公子，不問家人生產，食貧如寒素。酷愛晚唐、宋、元詩，多所采輯，元詩三千首,名情綺集。嘗效李和父集唐人句爲剪綃集,時豔傳之。有夢雨菴集。"

作富貴主人文(初學集卷二十七)及楚女對(初學集卷二十七)。

按:二文作日不詳,葛譜置此年,且從之。

校正王錫爵春秋講義會編。

按:此書現藏日本尊經閣文庫。許寶善販書經眼錄卷一明萬曆刻本鐫匯附百名公叢譚春秋講義會編三十卷:"明太原王錫爵荊石手授,男衡長玉筆記,門人豫章李鼎長卿、常熟錢謙益受之校正,祁門鄭以馨非黍、秣陵黃汝元貞生參閱。明萬曆戊午四十六年刊本,竹紙六册,首同年海虞姚宗儀鳳來序。眉闌刊有評語。"

王錫爵(1534—1610),字元馭,號荊石。太倉人。時敏祖父。嘉靖四十一年(1562)榜眼。官至禮部尚書,兼文淵閣大學士。卒謚文肅。

本年,毛晉受業牧齋之門。

有學集卷三十西爽齋後記:"子晉弱冠游吾門,讀書考文,沒身不倦。"

錢大成毛子晉年譜:"萬曆四十六年戊午(一六一八),二十歲。是年,虛吾公遣先生受業錢謙益之門。謙益待之以游、夏,相與揚榷古今,三十餘年未嘗有間。"虛吾,即毛晉父毛清。

陸世儀桴亭先生文集卷六祭虞山毛子晉文:"在昔萬曆盛時,虞山牧齋錢公以文章名海內,子晉從之遊最早。凡牧齋所讀之書,子晉無不讀;牧齋所交之人,子晉無不交。而又能搜求善本,不惜重價聘宇內名師宿儒,互相讎訂,剞劂之美,甲於天下。至殊方異域,亦莫不知有汲古先生。藏書之富,與絳雲樓埒。四方之賢豪長者,或吏茲土,或游虞山,無不造廬請謁。蓋與牧齋公平分半席。"

　　毛晉(1599—1659),原名鳳苞,字子久,一作子九。後改名晉,字子晉,號潛在。常熟人。以藏書、刻書著名。家有汲古閣、目耕樓,藏書八萬餘冊,多宋元秘本。刊書數百種,板十萬餘片,著名的有十三經、十七史、津逮秘書、六十種曲等。

本年,有書寄楊漣,楊漣回信相報答。

　　楊漣楊忠烈公文集卷六與錢牧齋:"當在虞山,獲承言笑,傾蓋投知,精神膠結矣。而形影疎闊,音耗消沉,一爲迴溯,即是十年于茲。……弟作令儘多無狀,長安人不知何故,置之掖垣。掖垣是非之司,而弟癡彊之人,何堪任此,想當事悞耳。候命長安,昏昏汩汩,自謂無關短長,虛糜桂玉,何益?……避匿里居,懶性益慣,南北行李,杳焉絕跡,知己如翁丈,亦遂缺然。乃薰風南來,忽拜手教,對使捧讀,喜如對面。虎丘舟中披覿情景,既宛然在目,而時事之縈縈于中,人賢之落落在念。讀至國事無抵止之時,又實有再四感嘆焉,而莫以語人者。……翁丈期弟砥柱事業,弟非其人。悠悠里居,苟倖藏拙,萬一北上,而識闇力綿,常恐無以報酬知己。受事之日,或不肯隨風逐浪,弟恐風波端不肯容不隨不逐之人耳。"

　　據楊忠烈公年譜,楊漣萬曆三十六年任常熟知縣,考選報最;四十二年,陞戶科給事中;四十五年,宋太夫人染病,請假歸養；四十七年假滿還朝。楊漣信中所述,當在還朝之前,故繫此。

又初學集卷三十一楊澹孺詩稿序:"往文孺在省垣,余方里居,文孺夢要余登高賦詩,有'柳風來太液,梧月映華清'之句,詒書告余曰:'天涯兄弟,夢寐相感,不令樂天、微之獨擅千古。'"文孺,即楊漣字。

本年,縣丞楊天成以憂去職,作序送之。

初學集卷三十四送楊縣丞歸雲南序:"雲南楊侯以貢士來爲縣丞,三年,母喪歸,邦之大夫士酾酒出祖,史官錢某執觶言曰……"故繫之本年。

山曉閣明文選續集卷四評云:"韓、柳短篇,文氣奇杰,而波瀾曲折,無不具備。此亦篇幅之至簡者,其中有慨歎世人處,有頌美楊丞處,有因楊丞以勉世人處,有就楊丞以致期望處,只是將訾、謷與慢三字,反覆鈎剔,以盡其致,音節雖短,蘊義甚長,此真奇絶之文,可以方駕韓、柳。"

崇禎常熟縣志卷五官師表:"(萬曆)四十四年,楊天成,雲南楚雄人。選貢。勁直有爲,以憂去。"

明萬曆四十七年己未(1619)　三十八歲

正月廿八日,作常熟縣教諭武進白君遺愛記(初學集卷四十三)。

記云:"萬曆癸丑,毘陵白君紹光以進士乙榜署常熟學教諭,疏穢訂頑,緝文厲行,立五經社,分曹課試,四方名士,翕然來從。君與禮部侍郎孫公皆荆川先生之外孫,流風遺書,浸漬演迤,入學鼓篋,一皆舉荆川之學而措之,故其學安而道尊,粲然有文如此也。君既擢興安縣知縣,諸弟子員件繫其學政,相率踵門,願刻文于石,以示遠久。"

白紹光(1567—1634),字超宗,號雉衡。武進人。與孫慎行皆唐順之外孫。萬曆三十四年(1606)舉人。署常熟教諭,歷任江西興安、彭澤知縣,陞南京錦衣衛經歷,工部員外郎,户部郎中,改官廣南知府,卒於任。

仲春月望,作龍樹庵記(初學集卷四十二)。

此文應文震孟請,爲僧廣傳而作,初學集無寫作年月,崇禎吴縣志卷二十六僧坊三載此文,末署"萬曆己未仲春月望"。志云:"龍樹菴,在閶門外白蓮涇南包家墩,即古文殊菴故址。萬曆間,雲棲僧廣傳募建,周忠介公順昌以老樹拒門如龍,因名龍樹。中建法堂、放生池、普同塔。"

廣傳(1555—1631),字濟川。太倉人。俗姓沈。少從父賈京邸,年四十遍遊名山,參雪浪洪恩,皈依雲棲袾宏。矢志恢復花山講寺,走南都請大藏。未幾,寺有地壤之訟,僧徒四散,廣傳獨自支撐,文震孟時未登第,亦殫力捍禦,寺得保全。事定,入天目結廬。久之再返吴,住龍樹菴。卒年七十七。張世偉爲作傳,生平又見崇禎吴縣志卷五十四。

山曉閣明文選續集卷五評云:"記龍樹菴,只末後數語可了。前面一大幅,要是感憤時事,觸於廣傳而增慨也。夫廣傳身爲浮屠,而志操屹如,積久不變,乃疆圉是寄者,不免棄之如遺。篇中往復淋漓,筆則極其曲折,意則極其悲涼,或浮屠是主,而借時事以發揮,或時事是主,而因浮屠以寓意。不知文肅、文毅二公,當日與游,胸中亦曾作是想否?倘有是想,恐歎息痛恨,即從游亦非其好耳。"

春，姚希孟會試中第。

李流芳再次落第，尹嘉賓有詩送之，流芳持示牧齋。

　　有學集卷三十五尹孔昭墓誌銘："己未春，送長蘅落第詩云：'海畔逢錢大，叮嚀莫作癡。'長蘅持扇示余曰：'此孔昭三千里一言也。'余方在酒所，潸然泣下。所謂兄弟而各姓名，詎不信歟？"

　　尹嘉賓詩見江陰詩粹，題送李長蘅南還兼寄錢受之：君今好歸去，世事遂如斯。孟浩非隱者，王維是畫師。有心同我久，不樂復何時？海畔逢錢大，叮嚀莫作癡。

三月二十六，武進唐鶴徵卒，年八十二，牧齋有祭文。

　　初學集卷七十七有祭唐太常文，云："伊余與公，素昧平生。勞公記籍，問其氏名。蟲刻徒勞，馬齒滋長。何當于公，而辱饗往。嗟此哲人，未奉緒言。歿思典刑，在願執鞭。先民有言，讀書尚友。繄我于公，接跡已久。申寫夙心，跪而致醊。如與公言，公其聽之。"二人似未曾見面。

　　唐鶴徵(1538—1619)，字元慶。順之子，孫慎行外舅。隆慶五年(1571)進士。累官至太常寺卿。曾在東林講學。鶴徵卒日，見唐氏宗譜所載孫慎行墓誌。

春三月，捐資刻道餘錄成。

　　徑山藏道餘錄題識："翰林院編修、海虞居士錢謙益捐資刻此道餘錄，計字一萬二千二百四十，該銀六兩三錢六分五厘。江陰釋在琳對、長洲徐普書、句容潘樞德刻。萬曆己未歲春三月，徑山化城寺識。"

作文祝邑人陸枝八十大壽。

　　初學集卷五十六陸公墓誌銘："君之八十也，余述斯言以稱壽,今又銘之於此。"壽文未見。

陸枝(1540—1622),字達卿,號培吾。常熟人。萬曆四年(1576)舉人。授桐鄉知縣,陞夷陵知州、樂平府同知。所至有聲。

初夏,龔立本會試南還,汪逸有詩寄牧齋。

燕再集送龔淵孟孝廉還海虞,兼東錢受之太史、張叔維社友:僧居分客居,與子後先於。小飲互爲主,間尋同命車。以兹鄰頗樂,昔者別何疎。臨發驕歸笥,傾囊買異書。

遂云先我去,真不稍爲留。北地已梅雨,南天方麥秋。再三言把袂,一半路登舟。歸晤虞山侶,猶詢蕩子不?

朝廷四路出兵攻打建州,大敗而歸,即薩爾滸之戰。

初學集卷十四戊寅九月初三日,奉謁少師高陽公於里第,感舊述懷,即席賦詩八章其五錢曾詩註:四十七年正月,兵科趙興邦奏經略不宜老師費財,時方從哲當國,移書催戰,鎬遂決意進兵。二月十一日誓師遼陽,兵分四路:馬林一軍從靖安堡出,趨開、鐵攻其北;杜松一軍從撫順關出,趨瀋陽攻其西;李如柏一軍自鴉鶻關出,趨清河攻其南;劉綎一軍從晾馬佃出,趨寬奠攻其東。是役也,兵未及發,先漏機宜。建州聞之,得以戒備,曰:"憑他幾路來,我只一路去。"何其料之決,謀之勇也。兵分則軍勢易孤,將分則師期多誤,處必敗之局,而欲倖邀成功,豈非籌策者之倒置乎?三月朔,杜松晨越五嶺關,抵渾河,半渡,建騎萬餘卒出,邀遮擊沖,兵截爲二。松力戰突圍,悉衆殲焉。馬林改由三岔出塞,師至後期,抵二道關,建騎乘勝來攻,亦敗績。劉綎獨縱兵馬家寨口,深入三百里。建卒詭漢裝,誘墮重圍,環而戰。衆大潰,綖殁于陣。獨李如柏清河一路,以經略令箭撤回獲全。報至,舉朝震恐。

潘宗顔戰死,董應舉為位而哭,牧齋作潘僉事哀辭(初學集卷七十八)。

哀辭序云:"三月,王師敗績於建夷,僉事保安潘君宗顔死之。……閩人董應舉聞君之亡,為位而哭,以其所草疏檄寓余。董於君未嘗有雅故也,余感董之意,作哀辭一篇,自書二通,其一通酹酒,東向而焚之,以告于潘,其一通以遺董。"

明史卷二百九十一:"潘宗顔,字士璸,保安衛人。善詩賦,曉天文、兵法。舉萬曆四十一年進士,歷户部郎中。數上書當路言遼事,當路不能用。以宗顔知兵,命督餉遼東。旋擢開原兵備僉事。四十六年,馬林將出師,宗顔上書經略楊鎬曰:'林庸懦,不堪當一面,乞易他將,以林為後繼,不然必敗。'鎬不從。宗顔監林軍,出三岔口,營稗子峪,夜聞杜松敗,林軍遂譁。及旦,大清兵大至。林恐甚,一戰而敗,策馬先奔。宗顔殿后,奮呼衝擊,膽氣彌厲。自辰至午,力不支,與游擊竇永澄、守備江萬春、贊理通判董爾礪等皆死焉。事聞,賜祭葬,贈光禄卿,再贈大理卿,蔭錦衣世百户,諡節愍,立祠奉祀。永澄等亦賜恤如制。"

張燮會試未第,北歸遇牧齋于鄒園,作詩二首。

霏雲居續集卷十九余與錢受之太史別多年矣,執手鄒園,漫賦二首:獸丘別後幾更春,君自雄飛隔隱淪。暫向名山紆社事,還從交譜記騷人。談鋒欲下雲梯峻,道韻仍披水鏡新。四坐風前齊度曲,片時促席且為鄰。

林籟波光興不孤,隨緣坐起客相呼。高文事事推袁虎,良史行行待董狐。杖到成龍應許借,箭於瘵鶴定還蘇。縠皮巾在塵猶滿,潦倒君前髮任逋。

鄒園,即鄒迪光家園。

武林各寺爲國禮懺告哀,夏四月,作書武林攘夷事(初學集卷二十七)。

文云:"今年春,王師分四道討建州夷,三道敗没,殺我一僉事、二總兵,中外大震。武林諸山浮圖有律行者,相率然燈禮懺,告哀于佛,諸大夫士相焉。"

夏四月,作重輯桑海遺録序(初學集卷二十八)。

桑海遺録爲吴萊所撰,牧齋見其書不存,故重輯之。

山曉閣明文續集卷四評云:"孤忠顛躓,沉鬱無聊,賴有遺書,傳其心曲。作者哀音怨亂,讀者情致纏綿,網羅放失舊聞,其神明可偕昔賢而垂不朽。"

盛夏,茅元儀有書討論遼事,建議發兵再戰。

茅元儀(1594—1640),字止生,號石民。歸安人。茅坤孫。自幼喜讀兵書,後入楊鎬、孫承宗幕府,授待詔。崇禎二年(1629),陞任副總兵,督理覺華島水師。後因事遣戍漳浦,憂憤而死。著述甚富,有武備志、石民四十集、暇老雜記等。

石民四十集卷七十四與錢受之編修書己未:"去冬杪謂可命虞山之棹,傾領玄屑數日,借拂水作鼓吹,致足樂也,不意他事留滯,又道一番好夢境也。方今國事至此,雖張、高復起,亦不能收萬全之局。……今天下之事,不止於遼,而譚者所謂倭奴、土司、海寇、鄉賊,皆不足當遼一指,可憂甚大,所憂甚小。其應慮應防之事,即間口及之,亦如請朝講、請郊祀,實無必爲之心,聊作虛設之語。上下如此,豈真欲以事付之天乎?……今之首受禍者,即保身保官者也。……今不乘北關未併宰賽,二十四寨離合顧盼之間,爲犁庭掃穴之計,俟其從容暇豫,事定局全,一舉不退,此時悔之晚矣……我師兩敗,而奴不長驅,其明驗也。今不得其故,而輒曰始畏我師者尚強,繼因彼師之亦敗。嗟乎,張帥既殞,全遼無主,劉、杜喪師,彼氣十倍,而顧曰云云者,此不可以欺兒童婦女,而士大夫顧信之不疑,可嘆也。……今目下暑盛馬疲,奴方養銳,而西虜亦困頓不支,故聽款而去。朝廷之上,聽敗將之覬免,借北關之妄傳,以爲奴人病天妖,無復置慮。虎、宰諸酋,雖非淵、勒之儔,然狼欲無厭,已驕之子,難爲其母。今者飽欲而去,正所以召深秋之大舉,使九十月之間,東西交發,不知朝廷何以支之?而禁軍十萬,都城守具,遂付之誰何之人?……因張把總之奉謁,一託便風……獻徵錄一部寄上,不吐之私,秋初罄之。"

秋冬間,謝兆申有書,敘其欲隱居廬山淨妙院及撰寫廬山志之事。

謝耳伯初集卷十六與錢受之太史書:"去夏四月,聞先父病,即出都門,八月方抵南都,九月至江西,得先父訃。……今夏有僧念庵自廬山淨妙來者,弔弟慰弟,謂此山可以棲遯。弟度此時亦惟有潛山遯世乃爲上策爾,六月遂偕此僧入淨妙寺息焉……弟將假此輯爲一記,一山水,二書院觀寺,三儒碩,四故獻,五隱逸,六遊寓,七列仙,八僧寶,中又列禪宗、淨土、耆德、譯師、義學、神異諸傳,九靈跡,十撰述,都爲數十卷,以快寓目之觀,惜無俊人作一外護耳。"

同卷寄巡撫李夢白先生書:"今歲二月,念庵以鄒子尹欲取净妙請憨山之故至舍,因念庵不可其事,遂止。然而念庵之奔走拮據,亦疲苦甚矣。已子尹勇於自悔,護净妙如故,僕始爲念庵六月同至净妙,乃知净妙居五老之陽,自爲一局,與他刹異,僕將棲遯於此焉,以爲息心之地,但須老先生作一大護持耳。"

七月晦日,謝兆申又有遊廬山之舉,見同書卷八由净妙遊凌霄木瓜巖記,故與牧齋此信當作於七月以後。

李長庚,字酉卿,號夢白,時任山東巡撫。

同年徐日久連遭父母之喪,備奠儀祭奠,徐作書謝之。

徐子卿近集啟事卷六復錢尚湖:"楚中一承手教,至今不忘。且行之良騐,不然以不肖之疎拙,所不宜于海上者,乃逡巡數年,免于罪戾,豈偶然耶?量移曾未幾時,一月中兩遭大變,百端交集,有啞口不能對人言者,旁人見癡,還亦自笑,真可歎也。年來杜門無事,一味讀書,長進是不可知,飲興殊爲不減,不負仁兄,惟此二事耳。世事更新,何意至是?吾兄養望多年,盤心久定,主張世道,非復須矑淺所能仰贊。但弟以耳目所見,往來質問,所謂生民之戚,真如季世,不有大力者返其極重,將來有不可知、不忍言者矣。惟兄念之,遠賜奠儀,即治具薦之先人,存歿光寵,感激無旣。薄幣聊申鄙意,伏惟垂鑒。餘衷縷縷,何可盡言。"

韓廷錫西安公傳:"己未秋,贈公越鄭安人卒于官舍,公宅恤南還。"本年七月初六徐母卒,二十七父徐卒,連遭大喪,見率真先生學譜。

徐日久(1574—1631)，字子卿。浙江西安人。萬曆三十八年(1610)進士。官上海、江夏縣令。後陞山東按察使，卒於途中。

十月朔，祭于謙，作祭于忠肅公文(初學集卷七十七)。

有學集卷三西湖雜感其六自注："萬曆己未歲，余肅謁于廟，以東事告哀。踰年，夢示靖康之兆，相抱慟哭。有祭廟文在初學集。"

爲縣令張節作常熟縣助役公田碑記(海虞文徵卷十)。

文云："今浙省參藩豫章趙公，初令常熟，念民苦北運，議以所運糧分附漕，卒尼於言者而止。不得已，乃捐俸買上㢠田壹頃九十六畝八分七釐四毫，並各區所有公助田七頃七十八畝八分一釐一毫，爲受役者助。……久之，安六張公來令是邑，甫下車，進三老問民疾苦，慨然欲修趙公之政，計其俸入，裁省一切而積之，將大有增益。而會直指行臺，不戒鬱攸，當亟鼎建，乃出以應之，餘者無幾，則以付邑者買田一頃五畝，合前田共一十三頃五十五畝九分四釐五毫，皆邑之上㢠，委邑尉履晦藉之，刊冊以布，庶政有畫一，而蠹敝無自生，斯亦趙公之志也。"

趙公即趙國琦。民國重修常昭合志卷十九："常熟縣助役公田碑記，萬曆四十七年錢謙益撰，在縣署頭門。"碑尚存，末署"萬曆四十七年仲冬穀旦"。

作嘉定侯氏壽燕序(牧齋外集卷十一)。

"萬曆己未，嘉定侯子得一之大母張夫人壽八十，其母陳夫人壽七十，設帨之辰，後先相望。得一以大行人考最，儗入爲黃門給事中。二子雍瞻、豫瞻已舉於鄉，魁其經矣。……吾邑盛子九容、龔子淵孟、許子仲嘉,皆游于得一父子,稱契家子者也,胥往與于祝,而以其叙屬余。"

侯震暘(1569—1627),字得一,一字東起,號在觀。牧齋同年進士。授行人。天啟初,因得罪閹黨削職。卒,牧齋爲作墓誌銘。

長子峒曾(1591—1645),字豫瞻,號廣成。天啟五年(1625)進士。官至順天府丞。清軍南下,起兵反抗。城破,與二子投水死。

三子岐曾(1595—1647),字雍瞻,號廣維。兄死,奉母避兵。陳子龍因通海被清廷通緝,匿岐曾處,爲人告發,被拘就義。

盛文琳(1572—1644),字九容。常熟人。萬曆四十六年(1618)解元。

許士柔(1587—1642),字仲嘉,號石門。天啟二年壬戌(1622)進士。少受知於楊漣,與文震孟、倪元璐、黃道周有壬戌四翰林之目。

十一月,徐文任將葬其父母,爲作明故徐府君墓誌銘(初學集卷五十三)。

徐文任父名可久(1532—1610),字復貞。太倉人。母王氏。銘云:"將以今年十一月,合葬于某地之新阡……今年,實萬曆四十七年也。"

十二月,瞿純仁卒,年五十三(初學集卷五十五瞿元初墓誌銘)。

臘月,寄信董應舉,告知有出山之意。

詳見下年。

本年,作邵茂齊墓誌銘(初學集卷五十五)。

　　文云:"四十七年某月,葬于北山之新阡。嗚呼,茂齊死矣,茂齊之傳于後者,實賴于斯文,而文之傳不傳,亦有命焉,不可得而知也。雖然,天之厄茂齊甚矣,不當復厄之身後,余之文,其又或以茂齊傳也。然則銘茂齊者,非余而誰也?"

　　山曉閣明文選續集卷五評云:"行文不衫不履,有一番敘事,即有一番慨息,參差潦倒,若不勝情。蓋茂齊積學,而不見用於時,於先生有握手之誼,故欲其傳,又懼其不傳,昔人所以重有良友也。古道云亡,寒士落魄,讀此爲之三歎。"

本年,等慈化去。

　　常熟縣破山興福寺志卷四:"萬曆四十七年卒于拂水,諸公皆曰等慈名僧也,葬于高僧塔之旁,俾附以不朽焉。"

本年,募建興福寺四天王殿。

　　常熟破山興福寺志卷三:"四天王殿,在山門內,萬曆四十七年海蓮募,侍郎錢公領衆建。"萬曆年間,牧齋又贖回寺門外高僧墓、菜園等地,亦見寺志。

本年,作陳母瞿孺人表節序(牧齋外集卷九)。

　　鈔本題下注"己未",故置此。文云:"余讀馮祭酒集,紀吾邑瞿節婦事,訪問其家世,知其爲陳生冑樞之母也。過其廬拜焉,節婦已死,表宅之典未下,獨祭酒數言,耿耿青簡中耳。今年南禮垣晏君,讀祭酒集,異其事,移文下縣,縣爲榜懸其門,如禮垣指,旌有日矣。諸與陳生遊者,謂余不可以無序。"

　　瞿氏家乘卷四鄒元標題表貞錄:"頃瞿稼軒父母來蒞吾

邑,有節孝事,無隱不揚,因過余言節婦,即若近族……錢受之太史爲之作敘,晏懷泉禮垣爲之表揚。"

晏交輝,號懷泉,南昌人。萬曆二十六年(1598)進士。時官南京禮科給事中。

康熙重修常熟縣志卷二十二列女:"陳國器妻瞿氏,副使俊之孫女。年十九而國器卒,食貧苦節,感動閭里。教孤成立,撫按歷獎之,廣州知府國華立傳。子胄樞,由武科授守備。"

胄樞,字漢瑩,一字扶輿。萬曆四十年(1612)武科舉人。官南匯守備。著有列代將略、憲章總目等。

本年,得黃省曾西洋朝貢典錄手稿,借孫胤伽抄錄。

錢曾讀書敏求記卷二西洋朝貢典錄:"東川居士孫胤伽跋云:'此書序見黃公五嶽集久矣,往來于胸中者三十年。歲己未,錢受之搜秘冊于郡城故家,得黃公手藁,歸以貽予,遂命童子錄之。此書初未入梓,自藁本外,只此冊耳。"

孫胤伽(1571—1639),字唐卿,一字伏生,號東川居士。常熟人。樓孫。監生。性嗜聚書,手自繕寫,所藏多秘本。

明萬曆四十八年(1620) 光宗泰昌元年庚申 三十九歲

春正月,跋李如一藏錢塘大慈山甘露院二牒(初學集卷二十六)。

文云:"葉隆禮契丹國志以是年爲會同十一年,隆禮之志成於淳熙中,遼史未入中國,其舛誤不可枚舉。徐無黨注歐陽史,以謂契丹年號,諸家舛謬非一,莫可考正。因是牒以考之,則益信矣。江陰李君貫之博雅好古,叢書盡簡,每遇之,無不藏弆。出二牒以示余,命爲之跋尾。余學殖既鮮,又善遺忘,略疏其槩,以復於貫之,貫之幸悉舉所聞以改焉。"

李如一(1557—1630),本名鶚翀,字如一,後更字貫之。江陰人。詡孫。諸生,多識古文奇字。應鄉試不中,罷去。敦尚理學,好書尤專。著有禮記緝正、藏説小萃等書。

憨山得牧齋出山之信,以爲時事不可爲,作書勸阻。

夢遊全集卷九答錢受之太史:"侍者回,得法音,知近日心地脱灑,此非真實工夫不易得也。甚慰甚慰。承示不二法門之要,無越高座一機,非特一法而已。心法序,誠孟浪之談,辱大手改正,頓成佳語,真還丹點化之工,非敢言必傳,但存一種法門耳。承念國事艱難,無肯出死力者。此言固肰。但觀從古捨身爲國之人,非臨時偶爾而發,蓋此等人品,有多因緣,非容易可擬也。一則當衆生大難之時,自有一類大悲菩薩發願而來。至其作用,皆神通發現,非妄想思慮計較中來。無論在昔,即如我聖祖同時英雄,皆其人也;二則天生應運,匡扶世道之人。內稟般若靈根,外操應變之具,先有其本,及臨時運用,如探囊中,百發百中,此留侯、諸葛與平原、忠定諸公,即其人也。三則亦自般若願力中來,負多生忠義果敢習氣,剛方中正,確乎不可拔者。勘定大事,堅持不易,如文信國、明之孝孺諸公,生性一定而不可奪者,即其人也。方今目中天下人物,有一於此者乎? 觀其發言議論,有能一定戡亂扶危之識見者乎? 無其本而欲責其寔,豈非過耶? 故古之忠臣,有一定之材操,有必可爲之具,不用則已，用必見效。即如當世才具兩全者，誰其人哉？故古之建不拔之功者，皆預定於胸中。如范蠡、子房、武侯，進退裕如，豈以空談爲寔事哉？即如東坡，亦文章氣節耳。惟今居士，乃一時所屬望者，第自揣其具，孰與於諸公耶？其所存者，特一片赤心耳，苟材具不充，何敢言天下大事哉？此山野向者切切望居士深所養者此耳。以老朽觀居士之心，審處諸公可爲之事業，志能爲之。至若戡亂扶危，操何術以爲之？是豈旋旋從中煅煉而能者耶？即今之事，特細故耳，更有大于此者在。惟願居士當早畜其具，幸無以軀命付之爲全策也。天下皆迷，豈一呼能覺？以知居士將有出山之意，故特遣訊，幸緩前綏，操具待時，天必有意成就大業，萬勿輕脫。若素養已就，相時而出，一見便爲，如蒼鷹挐兔，不留影迹，方是大手作略，豈爲以顔面從人，而以軀命付之爲得耶？高明以爲何如。"

又同卷："自得居士去秋出山手書，云養身有待數語，極慰鄙懷。不意國運多故，外患內憂。朝野惶惶，冲聖子立，鉅肩爲難。幸一時夔龍濟濟，上賴祖宗之靈，下慰蒼生之望。如居士正宜堅秉願力，以負荷爲心，障回狂瀾，切不可以慷慨意氣爲任，又難以隨時上下，爲善權方便也。此山林蔬筍心腸，在大光明藏中，必有以寢處也。所謂大道之妙，難以言傳耳。"

五月，董應舉回信牧齋，對其出山大加讚賞。

董應舉崇相集書四："五月十九，乃拜寄下臘月書，知今春出山，欲自效于一障一堠，爲國報仇，義不旋踵之意，棄卿相而樂死亡，真男子也。使在事者如吾兄，何憂奴酋哉!……徐宫詹練兵之説甚善,但無權術,當舉朝文武科道膽慄神摇、不能措手之時,以一詞臣自薦,衆人固已側目。……宫詹有其心而無其術,然竟是國家孝順子孫,有事時恐擔在其肩,吾兄當何以助之乎?徐若谷、熊壇石皆有才膽,果毅皆可有爲。蔡元履時望所推,弟去其家三四日程,周景文清貞絶俗,心肝亦切,但當廣之以理外完理、法外成法之事,此關打破,方是經濟名臣也。所寄詩扇已得之,顧未能和,别録小作呈覽。吴、閩雖遠,同地同天。敝處王支提,恐不下元履也。"

徐宫詹即徐光啟,時任詹事府少詹事,管理練兵事務。徐若谷即徐良彦,熊壇石即熊明遇,蔡元履即蔡復一,王支提爲董應舉婿。此書未署年月,考董應舉履歷,萬曆四十六年(1618)十月乞休,天啟元年(1621)閏二月再起,則此書作於萬曆四十七年或四十八年。又崇相集同卷答吕益軒書云:"拙集刻得許整,遂累鳳林、惺麓、君符,而仁兄所費,當亦不貲矣。……錢受之有赴闕意,愚意姑遲數時,若兄之起,則不可不赴也。"吕益軒即其好友吕純如,刻書之事在萬曆四十八年(1620),吕純如序署"庚申春月",載崇相集卷端。據此,董應舉與牧齋書作於四十八年無疑。

長治縣令方有度有書來勸牧齋出山,作書答之(初學集卷七十九答方長治啟)。

啟云:"竊念某章句小儒,菰蘆賤士。十年不字,知偃蹇已久棄於時;四十無聞,悔氏名之浪傳於世。……伏承來命之拳拳,轉使我心之痒痒。即其談邊陲之大計,不遺鄙人,則知懷社稷之深憂,尚有君子。我之懷矣,何解於安石之蒼生,君其勉諸,行將爲方叔之元老。"牧齋今年三十九,通籍十年。

方有度(？—1627),字方叔,號方石。歙縣羅田里人。萬曆四十四年(1616)進士。授長治縣令。擢工科給事中,轉吏科給事中。坐黨人削籍。程嘉燧爲作墓誌銘。

歙縣程元初來訪。

初學集卷二十五徵士錄:"萬曆間,余以史官里居,新安程生元初踵門而請曰:'聞明公有意於著作,願有請也。'翼日以書來曰:……余將補官赴闕,卒卒未暇理前語。元初遂別去,不知何之。"故繫此。

程元初,字全之。新安人。以著述爲業。死遼陽。著有律古詞曲賦叶韻統、歷年二十一傳、唐詩緒箋、彙戰國策補等。

春日,題草莽私乘(鈔本草莽私乘卷端)。

初學集卷二十八重輯桑海遺錄序:"江陰李君如一家多藏書,有陶宗儀九成草莽私乘,余從借得之。"桑海遺錄序作於萬曆四十七年(1619)四月,借書不知在何日。

中夏日,再題草莽私乘(鈔本草莽私乘卷端)。

尾署:"庚申中夏日,謙益再書於榮木樓之桐樹下。"

七月二十一日,神宗駕崩,遺詔太子朱常洛繼位。

秋,浦大冶過訪,以身後文相囑。

初學集卷五十七浦君鎔先生墓誌銘:"余少爲文章,無所鯁避,君讀而亟稱之。庚申之秋,余將還朝,君踏門而拜曰:'願以身後累子。'"

浦大冶(1540—1621),字君鎔。無錫人,遷居虞山。應麒子。

八月,在家閒住十一年後,詣闕補官,途中作嫁女詞四首以寄感(初學集卷一)。

詩序云:"余初登第,旋奉先人諱,里居奉母,垂十有一年,乃詣闕補官。是時神廟上賓,國論喧豗,遼寇臁突。別母北上,中心惻愴,而作是詩也。"

初學集卷二十五書盧孔禮事:"庚申之秋,奴陷開、鐵,余服除赴闕。"

至吳門,寄詩陸問禮告別(初學集卷一)。

過常州,與沈應奎相見,沈作書盧孔禮,請其爲牧齋效力。

初學集卷二十五書盧孔禮事:"庚申之秋,奴陷開、鐵,余服除赴闕,伯和罷官里居,執手慷慨,具言孔禮事本末,曰:'孔禮必不負我,吾折簡爲兄招之。即有緩急,以孔禮所部當前行可也。'"

同卷書沈伯和逸事:"余嘗訪伯和村居,木榻布被,沽濁醪如餳,飯麤糲棘喉,伯和飲啜自如。床頭樹銅簡二,其高等身。夜分謂余曰:'代藩之議,彼不悔禍,當持此簡擊殺老魅於朝堂,旋自刑以明國法,何暇與喋喋爭嚷畢牘間乎?'俄而執簡起舞,有風肅然,晶光閃爍上下,寒燈吐芒,四壁颯拉。是時伯和年七十餘矣。"

沈應奎,字伯和。武進人。萬曆十三年(1585)舉人。官刑部郎,再出爲汀州知府。好急人所難。盧爲交河義士,路遇不平,毆人喪命,沈應奎救援出獄,故願爲沈效死。

八月二十九日,光宗朱常洛病重,鴻臚寺臣李可灼進紅丸數顆,光宗服二丸,次晨即死去。因李可灼屬鄭貴妃一黨,朝臣懷疑李可灼受鄭貴妃指使謀害光宗,從而引發爭論,史稱紅丸案。紅丸案、梃擊案、移宮案三案,是明末黨爭的焦點事件,對晚明歷史影響深遠。

九月二日,奉神宗遺詔,於京口成服,賦挽詩四首(初學集卷一)。

牧齋詩"天爲摧醜虜,地不愛金銀",皆爲神宗遺詔罷除礦稅,以内帑充東師軍餉而發。

九月初四,龔立本聞牧齋北行,追至京口相別。

龔立本北征日記二:"九月初四,侵晨渡江,聞受之在丹陽,命長年亟撥棹追之。而受之舟已次京口,元晦亦在,相與劇談,至三鼓而別。"

初學集卷一彭城道中寄懷里中游好,次坡公在徐寄邦直子繇之韻四首其四:"十日京江不滯留,故人趣別我先憂。髦龔喜作班荆語,短許空期彈鋏游。"錢曾註云:"龔立本字淵孟,登賢書,令閩之福安,補任崇德,于思其髯,平生好爲吏。公與其父子游于酒所,觥籌交錯,往往談笑極歡而罷。""許儁字伯彥,高才强記,授春秋於公之尊人。落魄好大言,里中兒呼爲狂生,不以介意,與公交獨厚。"

自京口渡江,作渡江二首(初學集卷一)。

至儀真西十里褚家堡公館,見晉江李伯元修館記文,題詩一首(初學集卷一)。

李伯元,字端統,號宗古。萬曆十六年(1588)舉人。曾官儀真知縣。

至滁州清流關,讀尹嘉賓題壁詩,亦作短歌(初學集卷一)。

李介天香閣隨筆卷二:"滁州北有關山,即古之清流關險阨,爲南北要路地。過此北走中原,數百里皆坦道。南唐姚鳳、皇甫暉守此,周師不能過。宋太祖得趙管策,自間道入,始克之,兩淮遂不能守。萬曆時,尹澹如北試過關山,留題云:'擎天一柱鎖神州,雨老烟荒劇可愁。莫道時清關失險,勇夫重閉自春秋。'當是時,天下全盛,户留行客,犬足生氂,朝野嬉恬,士夫玩愒,而尹君獨深憂如此。"牧齋所見詩即此。

過滁州,回憶十五年前與李流芳會試趕考事,作詩懷之(初學集卷一)。

遥望滁陽王廟,感慨國史忌諱錯訛,作詩一首(初學集卷一)。

滁陽王即郭子興。牧齋詩云:"滁陽追王陳,亳都紀年渺。史存有諱忌,國往無繼紹。故事亥豕譌,殘書蠹魚飽。善哉秦楚際,遷史著月表。寄語石室人,放失事搜討。"

鄧漢儀詩觀初集卷一評云:"虞山具一代史才,合肥每每言之,此詩畧見大意。"

至臨淮,田舍題壁贈王鶴年(初學集卷一)。

王鶴年不詳何人。牧齋詩云:"腹便便腰十圍,鐵衣拋却卧牛衣。恨君不度三岔水,生取奴爾合赤歸。""奴爾合赤"四字,刻本多剜去。

九月十一日,至靈璧固鎮驛,聞光宗駕崩,賦挽詩四首

（初學集卷一）。

彭城道中，懷里中友人，次東坡在徐寄邦直、子繇韻四首（初學集卷一）。

至徐州，題詩五首（初學集卷一）。

過滕縣，回憶萬曆三十五年（1607）與李流芳下第過此，作詩寄之（初學集卷一丁未春，與李三長蘅下第，竝馬過滕縣，貰酒看花，已十四年矣，感歎舊游，如在宿昔，作此詩以寄之）。

至鄒縣，拜孟子廟，作詩一首（初學集卷一）。

至穀城山，大風起，作詩紀之（初學集卷一）。

穀城山一名黃石山，在東阿，以漢黃石公得名。

自茌平至高唐，作詩一首（初學集卷一）。

至交河富莊驛，將沈應奎書郵寄盧孔禮。

初學集卷二十五書盧孔禮事：「余過富庄驛，聞光廟大行，囑驛卒郵致伯和書，不待報而去。」

至河間城外，作詠柳詩二首（初學集卷一）。

河間知縣佟卜年餉以刁酒，作詩寄示錢文光（初學集卷一）。

佟卜年（1588—1625），字于周，號觀瀾。萬曆四十四年（1616）進士。初授南皮縣令，調河間，陞夔州知府。天啟元年（1621），應熊廷弼"用遼人"之請，擢山東按察司僉事，不久因佟養性降金事解印。次年，薊州捕獲奸細杜茂，茂供稱卜年暗通後金，熹宗聞奏，遂將卜年逮繫，下刑部獄。卜年下獄後，廷臣互相攻訐，顧大章、王紀、楊東明、孫承宗等人疏救不得。五年八月,熊廷弼被殺,傳首九邊。九月,卜年奉詔自裁獄中。宗族受死者三十餘車。其妻陳氏攜家徙居湖北,再遷金陵,又避兵甬東,死後卜葬金陵。子國器,入清官至福建巡撫。據乾隆河間縣志卷三職官所載,佟卜年萬曆四十七年(1619)任知縣,天啟元年(1621)離任。

　　錢文光(1562—1629),字純中。常熟人,於牧齋爲族侄。少與江陰繆昌期同硯席。爲諸生五十餘年,見貴人未嘗相下。嘗從牧齋游京師。昌期死,悲憤無聊,病風而死。其敘記哀誌之作,與當世文章家馳騁上下。

從白溝河至京,和宋范成大燕山道中絕句八首(初學集卷一)。

　　牧齋詩序云:"吾郡范文穆公成大以乾道六年使金,自渡淮至燕山,塗中有絕句詩一卷,自白溝河抵會同館,凡八首,則余入畿南所經歷道也。弔古憂時,感歎天水、金源遺跡,援筆屬和,情見乎辭,庶幾效矇瞽之義焉。"

十月,盧孔禮弟孔信來見。

　　初學集卷二十五書盧孔禮事:"冬十月,一男子欸門求見,曰盧孔禮之弟孔信也。問孔禮安在,曰:'孔禮病風,卧蓐不能起。得沈公書,流涕漬面,伏枕頓首,遣某來謁謝。'問所謂五百人者,曰:'強半老且死矣,其存者多死於援遼。兄弟三十人,僅孔禮與某在。孔禮又病,某晨夕守視,不復能從軍矣。'坐而飲之酒,鄭重流涕而別。"

十月二十一日,復除翰林院編修。

　　熹宗哲皇帝實錄卷二:"(泰昌元年十月二十一日)甲子……復除翰林院編修錢謙益。"

孫承宗高陽集卷十五有制文:"爾翰林院編修□□□,直方特達,端亮博聞,既冠兩闈,載承軒問。而爾雅抱匡時之略,遂多矯俗之談。帝心亟嘆奇才,師頌同推大第。萬言直上,孤忠結明主之知,十載歸來,至性倚慈親之愛。……兹以覃恩,授爾階文林郎,錫之勅命。"應即此時。

作汪君六十序(初學集卷三十七)。

汪君不詳何人。序云:"嘉定程孟陽嘗爲余言,弱冠時薄應舉之業,斬然有志於功名,偕年少十數人,學騎射擊刺,骨騰肉飛,如饑鷹餓鶻。今老矣,追思少壯事,殆如隔世。而廿年來十數人者,獨總戎錢君與汪君在,汪雖老田間,度其才略,可使將數千人者也。……君今年六十,其稱壽以歲之十二月。……孟陽方游澤、潞之間,古稱天下之脊,戰争形勝之地也。天寒風急,賈酒高歌,曩之壯心,得無有奕奕萌動者乎?"

年月考訂,見下年程嘉燧書。

本年與袁中道曾有一面。

袁中道珂雪齋集卷二十五答德州守謝容城:"錢受之來,極稱仁臺相念至情,感不可言。……弟入太學一年三個月矣,去年十月中,與胡漢涵先後同進。"中道萬曆四十七年(1619)陞國子監博士,四十八年改南京禮部主事,因繫此。

謝錫教,字洪伯,號容城。海鹽人。萬曆二十五年(1597)舉人。嘗官德州知州。有孋園詩存存世。牧齋北上,必過德州,因得相見。初學集卷九十九有山東濟南府德州知州謝錫教授奉政大夫制文。

冬,與文翔鳳、王象春相見京城,相與論文。

列朝詩集丁十六文少卿翔鳳："初第時，與余辨論佛學，數日夜不寢食，曰：'子姑無困我。'庚申冬，以國喪會闕門，極論近代詩文俗學，祈其改而從古。天瑞告王季木曰：'虞山兄再困我矣。'天瑞與余不爲苟同如此。"

列朝詩集丁十六王考功象春："歲庚申，以哭臨集西闕門下，相與抵掌論文，余爲極論近代詩文之流弊，因切規之曰：'二兄讀古人之書，而學今人之學，胸中安身立命，畢竟以今人爲本根，以古人爲枝葉，窠臼一成，藏識日固，并所讀古人之書，胥化爲今人之俗學而已矣。譬之堪輿家，尋龍捉穴，必有發脈處。二兄之論詩文，從古人何者發脈乎？抑亦但從空同、元美發脈乎？'季木撟然不應。天瑞曰：'善哉斯言，姑舍是，吾不能遽脫屨以從也。'厥後論賦，頗辨駁元美訾謷子雲之語，蓋亦自余發之。季木退而深惟，未嘗不是吾言也。季木尤以詩自負，才氣奔軼，時有齊氣，抑揚墜抗，未中聲律。余嘗戲論之：'天瑞如魔波旬，具諸天相，能與帝釋戰鬥，遇佛出世，不免愁宮殿震壞。季木則如西域波羅門教邪門外道，自有門庭，終難皈依正法。'季木問山亭詩不下數千篇，而余錄之斤斤者，誠不忍以千古之事累亡友於無窮也。"

牧齋外集卷六陳百史集序："泰昌紀元庚申，與秦人文太青、齊人王季木談文左掖門下，各持所見，齗齗不相下。余曰：'子亦知道家結胎之說乎？古之學者，六經爲經，三史六子爲緯，包孕陶鑄，精氣結轖，發爲詩文，譬之道家聖胎已就，飛昇出神，無所不可。今人認俗學爲古學，安身立命于其中，凡胎俗骨，一成不可變，望其輕身霞舉，其將能乎？"太青喟然曰："善哉。雖然,吾不能舍所學而從子矣。"

王象春(1578—1631),字季木,山東新城人。亦萬曆三十八年(1610)進士。歷官工部、兵部、吏部郎中。王士禛即其從孫。

尺牘新編丙集王象春與牧齋："五方之民,言語不通,弟謂一地有一地之音,何必撟舌相效,近世相尚靡靡。在江南風土,冲素固其所宜,而北方軒頵鬢鬢之夫,亦勉爾降氣,以爲南弄,豈不可恥?弟本聲氣之自然,矢爲齊音,寧仍吾儕耳,不顧兄之誚也。"可見王象春確未以牧齋所言爲是。

文翔鳳紫亭草與季木論文："元美吾兼尚,空同子獨師。"可見二人崇尚復古,故與牧齋論文有別。

初學集卷二十七有駝基硯銘,此硯乃王象春所贈。銘云："新城王季木遺余駝基硯。爲之銘曰:海島有石,取以琢硯。涉彼風濤,登於書案。世無淮安,疇復海運?晴窻摩娑,使我三歎。"

十月晦日癸酉,作南海黃夫人墓表(初學集卷六十七)。

墓表云："夫人故贈某官吳公諱某之妻,今江西道監察御史光龍之母也。萬曆某年某月某日,卒于餘干其子之官寢。越某年歲在庚申,御史奉上命巡鹽浙江,屬其部民錢謙益使表夫人之墓。"

吳光龍,字用潛。南海人。萬曆三十二年(1604)進士。初授餘干知縣,官至太僕寺少卿。

年底,家人自南來京,孔信護送至河間。

初學集卷二十五書盧孔禮事："歲逼除,家人自南來,雨雪塞路,孔信率壯士十餘人,帕首腰刀,傳送至河間乃去。"

十二月二十八日，以吴宗達、黄立極、李標、錢謙益四人管理文官誥命。

> 熹宗哲皇帝實録卷四：（泰昌元年十二月二十八）辛未……以庶子吴宗達、諭德黄立極、贊善李標、編修錢謙益管理文官誥命。"

本年，錢岱年八十，作壽侍御汝瞻兄八十序（初學集卷三十六）。

> 據海虞錢氏季峰公支世譜，錢岱生於嘉靖二十年（1541）十月十七日。

本年，作方太夫人鄭氏八十序（初學集卷三十九）。

> 方應祥母。文云："萬曆庚申，西安方孟旋之母鄭太夫人壽八十。孟旋束修厲行，壹舉足出言，不敢忘太夫人。孝子之善養而潔白者，莫孟旋若也。"

本年，作天河公生壙誌（初學集卷五十六）。

> 此薛志學壙誌。誌云："公自爲壽藏，穿壙於先人之墓側，而狀其行以屬余曰：及吾之身，願有述也。……今年萬曆四十八年也。"
>
> 薛志學（1541—1634），字希之。常熟人。博學善書。萬曆二十八年（1600）貢生。授高郵學政，陞天河知縣，知廣西慶遠府。年九十四卒。

父母覃恩贈官。

> 晚年家乘文族譜後録上篇："先考妣凡四受命，先君以泰昌庚申贈翰林院編修……先母初封太孺人。"

本年，作補憨大師所作忠懿國王願塔擇乳答。

> 此碑尚存，在虞山北麓興福寺中，本年立。

明熹宗天啟元年辛酉(1621)　　四十歲

春,張思任將往遼東任參謀,作序送之(初學集卷三十五送張處士思任赴遼東參謀序)。

文云:"今年春,經略袁公列疏于朝,稱道君生平,願得君布衣參軍事,不煩以職。天子可其奏,乃譔書詞、具馬幣,再拜遣使者以請于君。君慨然拜命,告行于余。"

熹宗哲皇帝實録卷五:"(正月二十)以布衣張思任爲軍前參謀,孟淑孔等爲都司僉書等官,從經略袁應泰之請也。"

卷三十六:"(三年七月五日)癸巳,兵部尚書董漢儒覆刑科給事中解學龍疏曰:去年十月間,以全遼失陷,查逃將以正法,請矣。如賈祥之矯命募兵,激衆要挾;管大藩之跋扈藐旨;張思任、孟淑孔以市魁無賴爲大盜神奸,皆奉有煌煌之明旨,臣方翹望所司奉行之力。今賈祥一名已經定辟,其餘原籍承提之衙門率高閣置⋯⋯即如張思任、孟淑孔者,本以市藥丐兒,椎埋蕩子,渺無衝鋒遏敵之能,濫假黃盖橫金之飾,至使劇牙吮血,侵官奪民,即令速置上刑,嚴行籍没,豈爲苛哉?"

張思任,字任甫。牧齋曾爲張氏作禁方序,載潘之恒亘史雜篇竅言卷九:"余游廣陵,識渤海張任甫,其人在儒俠之間,奇士也。任甫不習醫,顧多挾禁方。⋯⋯余少詠古詩,至'服食求神仙,多爲藥所誤',輒爽然有味乎其言。乃讀真誥諸書,所載儷籍,多餌栢服术、長年解脱者,貞白之言,信而有徵。乃知服食神仙,本非河漢,特患不遇異人、得異方耳。任甫儒心而俠骨,鬚髯如戟,豈如狎客秘師,挾中射士之死藥,以博曲房中一笑者?"云云。

張漢儒疏稿:"至若謙益先年拜從術士張思任爲師,薦監軍游士任騙餉三萬五千兩,攜金脫逃,投獻謙益。"王應奎柳南隨筆卷一:"吾邑錢某,少年頗攻房術,延方士張思任于家,欲爲大陰,遂致腐爛。"雖皆不經,可見錢、張二人交往已久。

作賀東莞盧封君覃恩序(牧齋外集卷九)。

序云:"東莞盧虹仲,與余同登萬曆三十八年進士,而又爲同門友。……今年春,虹仲以楚臬使賀天子登極,會朝京師,復與余相見闕下。屈指十二年之前,宴笑淋漓,文酒錯互,恍然已爲昨夢。……虹仲入賀事竣,便道還里,奉新命致兩尊人,率子弟列拜上壽。同年進士官京師者,豔虹仲之爲也,屬余爲其序。"

虹仲,即盧瑛田(1582—1623?),一字龍升,號如麓。東莞人。牧齋同年進士。官至河南按察使。

按:此文外集別本署庚申。

作畢母孫太夫人八十序(初學集卷三十八)。

畢懋康(1571—1644),字孟侯,號東郊。歙縣人。萬曆二十六年(1598)進士。歷官順天府丞、廣西道監察御史、山東巡撫、兵部右侍郎等職。母,今年四月卒。父瑞堂,天啓五年(1625)七月卒。張燮亦有壽畢封公暨配孫太孺人雙壽八秩序。

馬逢皋母七十八壽誕,孟春,作馬母李太孺人壽序(初學集卷三十八)。

序云:"今天子天啓元年孟春,三原馬侍御奉其母李太孺人禄養於京師，侍御之同年同官方君孩未輩胥往爲壽，而屬余爲其敘。太孺人之生辰實九月十八日，而諸君以孟春上壽。"

馬逢皋，字千里。三原人。萬曆四十一年(1613)進士。授襄陽縣令，擢御史。嘗疏救楊漣。崇禎時，因事降官，授南吏部考功主事。歸里，開河滸書院，築仁塢堡，鄉人賴之。

董漢儒總督宣大，作詩二首送之(初學集卷二)。

熹宗哲皇帝實録卷二："(泰昌元年十月二十九日)以工部右侍郎董漢儒爲兵部右侍郎，兼都察院右僉都御史，總督宣大。"董漢儒赴宣大，應該在年初。

董漢儒(1552—1628)，字學舒，號道夫。河南開州人。萬曆十七年(1589)進士。後官至兵部尚書。

正月二十九，任經筵展書官。牧齋有經筵記事十首(初學集卷二)。

熹宗哲皇帝實録卷五：辛丑，命少師兼太子太師英國公張惟賢；太子太保户部尚書兼文淵閣大學士劉一燝爲知經筵官，太子太保户部尚書兼文淵閣大學士韓爌、禮部尚書兼東閣大學士孫如游爲同知經筵官；禮部左侍郎兼翰林院侍讀學士周道登，禮部右侍郎兼翰林院侍讀學士鄭以偉，詹事府詹事兼翰林院侍讀學士公鼐，詹事府少詹事兼翰林院侍讀學士錢象坤，左春坊左庶子兼翰林院侍讀孫承宗，右春坊右庶子兼翰林院侍讀吳宗達，右春坊右諭德兼翰林院侍講周炳謨、來宗道、魏廣微、黃立極，司經局洗馬兼翰林院修撰成基命，右春坊右中允兼翰林院編修李光元，右春坊右贊善兼翰林院簡討李標爲講讀官，内錢象坤、孫承宗、周炳謨、魏廣微、李光元、李標六員日侍講讀；翰林院編修錢謙益、李孫宸、楊景辰、孔貞運、陳子壯，簡討王應熊、曾楚卿、劉鍾英爲展書官，鴻臚寺少卿加三品服兼司經局正字汪民敬等爲寫講章并起止官，仍命泰寧侯陳良弼照舊侍班。

經筵記事十首其二自注："講筵初啓，中官聚語譁然。余講論儀注，出之袖中，頗爲歛容。"

程嘉燧有書相寄。

松圓偈庵集卷下與錢受之書："去冬得兄還書，日望鄉郵南來，遲兄得雄之報。頃見家書，尚未分曉。初冬邸報，知已入都，若奉太夫人舟行，起行当在夏春之交矣。前示以汪君序文，又教方叔以收養豪俊，勉以當世之務，勤勤懇懇，足令人感奮……長蘅書來，言明年將奉母移居西湖，似欲忘懷進取。……出門四年，宜作歸計，意尚欲一至五臺已。……兄來，秋定出典試，會面未知何時，言之愴然。……近刻詩三種，自丙午後，多無意爲文者，寄兩册，暇中聊與同調共之。外少作仍千餘篇，共十五卷，時有所點定，名之曰浪淘集，俟見兄與起田相聚時，更出之相與絶倒，無意於身後人耳目也，一笑。"汪君序文，即前汪君六十序。

程嘉燧松圓浪淘集卷十六吳裝目錄小序："戊午，方方石招余至上黨。"至本年前後正四年。

有書回寄程嘉燧。

松圓偈庵集卷上松寥詩引："頃錢太史書來，云等公亦化去，拂水草深一丈矣，不覺投書失聲。因追述此引於卷端。辛酉清明日，偈庵書。"

松寥詩引乃程嘉燧爲焦山僧明湛而作。明湛（？—

1615),字見源。俗姓曹。蘇州人。德清法嗣。

二月,劉鴻訓頒詔朝鮮,作詩十首送之(初學集卷二)。

熹宗哲皇帝實錄卷六:"天啟元年二月癸卯朔,命翰林院編修劉鴻訓、禮科都給事中楊道寅頒詔朝鮮。"此次頒詔,劉、楊二人剛入朝鮮,遼陽即被大金攻陷,只得海道返還。沿途收集難民,致船舶過重損壞。後改乘小舟,漂泊數日,在登州登岸報命。

劉鴻訓(1565—1632),字默承,號青岳。山東長山人。一相子。萬曆四十一年(1613)進士。官至吏部尚書、太子太保、文淵閣大學士,入主内閣。以改敕書之事牽連貶謫,死於戍所。

閏二月,陪祀定陵,過昌平劉蕡故里,作詩感懷(初學集卷二)。

清明日,陪祀神宗定陵,作詩二首(初學集卷二)。

又至成祖長陵,作詩一首(初學集卷二)。

春,出遊西山,有西山道中、碧雲寺、香山寺等詩(初學集卷二)。

春,趙邦清寄書,談"滅奴方略"(初學集卷二題滕縣趙宰邦清祠堂,辛酉春,趙有書遺余,譚滅奴方略,征播州,以勤死)。

趙邦清(1558—1622),字仲一,號乾所。陝西真寧人。萬曆二十年(1592)進士。授滕縣知縣。陞吏部稽勳司郎中,因觸忤權貴削職歸。天啟二年(1622),起爲四川遵義道按察司僉事,征討播州,病卒於任。

春，與臨川朱欽相、湯大耆交往。

有學集卷十六家塾論舉業雜説：天啓初，湯臨川之仲子大耆偕朱如容掌科游長安，如容盛談時蓺，稱臨川文如杜詩，無一字無出處。坐客有面折之者，曰："左傳'陰飴甥曰：小人感，謂之不免，君子恕，以爲必歸'。臨川'君子實玄黃'二句文云：'周師入，君子怒可也。'改恕爲怒，有何出處？豈時文應使別字乎？"仲子曰："嘗有人問家先生，家先生曰：'君子如怒，亂庶遄已。吾此文引詩語對左傳也。'"如容鼓掌曰："吾謂無一字無來處，豈非誠證乎？"其人俛首而去。如容語余："先輩文，不可輕易彈駁如此。"

家塾論舉業雜説有部分又見周亮工賴古堂尺牘新鈔二選藏弆集卷十一，題作示從子求赤，其中"天啟初"三字作"甲子春"，疑誤。甲子春，牧齋不在長安。因附此。

湯大耆，字尊宿。

朱欽相(1580—?)，字懋忠，號如容。臨川人。萬曆三十八年(1610)進士。天啟元年(1621)，授吏科給事中。官至福建巡撫。

三月，捐資刻宋濂護法録成。

此書爲宋濂所著，雲棲袾宏所輯，牧齋校訂。萬曆四十四年(1616)牧齋作序，天啟元年(1621)至三年方刻成。嘉興藏此書卷三有刻書牌記："常熟居士錢謙益、顧大章施貲共刻此，護法録第三卷，計字一萬五千四百三十一箇，該銀七兩七錢一分五厘。江陰釋在琳對，句容潘省耕書，上元許一科刻。天啟辛酉元年春三月，徑山化城寺識。"其餘各卷捐貲者不一。

與徐如珂交往。

　　有學集卷三十二徐公墓誌銘：天啓初，余官宮坊，班朝立馬，知其行事甚悉。……蜀事定，戴、劉兩監軍交訟，余以質公，公笑曰："軍前盜販火藥，常事耳。劉營販，戴營亦販，雖我營亦有之。彼以爭而訐，吾以不爭而免，何庸插齒牙于其間哉！"聞者服其心之公、論之平也。

　　按：牧齋與徐班朝立馬，應在天啓元年(1621)初。本年三月，徐自廣東布政右參議陞四川按察司副使，往四川平亂。三年四月，陞太僕寺少卿，回京。而牧齋二年冬辭歸，四年秋再入京。劉時俊、戴君恩交訟，在二年十一月，見熹宗實錄。附此。

遼陽陷，董應舉與袁崇煥過訪，談論遼事。

　　列朝詩集丁十一董侍郎應舉："天啓元年，遼陽陷沒，要袁自如過余邸舍，夜闌酒盡，拍案擊節，殘釭吐燄，朔風獵獵射窗紙。當是時，崇相七十餘矣，耳聾目眵，龍鍾卿寺間，談遼事，則目張齒擊，劃然心開，精疆少年弗如也。"

　　初學集卷八十四題程孟陽贈汪汝澤序："閩中董侍郎崇相負經濟，喜功名，當遼事孔亟，號咷呼唶，每逢人，輒詠將伯助予之詩，涕泗橫臆，雖以余之不肖，數相招邀，期爲縣官助一臂，而余未有以應也。"

　　袁崇煥(1584—1630)，字元素，號自如。東莞人。萬曆四十七年(1619)進士。官至兵部尚書。曾多次擊敗後金，取得寧遠、寧錦大捷。崇禎元年(1628)復官，聲稱五年滅金。二年，後金圍京師。圍解，下獄論死。次年八月，被凌遲處死。

徐允祿貽書牧齋，獻遷都之策。

有學集卷二十二徐女廉遺集序云："天啟乙丑，余官詹端，女廉貽書累數萬言，謂己巳之役，徐元玉得謀國大局，而于廷益爲孤注。公等當早決大計，勸進南遷，定商家五遷之議，勿爲宋頭巾所誤。詞垣諸人，咸吐舌弗能收。余心不以爲不然，而未敢言也。"

按：此事繫年，鈔本有學集作"天啟乙丑"，金匱本、思勉齋集皆作"天啟辛酉"。乙丑正月，徐死，當以辛酉爲是。

列朝詩集丁十三下鄭秀才胤驥："嘉定多讀書汲古之士，余所知者徐允祿字汝廉，以經學爲大師，奮髯扼腕，好談天下大計。東事急，余在左坊，三千里寓書，當唱大議，亟勸主上南遷。己巳之役，徐元玉爲忠言至計，而于廷益不幸而中也。"徐元玉，即徐有貞，土木堡之變，力主遷都，遭于廷益謙斥責。

四月初五日，作聊且園記（初學集卷四十三）。

此爲萊蕪李九官而作。李九官，字相虞，號雍時。萬曆四十五年（1607）進士。授荊州府推官。丁父憂，服闋，起山西道監察御史，巡按宣大，又丁母憂，再補江西道，巡按浙江。以疾歸。著有聊且園集。

黃公渚評云："聊且園記，從雍時口中寫出全園景物，乃引時事，翻說'聊且'之弊，以勗勉語結之，范仲淹先憂後樂之旨也，立論得體。"

四月，畢懋康母卒，作封恭人孫氏墓碑（初學集卷六十七）。

文云："今上之元年，建州夷不悔禍，浹辰之間，陷我瀋、遼,順天府府丞新安畢公懋康銜使命將行,言者謂公精曉兵事,宜留治兵,公奮然上疏,請募江、淮間鹽户漁丁殊死敢戰者,束以部伍,身自訓練,幸得一當奴酋。天子壯其議,下所司覆奏,行有日矣,而母恭人之訃適至。余往唁之,公搯膺呼曰:天乎,懋康進不得死于奴也,退而不得死吾母也,懋康自是無死所矣。有麗牲之石,以請于吾子,子毋辭焉。"

本年七月,畢懋康父八十,先期作序祝賀(初學集卷三十五)。

文云:"天啓元年七月,爲新安畢太翁之誕辰,士大夫之官京師者,先期屬謙益爲其敘。謙益于太公之子府丞公有道義之知,又辱諸大夫之委,不敢以辭。……又未幾,以削杖歸。"可知亦作於其母喪之後。

四月二十八日,繼孫承宗後,典掌外制,恭撰皇后册文(初學集卷九十一)。

皇后册文題下自註:"掌外制日恭撰。"初學集卷九十一至卷一百皆外制文。

初學集卷九十一外制集序:"天啓元年,少師高陽公以官庶領外制,創爲嚴切典重之文,援據職掌,諄複訓誡,闡潛德,章壼儀,鄉里婦孺,纖芥畢舉。於是制誥之體,粲然一變。余以史官承乏,從公之後,大端皆取法於公,而參酌質文,規撫唐、宋,則竊有微指焉。"

初學集卷九十三跋:"天啓元年,余當外制,中書譔馮庶子贈官誥,鄙俚不典,有抱明月而長終之語,余信筆爲改竄。自後大臣子弟欲表章先德,相率來請,余受其辭而却其幣。中書恚余侵官,往愬於中堂,中堂唯唯,余不與置辨也。"

方應祥有書來賀,並述近況。

> 青來閣二集卷四與錢受之年兄:"恭惟兄台以聖賢典謨雅頌之文,儼然天子絲綸平章之地,昭代帝音,一還渾古。"此書不詳年月,疑作於本年。

夏,蔣凌雲來請蔣欽墓誌,作重修光祿少卿自新蔣公墓碑(褒忠錄)。

> 文云:"今年辛酉夏,有公之冢孫名凌雲者,赴長安,來問余修墓碑詞。"蔣欽,字子修。常熟人。弘治九年(1496)進士。授衛輝推官,擢南京山西道監察御史。正德初因彈劾劉瑾被杖繫獄卒。

> 民國重修常昭合志卷十九:"重修光祿少卿蔣公墓碑,天啟元年,錢謙益撰,陸化熙書,在虞山西麓墓前。"

六月,跋劉原博草窗集(初學集卷八十五)。

與申甫相見長安,對其兵法頗為懷疑。

> 初學集卷二十八蕭伯玉起信論解序:"當東事之殷也,有申甫者,以談兵見余于長安,余笑曰:'未也。'甫歸嵩陽山中,掘地窖,出其師所傳石匣兵圖以示余,余又笑曰:'未也。'甫不懌而去。又數年,甫以談相宗聞於長安,伯玉往扣之,余問伯玉云何,伯玉亦笑曰:'未也。'無幾何,甫以兵死。嗟乎,甫之兵圖,其所授於師者未必非也,而已足以死矣,吾不知所授於師者何也?"

> 汪琬鈍翁前後類稿卷三十四申甫傳:申甫,雲南人,任俠有口辨。為童子時,嘗繫鼠嬰於途。有道人過之,教甫為戲,遂命拾道旁瓦石四布於地,投鼠其中,鼠數奔突不能出。已而誘貍至,貍欲取鼠,亦訖不能入,貍鼠相拒者良久。道

人乃耳語甫曰:"此所謂八陣圖也,童子亦欲學之乎?"甫時尚幼,不解其語,即應曰:"不願也。"道人遂去。明天啓初,甫方爲浮屠,往來河南、山東間,無所得,入嵩山,復遇故童子時所見道人,乞其術,以師禮事之。道人遽行,投以一卷書,遽別去,不知所之,啓視其書,皆古兵法,且言車戰甚具。甫遂留山中,習之逾年,不復爲浮屠學矣。已而瘞其書嵩山下,出游潁州,客州人劉翁廷傳所。劉翁,故潁川大俠也,門下食客數百人,皆好言兵,然無一人及甫者。劉翁資遣甫之京師,甫數以其術干諸公卿,常不見聽信。愍帝即位,我太宗兵自大安口入,遽薄京師,九門皆晝閉。於是庶吉士劉公之綸、金公聲知事急,遂言甫於朝。愍帝召致便殿,勞以溫旨,甫感泣,叩首殿墀下,呼曰:"臣不材,願以死自效。"遂立授劉公爲協理戎政兵部右侍郎,金公以御史爲參軍,而甫爲京營副總兵,然實無兵予甫,聽其召募。越三日,募卒稍集,率皆市中窶人子不知操兵者,而甫所授術,又長於用車,卒不能辦。方擇日部署其衆,未暇戰也。當是時,權貴人俱不習兵,與劉公、金公數相左,又忌甫以白衣超用,謀先委之嘗敵,日夜下兵符,促甫使戰。而會武經略滿桂敗歿於安定門外,滿桂者,故大同總兵官,宿將知名者也,以赴援至京師,愍帝方倚重之。既敗,京師震恐,甫不得已,痛哭,夜引其衆縋城出,未至蘆溝橋,衆竄亡略盡,甫親搏戰,中飛矢數十,遂見殺。於是權貴人爭咎甫,而譏劉公、金公不知人。及我兵引歸,竟無理甫死者。距甫死數日,劉公復八路出師,趨遵化,獨率麾下營孃孃山,遇伏發,督將士殊死戰,逾一晝夜,諸路援兵不至,亦死之。汪子曰:常熟錢尚書受之嘗許申甫之學，又責其不善用師説，以予所聞核之，皆非也。夫敺烏合之士以臨强盛之敵，其執已不能相當，而諸文法吏又欲引切繩墨以持之，甫雖祈不死，豈可得哉！善乎馮唐之告漢孝文曰："陛下法太明，罰太重。"蓋自古歎之矣。予所敍甫事，得之劉子體仁，體仁得之其父廷傳云。

顧大韶炳燭齋稿亦有申甫傳。

文秉烈皇小識卷二："申甫者，游棍也。始爲僧，號本初。游滇、黔中，得彼中役鬼之術，小試輒驗。庶吉士金聲薦之。上召問，頗惑其術，特授爲副總兵，捐內帑七十萬金，聽其造車募兵之用，授金聲爲御史，監其軍。時庶吉士劉之綸，四川人，請纓甚鋭。上壯其志，超授兵部右侍郎，募兵剿虜。……申甫漫爲大言，其所募兵，皆乞丐子及優人，三尺童子知其必敗。亦以十六日誓師，至盧溝橋，猝與虜兵遇，所造車既不可用，試術復不驗，所統七千人，跪而受刃，猶幸而不爲郭京之續也。金聲以在城中得免。"

秋，楊文昭爲牧齋等人造小像各一。

松圓浪淘集卷十七易水集蒲州楊生歌小引："楊生名文昭，字震寰，磊落男子也。精心偉幹，隱於一藝，隱然名動諸公卿間。去年秋，爲錢中允受之、方計部子玄各造旃檀小像一區。"據易水集詩歌編年，知爲今年。

秋，謝兆申卒於麻城。

曹學佺石倉詩稿卷三十七有秋夜懷謝耳伯因作古風輓之詩，繫年於天啟元年，王宇烏衣集卷四輓謝耳伯、商家梅那庵詩選卷二十四挽謝耳伯亦繫年在元年，故附此。牧齋有追薦亡友綏安謝耳伯疏，在初學集卷八十一。

作陳奉常文集序(牧齋外集卷三)。

　　此序亦見陳與郊隅園集。陳與郊(1544—1611)，字廣野，號禺陽、玉仙外史。浙江海寧人。萬曆二年(1574)進士。官至太常寺少卿。作品甚多，尤擅戲曲傳奇。隅園集刻於萬曆四十五年(1617)至天啟元年(1621)，爲與郊孫之伸(1588—1671)付梓。

作詩寄毛文龍，讚揚其收復鎮江(初學集卷二)。

　　毛文龍(1576—1629)，字鎮南。仁和人。本爲遼東巡撫王化貞標下游擊，天啟元年七月，率二百餘人泛海過鎮江，覘城中守禦單疎，掩殺守將佟養真，間關報捷。既而走朝鮮，據皮島。八月，王化貞上其功於朝，授職副總兵。後加授平遼總兵官，賜尚方劍，加封左都督。崇禎二年(1629)，爲袁崇焕所殺。

秋八月，與暴謙貞受命典浙江鄉試。

　　熹宗哲皇帝實錄卷五："(天啟元年六月九日)遣翰林院編修錢謙益、刑科右給事中暴謙貞浙江主考。"

　　初學集卷九十浙江鄉試錄序："天啟元年秋八月，天下當鄉試之期，上俞禮臣請，命編修臣謙益偕刑科左給事中臣謙貞往典浙試。"

　　暴謙貞，字襟漳。山西屯留人。萬曆四十一年(1613)進士。歷吏、刑、工三部給事中，陞太常寺少卿，提督四夷館。又擢河南巡撫，因忤璫，未任卒。

將行，作書龔立本。

　　瞿綬鈔本東澗尺牘："易白樓出京時，再三面囑之，又求丘毛伯一書往訂，而易之報代書未到，知其受事之遲也，恐又成畫餅矣。書在元晦處,託其以南垣官封送之,亦可爲後日地也。弟已于役浙藩,九月中可抵家,兄計偕北行,尚一過家否?欲言種種,總待面盡也。弟以此月下旬就道,料理行事,匆匆不盡一言,惟兄諒之。江上兄,亦之楚矣。"

易白樓,名應昌,字瑞芝。臨川人。萬曆四十一年(1613)進士。東林黨人。官至工部右侍郎。丘兆麟(1572—1629),字毛伯。臨川人。萬曆三十八年進士,官至河南巡撫。江上兄,即江陰繆昌期,時典試湖廣。

過吳橋,與范景文痛飲。

初學集卷七飲酒詩其一:"昔與范郎飲,班荊剪葵韭。"自註:"天啓辛酉,過吳橋,飲酒范質公齋中,質公時爲吏部郎。"

范景文(1587—1644),字夢章,號思仁,別號質公。河北吳橋人。萬曆四十一年(1613)進士。崇禎七年(1634)拜兵部尚書,參贊機務。十七年入閣,李自成入京師,投井死。諡文貞。

九月朔,遣人祭趙錦,作祭趙端肅公文(初學集卷七十七)。

趙錦(1516—1591),字元樸。餘姚人。嘉靖二十三年(1544)進士。官至刑部尚書。

文云:"昔在我祖,受知于公。遇以國士,拔諸孤童。哀哀我祖,一第早夭。公悲祝予,涕泣傾倒。我祖雖歿,遺跡粲然。感恩知己,有詩卅篇。迨我先人,拜公馬首。故人稚弟,厭愛孔厚。昔我童牙,嬉戲徵逐。大母教我,無忘端肅。老者木拱,稚者髮白。耿耿斯言,猶在夙昔。"

作浙江鄉試録序,另附論志伊尹之所志一篇,策三篇(初學集卷九十)。鄉試所拔人才有龔士驤、張國維、郁起麟、張次仲、許令瑜、陳之伸等。

列朝詩集小傳丁十三下龔溧水士驤:"士驤,字季良。義烏人。崇禎戊辰進士,知溧水縣,卒官。季良以辛酉舉於鄉,余閱其闈中牘,斑駁多奇氣,度衆取之,撤棘,知爲奇士,恨相見晚也。"

張次仲張待軒先生遺集卷四弔虞山錢老師文:"熹宗改元辛酉,老師奉命典浙,海寧獲雋四人:陳之伸、許令瑜、叔氏鴻羽及次仲也。"

又張待軒先生遺集卷三志伊尹之所志論:"座師錢評:一往氣決。"守成:"座師錢評:策語有氣有骨,知爲名流也。"兵陣:"座師錢評:抵掌世務,不減長沙。"

張次仲(1589—1676),初名允昌,字孺文,後改字元岵,號待軒、鈍庵。海寧人。天啓元年(1621)舉人。入清不仕。著有周易玩辭困學記、待軒詩紀等。

許令瑜(1592—1650),字鍾叔,一字元忠,號容菴,別號遯翁。海鹽人。天啓元年舉人,崇禎十六年(1643)進士。官至吏科給事中。入清不仕,隱居翠薄山。

張鴻羽,字越萬。

民國海寧陳氏家譜卷二十四:"公諱之伸,原名申甫,字申父,贈刑部郎區吴公之長子,而贈刑部郎增城公之繼子也。生而穎異,治麟經有聲。天啓辛酉,受知於錢虞山先生。五上春官,崇禎甲戌登乙榜,爲親禄仕,得廣平令。……所著有徵吾隨筆,記國家典故,疆事紀要、事物考若干卷。"之伸號魯直,牧齋典試浙江,中鄉試第三十一名。

郁起麟(1598—1640),字振公。天啟元年(1621)舉人。家有梅花草堂,日吟詠其中。著有子勺等書。崇禎十三年(1640)春落第,病死歸途,友人徐亦于經紀其喪,染疾亦卒。兩櫬同歸,人稱生死交誼。

張忠敏公集卷十年譜:"天啟元年辛酉,公二十七歲。春入邑庠,秋登浙闈鄉榜第七名。主試爲虞山錢謙益,謁見即以國士目之。"

張國維(1595—1646),字其四,號玉笥。天啟二年(1622)進士。授番禺知縣。崇禎七年(1634),陞僉都御史,巡撫江南,濬疏江南河道,著吳中水利全書,吳民德之。明亡,擁魯王監國,進兵部尚書,武英殿大學士,督師江上。魯王敗,知勢不可守,作絕命詞三章投水死。

冬,鄉試結束,過吳門,會見藏書家錢允治。

初學集卷八十四題錢叔寶手書續吳都文粹:功甫名允治,介獨自好,不妄交接,口多雌黃,吳人畏而遠之。余每過之,坐談移日,出看囊錢,市饘餅啖余。老屋三楹,叢書充棟,白晝取一書,必秉燭緣梯上下。一日語余:"吾貧老無子,所藏書將遺不知何人。明日公早來,當盡出以相贈。吾欲閱,更就公借之何如?"余大喜,凌晨而往,坐語良久,意色閔默,不復言付書事。余知其意,亦不忍開口也。辛酉冬,余北上往別,病瘍初起,瘡瘢滿面,衝寒映日,手寫金人弔伐錄本子。忽問余:"曹能始尚在廣西,有便郵,屬彼覓通志寄我。"余初欲理付書舊約,語薄喉欲出而止。無何功甫卒,藏書一夕迸散,鈔本及舊槧本皆論秤擔負以去,一本不數錢也。……嗚呼,功甫死,吳中讀書種子絕矣。

北上,看望賀世壽父學仁。

初學集卷八十四書鄒忠介公賀府君墓碑後:"辛酉冬,余報命北上,公病亟矣,執手榻前,氣息支綴,諄諄念主幼時危,國論參錯,而以枝柱屬余。余至今愧公墜言也。"賀學仁,字知忍。鎮江人。以鄉貢謁選,官文華殿中書舍人。爲人有大節。

聞劉榮嗣回籍,作書慰問。

瞿綏鈔本東澗尺牘:"千秋有寵辱,非仕隱之謂也;吾道有屈伸,非進退之謂也。門下言出而人忌,身去而望隱,彼哉之所快,君子之所惜。門下之所樂,彼哉之所隱隱刺心,而末如之何也。聖明在上,陰晦無不消之理,公道在人,定案在天,尊體抱恙,惟廓達付之。昨稼軒甚爲門下憂,曉起握筆成數句,爲門下解之。"

按:劉榮嗣於天啟元年十月請假里居,見簡齋詩選。時瞿式耜候選在家,以此得與牧齋相見。劉榮嗣(?—1638),字敬仲,號簡齋。曲周人。崇禎間官至工部尚書,因治河未成,下獄論死。遇赦,不久卒。

暴謙貞北入晉,作祭傅文恪公文,請其告祭于墓下(初學集卷七十七)。

文云:"萬曆辛亥,我師太常寺卿管國子監祭酒定襄傅公卒于京師之邸舍,其門人錢謙益方在苦塊,爲位而哭,行心喪之禮。既免喪,浮湛里門,又七年所,復就班行。今天子改元之歲,奉簡命偕屯留暴給諫往典浙試,既藏事,始得遣一介附給諫以入晉。謙益乃洮頰炳蕭,望拜稽首,爲文以告于吾師之墓下。"

十一月,有詔追録光宗東宫講官馮有經禮部右侍郎,予祭葬。牧齋還京後,前往哭祭。

熹宗實録:"(天啓元年十一月二十三)贈原任少詹事兼侍讀學士黄輝、左庶子兼翰林院侍讀馮有經俱禮部右侍郎,蔭一子國子生。輝、有經俱先帝東宫講官也。"

初學集卷六十三慈溪馮氏先塋節孝碑:"天啓元年,有詔追録光宗皇帝東宫舊學,贈故左春坊左庶子兼翰林院侍讀馮公爲禮部右侍郎,予祭葬,蔭一子。"又云:"謙益以天啓初哭公於近郊之殯宫,退而謂爾發曰:日月有時,方隅未静,返葬則未遑,慢葬則不可,子將謂何?"爾發即有經次子。

本年,應徐待聘之請,作南州徐氏先塋神道碑銘(初學集卷六十五)。

文云:"今天子即大位,肆命臣下,贈封其祖禰。又以兩朝霈恩,凡京朝官遇遷擢,得以新銜補給。於是工部都水司郎中徐君待聘,參政湖廣,贈其祖侯、父懋德爲中大夫湖廣布政使司右參政兼按察司僉事,祖妣吴氏、妣過氏皆淑人。君將之官,過家上冢,奉制書以歸,焚其副於墓上,退而請於謙益曰:'吾祖父之葬也,幽宫隧道,咸有刻文。今待聘備官三品,攷諸令甲,墓門之石,應用螭首龜趺之制,願有述,以昭示子孫,無忘天子之休命。'謙益以不敏辭者再,請益堅,乃爲論次之。"因附此。

本年,應陸問禮之請,爲其兄崇禮作明故浙江温州府平陽縣知縣陸君墓誌銘(初學集卷五十五)。

陸崇禮(1572—1602),字孟敦,號衷抑。常熟人。萬曆二十六年(1598)進士。官龍溪、平陽知縣,卒於官。墓誌云:"大參君以天啓元年某月,葬君於虞山先人之兆次,走書京師,屬余以銘。余先世與君家比鄰,突煙縷縷相接。余王父舉嘉靖己未進士,逾年而卒,而從祖祖父憲副公復以乙丑舉進士,後四十有餘年,君家兄弟如之。兩家門第廢興,慶吊錯迕,俛仰里門,陳跡宛然,故老過之,無不憪歡。憲副公之孫某,實爲君壻,而大參君與余篤厚,不可以辭,以志兩家之故,傳於聞脣,亦余志也。"大參君,即陸問禮。

本年,蘇先同至京師。

蘇子後集卷一繫年"以上詩七首,天啟辛酉從錢牧齋先生游京師作"。七首詩爲淮北、渡河、督亢、遇程孟陽示易水之作、壬戌元旦、值章君振、與蔣公鳴話舊。

蘇先(1585—?),字子後,號墨莊。常熟人。善畫。

蘇子後集有翁同龢跋:"邑志藝學門,蘇先字子後,善畫人物士女,詩亦豔麗云云。此詩七卷,乃其手稿,塗抹處多自萬曆戊午至崇禎丁丑,其中多與許石門、錢東澗、瞿稼軒倡詶之作。今詩畫皆不傳,可傷也。光緒癸卯六月,邑子同龢記。"

與程嘉燧相會京師,有編纂列朝詩集之意。

程嘉燧牧齋先生初學集序:"辛酉,先生涮闈反命,相會于京師。時方在史局,分撰神廟實錄,兼典制誥。杜門注籍,不泛爲詩文。"

又有學集卷十八列朝詩集序:"曰:錄詩何始乎?自孟陽之讀中州集始也。孟陽之言曰:'元氏之集詩也,以詩繫人,以人繫傳,中州之詩,亦金源之史也。吾將倣而爲之,吾以採詩,子以厄史,不亦可乎?'山居多暇,譔次國朝詩集幾三十家,未幾罷去。此天啟初年事也。"次年牧齋南還,即所謂山居多暇也。

與程嘉燧觀褚遂良真跡。

式古堂書畫彙考卷六梁摹樂毅論程嘉燧跋:"天啓初,同錢官諭觀褚河南真蹟于吳蹇叔家,以爲妙絶,然字稍大,當知此更爲逼真矣。"

吳士諤,字蹇叔。歙縣人。惟明子。父子皆擅收藏。

作顧節母傳(初學集卷七十)。

顧節母劉氏,上海縣人。顧國縉之母。國縉,字寅美。萬曆三十四年(1606)舉人。歷官南京刑部郎中、常德知府、桂林副使。

張大復梅花草堂集卷一海上顧氏節孝記:"是役也,傳其事者,華亭陳繼儒、海虞錢謙益,勘詳者,巡按御史張五典,按察副使俞維宇,會勘者,今巡按御史馮英,提學御史毛一鷺,上海生劉永禕,耆老馬庚,則首列節孝事而請之上者也。"張大復文作於天啟元年辛酉八月朔,因附此。

明天啟二年壬戌(1622)　四十一歲

正月五日,陞右中允。

熹宗哲皇帝實錄卷十八:"(天啟二年正月五日)辛丑,陞右春坊右諭德張瑞圖爲右庶子,兼翰林院侍讀;右中允林欲楫爲左諭德,中允錢龍錫、李光元、贊善韓日纘爲右諭德,俱兼翰林院侍講;翰林院編修張廣、馬之騏、錢謙益爲右中允,俱兼編修簡討;丁紹軾爲右贊善,兼簡討。"

在京都,與董其昌、王惟儉、李日華來往最多。

初學集卷三十一李君實恬致堂集序:"天啓中,余再入長安,海內風流儒雅之士,爲忘年折節之交者,則華亭董玄宰、祥符王損仲、嘉興李君實三君子爲最。玄宰詞林宿素,以書法擅名一代。其爲人蕭疎散朗,見其眉宇者,以爲晉、宋間人也。損仲博極群書,每徵一事,送一難,信口詶答,軒渠之意見於顏面。每過余,必夜分乃去。君實落落穆穆,驟而即之,不見其有可慕説;徐而扣其所有,則渟泓演迤,愈出而愈不窮。夫唯大雅,卓爾不群,庶幾似之。是三君子者,其才情風格約略相似,至於博物好古,是正真僞,雖古人專門名家,未能或之先也。"

董其昌(1555—1636),字玄宰,號思白、香光居士。華亭人。萬曆十七年(1589)進士。官至南京禮部尚書。卒謚文敏。以書法聞名于時。

王惟儉,字損仲。河南祥符人。萬曆二十三年(1595)進士。授濰縣知縣,遷兵部職方主事,削籍歸。光宗立,起光禄丞。天啟三年(1623)八月,擢右僉都御史,巡撫山東。後爲工部右侍郎,爲魏黨所劾,落職閒住。

李日華(1565—1635),字君實,號九疑,別號竹懶。嘉興人。萬曆二十年(1592)進士。著述甚多,有恬致堂集、紫桃軒雜綴、味水軒日記、六研齋筆記等。

與王惟儉、何喬遠等商略史事,在王惟儉慫恿下,抄得李燾長編等書。

有學集卷四十七跋東都事略:"天啓中,損仲起廢籍爲寺丞,過余邸舍,移日分夜,必商宋史。是時吕九如少卿藏宋宰輔編年錄及王秘閣偶東都事略三百卷，損仲慫恿余傳寫，并約購求李燾續通鑑長編以藏此役。余于內閣鈔李燾長編只卷初五大本，餘不可得。余既退廢，不敢輕言載筆。損仲遂援據事略諸編，信筆成書。今聞損仲艸稿與臨川宋史舊本並在茗上潘昭度家，而余老倦研削，亦遂無意于訪求矣。"

有學集卷三十四族孫裔肅墓誌銘："天啓間官史局，與中州王損仲商訂宋史。損仲言王偶東都事略藏呂少卿家，搜篋中獲之，繕寫以歸。"

初學集卷二十八少司空晉江何公國史名山藏序："天啓中，余承乏右坊，公與祥符王損仲皆官光祿，時時過從，商略史事。損仲告公曰：'古之爲史者，記則記，書則書，史則史，公之稱斯名也，何居？'公蹴然起謝曰：'喬遠固陋，守其樸學，藏諸鏡山之下，傳諸家塾，僭矣，敢冒國史之名，詒本朝三百年史局之羞乎？'余與損仲嘆此達言，以爲美譚。"

何喬遠(1558—1632)，字稚孝，號匪莪。晉江人。萬曆十四年(1586)進士。官至户部、工部侍郎。著有名山藏一百九卷、閩書一百五十四卷。

列朝詩集小傳丁十六王侍郎惟儉："與余定交長安，過從甚數。一日時賢畢集，徵漢書某事具悉本末，指其腹，軒渠笑曰：'名下寧有虛士乎？'閩中何稚孝撰皇朝史書，名之曰名山藏。損仲見而笑曰：'古之爲國史者，記則記，書則書，志則志，此何爲者？楊君謙得姑蘇志，見其標目，不復開卷，擲而還之，豈爲過乎？'吳中徵士，著書流傳，傾動海內，損仲每指摘紕繆，以供談資。古文品外錄誤注王子淵僮約爲臨沂王襃，損仲指而笑曰：'吳人笑楚人指朱元晦爲東臯好友，此不當云悔讀南華第二篇乎？'余所交學士大夫，讀書通解，議論有根據者，損仲而外，不可多得也。損仲詩清婉，而近于弱，爲文求歸簡質，未脫谿徑，意不可一世，沾沾自喜。嘗以近詩數百篇示余，余爲繩削，存什之二三。損仲喜，持以告人曰：'知我者，虞山也。'留心宋後三史，苦宋史煩蕪，刪定成書，吳興潘昭度鈔得副本。今損仲家圖籍盡沈于汴京之水，未知吳興鈔本云何也。"初學集卷八十四書王損仲詩文後，所記論名山藏事略同。

王士禛蠶尾集卷十宋史記凡例跋：汴梁王司空損仲，刪正宋史爲宋史記二百五十卷，錢宗伯受之謂大梁之亂，損仲圖書盡沒於水，吳興潘昭度家有宋史鈔本。此或即吳興本也。目錄、列傳刪倂塗乙甚多，云是湯義仍手筆。義仍亦刪宋史，則此書或王本或湯本，皆不可知。康熙庚午，石門呂葆中無黨攜以入都，秀水朱竹垞太史借鈔其副。神物獲持，不與劫灰俱燼，殆有天意。予僅鈔凡例一卷，而識其顚末。

與成基命私談。

有學集卷三十八成公神道碑："天啓間，公與余並官右坊，逆奄魏忠賢用事，南樂諸人附之，引繩批根，將興大獄，兩人私語，咋指嘆詫。一日語余：'昨與南樂飲，酒酣，拊余背，身後願以易名累公。余漫應：公尚計及易名事耶？醉而失言，南樂目我矣。'余笑曰：'公未醉時，向南樂作語云何？次公醒而狂，何必酒也。'余先罷，公以少詹事乞掌南翰，入賀畢，亦罷。"

成基命（1559—1635），字靖之。河北大名人。萬曆三十五年(1607)進士。崇禎元年(1628)，枚卜閣臣，廷推居首，未用。二年，召爲禮部尚書，入閣辦事。次年，出任首輔。爲朝臣傾軋，不安于位，自引去。據明實錄，成基命天啟元年(1621)正月陞右春坊右中允，兼翰林院編修。

拜謁鄒元標。

初學集卷三十刻鄒忠介公奏議序："天啟壬戌，始得謁公於朝，一見如平生懽。"

鄒元標(1551—1624)，字爾瞻，號南皋。江西吉水人。東林黨首領。萬曆五年(1577)進士。因反對張居正奪情，廷杖流放。張居正死，起吏科給事中。天啟時，官至左都御史。被魏忠賢所忌，辭歸。崇禎時追贈太子太保、吏部尚書，謚忠介。

太僕寺卿李宗延向牧齋詢問趙宧光近況。

初學集卷二十九説文長箋序："天啓中，余承乏右坊，故太宰汝陽李公在太僕。一日朝會，公卿俱集，李公忽揖余，問：'趙凡夫起居如何？'諸公皆爲改容。李公徐曰：'此吳中隱居高尚，著書滿家者也。'自後數過余，必稱凡夫，且問訊長箋成否。"今説文長箋卷端題"明大司徒李宗延采定"，其中應有牧齋紹介之功。

李宗延，字景哲，號嵩毓。汝州人。萬曆十四年(1586)進士。官御史，因疏言冊立太子被黜。天啟元年(1621)再起，官至吏部尚書。

正月二十七，惠世揚磨勘鄉試卷，認爲浙江舉人錢千秋有作弊嫌疑。

熹宗哲皇帝實錄卷十八："(天啟二年正月二十七)禮科

都給事中惠世揚磨勘壬子各省直試卷言……又浙江中式四十三名錢千秋，七義結尾順讀之乃'一朝平步上青天'，關節可疑，應提究問。命所司參奏。"

正月，廣寧失守，後金盡有遼東。巡撫王化貞、經略熊廷弼皆下獄論死。

二月一日，胡震亨因牧齋之請，爲錢世揚古史談苑作序。

序見刻本古史談苑。胡震亨(1569—1645)，字君鬯，改字孝轅，號赤城山人。海鹽人。萬曆二十五年(1597)舉人。官至兵部員外郎。家有好古樓，藏書萬卷。著有唐音統籤、赤城山人稿等。牧齋有書謝之，載古今振雅雲箋卷十，胡亦有書："太公談苑一編，彙史部諸家而撮其長，洵千古奇撰，必傳無疑。一序心許久之，今始得脫稿。則吏之日奪于冗，家之日更奪于嬾也。然六朝文，敲琢亦大不易。茂生兄坐迫，見不肖腐毫狀，想能道之，政不欲草草相塞，嘔出一點血，謝數年稽諾您，且便索潤華物，分玉堂草麻之半耳。咲笑。刻成乞賜全帙三，分兒輩歲架爲幸。"

春間，龔立本來京會試，與牧齋來往頗多。

龔立本北征日記三："(正月)十一日……受之遣人相拉，因過受之，逢黃黃石，仍還伯欽。"

黃正賓，字賓王，號黃石。新安人。以貲爲中書舍人。顧憲成等咸與之游，遂有聲士大夫間。官至尚寶少卿。魏忠賢下汪文言獄，牽連遣戍。崇禎時復官，疏發魏黨徐大化、楊維垣之奸。因疏中有"潛通宦寺"語，帝以爲妄，罷官。

"十四日，子後來，同過孟陽，適受之至，相與談笑半晌。"

"十七日,方杜門謝客,午後韓一崔來看脈。拈一題未完,受之及王翼儆來談良久。開酒二尊,俱欠佳。"

翼儆即王良臣(1570—1633),字忠亮。常熟人。萬曆三十八年(1610)進士。著有詩評密諦。

"廿一日巳刻,赴受之召,以長蘅在也。比至,則逢周玉繩、魏仲雪,及當時師。飯罷,客俱散去。晚上,董見龍至,見其老而有雄心。座上有蕭山徐、福建柯、任丘邊,皆壯士,解談兵。最後袁自如崇煥來,掀髯抵掌,相與浮大白。夜分乃散。"

周延儒(1589—1644),字玉繩,號挹齋。宜興人。萬曆四十一年(1613)狀元。歷官至禮部右侍郎。崇禎元年(1628)枚卜,因未被衆人所推,與溫體仁合謀逐出謙益。此後兩任首輔,最終被崇禎賜死。

"廿四日……抵暮,過受之,張異度、黃黃石、周玉繩敘談。有頃,聞□□渡三岔河。"

張世偉(1568—1641),字異度。吴江人。萬曆四十年(1612),年幾五十,始舉順天鄉試。而忌者構飛語,劾以關節,坐罰三科。後屢次會試不第,遂築室泌園,讀書其中。卒,學者私謚孝節先生。

"廿六日……跨馬過受之處。受之方拜疏白科場事,見龍、玉繩相顧商略,然無奈當事者之無人何也。"

"廿七日……還過受之,長蘅在焉。公車諸君,紛紛出城,長蘅其一也。"

"廿九日……午後抵受之處,何鳳梧適至。"

"三十日……還過受之處,見塘報,河西瓦解矣。"

"二月初一日……至受之處,命酒小飲。"

"初二日,午刻,受之相招,以義烏龔季良在也士驤。小坐,去病至。杜將軍應奎亦至。命酒共酌。雪大作,既而周蓼洲、魏廓園並來,談至秉燭乃散。"

杜應奎,字海宇。陝西三水人。萬曆四十一年(1613)武進士。官遼東清陽守備。

周順昌(1584—1626),字景文,號蓼洲。萬曆四十一年(1613)進士,授福州推官。天啟中,歷文選員外郎,有清操名。未幾,乞假歸。以忤魏忠賢,捕獄中,拷掠而死。崇禎時諡忠介。

魏大中(1575—1625),字孔時,號廓園。嘉善人。萬曆四十四年(1616)進士。官至都給事中。天啟五年(1625)四月被逮,七月被閹黨殺於獄中。

"初三日,受之偶來。"

"十六日……過受之處。逢徐兵部。有頃,去病、季良及姜神超、王獻吉、庹東、韓孟郁至,相與浪飲。"

姜雲龍,字神超。華亭人。萬曆二十五年(1597)舉人,考選中書舍人,與修實錄。官至太僕寺少卿。

王獻吉,字徵美。華亭人。萬曆三十四年(1606)順天解元。官膠州知州。姊鳳嫻,號瑞卿,亦有才女之名。

"十八日……晚刻,與元樸、五芝共赴受之宴,孟郁、文起、宋羽皇、王聖年同集,秉燭訪明衡,細談乃歸。"

文震孟(1574—1636),初名從鼎,字文起,號湛持。元發子。天啟二年(1622)狀元。授修撰。因忤魏忠賢,廷杖八十,貶秩調外,遂歸。崇禎元年(1628)以侍讀召,改左中允,充日講官。三年春,進左諭德。因連劾王永光,遭魏黨報復,避歸。八年七月,升禮部左侍郎,兼東閣大學士。與溫體仁不協,被劾落職。九年卒。福王追諡文肅。

蔣佳胤,字五芝。廣右人。

宋鳳翔,字羽皇。秀水人。萬曆四十年(1612)順天解元。

張曉,字明衡。益都人。萬曆三十五年(1607)進士。歷官大同知府、山西口北道兵備副使、都察院右僉都御史、兵部尚書。崇禎元年,因插漢兵圍大同,發配粵東。

"二十日……晚赴受之約,邂逅左浮丘、王翼儆及孟長。"

左光斗(1575—1625),字遺直,號浮丘。桐城人。萬曆三十五年(1607)進士。官至大理寺左寺丞。因支持楊漣,被魏忠賢逮捕下獄,拷死獄中。

"廿四日……同五芝到受之處,宋憲儒偶集,文初、周兼、孟陽共作散,夜分而歸。"

宋憲儒,應爲獻孺。宋獻(?—1649),原名拱辰,後又改名劼,字獻孺,號如園。溧陽人。萬曆三十一年(1603)舉人。官太僕寺少卿。

周兼疑是賀世壽子王盛。王盛字周兼,號無黨。天啟元年(1621)舉人,崇禎元年(1628)進士。授諸城令,有軍功,擢職方主事,劾首輔溫體仁竊權亂紀,疏凡七上。晉右少卿。清兵下南京,永曆監國,召爲兵部侍郎,事發,爲清兵所獲,慷慨就義。

"廿五日……徐過受之處,逢汪無際,小飲。"

汪明際,字無際,號雪菴。嘉定人。萬曆四十六年(1618)舉人。工部員外郎。著有通鑑箋註。

"廿七日……又過受之,逢蕭兵科,小飲而歸。"

"廿八日……又赴受之約,遇馬權奇、周蓼洲及無際、元寔,小飲而還。"

馬權奇,字巽倩。紹興人。崇禎四年(1631)進士,授工部主事。司琉璃廠,與宦官相忤下獄。監國住紹興,毁家輸餉。城破死於亂兵。

宋奎光,字元實,號培巖。常熟人。萬曆四十年(1612)舉人。選廣東龍川縣,轉浙江海寧縣,修邑志。投簪後,又修天目、徑山二志。年八十七卒。

"三月初一日……予有別事晤仲雪,因過受之,往廟市略走。"

"初二日……夜赴受之約,繆師在焉。已而知己共集,悲歌嘯傲,夜分別歸。"

李流芳聞警,喟然棄考,絕意仕進,與聞啟祥南歸,牧齋追挽不及。

列朝詩集丁十三下李先輩流芳:"天啟壬戌,抵近郊,聞警,賦詩而返。遂絕意進取,誓畢其餘年,讀書養母,刻心學道,以求正定之法。"

初學集卷五十四聞子將墓誌銘:"偕李長蘅上公車,及國門,興盡而返,余遣人要止之,兩人掉頭弗顧也。"

有學集卷四十七題李長蘅畫扇冊其九:"蓋自壬戌罷公車,絕意榮進,思終老于菰蒲稻蟹之鄉,其興寄踈放如此。"

聞啟祥(1580—1637),字子將。錢塘人。萬曆四十年(1612)舉人。博覽群書,尤工制舉。

向董崇相推薦學生龔士驤。

列朝詩集小傳丁十三下龔溧水士驤:"季良膂力絕人,能挽百石弓,軀幹豐偉,輿夫為喘息汗下。跳躍超距,輕蹻少年弗如也。家世烏傷,為宗汝霖故里,習行陣束伍之法。余方急東事,為縣官急才,入朝以告董大理崇相,崇相特疏薦之。季良方下第,策馬宵遁。"

二月,王宇熙卒,年五十六。

王宇熙(1567—1622),字伯明。常熟石塘里人。宇春兄。以國子生選山東都司經歷,陞東昌府通判。卒後,牧齋有東昌府通判王君墓誌銘,在初學集卷五十六。銘云:"君初病噎,鄭重謁余。致幣肅拜,携一卷書。云將死矣,念子相於。敢乞銘章,以當楬櫫。"

代葉向高作福建布政司修造記(初學集卷四十一)。

序云:"泰昌元年十一月,福建布政司火,自堂庫、廳舍以至於步廊皆燬。天啟元年二月,始撤而新之,堂皇靚深,庫藏堅厚,規摹高廣,皆踰於舊。……初,火作及於庫,左布政使沈公命陳兵警備,以捍國人毋闌入救火,救火者抵罪。火既息,命府人庫人簡汰瓦礫,取藏金於煨燼之中,使攻金之工,鎔而出之。藏金無恙,而溢於舊額者凡三千餘兩,遂以為興造之費。……今庫不戒於火,興作繕修,旬月而畢舉。……沈公名某,後沈公而蕆其事者,閔公某、游公某,其僚屬贊助,具在碑陰。"三人即沈演、閔洪學、游漢龍,先後任福建布政使者。

春，作溧陽彭翁七十序（初學集卷三十七）。

序云："今年春，溧陽彭孝廉明甫，介張異度、龔淵孟謁余于長安，屬爲其尊人翼予翁稱壽之辭。"查溧陽縣志，萬曆、天啟間，彭姓孝廉有彭敦歷、彭遵亮、彭之澤。敦歷見溧陽南門彭氏宗譜，其父名遠，與序生年不合。疑此人是遵亮。遵亮，縣志字元采，萬曆三十七年（1609）舉人。

山曉閣明文選續集卷四評云："間氣所生，必有異人。園亭之勝，其小者也。彭氏以園亭擅名東南，爲翁杖履往來之地，山林花鳥之樂，自不必言，乃翁之高處，在於世俗所冀，不攖其心，即頌義爲高，亦非所慕，是其曠觀達識，固間氣特鍾，而不與歲月爭久暫者。此文得力，全在起手一段，寫得情深韻遠。以下出落轉合，無不自然。既能生新，又臻純熟，極文家美備之觀。"

何棟如募兵入關，爲當事所阨，不勝憤慨，作書牧齋。

何太僕集卷二與錢牧齋翰林："奉別後，馬首遂東。抵關，見百事廢弛，一無可恃，不勝性命之憂。幸奴酋竟不果來，猶得盡力支持，日討軍實，而整頓之幾，于神色俱懋。……宗社之危，何日之有？倘當事必不以登津偏沅兵柄相予，某有掛冠長往而已，安能以有限之身，殉無窮之口哉！"

何氏宗譜卷四何爌何棟如傳："府君諱棟如，字天極，號天玉，晚更在翁。……十八補無錫庠。……薦萬曆甲午鄉薦，戊戌成進士。……己亥選襄陽司李。天啟壬戌，奉光宗遺詔，起南職方。時邊事孔亟，當道會議募兵赴援。募兵，樞部事也，同官皆縮朒規避不肯行。府君到任甫三日，慨然以募兵爲己任。至浙,募溫、處勁兵六千有奇,部署北上。當道交薦,超陞太僕少卿,贊畫軍務。統所募兵合京營選鋒萬人出關,獨當一面。精訓練,明賞罰,招土著,詰姦宄,軍政肅清,逋逃復業,嚴疆爲之稍靖。未幾,逆黨陳保泰等以府君東林舊人,一旦躋卿貳,操兵柄,恐與邪黨牴牾,遂借冒餉爲名,劾府君罷歸,距到任僅五十三日耳。既而關撫喻養性持兩可未即覆疏,復被逮問……坐臟遣戍滁陽。……丁丑感病……臨終書偈而逝。"

據哲宗熹皇帝實錄,何棟如抵關在三、四月間,四月八日即回寺供職,七月三日遭陳保泰彈劾罷官,因繫此。

題張子鵠行卷(初學集卷八十四)。

文云:"金陵張子鵠,世將家也。天啓二年,督漕入京師,甫踰淮,東方盜起,烽煙四塞。子鵠荷戈坐甲,與漕夫艘卒拮據於宵旗夜柝之間。戒嚴稍解,以其閒作爲詩歌,息勞舒嘯。過邸舍,請余是正焉。"張子鵠生平不詳。

四月,佟卜年因佟養性降金事牽連,逮繫下獄。

五月廿二日,錢岱卒,年八十二。

初學集卷七十六有錢岱墓表,應其子湖廣按察司副使時俊之請。作日不詳,附此。又錢岱原配陳氏,晚年取側室鄭氏。鄭氏崑山人,十四歲來歸,先岱卒,牧齋爲作墓誌,亦見初學集卷七十五。

五月晦日,題清明上河圖卷(初學集卷八十五)。

此畫爲譚貞默攜來,自稱張擇端真本,牧齋作此文辨僞。譚貞默(1590—1665),字梁生,號譚埽。嘉興人。崇禎元年(1628)進士。官至國子監祭酒。

六月二十四，顧其仁疏參錢謙益。

熹宗哲皇帝實錄卷十八："（天啟二年六月二十四）刑科給事中顧其仁疏參浙江試官右中允錢謙益，以四十二名舉人錢千秋關節也。上命捕姦徒訊之。"

作書陸化熙，論廣寧之事。

錢牧齋先生尺牘卷一與陸羽明："京洛風塵，垒集耳目。……待闈事稍有頭緒，即當乞骸而去，長爲農夫以没世耳。接尊教，深服仁兄老成之見。過于自信四字，此弟一生病痛，仁兄輕輕一筆描出，可謂知我矣。……經、撫之獄，定於司寇一疏，畢竟是老手。伯欽所持，以弟觀之，尚是秀才口氣耳。廣寧之失，可爲一笑。今遂以榆關爲天險，以西虜爲外護，而置奴酋于度外，恐非筭也。……秋間倘得南還，握手當復不遠。"

伯欽，即顧大章。熊廷弼下獄後，顧大章援議能、議勞例，欲免熊一死，故云。

夏，爲張國維作張子題辭贈之。

張子題辭見東陽博物館藏張玉笥先生傳稿，不見初學集，文云："東陽張子其四盛年取高第，才名藉甚於浙河西東，張子益修然自好，簾閣篝燈，讀書窮巷，若忘乎其所有事者。"末署"壬戌夏日"。

張燮在託周起元致信，並贈文集一部。

群玉樓集卷六十二簡錢受之太史："虎丘之酣暢，惠山之纏綿，風韻既遒，星占欲動。解袂以來，萍水遂分，拄杖春林，此期永隔矣。越中文壇，仗受之先生大振之，不意奸人暗中設阱，青天之下，魑魅晝行，不足爲公損也。燮陸沉以來,久絶意於雞肋。去冬爲金陵游,方孟旋强脂其車而北之,雌伏城西,片刺淟滅,都不敢復詣人,而周仲先苦邀之通州。於其歸也,附致尺械,托僕代訊,未堪以殷郵爲辭,因簡舊集一部,呈笑高壇。山罍野蔌,何所當郢醪間物哉!"

又附牧齋回信:"閒窗岑寂,忽接手教,並奉大集。偶拈一册,得約游太湖二絶,十六年光景,如在眉睫。人生歲月,真不堪把翫,獨語言之妙,足以抒寫境會耳。弟杜門未出,有高人程孟陽時時相過,兄幸以其間過我,邀程君一晤對。若弟塵土面目,自不堪見故人也。"

周起元(1571—1626),字仲先,號綿貞。福建海澄人。萬曆二十九年(1601)進士。天啟三年(1623)擢右僉都御史,巡按蘇松。六年,爲閹黨誣贓下獄,死於獄中。據熹宗實錄,起元元年四月以參政備兵通州,二年正月,陞太僕寺少卿,因繫此。

張變相過,有詩。

群玉樓集卷十五過錢受之官允小集即事:"車馬門前次第縈,就中酬應最輕盈。國珍剖蚌求應遍,水怪燃犀照自明。文苑乍沿宮體變,故人偏借郢醪傾。論交卻憶年來事,水石松雲無限情。"

七夕,與程嘉燧坐雨,程嘉燧作中峰夜雨圖,並賦詩三首。

松圓浪淘集卷十七易水集七夕同受之坐雨,偶吮墨作中峰夜雨,因憶拂水山居舊事,漫書口號三首:

漱壑淘林殷户雷,冥冥松際失崔嵬。山窗五月寒如水,知是湖橋暮雨來。

山郭挐舟夜別師，竹房松閣總幽期。影堂月落泉鳴咽，無復疏簾看弈棋。

洞門澗戶隱潺潺，洗竹搜松倒看山。畫出草堂雲水裏，無端幽事極相關。

初學集卷九夏日偕朱子暇憩耦耕堂次子暇訪孟陽韻三首其一："清簟看碁方丈客，夜燈聽雨十年心。"自註："等慈師居山中，縛禪之暇，觀棋至夜分。孟陽詩云：影堂月落泉鳴咽，無復疎簾看弈碁。"

七月，刑部尚書王紀落職，楊東明重審佟卜年案，必欲置其于死地，顧大章、汪喬年等爭之甚力。

有學集卷三十三佟公墓誌銘："東明與司官逞辯，主事汪喬年助大章爭之強，東明無所發怒，出惡語相抵，乃罷。喬年出，爲余誦之。余嘆曰：'幽蘭之灰燼，史有明文。參夷之漢法，律無他比。大臣引經斷獄，固如是乎？'"

汪喬年（1585—1642），字歲星。浙江遂安人。天啟二年（1622）進士。授刑部主事，歷任刑工兩部郎中、陝西按察使、青州知府。崇禎十四年（1641）巡撫陝西，掘李自成祖墳。十五年二月，拒守襄城，城陷不屈而死。

在京，翁應祥有書來，請牧齋爲其兄作傳，牧齋以爲非古，作翁兆隆哀辭（初學集卷七十八）。

文云："故太常寺少卿翁三丈兆隆既没之五年，而始克葬。其弟兆吉甫排纘事狀，累數千言，走書京邸，屬余爲傳，以余知兆隆者也。吾聞之，古之人有史傳，無家傳，家傳非古也。用史家之法則隘，毀史家之法則濫。濫與隘，君子弗取也。"具體時日不詳。

八月，孫承宗自請督師遼東，九月三日正式視事。

初學集卷十四戊寅九月初三日奉謁少師高陽公於里第感舊述懷即席賦詩八章錢曾詩註："其督理事宜凡十八務，務分三十一則。先後四年，復九大城四十五堡，招練精兵十一萬，立車營十二、水營五、火營二、前鋒後勁營八，弓弩火炮手五萬，輕車千偏，箱車千五百輛，沙唬船六百，馬駝牛贏六萬，甲冑、器仗、弓矢、火藥、蘭石、渠答、鹵楯合之數百萬餘，招集遼人四十萬、遼兵三萬，屯田五千頃，得十五萬鹽筴錢稅，朋椿入可七萬，采青省十八萬，文武大吏投醪含蓼，進取同心，良士選卒漸依錦水間山而東，地進四百三十里，氊帳退河東七百里，終公之任，未嘗闌入河西。"功勞巨大。

本年，獲司馬文正公神道碑刻，屬程嘉燧題識。

初學集卷二十六記溫國司馬文正公神道碑後："天啓壬戌，得司馬文正公神道碑刻於肆中。紙敝墨渝，深加寶重，而又竊怪其不盛行於世。遂命良工裝潢，囑友人程孟陽題而藏諸篋衍。"

十一月，何德潤卒。

何德潤(1569—1622)，字仲容。常熟人。好刻書。何雲之父，雲爲牧齋門人。卒，牧齋爲作墓誌銘，即初學集卷五十五何仲容墓誌銘。

本年，與王在公等倡募重建徑山下院安樂寺禪堂。

徑山志卷十三："天啓二年，餘杭嚴調御輩，請雲棲僧大順恢復。崑山王在公、常熟錢謙益、宋奎光、王宇春、李榖輩，因爲倡募重建禪堂，復禮請僧大林爲首座，期復風穴之舊焉。"

卷五有牧齋題徑山下院安樂寺重建禪堂疏,不見初學集:"武林自雲棲出世,精藍寶坊,梵唄相聞,儼如極樂國土,餘杭獨窅焉無聞。元寶、印持二君乃能奪安樂古刹於魔波旬之手,化火聚爲清凉,變屠肆爲佛土,此末法中甚難希有之事也,塵沙諸佛所共讚嘆。凡我同人,有不轉相告語,成此勝因者耶? 無畏禪師呐呐如不出口,然機緣所感,當使木馬夜鳴,西方日出,無待沿門持鉢也。"

　　王在公(1562—1627),字孟鳳,號中條。萬曆二十二年(1594)舉人。任山東高苑令,陞濟南府同知。晚年掛冠雲遊,不過里門十三年。

刑部會審錢千秋案,牧齋因失察罰俸三月。

　　熹宗哲皇帝實錄卷十八:"(天啟二年十二月十五)刑部等衙門會審錢千秋事,言徐時敏、金保玄假捏關節,詐士子賄物,而錢千秋入其套中。兹審三犯,俱曰主考未傳此關節,則三犯當問以應得罪名,主考不知情,不必以莫須有懸坐也。錢千秋當黜革充戍,以正士風。徐時敏、金保玄二姦,一成允宜,尤當枷號示衆。其主考、房考雖未明露關節,不能覺弊防姦,亦難免疏虞之罪,宜正顯罰。得旨,錢千秋等俱依擬發遣,錢謙益、鄭履祥失于覺察,各罰俸三箇月。"

　　文秉烈皇小識卷二:"虞山錢謙益以編修主浙江試。歸安韓敬與秀水沈德符,預捏字眼,假稱關節,令人遍投諸應試者,約以事成取償。浙士子多墮其網中,錢千秋與焉。"歸咎韓敬,未必可信。

冬,請告歸里,趙南星來別。

　　初學集卷八十四書竹林七賢畫卷:"天啟壬戌冬,余請告將出都門。高邑趙忠毅公過邸舍曰：'此後再晤，未省何時。明日當攜一尊酒，偕高存之來，劇譚盡日而別。'時内計戒嚴，余以爲辭。公大笑曰：'公亦爲此言乎？避嫌疑，存形跡，豈我輩事哉！'遂以刁酒、固始鵝爲餉，公亦不復來。此後遂不得見公矣。存之者，無錫高忠憲公也。逆闇之難，二公相繼受禍，余僅而不死。"

冬，相士潘覽德來，作贈潘覽德序（牧齋外集卷九）。

文云："今年冬，固始潘覽德謁余長安邸中，余方有歸田之請。數從覽德問何日出國門，得解羈紲。覽德相余，驛馬當在歲除，余心欣然，已而果驗。余既辦嚴，覽德過視之，涕泣覆面。"

此文外集別本署庚申，非是。

十二月二十九日出京，有上高陽師相書，討論守關之法（初學集卷七十九）。

書云："謙益再疏得請，已於十二月廿九日出國門，歸而奉老母，讀殘書，長爲虞山下一老農，不辱師門，庶其在是。……爲老師計，當亟擇一沉雄博大可當戰守恢復之任者，告之天子，一以關城之事委之，而己則從容燕閒，往來登萊關海間，總其機宜，而責其成功，斯當今第一切務也。……今關門之上，營制已立，行伍已明，可謂有律矣。然有將士行伍之兵，而未必有父子兄弟之兵，千百夫之長，以及士卒，廩廩奔命，如不終日。……願老師正告將率，大創積習，一如李牧、王翦所以用衆之法，使關門有父子兄弟之兵，則退可完守，進可決戰，而奴不足憂矣。"又云："用兵之道，驅赤子而蹈白刃，有退死無進生，而曰女必爲我徒死，女必不冒破一錢，不虛費一粒，節身量腹，而安然爲我死，則人必失笑而却走矣。范文正經略西夏，臺諫劾其所舉官侵漁邊餉，文正上章理之，且曰：'邊吏勞苦，酒食讌會，不宜過爲損削。'前輩知大體，捐細故如此，士安得不爲之死，而功安得不成乎？"蓋孫承宗爲人嚴苛，在關外"禁餽遺，絶宴會，朝虀暮鹽"，故牧齋書中宛轉勸説。初學集卷二十四嚮言下亦云："高陽公兩督師，斤斤繩尺，不肯意外行事，吾每惜之。"

與方一藻告別，作贈別方子玄進士序（初學集卷三十五）。

序云："余今年屛居長安，賓從稀簡，程處士孟陽、王京兆損仲以其間相過從。二君蓋亟稱方子玄也。子玄舉進士高第，聲名籍甚。簾閣篝燈，吾伊如舉子時。間從孟陽、損仲上下今古，有志於文章之事。損仲爲長歌贈之，期以師法古昔，無寄居今人籬落下。子玄以睞余，又屬孟陽乞余言以爲贈。"

方一藻，字子玄。歙縣人。天啟二年（1622）進士。官至遼東巡撫。

沈守正有詩相送。

雪堂集卷二送錢受之請假："入用應須命世賢，夕郎何意勸還山。揄揚鏐幣娛慈母，收拾烟雲付小蠻。馬渡黃河春細細，樽開北海酒潺潺。曠懷已忘都門事，只恐東山未許閒。"

本年，馮復京卒，年五十。

馮復京（1573—1622），字嗣宗。常熟人。馮班、馮舒之父。工詩,精箋疏。性喜聚書,藏書萬卷。著有六家詩名物疏、常熟先賢事略等。牧齋後爲其撰墓誌銘,見初學集卷五十五。

本年,跋朱國盛誥命墨刻(初學集卷八十五)。

文云:"吾同門友朱水部恭遇兩朝霈恩,三受寵命,皆出翰苑鉅筆,而最後則吾師高陽公之辭也。水部隆重其事,乞董學士玄宰書之,而斲石以傳於後。……余承乏當制者幾二載,竊歎於斯久矣。承水部之命,漫書於跋尾。"因繫此。

朱國盛(1579—?),原名盛國華,字敬韜,號雲來。華亭人。萬曆三十八年(1610)進士。官至工部尚書。著有南河志全考。

明天啟三年癸亥(1623)　四十二歲

浙闈事結,辭官南還,臨行作書陸化熙。

見瞿綬鈔本東澗尺牘:"接邸報,知年兄已榮轉,而河上聲績茂著,自可一意營職,無復歸志矣。……至浙闈事,兩日內便可問結,弟亦即日告歸。世途風波,一切置之度外矣。念功編編次井然,此泇河典故也。行色匆匆,不能捉筆作序,奈何奈何。"此書應作於年末春初之間,且附此。

春,過易水,作詩一首(初學集卷二),有"老大不堪論劍術,要離墳畔有青山",有學梁鴻隱居之義。

元夕,宿汶上,作詩一首(初學集卷二)。

自濟上放舟南下,讀東都事略。二月十四日,于丹陽道中,作書東都事略後(初學集卷八十五)。

文云:"河南王損仲數爲余言東都事略,于宋史家爲優。長安吕少卿家有鈔本,遂假借繕寫。天啓三年春,繇濟上放舟南下,日讀數卷,凡半月而畢。"

按,吕少卿,有學集兩見,作李少卿,或李九如少卿。此人應是吕邦燿(1578—1623),字玄韜,號九如。直隸大興人。官大理寺少卿。王鐸爲作行狀。

茅元儀母丁氏卒,以國家多難,絰帶從戎。爲作敕封安人丁氏墳前石表辭(初學集卷六十七)。

文云:"(安人)天啓二年某月某日卒,其孤元儀、暎以其年十二月十一日祔安人于都水公之阡。元儀有文名,知兵略,國家方用兵,元儀慷慨應辟。既葬,弁絰帶而從戎事。三年之喪卒哭,金革之事無辟,禮也。于是元儀以墓上之石來請,曰:願有述也。"

石民四十集卷三十八先妣累敕封丁安人行實:"强孤出應南大司馬之辟,而適妖賊侵界,孤待罪戎行,於安人之殁也,竟不及視屬纊矣。……復以安人遺命,以兵酷於荒,莫踰禮以貽悔,遂卜于其年十二月十一日合葬於大夫淑字圩之阡。……安人生於隆慶己巳三月之朔,卒於天啓壬戌之十一月五日。"

喪事三月卒哭,因附此。

三月二十八,沈守正卒于京師,年五十二。

初學集卷五十四都察院司務無回沈君墓誌銘:"天啓癸亥三月二十八日卒。"

沈守正雪堂集附録卓爾康都察院知雜御史無回沈公行狀:"生隆慶壬申二月初二日辰時,殁天啓癸亥三月二十有八日戌時。"

牧齋銘"五十一年昔夢耳","五十一"應是"五十二"之誤。

三月，商家梅來訪。

那庵詩選卷二十九虞山晤錢受之、何季穆即別二首：每思違五載，茲晤喜三春。共語無他事，相憐有此身。容看今日老，情覺向時親。曾奈歸心切，遲明復遠人。

喜逢成畏別，我友意何深。去住異前日，晤言同夙心。月猶分半榻，花正委芳林。誰識家山裏，思君直至今。

四月，好友徐文任卒，年五十一，爲經紀其喪。

初學集卷五十五徐元晦墓誌銘："元晦之卒也，爲天啓癸亥之四月，年五十有一。余與西安方孟旋哭之而慟，退而與南司空張公、司馬王公經紀其家事。孟旋，元晦之執友也。張公、王公，其同里爲婚姻者也。"張公，即張溥伯父張輔之，官至南京工部尚書。王公，即兵部尚書王在晉。

文中對方應祥、徐文任、牧齋三人友情記載頗詳："少有俊才，弱冠入南太學，爲祭酒馮公所知。當是時，孟旋爲諸生都講，歸然長德，元晦一旦與之齊名，登堂拜母，以交友聞于東南。又十餘年，元晦辱與余游，又進余而友於孟旋，蓋元晦之取友，始于孟旋，而卒于余也。"

婁堅有書論文，勸牧齋從事歸有光之學。

婁堅學古緒言卷二十二答錢受之太史："某老矣，少時獲聞長者之教，略知古文詞不當以時代論高下……然歸之文詞，便是仁兄準的哉？特其學問必尊經，其述撰必推西漢及韓、歐、蘇、曾之自得，雖以俟百世之君子，要爲不可易也。……當仁兄之受誣，或有言宜亟歸以俟其自定，此事外不解事人之淺見也。彼分校者，取卷以呈，猶不之覺，況主司之忽遽受成乎？以彼分校，猶得從容進退，況爲他人所牽累者乎？至於今，始歸侍太夫人，即先後兩無可訾議矣。……漸近炎蒸，瞻對或在秋中。"受誣，應指錢千秋之事。

李應昇陞福建道御史，北上，有書送之，應昇作書答謝。

李應昇落落齋遺集卷五答錢牧齋："不肖孤踪暗識，臨淵夜行，于天下國家之故茫如也。肰私竊自念，時事破壞，繇紀綱廢弛，此行塞白，將以爲首。而辱承台教，忽發其蒙，台翁居揆席，握樞衡，其于清朋黨、振紀綱，茲一言，仰窺一斑矣。所恨匆匆就道，弗獲請益，孰爲切要之欹，誰爲整頓之方，倘有便郵，不吝終教之否乎？孫老師身繫安危，還朝何日，翁台何以籌之，并希指示。講筵虛左，寵召非遐，拱聽履聲之入，發武庫之藏耳。"

同卷與繆西谿姑丈："自別台顏後，以九月望抵都門，晤諸相知，皆亟問還朝之耗，計閏月中定得侍色笑。冬寒晷短，不如早發爲便也。"天啓三年(1623)閏十月，李應昇九月抵都，其起行當在夏秋之際。

李應昇(1593—1626)，字仲達，號次見。江陰人。萬曆四十四年(1616)進士。授南康府推官，擢福建道御史，屢上疏彈劾閹黨，最終被魏忠賢拷死獄中。崇禎元年(1628)追贈太僕寺卿，諡忠毅。繆西谿，即繆昌期。

七月，洞聞禪師示寂於常熟破山寺，世壽七十二，僧臘五十。死後三日，牧齋前往視看，垂首趺坐，如入正定。

法乘(1552—1623)，字雪柏，號洞聞。吳江人。李氏子。少出家，入華山，爲默庵和尚侍者，再歸紫柏大師。初居虞山三峰，徙天目中雲庵，卒老於破山。卒後，牧齋爲作洞聞禪師塔銘，見初學集卷六十八。

中秋前一日，與沈德符、袁中道、鍾惺會於虎丘。

沈德符清權堂集卷二十中秋前一日，袁小修至自金陵，鍾伯敬至自長安，錢受之至自海虞，偕集予舟，同景姬看月虎丘：兹歡寧易冀，可快在臨時。意外人新故，光中月蔽虧。蟲音酬並砌，鷦寓慰同枝。良遘天相佐，陰晴可不疑。

何必餘酣漱，秋心寄晚汀。客歡觸愈苦，人靜句皆靈。觸岸魚吹白，衝烟鳥破青。昏酣難向月，留步待微醒。

中秋，鄒迪光招沈德符、袁中道、鍾惺、文震孟、文震亨、牧齋於虎丘觀劇。

沈德符清權堂集卷一中秋夜，鄒彥吉先生招同袁小修、鍾伯敬、文文起、錢受之、文啟美、景、陳、王三姬虎丘觀劇：莫嗔游群雜，偏欣靜境長。夜難期十五，客況匪尋常。衣履韜真氣，圖書展異光。輕烟帆領白，落日塔承黃。座密吟邊影，林生意外涼。水聲留墨氣，鐺語帶茶香。月洗諸天翳，山趨衆壑蒼。魚龍真曼衍，鷗鷺亦顛狂。粲已逢三女，星偏聚一航。更奇彭與戴，今始對安昌。袁、鍾皆鄒翁在楚首拔士，二君登第，至是日邂逅，始行贄見禮，已閲三十年矣。

按：袁中道、鍾惺皆萬曆三十一年(1603)舉人，距本年癸亥僅二十年，三乃誤刻。

八月，侍妾生一子，取名壽耈(初學集卷七十四亡兒壽耈壙志)。

壙志云："天啟三年癸亥，以太子中允告歸。八月生一男子，是時吾母年七十，湯餅之會與壽筵相逼，遂名之曰壽耇。其母微也，余妻與王氏更母之。"

牧齋前有二子，亦見壙志："我先君與余皆單子，余妻生子佛霖，殤，妾王氏生檀僧，亦殤，汲汲焉惟嗣續之是虞。"

九月初二日，魏大中有書來，賀牧齋生子。

藏密齋集卷十七答錢受之："往者巧相值，而復巧相左，念之爲勤，然天下事大都如此矣。仁兄弄璋之慶，喜劇。弟爲天下明是非耳，不與人爭功名。往在千鋒萬鏑中，矻矻自將，而今日之行止，乃從他人起見耶？獨往獨來，自行自止，固知知弟者之難其人也。諸教一一領悉，筆不能盡者，弟盡之塵客矣。癸亥九月初二日。"牧齋書不詳。據魏大中自譜，本年陞户科右給事中，北上途中改禮科左給事中，牧齋可能有賀信。

九月，好友徐待任卒於沔陽知州任，年五十八。

徐待任(1566—1623)，字廷葵。常熟人。萬曆三十四年(1606)同牧齋同舉舉人。授婺源教諭，擢沔陽知州。

初學集卷五十六有明故沔陽州知州徐君墓誌銘，文中有："君於同年生最善余及嘉定李長蘅""今長蘅亦殁矣"等語，當作於崇禎二年(1629)以後。

又墓誌云"卒於萬曆癸亥之九月"，萬曆無癸亥。考光緒沔陽州志卷七職官："徐待任，常熟人。舉人。元年任，卒於官。"同卷名宦小傳："治沔二年，百廢具舉，旋病卒。"知萬曆爲天啟之誤。

**母七十，唐時昇爲作壽錢母顧太安人七十序(三易集卷二十)。

序云:"癸亥之歲,宫允錢君受之予告以省其親,是歲冬仲,爲太安人七十之誕,其從孫純中以其宗人之意,求余言以爲壽。"純中,即錢文光。

姚希孟亦作錢母顧太安人七十壽序(響玉集卷三)。

文云:"今年畢月,太安人登七十。先此,宫允公禖祝亡效,太安人以爲念。是年秋,遂有徵蘭之應。於是設悦之辰,陳金泥玉簡於堂,天語煌煌,則襃封之命詞在焉。"徵蘭,指生子也。

徐允禄亦有壽序(思勉齋集卷七壽錢母顧太安人七十序)。

婁堅亦有壽序(學古緒言卷七敕封太安人錢母顧氏七十壽序)。

壽序云:"歲在癸亥,而太安人受敕封,年七十老矣。於歲之春,受之乞假歸省。比秩秋八月,舉一男。太安人撫而樂之,眠食有加。其誕辰在冬十一月,予友陸君孟鳧、何君季穆,過予而致同人之意,猥以祝辭見屬。"

文震孟亦有壽序(菊園文集卷五錢母顧太安人七十壽敘)。

壽敘云:"天子即位之元年,史官海虞錢公用覃恩封其母顧太君太孺人。其明年,錢公繇編修進宫坊中允,省覲在告。又明年,元子生,推恩則太君當晉太安人封。而宫允亦以是歲獲充閒之喜,太安人且登七十齊年矣。蓋國榮家慶,萃于一時。於是通家子咸升堂稱百年觴,而屬不佞爲惇史。"

翁應祥作壽詩三首。

杭川集賀錢受之得子,兼師母太夫人以七十大慶,且會華搆落成,故二三章及之:方染爐香近帝傍,歸來添得寧馨郎。石麟天上初傳種,威鳳人間始降祥。繩祖定知頭角蚤,象賢應卜姓名揚。他年世掌絲綸美,此日懸弧瑞滿堂。

每向高堂耻絕裾,君王暫許侍潘輿。添來母壽籌無極,誕得孫枝玉不如。舞綵正宜身抱子,含飴偏稱喜充閭。分將湯餅調甘旨,似比侯鯖樂有餘。

太史原應潭府居,于今擴大舊門閭。錦堂疊革攸躋日,胤子熊羆入夢初。瑞靄桑蓬春未艾,觴稱朱履日無虛。郎君肯搆非難事,預報重添駟馬車。

據此詩,牧齋本年有翻修房屋之舉。

又錢牧齋先生尺牘卷二致瞿稼軒:"小樓卜築,重荷玉趾,但以輢褻爲媿耳。看菊自當如約。伯欽日下即到,少待之何如?"似在本年。

十月十一,憨山示寂,世壽七十八。

初學集卷六十八憨山大師廬山五乳峯塔銘:"天啟三年癸亥,宣化公赴召來訪。……師笑曰:'老僧世緣將盡,幻身豈足把翫哉?'別五日,果示微疾。韶陽守張君來問,師力辭醫藥,坐語如平時。既別,沐浴焚香,集衆告別,危坐而逝,十月之十一日也。"

閏十月,因錢謙貞之請,作從祖父令甫錢君墓表(初學集卷七十五),又爲謙貞向唐時昇請墓誌。

令甫即錢謙貞父世顯,順德次子。牧齋曾代其父作從父弟忠甫、令甫壙誌,亦見初學集卷七十五。

唐時昇三易集卷十八錢令甫墓志銘:"天啓年月日,謙貞乃克葬君于墅橋之新阡,問君之遺事于諸父、昆弟,及其平生所與遊者,述爲行狀。且以其從兄官允受之書謁予而求志焉。"

十一月,作楊澹孺詩稿序(初學集卷三十一)。

　　楊清,字澹孺。應山人。楊漣兄。

冬,作壽光禄增城陳君六十序(牧齋外集卷十)。

　　序云:"海寧陳子甫伸,余辛酉闈中所舉士也。癸亥之冬,謁余而請曰:甫伸之尊人,明年六十始壽,以仲冬某日爲懸弧之辰,親知故舊及甫伸之未偕計吏以行也,咸以獻歲之月,相率升堂稱壽。雖然,今之稱壽者必以言,不得先生之言,無以薦一觴也。"故繫此。

　　陳璛(1565—1626),字季常,號增城。與郊次子。入太學,授光禄寺署丞。無子,以兄祖皋長子甫伸爲後。

吳用先來書,挽留慈門德公主持化城寺。

　　徑山志卷八吳用先答錢太史:"徑山化城寺爲八十一代祖師道場,不肖痛其沉淪,苦心恢復,浙中左右兩轄俸資,悉罄于此,以贖寺田,任怨任謗,隨以傾擠歸山。豈料澹居魔徒,甘爲獅蟲嬈法,本山合抱古松,累年大竹,伐賣一空。不肖去春自禮普陀回,至徑山清理,始將魔徒驅逐,躬請慈門住持,以爲得所托矣,不意今年仍蹈前轍。若慈門復去,則古刹遭其踐踏,復就荒蕪矣。兩位老先生大護法金湯,慈光所照,無分遠近。破山洞聞雖逝,原無外侮,聞本善儘堪住持,況去潭府甚近,護衛不難,萬乞憫念化城在危撼之際,幸寬假慈門仍主法席,則古刹賴以保全,兩位老先生功德永永不朽矣。披瀝丹忱,懇希俞允,不勝感激云。"

吴用先(1558—1626),字體中,一字本如。桐城人。萬曆二十年(1592)進士。初爲臨川令,除户部主事。遷浙臬,進右布政。巡撫四川,討平播州之亂。以病歸,再起,總督山西,改薊遼總督。璫禍起,致仕歸。萬曆三十九年,與憨山弟子法鎧恢復徑山下院化城寺,以爲徑山藏藏板之地。

法鎧(1561—1621),字忍之,號澹居。俗姓趙,江陰人。徑山志卷四宋奎光題化城慈門師募齋僧緣疏:"去冬澹居化去,難其主者,本石吴先生,爲請慈門住此。"澹居于天啓元年(1621)十二月化去,次年請慈門住此。今年洞聞示寂,據用先來信,牧齋似欲請慈門主破山,用先故作書挽留。

卷八吴用先寄慈門師:"去春,不佞千里外躬詣化城,禮請上人住山,無非爲道場念重耳。上人親受付託兹方,踰年乃欲棄之去耶!一去,則古刹凌夷矣。於當年不佞拼官拼命恢復之苦心何言之?可爲下涕。二位錢老先生,皆法門金湯,破山、化城必無異視,況彼處風恬浪静,一本善可撑支,且法卷尚多也。此則魔黨危撼,上人去留,關道場安危,其能不爲八十代祖師動念而忍于去耶?"

本年,作鄉約序(初學集卷二十八)。

序云:"建德宋侯來令常熟,豈弟明允,暮年而大治。修舉相約,申明高皇帝諭民六言,以訓于蒙士,反復訓解,鏤版頒布,期于家喻而户曉焉。"

宋賢,字又希。建德人。天啓二年(1622)進士。二年至五年任常熟縣令。故繫此。

本年,與方應祥曾有一面,此後長訣。

有學集卷三十三方孟旋先生墓誌銘:"余自癸亥別孟旋,不復相見。"

本年,作繆君墓誌銘(初學集卷五十七)。

墓誌云:"君諱某,父曰道山翁,以孝友世其家。君讀書奉親,蒔藥灌竹,凝塵蔽榻。道山安其養,年九十餘乃終。君好西方之教,病革賦七言詩,如所謂偈頌者,瞪目趺坐而逝,萬曆四十六年也,年六十有四。娶於顧,先君七年卒。天啟三年,合葬於虞山。君之母,吾外王父之從孫女,君與余,皆顧之自出也。"

考王夢鼎槐川堂留稿卷二明故孝廉繆君令憲行狀:"道山公諱元吉,道山長子儀卿公諱雲鳳,儀卿長子茂弘公諱開文,是爲君之父。……陳公錫玄道山公誌,錢公牧齋儀卿公誌,趙公蒼霖茂弘公誌,文獻足徵。"則此人即雲鳳也。

雲鳳爲繆祖命之祖。祖命,字令憲。天啟七年(1627)舉人。

本年,趙琦美遷刑部郎中,與牧齋有多次書信往來,有以家藏圖書助牧齋修史之意。

初學集卷六十六刑部郎中趙君墓表:"用久次再遷刑部郎中,裴徊久之,過余而歎曰:'已矣,世不復知我,而我亦無所用於世矣。生平好兵家之言,思以用世,好神仙之術,思以度世。今且老而無所成矣。武康之山,老屋數間,庋書數千卷,吾將老焉,子有事於宋以後四史,願以生平所藏供筆削之役。書成而與寓目焉,死不恨矣。'是年八月,君還朝,寓書於余者再。明年,其家以訃音來,則君以病没於長安之邸舍,天啓四年之正月十八日也。"

本年,江秉謙六十,作江兆豫侍御六十序(初學集卷三十六)。

江秉謙(1564—1625),字兆豫,號瞻城。歙縣人。萬曆三十八年(1610)進士,與牧齋爲同年。授鄞縣知縣,陞山西道御史。天啟二年(1622),因黨護熊廷弼被逐。後聞魏璫專政,憂憤而死。

按:江氏生年,萬曆三十八年庚戌科序齒錄作庚辰(1580)十一月二十八日,非是。江氏死於天啟間,若庚辰出生,年不足五十。此據家譜。

山曉閣明文選續集卷四評云:"直言敢諫之士,其消長之數,國家所視以爲安危。文特從大處立説,而稱壽意,只略作一點。改侍御爲朝廷柱石,言其大而小者可勿論也。前後關生,纏綿愷切,想見一往情深。"

本年,作范太公八十序(初學集卷三十六)。

太公爲范鳳翼之父。序云:"廣陵范君異羽,以吏部郎引疾家居凡數年,天子即家起爲尚寶司司丞,而異羽之父雲從翁,以今年八月爲八十之誕辰,異羽方辦嚴趨召,乃廻翔里中,爲太公稱百年之觴。"

熹宗實錄卷三十四:"(天啟三年五月十五日)改工部主事范鳳翼爲尚寶司司丞。"范勛卿文集卷六附錄凌蘐范司勳先生小傳:"癸亥,太翁八秩,先生具彩服拜舞階下,備極尊養之典。"因繫此。

本年,王允成爲其父母請墓文,作澤州王氏節孝阡表(初學集卷六十七)。

文云:"而府君遂不起……萬曆戊子之四月也。……

（孺人）竟不食而死，後府君卒蓋兩月。……府君與孺人以其卒之歲，葬于浪井川東原祖塋下，至是三十有六年矣。"因繫此。

王允成（1573—1630），字述文。萬曆二十八年（1600）舉人。授獲鹿知縣，報最，徵授南京御史。因多次彈劾魏黨，天啟五年（1625）八月，魏忠賢逐趙南星，牽連罷官。

山曉閣明文選續集卷六評云："起手是史、漢前敘，中間是史、漢合傳，後段是史、漢論贊，前敘情致悠揚，合傳記載詳悉，論贊辭氣忼爽，可謂通體史、漢。廬陵五代史後，乃復見此作手。"

明天啟四年甲子（1624）　四十三歲

正月十八，趙琦美卒於京師。于其歸葬，作刑部郎中趙君墓表（初學集卷六十六）。

墓表云："明年，其家以訃音來，則君以病沒於長安之邸舍，天啟四年之正月十八日也。……享年六十有二。歸葬於武康之塋，而君之子某狀君之生平，屬余爲傳。"暨陽章卿趙氏族譜卷二十四有此文，某作士震，即琦美長子。

趙琦美死後，鬻書治喪，藏書皆爲牧齋所得。

正月二十三，陞左諭德。

熹宗實錄卷三十八：（天啟四年正月二十三）戊寅，右庶子張廣改左庶子，右諭德丁紹軾、李康先、李標爲右庶子，右中允錢謙益爲左諭德，各兼侍讀。

三月朔旦，作蘇州府重修學志序（初學集卷二十八）。

序云："今上甲子，蘇郡續修學志成，司教劉君某、司訓劉君某後先董其事,而文太史文起實爲其序。兩劉君以爲謙益少游于學宫,應博士弟子選,亦宜有言序諸首。……余雖有言,亦何以加諸?而兩劉君之請不可以已,則姑述其謏聞以告于鄉之子弟,其亦可乎?"

文震孟序見菂園文集卷十一:"今皇天啟甲子,蘇郡文學博士兩劉公續修學志,既竣,以示史孟,俾爲序。"

兩劉公,一爲教授劉民悦,字時可,江夏人,萬曆四十七年(1619)進士,天啟三年(1623)任;一爲訓導劉一霖,字溪仲,江西浮梁人,拔貢生,天啟元年(1621)任。乾隆蘇州府志卷七十六藝文二:"劉民悦蘇州府學志。字榮柏,江夏人,蘇州教授。此書王焕如同修。"不及劉一霖。

閹黨四處打擊東林黨人,李應昇預感有清流白馬之禍,作書勸牧齋早日還朝。

李應昇落落齋遺集卷六答錢牧齋:"官府隔絶,惟有講筵一脉稍通真呼吸,非具學識才辨、精誠膽力者,不能收格心之益,以此望翁臺之入,爲世道計甚大,非一人私言也。邇來同志,分曹玄黄,已見太阿倒授,將有清流白馬之憂,幸孫老師甚膺天眷,入關可期,而居中斡旋,尤亟亟于翁臺是望,東山之展,幸勿久淹。若向來持議之人,聞已虚中無我,不必罣念也。不肖拙鈍駑下,不能爲吾黨絲毫損益,舌短心長,面墻是嘆。倘翁臺進而教之,或終不至貿貿耳。拜命之辱,跂足以俟。"

作致身録考(初學集卷二十二)。

文云:"成化間,吴江處士史鑑明古與長洲吴文定公爲友,嘗請文定公表其曾祖諱彬字仲質之墓,今匏菴集中所載清遠史府君墓表是也。萬曆中，吴中盛傳致身録，稱建文元年彬以明經徵入翰林爲侍書，壬午之事，從亡者三十二人，而彬與焉。彬後數訪帝於滇於楚於蜀於浪穹，帝亦間行數至彬家。諸從亡者氏名踪跡，皆可考證。前有金陵焦修撰序，謂得之茅山道書中。好奇慕義之士見是録也，相與欷歔太息，傍徨憑弔，一以爲必有，一以爲未必無。南科臣歐陽調律上其書於朝，且有欲爲請謚立祠，附方、鐵諸公之後者。余以墓表暨録參考之，斷其必無者有十。"

又云："史之後人諸生兆斗改録爲奇忠志，多所援據，通人爲之序，以爲有家藏秘本，合於茅山所傳者也。去年兆斗過余，問侍書事真僞云何，余正告之曰：'僞也。'爲具言其所以。兆斗色動，已而曰：'先生之言是也。'問其所藏秘本，則遜謝無有。"

康熙重刻致身録記載，史兆斗刻致身録在天啟二年壬戌（1622）。書中恩邮又云："天啟二年十二月，南京户科歐陽調律請建文廟，祀並邮史仲彬致身録所載從亡死節諸臣云云。""天啟四年三月，南京户科歐陽調律疏進致身録備覽，云史仲彬等贈官議謚，今日豈可弁髦云云。"又據熹宗實録，歐陽調律天啟四年（1624）六月擢太僕寺少卿，牧齋此文仍稱科臣（給事中），應作於天啟四年三月至六月間。

致身録自萬曆時從焦竑處流出之後，信奉者甚多，李維楨、文震孟、陳仁錫、周宗建、張溥等都爲之作序作文，牧齋此文從十個方面論證致身録必是僞書，影響深遠，後朱彝尊、潘耒都沿襲其説。不過反對者亦夥，尤其是吴江史氏後人，爲給祖先貼金，歷代刊刻不絶。

史兆斗，字辰伯。少受學於劉鳳、王穉登。博通明代典故。喜蓄書，所購皆秘本，或手自繕録，積至數千百卷。殁後皆散去。

又有人持程濟從亡日記來，牧齋亦以爲僞造。跋自作致身録考，再次申明致身録是僞書（初學集卷二十二書致身録考後）。

文云："余作致身録考，客又持程濟從亡日記示余，余掩口曰：陋哉，此又妄庸小人踵致身録之僞而爲之者也。……致身録之初出也，夫己氏者言於文官庶文起曰：'當時程濟亦有私記，載建文君出亡始末，惜其不傳耳。'文起敘備載其語，亡何而日記亦出矣。濟之從亡，僅見於野史，其曾有私記，出何典故？夫己氏何從而前知之？此二書者，不先不後，若期會而出，汲冢之古文，不聞發冢，江左之異書，誰秘帳中？日記出而致身録之僞愈不可掩矣。甚矣，作僞者之愚而可笑也！"

文震孟史翰學致身録序，亦應史兆斗之請而作。

六月，毛晉父毛清卒，年五十七。

毛清（1568—1624），字清漣。取妻戈氏。戈氏崇禎二年（1629）卒，年六十三。牧齋爲毛清所作墓銘，見初學集卷六十一。

爲張世偉父遺稿作序（初學集卷三十三張益之先生存笥集序）。

存笥集張世偉校定爲六卷，自廣齋集卷十六存笥集紀略云："癸亥三瘧幾殆，病瞶中念及先君未厝，先母厝而未妥，五内如割。幸兄俊協謀，豫卜近壤，凡營度迎築之事一以任之。偉至葬日,始得臨穴長號,舁歸,猶愒愒也。誌狀傳記之文,茫無一樹,計以他人永先君者,不如以先君永先君,則斯集是已。間歲校刻,條次如右。"因繫此。

世偉父尚友(1542—1599),字益之。與錢世揚爲執友,同治春秋。

本年,何允泓偕閩中陳遯來訪。

初學集卷二十閩人陳遯鴻節過訪,別去二十年矣,此詩作於崇禎十六年(1643)仲春,故其初次來訪在天啟四年(1624)左右,因繫此。

陳遯(1580—?),字鴻節。侯官人。

初學集卷三十二陳鴻節詩集敘:"卧病於江上李生家。亡友何季穆賞其詩,載歸虞山,具湯沐,視藥食,旬月乃強起。季穆偕過余山中,賦詩飲酒相樂也。季穆爲庀衣裝,送之於斷橋,痛哭而別。自後不復相聞,亦未知其存否。"

憨山五乳弟子福善等往曹溪迎靈龕,因曹溪固留,又奔走吳越,請牧齋等人致書當道,方得扶龕歸匡廬。明年正月二十一發行,二月二十八抵五乳法雲寺。

憨山老人年譜自敘實録疏附録曹溪中興憨山肉祖後事因緣:"而本師自知時至,故曰緣與時違,化將焉託,遂於癸亥之冬十月十三日示寂。嚮有蕭少宰玄圃,囑張郡守所卜築影堂地,在韶州南華寺南二里,名天子岡。舊有謠讖云:頭頂天子岡,脚蹋黃泥塘。有人葬得著,代代出法王。粵中皈依大衆,遂於其地建塔,已葬全身。五乳弟子福善號知微者,同深光號以晦,廣益號虛中,慈任號堅如,急至粵迎龕。不得,乃走吳越間,以遺命謀之衆檀護吳公本如、何公芝岳、王公芥庵、錢公受之,致書粵中廉憲陸公景鄴,移文韶州,於乙丑正月二十一日啟龕,歸匡山。匡山地多陰淫,善公構塔院,浮供其龕。南康府司理錢沃心名啟忠者,擇地葬之。"牧齋書未見。

　　陸夢龍,字景鄴。紹興人。萬曆三十八年(1610)進士,爲牧齋同年。時任廣東按察使。

　　有學集卷四十憨山大師曹溪肉身塔院碑:"五年乙丑,侍者福善介恃衆緣,固請兩粵當道,奉迎靈龕,空廬山五乳峯下。少年惑于青烏家言,撤甓出龕,如舊浮供。南康推官錢啟忠以私淑弟子謀卜善地,以妥師靈,弗墨食,不克葬。"

　　夏,程嘉燧題畫送方子玄,並懷牧齋。

　　松圓浪淘集卷十七易水集題畫送方子玄兼懷尚湖太史:"去年長夏爲此時,緬懷故山多所思。回首神游付冥漠,入眼元氣猶淋漓。陂陁草樹拂水似,煙雨湏洞峰屢屢。遠帆不歸天漠漠,虛堂自敞風披披。經旬野翁留對榻,長日禪老來觀棋。尚湖舊隱同歎息,湖山如此歸何遲!伊今綠浪置硯席,我仍黃土堆鬢眉。自行太行涉京國,頻年旅食乖土宜。雖然不憂官長怒,胡爾長似纍僮羈。傷心骨肉委原隰,滿目道路留瘡痍。老顛伴狂逐風景,聊此吮墨供娛嬉。感時撫事中慘愾,往往不語空臨歧。心知數日又送子,何由樽酒當重持。男兒壯游事出塞,況子爲郎官度支。雲中士馬久待餉,遠解十萬資軍麋。五臺北望直玄嶽,三門南下經清伊。晝游過家春始暮,棠華覆地桐花垂。家園松桂幸接近,此別不用長嗟咨。"

　　程嘉燧天啟三年(1623)出居庸關,至上黨。三年元日登太行,遂渡河南下,二月抵徽州,見松圓浪淘集卷十七易水集、卷十八嘗甘集題註,故繫此。

六月,跋湯公讓東谷遺稿(初學集卷八十五)。

六月二十一日,鍾惺卒,年五十二。

  譚友春新刻譚友夏合集卷十二退谷先生墓誌銘:"生于萬曆甲戌七月二十七日,没以天啟四年六月二十一日,葬以天啟末年丁卯十月十二日。"

秋,北上返朝。商家梅先至津逮軒,又同舟相送。

  那庵詩選卷三十一宿受之津逮軒:離思一年餘,來兹復爾居。晤言安遠夢,探討證奇書。竹徑霜痕冷,蕉窗月影疎。難將出處事,宿宿便忘初。

  同卷同受之舟宿至甘露林而別:訪子即言別,同舟當送歸。秋光入水澹,雲氣出山微。萬物感榮落,一心何是非。憐予將隱矣,攜手每依依。

張燮有詩書相寄。

  群玉樓集卷十七寄錢受之宮諭:"京華別後各山川,企首長霄雁度懸。野色蕭條松渚月,仙班縹緲御鑪烟。游筇或曳千峰外,書幌長披六代前。問訊休明饒鼓吹,雞林容許購新篇。"

  群玉樓集卷六十六寄錢受之宮諭:"閩南天盡,魚筒頓稀。每憶壇上韻人,形神時飛越也。受之先生暫綴金莖,流芬里社,道家蓬萊,久足婆娑。紫石潭邊,每見龍賓十二,快矣快矣!他日神化丹青,政自佃漁文囿時。溫養抽出,是又擢翹之騰蒨,而升敘之遠暉也。燮頹暮生涯,全憑魚鳥。杜門卻掃,空覓蠹殘。閩中大吏,自仗鉞褰帷而下,悉減騶造門，僕惟箕踞應之。自非然者，不敢片刺自通。布衣硜硜，豈足爲通人道乎？意欲扁舟渡吳，來依周仲先，然几案紛紜，未遽得出。偶値翔便，附訊西崑。小詩錄箋，以供噴飯。受之先生當不至以華林遍略傲孝標之書淫耳。"

又附牧齋答書："足下遂不赴公車，黄勉之之後，詞場更有人矣。弟以請告不允，暫趨朝命。長途倦羽，祇堪作六鶂退飛耳。視吾兄拂衣高蹈，心甚羨之。然弟雖蹩出，即圖將母，而鶴頭書且將下矣，兄卻未必穩臥山中也。新詩見懷，出入懷袖，如見談笑，風塵眯目，賴此驅除耳。綿貞公祖便郵，附此相問。明發戒途，徒有馳念。"

八月，跋高攀龍詩卷（初學集卷八十四跋高存之邨居詩卷）。

存之爲高攀龍字。文云："廣陵舟中，爲密緯題此卷，入長安見存之，當以語之。"可知爲錢玄而題。

錢玄(1582—1635)，字密緯。父應昌，究理學，極爲高攀龍、顧憲成所稱。密緯秉承家學，力學好古，工詩古文詞，與吳江潘一桂齊名。著有寒玉齋詩集。

八月，聞谷禪師慮徑山木材難得，寺廢難興，買山種樹，請作徑山種樹記（初學集卷四十二）。

李穀亦有種樹記，見徑山志卷七。

聞谷(1566—1637)，字廣印。嘉善人。周氏子。年十三祝髮杭州開元寺。萬曆二十四年(1596)入雲棲，後北遊五臺，再還徑山，卒寂瓶匋真寂禪院。

本年，宋奎光纂修徑山志，作書褒揚之。

徑山志卷八錢謙益答宋元實："親丈秉鐸禹航，鼓吹文事,惠顾风雅,为一时青檀之最。至于护持法门,为闻谷师唱导,大作人天眼目,则又末法所希有,恒沙诸佛所共赞叹也。远承见存,深感注念。长安邸中,当先呼斗酒为兄濯足耳。孟芳兄扇置之家笥,另以一柄书去为致意。"

径山志前有徐文龙、黄汝亨序,皆署天启甲子。黄序云:"海虞宋元实氏以博雅名流,偶寄官禹杭,拥皋比,与诸生谭道论文之暇,慨然是山佛法僧具备而独无志,为东南缺典。爰自大藏检阅诸祖之语录、行事,得十之六。自唐代宗、宋理宗逮我高祖、成祖与神宗诸制敕,而一切废兴诸缘,与天下高衲道流,钜公名人序纪吟咏之章,辑而为志,列为十有四目。帙成,出以属予序。余览之作而叹曰:灿乎备哉!井井乎有伦哉!是径山中兴之书也。"

又应吴用先之请,作化城寺重建大殿疏(初学集卷八十一)。

疏云:"今兵部右侍郎总督蓟辽本如吴公最初承紫柏之付嘱,身任金汤,既而作牧伯于斯邦,大弘誓愿。爰有尊宿号曰铠公,实惟仔肩,罔惜肤髪。于是机缘辐辏,摄折双施。……其法嗣曰慈门德公,念本师之云亡,慨坠言之犹在,矢志绍述,努力经营。吴公乃自蓟门诒书某曰:'吾子,德公之族姓,而铠公之雅游也,无靳一言,以告四众。'"

据熹宗实录,吴用先天启四年(1624)三月任蓟辽总督,次年三月被劾閒住,因繫此。

秋,渡淮,作诗四首怀里中同好(初学集卷二)。

途中,又作诗六首怀吴中故友(初学集卷二)。

所怀六人为昆山王在公、嘉定李流芳、昆山王志坚、长洲文震孟、吴縣周順昌、武進鄭鄤。

鄭鄤(1594—1639),字謙止,號峚陽。天啟二年(1622)進士。供職都察院,與文震孟彈劾魏黨,被貶職調外。六年,又被削職爲民。魏黨誅,復原官。崇禎八年(1635),因文震孟忤權臣温體仁株連,構以杖母不孝罪下獄。十二年,被磔死。

又寄嚴澂詩二首(初學集卷二)。

嚴澂(1547—1625),字道澈,一作道徹,號天池。常熟人。訥次子。以蔭官至邵武知府。歸里後以琴書自娛。精琴理,萬曆間結社琴川,創立虞山琴派。著有松絃館琴譜、雲松巢集。

本年六月,徐州河決魁山,遷州治於雲龍山。季秋,渡黄河,抵徐州,于官舫題二絶句。時河水未退,歎復河無人,又賦長歌一首(初學集卷二)。

聞山東賊平,不需繞道河南,喜而作詩,並寄顧大章(初學集卷二)。

顧大章(1576—1625),字伯欽。常熟人。萬曆三十五年(1607)進士,累官至陝西按察副使。爲魏忠賢黨所構陷,坐贓論大辟,投環死。崇禎初贈太僕卿,福王時追謚裕愍。

按:牧齋所云盜賊,應是徐鴻儒殘部。天啟二年(1622)五月間,徐鴻儒在山東領導白蓮教起義,攻克鄆城、鄒縣、滕縣等地,十月即遭到明廷鎮壓,徐鴻儒殉難。但其餘部,仍時有舉動。

又次陶崇道驛壁韻(初學集卷二)。

陶崇道,字路叔,號虎溪。會稽人。萬曆三十八年

(1610)進士。著有莊子印、拜環堂文集等。

崇道原詩未見。本年冬,崇道因忤奄罷歸,有打虎行詩,見拜環堂文集卷一。黃尊素黃忠端公集卷五亦有和詩:"升沈夢幻總非吾,十日梧垣得似無。滿眼何人辨指馬,一枝肯與借棲烏。春生非復前朝柳,婦去還憐舊日夫。儵往儵來雙翩老,橫秋再辦鴈門租。"又注云:"路叔入長安十日,忤奄而歸。"

雨中過清流關,題詩一首(初學集卷二)。

夜過滁州磨盤嶺,作詩一首(初學集卷二)。

途中又作王師二十四韻,記本年六月鎮壓白蓮教事(初學集卷二)。

至滕縣,題詩趙邦清祠堂(初學集卷二)。

趙邦清曾任滕縣知縣,頗有政績。

過滋陽新嘉驛,和袁中道題會稽女子詩(初學集卷二)。

錢曾詩注云:"會稽女子,莫詳其姓氏,過新嘉驛,題詩牆頭,其自序云:余生長會稽,幼攻書史,年方及笄,適與燕客,嗟林下之風致,事負腹之將軍。加以河東師子,日吼數聲,今早薄言往愬,逢彼之怒,鞭箠亂下,辱等奴婢,余氣溢填胸,幾不能起。嗟乎!余籠中人耳,死何足惜。但恐委身草莽,湮沒無聞,是以忍死須臾,俟同類睡熟後,竊至後亭,以淚和墨,題三詩于壁,并序出處,庶知音讀之,悲余生之不辰,則余死且不朽。詩云:'銀紅衫子半蒙塵,一盞孤燈伴此身。恰似梨花經雨後,可憐零落舊時春。''終日如同虎豹遊,含情默坐恨悠悠。老天生妾非無意,留與風流作話頭。''萬種憂愁訴與誰?對人強笑背人悲。此詩莫把尋常看,一句詩成千淚垂。'相傳墨瀋未燥,鏡鸞遽摧,隨以香羅自絕。"

袁中道和詩云:"枉讀新詩淚滿巾,近踪燕越好追詢。將軍應是饒錢癖,急把黃金贖慧人。""含情一字淚千行,蘭玉心情錦繡腸。買入五湖舟裏去,山花水月細平章。""安能長伴虎狼游,日夜摧殘命合休。女鬼冤讎誰報得,幾回怒髮對吳鉤。"見珂雪齋集卷八題會稽女子詩跋。

至京,纂修神宗皇帝實錄,得見文淵閣秘書,始作皇明開國功臣事略。

初學集卷二十八皇明開國功臣事略序:"天啟甲子,分纂神宗顯皇帝實錄,繙閱文淵閣祕書,獲見高皇帝手詔數千言,及奸黨逆臣四錄,皆高皇帝申命鋟版,垂示後昆者。國史之脫誤,野史之舛繆,一一可據以是正。然後奮筆而為是書,先之以國史,證之以譜牒,參之以別錄,年經月緯,州次部居,於是開國功臣之事狀粲然矣。"又云"是書經始于天啟四年甲子(癸亥)",故繫此。

秋,徐允祿作書牧齋,感謝其幫忙,仍還諸生籍。

思勉齋集文編卷十二與錢受之編修二首其二:"往歲得乞吾兄一言之印許,以引世罟,而不肖自信得為人子。今歲秋中,備聞吾兄面與孫學臺陳論考校事宜,而弟得復還為諸生。吾兄於弟,則洵有大造哉。然弟拜兄一言之引世罟,不翅拱璧駟馬,且不翅起枯而肉骨,而至為故人觸忌申說,復其故物于即褫之餘,弟謂兄斯舉也,更似山巨源之于嵇叔夜。何也?青青子衿,弟何止七不堪,而於世不能數數然,則亦有所不可也。然天既劂吾以儒墨,而鯨吾以仁義矣。叔夜躍冶,故不祥,弟豈敢效之乎?則有嘿嘿低頭就之,以拜兄等之明賜矣。還籍後，偶成一律，既志感，復詠懷，錄一紙以爲兄一笑。時事蒼黃，國步多艱，想在持世大君子度內耳。草莽老迂，不復及世務。會豫瞻計偕北上，敬此附聞。"

龔立本烟艇永懷卷二："君落落穆穆，行己在不夷不惠之間。食學宮餼廩，須次當貫，會被黜，詹事錢受之告學使孫公曰：'徐某似伏櫪老驥，宜其五花色衰，然以文則諸生不足，以行則教職有餘。'學使爰拔置優等。而君竟無祿，知者惜之。"

孫之益，字思謙，號六吉。四川邛州人。萬曆三十五年（1607）進士。天啟二年（1622）八月，提督南直隸學政。侯峒曾北上會試，應在本年秋冬，因附此。

九月十八日，一雨通潤卒於蘇州中峰寺，世壽六十。

初學集卷六十九一雨法師塔銘："又移中峯，浹辰出一紙示衆，皆囑累語，遂以是日示寂，天啟四年九月十八日也。世壽六十，僧臘四十六。"

本年，作應天巡撫軍門軍器庫記（初學集卷四十一）。

爲王象恒作。象恒（？—1622），字微貞，號立宇。新城人。萬曆二十三年（1595）進士。天啟元年（1621）陞右僉都御史，巡撫應天，卒於任。

錢允治卒，年八十四，藏書皆散去。

按，錢允治生年，資料較多，李東垣食物本草有錢允治序，署"萬曆庚申立春日八十翁錢允治題"，愛日精廬藏書志卷三十六著錄弘治刻本文心雕龍，末有錢允治跋，署"甲寅七月二十四日書于南官坊之新居，時年七十四歲，功甫記"，皆可證其生於嘉靖二十年(1541)。而其卒年，多不能曉。南京圖書館藏天啟刻本老學菴筆記有錢允治序，署"天啟三年歲在癸亥仲秋既望，吳郡八十三翁錢允治撰并書"，知其三年仲秋尚在世。考無夢園遺集卷五擬請建死節贈兵部侍郎中丞綿貞周公專祠稱周起元任巡撫，"爲錢功甫乞葬，則檄劉學博致祭助窆"，再查周忠惠公年譜："四年甲子……十一月，疏議被災地方，分別改折。是月，聞長洲布衣錢允治之喪，憐其無子，捐公費爲之營葬，檄召生員王煥如簡其遺編，呼族屬領價，攜卷帙置蘇州學宮。會煥如卧病，不果。"故繫于此。劉學博即劉民悅。

十一月十一，孫承宗從關外至通州，請以十四日賀壽進京，面奏機宜。閹黨大恐，矯旨不得入都，孫承宗只得束出。初學集卷十四戊寅九月初三日奉謁少師高陽公於里第感舊述懷即席賦詩八章其五錢曾詩註：高陽以天啓四年甲子西巡薊、昌，閱喜峯、古北諸口。十一月十一日，抵通州，具疏請以十四日入賀萬壽節，面奏進兵機宜。初，南樂魏廣微以同姓附麗逆奄，密書相通，皆題内閣家報。公秉正不阿，每直詞規切，廣微心啣之。保和殿之獄，錄三皇親家僅奴下鎮撫，公語劉僑曰："上方以離間疏遠三宮，三家之獄起，意在動摇三宮耳。君宜委曲解釋，直明外家冤誣，各錄一奴，坐以私爲奸利，子從中理解，以蔽斯獄可矣。"僑如言具讞而止。應山劾奄二十四大罪，中列謀害皇親一事，所云閣臣力爲護持者，實指公爲徵耳。逆奄故深疑公，南樂又時以危言聳搆。至是公疏請面對，廣微大懼，告逆奄："孫樞輔擁關兵數萬入清君側，兵部侍郎李邦華爲内應。"逆奄悸甚，遶御牀而哭。次輔顧秉謙奮筆票擬曰:"無旨擅離信地,非祖宗法度所宥。"夜半開大明門,召兵部尚書入,分三道飛騎止公。矯旨諭九門守奄:"孫閣老若入齊化門,便鎖綁進來。"公于十二日平明接諭,即刻東行,具疏言:"薊門、昌平一帶,載在勅書。臣本奉勑旨行信地,豈敢無旨擅離,去天咫尺?適當萬壽,冒請入賀,致干聖諭嚴切,有席藁待罪而已。"廣微恚公甚,令崔呈秀、徐大化、李蕃等連章劾公,而蕃更以王敦、李懷光爲比。賴上知公深,力持之而免。

冬,韓敬等人造東林點將錄,牧齋列名其上,號天巧星浪子。

文秉先撥志始卷上:"楊、左既逐,奸黨益無忌憚,遂肆行誣陷。于是魏廣微手寫所欲起用之人黄克纘、王紹徽、王永光、徐大化、霍維華等五六十人目爲正人,各加兩圈或三圈。又將縉紳便覽如韓爌、繆昌期、曹于汴、李邦華、鄭三俊等約百餘人目爲邪黨,重者三點,次者二點,托内閣王朝用轉送逆賢處,以行黜陟。而紹徽復造東林同志錄,羅列諸賢姓名。又韓敬造東林點將錄計一百八人,郵致都門,按籍搜索。于是諸賢受禍,無一人遺漏矣。點將錄舊傳王紹徽所作,而同志錄未見抄傳,或是韓敬因紹徽原本而整改之者耶?"

東林點將錄:"……天巧星浪子左春坊左諭德錢謙益。……天啟四年甲子冬,歸安韓敬造。"

冬,張溥、張采、楊彝、顧夢麟等人結文社於常熟,曰應社。

張采知畏堂文存卷二楊子常四書稿序:"甲子冬,始與張子天如同過唐市,問子常廬,請見。……子常方與麟士同業,賓主敘述如平生,因遂定應社約……敘年,子常長。"

張溥(1602—1641),初字乾度,後改字天如。太倉人。崇禎四年(1631)進士,授庶吉士。與張采齊名,時稱"婁東二張"。著有七錄齋集。

張采(1596—1648),字受先,號南郭。太倉人。崇禎元年(1628)進士,授臨川知縣。國變後,薙髮爲頭陀,自稱陸道人。三載後卒。

楊彝(1583—1661),字子常,號穀園,別號萬松老人。常熟人。崇禎八年(1635)歲貢,爲松江訓導,薦授都昌知縣,不之任。萬曆末,制義沿習子書佛乘,彝與顧夢麟反覆詰難,以經學開學者之惑,天下翕然從風,世謂楊、顧之學。爲人喜節氣,重交游,家有應亭(初名鳳基園),與吳中名士興文社,曰應社。卒,學生私謚淵孝先生,祀鄉賢。

顧夢麟(1585—1653),字麟士,號織簾。太倉人。崇禎六年(1633)副貢。詩文雅馴,爲時所宗,人稱織簾先生。明亡後,潛心著述。著有詩經說約、四書說約等書。

按:計東云應社本于拂水山房,見改亭集卷十上太倉吳祭酒書一。

本年又有題初祖折蘆圖詩一首,不詳日月(初學集卷二)。

本年,爲太倉知州陳如松自敘作跋(初學集卷八十四書笑道人自敘後)。

陳如松(1564—1647),字向南,號笑道人,又號白菊道人。同安人。萬曆四十年(1612)舉人。天啓二年(1622)至四年任太倉知州,因不合上意,拂袖而去。著有蓮山堂文集。

牧齋文有"意有不可,即日解綬""君年五十餘(實已滿六十)"等語,因繫此。

與李維楨有書信來往。

初學集卷五十一南京禮部尚書贈太子太保李公墓誌銘:"乞休時,余在右坊,寓書相告曰:能援我以進,又能相我以退者,必子也。"據熹宗實錄,李維楨在本年十二月乞休,時牧齋不在右坊,右坊應是左坊之誤。

本年,父母覃恩贈官。

晚年家乘文族譜後錄上篇:"先考妣凡四受命,先君以……天啟甲子贈右春坊右中允……先母……二封太安人。"

本年,跋張司業詩集(初學集卷八十五)。

按:初學集無寫作年月,席啟寓刊唐詩百名家集亦有此文,不署年月。惟常熟圖書館藏一張司業詩集鈔本,抄錄牧齋此跋,署"天啟四年,牧齋錢受之識"。

本年,冯舒借鈔呂衡州文集。

士禮居藏書題跋記卷五呂衡州文集十卷:"末有屏守居士跋,謂甲子歲從錢牧齋借得前五卷,戊辰從郡中買得後五卷,俱宋本。"

本年,叔祖順德下葬,請何喬遠、李維楨作墓文。

晚年家乘文:"公歿後二十四年,天啟丙寅始克葬墅橋之新阡,余奉先君行狀,請於晉江何穉孝、京山李本寧爲之志表。"

本年,作福建福安縣知縣雲峯賀公墓誌銘(牧齋外集卷十五)。

序云:"丹陽賀氏,與余家兩世爲同年進士。而賀之老日知幾、日知忍,皆吾父行也。余交諸賀最舊,嘗進而游于知忍,感槩激射,英氣側出,如遇古節士俠客也。退而就知幾,秀羸閑止,削然如委衺,以爲有道仁人也。"又云:"其歿也,神氣閒定如平時,顧視日影,端坐而逝。天啓癸亥□月□日也。享年七十有幾,取□氏,生子□□,以□年□月□日葬君于獅子山之阡,與□孺人合葬焉。"民國丹陽縣續志卷二十二云"明天啓四年,錢謙益撰,據賀氏家乘"。

牧齋所謂兩世同年,指賀邦泰與賀世壽。賀邦泰,字道卿。嘉靖三十八年(1559)進士,與牧齋祖順時同年。官至戶部尚書。邦泰有子學易、學仁、學古、學禮。學易(?—1623),字知幾,號雲峯。萬曆七年(1579)舉人,三十六年任福安知縣。學仁,字知忍,以鄉貢謁選文華殿中書舍人。二人皆刻佛經多種。世壽子王盛,字周兼,號無黨。崇禎元年(1628)進士。抗清就義。

明天啓五年乙丑(1625)　四十四歲

正月,徐允祿卒,年六十一。

唐時昇三易集卷十四祭徐女廉文:"維天啓乙丑正月己卯,徐君女廉將歸於幽宅。"

正月,程嘉燧寄墨數笏。

松圓偈庵集卷下【與】宋比玉:"去年又亡一雨師,今歲又死徐汝廉……僕久絕筆不作詩,雖強塗抹應酬,亦多惡道。惟旁詢博訪諸好事家造墨之法,已自造得數百丸,售之可以資生,藏之可以傳後,正欲乞兄古篆、八分小書,爲製銘贊之類,鐫勒印式,與松圓墨共垂遠耳。……正月已緘數笏寄錢受之京師矣。"

張次仲來京城會試,繕寫試牘,請牧齋評閱。

張待軒先生遺集卷八座師:"天啟辛酉典試浙闈,所取皆宿名之士,拭目相視者,獨余與曹允大。乙丑初場事竣,繕寫試牘,先令蒼頭送覽。十六日往候,遇公於門。公握手笑謂,必此物矣。余不解何意,公伸大指,謂必此物矣。余且信且疑,竟不能得,而允大以戊辰得之。公以書相慰,謂不爲曹允大,則寧不得耳。嗟乎,誰知此語竟成讖也。"

曹勳(？—1656),字允大,號峨雪。嘉善人。天啟元年(1621)舉人,崇禎元年(1628)進士。歷官禮部右侍郎。少從高攀龍講學,明亡,隱居不出。

曹宗伯全集卷十六附錄姚思孝奉大夫峨雪曹公暨配二品夫人徐氏合葬墓誌銘:"辛酉,牧齋錢公名謙益,江南常熟人爲主司,谷神姚司理名鈿,廣東東莞人爲分房。公卷擬元,時李愚公名若愚,湖廣漢陽人負盛名,持本房卷力爭,當事重違其意,遂移公第八。"

爲袁祈年改字,作袁祈年字田祖説(初學集卷二十六)。

文云:"公安袁祈年,其字曰未央,吾友小修之子,而爲後於伯修庶子者也。自公安之三袁以才名掉鞅藝苑,而其子弟之英妙者,皆有名於時。江、漢之間,人皆知有袁未央矣。一日飲余長安邸中,請改字於余,余別字之曰田祖。……吾姑語子以文之祖,子歸,而叩擊於小修,以吾言爲端,其於吾言必有進焉。"

列朝詩集丁十二袁儀制中道:"小修子祈年,字未央,余改字田祖,出爲後於伯修。舉鄉書,詩筆有家風,秀而不實,余深痛之。"

同治公安縣志卷六:"袁祈年,字未央。吏部中道之子,爲太史宗道嗣。事生母、嗣母及諸庶母孝行純篤,內外無間。十五入鄉校,詩文疎快可喜。爲人朗霽軒鬵,遇人皆作歡顏好語,各得其意,稱袁氏佳子弟也。留心禪宗,尤有意於檀度。……光宗即位,爲太史請祭葬麼邮,以是入監讀書。天啟甲子中順天鄉試,辛未會試,以犯御諱,幾獲而復失之。甲戌復以闈文犯七夫不錄,作七夫詩,時人傳之。既久困公車,又群從中有先售者,大不得意,遂挫情進取。讀大慧、碧巖諸書,皈依般若,有發願文。尋卒。友人節其生平,謚曰文孝先生。所著有梅花奧集、南遊草、二冬草、篤蕶草、續花源遊草若干卷。"從字説可知,小修此時尚未死,文當作於天啟六年(1626)前,疑在本年。

祈年生萬曆十九年辛卯(1591),卒崇禎十二年己卯(1639),年四十九。

朱之裔中進士,作賀朱進士敘(初學集卷三十五)。

敘云:"今上御極之五年,會試天下士,拔其尤者三百人。而都人士朱君之裔,儼然與焉。……君爲吾師贈宗伯源明馮公之孫女壻,馮公之子敬仲説是舉也,屬余爲文以賀。"

朱之裔(1602—1644),字德止,一字樂山。徐州人。崇禎間,官青州副使。清兵陷濟南,母李氏、妻馮氏、幼女皆死難。遂矢志不再娶，改名之馮。再官宣府巡撫，宣府破，引刀自刎。源明馮公，即慈溪馮有經，因係出四明，故號源明。

謝三賓亦中進士。

謝三賓(1590—1647)，字象三。鄞縣人。天啟元年(1621)舉人，時牧齋典試浙江，故稱門生。授嘉定知縣，再官陝西道巡按御史、太僕寺少卿。魯王時，錢肅樂脅之起兵，晉禮部尚書。紹興破，迎降。

作書友人，討論黨爭等事。

南京圖書館藏牧齋尺牘：止生郵來，知涮人布局合算之詳，可謂奇妙矣。肰其手下攻惠、攻會，終是敗着。攻惠，恐惠未便束手就擒；攻會，則會乃第一深心之人。從中分歧，將有變爻變象，故吾以水為他日之首功也。元帥之收晶，千真萬真，晶乃浙之舊心腹，放手思盡殺東林者也。家居寂寞，又有敵國之富，收得此人，阿堵物可致百萬，又得一何山矣。江西全是怪作緣，然老怪主意，只要江西人沿門持鉢，作他活計耳，亦不肯死在元帥脚跟下也。怪既與惠作緣，今見惠王勢倒，口口聲聲要逃出惠王圈子，走子奪局中，便是將惠王作我輩活樣也。他今日且要奉承浙人，脫得邊才二字陷阱，討一安穩衙門，是他五臟神，願隨鞭鐙處。其口頭瀾翻布穀，俱是一派游花在雲霧中。日下，又將向我尋幾句閒話，發作一番，我已早早覷破，先準備他。可發一笑。

銓炘之參石齋，仍是小唱主意，蓋小鄒恨石齋入骨，故小唱促其沙人為小鄒報仇。所謂救石齋者，是其口角游嘴，借此哄人，豈可信哉？

紹杰疏，全為中湛而發，亦小唱之主意也。江右人與唱,俱死俱生,若唱一與元帥離,則江右人俱走矣。卻恐唱已豎降旗,作元帥走狗,江右人隨他投拜耳。

曹瑞之門,有王姓者,南京人也。我將出京時,王人與我甚洽,亦有所求,而不能應。我行後,方被元帥收去也。王人者,爲銅商,爲玄嶽所困,深恨玄嶽,我許爲解之,故亦感我,送到張灣。

又有杭州文姓者,與王俱爲曹至契,卻是華亭世交,至今猶爲奔命也。文近歸,爲華亭而來,語其私人曰:"內事大變,華亭將有活路。"其言甚確,恨無力量招呼之耳。王姓有郭孟白,有一路通之,甚確,惜孟白近在廣陵,竟不肯渡江就我一商議也。此輩見我落寞,已視我如秋風一葉,安得更有一新安義士哉!可爲一歎也。

止生事,明知瞻鳳不可與語,無可奈何矣。惟有翟凌玄,可借海兄爲通一線。翟是吾黨舊臭味,又與海兄同鄉,是則可爲也。幸親翁與海兄熟商之,元帥不欲累殺止生,千真萬確。無論弟有心上事,不能坐視,救人一命,亦是吾輩好事也。如何如何。其詳,彼自言之也。楊麻回字附看。龔髯即刻差人去矣,諸不多及。其他汪幼清書中頗詳,想已入覽也。

所云侯姓推命者何人,曾一推賤造乎?幸示知。

按:此書收信人不詳。據熹宗實錄,中湛即陳于廷,即陳維崧祖父,萬曆二十三年(1595)進士,被逐在四年十月;黃石齋被參在本年二月,因繫此。止生即茅元儀;翟凌玄名鳳翀,益都人,萬曆三十二年進士;海兄即房可壯,號海客,亦益都人。龔髯爲龔立本。楊麻即楊漣。

春，陳迪祥攜憨山書信來京，請爲其師馮昌曆文集作序，作一樹齋集序（初學集卷三十三）。

序云："憨山禪師行成嶺海，大弘大鑒之道。順德馮君昌曆，字文孺，與其徒數十人奉手摳衣，北面稱弟子。師以謂如牛毛之有麟角，不離儒服而獨繼禪燈者，文孺一人而已矣。文孺殁，師哭之慟，有祝予之感焉。今年春，文孺之徒陳生迪祥，偕計吏來北京，攜師手書謁余，則師之順世又三年矣。迪祥遂以文孺遺集示余，請爲其叙。"憨山死於天啓三年（1623）冬，因繫此時。

馮昌曆，字文孺，號啓南。萬曆二十八年（1600）舉人。授寶坻令，因母老不赴。在家授徒講學，造就甚衆。

陳迪祥，字之祺，號義雲。萬曆四十六年（1618）舉人。署饒平教諭。轉南京國子監博士，再遷兵部司務。

三月三日，與姚希孟夜飲，姚母舊疾加劇。

姚希孟棘門集卷六文宜人行狀："是歲三月之四日，熹廟臨廱，百官先期當候于賢關，不肖隔晚飲於錢官端受之所，失昏定禮。詰早候床前，吾母言昨宵有妖夢，醒而半體痛不可忍，此病比舊病似劇也。"

四月十一，作書繆昌期，言汪文言慘死狀，告誡昌期謹言慎行，勿以言速禍。

此書見江陰東興繆氏宗譜卷四十，文略云："光五毒備具，不屈折一字，真烈士哉。……初訊時，諸人不欲及兄而獲免也，以北司、東廠有兩年弒暗爲地也。涿州曰：'不及繆，則草玄之説爲無根矣。'削片紙授北司曰：'不及繆，諸君皆當得重禍。'北司唯唯，僅列名於某人等。雖有十五人追贓之旨,然兄名下實無臟也。放心放心,如有臟,則必逮矣。此中大費苦心。……兄家居當萬分謹慎,兄舌快喉癢,必不可忍耐。然世道如此,不惟處末世,又遭殺運,獨不能少耐口舌保全性命乎?弟不足惜,獨不自爲老頭皮計乎?兄將出國門,弟相戒勿言,爲内璫取逐,兄頗以爲然,而不自禁也。逢人絮話,汲汲自白,其語亦頗聞於内,今之不逮者,幸耳,可不慎哉!"

汪文言,字士光。歙縣人。中書舍人。許顯純欲誣楊、左以臟,下文言于獄,百般拷打,至死不承。

與繆昌期、李應昇篝燈夜話。

有學集卷四十七跋李忠毅公遺筆:"天啓乙丑,逆奄鉤黨急,刺促長安中,篝燈夜談。當時絮語及應山,余撫几嘆曰:'應山拌一死糜爛,爲左班立長城。微應山,黨人駢首參夷,他時有信眉地乎?'次見擊節以爲知言,目光炯炯激射,寒燈翳然,爲之吐芒。相與長歎而罷。"

四月二十八,姚希孟母卒,作祭姚母文夫人(初學集卷七十七)。

四月至六月間,閹黨相繼逮捕東林楊漣、左光斗、袁化中、魏大中、周朝瑞、顧大章六君子,六人先後慘死獄中。

李應昇有書來問"六君子"狀況。

李應昇落落齋遺集卷七答錢牧齋:"春間放舟南下,静觀世局。屈指大端,十得八九。從前正氣頗旺,渠輩打算驅除,忙却心手,故使深林鍛羽,稍定驚魂,直到滿盤净盡時,饑鷹餓虎,勢無休歇,區區勒黨鋼之碑,伸僞學之禁,詎足快其心乎?此中機局,作何究竟,翁臺定得其微。兼六君子生死關頭,近來頗聞其槩否?"本年三月,李應昇作爲"東林護法",遭魏黨彈劾削籍。

五月,陳以瑞再借錢千秋事彈劾牧齋,牧齋削籍南歸。

熹宗哲皇帝實錄卷五十九:(天啟五年五月一日),御史陳以瑞疏劾少詹事錢謙益主試潛通關節,居官把持朝政;兵部主事沈正宗筮仕已多劣狀,察處復鑽美曹。俱削籍,追奪誥命。

南雷學案卷四尚書錢受之先生:"衆奄黨私於所作東林黨人同志錄列先生名,又作點將錄,云天巧星浪子錢謙益。尋爲御史陳以瑞所劾,罷歸。"

初學集卷四天啟七年九月二十六日恭聞登極恩詔有述自註:"乙丑春兼學士,至五月而罷。"

臨去,有書上禮部丁紹軾。

丁文遠集外集卷八載牧齋書信:"瞻望山斗,積有歲年。往在山中,讀老先生大疏,蹶然動色,至欲起拜。今幸附老先生驥尾,偕轉官僚,老先生尚未御鋒車,而謙益且旦暮去國,徒懷瞻企,未繇親炙,豈非天哉。當商丘既敗,江夏初出,舉朝望其涕唾,承其餘氣,而老先生獨抗言折之,此非獨氣蓋天下,直是識蓋天下也。當今疆事決裂,海内雲擾,只是當局者無識耳。譬之弈棊,一着不審,則着着差矣。神閒氣定,弘濟艱難,全在識高。天下之人,不得不爲老先生望之。後輩小生,不當放口談天下事,身將隱矣,焉用文之,此亦可以放言之日也,老先生當爲一咲耳。伏承翰教,彌深馳企,臨楮可勝依戀之至。"

丁紹軾(1565—1626),字文遠。貴池人。萬曆三十五年(1607)進士。天啟五年(1625)八月,官禮部尚書,六年改户部尚書，進武英殿大學士，旋卒。謚文恪。

五月，何允泓病逝，年四十一。臨終，盡焚其詩稿（初學集卷五十五何季穆墓誌銘）。

　　初學集卷三十二黃子羽詩序："吾友何季穆少而稱詩，篇帙甚富，病亟，屬其友盡焚之，曰：無以隻字留人間也。季穆之才，踔厲風發，可以馳驟古人，而不能自解免于兩家之霧。然其少而眩，長而不自堅，已而大悔之，而自恨其無及。吾以此益嘆季穆，而惜其無所成也。"所謂兩家，即李夢陽、王世貞前後七子之學。

　　山曉閣明文選續集卷五評何季穆墓誌銘云："前幅敘季穆事，大略是詃奇岸異人，不屑屑尋常繩墨者。後幅一段引介甫與逄原，是季穆以友誼相磨自許，一段引同甫與道甫，是先生以併誌無人自傷，高文隱躍，自與誌墓神理篤摯深切。昔稱鴻筆之文，國之風雨，似此博雅之章，知其沾溉來哲，固非淺鮮。"

端陽自潞河登舟，兩月抵達京口，途中草撰開國功臣事略，又作感事詩十首（初學集卷三）。

　　初學集卷二十八皇明開國功臣事略序："是書經始于天啟四年甲子（癸亥），又明年乙丑，除名爲民，賃糧艘南下，船窗據几，攤書命筆。"

　　有學集卷四十三與吳江潘力田書："天啟乙丑，承乏左（右）坊，欲鈔昭示奸黨諸錄，而削奪之命驟下，踉蹡出都門，屬門下中書代寫郵寄。于時黨禁戒嚴，標題有'奸黨'二字，繕寫者援手咋指，早晚出入閽門，將鈔書夾置袴襠中，僅而得免。又爲梁國公胡顯錯誤，取證楚昭王行實，屬游侍御肩生從楚府覓得元本,楚藩密囑勿使人知。蓋訪求掌故,其難如此。"

讀書敏求記佚文昭示奸黨三錄三卷:天啟乙丑,牧翁削籍南還,托錦衣衛胡岐山于內閣典籍鈔昭示奸黨三錄。是時逆奄用命,標題有"奸黨"二字,繕寫者搖手咋舌,早晚出入閣門,將鈔書夾置褲襠中而出。丁卯四月始卒業。……此則三厚本……牧翁據此考訂開國群雄事略。

盛夏,在界首渡淮,得家書,知何允泓去世,賦九百二十字哭之(初學集卷三)。

初學集卷五十五何季穆墓誌銘:"余哭季穆,舟次界首。有詩千言,灑淚漬酒。胸懷鬱盤,鬚眉抖擻。此詩可傳,銘于何有?"

墓誌又云:"崇禎某年,葬福山之祖塋。……今季穆既窮死,而余亦睕晚放廢,追思壯年盛氣,朋友相規切之語,十餘年間,俛仰如異世矣。"墓誌不知作於崇禎何年,附此。

抵家,母顧氏相慰勞,云:"汝無官,吾有子矣。"(初學集卷七十四請誥命事略)

閹黨煽禍,牧齋在家惴惴恐不能免,李胤熙過訪,告之無憂。

初學集卷五十五李緝夫墓誌銘:"丑、寅之間,逆奄煽禍,余惴惴懼不免。緝夫過余,私語曰:歲在甲子七月,五星聚講于張,王室必再興,子其無憂。"

歸里,徐錫祚餉以人參,作詩謝之(初學集卷三)。

又作贈星士詩一首(初學集卷三)。

星士疑即陳三恪。

楊漣親翁陳愚自廬山來，商量救援之事。

初學集卷五十楊忠烈公墓誌銘云："愚於公周旋生死，匿其幼子於廬山，間行過予，謀經紀之事，予方遭黨禍，杜門絕跡，相與屏人野哭。"

卷五十八陳孺人張氏墓誌銘："忠烈被急徵，元朴攜其堮間行荆、郢、吳、越間，過余而泣曰：親在，不許友以死。吾兩人皆有老母，其若文孺何？"

陳愚，字元朴。應山人。萬曆三十七年（1609）舉人。有女嫁楊漣長子之易。

又張氏墓誌銘："元朴亦以忠烈知余，遂定交于長安邸中。當是時，余方少年豪舉，元朴面目稜稜，有不可犯干之色，見而知爲端人正士也。及忠烈官省垣，余在史館，皆侍從近臣，而元朴老于公車，余兩人每慰勞元朴，不以不第爲元朴憂，而憂其無以將母，未嘗不相對閔默也。"知二人可能在萬曆三十八年會試時即相識。

顧大章被捕，王宇春求解當道，病暑而死，享年四十餘。

初學集卷五十五王季和墓誌銘："顧伯欽以奄禍逮繫，季和要仲恭冒暑走數百里，求解于要人，傷暍道病，歸而寢劇，遂不起。……天啓乙丑某年某月某日也，享年四十有□。"

顧大韶炳燭齋稿祭王季和文："初，季和病，時予兄伯欽正罹逆璫之禍，季和力疾偕予奔走，求救於四郡之交知，交知莫之應。行至荆溪，遇於一憤，而病增劇，遂以不起。是季和之死，爲世道死，爲友朋死也。"

七月二十四，楊漣、魏大中、左光斗在獄中被殺。

茅維聞二十四日事，悲憤不已，作長詩示牧齋。

十賚堂丙集卷五聞七月二十四日詔獄事，書憤四十韵，誦示錢官諭、臧大行：＂悲涼朝野事，抆淚灑江湖。黨錮噓炎爐，披猖挾越巫。方知獄吏貴，不使御囚呼。蟣蝨頭囊木，瘡痍血漬膚。監刑二緋使，夾食兩黥徒。轊殮憑輿隸，流屍委道塗。眾謀疑縛虎，廷碟易烹雛。共盡三良穴，寧同兩觀誅。招搖由比匪，斷煉竟全誣。自是讒銷骨，非關誤捋鬚。湯文摭密網，璫焰掇洪爐。吏牘移時具，冤魂一夕徂。龍逢非俊物，剖腊豈良圖。九廟英靈歇，群公項領殊。台垣飛枉矢，常侍讀陰符。根蔓故當斬，苞苴那得誣？遂駈荒谷縊，併獻藁街俘。伯有強為厲，萇弘碧未枯。塚應來大鳥，府或散群烏。湘水哀無極，胥濤怒與俱。蓋棺難定論，絕吭獨非夫。灝氣騎箕尾，明星墮白榆。掛徐心許劍，存趙誼憖孤。詑汝橐饘贈，憐予傭保迀。陽秋寒史筆，哇笑快侏儒。孰控陳蕃枉，終還上會帑。倘蘇百口累，須叫九閽鋪。倚伏占天運，云亡痛廟謨。敗墙將見壓，傾廈詎堪扶？西液膠舟解，東園驚爵轤。大阿持獨柄，聖祖法當模。無自工煬竈，其誰擅竊鐵？國人思逐貍，宮媛欲欐狐。九有纏悲憤，諸曹踵囁嚅。剪除先骨鯁，呰窳必軍需。營繕千門侈，徵輸比戶逋。驕兵萌問鼎，媼相怯援枹。烽火臨關急，鯨鯢列塞屠。能驅鶴戰否，敢仗內操無？微管吾被衽，將毋蹈海隅。＂

茅維（1575—1645），字孝若。歸安人。坤幼子，元儀叔父。萬曆四十三年（1615）舉人。授翰林院孔目。

列朝詩集丁十五茅太學維：＂晚年數過余山中，盱衡振腕，思得一當。余和其詩，深規切之，卒不能改也。有十賚堂集數十卷,流覽篇帙,才調斐然,以檢括爲難耳。嘗以所作雜劇屬余序,已而語人曰:'虞山輕我,近舍湯臨川,而遠引關漢卿、馬東籬,是不欲以我代臨川也。'其槑兀如此。"

秋,江陰李如一有詩相慰問,依韻答之(初學集卷三)。

李如一原詩未見。

秋,江陰顧大愚來,以鏤刻彌勒像贈壽耇,不受(初學集卷七十四亡兒壽耇壙志)。

初學集卷五十五亡兒壽耇壙志:"乙丑秋,兒才三歲,江陰顧道民以鏤刻彌勒像贈兒,兒不肯受,曰:'是去年以絲燈遺我矣。'當遺燈時,兒尚未晬也。"道民生平見下年。

九月初四,佟卜年自裁于獄中,年三十八。

顧大章在獄中作書繆昌期、牧齋、陳必謙,與諸友告别。

九月十四,顧大章自殺于獄中,年五十。

顧大韶炳燭齋稿先兄陝西按察司副使贈太僕寺少卿塵客府君行狀:"時指已傷,捉筆頗艱,復作書别繆公昌期、錢公謙益、陳公必謙,曰:'雲陽市告了假,纔得十日耳。弟本不屑爲後人計,但念古人有託孤之説,故洒泣及之。'……錢與公丱角定交,公心服其識量。"

冬十一月二十七日,跋温國司馬文正公神道碑(初學集卷二十六)。

十二月,世美將葬其母陳氏,請作墓誌銘(牧齋外集卷十五陳令人墓誌銘)。

陳氏(1549—1625)爲順化側室,爲牧齋從祖母。天啟五年(1625)八月十五日卒,年七十七,同年十二月二十八日下葬。

作奉直大夫貴州永寧州知州陶公墓誌銘(牧齋外集卷十五)。

文云:"斑以己未四月葬公於滿海場之陽,後六年,乞銘于謙益。"故繫此。

陶希臯(？—1616),字直甫。雲南姚安人,原籍浙江黃巖。萬曆元年(1573)舉人。歷含山縣教諭、石阡府推官、永寧州知州。

長子斑(1575—？),字葛閭,號不退,慕孔稚圭之爲人,別署稚圭。萬曆三十八年(1610)進士,與牧齋爲同年。歷官大名知府、遼東兵備道、永平知府、武昌兵備道。著有閬園集、説郛續等,又同弟珙助刻徑山藏。

作明福建泉州府同知純所張公墓誌銘(牧齋外集卷十五)。

張仲孝(1549—1622),字百原。常熟人。萬曆四十年(1612)舉人。知溫州泰順縣,調黃巖,轉杭州府通判,陞福建泉州同知。魏浣初四留堂文有傳。

文云:"泉州之子景顏等將葬其先人,以狀來請銘。"又云:"以天啟乙丑□月□日,葬于莫城之新阡。"故繫此。

本年,作浦君鎔先生墓誌銘(初學集卷五十七)。

墓誌云:"天啓元年,君八十有二,卒之日,沐浴危坐,命其子檢點書册巾履,若將遠適者,合掌念佛,端坐而逝。是年之三月十九日也。又四年,其子將葬君于虞山之阡,而以銘屬余曰:'先人之志也。'"

本年,作錢集之遺稿序(初學集卷三十三)。

序云:"今年,丹徒錢密緯氏以其子集之之遺文屬余,余論而悲之。……集之死後之一年,錢後人謙益爲其序。"集之,名志騫。

吴越錢氏京江分支宗譜卷十四密緯公行狀:"(乙亥)十月終於山閣……生四子,長志騫……先君十二年卒。"知志騫卒於天啓四年(1624),因繫此。

本年,爲陸符作甬東陸氏壽讌序(初學集卷三十八)。

序云:"甬東陸生符,字文虎,以文章志節見知於余,其父及嫡母春秋皆六十,後先稱壽,文虎自傷其不遇,無以爲父母光寵,且悲其生母之早世也,爲文以請於余,累數千言。"

據四明月湖陸氏重修宗譜,陸符父名炫章(1566—1635),字宗伯,號西霍,本年六十。娶王氏,側室夏氏、朱氏。

明天啓六年丙寅(1626)　　四十五歲

正月,袁崇焕擊敗努爾哈赤,取得寧遠大捷。

正月,毛晉母戈氏六十壽燕,作毛母戈孺人六十序(初學集卷三十九)。

文云:"誕辰在今年孟秋,而稱慶以履端之月。"

初學集卷六十一毛君墓誌銘:"崇禎二年十一月,戈孺人卒,年六十三。"知其六十在本年。

正月望日,跋先賢書札。

見保利展品明賢十札:古人墨跡,多從鼎遷代革後想見風流,如黄山谷、趙松雪輩,至今流傳人間,固人文之傑。而亦國運昌明，斯足以垂不朽，如謝文正諸公，回翔館閣，立朝丰度生氣，猶可想像。讀此卷，泂徵諸公爲人龍，而粉飾太平，具見一班矣。丙寅正月望，謙益書于金閶舟次。

展品收李應楨、吴寛、李東陽、陸深、吴奕、毛澄、唐寅、文徵明、莫是龍、董其昌十人書札，申時行、錢謙益跋尾。

李如一七十，作江陰李貫之七十序（初學集卷三十七）。

繆昌期內兄李貫之七十序："天啓六年丙寅，兄壽七十。"

如一性喜購書，遇秘册必貽書牧齋，補闕正訛，校讎同異。牧齋壽序云："余與貫之，皆有好書之癖，每從貫之借書，未嘗不倒屣相付也。"

有學集卷三十六李貫之墓誌銘："君晚與余定交，束書飾贄，用士相見禮。十五年間，書簡奚囊，百里參錯。遺文掌故，取次弋獲。宿舂相聞，若傳遽焉。余有事正史，以謂如君者，長編討論，可援爲助。君嘗詒書姚叔祥，訪求鄭端簡后妃、權倖等十一傳，其意亦以余爲可助也。"

李氏藏書，多燬於清初兵燹。有學集卷二十二李貫之先生存餘稿序云："藏書萬卷，著禮記緝正若干卷，亂後咸燬於兵火。"李成之重刻戒庵老人漫筆序亦云："乙酉之變，數世藏書，悉歸烏有。"戒庵老人，即如一祖父李詡。

二月，繆昌期被補，將兒子託付牧齋。途中又寄書交代後事。

繆昌期從野堂存稿與錢牧齋："弟異姓骨肉，惟仁兄一人。平居左挈右提，今日拯溺救焚，所不能得之宗黨姻親者，惟仁兄是望耳。……一入檻車，永與人隔。留此字付虛白、貞白兩兒，令有密話商于仁兄。……兩兒在家，皆以兄爲天，兄即以子視之。"

又一通："就檻之日，留一字于虛兒，想必達者。到京口，知有五人之後命，幸得免兄，此天意也。留兄一人，弟身後尚有所賴，妻子保不流離，萬幸萬幸也。……弟父母二誌尚未入土，諸生時草狀亦多可商者，兄素不作合誌，異日暇時令小兒以二誌請兄一表，萬無靳手筆。弟同胞一妹，極孝于親，可帶一筆于後，地下之感也。并懇追贓數多，則子孫惟有逃竄，若幸而數少，則廢產之外，凡可處置者，悉力圖之。"

初學集卷四十八繆公行狀："又明年，詔下急捕公。公坐檻車，取故紙敗筆，籍記其平生，使其子授予曰：敢以是累後死者。"又云："閹既飲章捕公，織闇實誣，奏始上，且有收捕五人後命。公中塗得之，疾呼家僮曰：'虞山免矣。'喜見顏間，忘其身之在貫索也。"

初學集卷五十五繆采璧墓誌銘："西溪遭閹難，徒跣告哀，相向而哭。西溪不使他子，而使采璧，以其習于余也。"昌期有五子，虛白、純白、貞白、太白、堅白，皆有文名。

三月，緹騎四出，逮捕東林黨人，警報日至。兒壽耇慰之，曰明年朝新皇帝。七、八月稍解嚴（初學集卷七十四亡兒壽耇壙志）。

三月六日，題趙孟頫書小學卷。

石渠寶笈卷三十元趙孟頫書小學一卷："金粟箋，烏絲闌本，小楷書款，云臣趙孟頫書。明倫篇中缺九十六字，邵彌補書，押縫有邵僧彌聯印。拖尾錢虞山跋云：文敏公一生苦心學書,得右軍之正傳,行書又在大令、北海之間。至於細楷,薄海内外窮搜不可得。此卷成宗時書以進呈者,字數約有三萬,而小大勻圓則一,誠希世之寶也。所可惜者,内府秘儲之物,尚有時流落于人間,安知千百年後,此卷更屬何人。凡吾子孫,當以余言爲鑑也,宜寶惜之。時天啓丙寅三月六日,虞山識。"此跋不知真假,存此,參見崇禎十一年戊寅條。

三月,李應昇被捕,坐贓三千。李應昇爲繆昌期内姪,亦五人之一。

三月十五,周順昌被逮。十八日,緹騎過吳門,遭民衆毆打。巡撫毛一鷺以暴民鬧事,拘捕顏佩韋、楊念如、馬傑、沈揚、周文元五人,皆誅死。

有旨逮高攀龍,三月十七,高攀龍義不受辱,赴水而死。張大復來晤,贈詩一首。

　　張大復梅花草堂集卷十五晤錢受之詹事:"古來賢達士,白屋即深山。慷慨豈忘世,弢光學閉關。談言花木笑,杯酌世情閑。珍重清和候,相攜五丈間。"按梅花草堂集編排次序,此詩作於丙寅上巳、寒食間。

　　卷十六另有七絶二首,不知作於何時,附此。

　　醉別元初、受之,寄懷何季穆:"頭顱如許尚狂奴,不怪紛紛牛馬呼。但問虞淵天上月,玉山頹處得知無?"此詩作於萬曆間。

　　夜酌呈錢受之太史:"金馬門客避世人,舊時同調話偏新。不須悵恨參差事,世上論交無爾真。"

春,作蛺蝶詞四首(初學集卷三)。

四月十三,周宗建被捕。

　　周宗建(1582—1626),字季侯,號來玉。吴江人。萬曆四十一年(1613)進士。由知縣擢御史。天啟初,魏忠賢及客氏亂政,宗建首疏劾之。明年,復三疏彈劾,忠賢矯旨削籍。再誣以贓罪下獄死。崇禎初贈太僕寺卿,謚忠毅。

四月,再跋錢塘大慈山甘露院牒,糾正以往考證上的錯誤(初學集卷二十六)。

　　文云:"往余爲江陰李貫之考錢塘大慈山甘露院二牒,距今七年矣。治平二年四月之牒,韓魏公爲宰相,書銜而不姓,曾魯公爲次相,歐陽文忠、趙康靖爲執政,則署姓而不名。余未及深考,第據魏公安陽集二年乙巳夏仁廟終祥累申前請,遂妄謂魏公之不署姓,或以杜門乞休,不赴都堂之故,而非敢以爲允也。……余初不知宰相不署姓爲宋之故事,而以臆考。……余學問踳駁,不審於闕疑慎言之訓,是以有向者之誤。今既已知之,不敢塗竄以自蓋也。庸敢備書以詒貫之,俾附於是牒之後。雖然,自時厥後,有所弋獲,尚當次第書之。貫之老而好學,故知不以我爲贅也。"

四月晦,繆昌期被殺于獄中。

五月,跋鈔本文房四譜(楹書隅録續編卷三)。

六月十七,周宗建被閹黨殺於獄中。

閏六月初三,李應昇被魏黨拷死獄中。

閏六月,李維楨卒於家,年八十。

閏六月二十一,作投老詩一首(初學集卷三)。

七月望日,跋楊儀金姬傳(初學集卷二十二)。

文云:"余嘗刪削楊夢羽金姬傳,存其近是者若干言,附於平吳錄之後。今年采輯僞周事略,乃知其盡誣也。"

楊儀(1488—1564),字夢羽,號五川。常熟人。嘉靖五年(1526)進士。官至山東副使。恃才傲物,爲時所嫉,抑鬱而終。性喜蓄書,以讀書著述爲事,築萬卷樓及七檜山房,所藏多宋元善本。歿後書多歸外孫莫是龍。

牧齋對楊氏文章多有批評,稱其"浮誕不實,又喜夸大其譜牒,識者哂之"。見初學集卷二十二書致身錄考後。

七月十九日,考證國初張士德之事,辯別實錄、元史之誤(初學集卷一百一太祖實錄辯證卷一)。

此文亦見國初群雄事略卷六,署二十日。

八月十一日,努爾哈赤病死。

八月三十,袁中道過世,終年五十七歲。

袁中道與牧齋論作詩之道,見列朝詩集丁十二:余嘗語小修:"子之詩文,有才多之患,若游覽諸記,放筆芟薙,去其強半,便可追配古人。"小修曰:"善哉,子能之,我不能也。吾嘗自患決河放溜,發揮有餘,淘鍊無功。子能爲我芟薙,序而傳之,無使有後世誰定吾文之感,不亦可乎?"小修之通懷樂善若此,而余逡巡未果,實自媿其言。小修又嘗告余:"杜之秋興、白之長恨歌、元之連昌宮詞,皆千古絕調,文章之元氣也。楚人何知,妄加評竄,吾與子當昌言擊排,點出手眼,無令後生墮彼雲霧。"蓋小修兄弟間,師承議論如此;而今之持論者,夷公安於竟陵,等而排之,不亦過乎!

秋,作惆悵詞三首(初學集卷三)。

十月,彭仙翁化去,有死後傳書之事。

初學集卷四有詩彭幼朔仙翁丙寅十月化去,歲盡却有手書貽所知,多言化後事,蓋尸解也。幼朔嘗登高寄余詩云:謾嗟魚服英雄老,爛醉龍山感慨多。蓋亦功名自喜之士,晚而入道者。昔人言英雄回首即神仙,此語蓋不誣。丁卯九日,獨坐感嘆,因續成其詩,以傳于好事者。

十月,族兄錢爾光卒,年五十二。

錢爾光有兩子,長子龍躍,字子飛;次子龍惕,字子健,號夕公。

小至日夜,翁應玄兄弟挐舟相邀,與寇白泥飲,作詩贈寇白(初學集卷三)。

翁應玄(1596—1636),原名繼春,字孝先。吴縣人。先世以貨殖富可敵國。天啟時,東事孔亟,熊芝岡以入關被重典,應玄謁樞相,願輸家財募死士入關捍敵,許之,授以參將。崇禎時,爲南京兵部中營副總兵,聚兵萬人駐秦皇島,因不得施展,食匱兵散而歸,乃痛哭薙髮入山。有幻草一卷。

弟逢春(1607—1643),字景先。南京國子監生。天啟元年(1621),因纂修實録授文華殿中書舍人。著南京行人司志十六卷。

寇白,疑即寇湄。余懷板橋雜記卷中:"寇湄,字白門。錢牧齋詩云:'寇家姊妹總芳菲,十八年來花信違。今日秦淮恐相值,防他紅淚一沾衣。'則寇家多佳麗,白門其一也。白門娟娟靜美,跌宕風流。能度曲,善畫蘭,粗知拈韻,能吟詩,然滑易不能竟學。十八九時,爲保國公購之,貯以金屋,如李掌武之謝秋娘也。甲申三月,京師陷。保國公生降,家口没入官。白门以千金予保国赎身，匹马短衣，从一婢而归。归为女侠，筑园亭，结宾客，日与文人骚客相往还。酒酣耳热，或歌或哭。亦自叹美人之迟暮，嗟红豆之飘零也。既从扬州某孝廉，不得志，复还金陵。老矣，犹日与诸少年伍。卧病时，召所欢韩生来，绸缪悲泣，欲留之同寝。韩生以他故辞，犹执手不忍别。至夜，闻韩生在婢房咲语，奋身起唤婢，自筈数十，呾呾骂韩生负心禽兽行，欲齧其肉。病逾剧，医药罔效，遂以死。蒙叟金陵杂题有云：'丛残红粉念君恩，女侠谁知寇白门？黄土盖棺心未死，香丸一缕是芳魂。'"

陈维崧妇人集："寇白门，南院教坊中女也。朱保国公娶姬时，令甲五十，俱执绛纱灯，照耀如同白昼。国初籍没诸勋卫，朱尽室入燕都，次第卖歌姬自给。姬度亦在所遣中，一日谓朱曰：'公若卖妾，计所得不过数百金，徒令妾死沙吒利之手。且妾固未暇即死，尚能持我公阴事。不若使妾南归，一月之间，当得万金以报。'公度无可奈何，纵之归。越月果得万金。按：姬出后，流落乐籍中，吴祭酒作诗赠之，有江州白傅之叹。"吴梅村诗见梅村家藏藁卷八，共六首。朱保国公，即朱国弼。

毛奇龄西河文集七言绝句二寄寇诗小序："白门妓寇眉，故抚宁侯曾购以千金宠之，侯被俘北行，驱婢妾从旗谋赂，鱼贯逮寇，寇曰：'予安从旗矣，且驱予数金耳，请得归。归则丐诸侯故人，得千金未足，重为妓继之。'侯由是免。张荀仲先生曰：'寇非无知者，语及故侯家事，辄恸哭。'王双白曰：'江以南，遥情似寇亦罕。'予时寓广陵，寇将来，或曰寇復不來,擬寄之。"

丁澎扶荔堂詩集卷二聽石城寇白絃索歌小序:"金陵寇白,本平康樂工女也。十三善爲秦聲,妙極諸藝。靚容纖飾,傾動左右。王孫戚里諸貴人車騎塡狹斜間。後爲故元勳朱公國弼采充後庭樂伎,一時敎坊名部,爲之寂然。迨金陵陷没,籍入長安,尤工胡笳、箜篌,宿所未試者。然憤懣不得志,而里中諸舊遊咸追慕物色得之,屬其父廣募數千緡贖歸故里,已流落十年所矣。姬每抱樂器,爲予述舊事,泫然而悲。其音多關塞之聲,哀繁怨黷,不可禁止。因譜爲歌以節之,并隸樂部焉。"

名媛詩緯卷三十三遺集下小傳:"寇白,一號白門子,南京朱市名妓。工詩,美麗傾時,兼擅才藝。"

按:列朝詩集閏集三彭仙翁幼朔:"丙寅歲,還金陵,依李沮修,卜壽藏于金陵之龍泉山,經營甫畢,集友朋告別,談笑而逝。……葬後兩月,有人乘馬夜扣沮修門,授尺書而去。發之,則彭翁手書也。……手跡如生平,字稍楷而墨加濃。與翁孝先書亦然,托致問于余。"翁應玄得彭仙翁死後書信,牧齋應大概即此時得知。

又蘇先蘇子後集卷二有即席贈寇白、即席贈素雲翁孝先家伎,疑亦在座。

程鵬起死,作輓詞一首(初學集卷三)。

康熙休寧縣志卷五武職:"程鵬起,字相如。草市人。任廣西桂林衛把總。"

萬曆野獲編卷十七程鵬起:"關白侵朝鮮事起,建白者章滿公車,石司馬以集衆思爲名,多所採納。其可哂者,如張念華冏卿文熙，議集浙、直、福、粵瀕海四省之兵，入海搗日本之巢，已爲悠繆不經之甚，旋爲言路所駁，謂其騷動江南，罷不行矣。有一妄男子程鵬起者，求往海外暹羅國借兵以攻關白，可令回師自救，以解朝鮮之困。石司馬大喜，以爲奇策，即請於上，加參將職銜，給餉召募。其寮掾二十人皆無賴椎埋輩也，並授指揮，充中軍旗鼓等官。先入朝鮮，約會師之期，索其賂數萬；至閩、廣造船募兵，費餉數十萬，俱匿入橐中，盤桓海上不發，始爲言者論罷輟行。後石得罪，田東洲樂秉中樞，捕程答數十，論戍逃歸。至今往來南北，攜數十女優及惡少數輩，遇豪家，即令演劇以博纏頭，間有挑之者，旋使薦枕，連宵閱日，恬不知恥。又遍拜薦紳名公，稱弟子。余嘗遇之廣坐中，歷指其扮戲諸婦曰：'此爲鄒爾瞻老師所愛，此爲顧叔時老師所賞。'以一漏網健兒，污蔑賢者至此，而薦紳先生無一呵叱之者，異哉！"

何白汲古堂集卷十一答程相如將軍小序："予自萬曆辛卯歲，從吳門張孟孺將軍宅晤相如。時相如以布衣任俠勇氣聞諸侯間，席上談兵自喜，坐客咸相顧愕眙。予獨爲快然，釂一觥船也。嗣日本閧朝鮮，羽書孔棘，王師乃有釜山之役。相如日詣司馬門陳便計，當事韙其議，言上，遂以相如爲游擊將軍，充正使，往諭暹羅諸國，以兵擣日本。時日本重兵在釜山，國內虛，可一鼓下也。蓋其持論如此。相如既拜命，乃復過家上冢，召故賓客，椎牛爲高會數十日。已行至粵東，甫渡海，輒爲言者沮，厓至占城而還。橐中裝皆盡，所募劍客健兒亦散去。君既忽忽不自得，兹復從軍粵西，以冀一障之效，其意氣故豁如也。戊申復提兵延陵，走使致書予山中。予計與相如別且十二年所,俯仰今昔,爲之憮然,遂有此作。"

程嘉燧松圓浪淘集卷十八嘗甘集弔程相如宗兄藁葬揚州:"據鞍壯志奮壺頭,老去心憐馬少游。出處豈堪論伯仲,立談直可致封侯。寒鴉古木將軍第,螢火蒼烟帝子樓。二十四橋俱泯滅,月明何處弔荒圻?"

作瞿汝説輓詞四首(初學集卷三)。

據葉向高墓誌,瞿式耜將於本年十一月廿八合葬汝説夫婦於祖塋,故牧齋作詩挽之。

又題江陰顧大愚畫像,爲作玉川子歌(初學集卷三)。

牧齋詩題云:"玉川子,江陰顧大愚道民也。深目戟髯,其狀如羽人劍客。遇道士授神行法,一日夜走八百里。居楊舍市,去江陰六十里。人試之,與奔馬並馳,玉川先至約十里許。任俠,喜施舍,好奇服,所至兒童聚觀,亦異人也。"

楊舍堡城志稿卷十:"顧大愚,字道民,自號玉川子。少孤,爲人眉稜峯起,髯長尺餘,事母至孝。母年高,每晏起,而晨必需茗飲,且嗜錫山肉饅。大愚日必早起,烹泉瀹茗於壺,置母榻前,自往錫。故得神行術,及攜饅歸,壺猶炙手熱也。母亦安之,習爲常。蓋終母身如一日,至今里人猶稱顧孝子、顧孝子云。好出游,輒戴華陽巾,披大袖衣,時或楮衣,捉碧玉柄麈,乘駝入市。駝背挂長項胡盧、藥囊、古瓶,瓶插非時鮮花,隨行虎鹿各一,食或日數升,或數日不食不飢。與虞山錢尚書謙益狎,嘗游京師,值尚書登探花第,爲持泥金函,三日達其里,故人亦稱顧仙人云。當是時,萬曆季年迄啟、禎際,權璫肆毒,朝政日非,大愚詭迹奇行,人目以怪民，不察爲孝子，是殆有託而然也。今城有廢庵基，爲顧孝子祠，又曰仙人祠。華亭陳繼儒、朱漢徵及謙益俱有詩。"

褚人獲堅瓠廣集卷四：張元長先生大復筆談載，江上顧道民往來常、潤間，與一人面善，見其子母相抱，哭甚哀。道民問其故，人曰："吾父小逐什一於下邳，有傳言父卒死，而家窘甚，不能遂赴所在，故悲耳。"道民慰之曰："姑自寬，明日當有的耗。"後日道民來報，汝父無恙，又出其父手書，款慰而去。道民日行六百里，頃刻能啖百器，又能數日不食。其異如此。鄭桐庵先生嘗爲余言，虞山顧道民遇異人授一小鐵船，一咒能且行三千里。每摘生荔枝啖錢牧齋、陸孟鳧，後以貪心，爲人誘去其船，然咒術尚可行數百里。崇禎己巳，京都有警，撫軍曹文衡檄兵憲錢繼登勤王，撫軍開門使道民齎文往婁東，門未關，回文已到矣。此桐庵先生輩所目睹也。

虞初新志卷三曹禾顧玉川傳：顧玉川，名大愚，字道民，邑東鄙楊舍人。深目戟髯，類羽人劍客。少遇異人，授神行術，三日夜達京師，六日而返。父母怪問之，玉川語之故，袖葡萄、蘋果以獻。由是里中傳以爲神。性任俠，喜施舍，尤好奇服，所至兒童聚觀。常衣紙衣，行則瑟瑟有聲，冠紙冠，方屋而高二尺。或時蓬跣行歌道中，或時幅巾深衣，肩古藤杖，杖懸葫蘆，大于身而高于頂，遇風則與偕覆，徐挂杖而起，行歌自如。渡河未嘗假舟楫，跨葫蘆，以杖導水，上下水面，望之如遊雲氣中。與人言，多方外駭異不根之説，人亦無從詰之。獨其頃忽間往返數百里，音問不爽，道路行旅，歷歷咸見,此足奇也。明啓、禎交,玉川子每遊京師,月必一二過,尤厚虞山錢宗伯謙益。宗伯傳臚及第第三人,玉川子以其捷音歸,歸五日而郵報至。郵中諸少年,疾馳七日夜,始抵錢氏室,則已泥金焕然,無所獲。宗伯言于諸公卿,聞其風者,以識面爲幸。一日遠遊歸,騎白牛,披孔翠裘,戴槲笠如車輪,手棕櫚扇,後隨一橐駝,背置大葫蘆,其旁懸罌缶縈縈然。種所得奇花艸,菁蔥鮮潔,如山嶽自行。邑之人初未識橐駝,擁觀以爲怪。時學使者方較試,六郡士咸集,群指顧愕眙。忽一人昂然從衆中出,紙衣紙冠皆皁色,與玉川相對鼓掌笑,遂挽橐駝上,抱葫蘆以行,如凶禮中方相然。識者曰:"此梁溪鄒公履也。"玉川之好怪,而所與遊多類此。玉川常乘橐駝,往來旁郡縣,至毘陵驛,橐駝墜于野廟,百計挽之不能出,乃毀岸出之,而橐駝死矣。後訪道入華山,不知所終。或謂玉川實病死于家,誠其子孫諱之云。

又爲法藏作休休歌(初學集卷三)。

法藏(1573—1635),字漢月,號于密,晚改天山。無錫蘇氏子。年十五,從德慶院僧爲童子。後三年,行冠禮然後落髮。嗣法天童密雲,凡坐常熟三峰、長洲大慈、聖恩、吳江聖壽、杭州安隱、淨慈、無錫錦樹、嘉興真如八道場。崇禎八年(1635)七月坐化,世壽六十三。

十二月初九,徐如珂去世,年六十五。

有學集卷三十二徐公墓誌銘:"丙寅,推南京工部右侍郎。逆奄矯旨,削籍爲民,歸里三月而卒,冬十二月初九日也,年六十有五。"

徐如珂(1562—1626),字季鳴,號念陽。吳縣人。萬曆二十三年(1595)進士。天啟元年(1621),曾備兵川東平奢崇明、樊龍、張彤。歷官至左通政。魏忠賢逐楊漣,如珂郊餞之。六年,推南京工部右侍郎,閹黨矯旨,削其籍。抵家治具宴客,卒。或云爲閹黨毒殺。

冬,作蠟梅詩二首(初學集卷三),蘇先有和詩。

蘇子後集卷二奉和錢牧齋先生咏蠟梅之一:秦臺香粉棄如塵,脈脈粧成學道身。黃陂乍勝嬌詫冷,甌顏初破笑知春。疏簾畫閣闌香入,小朶低釵鬭色匀。寂寞天寒相對好,東風次第到平津。

陸仲子移贈蠟梅兩株,次前韻詩二首爲謝,又再疊前韻二首(初學集卷三)。

陸仲子待考,李流芳檀園集卷三有題半塘陸仲子新居詩,自注云:"與其兄伯子所居鄰比,兄弟皆善弦歌。"

薛丈餽贈大魚,並寄二絕句,戲答二首(初學集卷三)。

此薛丈,當即下文薛叟,即薛胤龍。

寒夜聞姬人語,作詩一首(初學集卷三)。

除夕,作丙寅除夕詩(初學集卷三)。

本年,爲瞿式耒改字少潛(初學集卷三十五瞿少潛字序)。

瞿式耒(1590—1633),汝稷長子。入貲官涪州州判。

序云:"山陽瞿起周名式耒,告余以不安其字也,請易之。"

初學集卷七十八瞿少潛哀辭:"君初字起周,請改字于余,余以張文潛之名耒也,字之曰少潛。"

瞿氏家乘卷四瞿式耟先兄涪州二守啟周府君狀略:"天

啟丙、丁之間,權璫熵禍,衆正屛息,君不安其字,請易於吾師宗伯錢公,公字之以少潯,蓋取蘇門君子之義爲說以贈。"故繫此。

明天啟七年丁卯(1627)　四十六歲

元日,作詩一首,又次一首(初學集卷四)。

破山送所刻石屋珙禪師語錄,作詩一首於後(初學集卷四)。

清珙(1272—1352),字石屋。常熟人。俗姓温。曹洞宗一代宗師。有語錄、山居詩等。

破山刻本未見,今嘉興藏有天啟七年(1627)四月蘇州兜率園刻本,爲吳江張大梁施刻。

上元日點燈,與家人小飲,作詩一首(初學集卷四)。

十六日,雨中邀徐錫祚諸人看燈,以詩代簡(初學集卷四)。

徐錫祚與吳門伎相別,有相憶詩,和兩首(初學集卷四)。

列朝詩集丁十三下徐伯子于素英還吳門,別後有憶,重賦長句,請牧翁同作:"觸忤閒腸舊置愁,追憐夜壑早亡舟。情牽嫩柳曾傷李柳枝,選唱新詞絶似劉采春。投老餘癡堪自笑,爲花添瘦任人尤。惟憑月落孤衾夢,覓遍虛無更九州。"

又爲徐錫祚作柳絮詞六首(初學集卷四)。

初學集卷五依韻徐于喜見自注:"徐前後贈伎有柳絲、柳絮詞各數首。"

列朝詩集丁十三下徐伯子于柳絲別意六首：蘇蘇宮柳曳輕烟，畫出尊前離恨天。情債欲償拚累劫，柳魂須返只明年。

攪亂春愁是柳枝，銷魂多在送迎時。風絲試舞纔迎到，露葉含啼又別離。

蕩颺晴絲蕩颺魂，不知何處斷愁根。霏霏拂拂凝香雨，糝作青衫別淚痕。

道旁搖漾拂離筵，相顧攀條涕泫然。始信有情無過柳，為君三起又三眠。

搓絲撚縷玉樓西，倒浸春波碧欲迷。只怕苦風老雨後，不容飛絮不沾泥。

舞罷蘇臺惹恨長，隋家宮怨入吳閶。生憎後夜梢頭月，勾引春魂落女牆。

馮舒懷舊集卷上選兩首，除上述第四首外，尚有"柳梢落日縢絲絲，目送扁舟手撚枝。直到歸鴉排陣後，還疑船尾轉頭時"一首。

又次徐錫祚傷故妓桂華詩二首（初學集卷四）。

馮舒懷舊集卷上有徐錫祚小傳云："君字于王。徐氏富甲一邑，其為人，大抵以淫蕩裘馬相高，君獨喜書，填南曲詞，賞音者俱稱善。君父舉進士，然于諸徐為貧，居甲第，突或不煙，君偃如也。間有酒旗歌板之會，亦攘臂其間，竟悒悒死。有妓自浙來，曰王桂，一見即欲嫁君，君老且貧，不果，桂再三要君，最後期以七夕往迎，又失約，桂遂吞生金死。君歿時，謂人曰：'吾生平不負人，恨負桂，今桂亦在此。'嘗擬李和父翦綃體，集唐人詩為一百絕，以桂故也。"

列朝詩集丁十三下徐伯子于:"歌伎王桂,雅有風情,許嫁于。于家貧,不果娶。桂乃歸嘉禾富人子,悒悒不得志。且死,召于與訣別。于歲掛紙墓下,低廻漬淚而去。"疑桂華即王桂。

正月,嘉定侯震暘卒於家,年五十九。

正月,瞿純仁下葬,作瞿元初墓誌銘(初學集卷五十五)。

山曉閣明文選續集卷五評云:"韻致悠揚,情事曲暢。入後哀音婉轉,一時寒氈,應共淚下。"

正月,文震孟、陳仁錫、鄭鄤皆削職。

熹宗實錄卷八十:"(天啟七年正月二十三日)吏部尚書周應秋覆,原任修撰文震孟、編修陳仁錫、庶吉士鄭鄤,以孫文豸等牽累,奉旨除名爲民,永不敘用,仍追奪誥命。"

澤州王允成來書,謂罷官後杜門無事,請牧齋賦詩以發雀羅蝶夢之義。牧齋遂請善畫者繪二圖,作雀羅、蝶夢詩各十韻(初學集卷四)。

又寄張光前四十韻,時暴謙貞去世,詩末及之,兼懷張慎言(初學集卷四寄澤州張吏部光前四十韻,方聞屯留暴給諫之訃,詩末悼之,兼懷張藐姑甘州)。

張光前(1583—?),字爾荷,號嶀西。山西澤州人。光縉弟。萬曆三十八年(1610)進士。授蒲圻知縣。天啟四年(1621),趙南星爲尚書,起爲文選郎中。因爲南星辯解,降職外任。次年,與兄陝西右布政光縉並以忤閹削籍。崇禎三年(1630)再起,進大理寺少卿,旋卒。

張慎言(1577—1644),字金銘,號藐姑。山西陽城人。萬曆三十八年(1610)進士。授壽張知縣,撰曹縣。崇禎時,官至南京户部、吏部尚書。明亡,流寓蕪湖、宣城間。福王即位,命慎言理事,上中興十議。不久,疽發於背,戒勿藥而死。

明史卷二百七十五張慎言傳:"嘗疏薦趙南星,劾馮銓,銓大恨。五年三月,慎言假歸,銓屬曹欽程論劾,誣盗曹縣庫銀三千,遂下撫按徵贓,編戍肅州。莊烈帝即位,赦免。"

列朝詩集丁十六張尚書慎言:"拜御史,爲逆璫所恨,謫戍甘肅。窮邊瀕死,猶傳羌中煎酪茶法,爲詩以寄余。"

二月,座師蕭雲舉卒,年七十四。

初學集卷六十三蕭公神道碑:"七年二月,以疾卒于里第,年七十有四。"

仲春,陳元素作墨蘭卷,牧齋爲書楊炯幽蘭賦。

見穰梨館過眼錄卷二,幽蘭賦具體不知寫於何時,附此。

陳元素(1576—1634),字古白,一字孝平,號素翁,別號金剛。長洲人。諸生。早負才名。萬曆三十四年(1606)鄉試,卷已擬解首,同鄉司提調者以小嫌厄之,竟落去。能詩文,尤擅臨池,楷書法歐陽,行草入二王之室。善畫墨蘭。卒,私謚貞文先生。

元素生卒年,見張世偉自廣齋集卷十五。張氏云元素少其八歲,癸酉夏,"膨脖可危",次年游蕪湖客死。

寒食前後,大雨不止,作苦雨歎、寒食後雨不止書示鄰里等詩(初學集卷四)。

爲畫士張季作輓詞一首（初學集卷四）。

張季（1570—1610），字季奇。常熟人。維兄。

海虞畫苑略："張季，字季奇。奇之言畸，蓋自以爲畸人云。一目恒睋視，嚬笑舉止間，俱有畫思。早年筆秀潤可喜，已乃出入宋、元名家及吳中先輩，益變而蒼老微遠。性散誕，好從走馬、蹴踘之徒游，富貴好事者招延，第以冷語雜調，使人倒座，更强之作繪事，掉頭去矣。惟遇佳山水，會心觀場，興至，然後舐墨伸紙，疎疎點染，生動淋漓，自不可及。若伺其突煙不舉，風雨僵臥，持杖頭往而要焉，則長縑短幅，各厭所求，是其最得意筆也。苟餅有儲粟，畫又有贏錢，輒又傲兀不爲應矣。以故手蹟流傳絶少，人亦莫得而贗之。或日斷炊，以所畫淵明像典於魏孝廉叔子，叔子賦詩遺之云：'先生寧以飢乞食，不肯折腰換五斗。豈知遺照能救飢，乞米無門典五柳。四壁兼挂無絃琴，把菊東籬誰載酒？無酒何以供先生，坐令見笑巾空負。少别終當置酒招，勸影揮杯還和否？'於萬曆庚戌年卒，年四十有一。子一，名儒，字師雅，邑諸生，亦工人物。"魏叔子即魏沖。二張生平又見魏浣初踊庵集二張小傳。

贈陸墓邵叟詩一首（初學集卷四）。

邵叟爲邵彌之父。陳仁錫無夢園遺集卷六邵鹿嶙論贊："康衢三世以孝聞，聞諸朱完天，不知其人，視其友也。五龍堂晤康衢，古君子也。令子僧彌致乃祖鹿嶙公行述于京師，鹿嶙公才高而乙榜，年少而修文召之，不與世人爭名壽耳。"可知邵彌父字康衢，然不知其名爲何。

邵彌（？—1642），字僧彌，號瓜疇。長洲人。布衣。詩宗陶、章，畫學荊、關，得清逸之致。草書出入大、小米，楷法逼虞、褚，稱絕工。卒後吳偉業爲作墓誌銘。

春，友人繆希雍卒，年八十二。

繆希雍（1546—1627），字仲醇，號慕臺。常熟人。曾遷長興，後寓居金壇。爲人爽直，嫉惡如仇。生平有奇氣，喜談古今成敗事。以醫名，精本草之學。工詩文，著述甚豐。有神農本草經疏、先醒齋筆記、本草單方等。死，于玉德等經紀其喪。

金壇于玉德惠五加皮酒，作詩謝之。玉德與繆希雍善，故又以此詩弔希雍（初學集卷四）。

于玉德（1563—?），字潤甫。金壇人。玉立（1561—1620）弟。以明經官建寧府通判。兄弟二人先後以黨人罷歸，玉立營園曰梵川，玉德營園曰雲林，皆極水木池臺之盛。玉德七十、八十，牧齋皆有壽序。于氏又精於佛法，出資刻有佛經多種。

暮春，程嘉燧來訪，時金壇酒垂盡，作詩勸飲（初學集卷四）。

松圓浪淘集卷十八嘗甘集和錢受之勸酒：玉色新醪憶共持，豈無他友獨君思？閒宜白傅開齋日，達似劉伶席地時。細雨一簑歸去晚，清風三伏起來遲。吟詩相勸殘春後，重話馨香合對誰？

初學集卷七十四亡兒壽耇壙志：“孟陽酒間淋漓戲墨，兒得一紙，輒藏去，時效之，書窗浣壁。”

顧炳秀才亦來索飲，有“醉吐丞相車茵”之語，遂以頂骨器勸酒，作詩三首（初學集卷四）。

牧齋詩有"桑間布穀催耕急""風雨闌珊春暮時",可知亦在暮春。

顧炳生平不詳,萬曆常熟書院志卷二校閱姓氏有顧炳明夫甫,當即此人。

三月望日,董其昌來,觀宋刻華嚴經。牧齋子壽耇求畫,爲寫扇面。

初學集卷七十四亡兒壽耇壙志:"華亭董尚書過余,兒出扇牽衣索畫,尚書欣然點筆,兒注視不暫捨。尚書笑曰:兒欲竊吾畫法耶?"

扇面現存上海博物館,董其昌題云:"錢徵君五歲,好予畫山水,以此贈之。丁卯三月望。玄宰。"

秘殿珠林卷十四宋刻華嚴經:"又董其昌記語云:明天啟七年丁卯歲三月望日,董其昌觀于海虞錢宫詹齋中。"

有學集卷四十七題董玄宰書山谷題跋:"公嘗過余山樓,爲人題松雪字卷竟,閣筆謂余:每一搦管,秀媚之氣側出手腕間,不能驅遣,坐此不及古人耳。"

作短歌答韓上桂,韓時爲南京國子監博士(初學集卷四)。

文震亨和丙寅除夕、丁卯元日詩見寄,疊韻奉答,兼簡其兄震孟(初學集卷四)。

文震亨(1586—1645),字啟美。長洲人。震孟弟。天啟五年(1625)恩貢。選授隴州州判,改武英殿中書舍人。明亡,寓陽澄湖畔,憂憤嘔血而死。書畫咸有家風。文震亨和詩未見。

徐錫祚作贈竹深堂鶴詩,牧齋作代鶴答謝之。

徐錫祚詩云："野鶴婆娑舞竹深,疎簾隱几對蕭森。長鳴自吸三危露,獨立孤含萬里心。未許軒墀分氣色,漫隨魚鳥看升沉。可因彈射年來甚？祇是幽棲合在林。"竹深堂,牧齋七世祖錢洪所居之地,詩以鶴借指牧齋。

響閣前小松枯死,徐錫祚有詩悼之,牧齋和二首,小松,疑借指壽耇。

五月十六日,子壽耇夭折(初學集卷七十四亡兒壽耇壙志)。

程嘉燧攜酒來飲,慰牧齋失子之痛,牧齋疊前勸酒詩韻志感,程嘉燧和之,牧齋又再作一首(初學集卷四)。

松圓浪淘集卷十八嘗甘集再疊前韻和受之失子：良醞今朝且共持,無窮身外莫閒思。只如南郭遺形後,何異東門失子時。思酒但知陶令是,消憂唯恐杜康遲。醉鄉一往無多地,除卻尊前留詣誰？

按：張大鏞自怡悅齋書畫記卷三有程松圓祖師像,題"天啟辛卯夏五月,破山娑羅院結夏,松圓居士程嘉燧敬繪",後有宋玨、錢謙益、柳如是題跋。牧齋題跋作"空非空兮色非色,對朕者誰曰不識,雪裏一花開五葉。海印弟子贊。宋玨書"。後又有宋氏題跋："崇禎庚辰臘八日,耦耕堂賞雪譚禪,孟陽屬題幀首。宋瑴。"天啟無辛卯,或以為辛卯之誤。然崇禎庚辰宋瑴已死多年,絕無題首可能,此像當是偽作。

董其昌有書安慰。

初學集卷七十四亡兒壽耇壙志：兒死,董尚書書來慰余,以謂兒必名僧異人,被謫而旋去者,然與否邪？

五月,皇太極進攻寧遠、錦州,爲袁崇煥所敗,明朝守軍取得寧錦大捷。

六月十五日,座主王圖去世,年七十一。

  初學集卷四十八文肅王公行狀:"公遂屬疾不起,天啟七年六月十五日也。"

拆除爲亡兒所作月臺,悵然心傷,作詩一首(初學集卷四)。

往茅山爲亡兒作法,六月二十三日在元符萬寧宮設醮,作登茅山詩三首,設醮一首,茅山懷古詩六首(初學集卷四)。

于鑒之惠寄茶葉,次東坡和錢安道韻一首致謝(初學集卷四)。

  于鑒之,字昭遠,號西梵。金壇人。

  列朝詩集小傳丁十三下于秀才鑒之:"鑒之,字昭遠。金壇人。吾友贈太僕少卿中甫之子也。中甫于余,二十年以長,折輩行與余友。而昭遠與其弟鑾字御君,皆執經事余。中甫没,余再過金沙,昭遠坐我書閣下,琴書分列,香茗郁然,文采風流,浮動于研席筆墨之間。間出其歌詩,烹金煮玉,追琢其章,知其深思汲古,不爲苟作者也。中甫風義激發,居部黨之首,晚年坐黨論屈抑。昭遠兄弟如二惠之競爽,思一振起之,而皆困于場屋。昭遠邑鬱呼憤,嘿嘿不得志,年才五十,發病而死。始昭遠過虞山,以雜感詩示余。余讀之,至'萬事只如芳艸暮,一生常比落花時',徘徊吟咀,以爲獨絶。已而私于孟陽曰:'劉希夷去年落花之句,昔人以爲詩讖,昭遠之才之齒,皆如春花,而爲秋士悽斷之語,此何祥也?'丁亥冬,訪昭遠遺詩,與御君復理前語,相顧泫然者久之。"

孟秋,聞享太廟,作詩一首(初學集卷四)。

熹宗哲皇帝實録卷八十六:"天啟七年七月乙丑朔,時享太廟,上不豫,遣寧國公魏良卿恭代。"

興建聚奎塔,八月朔日,作募建表勝寶恩聚奎寶塔疏(初學集卷八十一)。

牧齋外集卷二十一另有募建聚奎塔疏二,乃是別稿。別稿云:"爰有老人,粵惟戴氏,甲子齒逾於絳縣,晨昏行比於緇衣,載感晬容,屢占異夢。趣斯塔亟宜建豎,不啻三令而五申,囑謙益力爲導揚,幾於辟呪而提耳。"

牧齋外集卷二書修建聚奎塔院殿宇緣起後亦云:"吾邑聚奎塔之建,刱始于故觀察蕭公。天啟中,余以官僚里居,有感于里人戴老承護法神示現付囑之事,遂與稼軒留守應緣唱導。邦君大夫以暨邑紳,咸協力佽助,而潰于成。"

顧大韶炳燭齋稿建新塔夢記:"吾邑之建新塔於巽維也,鄉先生觀察蕭公寔主之,已布金買地矣,未定厥基,乃豎一刹竿,繫紙鶴於竿首,斷繫而颺之,視鶴所止而厥焉。土中得彌勒泥像一,舊甎一,甎有舍利寶塔四字,萬衆聳異,遂奠基於此土。時萬曆庚戌某月也。終蕭公之世,累至三級而止。蕭公没,囑僕吳某嗣其事,累至五級復止。吳嘗禱于佛,問成塔之期,夢或告之曰:'直待錢宰官出,功成若梭矣。'覺而誌之,輟工靜竢者數載。至天啟七年,邑有鄉氓戴老者,年七十九矣,兩目皆盲,自長齋奉佛外,無所識知。忽於四月十五夜，夢一僧戴僧伽帽如佛狀者，謂之曰：'爲我告錢探花，速建新塔。'至五月十五，夢二僧傳語如前，則聲加厲矣。至六月十五，又夢三僧偕來，眾僧百數執如意隨其後，怒呼戴老曰：'我三世佛也，兩囑汝傳語，而忘之乎？'命以銀鋃鐺繫之。戴老怖甚，驚覺。明日走問錢探花之門而告焉。錢探花，謂予叔牧齋也。牧齋覛戴貌朴野，言辭愿愨，度非誑語者，念佛勑殷重，誓竭貲力以從事。其月二十四夜，戴老夢復命于三世佛，時猶未鳩工也。至八月九日夜，戴老又夢前三僧，怒其懈緩，以火熾銀鐺繫之。覺則項有瘡疱，纍纍若爲湯火所灼者。而塔旁居民亦於是夕見紅光從塔中出，蠢起屬天。十六、十七兩夕，亦復如之。於是邑中無男女愚智，無不驚怪讚歎，以爲希有，遂於是月二十日嗣興厥工。自後善信雲合，物力泉涌。又會國運維新，祲消祥集之時，度可不日成之矣。"代錢文光作。

王應奎柳南隨筆卷一：吾邑聚奎塔之建，始事于觀察蕭公。其後錢某因鄉人戴老之夢，遂矢願鳩工，而其資實無所出。乃言于邑令，凡邑中有以人命告官者，不用按律擬罪，惟罟其家貲，自百兩以至千兩，罰助建塔。其說以爲藉此功德，可以拔死者之苦，可以贖生者之罪，一舉兩得，謂之塔議。即壽考令終者，亦或借端興辭，以造塔爲詐局，邑中譁然，以塔爲大尸親云。

又虞山妖亂志云，蕭應宮因私吞亡友沈惟敬寄帑大富，沈作祟，蕭因修此塔。蕭之孫婿翁源德（憲祥子）因殺姊下獄，牧齋讓其出錢三千，保其出獄，得罪源德仇人陳必謙，爲後面丁丑之獄埋下禍根。虞山妖亂志所記各事，觸目驚心，超逾常理,難稱信史。中亦云:"源德事既敗,塔亦終不就也。而錢尚書必欲成之,凡邑中有公事罪疑者,必罰其貲助塔事。點士敝民請乞不饜,亦具詞請修塔。不肖縉紳有所攙奪者,公以塔爲事而私實其利,即壽考令終者亦或借端興詞,以造塔爲詐局。邑中謂塔爲大屍親,頗稱怨苦。錢尚書亦以是籍籍不理人口。"

　　按:張漢儒亦告錢謙益借建塔斂財,張國維力證其非,見撫吳疏草。

　　八月十四夜,艤舟虎丘,與李流芳、程嘉燧小飲,作詩一首(初學集卷四)。

　　歸,又作八月十五夜詩一首懷諸友(初學集卷四)。

　　十七夜,又作一首(初學集卷四)。

　　依韻答徐錫祚病中見懷詩(初學集卷四)。

　　八月,開國功臣事略成。

　　初學集卷二十八皇明開國功臣事略序:"歸田屏居,涒廁置筆,越三年始告成事。點勘龐畢,而先帝登遐之詔至矣。……明年戊辰,今上改元崇禎,而書成於丁卯之八月。"

　　八月二十二,熹宗駕崩,遺命五弟朱由檢繼位。

　　二十四日,崇禎登極。

　　九月朔,作憨山大師廬山五乳峰塔銘(初學集卷六十八)。

　　塔銘云:"大師之遷化於曹溪也,大宗伯宣化蕭公親見其異,爲余道之。已而南海陳迪祥以行狀來謁余表塔,余曰:'有吾師宣化公在,他日請爲第二碑。'又明年乙丑,其弟子居廬山者曰福善,奉全身歸五乳,而留爪髮於曹溪,走書來告曰:'大師東遊,得子而意,曰刹竿不憂倒却矣。燈炧月落,晤言亹亹,所以付囑者甚至,塔前之銘,非子誰宜爲?'余何敢復辭。"

憨山老人年譜自敍實録疏卷上萬曆三十三年甲寅注:"錢牧齋謙益作大明憨山大師廬山五乳峯塔銘,有云師九歲能誦普門品,即譜稱觀音經也。天啟丁卯,南海陳迪祥與五乳弟子福善,以行狀囑牧齋作塔銘。其間興復曹溪事,似略聞之宣化蕭玄圃雲舉。而東遊未詳始末,與年譜迥異。今肉身在曹溪,五乳塔銘,失傳信矣,採補僅可什一。"

牧齋有學集卷三十六憨山大師曹溪肉身塔院碑:"先是五乳塔成,謙益狥福善之託爲銘,南海陳相公子壯鑱石于曹溪。"

九日重陽,憶仙翁彭幼朔登高所贈詩有"漫嗟魚服英雄老,爛醉龍山感慨多"兩句,續成一律(初學集卷四)。

列朝詩集閏集三彭仙翁幼朔九日登高有感寄懷虞山錢太史詩:"落木蕭蕭兩鬢皤,登高縱覽舊關河。漫嗟魚服英雄老,爛醉龍山感慨多。千古風流吹帽盡,百年時序插萸過。石函君已鑴名久,有約龍沙共放歌。公自注云:近有發許旌陽石函記,虞山太史官地具載,其當在樵陽八百之列無疑,故落句及之。"

是日,得徐錫祚詩,回寄一首(初學集卷四)。
是日,聞熹宗遺詔,依禮哭臨,作詩二首(初學集卷四)。
重陽次日,徐錫胤饋蟹、糕,作詩謝之(初學集卷四)。

錫胤,錫祚弟。王應奎柳南隨筆卷二:"徐錫胤,字爾從,廉憲待聘之子,文虹其自號也。家畜優童,親自按樂句指授。演劇之妙,遂冠一邑。詩人程孟陽爲作徐君按曲歌,所謂'九齡十齡解音律,本事家門俱第一',蓋紀實也。時同邑瞿稼軒先生以給諫家居,爲園于東皋,水石臺樹之勝,亦擅絕一時。邑人有'徐家戲子瞿家園'之語,目爲虞山二絕云。"

虞書云:"徐文虹,觀察紹虹公子也。家畜小優,有活捉偶、划龍船、走馬、跳猴諸絕。邑令楊緝菴愛之,云常熟有四美:徐家戲、瞿家園、秦家酒、牛家船。"

九月二十六日,聞登極赦免恩詔,作詩二首(初學集卷四)。

徐錫祚聞詔,有詩賀喜,再作二首(初學集卷四)。

姚希孟亦有書來。

文遠集卷十二錢牧齋前輩丁卯:一秋鹿鹿,遂失相聞。當鼎湖未馭,輬輬懷疑,恤緯興憂,瞻烏竊嘆,忡忡忘寐,百慮交集,遙計翁兄有同心耳。不意列聖在天之靈,默佑新皇,數年旁落,漸歸總攬。昨有所聞,事事快心,言言加額……但莫麗乾坤,洗蕩日月,必得弱侯、少卿、文饒及近代永嘉之屬,乃能將迎善氣,光贊新猷。而今綸扉之地,猶未能力掃沉霾宿霧,以昭旭曦。登極詔內一欵,若非宸翰芟除,則新沐彈冠之會,又着疥癩疽癰矣。救旹作霖,料名世亦毋容過辭。獨念愚舅甥與翁兄三人,自兩年來,時置身刀山戟林之上,不知何緣以有今日,得從扶杖之後,跽奉德音,痛定思痛,淚迸肝裂。"

十月,有感時事,作書事四首(初學集卷四)。

詩"勇退史應書阿母",指九月初三客氏遷宮外,"天樞旁看四星無",指黃立極、施鳳來、張瑞圖、李國㮵四人主內閣。

十一月初七日,魏忠賢自縊,十一日,崔呈秀自縊,作群狐行志喜(初學集卷四)。

詩云:"一狐縊死鏁琅璫,一狐縊死懸屋梁。……群狐群狐莫嬉戲,夜半晱忽雷火至。"

又作舟師歎詩一首,有"長年自辦乘風具,楔柂開船會有時"之句(初學集卷四)。

十二月,自序皇明開國功臣事略(初學集卷二十八)。

按:或云皇明開國功臣事略即國初群雄事略,此未能細考也。群雄事略尚存,皆割據一方之豪傑,非功臣也。有學集卷四十三與吳江潘力田書:"癸未歲,國初及群雄事略皆已削藁,瞿稼軒刻初學集,取其文略成章段者,為太祖實錄辯證一書。"國初實即開國功臣事略。

又初學集卷一百一太祖實錄辯證卷一有天啟六年七月十九日(群雄事略作二十一日)辯證張士德事,全文亦見群雄事略卷六,可證太祖實錄辯證確實截取群雄事略。文中又有"今年採輯開國功臣事略"云云,尤可知功臣事略與群雄事略截然兩書。補遺與李映碧論史書亦云:"群雄事略,今有傳者,似是初稿。向後增補更定,大非舊觀。即國初事略亦然。惜哉盡付六丁,無可問矣。"

本年,作朱府君墓誌銘(初學集卷六十)。

此為王志堅岳父朱萊墓誌。墓誌云:"君以萬曆甲寅十二月卒,年五十有九。……子二人,長曰燦,工部營繕司員外郎，次曰燦。某年某月葬某地之阡，曰燦涕泣來告曰：日燦狀吾先人之行事十有三年矣，思得一命以慰九京，而後謁銘於夫子。"故繫此。

日燦(1584—1651)，字靜之，號雪巖。幼有文譽，於場屋之文最有法則。萬曆四十年(1612)舉人，六上公車不第。謁選得懷遠教諭，陞營繕主事，因事下獄，事白閒住。甲申江南立君，起工部郎。旋陞福建參政，管延平府事，不果行。杜門三載，臥病三載，卒。牧齋為作墓誌銘，在有學集卷三十四。

馮舒借鈔文心雕龍。

義門先生集卷九跋文心雕龍："己蒼又記云：謝耳伯嘗借功甫本於牧齋宗伯，宗伯仍秘隱秀一篇。己蒼以天啟丁卯從宗伯借得，因乞友人謝行甫錄之。其隱秀一篇，恐遂多傳於世，聊自錄之。則兩公之用心，頗近於隘，後之君子，不可不以為戒。"又云："隱秀篇自'始正而末奇'至'朔風動秋中'朔字，元至正乙未刻於嘉禾者，即闕此一頁，此後諸刻仍之。胡孝轅、朱鬱儀皆不見完書，錢功甫得阮華山宋槧本，鈔本後歸虞山，而傳錄於外甚少。"

該本尚存國家圖書館。馮舒跋云："歲丁卯，予從牧齋借得此本，因乞友人謝行甫恆錄之。錄畢，閱完，因識此。其隱秀一篇，恐遂多傳于世，聊自錄之。八月十六日，屌守居士記。"又："南都有謝耳伯校本，則又從牧齋所得本，而附以諸家之是正者也。讎對頗勞，鑒裁殊乏。惟云朱改，則必鑿鑿可據，今亦列之上方。聞耳伯借之牧齋時，牧齋雖以錢本與之，而秘隱秀一篇，故別篇頗同此本，而第八卷獨缺。

今而後始無矣。"

本年，爲弘濟橋題字。

按：此橋尚存，在今張家港鹿苑鎮（禄園），橫跨三丈浦，俗稱鹿苑大橋。末署"歲次丁卯，邑人錢謙益"。此橋天啟五年(1625)由里人錢汝賢等，應弘濟和尚之請修建，故名弘濟。

本年，作書友人，討論朝政。

南京圖書館鈔本牧齋尺牘：德州忽出手救芝臺，可謂神棍矣。從雲卿聞此信，益信吾言之不謬也。坦山之于元帥，亦有一線。蓋前年南潯曾薦自植于坦山，坦山待之甚厚，今亦用自植寫投靠文書也。自植之門如市，其書帕必百外。宣城揮二萬以免，計半入其橐，而雲卿自云憐其窮，曾以二十金助之，可笑哉。小人之畜詐如此。然此老賊死心爲苕元用，不知終非好相識也。

此等話，俱調元之密客播之于外。苕元起官事，全用自植，背後又暴其短，如此之輩，甚可畏也。

苕元往時，胡岐山云："我之用沈我培，無可奈何，我豈不知他是我對頭？"此語千真萬真，蓋苕元往年喫虧，全是自植放線于東林，其恨最深也。此等語，可于有意無意之間，吹入敝師之耳，敝師欲效忠赤于自植，或使之聞之，亦一間也，但不可着跡耳。

沈君儒是本色好人，肯不入老怪女人轂中，亦是一好漢也。便中爲道相念。

宜興近事，可爲咋舌，問雲卿，當知之。中湛書來，云里中劫奪成風，將有大禍也。

科場之事,天下舉人皆爲不平,千人所指,其將無疾而死乎?

女人近來絕無音耗,或言其甚安,或言其頗老,皆未確也。

周沖白往年之疏,星垣使之也。此番亦是星垣爲之。星垣之奸,中州之最也。可笑渠是逆璫大用之人,往時吾輩好好留他,令其深根固抵,他日大用,又一司寇也。新到張縣丞,東光之姻也。寄信令弟們,要好好周旋他,萬一有些不妙,供他口實也。

按:此書收信人不詳。德州疑是謝陞,芝臺即陳仁錫。雲卿是魏廷相,元帥不詳何人。坦山爲王命新,萬曆三十八年(1610)進士。調元疑是王時和,萬曆三十八年進士。宜興應指周延儒。中湛即陳于廷,天啟四年(1624)削職。老怪女人,應是魏忠賢和客氏。周沖白,即周之綱,商城人,萬曆三十二年進士。星垣,應是汝陽傅振商,萬曆三十五年進士。東光,似指霍維華。陳仁錫因不願爲魏忠賢佞撰寫鐵券,天啟六年十二月二十八被誣罷官。

明思宗崇禎元年戊辰(1628)　四十七歲

元日立春,作詩一首(初學集卷五)。

正月十四,與邵彌往西山觀梅,自橫塘抵光福,晚步光福虎山橋(初學集卷五)。

按:方良年譜以爲本年有遊瑞光寺之事,實非,見崇禎五年(1632)壬申條。

扶輪集卷四邵彌正月十四日牧齋錢師攜往西山看梅縣

横塘抵光福次韻:"曉入梅花谿,汎汎春山遠。山意無將迎,烟容爲深淺。勝託亦已久,游目此初展。幽荒蓄奇姿,巖壑屢晦顯。願言杖屨側,逶迤歷所善。彌彌山市通,稍稍坡陀轉。飛梁遥飲虹,奔嵐近蒸甗。舍舟起暮禽,徐行當驅蹇。如覓意中人,未及不遽反。春淺林始香,游觀未云晚。持此静深意,水木應無靦。"

元宵阻雨,泊舟光福(初學集卷五)。

十六日,冒雨上玄墓看梅(初學集卷五)。

又過鄧尉山奉慈庵,見紅梅一枝嫣然獨出,作詩一首(初學集卷五)。

美人贈折梅一枝,與邵彌各賦一首(初學集卷五)。

十七日晴,過熨斗柄,登茶山,歷西磧、彈山,至銅坑,歸途於鄧尉山北衆香庵休憩,贈住持自休長老詩一首(初學集卷五)。

康熙蘇州府志卷三十八寺觀一:"新庵在鄧尉山北,舊稱寶林禪院,宋末燬,明季復建,改今名。僧大寂駐錫,自休、印可繼之。陳繼儒題衆香菴。"自休生平不詳。

歸舟想念李流芳、程嘉燧諸人,作詩四首示邵彌(初學集卷五)。此次觀梅,兩人各有詩一帙。

有學集卷四十八題梅花遊卷云:"猶憶崇禎初元,偕邵子僧彌,觀梅西山。于時明離初旦,雰霧乍滌,山中草木,欣欣向榮。游人擔夫,皆有彈冠振衣之色。"

魏浣初踽庵集書邵僧彌梅花詩後:"不意今春始得歸,適牧齋、僧彌並以送遠之便,舟集吳門,業有成約。客又有云，虞邑中燈事近來見所未曾，不可錯過者，予先趣歸，果逢燈月之盛。而次早雨點滴不休矣，心謂游志亦得毋敗意乎？牧齋顧獨賈勇蠟屐，攜僧彌冒雨紆陟，盡領其冥濛厲亂之致而還，貽我一枝已當梅影，復各撰一卷紀游之什以當梅譜，而亦不無驕予之不得與也。因合諸什倣松陵倡體鋟而存之。時牧齋方呵騶入直，候霜天曉鐘，即思發江南，止從雪窖中探蓓蕾消息耳。"

將探梅詩寄范景文，景文有詩書奉答。

范文忠公初集卷十一錢受之見寄探梅之什，作此奉答："攜將梅韻付詩篇，想像清游已自憐。影向月中摹瘦骨，意從花外悟空禪。朗吟風定香飛案，曉坐支窻雪滿天。灑酒江雲酬對罷，羅浮移夢到君邊。"

為周炳虎丘秋月圖題詩一首（初學集卷五）。

龔立本北征日記一："（戊午八月十六日）似虞者，醫士也。每中秋必操舟至虎邱，雖風雨不輟，自三十三歲始，今八十歲矣。"

所畜鶴死，作詩二首悼之，唐時昇、張大復、蘇先皆有和詩（初學集卷五）。

唐時昇三易集卷四和錢受之悼鶴詩二首，時將赴朝命：城郭人民故宛然，欲栖珠樹去翩翩。初疑帶箭還山早，正值啣書赴隴年。蕙帳寂寥零夜露，松巢搖落冷朝煙。竟無別語留華表，魂斷衡陽紫蓋前。

碧山學士近巖居，聞說周旋為簡書。忽訝九皋聲久寂，方知千歲語還虛。華陽瘞處遙為伴，緱嶺歸期倘告余。惆悵蒼苔留足蹟，群兒乘雁總紛如。

唐時昇(1551—1636)，字叔達。嘉定人。受業歸有光，年未三十，即棄舉業。與婁堅、李流芳、程嘉燧並稱嘉定四先生。

張大復梅花草堂集卷十六悼鶴奉和錢詹事元韻二首：羽化仙人信所之，當年光影杳難追。轉思軒翥迎人處，愁聽摧藏入穴時。松老颼飀濤籟急，澗幽嗚咽羽聲遲。長鳴夜半無消息，赤壁磯頭與爾期。

月寒山寂一鳴悲，何處胎禽集鳳池。華表千年應復到，青田萬里更誰知。在陰不戀懿公乘，翔穴還棲拂水枝。安得九皋聞子和，玄纁裹瘞恰相宜。

蘇子後集卷二次韻牧齋先生悼鶴一首：東風門外落梅時，惆悵聽吟悼鶴詩。十載授餐如好客，一朝遺蛻足相思。雲霄底別那能問，城郭重來未有期。東閣早春山翠滿，不堪殘雪在松枝。

瘞鶴之明日，宗老錢明翼購得一鶴餽贈，作詩致謝（初學集卷五）。

明翼爲牧齋父輩，錢謙貞有與明翼叔晚坐詩，生平待考。據海虞錢氏家乘，奚浦支二十三世錢應隆有子四人，長戀功（號明台），次戀勳（號明璧），次戀勛（號明垣），幼戀嘉（號滋蘭），正是牧齋叔輩，不知明翼即戀嘉否。

錢謙貞聞牧齋得鶴，作詩賀之，回贈一首（初學集卷五）。

錢謙貞得閑集卷上宗老明翼於海上得一白鶴，獻之宮詹，喜呈長句："乘軒不耐啄羶腥，獨向清時振羽翎。萬里有心依碧海，孤飛何事到沙汀。鳳池合作裴公玩，雞樹難留白傅庭。翔集已知陽鳥意,虞山聲價重華亭。"徐錫祚亦有詩,依韻和一首(初學集卷五)。

廿六日,作書文震孟,議起廢之事。

潘承厚編明清藏書家尺牘錢謙益札:"今早得報,弟仍□□□,幸與現聞同。啟事有□□□,得北信,一爲顧閶霞寄□者,一爲游間客附訊者,俱附一看,似仁兄召還之信不遠矣。起田書亦云耿朴公、曾二雲爲仁兄力詰端人,端人大沮。但今日主謀者,又非端人,似肯爲端人補過者,或亦好消息也。日下西君必有一番作用,肯爲正人用力,更有光景耳。弟與賢甥舅連難之勢,彼中知之甚悉,出則俱出耳。初旬過吳門,當細商之,中間尚大有説話也。草草不悉。南銓臧君曾過吳門否?幸示知。廿六日弟謙益頓首泐。"此書未有收件人,據"賢甥舅"之語,知是文震孟。

臧君,即臧照如(1579—1633),字明遠,號醒涵。長興人。萬曆四十四年(1616)進士。本年授南京吏部文選司郎中。

二月十一,朝廷起復廢籍諸臣。

崇禎長編:(崇禎元年二月十一)吏部尚書房壯麗題覆,給事中陳堯言疏:"廢籍諸臣,原任太子太保吏部尚書周嘉謨、崔景榮……少詹兼翰林院侍讀學士錢謙益,右春坊右庶子兼翰林院侍讀學士葉燦,翰林院修撰文震孟……以上各官,或爲民,或削奪者,合先准復原官致仕,仍給與應得誥命,俟各衙門從公酌議妥確,分別起用。"帝曰:"廢籍諸臣,沉淪已久,朕此番昭雪,非徒弘曠蕩之恩,正欲考其進退始末,以衡人品。周嘉謨等九十餘員削逐情節,還著分別項欸，細開具奏。"

花朝，魏浣初、徐錫祚諸人宴集，以花朝二字排韻賦詩，牧齋閉關未與，和二首（初學集卷五），蘇先亦有和詩。

常熟博物館藏與仲雪等唱和詩書法卷，此詩題作花朝仲雪、小天與于王諸人宴集賦詩，即用花朝二字排韻，余閉關不得與，仲雪枉詩見示，依韻奉和，兼簡于王。小天不知何人。

魏、徐諸人詩未見，錢謙貞有和詩，見得閑集卷上雪牕承仲雪見示花朝二詩依韻奉和：春色平分已自奢，今朝風物更鮮華。山因綠柳常含雨，天爲紅桃不放霞。芳艸齊時看寶馬，好風多處見香車。賤天有事君知否，要乞輕陰爲養花。

花下揮盃對月邀，千金何處買春宵。桃開舊面還如笑，柳長新眉不用描。病後三分應重惜，愁中一片忍輕飄。陽春絕調人間少，莫怪花朝變雪朝。

蘇子後集卷二次韻牧齋瓠園履之諸公花朝二首：未老身閒興合奢，祇緣多病負春華。輕陰壓屋常妨午，薄日通簾漸作霞。碧水前溪多和曲，綠苔閒巷少廻車。今朝是否花生日，擡眼墻頭一看花。

佳節無人折柬邀，初晨起坐到清宵。全拋酒市千場笑，都忘糚眉十種描。江草喚愁偏脈脈，晚風吹骨欲飄飄。嗟予自與花廻避，不識他家看幾朝。

錢謙貞又有詩呈牧齋，牧齋和之（初學集卷五）。

錢謙貞得閑集卷上花朝自歎兼呈官詹："三年皮骨歎空存，又見花朝一日春。余病始於乙丑花朝。感佛已能容弟子，愁天未即許閒人。無窮莫問生前事,有限須憐病後身。聞道東山起安石,阿奴長作太平民。"

觀仙山樓閣圖,題詩一首(初學集卷五)。

作春雨、春雪、春雲、春晴諸詩,春雪記二月十九日下雪事(初學集卷五)。

魏浣初折梨花一枝相贈,口占一首(初學集卷五)。

薛叟有雪裏桃花詩,次韻一首,錢謙貞亦有詩(初學集卷五)。

> 常熟博物館藏與仲雪等唱和詩書法卷,此詩題作雪裏桃花和薛雲卿作,文字差異較大。
>
> 薛胤龍,字雲卿,號潤宇。志學子。少有詩癖,有春遊草、蟬響編、醉花吟等集。
>
> 錢謙貞得閒集卷上雪裏桃花:"五出爭飄柳絮風,夭桃無力倚牆東。酥勻醉頰微微暈,霞襯冰綃薄薄籠。卓女夜寒頭乍白,湘娥春暖淚拋紅。朝來妝閣矜新朵,折向纖纖旋欲融。"蘇先亦有雪中桃花詩。

二月雨中,魏浣初招飲海棠花下,作詩一首,又代徐錫祚作贈妓一首(初學集卷五)。

> 錢謙貞得閒集卷上雨中仲雪吏部招飲海棠下:"遊宦常教鎖碧苔,錦江佳樹去時栽。憐同故友三年別,喜共新醅一夜開。秉燭只愁花睡去,留人却笑燕歸來。多情吏部非工部,莫作纖纖細雨催。"
>
> 又附魏浣初和履之集小齋看海棠一律:"猩血殷紅襯綠苔,根株分得問村栽。連年空負主人賞,今日特爲君輩開。酣態燈前疑睡去,返魂雪後更招來。前爲雪壓。幾同子美渾

忘詠，正賴詩筒絡繹催。"

寒食日，與徐錫祚、魏浣初集津逮軒，看錫祚別妓（初學集卷五）。

常熟博物館藏與仲雪等唱和詩書法卷，題作寒食日于王、仲雪、僧彌、叔維、仲範、履之輩小集，是日初置社約，則當時邵彌、張維、錢謙貞亦在座，仲範姓邵，生平不詳。

初學集卷十三徐孃歌："徐孃二十絕代無，當場一曲千明珠。小妹鳳生恰三七，輕粧薄悅雙雙出。肩摩擔壓篙櫓橫，半塘水沸山隄平。清歌緩舞廣場寂，千人石上無人聲。風流徐郎字夢雨，徐于詩互見前卷。一見魂銷足不舉。油壁青驄竝載歸，連枝共命交相許。多情多病轉堪憐，最是清明寒食天。楊柳風前行藥坐，海棠樹下對花眠。相送却回凡幾度，暗別偷啼更無數。珍重叮嚀囑歌扇，護惜頻煩寄窮絝。離筵我賦送春詩，更與新翻柳絮詞。津逮軒中低唱夜，初平石下踏歌時。徐郎笑嗺還相向，在旁惟爾曾知狀。長將皎日留誓盟，縱及黃泉肯相忘？"徐氏喜狎妓，不知此妓爲半塘徐氏姐妹否。

喜復官，效白居易體贈內，又聞新命未下，再作一首（初學集卷五）。時牧齋與陳夫人感情尚洽。

嘉善錢繼登來書賀喜。

錢繼登(1594—1672)，字爾先，號龍門。萬曆四十四年(1616)進士。授刑部主事，轉郎中。出守饒州，陞江西按察副使，蘇松兵備。

錢繼登壑專堂集卷八有與錢牧齋官詹書："世道明而愈融，雨雷滿而後動，快正人之攬轡，接明主以精神。台臺行入都，不啻當年父老擁觀而衛士手額之景象矣。不孝夙欽道範，幸于蘇門獲一快覩，倉卒間未及盡叩洪鐘，以求響答。然韓子所云高山大川，龍虎變化不測者，歸而未嘗不往來於懷也。叱馭之期，不遑趨候，肅佈仰止之私，兼伸贈縞之好。"

門人曹勳有書來，請牧齋啟行。

曹宗伯全集卷十五請錢座師啟："伏以變蕃方始，微陽之碩果咸亨，彙茹以征，大過之棟隆則吉。惟金甌之姓名久貯，斯玉陛之几舄重廻。朝埜歡騰，簪紳舞忭。恭唯老師臺下，三台鉅望，一代偉人……內君子而外小人，惟天欲治；攘□□而安中國，捨我其誰？促駕虞山，側聽聲高於曳履，廻瀾砥柱，行看望協乎籠紗。"曹勳本年中進士。

于鑒之來訪，示其所作雜感詩。

列朝詩集小傳丁十三下于秀才鑒之："始昭遠過虞山，以雜感詩示余。余讀之，至'萬事只如芳艸暮，一生常比落花時'，徘徊吟咀，以為獨絕。已而私于孟陽曰：'劉希夷去年落花之句，昔人以為詩讖，昭遠之才之齒，皆如春花，而為秋士悽斷之語，此何祥也？'"于氏雜感詩十首，亦載列朝詩集，題下註"崇禎元年"，因繫此。

三月三日清明，錢謙貞邀諸人泛舟西郊，牧齋作即事詩十二韻(初學集卷五)。

常熟博物館藏與仲雪等唱和詩書法卷，此詩題作三月三日履之邀仲雪諸君泛舟即事十二韻。

錢謙貞得閑集卷下三月三日清明，邀同官詹、吏部暨諸詞客泛舟西郊分韻："分日邀遊怯後生，欣逢上巳并清明。

王摩詰詩:少年分日作遨遊,不用清明兼上巳。祓除自欲湔愁病,介祉人爭荷太平。十里湖山添勝事,千秋觴詠聚群英。明年此會知誰共,巴曲遥應和鳳城。"

清明日,葬子壽耇,自爲壙志(初學集卷七十四亡兒壽耇壙志)。

黄公渚評云:"亡兒壽耇墓誌,以真摯之筆,寫一五歲殤子,面目啼笑,躍躍紙上,使讀者不覺其瑣碎,蓋由文生於情,故有此境。"

三月,蘇州市民毀虎丘魏忠賢生祠,葬顔佩韋等五義士,張溥作五人墓碑記。

李胤熙來訪。

初學集卷五十五李緝夫墓誌銘:"上即位更始,緝夫喜而相告曰:'吾言有徵矣,子必勉之。吾窮且老,復何恨哉。'其語意感慨,一似重有屬者。"

四月四日,李胤熙卒,年四十九(初學集卷五十五李緝夫墓誌銘)。

范景文有書來,且勸牧齋早日進京。

初學集卷七飲酒詩其一:"去年遺我書,勸我勿淹久。"具體時間不詳,見下年。

四月,作春秋論五篇(初學集卷二十一)。

論後自識云:天啟進藥之獄,蒙有猜焉。進藥決之禁中,閣臣不爲藥主,一也。光宗寢疾彌留,非以紅丸故奄棄萬國,二也。舍崔文昇而問李可灼,三也。穀梁子曰:"於趙盾見忠臣之至,於許世子止見孝子之至。"儒者相沿服習,以爲精義,執此以斷斯獄,則過也。高新鄭非小人也,假經義以訟王金,比於佞矣。異議者奉其言爲聖書,則舛也。既而曰:"三朝要典允稱信史,光廟實錄亟須刊定。"闡累朝之慈孝,洗君父之惡名,莫不援據經誼,依附忠厚。莊生有言,儒以詩禮發冢,其是之謂乎?余故作春秋論五篇以證明之,知我罪我,亦以俟後之君子。崇禎元年四月甲子記。

按:本年四月壬辰朔,無甲子。考牧齋行文習慣,甲子皆非實指,乃"甲子某日"之義。四月二十五日,倪元璐上疏,請禁毀三朝要典,重修實錄。但朝廷尚有人借春秋趙盾、許止弑君,漢代耿育不揚君惡爲説抵制者,牧齋因作此文抨擊。

春秋乃錢氏家學,牧齋祖父、父親皆精春秋。文震孟葯園文集十三有錢受之春秋稿序:"往二三子結社於江南,受之年獨少,氣獨鋭,無何而魁於省,又無何而捷於禮部,沖舉於廷,遂儼然稱太史先生,操海内文章柄矣。世爭購(搆)其經義以行,刻成問序于不佞。……受之爲秀才時,則已慨然有憂時濟世之感,二三子或笑其自任之太重,至於今而不佞更慮其自任之重也。即其文具在,每在語節義、辨奸邪,真足令怯者振,而矇者醒,乍歌乍哭,欲鼓欲舞,其氣力固足以辦天下事矣。以今日紙上之是非,爲他日立朝之賞罰。"

初夏,作書賀瞿式耜任户科給事中,勉其爲國家剗除奸邪。

初學集卷七十九附瞿式耜跋語:"猶記戊辰首夏,聞式耜掖垣之信,喜而寓書長安,諄諄勗勉。其略曰:凡人立朝,先於布局,有爲數十世之局者,有爲數十年之局者,遞而降之，有爲不終朝之局矣。……今幸遇維新之朝，事不世出之主，不以此時爲國家持數十世之局，其何以副清時、報聖主乎？足下今日既當事，當以辨別人才邪正爲第一義……如此則仕路日清，人才日富，元氣日厚，此爲國家持數十世之局者也。"

中國社會科學院文學研究所藏瞿式耜啟稿有瞿式耜上錢牧齋信："自賈浮老一進，而門生即有十分之望，更選郎一逐，而事益無碍手，遂得徼老師隆庇，從風波荆棘中，安然竟列清選之班。……老師榮轉，部中頃已覆過，咨文已久付長班。"見嚴志雄整理瞿式耜未刊書牘【一三】。

賈浮老即賈繼春，字貞甫，號浮弋。新鄉人。萬曆三十八年（1610）進士。爲人反復無常，在閹黨和東林之間摇擺不定。崇禎即位，賈氏視學南畿，知忠賢必敗，疏參崔呈秀諸人，擢左僉都御史。後爲劉斯琜、楊漣之子楊之易參劾，削籍。

五月，賈浮春被彈劾，瞿式耜作書牧齋，勸其早日來京。

瞿式耜啟稿上錢牧齋："日來新咨諸公，意氣太銳，防邪太峻，且認人又不真切，楊、霍而後，遂及阮髯，今並及賈矣。……老師幸蚤蚤入都，遲一日，則一日之决裂。"見嚴志雄整理瞿式耜未刊書牘【三九】。

又一通："建白一事，關係匪輕，望老師旦暮來朝，得以朝夕請教。長安賢者，雖亦有人，然或路正而識不高，或氣高而識不定，總非可憑仗而依歸者"。見嚴志雄整理瞿式耜未刊書牘【四五】。

錢謙益此番重召，與瞿式耜等人活動有關。瞿式耜未刊書牘【六九】上孫愷陽："業師錢牧齋宮詹，摧抑多時，輿論咸惜。籍老師發慈悲心，李相公運通神力，回天轉軸，得正端尹。"孫即承宗，李相國，李標也。

又【一〇一】與霍維華："業師錢牧齋，深感台臺提挈，兩番手札，惓惓致意，且其平居佩服台臺，真不容口。"霍氏乃閹黨之人，瞿式耜亦爲通氣。

又【一一一】與李標："昨見會推之報，知少宰已有人矣。但陪者何以不用丁未，而用庚戌？……業師錢牧齋，以十九年老詹，久壓癸丑諸公之下，得一部銜，亦稍全詞林體面。前蒙老先生見許，即日具題，今不知復有所待否？在業師摧折之餘，初不敢有奢望，弟主持清議，拔擢淹沉，非老先生其誰任之？"此札大概作於七月初。

又【一二一】與錢龍錫："敝業師錢牧齋協理之推，不知應在何時？大約渠出門在此月終，或來月中，必得先題而後到，於體面更覺不同。惟老先生主持之。"此札亦作於七月。

又【一三二】與許譽卿："錢牧師轉信，望眼欲穿矣。兩三日變作數十日，如何如何？幸再訊之機翁，與我一實耗。"此札亦作於八月。

五月，瞿式耜又作書牧齋，傳遞京中情況。

上錢牧齋："今數日之間，東光敗矣，木易困矣……門生不才，荷老師提挈，得進此步，惟念念以報君主，一切顧慮徘徊，算利害，記得失禍福之心，絕不敢作也。入垣不數日，信筆遂具一疏，據胸中所見直書，不知其當否。……今陽氣漸開，陰霾漸伏，即新舊諸公，意見有不甚相同者，然正多邪少，蓬生麻中，不容不直。此時惟願老師暨現聞、湛持先後登朝,以公虛平正之心,消水火玄黃之釁,使小人不至十分摧折,以再激風波,再挑殺氣,則所維持調護實多矣。要典一書……今已決毀矣。……新參劉、李俱佳,高陽即留,未必能出,蒲州即召,未必能來,到底夏秋之交,剛剩得四新參耳。"見嚴志雄整理瞿式耜未刊書牘【一四〇】。

夏,送張老歸溧陽,作詩一首(初學集卷五)。

　　金之俊金文通公集卷四贈名醫張君慎初序:"溧陽張君慎初醫震江南,余友陳百史丁亥夏忽病嘔致失聲,長安諸醫莫能治,特邀張君來京,曰:'勿憂,病可去也。'尋果愈。張君之名遂益噪都市。余有兒患脾症,寒熱交作,病勢頗亟,他醫以爲傷寒也,非旦夕可療,趣張君診之,云:'脾胃勞倦,絕無外感,兩劑當愈,愈即不須藥。'一如其言。余謂調理之劑,或不可少。張君哂曰:'藥以治病,中病即止,若病已,而又滋以草木之味,無論剛柔補洩,未有不反傷元氣者也。'余驚問百史:'張君術何以至此?'百史曰:'是非可倖而致也。其祖望溪公素冠岐黃,爲金沙王宇泰先生所器重。父景溪公繼其業,又與名醫繆慕臺交往契善,伯仲一時。至慎初克紹家傳,而生平存心,又以輕財濟人爲務,如郭常之卻估客酬金者,不可枚舉,術烏得而不至此也。'余嘆服不已,因爲之序而表之,且以見輕利者之能濟世而垂名,匪特醫爲然也。"疑牧齋所送即張景溪。

　　牧齋詩云:"張君攻岐黃,高名走婦孺。……好酒復喜弈,流連雜歌呼。"可見其不僅精岐黃,亦善弈。牧齋詩又云:"君來早鶯啼,君去新蟬語。"則相別在夏天。

六月初一,方應祥卒,年六十八(有學集卷三十三方孟旋先生墓誌銘)。

六月,爲姚希孟作書姚母旌門頌後(初學集卷八十四)。

文云:"余爲姚母作旌門頌,在萬曆之丁巳。……今天子即大位,元兇就殛,即家擢孟長爲太子贊善,盡給所奪官誥,且有後命。孟長悼往事,感新恩,而悲太孺人之不及見也,屬文起侍讀書余所作頌,刻之樂石,而復命余志其後。余與孟長定交二十有五年,登堂拜母,於太孺人有猶子之誼,而文起則太孺人之稚弟也。奄禍之方熾也,以余三人爲黨魁,刺探之使,朝於吴門而夕於虞山,匈匈如不終日。孟長間遺余赫蹏書,語不及他,輒曰:'得無損太安人眠食乎?'以孟長之念吾母,則其念母勤可知也。"

本年,聚奎塔落成。

康熙重修常熟縣志卷十三寺觀:"聚奎塔福城禪院,在迎春門外西南半里。明萬曆間,觀察蕭應宫捐貲剏建浮屠。經始時斷土築基,得一古塼,旁有舍利寶塔字,衆皆以爲異。及五成,而應宫歿。崇禎元年,宫詹錢謙益力任竟其工,成七級。崇禎七年,邑士許琪捐華匯鷺號田三十畝,鑿放生池,歸塔院中,爲一邑普利。錢謙益有記。國朝順治間,總戎楊承祖建大雄殿,遂成巨刹。僧浮石賢卓錫其中。康熙年間,僧雲漢滿繼之,復修聚奎塔一新。"

錢陸燦調運齋集卷六重修福城禪院新塔碑記:"崇禎元年,先宫保諱謙益,鄉老告夢,紅光屬天,此七級之又一新也。"

唐時昇爲作送錢詹事還朝序。

見三易集卷十。序云:"天啟中,少詹事錢公屏居虞山之陽,謝一切人事,參攷古今學,討論國初王業經始之迹,與謀臣猛將之功烈,辨其異同譌謬,有從來紀載所不及者,將以成一代不刊之書。數舉以語余,余固欲聞所未聞,而遲暮衰憊,不得從公卒業,獨耿耿於中,未嘗忘也。時閹人竊國柄,恣行威福,在廷之臣,惴惴焉如在驚颷駭浪中,故公裹足一室,有終焉之志。已而聖人作,萬物覩,四海欣欣相告,以爲唐虞三代之盛,而公受簡命,正位詹事,蓋密勿之地,論道考德,格君心以成中興之美,故士大夫快公之出也。"

仲夏,聞李流芳病劇嘔血,與龔立本前往探望。

龔立本煙艇永懷卷二李長蘅:"客歲仲夏,聞兄嘔血。受之同操舟,詣其別墅。兄神明不衰,諧嬉間作,自辰至戌乃別,且曰:'吾體度以七月全旺,虞山倚棹,其在八月乎?'不謂二豎侵尋,秋而冬,冬而春,竟不起也。"

吳江潘一桂作詩送之。

列朝詩集丁十六潘秀才一桂送錢受之宮詹北上:"垂拱開三極,除殘正六符。袞衣光有赫,玉瓚德無渝。尺木階天澤,鋒車躐斗樞。彤雲明紫氣,芝簡粲黃圖。禮樂文千古,剛柔望萬夫。善宜居帝右,聖不廢臣吁。動靜天人合,明良殿陛孚。璇霄高太乙,玉燭麗金鋪。岳牧存開濟,江靈候步趨。此時儀善類,自昔仰真儒。"亦見中清堂集詩卷一。

又中清堂集文卷五與錢牧庵太史:"方今全儒,莫先於先生,偉然負應帝之略,以天下爲己任,亦莫先於先生。既已翼道明真,爲海內望,而艱苦備常,簡閱練要,又當側席之日,爲袞衣之歸,以此救時,寧直東山之起,見功小小乎?斟酌衆流,振儒挽世,道樹風聲,德爲標指,亦無讓矣。不慧跂足衡茆,以俟好音。"牧庵似是誤刻。

潘一桂(1592—1636),字無隱,一字木公。吳江黃溪人。少有詩名。以父賈,僑居京口,與友人錢密緯相砥礪,作東征、昌言諸賦,爲時所稱。南陽唐王好詞賦,延招之,居一月稱疾歸。未幾卒,年四十五。

七月三日,商家梅至虞山,訪牧齋於津逮軒,時五年未見。

那庵詩選卷三十九訪錢受之,宿津逮軒,時與受之別五載矣,晤語依然:別經五載事難言,閩嶺虞山有夢存。道路遠來雖跋涉,情文老去轉寒溫。心同巢許能忘友,道是伊周可閉門。便欲言歸仍宿宿,月光依舊照林園。

同卷同受之舟行至水邊寺登塔:攜手入輕航,禪林水一方。客心隨遠近,塔景上蒼茫。草樹碧無際,江湖澹有光。相邀雲氣裏,呼吸是空香。

七月六日,與商家梅賦詩津逮軒。

那庵詩選卷三十九七月六夜,同受之津逮軒賦,時受之將還朝,予欲南歸:入秋生秋心,百感成此遇。今夕即明夕,河漢同離聚。神思入微月,笑語飄涼露。驚魂雖頗慰,言別愈相慕。酌酒坐太清,雙星如我顧。眷眷南北情,出處但平素。人生會靡常,每每傷遲暮。幸際聖明時,林泉安可務。嘯歌望河漢,賢者氣稍吐。

商家梅暫別往太倉。

那庵詩選卷三十九喜陸孟鳧、黃子羽至虞山,遂暫別受之,同舟至印溪,坐月桐樹下:何意別虞山,同君溪上還。言言秋葉裏,宿宿水烟間。載得蟾光好,坐添桐影閒。舉杯風露下,相與一開顏。

七月應詔北上,途中作詩十首敘懷(初學集卷六)。

商家梅於毘陵送別。

　　那庵詩選卷三十九毘陵送別受之二首:客裏逢秋自不禁,况於離思共蕭森。毘陵烟水征帆遠,閩嶺風霜別路深。言行預知垂帝典,聲名久已眷天心。雖然有癖宜泉石,還出柴門聽好音。

　　朝野清明慶此身,尚留民物待君新。斯時最要扶元氣,有道真堪見聖人。交以文章仍夙昔,生來神骨恐寒貧。看兹分手燕吳路,風露蕭蕭滿白蘋。

因康文初介紹,識異人姚鶚。

　　初學集卷六十六姚處士墓表:"戊辰,余被召北上,因文初延見處士,問養生之術。"

　　姚鶚,西華人。從高守忠學道,卒葬金壇,傳云年一百十九。

　　康浤,字文初。松江人。時萬子。嘗爲繆希雍刻本草單方。康時萬,字孟修。與繆希雍最善。

八月晦日,商家梅有詩相懷。

　　那庵詩選卷三十九坐馬遠之春雪堂懷錢牧齋,遠之索畫寄之兼題:淹留難預言,得友意所若。晨暮對湖色,事以文而著。文事共悠悠,遠邇非各各。肅氣感霜夜,離聚每斟酌。念此毘陵別,魂夢慰期約。有懷依北風,欲寄何所托。聊借長□秋,寫之以澹泊。子道在天下,余趣在丘壑。秋泉寒欲聲,秋樹疎不落。妙理發清真,淳意挽涼薄。寫者與寄者,秋思盈寥廓。

行至滕縣臨城驛，見方震孺題壁詩，感慨不死，作詩一首（初學集卷六）。

談遷棗林雜俎智集滕陽驛詩："天啟初，壽州御史方震孺被逮，題滕陽驛壁：'品兒一月纔三日，懷裏呱呱別乃翁。若使長成能問父，阿兄向北指悲風。'丙寅，江陰御史李應昇亦被逮，過之，題曰：'君憐幼子呱呱泣，我爲高堂步步思。最是臨風悽切處，壁間俱是斷腸詩。'崇禎戊辰，武進鄒嘉生復官，備兵海上，南還，飯滕陽，見壁間方氏新題宛然，而仲達詩湮去久矣，因系以詩：'荒庭樹禿慘霜碑，有客巡簷淚獨垂。碧血已酬忠孝志，紗籠猶見死生歧。六歌兒女情偏至，十族君臣義不移。豈爲姓名甘鼎鑊，千秋巡遠自心知。'又亡何鄉人和詩：'一行已遣淚爲碑，遺句何須粉壁垂。好惡自從平旦合，是非偏向偶曹歧。生驚市虎魂猶碎，死快騎鯨性不移。華上若留男子氣，寸心應許夜臺知。'"題壁何知峴首碑，淚痕今日尚雙垂。忠良各抱心猶石，生死何妨路見歧。明月有情窺户入，殘膏無焰帶燈移。舊時移筆無尋處，化作風雷未可知。'辛未仲夏，鄒嘉生被上谷之命，重憩此館，詩存名去，旁有和詩二首，名雖不留，其人固可以想見也。續題曰：'不爲孤忠寄口碑，壁詩何幸數行垂。三朝日月懸天上，一念玄黃判路歧。客路似名驚易去，人心如宦拙難移。荒郊控馬重題句，佚簡還留野乘知。'按：亡何鄉人，即武進張二無先生瑋。"

沈德潛國朝詩別裁集卷一録此詩，評云："抱蔓摘瓜，言清流幾盡己獨存也，破巢完卵，言進言被禍身幸存也。"

入朝後，擢禮部右侍郎，兼翰林院侍讀學士。

錢士升有書來，爲顧憲成、高攀龍請諡。

賜餘堂集卷六與錢牧齋："比來主上銳意有爲，屢行召對，以邊事切責大臣，人心赫然震動，而一時造膝之談，亦未見有確然石畫能寬宵旰者，豈有君竟無臣乎？翁臺夙抱經綸，正膺帝簡，一出而啟沃聖心，勖國是如姚崇之陳十事、司馬之進五規，蓋引領俟之矣。墉隼盡落，窟兔遂空，不意廓清如許迅速。第其間識先著與護敗局者，本末各自不同，而比類共逐，將無已甚，似反不如調用處分之爲恰當也，翁臺以爲然乎？起田垣中諸疏，無一不當，六不平，義正氣和，足爲萬世定論，此眞不負師承矣。廓園已得全郵，良慰忠魂。子一來月入都上疏，并爲其兄陳請，若得合祠，此千古盛事，易名大典，諒當事者自有定議。惟景逸先生學問純粹精微，直接程、朱眞脈，死生之際，一絲不挂，匪夷所思，自非靜力堅定，何超然解脫乃爾。至涇陽師首倡正學，繼往開來，而身後之誥命未還，千秋之俎豆未定，此吾黨之責。今得台翁入朝，爲二先生了此大事，吾道幸甚。"

錢士升(1574—1652)，字抑之，號御冷。嘉善人。萬曆四十四年(1616)狀元。官至禮部尚書。

瞿式耜六不平疏見瞿式耜集卷一，五月初六具題。

九月，爲其祖父母、父母、妻陳氏請誥命，作請誥命事略(初學集卷七十四)。

祖、父覃恩贈官。

晚年家乘文族譜後錄上篇："崇禎元年，謙益三品覃恩，追贈先祖禮部右侍郎兼翰林院侍讀學士，恊理詹事府事，祖母爲淑人。"

又:"先考妣凡四受命,先君以……崇禎戊辰贈吏部右侍郎,兼翰林院侍讀學士,協理詹事府事……先母……三封太淑人。"

十月,崇禎下詔求言,瞿式耜作書牧齋,問何言爲急。

上錢牧齋:"聖諭老師已經見過矣。求言之後,定須有言以應之。不知此時應以何者爲急。老師胸中有欲攄者,可徑發揮一篇大文字,仰答聖意乎?言路不憂無言,正恐言之易雜,雜則易厭,又是消長關頭,有識者竊不勝慮之也。"見嚴志雄整理瞿式耜未刊書牘【一七七】。

崇禎長編崇禎元年十月一日:諭吏部、都察院:朕踐祚以來,勤思治理,諸凡政事利弊,人材臧否,亟欲兼聽周知。凡諸臣建白,無不虛懷茹納,即見施行。諸臣敷奏,必切寔有用,鑿鑿可行,乃於治道有神,若浮詞支蔓,徒增囂競,朕無取焉。昨諭科道諸臣,嚴加申飭,正爲亶裨忠益,初非厭薄讜言。頃天變頻仍,京師地震,宣、大之間尤甚,日光雷霧,種種示異。三秦旱魃,浙省水災,朕中夜以思,深用祇懼。今日吏治民生,彝情邊備,事事堪憂,一切整頓敉寧,實惟嘉言是賴。爾大小諸臣,其敷乃腎腸,各傾忠藎,務本精白之忱,弘抒剴切之論。或灼見人之臧否,摹擬必得其真,或洞悉事之利弊,條奏必中其窾。朕得於省覽,一見了然,黜陟興除,確有的據。使天下受言之利,而朕亦不病言之煩,於以恢弘化理,弭戾召和。於朕宵旰憂勞,仄躬修省至意,庶幾無負。欽哉,故諭。

又一通【一八四】:"華亭處,得大札轉致,機括便不同矣。門上昨亦曾致一札於長公,語意亦活。"華亭爲錢龍錫,字稚文，號機山。萬曆三十五年(1607)進士。時爲次輔。

十月二十五日，瞿式耜上時政不宜久曠疏，催促朝廷早日枚卜（瞿式耜集卷一）。

瞿式耜此間有多封信，和錢謙益推舉有關。瞿式耜未刊書牘【二〇六】上錢牧齋："今日無所聞，惟見諸老皆云老師首推而已。"

【二〇八】與章允儒："以皇上飢渴得人，恨弗得旦暮得人應手。乃一番枚卜，而在廷者寥寥一二人。其點用者，又未必皆在廷者也。徵取田間，爲時亦須半載，何以急副夢卜之求。爲今之計，還應各居其半。如推八人，則在廷者四人，似爲穩妥，則成、錢、何、羅，不其確然者乎？幸父母熟計而行之。太宰處，弟已詳告之矣。此字覽過即火之，老父母亦不必露弟意也。"章允儒，字珍甫。南昌人。萬曆四十四年(1616)進士。授華亭令，以治行異等擢吏科給事中。

【二〇九】上牧齋師："吃緊不在會議，此不易之論也。但目前能辦此者，必無其人。只索就會議中，且求一至當之策耳。諸疏揭奉覽，此亦見老師平章之一班矣。"

十一月初三，會推閣員，衆推成基命、牧齋等七人進，而不及溫體仁、周延儒，引發二人不滿，遂借浙闈錢千秋案發難。

十一月六日，與溫體仁在文華殿對質，體仁稱牧齋結黨營私，皇帝大爲震怒。章允儒、房可壯廷爭之。牧齋被革職，後作述事詩二十首（初學集卷六）。

錢曾詩註：崇禎元年戊辰十一月初三日庚申，會推閣員，列吏部侍郎成基命等七人進。禮部尚書溫體仁訐奏公浙闈舊事，不宜濫入枚卜。初六日癸亥，上御文華殿，召對廷臣，令體仁與公質問。公對曰："臣才品卑下，學問荒疎，濫與會推之列，處非其據，溫體仁參臣極當。但錢千秋之事，關臣名節，不容不辨。臣于辛酉年典試浙中，與科臣暴謙貞矢公矢慎，一時號稱得人。臣到京復命，方聞得錢千秋一事。當時具有疏參他，勘問明白，現有奏案在刑部。"時體仁堅稱千秋不曾到官，其事並未結案。廷辨久之。上命諸臣暫退。少頃，復召入。吏垣章允儒曰："臣先任華亭知縣，壬戌行取，蒙先帝拔入諫垣。臣同官顧其仁曾有疏參，錢千秋的事問結了，刑部有招藁刊本。項臣在外，見閣臣冢臣説溫體仁疏參錢謙益，臣偶有一個刊本，因令人到寓取来與冢臣看。枚卜大典，臣等何敢有私。體仁資深望輕，故諸臣不曾推他。如糾謙益，何不於未枚卜之前？"體仁曰："科臣此奏，正見其黨謙益。未枚卜之先，不過冷局。臣今參他，正爲皇上慎用人。"允儒曰："黨之一事，從來小人所以陷君子。當日魏廣微欲逐趙南星、陳于廷諸臣，于會推吏部尚書汪應蛟、喬允升刑部尚書缺，使魏忠賢加一黨字，盡行削奪。"上震怒，叱允儒，令錦衣衛拿下。體仁曰："王永光屢奉溫旨，何以不出？直待瞿式耜有言，完了枚卜大事，然後聽其去。是冢臣去留，皇上不得專主。"永光曰："臣一向真病，蒙皇上溫諭，見枚卜大事，勉出定這件事，還要求去。"體仁曰："錢謙益熱中枚卜，使梁子璠前上一疏，要侍郎張鳳翔代。念會推從來未有之事。"上召部臣科道問曰："枚卜大典，會推要公，如何推這等的人？"房可壯曰："臣等都是公議。"輔臣曰："關節實與錢謙益無干，刑部前已招問明白。"體仁曰："謙益可以枚卜,則千秋亦可會試。"上令暫退,命諸臣會議。項間秉燭復御,輔臣持疏揭回奏:"錢某既有議論,回籍聽勘。千秋下法司再問。"上命再奏,禮部右侍郎周延儒曰:"錢千秋之事,關節是真,現有硃卷招案,已經御覽,皇上不必再問。"上曰:"會議要公,卿等如何不奏?"延儒曰:"大凡會議會推,外廷都沿故套,只是一兩個把持,諸臣都不開口,就開口也不行,徒是言出而禍隨。"上聞之大喜。復取招藁詳覽片時,親灑宸翰,傳示諸臣,會推事竟不允行。先是,陽羨以召對稱旨,爲上所眷注,及會推閣員,諸臣微揣上意,恐用周而抑公也,因扼而止之,不列其名,周遂陰嗾烏程首先許公。是時内廷已有爲之助者,諸臣固未知之也。忽蒙召對,咸謂枚卜定于是日。至入朝,方知溫疏。廷辨時,烏程言如湧泉,陽羨復從旁極力排擠。于是黨同之説,中于上者實深,雖群臣交章攻溫,上概置不省。其後烏程、陽羨相繼登政府,公削籍南還,一斥不復,皆黨之一字害之耳。夫浙闈一案,詳于蒲城之揭,韓敬陰謀害公,當時已然四布,即烏程亦明知其然,謂非借此以壞公之名節,不足以動上怒,雖言詞踳繆,亦所不顧矣。時在廷諸臣,激于義憤,連章糾劾,意雖右公而其詞甚直,烏程不爲清議所容,乃獨結主知以固寵。予今詳載諸疏,使後之覽者採擇焉,以見人心之傾附于公若此。庶盈庭公議,不逐窮塵劫灰,相渝没于終古也。

李清三垣筆記附識上:"錢少宗伯謙益,聲氣宿望,虛譽隆赫。時周少宗伯延儒爲上所眷注,阻之令不得列名於枚卜,延儒請之瞿給諫式耜,式耜厲聲拒之。適溫宗伯體仁亦以沈故輔一貫門人,爲時望所擯,每立朝,無敢與言者,而資俸久在謙益上，亦不與名。於是體仁、延儒交遂合，始有召對錢千秋之事。謙益等又欲攻去周輔道登，故道登亦從中主持。當召對時，體仁應答如流，而謙益嗫不能言。上命錦衣衛拿謙益下，猶相顧不敢，致上益怒，故謙益卒不勝。"

夏允彝幸存録："即枚卜一事，錢謙益必欲首推，而慮周延儒方以召對得上意，懼同推勢必用周，力扼而止之。不知上果意在用周，不推適啓上疑耳，安能力止耶？於是黨同之疑，中於上者愈深。温體仁發難，而周爲之助。或云内廷已有爲之應者，共賞銀八萬兩。官府同聲以排東林，而謙益輩揚揚不知也。倏蒙召對，謙益自以爲枚卜定於此日矣。及入朝，方知有温疏。温與錢廷辯，温言如湧泉，而錢頗屈，因事出於意外也。先是，錢與韓敬爲仇。韓固浙人，錢欲典試浙中，文震孟曾諷止之，錢不之納。及應召北上，文又勸以緩緩枚卜，而錢又不納。其科場一事實冤，而温以爲非此不能扼之。觀錢立身本末，原不足用，而温已首發難端，與滿朝爲仇，勢不得不自結於上。及入政府，專意逢迎，惟以苟急爲事，未嘗敢於上前救一人、争一事，上彌信其公忠，而天下元氣凋殘盡矣。其操守亦能自勵，故上始終敬信之。盧杞之清忠强介，固其倫也。周再出，頗反温之所爲，而操守濫甚，敗壞國事，實在兩人，而實東林諸賢過激以致此，遂至天下左衽。痛哉！"

房可壯(1578—1653)，字陽初，號海客。山東益都人。萬曆三十二年(1604)進士。東林黨人。授中書舍人，陞監察御史。魏忠賢用事，上疏請誅魏氏，被逮幾死。魏敗，以河南布政使分守河南道。入清，以益都降，授大理寺卿，以僉都御史致仕。卒諡安恪。著有偕園詩草。
　　趙士春保閒堂續集卷四讀錢牧齋有學詩集其二：崇禎己巳枚卜，黜虞山而進陽羨，今詩中以鶿籠喚陽羨，彼哉負國固不足恤，獨不爲用陽羨者地乎？

不向鳳池霑大拜，輒將鶿籠喚持鈞。若云路馬還加敬，輕薄應當坐鬼薪。

　　對於周延儒，東林尚有保留，故抨擊較少。瞿式耜未刊書牘【二四六】與陳益吾："宜興穢狀，牧師亦曾集所聞寫數則，留以待用，今若推不成，則且饒他。"

鹿善繼請首輔韓爌上言，分別虞山、烏程二人是非，韓不能決，善繼誓不再見韓。

　　初學集卷二十八取節錄序："余以枚卜被訐，伯順言于蒲州，當爲上力言，分別兩人是非。蒲州囁嚅不能決，伯順誓不復見蒲州。"

　　卷五十鹿公墓誌銘："公與予俱出高陽之門，予以枚卜被訐，公正告蒲州，當爲上別白忠佞，無以門牆故，混淆國論，上負明主。蒲州不能用，遂終身不見蒲州。當是時，予待罪邸舍，公數過予執手，而不使予知也。予是以愧公。"

　　鹿善繼(1575—1636)，字伯順，號乾岳。河北定興人。萬曆四十一年(1613)進士。官至太常少卿。崇禎九年(1636)，清兵攻定興，舉兵守城，城破被害。諡忠節。著述甚多，有四書說約、無欲齋詩鈔、三歸草等。

瞿式耜因疏催枚卜被彈劾，十一月十日，上奉旨回話疏。

　　瞿忠宣公集卷二：臣于本月初八日接邸報，見錦衣衛一本,奉聖旨:"溫體仁直言糾邪,章允儒知情庇護,且以廣微比體仁,將不知何如視朕?狗私滅公,肆言無忌,本當重處,姑從輕著革了職爲民,如有朦朧起用者,同罪。枚卜大典,濫入匪人,把持冢臣,撓其職掌。耿志煒、房可壯、瞿式耜、梁子璠都著回將話來。該部知道。欽此。"臣聞命踧踖,措躬無地,正擬具疏回話,聞初九日接邸報,見協理府事禮部尚書溫體仁參侍郎錢謙益一疏中及臣名,謂臣受謙益指使,疏催冢臣王永光暫出完會推等語,始知回話之旨,蓋因體仁參疏及臣也。臣謹將當日具疏緣繇,據實爲我皇上陳之。臣于十月二十五日,具有大僚不宜久曠一疏,蓋實見邇來卿貳杜門者接踵,班行中頗覺寥寥,故上疏懇陳,謂大臣中宜處分者,即當亟與處分,應推補者,即當亟與推補。蓋言官以言爲職,凡目前時政之所急,自不得不效其區區也。荷蒙皇上俯採臣言,許其不謬,户、工會議,先後有再議之明綸,銓、刑二臣,亦旋奉責成之明旨。而本兵員缺,亦已即日會推,是臣疏所言業已實見施行矣。今體仁乃牽連及臣,以臣疏專爲速催枚卜而發,致蒙皇上詰責。夫枚卜舉行,出自聖裁。舉朝疏請枚卜者,無慮數人,條陳枚卜者,亦不止數人。豈有臣疏則枚卜舉行,無臣疏則枚卜不舉行乎?若以冢臣王永光之出爲臣疏所催,則十月十九日下冢臣一疏,先有"枚卜在即,還遵旨速出料理"之旨,二十四日又下冢臣一疏,又有"枚卜大選俱不可緩,該司官宣諭,即出料理"之旨。此皆在臣疏未上之前,天語煌煌,是豈皆臣疏所請而得者乎?臣拜疏于二十五日,得旨于二十八日,而冢臣見朝視事,即于二十六日,是冢臣之出,奉皇上之嚴命而出者也,而謂爲臣疏所催乎？臣職司封駁，感激時事，漫爾條陳，夫亦自盡其職掌，而豈料此疏即爲臣之罪案乎？臣待罪掖垣，甫踰半載，新進小臣，凡朝廷一切會推會議諸大政務，自有部院之長，即六垣自有六垣之長，臣不過散給事中，何能與參末議，而乃以臣爲受人指使，從中主張？天日在上，鬼神在旁，臣實不任受也。伏乞皇上俯鑒臣愚，特垂寬宥，謹因奉旨回話，席藁待罪。臣不勝激切悚仄待命之至。

崇禎元年十一月初十日上，十三日奉聖旨：瞿式耜疏催冢臣，既云速完會推，又云聽其長往，殊屬憑臆，有傷國體，著降一級調用。該部知道。

耿志煒（？—1637），字明夫，號逸園、孟諸。陝西武功人。萬曆四十一年（1613）進士。官至太常寺少卿。著有逸園新詩一卷。

梁子璠（1593—？），字兆瑚，號輝岳。廣東南海人。天啟二年（1622）進士。

十一月十三日，瞿式耜等人各貶職有差。

崇禎長編：（十一月十三日）體仁既疏訐謙益，復上疏求罷。帝令閣臣擬旨留之，閣臣李標等因揭言："恭惟我皇上睿哲天成，魁柄獨秉，一切是是非非，必求有實。數十年來，未睹此精明果決之世界，臣等不勝欽伏。退而躊躇，是非有必不可不明者，如功罪之大案，忤媚之大防是也。亦有勢不容明者，如論列關于曖昧，証辯互相詆訐之類是也。人臣並肩事君，誰甘以比周營私自處。其始或偶因意見之偏，而後各乘以好勝之念，遂致曹分角立，漸成門户之歧途。惟上有堯、舜之聖，帝執中建極，蕩蕩平平，明告誡以風之，復修德以化之,用能合異爲同,渙群爲大。此惟我皇上乘龍御天,體乾用九之聖人足以當之。頃皇上處分錢謙益、章允儒二臣,本因體仁之言,而體仁乃不安於心,具疏求罷,則一番剖晰之後,當有不盡之法可知矣。臣等非敢借此更爲二臣求寬,但願我皇上穆然玄覽,少賜垂仁。于謙益或念其事經恩詔,姑著回籍。于允儒或待其困衡稍久,仍許自新。而奉旨回話之耿志煒、房可壯、瞿式耜、梁子璠四臣,俱量從薄罰。使諸臣安,體仁與之俱安,不惟安體仁之身,實以安體仁之心。所俾于一道同風之盛治者,匪淺渺矣。"旨以謙益處分已明,不必申救,四臣亦不從。于是降可壯秩二級,式耜秩一級,并調外任。耿志煒、梁子璠,各奪俸一年。

瞿式耜未刊書牘【二一三】上李標:"今日消息如何?老先生揭救,已有旨否?剝復治亂之關,全在此舉,毋使聖主美業不終,他年書之史冊,謂某相臣不能力爭也。"除李標外,錢龍錫亦有上揭,見瞿式耜未刊書牘【二二二】與錢機山及崇禎長編。

十一月十八日,雲南道御史毛羽健上言,不可輕開黨之一字。

毛羽健(1603—1643),字芝田。湖廣公安人。天啟二年(1622)進士。授萬縣知縣,調巴縣。入爲雲南道御史,劾楊維垣、阮大鋮爲邪黨,降級歸。崇禎起原官,溫體仁借枚卜打擊牧齋,上言參劾。後坐袁崇煥黨革職。

崇禎長編:(元年十一月十八日)雲南道御史毛羽健上言:"微臣先伏斧鑕,後披血忱。臣見我皇上近日德業雖益盛,而過舉亦時聞。如逐言官,非美事也,即拂諫之主,猶思護其名。我皇上本非拂諫者,胡乃三摘四摘,不少介意,將無有厭薄言路之嫌耶?如召對,至希覯事也,從來用以洽魚水之歡,通上下之情,今乃有因而受斥者。往見諸臣聞召對揚眉吐氣,以爲奇遇,近見諸臣聞召對攢眉蹙額,以爲畏途矣。……至於黨之一字,尤不可開。夫海內人士,惟此邪正兩途,人主操柄,惟此用舍兩法,彼諸奸既不可用矣,勢不得不用諸奸所擯斥之忠良。若以今日之連袂登進、共襄太平者,爲相黨而來,則抑將以昔年之鱗次削奪、鼎鑊不避者,爲相黨而去乎?……倘或以一夫之高張,輒疑滿朝皆朋黨,將必株連蔓引,一網打盡。彼諸臣原皆一介草茅,縱使仍返初服,亦可長林豐草,釣烟霞而友麋鹿,亦復何求?所惜者陛下,從翻天覆地千憂百慮中,撥得一片清明世界,而萬一隳棄成績,爲可扼腕耳。"帝降旨曰:"朝廷用人行政,以蕩平正直爲主,忠邪大辨,朕若非洞曉,何以往日媚逆諸奸盡行處治,削奪諸臣盡行收錄?但登用,滿朝豈無薰蕕錯糅,及官箴本壞,借名摧折者?槩無甄別,詎成政體?近日謫罰諸臣,各有本末,且酌量處分,未嘗不寬,朕自皆親裁,孰敢于御前巧進一言?毛羽健任意疑揣,居功沽名,好生可惡,念前此條陳驛弊,姑且饒這遭。"

瞿式耜未刊書牘【二二七】與毛羽健:"大疏是真男子,真菩薩,皇上不留內而即發閣票,其不怒可知矣。……以愚見論,奸黨內似少一涿州,若有再疏出,並福藩之黨,發揮一番尤妙。年兄以爲然否?"

十一月二十三日,瞿式耜又上邪謀不可不破疏,抨擊溫體仁"舉朝結黨"說(瞿忠宣公集卷二)。

此文牧齋外集卷二十作黨論不可不明疏，題下注："代瞿稼軒給諫。"則此文爲牧齋起草，似亦有可能。

金壇周應秋聞牧齋被逐，大喜，歡宴累日。

初學集卷二十第五公畫像贊："初，應山楊忠烈公劾閹削籍，冢宰猶里居，半夜舉火，疾呼塾師之門，蹴而起之，曰：'天眼開矣。'戊辰冬，余以枚卜被逐，冢宰大喜，徧召其親知，歡宴累日。冢宰幸余之廢退，比於應山，此亦余之知己也。"

周應秋，字茂實。金壇人。萬曆二十三年（1595）進士。生平無節操，阿諛魏忠賢，爲其門下十狗之首。代王紹徽爲吏部尚書。崇禎時入逆案，遣戍死。第五公爲其弟周召詩。

像贊又云："第五公者，周姓，諱召詩，字二南，鎮江之金壇人也。兄弟五人，皆射策甲科，登膴仕，公獨老逢掖，行又第五，遂自號第五，人稱之曰第五公。丙丁之交，柄人竊枋，其爲之冢宰者，第五公之伯兄也。第五公詣書強諫，弗聽，登明倫堂，伐鼓號哭，袚諸生之巾衣以歸。未幾而卒。後十餘年，其子簡臣、介生蔚爲儒宗，件繫公行事，謁有道而文者志之，于是第五公之名滿天下矣。……簡臣持第五公畫像，屬余爲贊，遂牽連書其事。"像贊不知作於何時，附此。

周銓，字簡臣，崇禎十年（1637）進士。授上虞知縣。有未焚集。

弟周鍾（？—1645），字介生。崇禎十六年（1643）進士，選翰林院庶吉士。兄弟二人齊名，所選制藝風靡一時。後與張采、張溥結盟，成立復社。

山陰吳孟明爲牧齋鳴不平。

初學集卷三十四贈錦衣吳公進秩一品序:"今上龍飛,公首先召用。時相用枚卜逐余,公不肯屈節附麗,時時訟言,爲余不平。時相心啣之,屢推掌衛事,皆不報。"

山陰州山吳氏族譜第三十部呂字集所載吳興祚吳孟明傳:"祖洲名孟明,字文徵,以祖洲自號,期繼述大司馬環洲公遺緒也。幼善屬文,祖環洲公深器之。省試嘗擬第一,以臨榜失卷,乃房師留袖中而忘之。既而遊燕侍總戎公,復落北闈。始就廕爲錦衣衛正千戶,非其志也。……歸二年遂遭甲申之變,時已老,不能復關世事,惟終日太息而已。少時喜飲酒賦詩,一篇出,長安競傳之。今有詩稿并疏草,俱藏於家。嘗謂諸子曰:'胸中涇渭不可不明,眼前是非不可太白。'故常能容人過,無介然焉。享年八十,生明萬曆甲戌六月十三日,卒順治癸巳十一月初五日。"

蕭士瑋遺書牧齋,"政將及子,勉赴物望"。牧齋以枚卜下獄,又多方周旋(有學集卷三十五蕭伯玉墓誌銘)。

墓誌云:"崇禎初,枚卜閣員。伯玉詒余方寸牘曰:'政將及子,勉副物望。'余以閣訟下獄,伯玉謀于李忠文,間行走使,齎千金爲納橐饘。"李忠文即李邦華。

蕭士瑋(1585—1651),字伯玉。江西泰和人。萬曆四十四年(1616)進士。除行人司行人,改南大理寺評事,轉南吏部祠祭司主事,再改吏部。南渡後,遷光祿寺少卿,拜太常寺卿。移疾歸里,卒於僧舍。年六十七。登第後,建園於柳溪,名曰春浮,極雲水林木之盛。工詩文,尤精通佛法。與毛晉合力刊刻嘉興藏。

許士柔爲牧齋抱不平,與溫體仁結怨。

有學集卷三十二石門許公合葬墓誌銘:"烏程攘枚卜逐余……公昌言于朝:'閣訟是非較然,安能將一手撝天下目?'言路攻烏程,章無虛日,烏程疑二公唱導,而尤以鄉曲忌公。烏程當國,勢張甚,公嶽嶽不少屈。甲戌官官論,上帝王世系二疏,明與相排笮,而烏程齮公益不可解矣。"

王洽聞牧齋枚卜待罪,手書慰諭,一日至數十紙。

初學集卷八十四題王司馬手簡:"崇禎元年,余以閣訟,待罪長安。臨邑王公和仲爲大司馬,手書慰諭,一日至數十紙,恨不能爲余排九閽、叫閶闔,執讒慝之口而白其誣也。余既罷歸,公以疆事下獄死。精爽可畏,時時於夢寐中見之。"

王洽(?—1630),字和仲。萬曆二十三年(1595)進士。任東光、長垣知縣,右僉都御史。後爲魏黨迫害,辭官。崇禎元年(1628)復職,擢工部右侍郎,再陞兵部尚書。次年因清兵進攻北京下獄。三年四月,死於獄中。

十二月七日,四川道監察御史王相說、貴州道監察御史任贊化上疏論黨。

崇禎長編:(元年十二月七日)管理章奏四川道御史王相說言:"臣竊惟黨之一說,皆起於衰世之君,不能主持國是,天下正氣不獲伸,好名者始出,而與上爭是非,自相標榜,互爲犄角,黨於是乎生。今皇上何如主,是是非非,皆脫然揭如日月,人臣有何不得於上,而自樹爲黨?然則今日不但有黨之臣,徒自絕于聖主,即言及于黨,亦以衰世之主待皇上者也。如溫體仁者,欲以黨字塞言官之口,意此後有救錢謙益者即爲黨,而安知不救謙益、不攻體仁,不遂爲體仁之黨乎？則自體仁言黨，群臣始無黨而有黨也。夫謙益既冒嫌疑，不論黨之有無，即可不與會推，但體仁所以發憤而有言，畢竟會推不與一語，是其本情。況論一事自有一事之是非，論一人自有一人之本末，奈何論枚卜一事，輒敢稱不忍見皇上孤立于上，是朝廷無一事爲公論也。論謙益一人，輒敢稱舉朝盡謙益之黨，是群臣無一人有肝腸也。體仁以枚卜大典，忽入科場關節之説，安得不咈然而起，安得不以言者爲忠？顧使會推有體仁，仁未必發此事，此事自體仁發，則不平之鳴，而非至平之論。欲爭名難矣，爲體仁計，會推不與，止有一去，斯可以謝天下。皇上愛體仁之能直言，因論謙益而得相，徒令人臣生徼倖之心。謂今後凡有事不得與者，一言償之即得矣，朝廷安得人人而悦之哉？傳之史册，謂體仁不與會推，以論謙益而得相，終非美事也。"旨曰："朕執是非以衡論奏，是者庸之，非者斥之，何論黨與不黨。臣下能伏理抒忠，務求至是，亦何用自明非黨。會推再舉，朕自有鑒別。王相説不得瀆揣。"

　　貴州道御史任贊化言："君子小人，各從其類，如赤白蒼素之不可相混。然而類也，非黨也。夫犬馬之與我，不同類者，分別在受氣之先。苟犬馬指人曰，爾皆人之黨，人固無辭矣。若避黨之説，必人而犬馬也然後可，人可以爲犬馬乎哉？惟聖明詳辨焉，自今而後，或有君子小人互相攻訐者，皇上當先察人之流品，而後以人之流品定言之是非，則萬無誤矣。方今枚卜將行，政陰陽消長之會，此際若一不慎，誤售一小人，盤踞政本，操縱在手，喜愠從心，天下尚可問哉？"不聽。

王相説(1579—1654)，字懋弼，號鞠劬。泰州人。天啟二年(1622)進士。官至湖廣參議。

　　任贊化(1602—?)，字參之。聞喜人。天啟二年(1622)進士。官至陝西鳳翔道副使。

八日，錢謙益上疏請重新勘查錢千秋案。

　　崇禎長編：(元年十二月八日)原任禮部右侍郎錢謙益疏辯禮部尚書溫體仁奏劾云：＂天啟二年，浙江舉人錢千秋關節已經刑部會同都察院、大理寺堂上官于京畿道會審具奏，奉旨將錢千秋依擬發遣，而體仁謂臣陰使千秋脱迹，沉擱不結，又面奏千秋並未到官，何其誣乎？伏乞皇上細究法司會審，爰書本末，將臣疏并下九卿科道從公勘問。＂不聽。

丁起濬起草浙闖爰書。

　　列朝詩集丁十一丁侍郎起濬：＂起濬，字哲初。晉江人。萬曆壬辰進士。歷吏部郎、南京太常少卿、刑部侍郎。歸田以病終。爲人沈默有幹局。崇禎初，余有閩訟，烏程藉上寵，勢張甚，鞠治渳闖事。御史、郎署莫敢作爰書，侍郎奮筆起草，抉摘其原奏，凜如秋霜。烏程雖咆哮，無以難也。及其入相，謝病歸，遂不復起。＂起濬一作啟濬，字亨文，號哲初，繼號蓼初。丁自申孫。傳亦見乾隆泉州府志卷四十四。

劉榮嗣作詩贈瞿式耜謫歸。

　　簡齋詩鈔卷四送瞿起田户垣謫還：漢文方止輦，賈誼自長沙。梧披朝鳴鳳，帆檣晚集鴉。泗濱春水細，湖口綠楊賒。有召仍前席，無勞湘水嗟。

　　致主復何易，臣心良獨難。立言衆所是，去國爾能安。曲直皆千古，低回匪一端。君恩無近遠，念此臭如蘭。

臘月十六日，房可壯五十生日，賦長句十四韻爲壽（初學集卷六）。

張慎言送酒，以房可壯生日韻作詩答謝，慎言亦報答一首（初學集卷六）。

張慎言泊水齋詩集卷三錢牧齋年兄以十四韻詩見示喜步其韻：“室邇人遐誰共譚，却如山北與山南。崎嶇世態經曾歷，喔咿人情僉所諳。蓬蒿擬闢三爲徑，鞶帶差辭七不堪。政好銜盃澆磊塊，何如拄笏望烟嵐。濠梁有樂魚同惠，雲嶠高飛鶴作耽。錦軸牙籤玄亦史，燒空煮石煉將參。逍遥且住無懷國，歡喜而歸補處龕。雲白時堪流遠眺，江清可以漱餘酣。鸑雖鍛翮人都惜，鴻已高飛弋不憪。蟬蜕丹書成脈望，蛾蚩圜客薦春蠶。喜攤鄴架經過五，笑擁吴兒粲已三。甌泛翠濤争鬭茗，鵞翻新響約傳柑。酒人文士襟同契，棐几匡床友盍簪。當日柳州愚谷好，君家泉水亦名憨。”

再疊韻答張慎言送酒（初學集卷六）。

除夕作詩，哀歎自己“只有痴獃賣不殘”（初學集卷六）。

本年，作明故文林郎臨淄縣知縣翔虞戴君墓誌銘（牧齋外集卷十五）。

文云：“予與君同入郡庠，君長於予四歲。予少時氣岸自負，所與游多豪舉士，而君亦疎誕傲睨，無兒女態，故與余獨相得。既又同擧進士。余登第後里居數年，而君從臨淄罷歸，復得相過從。君既病，余往候之。……以崇禎元年九月初四日，厝於讓塘祖塋之新阡。”因繫此。

戴元威（1578—1620），字鳳伯，一字翔虞。牧齋同年進士。官臨淄知縣，以廉能稱。

本年,作管志道行狀(初學集卷四十九湖廣提刑按察司簽事晉階朝列大夫管公行狀)。

本年,明河、讀徹葬其師通潤,爲作一雨法師塔銘(初學集卷六十九)。

銘云:"崇禎元年,葬全身於中峯者,法子明河、讀徹也。……師没後,河、徹二公繼師之席,弘法吴中,而繼師主中峯者,徹公也,實來請銘。"因繫此。

自本年起,毛晉開始雕刻十三經及十七史。

毛晉重鐫十三經十七史緣起:"天啟丁卯,初入南闈,設妄想祈一夢。少選,夢登明遠樓,中蟠一龍,口吐雙珠,各隱隱籀文,唯頂光中一山字皎皎露出。仰見兩楹,分懸紅牌,金書十三經、十七史六字,遂寤。三場復夢,夢無異,竊心異之。鎩羽之後,此夢時時往來胸中。是年,余居城南市,除夕夢歸湖南載德堂,柱頭亦懸十三經、十七史二牌,焕然一新,紅光出户。元旦拜母,備告三夢如一之奇。母听然曰:'夢神不過教子讀盡經史耳,須亟還湖南舊廬,掩關謝客,雖窮通有命,庶不失爲醇儒。'遂舉曆選吉,忽憬然大悟曰:'太歲戊辰,崇禎改元,龍即辰也,珠頂露山,即崇字也,奇驗至此。'遂誓願自今伊始,每歲訂正經史各一部,壽之梨棗。"

又毛晉吴郡志跋:"梟從太史公錢師絳雲樓獲宋刻范文穆公吴郡志,珍爲髻珠,亦不知其板何在也。適禹修方公爲雲間刺史,葺理郡志,馳書招余,與眉公先生共事,因攜此帙入頑仙廬。"據毛晉跋,吴郡志宋板此時尚在郡城韋公祠,後被廚人當作柴火燒毁。

方岳貢,字禹修。穀城人。天啟二年(1622)進士。本年任松江知府。方良據陳繼儒修志始末記"此崇禎庚午、辛未修志之始末也",推定毛晉在榮木樓見宋刻吴郡志在本年前後,可從。

明崇禎二年己巳(1629) 四十八歲

作贈書、贈硯、代書硯答、答書硯諸詩,借書、硯問答,表達歸隱之義(初學集卷七)。

又作飲酒詩七首,亦借酒澆愁之義(初學集卷七)。

鄧漢儀詩觀初集卷一評云:"世人只愛官不愛酒也,虞山兩兩比併,恐難爲不知者道。"

春,毛九華、任贊化疏參温體仁,温體仁上疏乞罷,帝温旨慰留。

崇禎長編:(二年正月六日)壬戌,禮部尚書協理詹事府事温體仁疏言:"臣自疏發錢謙益之奸,諸臣群起攻臣,無足怪者。獨御史毛九華突出逆祠媚詩以爲臣罪,臣不受也。臣有二説於此,一乞皇上敕浙江撫按查實具奏,一乞皇上即問九華此詩從何處來。既有從來,其真僞可立辨也。總之,諸臣見人言三至,皇上不爲投杼,以爲非借題媚璫,不足以激聖怒而污臣之名節,其心甚險,其計甚毒。然臣未參謙益之先,諸臣搜剔璫黨不遺餘力,何絶無一言及臣。當皇上召對之時,凡可攻臣,章允儒寧復有靳,何不即直指面奏,留至今日,待九華始發耶?若科臣曹師稷深諱言黨,疑臣呼之於前,必有應之于後者。皇上試觀兩月以來,但見爲謙益攻臣者愈出愈奇,而爲臣左袒者曾有一人一疏否?則臣之孤立,與謙益之有黨,皇上亦可以見臣言之不欺矣。臣初參謙益,預知必爲今日之射的，然而弗暇顧者，誠先報國而後身圖也。臣於人何尤，獨以忤璫之餘生，擠于稱功頌德之阱，臣實痛之。乞皇上速賜罷斥，以謝謙益，庶諸臣之怒稍抒，而臣之禍亦稍解矣。"帝優詔慰留之。

崇禎實録：（二年正月二十八日）甲申，召廷臣於文華殿。先是，御史毛九華劾禮部尚書溫體仁，有媚逆詩刊本。上問體仁，體仁謂臣無詩，臣詩爲錢謙益誣搆。又出御史任贊化論體仁疏，疏所述事多褻。上不懌，責以挾私攻訐，後必正法，謫任贊化於外。

明史卷三百八溫體仁傳：明年春，御史任贊化亦劾體仁娶娼、受金、奪人產諸不法事。帝怒其語褻，貶一秩調外。體仁乞罷，因言："比爲謙益故，排擊臣者百出。而無一人左袒臣，臣孤立可見。"帝再召内閣九卿質之，體仁與九華、贊化詰辯良久，言二人皆謙益死黨。帝心以爲然，獨召大學士韓爌等於内殿，諭諸臣不憂國，惟挾私相攻，當重繩以法。體仁復力求去以要帝，帝優詔慰答焉。

毛九華，字含章。披縣人。萬曆四十七年（1619）進士。入清官至江寧巡撫。

瞿式耜革職南還，疊前張慎言送酒韻送之（初學集卷七）。

瞿式耜耕石齋詩有己巳三月十九過濟上，遊古南池，登太白樓，有感而作，離京當在年初。

瞿式耜未刊書牘【二七七】上錢牧齋："今日未有人出城，不知昨召對何事也。王鞠劬已留，王述文已用，此已見旨。昨冊正欲袖過，面求批閱，恐客至不便，故特繊致，乞於燈下細加批抹。吾輩即身在事外,而心不可一日不在事中,願吾師畢竟終教之也。"大致作於正月。

正月十三立春,作詩一首(初學集卷七)。

又作覓春、春風諸詩,有"討春歸去"語(初學集卷七)。

正月,郭萬程上書,請捐軀報國,牧齋壯之,作送郭中書赴督師袁公幕詩(初學集卷七)。

崇禎長編:"(二年正月十七癸酉),中書舍人郭萬程請捐軀疆場以報國,思帝言郭萬程有何方畧,作何委用,所司問明酌議。"

康熙續修汶上縣志卷四:"郭萬程,字孟白。大司空朝賓從孫也。以貢授中書舍人。時魏、客表裏爲奸,陷害忠良,朝臣秘謀參劾,無敢出首者,公慨然曰:'大丈夫視死如歸,何怯焉?'竟列疏上之,觸奸怒,內批以小臣出班言事,廷杖削籍。崇禎改元,奸黨伏法,公以邊材起用,授南京團練副總戎,遷新水師提督,爲忌者所中,罷歸。流寇犯闕,詔百官勤王,授公山東協鎮,謀畫未就,北都失陷。賊帥郭升過汶,執公,不屈死之。公遇害時,子懋趾抱父號呼求代,賊憐其孝,釋弗殺,以故得殮公屍歸葬焉。"

啟禎兩朝剝復錄卷一:"時爲魏忠賢主筆者數人,世傳趙鳴陽而不知有毛昂霄也。毛爲汶上舉人,而郭萬程曾受業其門,當楊、左之逮也,郭私爲營救于內,忠賢意亦將釋,而傅應星、毛昂霄力沮之,且有放虎自噬之語,故諸君子卒不免,而郭亦懼禍潛逃。其一切諭旨,自內出者多毛筆,毛竟漏綱無論及者。郭又言毛寓在外,嘗見其攜本至外寓示人。此何世界哉!"

正月,李流芳去世,年五十五。

  列朝詩集丁十三下李先輩流芳:"崇禎初,聞余以枚卜被放,撫枕浩歎曰:不可爲矣。病劇,遂不起。"

  初學集卷五十四李長蘅墓誌銘:"崇禎二年之正月也,享年僅五十有五。"

  程嘉燧松圓偈庵集卷下奠李長蘅:"維崇禎二年歲己巳閏四月三日之戊午,亡友李三長蘅之歿既百日,且卒哭矣。"

作鸚鵡詩,以"君何憂反舌,時過寂無聲"自解(初學集卷七)。

又作鵲巢行,諷刺作壁上觀者(初學集卷七)。

爲郭昭封所藏朱鷺畫竹題詩一首(初學集卷七題郭無傷所藏朱鷺畫竹,是余往年所贈)。

  郭昭封(1603—?),字無傷。江夏人。正域三子。天啟初年,蔭中書舍人。後以草廠事論死,未減得戍。

二月十五日南兵,等科錢允鯨上疏,抨擊溫體仁。

  初學集卷六十一月初六日召對文華殿旋奉嚴旨革職待罪感恩述事凡二十首錢曾詩註:二月十五日南兵,等科錢允鯨等題爲"聽言必辨其異,用人必詢諸同,合矢平心,敬陳清議事":枚卜一事,禮部尚書溫體仁有"蓋世神奸"一疏參錢謙益不宜濫竽,皇上赫然震怒,竟爾停推,并謫罰瞿式耜、房可壯等。體仁、謙益生平本末,舉國皆有公評,皇上有獨鑒,臣等不具論。即體仁謂謙益有典試關節之累,有聞入告,如有贓有證、已結未結,所見甚真,則爲勿欺;即所聞未核,猶屬偶誤。至謂把持臺省,舉朝結黨,一人孤立,枚卜未行之前,已成晦冥不清之世界矣,今時何時,皇上神聖,而乃爲此論,言之不祥,孰大于是?夫從來枚卜一典,必由外廷會推,如使人所賢者便以爲把持,則廷推之典可廢,而登庸揆路者必盡出于宸衷之獨裁然後可,恐開後來徑竇之漸,而隳從來考愼之衡,揆地不滋囂競乎?且黨之一字,何可開也?蓋舉朝之士自以爲遭遇聖明,咸思吐氣揚眉,竭其股肱之力以共佐維新之治,自六卿九列以暨臺省庶僚,孰不在皇上陶鑄之中,覆幬之下。于此時而謂舉朝皆黨,則亦皇上之渙小群而爲大群,以成一同人之治耳,豈得謂黨乎?人之情性,譬之草木,椒蘭蒿艾,必不可合而爲一,惟今之連茹而牽伏者,幸脱于奸兇之虐焰,而相慶于皇上之遭逢,則志氣襟期,不能强之使不合,苟臭味所聯,即指爲黨,是將令諸臣舍其所好而合于所不好也。夫諸臣所好者,爲忤奸之人,所不好者,爲黨奸之人,必欲諸臣舍忤奸之人而別爲推擧,雖曰不黨,不可得矣。至體仁所摘發謙益者,不過錢千秋一案,此事已經問結,當時浙省士夫曾憐千秋之才而憫其誤,出揭救之,後竟爲法遣。當時豈得爲謙益今日地,而今日又安得反前日之説以爲謙益罪也?此又黨不黨之一證也。皇上即罪謙益,亦止謙益耳,何至以謙益故而遂廢枚卜,且以體仁一人之言而遂啓皇上之疑?舉朝果有黨也,謙益退又將誰黨乎?二臣是非已捻在皇上睿照中,臣等不敢贅,惟是聖明虛心聽言,求言若渴,既以體仁之言而成大公擁戴把持之説,皇上尚不廢其言,則綸扉啓沃之地,片言豈得撓其典?臣等恐體仁一言開患得患失者之口實,而體仁一身資難退易進者之解嘲,其於國體人情關係匪細,體仁必當有以自處矣。

　　錢允鯨,字長卿。桐鄉人。天啓二年(1622)進士。

三月二日，御史沈希詔上疏論枚卜事。

　　崇禎長編：南道御史沈希詔疏言："……又見會推枚卜一事，有資深望淺之溫體仁者，以不與會推，熱中發難，有識者已議其後。如錢謙益之本末，錢千秋之真僞，自有公論，臣不必爲之解。其參謙益者，曰枚卜大典，一手把定，則謬矣。夫皇上肅清法紀，大小臣工，靖共爾位，有道之政，自天子出。而體仁獨謂謙益把持，夫以一人不與會推，而使群議之公者不行，諸臣之言者無當，則體仁固亦把持之巧者也。況皇上屢召平臺，諸臣各抒忠憤，喜起一堂，體仁敢曰不忍皇上孤立於上，豈諸臣盡如體仁借事轉擊，而後皇上不孤立乎？皇上擯棄門户，諸臣盡破方隅，體仁敢曰滿朝都是謙益之黨，豈諸臣盡附體仁攻擊謙益，而後謂之無黨乎？宋臣歐陽修曰：廣陷忠良，則指爲朋黨。體仁之類是也。乞皇上速諭法司，以正典刑，立放體仁，以全廉恥。而會推諸臣中有才品學識克當聖心者，欽點數員以結今日會推之局。"帝不聽。

寒食，作詩一首（初學集卷七）。

寒食後一日，又作詩一首（初學集卷七）。

　　鄧漢儀詩觀初集卷一評云："情致動人，不減繞梁之奏。"

又作無花詩一首遣悶（初學集卷七）。

三月二十二日，刑部遵旨重議錢千秋案。

　　初學集卷六十一月初六日召對文華殿旋奉嚴旨革職待罪感恩述事凡二十首錢曾詩註：崇禎二年三月二十二日刑部等衙門爲"遵旨會議事"：據河南司案呈奉本部送刑科抄

出,禮部尚書溫體仁題前事內稱:錢謙益辛酉典試臣鄉,受錢千秋數千金之賄,以"一朝平步上青天"爲關節,每篇一字作結尾因中式,繼經論劾,自知罪難逭,陰使千秋脫逃,沉閣不結。謙益告病引避,未幾朦朧起陞今官,且儼然附于崔、魏摧折之人。枚卜大典,一手握定。謙益可以枚卜,千秋亦應會試矣,乞敕法司將錢千秋一案速行提結,則謙益自有應得之罪等因,崇禎元年十一月初七日奉聖旨錢謙益關節有據,受賄是實,又且濫及枚卜,有黨可知,祖法凜在,朕不能私,著革了職,九卿科道從公依律會議具奏,不得徇私黨比,以取罪責。其錢千秋著法司嚴提究問,擬罪具奏,欽此。抄出到部送司。奉此除錢謙益聽吏部等衙門會勘外,其錢千秋一面牌行五城兵馬司及咨行原籍撫按嚴提,去後隨據中城兵馬司毛呈蔚將千秋解到部,送司監候聽勘審問。案查本犯原招内稱,被先在官原在城監病故積棍徐時敏、金保玄假稱考官來賣關節,捏有"一朝平步上青天"之句,哄誘千秋,立有合同文契。比千秋聽信在心,入場遂于七篇大結内安插"一朝平步上青天"七字,倖中四十二名舉人,以致合省喧傳。于二年正月内禮部抄出,前弊覺發,隨該主考錢謙益具本奏奉欽依,又該刑科抄參各等因到部,送司行提問。千秋自知關節是真,自京逃回原籍,隨該本部咨該省巡按提解千秋、徐時敏、金保玄到部,先該本部會同院寺審問千秋等前情明白,問擬千秋,有事以財行求律。徐時敏、金保玄引故違誆騙生員財物,指稱買求中式。俱問罪,不分首從。于該衙門門首枷號三個月,發烟瘴充軍事例,錢千秋故違央浼營幹、致被誆騙,免其枷號,照前發遣事例,將各供情由及參酌罪名緣由題奉欽依，錢千秋等據依擬，錢謙益、鄭履祥俱失于覺察，各罰俸三個月。該部知道，欽此。在案。今該本司郎中王永圖題奉明旨內，其錢千秋著嚴提究問擬罪具奏，遵奉即案呈本部、咨行都察院、照會大理寺諸官會審外，一面移文兵部職方司查錢千秋于何年月日先發何衛所著伍充軍等因，去後隨據回稱查得錢千秋于天啓三年五月定發北直隸東勝右衛所著伍充軍等終身，于六月初八日起解，于閏六月廿四日獲有該衛收管存案，及查有巡按赦帖，又查行西城兵馬司查得徐時敏于天啓二年七月廿九日巳時病故，金保玄于十二月廿二日戌時病故各等因，回覆在案。又奉本部題准都察院咨開，查得事干重大，應札委十三道各御史前去公同會審，會審之日，各道魏光緒、吳之仁、吳甡、樊尚燝、劉廷佐各摘取口詞一紙，捻授蔣允儀參酌，經審看語成招等因，大理寺委右寺丞石文器各職名前來會審。又該本司設堂，該委各司官公同會審，蒙批都察院改委十三道會審，該司亦公同十三司掌印官會審，蒙此該本司郎中王永圖同員外萬象新會同掌河南道蔣允儀、協理河南道劉廷佐、掌浙江道魏光緒、掌山東道吳之仁、掌江西道吳甡、掌山西道樊尚燝、大理寺右寺丞石文器、浙江司郎中徐臣忠、四川司郎中劉其遠、湖廣司郎中高默、廣西司郎中林居、雲南司郎中陳蓋、山西司郎中趙善鳴、山東司郎中鄭時舉、江西司郎中楊訥、福建司郎中馬珍、廣西司員外趙三極、貴州司主事吳從魯、齊詣京畿道公所，將錢千秋行提到官公同會審，審得錢千秋辛酉之中式也，部科之磨勘止摘其結尾之七字，主考之糾察始發其居間之二人，而金保玄、徐時敏俱從閱卷參摘甚明一疏，得旨詳訊。千秋亦始逃而終獲，依律遣戍，遇宥申詳兩院，批允給帖赦回，復來京師教書爲生，此前事之本末也。今謂此案沉閣不結，千秋從未到官，則昔之撫按之起解，會審之對簿，西城之監候，東勝衛之著伍者，是爲何人？俱有批文在卷，時日可考，事理甚明，無煩復説。受賄一節，前審三面執對，既未供招，今保玄、時敏俱已物故，止憑錢千秋一人之口，更難窮詰，再三刑訊，吐稱天啓元年八月初五日千秋在杭州應試，寓錢塘門關王廟内，保玄以居停主人，時敏以表親特來相訪，稱説有的當關節，傳道主考親戚，只因時迫，索價頗廉，你家事不足，只須立一空券，俟中後處價。千秋一時迷惑，遂依前言至説二千金，傳授"一朝平步上青天"七字，每篇安入結尾，畢倖得中。後見硃卷本房取在第二，主考反抑在第四，千秋心悟誆騙，因欲負約。保玄、時敏揚言恐嚇，不得已將女許聘人家，得銀二百兩，又當銀一百兩付保玄。兩人不滿所欲，以致争鬧事洩，傳流都門。千秋會試到京，適部科磨勘摘發，主考錢謙益喚至詰問前情，遂發怒參奏。是取中千秋者謙益，而先疏請究千秋者亦謙益也。再審主考親戚是何姓名，曾否親面講事，供稱但據保玄、時敏指稱如是，實未見有人因親相托，故遂信之。至三百金之與保玄，原在格外，即明知誆騙，亦畏其挾詐，不得不從，與主考無干。今日師生之誼已絶，尚何顧惜拼己性命爲人遮飾，只良心不死，公道難泯耳。衆官又問千秋曰："從來關節最爲秘密，居間之人亦不得聞，恐其私授他人，彼二人既明白説出七字，即是破綻，如何輕信？"則是一時迷惑，不及詳情，應是前生冤孽。再審金保玄、徐時敏爲何等人，供稱一爲道士，一爲訪革書手，即其行徑，則知指官誆騙乃二犯本事伎倆，而科場禁約每每致嚴，于撞太歲者，良有以也。今二犯不可訊問，獨恨千秋既誇文藻，何慮數奇，而僥倖于七字之關節？即曰孤寒，何不安分，妄意于中後之貸償？既伏辜而遇赦，何不糊口四方，而以京師爲安樂之窩？按律例，凡問發充軍來京潛住者，迯例改發。千秋也應從此，但已經遇宥，難以擅擬，應候奏請定奪等因，案呈到部。臣等謹會同都察院曹于忭、大理寺康新民等會看得錢千秋之倖中也，以"一朝平步上青天"七字明明關節，實駭聽者，事經部科磨勘矣，主考糾參矣，本部拘提到官栲問遣戍矣，然前之審案雖確，不若今之刑鞫尤詳也。初鞫止于定券，輒于七字之符中之後，罄其囊橐，且入二奸之手。本犯明知挾詐，秪懼事情之宣揚，二奸明是攫金，亦姑少取而遂已。若真出于主考之弊竇，房考不取，主考何由見卷？且也二千金之賄，必不以空券信人也，三百金之外，必不以義讓不取也。主考手忙而膽怯，又不敢參也。金保玄、徐時敏能代人支吾，必不代人死也。本犯以主考一參而荷戈邊塞，師生而仇矣。今者多官在前，拷掠在後，呼吸存亡，必不能代謙益受毒也。本犯罪不勝誅，而法止于戍，既著伍有批，赦回有案，似難再擬以潛住改衛之例。所可恨者，何地不可舌耕，而招搖以來衆口，再罹刑楚？夫復何辭。未敢擅便相應，復請定奪。既經該司會同寺院等官問明，前來相應題請，恭候聖明裁定，命下臣等遵奉施行。

徐世溥春間嘗通音問。

尺牘新鈔二集藏弆集卷十二徐世溥從官詹錢牧齋求宋

集書:"然自己巳春奉教以還,不通問者又三年于此矣。"

贈博平侯郭振明詩一首(初學集卷七)。

郭振明,光宗郭皇后之兄,天啟四年(1624)進博平侯。雅善文墨,與知名士遊,不爲戚畹態。明亡,死節。

四月初六,溫體仁上疏,稱錢謙益有六大欺。

初學集卷六十一月初六日召對文華殿旋奉嚴旨革職待罪感恩述事凡二十首錢曾詩註:又四月初六日禮部尚書溫體仁一本爲"臣身不宜靦留,臣罪不敢自逭,臣悃不能終默事":臣之疏參錢謙益,適當會推,不與會推之後。皇上又因謙益以遲枚卜,諸臣遂借爲攻臣罪案,必臣身飄然一去,此臣身之不宜靦留者,雖十懇而未已也。又臣參謙益之疏,因往年跧伏苦土,罕見邸報,但聞錢千秋之脫迹而不知後來之提結,及具疏時,惟恐未發先泄,無處質問,遂致詿誤。此臣罪之不敢逭,雖三褫而無醻也。至謙益科場關節,千眞萬眞,乃千秋昔日之招,雖曲爲謙益解脫,猶成于司官之手。今日之招,名爲三法司會審,實成于謙益之手,世豈有奉旨聽勘之人,反操多官會審之權者乎?目中非但不知有三尺,且不知有皇上。然招詞縱極欺餙,而真情不可掩。臣請得而析之,科臣顧其仁參疏實發奸之由,謙益情窮勢迫,不得不參千秋以巧卸,此何異掩耳盜鈴之計?今盡沒其實,反云主考手忙膽怯,必不敢參,其欺一也。主考通關節,必無士子親授之理,今居間之金保玄、徐時敏俱已物故,孰從而質之?其千秋既招三百金矣,可以三百,獨不可以二千金乎?而云三百之外,必非義讓不取,其欺二也。金保玄、徐時敏一日而在,則謙益一日不得安,故皆先斃之獄以滅口,含冤之鬼，何嘗願以身代？而云二犯能代人支吾，不能代人死，其欺三也。千秋進京，即長入謙益之幕，思圖辯復，今雖被臣參破，若千秋一語涉謙益，必立爲保玄、時敏之續矣。愚者弗爲，而反云師生仇仇，必不代謙益受毒，其欺四也。前此三面質對，尚多隱情，今止憑千秋一人之口，又先受詞于謙益，寧足取信？而反云前之審案雖確，不若今日刑鞫尤詳，其欺五也。千秋所犯當在常赦不原之條，今復潛住京師，意欲何爲？而反云似難再擬以潛住改衛之例，豈非與謙益同心合口，假此示酬乎？且寬千秋，正所以寬謙益，其欺六也。種種欺飾，欲蓋彌彰，謙益亦知公論難掩，故會審已久，稽留部疏，直通線索于陪都，使南科臣錢允鯨等借參臣疏內代謙益、千秋申辨，而後刑部具題恰與相合，此等呼吸之靈，真出鬼入神，而識者因洞見其肺肝矣。臣若不一爲闡破，則會勘之時必藉口多官會審，關節以明，不但任吞舟之漏網，直將吹死灰以復燃。赫赫明旨，煌煌國憲，盡爲諸臣徇情植黨之具，而謙益兇鋒辣手，更不知作何伎倆，天下事不爲寒心哉？此臣恫之不能終默者，雖百折而靡悔也。

崇禎長編亦引此疏，日期在閏四月五日。

韓爌上疏解釋關節之事。

初學集卷七十一月初六日召對文華殿，旋奉嚴旨革職待罪，感恩述事，凡二十首錢曾詩註：臣韓爌等謹題"適發下尚書溫體仁疏，駁錢謙益併前刑部審擬錢千秋罪名"二本改票：臣等看得體仁參劾謙益與謙益被劾之由，總緣會推閣臣，是非曲直，自有公論，臣等不能代剖，惟是錢千秋關節，則中外所共知，臣等所習聞，初發露時，臣爌從舊輔葉向高等在直,試卷招詳及問官訊答,一一具悉。蓋謙益在詞林頗有才名氣概,人多傾心,亦爲時側目,翰林韓敬以關節被劾,大計處分,疑謙益與力,大恨,思以中之,時時覗伺。天啓元年謙益擬典試浙闈,敬隨密布機關,潛授字樣,如"一朝平步上青天"之類,覓浙士可決科者誘致之,又不遽索謝,祇憑券約。千秋能文,又寒士,隨爲所詿,同時在局者,約十餘人。千秋中選,敬幸其計得,急走使至都,揚言當路,部勘果合,顧其仁疏上,謙益疏參千秋、時敏。播弄情節,風聞四傳,第迹秘未可控揣,千秋亦第從金保玄、徐時敏處交通關節,他無可據。謙益惶遽中亦不敢誦言,聽部問結。旋與副考暴謙貞相繼請告去,嗣後並無齒及之者。而不意今若而年,乃追議及此無端。謙益性伉直,不無過矯,而坐通賄。千秋貧士,三百猶空券,而疑爲二千,爲事理所無,即場中糊名易書,呈卷有本房,互閱有副考,悉置不問,而獨以不明不白之疑端,硬指爲千真萬真之定案,毋乃過當乎?原票論票,自當將順,乃事之始末,實是如此,是用直述關節一事,以備聖明採聽。

初夏,金壇于鏻南還,作詩送之(初學集卷七)。

詩云:"木星入斗霾且霧,疾雷震電當嚴冬。孤臣束身待譴逐,攢頭縮頸如寒蟲。瓴甋累門斷人跡,譙訶匝户勢浩洶。于子褰被就我宿,掉臂徑突重圍中。……訓狐號屋鼠齧器,夢魘驚覺杵撞胸。更闌漏盡坐相慰,軟語唧唧疑吟螢。……我歌汝和良足樂,冰天雪窖春融融。……子歸解裝正初夏,楝花風過榴花紅。"

于鏻,字季鷺,爲武經歷。工山水,畫入神品。晚年通禪學,屢歲薦不赴,教授生徒以終。與毛晉善,與其同訂王氏蘭譜。

左耳病,戲作一首(初學集卷七)。

作冷飲詩示侍兒(初學集卷七)。

梁廷棟將赴關内,作詩二首酬袁崇焕(初學集卷七)。

> 梁廷棟(1591—1636),字大胸,號無他。鄢陵人。萬曆四十七年(1619)進士。官至兵部尚書。崇禎八年(1635),總督宣大軍務。怯懦不敢戰,病死軍中。

口占一首,贈林將軍喬椿(初學集卷七)。

> 林喬椿,晉江人。生平不詳。

次房可壯韻送劉起歸宣城(初學集卷七)。

> 劉起生平不詳,牧齋自註:"起與湯祭酒有郤,祭酒歿,始還故里。"祭酒即湯賓尹。

> 房可壯原詩見偕園詩草,題徐夷卿,不世才也,以避仇爲四海游,得家報,有申冤雪耻之語,歸可矣,詩以送之:"也學神仙也學禪,興酣滿紙興雲煙。慣貧不用書充棟,買醉何須酒似泉? 隨地看花先問竹,逢人說劍更談天。夜來傳得青山信,遲爾南還了舊緣。"

> 徐夷卿,名希震。江西玉山人。有東征記、武策要畧存世。

四月十八日,追和朽庵和尚樂歸田園十咏(初學集卷七)

> 詩序云:"正德間,朝士有以郎官罷歸者,高僧朽庵林公以淵明歸去來兮辭爲題,賦樂歸田園十咏送之。崇禎二年,余鮑繫都門,客有以朽庵遺筆見贈者。開卷吟諷,喟然三

歎,遂援筆伸紙,追而和之。……余何敢竊比子瞻,顧如子繇之言,所謂欲以晚節末路,師範淵明之萬一者,其志趣不可謂不同也。……是年四月十八日。"

列朝詩集閏集二朽庵林公:"崇禎初,余被放南還,燕中故人遺此册贈別,余有感而和之。今年以詩册贈道開局公,藏弄於虎丘精舍。"

釋宗林,字大風,號朽庵。正德間賜紫衣玉帶,號大宗師。

十八日,曹于汴、康新民上疏,揭露温體仁欺罔之罪。

初學集卷七十一月初六日召對文華殿,旋奉嚴旨革職待罪,感恩述事,凡二十首錢曾詩註:"四月十八日都察院左都御史曹于汴、大理寺卿康新民謹題爲,巇誣難堪,平心剖訴事:職等閲邸報,見詹事府禮部尚書温體仁參論錢謙益、錢千秋勘問事情,謂三法司會審之招成于謙益之手,而謙益操多官會審之權,及駁原審招辭爲欺者,該刑部尚書喬允升單疏分辯,外職等忝列法司亦與會審,倘如體仁之説,則職等皆欺也,皆聽指使於錢謙益者也。職等顛毛種種,身世浮漚,不應萎薾至此。先是刑部於會審之前,移咨職都察院取御史,隨以六人應,移咨職大理寺取寺屬,隨以一人應,各官同該部司官十二人聚集同審,各出片紙,各取口辭,彙而成招,呈于刑部。刑部復集臣等堂上官同審,該部定招,職等盡題上聞。此從來規例,職等堂屬不爲不衆,東西南北之人也,謙益縱欲指授,豈諸臣盡如聾啞,一一聽從,無一人有血氣者梗其間乎?其所指六欺,職等不敢瑣辯,且據所指第一欺謂顧其仁疏參發奸,謙益情窮勢迫,不得不參千秋以巧卸,夫謙益參千秋在辛酉科後千秋入京會試之時,彼時其仁猶爲知縣,至壬戌夏月纔以考選入科有參,錢疏在先,顧疏在後,歲月分明,錄本履歷可據,體仁猶誤,況心猜耳聽者,可謂確然無疑乎?又安知不似其疏首所云不知千秋提結無處質問,遂致註誤,罪不自遁,不可類推乎?疏末云若不闡破,則會審時必藉口多官會審,關節已明,夫關節會審既明,非二月二十五日之明旨乎?此又出自何人,而體仁可把定也。大抵法官問理,脫有奸弊,上有聖明之斧鉞,其誰能逃?下有通國之摘指,其誰能掩?若事中之人,欲如其意,恐無所措手足矣。"

明史卷一百六十六曹于汴傳:"崇禎元年,召拜左都御史。……溫體仁訐錢謙益,下錢千秋法司,訊不得實,體仁以于汴謙益座主也,并訐之。于汴亦發體仁欺罔狀,帝終信體仁,謙益竟獲罪。"

得許令典書,寄示所擬歸去來兮辭,並作詩一首(初學集卷七)。

許令典(1575—1637),字稚則,一字同生。萬曆三十五年(1607)進士。官至淮安知府。著作有許淮陽集、金牛隨筆等。

友人以芍藥見贈,誦王禹偁芍藥詩,亦作三首(初學集卷七王元之自翰林謫官,賦廣陵僧舍芍藥,有感傷綸閣多情客之語,余屏居寂寞,戚里以芍藥見遺,誦元之詩,適對此花,感而繼作,詩凡三章,亦如元之數)。

寄題蕭士瑋春浮園詠十四首(初學集卷七)。

春浮園爲蕭士瑋家園,牧齋所詠十四景,皆見蕭士瑋春浮園記。

楊補有詩見贈，次韻答之（初學集卷七）。

　　楊補（1598—1657），字無補，一字曰補，號古農。吳縣光福人。其先江西人，父潤始徙吳縣。爲人孝謹，家貧，好讀書，工詩畫。崇禎初遊金陵，館閣諸公皆與訂交。九年（1636），與高淳邢昉、白下顧夢游等結社南京，刻意爲清新古淡之學。長洲徐汧爲馬士英、阮大鋮構陷，補急走南京，責楊文驄爲解説，得免。明亡後，歸隱鄧尉。汧死，補哭之，鬱鬱數年而卒。牧齋爲撰墓誌銘。

　　按：牧齋外集卷六古農詩艸序："無補當國家全盛，襆被遊長安……去今三十餘年，星移屋換，陳跡迢然。"有學集卷二十四楊明遠詩引云："往余遊長安，見無補題扇詩：'閒魚食葉如游樹，高柳眠陰半在池。'苦愛其語，吟賞不置，行求得之，遂與定交。無補年纔弱冠，風姿足映數人。……俛仰三十餘年，余之衰晚不足論，而世事之陵谷旦異，舟壑夜遷，則真可嘆息也。……壬辰佛日。"壬辰爲順治九年（1652），結合牧齋行履，再上推三十年，即天啟元年（1621）前後，兩人相識。

　　牧齋外集卷一另有和楊曰補幽居圖韻贈管調陽詩一首。吳縣管氏家譜："失名，字調陽，配□氏。子一，字聲遠。居虞山。"

房可壯貶爲南京吏部主事，次張慎言韻，贈詩送別（初學集卷七）。

　　張慎言泊水齋詩集卷三送房海客年兄之白門："門無竿牘晝常扃，又復歌驪未肯停。芳草去縈千里碧，蘭槳來理六朝青。詩醒南國花無夢,美憶西方隔有苓。白露未霜人已還,白門荳茭雨冥冥。"

房可壯亦有和張慎言詩,見偕園詩草:"長安春老户猶扃,夜夜鄉關夢不停。古道有情草偏綠,故人無數眼誰青?且歸海畔閒垂釣,漫向山巓嘆采苓。好友壯猷憑寄訊,鴻飛今已入青冥。"

閏四月十七日,兵科給事中陶崇道參劾温體仁。

初學集卷七十一月初六日召對文華殿,旋奉嚴旨革職待罪,感恩述事,凡二十首錢曾詩註:閏四月十七日兵科給事中陶崇道一本爲"大謊難終,遁詞益舛,不忍見鄉有此怪事,乞敕令一一回奏,以存對君之體,以核是非之公事":尚書温體仁緣枚卜不與,誣糾錢謙益,致干聖怒,及今未解。夫枚卜大典,聖上將納諸臣姓名于金甌中,上告皇天而後舉行者,何如鄭重,而果揷一賣關節之賊臣,無論謙益應死,凡把持推謙益與受人把持而不敢不推謙益者,均應死,何也?罪莫大于欺君也。豈知此事當千秋始露時,兩浙三尺童子皆知其受人誆騙,與謙益無干。體仁豈獨不生于浙,而爲此瞞心之語乎?蓋"一朝平步上青天"七字,係爛熟舊話,里巷小人皆知之,徐時敏、金保玄以此騙人,聞者輒笑,獨千秋愚而墮其術中耳。體仁明知其然,而但借之以洩忿,自謂一手可以障天矣。及法司勘問明白,體仁所云千秋並未到官之謊,當先敗露,乃手亂腳忙,復出"臣身不宜覥留"一疏,語語欲再動聖疑,字字欲再激聖怒。噫,拙矣!合今日勘官,刑部、都察院、大理寺堂屬不下三四十人,此三四十人各有功名,各有家室,毋論謙益已成死灰,即今日昭雪,明日大拜,與此三四十人何預,而囂囂蹈不測之顯禍,一一拼見在之身名,扶朽株而背明主,有是理乎?且體仁既曰成于謙益之手,不得以空言懸指,要見法司通謙益乎?謙益通法司乎?傳語何人?筆跡何據?體仁須明白回奏,毋得含糊也。千秋到官不到官,體仁謂無處質問,則關節一事,比之案卷更隱,事情更密,體仁而得于目睹,則當必更衣諱名昏夜匿謙益之室而後見之,如得于耳聞,則所質者何人?所聞者何語?須明白回奏,毋得含糊也。千秋事露,謙益即具疏糾參,顧其仁以言官繼之,俱屬正理,乃體仁謂情窮勢廹不得不參,想體仁遭此,必另有妙用,不謂若何而後見情不窮、勢不廹,須明白回奏,毋得含糊也。謙益以文字識千秋,而時敏以關節索重賄,故曰騙也。體仁曰可以三百,獨不可以二千?此指謙益言乎?抑指時敏言乎?如指時敏言,千秋不能取盈于三百之外,故致此事之沸騰。如指謙益言,應當另有過付人,須明白回奏,毋得含糊也。國家法度,犯事而欲其招承者則刑之,刑而不招則重刑之,刑而至于死,無以加矣。徐時敏、金保玄之不招謙益而死也,體仁則曰謙益斃之也,錢千秋之不招謙益而生也,體仁又曰謙益留之也。一案生死皆不可,想體仁處此,必有妙用,須明白回奏,毋得含糊也。獄貴初情,往日部鞫時,千秋、徐時敏、金保玄皆活口也,三面質時既云尚多隱情,今猶幸千秋一人在耳,又云寧足取信,則足信者必千秋之外另有其人,體仁當明白回奏,毋得含糊也。臣嘗讀律矣,常赦所不原,開載甚明,內中微似者,雖有詐偽與說事過錢之類,而註曰:謂故意犯事得罪者。夫千秋求榮得辱,豈故犯乎?而體仁曰當在不原之條,未審應入何項名下，須明白回奏，毋得含糊也。體仁云今日之勘，成于謙益之手，假如法司所擬盡如體仁之指，將謙益亦可曰成于體仁之手乎？且既云法司不可據矣，又曰乞更勅九卿科道從公會勘，夫刑部、都察院、大理寺即九卿中人也，十三道即科道中人也，謙益將令皇上別用一番人勘之乎？抑仍令諸臣勘之乎？如勘之，又曰成于謙益之手，將朝廷何所折衷乎？即如"明德鼎馨"詩，御史毛九華參體仁者，業奉旨撫按查究矣，撫按豈肯影響奏報，倘寬議體仁，而九華曰出自體仁之手，重議體仁，而體仁又曰出自九華之手，將國家所設明刑之官俱不敢盡其職，而御史之術亦窮矣。臣與謙益爲同年，而于體仁爲同鄉後進，維桑之誼不薄，惟是義憤所激，恐兩浙正氣不伸，故不敢以私情滅公道。體仁又曰此疏成于謙益之手，又將指臣爲謙益之黨，陷臣禍臣，臣死當不避，伏祈聖明照察。

陶崇道(1580—1650)，字路叔，號虎溪。會稽人。萬曆三十八年(1610)進士。官至福建右布政使。

閏四月廿二日，刑部尚書喬允升、太僕寺少卿蔣允儀、順天府府丞魏光緒、山東等道監察御史吳甡、樊尚燝、劉廷佐上疏爲牧齋辯解。

初學集卷一十一月初六日召對文華殿旋奉嚴旨革職待罪感恩述事凡二十首詩註：閏四月廿二日刑部尚書喬允升等一本爲"遵旨力疾視事，誣衊欺罪難甘，謹剖心自明，仰祈聖鑒事"：臣以疾暈仆地，聞詹事府禮部尚書溫體仁指摘及臣，不敢角口，只得引疾求退，蒙聖恩責以大義，勉其匡躬，業遵旨于十六日報名謝恩，力疾視事矣。因取體仁全疏閱之,謂三法司會審皆成于錢謙益之手,夫臣執法之官也,各有心性,謙益不過罷去之館員耳,聽勘之犯人耳,有何生殺把持,不爲皇上勅法而聽彼主使乎?且會審時衆御史、各司官摘取口詞,三法司堂上官覆審,而招中審語原出臣允升手筆,繩之以法,斷之以理,如是足矣。且詆其有六欺,夫人臣之罪莫大乎欺,臣不敢瑣屑争辯,縱使臣欺,則衆官皆欺乎?衆官不欺,而肯容臣獨欺乎?奉皇上明旨,謂錢千秋關節等會審既明,亦諒各官之無欺矣。而體仁必欲倒翻是非,偏執己見,欲臣以無爲有,而後謂之不欺乎?抑欲臣抹殺公論從彼論,而後謂之不欺乎?且南科臣錢允鯨,體仁同鄉也,疏論體仁。臣尚未見其疏,理之所在,千萬人有同心,千萬世有同心,而謂臣部具題,與錢允鯨呼吸相通,必牽連勾引,以朋黨殺天下士。漢唐宋末世,小人中傷善類而禍人國家者多坐此,不意體仁身爲大臣,皇上爲何如主,而乃以此言進乎?且體仁之欺,亦不少也。指錢千秋提結爲脱迹,乃云未見邸報。錢謙益參錢千秋在天啓二年二月,顧其仁參疏在本年六月,乃云謙益因顧其仁之參而參千秋,以巧卸真,理屈辭窮,轉換支吾。昔少正卯非古之聞人乎?而孔子爲司寇,必正兩觀之誅者,爲其行僻而堅,言僞而辯也。體仁自矜其能,發錢謙益之弊,然而不先不後,乃在枚卜之時,設枚卜而與其名,體仁必不發矣。争顯要而壞大典,其品已卑,似此行徑已蒙皇上洞鑒,特優容大臣體面不欲深求,卻乃辯言亂政,鈐制周官之口,臣姜桂之性,至老不變,誣衊欺黨,義不受辱,不得不剖心于君父之前。至錢謙益之事,奉有秉公勘結之旨,令堪即公,體仁亦謂臣私也,臣何以展布乎?

伏乞皇上勅令九卿科道會勘，庶昭大公而服體仁矣。

閏四月廿二日太僕寺少卿蔣允儀、順天府府丞魏光緒、山東等道監察御史吳甡、樊尚燝、劉廷佐題爲"禮臣恣欺狂噬臣等，義不受誣，謹據實駁正事"：臣等接得邸報，見禮部尚書溫體仁有"臣身不宜覥留"一疏，蓋爲錢千秋招詞而發也。夫千秋之招，雖成于刑部，然會審者，三法司主筆掌印御史。臣等六人，各奉堂劄與寺臣石文器，并刑部十三司官共聽此獄，敢無說而處于此。按會審故事，大率三法司各委一官，惟重大者則多請數員，而千秋一案，凡掌印者無不並集，一時京畿道堂上幾無坐處，環觀注聽亦不下數十人，此非一手一口所能掩飾也。臣光緒等五人各執一紙，聽千秋口供即書之，審畢，付部寺諸臣閱訖，總付臣允儀銓次成文。千秋口中之所未供，五臣不能書之爲有，千秋口中之所已供，五臣不能抹之爲無，五紙供詞現存刑部，臣允儀亦不能以刪改也。臣等會審之後，復經堂上官會審無異，具題得旨已數閱月，迨刑部覆疏再上，未即奉旨，體仁始爲六欺之說，肆其辨口，雖所辨者非臣等審詞，刑臣當自有言。至云昔日之招，雖曲爲錢謙益解脱，猶成于司官之手，今日之招，名爲三法司會審，而實成於謙益之手，則無論臣等東西南北之人，共執朝廷之法，非謙益所能約束，即就體仁言折之事，理亦大謬，而不可解矣。夫昔日之招，並無金保玄、徐時敏受賄情節，今審增入三百金尚疑刑訊妄供，非初招實錄，而臣等以聽參詳，若謂成於謙益之手，何其自爲謀，不若昔日之代爲謀也？事理甚明，人所易曉，豈體仁反懵于此？止緣熱中大拜，舌劍橫逞，理窮詞遁，一任游移，遂不覺自相背戾，語語涉欺，而反誣人爲欺。因仇謙益一人，而盡仇會審多人，故始以問結之成案，爲未到之照提，既指有爲無，今以科臣顧其仁一疏爲發奸之緣，而不知主考疏在正月，科臣疏在六月，又移前作後。彼案牘昭然，時日顯著者，尚且支吾餙辯若此，況于無端風影，何不可捏造誣衊也哉？

喬允升(1553—1630)，字吉甫，號鶴皋。河南孟津人。萬曆二十年(1592)進士。

蔣允儀(1580—1643)，字聞韶。宜興人。萬曆四十四年(1616)進士。官右僉都御史，巡撫鄖陽，兵敗下獄，戍邊。

魏光緒(1594—1641)，字孟韜。山西上黨人。萬曆四十一年(1613)進士。

吳甡(1589—1670)，字鹿友，號柴庵。興化人。萬曆四十一年(1613)進士。官至内閣次輔。吳氏先前有枚卜宜慎國體當惜疏，反對重行枚卜，房可壯、瞿式耜、任贊化等人因言獲罪，又有疏申救，皆見柴菴疏集卷四。

樊尚燝，字明卿，號鍾陽。江西進賢人。萬曆四十四年(1616)進士。官至河南巡撫。

劉廷佐(1589—1670)，字舍白，號瞻辰。江西萬安人。萬曆四十四年(1616)進士。官至監察御史。

明史卷三百八溫體仁傳：體仁復力求去以要帝，帝優詔慰答焉。已，給事中祖重曄、南京給事中錢允鯨、南京御史沈希詔相繼論體仁熱中會推，劫言者以黨，帝皆不聽。法司上千秋獄，言謙益自發在前，不宜坐。詔令再勘。體仁復疏言獄詞皆出謙益手。于是刑部尚書喬允升，左都御史曹于汴，大理寺卿康新民，太僕寺卿蔣允儀，府丞魏光緒，給事中陶崇道,御史吴牲、樊尚璟、劉廷佐,各疏言:"臣等雜治千秋,觀聽者數千人,非一手一口所能掩。體仁顧欺罔求勝。"體仁見于汴等詞直,乃不復深論千秋事,惟詆于汴等黨護而已。謙益坐杖論贖,而九華所論體仁媚璫詩,亦卒無左驗。當是時,體仁以私憾撐拒諸大臣,展轉不肯詘。帝謂體仁孤立,益嚮之。

閏四月廿三日,李柄上疏,爲牧齋辯解。

初學集卷一十一月初六日召對文華殿旋奉嚴旨革職待罪感恩述事凡二十首詩註:閏四月廿三日陝西道監察御史李柄一本爲"禮臣恣肆日甚,橫誣法官,謹據疏糾正,伏乞聖斷,以全國禮,以伸國法事":頃者錢千秋之會審,嚴旨在前,諸臣矢公矢慎,既恐本有者誤以爲無,本真者誤以爲偽,本未結者誤以爲已結,一字之差,致有失出,得罪于皇上。又恐本無者誤以爲有,本偽者誤以爲真,本已結者誤以爲未結,一字之差,致有失入,得罪于天下萬世而得罪于皇上。于是採公論,據成案,多方以鞫之,嚴刑以究之,真知錢謙益原無關節,原無賄賣。錢千秋原見愚于假關節,原見愚于假賄賣,前案果係已結之案,前情果無未盡之情,一審再審,會審堂審,而始爲爰書達于天聰,此時大小諸臣所執者法耳,法受之皇上尚不敢爲皇上曲狥,而誰敢爲謙益狥,又誰敢爲體仁狥者?乃體仁橫誣以爲出自謙益之手。嗟乎!謙益今日是皇上所疑而思罰之人也,體仁今日是皇上所許而欲留之人也,諸臣果若爲狥,獨不狥皇上所許而欲留者,乃反狥皇上所疑而思罰者乎?無乃天日監之于上,即欲冤謙益而不忍;真僞質之有口,即欲阿體仁而不能耳。且法司何官,谳审何地,诸臣縱徇谦益,岂必待谦益自爲招詞?不意體仁视法司之蔑小至于如此,然推原其所以,不過懼攄争枚卜之失,無以自解于清議,而繆悠不真之詞,其終見疑于皇上,遂悍然不顧爲此下石計,冀搖惑聖聽,一網打盡,以快其忿耳。曾不思皇上明如日月,無私如天地,有情可疑,因令法司鞫之,無罪可入,即聽法官白之,未嘗有成心于謙益,亦何嘗有成心于體仁,而體仁輒欲一手障天,其如天之不可障何哉?且云行賄可以三百,亦可以二千,漫無憑據,侈口污衊,此等恣肆語,何可令聖天子聞也。臣有公評于此,谦益素有氣節,科場事稍涉于疎,此時而據希雨露之恩出于格外不敢也,惟有放之去以俟聖威之霽而已。體仁亦素有才名,攻訐事盡露其短,此時而猶希眷注之隆靦顔在位不可也,亦惟有放之去以俟清議之定而矣。

初學集卷五十二文林郎陕西道監察御史李君墓誌銘:"崇禎初,謙益以與枚卜被訐,天子下法司雜治,法司覆驗浙闈成案,再三考讞,具如前狀,條奏以聞。訐者慚且恚,遂并攻法司,其勢張甚。於是陕西道監察御史李君上言,謙益無罪,所司爲國家執法,不肯傅致,反受誣詆,讒夫高張,欲以一手障天,無人臣禮。反覆數千言,其言直,其指平。夫己氏抵讕放恣,亦口噤無以答。君疏出,而國論益大定。"

李柄(1564—1632),字汝谦。江都人。天啟二年(1622)進士。

闰四月二十三日,温體仁再次上疏辯解。

崇禎長編:戊寅,禮部尚書温體仁疏言:"臣昨具疏引咎,因論錢千秋審會一事,將錢謙益之把持,及招詞之欺飾,畧爲闡破,冀諸臣燦然深省,悉捐朋比之私,共矢勿欺之蓋耳。乃科臣陶崇道與謙益俱係左都御史曹于汴門生,不勝同仇,特疏糾駁。其氣雖盛,其詞實遁,至以確據之關節爲爛熟舊話,人所共知,以行財之眞犯爲求榮得辱,法應原赦。黑白可以變易,律例可以游移,欺孰甚焉!然既奉公從速結之旨,臣不必與辨,以瀆天聽。總之今日黨勢,已成燎原,附之者媄姆可爲嬙、光,違之者由、夷亦爲盜跖,恃其力強口衆,自謂莫敢誰何。明旨哀如充耳,而紀綱壞,苞苴不必暮夜,而官箴壞,奔競醜於乞燔,而銓法壞,傾危險於山川,而人心壞。大臣憂讒畏譏,以保身爲明哲,小臣波流風靡,以聚羶爲得計。而臣抱一念朴忠,奮螳臂以當轍,於國事曾無分毫禆益,反招衆口之紛呶,仰累聖明之裁鑒。臣心滋苦,臣懼滋深,且臣註籍已及半載,萬難復出。溫綸已辱屢邀,萬難復褻。乞皇上特賜矜憫,放之歸里,庶猜忌可消,葛藤自斷。然後徐察諸臣賢奸之實,大彰惟辟威福之權,浹小群爲師濟,振積蠱爲元亨,特在皇上反掌間矣。"帝慰留之。

閏四月二十三日,有夢中詩一首(初學集卷七)。

顧憲成平反,賜諡端文。本年,其子與沐刊刻其文集。

顧端文公文集序附錄:"崇禎二年四月二十六日,奉聖旨顧憲成准復原官、誥命,加贈吏部右侍郎。""崇禎二年閏四月二十三日,奉聖旨准與他諡。"

初學集卷三十有顧端文公文集序,序云:"涇陽先生顧端文公文集若干卷,其次子南京工部主事與沐所編次也,刻成,以屬謙益,俾爲其序。"

顧憲成集初名涇皋藏稿,與沐重刻本,略有刪改。顧端公文集附錄有崇禎元年(1628)十二月十八日顧與沐進呈書籍疏：“臣父坎坷一生，雖不獲恭逢聖代，而編摩數帙，或堪鼓吹休明。是用繕寫成書，敬備九重之覽，用呈乙夜之觀。”

閏四月二十五日，陝西道監察御史趙洪範上疏言溫體仁當去。

崇禎長編：陝西道御史趙洪範疏言：“大臣聞言求去，自是正理。而其意有告君父者，有不可告君父者，臣請得分別言之。有一去可以明職守，則刑部尚書喬允升也。允升老性硜執，屢讞大獄，但知為皇上守法而已，假使皇上怒一人不能殺之也，法當殺則殺之，況忿忿不與枚卜者，而欲其殺人以洩忿，如此掣肘，當去乎，不當去乎？所謂寧官去而法存，毋使官在而法亡者也。有一去可白心迹，則吏部尚書王永光也。永光初起田間，雅負時望，迫會推激起風波，推諉嫁禍，言官短氣，人盡少其執持，發其本末，漸致指摘愈多，與言路為水火，此而不去，終謂夜行不休，負塗見垢。夫臣品固有一去而反重，不去而反輕，上蒙慰留以為榮，下誚彈訽以為辱者是也。又有意不在去，而借言去以為害人者，禮部尚書溫體仁是也。體仁之攻錢謙益，其心路人皆知也，即體仁亦何嘗不自知也，乃言官不能透底發明，而徒角口鬭舌以干聖怒，但不識體仁自視為何如人也。斷送眾言官矣，又甘心眾法官，欲一網打盡，至此極乎？科臣陶崇道與彼豈無梓誼，而公正發憤，言言刺骨，當使體仁愧汗浹背。而徒今日言去，明日言去，咆哮不已，將誰欺乎？……諸臣去留皆有關係，心事皆有分別，惟皇上睿斷，或責以大義，或裁以大法，俾留則職守益敦，去則情事共曉，蒙優旨積成故套，而事事皆責實也。"

趙洪範,字元錫,號芝亭。嘉定人。天啟二年(1622)進士。授麻城知縣。崇禎元年(1628),因守城有功,擢陝西道御史,巡按雲南。

五月十三日,監生胡煥猷上疏言枚卜事。

崇禎長編:監生胡煥猷疏言:"枚卜一事,詞臣溫體仁名實未孚,而爲衆正所棄,傾陷錢謙益等以結黨把持,淆渎公論。今皇上之深求謙益者,豈別有所聞哉?總爲體仁結黨把持之一言,激皇上怒也。若謙益果不賢,何無一人指摘之者,則其素履坦直可知,詎意天威不測,而謙益莫敢辨也。今皇上之獨眷體仁者,抑別有所見哉?總爲體仁孤立弗欺之一言,聳皇上聽也。若體仁而果賢,何無一人贊揚之者,則其素行乖舛可知。詎意聖恩不測,而體仁忍爲欺也。體仁原以枚卜不與,熱中爲此,若從國家起見,何不發於枚卜未行之先,而攘於廷推擯棄之日,此情理之易明者。況謙益素無曖昧之行,科場關節,通國皆知其爲冤,臣不爲之辨。第錢千秋被騙受遣,赦帖現存,而以爲買逃,而以爲懸坐,而以爲提結,盡皆影響臆度之説,使體仁當日微吐風聞之語,不堅執以爲確據,皇上必不震怒,謙益不至會勘,章允儒、房可壯等不至削處,枚卜不至久稽。今千秋覆奏已明,體仁始稱註誤,視皇上爲何如主。明犯説謊欺君之律,倘皇上執行祖宗之法,體仁將何辭以解?廷臣據實上聞,悉蒙皇上之譴責矣,而體仁過端有無,皇上終屬疑信之間。皇上試問體仁,自登仕籍以來,建何事功,立何名節,若能縷縷自指,則體仁之身名立見,而皇上之眷注始不虛矣。"得旨,廷臣才品，朕自有鑒。胡焕猷書生，豈得肆意臆揣，出位喋陳，念曾有直言，姑不究，所司知之。

胡焕猷，山陰人。天啟七年（1627）曾上疏論政，抨擊閣臣媚閹。

閣訟將結，赴法司對簿，口號三絕句（初學集卷七）。

枚卜最終以"失察"定讞，上蒙恩昭雪，恭伸辭謝微悃疏（初學集卷八十七）。

文曰："臣去歲以枚卜被訐，闔門席藁，靜聽處分。伏遇皇上神明獨運，慈炤並施。關節既明之旨，既以天語定其鐵案；失于覺察之罰，復以公錯薄其金科。於是臣之覆盆得白，而孤生可保矣。"

崇禎長編：（崇禎二年六月十六日）己巳，錢謙益杖贖，以錢千秋關節案引失於覺察，律也。

六月二十一日，山西道御史田時震上疏，批評温體仁以"言去"兩字爲邀寵固位之計。

崇禎長編：甲戌，山西道御史田時震疏言："人臣致身之道，祇有去就兩途，欲就則就，不得姑借去之名以餙其就之迹也，欲去則去，不得陰據就之實以託爲去之説也。……詞臣温體仁以會推未及，陡發難端，舉朝墮其雲霧。曰錢千秋原未到官，今則著衛赦回也；曰此案原未結局，今則爰書可據也；三法司之招詞，謂出自錢謙益之手，種種誣人。而媚璫之詩，則謂人誣己，憤憤不受，何其不恕若此。臣以爲二臣者原非欲去者也，若欲出自本心，凡諷以去者，必怡然樂受矣，胡爲積怨深怒，不曰聚族而謀，則曰滿朝結黨，處處挑激，著著傾陷，成水火相煎之勢哉？一番譏彈，一番杜門，一番請告，一番諭留，幾以言去兩字爲邀寵固位之計，今尚託言決去也。其信然耶？"帝切責之。

田時震，字出孟，號御宿。陝西富平人。天啟二年（1622）進士。山西參政。李自成下西安，自經。

成基命過訪，感慨國事。

有學集卷三十八成公神道碑：已偕起田間，朝罷過從，相與屈指，四郊多壘，君父旰食，網疎事叢，何若而可？畫灰借箸，每坐談，輒移日。既而曰："昔人有言，政將及子，交相勗也。"閣訟之興也，余既被放，公亦胥後命，過余而嘆曰："公又去也，其誰出而圖吾君乎？"余曰："公在，吾何憂？"公曰："不然，吾兩人，車兩輪也。吾兩人用，高陽必將出，鼎三足也。車一輪，有不契需者乎？鼎兩足，有不覆餗者乎？公姑去矣，他日當思吾言耳。"

六月，出都南歸，與張慎言告別，作詩一首（初學集卷七），張慎言有詩相送。

張慎言洎水齋詩集卷三送錢受之年兄歸里："綠暗江南薛荔村，奉身歸去是君恩。芙蓉花好開應待，桃李蹊成靜不言。棹撥滄浪人自遠，秋高拂水道何尊。乃占爾夢時相憶，王屋雲飛泊水根。"

梅之煥有書來，爲牧齋不平，牧齋作二髯篇答之，並示王洽、文震孟（初學集卷七）。

二髯即王洽與梅之煥。詩云："堂堂髯司馬，中樞屹柱石。長身出班行，正氣噴交戟。暨暨髯中丞，輪囷肝膽赤。尺書來酒泉，忠憤壯羽檄。舉朝何萱萱？低眉戴巾幗。賢哉此二髯，庶不負頭額。"

初學集卷七十三梅長公傳:"烏程用閹訟攫相位,公在鎮,撤手罵詈,數飛書中朝,別白是非,烏程深銜之,思中以危法。"

　　明史卷二百四十八梅之焕傳:"初,體仁訐錢謙益,之焕移書中朝,右謙益。"

　　梅之焕(1575—1641),字彬父。麻城人。萬曆三十二年(1604)進士。時爲甘肅巡撫。

　　王洽時爲兵部尚書,文震孟爲左中允。

出都,口占一首告別蕭士瑋(初學集卷八出都門口占寄蕭伯玉)。

　　曹于汴祖道相送。

　　初學集卷七十七祭都御史曹公文:"己巳之夏,我車載東。出祖於郊,有墨其容。"

六月廿四日,茅元儀相送潞河,並追和牧齋所和朽庵和尚樂歸田園詩。

　　茅元儀石民江村集卷十一次韻牧齋老人追和朽庵和尚樂歸田園十詠:崇禎二年,牧齋老人錢受之和朽庵和尚林公樂歸田園十詠成,授儀曰:"子試和之。"儀讀既終,作而嘆曰:"自子瞻倡和陶詩,而作者衆矣,朽庵又其變也。然卒未有稱者,不特才下也,其志意本不同。説者曰:淵明真隱者也,不可得而同。余以非也。即有以淵明忠而隱,故隱而樂,亦未知其不得已,而僅托之隱之悲也。如此,則子由所謂子瞻與迹殊而心同者,尚未知淵明之迹與心也。故次而和之,聊以發其悲,知其悲,而知其托之樂之更悲也。茲言也,惟淵明以予爲知言也夫!"詩皆次原韻。是年六月念四日。

歸去來兮至覺今是而昨非

隱顯弛張各有幾，英雄豈在急流歸。棲遲京邑非吾事，落拓江湖與志違。天地晦時無矯羽，田園歸且斂光輝。當時若作荆州督，不被溫郎說是非。

舟搖搖以輕颸風飄飄而吹衣

昨非非爲出，今是豈因歸。謬語埋心恨，深情逐夢飛。但看朝漉酒，不見夜沾衣。會得無絃否，還愁露瑟希。原稀字，借和。

問征夫以前路恨晨光之熹微

誰信攢眉別有情，不堪遠望畏初晴。晨光將放誰遮目，只有柴桑入眼明。

乃瞻衡宇至有酒盈尊

孰謂同懷人，紛紛失所望。強健亦何爲，聊且托宿恙。低眉事松菊，甘心役篘釀。橋頭吞炭人，千載心相況。

引壺觴以自酌至審容膝之易安

斜倚鴟夷帶笑看，南牕容著一身寬。若還忘得些些事，心向羲皇以上安。

園日涉以成趣門雖設而常關

日向田園對子孫，聊觀山海傲乾坤。若非心托神州外，那得身閒耐閉門。

策扶老以流憩至撫【孤】松而盤桓

的的蓮花好，匡君邀到山。何緣開酒禁，戲破爲心閒。入井看兒忍，收書棄杖還。杯中君所托，兩事久相關。

歸去來兮至樂琴書以銷憂

晉宋兩鼠鬬窶藪,子房仲連聞卻久。及到鐘簴將易時,不堪回盡英雄首。豈惜小兒前折腰,傷心羞看垂條柳。江海何人奮臂呼,掃蕩浮雲風作帚。大廈難教一木支,卑官退士如無有。壺觴既瀝琴不彈,穩袖重扶日月手。本欲當時許外臣,翻笑後人稱隱叟。田疇前日在徐無,差能百世遙相偶。一成一否人不知,我獨知兮酹公酒。

農人告予以春及至曷不委心任去留

非戀田園好,難安天地間。春生新霸府,秋入故臣顏。幽壑歸長往,雄心去復還。未能除却盡,且博一身閒。

胡爲乎遑遑欲何之至樂夫天命復奚疑

夫子何爲者,臨河尚嘆息。誰謂柴桑間,琴酒愉顏色。此中自多岐,未許一隅域。本自忠義人,不仕懼見逼。桓祖英雄餘,骨體兼智力。大業恨無繇,高卧不自得。乞食匪無謂,聊見西山則。五兒覓梨棗,意欲齊淑懋。奮袂雖無期,褰裳猶自克。心迹兩相違,歌詠介語默。偶然感荆軻,恍惚露剛德。悵悔入籃輿,驅驅還酒國。志意既不同,焉能搴筆墨。拘拘隱顯間,同叔幾無識。

茅元儀又作詩送牧齋南歸。

茅元儀石民江村集卷十一晶晶之什送錢受之侍郎讘歸:晶晶日月,雨雪忽零。豈無師保,束此宁人。維桑失繫,朽索弗寧。大木將拔,先剪厥陰。

矯矯藎臣,夷之斳之。顯顯令人,謫之諑之。言竄江沚,隱斯鮑也。自幽私宮,避斯駮也。

鼎沉而起,星墜而升。如日再中,如月再盈。言巾我車,言濯我纓。闢此皇路,以遲彙征。

彙征伊何，首論鹽梅。惟和惟一，無待爾枚。田畯盤舞，紅女解頯。翳雲何自，晦此中台。

浣布于火，乃愈鮮也。鏽金于鑪，乃愈堅也。人亦有言，靡不有天。高高在上，焉用便便。

言駕言邁，歸我初服。匪曰初服，匪帝疇復。于以御之，我躬粥粥。婦不可媚，豈待詹卜。

拂水涓而，耕罷可浴。虞山怌而，詠罷可牧。斟之酌之，奚暇枕麯。願言懷人，窮此返目。

煌煌帝業，莫或纘而。朝朝先燼，莫或亶而。及爾政成，恐或癉而。假此暇日，往者衎而。

神龍將蟄，并及于蠅。滄流欲竭，禍先于鱒。嗟我何人，亦檻亦圈。願因商風，從子荒邈。

高后在天，哀此下民。篤生神孫，哲惠且英。襃焉穆穆，終矣明明。惟日之環，匪河之清。

右晶晶十章，章八句。

此組詩列朝詩集丁十三下作崇禎元年(1628)，非是。

潞河舟中，與茅元儀夜坐，茅有詩，牧齋和之(初學集卷八潞河舟中夜坐，答茅止生見贈)。

茅元儀石民江村集卷十一潞河風雨與受之夜坐：荻雨梟風此夜天，孤蓬相對一燈前。何煩鼠嚇人間事，自有魚殘未了緣。剩得閒心爲活計，不將老淚送餘年。驕龍無用相欺甚，穩耐風波久晏然。

同卷次韻受之見酬：劇譚忽到不堪聞，笑語聲中恨自分。耐可青城終老我，誰教衡嶽暫容君。爛朝報就開長夜，調水符飛起陣雲。不著羊裘希物色，富春只在大江濆。

同卷與受之别後再疊前韻：崩岸驚濤不可聞，新湍陡處手初分。今聽夜雨先傷汝，獨趁秋風又羨君。東閣祇贏抄秘本，北山重補未耕雲。明朝淚落蘆溝上，也解隨流逐衛濆。

潞河與劉廷諫别，作詩相贈（初學集卷八潞河别劉咸仲廷諫吏部）。

劉廷諫，字咸仲。順天府通州人。萬曆四十七年（1619）進士。官至吏部郎中。李自成下北京，授同知。入清，官至左僉都御史。

初學集卷三十一劉咸仲雪菴初稿序："崇禎初，余免官出潞河，咸仲以吏部郎家居。潞河人稱咸仲朝饔暮飧，有今無儲，急病讓夷，推燥就濕，鄉之人倚爲司命。昆弟朋舊，連床分榻，日則更衣而出，夜則典衣而飲。余歎息告潞人：中條山色蜿蜒數百里内，無謂陽道州不可復作也。"

按：下文書事感懷亦有"極目中條山色好，隱居吾欲訪陽城"，中條行有"若無衡嶽爐邊客，誰向中條訪隱淪"。

六月廿七日，舟發潞河，書事感懷，作詩四首寄朝中諸君子（初學集卷八）。

六月，過滄州，作中條行（初學集卷八）。

作鱉虱詩諷刺朝中小人（初學集卷八）。

早秋，沽滄酒南下，作滄酒歌懷瞿式耜，並示程嘉燧（初學集卷八）。

七夕，作四絶句（初學集卷八），其四自註"屬章給諫、房侍御諸公爲余牽連謫官者"。

至臨清,追懷萬曆三十七年(1609)北上趕考事,作詩二首(初學集卷八)。

至滕縣,感懷李流芳及尹孔昭,又作詩一首示兩家子弟(初學集卷八)。

途中作舟行詩四首(初學集卷八)。

阻舟東平安山閘,作詩一首(初學集卷八)。

作團扇篇一首(初學集卷八)。

> 沈德潛國朝詩別裁集卷一録此詩,評云:"此召對落職後詩也,眷念恩情,收藏笥篋,與小丈夫悻悻者異焉。"

濟水逢總河李若星,示其嶺南詩卷,感懷當年一起謫官,慨然有作(初學集卷八)。

> 李若星,字紫垣。息縣人。萬曆三十二年(1604)進士。歷官棗陽知縣、真定知府、山東巡撫等職。首揭魏忠賢、客氏奸險。天啟五年(1625),被誣革職。崇禎元年(1628),起爲工部右侍郎兼右僉都御史,總理河務。後總督雲貴軍務,因家鄉殘敗,鼎革後寓居貴州。桂王遷武岡,召爲吏部尚書,未赴,遭亂死於兵。

七月二十三,過仲家淺,戲作長句書李東陽詩後(初學集卷八),蓋李東陽有夜過仲家淺聞詩。

又效韓昌黎瀧吏作牐吏詩一首(初學集卷八)。

舟發迦溝,作詩一首(初學集卷八)。

途中作卧起詩一首(初學集卷八)。

阻風滿家灣,作詩一首(初學集卷八)。

至淮陰,題淮陰侯廟一首(初學集卷八)。

又作淮上二絶句,弔淮陰侯(初學集卷八)。

又作後飲酒詩七首(初學集卷八)。

七月,爲丹陽姜中翰題竹林七賢畫卷(初學集卷八十四)。

　　畫中有趙南星、高攀龍手跡,追維往事,因爲題之。中翰,疑是姜士麟。士麟(1541—1610),字孟趾,號養衲。姜寶之子。援例入監。

八月初二渡淮,作詩一首(初學集卷八)。

作淮屋詩,記淮安知府許令典作淮屋事(初學集卷八)。

　　阮葵生茶餘客話卷二十一:"淮民編蘆作屋,貧家皆然,亦有精粗之别,園林中偶置一區,儼入畫圖。許太守同生(安)守淮,愛之,既歸去,仿爲之,名曰淮屋。"

至高郵露筋廟,作詩一首,以貞女自比,而以朝中小人比蚊蜹(初學集卷八)。

高郵道中,寄顧大猷詩一首(初學集卷八)。

　　顧大猷(1575—1632),字所建,號南湘外史。江都人。以勳衛帶刀侍從,旋謝病歸。自號南湘外史,折節讀書。延請四方賓客,一時聲稱藉甚,以爲四公子復出。嘗遊秦中,賦詩弔古,歌殘曲,道故事,風流慷慨。遼事告急,以薦募江淮水師勤王,兵甫出,被讒謫戍,尋赦還。常恨國事日蹙,悒悒不得志卒。搜采國家掌故,條列時政,著書數千卷,後多散失。牧齋私諡孝譽先生。傳見李維楨大泌山房集卷六十九南湘外史傳。

過廣陵,顧大猷爲其父請墓表,作鎮遠侯勳衛顧君墓表

（初學集卷六十六）。

墓表云：“崇禎二年，余再罷官南歸，道出廣陵，大猷求余文以表君墓。”顧承學（1530—1595），字思敏。鎮遠侯夏國公顧成裔，嗣爵。卒後，鄉人私諡貞白。

八月至家，感懷述事，奉寄南都諸君子四首（初學集卷九）。

錢謙貞作詩志喜。

錢謙貞懷古集卷上喜宗伯兄歸里：“聲名官職巧相違，清世何妨暫拂衣。江上青峰餘我在，窗前幽竹待人歸。無心雲爲蒼生出，避色人同倦鳥飛。旦夕轉圜明主意，未容長伴釣魚磯。”

表兄何珩枝前來慰問。

有學集卷三十五何君寶墓誌銘：“余枚卜罷居，兄從容爲余道之，且相慰曰：未止此也。”

與龔立本交談，告知曹履端近況。

龔立本煙艇永懷卷二：“曹履端，字慶成。當塗人。爲福寧州同知。……追戊辰大計之前，君抱病歸，從武林寄一手書，灑灑數百言。其末云：‘公論既定，左轄無奈兄何矣。弟賤疴幸痊，期以明春訪安道。’予方屈指相遲，會錢子受之歸自當塗，語予曰：‘慶成念兄甚，然病體殆似不復。’予亟遺剡候之，而兄已暝。”

八月二十五日，錢曾出生。

海虞錢氏秀峰公支譜：“曾，字遵王，崇禎二年八月二十五日生。”

錢曾（1629—1701），字遵王，號也是翁，又號貫花道人、述古主人。常熟人。時俊孫,裔肅子,牧齋弟子。好學工詩,又喜藏書,所藏多宋元精本。

九月九日,生子孫愛,作反東坡洗兒詩(初學集卷九)。

東坡詩:"人皆養子欲聰明,我爲聰明誤一生。但願生兒愚且魯,無災無害到公卿。"牧齋詩:"坡公養子怕聰明,我爲癡獃誤一生。還願生兒猥且巧,鑽天驀地到公卿。"

葛萬里年譜:"重九日,妾朱氏生子孫愛,後名上安。"

初學集卷七十四先太淑人述:"謙益三舉子不育,歸田之歲,舉一子……曰孫愛。孫愛之議婚於瞿給事之女孫也,太淑人實命之,曰:'人以汝故去官,結昏姻以敦世好,不亦善乎?'媒氏復以許中允之女孫告,太淑人曰:'是先君故人之子也,幸有次孫,必昏於許。'"

葉廷琯吹網錄卷四陳夫人年譜:"瞿忠宣公之孫昌文爲其母陳夫人撰年譜一帙。蓋以尊人伯申欲紓家難,勉爲韜晦順時。而鼎革之際,家門多故,實賴陳夫人內外撐持,故私撰此譜,以表母德,而紀世變。其中頗多忠宣軼事。……一爲錢宗伯與瞿氏聯姻,實出宗伯之母顧太夫人意,云:'瞿氏爲汝事去官,須聯之以敦世好。'後行聘時,柳姬欲瞿回禮,與正室陳夫人同。而瞿僅等之孺飴之生母。柳因蓄怒。至乙酉後,宗伯已納款,忠宣方在桂林拒命,柳遂唆錢請離婚。"孺飴即孫愛字。

十月,蕭應宮下葬,作明故整飭遼陽等處海防監督朝鮮軍務山東按察司按察使蕭公墓誌銘(初學集卷五十六)。

墓誌云:"其孫廷舉等卜以崇禎二年十月葬公於曹莊之新阡,以龐宜人祔焉。"

萧应宫(1539—1611),字仲和,号观复。常熟人。万历二年(1574)进士。由刑部郎中出知东昌府,所至有声。备兵於潼关、固原、临洮,以辽海道监军朝鲜,被诬下狱。遇赦归,家居十馀年卒。

作岳忠武王画像记(初学集卷四十三)。

记云:"里中萧生,故观察公之诸孙也。尝梦之武林,拜宋太师鄂国忠武王庙下。王延入坐,而语之曰:'边事旁午,不遑启处。吾比年有事北方。甫归,又趣驾去矣。'顾视其左右,介士严装将发,金戈铁马,鏦铮作声,涣然流汗而觉,崇祯改元之十二月也。越一年,而有遵化之事。生占斯梦,以为信而有徵,命画工绘王像,夙夜䜣盟事之,而属余记。"萧观察,即萧应宫,因系此。

十月,李胤熙落葬,为作**李缉夫墓志铭**(初学集卷五十五)。

墓志云:"别数日而病,未几而死,崇祯元年之四月四日也。……明年余罢官东归,其子象璧葬缉夫于兴福祖茔之侧,而泣来请铭。……铭曰:岁在己巳阳月日,吁嗟缉夫返此室。"因系此。

山晓阁明文选续集卷五评云:"兹篇所述,如先人之期许,晨夕之往还,性情之渐摹,言论之吻合,以至习形家之说,明象数之义,皆烦琐之事,而娓娓不置者,半是志缉夫,半是摅自家胸臆也。伤人自伤,幽怀种种,其若不经意处,正其极经意处。细心人自须看得分明。"

十月,族子钱文光卒(初学集卷七十五族子纯中秀才墓志铭)。

十月底,皇太極突破長城,兵臨遵化,距京城僅三百里,京師戒嚴。

十一月初五,遵化陷落,袁崇煥、祖大壽等馳援北京。

崇禎重新啟用孫承宗,使守通州。

十一月二十日,皇太極兵臨北京,袁崇煥、滿桂等率眾抵抗,金兵不能下,退去。

牧齋得圍城之信,請陳三恪占卜,以驗吉凶。

牧齋外集卷十五陳處士墓誌銘:"己巳,虜薄都城,余屬君筮,曰:'某月某日,鹵當自退,本兵大僚將不免。'後皆如其言。"又云:"余罷官里居,君好從余游,嘗爲余言:'唐人歌詩,皆可被管絃。先輩知音律,猶有歌唐詩以行酒者。'……每別,必執手諈諉曰:'公必銘我。'"牧齋又爲作玉淵生小傳,文在初學集卷七十一。

陳三恪(1559—1636),字象賢,自號玉淵生。居常熟城之文學里。士介子。力學,旁通堪輿、卜筮、壬遁、風角家言。嘗網羅舊聞,捃摭成海虞別乘一書。

義士石電、孫生來訪(初學集卷七十八石義士哀辭)。

石電,字敬巖。常熟丐户。崇禎八年(1635),張獻忠圍桐城,戰死。陸嘉穎買地,具衣冠以葬。陸世儀曾從其學劍槊,爲作石敬巖傳。

哀辭云:"電身長赤髭,能挽強超距,精於鎗法,有善鎗者,典衣裹糧,不遠數百里盡其技而後已,遂以鎗有名江南。性椎魯,重然諾,所至盡結其豪傑。諸無賴惡子,具牛酒、持百金願交驩,石君掉頭去之,惟恐不速也。萬曆中,應都清道陳監軍募,督兵攻同車諸寨,功多當得官,謝歸。監軍没,來依余。醉後輒鼓腹笑曰:'石電非輕爲人醉飽者也。'吳淞有孫生者,家于江干,敗屋破扉,妻子畫餓,傍近輕俠少年皆兄事之。歲己巳,虜薄都城,電偕孫生謁余。明年虜遁,孫生客長安,出薊門,將盡歷關塞,山水暴漲,凍餓中寒疾死。"孫生姓名不詳。

十二月朔,平台召對,下袁崇煥詔獄。

十二月,巡漕御史領兵入衛,諭令闔屬紳士出銀捐助,牧齋捐銀五十兩(祁彪佳宜焚全稿)。

冬,于玉德過訪慰問(初學集卷三十七)。

初學集卷三十七于潤甫七十序:"余再起再躓,已巳被逐,相知者縮頸,莫敢過其門。潤甫獨衝風過余,執手相慰勞。余歎曰:'此與妖書大索時,中甫之周旋歸德何以異哉!'"

宋珏過訪虞山,將別,以六絕句爲贈(初學集卷九)。

臨行,又次前韻再和六首(初學集卷九)。

程嘉燧耦耕堂集詩卷上和比玉受之惜別唱和六首:百尺枯桐一徑莎,惟餘二仲得經過。已甘澤雉同棲啄,猶向冥鴻嚇網羅。

曾笑吳傭貌荔枝,扁舟千里十年思。舊時好事消除盡,叉手低頭懶和詩。

酒後慣呼顛長史,吟成今比逸參軍。更圖水墨玄真子,雪雪淞雲也屬君。

丹黃吾谷水雲中,惆悵前期一夕風。記得半山衝黑夜,滿頭飛雨看紅楓。

白頭紅粉怕聞歌,又況飄零廿載多。莫問檀園回首地,寒潮無信月明過。

　　長篇如諷復如規,的是蒼生可察眉。直比國風兼小雅,何言騷客但微詞。

節鈔三朝北盟會編,冬之小至日,跋其後(初學集卷八十四記鈔本北盟會編後)。

　　文云:"崇禎己巳冬,奴兵薄城下,邸報斷絕。越二十日,孤憤幽憂,夜長不寐,繙閱宋人三朝北盟會編,偶有感觸,輒乙其處,命僮子繕寫成帙,釐爲三卷。"

宋珏有書來,長至日蚤起,復和六首(初學集卷九)。

　　詩其一註云:"比玉書來,嘆余屏廢,故云。"

次韻何大成歲暮感事詩四首(初學集卷九)。

　　何大成(1573—1643),初名之柱,字君立,晚自稱慈公。常熟人。鑛孫。好藏書,藏書處名娛野園,每得一書,與馮舒等相互轉借,手自傳錄,歿後散盡。

又作野老、讀史詩(初學集卷九)。

　　二詩不知寫於何時,大致在本年末下年初,且附此。

范鳳翼有詩相寄。

　　范勛卿詩集卷十三柬錢牧齋先生:"至人神候鍊逾真,先遣邪魔化作塵。天意巧留刀鋸口,主恩終護鼎彝身。龍從火出丹才就,劍爲埋光氣必伸。僅以生還酬一世,猶將讜論答嚴宸。"

　　范鳳翼(1575—1655),字異羽,一字勛卿、璽卿,號太蒙,晚號真隱。通州人。萬曆二十六年(1598)進士。授欒州知州。自疏改教職,爲順天府教授,轉國子監助教。丁母憂,讀禮山中,益習朝野機務。服闋,陞戶部主事,轉吏部考功郎中。爲時所忌,移疾歸里。三十九年,與湯有光等共結山茨社。光宗朝,起爲尚寶司丞,陞少卿,推大理寺丞,皆不就。坐東林黨,削職爲民。崇禎初,以原官起,詔拜光禄寺少卿,亦不就。在南京與龔賢等共結白門社。明亡,隱居不出。

作金象之暨配何孺人墓誌銘(牧齋外集卷十五)。

金鼎象,字象之。澄子。澄,字湘川。先世湖南寶慶人,遷居常熟。好談兵事,嘗參胡宗憲幕,不受爵而返。郡守蔡國熙創立書院,以之爲都講。晚年隱於醫,卒年八十餘。著有魯論測微、守城要略、東吳水利各若干卷。

作明故太學生王君完吾暨配徐孺人墓誌銘(牧齋外集卷十五)。

此文極言常熟山塘王氏人才之盛:"吾邑之稱甲族者,輒屈指山塘王氏。王氏環山塘涇而居,故邑人以其地呼之。山塘王氏之族,至浙江參議笠洲公始大。參議之孫,爲今河南副使翼儆。翼儆之子,爲今南工部員外符乾。四世而三舉進士,祖孫父子前後相望爲達官,邑中罕與儷焉。"

笠洲即王嘉言(1524—1579),字君謨。魯次子。嘉靖四十一年(1562)進士。

翼儆即王良臣。良臣子運昌(1587—1644),字符乾。萬曆四十七年(1619)進士。

完吾,名維祺(1566—1618),字介甫。

將書齋取名匪齋,並作記(初學集卷四十五)。

文云:"崇禎元年,予以閣訟奉明旨鐫責,曰中有匪人。上方向學,精於詩、書,取原筮之辭,以斷枚卜之獄,不斥言小人,而曰匪人,使臣子雖退廢,其名猶可居也。震怒之後,事得白,即放歸,'王用三驅,失前禽'之義也。聖主之放其臣也,有哀矜,無忿疾,傷之之道也。客有唁予者,曰:'蹇之六二曰:王臣蹇蹇,匪躬之故。安知上不以蹇之匪躬勗子乎?'予曰:'是何敢哉!'請以上之明旨,名其讀書之齋曰匪,而繹其說以爲記。"據文中所述,此記當作于枚卜事後不久,因附此。

本年,張溥等人成立復社,並舉辦尹山大會。

復社是明末規模最大的文社,其宗旨爲"興復古學,務爲有用",故稱復社。

王應奎柳南隨筆卷二:"吾邑有六十七人焉。其姓名猶在人間者,爲楊彝子常、許重熙子洽、許瑤文玉、蔣棻畹先、魏沖叔子、趙士春景之、王曰俞喜虞、孫永祚子長、邵世茂羽萬、瞿元錫伯申、孫朝讓光甫。"

明崇禎三年庚午(1630) 四十九歲

二月,憨山大師全身入五乳塔院,屬其徒以瓣香致吊,作詩四首(初學集卷九)。

又贈廬山知微長老詩一首(初學集卷九)。

知微長老,即憨山五乳弟子福善。

二月,通州明鐸、明萬里等人攻擊鄉紳,范鳳翼房屋被焚,家人被殺,尸棺被燒。范鳳翼上疏朝廷,溫體仁以范氏激起民變,屢次駁回。鳳翼無家可歸,只得流寓江寧。牧齋等人多方相救,范氏有詩紀事。

范勛卿詩集卷十一有庚午二月,海上亂民焚燒殺人,闔城塗炭,或又教猱反噬,衣冠遭毒。予因叩閽,使大憝不免授首。乃當國猶獨罪予,違今皇帝解網之恩。諸君子如玄嶽、牧齋、孩未、禹門、益吾、懋明、永言、湛持、榔梅、石泓、大生、現聞、黃石、起田、澤壘、石帆、鹿友、鞠旬、聖任、湛虛、中湛、九疑、公讓、祖洲、旭海、若谷及岳石帆諸公輩,莫不爲予主持公道,予因呈上四章紀變,併以示烏程當國,及諸公之自遭家難者組詩四首。

謝三賓匯刻嘉定四先生集,爲作嘉定四君集序(初學集卷三十二)。

此文不詳寫作年月,謝三賓爲妻堅、程嘉燧所作序在崇禎三年(1630)春,爲李流芳序在崇禎二年秋,因附此。

爲里老沈氏賦詩一首(初學集卷九瓜山沈老居北郊茂瓜丘,老而好事,賦以贈之)。

沈氏名字不詳。康熙重修康熙縣志卷十四名勝:"(鐵拐亭)其下爲沈氏茂瓜丘,蒔名花佳菓,遊人欣賞不絕,今亦荒圮。"

作拂水築臺歌贈築造者夏斗(初學集卷九)。

夏斗,字華甫。嘉定人。與程嘉燧、李流芳過從甚密。擅構園。耦耕堂詩集卷上有贈夏華甫五十詩。

四月,邀程嘉燧偕住耦耕堂,自作耦耕堂記(初學集卷四十五)。

程嘉燧耦耕堂集自序:"庚午四月,攜琴書至拂水,比玉適偕。錢受之屬宋作八分書耦耕堂,自爲之記。"

初學集卷四十五耦耕堂記:"莆田宋比玉,予三人之友也,爲作八分書,以扁於堂,而予記其語於壁閒。"

有學集卷二十二耦耕堂集序:"天啓初,孟陽歸自澤潞,偕余栖拂水,澗泉活活循屋下,春水怒生,懸流噴激,孟陽樂之,爲亭以踞澗石,顔之曰聞詠。又爲長廊,以面北山,行吟坐卧,皆與山接。朝陽榭、秋水閣次第落成,于是耦耕堂之名,遂假孟陽以聞于四方。"

唐時昇唐先生遺稿有錢宗伯有虞山别墅,邀孟陽棲遁于此,庚午之夏,遂徙居之,因和淵明移居詩以寄,且謂一丘自老,賢于碌碌塵埃中也詩。

黄公渚評云:"耦耕堂記,先敘兩人出處聚散,點出命名之意,復將'耦耕'二字一翻,側入長蘅身上,悲歡離合,一往情深。"

道源作詩相賀。

寄巢詩卷上牧齋先生休沐奉簡是詩:"股肱爲國見丹衷,持正無阿蜀洛同。名忌衆中詩有禍,身歸林下退多功。一生勳業元春夢,畢世陶融是德風。今住耦耕容易訪,烟霞分與笑吟通。"

道源(1586—1657),字石林。太倉許氏子。始祝髮智林寺,後住蘇州北禪寺,晚住高林庵。儀貌清古,精專禪講,博經通史,善琴工詩。

又同卷題牧翁耦耕堂:"世如棋局意多違,猶喜桑麻土脉肥。秀美山川將宅寄,微茫烟火有村依。槐南夢後空勳業,隴上身存少是非。越陌度阡餘好伴,柴車應共夕陽歸。"

同卷牧翁耦耕堂:"水榭山亭朴有餘,相牛種樹案頭書。幾番膏雨桑麻長,無限春風桃李舒。轉語肯拚輸玉帶,呼酪不惜換金魚。西鄰喜住松圓老,未耜能任得耦沮。"二詩作日不詳,附此。

四月,王洽瘐死獄中。

四月二十三,江陰李鶚翀卒,享年七十四(有學集卷三十六李貫之先生墓誌銘)。

夏,與朱治憪憩耦耕堂,治憪有贈程嘉燧詩,牧齋和之,程嘉燧亦作三首(初學集卷九)。

朱治憪,字子暇。嘉興人。天啟元年(1621)舉人。授肇慶府通判,歷同知、知府。永曆元年(1647),以兵部右侍郎、副都御史總督兩廣,擁兵守肇慶。清兵南下,棄城而逃,不知所終。

又初學集卷二十九有牧齋為治憪父子寧先生没寧錄所作序,不詳年月,且繫此。序云:"門人朱子暇,在苫塊中,織其尊府子寧先生所著没寧錄視余。蓋其晚年自述事狀,并自祭遺令之文皆在焉。"子寧生平亦不詳。

山曉閣明文續集卷四評没寧錄云:"生死大故,言下了然,覺聖真禪寂,一時具有通識。"

程嘉燧耦耕堂集詩卷上答朱子暇次牧齋韻三首:幽棲元不厭山深,把臂何人共入林?樹下涼風中散客,窗間白日上皇心。青苔果落空庭得,流水花香別澗尋。但恐鶴書知處所,不容高臥只如今。

招得無家一布袍,流連酒聖狎詩豪。林端水聒歸潭靜,雲裏峰來跂石高。曉案晴光研竹露,夜瓢明月煮松濤。山中入夏先涼冷,便約湖心弄小舠。

乘輿停舟草岸時,落帆高數鳥先知。茶神句裏看雲過,草聖行間識露垂。洗硯池香縈墨細，解巾松月逗眠遲。夫君不淺中林意，流水空山待子期。

按：列朝詩集丁十三上錄程嘉燧詩，繫年爲"庚午春"。

瞿式耜集卷二承牧師命次孟陽唱和詩韻：拂卻緇塵浣布袍，山岨水涘興偏豪。壁藏天祿千秋秘，樓卧元龍百尺高。命酒花間淹夜月，論文石上沸秋濤。風波不到山中客，時趁漁翁上小舠。

初服依然一布袍，歸歟何處不稱豪。泉飛樹杪千重白，風起巖阿五月高。載酒徵歌花拂坐，開緗養紙雪生濤。山翁漁父還相識，乘興時時命小舠。

五月十三日，傷王洽之死，作干將行（初學集卷九）。

贈張維詩一首（初學集卷九）。

按，張維今年五十。程嘉燧耦耕堂集詩卷上贈張叔維：君真瀟灑出風塵，句好芙蓉出水新。北郭潮生鷗舍近，西湖花盡客裝貧。數間破屋安茶具，四壁名山乞酒人。擬逐歌呼同爛熳，慚予雙鬢久如銀。

蘇子後集卷四次韻張叔維五十壽詩：一廚名畫欲封塵，百卷奇書紀事新。高士恰宜東郭隱，詩人偏合北門貧。王珣宅下頻來客，西子湖頭久住人。學畫學書吾愧汝，中年髭鬢各如銀。

六月初十，蕭士瑋家居，收到牧齋來信。

蕭士瑋春浮園偶錄庚午："初十……得錢受之書。人生樂事，何可兼幷，取熊舍魚，節度適止，此居閒第一便宜法也。"

六月，梅之煥因前忤溫體仁，以援都逗留之罪革職。

崇禎長編："(崇禎三年六月)丙寅，兵部尚書梁廷棟等，會同左僉都御史高弘圖、兵科左給事中劉懋等，覈議援兵功罪，以到京之先後言之，則有保定巡撫解經傳、總兵曹鳴雷領兵二萬二千有奇，到獨先，兵獨多，分防薊、涿三河之間，帖然無譁，可謂整肅矣。……其到京最後而最譁者，無如甘肅巡撫梅之煥、總兵楊嘉謨，據法應當究問，但以其兵精悍可用，而三屯新著大捷，或姑革職戴罪，俟防秋事竣，有功另議。得旨，經傳加陞，鳴雷起用，之煥本當治罪，念在鎮著有捷功，准革職回籍聽勘，嘉謨准戴罪立功。"

初學集卷七十三梅長公傳："己巳冬，奴兵薄都城，公奉入援詔，即日啓行。虜踞峽口峯，瞭大兵盡東，合海虜窺河西。公命援兵分五道，肅州高臺兵從西北而東，涼莊兵從南而北，伏賀蘭山西，徼虜歸路。大兵會水泉峽口，腹背掩擊，虜再戰再北，斬首虜八百四十級，我師遂東。而總鎮兵先譁於塗，公駐蘭州，盛陳兵塞諸隘口，下令盡赦脅從，斬首亂一人，以首虜論賞。……甘鎮去都門七千里，師次邠州，奉詔還鎮，已又趣入援，紆廻往還，又數千里，師行半年始至。本兵希烏程指，劾公逗留，欲用嘉靖中楊守謙例殺公。保鎮三百里，甘鎮七千里，保以先至論功，甘以後期論罪。上心知公材，憐其枉，部議力持之，乃命解官歸里。"

明史卷二百四十八梅之煥傳："冬，京師戒嚴，有詔入衛。且行，西部乘虛犯河西。之煥止留，遣兵伏賀蘭山後，邀其歸路，大兵出水泉峽口，再戰再敗之，斬首八百四十有奇，引軍東。俄悍卒王進才殺參將孫懷忠等以叛，走蘭州。之煥遂西定其變，復整軍東。明年五月抵京師，已後時矣，有詔之煥入朝。翌日又詔之煥落職候勘，溫體仁已柄政矣。初，體仁訐錢謙益，之煥移書中朝，右謙益。至是，體仁修隙，之煥遂得罪。"

七月，跋戰國策宋刻本（有學集卷四十七）。

跋云："戰國策經鮑彪淆亂，非復高誘元本，而剡川姚宏校正本，博采春秋後語諸書，吳正傳駁正鮑注，最後得此本，歎其絕佳，且謂于時蓄之者鮮矣。此本乃伯聲校本，又經前輩勘對疑誤，採正傳補注，標舉行間，天啟中，以二十千購之梁溪安氏，不啻獲一珍珠船也。無何，又得善本于梁溪高氏，楮墨精好，此本遂次而居乙，每一摩挲，不免以積薪自哂。要之，此兩本實為雙璧，闕一固不可也。"

有學集未署日期，愛日精廬藏書志卷十一記載此跋，末署："崇禎庚午七月，曝書於榮木樓。牧翁謹識。"不知為何收入有學集。

錢曾讀書敏求記卷三："予初購此書于絳雲樓，乃剡川姚宏校定宋槧本，得之如獲拱璧，即以傳示同人，共相繕寫。"

七月七日，錢謙貞等人過榮木樓，分得唐詩副本多種，謙貞又借得宋板漢書而歸。

錢謙貞懷古集卷上七月七日偶偕吳門友人過榮木樓頭，見唐詩副本甚多，因各分取數種，余又借得宋板漢書歸，喜成一首：

漢書珍重手親遺，唐集紛紛自取之。分得是詩人不競，借來無贅我真癡。殘編已足三冬用，強記難為五日期。卻笑郝生無藉在，只將空腹鬭秋曦。

七月二十九,張大復卒,年七十七(初學集卷五十四張元長墓誌銘)。

中秋日,觀睢陽五老圖,次杜衍原韻一首(初學集卷九)。

睢陽五老圖,即宋杜衍、馮平、王煥、畢世長、朱貫五人宴集圖,杜衍有詩記其事。

馮廷寶虞牧詩集牧齋初學集載庚午中秋拜觀睢陽五老圖次杜正獻公原韻詩一首,五老宋仁宗時人,至和中秋事,杜衍祁國公、王煥禮部侍郎、畢世長司農卿、朱貫兵部侍郎、馮平郎中各有詩,錢明逸序之,亦次其韻一首:"昇平想見古人間,漢世威儀晉代冠。地聚五星堪嘯傲,山臨睢水足盤桓。勝遊休沐資天爽,雅集中秋帶露寒。好事千年多寄托,畫圖長向居中看。"題下注云:衍,山陰人,似浙產也。睢陽在淮西,致仕後流寓睢水可知。杜年八十、王年九十、畢年九十四,朱年八十八,馮年八十五。

馮廷寶(1615—?),字于王,號虞牧。馮班從弟,牧齋弟子。喜作詩,篇章甚富,與其兄放齋相唱和。

崇禎十四年辛巳春,孫永祚亦有題睢陽五老圖敬次杜正獻公元韻詩,見雪屋二集卷三。

八月十二,時秋水閣初成,與程嘉燧登樓賦詩(初學集卷九八月十二夜)。

程嘉燧耦耕堂集詩卷上八月十二夜次牧齋韻秋水閣初成,共憑闌作:"湖風山月屬新收,一片高寒百尺頭。試手步簷曾不夜,振衣風磴已知秋。平疑素魄來窺髮,直上青天可泝流。何處鵲飛還繞樹,八年看我走三州。"

十三夜,又各疊前韻一首(初學集卷九)。

程嘉燧耦耕堂集詩卷上十三夜疊前韻:"雲軿月駕要人收,合著亭臺在上頭。曳影軒窗含遠瀑,行空阿閣俯高秋。招延風物争人勝,攬住湖山放月流。何得更言官醖美,世間應笑鶴揚州。"

十四夜,留吳門,與卞文瑜小飲(初學集卷九),程嘉燧亦有和詩。

程嘉燧耦耕堂集詩卷上十四夜和招友人:"水邊林外夕陽樓,已分殘年伴送秋。誰謂孤雲無駐著,自吟藂桂可淹留。剩添風物閒家具,平占煙波小釣舟。君肯放忙相料理,不妨斜日到林丘。"

卞文瑜,字潤甫,號浮白。長洲人。擅畫山水,平生無定居。與吳偉業善,爲其畫中九友之一。

十五夜無月,作詩一首,程嘉燧和之(初學集卷九)。

程嘉燧耦耕堂集詩卷上十五夜無月和韻:"節物陰晴總不愁,思家時復一低頭。空勞拄杖中宵立,未遣尊罍向月羞。放客惺惺歸北院,任他晻晻下西樓。嫦娥亦是人間意,想像含嚬耐九秋。"

八月十六日,袁崇焕被凌遲處死。

十七日,雨中小酌,詩以紀之(初學集卷九)。

九月,陳禹謨葬,作貴州布政使司監軍都清道右參議兼僉事贈亞中大夫貴州布政使司右參政陳府君墓誌銘(初學集卷五十六)。

墓誌云:"君之卒也,年七十有一。後四年始得贈郵之典,爲崇禎三年九月,祔葬於莊靖公桃源之賜阡。娶秦氏,繼娶劉氏,皆贈宜人。秦生一女,嫁湖廣行都司斷事蔣國珖,庀君葬事,使其子來求銘。君與先君交相好也,莊靖公之喪,先君疾,使乳媼劍余往拜,君與劉宜人撫之而泣,蓋傷己之無子也。今君有賢女,實克葬君,而余執筆爲之銘。死生俛仰四十餘年,於人世何如也。"

陳禹謨(1548—1618),字錫玄,號抱冲。常熟人。莊靖公瓚子。萬曆十九年(1591)舉人。授獲嘉教諭,累陞兵部郎中,晉僉事,備兵川南。遷貴州布政右參議,分巡都清道,卒於途。著述甚多,有左氏兵略、駢志、北堂書鈔補、經言枝指等。世揚死,陳有祭景行錢封君文。

晚秋,接李茂初所次夏間程嘉燧與牧齋唱和詩韻,再作三首(初學集卷九嘉定李茂初風雪中自南翔過訪,不值而去,留詩盈帙,頃復枉和初夏次韻詩見懷,遂依韻奉答,首章傷長蘅之逝,而末章則期茂初之來,茂初,長蘅之兄也)。

李元芳(1564—1637),字茂初。諸生。工詩,尤擅七言。有夢庵集。

張世偉北上趕考,作眼鏡篇送之(初學集卷九)。

程嘉燧耦耕堂集詩卷上有張異度載酒過山居雨中話別送行詩。

與徑山寺僧出郊看紅葉,作詩一首(初學集卷九)。

此僧不詳何人。

孟冬,太空上人性融來訪,流連旬月,臨別,作一樹庵募造佛殿疏(初學集卷八十一)。

疏云:"崇禎庚午孟冬,余與孟陽共栖拂水山居,太空上人過而訪焉。於時霜楓未落，秋潦始清，停車則千林放紅，晏坐則萬頃韻碧。上人顧而樂之，留連旬月。然且別去，乃踵門而請曰：'性融所居一樹菴，在新安黃羅山中，偕同衣性智經營滋久，菴廬一新，住持有嚴，禪誦不絕，惟此如來之像設，尚無殿閣以莊嚴，敢祈一言，以告四衆。'"

性融，不詳生平。憨山有弟子性融，或其人，嘗參訂憨山法華通義。程嘉燧有一樹菴造像疏，見松圓偈菴集卷下。

十月十七日，與程嘉燧、李元芳步至寶岩灣，尋瞿純仁墓，作歌記之（初學集卷九）。

十八日，自拂水步至吾谷，登南巖，憩維摩寺金粟堂，飯後下破山，過高僧墓，與程嘉燧尋等慈和尚葬處，薄暮而返，即事爲詩（初學集卷九）。

爲吳生題李流芳溪山秋霽圖（初學集卷九）。

吳生待考。李流芳此畫有一幅嘉德拍品，題："溪山秋霽圖，仿董北苑筆意。丙寅夏日，滄菴李流芳題。"

又嘉定李流芳全集附李流芳年譜云："二月，作溪山秋霽圖卷，題云：'天啟乙丑二月，寫溪山秋霽圖，筆意在仲圭、子久之間。李流芳似徐孟子安。'（此畫藏於上海博物館。）"末一句不知所謂。

冬夜，徐錫胤家觀劇，作歌贈之（初學集卷九）。

作徐錫祚挽詞二首（初學集卷九）。

贈汪景謨詩二首（初學集卷九）。

汪宗文（1560—?），字景謨。新安叢睦人。袁宏道門生。官鹽運副使。時僑居廣陵。

作康文初六十序(初學集卷三十七)。

文云:"往金壇于中甫、長興丁長孺、常州沈伯和以交誼聞於海内,而常熟繆仲淳、松江康孟修幅巾奮袞,稱爲長兄。諸公晚託末契於余,余因以識孟修,且交於孟修之子文初,斯所謂交在紀、群之間者也。今年文初年六十,吾里中與文初游者,索余文以爲壽。……余之爲勞人久矣,近始偕孟陽爲耦耕終老之計,而文初僑居金壇,時從道人逸老尋四朝七真之跡,吾兩人欲招之而未能也。"故繫此。程嘉燧本年亦有康文初六十詩。

丁元薦(1563—1628),字長孺。吳興人。萬曆十四年(1586)進士。官至尚寶司少卿。著有尊拙堂文集。

又初學集卷六十六姚處士墓表云:"崇禎二年己巳,處士病,自疏其生平時日,以問射決者,其年爲正德辛未,蓋一百十九年矣。其卒也,欽之爲治後事,葬於金壇之某地。……文初屬余表其墓焉。"疑亦在此時。姚處士鸎,見前崇禎元年(1628)條。

除夕,次程嘉燧山中詩韻(初學集卷九),孟陽又和一首,錢謙貞亦有和詩。

程嘉燧耦耕堂集詩卷上庚午除夕次牧齋韻:"湖山斯夕與斯晨,不覺園梅又放春。峰似解衣延畫史,泉來穿屋欵茶神。寧須守歲過咸舍,何用醡年惱比鄰。深愧皇天私老眼,東家貰我作閒人。"

錢謙貞懷古集卷上次韻和宗伯除夕得孟陽山中詩:"疎疎微霰夜將晨,子後庭花已覺春。虛耗自招休問鬼,窮通繋命莫祈神。西山浪覓樵漁耦,北闕終尋侍從鄰。惟我迂疎虛歲月,年年長作買獃人。"

本年,作節婦韓氏旌門銘(初學集卷二十七)。

文云:"崇禎三年,吏部文選清吏司郎中臣必顯言,臣曾祖父元祖以諸生早夭,曾祖母韓氏,年二十有八,毁容截髮,瀕死自誓,力作以奉舅姑,血淚以育孺子,茹荼攻蓼五十餘年。……伏惟陛下鑒百年之苦節,閔三世之死孝,幸得表署其門如制令,其自臣祖父以下,咸死且不朽。制曰可。於是草莽臣謙益,舊待罪太史氏,謹爲之銘。"

孫必顯(？—1639),字克孝。潼關衛人。振基子。萬曆四十四年(1616)進士。官文選員外郎,爲趙南星所重。天啟時,遭魏璫削籍。崇禎再起,十一年(1638)冬,因兵部侍郎闕,超擢兵部右侍郎。甫一月而卒。

卜子寧道經常熟,范景文有書紹介。

范文忠公初集卷十二與錢牧齋:"日有一函,託便寄訊,種種心言,可鑒之形跡之外也。兹卜兄子寧從崇川過江,道經虞山,未有過而不識牧齋先生者。索弟一言先容,知當不拒門屏也。卜兄吴門高士,摛詞染翰,擅絶一時,而風流譚笑,足令平子絶倒。然其胸中纏纆,卻自坦易,城府不設,可與久交者。向在涿鹿塾中,遣子弟受經。鹿庵與締金蘭至契,每書輒稱許不置。弟近與往還,信其言不謬,想翁久之亦當信弟言耳。"

卜子寧生平不詳。據范文忠公年譜:"崇禎三年正月,陞兵部左侍郎。四月,鎮通州,晉階大中大夫。四年辛未十二月,仁元公病,請告,四疏方允。"則此信作於崇禎三、四年間,且附此。

本年,作資德大夫都察院左都御史贈太子少保兵部尚書諡忠憲高公神道碑銘(初學集卷六十二)。

此爲高攀龍神道碑。文云:"崇禎三年某月,公之子世儒始奉天子之寵命,大葬公於錫山之阡,俾謙益書其墓隧之碑。"

本年,嘉興李明嶅以詩來見。

李明嶅樂志堂詩集卷三奉寄錢牧齋先生二首自註:"歲庚午,余年十三,以文干先生,輒蒙許可。"

李明嶅(1618—1681),字山顏,號蓼園。衷純族子。清兵南下,僑居福建。順治元年(1644)舉人,官古田教諭。充福建武鄉試同考官。

王元翰有書相問。

王諫議全集報錢牧齋宮詹:"欽仰台臺,意謂天不虛生俊傑,將拭目以俟澄清。昨歲至武昌,晤段幻老,始知台臺家食有年。時局至此,匪獨天意,實繇人事焉。諸君子始而輕爲援引,既而妄爲出脫,都不從大關鍵着力,自貽伊戚,可哂可嘆。來諭謂乘勢而不識機,角力而不通理,相蒙相償,以致今日,誠定論也,即鑄六州,安能成其錯乎?如弟久沉遠方,葉臺老、鄒南老中忌者之口,猶以放肆見疑。夫攘東林者,推不肖爲罪魁,素質已定,所不敢辭也。惟是當東林拔濯,而萬里外若不知有罪魁王生,是彼以爲罪魁而鐫之碎之,此以爲罪魁而遺之置之。天耶,人耶?吳中山水雖佳,無處容逋客着脚,惟相念如熾而已。"

王諫議全集報段幻然掌科:自劉青岳敗露,錢牧齋受誣,爲東林君子一大厄難。而津要蒲州公一意模稜,多方欺敝,致聖主焦勞于上,夙套舊習,牢不可拔,有君無臣,千古浩歎,真可惜也。

王元翰(1565—1633),字伯舉。雲南臨安人。萬曆二十九年(1601)進士。官吏科、兵科給事中。天啟初,鄒南星薦爲刑部主事。旋遭閹黨彈劾,罷官。崇禎初再起,爲王永光所尼,流寓南都十餘年而卒。

段然,字幻然。江夏人。萬曆二十三年進士。

劉青岳,即鴻訓,崇禎元年(1628)因更改勅書、受賄等案革職充軍。

明崇禎四年辛未(1631)　五十歲

元日,次除夕韻(初學集卷九)。

錢謙貞懷古集卷上和辛未元日前韻再寄孟陽詩:"膠啁難唱欲侵晨,却喜衡茆亦有春。爆竹儘教驅病鬼,圖幡急爲護花神。入門風月皆知己,過眼烟霞即比鄰。敢向高閒爭次第,也應不讓第三人。孟陽結句:東家賞我作閒人。原倡云:商量蠟屐伴高人。"原倡即牧齋句。

程嘉燧耦耕堂集詩卷上辛未元日次牧齋韻:"風雨蕭蕭獨鶴晨,住山又喜見山春。身如龐老家無室,佛是吳生畫有神。漸擬禪深諸漏盡,莫將塵析與虛鄰。昨朝賣卻癡駖者,未必心空第一人。"

新年有感,又次除夕、元日韻二首,有"聞道公車徵射策,少年誰似雒陽人"之句,蓋爲會試而發(初學集卷九)。

人日又次除夕、元日韻一首示李毅(初學集卷九),程嘉燧亦和一首。

程嘉燧耦耕堂集詩卷上人日次牧齋韻:"望入山腰古寺晨,坐深藍尾一家春。且娛燈燭喧兒女,不用哀絲動鬼神。梅試寒香移北澗,池添新水出西鄰。風光合度陽阿曲,自覺尊前少和人。"

陸瑞徵頤志堂詩稿卷三人日次孟陽徵士牧齋太史韵:"水邊晴色□芳晨,昨日鞭牛□□春。□□□□欺月魄,忍□羯鼓促花神。釵□□綵□□□,□尾留尊尚欹鄰。好製青鞋陪杖履,未容公等獨閒人。"

正月,作奉壽從祖母徐夫人六十序(牧齋外集卷十一)。

序云:"崇禎四年,從祖母徐夫人六十始壽,正月二十二日,其誕辰也。始吾家祖父,孝悌友愛,施于再世。從祖父實以元兄事我先君,長而益共。履之少而孤,夫人訓迪之,令移其先人之事先君者事我。余之於夫人,雖從祖母,不啻猶叔母也。"此謙貞母。

作李長蘅墓誌銘(初學集卷五十四)。

文云:"長蘅既亡三年,以今年二月某日葬南翔之祖塋,其子杭之泣而言曰:'宜銘吾先人者誰乎?有先人之友程與錢在。'孟陽曰:'吾老矣,過時而悲,不能文也,銘莫如錢氏宜。'於是杭之纍然喪服來徵銘,孟陽助之請尤力。"李流芳卒於崇禎二年(1629)正月,故繫此。檀園集附此銘,云程嘉燧書丹,宋珏篆蓋。

黃公渚評云:"李長蘅墓誌銘,先提'孝友澹榮利,篤君臣朋友'爲之綱,然後錯落敘述,每段起伏處,以雄渾之筆掩蔽,使不露圭角,銘亦瑰麗。"黃公渚繫年在上年。

二月,錢文光與其妻周氏合葬,作族子純中秀才墓誌銘

（初學集卷七十五）。

二月，題蒙古刻本重修政和經史證類備用本草。

此本現存國家圖書館，文又見有學集卷四十七。

二月二十五日，作朝陽榭記（初學集卷四十五）。

榭在耦耕堂東南，踞山之東，旦即見日，取爾雅釋山"山東曰朝陽"名之。

三月初五日，作秋水閣記（初學集卷四十五）。

山曉閣明文選續集卷五評云："坡公熟於漆園之書，故其著作，往往多曠達之見。此文起手布置，亦只目前之景，而至其用意所存，則固超超玄箸，脫埃氛而參上乘矣。以此上質坡公，當共拈花一笑。"

據海虞詩話卷七，秋水閣舊額後爲瞿頡所得，因名其集爲秋水集。

春，孫永祚過耦耕堂、秋水閣，有詩。

雪屋集卷四雨中看梅秋水閣呈錢牧齋先生："何處滿鳴鳩，芳園草欲稠。林梅將竹色，夜雨洗池流。水閣謝公興，春盃山簡留。風波湖上闊，賴有濟川舟。"

又題錢牧齋先生耦耕堂："竹林開綠野，花藥此堂分。海內蒼生望，山中白日曛。耕耘知帝力，黼黻見卿雲。沮溺雖賢者，寧甘麋鹿群？"

四月一日，程嘉燧與唐玄真、子士頵遊虞山，牧齋走足相告，訂明日同遊。

程嘉燧耦耕堂集文卷下遊虞山記："崇禎四年四月，余居山莊耦耕堂適經歲矣，山中可遊者足跡略遍。嘉定唐子玄真來，將同頵兒出遊，余與之偕，戒童襆被以從。朔日……方謀近而可遊者,老牧走急足,期明日出城來會,且勿遽歸。"

唐玄真,字雲龍。績溪人,僑居嘉定。以醫擅名。有痘疹奇衡存世。

二日,牧齋偕汪幼清來,與程嘉燧等同游虞山。

程嘉燧耦耕堂集文卷下遊虞山記:"食時,牧翁與汪幼清來集……日晡,老牧始別去。"

汪一廉,字幼清。安徽新安人。善下圍棋。

五月廿八日,蕭士瑋作長詩相寄。

春浮園偶錄辛未:廿八,晴。作寄錢受之詩,有小引:"余讀錢受之詩文,酷肖歐公,受之亦云余詩甚類放翁也。受之又與余言,有程孟陽者,爲老成人,不可不亟見之。余愛閒多病,安得出門?近聞受之爲孟陽結廬拂水,敷文析理,與相晨夕,致足樂也。朋友文章之福,世有如受之者乎?余故賦此遥寄之。""風雅知何寄,退思在空谷。馬老粗識途,牛童争脱梏。古調誰復彈,庸音操足曲。全不中芸鋤,漫爾耗紙竹。余生厭肥羜,何至敬枯木。所貴存氣韻,一往深情屬。掩袖泣燈前,簪髻坐別褥。美人兮不言,目成與余獨。妙景如追逋,一失不可復。會稽差蘊藉,臨川特遠俗。微恨薛濤箋,狹小元和幅。歷下與瑯琊,盲腐之奴僕。無力鞭偃蹇,更相建鼓逐。頼而安龜藏,倖可赦鼠獄。死戀肘後印,傲來蠻與觸。楚子亦能軍,射王中其目。功高推亡秦,茅縮故可續。群兒競殘唾,通國走猴沐。初貪入手辣,終肆潰腸毒。欲洗筝笛耳,瞻烏止誰屋?堪語一片石,遠在虞山麓。此中有怒虎,挾以老蒼鵠。名士樂沃土,兩雄而一宿。我欲獨身來,壁觀龍象蹴。生畏狂彌明,壓倒劉師服。善將貴伐謀,火攻非吾欲。匆匆聊及此,付與錢郎讀。"亦見春浮園詩集。

六月,爲曹訥作蓼菴記(初學集卷四十三)。

記云:"太倉曹子忍生,痛其父母之蚤世而不及養也,又自傷其長而不遇,無以慰其親於地下也,讀詩至蓼莪,輒爲廢書泣下。文宫洗文起大書蓼菴二字以貽之,曹子顏于其讀書之屋,而請余爲之記。"

乾隆沙頭里志卷六舉人:"曹訥,字忍生,一字三才,繩武子。由嘉定學中崇禎癸酉舉人,考授知縣,未仕卒。"

本年,爲金壇于季鑾作言樹堂詩(初學集卷九)。

詩云:"壽母居此堂,有子承歡娛。壽觴一再舉,慈顏與萱如。"應是爲于母上壽而作。

無聲詩史卷七:"于蕡,字季鑾。金壇庠生。寫山水。"

七月曝書日,作跋宋版左傳(初學集卷八十五)。

文云:"宋建安余仁仲校刊左傳,故少保嚴文靖公所藏,其少子中翰道普見贈者。脱落圖説并隱公至閔公五卷、昭公二十一卷至二十四卷,却以建安江氏本補足。紙墨差殊,每一翻閱,輒摩挲歎息。今年賈人以殘闕本五册來售,恰是原本失去者。卷尾老僧印記,亦復宛然。此書藏文靖家可六十年,其歸於我,亦二十年矣。"道普即嚴開宇。

夏日曬書,理雲間人抄書舊册,中有宋人汪元量詩二百餘首。七夕,作跋汪水雲詩(初學集卷八十四)。

知不足齋刻汪元量水雲集亦附此跋,文字迥異。

立秋日,懷念都門送别諸人,作感秋詩二首(初學集卷九)。

　　詩云:"扁舟約略潞河東,去國孤身似斷蓬。已是三年成昨夢,漫餘雙鬢待秋風。"又云:"腸斷都門送別人,三年懷袖字猶新。朱厓夢入真堪畏,碧血藏來可化塵。"自註云:"臨邑司馬没於請室,時復見夢,故有李朱厓之感。"

讀汪逸詩集,戲題一首(初學集卷九)。

徐波攜詩、茶來見,題其所藏鍾伯敬茶訊詩卷(初學集卷九)。

　　詩云:"今年徐郎示我茶訊篇,兼攜好茗穀雨前。坐聽松風沸石鼎,手汲雲浪烹新泉。茶罷還枕石磵眠,沉吟茶詩欲泫然。"

　　鍾惺隱秀軒集卷三十五自跋茶訊詩卷:"吳門買茶之使,在予已成歲事,人笑我迂,不知其意不在茶也。予與元歎,吳楚風煙,淼然天末,以顧渚一片香爲鴻魚之路,往返間書可必得,如潮信之不爽。中間或元歎寄詩而予未及答,或予寄而元歎未答。今兹乙丑歲之使,以四月八日自家而發,有詩奉寄。因彙前後兩年之作,書之一卷,題曰茶訊詩,未和者補之。歲久積之成帙,亦交情中一段佳話也。"

　　徐波(1590—1663),字元歎,號浪齋,入清後號頑庵。吳縣人。諸生。少任俠,工詩古文,與竟陵鍾惺、譚元春交善。順治二年(1645),於天池山下構落木庵以居,與中峰、靈巖高僧相往還,不復出。

陳三恪生子,作星士陳叟生子詩(初學集卷九)。

送人之廣東,作詩一首(初學集卷九)。

　　詩自註云:"客先自嶺海回,驛人多問余起居。"此人疑是陸問禮。去年九月,陸問禮由廣東左布政使遷右副都御史,巡撫南贛。

作陸母張夫人墓表(牧齋外集卷十七)。

張氏(1553—1622)爲張文麟孫女,王世貞外甥女,嫁陸一鳳子,生子問禮。墓誌云:"今中丞特簡建牙,當又有新命云。"故繫于此。

八月廿八日,跋顔魯公自書誥(初學集卷八十五)。

九月,應趙均之請,爲其父説文長箋作序(初學集卷二十九)。

序云:"吴郡趙君凡夫撰説文長箋若干卷,其子曰均,字靈均,鏤版行世,抱書過余山中,請爲其敘。"年月見長箋刻本,門人邵彌書。

趙均(1591—1640),字靈均,號墨丘生。吴縣人。宧光子,文從簡婿。死,牧齋爲作墓誌銘。

戲題王德操小像四首(初學集卷九)。

其二云:"眉間黄氣緣何事?新得蕭孃一紙書。"自註云:"德操長齋入道,與草衣道人有世外之契。每得草衣手跡,籠置袖中,喜見眉宇,人望而知之。"其三:"虎丘燒了王微嫁,更覺枯禪氣味真。"蓋王人鑑與王微交情頗密,故牧齋戲之。

王人鑑(1563?—1640),字德操。長洲人。少學詩於居節。家中堂供古佛,不食葷血者三世。程嘉燧、朱隗咸推服之。有知希齋詩傳世。

九月,方文來常熟相訪。

有學集卷二十六送方爾止序:"崇禎辛未,爾止謁余虞山。……爾止初謁余,甫弱冠,才氣鑫涌,獵纓奮袖,暎蔽坐客。余年五十,罷枚卜里居,天下多事,志氣猶壯。"

錢龍惕大咒集卷下憶昔行贈方爾止:"憶昔年方志學始,喜交天下知名子。嘉禾孫生好事者,文會虎丘集遝邐。其時會者數百人,我愛桐城方爾止。方生弱冠氣豪上,英奇倜儻世無比。酒旗共醉青樓春,擲果同車遊鶴市。吾家太保似太傅,角巾高卧東山裏。君將負笈問奇字,約我來過尚湖涘。買魚沽酒坐小樓,抵掌六義談詩史。發揮杜陵自然義,嗤點詩歸紕繆旨……"

方文嵞山續集西江遊草喜錢牧齋先生惠書復寄:"少年曾作虞山客,親見先生半百時。"

方文(1612—1669),字爾止,號嵞山。原名孔文,字爾識。桐城人。大鉉子,以智叔。諸生。入清不仕,以賣卜爲生。著有嵞山集。

九月廿八日,蕭士瑋又作書相寄。

春浮園偶錄辛未:廿八,與錢牧齋書:"山中圖史足娛,兼得好友相與晨夕,此福當矜慎享之。異時坐中書堂,四體不得暫安,口腹不得美厚,身肩天下之憂苦,思欲一唱渭城,不暇矣。瑋居家一無所爲,然後世或以嬾廢誤入高逸,未可知也。"

十月,程孟陽繪秋林圖。

見張大鏞自怡悦齋書畫記卷三。程嘉燧題云:"崇禎四年十月,畫于耦耕草堂。"末有牧齋題詩:"十年同學半朝天,誰念寒窗落葉邊。堪嘆朔風偏易人,暗來吹下讀殘篇。舊句奉贈本芝年社長正。蒙叟。"按,此詩不見初學集,疑是僞作。牧齋使用蒙叟之號在順治四年。本芝爲孫朝讓。

閏十一月,爲陸符作補陀詩題辭(補陀詩卷端)。

陸符(1597—1646),字天陛,一字虎文,號雪瓢。牧齋嘗改其字曰君陳。鄞縣人。崇禎十五年(1642)舉人。魯王監國時賜進士出身,授行人司行人。卒,黄宗羲爲作墓誌銘。

改字事,見初學集卷二十六陸君陳字説,不知作於何時。文中尚稱陸生,應在中舉之前。

本年,作洪武正韻箋序(初學集卷二十九)。

此書爲楊時偉補箋,有刻本存世,牧齋序署"崇禎辛未,虞山舊史錢謙益謹敘"。

楊時偉(1554—?),字去奢,一字去華。長洲人。貢生。師事王敬臣,少以胡氏春秋聞名,海内以爲古之經神。卒年八十餘。

本年,作徐元晦墓誌銘(初學集卷五十五)。

文云:"又九年崇禎辛未,其孤璣等卜葬于横瀝之東原,奉王公所撰行狀來乞銘。"王公即兵部尚書王在晉,與徐文任爲姻親。

山曉閣明文選續集卷五評云:"此是誌墓正格文字,前幅逐事寫來,磊磊落落,使人讀之,如見其人。後來作一總束,音節悽楚,令人重友生之誼。至説到窮其友於身後,竟令人有閉户之思矣。嗟乎,是何言之激以悲歟?"

本年,作明故陝西按察司按察使徐公墓誌銘(初學集卷五十六)。

此徐待聘墓誌,誌云:"公晚年與余游最密,每從公契闊談讌，酒肴嘉美，情愫披豁，主不告疲，客亦忘去，以爲有古人嘉賓式燕之風。……公卒於天啓丙寅正月初七日，享年七十有二。娶陳氏，贈淑人。崇禎四年某月，合葬於徐墅之阡。公有子四人：錫祚、錫胤、錫雲、錫全。女三人。錫祚、錫胤皆與余交好。錫祚後公五年亦没，錫胤實來乞銘。"

徐待聘（1555—1626），字廷珍，號紹虹。常熟人。萬曆二十九年（1601）進士。歷知樂清、上虞、分宜三縣，終陝西按察使副使。

墓誌近年在張家港徐市鎮出土，申用懋書丹，陸問禮篆額，上文"某月"作"十月"。

本年，作南京禮部尚書贈太子少保李公墓誌銘（初學集卷五十一）。

此李維楨墓誌。文云："今上四年辛未，其孤國子生營易詣闕請郵于朝，贈太子少保，賜祭葬如令甲。十二月，葬公于游山之原。公娶王氏，子三人，營易、營室、營國，孫若干人。營易既葬公，持所撰行述，及周吏部士顯之狀謁余而請曰：'願有述也。'余以史館後進，受知于公，公乞休時，余在右坊，寓書相告曰：'能援我以進，又能相我以退者，必子也。'余是以諾營易之請，臚括其事狀，舉其所知者以爲之誌。"故繫此。

按：據熹宗實錄，李維楨乞休在天啓四年十二月，牧齋此時官左春坊左諭德，"右坊"疑誤。

應侯峒曾之請，爲其父震暘作吏科給事中贈太常寺少卿侯君墓誌銘（初學集卷五十二）。

文云："又二年，將葬，峒曾次君之生平爲狀，泣而請于余曰:願有述也。……生三子,長峒曾也,次曰岷曾、岐曾,岷曾早死,而岐曾猶未仕,人皆以爲國士。女四人。崇禎四年十二月葬於圓海沙之祖塋。"

冬,南京刑部侯主事入京賀冬至節,覲省父母,作詩一首(初學集卷九送南刑部侯主事入賀冬至節,覲省其尊人太傅公,兼奔長公之喪)。

詩云:"清時貴戚總能文,瓊萼瑶枝孰亞君?"可知侯主事是皇戚,應即駙馬侯拱辰之子昌胤。

除夕,作詩一首(初學集卷九)。

明崇禎五年壬申(1632)　五十一歲

元日,作詩一首(初學集卷十)。

人日得張慎言書,贈詩一首(初學集卷十)。

作卜肆行贈周午陽(初學集卷十卜肆行贈毘陵周午陽,給諫稼軒推重午陽,時時延致問卜,故以賈生爲喻)。

錢曾註云:時雍竹牕漫記:周午陽,毘陵人,往來吾邑,言多奇中,嘗登高望氣,云:"虞山當出蛟及虎,旋有屠城之禍。"乙亥夏,蛟出西山,中夜大雨翻盆,水溢丈餘,皆氾濫作黄河色。西山居民雨中聞山石礧砢有聲,兼見火光隨蛟而去。次日,人即其處,有穴焉,穴中作佳墨香,卵石横道,草樹披偃,亦異事也。辛巳冬,虎來山中,旋至東鄉錢家倉,爲村民擊斃之。乙酉七月十四五日,果有屠城事。所言一一符合。午陽居昌城,謂其子曰:"此地將爲戎馬場,宜徙居避之。"子如其言,果免于難。南都之變,此君已卒二年,其前知如此。

瞿式耜有題周午陽先生小像詩,程嘉燧亦有贈周午陽鍊師詩。

作新安汪烈婦歌(初學集卷十)。

不知何人。

三月二日,朱鷺去世(初學集卷七十一朱鷺傳)。

朱鷺(1554—1632),初名家棟,字支中,後字白民,自號西空居士、青浮子。吴江盛澤人(傳作吴縣人)。諸生。爲馮夢禎高足弟子。家貧,授生徒以養父母。父亡後,獨遊名山。善畫竹。少好玄學,解道德、參同之旨。晚而歸禪,參雲棲、憨山二老,結茅華山寺之左。著有建文書法、青浮子髯籟等書。生卒年見文震孟藥園文集卷二十五貞隱朱白民先生墓志銘。

初學集卷二十八建文忠編引:"吾郡朱鷺白民,好談遜國時忠義,搜訪五十餘年,撰建文書法,余爲上之史館。"

卷七十一朱鷺傳:"鷺爲諸生,當萬曆全盛之世,每譚建文朝事,輒泣下汍瀾,悲不自勝,不知其何謂也?網羅遺佚,作爲建文書法,欲進之朝,不果。崇禎初,撰甘露頌,策蹇入長安,侑以畫竹,欲獻新天子,又不果。"

朱鷺建文書法一書,初撰于萬曆二十二年(1594),四十三年(1615)重修,天啓、崇禎時又有增訂,皆有刻本,錢謙益亦列名校閲,然上之史館,不知何年,疑在天啓間。

黄公渚評云:"朱鷺傳,事跡無多,以龔聖予、鄭所南爲比,便生動有致。此文家陪襯法也。"黄公渚此文署崇禎五年。

春，唐時昇婦卒，牧齋作書慰問，唐有書答謝。

唐先生遺稿答錢宗伯："某夙遭閔凶，在懸磬之室六七十年，而鮮知飢寒之爲患者，實由萊娘默有以彌縫其闕也。永訣之際，能無慘愴……承遠貺賜之厚貺，感切于中……游拂水山房已非一二，若後日孟陽以遷居歸，此時春事正繁，或可同載而來，以償夙願，茲附數字陳謝。"後又有兩通，皆相約見面之事，應亦在本年。

王人鑑來訪。

顧德基東海散人集卷一題松林圖七絕壽王德操七十小序："詩人王德操隱居虎丘山塘，向過我村居，流連數日，別後杳不相聞者二十餘年。今春邂逅于錢侍郎齋頭，各追往事，爲之惘然。雖年增二紀，而容顏如昨。問其齒，適當古稀之期；問其子，始有添丁之慶。松圖七詠，以當華祝。"

題相士倪生卷子（初學集卷十）。

詩云："二十年前識君父，期我飛騰起雲霧。祇今晼晚又識君，霜毛雪鬢徒紛紛。人生能得幾二十，觀河皺面何足論。"不詳倪氏何人。

孫朝肅有書，寄詩答之（初學集卷十）。

孫朝肅（1584—1635），字恭甫，更字功父。常熟人。萬曆四十四年（1616）進士。歷官刑部主事，廣東布政使。喜搜書，所藏甚富。

夏間，茅元儀家居，寄詩相聞。

石民橫塘集卷五柬錢受之侍郎：紅蓼風勻月不憎，納涼無奈髮鬔鬙。闔棺未到身先定，藏壁雖高懶未能。疎散不輸堂食相，羈縻殊愧打包僧。西牕就否君休記，夢裏高皇語可憑。

五月，顧大猷卒。

初學集卷二十六孝譽先生私諡議："崇禎五年五月，故鎮遠侯勳衛揚州顧君卒。"

五月，作瑞光寺興造記（初學集卷四十二）。

記云："崇禎辛未，友人張異度以復寺來告曰：'寺僧竺璠實主之。'已而璠過余，曰：'公知我乎？即遠公院中小沙彌也。公于此寺有宿緣，幸為我記之。'嗟乎！璠為小沙彌導余游寺時，其長與案上下耳。今乃能夙夜經營，還寺舊觀，其所成就，不苟如此。……璠之興造，經始于萬曆某年。天啟甲子，造七佛閣於佛殿之北。崇禎己巳修天寧塔，凡若干級，募飯僧田若干畝。寒灰奇公自楚來駐錫，而崑山王在公孟夙以宰官入道，皆助璠唱緣，克有終始。"此文崇禎吳縣志卷二十四、吳都法乘卷十，皆云天啟癸亥造七佛閣，崇禎庚午修天寧塔，與初學集有異。

山曉閣明文選續集卷五評云："人生少壯閱歷，老大每為憂傷。蓋時移境換，觸緒縈懷，思之增感耳。寺之遞興遞廢，此亦物理之常，但值邦家多故，朝廷之除拜，日隆重其選，而竟無能有所成就如一沙彌者，言之可為於邑。既動以可愧，復悚以知懼，未免有情讀之，當有矢志奮興者。若遂欲以粥魚齋鼓安隱終身，恐塔廟雖多，亦未必竟為此輩藏拙之地。"

初學集卷六十九竺璠禪師塔銘："崇禎初，聞瑞光之修復，訪問所謂竺璠和尚者，追省兒童時事，相見一笑，為刻記於石。"

夏，陆瑞徵有诗投寄。

颐志堂稿卷三暑中久不过山斋候孟阳先生束寄四首兼呈耦耕堂主人：销夏悬知一事无，盪胸十里贮平湖。松筠得主身堪老，风雅凭君道未孤。自带笭箵漫称叟，久抛书卷著潜夫。寻常莫訝空推逊，鲁直诗名压大苏。

飘零湖海气空豪，往事临风首重搔。凤采暂为梧竹下，猪肝宁使吏人劳。眼中少可交成懒，病后停吟格转高。筋力不堪长抱甕，林间自扫鹤遗毛。

世间钟鼎总蚍蜉，文采推君事事优。小米烟岚裁绢幅，率更波磔记银钩。当年翰藻称三绝，此日心情詠四休。莫笑骚人风景退，商量茶格到甆瓯。

分擘林坳一榻风，云霄知己慰途穷。辋川只许容裴迪，司马何妨主德公。问字人来频载酒，知音赏绝歎烧桐。向平五岳成虚愿，莫放吾山蕙帐空。

仲夏，观剧歡燕浹月，作诗五首，并呈许士柔（初学集卷十）。

苏子后集卷四次韵钱宗伯剧饮经月作诗纪兴：“卜席移尊不厌频，酒中梦里过经旬。自嫌马齿妨宾位，偷钁霜髭对儛人。百戏閲来还故我，一生折尽恐长贫。颠狂莫訝旁人笑，贫贱夫妻亦早嗔。”苏先又有观剧歌赠徐尔从丈，知主人为徐锡胤。

钱谦贞怀古集卷下仲夏追陪诸公观剧，歡讌浹月，家侍郎首倡长句，依韵奉和四首：歡场排日岂须期，晴雨舟车到处随。宴剧不过亭午后，醉花多在上灯时。僮奴见惯来应笑，里巷传呼看欲癡。茂绿成阴红较淺，急寻春去莫教迟。

桐梢又見月華新，屈指盈虧第幾旬？聚散忽如筵上客，風塵若箇意中人。芳標競走金門貴，寬政偏容酒戶貧。衆裏卻嫌流輩伍，十分歡笑一分嗔。

粧成巾幘技猶長，贏得觀場應接忙。俊似雕瓊還笑語，輕如飛絮解顛狂。名高出衆纔非詑，曲誤因人尚可商。無分溫柔嗟病老，白雲何處是吾鄉。

倜儻風流事事殊，生憎便欲返吳趨。歸舟浪擬因風繫，別席空教帶雨敷。與鋪同。織女機虛相望否，嬸娥秋冷果來無？三旬一覺繁華夢，依舊空庭掩綠蕪。

程嘉燧耦耕堂集詩卷上和牧齋觀劇四首次韻：山中還往亦無期，行樂何緣不暫隨。顧曲那禁窮相眼，狂言容迕破顏時。一群嬌鳥花相逐，四壁寒蠅凍似癡。少小也諳曹植舞，燈前長袖自倭遲。

徵歌排日鬭妝新，買笑留歡不計旬。傾國總矜堂上豔，逢場曾作坐中人。玲瓏爭唱尚書醉，啄木誰言學士貧？省識春風向來面，嬌人宜喜復宜嗔。

遊絲無力冒春長，急盞從揮白日忙。燭下邀來偏巧笑，曲終不見只顛狂。迷花未散常侵曉，和雪難教更引商。浣處似聞遺石在，相逢或恐是同鄉。女郎自言練祁江上人。

萬金一曲藝偏殊，誰效工嚬學步趨。水上盈盈逢洛女，桑間冉冉見羅敷。腰肢結束元難有，楊柳風流得似無？瞥眼繁華易惆悵，可如丈室對疏蕪。

陸瑞徵頤志堂稿卷四初夏陪諸先輩徵歌看伎晏賞浹旬次牧齋韻：傾園名花似有期，石家步障好相隨。盈盈笑上傳杯後，草草妝成翦燭時。學士風流應夢破，東坡春夢婆事。使君才思與雲癡。解龜換酒留佳話,老大逢場未較遲。

人間具美洵難期,況復耆英載酒隨。簾幙恰來新燕子,風光須記熟梅時。花開花落憑誰主,情死情生總是癡。惆悵揚州真薄倖,十年重到已嫌遲。

寶髻羅衣色色新,淋漓河朔動經旬。浮瓜清暑宜留客,折柳臨風愴別人。錦瑟不辭中酒病,朱門常爲惜花貧。停歌解釋卿卿意,唾霧啼珠總是嗔。

越羅初試一番新,隊裏追歡不記旬。豔質翩躚遺珮女,柔腸惱亂絕纓人。花逢好夜尤憐短,酒有醨樽未是貧。踏遍陽春扶路唱,六街應避近前嗔。

乳燕鳴鳩白日長,閒情無賴却成忙。百金不惜東山費,一笑先傾下蔡狂。雨灑銀燈銷翠黛,風生紈扇掩清商。盛筵必散須臾事,千古繁華總夢鄉。

徘徊珠履綺筵長,狼籍金薤選日忙。可但酒腸拼痛飲,便教醒眼亦清狂。輕衫半舞聞薌澤,急管頻催入羽商。若使楊枝和淚遣,總然謀醉不成鄉。

聞聲對影衆中殊,纖細腰肢掌上趨。立近新篁真綽約,坐臨紅藥兩紛敷。身如嬌鳥誰爲主,絲逐春蠶未肯無。最是彩雲容易散,離樽悽斷酹蘼蕪。

當筵色藝百般殊,詎向邯鄲擬步趨。釵朵模糊月下見,燈花爛熳夜深敷。紅顏偎處移時煖,白髮消來半鬌無。中酒明月呼不起,殘香一樹掩庭蕪。

夏,作石田翁畫奚川八景圖歌一首,後又續作一首(初學集卷十)。

詩序云:"奚川八景圖,石田翁爲七世祖理平公及其兄理容公作也，二公家世畊讀，隱于奚川，撮其勝槩，聲爲八景。學士大夫咸歌詠之，石田爲補圖而系之以詩。然而家譜失載，家人宗老亦罕知者，則其去吾家久矣。廣陵李沮修見之於金陵王氏，詢知爲吾家故物，購以見詒。百三十年之後，頓還舊觀。焚香展卷，欣慨交集，遂作歌以記之。繼聲屬和，竊有望于君子焉。"

李思聰，字四卿，號沮修，又號再謫仙人。興化人。春芳孫，茂功三子。少負奇才，好讀異書，工詩古文辭。後遷居金陵。喜登臨吟詠，復留心時事實務，嘗有江防、城守、開老鸛河諸議。因有忌之者，乃絕口世事，觴歌嘯詠，隱居終老。卒年七十四。尤擅堪輿之術，編有堪輿十一種書。

程嘉燧耦耕堂集詩卷上和牧齋題沈石田奚川八景圖歌：侍郎載歌奚川圖，後人諷歌如按圖。詩成相示勸之和，才盡氣索其如吾。枯賜無潘難飲墨，但怸夕歠還朝餔。近來長句罕子敵，況當述祖詩格殊。世家文彩賸粉繪，列聖德澤餘張鋪。侯王忠孝遺第宅，江海碩大田泥塗。明堂梓材老勿翦，連城寶玉韞莫沽。身當承平俗殷富，絃歌耕鑿游康衢。一川東下百谷應，偉哉二惠鍾菰蘆。風流冠蓋四走集，淵深木茂相招呼。柳森溪堂讀書處，種竹萬个中盤紆。摩挲商周出彝鼎，嘯詠日夕傾觴壺。是時景泰富才子，畫師劍客兼博徒。爲梁置驛動成市，百貨輻集杭與蘇。茅茨曉驅挂書犢，瓜鉏晚帶巢冠烏。清門孫枝見隆棟，白雲宰樹皆連趺。畫走那知六丁索，圖出定有神明扶。石田先生上仙久，飄然八景來坐隅。焚香盥手再拂拭，襲以繡段紅氍毹。薦陳家廟侑踐斝，誇譧宗郯繁笙竽。傳家洵有萬金產，識字不独分之无。他年会是大手笔,簪橐侍从仍操觚。抱看睨视细指点,对客问事时挽鬚。蝇头卷尾复书罢,举手向我重嗟籲。天吴耐可补褐缀,宝绘忍复残膏污。强歌形秽恍自失,何当白璧邻武夫?咄哉无盐漫刻画,人言东里瞋女空尔愚,胡然东里瞋女空尔愚。

列朝诗集丁十三下周永年次韵和牧斋题沈启南奚川八景图卷:奚川八景不可见,尽情敛取入画图。侍郎作歌系其后,爲索和篇徵及吾。吾得见诗如见画,当食几欲望歠餔。五柳宅边竹里馆,宁与晋唐人物殊。柳眠更起竹乍醉,坐见满地清阴铺。青山白云粉黛深,暝树寒鸦疑墨涂。读书有此下酒物,秋田可酿钱可沽。村居惟愁过客少,时教置驿临通衢。儒林文苑隐逸传,竞夸胙生孤庐。窥园临水足酬唱,放歌舒啸随召呼。记里桃源境绝异,序中盘谷路复纡。花抚紫荆与常棣,鸟催布谷兼提壶。案陈诸器皮图籍,无一不与古爲徒。家藏食鼎斟雉羹,俗传避忌呼落苏。石田写景旋寄咏,醉时击缶歌乌乌。何处閒行过略彴,几人枯坐来趺跏。长林丰艸任寂莫,明堂今有一柱扶。此图久失忽复出,直从秣陵归海隅。展卷如闻古香动,坐观不敢卧氍毹。一歌再歌奏金石,岂我细响能滥竽。强凭韵脚当跋尾,不识可称同调无。春光差喜霁非霁,世事休论觚不觚。故庐指点谁稚子,且欣且慨手捋鬚。先畴旧德等閒在,止合传玩何欷吁。王公之先所可荐,蘋蘩筐筥暨潢汙。鬈眉忽作翠微绿,耳畔清泉鸣仆夫。丹青能事审若尔,愚公移山真复愚,吁嗟乎,愚公移山真复愚。

又题一首:听说图中风物美,但读长歌已狂喜。乔木清川數里間,尺幅都收到曲几。前有老杜後大蘇,能以詩章當畫史。二歌三讀轉興懷,少陵眉山相比擬。若道臨溪堪釣璜,尚湖宛在渭川涘。作畫善行縮地法,無數景光縑素裹。春秋以時詠蘭桂,俯仰之間識橋梓。遊乎鹿豕想隣山,食足魚蝦知近市。論成樂志美西園,村港暗通路斜迤。耕鑿衣冠問若何,只記在家常早起。吾子風流勝昔人,合調每尋程與李。孟陽、長蘅。蘭心未肯襍於蕙,橘性寧教化爲枳。所嗟李子就泉臺,喜得程君就棲止。拂水巖頭飛瀑聲,穿過窗櫺落枕底。堂沿松竹署耦耕,閣敞湖山額秋水。似兹小築近年成,賸許新經著未耜。山莊對向畫圖看,知他誰儉復誰侈?詞出牛宮見曳犁,客上龍門聞倒屣。嫩蕨有幾亦同採,老酒無多竟先被。長句初驚驟雨過,高歌定遣從風靡。先疇昔日服畎畝,舊德今時食名氏。朝烟夕靄並迷離,山亦有椒江有汜。清齋不免困園蔬,净肉何至汙碪机。宋家劉氏兩先生,號曰公是與公非。從來史學未易通,夏禮能言徵在杞。吴越當年大國王,表忠觀古舟堪艤。四海皆知有羅生,唐使不知亦已矣。子今命我續前篇,未及捉筆先伸紙。蘭亭敘曾比金谷,桃源記却出栗里。況子詩因述祖興,輞川唱和非徒爾。五行作甘惟稼穡,三農艱辛在耘耔。墨池滌研開良田,此意豈復關餘子。

周永年(1582—1647),字安期。吴江人。少負才名,詩文倚待立就。遭亂坎坷,卜居吴中西山,未幾卒。著有吴都法乘等。

周永年與牧齋早年即定交,有學集卷三十五周安期墓誌銘云:"故太宰吴江周恭肅公有曾孫二人:曰永年,字安期;宗建,字季侯。與余俱壬午生,以書生定交。"

列朝詩集丁十四曹南宮學佺寄題奚川八景詩爲錢受之作:予選明詩嘉靖中,鮑菴唱和石田翁。論晴較雨當家話,食葉成文道者風。吴地疎篁堪避俗,錢王芳草滿離宫。書聲一派深更裏,繞過奚川橋子東。

顧德基東海散人集卷一次韻錢牧齋奚川八景圖歌:吾生未放奚川艫,今朝始見奚川圖。石田圖罷系以詠,相見擲筆聲羊吾。王孫得之廣陵客,乍見喜若饑得餔。而祖風流隱斯浦,弟昂聲價無差殊。百年喬木有變滅,千古大江長練鋪。滿浦桃花隔秦壤,畫工何處通迷塗。江山信美況吾里,賓朋自遠非屠沽。仰見招提隱林薄,俯瞰罞彴橫花衢。日夕牛羊下煙壠,人聞舟楫藏菰蘆。玄亭載酒誰問訊,肩輿看竹煩招呼。地古民醇好風俗,山圍水抱相盤紆。此中耕讀有真趣,安用海外尋方壺。杭上朱門盡宗族,吴中白面多生徒。東谷將軍辭細柳,鮑菴學士來姑蘇。賢人聚散應玄象,詩筒來往飛檐烏。竹堂柳館兄與弟,對牀風雨雙跏趺。衣冠偉然遊廣陌,攜手不用青藜扶。歌斯哭斯一轉睫,萬家之邑佳城隅。墓門宿草拜孫子,紅芳匝地如氍毹。斷碑中夜走贔屭,疎松隔浦吹笙竽。海上三山倘世有,圖中八景絕代無。此畫閱人如傳舍,雲孫得卷欣操觚。殘縑敗楮未足貴,喜見爾祖真眉鬚。綠野堂中何畫無,胡爲覽此偏嗟吁。珍藏武肅券同惜,愛護桓玄油恐污。不重纂金重故物,乃知我公真丈夫。尚父湖邊聃且讀,甯武之道當其愚,嗚呼武子之愚豈真愚?

同卷次韻牧齋再題奚川畫卷:題卷千言非溢美,沈翁此畫真可喜。川上風光滿目前,牛腰一軸攤書几。烏衣世家精賞鑒,淮海封君好圖史。深藏十襲未云愛,一字千金那足擬?八景幽奇遞吞吐,二歌深博無涯涘。畫者神游此水間,詩人心醉斯圖裏。頓使雲仍識舊居,正如老大還桑梓。自此千秋縣故劍,不是片時觀海市。竹塢深深大寥闃,柳岸綿綿復邐迤。波面長橋蛼螷飛,墓傍萬井雲霞起。往聞植業尚農桑,未及公門蔭桃李。園從抱甕灌三蔬,門爲容車刪六枳。薛邑徵租俠士往,鄭莊置驛嘉賓止。月明柝静村巷中,夜半潮生到船底。南莊北莊理耕具,東溝西溝引江水。織問姬人操杼軸,畊率家僮勤耒耜。伯仲雄文立下賢,倉箱足穀能無俟。謁者時通正平刺,異才每倒中郎屣。高陽好客盡吾徒,棠棣多情同大被。十子論才推俊秀,三夸角賦皆披靡。忠孝名門王者孫,彭城華胄錢爲氏。後昆宦達寄通都,舊業權輿實江沚。築巖隱然龍卧壑,宰世均于肉在机。年同伯玉悟前非,達似淵明覺今是。丹鉛筆下校詩書,糧糗山中資菊杞。拂水巖前田且耕,尚父湖干舟自艤。八公招隱盍歸乎,二酉藏書儘富矣。先生好古乃天性,宜以百千酬片紙。乍見奚川二百秋,如到蓬萊三萬里。鯫生對卷且欣喜,吾子披圖合莞爾。欲向奚川受一廛,得依宅畔同耘耔。惟慚下里和歌聲,難繼承明大君子。

又東海散人集卷二有春夜集錢牧齋榮木樓,酒酣,贈公郎孺飴:"高館張燈酒復清,掌中還捧夜珠明。騎羊隊裏稱英物,詠兔筵前擅慧名。既有佳兒王福畤,可無奇句謝宣城。今宵羨極兼愁絕,坐客能諳我輩情?"此詩不知所作年月,且附此。孺飴即孫愛。

蘇先蘇子後集卷五次韻奉和錢牧齋先生沈石田奚川八景圖歌二首：石田畫手名非誣，神妙有此奚川圖。此圖昔去今復得，高牕展翫來呼吾。吁嗟絕技一至此，愧死後學真徒鋪。意匠經營心應手，下筆復與常人殊。營丘鼓工謬誕放，長安藥叟空張鋪。其餘譜載不勝數，大抵俗筆皆鴉塗。潦倒惟圖斗升換，招搖但取聲名沽。卒然遇此大快意，如掃荊棘游康衢。奚川地僻渺何處，仿佛烟水連菰蘆。柳谿竹堂翠掩暎，江橋小市人喧呼。別浦潮來萬馬驟，高原路去修蛇紆。海神厝下肉滿俎，社公祠前醪百壺。鄉風不減武陵勝，人物半是高陽徒。小槽壓漿晝滴滴，狂花繞屋春蘇蘇。常飯家家足蝦蜆，平林處處巢鳶烏。橫術能連九軌鶩，廣場可受千僧趺。旦暮陰晴共較量，親戚老病相持扶。忠孝之家武肅裔，大柵高墥西北隅。表揚門地樹綽楔，陳設器玩鋪氍毹。南樓見月夜舒嘯，北里召客晨吹竽。魚龍角觚有日有，詩酒燕會無時無。前輩風流重開卷，後賢特達爭操觚。海內人倫見冠冕，世間兒子羞眉鬚。讀書起家如左券，跂足仰望增長吁。此鄉頓覺山水好，此畫肯受塵埃汙？我來見畫神亦往，願爲此地漁樵夫。古云地勝以人重，請君莫笑愚溪愚。

奚川地古鄉風美，傳說千人萬人喜。綠野當門一掌平，遠山對戶如橫几。錦衣王孫昔好事，標指風光付畫史。石田水墨老更奇，落筆如風詎摹儗。此圖寫意有真趣，展翫身疑到川涘。野店村橋宛轉通，槿籬荔壁蒼茫裏。厥田上上宜晚稻，其木森森半高梓。浦口吹螺集釣船，烟中撾鼓開漁市。柳藏鷗尾屋向背，花壓帽腰路邐迆。柔日三春好雨來，高齋八月涼風起。開園果熟送佳柰，腰斧林深斬苦李。扶疏但有蓬中麻，磊砢曾無橘化枳。池邊新草乳鴨睡，原上乾松皓鶴止。椑楂邀賓芍藥前，棋枰送日蒲桃底。呼童勤理種藕地，置遞長供煮茶水。彭澤躬畊北渚田，卧龍手把南陽耜。各持門户務敦朴，生怕兒孫易奢侈。新秔百䭾去聲了官課，美酒千筩集鄰屣。百口同炊鄧氏烟，一床尚合姜家被。盤餐約束有常例，不比城中但闚靡。城中甲第今幾家，簪笏嬋嫣數誰氏？初看萬瓦切雲漢，已見殘碑没江汜。落落誰如忠孝家，鍾鼎千年間磃磯。五世其昌八世大，世德作求無及是。學者如今望斗山，詞場自比芰荆杞。波濤滿眼苦濁壯，商榷何爲尚空艤。緬懷世德一憮然，力保故物誠有矣。畫卷重歸乃天意，福應斯徵眎兹紙。小閣疎簾滿貯春，收拾閒人話田里。規橅世界等閒事，點綴林泉聊復爾。直將錢鎛付農人，自取詩書當耘耔。讀書十年萬卷破，俯仰人間笑餘子。二詩爲牧齋所賞，欲爲余刻，未及也。馮己蒼云字句有氣□。

又作石田先生事略一卷。

石田先生詩鈔附録："余七世祖理平府君與其兄理容府君世隱奚川，撮其勝槩，釐爲八景，石田翁爲作此卷，不知何時失去。廣陵李泹修見之於金陵王氏，詢知爲吾家舊物，購以見遺。百三十年之後，頓還舊觀，焚香洗爵，敬告先廟。親知相賀，以爲異事。或曰：'子方蒐輯翁詩文，撰次其事略，而此卷忽焉來歸，豈石翁精神冥感，若或使之也耶？'余謝不敢當也。六世祖益齋府君，少石翁一歲，亦與翁厚善，翁有贈府君八十壽詩。又爲府君作松鶴大幅，奇偉特甚，題詩其上云：'曾聽仙禽唳九皋，夢中彷彿見群翱。不知何處徵佳兆，看取他年入綉袍。'曾祖王父虛菴府君囑子孫慎守之，以無忘石翁綉袍之祝，亦幾失而復得之。今與此卷俱爲吾錢後人寶玉大弓矣。崇禎壬申，謙益附記。"

張次仲爲其母求壽文。

張待軒先生遺集卷五與錢牧齋老師求壽文書：某得列門牆十二年矣，老師提示接引，爲情特至。某以文章之道請業請益者亦可數矣，今欲有求於老師而不敢進，更有不能已者，則今老母七旬壽文也。……今歲壬申七月晦日，七旬稱觴，得老師偉文，焜耀宗鄴，令天下誦之，國史載之，曰此虞山錢先生壽張母之文也，而母德光矣。

七月二十七，清兵破定興，鹿善繼守城被殺。

八月，姚希孟因崇禎三年順天鄉試武生冒籍被罰，致書牧齋，催促文震孟出山。

文遠集卷二十二錢前輩牧齋："光甫兄來，接手教，宛如面語。楚中魯生來，復得數行，而郵筒中所不便傾寫者，小兒因過虞山，竊聆緒論，書來，述之頗詳。……庚午秋初，不肖誓不入北闈，有一智人謂我曰：'子勿慮，此番必無搜索，豈有一用之以傾錢先生，今復再用者。'不肖亦以爲然，今果再用矣。雖用而不效，然其用之心終未厭，枚卜事起，又將再用此法。不肖雖迂癡，然已曾著手，不容不悟，遲侍御第二疏哀俛謝之，而後得免於繒弋。……但須待家舅至而後行，蓋有無限事交付之，非可以遙相告語。而家舅故遲遲其行，似有林密山深之意，非翁兄不能決計爲之趨駕，萬望一從恁之，感非一人也。"

崇禎長編："（崇禎五年八月壬午）以武生中式一案，詹事姚希孟在告，諭德姚明恭、原任中書李日燁俱降二級調用，吏部辦事進士呂化舜降三級用。初，溫體仁惡希孟數於講筵正議，欲因此事擠之，而以冒籍咨在外簾，不能連及，乃票旨責以覆試。及覆試卷上，遂毛舉其疵，以爲闈中評文失詳之罪，遂并明恭等降調。"

錢謙貞四十，作長詩一首，牧齋、魏沖、魏浣初和之，牧齋以詩示程嘉燧，嘉燧亦和一首。

錢謙貞懷古集卷下四十自序："潦倒無聞逾四十，靜思堪賀亦堪憐。少孤只恐成人晚，多病常憂作鬼先。制舉文章悲自棄，適情詩句傍誰傳？功名會上應無分，酒肉場中絕少緣。叔夜頭蓬渾忘櫛，婁公面唾幾曾湔。東城薄有栖遲地，南郭猶餘伏臘田。健手一編聊復爾，倦刦三酌已陶然。愛尋潘岳閒居賦，嬾讀陶潛責子篇。老大光陰難徇俗，清羸況味本宜禪。雲藜雪屐時孤往，月夕花晨半獨眠。入手清閒還在我，到頭修短付之天。假饒徼幸週花甲，此去無過二十年。"

牧齋詩附謙貞詩後，不見初學集，題履之弟見示四十自序詩依韻和答："吾家群從凋傷日，如爾伶仃信可憐。慈母艱貞宜有後，孤童刻勵更誰先？風儀鵠立衣冠羨，堂宇翬飛里巷傳。祿以代耕仍舊業，昏而不宦亦前緣。焚香掃地那容唾，潑墨書裙詎忍湔？每聽風聲常堵戶，偶觀雲色爲占田。愁潘瘦沈看君似，怨李恩牛笑我然。靜坐自諳調馬法，閒庭小試鬬雞篇。三分匹匹寧非福，一室團團已是禪。濁酒過墻欣共醉，清宵襆被抵同眠。山青水綠中吳地，麥秀鶯啼半夏天。弟勸兄酬莫虛度，從今排日慶餘年。"

程孟陽履之四十自序詩，受之首和之，並以見示，輒步原韻："達夫五十詩成後，令弟齊名衆所憐。伯氏不辭倡予和，鄉人唯問酌誰先。瑤林朗出真難並，珠玉分頭信可傳。黃閣自來無藉在，白衣老去有因緣。牙籤架軸胸撑拄，雲錦機絲手浣湔。池艸傳生康樂第，園珍兼薍仲長田。一門獨許從王績，七策亡勞用計然。萊子日供娛母具，庖丁時解養生篇。閒居已就思玄賦，名理還參法喜禪。無著天親西竺社，上皇陶令北牕眠。兒賢豈直論金産，韓詩：此是萬金産。壽永何知慮杞天。杜詩：只求椿壽永，莫慮杞天崩。每憶清言見滋味，逐君兄弟可忘年。"

陸瑞徵頤志堂稿卷三錢履之見示四十自序詩箋，牧齋、孟陽俱有和章，次來韻贈之：枉示詩箋初度好，壁人眉宇憶猶憐。眼前但見榮成辱，世上那知後是先。慈母減油情可念沈約事，難兄夢草句堪傳。紅塵斷處渾無事，清福消來洵有緣。炎態漫將冷眼看，新愁時倩濁醪湔。得繗會課千頭橘，連墾真輸二頃田。紫石陶泓晴亦潤，博山沉水晚猶然。筆精逸少三分勢，書注南華第一篇。吐納風謠方士訣，修行初證小乘禪。晝長文簟欹枯坐，夜短紗廚愛獨眠。謂馬呼牛能涸俗，養雛成鶴待冲天。雖然膏染非君事，坡詩：膏面染鬚聊自欺。只恐逢人怕問年。

魏沖、魏浣初亦有和詩，見懷古集，略。

里中秀才單良佐介許士柔請銘，作明故如岡單公暨配吳孺人合葬墓誌銘(牧齋外集卷十五)。

文云："里中單秀才良佐，葬其父單翁，既乞銘於其友許侍講仲嘉矣，已而其母殁，繪翁夫婦像，裝潢成卷，出入必與偕。嘗因侍講之長安，周游玉堂，縱觀宮闕法從之盛，徒步歸邸舍，拜父母像，輒泫然流涕。詞館諸公，咸稱其孝，相與題贈盈卷軸。歸而謀合葬，介侍講而請於余。"又云："以崇禎五年九月二十六日，合葬於興福之新阡。"故繫此。

本年二月，單良佐等一百二十人具呈漕院，請革漕糧弊政。又柳南隨筆卷五："錢、瞿既被逮，將行，邑有單良佐者，為畫策，以六字進曰：款曹、和溫、藥張。"

九月，得萊城解圍報，喜作詩一首（初學集卷十）。

錢曾註："崇禎五年壬申，孔有德據圍萊，上命西臺擇御史有文武大略者遣往視師。鄞州謝三賓請行，督屬將士，解萊圍，復登城。叛人入海遁去，東省底定。"謝三賓平叛事，詳見毛霦平叛記。

作負郭詩一首（初學集卷十）。

請江西萬尊師作法，為母祈壽，作贈萬尊師詩一首（初學集卷十）。

錢曾詩註云：尊師名國樞，字環中。江西南昌人。少而好道，習學符法。天啓七年丁卯，登峨眉山，盧紫雲授以薩真人神霄青符五雷秘法及斗母月孛争魂煉度擒邪伐廟之訣。戊辰三月之楚，遇馬全真，謂曰："子從峨眉老人來耶？炁清則符靈，派清則法靈。子傳法而不傳派，何也？"師急返峨眉，紫雲為師箓日立壇，告于薩祖，立為十七代法嗣嫡孫，凡有章醮，得拜家書。薩真人，諱守堅，昔虛靖天師沒後十六年，真人遇之于青城山，遂相授受。師得法于峨眉，為薩祖嫡嗣，並得上章虛靖冥通証明焉。

初學集卷七十八姚孝子仲宣哀辭:"往年歲在申,余侍老母,惙惙心動,江西萬尊師再設壇禮斗,靈響肅然,如有聞曰:'越明年雨水,其未艾乎?'已而果大期也。"

又初學集卷七十一有萬尊師傳,紀事至壬申夏,又云"余嘗從容問君以幽冥鬼神之故",大概亦作于此時。

汪琬鈍翁前後類稿卷五十讀初學集:"夫理學固非牧齋所知,姑以文字言之,集中如天台泐法師靈異記、萬尊師、徐霞客諸傳,踏駁不經,曾郢書燕説之不若,尚未能望見班馬藩籬,況敢攀六經乎?"

虞鄉紀略卷四宮觀:"又按道法有二派,一曰清微派,西江張天師所傳之法也。一曰宏先派,西河薩真君所傳之法也。明崇禎中,錢東澗官保以閣訟事與首輔溫體仁有怨,欲報之,聞道法中惟宏先派有罰惡法,而此派惟四川峨嵋山道士萬法師得其傳,因遣人至峨嵋山,以重幣請法師来常熟,求建罰惡道場。法師以體仁無大惡實蹟,懼干天律,反坐法,不允。官保乃請傳法嗣於常熟,法師辭以法必得人而授,官保請試選於諸門生中,法師選得馮定遠,授以宏光道法而去。馮定遠者,名班,詩學書法冠絶一時,海虞詩苑所稱鈍吟詩老者也。其詩集中有贈萬尊師詩數首。萬法師法名守道,爲薩真君第十七代嫡派弟子。真君蜀人,故法獨傳於峨嵋。馮定遠法名道恒,以法傳於錢爾大,爾大法名明教。馮、錢二公行法,皆有靈應,自後學法者漸多,而精於法者漸少。"頗涉無稽。

徐世溥向牧齋借書。

尺牘新鈔二集藏弆集卷十二徐世溥從宮詹錢牧齋求宋

集書：".己巳春，奉教以還，不過問者又三年于此矣。……昨冬得讀先生諸古文辭，李先生祠堂記，冲澹曲折；徐紹虹墓誌，雄逸奇變；書陳敬初詩後，辨駁嚴暢，稽考詳實，蓋考覈之文，古人猶難之；君家純中與浦生墓誌，則子瞻之狀幼安，昌黎之寫鄭群，不是過也。……又從方伯昭度潘公、黃黃石諸公，知今天下之藏書，惟牧齋爲最富……竊聞大笥所藏，有畢仲游西臺集、蘇叔黨斜川集、原父、貢父、奉世三集，此三集者，世所希有也，以世所希有，而吾必欲有之……敬因秦淮書估之便，奉求貸録，明夏繕還。如以爲不信，則此書其息壤也。"

徐世溥榆溪詩鈔卷上送萬尊師之姑熟，兼呈錢牧齋先生奉求宋集："嘯向吴山鶴背寒，雲旗高簇遠遊冠。芙蓉對舞開雙劍，若木斜披接釣竿。青鳥曾逢天上使，赤狐屢避袖中彈。經過北斗文昌府，爲乞琅函脉望看。"

秋，作東皋種菊詩四首贈瞿式耜（有學集卷十）。

陸瑞徵頤志堂稿卷三湖庄種菊成畦，旱後纔存數本，而浣溪艸堂羅列千株，陸離雲錦，牧齋有東皋種菊詩，次韻四首：治圃南山下，編籬菽秋菊。木葉日夜脱，楚楚出茆屋。愛此凌寒姿，期與伴幽獨。三伏苦恒暘，秋來勘淋漉。清晨手芟摘，枝枝勤屬目。抱甕常苦辛，短衣傷曲局。青門有子真，吴市有梅福。落英苟可餐，何殊養嘉穀。

日精與治蘠，胡爲異其名。商飆翦輕翠，寒曦粲微頳。輕身益氣力，其說豈不經。常恐重陽節，風雨凋金鈴。楚楚纔數枝，標格入詩評。移來就書幌，蜂蝶誰能爭？落月照疎影，猗那半床明。

蔼蔼嶺上雲，湛湛寒潭水。迴飆動林薄，墜葉紛盈几。璇葵幾時好，榮瘁感成毀。春華與秋芳，迅若弦上矢。四顧多陳荄，愴彼百草死。貞姿諒晚成，世眼昧終始。摘花簪短髮，吾衰其甚矣。飢餓托長鑱，生涯草木裏。

如珪秋月白，如珠秋露瀼。彼美浣溪主，灑掃上華堂。設醴延時哲，賓從儼成行。煒煒富羅闈，屏障隔風霜。嚴城輟下鑰，永夜飛千觴。璧采相映發，銀鐙爛生光。羞澀東籬下，村沽酹幽芳。繁華與寥寂，榮辱付兩忘。陳根委敗垣，依依惜殘香。

程嘉燧耦耕堂集詩卷上和牧齋東皐觀菊四首：去年集西園，繞簷數本菊。今年集東皐，燦燦黃金屋。翹然殿衆芳，森矣媚幽獨。華鶴既見命，濁醪勝新漉。久服云輕身，小啜亦明目。遠繁高陽會，近邀雞黍局。老圃幸有秋，塞翁豈非福。餱之可爲糧，用比豐年穀。

佳節當重九，舉世貴其名。茲花獨秀出，衆卉皆含顰。餐英揖墜露，聞之離騷經。陋彼繁華子，施障仍掣鈴。飄飄黃冠者，姚魏誰敢評？穆然來清風，高與南山爭。對之復不飲，能無愧淵明。

甘谷産芳菊，其下酈陽水。飲之壽百歲，飛步卻杖几。浪蒙胡公辱，千載貽譏毀。豈無史魚儔，直哉但如矢。同凛霜下傑，何計道旁死。自沉促靈均，苟禄延伯始。富貴何有哉，賢佞共盡矣。不見紫與朱，綠衣乃黃裏。

黃華夕已敷，零露朝已瀼。煒煒丘園姿，羅列君子堂。舟車咸來臻，肴炙紛成行。良辰夜何其，白露凝朝霜。主人更爲壽，累稱千金觴。追隨飛蓋遊，徘徊明月光。華燈已代炮,襟袖猶攜芳。菲菲芝蘭側,漸久意已亡。申章詠佳什,拂坐流寒香。

王淑抃間關數千里,爲其父文集請序(初學集卷三十耀州王文肅公文集序),並請行狀。臨行,牧齋贈以長詩百韻(初學集卷十送座主王文肅公之子故户部郎中淑抃歸關中,敍舊述懷一百韻)。

序云:"吾師耀州王文肅公既没,其子淑抃收拾遺文,枕籍與俱者凡八年,屬有流民之亂,血戰擊賊,襁負以免,樸被走三千里,謀梓於謙益,俾爲其序。"王圖死於天啟七年(1627)丁卯,而初學集詩繫年在壬申(1632),實只六年。

初學集卷四十八文肅王公行狀:"淑抃葬公後四年,自秦之吴,間關跋履,而告於謙益曰:古之撰行狀者,爲考功太常議謚及史館編錄地也。今先君幸徼易名之典矣,國史有傳,玄堂有誌,則槩乎未有徵也。敢具歷官行事狀以累吾子。"

王淑抃,字符清。萬曆三十五年(1607)進士。歷官寶坻知縣、順天府知事、户部主事等。精醫理,著有痘疹要訣、千金方等。

秋,夜夢李流芳。

初學集卷八十五題李長蘅書劉賓客詩册:"壬申秋,夜夢與長蘅遇於濠、淮間,隔船窗相語,顧視舟中,筆床硯屏,位置楚楚。同遊三人,幅巾道衣,皆有韻致。余問長蘅:'兄今筆墨之債,約略尚如生前乎?'長蘅曰:'甚苦,今早正受人刺促,紙燥筆枯,心癢癢不耐,故出遊耳。'觀其意思洒落,故知不墮鬼趣,却未知所與同游者爲何人也。"

秋,方以智遊吳門,有詩投贈。

博依集卷八呈錢牧齋宮尹:"暫托山中謝鹿皮,上樓獨處下寒帷。赤幢舊服仙人藥,黃閣將爲帝者師。北望莫塵天渺莽,東來秋色樹參差。史屏好記談經客,引我清風虞仲祠。"

方以智(1611—1671),字密之,號曼公。安徽桐城人。明末四公子之一。崇禎十三年(1640)進士。選翰林院庶吉士。北京陷落,爲李自成所俘,堅持不降,僥倖逃歸。弘光時,爲阮大鋮所迫,流寓嶺南。後與瞿式耜擁立桂王,拜東閣大學士。清兵南下,見事不可爲,在梧州落髮,改名弘智,字無可,別號藥地。晚年居江西青原山。著述甚多,有藥地炮莊、物理小識、通雅、浮山文集等。

秋冬間,茅元儀又有寄詩。

石民橫塘集卷六看霜葉寄錢受之侍郎:春山如淺碧,夏山如沉綠。人重末垂時,茲言未可覆。秋霜今幾朝,衆色參差簇。黃者異淺深,丹者殊鮮宿。碧綠亦或留,紛披成綺縠。吾黨非雪霜,骨性終未足。喬林與弱枝,時至各郁郁。

此詩前有虞山遇鄭崶陽庶常次見贈韵,知茅元儀有虞山之行。

十月十九日,李柄去世,年六十九。

李柄曾因枚卜事上疏,爲牧齋伸冤,見前。初學集卷五十二有文林郎陝西道監察御史李君墓誌銘,作日不詳。

十一月,鶴林法師下葬,作鶴林法師塔銘(初學集卷六十八)。

大寂(?—1630),字鶴林。嘉定趙氏子。受具戒於雲棲大師,歸老虞山。與徒智妙修葺聚奎塔,先後卒,卜葬拂水巖之西嶺。

吴都法乘卷六開寶篇:"鶴林大寂禪師,嘉定人,先結茆徑山,復登匡廬,歷五臺,返杭州,之蓮居,參究惟識有省。常熟瞿元初、王季和、錢受之諸公請往藤溪,因倡導虞山焉。"

十一月,私諡顧大猷孝譽,作孝譽先生私諡議(初學集卷二十六)。

嘉平月,嘉定張彥橅牧齋所藏元人錢舜舉寒林鍾馗圖,牧齋跋其後。

愛日吟廬書畫録卷二明張彥寒林鍾馗圖軸:"己巳嘉平月,古畧張彥寫。印一張彥之印白文方印。張子伯美善丹青,尤精人物,見余家舊藏元人錢舜舉寒林鍾馗圖,愛而臨之,神韻頗洽,而筆力過之。時以見貽,因識之,蓋不欲伯美盡掩前人之長耳。海虞錢謙益題。"

嘉平九日,於榮木樓之殘雪下,題李長蘅書劉賓客詩册(初學集卷八十五)。

作文林郎福建道監察御史贈太中大夫資治少尹太僕寺卿周公神道碑銘(初學集卷六十二)。

此周宗建神道碑。其文云:"廷祚以崇禎五年十二月葬公於叟字圩之賜塋。"故繫此。

十二月十九日,王象春病卒,年五十六。

自廣齋集卷十一南吏部考功郎季木王公行狀:"先生生萬曆戊寅三月之有七日,卒崇禎壬申十二月之十有九日,得年五十有六。"

除夕,爲龔立本作崇德令龔淵孟考滿序(初學集卷三十五)。

序云:"今又補任崇德,三年考最,上計天官矣。……淵孟之子所與游者,皆年少經奇之士,於淵孟之考滿也,携卷軸以乞余之文。"

除夕,作詩一首(有學集卷十)。

冬日,與陸瑞徵、程嘉燧雅集。

陸瑞徵頤志堂稿卷三冬日錢牧齋山樓見招席上賦贈兼呈孟陽二首:招攜不厭舉頭頻,曲檻虛簷澗壑親。禮法漸疏詩律細,朝章纔卸布袍新。山農荷鍤容求耦,高士移家許卜鄰。世上青蠅能點璧,息機湖海暫抽身。

尊前聞數落帆收,萬事無如獨倚樓。百尺翠屏和雪展,一簾飛練拂雲流。盟尋洛社誰高唱,釣捲磻溪未白頭。學士銀魚焚不得,明王應有夢相求。

作誥封宜人陸氏墓誌銘(初學集卷五十八)。

陸氏(1572—1610),爲文震孟妻,生一女,嫁嚴栻。

墓誌云:"今上之五年,文起輟講筵,奉使過家,改葬宜人於新阡。於是文起不遠百里,謁銘於其友錢謙益。"

應侯昌胤之請,作榮康侯公奏疏序(初學集卷三十)。

序云:"公之子繕部郎昌胤輯公奏疏刻之,而請余爲其序。余於公之忠言讜議,關係國本者,特表而出之,以補國史之闕,且使斷國論者有所衷焉。公以戚臣得諡,可謂曠典。"

侯昌胤父拱宸,尚壽陽公主,卒諡榮康。據崇禎長編載,崇禎五年五月二十三日庚申,予駙馬侯拱宸祭十五壇,開壽陽長公主壙合葬。拱宸賜諡當亦在此時,且繫此。

本年,作龔府君墓誌銘(初學集卷五十七)。

龔用賢(1522—1601),字國光。立本祖父。墓誌云:"君年八十,以萬曆辛丑歲八月卒,配范氏,少君一歲,先君十七年卒。君卒之次年,其子復澄合葬於官蕩之新阡。後三十年,立本仕爲崇德縣知縣,屬其所與游者彭城錢謙益志君之墓。"

本年,來方煒持其父及伯父詩集請序,作來氏伯仲家藏詩稿序(初學集卷三十三)。

序云:"澤蘭服闋,補令嘉定,民和訟平,哀其世父與封公之遺稿,梓而藏之塾,請余敘其首。"今台灣圖書館存來立模大觀堂集,刻於嶧城官署,前有崇禎五年四月來方煒記,因繫此。

來方煒(1594—1648),字含赤,號蘭澤。蕭山人。天啟元年(1621)舉人,爲牧齋門人。五年進士。崇禎元年(1628)任嘉定縣令。父立模(1558—1628),字範叔,號九畹。伯父立相(1547—1611),字夢得,號九山。傳見來氏家譜。

本年于玉德七十,作于潤甫七十壽(初學集卷三十七)。

同卷于潤甫八十序云:"今年壬午,潤甫壽八十矣。"故七十繫此。

本年,江南巡按任僎考滿離任,作賀任文昇侍御考滿帳詞(初學集卷七十九)。

據崇禎長編,任僎崇禎二年(1629)至五年巡按直隸,因繫此。任僎爲雲南臨安人。孫可望據滇，勸其稱王。僎死，李定國戮其屍，籍其家。

啟禎野乘一集卷四任侍御傳附任僎疏："是時又有御史任僎，亦參體仁。僎字文升，臨安人。舉人。疏言：'體仁發難，有滿朝皆黨之説，大小諸臣，斥者斥、罸者罸，不放言謙益事。蓋即持事理之平，終疑是謙益之黨也。然惡其爲謙益之黨，終不敢不持事理之平。何也？法者，天子與天下共之法也，法公于天下，則持法者亦必準天下之公議而適于平。竊按罪謙益者，不過因千秋之關節耳，而曾經發遣，則千秋已無可加之罪，謙益又有可擬之條乎？一發遣，一罸俸，法如是足矣。取已結之案，必欲重翻，則關節之較媚璫，輕重分矣，又何法以加媚璫之上也。'人多韙之。"孫承澤山書卷一有奏疏全文。

馮舒兄弟來借才調集。

康熙刻本才調集孱守居士（馮舒）跋："崇禎壬申，嚴文靖曾孫翼館於余家，攜宋本至，前五卷爲臨安陳解元宗之家刻，後五卷爲徐玄佐録本，始爲是正。又從錢宗伯假得焦狀元本，亦從陳書樞寫，與孫本不殊。"

馮班跋："崇禎壬申，假別本於宗伯錢公，蓋華亭徐氏舊物也。"

又此書後有彊圉大淵獻朱明之皋月鮮民赤復氏跋，或以爲即牧齋，疑誤。

馮班（1602—1671），字定遠，號鈍吟老人，自號二癡。常熟人。諸生。與兄舒齊名。論詩講究窮源溯流，詩三百篇以下，一一考其根底，明其變化所自。書法四體皆工，尤精楷書。

明崇禎六年癸酉(1633) 五十二歲

元日,作詩一首(初學集卷十)。

初春,與閻爾梅等人集吳門姚氏駕止堂。

白牟山人詩集卷六春夜集駕止堂在絳趺堂左:"壬申歲暮,附姚老師舟共抵吳門,下榻駕止堂中,與文初、瑞初朝夕講論。次春,諸大老名士約期候師,余忝稱遠客,僭座賓筵,亦一時盛會也,感而志之。同席有吳無障默、錢牧齋謙益、張異度世偉、文湛持震孟、徐九一汧、夏彝仲允彝、楊維斗廷樞、唐興公昌世、張天如溥、張受先采、陳臥子子龍、項仲展聲國、秦弘甫鏞、朱子雲陞、徐武子樹丕。玉蠟金彝紫焰長,充厨禮樂器琅琅。公卿執酯歌魚麗,弟子橫經集鱣堂。汗浹講筵揆府忌,師在經筵時,暑熱,汗滴講章,天子顧之而笑,烏程忌其必大用也,遂譖。書刊朋黨士林香,東林謚法、欽定逆案,皆師之史筆。嘉賓喜坐春風久,未覺晨鐘發瑞光。瑞光寺以師為護法。"

吳默(1551—1637),字因之,號無障。吳江七都人。萬曆二十年(1592)進士。官至太僕寺卿。晚年徙家吳門,與文震孟、姚希孟、朱陛宣、張世偉等並以文章氣節重鄉里。

徐汧(1597—1645),字九一,號勿齋。長洲人。徐枋之父。崇禎元年(1628)進士。改庶吉士,授檢討,後遷右庶子,充日講官。十四年,奉使益王府。福王時,召為少詹事。清兵占蘇,殉虎丘後湖。魯王監國,贈太子太保、禮部尚書、謚文靖。

夏允彝(1596—1645)，字彝仲，號瑗公。華亭人。崇禎十年(1637)進士。任福建長樂知縣。明亡，與陳子龍起兵抗清。見事不可爲，從容赴水而死。

楊廷樞(1595—1647)，字維斗。長洲人。崇禎三年(1630)解元。嘗與張采等創應社。周順昌被逮，又挺身左右之，幾被禍。因其居皋里，學者稱皋里先生。明亡，隱吳縣光福鄧尉山。順治四年(1647)，因門生吳勝兆反清事被執，謾罵不已，遂被害，私諡忠文先生。

唐昌世(1596—?)，字興公，號存我。華亭人。天啟五年(1625)進士。官至工部營繕司主事。

陳子龍(1608—1647)，字人中，改字卧子，號大樽。華亭人。几社中堅，又入復社。崇禎十年(1637)進士。官至紹興府推官。明亡起兵反清，被清廷逮捕，乘間投水死。陳子龍編有皇明經世文編，卷前鑒定名公姓氏亦有牧齋之名。

項鼎愛，字仲展，後更名聲國，字籽公。鼎鉉弟，朱國祚婿。崇禎七年(1634)進士。授雅州知府。

秦鏞(1597—1661)，一字大音，號若水，一作弱水。無錫人。崇禎十年(1637)進士。歷任江西清江知縣、江西鄉試同考官、山東蓬萊知縣、河南道監察御史。入清，杜門不出，讀書處自題曰千休館。卒後私諡文孝。

朱隗，字雲子。長洲人。治博士業。雅尚文藻。天啟五年(1625)，與張溥、張采等結應社。崇禎十一年(1638)，列名留都防亂公揭。入清後隱居不出。詩宗中晚唐，時評以徐禎卿、唐寅亞流許之。著有咫聞齋稿二卷，輯有明詩平論。

徐樹丕(1596—1683),字武子,號牆東居士。長洲人。晟父。姚希孟器重之,妻以長女。崇禎二年(1629)入復社。屢試不利,益博覽群籍。善楷書,兼工八分。順治二年(1645),隱龍池山一雲寺,自稱活埋庵道人。著有中興綱目、識小録、陽山志、杜詩註等。

春,錢母八十歲,唐時昇代謝三賓作壽序。

> 唐先生遺稿錢母太夫人八十壽序:"辛酉之歲,不肖某獲薦於鄉,實出今宗伯海虞公之門。十餘年間,公之高度玄覽,超然塵埃之外,而與造物者爲徒,固非末學小生所能盡識。"後又有"兹者承乏嘉定"云云,知爲謝三賓。

程嘉燧亦作壽序(耦耕堂集文卷上)。

文震孟亦作壽序(菂園文集卷六錢母顧太淑人八十壽序)。

正月二十四日,母去世,程嘉燧爲作祭文(耦耕堂集文卷上)。

母親去世之後,牧齋戒詩兩年有餘,至崇禎八年(1635)中秋方解詩禁。

姚希孟亦作祭錢宗伯母顧淑人文(棘門集卷七)。

唐時昇爲作祭錢太夫人文,又作書慰問。

> 唐先生遺稿又答錢宗伯書:"自聞太夫人之變,即當匍匐奉慰,私自念數年間闊,多所欲就問者,方慘怛荼毒之初,義不得從容及它事,故遣兒輩代爲稽首,身且逡巡以俟少定。"

曹勳亦作祭文悼念(曹宗伯全集卷十四祭錢太師母

文)。

正月二十八日,從祖姑死,年七十八。

姑即順德之女,何允濟室。何氏夫妻死後合葬,牧齋應其子珩枝之請,作嶧縣知縣何府君墓誌銘,文在初學集卷七十六。

春,黃翼聖來弔太夫人,書程孟陽詩册於山莊(牧齋外集卷二十五跋偈庵詩册)。

跋云:"孟陽仙逝,去今八年。此册則癸酉之春,子羽枉弔先太夫人,爲書于山莊者也。"

鄒之嶧來弔。

初學集卷三十七鄒孟陽六十序:"去年遊天台,度石梁,爲文以紀其勝,歸而弔余於倚廬,執手閔默。"

鄒之嶧(1574—1643),字孟陽。錢塘人。與李流芳爲至交。

三月,復社在虎丘召開大會。

性融來書弔唁,並示著述種種。牧齋逐一批駁,上巳後一日,作與京口性融老僧書(初學集卷七十九)。

書云:"不肖孽深障重,慈母奄逝,伏承大德,遠賜弔唁,法門眷屬,慈悲哀愍,感泣之餘,不勝隕絶。承示教著述種種,屬累流通證明,雖在苦塊之中,五内崩潰,倘能仰宣佛法,即可俯答慈恩,自當瀝血敷文,滴淚和墨,豈敢以荒迷爲辭,廢業自解哉。第展轉思惟,殊多疑惑,庸敢披露真心,酬詶下問。……昔人感婆子機緣,立焚疏鈔,伏願大德狥芻蕘之狂言,回桑榆之末炤,於鄙人作婆子觀,於諸著述作疏鈔觀,但能然祖龍一炬之火,即是演法門無盡之燈。"

王象春子走使來吳，爲作王季木墓表（初學集卷六十六）。

文云："季木卒，以崇禎五年十二月，年五十有五。子與仁，生十二年矣，走使於吳門，屬張子異度爲行狀，而請余表其墓。異度名世偉，季木壬子所舉士也。"

張世偉自廣齋集卷十一南吏部考功郎季木王公行狀："歲壬申之杪冬，濟南季木王先生以疾卒家，越歲夏四月，計于吳門張子世偉。……將以崇禎六年十一月初八日未時安厝於長白山之北，先期龕述生平，以請于負千秋之望、慰九原之知者。"故繫此。

山曉閣明文選續集卷六評云："謗焰方熾，正直蒙殃，水落石出，真品乃見。季木阨於時，竟同石尹，不得已而歸之天，正喚醒世人也。文氣激烈，可泣鬼神。"

黃公渚評云："王季木墓表，開首便提石守道、尹師魯、蘇子美，迨述季木畢，復以三人分段比擬，而以歐陽修之語結之。修與石、尹、蘇爲至友，三人墓誌，皆其手筆（畢），故謙益此文，亦力追歐公。"黃氏繫年在崇禎五年。

六月十一日，御史祁彪佳巡按蘇松，於常熟署中視事，有稱述牧齋居鄉行誼者（祁彪佳日記卷四巡吳省錄）。

祁彪佳（1603—1645），字虎子，一字幼文，又字弘吉，號世培，別號遠山堂主人。浙江山陰人。天啟二年（1622）進士。授福建興化府推官，陞福建道御史。崇禎六年（1633）任蘇松巡按御史。十五年（1642）掌河南道。南都建立，再度巡撫蘇松，爲人所梗歸里。順治二年（1645）閏六月六日，自沉殉國。

六月,作春秋匡解序(初學集卷二十九)。

序云:"余爲兒時,受春秋於先夫子,先夫子授以匡解一編曰:'此安成鄒汝光先生所刪定也。'因爲言鄒氏家學淵源,與先生之文章行履,冠冕詞垣,期它日得出其門牆。余鄉、會二試,以先生之書得雋,雖未及親炙先生,而余之師,固有出先生之門者。比於聞風私淑,猶爲有幸焉耳矣。何子非鳴爲令南昌,與先生之孫孝廉端侯游,相與是正其書,重付之梓人,而屬余爲其序。"

何謙,字非鳴,號蓼菴。崑山真義人。崇禎四年(1631)進士。官至昌平巡撫。京師破,沉陽澄湖死。

鄒德溥,字汝光,號泗水。江西安福縣人。萬曆十一年(1583)進士。致力理學,著有春秋匡解、大學宗釋等。

山曉閣明文續集卷四評云:"春秋褒善黜惡,義例甚嚴。故精其說者,決疑斷獄,皆由此出。文更從春秋興廢,看出漢、宋治亂,以見史外傳心之要典,百王不易之大法,其關繫爲尤重。蓋設科專尚胡氏,而鄒氏之學,正與胡氏相羽翼。起手以得力自信,結尾以放廢自傷,文致婉曲,跌宕有情,與元凱傳序之樸茂,固自各有其妙。"

夏,盧世㴶請爲杜詩胥鈔作序。

初學集卷一百六讀杜小箋序云:"歸田多暇,時誦杜詩以銷永日。間有一得,輒舉示程孟陽,孟陽曰:'杜千家注繆僻可恨,子何不是正之以遺學者?'予曰:'注詩之難,陸放翁言之詳矣,放翁尚不敢注蘇,予敢注杜哉?'相與歎息而止。今年夏,德州盧户部德水刻杜詩胥鈔,屬陳司業無盟寄予,俾爲其叙。予既不敢注杜矣,其又敢叙杜哉?"

盧世㴶(1588—1653),字德水,號南村病叟,德州人。天啟五年(1625)進士。官至監察御史。入清後隱居。有尊水園集略十四卷。

陳盟,字無盟,號雪齋。天啟二年(1622)進士。明亡出家爲僧,號德藏。著有三朝紀略、雪齋詩集。

七月,舉一子孫娠,後殤。

初學集卷七十四先太淑人述:"謙益三舉子不育,歸田之歲,舉一子。太淑人殁之七月,又舉一子,故名長子曰孫愛,次曰孫娠,所以志也。……孫娠生,中允遺書許字,如太淑人之言。"中允即許士柔。

七月初八,瞿式耒卒,年四十五。

卒之日見瞿氏家乘卷四瞿式耜先兄涪州二守啟周府君狀略。

秋,訪張世俊於越來溪。次日,又往無錫。

初學集卷四十三重修素心堂記云:"吴江張益之先生,余之先友也。余兒時聞諸先夫子,益之世居越來溪,其父静孝先生爲堂於溪上,名之曰素心。堂搆堅好,喬木翳然。其傍有偽吴張士信廳事。益之家中落,堂已更主,語罷,輒爲憮然。崇禎六年,余訪益之之子孟舒于溪上,登其堂,即所謂素心者,孟舒已復而居之,加塗塈焉。問士信之廳事,老屋巋然,負扆猶在。相與緩步絮語,感先夫子之游跡,愾然太息不忍去。越翼日之無錫,過華學士東亭故宅,俗所推甲第者,前堂軒敞壯麗,吞若素心者八九於其胸中,其樓雅閒靚,殆弗如也。飛樓突廈,層臺砥室,網户刻桷,所在而是。然赤白漫滅,板腐而甄缺,亦間有之,不若越溪之居完且美也。"

初學集卷五十五張孟舒墓誌銘:"癸酉之秋,余訪孟舒于越來溪,登素心堂,夾窗助明,凝塵栖几。經史列左,旁行庋右。知其人修然自好,讀書尚志者也。堂之失也,六十年而復。又以其間葺祖墓,梓家集,庀三族之葬昏,皆度身量腹,以有事焉。知其修古六行,尊祖敬宗而收族者也。"

靜孝(一作靖孝)先生,名張基,字德載。嘉靖十九年(1540)舉人。世偉祖父。

益之名尚友(1542—1599),號省堂,世偉父,與牧齋父爲至交。

孟舒即世俊(1567—1636),世偉兄。

華學士,即華察。嘉靖五年(1526)進士。築嘉遯園,重樓複屋,侯門王府皆以爲不及。

仲秋朔日,序鍾惺秦漢文懷。

見秦漢文懷刻本卷端。序云:"此年友魏士爲,不遠數千里,樂觀史懷、文懷二書,相與上下其議論。詎意士爲、伯敬相繼赴修文舘,余之讀是書,若對兩年友究竟義理,磨勘事情,非僅僅焚香靜坐,誦讀一過而已也。"

魏光國(1585—?),字士爲,號合虛。撫州東鄉人。與鍾惺、牧齋爲同年進士。禮部主事、順天府通判。

八月八日,好友王志堅去世,年五十八(初學集卷五十四王淑士墓誌銘)。

十月,作姚孝子仲宣哀辭(初學集卷七十八)。

署"虞山鮮民"。文云:"慈溪姚氏子元台字子雲,元呂字仲宣,皆矯尾厲角,有聲諸生間。天啓中,連袂游太學,文學秀才,咸執贄請交。與之譚,多口噤而退。諸公爭欲令出我門下。……兩姚生性至孝,出者庀修脯,居者躬溫凊,更番以養其父母。母馮病疽,仲宣禱於城隍神,願損己齡以畀母,旦而告其姊:'神許我矣。'母霍然良巳,而仲宣遂病,病數月而卒。仲宣之病也,子雲亦謁神請代。没四年矣,携其畫像,件繫其事行,以走四方。四方之人皆謚之曰孝,無異辭。"劉城亦爲作哀孝子賦。

作封陝西道御史趙府君墓誌銘(牧齋外集卷十五)。

府君即洪範父,名文學(1554—1619),字彥叔。嘉定人。本姓王,鄰人趙氏撫育長大,故改姓趙。

牧齋序云:"君之卒也,先十有四年,爲萬曆己未之八月,享年六十有六。洪範以癸酉十月十五日合葬於楊涇原之新阡。"故繫此。

冬,茅元儀戍歸南還,逗留吳門,來訪,時徐波亦在座。

石民又峴集卷四錢受之齋頭逢徐元歎夜話:半生同所友,不約每相逢。總是幽人伴,何妨永夜從。平安竹消息,賢聖酒新蹤。慎勿探餘事,抄書近亦慵。

冬,胡潛來訪。十二月五日,爲作蘇門六君子文粹序,並寄徐世溥(初學集卷二十九)。

序云:"崇禎六年冬,新安胡仲修氏訪予苦次,得宋人所輯蘇門六君子文粹以歸,刻之武林,而余爲其序曰……十二月癸亥,虞山老民錢謙益撰。"

徐世溥榆墩集選卷四答錢牧齋先生論古文書:"暮冬拜教,並得所寄文粹,反覆來章,高言如綺。不肖於先生固當以當世所宗,嚮往不敢後人,而長者下交,抑何懃懃不遺若此耶？六君子序,此殆先生發憤之言,寄託之辭也。以眉山自況也,以金陵譬當國者,旨幽而顯,言毅而辨,斷曲而有直體,聞之者足以戒,其是謂乎?"

十二月,爲繆希雍本草單方作序(初學集卷二十九)。

本草單方刻本序云:"康文初、莊斂之蒐討詮次,窮歲月之力而後成成書,于執侯梓而傳之。"莊繼光,字斂之;于舜玉,字執侯,皆常州人。康浤,字文初,松江人。

十二月,應嘉定張鴻磐之請,爲其父母作嘉定張君墓誌銘(初學集卷五十三)。

文云:"崇禎六年十二月,嘉定張鴻磐合葬其父母於南翔龔家浜之新阡,泣而乞銘於余。"

張鴻磐(1593—1678),字子石,號忍庵。嘉定人。諸生。少負儁才,中年棄帖括,肆力詩古文辭。崇禎十五年(1642),伏闕請漕糧永折。尚書徐石麒器其才,欲薦之,力辭不就。侯氏兄弟殉國,竭力以庇其孥,遠近咸高其義。著有枕中近草、南州草、夷門草、西樓詩稿等。

臘日,作讀杜小箋寄盧世㴶(初學集卷一百六)。

讀杜小箋,即初學集卷一百六至一百八,另有毛晉所刻單行本。序云:"今年夏,德州盧户部德水刻杜詩胥鈔,屬陳司業無盟寄予,俾爲其叙。予既不敢注杜矣,其又敢叙杜哉?……德水北方之學者,奮起而昌杜氏之業,其殆將箴宋、元之膏肓,起今人之廢疾,使三千年以後,渙然復見古人之總萃乎?苫次幽憂,寒窗抱影,紬繹腹笥,漫録若干則,題曰讀杜詩寄盧小箋,明其因德水而興起也。曰小箋,不賢者識其小也。寄之以就正于盧,且道所以不敢當序之意。癸酉臘日，虞鄉老民錢謙益上。"

　　盧世㴶尊水園集略卷一奉寄牧齋先生："當年業舉時，喜公制舉義。案上與袖中，明誦而暗記。興來取下酒，時時得大醉。及至通籍後，涉獵古文字。間獲公一篇，捧之如輯瑞。親手楷錄過，密密收篋笥。此道頗難言，小技實大事。前後不相接，賴公幸未墜。賤子亦孤硬，不肯泛執贄。惟遇公所作，遂爾傾心媚。翹首望東南，饑渴通夢寐。每想公肝腸，漸及公眉鼻。定是古人心，應復天人質。逢人必細問，答者多不備。更端再三詢，希微領其意。人固未易知，知人亦不易。吾師吾師乎，何日笑相視。虞山一拳石，儼與岱宗二。破龍拂水間，光怪多奇閟。我敬瞿純仁，清剛刷油膩。我敬王宇春，沉寂饒禪智。我敬何允泓，方雅復深邃。又有陸生銑，光明俊偉器。先輩顧朗仲，文已詣境地。馮陶吳湯許，中可置一位。昔也今則亡，堪下文章淚。凡此數君子，隱約嗟淪躓。左右公提攜，世始識項臂。先達急窮交，古道今人棄。惟公能續古，惟公能錫類。博大真人稱，贈公公不愧。寬敦風鄙薄，鴻濛換叔季。即予一荒傖，公亦不遐遺。箋杜乃因盧，用意何淵粹。賤子焉敢當，沒世受其賜。陳辭慚不文，臨風再拜寄。"此詩應作於牧齋序後不久，附此。

　　本年，作贈文文起宮相六十序（初學集卷三十六）。

　　序云："君使事既竣，將奉英蕩之節以還講筵，而適會其六十之誕辰，稱觴祖道者趾相錯也。君之增嚴生杖，謂余不可以無言。"

　　黃公渚評云："贈文文起宮相六十序，以'老其才以有為'為一篇綱領，從大處落墨，不蹈聱牙繁縟之習，歷引古賢，尤見寓規於頌之旨。"

據文氏家譜，文震孟生萬曆二年(1574)甲戌二月十日，因繫此，黃公渚此文署崇禎四年(1631)，誤。

作嘉議大夫南京工部右侍郎葉公墓誌銘(初學集卷五十二)。

葉茂才(1558—1629)，字參之，號玄室，亦號閒適。無錫人。萬曆十七年(1589)進士。官至南京工部右侍郎。以時政日非，辭官謝病歸。時朝官樹黨，排斥東林。友人高攀龍赴水死，茂才力救其子得免。與高攀龍、顧憲成、顧允成、安希范、劉元珍、錢一本、薛敷教稱東林八君子。

文云："公卒於崇禎二年六月十七日，享年七十有二。……公性篤孝，自營生壙於江陰馬鎮先人之穴左，沒後之五年十月，與安人合葬焉。……公之卒也，其嗣子繼斌、光輔得請賜祭葬，乃屬職方華君允誠爲狀，而謁銘於余。"

姚希孟棘門集卷一嘉議大夫南京工部右侍郎閒適葉公神道碑："然公竟弗子，以族弟之子繼斌、弟之子光輔並立。公圽，而光輔請于朝，得祭葬如例，是亦有子之一徵。光輔等以癸酉之冬葬公，而虛麗牲之石，屬辭于希孟。"

華允誠(1588—1648)，字汝立，號鳳超。無錫人。初受易於錢一本，後受業高攀龍，傳其主靜之說。天啟二年(1622)進士。官兵部職方司員外郎，疏劾温體仁、閔洪學亂政，奪俸，尋以省親歸。福王立，起禮部文選司員外郎，在官十三日即歸。順治五年(1648)，以未剃髮被殺。徐枋爲作墓誌銘。

鄒之嶧六十，作鄒孟陽六十序(初學集卷三十七)。

本年,作封安人吳氏墓誌銘(初學集卷五十八)。

爲鄭鄤之母而作,墓誌云:"將合葬,鄤具事狀走虞山,請銘于謙益。謙益方有母之喪,拜而辭焉。至于再,至于三。鄤曰:'丙丁之交,竝遭閫難,互以老母爲託,公其忍忘諸乎?'……銘曰:維崇禎六年,某月甲子。孤子鄭啓先君之墓,祔其母氏。忠孝賢明,夫妻母子。萬曆終,崇禎始。吁嗟刻石信青史。"

本年,作文毅趙公神道碑銘(初學集卷六十一)。

銘云:"趙文毅公之卒也,七年而克葬,葬二十三年,而襃郵贈諡彝典始大備,又八年而崇禎六年,距公卒三十有八載,而謙益始書其墓隧之碑。"

用賢有三子,長琦美,次祖美,季隆美。隆美崇禎元年(1628)任敘州知府,六年歸里。

又初學集卷三十趙文毅公文集序,疑亦於此年。序云:"故吏部左侍郎贈禮部尚書諡文毅趙公文集若干卷,自公之歿,已大行于時,而其子敘州守隆美始屬余敘之。"趙用賢松石齋集有萬曆刻本,鄒元標爲序,牧齋所序爲重修本。

黃公渚評云:"趙文毅公文集序,春容沖淡,脈絡分明,與桐城派氣息最近。"

本年,精研華嚴經,以爲蘇軾之文,多源自佛典。

瞿式耜牧齋先生初學集目錄後序:"癸酉,居太夫人喪,讀華嚴經,益嘆服子瞻之文,以爲從華嚴法界中流出。"

蘇州寒山寺被豪民侵佔,與姚希孟、文震孟等人立碑告誡。

寒山寺志卷二:"地屬三寶,□□鬼神護訶。有侵占者,身墮地獄,殃及子孫。果報昭然,可怖可畏!今寺僧能恢復故地,不獨佛土清浄,亦□爲豪民下缺孽矣!彼如有知,當稽首皈命之不暇,寺僧善爲彼懺悔之也。聚沙居士錢謙益書。"葉昌熾按語云:"此石首尾斷裂,不詳何刻。審其文義,爲豪民佔地而作。以魯公坐位帖例之,當題爲争寺基帖。錢蒙叟、姚孟長皆書明時官秩,孟長未見明亡即捐館,是此帖尚在鼎革以前,非即廣承事。廣承力守此寺,見百城烟水。章美題額,在崇禎癸酉,其時住持爲明五,則刻石以鎮山門者,明五爲近之。蓋此寺閒田,虞、芮之争其來已久。據張黄山一帖,文湛持相國實爲禪林護法。其前有文肅書,而今佚矣。"因繫此年。

明崇禎七年甲戌(1634)　五十三歲

正月,作先太淑人述(初學集卷七十四)。

牧齋晚年家乘文族譜後録上篇:"謙益自枚卜罷歸五年矣,敬述太淑人德行,合古圖史信而可徵者有七,曰順、曰莊、曰貞、曰勤、曰儉、曰仁、曰慈。高陽公後先刻醵,昭於彤管。"

黄公渚評云:"先太淑人述,'順莊貞勤儉仁慈',在古今行述中別創一格,句法凝鍊典雅,述慈一段,尤真摯動人。"

正月,作孫子長詩引(初學集卷四十)。

即雪屋集,有刻本,牧齋文末署:"崇禎甲戌正月,虞鄉鮮民錢謙益撰。"

孫永祚(1598—?),字子長,號雪屋。常熟人。崇禎二年(1629)入復社,八年以選貢授推官,不赴,隱居教授。十一年,列名留都防亂公揭。年八十餘卒,私諡文節。

正月十九,座師曹于汴卒,年七十七。

初學集卷六十二安邑曹公神道碑:"公以崇禎庚午致仕歸里,甲戌正月十九日考終于正寢,壽七十有七。"

春,徐世溥來書論文,稱揚讀杜小箋。

榆墩集選卷四答錢牧齋先生論古文書:"暮冬拜教,并得所寄文粹,反覆來章,高言如綺。……來教曰龍門昌黎安身立命在何處,竊觀古之作者,莫不期于自達其性情而止,要以廣讀書,善養氣爲本,根極至性,原委六經,所以立命貫穿百代,上下古今,縱橫事理,使物莫足礙之,所以安身也。……若云諸家各有門庭,則各以其所熟爲其所出,竊嘗論之。韓出于左,柳出于國,永叔出于西漢,明允父子出于戰國,介甫出于注疏諸文,子固出于東漢諸書疏,當其合處,無一筆相似,故韓無一筆似左,歐無一筆似史遷,書家所謂書通即變。……來教曰寄廬小箋,偶興之書也,偶興如此,足以傳矣。苟非其人,而能若是乎?夫繹國風者,常失之淺,解雅頌者,常失之深。杜子美忠君愛國,顛沛不忘,感時諷事,援引極博,後世多不能究其出處,是以不能明其指意所存,至牧齋始發之。……春初賊氛震鄰,日行山野,思爲歸田之計……因家仲吳遊,輒附此緘。"

三月,作文選淪注序(牧齋外集卷三)。

此書爲閔齊華所作,有刻本存世。閔齊華,字赤如,號東庵。浙江烏程人。齊伋兄。歲貢生。崇禎五年(1632),任常熟訓導,陞沙河縣令。

又按晟舍鎮志,閔氏在常熟"葺宮墻,復書院,賙僚友",

臨去,錢謙益、陳必謙爲作虞司訓去思碑記,碑文未見。

文選淪注牧齋序後又有"門人嚴炳敬書"一行,嚴炳,字孚文,爲嚴澂之孫。著有常熟三峰清涼禪寺志、嚴文靖公年譜。

春,因時子求、王喜賡請,作祝中翰開宇嚴公壽序(光緒天水嚴氏家譜卷六)。

序云:"今年春,嚴子張成進士,念其尊甫道普翁已七十,生母顧孺人亦居六十,亟請休假上壽稱觴,遠近知契不榮子張之貴,而深豔其親之壽也。其年友時子求暨其友王喜賡等謂子張遊余門最久,來商叚辭。"

嚴開宇(1565—1636),名澤,字道普,一作道溥。

次子嚴栻(1597—1675),字子張,號髻珠。崇禎三年(1630)舉人,七年進士。授信陽知州,禦寇有功,因丁外艱歸。十七年,天下洶洶,祁彪佳薦爲兵部職方司員外郎,又因內艱未任。明亡後,嚴栻在鄉舉義兵抵禦清軍。兵敗後以遺民自居,薙髮於常熟報恩寺,遺命不刊著述,不留墓誌。嚴栻正妻文氏,文震孟之女,生子嚴熊。嚴栻有嚴髻珠印稿傳世,中有其爲牧齋所刻印章兩方,白文"錢謙益印",朱文"牧齋"印。

子求名敏,崇禎三年(1630)舉人,十年進士。曾任河南固始知縣。海角遺編載,楊嗣昌督師河南,輜重貲藏不下數百萬,皆寄放固始,嗣昌歿,敏盡取歸,以此謀陞兵科給事中,入京供職。李自成破北京,敏率衆降。常熟百姓得知,憤甚,焚其居並母棺。敏後逃歸,恨鄉人刺骨。嚴栻在鄉舉事,敏譖於義陽王,義陽王遂拘禁嚴栻,嚴栻上繳錢糧軍器方得免。清兵破常熟，時敏藏於毛晉家，被鄉兵所執，梟其首於七星橋上。

王喜廣，名曰俞，號中恬。天啟七年(1627)舉人。崇禎十六年(1643)與子澧同榜成進士。授餘姚知縣，期年去官。

三月，作重修梅里塔募緣疏（牧齋外集卷二十一）。

塔在梅李鎮勝法寺南半里，相傳爲晉永和年所造。勝法寺，唐元和中間將軍捨宅爲之，陸綰、葉夢得、周甫皆有詩文。寺東即將軍墓，西北有洗馬池，池旁小塚，相傳爲藏劍甲之地。

中秋，作黃子羽詩序（初學集卷三十二）。

序云："近代之學詩者，知空同、元美而已矣。其哆口稱漢、魏，稱盛唐者，知空同、元美之漢、魏、盛唐而已矣。自弘治至於萬曆，百有餘歲，空同霧於前，元美霧於後。學者冥行倒植，不見日月。甚矣兩家之霧之深且久也！……是故子羽之才之學，於季穆實相伯仲，而其爲詩也，後發而先至，以其早脫兩家之霧，而祈向于古人，無所謂下劣詩魔入其肺腑者也。"

九月，作文祭曹于汴（初學集卷七十七祭都御史曹公文）。

黃公渚評云："祭都御史曹公文，聲情激越，一氣流轉，如天馬行空，不受羈勒，而步驟未嘗或亂。其敘于汴出處進退，文勢抑揚，使讀者知正人與國家之關係。末敘祖別，仍歸於'閲世道'，與可憐憔悴之語相去遠矣。"

九月，作孫楚惟詩稿序（初學集卷三十一）。

孫鈐(1592—1638)，字楚惟，又字韞若。承宗次子。萬曆四十年(1612)舉人。工詩文。崇禎十一年(1638)，清軍進攻高陽，全家率衆守城，錀被俘，不屈而死。陳繼儒文集中有孫楚惟探珠草序，知其詩集名曰探珠草。

山曉閣明文續集卷四評云："楚惟爲高陽公哲胤，故序楚惟詩，特以高陽爲主。蓋高陽爲國任事，公子左右戎行，其杼詞潑墨，自非齷齪儒生之比。即至公車久困，而其氣愈老，其積愈深，著作滿家，不以一第興易也。説得詩文出色，讀之使人神王。行文有英傑之氣，而節奏次敘，動合自然，磬控之間，應以如琴致頌。"

又作孫紫治詩稿序(初學集卷三十一)。

孫鑰(1605—1638)，字紫冶。承宗五子。殉崇禎十一年(1638)家難。

秋，與李毅、毛晉訪王人鑑，人鑑以幼子託毛晉，以墓誌託牧齋。

有學集卷三十一王德操墓誌銘："崇禎甲戌秋，余與李孟芳、毛子晉偕過德操，酌酒布席，命四郎出拜。孟芳曰：'德操意鄭重付囑，將以稚子累子晉，而以墓中之石累牧翁也。'"四郎爲德操六十九所舉子，名潙，字僧祐，後由毛晉撫養成人，並娶魚侃之孫女。

錢牧齋先生尺牘卷二與李孟芳："當今世界，是處畏塗，況嘉禾、霅川之間，何處可一措手爲德操地耶？此種光景情事，諒吾兄所稔知。德操古心之人，吾兄何不從直相告，而又作此委曲耶？幸爲我釋之。"

牧齋外集卷一有虎丘同王德操諸君賦："登臨佳日淡忘歸，況復招尋興不違。返照故隨游客騎，落霞偏散美人衣。

紅顏想像孤墳是，白石荒涼講席非。千古銷沈向誰問？晚山黃葉亂烏飛。"不知是否作於此時。

李穀(1582—?)，字孟芳。常熟人。與毛晉最善，汲古閣諸刻，多其讐校。錢牧齋先生尺牘卷二與李孟芳書札十三首，部分不可繫年，重要的有："移居詩屬次韻，所謂珠玉在側，使我形穢也。宋玉叔所求文，當於十日內脫稿與之，且令其使者少待之爲妙耳。蒼師並乞致意。"玉叔此文未見。

又："案頭鼎爐，款式精古，頗有類此者，知爲佳品，不敢奪韻士之清供也。山中所乏者，名花異卉，欲效眉道人乞花故事，幸祈轉致叔鳴兄，覓得一二種見惠，勝於日南太守多矣。"徐錫球，字叔鳴。常熟人。銅梁縣丞。

李穀死後，牧齋又有十月望日西山掃墓，過孟芳故居，慨然有作詩。

十月，作故禮部尚書兼翰林院學士協理詹事府事贈太子太保謚文肅王公行狀，即王圖行狀(初學集卷四十八)。

十二月，跋鹿門集(國圖抄本鹿門集末葉)。

作都察院右副都御史巡撫山東贈資善大夫兵部尚書徐公墓誌銘(初學集卷五十一)。

徐從治(1572—1632)，字仲華。海鹽人。萬曆三十五年(1607)進士。官至山東巡撫。孔有德叛，守萊州，被大炮擊中而死。賜謚忠烈，贈兵部尚書。

墓誌云："崇禎七年十二月二日，葬於曹家湖之阡，在海鹽縣西三十里。公宰邑考文，所取士多以文章風節著，周忠介順昌、方御史震孺、宮諭拱乾其尤也。於是同貞屬宮諭件繫事蹟爲行狀,而介御史以乞余銘。"故繫此。同貞,即從治長子。有女一人,嫁譚貞默子吉霖。

作王淑士墓誌銘(初學集卷五十四)。

文云:"淑士卒於崇禎六年八月八日,年五十有八。次年十二月,葬吳縣西山之真珠塢。"故繫此。

文中又云:"而其讀書最爲有法,先經而後史,先史而後子集。其讀經,先箋疏而後辨論,讀史先證據而後發明,讀子則謂唐以後無子,當取說家之有裨經史者以補子之不足,讀集則刪定秦、漢以後古文爲五編,用意於唐、宋諸家碑誌,援據史傳,摭採小說,以參覈其事之同異,文之純駁。蓋淑士痛嘉、隆來俗學之敝,與近代士子苟簡迷謬之習,而又恥於插齒牙、樹壇墠,以明與之爭,務以編摩繩削爲易世之質的,其自任最重。"

牧齋與志堅論文甚多,王聞修先生河渚集卷二十四與錢牧齋:"得來教云:作史出于不能自己。此語甚妙。古來至文,往往從不能自己出耳。……又云:竊惟世之妄人,動輒規摹班、馬,今且近法長編。弟以爲,文之有班、馬,猶人之有周、孔,不法班、馬,將安所法?……人百變,文亦百變,譬如水入千谿萬壑,縱橫曲折,隨所遇而具焉,此安所規摹之有?"又云:"(弟)亦有小小不能自己,處五編之輯,亦是一件。"與墓誌合。

本年,應仁慈慧公、嚴調御、僧圓福之請,作武林重修報國院記(初學集卷四十二)。

記云:"宋紹興間,故有報國院介清泰、慶春兩門之間,其遺址去蓮居數里而近,(仁慈慧公)遂發願修復,以爲接衆之地。湛然禪師爲文唱導，諸方響應，淨財雲涌。逾年佛殿禪堂告成，又三年桑園菜畦、飯僧之田、養老之室無不以次庀治。……于是介嚴子印持欸門，以請于余。余方有母之喪，逡巡久之。則使其徒曰圓福者，徒步搏顙祈，必得余文乃去，而嚴子助之請益力，余乃執筆以記之，而復於慧公。……院之創始在天啓元年，其落成則天啓三年，又十二年爲崇禎七年，予爲之記。"

嚴調御（1578—1637），字印持，晚年更名岳，號廢翁。餘杭人。弱冠知名，與聞子將舉文社，曰小築，四方從遊者甚衆。厭苦人世，逃之于禪。子將死，哀泣以卒，年六十。

本年，作贈孺人黃氏墓誌銘（初學集卷五十八）。

墓誌云："崇禎戊辰，孺人所乳兒思孝舉進士，選翰林院庶吉士。又六年以户科給事中，覃恩封父如其官，而母贈孺人。思孝奉使節還歙，焚黃墓下，而爲文以告。鄉人故老聚觀傳誦，相與欷歔流涕，以爲美譚。而思孝之志不但已也，奉其父所述事狀，詒書謙益，俾志其墓。"

姚思孝，字永言。原籍歙縣，移居江都。崇禎元年（1628）進士。官至大理寺少卿。明亡後，薙髮爲僧。

作慈溪馮氏先塋節孝碑（初學集卷六十三）。

碑文云："越九年己巳，公之季子爾達奉公與太宜人兩世之柩返葬於慈溪。葬之後十九年，其門生錢謙益乃爲論世考德，銘諸麗牲之碑。"己巳爲崇禎二年（1629），葬後九年已在順治五年，不當在初學集，"葬之後十九年"疑爲"卒之後十九年"之誤。有經死於萬曆四十三年乙卯（1615），故繫此。

九月,讀杜二箋成(初學集卷一百九、一百十)。

小序云:"讀杜小箋既成,續有所得,取次書之,復得二卷。侯豫瞻自都門歸,攜杜詩胥鈔,已成帙矣。無盟過吳門,則曰:'寄盧小箋尚未付郵筒也。德水於杜別具手眼,余言之戔戔者,未必有當於德水,宜無盟爲我藏拙也。'子美和春陵行序曰:'簡知我者,不必寄元。'余竊取斯義,題之曰二箋而刻之。甲戌九月,謙益記。"小箋、二箋另有毛氏汲古閣刻本。

本年,宜賓尹伸來吳。

尹伸,字子求。萬曆二十六年(1598)進士。官至河南右布政。張獻忠陷敘州,被執不屈死。

列朝詩集丁十六尹布政伸:"崇禎甲戌,買舟下瞿塘,抵金陵,游吳中、浙西,與余輩飲酒賦詩,流連不忍去。將別,執酒言曰:'生平山水友朋之樂,盡此行矣。餘生暮齒,誓欲買舟南下,更尋吳、越之游,所食此言者,有如江水。'歸蜀後,再三附書,諄諄理前約。"又拂水莊贈錢受之宗伯:"虞山如蛾眉,斜勢分城郭。其下爲澄湖,光翠相磅礴。是宜有園林,收之以樓閣。湖山真性情,秋候饒領略。於時凍雨過,長廊奔細壑。虎欒結層陰,紅蘂芳未落。以公泉石心,有時還下鑰。五載苦經營,爲余數日作。天下紛兵戈,朝廷需管樂。安石恐不免,未易親林薄。安得閒如我,長此伴松鶴。"有學集卷四十七題尹子求臨魏晉名人帖:"子求謝黔兵事還蜀,不遠東吳萬里,弔我于削杖中,期以三年後攜家出蜀,相依終老,而不得遂,卒罵賊盡節而死。"

秋,識徐增于虎丘。

徐增九誥堂集卷五感懷詩自註：“余刻芳草吟，爲公所知。甲戌始識荆，承獎勉甚至。復爲作詩序，頻語人曰：‘有能治子能病者，當酬以百金。’一時欲療余疾者踵至。”

卷二十八尹君信出峽草序：“于時甲戌歲，（尹子求）先生送長公明府赴任東下，遊于吳門，余謁于白隄舟中。牧齋錢先生在座，時余尚未識荆。錢先生亟稱余芳草詩，因出就正，大加獎餙。別去，先生語錢先生：‘徐生少年奇才，當努力致青雲，何遽以古文詞自命，盍寄語之？’錢先生因托吳江周安期致語。心切感焉，遂杜門謝交遊，一志于制科之文，冀得少効以報兩先生。”

卷二十八上龔芝麓大司寇：“增吳門鄙夫，又病癇人也，小時有志，輒思得見交天下間氣之人物。當是時，虞山錢師牧齋先生，聲望赫然，爲天下間氣之大（夫）君子。人有蒙其接見，重于龍門，得其品題，榮于及第。增少作芳草詩三十律，牧翁向人輒道之，以國士遇我，因遂得通于當世之大君子，無不以國士遇我，或呼小友，或賜玄晏。所刻拙作十餘種，流傳南北。增稍至壯，深自慚悔，遂棄去。”

徐增九誥堂集卷六宜賓尹子求伸自註：“舊爲蘇松兵使者。甲戌秋，同集陳季采舟中，次日謁公于山塘，又集錢牧翁舟中。時公將還蜀，囑牧翁曰：‘徐子妙才，當速力學致身科第，詩且勿作也。’”

黃翼聖徐子能甲集序云：“牧師愛其才，嘗託周安期致語子能，當亟致身青雲，且暫停古文詞。”

初學集卷三十二徐子能集序：“乙亥之秋，子能訪余于虎丘，膚神清令，翩翩美少年。出其芳艸詩，名章繡句，絡繹奔會,余與西蜀尹子求共嘆賞之。"按九誥堂集抄本録牧齋此序,"乙亥秋"作"甲戌秋",是。

徐增九誥堂集卷二十八上錢宗伯書:"往歲奉謁于白隄舟中,欣然引見,奬借不置,留飲盡歡。歸又語周安期,囑增讀書擇友,及時自榮,爲之感泣。"

徐增(1612—?),字子益、無減,改字子能,號而庵,別號梅鶴詩人。法號知至,曾改名匡杕,字瀑懸。長洲人。諸生。生平力學,書皆抄讀,至老不倦。著有九誥堂集、而庵説唐詩。

冬,祁彪佳請郡中舉真孝廉,張世偉以張基、歸子慕、朱陛宣三人上。牧齋欲舉顧雲鴻,世偉以爲不可。

張異度先生自廣齋集卷十二欽贈翰林院待詔故孝廉朱孝介先生暨配顧碩人合葬墓誌銘:"崇禎甲戌冬,直指按吴者爲姚江祁公,以真孝廉三人疏請贈謚表章,用示風厲。得旨部議,次年再覆如請,旨多襃詞。其一人則吴縣朱先生也。首吴江張先生,爲余大父,次崑山歸先生。"

卷十五存故引顧孝廉:"近舉真孝廉,贈官,錢宗伯頻謂余,當舉朗仲。余謂:'朗仲,吾所最契,其本願欲有所發舒,他年留伴老子可也。'"

本年,作龔府君墓誌銘(初學集卷五十七)。

龔復澄(1522—1626),字清之。立本父。墓誌云:"天啓丙寅三月卒,享年七十有六。……配朱氏,少於君一年,勤勞恭儉,與君媲德,後君一年卒。是年十二月,合葬於官蕩祖塋之次。葬之後七年,用立本崇德知縣考滿贈官。"

本年,徐弘祖來訪。

《初學集》卷七十一《徐霞客傳》:"乃返,隻身戴釜訪恒山於塞外,盡歷九邊阸塞。歸過余山中,劇談四游四極,九州九府,經緯分合,歷歷如指掌。謂昔人志星官輿地,多承襲傅會,《江》、《河》二經,山川兩戒,自紀載來,多囿於中國一隅,欲爲崑崙海外之游,窮流沙而後返。小舟如葉,大雨淋濕,要之登陸,不肯,曰:'譬如礀泉暴注,撞擊肩背,良足快耳。'"徐霞客游恒山在崇禎六年(1633),本年家居,爲長子娶繆昌期孫女,且附此。

徐弘祖(1587—1641),字振之,號霞客。江陰人。喜遊歷,足跡徧全國。著有遊記一書,享譽後世。

本年,作書放生池册後(《初學集》卷八十六)。

文云:"嘉生議捐華滙田三十畝,鑿放生池,歸之福城塔院,爲一邑普利。時武林無生上人住持福城,而佛日法師以講演疏鈔至,相與證明其事,合掌讚歎。"嘉生,即許士柔長子琪。

《康熙重修常熟縣志》卷十三《寺觀》:"聚奎塔福城禪院,在迎春門外西南半里。……崇禎七年,邑士許琪捐華滙驚號田三十畝,鑿放生池,歸塔院中,爲一邑普利。錢謙益有記。"因繫此。

本年,文震孟作《五人義助疏》,楊念如侄世英立碑五人墓前。捐資者,有吳默、錢謙益、瞿式耜、文震孟、徐汧、周延儒、申用懋、王時敏等五十四人(《五人義助疏碑》)。

碑尚存,末署"崇禎甲戌年月日"。文云:"近者聖明御宇,昭雪冤抑。吳太僕因之先生獻捐厚貲,爲買地營葬,樹碑題識。"

本年,姚希孟佛法金湯徵文録刻成,掛名簡端。

  案:此書存姚氏紫薇堂刻本,趙宧光、王在公、朱鷺、張世偉、錢謙益、周順昌、朱陛宣、釋明河、釋廣傳、欽叔陽、管瓏皆掛名參閲,鄭三俊、余大成作序。

本年,馮舒借鈔太平御覽。

  見馮舒鈔本文心雕龍:"崇禎甲戌,借得錢牧齋趙氏鈔本太平御覽,又校得數百字。"

本年,作憨山大師真贊(初學集卷八十二)。

  贊曰:"師之化去,一紀于斯。"故繫此。

明崇禎八年乙亥(1635)　五十四歲

二月,作秀才孫鎔妻王氏墓誌銘(初學集卷五十九)。

  王氏爲孫承宗第四子孫鎔之妻。墓誌云:"以崇禎七年十二月卒,年三十有一。八年二月葬于西原先夫人之墓側。"故繫此。

二月,張獻忠圍桐城,不能下。石電等追擊於宿松,中伏力戰而死。爲作石義士哀辭(初學集卷七十八)。

  哀辭云:"蒙古分民爲十户,所謂丐户者,吴人至今尤賤之,里巷伍伯,莫與之接席而坐。石電者,乃以死義特聞,亦奇矣。電,常熟人也,僑居長洲之彩雲里。崇禎八年,流賊躪中都,圍桐城,江南震動。電所與游壯士陳英,從指揮包文達往援,要電與俱。電曰:'吾老矣,不食軍門升斗粟,奚而往?'英曰:'我輩平居以君爲眉目,君不往,是無渠帥也,幸强爲我一行。'電曰:'諾。'襆被而出,終不反顧。二月十二日,追賊於宿松,我師恃勇輕進,陷賊伏中,文達死之。

電、英分左右翼搏戰，自辰至晡，殺賊無算。英躓被擒，電大呼往救，賊圍之數重。電力盡舍鎗，手弓射殺數人。賊群斫之，頭既斷，猶僵立爲擊刺狀，良久乃仆。皖人招其魂，祀之余忠宣廟下。吴人陸嘉穎賦詩哭之，買隙地具衣冠葬焉。"

三月朔日，作輸丁議（初學集卷八十七）。

時有流賊之警，官府募家丁以守城。牧齋以爲家丁只能守不能戰，不如慕鄉兵爲便，故作此議。

三月一日，蘇先陪試新舫。

蘇子後集卷五三月一日奉陪錢宗伯試新舫呈一首：遲日西溪汎艇游，晚晴中酒愛春流。周旋魚鳥如同舍，收拾烟巒當倚樓。小泊花深沽酒處，長歌柳拂榜人頭。他時若擬凌江海，快櫨長帆也自由。

春，作杖銘（初學集卷二十七）。

文云："用之則行，舍之則藏，惟吾與爾。危而不持，顛而不扶，將焉用彼？崇禎八年春，牧翁銘。"

按：民國時，吴中文獻展覽會曾展出錢謙益手杖一柄："杖首象牙碧玉雕刻，精麗紅木柄，有崇禎十四年御辭龍首杖銘，小隸書，後附蒙叟老人小行書，題均精刻。絳雲一炬之遺，彌復可珍。息庵出品。"恐非真品。

四月，陸枝下葬，作廣西平樂府同知致仕進階朝列大夫陸君墓誌銘（初學集卷五十六）。

墓誌云："天啓二年九月卒，春秋八十有三。崇禎八年四月，葬畢澤圩之新阡。"

五月十七，於吳門請慈月夫人降乩，慈月夫人云牧齋乃慧遠託生。作天台泐法師靈異記（初學集卷四十三），嗣後又作仙壇倡和詩十首(初學集卷十)。

　　靈異記云:"天台泖法師者何?慈月宮陳夫人也。夫人而泖師者何?夫人陳氏之女,殁墮鬼神道,不昧宿因,以台事示現,而馮於卟以告也。卟之言曰:'余吳門飲馬里陳氏女也。年十七從母之橫塘橋上,有紫衫紗帽者,執如意以招之,歸而病卒。泰昌改元庚申之臘也。其歸神之地曰上方,侯曰永寧,宮曰慈月,其職司則總理東南諸路,如古節鎮,病則以藥,鬼則以符,祈年逐厲,懺罪度冥,則以箋以表。以天啟丁卯五月降於金氏之卟,今九年矣。'問其宿因,則曰:'故天台之弟子智朗,墮女人身,生於王宮,以業緣故,轉墮神道,以神道故,得通宿命。再受本師記莂,俾以鬼神身説法也。'……卟所馮者金生采,相與信受奉行者,戴生、顧生、魏生,皆於台有宿因者也。"金氏采,即金聖歎(1608—1661)。

　　詩小序云:"慈月夫人,前身爲智者大師高弟,降乩於吳門,示余曰:'明公前身,廬山慧遠也。從湛寂光中來,自忘之耳。'用洪武韻作長句見贈,期待鄭重。且屬余曰:'求椽筆作傳一首,以耀于世。'亦道人習氣未除也。余爲作泖師靈異記,并和其詩十首。師示現因緣,全爲台事,現鬼神身,護持正法,故當有天眼證明,非余之戲論也。"

　　慈月夫人天啟七年(1627)降乩金氏,前後九年,正崇禎八年乙亥(1635)。詩有"荷風晻靄日曈曨,精舍焚香降泖公"句,知其時在夏間無誤。

　　王應奎柳南隨筆卷三:"金人瑞字若采,聖歎其法號也。少年以諸生爲游戲具,補而旋棄,棄而旋補,以故爲郡縣生不常。性故穎敏絶世,而用心虛明,魔來附之。某宗伯天台泖法師靈異記，所謂慈月宮陳夫人，以天啟丁卯五月降於金氏之卟者，即指聖歎也。聖歎自爲卟所憑，下筆益機辨瀾翻，常有神助。然多不軌於正，好評解稗官詞曲，手眼獨出。"

蘇子後集卷五次韻錢宗伯和泖大師降筆詩十首：大師降筆，自言吳門陳氏女子，未嫁死，爲神妃，主寶月宮，後爲天台智者授記，號泖子。今年乙亥降吳門金生家，爲人言休咎悉驗。能詩文，立就，皆秀麗有法，多警策語。贈宗伯一詩，辭意鄭重，書法遒古。談世務，切中時弊。又以功名相勗勉，請爲立傳表白台事。訂五月十三降宗伯家，爲先太淑人主法事，資冥福，宗伯爲和其詩，廣至十章，余繼和如數以贈師，并呈宗伯云。

躡雲歸處海瞳矓，珠館群真接待公。悟徹死生皆幻境，識超門律透真宗。還鄉已化遼東鶴，救疾先降震澤龍。香篋粉奩都謝卻，綠章牋奏自能工。

前世今生慧日瞳，剜身乞腦了還公。瑤壇降筆信如鑑，青簡成書學有宗。峯頂分形調化鶴，嵓前截耳戲乖龍。含豪待寫拈花相，猶自丹青愧國工。

法海珠升景漸曈，捨身求道事何公？柏梁素鄙神君祀，蓮界能參智者宗。接待不離金粟象，按行還御赤鱗龍。往來說法兼游戲，仍做歌辭付瞽工。

師云聖政正曈矓，端爲東山有謝公。星漢右旋當泰步，江河東注本朝宗。相逢註定三生石，應會須乘八部龍。若問蒼生疇底事，補天浴日仗神工。

仙語冷冷日正曈，劇嫌人世未全公。風波不但橫江海，盤石終還仗祖宗。讓路豈能防國狗，投章聊擬托天龍。中原便欲還麞鳳，誰向沙中數射工。

觚稜天半日曈曨，彷彿宣麻再上公。竊怪幾年拘漢黨，會應一夢寤殷宗。仙枝分許巢靈鳳，智刃還須制毒龍。底是蒼生要霖雨，也緣天數也神工。

積翠中天瑞日曈，上真儀從半王公。縱橫仙筆真才筆，鄭重儒宗比法宗。得失人間嗤塞馬，酌量天上補山龍。還因結習相賡和，副墨名山本自工。

靈旗颯颯曙光曈，非敕虞山報社公。憑藉宰官成大事，發揮文字表台宗。山城冉冉迎青牯，里鼓填填雩白龍。若向人間作方便，願分多惠與農工。余鄉以五月十三爲頂山白龍生日，每歲以是日一來省母。母本村姥，姓蔣，居頂山，得異夢而生白龍。時梁天監元年。今有龍母墓。

山水吾城瑞靄曈，敢誇文學繼吳公。從來但識之無字，今日方知止觀宗。時節天中傳艾虎，仙真雲裡降茆龍。香齋乞與諸禪老，口捧蓮花字字工。

綠陰山塢少曈曨，聞道齋房降泑公。即願掃壇稱弟子，妄思拔俗亢吾宗。癡情自不隨苟粲，笑疾何由療士龍。一捧瑶章狂欲和，小巫神索句難工。

牧齋好言鬼神之事，後人多有不滿。汪琬鈍翁前後類稿卷五十讀初學集："又觀瞿稼軒所作後序，則述牧齋之言曰，宋淳熙以後，以腐爛爲理學，其失也陋，本朝弘、正以後，以剽賊爲古學，其失也倍。而自誦其揚搉古今、別裁譌僞，討論先正之緒言，追考六經、班馬之譜諜，然後知其果黜朱、呂而唾棄之也。斯其説已慎矣，夫理學固非牧齋所知，姑以文字言之，集中如天台泐法師靈異記、萬尊師、徐霞客諸傳，踳駁不經，曾郢書燕説之不若，尚未能望見班馬藩籬，況敢攀六經乎？以此排詆朱、吕之學，目之曰俗陋，吾未審其孰爲俗、孰爲陋也。"

又初學集卷八十六題劉西佩放生閣賦後："天台泐子後身爲慈月夫人，以台事示現吴中，勸人蠲除殺業，最爲痛切。"

六月，作兵略序（初學集卷二十九）。

序云："鄉先生副使星卿瞿公博通掌故，蒐討國朝名卿大夫嘉猷偉略，散在國史家狀者，著皇明臣略凡若干卷，其子給諫伯略先刻其兵略以傳於世，而屬余敍之。"

按，此書即兵略纂聞，爲皇明臣略纂聞一部分，清代被禁毁。孫殿起清代禁書知見録："兵略纂聞十二卷，常熟瞿汝説撰，崇禎八年子式耜刊。"瞿式耜亦有刻兵略纂聞述。牧齋序見刻本皇明臣略纂聞卷端，署"崇禎八年六月，虞鄉老民錢謙益序"。

七月望日，作奉直大夫左春坊左諭德兼翰林院檢討贈通議大夫詹事府詹事兼翰林院侍讀學士繆公行狀（初學集卷四十八）。

此繆昌期行狀。李介天香閣隨筆卷二："唐伯虎客大宅，嘗於屏上畫宫女數百，服飾炫麗，姿態百出，共得四扇，傳爲寶物。後人求墓□□□□西溪，索爲潤筆資。後西溪子求墓文於錢牧齋，復爲牧齋索去。"

七月，文震孟以禮部左侍郎兼東閣大學士，入閣參政。

崇禎實録：（八年七月二十六）甲戌，以少詹事文震孟爲刑部右侍郎，張至發爲禮部左侍郎，兼東閣大學士，直文淵閣。時震孟引疾不出，蓋上特簡也。體仁薦蔡奕琛、陳子壯，不聽。"

　　明史卷二百五十一："七月，帝特擢震孟禮部左侍郎，兼東閣大學士，入閣預政。兩疏固辭，不許。"與實錄不盡合。

　　陸世儀復社紀略卷二："是時議起廢，欲推舉錢謙益；而閣部折之堅，乃共推文震孟、侯恂、倪元璐、劉宗周、姜曰廣、黄道周，相繼登用。"

新秋，爲昭彦題李流芳畫（初學集卷八十五）。

　　考嘉慶太倉州志卷三十九："俞仲麟，字昭彦。少有膂力，爲武庠生，遇御史選儲將才，收錄之。崇禎十五年，海寇猖獗，巡撫召募進剿。仲麟隸太倉衛傅介子麾下，入海擒賊。功成及錄，遂杜門不出，授徒餬口。喜寫牡丹，亦工書。"應即此人。

甬東陸符與論國事。

　　四明月湖陸氏重修宗譜卷十一黄宗羲明賜進士行人司行人文虎陸先生墓誌銘："乙亥，上以祖陵震驚，下詔罪己，開釋罪廢，召山陰、毘陵，相吳縣，諸君子皆有翹然自喜之心。先生以爲此消長之會也。語錢虞山曰：'古人歎黄、農、虞、夏之不可復作，某謂何必黄、虞，當今目中，欲再見隆、萬之際士庶風物，已不可得。然則士大夫胸中斷不可仍作當時縉紳受用之想，服御僕從，減省斂戢。凡懷貪射利，乘間抵隙，及故爲大言聳聽，巧售傾險者，預行杜絕，積誠刻意，盡瘁協恭，以結主知，折讒口，則明盛可致，不然彼方以此此快心，此復以夬夬得意，正如痎瘧，一寒一熱，出反彌甚，元氣隨之。'果未幾而烏程排吳縣,磔崟陽矣。先生之料事如此。"

中秋,林雲鳳、胡梅勸破詩戒,作四首次雲鳳來韻(初學集卷十)。

王應奎柳南文鈔卷四與汪西京書:"又古人於大祥之日,始服素服,鼓素琴。檀弓載孔子既祥五日,彈琴而不成聲是也。嘗見錢宗伯集有答林若撫、胡白叔引祥琴之禮勸破詩戒之作,則大祥以前,其不作詩可知。"

胡梅(?—1650),字白叔,號清墅道人。吳縣人。少警悟能詩。善演傳奇,曾於留園主人徐泰時家爲優伶,後轉入徐申家。

鄧漢儀慎墨堂筆記:"同時更有清墅道人胡梅,字白叔,目雙瞽,賣藥爲生。工於詩。僕時過其家,必小飲留飯而去。曾遊虞山,錢宗伯牧齋贈以三十金,一夕爲盜攘去,僅存襪被,尚對客朗吟云:盜廉猶捨蘆花被,妻老原無杏子衫。其興致如此,然亦無嗣云。"

静志居詩話:白叔幼而秀穎,以狐旦登場,四座叫絶。錢謙益納柳如是,梅作催妝詩,謙益擊節,於是詩名藉甚。晚貧,目瞽而無子,賣藥於吳門市,自號瞽醫。以餘資買石建二幢於天池、華山。嘗遊閩中,寓曹學佺石倉園。

蘇子後集卷五次韻牧齋先生柬友四首時林若撫、胡白叔常在先生齋中,多所唱和:占籍無緣近醉鄉,長貧兒女復成行。全家那得休糧法,營老還尋煮字方。世事棊枰無定局,衣冠傀儡謾登場。陸沈敢問長安米,好向菰蘆僻處藏。許官論屢招入京,未赴。

贫亦无妨病可支,烟尘澒洞怅何之。鹖鸣好友求相劳,龙卧先生起较迟。青眼由来邀盼睐,白头何暇问妍媸。生涯便欲凭都养,愁怕生根债有儿。

松栝藏门风雨闻,一春憔悴若癡云。诗传凤阁律何细,客到龙门兴不群。谷鸟话晴缘底事,野蚕食叶偶成文。山居渐与林僧熟,苦菜尝新肯见分。

五行迪剥命难凭,娴事须如鸟避矰。绰虐屡遭今日甚,睚眦必报昔年曾。天阴屋壁交啼鼠,春暖盘筵乱集蝇。图向他生证因果,朝朝减饭施山僧。

苏先又有林若抚用前韵和余前诗四首复次韵答之如数、瞿给谏招同林若抚、舒五岳诸人宴集浣溪再次前韵诗,后有小注云:"以上次韵十二首,极为牧斋所称,见人辄道之。"舒五岳擅丹青,孙七政有赠诗,疑即下文舒仲符。

又与苏先、林云凤、冯舒等人会钱谦贞怀古堂。

见苏先苏子後集卷五次韵钱履之怀古堂夜集,牧翁、刘无疆、舒五岳、林若抚、倪仲遐、冯己苍、钱子飞、子健、僧西吾及余,答林若抚见赠二首。

子飞名龙跃,龙惕弟。

刘无疆生平不详,与卢世㴶、方以智皆有交往。

道衡,字方平,号西吾。俗姓李。常熟人。剃髮後始识文字,工诗,喜与士大夫游。卒於南屏,年五十二。著有壑云集。

八月,成基命卒于家,年七十六(有学集卷三十八文穆成公神道碑)。

作闲坐诗一首,又作北客诗一首,有无人欣赏之叹(初學集卷十)。

九月,門人郭一緯卒於平樂知縣任。

郭一緯(1577—1635),字維垣。錢塘人。天啟元年(1621)舉人。選桐城教諭,擢平樂知縣。卒,牧齋爲作承示郎平樂縣知縣郭君墓誌銘,見初學集卷五十三。

與縣令楊鼎熙討論編户、優免諸事(初學集卷八十七與楊明府論編審)。

文中有"新參茂苑相公""今方平章軍國,以天下爲己任,安肯以絶不相干之客户,妨礙一邑之役法"等語,茂苑相公即文震孟。文震孟入閣在八年七月,三月即罷,故繫此。

楊鼎熙,字緝庵。湖廣京山人。天啟元年(1621)舉人。崇禎元年(1628)至九年,任常熟縣令。

胡梅、王人鑑聽聞坊間傳牧齋起廢之事,遺詩來問,作詩答之(初學集卷十)。

陸銑官錫山教諭,作詩送之(初學集卷十)。

越其傑有詩來,答之(初學集卷十)。

越其傑,字卓凡,一字自興。貴陽人。楊文驄舅。萬曆三十四年(1606)舉人。授夔州知府。曾參與平定奢崇明之亂,有功。福王時起爲僉都御史,巡撫登萊,尋改河南,爲許定國襲殺。性倜儻,喜吟詩,著有薊門、白門、横槊、知非、屢非等集。

作陸宣公墓道行(初學集卷十)。

牧齋或有吴門之行。陸宣公墓,相傳在郡城北部,其地俗稱陸墓,今作陸慕。

沈德潛國朝詩別裁集卷一録此詩，評云："墓之附會與否不必論，重其人不重其墓也。結語專及丁相墳者，以丁謂蘇人，墓在蘇州，故用反面襯託。前輩徵引，不同泛泛。"

又總評牧齋詩云："牧齋詩如'吾道非歟何至此，臣今老矣不如人''屋如韓愈詩中句，身似王維畫裏人'，工緻有餘，易開淺薄，非正聲也。五言平直少蘊，故不録。"

舒仲符畫張文光小像，戲題四絶句（初學集卷十）。

張文光，宋大中祥符進士，能知三生事。

舒策，字仲符。池陽人。善畫人物。與鄒迪光最善。鄒氏鬱儀樓集卷四十五舒仲符像贊："伊何人斯，其舒仲符耶？仲符者誰，其凌烟繪事之流耶？"卷十贈舒仲符歌："金張許史爭先後，爲擅丹青絶妙手。虎頭伎倆全似之，龍眠筆法且八九。"

贈翁應祥詩二首，翁時懸車在家（初學集卷十）。

華山道士劉虚中來吳，欲募刻道德經於華山絶壁之上，作詩諷之（初學集卷十）。

李榕華嶽志卷二仙真：劉虚中，字長倩，號翠峯。麟遊人。喜讀老子書，遂棄家卜居王刁洞，自稱朝來道人。洞達玄旨，蒲州進士陳凝延講道德經于河海祠，儒林重之。虚中曰："吾生平惟道德經是讀，將遍訪名賢，各書一章，磨華山之石崖而鑴焉。韓相國，正人也，必先謁之，請書首章以爲之倡。"相國嘉其意，即爲書之，並贈一詩。下八十一章皆得名人手書。返栖于洞，莫知所終。

作莆陽陳氏壽讌詩四首（初學集卷十）。

莆陽陳氏，不詳何人，疑爲陳玄藻而作。玄藻，字爾鑑。

萬曆三十八年(1610)進士。官至貴州布政使,以父老乞歸。年九十餘卒。著有頤吟詩集。

十月,文震孟因與溫體仁意見相左罷相。前後入閣不過三月,人稱百日宰相(初學集卷十)。

明史卷二百五十一文震孟傳:都給事中許譽卿者,故劾忠賢有聲,震孟及吾騶欲用爲南京太常卿。體仁忌譽卿忼直,諷吏部尚書謝陞劾其與福建布政使申紹芳營求美官。體仁擬以貶謫,度帝欲重擬必發改,已而果然。遂擬斥譽卿爲民,紹芳提問。震孟争之不得,咈然曰:"科道爲民,是天下極榮事,賴公玉成之。"體仁遽以聞。帝果怒,責吾騶、震孟徇私撓亂。吾騶罷,震孟落職閑住。方震孟之拜命也,即有旨撤鎮守中官。及次輔王應熊之去,忌者謂震孟爲之。由是有譖其居功者,帝意遂移。震孟剛方貞介,有古大臣風,惜三月而斥,未竟其用。

十一月十八,劉一燝卒,作祭文悼之(初學集卷七十七有祭南昌劉宫保文)。

有學集卷二十八文端劉公墓誌銘:"謙益辱公道義之知,掌院篆時,移文郡邑,敦促史官里居久次者,意實在謙益,欲援以自助也。居史官時,頗以埽門自引,聲跡落寞,公歿而哭之慟。"

劉一燝(1567—1635),字季晦。江西南昌人。萬曆二十三年(1595)進士。光宗即位,擢禮部尚書兼東閣大學士。天啟元年(1621),繼方從哲爲内閣首輔,次年爲閹黨彈劾去。崇禎時,復原官。卒,謚文端。

本年,作王府君墓誌銘(初學集卷五十七)。

王嘉定(1564—1627),字毅庵。常熟人。夢鼎、夢鼐父。

墓誌云:"天啓甲子,仲子夢鼐舉於鄉,君年六十一矣。又三年丁卯,伯子夢鼎亦舉,而君以是年八月卒。又八年崇禎乙亥,仲子既舉進士,出宰烏程,歸而與伯子合葬君夫婦於北山之新阡,而謁銘于余。"

山曉閣明文選續集卷五評云:"通篇大意,是要人爲善,而以府君立教耳,實敘只中間數行。前幅空中旋轉,滿目煙戀,而結到封己之爲愚。後幅統括全意,再作波紋,而收到食報之在後。如此大開闔,要以爲人自爲二意,反覆挑逗,生出姿致。而正義標著,卓然型世之文。"

王夢鼎槐川堂留稿卷六生緣小記:"(乙亥)是冬十一月二十六日,殯先人於新壙,丐宗伯錢師爲之銘,馬素修太史表其墓。"

應楊漣長子之易之請,作都察院左副御史贈右都御史加贈太子太保謚忠烈楊公墓誌銘(初學集卷五十)及陳孺人張氏墓誌銘。

文云:"後三年,今天子即位,追録死閹忠臣,以公爲首。又五年,其友人陳愚撰次行狀,率其二子跋陟數千里,請誌公墓。……公令常熟時,語謙益曰:'吾生平畏友,子與元朴耳。'元朴,陳愚字也。愚於公周旋生死,匿其幼子於廬山,間行過予,謀經紀之事,予方遭黨禍,杜門絶跡,相與屏人野哭。今年之易寓書曰:'婦翁罷公車歸,屬疾且死,猶以謁銘爲念。'謙益泫然久之,是以抆淚執筆,不復敢固辭,不獨不忍負公,抑亦不忍負愚也。"

卷五十八陳孺人墓誌銘："元朴既除母喪，率忠烈二子謁銘于余，已而稽顙涕泣，以母之誌爲請。今年之易書來曰：'婦翁自公車罷歸，抱病且死，遺言以其母及吾父之誌爲囑，再三鄭重而卒。'余發書，悲不自勝，泣下沾襟，蓋余有母之喪，亦將禫矣。"陳愚即之易婦翁，牧齋母崇禎六年(1633)死，將禫，故繫此。張氏，即陳愚母。

楊之易(1602—1647)，字元仲。以父蔭授官。順治二年(1645)，官松江海防同知，松江提督吴兆勝起義，之易告變，被吴所殺。

黃與堅願學齋文集卷八："即牧齋文，如楊忠烈墓誌，何等大篇，議論處亦有四六闌入，皆是一病。第其筆勢驍悍，一切經史，恣其揮擢，如出己手己選。李忠毅誌，即自愧弗如。緣氣體一衰，而文之筋弛力緩，勢所必至也。有學集率如此。然所著意者，仍是典雅過人，以是知牧齋根柢甚深，絕非軥材所可比。"

作書李毅，請毛晉刊印楊漣墓誌。

錢牧齋先生尺牘卷二與李孟芳："楊忠烈志，乞轉致子晉，奈觀者頗衆，得付梓以應之甚便。"

十二月初二，陳三恪卒。

牧齋爲作玉淵生小傳(初學集卷七十一)，在卒後不久，附此。

十二月十七，蕭士瑋收到牧齋所寄楊忠烈公墓誌，大爲歎服。

蕭士瑋蕭齋日紀："十七，錢牧齋寄來楊忠烈誌，隨取讀之，沉痛綸至，覺李獻吉于蕭愍廟碑猶多矜顧之意。近來詩文能別裁偽體，直追正始，惟此老耳。"

　　冬，聽堪輿家言，倣張世偉家素心堂樣式建明發堂，以爲雙親墓田丙舍。"明發"二字，取詩經"明發不寐，有懷二人"之義。

　　　初學集卷四十五明發堂記云："斥山居以爲墓，鄉之爲堂爲閣游焉息焉者，皆墓域也。直秋水閣之後，竹樹晻曖，礧石錯列，官之以爲墓田丙舍，其中爲堂，前榮後寢，高明而靚深，倣越溪張氏之製，命工圖以來。有以柏屋售者，度而移焉，不爽尺寸，名之曰明發。"

　　　張世偉自廣齋集卷一虞山錢氏明發堂記："虞山西麓之陽，有堂翼然，距山骨而面湖光者，錢受之少宗伯葬其親之丙舍也。先是，地爲拂水山房……不論地以人勝，地固已自勝矣。青烏家間目注之，然特謂受之綠野居無有過而深求者。乙亥冬，豫章楊君自陪京來，遍覽錢氏先塋，夜宿山房，曰是宜有異，遂指墙隈一阜紫藤糾蟠其間者是，即具畚鍤，開蒙茸十道，燦然新阡，記載之詳，前所稱耦耕堂、團桂樓，一時號爲名勝者，俄頃毀拆不吝，蓋受之爲先人卜地，如斯之決也。兆成，俟吉舉太夫人襄，遷贈公孝成先生合葬焉。西偏搆堂三楹，顏之曰明發，問序于泌園張子。……余先君子于孝成先生雅故，承邀共讀書，余童時以通家子往來，間獲提命。……抑是堂也，受之倣于余家世居越來溪素心堂而作也。渾堅寬敞，先太史靖孝府君紹南安府君之遺教猶存。吳中峻宇雕甍何限，受之獨過而樂之，命工圖式以往。會他姓有成屋如其度，受之卸遷以來，尺寸無爽，不日告成。"

程嘉燧再過拂水，牧齋重申墓田耦耕之約。

程嘉燧耦耕堂詩卷中重過牧齋拂水山居，經宿遂撤新樓開窀域，復申墓田耦耕之約有述：隔歲寒梅壓路橫，過年風檻紙窗鳴。嚴扉静掩涓涓戶，山閣俄開鬱鬱城。新表佇歸華鶴語，生芻與悵白駒行。松堂丙舍仍招隱，投老看君誓墓情。

有學集卷二十二耦耕堂集序："既而從形家言，斥爲墓田，作明發堂于西偏，而徙耦耕堂于丙舍以招孟陽，廬居比屋，晨夕晤言，其游從爲最密。"

有學集卷四十七題李長蘅畫扇册其三："拂水丙舍初就，豀堂磵戶，差可人意。松圓老人嘆曰：但恨長蘅蚤去，不得渠仰面背手，吟嘯嘆賞，爲闕陷事耳。"

本年，聞谷自閩返瓶窰，世壽七十，爲作壽聞谷禪師七十序（初學集卷三十七）。

壽序云："今年師自八閩反於瓶窰，世壽方七十，尚寶卿王君輩爲師幅巾弟子，屬余以一言爲壽。"

初學集卷六十八聞谷禪師塔銘："聞谷禪師印公以崇禎丙子十二月十七日示寂於瓶匋之真寂禪院。……復南游，棲建州之寶善四載。年七十，乃歸老於真寂。次年臘月八日，說戒畢，示微疾。"故繫此。

本年，募建興福寺東房。

常熟破山興福寺志卷三："東房，在寺界之東，空心潭、觀音殿基址皆在焉。房之僧貧不能守，崇禎八年，侍郎錢公、祭酒許公、太學嚴公等贖歸，於寺殿東新闢松岡山地又若干畝。"許公，即許士柔。

本年，作書張國維，解繆昌期後人之困。

江陰東興繆氏宗譜卷二十五采璧公暨元配徐氏行略："乙亥，邑中有審役事。吾父受先官詹庇，向以官户例免，未嘗與胥人作緣。突有區蠹索賄不滿，輒欲以吾父及諸叔爲民户。吾父以完贓同，建坊同，奉旨優恤同，將來營葬之事無不同，具呈於督糧道王道臺，而又走控於少所受知爲官詹之執友錢宗伯太老師，賴宗伯移書張撫臺，其事得寢。而諸叔父偃然若不知有編役之苦，而吾父亦不欲使之聞，惟嘖嘖頌宗伯高義云。"

本年，作張義卿墓誌銘（初學集卷五十七）。

張浩（1555—1603），字義卿。常熟人。趙用賢弟子，履端祖父。張履端，字雲翎。天啓四年（1624）舉人。授鄱陽令。入清隱居不仕。

墓誌云："又四年乙亥，履端舉其柩合葬於君西山之阡，而謁銘于余。……余爲兒侍先君側識君，修髯長身，儀觀甚偉。年十六七讀書山中，君僂而過，余以丈呼曰：'吾丈於今日爲絶倫，于千古爲名世。'鄭重肅揖而去。余少心易其言，至今猶愧之。履端又余門人也，其忍不銘？"

本年，作封太孺人趙氏墓誌銘（初學集卷五十八）。

墓誌云："其卒以天啓七年二月，年八十八，其葬以崇禎八年，祔府君之墓。"

趙氏爲工部主事李逢申之母。李逢申（？—1644），字延之，號若鶴。松江人。萬曆四十七年（1619）進士。李自成下北京，遇難。即李雯之父。

本年，陳龍正有書來，論恢復南直、江浙工食，訓練鄉兵。

　　幾亭全書卷四十二書牘二與錢牧齋少宗伯："前者讀輸丁議，周悉慷慨，竊爲蒼生手額曰：'虞山有此人，吐此議，江南可無患，流賊可漸平也。'項門生周知微還，述於座下覯傑士二三人，又知台臺留意人才如此。……事之切者，則莫如請復南直、江浙各州縣民壯機快工食。自崇禎三年，將此項四分扣一助遼，各衙門緣此逐漸起例，私自扣減，所存工食愈微，此輩既無饔飧，又無衣裝，又無器械，不事操練，日逐在州縣承牌聽差，而祖制土著鄉兵力士之意遂廢。……故愚謂凡議練鄉兵、議募土著、議選力士，總以民壯爲始，核民壯，總以罷抽扣復工食爲始。江、浙、直三省鄰封，大抵積弊相似。玉翁能移咨江、浙兩撫，一體具題，則州州縣縣備禦有基，而後增擴致積之法可得而講也。"

　　陳龍正（1585—1645），初名龍致，字惕龍，號幾亭。嘉善人。于王子，高攀龍弟子。崇禎七年（1634）進士。官中書舍人。國變，絕藥卒。

　　周丕顯，字君謨，號知微。嘉善人。天啟元年（1621）舉人。

顧大韶過訪，爲孫愛答疑。

　　炳燭齋隨筆："友人牧齋子七歲，讀論語至亞飯干適楚，問師何以有亞飯、三飯，而無初飯，師不能對。余過訪牧齋，因令之質余。"

項煜有書來，作書答之，請其照顧族叔世熙、侄孫裔嘉（錢牧齋先生尺牘卷一）。

　　書云："柴荊晝閉，枉書見存。……前者僞報流傳，謬廁五十餘人之列,已明知踰分,今果化爲烏有先生,固其宜也。……茲有家叔世熙、舍侄孫裔嘉,奉檄來南雍,苟可培植,必多爲之地,是所望於老先生也。"

南京圖書館藏鈔本,題下注"崇禎乙亥",因繫此。

明崇禎九年丙子(1636) 五十五歲

正月,作葛端調編次諸家文集序(初學集卷二十九)。

此書爲崑山葛鼐、葛鼒所輯,牧齋序云:"雖然,端調我之自出,其編摩論次,與諸昆弟共之,皆我甥也。"

葛鼐,字靖調。錫璠三子。

葛鼒(1620—1679),字端調,號寒庵。錫璠四子。崇禎三年(1630)舉人。錫璠富藏書,有八子,皆好學,盡以書畀之。鼒益購所未備,所藏達三萬卷。遍評左、國、史、漢、唐宋八家之書,海内號稱葛板。

錫璠第七子有孫曰萬里,後作牧翁先生年譜。

正月,爲張世偉作重修素心堂記(初學集卷四十三)。

素心堂即張世偉家堂名。

山曉閣明文選續集卷五評云:"先世封殖,猶念手澤,況堂構之貽乎?孟舒之復其故居,自君子視之,亦僅後人當盡之事。此文追述先子之言,較論學士之宅,憑弔古今,俯仰興歎,至孟舒締造之勤、用意之到,則於異度口中出之,而又欲倣其遺制,豫從異度乞記,悠悠澹澹,都於閒處生情,鬧熱場中,得此冰雪文字,手筆絶高。"

作蕭伯玉起信論解序(初學集卷二十八)。

現存崇禎十年(1637)毛氏汲古閣刻本,卷端錢序署:

"崇禎九年正月,虞山友弟錢謙益謹敘。"

約王鐸攝山看梅。

過雲樓舊藏名賢書翰有牧齋書一通:"攝山古梅大放,擬明晨挈榼往遊,未審吾翁肯來小莊會齋同往否?此訂癡庵年道兄執事。謙益頓首。初六日。"

據張升王鐸年譜,王鐸一生有兩次南京之行。一是去年八月,王鐸因與温體仁政見不合,調任南京,本年正月抵任;一是河南陷落,崇禎十六年正月,王鐸攜家人逃至南京,三月又南下蘇州、嘉定等地。牧齋此書不詳時日,似在此時。

王鐸(1592—1652),字覺斯,號十樵、嵩樵。河南孟津人。天啟二年(1622)進士。官至南京禮部尚書。弘光立,任東閣大學士。與牧齋一同降清,授禮部尚書。有學集卷三十孟津王公墓誌銘:"余與公同官交好,酒闌歌罷,談説生平,輒以不朽爲托。"可見二人交情。

尺牘新鈔卷一王鐸答牧齋:"妒造物私,以青鏤管厚足下也。足下之外,誰復才負淵嶽,與足下七雄中推爲秦、楚者乎?僕禦兒港弱兵也,殳矛缺短,實不敢執小旗鼓,而見足下孫吳之壘。"不知作於何時,附此。

正月,爲陸瑞徵作頤志堂記(初學集卷四十三)。

記云:"河南陸群圭氏家於虞山之下,傍山臨池,爲堂以讀書其中,名之曰頤志,取其家士衡之賦,所謂'佇中區以玄覽,頤情志於典墳'也。堂既成,而横經籍書,俯仰誦讀者,蓋有年矣。今年謁余,而請使記其名堂之意。"

康熙蘇州府志卷三十二選舉四崇禎間貢:"陸瑞徵,群圭,浙江新城知縣,十一年。"則群圭即陸瑞徵別字,另一字兆登。

正月,孫慎行卒。

文云:"歲丙子之孟陬兮,春氣奮而青陽。哀夫子之北征兮,載元氣而上翔。"

孫慎行(1565—1636),字聞斯。武進人。唐順之外孫。萬曆二十三年(1595)進士。官至禮部尚書。天啟間會推閣臣,爲魏忠賢所抑,罷官。崇禎八年(1635),再推閣臣,屢不稱旨。後以慎行、劉宗周、林釬名上,帝召之,甫入都,即卒。初學集卷七十七有祭孫文介公文,當作於此後不久。

孟春,爲趙士履作趙水部松風草序。

此文不見初學集,載暨陽章卿趙氏宗譜卷二十九。

趙士履(1597—1641),字坦之,號南屏。常熟人。用賢孫,祖美長子。以祖蔭官至韶州府同知。

中春,文震孟歸來,招邀宴賞,牧齋與文震亨、張世偉、徐汧、劉履丁等人遊玩虎丘、支硎諸山,作詩四首紀之(初學集卷十)。

自註云:"十四日遊虎丘,余語茂苑丁公,言:'章子厚題詩,亦與此山竝存乎?'相與一笑而出。"

又:"十五日遊中峯院。"

又:"自寒山遊花山寺,昔游二十許人,惟茂苑昆弟、異度及余四人在。"

姚希孟秋旻續刻春日聞伯舅招同錢受之前輩、徐九一太史,暨張師、叔舅徧遊虎丘、花山、中峰諸刹,受之次第紀遊,共成四首,余從病榻倚韻和之:舊侶招尋涉故山,一從歸隱得安閒。堂開中令朱千沼，家擬成都綠萬間。海島夷猶飛欲倦，岫雲舒卷出旋還。鍵扉高卧真吾事，醒眼何堪伴醉顏。

春日吴宫花事殷，同心步武薜蘿間。鶲鷹爭識冥鴻遠，澤雉難從野鶴閒。他日興朝瞻赤舄，今朝謝政長青山。金門隊隊先移趾，共脱簪纓鬢未斑。

朝來蠟屐幾廻穿，爲有溪聲到枕邊。蠅矢相加皆夢幻，羊腸歷盡付雲烟。孤峰永抱藏金穴，丈室仍臨卓錫泉。鄭重材官空執訊，行踪一似不還天。師生事見叔舅詩中，不更註。

空山古寺多陳蹟，往事閒評愈可憐。一片護持皆善後，千燈接續是光前。莫嫌地迥無人到，爲愛雲梯與石連。濠濮追陪疇昔訂，捫蘿攀葛覲諸天。

文震亨詩未見。

又作詩二首贈文震孟（初學集卷十）。

二月花朝日，題元鈔本樂府新編陽春白雪。

菉圃藏書題識卷十樂府新編陽春白雪十卷：“惠香閣藏元人舊鈔本陽春白雪十卷，依元刊本校録一過，分注於下。丙子二月花朝，牧翁。”元刻本藏南京圖書館。

張鴻磐往閩中，寓書曹學佺，請爲母顧氏立傳。學佺文成，寄詩謝之（初學集卷十）。

傳文見石倉四稿西峰六二文卷三。序云：“嶧川張子石來，予友海虞錢受之附以書曰：不肖謙益孤窮狼戾，慈母背棄，奄及大祥，將謀窀穸之事。念生無以致一日之養，没不能邀半通之綍。惟徼惠大君子之一言，發皇幽潛，信今而傳後，則庶幾得爲子爲人，他日可以見先慈于地下。用敢再拜發函,并託子石將之,肅拜以請于堂下,幸見憐而許之。"

石倉四稿西峰六二文卷一序上張子石南州草序:"受之又有啟云:嘉定張生子石,其人清貞閒雅,居然不俗。詩句書法,種種清曠。是程孟陽、李長蘅一流人也。乘興遊閩中,過我曰:'此行爲游武夷,啖荔枝,謁能始先生耳。'不肖羨之,力爲勸駕。并附數行,先容于典謁。"

牧齋外集卷十嘉定張子石六十壽序:"子石游閩,余寓書曹能始,請爲先太夫人傳。子石攝齊升堂,肅拜而後奉書,能始深嘆之,以爲得古人弟子事師之禮。"

劉履丁告別,次韻送之(初學集卷十)。

劉履丁(?—1645),字庚之,號漁仲。皇明四朝成仁錄卷七:"劉履丁,字漁仲。漳州人。大學士黃道周高弟。聰敏絕人。字畫篆刻,皆極其妙。博物好古,詩深□自成一家。崇禎間,以貢爲鬱林州知州。見天下方亂,致書友人曰:'孔賊犯天津,一月而弒兩藩,吾輩不知死所矣。'因研究諸家兵法。至是,與石麒等起義。□至,爲仇所刺,并殺其子以降。

作葛將軍歌一首(初學集卷十)。

詩首句云:"葛將軍,萬夫雄。我昔遇之婁水東。"則牧齋與葛誠相識。

宋懋澄九籥別集卷四有葛道人傳:"葛道人,崑山縣人也。……歲辛丑太祲,五關之稅日縮,司理抵吳會計,有司議覈漏稅彌縫之。會參隨吳建節者,通吳中無賴湯莘、徐成等二十餘人,乘覈稅之令,嗾稅使令民間一抒月稅三鐶。姑蘇逵道凡六門,水關者三,二十人將分據之,無貨不徵,更議羅綺非奉司禮篆箚不得私貿。剋日開徵，市人洶洶，遂期于六月三日詛玄妙觀，爲首六十人，名曰團行，明日不呼而集者萬人。踪建節所在，至覓渡橋，建節方據胡床，指揮左右阻檔遏販，而萬聲同呼，飛礫中建節腦，腦裂。復擊殺徐成等數人，還擁入市，火攻湯莘等家，即欲據關門網市利者也。……當是時，事起倉卒，姑蘇守暨長、吳二令，欲問主者爲誰，卒不可得。蟻聚五日，榜示萬端，無一人解散。越八日，忽有壯夫袒肩搖蕉扇突衆而出，長揖太守朱前曰：'余爲葛成，實倡是舉，請戮成以伸國法，餘人乞置勿問。'太守驚愕起謝，顧司理稱歎者久之，遂以名聞之藩司。……道人既自誣服，兵使者杖之瀕死。吳民感其義，無不流涕，咸謂聖怒莫測，必無生理，皆稱葛將軍，擬其死爲神，鏤畫圖賽之。吳中名士張幼于率士民爲文生祭，旨甚激亢，詞多不載。復作書致丁紳及當事，祈寬之。……道人羈獄十餘年，歷多官訊鞠，第謝曰：'賢不忍姑蘇之遂爲戰場，而命監成危，上官坐困，故不難以死解之。'語載三縣令爰書，蓋實錄也。"

褚人獲堅瓠集：萬曆辛丑，内監孫隆以織造至蘇……刁民藉以作奸。六門設稅吏，負擔出入，必稅錢數文。間閭擾動。吳人葛誠，義憤所激，以蕉扇招市人殺其參隨，隆走杭得免。誠詣官待罪，當道以亂民不宜名誠，改爲賢。疏聞，後以赦得出。又十餘年以疾終。吳人義之，呼爲葛將軍。未死時，江淮間客舟祭賽之，輒有驗。死葬虎丘五人墓側。文肅公題其碑曰："有吳葛賢之墓。"錢蒙叟有葛將軍歌。……康熙癸丑春，予過虎丘，於其猶子處得瞻將軍遺像，稍帽戎裝，腰間插一蕉扇，猶凜凜有生氣，上有吳因之文，文肅诸先辈题赞云。

二月二十三日，毛晋、李毂至山阴访祁彪佳，赠所刻书籍数种，并转呈牧斋、王象晋等人书信。

> 祁彪佳日记卷六林居适笔："二十三日，方欲入城，适虞山毛子晋、李孟芳两兄过访，出钱牧斋、王康宇二札，子晋且惠以所刻甲乙集、孝经注疏数种。"

二月，与文震孟游虎丘，见云岩寺遭火被毁，山僧告哀，有兴复之意。三月，作重修虎丘云岩寺募缘疏（初学集卷八十一）。

> 疏云："虎丘云岩寺之燹于火也，盖八年于此矣。丙子二月，相国茂苑公投簪海岸，邀野老以来游，载酒松关，偕同人而至止。于时风物骀荡，花柳芳妍，相与纵览云山，俛仰今昔。香楼金道，无复旧观，架壑梯巘，仅存遗址。天荒地老，悲昆明之劫灰，鬼烂神焦，怅陆浑之新火。……山僧既袒右而告哀，群公咸虚左而授简。资其固陋，俾为秉韦之先，相此机缘，用作布金之导。"

春，黄宗羲来访，请其父黄尊素墓铭。文震孟为撰神道碑。

> 黄炳垕黄梨洲先生年谱卷上："二月，过长洲谒文文肃公，过虞山访钱宗伯。……十二月，迁葬忠端公于化安山。初，忠端公丧归，卜葬于隐鹤桥，门人徐忠襄公为状，嘉善钱相国御冷为铭，乡人之在逆案者，妒天子有表章忠义之事，出而为难，至是迁葬，文文肃公为铭。"金鹤翀钱牧斋先生年谱亦云："丙子，五十五岁。黄太冲访先生，请撰忠端墓志。"

然初学集卷五十黄公墓志铭："宗羲以己巳十一月廿五

日葬公。又十餘年，而以墓銘屬予。"方良因繫之崇禎十二年(1639)，以十二年夏黃宗羲又有過拂水之事。改葬請銘，于理頗順，前人亦有記載，故從之。牧齋所謂"十餘年"，當承黃尊素殉難而言，若指初葬而言，至十二年夏亦不足十年。

程嘉燧作縕雲組詩，牧齋有和詩。

程氏此詩，取綵雲易散之義。蘇先蘇子後集卷六次韻程孟陽招雲詩：孟陽與醉李伎楊雲相昵久之，雲忽他適，孟陽思之不得，作招雲詩數首。後孟陽偶泊吳門，值雲在鄰舟，益不勝情，復作詩一首。錢宗伯次韻和之，余亦繼和云。

石城艇子去無聲，賺得詩人寂寞生。莫是綵雲天際滅，獨留寒月夜深明。朝來訴夢防情歇，老至拼花要力爭。休問銀河水深淺，橋成只許一人行。

牧齋詩未見。從韻脚來看，蘇先此詩所和即縕雲詩。

縕雲詩陳寅恪考證爲崇禎九年(1636)春爲柳如是而作，引徐釚本事詩爲證。據本事詩題解，此説出自朱鶴齡。

按，牧齋兩處論及縕雲詩。有學集卷九戊戌新秋日吳巽之特持孟陽畫扇索題爲賦十絶句其三："松圓遺墨君應記，不是縕雲即送僧。"自註："孟陽別妓有縕雲詩扇。"又牧齋外集卷二十五題張子石湘游篇小引："孟陽晚年歸心禪説，作縕雲詩數十章，蟬媛不休，至今巡留余藏識中，夢廻燈炧，影現心口間。人生斯世，情之一字，熏神染骨，不唯自累，又足以累人乃爾。"徐釚此説絶不可信。一、牧齋稱柳如是河東君，或者稱妻，未有稱妓之理。二、牧齋作爲風流教主，有成人之美，未見奪人之愛，且程嘉燧是其多年好友，斷不至此。三、柳如是初見牧齋,程嘉燧亦參與唱和,應是初識。四、據蘇先記載,牧齋有和詩,則此時當知柳如是之名,亦與事實不符。

春間,錢士升有書來。

賜餘堂集卷七與錢牧齋:"不肖自去春奉啓後,爲此事縈懷者經年,不意草草了局,竟成虛願,應是機候未到,尚須天定耳。不肖在直二載,種種心事,惟宮庶知之。向承益老手教,云實欲有爲於天下者,不可使人先見其迹,真有意於人才世道者,亦不必我先見其心。不肖謹書諸紳,以是未嘗開口語人,即聲氣不無猜阻,亦以知罪聽之。而老先生乃於語言形跡之外,獨垂鑒亮,仲翔謂海内一人知己,可以不恨,不肖得見知於老先生,足千古矣,尚何言哉!惟是地如履虎,味如茹茶,而政體事機,又如江河之不可迴,磐石之不可轉,惟有急流勇退,庶可不失晚香。若大教所云雲蒸雨震,海内丕變,終不免慚負厚期矣。貴門生張玉老跋涉風濤,戎馬備嘗勞苦,頃者江浦解圍,尤稱保障偉績。長安絕無異論,不知何所聞,而此中賢士大夫攢眉過慮如此。不肖曾叩之宋令申,云惟兵都似有嘖嘖,其意亦可想見,此外別無他聞。至益老驅馳行間,屢報斬獲,不肖日夜望其克成大功。其中委曲,宮庶尤悉。叨在政地,封疆賢撫,凡可維護,真如頭目腦髓之是愛。又鄭見義在揚,大有聲績,已爲誦言於諸公間。冲宇此來,殊出意外,今見所見而去,爲之廢然,自此不復作妄想矣。起田處不及另啓,併望道意。"

據明史卷二百七十六張國維傳,九年正月,賊寇圍江浦,張國維遣守備解圍。又崇禎實錄,錢士升九年四月辭禮部尚書,獲允,則此書當作於本年春間。

三月,作書黃宮允石齋所作劉招後(初學集卷八十五)。

五月二十七,姚希孟卒,年五十八。

> 張世偉自廣齋集卷十三詹事府少詹事兼翰林院侍讀學士現聞姚公傳:"五月,卧小冒風,對客坐談,遂脱然就化。"卷六祭官詹現聞姚公文:"崇禎丙子夏五月念有七日,官詹學士孟長姚公以疾卒家。"

文震孟時在病中,聞姚希孟卒,哭之恸,六月十二亦卒,年六十三。

> 文氏族譜續集:"生於萬曆二年甲戌二月十日,薨於崇禎九年丙子六月十二日,年六十三。"
>
> 張世偉自廣齋集卷六祭大學士湛持文公文:"崇禎丙子夏六月十有二日乙酉,明相國湛持文公無疾坐逝堂中。"

七月十三,張世俊病卒,年七十。

> 初學集卷五十五張孟舒墓誌銘:"越三年丙子,孟舒年七十,異度屬余爲記以稱壽,孟舒讀之而喜。是年七月病卒。"
>
> 張世偉自廣齋集卷十一先兄孟舒先生行略:"六月晦,方操舟欲募一檀,食撤遽蹶,傾蘇,已不能言矣。越十二日卒,距生隆慶丁卯,卒崇禎丙子,得年七十。"卷六祭長兄孟舒先生文:"崇禎九年七月十三日丙戌,長兄孟舒先生以疾卒越來溪之里第。"

八月,錢裔肅淫祖妾生子,邑人逐之,王夢鼎、繆祖命請牧齋主持公道,作書答之。

> 據聲討實錄,錢裔肅爲倫理所不容,守令將興大獄。王

夢鼎、繆祖命借國家貧弱，請上台以資抵罪，所謂"移私錢之狼藉，佐公費之浩繁"。二人又致書牧齋，徵求其意見。牧齋回信："舉行事欵，深合鄙意。待寒宗紛呶少息，當仰遵德意，俾其參酌奉行。至如不肖，衰頹病廢，何足爲有無，而台丈猶引糠粃在前之誼，過而問焉，則感佩良深矣。"據書中記載，錢裔肅前後花費三萬餘金。

又錢氏家變録顧雲美致錢遵王書："己卯歲，年伯以內亂之發，年伯指遵王之父嗣美；內亂指嗣美姦祖妾蓮碧之事；己卯歲，崇禎十二年也。被逐入郡，郡中同志復遷而逐之，老師不能庇，亦從而下石焉。"

虞山妖亂志卷中："有女伎連璧者，故幸于侍御，生一女矣，而被出。肅悅之，召歸，藏玉芝堂中三年，而家人不得知。與生一子，名彭祖，爲縣庠生，其事始彰。……尚書素不樂侍御，口語亦藉藉，錢乃大懼，遽出連璧。宇春令其兄經歷宇新娶爲妾，欲藉爲他日禍端，肅齋恃家勢不虞也。已而侍御死，憲副亦歿，諸兄弟皆忌裔肅，有爲飛書告邑令楊鼎熙言連璧事者，楊以誚尚書，尚書答曰：'此帷箔中事，疑信相參，書似出匿名，盍姑藏奔之，亦盛德事耶？'有錢斗者，尚書族子也，素傾險好利，裔肅以尚書相昵，故亦親之，遂交搆其間，須三千金賕尚書，裔肅諾。……（斗）其鄰徐錫策者……詗得裔肅賄賕事，遂訟言告人。銀未入尚書家，而跡已彰著，不可掩。又有徐錫胤者，錫策從兄也，素亦客于尚書門，恨錢斗獨擅裔肅，已不得交關，遂出揭攻裔肅，裔肅族人時傑者，又白之于巡按御史，尚書亦唯唯無所可否。于是其事鼎沸。連璧之女嫁太倉薄生，亦以千金拄其口。王宇新挾連璧,亦得重賂。宇春子昌諤突入其伯内寢,徒手抱連璧,欲令歸家,居奇貨。連璧裸體跳,碎首,血濺壁乃已。時傑得賄,幾與尚書等。凡縉紳孝廉諸生及錢氏葭莩之戚無不受裔肅金錢,所費鉅萬萬。"楊鼎熙爲崇禎元年縣令,與家孌録所記不同,此種野史,不盡可信。

九月,作陳府君墓誌銘(初學集卷五十七)。

墓誌云:"崇禎八年翁卒,年八十三。次年九月,其妻范氏卒,年八十一。其子啓元、調元合葬于湖田之新阡,而屬余銘其墓。"

陳廷瓚(1555—1635),字襟宇。擅岐黄之術。

作江母金孺人墓誌銘(初學集卷五十九)。

墓誌云:"未五旬而孺人卒,丙子之七月十六日也。將葬,之浙屬浩述孺人懿行,謁銘於余。……葬以十月某日,在妙因山郭孺人穴右,如孺人之言。"金氏爲江之浙生母,異母兄弟之淮、之漢亦有文名。

江浩(1604—1649),字道闇,號蝶庵。之浙堂兄。乙酉(1645)後削髮爲僧,初參漢月,名濟斐,字日用,再改名弘覺,字夢破。

陸文聲疏告復社,遷延數年未決。

明史稿卷二百八十六張溥傳:其里有陸文聲者,素無賴,以輸貲爲監生,求入社,不許。時采亦旋里,嘗以事扶文聲,文聲益恨。九年秋,假興利詣闕陳言,因謂風俗之弊,皆原於士子,而溥、采實爲主盟,倡復社以亂天下。"

陽月朔,爲盧世㴶作讀盧德水所輯龍川二書後題(初學集卷二十六)。

文云:"德州盧德水刻陳同甫三國紀年、史傳序,題之曰龍川二書,又深自貶損,以謂淺見寡聞,不敢出手作序,擬請虞山先生數語,以發明二書之所以然。"

尊水園集畧卷七陳龍川雜藁:"向從燕市中得龍川集四册,如獲至寶,隨錄其三國紀年、中興遺傳刻之,名曰龍川二書。……今江南有刻甚精,校燕市所得本,多十至二。余所刻龍川二書,有錢牧翁序絕佳,龍川至今日重開生面矣。"

十月,與蘇先食河豚。

蘇先蘇子後集卷六十月望日,許宫庶宅食河豚,已復從錢宗伯宅又食之,非時而得佳味有作:年年此物薦春天,十月何由早入筵。飽食直須拼一死,老饕真不愛殘年。聞香已覺空諸味,下筯先愁損萬錢。不是鄖公能好客,野人安得啖花前。

應顧天敘之請,作雙鳳顧氏族譜序(初學集卷二十八)。

顧天敘(1565—1645),字禮初,號筠洲。太倉人。錫疇父。萬曆十六年(1588)舉人。授鉛山知縣,補元城縣。以子貴,棄官隱居鄧尉山先塋之側,構得閒亭以見志,不入城市三十餘年。兩都陷,絕粒死。

雍里顧氏族譜卷首顧晉璠嗇庵府君族譜後記:"憶歲己未彙成此譜,櫝藏之垂二十年,思一廣其傳,未能也。迨丙子秋,從弟九疇纔謀及梨棗,謂兄任其勞,弟不惜任其費。從父筠洲亦從山中寄刻貲,于是刻譜之議始決。"顧天敘請序,疑在本年秋冬,因繫此。

作壽楊母侯太孺人六十序(初學集卷三十九)。

序云:"崇禎九年十一月,吴郡楊解元維斗之母侯太孺人春秋六十,維斗將偕計吏上公車,爲其母舉觴上壽,然後就道。太史徐君、孝廉張君、鄭君輩,咸洗爵布幣,往與于會,而屬余爲稱壽之文。"徐君,徐泗。張君,張世偉。鄭君,鄭敷教。

十一月左右,葬錢爾光,作族兄觀伯錢君墓誌銘(初學集卷七十六)。

銘云:"觀伯始補博士弟子員,家益貧,讀書好古,修君子之行,悒悒不得志以死。天啓六年十一月也,年五十有二。崇禎九年十一月,觀伯之二子龍躍、龍惕卜葬于羅墩祖塋之昭穴,啓前母吳氏之櫂厝祔焉,哭而謁銘於余。"

冬,商家梅自閩至蘇,馮元颷、錢謙益等爲選定詩集,刻成那庵詩選四十卷。

列朝詩集丁十三下商秀才家梅:"崇禎丙子,自閩入吳,馮爾賡備兵東倉,好其詩而刻之。明年,余被急徵,孟和力不能從,而又不忍余之銀鐺以行也,幽憂發病,死於婁江之逆旅。爾賡庀喪事,返葬焉。"

商家梅那菴詩選自序:今伯敬往矣,吾友錢受之、譚友夏,知己不殊伯敬。近遊婁江,復得馮公爾賡,一見余詩,定交千載。……故余感馮公之知,復再尋求,將伯敬、友夏平日所選者,與受之、爾賡二公互相參閱,二公不肯恕余詩,余亦不敢自恕,遂改種雪園詩曰那菴詩選,凡四十卷,於虞山、婁江兩地梓行。……崇禎丙子仲冬朔日,商梅孟和書於海寧禪室。

刻本扉頁題"曹能始、錢牧齋、鍾伯敬、馮留仙、譚友夏、李寶弓六先生彙選商孟和那菴全集",牧齋所參閱爲卷十一至卷二十,皆家梅在吴門、虞山之詩。

作兵使慈溪馮公進秩督學福建叙(初學集卷三十四)。

馮元颷(1586—1644),字言仲,一字爾賡,號留仙。慈溪人。崇禎元年(1628)進士。時任蘇松兵備參議。

文云:"崇禎丙子秋,虜陷昌平,蹂畿南,詔徵天下兵入衛。於是蘇松兵使馮公督其兵以行,抵濟寧,虜退,解嚴。有詔班師,而公旋奉新命,晉秩往督八閩學政。兩臺使者謂吴中不可一日去公,交章請留,而公以王言不宿於家,旦夕治裝行矣。吴淞副總戎許君念公共事之雅,乞余文以爲賀。"且繫此。

許自强,字健衡。襄陽衛百户,武進士。時任江南副總兵。

松江張老善累石,欲移家來依,作詩二首相招(初學集卷十)。

梅村家藏藁卷五十二有張南垣傳:"張南垣名漣,南垣其字。華亭人,徙秀州,又爲秀州人。少學畫,好寫人像,兼通山水,遂以其意壘石,故他藝不甚著。其壘石最工,在他人爲之莫能及也。……群公交書走幣,歲無慮數十家,有不能應者,用爲大恨,顧一見君,驚喜歡笑如初。君爲人肥而短黑,性滑稽,好舉里巷諧媟以爲撫掌之資,或陳語舊聞,反以此受人嗢弄,亦不顧也。與人交,好談人之善,不擇高下,能安異同,以此游於江南諸郡者五十餘年。自華亭、秀州外,於白門、於金沙、於海虞、於婁東、於鹿城,所過必數月。其所爲園,則李工部之横雲、虞(盧)觀察之預園、王奉常之樂郊、錢宗伯之拂水、吴吏部之竹亭爲最著。經營粉本,高下濃淡,早有成法。初立土山,樹石未添,巖壑已具,隨皴隨改,煙雲渲染,補入無痕。即一花一竹,疏密敧斜,妙得俯仰。山未成,先思著屋,屋未就,又思其中之所施設,牕櫺几榻,不事雕飾,雅合自然。主人解事者,君不受促迫,次第結構,其或任情自用,不得已欹斜曲折,後有過者,輒歎息曰:'此必非南垣意也。'……君有四子,能傳父術。晚歲辭涿鹿相國之聘。遣其仲子行,退老於鴛湖之側,結廬三楹。"

王嗣槐桂山堂文選卷二贈張陶菴序:"張子陶菴有先民長厚之風,其先人南垣君,高隱泖上,託興書畫,尤工累石,錢虞山招與同居拂水。其詩有云:'山中酒伴更相賀,花發應須添酒鄰。'其風味亦可見矣。吳梅村爲之傳。南中士大夫樂與游,重其行也。"

阮葵生茶餘客話卷九:"華亭張漣,字南垣。少寫人物,兼通山水,能以意疊石爲假山,悉仿營邱、北苑、大癡畫法爲之。巒嶼澗瀨,仙洞遠峰,巧奪化工。其爲園,則李工部之橫雲、虞觀察之預園、王奉常之樂郊、錢蒙叟之拂水、吳吏部之竹亭,爲最有名。漣既死,子然繼之。在國初時遊京師,如瀛臺、玉泉、暢春苑,皆其所佈置。……梅村傳中述漣語云:'吾以此術遊江南,數十年中,名園別墅,屢易其主,名花奇石,經吾架構,未幾而他人輦去,吾復爲位置者,亦多矣。'昔人詩云:'終年累石如愚叟,倏忽移山是化人。'又云'荷杖有兒扶薄醉',謂南垣父子也。"

昔人詩云云,即牧齋二首中句。

爲王世仁作詩二首(初學集卷十王二溟布政謝事家居,八十如少壯,聽歌度曲,累夕不倦,奉贈二首)。

王世仁(1557—1637)，字元夫，號二溟。太倉人。遊長洲庠序，故又作長洲人。萬曆二十九年(1601)進士。除漳州府推官，再補南昌推官。以參政監軍於蜀，平奢崇明之亂。陞福建右布政，尋改湖廣，致仕。世仁與牧齋屬中表兄弟，見初學集卷六十六王公墓碑及卷七十七祭王二溟方伯文。

贈會稽倪太公十四韻（初學集卷十）。

牧齋自註："長公侍御史視學南畿。"考上虞賀溪倪氏家譜卷二："元鉷，行性四，字賦汝，號三蘭。明萬曆戊午舉人，天啟壬戌進士。初任祁門，調繁歙縣令，因不阿魏忠賢，不建生祠。黃山一案，瀕死以忤奸璫，復社一疏，捐軀以全正士。擢御史，巡按江西，督學南畿。左遷行人副使。彌留日，陞光祿寺丞。所歷皆邑校尸祝，崇祀名宦鄉賢。生萬曆二年甲申十月初七日時……公年五十六歲，卒崇禎十二年己卯三月二十九日。"

太公即倪元鉷父。其父名湅(1559—1652)，字光仲，號晉源。乐善好施，年九十四卒。有三子：元珂、元鉷、元錎。

袁駿前來徵詩，爲作識字行（初學集卷十）。

袁駿(1610—?)，字重其。長洲人。三歲喪父，母課其學。即長，傭書養母。遍走學士大夫，請乞詩文，旌揚母親苦節，人稱袁孝子。袁氏所乞詩文，名霜哺篇，有四十餘卷，當時江南士大夫無不題詠。現殘卷藏蘇州姜偉處，尚存一百二十餘家。

有學集卷十九有霜哺篇墨跡卷總序，作於入清以後，附此。略云："於是吳門袁子重其，慇其母之苦節不獲聞於當宁,偏乞海内賢士大夫之言以表異之。以爲烏頭雙闕,旌在一時,不若彤管之詞,區明風烈,可以垂窮塵而敞天壤也。袁子之心良苦,其所以旌其親者,可謂至矣。”

北京永樂國際拍賣公司曾有袁駿扶母看花圖題詠手卷拍品,中有牧齋此詩,署"甲戌二月,虞山錢謙益贈",疑是僞作。

冬,相士鄭仰田前知牧齋有禍,自閩來視。又徒步入長安,打探虛實。

初學集卷二十五書鄭仰田事:"鄭仰田者,泉之惠安人。忘其名,少椎魯,不解治生,其父母賤惡之,逃之嶺南爲寺僧種菜。……寺僧怒,噪而逐仰田,旬日無所歸,號哭於野外。老僧迎謂曰:'吾遲子久矣。'偕入深山中,授以拆字歌訣,月餘遂能識字。因授以青囊袖中壬遁射覆諸家之術,無所不通曉。其行於世,以觀梅拆字爲端。久而與之游,能知人心曲隱微,及人事世運之伏匿,亦不言其所以然也。……丙子冬,前知余有急徵之難,自閩來視余。自清江浦徒步入長安,爲余刺探獄緩急。"

冬,招宗乘入西山。

釋宗乘載之詩存丙子冬應錢侍郎招入西山:"深處果前期,沿流一葉移。樹重煙幾變,波暖畫多時。野伴憑筇竹,村風作槿籬。寂寥心恰稱,應喜謝公知。"

同卷又有錢侍郎諸公山中過存詩:"朝客勢能忘,時聞出靜方。野居因到重,冬日爲閒長。講論融儒佛,招携得應楊。定知回憶處,詩態倚寒光。"

馮舒懷舊集卷下宗乘小傳:"師字載之,俗姓隤氏。少祝髮，隸東塔吳王菴。性靜僻，與衆落落不合，遂棄去，興有所之，輒爲短章，亦不求人解。素清羸，善病。錢尚書牧齋招居山莊，不久亦去，從汰法師于華山。尋適嘉定，遂卒，年三十餘。稿草散落，石林源公刻其存者若干首，汰法師爲之序。"

載之詩存附録毛晉紀略："載之乘公，姓鄔氏，常熟人。幼薙度於邑之東林，結性耿介，好讀幽異書。……傾風蓮子峯汰公，追隨久之。已而汰公往明月（月明）古刹，遂挈杖之練川，遇心石堅公，同上徑山，埽餠匋大師塔。復經練川，忽示疾化去，世壽三十有奇。心石爲擧火，藏其骨于西隱寺旁，是爲崇禎戊寅秋也。"

冬，張漢儒在溫體仁的授意下，上疏攻訐錢謙益及瞿式耜。

陸世儀復社紀略復社總綱："丙子九年，張漢儒疏訐錢謙益、瞿式耜，奉旨逮問。"

吳偉業復社紀事："而烏程竊國柄，陰鷙慘覈，謀於其黨刑侍郎蔡奕琛、兵給事中薛國觀，思所以剚刃於東南諸君子。……相溫時盛修郄虞山，思一擧并中之，未嘗得間也。會上憂耳目壅閼，詔寬民極陳時政闕失，山陽一妄庸武生上書言事，躐拜吏給事中。海内輕躁險詖之徒，競思構奇抵巇，以封事得官。相溫陰計此便，遂鈎致陳履謙、張漢儒與謀。履謙、漢儒者，故虞山胥吏，有罪亡命入京師，而政府遣腹心延之東第，密受記，告牧齋及其門人瞿公式耜所爲不法。相溫從中下其章，銀鐺逮治，而復社之獄並起。"

張國維撫吳疏草再覆張漢儒誣訐疏張兆麒供詞："痛故

父張漢儒賦性愚昧，惟人籠絡，向藉宦館餬口，禍遭訟棍陳德涵避訪，謀奪館地，復借無影宦債，逼占居房，又唆現訪衙蠹徐耀岩、陳仲謀及鄰惡陳仲良等父子終日大罵，百般詆譏。父既懷恨不堪，又苦生計無資，思欲入都覓館。往別內親顧監生，遂慫恿為條陳時事之舉，以為執此題目，方可傾動人情，覓得好館。父遂輕信，不謀妻子，忽於舊年八月初一日起身。比及入京，有同邑人陳履謙，以向憲訪脫逃，久避京都，與父昔有主賓之誼，與兩宦宿有嫌怨之私，訊知父欲條陳時事，輒起報復私圖，竟自捏造二宦無影單款，唆父出名參揭，啗以酒穀，歆以富貴。父云：‘錢宦久有重名，恐不便參。’又唆云：‘定須放他在本內。’遂致麒父癡迷落套，不揆利害妄言，干瀆聖聽。”

陳子龍詩集卷九東臯草堂歌小序：“東臯草堂者，給諫瞿稼軒先生別墅也。丙子冬，奸民奉權貴意，詿錢少宗伯及先生下獄，賴上明聖，越數月而事得大白。我友吳駿公太史作東臯草堂歌以記之，時予方廬居，駿公以前歌見寄，因為屬和，辭雖不工，而悲喜之情均矣。”

初學集卷二十五丁丑獄志：“烏程以閣訟逐余，既大拜，未嘗頃刻忘殺余也。邑子陳履謙負罪逃入長安，召奸人張漢儒、王藩與謀曰：‘殺錢以應烏程之募，富貴可立致也。’漢儒遂上書告余，并及瞿給事式耜。烏程奮筆票嚴旨逮問。”

張漢儒疏稿載虞陽說苑甲編，云瞿、錢在鄉有六大害，一曰舉薦之害，一曰錢糧之害，一曰鹽政之害，一曰豪奴之害，一曰騙餉之害，一曰士習之害，所作惡事共有五十八款，文長不列。

本年，吴門王生謁普陀，有老僧相告牧齋將有難。

初學集卷十二獄中雜詩其二十四自註："丙子歲，吴門王生謁普佗，有老僧囑曰：'速歸報錢公，往因中當有王難，不免一行也。'"

十二月十六，聞谷禪師圓寂，世壽七十一。

初學集卷六十八聞谷禪師塔銘："聞谷禪師印公以崇禎丙子十二月十七日示寂於瓶匋之真寂禪院。"

十二月二十一日，皇帝下旨，令江南巡撫張國維徹查錢、瞿在鄉貪橫事。

撫吴疏草回奏張漢儒誣訐疏：崇禎九年十二月二十一日奉聖旨，據奏錢謙益、瞿式耜粗莠橫事情，殊可詫恨，着該撫按拏解來京究問，本内及單款有名各犯，通着嚴提從重究擬，作速奏奪，不許延狥。撫按向來何無禁緝糾參，併着自行回奏。這本單冗褻非體，姑不究。該部知道。欽此。

本年，劉履丁餽贈宋本藝文類聚。

愛日精廬藏書志卷二十六："馮氏手跋曰：歲丙子，閩人劉履丁贈錢宗伯牧齋以宋刻藝文，予從牧翁借校此本。"馮氏即馮舒。

本年，修建明發堂成，張世偉作記。

初學集卷四十五明發堂記云："予之營斯堂也，財一年而有急徵之禍，繁踰年而歸，歸而廬於此也。"

卷四十三重修素心堂記云："而余方營先墓於拂水，築丙舍墓之西偏，美是堂之制，命工圖以來，視其棟宇而搆焉。他日堂成，亦將屬異度爲之記。崇禎九年正月記。"急徵之禍，指十年張漢儒告訐被捕事，可見堂成于九年。張記見前。

本年,作虞逸夏君墓誌銘(初學集卷五十七)。

夏時中(1556—1633),字庸父。常熟人。

墓誌云:"余歸田訪問遺老,秦君、蔣君皆前没矣,獨夏君在,乃備禮請與相見,欲延致家塾,不果。又十餘年而卒。其子士瑚將葬君,以余爲知君也,請爲其銘。……銘曰:君爲人,邁叔季。身人師,腹經笥。性孝友,寡求伎。壽八十,闕其二。癸酉卒,丙子窆。墳三尺,土一簣。作銘詩,詞無媿。後千年,樵牧辟。"故繫此。

本年,作顧太史文集序(初學集卷三十)。

牧齋序云:"故春坊諭德崑山顧公升伯諱天埈有文集若干卷,歿後數年,邑令嘉善葉君刻之以行于世,而其子某屬余爲序。"此書尚存刻本,牧齋序末署"崇禎丙子,虞山後學錢謙益叙"。

顧天埈(1560—1625),字升伯,號開雍。萬曆二十年(1592)探花。官至左春坊左諭德。天埈有三男:錫永,字爾鏗,年三十九卒;循,字星源,順治二年(1645)城破不屈死;舒,字中穎,亦早卒。

葉令,即葉培恕,字行可。嘉善人。崇禎七年(1634)進士。

本年,作張益之先生墓表(初學集卷六十六)。

文云:"吾先君之執友曰吴郡張先生尚友,字益之,以萬曆二十七年卒於家,年五十八。天啓三年十月,其子世俊、世偉葬先生於吴縣西郊之花園邨。又十三年,屬謙益表其墓。"

答應爲姚希孟文集作序,因被逮而未果。

姚宗典清閟全集跋:"總序凡有五,獨錢宗伯受之先生見諾而被逮,則嗣入尚有待也。"

姚宗典,字文初。吳縣人。希孟子。復社成員。爲人敦孝友,重節概。明亡隱山中。

明崇禎十年丁丑(1637)　五十六歲

顧大韶等上書爲錢、瞿鳴冤。

文稿載虞山說苑甲編,附張漢儒疏稿後,原題爲生監顧大韶、顧應琨、嚴有翼、何述禹等呈爲賢紳被誣,通國呼冤,懇臺特奏昭雪,以戢民奸,以彰聖治事。

顧應琨,疑即顧琨,字孝柔,常熟人。與魏焕初、沈春澤、陸泰徵、瞿式耜、蘇先輩交,角藝文場。又與繆當時善,酬唱頗多。

嚴有翼(1604—1658),字詒孫。牧齋甥,嚴杜長子。

何述禹,字公遠。早年取秦氏,秦氏殁,贅張氏。乙酉兵至,與妻、子皆被殺。

正月,周之夔與復社結怨,作書牧齋,請其主持公道。

周之夔棄草二集卷一答錢牧齋先生書丁丑正月:"夔待罪貴邦,無一善狀,惟漕糧一事,三載竭血,私謂藉此得自見,不意反以蒙禍,且下石誅鋤我者,即舊交之二張也。讀老先生一旦摧殘至此之惜,真夔知己,死不恨矣。回奏一事,關之夔進退事輕,關衡弁生死事重⋯⋯有老先生爲寥寥宇内知音,又許序拙集以垂不朽。夔終身賣字畫,諸子智者讀書,愚者力作,亦可度日待死,大丈夫豈向二張乞城下之盟,覥顔求出哉!……許老師多情仁人也,未免尚受二張所欺,望老先生主持而痛絶之,則吾道幸甚。"

周之夔(1586—?),字章甫,號五溪。閩縣人。董應舉門人。崇禎四年(1631)進士,授蘇州推官。入復社。後與張溥、張采結怨,上疏稱二人"悖違祖制,紊亂漕規",被士民噪逐。又作復社或問,極詆復社。十年,又在蔡奕琛的唆使下,進京上復社首惡紊亂漕規逐官殺弁朋黨蔑旨疏,抨擊二張,爲士人所不齒。弘光時,投阮大鋮,授給事中。唐王時,張肯堂以其熟於海道,用爲參軍,不知所終。

明史卷二百八十八張溥傳:"閩人周之夔者,嘗爲蘇州推官,坐事罷去,疑溥爲之,恨甚。聞文聲許溥,遂伏闕言溥等把持計典,已罷職,實其所爲,因及復社恣橫狀。章下,巡撫張國維等言之夔去官,無預溥事,亦被旨譙讓。至十四年,溥已卒,而事猶未竟。"

二月,劉宗周寄信來,勸勉牧齋生死之際,當正色敢言,不可像枚卜時甘受欺辱。

劉子全書文編七與錢牧齋少宗伯書:"落落人寰,屈指聲氣中,時有門下一人通之夢寐,而自揣寡昧之識,無當大方,終未遑一通姓氏於左右,能無不識荆州之恨?兹者驟驚奇變,凡在同人,曷勝眦裂!嗟乎!門下亦何以得此於今日?計其事一一可以自理會,須明目張膽,披露悃誠,仰徹明主之鑒。無至如前日科場一事,竟囁嚅不言,而受小人之檻阱也。夫小人之欲借門下以殺君子久矣,而門下每不知所以自全,一旦禍發而不可解。切世道之慮者,孰不有望於門下?而門下灑淚行矣。勉之矣!生死之際,寵辱之交,前人處此已多榜樣，幸門下自愛。"

劉宗周(1578—1645)，字起東，號念臺。紹興人。萬曆二十九年(1601)進士。官至吏部侍郎、左都御史。南渡後復官，因與馬士英等政見不合，辭官歸里。杭州陷，絕食而死。學宗王陽明，黃宗羲、張履祥等皆出其門下，世稱蕺山學派。

馮舒借校宋本藝文類聚。

愛日精廬藏書志卷二十六："馮氏手跋曰：歲丙子，閩人劉履丁贈錢宗伯牧齋以宋刻藝文，予從牧翁借校此本。始于歲丁丑之四月，畢于六月之十七日。是年閏四月(五月)，蓋百日而終卷也。"

又周星詒過錄馮舒跋云："崇禎丁丑，借錢宗伯牧齋宋本校過，與此本正同，剷半之說妄也。此本似非全書，但宋時已止存此，想世無完本矣。馮已蒼書。"

葉奕借鈔宋本經典釋文。

馮班鈍吟文稿跋經典釋文："原書文淵閣秘籍也，不知何自出于人間。震澤葉林宗購書工影寫一部，凡八百六十葉⋯⋯崇禎十年歲次丁丑寫畢。越十四年，上黨馮班識其後。"

萬卷精華樓藏書記卷十："馮氏跋云：'原書文淵閣秘籍，不知何自出于人間。震澤葉林宗購書工影寫一部，凡八百二十葉。是書世無刻本，與註疏所引往往不同，讀者幸詳而寶之也。'葉氏跋云：'從兄林宗借絳雲樓藏本，影寫書工謝行甫也。林宗死，所藏宋元刻本并抄謄未見之書畫，爲不肖子孫散沒。此書幸存，因而留之。今絳雲已爲祝融所收，此書安得不重寶之耶?'"

葉奕(1605—1665)，字林宗。吴縣東山人。好學多藏書，名與葉樹廉相上下。

春，被捕入京。王世仁聞牧齋被禍，過訪執手，感懷賦詩。

初學集卷七十七祭王二溟方伯文："我困蓬藋，黨禍未了。銀鐺牽連，網羅搜攬。兄過執手，爲我心摽。感懷賦詩，憐我纏繳。"

三月三日，跋程嘉燧所藏開母廟銘。

張庭濟清儀閣題跋漢開母廟石闕銘：即海鹽吴太沖孝廉熙雙鉤油牋，是程孟陽藏拓，崇禎丁丑三月三日虞山蒙叟書後，稱爲宋拓佳本者，亦典字起、惟字止之十一行，總以庸工惜紙，遇殘剝處，不加濡脱所致也。

此跋未見，亦不知真偽，附此待考。

孫永祚有詩送牧齋入京廷辨。

雪屋二集卷一送錢宗伯暨瞿給諫赴京廷辯四首：白日當青空，浮雲忽蔽之。一時晻曖間，魑魅縱橫馳。短蜮既射影，小鼠亦囓衣。勢使天地覆，機疑鬼神移。豈不畏太陽，跳梁且斯須。

人言飛冥冥，弋者何所慕。威鳳宿丹穴，玄豹隱深霧。機辟忽中之，杳不知其故。躑躅鳴向誰，患難亦吾素。周公被流言，赤烏有常度。

白璧污青蠅，寸點不累質。貞珉烈火炎，三日不改色。往往聖賢修，頗得憂患力。狐稷何足問，瘐狗亦已極。隕霜有餘威，天道豈終忒？

我有三尺劍,誓欲清帝旁。我有二石弓,誓欲射天狼。么麼腹中蟲,曉曉訴上蒼。當有障天手,依憑恣披猖。行矣帝無私,拭目回陽光。

孫爽亦有詩相送。

容菴詩集卷七送宗伯錢先生赴都庭辨:"千里鶯花春水濱,浩然長發詎踆巡。要扶吾道寧辭黨,得竭孤臣敢避辛?明主自來能理奪,放臣從此再綸鈞。但是東南艸澤士,一時北望最傷神。"

孫爽(1614—1652),字子度,號容庵。桐鄉人。

孫爽辛卯集許自期跋:"受知于虞山錢宗伯,稱其文有眉山父子及近日歸震川之風。"

譚貞默有詩相送。

詩觀二集卷十二譚貞默猛虎行丁丑送錢虞山北上作:猛虎噬人,酷擇賢與豪。磨牙撐尾陰風哮,妖狐綏綏作前導。假虎威,伴虎伥。虎可避,狐難防。天帝下秦鏡,嚇攝九尾踪立僵。虎兮虎兮費無極,狐兮狐兮曹無傷。

顧苓有詩相送。

千里集送錢牧齋先生赴逮:徵書並下昔三公,先後歸來跡頗同。十載遺薰幾紹聖,獨存碩果累元豐。風波翻覆千秋事,消長尋常吾道中。不但生還當世祝,直將治亂卜窮通。先生與文相國、姚學士同起田間。

陸瑞徵在金閶前來慰問。

陸瑞徵頤志堂稿卷四金閶唁牧齋、稼軒被謗即訊,兩辱翁善吉詒詩見招未赴,次韻寓懷:"春塘小雨片帆懸,嘉藻雙魚次第傳。薑毒蜂辛伊可畏,芝焚蕙歎本相連。遙知皓鶴排濃霧,頗怪昏鴉噪暝烟。時事驚心宜把酒,側身天地一潸然。"

蘇先有詩相送。

蘇子後卷六送錢瞿兩公六首:謗書一篋眇無根,恩怨人間尚可言?臨賀欲行誰走送,巫咸應下問銜冤。傷弓尚復追前痛,解網今還仰後恩。莫是平生江海客,一波未定一波翻。

南塘風雨畫縱橫,小艇搖搖送客行。閣筆也知梅事好,出門先被柳條驚。未成報國嗟時命,豈惜拼生念聖明。珍重累朝經濟手,比來天地未平成。時流氛甚熾。

詩禮人家忠孝門,歷朝清貫稱殊恩。黨人自欲尊元禮,吏議何能屈謝鯤。爵祿半生名折去,文章四海道空存。山園處處新花柳,漬雨搖風總斷魂。

人物風流冠一時,譽名官爵太參差。有心狥國誅元惡,未肯低頭屈細兒。已見青雲遭蹭蹬,轉期黃髮寄安危。皇天有意安排巧,留取他年封德彝。

昂藏只合恣天游,低屈何堪屋打頭。聲盡訓狐吁可怪,怒移螃蟹緊何讎。青雲盡拆翹材館,綠水空迴問字舟。世路功名君認取,孟佗斟酒得涼州。

臨行把觴見燈花,喜卜歸期亦有涯。野展山巾聊收拾,酒腸詩腎得消磨。憂深盛憲聲名大,家想陶公興致嘉。到底南山風月好,輭紅塵裡事如麻。

李衷純聞**牧齋**被捕,輕舟三百里,相送於吳門,並以墓誌相屬。

初學集卷五十四李君墓誌銘:"崇禎丁丑,予有牢修、朱竝之獄，時相設刀俎以待，道路洶駭。君老且病矣，輕舟走三百里，追送於吳門，淚淫於睫，唾交於頤，語喃喃不可了，曰：'天道神明，公必無恙。我且死，有墓中之石以累公。'再拜鄭重而別。"

有學集卷二十高玄期景玄堂集序："余爲書生，好以寸管評量天下士。在浙西，推嘉興高明水爲第一，時人莫之許也。而君之舅李玄白嘆爲知言，時時爲余道其爲人。余雖未識君，其眉宇談笑，宛宛然在目中也。"

李東純(1564—1639)，字玄白，一字天虞，號廣霞。嘉興人。萬曆四十年(1612)舉人。授如皋知縣，遷南京工部都水司郎中，再榷蕪湖關，陞邵武知府，擢兩淮都轉運鹽使司運使。

馮元颺送之京口，願解官相存亡。

初學集卷十二送何士龍南歸兼簡盧紫房一百十韻："是時馮使君元颺，送我臨京江。逝將解符印，從我俱存亡。"

有學集卷三十二慈谿馮公墓誌銘："烏程起牢修之獄，刊章捕余。事下所司案問，而公左官當去。公掀髯笑曰：'彼所以亟鋤吾者，欲曲殺虞山而先剪其翼也。我一日在事，職當窮究此獄，三寸管在我，三尺法在我，闔門百口在我，彼其如我何？'于是登堂視事，懸蓽鼓，召介衆，引繩切墨，手定爰書，獄成而後去。天子爲之感悟，尸奸人于市，而烏程亦先引去，同文之獄少緩矣。"

竺璠聞牧齋被逮，爲其結壇求福。

初學集卷六十九竺璠禪師塔銘："余有急徵之難，師結壇以禳，長跪右遶，涕淚悲泣，迫余歸而後解。"

于玉德聞牧齋被逮,感歎廢食(初學集卷三十七)。

　　初學集卷三十七于潤甫八十序:"以余一人而言之,牢修、朱竝之獄,鉗網於前,李宣、舒定之章,謯讄於後。當其録牒旁午,蜚語錯互之日,潤甫之爲余中夜屏營,當饗而歎息者數矣。"

商家梅因牧齋被捕,憂憤發病,卒于姑蘇。

　　列朝詩集丁十三下商秀才家梅:"崇禎丙子,自閩入吴,馮爾賡備兵東倉,好其詩而刻之。明年,余被急徵,孟和力不能從,而又不忍余之銀鐺以行也,幽憂發病,死於婁江之逆旅。爾賡庀喪事,返葬焉。"

　　徐燉答高君鼎:"歲值龍蛇,敝社友商孟和卒於姑蘇。"

門人欲上書伸冤,徐增以爲無濟於事,不肯爲。

　　徐增九誥堂集卷二十八上錢宗伯書:"當先生被誣之日,同志之士輒擬上書當事,號泣闕廷,而增所以不爲者,非惜微賤而自餒也,恐無益于事。"

門人何雲相從北上,唱和頗多。

　　初學集卷十一桑林詩集小序:"丁丑春盡赴急徵,稼軒竝列刊章,士龍相從,草索渡淮而北。赤地千里,身雖罪人,不忘吁嗟閔雨之思,遂名其詩曰桑林集。"

　　何士龍詩呈牧翁:"十歲歸田已息機,一春歌鳳未高飛。河奔似訴人心曲,野曠休嗟吾道非。北海且須樽自滿,東山終與卧相違。李膺十世猶將宥,好仗天時早放歸。"

　　何雲(?—1659),字士龍。常熟人。祖鐏好藏書,多善本。雲服習家教,自少即能古文。牧齋愛其才,延致家塾。後從瞿式耜至閩、粤,流離十五載乃歸。

又初學集卷八十二題滕公遜像:"我坐鈎黨,歸于司敗。追捕飲章,銀璫繫械。……君獨奮袂,相送入獄。雜彼儓從,襲我囚服。"然不知滕氏爲何人。

過清江浦,作詩有懷故人(初學集卷十一過清江浦遥寄故人)。

何士龍詩黄河和牧翁:"無奈銀潢日夜傾,也知東去是無情。勢當百折垂垂曲,事到千年旋旋清。鼅腹斟量隨意滿,狐踪取次任君行。馮夷祇在珠宫裡,不道人間洶湧聲。"

過漂母祠,何雲有詩,和之(初學集卷十一漂母祠和何士龍)。

何士龍詩漂母祠:"因想前賢一飯時,廢祠回首重興悲。澤邊帝子猶當道,城下王孫且釣絲。此日項劉俱斂手,他年絳灌奈揚眉。千金未是酬恩者,事往□應淮水知。"

又作黄河詩一首(初學集卷十一)。

又作俳體詩一首示何雲(初學集卷十一俳體戲示士龍),何雲和之,又再答二首(初學集卷十一)。

何士龍詩和牧翁途中見示:"過河不作江南夢,春盡翻虧客路忙。秈米飯如紅稻軟,珍珠酒比凍醪香。驢經王粲鳴聲好,雞引劉琨舞思長。若到幽并更奇絶,爲君結客少年場。"

清河道中,作詩三首(初學集卷十)。

過宿遷,作詩一首(初學集卷十一)。

過郯城,作詩二首,途中遇雨,有"雲開日轉非吾事,也要殘春一路晴"之句(初學集卷十一)。

途中又作一欸詩示何雲（初學集卷十一）。

費縣道中，又作詩三首（初學集卷十一）。

過泉林鎮，作詩一首（初學集卷十一）。

過泗水，作詩二首（初學集卷十一）。

何雲作早發詩二首，次兩首（初學集卷十一早發次士龍韻、再次）。

何士龍詩早發："倦魂回乍定，暗復辨西東。推枕落床下，和衣語被中。曉光疑月上，涼氣欲爲風。又戒征鞍去，飄□隨轉蓬。"

再次前韻："采罳浴殿北，鈴索液池東。莫道天方醉，還期日再中。看桃宜令節，嫁杏與春風。歎息年芳逝，飄蕭兩鬢蓬。"

撫寧侯朱國弼上疏彈劾溫體仁，奪爵。

崇禎實錄："（十年四月四日）撫寧侯朱國弼劾溫體仁私唐世濟，逐宋學顯、張盛美，上不聽。又劾體仁受霍維華之賂，令唐世濟轉薦，上慰諭體仁，命廷臣議處國弼，奪撫寧侯爵。"

朱國弼，夏邑人。撫寧侯朱謙六世孫。弘光時，進保國公。

朱國弼門客周應璧以代草被捕，雖遭百般拷打，不肯服罪。事白，以被杖創傷而死。

初學集卷二十五丁丑獄志："余將抵近郊，撫寧侯朱國弼抗章劾烏程欺君誤國，章數上，烏程疑余使之。吳人周應璧爲撫寧客，出告人曰：'撫寧必得重禍，吾雖諫，不吾聽也。'因爲道疏語云何,語聞履謙。履謙曰:'此奇貨可居也。'乃嗾王藩出首,謂余以三千金屬應璧賄撫寧,應璧家僮喜兒及傭書蔣英知狀。事下錦衣衞,掌衞事董琨,烏程之義兒也,迫欲傅致具獄以快烏程,收考應璧,令具對所劾。……應璧亦拜杖右門外,久之,病創而卒。崇明沈廷揚經紀其喪,返葬於吳。"

有學集卷二十九周義婦金孺人六十序:"崇禎丁丑,烏程以巨奸當國,朱撫寧抗疏擊之。吳門周君連城以文章聲氣爲撫寧上客,實爲擊節慫恿。奸人上變,謂連城爲予通賄,嗾撫寧上疏。金吾媢子,鍛鍊文致,逼連城口招殺余。拷訊促數,五毒備至,連城昂首伸眉,引義抗辨,且笑且罵,詞不少屈。群奸不能殺余,而歸怨於連城,斃之杖下。長安士紳嘆泣惋憤,相與醵錢歸葬。余叙其遺事,比于貫高、戴就。于是周義士之名滿天下矣。"應璧死後,其妻金氏被牧齋接回家中養老。

金鶴翀錢牧齋先生年譜:"先生入獄時,又有王藩者,改名吳震,縣之支塘人,武舉。亦具揭於錦衣衞,訐先生賄周應璧爲撫寧侯朱國弼起草,題參首揆云云。"

支溪小志卷三武略:"王藩,字伯如。……藩中三科武舉,即縣志俱失載。崇禎時,淮安武舉陳啟新受溫體仁指,上言請罷科舉,驟擢吏科給事中。藩至京師,亦欲有以自見,而溫、錢方以枚卜事搆難,陳履謙等附溫攻錢,藩爲履謙所誤,涉事中,遂及難。"

四月初十,張國維奉旨,上回奏錢瞿二宦疏。

撫吳疏草:"本年正月初旬,臣因賊警移鎮京口,于十四日准刑部咨内開,接刑科密封紅本三件,據常熟縣民張漢儒奏,爲直陳江南之大害,預鳴天下之隱憂等事……臣叨中鄉試時,係錢謙益主考,于臣爲座師也。臣自奉撫吳之命,竊見江南財賦重地,每圖預弭釁端,爲皇上安此一方,以備儲糈緩急,痛絕情面,愛護小民,于門墻之間,尤爲凜凜。而錢謙益亦以道義相成,足跡不入郡城,通國可問。然臣猶恐有事涉有司,臣所不及知者,每于道府縣謁見,必加叩問,皆無一人訾議。凡受小民訴告,亦必勤勤參訪,曾未有一言及之。即巡方之臣,如祁彪佳、王一鶚、路振飛,臣所同事者,閱三人矣,每向臣言,錢紳謙益一札不通,似咸諒其素履……不意張漢儒所奏錢謙益、瞿式耜之婪橫,殊駭聽聞,據單款纍纍不止數年之事。乃查臣未任以前,俱無牽及之案。從前撫按,非盡門生故舊,亦無白簡相抨彈者,撫按所憑,非縣道府之開報,即係百姓之控理,兩者寂然無有,雖欲強摶風力,能乎?臣之向無禁緝糾參,實未嘗有所見聞,不敢一字欺飾,以冒鈇鉞也。"

鎮江知府印司奇會勘錢、瞿案,秉公執法,指摘奸狀,遭鐫級。

永曆實錄卷二十一:"印司奇,字雪浪。湖廣桃源人。峭直廉介,使氣不爲物下。中崇禎辛未進士。……已除鎮江知府。温體仁欲陷錢謙益、瞿式耜,募無賴子擊登聞鼓訟之,下撫按,檄司奇會鞫。司奇摘無賴子奸狀,體仁怒,鐫司奇級。"

司奇明亡後,輔助隆武。閩敗,歸里。瞿式耜招之往桂,未赴,桂林陷,與金堡除鬚髪爲僧。

蘇州知府陳弘謐秉公辦理獄事,不願捕風附會(初學集卷十二)。

　　乾隆蘇州府志卷四十四:"陳弘謐,字龍甫。晉江人。崇禎辛未進士,授南京戶部主事,遷員外郎,擢蘇州知府。……奸民張漢儒訐奏常熟錢謙益、瞿式耜,下三府會鞫,同事者難之。洪謐正色曰:'豈有奸民妄上書,而守附會以成獄耶?即有罪,當獨承之耳。'比讞上,獨署押,但私念曰:'不當驚吾母。'乃命其子奉母歸。會廷議已白其事,竟報可。時稱循良第一。"

　　又四川通志卷四十七載李仙根撰王璲暨其元配熊氏墓誌銘:"公諱璲,字元佩,號子荊。明大司徒希泉公之仲子。……署江南臬司時,有常熟大宗伯牧齋錢公爲豪猾所訐,公極力護持,置訐者於法。錢公致千金,謝不受,又舉古玩好重千金,拒益堅。錢喟然嘆曰:希泉公可謂有子矣。"似有誇大。

四月十一日登岱山,作詩五十韻(初學集卷十一)。
春盡日,何雲有詩呈示,和一首(初學集卷十一)。

　　何士龍詩春盡日呈牧翁示:"四月已過十二日,爭教青帝更逡巡。安排李徑深無語,簡點槐陰別有因。士女如狂同過客,乾坤似醉尚薰人。閒身未畏風光老,盡日吟鞭漫送春。"

初夏,過新城,訪愈光上人,不值。

　　初學集卷八十一西方蓮社小引:"愈光上人,梵行精嚴,住持畿南之永聖寺,海內學士大夫過斯地者,靡不停驂解鞍,參禮扣擊,信宿而後去。丁丑初夏,余被急徵,抵新城,去上人所居不一舍,有感於杜子美宿大雲寺贊公房之事,申旦不寐,枕上成四詩。及抵寺,而上人已赴碧雲講席,洞門深院,梵放鐘殘,詠子美沃野塵沙之句,與其徒佇立久之,徘徊悒怏而去。所作四詩,不復繕寫,亦不復省記爲何語矣。戊寅秋,余解獄南歸,上人順世已逾年,枉道出高陽,不復過高橋拜上人影堂,殊以爲恨。"又云:"今年,其上首弟子龍埜訪余山中,奉上人遺命,將糾合宰官居士結西方蓮社於寺中,請余一言以爲唱導。"龍埜來訪不知何年,且附此。

將抵德州,有詩遣問盧德水(初學集卷十一)。

至齊河,又作齊河懷古四首(初學集卷十一)。住定慧寺(初學集卷十一),得呂講經事狀一卷,後據此撰成呂講經傳(初學集卷七十)。

呂講經傳:"余嘗道齊河,信宿定慧寺,豐碑巋然,載呂講經事。從寺僧訪得其事狀一卷,皆國史所不載,遂舉其略爲立傳。寺之後院,供榮國及講經畫像,榮國樂易頎秀,似文人老衲,而講經相奇偉,巨目方頤,面如沈鐵,英姿颯爽,閃動影堂燈火間,想見其身領忠效軍衝鋒酣戰時也。余蓋爲之斂容肅揖,久而後去云。"

早發定慧寺,在禹城道上,遇茅山張鍊師,作詩一首(初學集卷十一)。

疑是茅山道士張充符,見崇禎十七年(1644)條。

盧世㴶贈芍藥一枝,作詩一首(初學集卷十一)。

宿程氏東壁樓,有詩懷盧世㴶(初學集卷十一)。

東壁樓爲原工部尚書程紹別墅。

盧世㴖有詩來,次韻一首(初學集卷十一),何雲亦作一首。

盧世㴖詩:"平生一寸心,結託數番紙。夢想凡幾年,今日奉絢履。攝衽聆微言,徹骨透腦髓。方知有身世,方知有經史。曠觀古及今,懷抱盡于此。先生救世手,淵淵饒内美。伊吕伯仲間,名位偶然耳。從不受人譽,何乃來人毁?讒夫即高張,焉能亂天紀?風雨動魚龍,仁義動君子。"

何士龍詩次韻奉和牧翁酬盧德水:"大雅久寥闊,空悲郊溪紙。我師拯頹流,周道識所履。窮淵探龍頷,取義獲鳳髓。晚遇杜亭叟,焚香禮子美。鍾期思入手,惠子論溢耳。布鼓慚自持,黄鐘豈人毁。蕪詞何以贊,風流良可繼。雲也雖不敏,無望誨小子。"

德州張太守送酒,作詩謝之(初學集卷十一)。

查乾隆德州志,知知州爲河南張三策,舉人。李自成破河南,死難。餘不詳。

張文煇(輝)來爲其父請壽,作詩一首(初學集卷十一通州張太公壽讌詩十六韻,其子主事文煇、知縣文㹪來請)。

乾隆德州志卷八户部官倉分司:"張文煇(輝),鄭縣人。進士。"文煇與兄文㹪同舉崇禎七年(1634)進士。文煇後官建南道,松關失守,赴河死。文㹪,字彦彪,一字湛生。官山東益都知縣,選文選司員外郎。文煇死,奉母遷居會稽。其父名杞芳。

鄭仰田自京打探消息回,相見德州。

初學集卷二十五書鄭仰田事:余抵德州,復自長安徒步來報。年八十二矣,行及奔馬,兩壯士尾之不能及。至鄭州,風霾大作,脱鞋韈繫之兩臂,赤脚走百里,上程氏東壁樓,日未下舂,神色閑暇,鼻息煦煦然。談笑大噱,至分夜而後寢。

代何雲作詩贈人,何雲亦和一首(初學集卷十一)。

所贈者似是伎人。何士龍詩奉和錢侍郎代贈次韻:"銀屏翠幕鎮相連,羽帳鴛衾得意年。昔日容華徒自許,此時幽怨倩人傳。每憐粧晚廻眸語,最憶春寒枕臂眠。垂柳故牽樓上恨,落花長作洞中緣。鏡知哀響鸞應絶,琴訴遨遊鳳可憐。解珮忍教捐媚草,壓環祇是惜男錢。思如弄杯難抛手,心似藏鈎未展拳。映水低迷霞錦亂,颭風旳皪露珠圓。報章想像來雲裡,去路分明記日邊。寄與愁蛾添桂妵,教將蓬髻整花鈿。也知孤館渾無賴,漫道專房底有權。行看遠山頻拂袖,立當芳草定垂鞭。重緘新事燒紅紙,密約歸期疊素箋。樹底鶯啼春寂寂,池邊魚戲葉田田。簾鈎亞控長垂地,匣鏡高飛直上天。會待夜深深共語,夢中相見是誰先?"虞山詩約卷上亦録此詩,錢龍惕亦有和詩。

又作柳枝、荷花辭各十首(初學集卷十一)。

德州别王鹿年,作詩一首(初學集卷十一)。

詩云:"子行非無事,爲掃我室廬。慰我犀角子,衛我充棟書。我有萬行淚,附子衣裳裾。爲我拜北堂,灑向舊倚閭。"盧世㴶尊水園集畧卷九送王鳴埜序:"鍾離王鹿年,字鳴野,蓋布衣之俠也。……近復游虞山之門。虞山博大真人,絣襪一世,於鳴野尤無間。嘗屬其綜理家務,不啻親子弟,作古歌送之,一讀令人三嘆。"

何士龍詩德州送王鹿年:"首路向平原,塵埃白日昏。

心知彈鋏客，歸守孟嘗門。雨粟存微願，飛霜念至冤。探腸寧復惜，分手欲何言？"憨山夢遊集卷二亦有示王鹿年。

作詩一首簡東壁樓主人程魯瞻（初學集卷十一）。

程泰（1589—1647），字仲來，別號魯瞻。紹子，貞夫父。恩貢生。著有熹宗實錄。

又爲魯瞻題畫二首（初學集卷十一）。

畫一名美人調鸚鵡圖，一名山陰返櫂圖。

又初學集卷七十有工部右侍郎贈尚書程公傳，疑亦作於此時。程紹死於崇禎九年（1636）九月二十九日，盧世㴶爲作行狀，載尊水園集略卷十。

閏四月七日，河南道御史許自表上疏彈劾溫體仁。

崇禎實錄："（十年閏四月七日）己巳，河南道御史許自表劾溫體仁大奸似忠，大佞似信，其肆螫同官，修怨營私，未嘗爲朝廷用人，以致衆止絕跡。上怒，降上林苑典簿。"

康熙蘇州府志卷三十二選舉四許自表小註："文叔，本句容人。御史、工部員外郎。泰昌元年恩選，續奉旨照歲貢例行。"

閏四月十三日，崇禎帝以張國維庇護座師，責令再查。

撫吳疏草回奏錢瞿二宦疏：閏四月十三日奉聖旨：錢謙益等婪橫事情，前旨甚明，何云俱無聞見，又以座師引嫌，顯屬狥庇，其單款有名各犯，即着該按據實究擬速奏。該部知道。

閏四月望日，發德州，作欲別東樓去四首與程泰、盧世㴶告別（初學集卷十一）。

詩序云："閏四月望日，發德州，將歸死於司敗。吏卒促迫，僕馬惶遽。居此樓浹旬，一旦別去，又不獲與主人執手，欲哭欲泣皆所不可。賦欲別東樓去四章，題於樓之前楹壁上，庶幾他日解網生還，要德水、魯瞻痛飲此樓屬而和之。"

漁洋詩話卷下："程氏負郭有東樓，錢宗伯牧齋，崇禎中爲復社事被逮，居停於此者數月，有欲別東樓去四詩，在集中。謝方山重輝過鐵佛寺詩：老屋秋風吹辟邪，蕭條負郭幾人家。裴回細詠虞山句，不見吹簫過落花。"爲復社事被逮誤，居停亦非數月。

過交河富莊，回憶盧孔禮事，作交河義士行數千言。

初學集卷二十五書盧孔禮事："伯和歿後十年餘，余以急徵過富庄，宿邨店中，寒燈熒熒，追理昔夢，作交河壯士行數千言，質明而失其稿，至今耿耿挂胷臆間，爲追記之如此。"

早發雄縣，次瞿式耜韻二首（初學集卷十一）。

瞿詩未見。

過白溝，孫奇逢、張果中贈金相慰（初學集卷二十取節錄序）。

序云："余被逮過白溝，果中迎謂曰：'太公病矣，遣其孫候公于此，才去兩日耳。'余獄急，權臣趣殺之。啓泰、果中輩借貸醵五十金詒余，且曰：'社稷有靈，必不爲左、魏之續，公毋恐也。'"太公即鹿善繼父，善繼上年殉國，子化麟廬居在家。

孫奇逢（1585—1675），字啓泰，號鍾元。河北容城人。萬曆二十八年（1600）舉人。與鹿善繼善，同遊孫承宗之門。爲人俠義，屢脱人急難，茅元儀署其室曰北海亭。入清不仕,遷居河南輝縣夏峰村,講學以老,人稱夏峰先生。與黃宗義、李顒齊名,稱清初三大儒。

張果中(？—1658),字于度。保定白溝人。奇逢弟子。抵京城西郊,陳子龍迎之,後又爲之周旋。

陳忠裕公自著年譜卷上:"予與錢、瞿素稱知己,而二張密友也。錢、瞿至西郊,朝士未有與通者,予欲往見。僕夫曰:'較事者耳目多,請微服往。'予曰:'親者無失其爲親,無傷也。'冠蓋策馬而去,周旋竟日,乃還。其後獄益急,予頗爲奔奏,聞於時貴。"陳氏今年進士獲雋,故爾在京。

閏四月,上微臣束身就繫,輔臣蜚語橫加,謹平心剖質,仰祈聖明洞鑒疏(初學集卷八十七)。

疏云:"臣於本年正月,被本縣管糧衙問革書手張漢儒具疏訐奏,欽奉聖旨,著該撫按拏解來京究問,即日泥首就道,聽候起解。流氛阻隔,道路間關,疾病顛連,匍匐詣闕。恭遇皇上如天好生,理冤清獄,靈雨應祈,懽聲雷動。臣惟有瞻天仰聖,靜候處分。及接邸報,見輔臣溫體仁辯許自表疏,爲之喟然太息曰:臣尚未忍薄視體仁,何體仁自視之薄乃爾乎?"

閏四月二十五日,下刑部獄。次日大雨,遂以霖雨名集。

初學集卷十二霖雨詩集小序:閏四月二十五日,下刑部獄。尚書侍郎曁臺諫郎署相見者五十餘人。久旱,次日大雨,劉敬仲司空迎謂曰:"此霖雨之徵也。"余笑曰:"安知不日烹弘羊,天乃雨乎?"因以霖雨名其詩云。

五月,作辨冤疏,反駁張漢儒(牧齋外集卷二十)。

许士柔上告下诉，多方救援。

　　有学集卷三十二石门许公合葬墓志铭："乌程起牢修狱杀余，网罗布中外。公焦头濡足，上告下诉，奸人遂飞章讦公。先帝逐乌程，尸奸人于市，狱始得解。"

施凤仪两次探监。

　　程嘉燧牧斋先生初学集序："嘉定施孟翔除武昌推官，归语余云：曾两候见狱中，悯其圜户湫隘，暑雨踽踽，殆非人所居。而先生朝吟夕讽，探赜洞微，孜孜不厌，一如平日。方与其徒瞿生、友人刘敬仲谈艺和诗。余时心甚危之，恐为谗夫媒孽，以为谤讪。先生闻之，初不以余为过虑也。"

　　施凤仪，字孟祥。崇祯十年（1637）进士。后从史可法守扬州，死于兵。

在狱中，张果中多次来探望。

　　初学集卷五十二陕西延安府延长县知县郝君墓志铭："崇祯丁丑，新城张果中访余请室，为我称郝君万曰⋯⋯余心识其言。"

张世伟时年七十，念牧斋在狱，为之罢乐。

　　初学集卷五十四张异度墓志铭："君七十时，余坐告讦下请室，君戒子弟徧谢贺客，罢酒不乐。"

　　卷三十九松陵张氏寿燕序："松陵张异度以丁丑岁寿七十⋯⋯先是异度之寿也，念予在请室中，不忍合乐燕会，命其子孙引谢宾客，客多不成享而退。"

六月三日，在狱中，为宋祖舜作诚意录序（初学集卷二十九）。

　　宋祖舜，字淑哲，号鹿游。山东东平人。崇祯八年

(1635),遷都察院右僉都御史,巡撫鄖陽。次年,因"追寇不利,亡其印符",下獄削籍。著有守城要覽。

六月初四,馮元颷自吴中罷官歸,過訪祁彪佳,談吴中之事,並以牧齋讞牘相示(祁彪佳日記卷七山居拙録)。

六月十一日,温體仁引疾去。

崇禎長編:戊申,大學士温體仁引疾免,賜金幣,遣行人吴本泰護歸。體仁在事,諸臣攻者後先相繼,故不得已求去。

立秋日,蘇先有詩懷牧齋。

蘇子後集卷七立秋日懷錢宗伯、瞿給諫:"白頭騷瑟念交遊,積雨初收又早秋。黄葉欲催南苑暮,青山偏爲北人愁。光騰瘞劍宵衝斗,望斷椷書晝倚樓。何限别時春浦路,露荷風柳待歸舟。"

六月二十六日,祁彪佳得李懋芳獄中書,爲錢牧齋、瞿式耜二人致意(祁彪佳日記卷七山居拙録)。

李懋芳,字國華,號玉完。浙江上虞人。萬曆四十一年(1613)進士。曾官蘇松督學。後以僉都御史巡撫山東,被劾貪污軍餉二萬有奇下獄。

夏,周之夔在京,見張漢儒疏牽連相及,上疏自白。

周之夔棄草二集序:"惟虞山錢牧齋、瞿稼軒二先生最知我,許爲之序。方屬筆,而爲奸人張漢儒所螫,逮入京矣。丁丑夏,夔伏闕于長安中,見奸疏内一款,以夔去位,誣爲錢先生所驅逐。夔恚曰:'此婁東甚奸人,卸禍移獄,以害先生也,肺肝昭然。'即欲昌言于小疏中。時司理許青城公愛我,曰:'俱在危疑之際,恐不諒者,謂子爲錢先生游説,不若自鳴,可無相累。且主上神聖,兩必得俱白也。'既而夔疏幸徹天聽,而螫錢之奸亦先僇,果如青城公識焉。……仍錄錢、瞿二公原札,以當玄晏焉。"瞿札見之夔集中,錢札未見。

浙江布政使姚永濟復官,作詩賀之(初學集卷十二)。

姚永濟(1563—1659),字汝楫。華亭人。萬曆二十六年(1598)進士。歷官東陽、永嘉知縣,刑部主事,禮科給事中,浙江布政使。年九十七卒。姚氏崇禎九年(1636)十月被彈劾,次年正月奪官視事。

爲劉君作洮河石硯歌,並示宋祖舜(初學集卷十二)。

劉君疑即劉榮嗣。

七月,觀文徵明仙山圖。

見江村銷夏錄卷一,牧齋僅題"丁丑七月,虞山錢謙益觀"十字。前有劉若宰識,中有"敬仲其如之何"句,則似爲劉榮嗣所藏。又見大觀錄卷二十。

秋,送丘、俞二將軍,作詩一首(初學集卷十二)。

自註云:"俞,故名將大猷之子。"大猷有四子,此當爲其次子俞咨皋。咨皋,字克邁。晉江人。萬曆三十七年(1609)武舉人。泉州衛指揮僉事,官至福建總兵。

康熙寧化縣志卷四武臣:"丘儁,字慎夫,泉下里人。崇禎辛未科武進士。壬申,選寧波府昌國衛欽依把總,未至任,奉旨回京,并甲戌以來在京候選者再同考試。既御試,儁復中第六名,選授泉州府新舊營守備。清介自守,恩撫士卒,有儒將風。以貧鯁不能事上,解組家居,蕭然四壁。丙戌秋,田仰潰卒將奔贛,取道溫泉,鄉人不審,以爲山寇也,集衆禦之。儁時抱病,衆強之爲帥。及田兵至而鄉人自潰,雋遂遇害。……雋著有原射發微,議論精到,亦前所未有也。"不知是此人否。

秋,聞啟祥卒,年五十八。不久,其友嚴調御亦哀泣以死。

劉城嶧桐詩集卷十追昔遊口號小註:"丁丑秋,武林聞子將卒,嚴印持先生即繼逝。"

初學集卷五十四聞子將墓誌銘:"卒時年五十八。"墓誌不知作於何時,附此。

贈樓桑公子詩一首。

此詩不見初學集錢曾註本及瞿式耜刻本,僅見邃漢齋牧齋全集本。樓桑公子不詳何人,疑是劉澤清之子。崇禎九年(1636),京師戒嚴,傳檄各地勤王。劉澤清統兵入衛,後留守通州。加官左都督、太子太師。

鄭仰田將別,作詩送之(初學集卷十二)。

初學集卷二十五書鄭仰田事:臨行謂余:"七月,彼當去位,公之獄解矣,然必明年而後出。吾當以殘臘過虞山,爲太夫人厎窀穸之事,公毋憂也。"余歸,數往招之。

七月十日,跋劉榮嗣同年會卷(初學集卷八十四)。

跋云:"劉大司空敬仲與其同榜五人,俱在請室中,敬仲手書絹素,以紀其事,而屬余識其後。"五人爲劉榮嗣、瞿式耜、宋祖舜、侯恂、丁魁楚,皆萬曆四十四年(1616)丙辰進士。

民國二十六年(1937)五月一日、五月十六日蘇州明報第十版讀書樂連載有瞿式耜錢牧齋獄中投贈書卷,除牧齋此文外,尚有傅朝佑、瞿式耜、張養、倪嘉慶題跋各一,記此事甚悉,錄如下。

今歲(日)夏旱,夷寇(冠)交訌,予與李公衡梅應詔上疏,語侵權相,下獄。因與瞿稼軒父母同事錢牧齋先生,患難切磋於請室。稼軒於劉公簡齋又同年友,憶簡齋治河時,予奉命冊封,見其扁舟督濬,經年不入衙齋,竊謂風流儒雅、文采標逸人,乃能克勤厥事,庶幾無腺無毛、不矜不伐之風焉(爲)。而竟遭忌中(申)讒,羈圜中二年。丙辰同籍,同時入此者五人,爰筆爲記,墨瀋淋漓,光華映帶,朋友依依慰藉,讀之悽然,始覺譜牒之重。時於壬戌同年亦五人,並爲羈臣。嗟乎,運會不常,人才難得,使諸賢各出素抱,未始不可收燮理之功,效安攘之烈,而備繩糾之用。且河則行其河也,言則行其言也,誣亦明其誣也,乃羈仍其羈乎?司喉舌、掌邦禁者何人哉?天欲治平,帝將解網,竚見接武燕尤,賡歌喜起,政未有艾。幸諸君子素位而行,修身以俟,庶幾目前患難,皆磨礪進修之助哉!崇禎丁丑夏仲,臨川傅朝佑頓首書。

同年兄弟,當曲江宴罷之日,連鑣並轡,其樂如何?少焉分袂,天各一方,或數歲不交一面,或廿載不通一札,蓋不獨升沉異路,有青雲紫陌之譏,抑□時地之不得不然也。余同籍同門,最莫逆者劉簡齋。自一行作吏,握手論心,止己巳春張□道中耳。余林臥九年,而公且以大司空爲總河,更以三載勞臣,議罪司寇,余并不得通一訊矣,豈意天公巧與方便,余亦以□逮,乃時得聚首圜扉,快茲契闊耶?于時侯大司農六眞、丁開府□□、宋開府鹿游、張侍(時)御浩菴先後被徵,並幽圜棘,俱所謂數歲不交一面、廿載不通一訊一札者，無論相別之久，反成相知之新，一種欣慰，不可名狀。且朝斯夕斯、飲斯食斯，聯牀促席，歡謔談笑，即前者春明看花之日，曾有如斯之契洽者耶？難向後蹤跡，因緣不可知，而今者，天涯兄弟，一番聚首，南枝北風，互相依戀，暮雲春樹，共此一尊，患難之中，視平居時所得孰多？他時離別之後，轉展思之，并以告語兒孫，未必非一段佳話也。簡公出絹素記其事，不揣菲陋，敬識歲月。崇禎十年丁丑六月望日，海虞舊治門年晚弟瞿式耜頓首書。

　　天下有同榮之樂，而無共患之愉，乃達人曠觀，不以榮華憔悴爲二視，能於園扉抑鬱之境，樂與合志同方之士握手談心，至以福堂聚首，追擬曲江，釃飲之歡，愉愉自得，若幸有此患難之聚，甚欲登之卷帙，示子孫、傳後世，以爲家藏琬琰，自非信道篤有志節，不以困窮拂鬱累其心者，無能作是解也。養樗庸下品，僻處退隅，望道雖切，就正無緣。頃緣有中貴人之一糾，獲復游長安，置身靜地，廁二三君子之側，金玉正論，朝夕與聞，幾遂忘此適然之遭。但憶丙辰登籍，矢志抒忠，各思有以自效，迄今已踰廿年，庸庸碌碌，無所建樹，廻思曩昔，不能不無歉然者耳。崇禎十年丁丑七月望日，魏榆年晚弟張養頓首拜書。

　　慶以壬戌通籍，辦事廷尉，距丙辰已六年。其時薦紳先生之繫廷尉者，自劉貞一侍御後，僅一二見。園室之中，灌莽彌望。迄今纔十六年，而南冠纍纍出入其間者，已不知其幾十百矣。是歲丁丑，天子以雲漢憂勤，側身省歲，釋輕重繫可數百人，薦紳之出而侍讞者，凡十有六人，可稱浩蕩矣，然累累者目窮也。曲周劉大司空、商丘侯大司農，與東平宋開府、常熟瞿給諫、榆次張侍御,皆丙辰同譜,講世誼於叢棘,良爲可歎,而大司空且兩年於此矣。兩年中與司空同譜後入而先出者,尚有永城保德丁、陳兩制府、長洲申方伯,通今爲八,倘前此所未有乎?慶於諸大君子各有因緣,司空、司農固嘗同堂,而慶以屬吏事,給諫固同鄉,而開府、侍御則曾仕於鄉者也。方伯固夙所師事,而兩制府一則先後同署,一則先後同門也,此外則指不勝屈矣。昔君子何以文恬武嬉,而圜中草滿,今之君子,何以救過不遑,而圜中人滿,此豈偶然也哉?舊屬倪嘉慶謹識。

　　侯恂(1590—1659),字六真,號若谷。商丘人。方域父。時任户部尚書。被薛觀國、温體仁所忌,誣以靡餉誤國之罪,入獄七年之久。後因左良玉故,特赦出獄。

　　丁魁楚(?—1674),字中翹,號光三。河南永城人。崇禎九年(1636)任河北巡撫,清軍南下,因不加抵禦,囚禁戍邊。弘光、隆武時,任兵部尚書,總督兩廣。後又與瞿式耜扶持桂王,兵敗身死。

　　又康熙永城縣志卷七有錢謙益所撰丁三臺先生贊,不詳作日。丁懋績,字三臺。魁楚父。方嚴重義,土寇圍城,出錢募勇士爲守禦。

　　傅朝佑,字右君。天啟二年(1622)進士。師鄒元標。崇禎九年(1636),進刑科給事中。還朝愆期,貶官外任。未行,上疏彈劾温體仁殘害忠良,除名下獄。十一年冬,從獄中上書,語過激。次年春,責以顛倒賢奸,恣意訕侮,廷杖六十,創重而卒。

　　又初學集卷八十二有傅右君畫五老石戲贊,疑亦在此時。所謂五老者,暗指劉榮嗣、瞿式耜、宋祖舜、侯恂、丁魁楚五人也。

倪嘉慶,字篤之,號璞庵。應天人。天啟二年(1622)進士。授戶部主事。崇禎元年(1628),遷兵部員外郎,因刑杖王府奸人貶浙江布政司經歷。再起南京戶部主事,陞郎中,又得罪溫體仁入獄。明亡爲僧,名函潛,又名大然。

作書王運昌,請他照拂侯恂一家。

錢牧齋先生尺牘卷一致王符乾:"舟中訣別,涕淚覆面。別後思之,每爲耿耿。所望聖明洞照覆盆,元兇既除,生還有望。……頃從侯六翁司農家報中,聞下車未幾,即相度要害,捐資築城,爲金湯永賴。士民讙呼祝誦,其聲塞塗。……司農公海內正人,以司屬牽連,辱在請室。其一念孳孳,爲國家、爲地方,不啻饑渴之於飲食。……頗聞其令伯光祿公高年盛德,足跡不出戶庭,而其子弟多驕悍,不守法度,未免爲家門之累。倘有干犯,不妨執三尺法以治之。……金壇周介生,館於司農之家,此吳中第一名流也,幸老年姪破格厚遇之。到省城,晤張林宗,千萬爲不肖道意。"王運昌本年任開封知府,故有是書。

獄中作詩三十首,總名獄中雜詩(初學集卷十二)。

劉榮嗣簡齋集詩選卷四寒夜次錢牧齋韻:"尚有黃花倚棘叢,自傷搖落對西風。柝煩鈴急宵光慘,冰結雲癡秋令窮。世法屢更多病後,獄情彌幻久羈中。方占籌動開商網,憎說流星入昴宮。星家占,流星入昴,當有大獄。

半天赤氣黯黃昏,槐棘蕭森鎖鐵門。獄吏冤猶容問字,貫城嚴不禁歸魂。暮年隨地皆堪老,永夜多思詎可論? 終日説閒閒未得,得閒今識主人恩。

　　點簡平生涉世緣,真如瀚海失風船。讀書未必從先是,得謗翻因學好偏。踰險無方徒問命,措躬何地却憂天。桃花流水容人住,不擬長年亦上仙。

　　秋冬圜土氣常昏,絮折風嚴獨掩門。避柝遥空無雁過,告寒曲砌有蟲言。月涼新覺爐添炭,雲黑彌孤夜返魂。莫爲陰凝倍惆悵,兩年芳草未承恩。

　　二載幽棲厭曉鐘,廿年淡友喜重逢。夢憐寱語猶無忌,偕浼同塵稍不恭。但使樽前吟詠好,從教門外雪霜封。古人縲絏何須嘆,不是時珍自莫容。

　　鄉思羈愁集寸腸,令寒景短夜偏長。青燈悄悄鄰孤影,曉月娟娟共一牀。頭重如醒非病酒,藥乾欲墮況飛霜。窗虛衾薄催人起,檐雀瓶花俱可傷。

　　尚憶當年作散人,天高不礙老頭巾。一行束帶臣心苦,二載搜羅吏議新。誰許樂羊偏任謗,我于司馬獨傷貧。中宵撫枕頻三嘆,同患猶虞感四鄰。

　　六十八載陷艱危,邇復年年受緤羈。野鳥投籠生若寄,寒花倚檻樂無知。夢中麾手醉斯世,却御冷風嘆不時。面壁著書非我事,僵眠差與懶心宜。

　　程嘉燧耦耕堂存稿和牧齋請室紀事詩:"世界修羅一掌翻,誰扶日月正乾坤?身隨頭目關三木,志奉心肝歷九閽。欲始讒夫投有北,須知孝子出忠門。平生亦許捐軀節,老大空餘靜夜捫。"程氏所和爲第十六首。

　　獄中雜詩其三自註:"燕人鄭師玄知天象,云:去年冬貫索星明,主有大人入獄,明公當之矣。"民國大名縣志卷二十七："明天正論二卷書未見,兵論二卷書未見,四以草十二卷書未見,明魏縣鄭師玄撰。按師玄,字德傳。巡撫國仕子。精於象緯,得秘授,能爲車營大陣。善書方丈餘大字。魏舊城内三世二品坊,即其手筆也。"

其八自註:"傅給事右君、胡行人雪田,皆來執經。"初學集卷十五二哀詩自註:"右君效黃霸授經于予,每月夜,行歌徧獄中。"胡麒生,字聖遊,號雪田。德清人。崇禎元年(1621)進士。明亡不出。著有秋筠集。康熙德清縣志卷七:"甫釋褐,而父卒。歸治喪,哀毀踰禮。及謁選,授行人。……丙子分校京闈,時擬授禮科給事,忌者嗾同考輩禍中之,譴歸。"玉堂薈記:"胡麒生行人俸滿,業已出缺候考,乃復入丙子北闈。中書陳龍正閲戴記,借其擬題一帙。榜出,所中有胡維孚者,物議騰沸。龍正爲醒迷記一通。後維孚爲部科磨勘,四義刻布,於本題無涉。龍正乃自陳有醒迷記,旋得旨進呈發抄。故維孚革褫,麒生降處,即副考閔仲儼(中畏)亦降贊善,而龍正無恙,此事殊不可曉。胡特泛然擬題耳,出題在龍正,閲文在龍正,而乃嫁禍他人,何爲者也?且其醒迷記不過因物議之及更加詆毀,不受其饋杯耳,有何發奸之功而超然事外?故浙人亦有不能平者。"事又見陳龍正幾亭全書。

其十六首有瞿式耜和詩。瞿忠宣公集卷二和牧師書事:電掣雷轟白日翻,羅鉗吉網布乾坤。是非終日昭青史,曲直知誰叩紫閽。豈料離光窮鬼窟,分明燭火照天門。回思枉搆同文獄,何不將心手自捫。

其十七首爲九日重陽所作,亦有有瞿式耜和詩。瞿忠宣公集卷二園中九日，諸老徵詩，余以先人諱日，不能應命，月既望，勉步原韻三首：十年舊隱憶柴扉，漉酒看花願總非。繒繳幾曾寬静羽，薜蘿猶未穩初衣。南冠就繫如鷹至，請室開籠當鶴歸。何日陽春回谷底，野農無事曝晨暉。

昔年曾此辱垣扉，時事于今漸已非。多墨久知煩旰食，同讐誰爲賦無衣。巖阿戢翼憐鳩聚，中澤哀鳴盼雁歸。薄海共瞻弘濟手，諸君何以奉宸暉。

園扉悄静勝巖扉，斷絶人間是與非。一室交知惟白墮，三時寒煖問青衣。愁因書埽非關醉，夢逐思生卻蘉歸。時菊可憐盆盎裏，幽花猶許傍春暉。

其十九首亦有瞿式耜和詩。瞿忠宣公集卷二次牧齋師韻：風鈴月柝慘朝昏，咫尺真成萬里門。黑獄偶然如幻夢，青山何日再收魂。哦詩永夜渾忘寢，點易寒窗若共論。消盡平生煩惱思，身心調伏即殊恩。

其二十三首有何雲和詩。王應奎海虞詩苑卷三何雲雜詩從牧翁在西曹作：愁憑北酒緩中腸，情寄南雲去路長。心似寒砧摇獨杵，身同警枕轉空床。梅花早白非關雪，蒲柳先衰可待霜。高足要津緣底事，也知老大是徒傷。

吴孟明掌衛事，作贈錦衣吴公進秩一品序，賀其升遷（初學集卷三十四）。

序云："崇禎十年，錦衣山陰吴公荷上特簡，以都指揮使掌衛事。受事未半載，以公廉勤，深當上心，進秩一品。……及時相罷免，私人以他事得罪，而上始簡用及公。"

山陰州山吴氏族譜第三十部吕字集吴興祚祖洲大金吾傳："丁丑，提督西司房，皆堂上僉書如故。八月，復蒙欽命，提督東司房官旗,辦事錦衣衛,掌衛事。"

吴孟明在此次獄禍中扮演重要角色。祖洲大金吾傳:"烏程以枚卜事與錢公謙益有郤,既擠之,而奸人承旨揭錢,辭連瞿公式耜,俱被逮下獄。祖洲亟爲營救,諸奸因并揭祖洲于東廠曹化淳所。祖洲遣人語曹,指錢揭中'欺曹'二字曰:'彼且傷及公,何反爲所惑?'曹悟,收諸奸置于法,錢、瞿得放歸。"

馬權奇出獄還里,作詩送之(初學集卷十二送馬巽倩歸會稽)。

爲傅朝佑題杏花宫人圖、牧馬圖、射虎圖(初學集卷十二)。

作李國樑挽詞兩首(初學集卷十二)。

李國樑,字鴻修。榆林人。崇禎八年(1635)六月爲鎮朔將軍,總兵官,鎮守宣府。挽詞云"死爲明國法""未見東奴滅,其如西市何",似犯法被殺。

九月,茅維作後感秋十首丁丑秋九月閱邸報作,記牧齋受冤事。

見茅維續商歌卷一,其二曰:"世局滄桑詎可量,人間清議未消亡。慮囚誰肯生元禮,折獄於今頌吕彊。吹墮黑風皆鬼國,皎持明鏡有秋霜。十年夷禍憑誰兆,蒙氣黝黝紫禁傍。"自註:"常熟錢侍郎久忤柄臣,群小受風旨造蜚語,逮置都官獄。白日風霾幾晦。事下廠,廠璫曹公持衡一疏,昭雪甚力,直與去輔翻按,此舉功在社稷。"

九月,因比丘妙象之請,作五臺山募造尊奉欽賜藏經寶塔疏(初學集卷八十一)。

疏云:"五臺山普濟、法雲等寺,各有尊奉藏經,皇明弘治、萬曆兩朝,先後欽賜者也。……崇禎六年九月,流寇入焉。七年七月,逆奴入焉。奴則旋去而復來,寇則久踞而後遁。赤麇辮髮,更番選佛之場,螳賊羯胡,蹂踐清涼之國。搜金剔玉,腥穢佛身,碎錦剥綾,毁傷法寶。飛灰蕩爐,慘悽經雷火之輪,雨血風毛,怳惚洒人天之泣。比丘妙象,感是因緣,誓欲庋此殘經,鎮以寶塔。將諮謀於介衆,乞唱導以一言。"

九月九日,作鄭聖允詩集序(初學集卷三十三)。

序云:"今年,余見之於請室,方繙閱三國以後諸史,朱黄儼然,讎勘錯互,纂言紀事,州處部居。蓋將蕞撮其詔令文章卓然有用於世者,爲論思獻納之助,而非徒以翰墨爲能事也。君以其間出其詩集,盥饋肅拜,而請余爲敘。"

鄭之惠,字聖允。司禮太監。崇禎六年(1633)十一月總督東廠。

九月十一日,作劉司空詩集序(初學集卷三十一)。

刻本簡齋先生集詩選牧齋序署"崇禎丁丑九日後二日"。

列朝詩集丁十六劉尚書榮嗣:"余在請室,與敬仲游處踰年,敬仲取往復次韵之作,都爲一集,名曰錢劉唱和詩,以詒德水,又屬余爲敘其全集。"

九月十三日,張國維再上回奏張漢儒誣訐疏。

撫吳疏草:臣隨經一面檄行蘇松道,通提款内犯証到官,逐一究□,速詳兩院覆核會奏,一面將錢謙益、瞿式耜提解到官，押送刑部獲批銷照。外據常鎮帶管蘇松兵備按察使曾化龍於本年八月初二日具招云云等因，呈詳到臣，今奉前因，該臣謹會同巡按蘇松等處監察御史王志舉看得張漢儒訐奏一案，道府會審已明，臣等凜奉"作速勘明奏奪，不許狥隱"之明旨，即日取兩道所呈原案反覆參詳，不覺浩然嘆曰："言之無稽，一至此哉！"從來讞牘無無人之款，無無證之案，無無因之賄，無不承認之事主，無懷舊德之冤對，無守貞之淫行，無杜門之橫行，有之，自漢儒訐奏始。今合四府正印各廳以及兩道，官無餘員矣，再四推勘，審無剩義矣。公莫公於此，詳莫詳於此矣。臣上惕天威，下參輿論，謹就漢儒疏揭所列，一一折之。

吳偉業來獄中探問。

東臯草堂歌跋："余以壬申九月遊虞山，稼軒招飲東臯草堂，極歡而罷。已而，稼翁同牧齋先生被急徵於京師，予相勞請室，爲作前歌。又十餘年再遊虞山，值稼翁道阻不歸，過東臯則斷垣流水，無復昔日景物矣，乃作後歌。其長公伯申兄出董宗伯卷，并書其上。登高望遠，雲山邈然，俯仰盛衰，擲筆太息。梅村吳偉業。"

李秀東來獄中探問。

有學集卷二十七李秀東六十壽序：秀東李君，遼左豪傑士也。崇禎丁丑，謁余于貫索之中，神觀駿發，視精行端，灑然心異之。與之規輿圖、講戰守，畫沙聚米，方略井然，慷慨定交，以懸車束馬相期許。余放還久之，君亦蒙恩東歸。"

李秀東，生平不詳。壽序稱他："君故與懷順爲肺腑交，合府以尚父禮之。粵藩初開，軍府艸創，經營幹辦，役不告勞。干戈載地,創殘滿目,君推廣德意,奪民庶於劍鋩刀尖之下,而與之項領。待士大夫有恩禮,官嶺表者,以懷藩爲冬日,君有助焉。"懷順即耿仲明。

九月十七日,作房母左太宜人墓表(初學集卷六十七)。

宜人爲房可壯之母,去年五月卒。文中敘二人交誼云:"少卿與余竝中萬曆甲科,並事神、光、熹三廟,以及今上。竝坐閹禍、閣訟,牽連再謫。……余與少卿,兩尊人先背棄,皆有老母,罷官歸田里,互相問訊,曰太夫人無恙乎。開械酌酒,交相慶也。先太淑人沒,少卿哭之而哀。太宜人年八十,少卿奉英簜之節過家上壽,余告於母殯,拜而遣使,不自知其伏地失聲也。吾母知少卿爲余謫官,每憪然曰:'少卿之爲朋友,亦已足矣,其若念母何?'太宜人則軟語勞少卿曰:'若所爲牽連謫官者,海內大人君子也。吾爲若母,有餘榮矣。'兩家之母,言猶在耳,兩家之子,交頌母言以相慰藉。其簡牘至今錯互篋衍,而二母者今安在也?"

九月二十六,牧齋生日,劉榮嗣有詩。

簡齋集詩選卷四牧齋生日:"日霽霞明秋愈妍,一尊論古小窗前。初裁漢律何無罪,再召銀青泌有天。蓬嶼瑤扉來處路,金經玄草偶然詮。長生寶籙家傳在,暫向圜中了宿緣。牧齋錢後。"

初學集卷十二獄中雜詩其三十自註:"九月二十六日,劉尚書諸公釀酒爲壽。"

十月朔,王世仁卒,年八十一(初學集卷六十三有通奉大夫湖廣布政司左布政使王公墓碑)。

世仁生平,又見王心一蘭雪堂集卷六通政大夫湖廣布政使司左布政二溟王公墓表。

又爲劉可教作劉氏兩節婦墓表（初學集卷六十七）。

二人爲劉可教嫡母徐氏、生母侯氏，劉體性室。序云："可教以事繫請室，泣而謁余，請表其墓。"故繫此。

劉可教，沂水人。以例貢授上林苑監左監臣。爲人任俠，家富巨貲，士大夫居京師者，多所周濟。子澤芳，順治三年（1646）進士。

山曉閣明文選續集卷六評云："式穀爾子，事之所當盡也。至意外之變，則固難以遙度也。兩節婦能撫孤成立，亦既可報所天矣。至身後而子陷於罪戾，乃變之不及料者，此中情事，既難以盡言，又不便飾説，只須以生不愧、死不悔二語了之。行文安詳雅飭，曲折清空，繁音縟采，洗刷殆盡。"

瞿式耜被逮，其堂弟起邰隨之入京，亦入獄，瀝膽剖實，獄方得解。牧齋有文紀之，劉榮嗣贈之以詩。

簡齋集詩選卷一瞿起邰，稼軒堂弟也，稼軒與錢牧齋以小人誣奏下請室，起邰急兄之難，同至春明，群小倚勢合謀，復陷起邰于東廠，起邰瀝膽剖實，兇人伏辜，錢瞿之禍以解，天下之公道以昭，人心之紆結以快，百世之縉紳以寧，是豈但稼軒不可無起邰之弟，世道亦不可無起邰之功也。牧齋以史筆紀其事，余得從而歌詠之："謂天與善人，嘗遭惡人侮。鴟鴞鳴庭樹，鸞鳳摧毛羽。觳觫入樊籠，俛首不得語。先民賦義鶻，修蛇折老拳。此鳥豈多幸，肆害獨善全。禽中亦有鷲，擊斷爲威權。代天行誅討，殲惡無遺奸。平時厭酷烈，今乃快猛決。正氣爲誰鼓，原鴒有激發。相彼秦廷哭，致詞披丹血。至性動鬼神，不倚蘇張舌。天心原有定，善惡亦有梟。用告含沙人，此其前車轍。"常熟博物館藏劉榮嗣此詩卷，署丁丑十月。

前澗浦氏宗譜誦芬錄卷上瞿式耜明太學長卿浦君墓誌銘："歲在丁丑，余再罹黨禍，誣繫請室。從余北征者，爲從弟起邰、高君振懷、浦君長卿三人。踰年事解放歸，方期與三人寐歌林壑，無何起邰以客死，振懷以老死，而長卿亦病死矣。"

起邰，名式穀。汝夔子。

劉榮嗣簡齋詩選卷四有贈高振懷詩，其小序云："振懷，予同門瞿稼軒之老友也。同稼軒來請室，歷夏兼秋，冬又半矣。慷慨傲睨，不見困頓無聊之色，悲鬱難堪之語。"

錦衣衛王宗德言於廠吏，聲救牧齋。

有學集卷三十四懷遠將軍進階安遠將軍錦衣衛指揮同知北鎮撫司掌司事王府君墓誌銘：崇禎九年，烏程枋國，興牢修、朱竝之獄，而余首及難。大金吾希承風旨，鍛鍊具獄，獄三上，上不許，詔下東廠。廠屬所司詳審推鞫，盡得鉤連文致狀。上震怒，尸三奸人于闕下，烏程罷，不再召，旋命法司釋予。事之殷也，東廠理刑王公喟然嘆曰："起大獄，殺大臣，斁大法，蒙蔽當宁，衛代閣剚刃，而廠代衛受名，不已慎乎？"偕其屬正告廠璫，璫大悟，獄遂得白。方獄急，人莫知也。楚人汪雲卿客公所，請以告余。公屬曰："悶之，毋使烏程知而甚我。"烏程死，又囑曰："終悶之，虞山將大用，吾不欲使知而德我也。"汪生爲余言公之爲長者如此。

宗德(1579—1657)，初名崇德，崇禎時避年號改名。乾隆淮安府志卷二十二："王宗德，字明庵。黃陂人。天啟初襲錦衣衛千户,不附魏瑺。瑺敗,起復錦衣衛指揮同知,掌北鎮撫司事,平反大獄一百四十餘件,全活甚衆。以子變巡按兩淮,有保全城社功,鼎革後遂家焉,子孫入籍淮郡。"

作詠雪詩三十韻(初學集卷十二)。

劉榮嗣作雪夜詩二首,次其韻(僅見一首)(初學集卷十二)。

簡齋集詩選卷四雪夜:朔風竟日晚方收,雨雪聲中倒敝裘。衆苦積成天地色,一區全貯古今愁。寒生半榻人僵臥,光黯孤燈鼠亂啾。更念長途驚客子,寸心冥冥逐雲浮。可兒行之次日。

虛窗習靜廢將迎,衆裏深嫌有姓名。塵土衣冠餘短鬢,畫圖丘壑剩閒情。閱人老樹冬含慍,煮茗浮煙晚更清。雪霰黃昏紅日曉,誰能前夜判陰晴?

瞿忠宣公集卷二和劉簡齋韻二首:堪歎冥鴻一網收,旋看夏葛又冬裘。纍臣已得安心法,逐客翻懸去國愁。支廈棟梁誰可仗,怡堂燕雀正群啾。長安棋局那須問,羨殺莊生五石浮。

風乾木落菊初收,點簡行笥問敝裘。每聽殘鐘如有悟,閒繙舊史卻生愁。乘墉獨隼今安在,失穴群狐已亂啾。閱世總來藏幻劫,虛舟爭逐浪萍浮。

潞安孫道人不遠千里,獄中問故,作詩一首(初學集卷十二)。

詩序云:"道人往游新安,卻病起死,其效如神,約友人程孟陽訪余於虞山而不果。余復官赴闕,從新城王司馬、沁水孫司農問道人在所,二公許爲余延致之,亦不果。今年聞余有逮繫之禍，重繭千里，問余於請室，道故悲今，相向歎息。且約候余南還，策蹇追隨，共了還丹大事。余感其意，作是歌以贈之，并以訂其行焉。"

王司馬，即王象乾（1547—1631），字子廓，號霽宇。隆慶五年（1571）進士。官至兵部尚書。

孫司農，名居相，字伯輔，號拱陽。萬曆二十年（1592）進士。東林黨人。魏璫專政，引疾歸。崇禎再起，官至戶部尚書。因事下獄戍邊，卒於戍所。

乾隆潞安府志卷二十四方伎："孫汝忠，字以貞。長治人。父教鸑，深于道術，六十八始娶，七十生汝忠，七十三生汝孝，八十八生一女，百餘歲乃卒。傳道汝忠，著金丹真傳。桐城何公如龍、宣城湯公賓尹、應城張公崇烈、李公堪、邑紳周公一梧各為之序，極相許可。"孫道人疑即此人。

和劉榮嗣詩六首（初學集卷十二次韻劉敬仲韻寒夜六首）。

簡齋集詩選卷四續辟寒：雲黯豐城劍氣孤，不堪三見草痕枯。吟成書禿江淹筆，醉後敲殘處仲壺。羽鍛骨銷臞鶴相，顏凋髮落病僧圖。短長日月安心遣，淨几閒窗得所須。

南枝未穩暮棲鴉，石磬聲希憺不譁。寒色一天搖象緯，月明滿地照霜華。虛窗夜白渾凝曉，暖室冬溫可是家？久繫多憂人益老，不禁飛思遠天涯。

臥去真疑齋似雪，愁來漫有酒盈尊。夢中月影看谿樹，何日鶯聲到薛園。自嘆微軀淹赤石，時拈短句送黃昏。已知斯世文章賤，不是偷閒欲立言。

總是悠悠落照間，人情憂喜漫相關。共悲草宿麒麟塚，誰妒波澄鷗鷺灣。百尺樓臺風雨逼,長林煙月往來閒。何時遂我谿山願,竹杖芒鞋夜不還。

腹邊何處不魂驚,日日談兵寇益橫。共倚中樞操勝算,微聞大帥請長纓。豈堪經國猶談虎,坐見衝波有逆鯨。真使至尊憂社稷,嚴冬攃石補都城。

孤枕青燈夜色幽,清時有分妬眉修。賈生再召猶前席,管子當年舊射鉤。古道古人寧可見,寒雲寒月莽生愁。懷賢感慨無窮意,都向嚴更鈴柝休。

續辟寒共十四首,此其第一至第六首。

何雲何士龍詩書事述懷四首次半舫劉大司空寒夜雜詩韻:謝公憶別東山妓,文舉愁空北海樽。移岸舟行辭我里,出墻花發記誰園。那無別夢和春曉,秪有窮愁伴夜昏。多謝揚州十里郭,東風一路鳥能言。

赤土誰教發劍光,倚天耿介轉心傷。蓬蒿剪與栽松菊,藜藿甘之比稻粱。物外羸形容散誕,人間怒翼正翱翔。虛無何處求松子,我欲乘風入混茫。

倩酒消愁成酒悲,悲吟愁坐兩相思。銀河易瀉千行淚,金鎖難開八□眉。似我關心村店夜,知君屈指帝鄉時。唯應瓊樹能廻渴,不羨神仙服水芝。按:"□",何士龍詩原書破損,王應奎海虞詩苑卷三作"字"。

拂拂寒風慘慘天,望鄉無那起愁烟。篋盛紫蟹思新擘,籬護黃花憶□編。底事洲邊吟杜若,爭教澤畔怨蘭荃。月明忍照傷心地,留與歸人幾度圓。

和劉榮嗣詩十二首(初學集卷十二再次敬仲韻十二首)。

《簡齋集詩選》卷四辟寒雜詠：尋常尤怨總宜刪，辦此真須鈍與頑。俳側圍扉連宿草，寂寥杯酒潤枯顏。冬行自昔風霜苦，禁厲從知日月閒。垂老庶幾無疾病，只如閉戶臥深山。

幽棲凜凜嘆南冠，智比堂中燕雀安。疎鈍久拚今日事，交游益信此生難。青燐彷彿依燈見，赤氣霏微逼斗寒。幾欲乘風振雙翼，崇墉積雪莽相關。

四圍寒色散朝光，獨有羈人意轉傷。誰念流螢化腐草，漫驚客夢醒黃粱。玉龍捲甲雲中臥，青鳥翻霞天際翔。久別園林難可到，竹荒梅白兩茫茫。

未悟三生色與空，荒涼暫與老僧同。行笥書畫供嚴譴，回首胼胝逐晚風。厭聽疏鐘殘照裏，傷心暮景宿痾中。故人落落長安內，快雪圍爐錦繡叢。

寒飛石壁淨無塵，槐棘層層寄此身。病鶴籠中深日月，哀猿檻內叫冬春。爐邊煨芋同幽事，窗隙看雲亦散人。少小妄思蘭芷貴，今知薜荔未全貧。

往哲時賢平眼看，嗟余生世偶艱難。靈祠古木蒼煙老，念室虛窗夕照寒。近日身纔師脉望，幾時手可執漁竿。閒階風定人蕭瑟，愁思關心匪一端。

南冠苦戀老人頭，幾欲搴芳不自由。氣凜彌增枯面縐，愁深益覺此生浮。無妨綠酒傾明月，亦許清江夢白鷗。尚記初衣遊詠處，祇今得似舊林丘。

邇來世事不勝悲，惆悵羈人有所思。湯網何期集鳳羽，楚騷空自惜蛾眉。嚴城鼓歇燈昏後，孤榻衾寒夢醒時。直欲凌霄呼帝座，可能容我掇商芝。

蠖蟠蝟縮已三冬，避冷煨爐日日慵。抱病難痊思種藥，救饑無術欲歸農。風哀感切孤鳴雁，吟苦深憐欲蟄蛩。細憶從前經眼事，人情物理曉來鐘。

誰教老馬反爲駒，不是天將困腐儒。得領煙霞人有幾，可憐身世月同孤。荒雞半夜啼寒漏，饑鼠通宵睏冷廚。尚有圖書同寂寞，堪從患難見吾徒。

此中天地不春陽，況是三冬氣閉藏。雪色欲欺殘焰火，梅花未放冷魂香。燈明榻靜從僧定，雲凍星高失鳥翔。二十年來纔一瞬，已看世變幾滄桑。

嚼徵茹商可療饑，依林結宇似村扉。鏡中鬢髮留殘雪，窗裏峰巒眷暮暉。對酒暫忘風色冷，談詩每帶月明歸。不期千古傷心地，朋友文章願不違。

再和劉榮嗣詩四首（初學集卷十二續次敬仲韻四首）。

小序云：余在請室，與敬仲司空比屋而居，昏夜得句，扣門索和。僮僕相嘲曰："乞火乎？索米乎？"敬仲每屬和，輒出意表。余告之曰："不量彼己，輕兵挑戰，勇而無剛，屢爲宿將所困，天道後起者勝，非獨戰之罪也。願公執蚩弧先登，僕謹厲兵秣馬以待。"敬仲默默不應。越數日，忽出詩二十二首，波騰泉湧，首尾爛然。燒燈呵硯，次第和之。已而笑曰："敬仲之默而不應者，示怯以誘我，堅壁以老我也。已而連章累紙，絡繹見示者，重兵以壓我，驟出以窘我也。敬仲於致師之法則巧矣。"黃池之役，昏而戒令，雞鳴而壓晉軍，王親執枹鼓，三軍譁釦以振旅，聲動天地，吳可謂毒痎矣。雖然盛氣盡銳，掩人不備，固未可謂堂堂正正之師也。余不知兵法，不勒部曲，免冑大呼，獨身搏戰，雖未能斬將搴旗,視晉師之大駭不出,周軍飭壘,則固有間矣。自今以往,交綏而退,偃旗息鼓,以避敬仲之顏行,敬仲又將曰:是其目動而言肆乎?當更用何法以肆我也?丁丑十月十六日。

簡齋集詩選卷四續辟寒:星文慄慄動高天,柏色冥冥生晚煙。小憩雪消慘饗酒,匡牀雲滿絶韋編。却憐吹暖無鄒律,不盡招魂續楚莖。雙鯉浮波寒愈迥,上冬月色又將圓。

幽居無語意憧憧,愁病相循復遇冬。夜半寒星窺户牖,朝來冰氣滿衣縫。靈均不解離騷怨,岸獄空懷集木恭。衆罪未能邀禹泣,晨昏頂禮梵王鐘。

風捲長空煙霧霏,冰花結樹凍枝肥。晨興逆氣關門坐,往事傷心素願違。變易陵淵如鬢改,推遷天地亦蓬飛。何堪倚杖頻翹首,無數歸鴉叫夕暉。

月邊頳氣似朝暾,近事怦怦未敢論。脱去兔狐原有窟,掇來芝蘭並無根。詩人發慨將誰詛,司馬編書雪古冤。摇落彌知朋友貴,同銷白日遣黄昏。

即續辟寒十四首之七、八、九、十。

爲孫昌齡、倪嘉慶、劉榮嗣作生日詩各一首(初學集卷十二)。

簡齋集詩選卷四亦有自作生日詩。

孫昌齡(1583—1651),字二如,又字念劬,號元嶽。寧晉人。萬曆四十七年(1619)進士。崇禎十年(1637)選吏部文選清吏司郎中,不赴任,下獄發配。入清官至都察院副都御史。

孟冬,何雲先期南歸,作長詩相送,並簡盧世㴶(初學集卷十二)。

詩云："伊余退廢士，杜門事耕桑。十年守環堵，一朝鎖銀鐺。……賓客鳥獸散，親族憂以瘁。或有彊近者，懼累遺禍殃。……誰與警昏夜？誰與衛露霜？誰與扶跋疐？誰與分劻勷？何生奮袖起，雲也行所當。闔門置新婦，問寢辭高堂。典衣買書劍，首路何慷慨！……行行度淮水，登頓相扶將。弔古漂母廟，祈靈岱宗陽。……何生夜草疏，奮欲排帝閽。黯淡蚊撲紙，傾欹蚓成行。殘燈焰明滅，房心吐寒芒。祖宗牖惚恍，天心鑒明朗。眉山摘牙牌，分宜放鈐岡。……孟冬家書來，念母心不遑。有憂食三歎，矧乃惰與翔。星言卷衣被，別我歸故鄉。我欲縶子駒，顧視心悵悵。子行急師難，子歸慰母望。丹青或可渝，此義永不爽。"對何雲心表感激。

簡齋集詩選卷四送何士龍南還：久負樵生七不堪，邇來茹茗漸能甘。殘生榮辱俱如夢，客邸春冬幸自諳。好友相思漳水北，仙人長住大江南。明珠照乘時方忌，行路悠悠莫縱談。

風聲摵摵動高松，遠屋寒鴉蟄海龍。門隔春明即萬里，路歸江上亦千峯。憶同夜月吟殘菊，偶立蒼煙聽暮蛩。得子爲鄰吾願足，虞山猿鶴肯相容？

張溥母金孺人六十，作太倉張氏壽宴序（初學集卷三十九）。

序云："崇禎丁丑，翰林院庶吉士太倉張君天如之母金孺人年六十矣。是歲十月初度之辰，天如偕其兄弟稽首上壽。于是天如之友張君受先與其及門之徒，合吳、越數十州之士，相與鋪筵几，庀羊酒，稱觴于孺人之堂下，而請余爲介壽之詞。"

孟冬,馮舒亦牽連被逮。

馮舒默菴遺藁卷三北征集小序:"崇禎丁丑年,余邑錢侍郎牧齋、瞿給事稼軒,俱爲姦民所誣,當軸者持之,奉旨至京究質。余以知交,亦牽連及焉。兩公以先春行,余以孟冬從而後。其水則自江歷邗及河,其陸則自淮至齊抵燕。抵燕而入錦衣獄,移刑部,兩奉旨得免議歸,其抵家則戊寅之五月也。最其始終,凡閱歲再,閱月八,閱日二百三十有奇。其間爲醒醉,爲幽憂,歷名都,對知己,登而賦,勞而歌,得詩一百首,意非一族,體亦殊製,離爲上下二帙,以即路抵都者爲上,自入錦衣獄至洗雪免歸者爲下,匪以告哀,亦聊以識歲月而已。"按:張漢儒狀告瞿式耜勾結馮舒,以命案冒親嚇詐。

又虞山妖亂志三卷,記錢、瞿案始末,云張漢儒原名張景良,在顧大韶、錢裔肅、孫林、陳履謙的慫恿下上疏誣告錢、瞿,不可信。此書傳云馮舒作,非是。且文中所言,駭人聽聞,恐亦非信史。

馮舒遊仙詩敘:"昔者丁丑冬,余從牧翁侍郎北上,水陸馳驅,四旬纔達抵都,而人事紛紜,多足悲歎……逾年而歸。"

十一月初二,張國維因涉嫌曲護再遭切責。

撫吴疏草回奏張漢儒誣訐疏:十一月初二日奉聖旨,據奏此案推勘盡屬無稽,錢謙益、瞿式耜何故獨被惡名,張漢儒何故首發難端,地方官不據實事情本末明白直奏,欲一槩抹殺了事,殊屬狗隱。張國維、王志舉本當處治,姑着矢心從實查勘，速行奏奪，不許違延取罪。張國維降任、級俸次數，如何不行開列，姑不究。該部知道。

十一月，何允澄去世，年六十八(牧齋外集卷十五何平仲墓誌銘)。

何允澄(1570—1637)，字平仲。監生。少從世揚學，治春秋。著有麗情譜百餘卷。

渭南梁生爲寫小像，題二絶句(初學集卷十二)。

乾隆渭南志卷七之下："梁世鰲，字化宇。少力學，弗售於有司。見李伯時西園雅集圖而悦之，遂棄儒業而學畫。殫精竭思，十年技成。傳真寫照，宛似其人。晚游長安，轟動貴人，漸聞大内。崇禎十四年，上念太后早背，欲圖真容，令老内侍口授其形容而筆之。圖成，酷肖。上感慟，懸之内殿，朝夕禮焉，降敕欽授鰲武英殿中書舍人，洵異數也。"疑即此人。

又作趙璧詩一首(初學集卷十二)。

此詩不知爲何人而作。

陳璧探監，南歸，作詩送之(初學集卷十二)。

陳瑚離憂集卷下："陳璧，字崐良，别號雪峯。常熟人。崑山縣諸生。嬰家難，游學於李懋明總憲、范質公相國、徐虞求冢宰之門。張司馬玉笥尤器重之。崇禎甲申春，司馬薦授兵部司務。時李賊孔熾，崐良出奇計告司馬，司馬趑之，不果行。都城陷，賊大索朝臣，崐良伏匿數日，乘間逃歸。抵金陵，拜三疏，陳救時八策，執政以黨局出之，遣督浙江餉，兼調崔芝兵。未復命，南都破，崐良偕其子獻亡命江海，間關萬里，知事不可爲，乃歸隱故園，栽花植柳，讀書自娱。"陳璧今有詩文殘稿,存蘇州大學圖書館。

周淮安攜練國事詩卷來訪,跋之(初學集卷八十五跋練君豫中丞詩卷)。

文云:"余屏廢家居,君豫開府秦中,逢人輒問余起居,且有知己之言。余入請室,訪君豫舊游,壁間殘墨如盤蝸結蚓,漫溰煤土中,每低徊拂拭不忍置。周淮安,君豫之鄉人也,出其中南詩卷示余。"

練國事(1582—1645),字君豫。永城人。萬曆四十四年(1616)進士。離任沛縣令、山陽令、四川道御史、太僕寺少卿等職。崇禎三年(1630),以右僉都御史巡撫陝西。八年,因剿寇失利下獄,遣戍廣西。弘光時,官兵部尚書,未幾卒。

又作詩寄許瑶(初學集卷十二)。

許瑶(1611—1664),字文玉,號蘭陵。常熟人。士柔次子。復社成員。順治九年(1652)進士。官至川北參政。著有孝經約註、竹广詩集等。

聞侯峒曾督學江西,作詩寄之(初學集卷十二)。

侯氏時爲江西提學參議。

獄中多次作書李毅。

錢牧齋先生尺牘卷二與李孟芳:"山中無主人,猿啼雀怨,賴兄少慰山靈。……地方疏多一番查核,識者以爲不如此,則墻壁不固,總是灾星未退,不得早離囹圄耳。種種近況,令弟能詳述之。窀穸之事,當已竣役,督工者知其勤勞,亦須吾兄時時教誡,并慰勉之。……光甫先志,日下酬應少閒,即當捉筆,幸爲致意。子晉并乞道謝,漢書且更議之,不能終作篋中物也。歸期想當在春夏之交，把臂亦非遠矣。"知牧齋被捕後，家中多由李縠料理。且牧齋此時已有出售宋版漢書之意。

又一首："山中松桂，仗兄代爲主人。但累兄急難，五岳時起方寸，殊爲負愧也。不肖此行，籍聖明曲護，留得殘生。苦勘疏未到，翹首待放。……孟陽、德操、璧甫、子晉、山子諸兄，晤間須一一道意。顧孝柔仍住春暉否，山中事亦多煩照管也。鳴野歸，附數行奉謝。近況彼能悉之。"

顧琨，字孝柔。雲鴻子。性喜聚書，藏室曰懷煙閣。王應奎海虞詩苑卷二顧文學琨："幼承家學，即嗜吟咏。錢宗伯以父執爲其師，指示作法，學益就，唱酬皆一時勝侶。少時頗具左右風懷，而分桃短袖，尤多燕昵。所著寸灰集皆言情之作，以綺靡勝。晚乃一變蒼老，多雅音矣。子鈇，字僧虔。歲貢生。亦工詩。"又錄顧鈇題錢宗伯紅豆莊詩一首："地老天荒著此翁，栖遲東海歎飄蓬。千秋著作留梧碧，一代鬚眉記豆紅。剩山殘水空渺渺，白楊衰草自叢叢。多情最是溪橋柳，搖漾千絲落照中。"

牧齋有將宋本漢書售于毛晉之意。

錢牧齋先生尺牘卷二與李孟芳："空囊歲莫，百費蝟集，欲將弇州家漢書絕賣與子晉，以應不時之需，乞兄早爲評斷。此書亦有人欲之，意不欲落他人之手。且在子晉，找足亦易辦事也。幸即留神。"又見上條。王紅蕾錢謙益藏書研究繫年亦在此，可從。

又作書孫永祚。

錢牧齋先生尺牘卷二與孫子長："人情惡薄，無甚於吾鄉。囹圄之中,四方走問者不絕。而吾鄉之人,惟恐其不身填牢户,何相過之深也!遠辱記存,想念篤摯,贈行之什,不減河梁,此詩千古,此誼千古矣。九死餘生,幸保首領,皆恃聖明護持。此番查核,似亦無他過求。幸得了局,便可解網。握手之期,當在春夏之交耳。"方良繫此書在順治,誤。

在獄中,孫朝讓爲其父孫林請墓文,作誥封中大夫廣東按察司按察使孫君墓誌銘(初學集卷五十六)。

孫林(1560—1637),字子喬,號芝房。常熟人。弟森(1562—1626),字子桑,與牧齋同舉于鄉。長子朝肅(1584—1635),字恭甫。萬曆四十四年(1616)進士。歷官刑部主事,廣東布政使。三子朝讓(1593—1682),字光甫,號本芝。崇禎四年(1631)進士。官至江西布政使,未赴而明亡。

墓誌云:"君既辱與先人游,而余與子桑同舉,交在紀、群之間。恭甫既第,光甫始見知於余,余亟稱之。君過余而歎曰:'穀也食子,難也收子。君之知我子,亦猶我之自知也。'……今余離告訐之禍,幽於請室,而光甫之乞銘也哀,曰:'微夫子之言,無以葬吾先人也。'俯仰君父子間,存亡今昔,良有足悲者,故不辭而爲之銘。"又見上與李穀書。

郭宗昌、段增輝十數人在獄中從牧齋受學。牧齋作華州郭胤伯過訪詩(初學集卷十二)。

有學集卷二十四學古堂詩序:"丑寅之間,郭胤伯與涇、華數子從我于請室,所謂知我桑落之下者也。"

有學集卷四十一蓮蕊居士傳:"蒙叟曰:余以崇禎丁丑被徵下吏,海内孝秀若華州郭宗昌胤伯、商城段增輝含素凡十餘曹,從余于請室,效古人于獄中受經,皆珪璋特達,雄駿君子,與子羽偕應辟召者也。胤伯守華扞賊,舍素歸商殉節,子羽歷官蜀、溯,全城耆亂,其事皆鑿鑿副名寔,竭頂踵報人主辟召,何負于國家哉!"

初學集卷三十四贈涇陽張儀昭序:"崇禎丁丑,余被徵下吏,四方孝秀在闕下者,多僂行相問訊,願關木索、秉鈇鑕以相從於圜狴。其在關中,則華州郭宗昌胤伯、王承祚元昌、涇陽張炳璿儀昭、耀州辛綿宗茂聞以辟召至,耀州左佩弦□□、漢中王彥芹獻臣以謁選至,耀州楊龍徵伯龍以游學至,諸子者,皆金聲玉色,質有其文之君子也。"

郭宗昌(? —1652),字胤伯。華州人。生平喜談金石,明亡隱居不出,所居泚園,在白崖湖上。嘗構一亭,柱礎城碣皆有款識銘贊,皆其手書自刻,凡三十年而不成。著有松談閣印史、金石史諸書。

左佩玹(弦),字栗仲。史次子。萬曆四十三年(1615)舉人。官至山東按察使。

王彥芹,字獻臣。崇禎九年(1636)舉人。初任巴陵,調新城。城陷遇害。

題張子建奇游草(初學集卷八十五)。

張建元,字子建。涇陽人。疑是從學涇、華諸子之一,因附此。

華州王永祚亦在獄中從學,作王元昌北遊詩序(初學集卷三十二)。

序云:"華州王元昌,關中之名士也。其從祖允寧先生,暨其父敬卿先生後先官詞垣,籍甚文苑。元昌胚胎前光,矯志博學,如後門寒素。今年應辟召入京師,謁余于請室,摳衣奉手,修函丈之禮,以其詩就正于余。"

王永祚,字元昌,號雨縠。華州人。譔長子。太學生。保舉山東郯城知縣。著有嘉卉園集、北遊草、蘿窗晤言等。

王譔,字敬卿。萬曆八年(1580)進士。

作五芳井歌(初學集卷十二)。

陳子龍、劉榮嗣、黃道周等皆有詩記其事。簡齋集詩選卷四題五芳井紀小序云:"丙子秋,敵破定興,范箕生時爲孝廉,其妻馬氏率婦一、女三俱赴井。幼子號泣從之,氏曰:'汝父存亡未卜,范氏宗祧止汝一線,可自尋生路,勿俱爲井中泥也。'言訖先下,女、婦從之,婢使皆投旁井中,井遂爲滿。一門之内,無一人受辱者。明年,箕生成進士,義其死者,紀而詠之。余亦作詩二章。"

范士楫(1595?—1665),字箕生,號橘山人。定興人。崇禎十年(1637)進士。

張全昌没,作挽詞二首(初學集卷十二)。

張全昌,爲張承廕之子。以蔭敘官,歷至宣府總兵。崇禎八年(1635),隨洪承疇攻打農民起義軍,被執,後逃歸。十年四月,兵部尚書楊嗣昌疏言,將其逮捕下獄,謫戍邊衛。明史有傳。

牧齋詩云:"死填牢户易,生拔賊營難。"似死於獄中。

題萬户部小像一首(初學集卷十二)。

萬户部爲故薊遼總督萬世德之子,山西偏關人。世德有化孚、邦孚、有孚、國孚四子,此疑是有孚。

作若活一百年、如此過兩年、昔我年十七詩自嘲(初學

集卷十二)。

潘湛有詩投贈,次其韻二首(初學集卷十二)。

乾隆烏程縣志卷六:"潘湛,字朗士,以祖季馴廕,歷任刑部郎中。清介不阿,時有巨盜罪當辟,以金求貸,湛拒之,卒置於法,刑曹肅然。里居睦族恤貧,鄉黨重之。"

作新阡八景詩(初學集卷十二)。

包括拂水回龍(拂水巖)、湖田舞鶴(尚湖)、石城開嶂(石城)、箭闕朝宗(長洲陽山)、岙石參天(三岙石)、層湖浴日(尚湖)、團桂天香(團桂閣)、紫藤衣錦八景。

又作山莊八景詩(初學集卷十二)。

包括錦峯晴曉(錦峯書院)、香山晚翠(虞山來龍顧山,一名香山)、春流觀瀑(拂水巖)、秋原耦耕(耦耕堂)、水閣雲嵐(秋水閣)、月堤煙柳(月堤,俗名小蘇堤)、梅圃谿堂(秋水閣之後梅圃)、酒樓花信(花信樓)八景。

道源寄巢詩卷上有牧翁山莊:"西巖盡處有靈區,王李名園得似無。百尺飛泉空谷應,幾株喬木古藤扶。列仙洞府連烏目,舊隱山川著尚湖。細讀主人秋水旨,望洋應自笑吾徒。"

同卷奉簡牧翁移居拂水山莊:延爽先開秋水閣,招朋隨築耦耕堂。碧油幔布藤蘿密,雲錦花開菡萏香。隔塢鐘魚連佛舍,當湖簑笠見漁鄉。平生富貴槐南夢,一枕風泉睡轉長。

十二(嘉平)月,作建文忠編引(初學集卷二十八)。

該書爲長洲陳公允所輯,陳公允不詳何人,乾隆蘇州府志作陳允文。

岁暮,有诗怀程嘉燧(初学集卷十二)。

除夜,作诗示杨涟长子之易,悯其贫困(初学集卷十二)。

除夕,茅维有诗怀狱中刘荣嗣、侯恂、钱谦益三友。

> 续商歌卷一丁丑除夕,忆在都官狱三硕友志痛,凡十韵:兀兀空山老,萧萧生计殚。衣缠还质库,食不厌鱼餐。友谊今衰落,羁囚几岁阑。三良同置狱,一赦望从宽。并指苍天证,何知众口灌。其谁操脍鼎,乃意窃皮冠。常恃能持法,廷评岂妄干。直躬毋徙影,苦节谅贞完。抱律回天易,因贫议赎难。五云高缥缈,惨结在长安。爲刘简斋大司空、侯六真大司农、钱牧斋少宗伯。而刘入狱最先,已更三腊矣。

本年,作张母黄孺人墓志铭(初学集卷五十九)。

> 墓志云:"崇祯九年,仁和张秀才岐然之母终於内寝。……次年祔於其夫之阡,于是岐然撰行述而乞铭於余。"黄孺人爲黄汝亨之女。

> 张岐然(1600—1664),字秀初。钱塘人。乱後寄居僧寮,法名济义,号仁庵。著有春秋五传平文。

宣大总督卢象昇致书币慰问。

> 有学集卷二十二卓去病先生全集序:"晚年谪李云中,督师阳羡卢公持节开府,去病居属吏末,舒雁行列,执手版上谒已,悉谢遣诸大吏,延致後堂,衣褒衣,踞上坐,爲卢公陈说敕目、插、卜制驭事宜,画灰借箸,目直上指。卢公摳衣奉手,奉教唯谨。间请问天下大计,去病盱衡大言:'当今能指麾谋断、申挞伐而鬪虔国者,虞山一人而已。'余犹坐閤讼,繫请室,卢公裁书布币,承问起居,其严重去病如此。"卢

象昇任宣大總督在崇禎九年(1636)，且繫此。

本年，作王季和墓誌銘（初學集卷五十五）。

墓誌云："季和没，其子昌諤、昌諴葬于某地之阡，而屬余銘。"

顧大韶炳燭齋稿祭王季和文："維崇禎十年歲在丁丑十一月乙丑朔越三日戊辰，年家眷友弟顧大韶謹以薄酒素饌致祭于季和王兄之靈……季和歿後十二年，爲今兹丁丑，權奸稔禍，細人告密，季和之執友高足，并陷同文之獄，而予亦罹無妄之災。季和之子，適以此時謀葬，以故訾訕而莫之助，塚侵而莫之禦，有安葬之名，而居暴露之實。是季和之死，而不成其葬者，值世道之厄、友朋之厄也。"所謂執友、高足，即牧齋與瞿式耜。

本年，姚允明史書刻板，參閱姓氏首列牧齋之名。

卿朝暉 著

錢謙益年譜長編（中）

浙江古籍出版社

明崇禎十一年戊寅(1638)　五十七歲

元日,讀史記,作詩六首(初學集卷十三)。除史記外,又讀漢書。

  瞿式耜牧齋先生初學集目錄後序:"戊寅春,踰冬頌繫,卒業三史,反復封禪、平準諸篇,恍然悟華嚴樓閣於世諦文字中。"

  有學集卷四十二答杜蒼略論文書:"少讀馬、班二史,欣然自喜。戊寅歲訟繫西曹,取而讀之,然後少知二史之史法,與其文章之蹊徑阡陌,始自嘆四十六年以前雖讀史、漢,猶無與也。向後再讀之,輒有所得。"

  沈德潛國朝詩別裁集卷一錄其四,評云:"與'可憐夜半虛前席,不問蒼生問鬼神'一種筆墨。"

人日,為郭宗昌作松談閣印史歌及華山廟碑歌(初學集卷十三)。

  稿本松談閣印史,牧齋題詩署"崇禎戊寅人日,虞山老民錢謙益製";華山廟碑歌原件亦題"崇禎十一年人日,常熟錢謙益製并書"。

又作人日詩一首(初學集卷十三)。

歸安吳德輿感慨牧齋被逮,效東坡獄中寄子由韻作丁丑紀聞詩六首,依韻和之(初學集卷十三苕上吳子德輿次東坡獄中寄子由韻,作丁丑紀聞六首,蓋悲余之逮繫而喜其獄之漸解也,感而和之,亦如其前後之次)。

  吳德輿,字玄潤,一作原任。歸安人。

仿元稹作何處生春早詩二十首（初學集卷十三）。

讀四靈詩集，作詩一首（初學集卷十三）。

詩云："語近意不遠，骨癯髓亦枯。誰云賈島佛，終是鄱家奴。"評價不高。

讀沈行、童琥梅花集句詩，題詩一首（初學集卷十三）。

沈行，字履德。明初錢塘人。有集古梅花詩二卷。

童琥，字廷瑞。弘治時蘭溪人。有草窗梅花集句三卷。

春，李雯来獄中探望，有詩投贈。

蓼齋集卷二十二上錢牧齋年伯于獄中："不信東山客，還讐黃髮公。鷹鸇雖放逐，鸞鳳尚樊籠。聖主初無意，權謀或未工。觸藩知暫爾，折角竟誰雄。坦坦柔明氣，溫溫道素功。次公仍好學，殷浩不書空。抽卷煩精墨，含毫費苦衷。板牀支木械，藜杖見春蟲。日月光華近，經綸志業窮。曠懷成市虎，憂國念飛鴻。賞士風塵外，憐才荊棘中。英雄有餘習，當世寶孤忠。劍氣寧終歇，龍門自昔崇。明時無黨錮，輿論必昭融。貫索清星緯，風雲没蝃蝀。無勞（下闕）。"

李雯（1609—1647），字舒章。華亭人。與陳子龍、宋徵輿齊名，號雲間三子。崇禎十五年（1642）舉人，降清授內閣中書、順天鄉試考試官。不久南歸葬父，染病卒。時其父逢申因彈劾梁廷棟下獄論戍，雯進京訟冤，參見下年。

春，瞿式耜作詠梅詩相示。

瞿忠宣公集卷七詠梅呈牧師："孤根原自蘊真香，柯斧相尋豈受傷。烈日繁霜經苦戰，搓瓊笑玉吐春陽。迎風桃李顏難駐，耐雪松篁味轉長。正恐和羹需國手，幽崖未許爲君藏。"

春夜讀漢書,作詩寄南海陳子壯侍郎(初學集卷十三)。

陳子壯(1596—1647),字集生,號秋濤。萬曆四十七年(1619)探花。官至禮部侍郎。弘光時,出任禮部尚書。永曆時,累遷至東閣大學士兼兵部尚書。廣東破,率衆抵禦,英勇殉國。崇禎八年(1635),陳子壯因反對選任皇室宗親下獄,次年出獄還里。

爲瞿式耜題王紱雙松圖(初學集卷十三)。

王紱(1362—1416),字孟端,號九龍山人。無錫人。善寫山水竹石,妙絶一時。

詩云:"落落長身對儼然,撑雲卧壑竝千年。叢生荆棘何須問,却怕柔藤蔓草纏。"以雙松比自己及瞿式耜。

正月十五,張國維上再覆張漢儒誣訐疏,將張漢儒誣揭所列各款逐條駁斥,並將張漢儒、陳必謙之子供詞上呈。

撫吴疏草:臣等謹就原疏揭中,分其係錢謙益、瞿式耜同列者一十七款,係錢謙益名下者二十四款,係瞿式耜名下者二十三款,質之證佐呈辨,詳爲參看,逐項登答,纖悉靡遺。并將各官歷讞招案,據實具陳,庶幾聖明一覽洞然,而情偽莫遁矣。

上元後二日,聞朝中諸公貶謫,作詩一首(初學集卷十三)。

錢曾註云:"丁丑考選,上以訪册概加圈獎,罷尚書王業浩、姜逢元。十一年正月十七日,吏部奉旨:七十圈以上,傅元初、張第元、房之騏、韓源、趙繼鼎、馬兆義俱着冠帶閑住。六十圈以上,孫晉、林正亨、王猷各降三級調用;劉含輝、楊鎮元、葉初春、劉興秀、辜朝薦、金蘭、葛樞、郭九鼎、凌義渠、何楷、褚德培各降二級照舊；丁允元再降一級。"

國榷卷九十六："(十一年正月)時值考選,發訪單,科道加圈或至數十,上疑其情賄。于是給事中傅元初、張第元、房之騏、韓源、趙繼鼎、馬兆義俱削罰；孫晉、林正亨、王猷鑴二秩調用；劉含輝、楊鎮原、葉初春、劉興秀、辜朝薦、金蘭、葛樞、郭九鼎、凌義渠、何楷、褚德培鑴二秩仍任。"

傅元初罷官歸里,作詩送之(初學集卷十三)。

傅元初,字子訒。晉安人。崇禎元年(1628)進士。官工科給事中。

劉若宰回家省親,作詩送之(初學集卷十三)。

劉若宰(1595—1640),字胤平,號退齋。懷寧人。崇禎元年(1628)狀元。

贈夏允彝子端哥詩一首(初學集卷十三)。

夏完淳(1631—1647),乳名端哥,字存古。天才縱逸,自幼有神童之稱。師陳子龍。父親殉難後,繼續從事抗清活動。後不幸被捕,慷慨就義。年僅十七歲。

蕭士瑋作書慰問,並遣季弟蕭士珂相見。

蕭士瑋春浮園集卷下與錢牧齋："咄咄怪事,瑋爲眠食不安者月餘,世議迫脅,蛇蝎一器,聚發狂鬧,正人君子必不見赦,子瞻諸公累見於前事矣。……願翁當此際,亦惟有弘以達觀,付以宿因,庶無往而不夷耳。瑋一官無所事事,而能使此身不得自由,亟圖扁舟一往見翁而不得。季弟家來,欲候錢先生,適與意合,翁毋以他客而並絕之。欲與言者,可與之言也。"

蕭士珂,字季公。伯升父。有牘雋四卷存世。

二月十日，京城沙塵肆虐，作反風行（初學集卷十三）。

錢曾注云：崇禎十一年戊寅二月初十日，大司寇鄭三俊以治司農侯恂事，執法失出，不當上意，下刑部獄。是日風狂沙舞，黑霧蔽天。司寇囚服至獄門，長安士民觀者，壓路錯愕。時應天府丞徐石麒賫萬壽賀表入都，上書頌冤，言大臣當加禮貌，以全國體。後竟得釋繫去。

送僧往峨眉，作詩一首（初學集卷十三）。

不詳爲何人而作。

二月二十六日，接邸報，聞聖旨稱其"風節可知"，上剖明關節始末，以祈聖鑒，以明臣節疏（初學集卷八十七）。

疏云："臣繫獄經年，欽荷聖恩解網，不敢詣闕謝恩，惟朝夕焚香頂禮，祝誦萬壽。本月二十六日，接得邸報，大學士孔等題：奉聖旨……錢謙益關節之事，其風節可知。俟擬請，自有鑒裁。該衙門知道，欽此。臣不勝慙悚，不勝感激，安敢嘿嘿而處於此。"

金兆登病篤，猶問牧齋歸期，二月晦日遂卒，年八十二。

程嘉燧耦耕堂文集卷下都事金子魚先生行狀："壽八十二，崇禎戊寅二月晦，無疾而逝。"初學集卷五十四金府君墓誌銘："君爲人深中隱厚，與人交，不翕翕熱，皆有終始。余之下吏也，君既病矣，每刺獄之緩急，爲加損一飯。病革，猶數問余歸期何如也。"

清明日，作定海范氏雙節序（初學集卷三十五）。

序云："工部郎定海范子我躬，爲國子學錄時，嘗疏上其母朱氏與其叔母汪氏孤窮守節五十餘年，請得准例覆奏，表署其門。天子下其事于所司，旌有日矣。范子將徧請海內学士大夫,讚誦二母之節行,以昭管彤,信圖史,而屬余以一言先之。"

范我躬,字四如。天啟元年(1621)舉人,牧齋門生。四歲喪父,官至工部郎中。遭廷杖而卒,年五十五。

山曉閣明文選續集卷四評云:"婦人冰蘗自矢,茹荼如飴,固人生之不幸。若范母所遭,艱危畢集,尤不幸之極者。前半寫來,幾於淚落滿紙,後因有感於家國之事,不覺重嗟絫息一番。蓋婦節臣忠,本無二理,婦人猶知自砥,為臣竟鮮執義,兩者並提,真自含羞無地。行文或合或離,或贊或歎,其為欷歔煩醒,掩卷而太息處,令人讀之,猶聞其聲也。"

春日,與劉榮嗣過應侍御處飲酒,並與來方煒吏部訂西陵之約(初學集卷十三)。

應喜臣,原名聚奎,後又更名廷吉,字棐臣。慈溪人。崇禎元年(1628)進士。官至巡按御史。著有青燐屑。

史玄舊京遺事:"烈皇登極,振舉紀綱,頗濟以猛。自初元至戊寅歲,有繫事司寇之輩,法司因循,持議未敢殫究其辜。時來方煒以文選員外註誤在獄,其門人黃景胤先以事繫,告煒曰:某不肖,蒙恩於此三年,見吏部來者十一人矣。因嘶咽不自勝。"

贈胡泌水詩一首(初學集卷十三)。

胡泌水,星士。光緒溧陽縣續志卷十一:"胡泌水,談星命,多奇中。陳名夏試南宮時,訪泌水於家,一見,以第一人許之。甲戌、丁丑連黜,胡竊歎其術謬不驗。癸未,名夏至都,泌水喜迎曰:'子今不為第一人,當下簾輟講耳。'是科果舉南宮第一,成進士第三,入翰林。都人士益稱泌水胡先生云。"陳名夏石雲居詩集卷一有輓胡泌水。

路振飛因爲牧齋爭辯，貶官河南，作詩送之（初學集卷十三）。

路振飛（1590—1649），字見白，號皓月。河北曲周人。天啟五年（1625）進士。歷官涇陽知縣、蘇松巡按、右僉都御史等。福王立，爲馬士英所扼罷官。振飛時遭母喪，不得歸葬，遂流寓蘇州。唐王立，拜吏部尚書兼文淵閣大學士。不久，唐王敗，振飛追之不及，走居海島。後赴永曆之召，卒於途。

有學集卷三十八文貞路公神道碑："謙益罷枚卜里居，常熟奸民上變告訐，次及給事瞿式耜。烏程票嚴旨鐫責，公抗疏爲余伸理，且曰：'怨家自有對頭，是非豈無清議。'烏程起牢修、朱竝之獄，操刀必割。公兩言刺其陰事，恚且慚，亦用是魄奪。公坐降三級調外任。未幾，烏程亦罷，遂補河南按察司簡校，量移上林苑良牧署丞，遷太僕寺寺丞。"

涇陽張炳璿離京，作涇陽張儀昭序（初學集卷三十四）。

序云："而儀昭之舉主爲侍御曲周路公，路公令涇陽，待儀昭以賓師之間，出按吾鄉，抗疏爲余申雪，大忤權倖。儀昭以路公知余，而余亦以路公知儀昭，交必有道，豈不信哉？儀昭將行，引古人贈處之義，拜而乞言。"後又云："今老而退廢，又得罪以在此。"應在獄未解之時。

張炳璿，字儀昭。鑑子。崇禎時，以材薦滿城知縣。著有凱菴集二十卷。

春，在獄中誦孫鉝之詩，作孫幼度詩序（初學集卷三十一）。

序云:"戊寅之春,余病卧請室。同繋者聞邊遽,驚而相告。余方手一編詩,吟咀不輟,挾筴而應之曰:'以此占之,奴必不爲害。'告者不懌而去。居無何,邊吏以乞欵入告,舉朝有喜色。告者復問:'子所誦何人詩?詩何以能占虜耶?'余展卷而應之曰:'此吾師高陽公之少子名鉨字幼度之詩也。……'遂次其語以次幼度之詩。"

孫鉨(1614—1638),字幼度。承宗第六子。本年殉家難。

牧齋在獄中,孫家亦參與營救。孫奇逢歲寒居年譜崇禎十年條:"有借司禮曹太監懾服朝紳之語,錢固孫少師門人也,其兩子鉁、鎔(含)商於余,余曰:'司禮必不欲居此名。'後司禮聞之,漢儒果柳死,遂逐烏程,謙益得歸。"

按:張太鏞自怡悅齋書畫録卷八祝枝山書格古論卷有牧齋題跋:"歲戊寅,漫游廣陵,及門二三子相隨杖履,因於貴戚家,得閱此二卷。……遂諈諉我門商子,出所攜舟中古彝、宣爐二物,强爲易之以歸。……榜人催促,倦游就道。時三月既望漏下二刻,剪燭爲之記云。"戊寅歲三月,牧齋尚囚京師,方良以爲有誤,應是僞作。

馮舒出獄,與牧齋作別。

馮舒默菴遺蘽卷四命下放歸别牧翁侍郎:圍杏茂嘉實,隄柳鬱繁枝。此時別公去,離白愧難持。僕本疲曳者,披褐志詩書。辱公通家契,面命耳亦提。盲人忽瞪目,斥鷃得高飛。山高溟海闊,魚鳥欣所依。

皇靈有私親,福淫善不與。朝市多囂塵,山澤難安處。虎既市所成,石或憑爲語。志士無義劍,君門多撐拄。嗟哉魚蝦儔，亦與蛟龍侶。蛟龍困塗泥，太息空延佇。

青青三春柳，皓皓九月霜。公行燕抱子，我來鴈南翔。山川莽回互，風氣鬱悲涼。慊慊別家室，勞勞指帝鄉。回頭望牽牛，目極天蒼茫。迢遥三千里，君子豈所臧。

驅車詣帝里，形在心已死。非罪比囚臣，縲絏奚堪此？獄門一以閉，鈴柝淒人耳。驚沙掩寒袂，望月鑽窻紙。鴉健爭巢急，魑狂得人喜。波濤不在風，憐兹一尺水。

六龍騖高駕，四海被其暉。芝蘭在深谷，蔭此惡木枝。惡木無佳陰，況棲梟與鴟。幸承君子顧，移植山之崖。土新附浮根，將隨秋草萎。拊心愁雨雪，仰首遲光輝。

雨雪空濾濾，晛見自爲消。魂離在昔載，魄返忽今朝。感今還念昔，苦音正嘵嘵。我租畜何所，我笴寧久要。神悲寢不寐，强默欸彌高。還憂出童羖，敢望報瓊瑶。

執義多苦趣，吾道久已窮。居讒難爲好，依時易爲雄。青青歲寒心，亦是違時容。公爲噦噦鳳，我作冥冥鴻。水宿冒霜露，高飛集梧桐。棲息既殊路，何時更相從。儻終惠顧恩，老我安蒿蓬。

商城段增輝謁選還里，作送段含素應辟召還商城序（初學集卷三十四）。

序云："崇禎十一年，海内賢良文學應辟召者雲集京師，商城段子含素試於吏部，當得令大邑，需次還里。段子若有不釋然者，告其友高子平仲曰：余將隱矣。……段子師事吾友高忠憲公，忠憲以任道許之。今年謁余於請室，以事忠憲之禮事余，曰：先師之緒言也。"

山曉閣明文續集卷四評云："科目資格，錮習輈結，天子雖飢渴虛懷,而有司蹈常習,故奉行不力。是以徵辟之士,飄然有遐舉之思。篇中歸咎公卿大夫,自是正言不諱處。至引元始故事,只是慨今之不古若,看他回護處妙有回護,伉直處妙於伉直,凝神注想,真是筆無虛下。大度之事,固後世所希觀,但高子既爲耳目近臣,則當今積弊,高子而不言,誰復爲天子言者?故段子之不釋然也,以告高子,先生之告段子也,并爲高子告。咨嗟扼腕之中,或猶有萬一之幾幸乎?非然而不釋然者,何時而得釋然也?"

題宋徽宗杏花村圖一首(初學集卷十三)。

夢與李流芳談詩,覺而有記(初學集卷十三夢與李長蘅談詩,長蘅口誦一絕句,嘆其清婉有味,云是湖州董伯念登第後有寄作也,覺而記之)。

　　董伯念,名嗣成,號青芝。萬曆八年(1580)進士。

四月朔,題劉榮嗣藏李文正公手書東祀錄(初學集卷八十三)。

　　文云:"西涯先生李文正公東祀錄一卷,在懷麓堂全集中。此其手書,以貽太原喬公白巖者。劉司空敬仲藏弆是卷,出以示余。余嘗與敬仲評論本朝文章,深推西涯,語焉而未竟也,請因是而略言之。……余將與敬仲別矣,敬仲暇日焚香簾閣,勿著西涯、空同于心眼中,取兩家之集,平心易氣,旋而觀之,以余言爲何如,他日幸有以教我也。"吳越書畫所見錄卷二錄此文,末署"崇禎戊寅四月朔,虞山□□□書"。

侯方域與其兄方夏見牧齋于諿室,四月十二日,作贈侯朝宗敘(初學集卷二十九)。

敍云:"侯氏多才子,朝宗與其兄赤社,覲省其尊人司農公,因見余於請室。余自頌繫以來,四方人士間行相存者,多君子雄駿之人,如二侯者,其眉目也。"

侯方域(1618—1655),字朝宗。商丘人。恂三子。與冒襄、陳貞慧、方以智合稱明末四公子。擅古文,與魏禧、汪琬齊名,稱三大家,有壯悔堂集。

侯方夏,字赤社。恂次子。崇禎六年(1633)舉人,順治三年(1646)進士。官平涼知縣、刑部主事。

作書王運昌,向其介紹侯方夏。

錢牧齋先生尺牘卷一致王符乾:"去歲有八行附司農公郵中相聞,未知到否?……而司農次公赤社,歸覲其太翁,索此以紹介於門下。赤社才品,為中州人士冠冕,叩閽上書,為其尊人鳴冤,義風扇動海內,其人自足重也。"

又作書王運昌,論築城諸事,並求蠟梅數本。

錢牧齋先生尺牘卷一致王符乾:"每從司農公所,得聞新政,真所謂頌聲載道。而兆登自邑中來,知城南數頃盡割棄之,以為築城治礮之用。……唯外池一役,關於一郡來龍者,浚鑿之舉,尚宜斟酌。不獨司農公,即許奉常、王詹端諸公,皆以為慮,老年姪此舉,總為地方經久之計,為來龍亦所以為地方也。知高明自當周祥熟計,而縉紳中之名賢,如王銓部者,不妨與咨諏商訂,以求完全。……聞洛陽名花,多出貴治。而蠟梅之絕佳者,至十餘種,安得多致數本,輸我山中,佐老農老圃花時一笑乎?"

王鐸有詩寄贈。

擬山園初集五古卷六贈牧齋前輩九首:君在燕趙地,我在棲雲柯。力微遠未及,慷慨將奈何。其三。

君今多乖舛,芳蘭何所改。持鏡照妾容,孤妍生感慨。終不苟容悅,豈屑事朱黛。其四。

騷卷一錢牧齋先輩:物之遭兮窶窳悍,齗齗齒兮三歲貫。龍螭邅潛兮忽焉內愈,蘭芝欲焚兮人爲漫漶。洵不自貶兮履考,胡生之罹兮患難。瓊弁潔兮無垢,寶璐佩兮輝燦。命之遇兮值陁,苓之察兮釋軒。即獨修之淑靈兮,又何尤乎翳幔。屢啟闇而致醉兮,已洞昭于玄鑒。又微滯之兮,維皎駒之侃侃。暑將旋兮涼颸,可無憂軒痯。躓莫躓兮康莊,安莫安兮食邠。臣子惟遇之中信兮,休鷗鼳趣亦既渙。皇天欲布光於星辰兮,斗杓漸周回乎河漢。除霾篲帚以清曦兮,蛾眉睐波而儀煥。化瑟調而煩冤刷兮,行禮樂之處玩。左嵫嶢以樹烈兮,右因大獮以澄亂。昌元氣于億萬兮,演周曆其永算。

爲侯六真錢牧齋瞿稼軒許石門:忽邂逅兮彷徨,久別離兮悲傷。白駒滯兮未驂,九苞效兮飛揚。雖黾蠅於浮雲兮,于白璧其何傷?日之出兮廣照,光之超兮扶桑。思昔日兮零雨,水沸沸兮石楚楚。懷伊人兮不見,恨霜楓兮煙熏暮。

見薛龍春王鐸年譜長編。

四月,作侯母段宜人六十壽序(初學集卷三十九)。

宜人即侯昌胤生母。昌胤父拱宸,尚壽陽公主。

又作詩寄侯繕部(初學集卷十三)。

考初學集卷三十榮康侯公奏疏序云:"公之子繕部郎昌胤輯公奏疏刻之,而請余爲其序。"知繕部爲昌胤。

夏,程嘉燧在杭州昭慶寺收到牧齋歲暮見懷詩,和作兩首。

程嘉燧耦耕堂詩卷下久留湖寺得牧齋見懷詩次韻：望君搔首跂花宮，忽墮詩緘慰野翁。尚借青黃文朽木，何當琴瑟御焦桐？物華難掩豐城氣，天意將開黨籍風。早晚賜環明主德，衰頹一握笑顏紅。

自古蛾眉欻入宮，也多失馬塞垣翁。人間歲月私蟠木，天上雷霆宥欒桐。抱葉蟬吟園室雨，倚空鷲嘯半巖風。屋梁落月疑顏色，時見殘釭幾穗紅？

在獄中，作山東兗州滕縣知縣特贈太僕寺少卿姬公墓誌銘(初學集卷五十二)。

姬文胤(1582—1622)，字士昌。西安府華州人。萬曆三十一年(1603)舉人。天啟二年(1622)官滕縣知縣，為白蓮教徒所殺。

墓誌云："後十四年崇禎戊寅，任子琨官刑部河南司主事，奉熹宗朝詔令所司覆奏簡牘及黃諭德景昉所撰行狀，謁謙益於請室，而請誌其墓。"

又作姬太僕墓道歌(初學集卷十三)。

錢曾註："公諱文胤，字士昌。西安府華州人。萬曆癸卯舉人，六上春官不第。年四十二，以祿養謁選。天啓二年壬戌四月下旬，涖任滕縣，奔走參謁，身無寧晷。甫視事三日，而白蓮賊圍城矣。五月十八日，城陷，公緋衣坐堂上，賊前搏之，嚼齒大罵，錮以銀鐺鐵鎖。越三日不食，為詩八章書于壁，以縣印遺狀付門子魏顯照、僮守務。北向再拜，自縊而死。顯照乞于賊，許以布裹屍，瘞于官署之池側。九月賊平，公之父始收屍重殮，已五閱月矣。撫臣趙彥上其事，詔贈太僕寺少卿。四年二月,歸葬于華州西郭。賊考掠顯照索印,顯照以印予父,以遺狀予妻之父,同守務罵賊死。詔之恤公也,并錄二人,復其家。"

在獄中,金廷策來訪,爲作金節婦錢氏旌門銘(初學集卷二十七)。

文云:"崇禎八年,巡按浙江御史臣某言:紹興府山陰縣民金某妻錢氏,年十八歸於金,二十三而寡……臣牒下所司案驗不妄,請得表署其門如會典。制曰可。後三年,節婦之子廷策謁謙益於請室,請爲旌門之銘。"

康熙山陰縣志卷三十四:"錢氏,儒士金有德妻。……子廷策,以明經授知縣。……崇禎乙亥,按臺趙題旌,有錢象坤、倪元璐、黃道周爲之傳。"按:金廷策爲倪元璐門生。

五月,作徐娘歌(初學集卷十三)。

詩云:"淒涼此事十餘春,取次沉吟淚滿巾。白楊荒草知何處?況復嬌花殢酒人。燕山糧艘高於屋,鶯梢燕乳樓船腹。將軍組練白差差,小婦榴裙紅簇簇。五日蒲榴正舉杯,有人玉帳寄聲來。因知河上凌波女,曾向江頭行雨回。殷勤慰問南冠客,髻髮新添幾莖白?"

列朝詩集丁十三下徐伯子于:久之,復與伎徐三善,三亦許嫁于。于盡其貲力爲庀衣粧鏡奩。歸有日矣,于臥病,三忽遺蒼頭持書至,于喜,發視之,則詒片紙爲訣絶,蓋已盡竊其貲,夜奔武弁矣。于掩其紙置席下,轉面向牀背,遂不復食而死。余爲作徐孃歌,敘于死狀。長安俠少皆惜于而恨三,傳寫遍都市。

錢龍惕大充集卷下徐鳳傳:"徐鳳,字羽仙。山東人。

姓劉氏，育於徐，故稱徐鳳。居閶門之北壕。母徐三，有聲青樓間，才長於鳳一歲，後嫁武弁，張黃蓋，坐樓船，儼然貴人婦，家太保作徐孃歌以述之。"

五月二十四日，得赦出獄，上微臣荷恩誼重，戀主情深，謹瀝丹誠，仰祈天鑒疏（初學集卷八十七）。

初學集卷十三試拈詩集小序："獄漸解，頌繫待放。五月二十四日，以火災肆赦，遂得出。東坡蒙恩責授詩云：却對酒杯渾是夢，試拈詩筆已如神。故以試拈名集，聊用志喜。"火災，指本年四月五日新局火藥爆炸。

劉榮嗣亦被赦。

劉榮嗣簡齋詩選卷十口號十首小序："戊寅五月二十四日保放，在寓候結，觸事成詩，情至之語，不暇計文理也。"

史玄舊京遺事："烈皇登極，振舉紀綱，頗濟以猛。自初元至戊寅歲，有繫事司寇之輩，法司因循，持議未敢殫究其辜。……是年五月乙酉，上竟傳德音，一切肆赦，自大司空劉榮嗣而下，盡羈管於外，戴盆之士，咸頌述焉。"

爲居停主人題大鳥圖（初學集卷十三）。

出獄後，郝傑來訪，敘其與父鴻猷守延長事。

初學集卷五十二陝西延安府延長縣知縣郝君墓誌銘："明年戊寅，余出獄，君萬過邸舍，余爲道果中云云。君萬曰：'主臣有之，非傑之能也。吾父之之官也，賣千金之產以行，單車叱馭，尅日就道。父既以身許國矣，傑敢愛死乎？孤城斗大，墟落無人烟，賊設長圍困我，微吾父忠誠感激，父老子弟效死弗去，傑能伸兩臂捍賊乎？圍既解，冒雨循城，墮而折脇，移病歸，數月城遂陷。延人至今尸祝吾父也，傑何庸之有？'余嘆曰：'有是父，斯有是子，果中之言徵矣。'"

郝傑，字君萬。霸州人。崇禎十年（1637）進士。入清官至户部右侍郎。

父鴻猷，字勳甫。萬曆三十七年（1609）舉人。屢試南宮不遇，選延長縣令。流賊來犯，多方捍禦，城得保全。以墮馬傷脅歸，家居六年卒，年五十九。卒後，郝傑託其友楊希孔來請銘。

作詩送詹兆恒、葉樹聲二御史赴南臺（初學集卷十三）。

錢曾註云："祖宗朝，外官考選，例授科道部屬，無入詞林者。崇禎八年，上參唐宋建官之制，知推皆得考選詞林。暨十一年戊寅，并考選在京之中行評博，令主者矢公衡平，而人言雜揉，漫無依據。上于四月庚申，親試考選者于中左門，賜對對訖，復試策一道。五月十一日，禮部接聖諭，欽定詞林屠象美等十人，科張淳等十二人，道李嗣京等二十六人，南道閻嗣科等四人，而詹兆恒、葉樹聲居其二焉。其未定者，皆以次授部屬。臨軒御遺，此亦三百年以來所無之異數也。"

詹兆恒（1613—1646），字聖兆，一字月如。江西廣信永豐人。崇禎四年（1631）進士。授甌寧知縣，陞南京御史。福王立，擢大理寺丞。旋回里。唐王立，拜兵部左侍郎，協黃道周守廣信。廣信破，轉戰衢州開化縣，歿于陣。

葉樹聲（？—1644），字唱于，號瞻山。長興人。崇禎四年（1631）進士。官福建道御史。明亡，拒醫藥而死。

蘇先聽聞獄解，作詩志喜。

蘇子後卷六聞錢瞿二老獄解二首：天邊日日望金雞，詔许开笼放鹤飞。鲂尾始赖思怆别,乌头未白喜能归。交怜贱子愁添老,梦见先生战胜肥。满眼风波赢得在,朝来消息到山扉。

经年诗酒断风骚,北斗迢迢太白高。下苑藏狸多并窟,空庭乳鹊有连巢。坐消南浦粘天浪,重插东溪满路桃。从此江南风日好,湖山重付孟公醪。

七月八日,黄道周平台召对,极论杨嗣昌夺情之非,皇帝大怒,夺其官。作平台行记其事(初学集卷十三)。

诗云:"舜臣五人同日举,延登受策光圣朝。平台召见亦何意?畴咨不厌博且劳。圣主清问霁颜色,詹臣抗对干云霄。"钱曾注云:"崇祯十一年戊寅六月廿五日,吏部钦奉圣谕:兵部尚书杨嗣昌、户部尚书程国祥俱改礼部尚书。礼部右侍郎方逢年、工部左侍郎蔡国用俱陛礼部尚书。大理寺少卿范复粹陛礼部右侍郎。俱兼东阁大学士,都着入阁,与首辅刘宇亮协同办事。嗣昌仍带管兵部事。"又云:"七月己巳,召对平台,道周极论嗣昌夺情之非,几数百言。上谕曰:'嗣昌久历岩疆,守制已逾小祥,夺情原有旧例。黄道周彼时不言,今因简入内阁,借名妄诋。朕闻无所为而为者谓之天理,有所为而为者谓之人欲。道周已不见用而出此,当与卿等共议之。'诸臣见上勃然色变,皆惧。嗣昌阳为引救。道周抗论上前,顿首力争,词不少屈。对毕,叩头就班。上目而斥之曰:'佞口。'道周再入,至上前曰:'请为上分别忠佞。夫臣在君父之前独立敢言为佞,岂在君父之前谗谄面谀为忠乎?忠佞不分,则邪正混淆,何以致治?'上益怒,缇骑在殿下,惴惴将有所收缚。上终以道周儒者优容之,夺其官,得江西幕僚以去。"

黄道周(1585—1646),字幼玄,號石齋。漳浦人。天啟二年(1622)進士。官至詹事府少詹事。弘光時,任禮部尚書。隆武時,任吏部尚書,兼兵部尚書、武英殿大學士。兵敗被捕,慷慨就義。

是月,復社諸生作留都防亂揭,攻阮大鋮。

阮大鋮(1586—1646),字集之,號圓海。桐城人。萬曆四十四年(1616)進士。早年依附東林,後投靠魏黨,爲士人所不齒。福王時,倚馬士英,晉兵部尚書,大興黨獄。爲人頗有才思,著有文集詠懷堂集,戲曲燕子箋、春燈謎等。

七月,作左匯序(初學集卷二十九)。

序云:"侍御永年李君,家傳素業,閔學者之固陋,著左匯一書。"不詳李君爲何人。

陳仁錫無夢園集初集卷三春秋同門稿序:"今歲辛未,承匱麟經,恪稟功令,精氣蒸而鬼神語,本房從論表取士十,從策場取士四,録二十三人如例,益三人,加額曠典也。……集中如周吴江之博大,左萊陽之粹精……熊麻城之簡寂,李永年之潔雋,豈屑作一猶人語,彼皆有所自得也。"

考乾隆永年縣志,崇禎四年(1631)辛未進士有李仲熊、李芳漵、申佳胤、李春蓁四人。

李春蓁,字郁林。武昌府推官。癸酉、丙子分校鄉闈,稱得士。官六年,兩舉卓異,擢湖廣道監察御史。甲申京城破,投繯被救。與士民守城,被李自成軍所執,誘之不降,得隙自經死。其父杜,字雙溪。萬曆二年(1574)進士。祖李應乾,字德剛。諸生。究性命之學,以春秋授鄉人,從游者皆掇科第。疑李君即李春蓁。

何楷、林蘭友、劉同升、趙士春交章彈劾楊嗣昌,申救黄道周,皇帝震怒,黄道周削職六級,趙士春貶福建布政司檢校。七月奉旨,八月出都。作玉堂雙燕行贈劉、趙二人(初學集卷十三)。

沈德潛國朝詩別裁集卷一錄此詩,評云:"爲謫官者言,自宜以銜泥補屋望之,此立言體也。與團扇篇用意畧同。"

趙士春(1599—1675),字景之,號蒼霖,晚號東田居士。用賢孫,隆美次子。崇禎十年(1637)探花。授翰林院編修。因彈劾楊嗣昌奪情,謫福建布政司檢校。後復官,終左春坊左中允。

劉同升(1587—1645),字晉卿。吉水人。探花劉應秋之子。崇禎十年(1637)狀元。授翰林院編修,謫福建按察司主事,以病告歸。明亡,與楊廷麟抗清,加封兵部侍郎。卒於贛州。

趙士春保閒堂集卷一余以疏糾輔臣,罪且不測,牧齋前輩垂注頗慇,既而蒙恩寬譴,輒以長歌謝之:"野人謬稱世史氏,上書請論春秋旨。千古萬古内外防,整頓三綱先父子。裂麻無計誠足羞,伏地感動先生憂。抗顔直諫已再世,將恐萇弘血不收。先生名重清流伯,讒夫射影如飛鏑。況余無裨廊廟籌,一疏九死身何惜?今當遷逐主恩新,燕臺旦暮聊逡巡。報國浪隨南去雁,遲公惟有青山春。嗚呼一鳴輒復棄,蒼頭傳呼彼何人。蕭生真作抱關吏,先生有道終救時,喚醒今人重名義。"

有學集卷二十八趙景之官允六十壽序:"迫崇禎丁丑,文毅之孫景之官允初登上第,復抗論武陵奪情。……當景之抗疏時,余甫出請室,飲章螢語,道路洶湧,未嘗不奮臂搤腕,助其角芒也。"

何楷,字玄子。福建鎮海衛人。天啟五年(1625)進士。崇禎時,官至工科給事中。因直率敢言,貶職南京國子監丞。後追隨隆武,官戶部尚書,爲鄭芝龍所扼去職,抑鬱而死。著有古周易訂詁、詩經世本古義。詩經世本古義卷端參閱諸公有錢謙益之名。

作書馮文昌,**論黃道周上疏之事**。

馮文昌,字研祥。嘉善人。夢禎孫。夢禎有三子,長曰驥子,字權奇,即文昌父;次曰鸂雛,字雲將,與牧齋交好;小曰辟邪。文昌爲牧齋弟子,藏書甚富,後以其子贅栖里沈氏,遂移家焉。

全祖望鮚埼亭集外編卷三十三錢尚書牧齋手蹟跋:"尚書手蹟十幅,在馮研祥家,皆與馮氏群彥往還者。第一幅云:'足下奇士,遘此奇窮,此天所以善成足下也。楊大洪作秀才時,貧病艱危,備所不堪,吾黨慷慨建豎,無烈於大洪者,彼固於困窮時辦此矣,足下定當得力於此。'其言善矣,然則尚書晚節狽狙,殆以少年甲第清華,故累之耶?其云:'曹生能救清漳,可謂不負吾門。閩人若更跳梁,當置清漳於何地?'清漳指黃忠烈公也。忠烈之被逮,上疏爭之者葉廷秀、涂仲吉,周旋其事者彭士望,以二千金爲納橐饘者戴初士、黃商侯,顧不知曹生爲誰?幅中所及人物,如錢不識、孫子度、呂季臣、陳子木,皆禾人,則疑是曹給事遠思,當更考之。閩有周之夔,故異黨也,跳梁者必其人矣。振公亦不知爲誰。"

秋,孫必顯來邸舍慰問。

初學集卷五十二兵部右侍郎孫公墓誌銘:"余辱交于公二十餘年,戊寅之秋,執手邸舍,悲余之蒙難,而傷其不能相明也。公方骎骎向用,若有閔默不自得者,徒以余故也。"

秋,項煜有詩相贈,次韻謝之(初學集卷十三)。

項煜(?—1645),字仲昭,號水心。吳縣人。天啟五年(1625)進士。選庶吉士,累官少詹事、翰林院侍讀。甲申之變,降李自成,官太常寺丞。李自成敗,逃亡南京,以降賊下獄。清兵南下,再逃浙江西溪,爲鄉民所殺。

按:趙士春保閒堂集卷一有贈項水心宮諭左遷浙中詩,應亦因黃道周謫官者。

楊侍御休沐歸里,作詩二首送之(初學集卷十三)。

楊侍御即楊鶚(?—1645),字子玉,號無山。武陵人。楊鶴從弟。崇禎四年(1631)進士。官至順天巡撫。明亡,與兄楊鴻佐福王,官兵部右侍郎。順治二年(1645),同兄往麻陽募兵,爲烏羅土司所殺。

送任濬巡按吳中,作詩二首(初學集卷十三)。

馮廷寶虞牧詩集有牧翁集送侍御濬巡按吳中二首,其詩曰"夏周七浦資渠畬,單郟三江待討論",夏名原吉,明永樂間尚書,周名忱,正統間吳中節度,單名諤,宋元祐間宜興人,郟名亶,子僑,熙寧間人,皆郡志載其悉三吳水利者,乙巳秋末,大水傷禾,疏治無人,感嘆而作是詩,可知爲任濬作。

任濬(1595—1656)，字海王，號文水。淄博人。崇禎四年(1631)進士。初任芮城知縣，調榆次知縣，遷御史，巡按吳中。後任兵部右侍郎，抗擊李自成，爲其所俘，逃歸。入清，起爲户部右侍郎，遷刑部尚書。

爲駙馬都尉王昺作王郎行(初學集卷十三)。

　　王昺，爲孫承宗内任，掌宗人府。

爲劉若宰宫諭題畫三首(初學集卷十三)。

　　畫爲春山觀瀑圖、秋山讀書圖、墨梅圖。

道源有詩相懷。

　　寄巢詩卷上懷友詩之十七首錢牧齋："南山雅望自巖巖，飽歷時危與世艱。人謂李膺仙莫並，帝知蘇軾睡能閒。朝清詩禍欣無起，俗厚民情望早還。自媿不如僧卓順，持書千里慰君顔。"

與曹臣相識於京城。

　　列朝詩集丁十四曹山人臣："臣，字野臣。歙人。崇禎戊寅，余識之於長安，角巾布袍，落落有逸氣。知余有書癖，數爲余訪求古書，後殁于白下。"

　　曹臣(1583—1647)，字野臣，一字蓋之。著有舌華録、文几山人集。

　　曹度帶經堂集文几山人集序："晚年遇虞山於都門，褐衣賈業，虞山心識其賢，表遺詩於身後，且昭揭其爲人，若有不釋于中者。"

曹臣告知王岕庵處有宋版文苑英華，往觀之。將南歸，王岕庵有詩，亦次韻一首(初學集卷十三)。

　　此人應是夏邑王承曾，號岕庵(介庵)。崇禎七年

(1634)進士。南京戶部主事,官至襄陽知府。城破,被逮下獄。甲申後歸里。劉文烈公全集卷四有送王芥庵守襄陽詩。

初學集卷八十五跋宋版文苑英華:"曹野臣爲余言,王戶部芥庵有宋刻殘本七十册,購得之廟市者,屬野臣借閱,芥庵欣然見授,得縱觀者匝月。諺云:借書一瓻,還書一瓻。宋葛文康公好借書,嘗以酒券從尚公輔假太平御覽,詩在丹陽集中,詞林至今以爲美談。余次韻答芥庵詩,有酒券賒文籍之句,蓋謂此也。"即此詩。

文震亨授武英殿中書舍人,作詩二首(初學集卷十三文中書啓美入直武英二首,時上命侍臣校正御屏輿圖,兼改定琴譜)。

文秉烈皇小識卷六:"凡遇新天子嗣位,另造琴百張,每張價五百金。此相沿舊例,其事則御用監司之,真金徽玉軫也,然有音無文。至今上以無文爲嫌,欲更製琴曲,而莫有能應者。從父適以謁選入都,中書楊崇善係長洲籍,稱同鄉,即邀至其家,爲製譜以進,韻義咸備。上閲之稱善。從父已就選州貳矣,奉旨:文震亨著改授中書舍人,武英殿供事。"

又作登封行,爲王芥庵尊人上壽(初學集卷十三)。

秋,柳如是欲尋歸宿,過訪汪然明,不值,時汪秋遊白門未歸。

春星草堂詩集卷三余久出遊,柳如是校書過訪,舟泊關津而返,賦此致懷:浪遊留滯邈湖山,有客過從我未還。不向西泠問松柏,遽懷南浦出郊關。兩峯已待行雲久,一水何辭拾翠鏗。猶擬春風豔桃柳，挐舟延佇遲花間。

爲梁維樞論次梁氏家譜，作少保梁公郵忠錄序（初學集卷三十）。

郵忠錄，爲天啟初年趙南星爲真定梁夢龍請郵典之文。牧齋序云："余與公諸孫中翰維樞論次公譜錄，念江陵之遺事，不勝其愾然也，爲牽連書之。"

王正功中書典故彙記三載梁氏題詞云："崇禎十一年，上命盡取閣中書籍置乾清宫御覽，因命維樞校理纂釋，照經史子集分部外，復加十四部，仿讀書志作題解，以便御覽。"故繫於此。

梁維樞(1587—1662)，字慎可，號西韓。夢龍孫。萬曆四十三年(1615)舉人。起爲中書舍人，擢工部主事。入清，官至山東按察司僉事。以母老歸家，杜門著述。著有玉劍尊聞、梁氏直譽集、喜聲堂稿等。

馮元颺將赴山東鹽運判官職，中秋夜，餞之於京城西方閣老園池，時盧世㴶、崔子忠、馮京第俱集，賦詩八首（初學集卷十四）。

明史卷二百二十七馮元颺傳："太倉陸文聲訐其鄉官張溥、張采倡復社，亂天下。巡按倪元珙以屬元颺，元颺盛稱溥等，元珙據以入告。體仁庇文聲，兩人并獲譴，元颺謫山東鹽運司判官。"

明史卷二百八十八張溥傳：溫體仁方枋國事，下所司，遷延久之。提學御史倪元珙、兵備參議馮元颺、太倉知州周仲連言復社無可罪，三人皆貶斥，嚴旨窮究不已。……至十四年，溥已卒，而事猶未竟。"

崔子忠(1574—1644),原名丹,字開予,更名子忠,字道貫。萊陽人。宋繼登門人。善畫人物,與陳洪綬齊名。甲申匿土穴中,遂餓而死。有息影軒畫譜傳世。

馮京第(?—1651),字躋仲,號簟溪。慈溪人。諸生,好談經濟之學。清兵南下,入閩,上中興十二論。隆武召見,授職方主事,後改監察御史,視師浙東,入四明山固守。魯王監國在舟山,授副都御史,陞兵部右侍郎。清兵破四明山寨,被捕遇害。

與崔子忠比鄰,將歸,崔子忠、郭宗昌送至報國寺古松下。

列朝詩集丁十崔秀才子忠:"崇禎戊寅,余鮑繫都城,道丗因漳浦劉履丁見余,履丁寓方閣老園池,去余寓一牛鳴地。有疎桐古木,前臨雉堞,道丗喜其蕭閒,履丁去,遂徙居焉。晨夕過從者,凡兩月。余放歸,道丗及華州郭宗昌送余報國寺古松下,余笑謂詞館諸公:公等多玉筍門生,亦有如崔、郭兩生者乎?"

爲劉履丁父母作漳浦劉君合葬墓誌銘(初學集卷五十三)。

文云:"漳浦劉履丁以諸生應辟召,擢鬱林州知州,將歸葬其父母,而謁銘于舊史氏曰……先母歿九年,而丁應詔得授一官,今將以某年某月葬先父母于某地之阡,風停樹靜,有懷二人,養生送死,無可爲者矣。丁聞之石齋黃夫子,惟夫子之言,質而不華,可以信于後,願有述也。"

銘又云:"厥配媲德昏孔云,萬曆壬子君歸神。四十七齡生不辰,距生嘉靖唯丙寅。後十九年配亦湮,六十始壽加三春。"可知履丁母死於崇禎三年(1630)庚午,十一年履丁出任鬱林知州,知在此時。

仲秋,爲劉廷諫作雪菴初稿序(初學集卷三十一)。

康熙通州志卷十二引此文,末署"崇禎戊寅仲秋"。序云:"余與咸仲交二十年矣,遭逢世故,流離跋疐,黑獄黃土,錯互促迫,短髮種種,尚在人閒,天南地北如吾兩人者無幾也。……余與咸仲先後下獄,咸仲先得釋,來唁余於長安,盡出所著詩文屬余評之。余始知咸仲之詩文,乃益知咸仲也。"

山曉閣明文續集卷四評云:"詩文之妙,無過一真,然必有真人品,而後有真詩文。咸仲家居食貧,而獨敦睦戚里,是其置品最高處。以下一段,贊其爲人,一段固其以雪菴名集,而引詩來點染,重其人而因以想見其文。層次出落,羅羅清疎,一氣讀之,頓覺心目開朗。起得慘澹,結得瀟灑,兩處既得勝勢,中間筆墨所湊,離離合合,自爾入妙。"

至白溝河,作詩題張果中屋壁(初學集卷十四)。

中秋望日,爲孫奇逢作取節錄序(初學集卷二十八)。

八月,作黃鶴嶺侍御遊恒山詩序。

此書有刻本,牧齋序題戊寅仲秋。黃鶴嶺即黃宗昌(1588—1646)。

陳鼎東林列傳卷二十四:"黃忠昌,字長倩。山東即墨人。舉天啟二年進士。爲人重名義,不苟爲依附。初授雄縣知縣……以能調清苑知縣。……崇禎元年,擢授山西道監察御史。先是,熹宗崩於八月二十二日,三殿成,敘功行賞,於是月二十一日矯旨加銜者六十一人。宗昌憤之,入臺班即具疏,言權奸大惡無如矯旨,人臣玷染無如僞官。……疏上,閣票果以人數太多,不必概詆置之。……二年春,禮部右侍郎周延儒夤緣入閣,而禮部尚書溫體仁,其陰鷙倍於延儒,二人交相妬,又交相比也。御史任贊化疏糾體仁下詔獄,宗昌繼糾及延儒,責令回話,疏再上,衆謂禍且不測。會皇子生,得免,奪俸半年。既而體仁與錢謙益閣訟事起,宗昌疏糾體仁,留中不下。……而上以宗昌失糾於先,降四級調用。忌者意猶未厭,復以清苑逋賦連及宗昌,候訊者十年。會詔蠲逋,乃得釋。十五年冬,即墨被圍,率士民登陴固守。仲子基中流矢死。明年,左都御史李邦華薦之,未及用。又明年三月,京師陷,宗昌聞變,哀號將欲南奔,以土賊圍城,不得出,家居二年病卒。"

牧齋序云:"今也不然,優容以縱之,遲緩以老之,紆迴以誤之,駭機忽發,如環無端。使當之者如據蒺藜,如緣藤葛,全身則無路,殺身則無名,求生不生,祈死不死,權奸伎倆,窮神入聖,斯可目共、咬爲龐材,嗤靳、蘭爲笨伯矣。"痛憤如此。

按:石渠寶笈卷三十元趙孟頫書小學一卷:"又邵彌跋云:松雪老人細楷,世不多見,況累數千言,絶無魯魚亥豕之誤,誠至寶也。獨於中爲後人失去九十六字,深可惜哉。一日在牧師耦耕堂中,出卷索補。彌且縮手固辭,以老師言之再四,莫敢相違,敬填之。時崇禎戊寅秋八月,門人邵彌并識。"八月牧齋尚未歸家,疑是偽作。

九月初三日,謁孫承宗於高陽里第,作詩八首(初學集卷十四)。

初學集卷四十七孫公行狀:"戊寅九月,出獄南還,謁公高陽之里第,親見其屋廬苟完,什器麤給,無中人十家之産,然後知公之居身廉辦,一介不取,可信不誣。"

有學集卷二十三周孝逸文藁序:"戊寅初秋,別吾師于高河,臨分執手曰:公歸自愛,天下多事,還須幾箇老秀才撐拄。"初秋誤。

沈德潛國朝詩別裁集卷一録此詩前三首,其一評云:"語語是家居情事。"其二評云:"'王西寧髮爲胡笳吹作雪,心因烽火煉成丹',意亦相同,而此覺雅音。"其三評云:"衆以年老輕之,而社稷安危係於閒散之身,蓋以挽回天下望之矣。"總評:"此種詩可以証史,不徒辭章對偶之工。"

作齊孝廉墓誌銘(初學集卷五十二)。

齊國璽(1595—1628),字元卿。高陽人。孫承宗子鉁楚惟内侄。從鉁學尚書。

文云:"未幾而卒,崇禎元年之三月也,年三十有四。……生二子,煜與煌也。既葬之十年,煜已爲諸生有聲,以其姻家蔣户部範化所著狀謁銘于余。……今吾師巋然若魯靈光,楚惟兄弟鄂柎競爽,余乃執筆志君之墓,靦然供文字之役,不已恧乎?"疑作于過高陽之時。

途中作王師二首(初學集卷十四)。

此詩疑爲孫傳庭破羅汝才事而發。本年八月,羅汝才與孫傳庭、熊文燦戰于商洛,大敗,往襄陽而去。

鄧漢儀詩觀初集卷一評云:"深刺當時之事,可爲炯鑒。"

九月九日,過德州,住城西旅舍,不及登東壁樓,作苦憶東樓去四首贈魯瞻(初學集卷十四)。
　　又作詩贈別謝陞(初學集卷十四)。
　　　　謝陞(1582—1645),字廷揚,號青墩。德州人。萬曆三十五年(1607)進士。時官吏部尚書,罷官在家。再起,入內閣。順治元年(1644)北上,官至建極殿大學士,兼吏部尚書。
至汶上,逢故人,作詩一首(初學集卷十四)。
　　　　不知何人。
曲阜道中作詩二首(初學集卷十四)。
九月十五日,謁孔林。還,宿衍聖公府第。
　　　　初學集卷十四崇禎十一年九月十五日謁孔林越翼日謁先聖廟恭述一百韻自註:"謁墓還,宿衍聖公府第。公請以女樂行酒,余力却之。質明起謁廟,具飯,命小優歌以侑食,力辭不得,遂趨而出。"
　　　　衍聖公即孔胤植(1593—1647),字懋甲,號對寰。天啟元年(1621)襲封。
次日,謁先聖廟,作百韻長詩(初學集卷十四)。
　　　　有學集卷四十九書趙太史魯遊稿後:"崇禎戊寅九月,余蒙恩湔袚南歸,恭謁闕里,謁先聖林廟,賦詩一百韻,敘次其梗槩。"
濟上逢嘉興項鼎鉉,作詩一首(初學集卷十四)。
淮上舟中作詩一首(初學集卷十四)。
至高郵,家人挈舟相迎,喜而有作(初學集卷十四)。
十月朔日,至廣陵,念故人顧大猷、鄭元勳,作詩二首

(初學集卷十四)。

　　鄭元勳(1604—1645),字超宗,號惠東。原籍歙縣,占籍揚州,構影園於城南。崇禎十六年(1643)進士。十七年五月,高傑至揚州,守城者不納,鄭元勳前往調和,被百姓誤殺。

　　鄧漢儀詩觀初集卷一評云:"不勝滄桑之感。"

孫永祚在無錫相迎。

　　雪屋二集卷一舟次錫山候錢牧師、瞿稼翁北歸:身世無過一送迎,天涯搖落不勝情。野塘水闊餘菱刺,秋稻田肥聚鴈聲。翻手雨雲蒙北極,到頭雷電雪南纓。五噫愁說瞻京闕,從此梁鴻蹈海行。

歸里後,廬居明發堂。

　　初學集卷四十五明發堂記云:"予之營斯堂也,財一年而有急徵之禍,繫踰年而歸,歸而廬於此也。歲時伏臘,晨昏肅拜,顧明發有懷之義,未嘗不僾然如有見,愾然如有聞也。"

門人張次仲有詩。

　　張待軒先生遺集卷一懷虞山錢座師還山:搖落吳門楓葉秋,天涯回首一登樓。主恩白璧懷中月,客夢黃花海上鷗。出入四朝芝閣草,浮沉五嶽木蘭舟。從他書滿中山篋,應得支頤賦遠遊。

　　械書夜奏未央宮,侍女披函燭影紅。天子自憐讒市虎,老臣猶憶夢非熊。甘泉賦就人堪老,封禪書成日再中。不用閉門傷寂寞,侯芭今已晤楊雄。

秋,王崇簡來訪。

青箱堂詩集卷二過錢牧齋先生邸中：幾年心意遠爲因，得覩威儀幸此身。稽古難逢如意事，感今惟望救時人。俗衰舉世多讒説，國是千秋有定論。努力坦懷舒雅抱，明王終不棄貞臣。

作硯山詩贈華山道開上人（初學集卷十四）。

道開（1601—1652），字自扃，號闉庵。吴門周氏子，師蒼雪、汰如，通賢首、慈恩二家宗旨。

十一月初十日，孔有德陷高陽，孫承宗守城而死。

十一月三十，歸安沈演卒。

沈演（1566—1638），字叔敷，號何山。與兄淮同舉萬曆二十年（1592）進士。官至南京刑部尚書。淮（1565—1624），字仲潤，號銘縝。天啟元年（1621）入内閣，因與魏忠賢勾結，遭衆人彈劾致仕。沈演死後，牧齋爲作神道碑銘，文在初學集卷六十五。文云："以崇禎十一年十一月卒於里第，葬於某地之某阡，天子賜祭葬如甲令，以慰寵其家，公有子樺，殤，以伯兄之次子槃爲後。于是槃之兄中丞公榮，以公之胄出，位序行治，爲書請余銘其墓隧之碑。"槃爲沈演伯兄淙之次子，榮爲長子。

沈榮（1585—1642），字彦威，號誰庵。萬曆四十一年（1613）進士。官至都察院僉都御史，巡撫大同、宣府。生平皆見馬要沈氏族譜。

張世偉妻徐氏七十，作松陵張氏壽燕序（初學集卷三十九）。

序云："松陵張異度以丁丑歲壽七十，配徐孺人少異度一歲，今年五月，其設帨之辰也。……至是則里之士友爲孺人稱壽者，相率詣余乞言，以當祝嘏之詞，而予其可以已乎？……予既解網生還，聞孺人之壽，感異度爲我却賀之意，欣慨交集，而又以屛居墓田，未能命百里之權，從諸君于讌會之末也。爲序其言以詒之。"

嘉平月，作張異度文集序（初學集卷三十三）。

時日見刻本，署"崇禎戊寅嘉平月，虞山通家弟錢謙益撰，後學薛吉書"。

本年，應曹曰良之請，作資德大夫正治上卿都察院左都御史贈太子太保安邑曹公神道碑（初學集卷六十二）。

碑文云："後三年戊寅，貽書謙益，俾書其墓道之碑。萬曆庚戌，公與高陽孫公分試南宮，謙益實出其門。自是厠名部牒，實與公相終始。閣訟之興，謙益爲黨魁，公之晚出不爲時所容者，亦以謙益故也。追惟今昔，君臣師友之間有餘痛焉，故敢牽連書之，庸以徵于國史云耳。"曹曰良，于汴子。

山曉閣明文選續集卷六評云："曹公身罹黨禍，而得壽考令終，蓋其存心特厚，其見幾獨先。一生都從學問中得力，至才略優裕，又餘事耳。通篇悼歎曹公處少，悼歎斯世處多，惟曹公以一身關乎世道，則其進其退，義固不繫於一身，而繫於當世也。開口喝破此意，一往提掇縱送，自爾盡致淋漓。後幅洗發仁誠二義，乃真實理學，他人即見得到，未必其言之炳炳烺烺如是也。"

本年，劉榮嗣去世。

本年，柳如是刊刻詩集戊寅草，陳子龍序。

歲末，作詩送蕭士珂歸泰和（初學集卷十四）。

金壇于嘉有詩來，次韻答之（初學集卷十四次韻答金壇于惠生二首）。

列朝詩集丁十六于太學嘉寓贈海虞錢受之宗伯："鷰翮歸栖海嶠雲,吉占無事叩靈氛。昔年對我談三史,今日容人詠五君。那得告縉牽蠹册,詎宜上變及空文。時清不問東山卧,政屬關河羽檄紛。"牧齋所次即此詩。

小傳云："于嘉,字惠生,一字褒甫。家世仕宦,以高才困于鎖院,遂棄去,肆力爲詩。苦愛溫、李、皮、陸諸家,字摭句鍊,忘失寢食。妙解聲樂,畜妓曰弱雲,色藝俱絕,晚而棄去,忽忽不樂。詩句流連,每有楊枝別樂天之歎。卒時年七十二。惠生晚交于余,嘗以長箋見投,極論本朝詩文,遠慕弇州,近師臨川。余有書,再三往復。惠生報曰:'願以餘年摳衣函丈,究明此事。'其通懷擇善如此。喪亂之後,兩家書尺盡付煨爐,録其詩,爲三歎焉。"

惠生死,牧齋爲作祭文,文在初學集卷七十七。文云:"惟我與君,定交晼晚。疇昔之歲,過從繾綣。邀我園林,燕我池館。妙香滿室,乳茶傾盞。橫陳尊彝,傾倒篋衍。最秘惜者,華不注卷。煙鬟雲樹,髣髴在眼。……晚就我謀,有書徑寸。自悔少作,請循其本。顧我夢夢,其顏有赧。猥以枯竹,負此青簡。伊余衰暮,見抵罷免。老屋三閒,衡門兩版。得君慰藉,忘我蹇產。"

于嘉又有奉懷錢宗伯受之海上詩云:"東望疊頳霞,有山虞吐翠。天和丙舍遊,日穰庚居遂。俗嶂壅文河,拓由靈掌負。關龍感狩麟,金版徒穿地。羹熱雉膏登,羞寒雞肋棄。媒嬾鬬弄姿,定鏡精栽僞。著録布如雲,何人丹漆器。玄風白馬談,紫氣青牛誌。食疏仰璅廚,先須徵餅字。膺門詎可階,通好時交蹠。雙阮秀參筠,兩宗香品筍。夙傾向若心,烟液終申誓。"不詳作於何時。

本年,蕭士瑋答應牧齋捐刻藏經。

蕭士瑋春浮園集卷下復錢閣下:"完刻藏本,不肖雖有其心,每念出世希有功德,必副託于乘。願再來之人,浮屠合尖,不能不望之於兩足尊矣。先經而後律、論,校正必屬名宿,一一謹遵台命。容臺一園,悉皆道力莊嚴,半山、平遠非所敢望。夫生天宮者,以得聞鼓音即爲福緣,況身親兜率內院,而敢以狹劣自棄乎?某有,惟力是視,以不負尊委耳。"

此書不詳年月,牧齋外集卷十慧命篇贈孟昉世友四十稱壽:"昔者紫柏和尚愍佛法垂秋,刻大藏爲方册,以便流通,爲末法衆生續佛慧命。經始七十年,未告成事。伯玉徵子晉諸善人發願藏事,迄今且三十年。"壽序作於順治十五年(1658),三十年前爲崇禎元年(1628),但存世蕭士瑋與毛晉捐刻藏經,多在崇禎十五年至十七年之間,頗疑牧齋"三十年"是"二十年"之誤。

又順治四年丁亥(1647)季秋,吳偉業過子晉齋頭,留宿汲古閣,時顧麟士亦在座。吳、顧二人爲題汲古閣詩,吳詩:"釋典流傳自洛陽,中官經廠護焚香。諸州各請名山藏,總目難窺內道場。南湖主人爲歎息,十年心力恣收拾。史家編輯過神堯,律論流通到羅什。"以十年計,毛晉刻經正在崇禎十一年(1638)前後,故繫此。又,蕭士瑋曾爲毛晉作易十家序,末署"戊寅冬日,西昌蕭士瑋書於虞山舟次"。

牧雲和尚嬾齋後集卷四毛子晉六十作隱湖歌爲壽小

註：“昔紫柏尊者刻書册大藏於檇李，楞嚴未及刻者，豫章蕭子伯玉倡議，子晉成之。”

蕭士瑋過拂水，僑居瞿氏春暉園，流連度歲。

有學集卷三十五蕭伯玉墓誌銘：“南評事服除，携家而北，過拂水丙舍，流連度歲，愀然賦詩返棹。其于榮利聲勢，泊如也。”

蕭士瑋春浮園詩集錢牧齋北歸，留余拂水度歲，得白門信，有剚刃於余者，時箕仙言牧齋爲遠公再來：天心仁愛託風雷，聖主原無畢世猜。蘇子相傳其已死，遠公説法再歸來。弓矰讕道集高翼，斤斧何曾赦棄材。入社攢眉緣止酒，燈青竹屋且銜杯。

除夕，與程嘉燧守歲，作詩一首，用程嘉燧前日瞿氏園訪蕭士瑋韻（初學集卷十四），程嘉燧和二首。

程嘉燧耦耕堂詩卷下訪蕭伯玉時蕭繫舟瞿氏園：手笈殘編上小蓬，石門斜日到丘中。移棹戴客山陰雪，舟繫滕王浦溯風。放箸辛盤春韭碧，停杯蜜炬夜花紅。自今來往無期約，幽興時時在瀼東。

同卷除夕拂水山莊和錢牧齋韻二首：舊識園梅與徑蓬，新泉照眼後堂中。松明澗底餘寒雪，草色筵間上日風。顔面過年梁月白，歡娛今夕燭火紅。他時守歲招呼近，只在藤蘿水石東。

聚首何嗟兩髩蓬，開懷且付百壺中。醉寒未要封條雪，報稔先占夾囷風。守歲銀花飛水白，朝玄籠燭遍山紅。去年今夕殘缸爐，百鍊相思寄浙東。

蕭士瑋春浮園詩集次牧齋除夕見投韻，時孟陽同客虞山:信美虞山寄一篷,相攜雞犬入雲中。杯添夜閨迎年酒,花怯春寒報信風。髮短雪餘留蒜白,手香霜後破柑紅。將來元直從公語,作黍遙呼客是東。

蕭士瑋春浮園詩集牧齋投余詩有"明日還尋抱關叟,寒驢應過小橋東"句,再次其韻:清霜日日點飛篷,桃李遲歸待嫁中。與老維憂藏穀牧,破愁恃酒馬牛風。山籠暮靄微烘碧,梅勒餘寒倒暈紅。徒惜可人能辦賊,寒驢衝雪踏墻東。

本年,孫愛募建興福寺地藏殿。

常熟破山興福寺志卷三:"地藏殿,在天王殿東。崇禎十一年,治事僧契德募,錢公子孫愛建。"

本年,范景文等刻趙南星文集成,牧齋參與校訂。

列朝詩集丁十一趙尚書南星:"余雖未及誌其墓,而嘗狥其門人之請,再訂其集,頗有刪改,當有知而傳之者。"崇禎十一年刻本趙忠毅公詩文集二十四卷,卷前有選閱姓氏,牧齋列名其中。

本年,顧大武卒。

列朝詩集丁十三下顧仲子大武:"大武,字武仲。常熟人。從父兄大章字伯欽、大韶字仲恭,俱有名場屋。而仲子權奇俶儻,以古豪傑自命。……金將軍相者,東征有功,不得敘,仇家上變,告其陰事,將亡命,而難其妻子。余謀之仲子,仲子報書曰:'藏亡匿叛,真吾事也。'舍其帑於道北,踰年而後反。相歸,不往謝,仲子終不知相為何人也。……崇禎戊寅,余坐黨禍繫獄,仲子病甚,執其友駱生之手而問曰:'虞山之獄解乎?'曰:'解矣。''同坐者偕免乎?'曰:'免矣。'听然一笑釋手,未幾而没。"

金相曾隨袁黃東征,卒後,牧齋作東征二士録(初學集卷二十五),記其與山陰馮仲纓事。文云:"萬曆二十年,倭酋平秀吉遣將躪朝鮮,天子念屬國殘破,國王亡走求內徙,興師往援,命兵部侍郎宋應昌爲經略,武庫郎劉黃裳、職方主事袁黃贊畫。職方訪求奇士,得山陰人馮仲纓、吳縣人金相,羅致幕下。……經略前後皆阻倭,計無所出,馮仲纓言於職方曰:'師老矣,退又不可,清正狡而悍,藐行長而貳於關白,願與金相偕使,可撼而閒也。'職方具以仲纓前語告經略,經略許之。……(清正)解所著團花戰袍與仲纓,歃血約盟,令王子陪臣謁仲纓扣頭謝,訂期歸國,即日自王京解兵而東。仲纓之入説清正也,金相勒兵以待,相計之曰:'仲纓,職方所使也,劉武庫內忌之,如松平壤之役,職方面數其襲封殺降,今得無以通倭中仲纓,爲媒孽職方地乎?'乃領健卒二千人,分伏南山觀音洞,邀其歸師,殺九十餘人,生擒倭將一人曰葉實。仲纓歸,武庫果以通倭爲言,仲纓取相所斬倭級示之,且分遺其幕客,乃止。而如松以十罪列職方,職方遂中察典,仲纓與相皆罷歸。……(仲纓)僦屋長安市中,讀書賣藥以老。相敘東征功,當實授守備,往謁兵部吏,吏笑曰:'長安中金銀世界,君徒手來,何爲?'慟哭焚其文牒以歸。遼事之殷也,相老矣,往來燕中塞下,欲有所爲,依故人於薊門,死濟河舟中,屬其僕歸骨虞山,余爲葬之北麓,祔其母之兆。相事母至孝,從其志也。相年十五,見老僧有羸疾,憐而飯之,老僧精武藝,授以四十八字,曰:'熟此則無敵於天下矣。'嗣父死,負官錢七萬,隸捕相急,度不可脱,誘而之曠野,以老僧所授訣試之,數十人應手而倒。走居庸關外,亡入虜中。虜見相藝絕人,不忍殺。居三年,益厚遇之。相歸內地,虜為資送至關外,始去。從袁職方論天文曆法,從徐閣學論屯田海運,從李中丞論復舊遼陽,按圖畫地,歷歷如指掌。每為余道東征事,與世所記錄絕異,已而遇丁贊畫之子,出其父手記,知相言有徵也。仲纓為人短小,善談笑,家貧,坐客恒滿,出清正所贈戰袍示余曰:'此老禪和衲頭也。'相深目戟髯,俯躬徐步。舟行,順風揚帆,則伏地喀嘔。且死,語其僕曰:'置我棺舩艙中,勿令見水,使我魂悸也。'其曲謹多畏如此。"金相亡命、客死,皆不知何年,附此。

放歸後,李衷純再來訪,再以墓銘相屬。

初學集卷五十四李君墓誌銘:"戊寅放歸,君復造余山中,誶詬如前,請益力,語益不可了。"

徐增聞牧齋南歸,作詩賀喜。

九誥堂集卷二錢牧齋先生南還喜賦二首:風雨俄收露碧岑,長安騎馬作歸吟。始知天意維持切,益信人倫仰止深。草野奸民思亂政,廟堂公宰亦何心。喜逢化日川原美,拂水風迴送好音。公居拂水山房。

玉堂春夢杳難期,一路南歸風日怡。雲樹喜開新面目,士民驚見舊威儀。著書山閣今應了,種秫湖田晚更宜。患難經過文益老,大家風格後生師。獄中詩暨謁孫高陽相國詩更佳。

陳繼儒聞牧齋南歸,亦有賀詩。

陳眉公先生全集卷二十七賀錢牧齋南還:南北路三千,欲行還且却。群虎正狨狨,摩牙待咀嚼。劍樹與刀山,霜雪耀鋒鍔。百死無一生,捫心了無怍。曷言滿朝聽,特旨放丘壑。雋骨掣韝飛，神魚脫鈎躍。歸來三徑下，松竹原如昨。隣父前致詞，且共田家樂。稚子獨牽衣，勸爺休入洛。回頭顧稚子，吾豈戀凡殼？誰願弄風波，誰甘投鼎鑊？君恩猶未報，淚從腹中落。

本年，作光禄大夫太子太保禮部尚書兼翰林院學士蕭公神道碑（初學集卷五十四）。

此座師蕭雲舉神道碑，文云："踰年釋歸，乃獲論次公事狀，書其墓隧之碑。"

本年，陳子龍有詩相贈。

湘真閣稿卷四贈錢牧齋少宗伯："漢苑文章首，先朝侍從寳。三君同海嶽，一老是星辰。作直稱遺古，推賢更得鄰。當時客漸進，文舉氣無倫。陳寳圜中土，蕭劉澤畔人。蟪蛄喧日夜，蘭桂歷冬春。舊學商王重，清流漢史均。范宣誰讓晉，衛鞅欲專秦。獨指孫弘被，仍污庚亮塵。十年耕釣樂，七略較簽新。當户無芳草，洪流逸巨鱗。睢旰流訑訑，鈎黨極申申。告密牢修急，經營偉節神。霜華飛暑月，劍氣徹秋旻。明主終收璧，宵人失要津。南冠榮袞繡，北郭偃松筠。艱險思良佐，孤危得大臣。東山雲壑裏，朝晚卜蒲輪。"

此詩不知作於何時，據"十年耕釣樂，七略較簽新""明主終收璧，宵人失要津"，當在牧齋獄解之後，疑在本年。

本年，田見龍任泰興知縣。

田見龍，隨州人。崇禎元年（1628）進士。錢牧齋先生尺牘卷三有答泰興田見龍。

本年，爲李蛟禎作增城集序（初學集卷三十三）。

文云："户部郎伊闕李君權關滸墅，編次所著增城集若干卷鏤版行世,余讀而嘆曰……"

李蛟禎,字得雲。嵩山人。崇禎四年(1631)進士。十年任滸墅關榷使,本年離任。故繫此。

明崇禎十二年己卯(1639)　五十八歲

元日,次除夕韻一首(初學集卷十五),程嘉燧亦和一首。

程嘉燧耦耕堂詩卷下元旦和牧齋韻:不嫌朱户有蒿蓬,且喜陽和轉谷中。人語半空山殿曉,佛香匝地洞門風。酒隨天意留青縹,詩與春光闘碧紅。況值朋來好乘興,肯因瀼滑限西東。時伯玉居西園,公復從南京來。

瞿忠宣公集卷二己卯首春,和牧師除夕元旦二詩:生來弧矢寄桑蓬,苒苒流光半百中。何事投林反觸網,敢思破浪會乘風。良辰勝侶爭浮綠,小院閒庭數落紅。從此漁樵生計穩,不勞歧路問西東。

浮生空自歎飄蓬,眨眼都抛役夢中。攬鏡漸看梳裡雪,閉門一任耳邊風。春來磵草添新碧,雨後林花發舊紅。竹屋紙窗清事足,閒攜菊種向籬東。

勞勞回首總飛蓬,萬事全輸高臥中。莫計曆頭長短日,試看旗脚往來風。家醅已報浮新綠,溪蕚時將放小紅。差喜白頭雲臥穩,更無飛夢日華東。

次前韻簡蕭士瑋一首(初學集卷十五)。

瞿式耜集卷二疊前韻一首示伯玉:憶從早歲誤桑蓬,滅没翻身濁浪中。不是聯牀曾聽雨,那知倦翮苦衝風。邊塵故鬼長埋碧,香土驕人踏軟紅。剩得幾行憂國淚,與君灑向畫橋東。

次程孟陽韻答李穀(初學集卷十五)。

程嘉燧耦耕堂詩卷下和李孟芳山中話舊：常言數見便成親，十載相憐病與貧。拈出清詩同諷詠，篘來白酒餽比鄰。山中古櫟看爲社，谷口閒雲喜似人。殘蠟簷梅初放蕚，尚堪索笑兩三巡。

蕭士瑋春浮園詩集牧齋次子晉韻有"乞米分甘念我貧"之句，余更和之："望恩强半是交親，怪得文淵日下貧。誅地耦耕偕老友，典衣糶米餉諸鄰。閒來策蹇尋關叟，還去朋松揖隱人。六一泉邊吟未穩，梅花笑嗅索檐巡。"

"乞米分甘念我貧"爲牧齋答李穀句，非毛子晉，蕭士瑋誤記。

立春日，喜蕭士珂迴舟虞山，次除夕韻示程嘉燧、蕭士瑋(初學集卷十五)。

蕭士珂二月始歸，程嘉燧、蕭士瑋有詩贈別，亦用除夕韻。

程嘉燧耦耕堂詩卷下同泰和蕭季公惜別用前韻：四海遙憐客髻蓬，新知況在別離中。燈燒野廟千門曙，帆挂祠山二月風。老淚見花時欲墮，衰顏對酒不成紅。相過何限論文意，悵望茅堂隔水東。

蕭士瑋春浮園詩集和牧翁韻早春雪夜別季弟：驚沙望望振飛蓬，雨雪淒其此夜中。少住爲佳桃葉渡，日歸猶及楝花風。病同中酒樽空綠，心已將灰火不紅。獨惜餘光瞻太白，曉霜殘月伴西東。

竹苞集載孫朝讓詩，小序云："憶崇禎己卯、庚辰間，伯玉年翁泊浮琴水,時與牧翁、稼老聚談終日,三十年來夢想不替。"時間有誤。

又疊前韻寄周鳳岐(初學集卷十五)。

初學集刻本不詳所寄何人,初學集詩註此詩題作疊前韻寄長城周彝仲。長城即長興舊名,詩中有"下若溪""大寒山""藝香堂"等語,與初學集詩註相符。

周鳳岐,字彝仲。崇禎十六年(1643)任澧州知府,張獻忠陷城,不屈死。

春,同年高弘圖贈詩。

太古堂集寄錢牧齋同年:春草迷離春日明,懷人無那曳心旌。幾年巖曲留叢桂,千里芳洲憶杜蘅。鴻遵晴川知衎衎,鳥飛曙谷喜嚶嚶。山中韻事須閒却,復旦新歌聽汝賡。

高弘圖(1583—1645),字研文,號踆齋。膠州人。萬曆三十八年(1610)進士。官至南京兵部侍郎、户部尚書。弘光建立,官禮部、户部尚書。爲馬、阮所扼,乞休。無家可歸,流寓江浙。弘光敗亡,絶食死於紹興竹林寺。

瞿式耜今年五十,題陸治滄桑對弈圖以贈,程嘉燧亦有贈詩(初學集卷十五)。

陸治(1496—1576),字叔平。吴縣西山人。與王世貞爲文藝友,隱吴縣支硎山。

瞿式耜生日實爲八月初八。故宫博物院藏此詩寫本,署"崇禎己卯上元日,錢後人謙益再拜奉祝。"

雅昌拍品又有牧齋爲稼軒所作春溪放棹圖,末署"己卯上元日,錢謙益爲稼翁詞伯作","詞伯"二字不合牧齋身份,疑是僞作。

作歸來泉歌答金壇于嘉、曹汝珍(初學集卷十五)。

詩云:"老夫幽繫經歲年,歸來舍下新流泉。以歸名泉聊自慰,扶杖閒咏歸來篇。何緣此泉落人口,述異搜奇到吾友?于公作頌如清風,曹子歌詩比瓊玖。哦詩奏頌泉之畔,真珠瑟瑟相凌亂。清音逸響閒絲竹,拂水飛流起天半。"

曹宗璠,字汝珍,號惕咸。金壇人。崇禎四年(1631)進士。復社成員。授黃岩知縣,調封丘,告歸。復起上林苑監丞。順治十八年(1661)因通海案牽連,逮至南京,幾被禍。長於詩,詩宗溫、李。著有洮浦集、南華泚筆。

初學集卷四十五明發堂記云:"澗之泬流,又折而北,匯於堂之西。石壁之下,有泉湛然,所謂歸來泉也。"

正月十七日,始得孫承宗殉難之信。

十八日,設靈於明發堂,率孫愛等哭之。

二十日,作祭文祭之(初學集卷七十七祭高陽公文)。

文云:"維崇禎十二年歲次己卯正月十七日乙亥,吾師高陽少師公殉國報至。越翼日丙子,其門生錢謙益爲位于墓次之明發堂,製加衰之服,率稚子孫愛拜而哭之。越三日戊寅,謹具特牲之饗,昭祭于吾師之靈。"

初學集卷五十四徐元修墓誌銘:"崇禎己卯正月,吾師高陽公殉國報至,余爲位加衰而哭之。"

正月二十六日,祁彪佳得牧齋書,牧齋欲借書數種,祁彪佳以父命不得外借,作書拒之。(祁彪佳日記卷九棄錄)。

正月,徐時進訃亦至。

初學集卷五十四徐元修墓誌銘:"崇禎己卯正月,吾師高陽公殉國報至,余爲位加衰而哭之。是月,江陰徐元修以哭母死,訃亦至。"

　　徐時進(1496—1576),字元修。江陰人。因哭母而死,享年五十八歲。

正月,福建晉安徐𤊹攜其子延壽訪牧齋於拂水山莊(有學集卷二十二徐存永尺木集序),林若撫爲嚮導,作詩一首(初學集卷十五晉安徐興公過訪山中有贈)。

　　列朝詩集丁十五徐舉人𤊹布衣𤊹:"崇禎己卯,偕其子訪余山中,約以暇日,互搜所藏書,討求放失,復尤遂初、葉與中兩家書目之舊,能始聞之,欣然願與同事。"

　　徐延壽尺木堂集三過虞山訪牧齋先生:"憶昔己卯春,龍門登在始。小子將父車,躋堂拜夫子。時有林逋翁,殷勤相導指。拂水啟山莊,醉臥梅花裡。"

　　嗣後徐𤊹有書來,見紅雨樓集:"今春快登龍門,飫領鴻誨,始知學海無窮,難以蠡測,虛往實歸,足償生平大願矣。……茲有漳州高生元濬……敢爲介紹,伏祈進而教之。承委查覈徐騎省集缺板,某所藏本,亦同此缺。惟是楊大年武夷新集,寒家有之,容命工抄錄嗣寄也。……外南閩唐雅四冊,豚子潮音草一冊,附呈。有回書。"牧齋回書未見。

　　徐𤊹(1570—1654),字興公。閩縣人。布衣。工詩文,善草隸。家有紅雨樓,藏書五萬三千餘卷,後積之七萬餘卷。

　　徐延壽(1614—1662),字存永,號無量。𤊹子。有尺木堂集。

　　林雲鳳(1578—1654),字若撫,號三素老人。長洲人。以詩名,論詩尤精。有自可編二十二卷。

隱湖倡和詩卷上有徐燉、林雲鳳、徐延壽訪毛晉詩,徐燉詩題作"己卯正月,同吳門林若撫訪毛子晉,舟至蠡口,阻風夜泊,分韻同賦",後又有己卯新正載德堂燈宴詩,可知徐氏父子此行在正月。

二月,黃毓祺來信,請作徐元修墓誌銘(初學集卷五十四)。

文云:"遠近哀之,皆致賻,乃克殮葬。二月某日,葬於縣里山之祖塋。……元修將葬,介子爲行狀,而以書屬余曰:'是當應銘法,請爲之銘。'余曰:'諾。'"

黃毓祺(1589—1649),字介子,號大愚。江陰人。貢生。清軍南下,誓死守城。城陷,削髮爲僧,法號印白。順治五年(1648)被捕,次年於獄中自殺。介子佞佛,與臨濟宗淵源較深。

春,楊文驄來訪,作詩相贈。

楊文驄洵美堂詩集春日訪錢牧齋老師:"赤舄依然到水涯,袞衣猶自戀朝霞。鴟鴞詠後人千古,市虎成時鬼一車。應向東山尋舊德,且看西府發新花。春來莫認桃源窟,門外堤痕護淺沙。"

楊文驄(1597—1646),字龍友。貴陽人。萬曆四十六年(1618)舉人。任青田、江寧等地知縣。弘光元年(1645),因妻兄馬士英當權,官至右僉都御史。南京破,奔走蘇州,再投唐王,拜兵部右侍郎。衢州危急,帶兵援之,力不能禦,爲追騎所擒,不降被戮。

同卷又有上錢牧齋老師詩一首:"孰不仰泰山?畏高不敢望。孰不悦滄海?畏深不敢航。某也下國士,簪笏頻自將。飲公文章海,歲月忽以忘。每進復跼蹐,如饑窺太倉。竊羨桃李枝,得在公門墻。此意既牢落,中情懷惻傷。何期夫子心,相許亦非常。一面即千古,遊神周八荒。遂令肝膽間,耿耿生光芒。廟堂近需才,豈能望慨慷。至道理群動,黔黎病未央。願公起東山,雍穆佐羲唐。"

門人張次仲及許元忠來訪,作詩一首(初學集卷十五)。

張次仲張待軒先生遺集卷十:虞山先生自京還,余候之於半野堂。先生手捉一扇,是楊龍友贈詩,首句云:"赤舄依依到水涯。"程孟陽一見即不展視,曰:"此詩不必看完。"先生問何故,孟陽笑謂:"赤舄是水涯間物耶?"先生點首曰:"不如用杖履自覺穩當。"孟陽點首,終不寓目。

張次仲記載牧齋論詩之文,同卷尚有:虞山先生以古本詩正今所傳誦之詩,如"種松皆作老龍鱗"爲"種松皆老作龍鱗","一月主人笑幾回"爲"一月生人笑幾回","予知報國心"訛爲"知予報國心",皆確不可易。

作曲江歌十絕句寄何吾騶(初學集卷十五)。

何吾騶(1581—1651),字龍友,號象岡。香山人。萬曆四十七年(1619)進士。崇禎六年(1633),擢禮部尚書,與溫體仁、文震孟入閣。文震孟罷官,爲其爭辯,亦落職。隆武時,官兵部尚書。隆武敗,又擁戴紹武於廣州,後又輔政永曆。清兵再入廣州,降,不再出。牧齋此詩將何吾騶與張九齡相比,褒獎之至。

寄督漕張御史二首(初學集卷十五)。

不詳何人。

蕭伯玉將歸泰和,作詩十首送之,程嘉燧亦有詩(初學

按：蕭士瑋回西昌，實在穀雨前。隱湖倡和詩卷上有穀雨前一日，沈璜、林若撫、李穀、王德操諸人在蘇城石湖送別蕭士瑋詩。

作羽林老僧詩一首（初學集卷十五）。

上巳日，蕭士瑋至虞山，停舟拂水山莊，與牧齋諸人上破山，因雨而返。毛晉攜酒來，諸人集花信樓賦詩，士瑋小病未與。牧齋作上巳日即事詩（初學集卷十五）。

毛晉和友人詩和【錢謙益上巳集花信樓】："脈脈流泉界翠微，永和歲共惜芳菲。一川江浪浮鷗去，十里香塵傍馬飛。曲岸柳牽游子扇，畫船風簇舞人衣。年華雲曳殘春候，有酒如何不醉歸？"

隱湖倡和詩卷上上巳集牧齋花信樓："余舟泊拂水山莊，喜逢上巳，牧齋邀同璧甫、孟芳擬尋破山五丈石諸勝，纔登劍門，風雨忽至，小憩道院，悒悒而返。子晉攜酒邀集花信樓，余小極未能赴。明日，牧齋諸公以詩見示，余深恨不獲同醉，且不能屬和也。西昌蕭士瑋題。"

沈璜：三日相攜值雨餘，茂竹修竹映清渠。羽觴汎酒咸歌詠，野服臨流自祓除。楊柳萬條彭澤徑，桃花千樹武陵居。多君湖上重開閣，客至如歸出有車。

李穀：春來樂事謔相期，佳節無過上巳時。紅入夭桃爭欲笑，青歸嫩柳盡成絲。祓除正好逢新雨，相謔何妨見故知。莫怕日斜風暝暝，却虛銀燭訴金卮。

毛晉：流泉一派出山莊，上巳人爭挹冷香。士女有情花爛熳，風雨無賴柳顛狂。樓頭酒滿看雲近，橋外僧來共話長。總是年華消不得,肯教閒事惱詞腸。

春夜,看真武殿點燈,次沈璜韻一首(初學集卷十五)。

列朝詩集丁十三下沈山人璜:"璜,字璧甫。吳人。與王德操、林若撫先後稱詩。璧甫長身頳面,狀貌類河朔間人,重氣任俠,好爲人急難畫策,矢口縱橫,盱衡奮臂,雅不欲以吳中纖兒自命。嘗遊遼左,督師汝南公延致幕下。劇論兵事,往往屈其坐客。汝南歿後,痛其罪疑辟重,酒間歎息,聲淚俱下。卜居虎丘之西,亂後還吳城,兵至,倉皇之虞山,次近郊,飯未畢,白刃及之。夫婦皆遇害。"

光緒常昭合志卷六風俗:"三月望、七月晦,坌集於拂水真武殿,各處地藏殿,名爲進香,流俗相沿,若必不可已者。"

寒食日,與程嘉燧、沈璜上虞山,飯破山寺,作詩紀之(初學集卷十五)。

清明日,河陽山掃墓,作詩一首(初學集卷十五)。

河陽山,一名鳳凰山,在常熟西北四十五里,是錢氏祖墳所在地。

掃墓回,周延儒來訪,作詩四首(初學集卷十五)。

周延儒此行的目的,是爲了獲得牧齋的諒解和支持,重主内閣。

聞范景文謫官後將居吳地,喜而有作(初學集卷十五)。

明史卷二百六十五范景文傳:十一年冬,京師戒嚴,遣兵入衛。楊嗣昌奪情輔政,廷臣力爭多被謫,景文倡同列合詞論救。帝不悦,詰首謀,則自引罪,且以衆論僉同爲言。帝益怒,削籍爲民。

據范文忠公年譜,本年三月十六日,得報謝職,次年僑寓南京。

本年,李雯又有書來。

  蓼齋集卷三十五上錢牧齋書:"客歲之春,進謁圜户,蒙老年伯念其烏鳥之情,憐其孤特之跡,拯援之心,形于言咏。昔人固有徵三公而潤一物,握大權而濟蒼生者,未有身在重崖之中,而思垂綆之事,未離波濤之險,而爲假筏之人,如老年伯之于雯父子者也。雖復家君衰老,雯又潦倒賤士,欲報之德,浩然無期。然此身未泯,期之畢世。老年伯事跡分明,伸眉天壤,想還山以來,道履休暢。昔之據黄閣而造青蠅者,其人與骨安在哉?此下士以爲快心,而學道者悟其空幻也。寇禍日深,遂至于此。縱使春深盡去,秋風尤可寒心。度半歲之内,朝廷事力人才,不能遠過曩者,則將來之江淮,未必不爲今日之齊魯。蓋彼用降人攻内地,用我人愈多,則入我地愈深,屏蔽之説,老年伯必籌之久矣,其亦嘗告之當事,聯絡其勢乎?父客新安程堅字西剛,于孟陽先生有族子之誼,以老年伯爲人倫之宗,不敢不一望見,特來修謁。其人雅有文筆,温茂長者,至重然諾,急知己,亦古俠士之儔也。故敢緘附數行,敬問起居。秋冬之暇,尚當親侍杖履,恭承德音。臨啓不勝瞻戀之至。"

春,鄭仰田死,年八十四。

  初學集卷二十五書鄭仰田事云:"己卯春,將樸被訪余,忽謂家人曰:明日有群僧扣門乞食,具數人餐以待,吾亦相隨往矣。質明,沐浴更衣,若有所須。群僧至,飯畢,入室端坐,奄然而逝。"

春日,讀徹前來慰問。

南來堂詩集卷三下過訪錢虞山北歸二首:驚心往事過風雷,夢説前身是辨才。白社幾人懸問訊,青山無恙獨歸來。三生相見猶存石,多劫因緣莫辨灰。豈是謝公招不得,蓮花空有漏聲催。

廿載藤溪路不忘,重過溪上認茅堂。東山高卧人依舊,南國同聲喜欲狂。天寶衰時空歎息,少陵老句獨悲傷。多情只有銜泥燕,猶自尋常繞畫梁。

春,作孺人趙氏墓誌銘(初學集卷五十九)。

趙氏爲趙用賢女,蔣鑅妻。墓誌云:"崇禎十二年春,長洲蔣鑅公鳴謁余而請曰:'吾妻之亡也,在石埭廣文之學舍,吾不獲視含也。其葬也十年矣,吾將謁銘於子,逡巡四年,而子有縲絏之禍。甚矣,吾妻之窮也。今子既免矣,吾妻之墓木已拱,而吾亦已老矣。及我之身,而得銘焉,以慰吾妻於地下,庶其有酹於慢葬乎?'嗚呼,予忍不銘?"

三月,顧麟生葬其父大章,請銘,作陝西按察司副使贈太僕寺卿顧公墓誌銘(初學集卷五十)。

文云:"於是麟生卜以崇禎己卯三月初八日葬公於均墩之新阡,而屬予爲之銘。"

顧大章有子一,即麟生,邑諸生。女三人,嫁太學生趙士晉、諸生申濟芳、知府凌必正。

三月,金兆登子德開、德衍來請銘,作金府君墓誌銘(初學集卷五十四)。

文云:"又十有二年,君年八十有二,以崇禎戊寅二月卒。次年三月,其子德開、德衍葬君於界涇之祖塋,屬程嘉燧孟陽爲行狀,而謁銘於余。"

程嘉燧耦耕堂文集卷下都事金子魚先生行狀：“崇禎十二年三月十九日丙子，金德開偕弟德衍葬其先君子魚先生於界涇之祖塋，先期謁銘於海虞錢宗伯，而屬余爲狀。”

金德開(1600—1645)，字爾宗。嘉定人。兆登子。侯峒曾妹婿，後因支持侯氏抗清被殺。

德衍，字爾支。兆登次子。

四月初六送春，作詩一首(初學集卷十五)。

仿古禮，爲座主孫承宗服齊衰三月，四月十九除服，再爲文祭之。(初學集卷七十七再祭高陽公文)。

文云：“維崇禎十二年正月十八日丙子，門生錢謙益哭我師高陽公于墓次之明發堂，爲位而奠焉。士友之來吊者，拜焉。已而疑所服心喪三年，洙泗以後未有聞焉，我未之能行也。唐制，爲座主齊衰三月，宋蘇軾之喪，張方平也亦然。本朝不爲座主制服，倣于唐、宋之間，其可也。於是服齊衰三月，越四月十九日丙午，始除服。復爲位于斯堂，陳庶羞清酌之奠，而爲文以告。”

四月，李邦華起爲南京兵部尚書，作大司馬吉安茂明李公參贊機務序(初學集卷三十四)。

文云：“群賢之宦於吉者，若吉水令陸君某，廬陵令劉君某，近公之居，沐浴其德教，而喜公之有新命也，以謙益于公有道義之好，屬爲文以賀，而余爲序之如此。”

李邦華(1574—1644)，字孟闇，號懋明。江西吉水人，萬曆三十二年(1604)進士。官至兵部尚書。

吉水令陸運昌，字夢鶴。錢塘人。崇禎七年(1634)進士。有五子，皆有文名。長子即陸麗京圻。

廬陵令劉成治,字廣如。漢陽人。崇禎七年(1634)進士。福王時官吏部郎中。南京破,自經死。

因陳璧入京,又作書李邦華。

錢牧齋先生尺牘卷一與李懋明:"留都根本重地,仁兄以撐天馭日之才,爲戎樞厚寄,行見兵化稷鋤,民歌襦袴也。……但邇來奸回當軸,倚附爲私,紅案將翻,清流殆盡,然幸彼自闞穴中相尋覆敗,亦由天心欲轉,默啟宸衷。小往大來,漸漸已有機會。項吳橋相公有手札至,具道本末。……兹者陳生璧,效用於玉笥門下,以公務入都,遣申左右,惟仁兄諒之。"吳橋相公,即范景文。

五月初五,作拂水競渡曲十首(初學集卷十五)。

五月初九,祁彪佳作書牧齋,以抄書十種應其前索(祁彪佳日記卷九棄錄)。

五月,作太常寺少卿管光祿寺丞事贈大理寺卿賜諡鹿公墓誌銘(初學集卷五十)。

文云:"先是,公殉義之冬,十二月十二日,化麟奉其祖太公命,權瘞於祖塋。拜疏歸,待命苫次,哀慟不勝喪而死。化麟之子盡心,謀於其祖之執友孫奇逢與其徒張果中,請吾師高陽公志墓,而屬予表其隧。十二年五月,予哭高陽公,既除服,乃喟然而欷曰:嗚呼,高陽既没,鹿之誌,非予其誰宜爲?乃按歸安茅元儀及盡心所著公事狀而誌之。"

化麟(1593—1638),字仁卿,一字石卿,號怡雲。天啟元年(1621)解元。盡心(1616—1666),字静觀。崇禎九年(1636)舉人。官至安邑知縣。

鹿盡心有上錢牧齋書,爲杜越代筆,見紫峰集卷十三:

"私計吾世大人重望,以管、葛之才,操歐、韓之業,兼與先祖爲石交,平生心事,可得於目迎心許,非老先生誰望誌銘?……故敢不避煩瀆,草綴見聞,并介止生狀以請,使先祖得其人,託於文以傳,奚論不孝輩死不朽,抑不失辱在高陽與老先生一段深交矣。"

杜越(1596—1681),字君異,號紫峰。定興人。生平以節氣著,曾與孫奇逢營救魏大中。明亡隱居不出,康熙十八年(1679)舉博學鴻詞,堅辭不允。

五月,跋傅文恪公文集(初學集卷八十四)。

年月見民國五年(1916)雪華館鉛印本傅文恪公全集,雪華館本與初學集文字相差甚大。

五月,爲汪三益參籌祕書作序(初學集卷二十九)。

序云:"參籌祕書者,信州汪漢謀所著也。漢謀少遇異人,授太乙六壬奇門禽遁諸家之學,以謂可以濟世安民,匡時定亂。屬當奴寇交訌,海內多故,慨然出篋衍之祕,編次成書,以詒世之登將壇、佐戎幕者。吴之君子楊維斗、徐九一既序而傳之矣。"

此書乃楊廷樞所刻,張拱端參閱,刻成於本年夏,有徐汧、楊廷樞、沈正宗等人序,牧齋序末署"崇禎己卯夏五月"。

汪三益自序:"余,信州貴溪人。幼攻舉子業,頗涉經史。弱冠多病,未遂所志。一日入山,得遇異人,授余太乙六壬奇門禽遁天心救治觀占諸書,語余斯術可以匡國裕民,避凶趣吉……崇禎甲戌歲至吴會,遇至德高賢楊維斗先生,朝夕相與。……戊寅季夏……余因恙南歸,舟次吴門,維斗先生熟閱斯書,不忍秘之,命梓以廣其傳。"

左永圖由蓬萊令擢山東道監察御史,作贈蓬萊令左君擢西臺序(初學集卷三十四)。

序云:"崇禎十一年五月,海内郡國吏以異徵者,久次闕下。天子悉召見左順門,親問其治狀,命尚方給筆札,條奏兵食大計,擇其尤者若干人充翰林科道之選,而蓬萊令耀州左君擢山東道監察御史。"

左永圖,字綿歷。恩貢生。崇禎五年(1632)授蓬萊縣令,因捍禦孔有德有功,擢御史。

六月十四,祁彪佳得牧齋回信(祁彪佳日記卷九棄録)。

六月二十日,李衷純去世,年七十六。應其子光垓、孫鏡之請,作大中大夫兩淮都轉運鹽使司運使李君墓誌銘(初學集卷五十四)。

文云:"明年己卯六月二十日君卒。其子光垓、孫鏡以少司寇朱公行狀來請銘,余爲之泣下。"朱公,即朱大啟(1565—1642),字君輿,又字廣原。秀水人。國禎子。萬曆三十八年(1610)進士,與牧齋爲同年。官至刑部左侍郎。

夏,黃宗羲再度來訪。

南雷詩曆卷一病瘧:"憶昔己卯歲,此病經冬夏。長生周廷祚廈屋中,陰氣拂杯斚。再發拂水堂錢牧齋,三發奔牛壩。剪燭仲馭周鑣齋,四發忽放赦。"

顧錫疇來訪,作詩一首(初學集卷十五)。

顧錫疇(1585—1646),字九疇,號瑞屏。崑山人。天敘子。萬曆四十七年(1619)進士,改庶吉士,授檢討。天啓四年(1624)典試福建,出試題詆魏忠賢,削籍歸。崇禎再起,歷禮部左侍郎。福王時,進尚書。請補建文帝、景皇帝廟號及建文朝忠臣贈諡,又請奪溫體仁諡。與馬士英不協,去。順治三年(1646),寓溫州江心寺,爲總兵賀君堯所害。著有四書評說、綱鑒正史約、秦漢鴻文、唐宋八大家文選等。

作二哀詩二首悼劉榮嗣、傅朝佑(初學集卷十五)。

次茅維無題詩二首(初學集卷十五)。

七月初二,溫體仁卒(崇禎長編)。

作何母丘孺人七十序(初學集卷三十九)。

文云:"崑山何非鳴舉進士,令南昌之八年,而其母丘孺人春秋七十。崇禎十二年七月,爲設悅之辰。非鳴之故人與其門弟子,胥往稱觴堂下,先期而來告。"

七月,屏石上人作荷葉飯,作詩紀之(初學集卷十五),道源和之。

小序云:"屏石上人讀古人詩云:飯炊荷葉鼎。遂以意爲之,以荷葉裹米,淅而炊之,須臾而熟,香美異常飯。己卯七月,過山堂試之,戲作詩記其事。"

道源寄巢詩卷上屏石上人以荷葉裹米做飯,名之曰荷葉鼎,牧翁食而美之,作歌以贈,因倚和焉:"閒僧不爲利養困,荷葉作鼎炊香飯。此心由心無別傳,日服不休身愈健。爐起青烟燒榾柮,須臾觸鼻聞香遠。不待天人滿鉢擎,白日正中湌一頓。略爾分人無有窮,淨名神變難輕論。當日如來成道時,浮麋愧弗同時獻。方趾圓顱上玉堂,手持飯具相分方。坐中一任盧生夢,彈指炊成不着忙。盂盛頓發青精色,石家豆粥王家惑。仙飯胡麻還可逢,佛香吳米真難得。金門貴客懷耦耕,露葵水摘甘爲羹。偶然一飽過禁臠,喜贈瑤篇金石聲。如此常湌香美溢,便令胸次榮辱失。嗟乎此製非銅腥,商周舊物難與爭,得之行腳休携鐺。"屏石上人生平不詳。

同卷又有明發堂晤屏石上人呈牧齋侍郎:偶尋林下喜登堂,紫燕喃喃語畫梁。相好瞻來皆具足,機鋒轉處不尋常。氣吞香象曾傳法,頂秀靈峰欲放光。叨比參元兩無愧,風流俱挹長公長。

七月,大妹卒。

中秋,作毛子晉題跋序(牧齋外集卷三)。

署"己卯中秋,友生錢謙益書於丙舍之明發堂"。

仲秋,作書與某論南糧事。

錢牧齋先生尺牘卷一答□□:"南糧一事,曾爲門下郵致蔣父母,不敢輕置一喙。一則此事本末,未能了了,不敢強作解事;一則去歲南糧事,大爲話柄,恐又蹈故轍也。數日以來,悠悠之口,道路流傳,曰某紳若干,某紳若干,又波及不肖,多則云若干,少則云若干。不肖聞之駭愕,正言以明其不然。……方今饑饉洊臻,盜賊伏莽,一旦有事,若平糶,若賑饑,若募兵,若城守,皆賴吾輩拮據倡率,使急公好義者信從,而各嗇頑鈍者不得不聽,然後可爲保全鄉井之計。若平居不自愛重,臨事強爲牽率,彼將曰是常染指某事,假公濟私者也;是常居間某事,干名犯義者也。……然南糧事,不肖仍不敢置一喙,不敢以一人一口,定通國之議。但祈門下爲言於主事者,舍我一人,無以分惠兩家,納我于溪壑之中而已矣。頃遭亡妹之慽,眩暈床蓐間,不能面陳,敢力疾布其區區,惟炤詧爲禱。仲夏朔旦,謙益再頓首啓。"

按:書中"仲夏朔旦",疑是"仲秋朔旦"之誤。蔣父母即蔣文運。

八月,竺璠禪師卒。牧齋後爲作塔銘(初學集卷六十九)。

八月十三夜,程嘉燧回憶昔日與牧齋登樓賦詩之事,作詩懷之。

> 程嘉燧耦耕堂集詩卷下八月十五夜同考子作有懷海虞公:"相看轉覺此生浮,風月佳時不散愁。烏鵲星河千里夜,暗蛩涼宇一年秋。書回遠道無黃耳,家遠清宵總白頭。還憶闌干秋水闊,謝公無客自登樓。"按:列朝詩集題作八月十三夜同考子弟作有懷拂水,崇禎三年八月十二、十三日夜,程嘉燧與牧齋曾登樓賦詩,十五或是誤刻。

八月十三、十四、十五、十六、十八夜各作詩一首(初學集卷十五)。

又重題絕句八首(初學集卷十五)。

秋夜聽琴,作聽青琴理弦子詩一首(初學集卷十五)。

爲蔣氏女瑤臺作瑤臺曲(初學集卷十五)。

> 此人不詳,似是上文彈琴者。

九日,有詩寄郭宗昌(初學集卷十五)。

> 詩中有"一鴈南來見汝情",宗昌應有書信寄來。

九月十七日,作少師高陽公奏議序(初學集卷三十)。

> 此書爲南京兵部尚書范景文所刻。孫文正公年譜卷五:"公有文集一百卷,奏議三十卷,兵火之後,茅元儀得之頹垣敗屋中,同南樞范景文刻而傳之。"孫之澋重刻先太傅全集小紀:"戊寅之春,先太傅六子九孫闔門罹變。……之

涝聞難,倉皇請假,單騎星旋,兵刃充斥,間關抵家。……亟求遺文,得之四叔父筒中,彙成六篋,亂不可理,坎地而藏之。比先嚴歸,因出而彙次成帙,附茅止生元戎攜入南中,與錢牧齋、范質翁二先生纂定二百餘卷,捐資梓行,方僅成書,而南中又陷,遂致散失。"則書板未能刷印。

九月二十七,作長筵歌爲錢後人稱壽(初學集卷十五長筵歌爲錢後人稱壽,君以九月二十七日生,後余誕辰一日)。

錢後人,疑是牧齋姪錢龍惕,錢龍惕生于萬曆三十八年庚戌(1610),本年正好三十歲,即詩中所謂"君方渥顏我皓首"。

九月,謝三賓五十壽辰,作謝象山五十壽序(初學集卷三十六)。

馮舒借鈔張説之文集(初學集卷五十五)。

澁江全善、森立之經籍訪古志卷六張説之文集十卷明人鈔本,楓山官庫藏:"卷首序後朱書云:'此書先借何氏刻本印抄,因誤多不可改正。崇禎庚午先將英華、文粹諸本校過,至己卯始得葉林宗鈔本,對得二十卷,存五卷未遇善本,姑俟之。錢牧齋云復缺五卷,非全書也。'卷八末記:'崇禎己卯,用錢牧齋抄本校,共增四葉。十月十日。'"此書有馮氏鈐印,校記署屌守居士。

愛日精廬讀書志卷二十九張説之文集殘本十卷:"卷六廣州蕭都督入朝過岳州晏錢後缺一頁計詩七首,題一行,錢牧翁從宋本抄補,上方有毛扆題識云:此一葉世行本皆缺,牧翁先生從宋本手抄補入,後之讀此書者勿易視之。"

毛氏十三經註疏成,十一月二十三日,爲作新刻十三經註疏序(初學集卷二十八)。

　　十三經註疏刻本牧齋序末署"崇禎十有二年歲在己卯十一月二十三日,虞山后學錢謙益謹序"。但有學集卷十八汲古閣毛氏新刻十七史序則云:"崇禎庚辰之歲,汲古毛氏重鐫十三經,余爲其序。"或乃誤記。

十二月左右,作明旌表節婦從祖祖母徐氏墓誌銘(初學集七十五)。

　　錢徐氏爲順理之妻,無子,以世顯爲後,世顯卒,又以其子謙貞爲後。萬曆三十四年(1606)卒,本年十二月,由謙貞葬於頂山,祔順理之墓。

作兵部右侍郎孫公墓誌銘(初學集五十二)。

　　此孫必顯墓誌。文云:"崇禎十一年十月,奴酋犯薊鎮,天子命推擇廷臣有才望者勝樞貳之任。于是潼關孫公繇大理寺丞擢兵部右侍郎。拜命之日,廬兒戍卒,靡不載手相賀。甫一月,無疾而卒,年四十有八,十一月之三十日也。公之弟必茂奉喪歸秦,以次年十二月二十四日葬公于先塋,撰次行狀,走使四千里,屬余志其墓。"

訓導于之鏞卒,作于廣文挽詞(初學集卷十五)。

　　于之鏞,字程現。金壇人。歲貢生。崇禎八年(1635)任常熟訓導。古貌德心,力培士類。死後崇祀名宦祠,有去思碑。

　　初學集卷八十四書于廣文崇祀錄後:"語有之,桃李不言,下自成蹊。于公爲廣文,恂恂不勝衣,舉杯浮白,听然移日。一旦捐館舍,弟子廢講行服,縉紳先生及里巷細人皆爲流涕。此豈非太史公所謂忠實心誠,信於士大夫者歟?唐張旭爲常熟尉,志但載其與老父判牘一事,而草聖祠之祀至於今不廢。公之酒德與旭略相似,昔王無功所居東南有盤石,立杜康祠祭之,尊爲師,以焦革配。他日祔公草聖祠,比於杜康之焦革,有如王無功其人者,埽地而祭,吾知公必顧而享之,以爲賢於兩廡之餘瀝也。"跋文不知作於何時,附此。

本年,柳如是刊刻湖上草。

本年,曹學佺有詩相寄。

> 列朝詩集丁十四曹南宮學佺寄錢受之二首己卯:拂水丹房啟,懸崖白羽窺。知君行樂秘,轉自切憂時。豈即攜家隱,猶云拜貺遲。蒼蒼烟與霧,已抗俗塵姿。
>
> 聖世優閒典,初非前代論。不聞官觀使,但可賜歸恩。客有時驚座,公無日署門。語侵朝事際,趣令倒芳樽。

本年,作募修開元寺萬佛閣疏文(初學集卷八十一)。

> 文云:"今年奴越畿輔,躏山東,血肉狼籍,骸骨撐柱。……開元寺僧海能慨寺後萬佛閣久圮,以修復爲己任。吳君子張異度、徐九一皆感其精誠,爲之唱導,而屬余以一言先之。"
>
> 清兵崇禎十一年(1638)九月出關蹂躪河北,十二年正月攻山東,三月北歸,故繫此。開元寺在盤門内,始建東吳赤烏年間,初名通玄寺。萬曆三十八年(1610)元旦被焚。

本年,作直隸河間府儒學訓導劉君墓誌銘(初學集卷五十二)。

> 劉廷訓(1574—1639),字式伯。順天通州人。廷諫兄。歲貢生,謁選爲河間府儒學訓導。清兵陷吳橋,殉難。

文云："崇禎十一年十二月三十日，奴兵陷吴橋，訓導劉君廷訓死之。其子爾成以其喪歸葬，奉其叔吏部郎中廷諫所撰行狀，再拜稽顙，屬先友武進惲厥初寓常，三千里謁銘於余。"因繫之本年。

惲厥初(1572—1652)，字衷白，號臐原，又號知希居士。萬曆三十二年(1604)進士。官行人，册封魯藩。遷兵部職方司主事。歷任湖廣按察使，擢陝西布政使，移疾歸。晚年卷入大獄，自盡於獄中，年八十一。

黄翼聖出任四川新都令，作詩二首送之(初學集卷十五)。

本年，陳繼儒卒，作挽詞一首(初學集卷十五)。

陳繼儒卒于本年九月二十三日，享年八十二。牧齋詩應作於歲暮。

歲暮，作雜懷詩八首(初學集卷十五)。

除夕與程嘉燧守歲，石門郁起麟、吴夢白俱集，作詩一首(初學集卷十五)，程嘉燧有和詩。

程嘉燧耦耕堂集詩卷下除夕次牧齋韻："又看花信小樓前，水態山容媚早年。守歲正當宵秉燭，徂春猶愛陸居船。去年同舍弟居畫舫度歲。風光梅蕊俄今夕，鄉井椒花自遠天。筋力故山嗟已盡，不須營著杖頭錢。"

吴夢白，字可黄，號華崖。中台子。崇禎十六年(1643)進士。授吴縣知縣。鼎革去，走閩依唐王。閩破歸，堅辭不出。夢白與起麟應是北上趕考，特意來拜訪。

程嘉燧耦耕堂集文卷上祭郁振公："嗟我貧老，杜門息軌。聚糧宿春，跬步千里。尚思裹裳，以從賢士。睠兹崇邑,有美數子。特達之珍,韞于几席。當予晚歲,締交伊始。歲云聿除,拂水之陽。"即此事。

本年,徐霞客有書寄來。

初學集卷七十一徐霞客傳:"還至峨眉山下,託估客附所得奇樹虬根以歸,并以溯江紀源一篇寓余,言禹貢岷山導江,乃汎濫中國之始,非發源也。中國入河之水爲省五,入江之水爲省十一,計其吐納,江倍於河,按其發源,河自崑崙之北,江亦自崑崙之南,非江源短而河源長也。又辨三龍大勢,北龍夾河之北,南龍抱江之南,中龍中界之,特短。北龍祇南向半支入中國。惟南龍磅薄半宇内,其脉亦發於崑崙,與金沙江相竝南下,環滇池以達五嶺。龍長則源脉亦長,江之所以大於河也。其書數萬言,皆訂補桑經、酈注及漢、宋諸儒疏解禹貢所未及。余撮其大略如此。"

陳函輝霞客徐先生墓誌銘:"霞客於峨嵋山前,作一札寄予。其出外番分界地,又有書貽錢牧齋宗伯,并託致予。書中皆言所歷涉山川險僻諸瑰狀,并言江非始自岷江,河亦不由天上。"按徐弘祖行跡,應在此年。然徐霞客有未到過四川,頗有爭議,丁文江徐霞客年譜繫此事於下年東歸時,與傳及墓誌牴牾,不從。

本年,作嘉禾黃君五十序(初學集卷三十七)。

序云:"今天子採輔臣議,省直之士登賢書乙榜者,胥入國學,大司成爲教習,參預制科辟召之選。于是嘉禾黃君屢試國學皆第一,天子將臨軒清問,不次簡擢。而君年甫五十,其子濤游于吾門,乞一言以爲賀。"

黃卯錫,字茂仲。崇禎十二年(1639)貢生。因附此。

妻項蘭貞，字孟畹。著名女詩人。

子濤，字觀只。崇禎十五年(1642)解元。

又懷應聘高愉堂詩集有席上呈錢牧齋先生同黃觀只孫曙東：“東南紫氣接丹丘，翰苑仙人御錦裘。月繞歌鐘生顧盼，花飛綵筆擅風流。夔龍舊拂三台象，言夏新從數仞遊。一日摳衣千載事，可容驂乘鳳麟洲。”不知作於何時，附此。

懷應聘，字莘臬。嘉興人。著有冰齋文集、高愉堂詩集。據詩意，亦稱牧齋弟子。

孫榮，字曙東。嘉善人。崇禎十二年(1639)舉人。授亳州知府，調開州，陞吏部郎中。康熙時舉博學鴻儒，與試不第。

本年，毛晉刊刻丁卯集（唐人八家詩），託李轂向牧齋借書（初學集卷三十七）。

錢牧齋先生尺牘卷二與李孟芳：“日來病婦未起，老夫亦潦倒倦卧，呻吟之音，如相唱和。未得偕子共觀拂水之奇，乃恨事也。丁卯集在馮二兄所，可從彼索之。子晉云云，竟不必挂齒矣。”似在此時。

丁卯集前有楊文驄序，末署“崇禎己卯上元日，書於玉山道中”。

本年，延嘉定黃淳耀爲孫愛師。

黃淳耀(1605—1645)，初名金耀，字蘊生，一字松崖，號陶庵、水鏡居士。嘉定人。崇禎十六年(1643)進士。明亡，與侯峒曾起兵抗清。城破，自縊死。

陶菴先生年譜：“十二年己卯，先生三十五歲。虞山錢牧齋欲爲子延師，商之程松圓。松圓曰：‘嘉定黃蘊生，奇士也,與侯氏交,未可輕致。公雅與侯善,以情告可得也。'牧齋乃致書雍瞻先生敦請,强而後可。"又:"崇禎十三年庚辰,先生年三十六歲,館虞山。"

黃陶菴先生全集詩集卷六有夏日錢牧齋先生攜同泛舟尚湖詩:"永日扁舟在碧潯,停舟往往得園林。一川魚鳥如相識,百態湖山合賞心。竹澗靜通碁局響,荷花閒笑酒杯深。紅燈白月城隅晚,剩伴先生有醉吟。"不詳所作時間。

陸隴其三魚堂日記卷三:"十二月初一,赴蘇眉生酌。翼王在坐,言錢牧齋之文,初宗六朝,既與嘉定四先生友,然後歸於正,而四先生之文,則本於歸震川,蓋震川一脈獨傳於嘉定,而及於虞山也。……翼王又言黃陶菴每在神前,以三事自誓,不妄取、不二色、不談人過。其館於錢牧齋也,時張公國維巡撫吳中,取陶菴觀風第一。張公至牧齋所,請與相見,甚歡。時適有以千金之事求牧齋爲言於張公者,牧齋適別有一事干張公,不便又言,勸陶菴言之。陶菴堅不肯。其人不得已,索太翁一書與之,曰:'子言此,則我甘旨之奉有餘,孝莫甚焉。'陶菴卒不肯,曰:'不可破我不妄取戒。'既第後,不肯干瀆有司,太翁每以家貧爲言,卒不能移其意。蓋其誓於神前者,皆能力踐其言。"而觚賸吳觚卷一陶庵剛正則云:"先是,曾館某撫軍幕府。有邑令聞先生在署,橐數百金賂先生父,令致書,俾爲之左右。先生復父書曰:'父生男之身,尤望生男之心。若行一不義,取一非有,男心先死矣,尚何以養父乎?'"

又觚賸吳觚卷一陶庵剛正:黃陶庵先生少有盛名,館於同里侯氏,以道義相切劘。虞山錢宗伯有一子名孫愛,甫成童，欲延師教之而難其人。商之程孟陽，孟陽曰："我有故人子嘉定黃蘊生，奇士也。與同里侯氏交三世矣，未可輕致。公雅與侯善，以情告侯公，可得也。"宗伯乃具厚幣，遣門下客李生至嘉定延之。李先見侯，道宗伯指。侯力爲勸駕，黃意不悦，强而後可，遂與李偕至宗伯家，宗伯待以殊禮。居浹月，孟陽出海棠小箋示黃。黃詢唱者爲誰，孟陽曰："宗伯如君柳夫人作也。子於帖帖之暇，試點筆焉。"陶庵變色曰："忝居師席，可與小君酬和乎？"孟陽曰："此何傷，我亦偕諸君子和之矣。"陶庵曰："先生耆年碩德，與主人爲老友，固可無嫌。諸君亦非下帷於此者。若淳耀則斷乎不可。"孟陽慚退。

　　按：淳耀館錢氏在本年，柳如是來虞山在下年，此稱浹月，不可信。

本年，張世偉來爲其兄張世俊請銘，作張孟舒墓誌銘（初學集卷五十五）。

　　墓誌云："異度哭之慟，退而作爲行狀，率孤子檉請銘于余。……孟舒之葬在己卯之某月，異度悲諸君之奄逝，知人世之不可把翫，欲及其身以章厥兄也，渴而謁銘。"故繫此。

　　山曉閣明文選續集卷五評云："起手提出三君子，雖是後面忠介伏案，其實只是要帶出異度，其出異度，又只是要從異度説到孟舒。夫孟舒能自重於諸君，則其生平可知，而素心堂之復，固表表者。故於堂而言其讀書自好，言其修古敦行，只用澹筆輕點，以見大意。已下就周旋忠介一事，絮語不已，蓋大義所在，因有即一事而可概其生平，正自簡畧不得。通篇以忠介爲提綱，以異度爲關鍵，又體裁之别出者,然要自不失其正也。"

张世伟自广斋集卷十一先兄孟舒先生行略:"将以戊寅□月□日,祔葬先考太学府君之墓……卒之数日,伟躬汤药,含敛毕,神理困惫,暂息家园,将以三七日治丧。韩垍从幕次来曰:'适与内弟言,外父志状愿以时急为之计。'伟曰:'然。何何遽也?'言之再四,应之曰:'吾固无恙也,不能从容待耶?'已思六七月间事,钜公与兄俱无疾奄忽,又何有于余?每持笔辄有事掇之,心益恐,自课岁前脱稿,将以除夕焚一通告兄几筵。虞山钱宗伯已诺墓中之石,高文笃谊,得斯文焉,兄庶可无憾矣。"牧斋次年被逮,或因此延迟也。

明崇祯十三年庚辰(1640)　五十九岁

元日,次除夕韵(初学集卷十六),程嘉燧和之。

程嘉燧耦耕堂集诗卷下元日漫兴次韵:"日嗟筋力不如前,饱饭相随得几年?纱帽鬓丝婪尾席,玉箫金管两头船。已拖拂水来新筑,更插繁花向远天。若问扬州旧风月,也曾骑鹤贯腰钱。"

冯舒默庵遗稿卷二和牧翁庚辰元旦韵:"敢将尘面向人前,世事涮除不拜年。无客自斟婪尾酒,有鱼不羡槛头船。床边整顿辰年历,枝畔筹量闰月天。老矣祇堪局户坐,耻将文籍较囊钱。"

瞿忠宣公集卷七庚辰岁二日,牧师枉示除夕元旦二诗,次韵辄得十首:玉几朱衣只眼前,雷惊电转又三年。休论逝景风中烛,正好安心浪里船。闾左桃符争改岁,溪头梅萼喜烘天。闲来窃比穷途老,还似看囊少一钱。

引拙何須更護前,祇拼喫飯過殘年。任教風雪還高枕,但覓烟波儘放船。酒淥溶溶宜燕喜,燈花緩緩報晴天。春盤細菜原如玉,誰識支銷賣畫錢。

春來恰在上元前,物候芳菲倍往年。燈花青熒雲卧宅,烟花牽逗冶遊船。乍看菽麥催農事,更訝風雷破臘天。料得東君自張主,且將卜歲試金錢。

煨芋團坐話燈前,頭白逢春想少年。綺陌看花金勒馬,晴川載酒木蘭船。自經薄宦無多味,差喜深山別有天。便與兒童相囑付,埽花休更損苔錢。

分付花前共酒前,儘饒幽事過餘年。把茆爲蓋秋風屋,乘興依然春水船。燕子銜泥尋舊壘,魚苗唼水曬晴天。東阡西陌經過慣,可費山翁種菜錢。

侵晨喜鵲噪簷前,老去惟祈大有年。質硯典衣聊過日,浮家泛宅豈須船。即聽布穀催春雨,更喜眠蠶浴夏天。多謝流光從閏取,天公不用賣花錢。

蓬扉早掩十年前,短髮繽紛年復年。逢竹便尋王子宅,來遊多是米家船。同雲野店猶飛雪,落日平岡欲漏天。帶得梅花香滿袖,此中風月可須錢?

春來暗約百花前,遲日柴門度小年。山寺雲蘿從倚杖,水邨烟柳繫行船。安排勝事偏餘地,收拾初心付老天。應是東風相愛惜,溪橋釀綠動榆錢。

燈殘霰集紙窗前,自理身心自忖年。投老濃情都似蠟,浮生浪跡恰如船。未能齊物尋莊夢,聊覓忘懷共葛天。風月況堪乘興在,薜裘不用買山錢。

玉茁孫雛坐膝前,漸看犀角又添年。衰門幸慰惟嘉種,塵世堪憐是快船。杜曲自饒芳草地,陶家別有菊花天。窮通早解勾除盡,不欠君平賣卜錢。

瞿式耜又有東皋次前韻、春暉園次前韻、頂山次前韻多首,略。

次去年曹學佺來詩韻二首(初學集卷十六)。

觀美人手跡,題絕句七首(初學集卷十六)。

徐錫胤散遣歌兒,作詩二首(初學集卷十六),程嘉燧和之。

程嘉燧耦耕堂集詩卷下戲和徐爾從散遣歌兒同牧齋次韻:稚齒新班出畫屏,華堂卜夜已周星。初教成時,載酒侍郎第,同觀扮演,皆有長歌。風前破萼皆成子,春後飛花又作萍。粉蝶過牆從引隊,黃鶯度水見梳翎。娛生須作逢場戲,莫惜當歌倚醉聽。

扇底輕圓掌上颺,黃金教盡亦何妨。霓裳仙樂拋空外,白璧明珠委道旁。華月不知歌席換,彩雲猶作舞衣揚。惟餘一段風流話,傳與他年齒頰香。

鄒之嶧攜所藏李流芳臥遊冊索題,爲作詩一首(初學集卷十六)。

初學集卷六十鄒孟陽墓誌銘:"訪余拂水,輒留連旬月,攜臥遊冊索題曰:吾遊天台,挾此冊與俱,長蘅有知,當偕我越楢溪、凌石橋耳。"

又爲鄒之嶧作小築詩十章(初學集卷十六)。

清波小志卷下:"鄒之嶧,字孟陽。錢唐人。住杭城薦橋東山弄。以財雄于里中,有別業在河渚。又雷峰之陽有書室,名遯園,亦名小築,取杜詩'畏人成小築'意。鼎革後,已鞠爲茂草矣。"

作詩寄李鵬翀,即李應昇之父(初學集卷十六)。

李鵬翀(1571—1643),字程叔,號見復。江陰人。諸生。

春夜別蔣允儀,作迎春曲贈之(初學集卷十六)。

蔣允儀,字聞韶,號澤壘。宜興人。萬曆四十四年(1616)進士。授桐鄉知縣,移嘉興。天啟二年(1622)擢御史,巡按陝西。五年還朝,出爲湖廣副使。因忤魏忠賢,被劾削籍。崇禎再起,官至右僉都御史,撫治鄖陽。七年(1634),因事下獄戍邊。十五年論薦,未及用而卒。

詩云:"與君結髮俱壯游,取次逢春三十秋。"蔣允儀亦是萬曆三十四年(1606)舉人,二人可能當時已相識。

雪中楊廷麟過訪,將別,作詩送之(初學集卷十六)。

楊廷麟(1598—1646),字伯祥,號兼山。江西臨江人。崇禎四年(1631)進士。授編修,改兵部主事。南都陷,唐王授任兵部尚書,兼東閣大學士。清軍圍贛州,率衆抵禦,城破,投水死。

有學集卷四十八題程穆倩卷:"清江自監軍還,訪余山中,余贈詩有'梅花樹下解征衣'之句。"即此詩。

梅村家藏藁卷五十八詩話:楊廷麟,字伯祥,別字機部。臨江人。爲文排宕峭刻,在韓、蘇間。書法出入兩晉,傚索靖體。詩則好用奇思棘句,不甚合律。然秀異聲拔,往往出人。機部偕卧子同出吾師姜新建之門,以文章氣節相砥礪。既遇黃石齋先生於京邸,一見道合。負直節,好強諫,上書論閣部楊嗣昌失事罪,得旨改兵部贊畫,參督師盧象昇軍事。……盧與閣部議軍事不合，遇機部，相得甚。已而中外異心，兵勢日蹙，盧自謂必死，顧參軍書生，徒共死無益，乃以計檄之去，機部不知也。機部到孫侍郎傳庭軍前，六日而盧公於賈莊殉難，乃求得其尸，抱之痛哭。……機部自盧公死後，其策益不用，無聊生。會詔詰督師死狀，賈莊前數日，督師誓必戰，顧孤軍無援，聞太監高起潛兵在近，則大喜，於真定野廟中倚土銼作書，約之合軍，高竟拔營夜遯，督師用無援故敗。機部受詔，直以實對。慈谿馮鄴仙得其書，謂余曰："此疏入，機部死矣。"爲定數語，機部聞之，則大恨。先是，嗣昌遣部役張姓者偵賈莊，而其人談盧公死狀，流涕動色，嗣昌榜笞之，楚毒倍至，口無改辭，曰："死則死耳，盧老爺忠臣，吾儕小人，敢欺天乎？"遂以考死。於是機部貽書馮與余曰："高監一段，竟爲刪却，後世謂伯祥不及一部役耶？"然機部竟以此得免。……已而機部過宜興訪盧公子孫，再放舟婁中，與天如師及余會飲十日。嘉定程孟陽爲畫髯參軍圖，錢牧齋作短歌，余得臨江參軍一章，凡數十韻，以文多忌，不全錄。……余與機部相知最深，於其爲參軍周旋最久，故於詩最真，論其事最當，即謂之詩史可勿愧。機部後守贛州，從城上投濠死，集竟散佚不傳。

　　錢曾詩註云：瞽人周元忠，狡而有口，彈琵琶琥珀，時出入毳帳中，自詭曾爲王化貞用，間以講款說遼撫方一藻。崇禎十年丁丑八月，遼撫密疏上聞。武陵楊嗣昌在中樞，力主其說，日夕以講款爲事。十一年戊寅二月，遣元忠渡海往。四月，還報款議可就，且携嫚書一通與總督關寧太監高起潛。武陵又爲大言罔上，引舜、禹、文王樂天保天下之語。

上下詔切責，款議不敢决。九月二十二日，建騎從墻子嶺入。時總監東西二協太監鄧希詔生辰，薊遼總督吴阿衡暨諸文武大吏俱與之上壽，建騎乘虛得入。吴阿衡聞變，急還，被困而死。京師報至戒嚴。十月初三日，上詔兵部尚書盧象昇入對。當入奏之際，白虹貫日，上以出勦之事委之。時宣、雲、遵、保各鎮撫俱入援。陳新甲駐昌平護陵寝。十一月初九日，以編修楊廷麟爲職方主事，監象昇軍。廷麟先有疏直糾武陵和款之誤，上特令發抄傳布。象昇與中樞意左，又數攻高起潛，武陵因令中官催戰。十二月十二日，象昇軍至難澤縣之賈莊遇敵，援師不繼。象昇志在殉國，力戰死之，廷麟經紀其喪以歸。詔贈太子少師。聖安朝，補謚忠烈。

正月晦日，金德開同孫介赴虞山，有詩上呈。

詒翼堂詩卷上正月晦日同石父赴虞山，道中戲作，寄呈孟陽先生、牧齋宗伯：出門結伴得同君，寒煖晴陰緒幾紛。挈榼偶過鄰舫醉，推窓又見客帆分。低徊緑篠摇藍水，轉側青山出白雲。明日琴川陪杖履，林烟嵐翠更氤氲。

孫介，字石父。嘉定人。程嘉燧婿。有雨齋近稿，詩頗似婦翁。

閏正月，寄西蜀尹伸詩二首（初學集卷十六）。

又寄尹伸子西有詩一首（初學集卷十六尹西有棄官歸覲，僑居成都，賦長句寄訊，西有嘗爲余上萬言書於政地，不見省納，故有感慨之言，西有，子求之子也）。

列朝詩集丁十三下尹提學嘉賓："子長庚，字西有，卓犖有父風。以徵辟爲縣令。左官，起補，客死廣陵。長庚有經世才,視天下事數著可了。其亡也,天下皆惜之。"

觀女郎楚秀畫,作詩二首(初學集卷十六)。

楚秀生平不詳。孫原湘天真閣集卷三十六長亭怨慢,題云:"柳如是印旁,刻'癸未春,楚秀鐫贈',癸未,崇禎十六年也。"則楚秀不僅善畫,亦工篆刻。

曾化龍貶官回里,作詩二首送之(初學集卷十六)。

曾化龍(1588—1650),字大雲,號霖寰。福建晉江人。萬曆四十七年(1619)進士。任臨川知縣。補寧國府同知,調兵部郎中。丁内艱,服闋,補北兵車駕司郎中。督學粵東,再攝海道,平劉香之亂。移廣西參議,擢江南副使,尋陞江南按察使。丁外艱,起僉都御史,巡撫登萊,解膠州之圍。曾化龍對牧齋有恩,見崇禎十年(1637)張國維所上疏。

閏正月,應何喬遠子九説之請,作名山藏序(初學集卷二十八)。

序云:"公既殁,其書始大行於世,仲子南户侍郎九説詒書謙益,使爲其序。"九説,字兄悌,喬遠仲子。

山曉閣明文續集卷四評云:"文士多,史才少,自昔所歎。入題處,挈出三難三善,古今全史要義,大段分明,則何公之書,雖謙不名史,而法今傳後,自可無疑。行文步驟雍雅,詞理豐贍,較子玄奏記宰相,殆爲過之。"

又初學集卷八十二有清源好德何氏歷世畫像圖譜贊:"昔我登朝,迨事司空。金聲玉色,穆如清風。退朝多暇,步屧相過。酌酒切脯,寤言永歌。……有子競爽,蔚爲國寶。乃輯譜像,乃裝卷軸。九京一堂,聚此尺幅。"亦疑作於此時。

張國維陞工部右侍郎，前來告別，作詩四首送之（初學集卷十六張玉笥中丞撫吳七載，晉秩少司空，總河，奉旨召見，枉別山堂，漬酒先隴，于其行也，賦長句送之，兼以爲贈四首）。

張忠敏公集卷十年譜："崇禎十三年庚辰，公年四十五歲。正月，陞工部右侍郎，加兵部右侍郎，總督河道，兼提調徐、臨、津、通四鎮漕餉事。二月初三日，辭孝陵北上。三月初七抵都。"

林銘鼎歸閩，作詩二首送之（初學集卷十六）。

林銘鼎，字玉鉉，一字自名。莆田人。堯俞子。萬曆三十八年（1610）進士，牧齋同年。授高郵知州，陞湖廣左布政使，遷廣西蒼梧參政，終戶部右侍郎。

春夜聽歌，作十絕句贈秀姬（初學集卷十六）。

秀姬，疑即楚秀。

作乞蘭詩示西隱長老（初學集卷十六）。

此人生平不詳，西隱疑是嘉定寺名。姑蘇采風類記卷八嘉定縣："西隱教寺，在縣治西北清鏡塘上，元泰定元年僧悦可建。明萬曆中，尚書徐學謨以少曾與都御史張任讀書其中，共施財剏竺林院，構藏經閣。"西隱寺有雙松，吳梅村、陳瑚皆有詩。又百城烟水卷七西隱寺條，有張用良西池蘭花歌贈徐臞菴先生："西池閩蘭花無數，氤氳花氣如雲霧。盡日相看百慮消，同心玩賞忘朝暮。臞菴來時花正開，十年三枉江橋路。江橋路僻過從少，君與龍山謂兀和尚稱舊好。相知豈在文字間，竿頭一著曾幽討。禪悅儒林志表章，近著起信錄、百城烟水二書。搜求遺逸憐枯槁。遺逸流傳積隱功，惨澹經營寧固窮。凄涼八口不足計,繕寫精能鏤板工。此事昔推虞山老,虞山歿後朧菴翁。朧菴江左文章伯,韓杜詩篇尤致力。古貌高風直性情,世間俗眼無人識。慨然欲出石壁書,網羅放失藏胸臆。丈夫落地既有身,百世何能爲一人。憑弔山川舊名勝,感傷孝子與忠臣。正史遺亡能補綴,布之天下名不湮。儒者立言更立德,大道何須論屈伸。今日花前進村釀,請君暫停屐幾兩。明年花發是書成,重折蘭花作供養。"虞山指牧齋。

　　瞿式耜瞿忠宣公集卷十耕石齋詩次韻西隱長老乞蘭詩:"別花先別葉,萬紫不及綠。請看霜雪交,幾樹能無禿?猗猗九畹姿,藹藹愚公谷。抽芳遜凡卉,託蔭藉高木。並紉湘臯蕙,擷秀秋風菊。生來竟體香,藉甚同心簇。株株互相映,葉葉自成族。悠然含露英,茁哉當階玉。沾被盡群書,深藏惟古屋。春榮了不挂,秋至誰爲辱?惟應滌檐阤,早與營湯沐。蠲除沅澧思,副慰人天欲。何能同木魚,頓頓隨僧粥。未抵參蓼羹,且伴與可竹。"

　　春,門人郁起麟進士未第,死於歸途,年四十三。起麟死後,有惡少上京告訐,牧齋作書有司,請爲昭反。

　　錢牧齋先生尺牘卷二:"敝門人郁起麐,弱冠掄魁,名節自砥,慨然有澄清世道之志。不謂懷才無祿,於公車垂翅之餘,溘然旅逝。遂有里中惡少周鴻者,藏毒含沙,潛入京邸,聞敝門生之變,遂以登聞上訐。據周鴻所訟,客歲已經憲結,鄭鴻老爲禾守時,鋧案具在。經台翁犀炤之下,沉冤自雪。……而鴻又誣砌孝廉胡明遠列欵助惡,以鉗制公道,事關一體,萬勿異視另提。且明遠亦係弟闈中所取士,雅意自好,向經薦舉,特與起麟同里同籍,遂爲羅織。"

胡明遠,字九玄。崇德人。天啟元年(1621)舉人。官仙居教諭。

向某推薦常熟縣令蔣文運、靖江縣令陳函煇。

錢牧齋先生尺牘卷二與□□:"老公祖豹蠹龍旂,炤臨下邑。……伏承旌節式廬,德意惓欸。……日者敝邑諸紳,以蔣令德政伸扣臺端,治民爲其邑令讚誦,似屬格套,然非某等所敢出也。實見此令心事慈祥,舉動縝密。邇者編審一事,剔搜避役之田數萬畝,群口謠諑,屹不爲動,此可謂之能任事能任怨矣。……仰望老公祖力賜培植,教誨董戒,以責其後效。……靖江令陳,長才卓品,久冠薦牘,無容治某贅陳。去年剿寇之役,角巾單舸,出没於波濤矛戟之中,一言撫慰,則懦弁退卒,皆相率以赴湯火,用能驅使聽命,崔苻削跡。某深歎之,以爲他日可爲國家效一臂文武大畧者也。"

陳函煇,字木叔,號寒山。臨海人。崇禎七年(1634)進士。官靖江縣令六載,頗著聲譽。爲御史左光先彈劾去職。北都陷,福王立,起兵勤王,又以不許草澤勤王而罷。後扈從魯王,魯王入海,作絶命詞投水死。陳函煇有軍中紀事詩,其小序曰:"己卯冬,海寇横江上。庚辰迎年日,撫軍、直指并飛檄師中監紀。"故繫此。

崇禎十三年(1640)正月,黄希憲代張國維爲應天巡撫,不知某是此人否。

三月,移居半野堂,作移居詩八首(初學集卷十七)。

常熟縣志及海虞文徵節選此組詩皆作移居半野堂。半野堂在城內邵巷,建寧守張文麟構,後售嚴澤,再歸牧齋,牧齋增築絳雲樓、留仙館。

程嘉燧耦耕堂集詩卷下次韻牧齋移居八首:城坳水轉見山窮,一墜平分置此翁。粉堞丹崖排闥裏,朱闌綠浪到門中。言公巷北春泉黑,老子祠西日氣紅。認取主人巢屋去,不知城市與新豐。

舊館森然松栝宮,耦耕今在墓田東。鶯遷北郭求時鳥,鯤徙南溟語夏蟲。烏鵲不勞三匝繞,鵓鷦仍占一枝同。君家突兀千間廈,大庇歡顏在此中。

出戶褰裳攬子裾,絕甘分少肯留餘。未煩馬汗曾充棟,不及牛腰免借車。裝裹舊氈懷半硯,籠藏退筆挈中書。相隨種豆南山下,草長苗稀計已疏。

烏皮几在十年間,虛閣松聲鏁舊山。南巷豈須推大宅,東頭只合借三間。未甘糞埽專除室,不作侏儒笑抱關。卻愧此身同社燕,銜泥來去傍人寰。

百年一宿總蘧廬,憔悴何堪倚卜居。秋水濠邊問園吏,桃花源上狎秦漁。臥遊四壁神仙畫,行把殘編老易書。屋上青山依舊色,新泉冷冽味何如。

松上依依系蔦蘿,仍便飲啄自山阿。雉羹雖見賢烹貴,鷄享其如已養多。衎衎不同忙處吐,休休須聽飽時歌。林泉鐘鼎還天性,淡飯吾年任折磨。

出郊士女曉闐然,入宅圖書晚尚遷。塵暗流蘇晴散麵,花明官道月生弦。新收巧婦先當戶,久放胎禽自上船。藥白丹爐連巷陌,移家端合有神仙。

幽棲心跡喜雙清,擇木于喬處處鶯。楊柳滿園金谷曉,桃花兩岸石潭聲。瀏漓舊宅公孫舞,飄緲仙家子晉笙。好種琅玕成竹實,九霄看下鳳凰鳴。

本年有鎮江之行,與程邃、宋之繩相逢南徐舟中。

蕭然吟有從錢牧齋先生舟次訓宋其武:"相揖方舟元禮座,久安藏嘿忽豪言。十年意氣同饑渴,千載心期再確論。天海盪胸襟帶小,江樓呼酒夜潮奔。人間共熟劉蕡事,我獨逢君話斷魂。"程詩編排在本年。

蕭然吟附錄宋(朱)之繩南徐喜遇穆倩社長于虞山公舟次柬贈一首:"黃絹詞名夢往還,相逢大爲破愁顏。南徐不似剡溪水,北顧今如飯顆山。元禮座中塵土少,伯時畫裏俗情刪。六朝江左烟波地,遲爾清秋放白鷴。"

程邃,字穆倩,一字朽民,號垢道人。歙縣人。工詩及篆刻。

宋之繩,字其武。溧陽人。崇禎十六年(1643)榜眼。入清官翰林院編修。

作雜憶詩十首次韻(初學集卷十七)。

不詳次何人韻。

初夏,廣陵鄭元勳園中黃牡丹盛開,元勳大會諸詞人賦詩,且徵詩江楚間,郵寄牧齋評定甲乙,牧齋以黎遂球所作爲最優,稱牡丹狀元,一時傳爲盛事,亦作四首(初學集卷十六廣陵鄭超宗園中忽放黃牡丹一枝,群賢題詠爛然,聊復效顰,遂得四首)。

初學集卷二十九姚黃集序:"姚黃花世不多見,今年廣陵鄭超宗園中忽放一枝,淮海、維揚諸俊人,流傳題詠,爭妍競爽,至百餘章,都人傳寫,爲之紙貴。超宗彙而刻之,特走一介渡江郵詩卷以詫余,俾題其首。"

有學集卷四十八偶書黎美周遂球詩集序後:"廣陵鄭超宗邀諸名士賦黃牡丹詩,糊名易書,屬余看定,如唐人所謂擅場者。余取美周詩壓卷,一時呼黃牡丹狀元。鏤朱提爲巨杯,鐫余言以識。"

杭世駿道古堂文集卷二十八明職方司主事鄭元勳傳:"園有黃牡丹之瑞,大會詞人賦詩,且徵詩江楚間,奉虞山錢宗伯主壇坫論定甲乙,以粵東黎美周十詩爲冠,鐫金罌遣傔致之,曰賀黃牡丹狀元,一時傳爲盛事。"

杭世駿影園瑶華集序:"崇禎庚辰,園中黃牡丹忽放一枝,一時碩彥咸就翫賞,有詩百餘章。職方悉糊名易書,送虞山錢蒙叟評定甲乙,南海黎美周遂球實爲之冠。職方益彙園中題詠之作,刊布遠近,題曰瑶華集,從岳岱今雨瑶華例也。"

黎遂球(1602—1646),字美周。番禺人。天啓七年(1627)舉人。隆武時官職方司主事,提兵支援贛州,城破殉難。

黎遂球蓮鬚閣集卷五喜林六長山人至,得錢牧齋宗伯,暨陳大士卧子、周疇五、白山、曾堯臣諸子書,賦贈六長:"故人雙鯉字,仍作蠟書看。畫閣滿江上,蘭橈行日難。感君勤跋涉,慰我報平安。況有奚囊句,燈前炤肺肝。"此詩應作於甲申國變前不久。卷十八林六長越州草序:"吴門諸舊好,又數貽書於予,稱六長不置。"

卷七席上賦得綠鸚鵡同錢牧齋宗伯:"曉鬟鉤簾裏外看,巫雲將雨喚留歡。竹枝乍按鬆喉合,艸色渾宜比翼觀。

寶鏡紗廚烟對語,碧簫羅袖翠俱寒。相思莫更書桐葉,字字撩人豔不乾。"

兩詩載粵十三家集,不見康熙刻本。

蓮鬚閣集卷十八蹛菴集序:"蹛菴集……邑父母蔣南陔先生所著也。遂球頃遊吳中,得與錢牧齋宗伯交,知先生最深。"蔣棻,字畹先,號南陔。常熟人。崇禎十年(1637)進士,授南海令。子伊,亦名士。

五月望日,夜泛尚湖,歸拂水山莊,作詩一首(初學集卷十七)。

盧世㴖以御史督漕,自宿遷來書,寄長詩一首(初學集卷十七得盧德水宿遷書卻寄六十四韻)。

王永吉撰盧氏墓誌銘:"強起,補禮部,旋改御史,償漕運。"

得書之日,夜夢盧世㴖,得詩一句,醒來足成寄之(初學集卷十七得書之夕,夢與德水共簡書笥,得徐武功告天文一紙,因口占贈德水,有"與我並閒千畝竹,爲君長嘯一窗風"之句,覺而成之,并寄德水河上)。

孫朝讓再守泉州,作詩送之(初學集卷十七)。

康熙重修常熟縣志卷十八:"(朝讓)由刑部主事員外出爲福建泉州府知府。丁內艱,服闋,復補任泉州。"

又寄陳肇曾詩二首(初學集卷十七)。

陳肇曾,字昌基。長樂人。天啟元年(1621)舉人。官南平教諭。

魏沖去世,作挽詩二首(初學集卷十七)。

孫永祚本年亦有輓魏叔子師、時旅櫬北京詩，見雪屋二集卷二。

六月，牧齋爲鄭元勳作姚黃集序（初學集卷二十九）。

姚黃集又名瑤華集，刻本牧齋序署"崇禎庚辰六月，虞山老民書於茸城舟次"。

六月，趙均去世，年五十。

趙均（1591—1640），字靈均，自號墨丘生。宧光子。妻文俶（1594—1634），字端容。從簡女。精繪事。趙均死後，牧齋爲作墓誌銘，見初學集卷五十五，不詳年月，附此。墓誌云："靈均無子，以從弟之子鯤爲後。一女曰昭，嫁平湖馬氏，撰其父母事狀，使鯤來請銘。"

黃公渚評趙靈均墓誌銘云："趙靈均墓誌銘，靈均與端容並寫，盡態極妍，綺組繽紛。末以趙明誠、李易安比靈均夫婦，以許叔重父子比凡夫父子，以蔡琰比昭，極錯綜之妙。"

茅維見訪，思以布衣召見，次其韻五首諷止之（初學集卷十六）。

又作有客詩一首（初學集卷十六）。

作鄭母壽詩四首（初學集卷十六）。

鄭母不知何人之母，詩中有月波樓、讀書堆、花月亭等地名，應是海鹽鄭氏。海鹽鄭曉（1499—1566），嘉靖二年（1523）進士，官兵部職方主事。著作甚多，有吾學編、九邊圖志等書。其子鄭履淳，嘉靖四十一年（1562）進士。官光祿寺少卿。履淳子心材（1554—1613），字敬仲，號恩泉。以蔭補官，官福建都轉鹽運司同知。刻書甚多，又喜藏書。其子端胤、端濟，亦有文名。

　　牧齋詩"廿載青燈萬行淚"，與心材卒年大體相合，疑鄭母是心材之妻。然詩其四又云："一母將雛六翮成，堂前三鳳正和鳴。"尚不知三子名字。

茅元儀縱酒憂憤而卒，作挽詩十首（初學集卷十六）。

有書及移居詩寄范鳳翼。

　　范勛卿詩集卷十五久病，擬還里中郭居，適千載攜牧齋先生書并移居詩至，寄懷："背郭居然雲水鄉，蕭晨滌暑自蒼涼。殊方客至商風雅，鄰寺僧來供茗香。岸柳欲眠征檝緩，烟波迷望釣絲長。吾廬只合能藏拙，懷汝隆中舊草堂。"

茅維七夕納姬，次韻二首相賀（初學集卷十六）。

　　茅維原詩未見。范允臨輸寥館集卷一茅孝若卜居花橋，以七夕迎新姬，倡險韻，疊吟二律，倚韻和之：花橋還勝鵲橋無，且喜邀歡暑正徂。已將機石支駕枕新姬小字支機，不必靈錢卜紫姑。艾髮并衾侵綠鬢，蓮趺著地有金鋪。試看兩渡雙星後，一曲秦簫引鳳雛。

　　花橋還勝鵲橋無，歷歷星河天上榆。暫罷冰梭遲素錦，且揮團扇試青蒲。桃紅染帕留香汗，縷色開襟暎玉膚。火熰靈芸來魏闕，夜來銀燭恣清娛。

題畫詩一首贈何吾騶（初學集卷十六）。

姚叔祥過明發堂，討論近代詩文，作絕句十六首（初學集卷十七）。

　　論述萬曆以來，諸派詩人優劣。有湯顯祖、王穉登、董其昌、王惟儉、公安三袁、馬之駿、曹學佺、尹伸、李流芳、王世貞、王微、楊宛、柳如是、范景文、楊補、周永年、徐波等人。

對臺閣體、前後七子、吳中詩派、竟陵派、公安派，以及華淑、黃傳祖所選明詩三十家進行了評價。

姚士粦，字叔祥。海鹽人。庠生。喜藏書，精考據。著有孟子外書、後梁春秋等。列朝詩集丁十六姚叟士粦："晚歲數過余，年將九十矣，劇談至分夜不寐。兵興後，窮餓以死。"

中秋大雨，作永遇樂詞一首（初學集卷十七）。

十六夜見月，再作一首（初學集卷十七）。

自註云："時中朝新有大奸距脱之信。"錢曾註云："十三年庚辰六月十二日，薛國觀以擬論失旨，下五府九卿議處。十八日，科臣袁愷疏糾國觀納賄，并及冢臣傅永淳、憲副葉有聲。七月初十日，東廠再疏糾劾王陛彥、瞿罕下鎮撫司，蔡亦琛、李夢辰、朱永佑、袁樞、劉天錫、王鍾龐、薛汝賢等，株連質問，屢奉嚴旨。先是上問國觀以朝士婪賄，國觀對曰：'使廠衛得人，諸臣敢不以貪墨自戒？'時東廠王化民在旁，聞其語，銜之次骨，日夜陰伺其短。至是盡發其贓私。國觀初出閣，上令人覘其寓，中書王陛彥在焉。遂謂陛彥居間餽送，確有明據，執付詔獄。并提楊、馬二長班審問。國觀雖屢疏篩辨，上意已堅，不可挽回矣。十四年八月初八日，忽傳聖諭：'薛國觀招權納賄，比暱匪人。至用人大事，竟以貪緣得賄，票擬重務，敢于故縱徇私，共贓九千一百有餘，大負倚任。本當肆諸市朝，姑念曾爲輔弼首員，着即會官于其私寓勒令自盡回奏。王陛彥職任中書，漏泄機密，貪賄行奸，會官斬決。'國觀臨當絶命，曰：'吳昌時殺我。'陛彥，松江人，昌時甥也。人謂韓城之獄，昌時啓其機牙。然上心實欲誅之,非諸臣所能媒孽於其間也。"知此詞爲薛國觀事而作。

重有感,再次一首(初學集卷十七)。

十七夜,再次一首(初學集卷十七)。

中秋,作保硯齋記(初學集卷四十三)。

記云:"保硯齋者,戈子莊樂奉其先人文甫所藏唐式端研以詒其子棠,而以名其齋也。戈子携其子過余山中,薰沐肅拜,而請爲之記。"

戈汕(1582—?),初名國祚,字莊樂。常熟人。希周季子。工詩。善畫,鈎染細密,得北宋人風。又長篆刻。爲毛晉舅,所著蝶几譜、屈子參疑等,皆汲古閣所刻。

山曉閣明文選續集卷五評云:"一硯而保之,其所繫亦無甚輕重。篇中難易二義,亦只是翻作波瀾,以見當思求所以保之者耳。行文既無着手處,便要思量脱手法,坡公靈虚臺記,此文可與參看。"

八月二十七,李邦華父廷諫卒,年八十七。邦華遣使求銘,爲作南京刑部浙江司郎中李公神道碑銘(初學集卷六十三)。

李廷諫(1554—1640),字信卿。吉水人。邦華父。萬曆三十一年(1603),與子邦華同舉于鄉,累試南宫不第。官至刑部浙江司郎中。

神道碑云:"司馬不俟奏報,見星而奔,卜以某月某日大葬于松林塘之祖塋,走使四千里,俾契家子錢謙益書其隧道之碑。"附此。

秋,黎遂球落第,偕張溥過訪。

蓮鬚閣集卷二十五祭張天如文："頃已卯之行甚速,其罷也,又甚病困。因不得過婁東,但少憩虎阜。天如聞之,則扁舟夜至。時方中秋,群賢畢集,遂璆已買舟向武林,欲發未發,與天如互相寢食。又涉旬日,別天如時,乃在錢牧齋宗伯坐次,恍恍惚惚,語轉未了,不謂即此已成永訣也。"

九月九日,宴集含暉閣,用樂天九日宴集醉題郡樓兼呈周殷二判官韻作詩一首（初學集卷十七）。

張溥七錄齋合集卷四和錢牧齋先生九日篇送錢大鶴兵部："行行秋盡方重陽,兼葭白露多心傷。紅葉滿山遍遊屐,高飇臺館將舉觴。陶隱丹竈名正熱,杜老杖策髮未蒼。誰人好作維生詠,紫衣大袖裴公堂。北望春深野草綠,南盼要離墓上光。指點珠船出明鏡,驚聞弦索歌春坊。何期風雨暗天地,洶洶崩屋蛟龍強。我正坐愁對圃菊,懷君小窗秋夜長。亦有兄弟共零落,偏哭朱紫徒仆僵。永嘉雅會豈不再,茱萸酒熟今堪嘗。道出齊門雨湖色,野人舟擁寒山粧。芙蓉簾幕似樓閣,有情碧玉微調簧。侍郎華宴間雜坐,龜茲老工曲最颺。江左初觀射馬戲,吳兒尚憶響屧廊。縱然澎湃裂萬木,擊缶烏烏轉激昂。蕭條不異茌平雨,宛轉猶憐楓樹霜。計到梁州始此日,俯仰獨曠排金璫。魚肥蓴美千里客,洞庭兩峰橘柚黃。早發長干得無苦,餉君五石蓮花房。大笑世間盡默默,空使雷霆聲硠硠。登高不足更攬袂,十日九醉同羲皇。墜帽賦詩信潦倒,銅斗拍手亦發狂。沈生應制篇已逸,漢將河梁君復傷。石雁飛鳴月華白,插柳年年掃鹿場。"

錢位坤,字與立,號大鶴山人。長洲人。崇禎四年

(1631)進士。

福建林銓持劉宗周書來訪,與孫永祚泛湖。臨行,短歌送之(初學集卷十七短歌送林銓之吳門),又作林六長虞山詩序(初學集卷三十三)。

詩云:"君不見山陰劉念臺,橫經籍書門不開。……又不見閩客林六長,手持劉札來相訪。"雪屋二集卷二錢宮詹牧翁邀同林六長汎湖:"湖上空閒國老身,玉璜釣處未收綸。晴開煙水浮青雀,晚泊汀洲弄白蘋。沙鳥傍船驚落子,渚蓮擎酒勸留人。坐中特許分詩席,不覺胡盧醉吐茵。"

林銓,字六長。侯官人。工詩,有搴芳集存世。明亡,從瞿式耜在粵西。

序云:"六長居虞山小蘭若,卧病浹旬,編荆爲門,支石爲榻,瓦燈敗幃,風床雨席,意蕭然安之。病少間,與一二老僧逸民,探雪井,歷石城,咏常建、皎然破山之詩,訪淳于斟、慧車(平)子之遺跡,策杖告別,篋中惟道書詩卷及所藏鄒忠介公奏議耳。今年相過於南湖,出所著虞山草屬余敘之。"

九月望日,得黃道周午日見懷四首,次韻卻寄(初學集卷十七)。

黃詩未見。

十月,王人鑑卒。

多年後,其子潙向牧齋請銘,文在有學集卷三十五。

作資政大夫兵部尚書贈太子少保申公神道碑銘(初學集卷六十五)。

申用懋(1560—1638),字敬中,號玄渚,晚號閒閒居士。吳縣人。時行子。萬曆十一年(1583)進士。授刑部主事。

歷兵部職方郎中、太僕寺少卿。天啟中累遷右副都御史,巡撫順天。以忤璫解官去。崇禎初,起兵部右侍郎,進尚書。卒贈太子少保。

神道碑云:"崇禎十三年十月,大葬於靈巖鄉之新阡,俾謙益書其隧道之碑。"

陳三恪與其妻合葬,再爲作陳處士墓誌銘(牧齋外集卷十五)。

陳三恪卒崇禎八年(1635)十二月初二日,夫人吕氏,後四年卒,次年十月,合葬於白雀寺敦字號之塋。墓誌與初學集卷七十一玉淵生小傳多有雷同。

冬日,往嘉興,舟中戲作二詩示惠香(初學集卷十七)。

惠香不詳,陳寅恪有考證,亦無結果。初學集卷二十別惠香云:"竝蒂俱棲宿有期,舞衣歌扇且相隨。君看陌上穠桃李,處處春深伴柳枝。"代惠香答:"皇鳥高飛與鳳期,差池一燕敢追隨?桃花自趁東流水,管領春風任柳枝。"似是一歌姬,其身份與柳如是近似。

蕘圃藏書題識卷十樂府新編陽春白雪十卷:"元刻陽春白雪,爲錢塘何夢華藏書,矜貴之至,因其是惠香閣物也。惠香閣初不知爲誰所居,夢華云是柳如是所居。茲卷中有錢受之印、女史印,其爲柳如是所藏無疑。惜玉憐香一印,殆亦東澗所鈐者。"惠香閣,疑即惠香所居之地。

宿嘉興鴛湖(南湖),作詩一首(初學集卷十七)。

往王店吊李衷純,還泊南湖,作詩一首(初學集卷十七)。

題南湖勺園一首(初學集卷十七)。

勺園,爲吴昌時家園。吴昌時(1594—1643),字來之,號竹亭。崇禎七年(1634)進士。聯合東林、復社推周延儒爲首輔。周延儒敗,以交通太監被逮,遭嚴刑拷打後棄市,籍没其家。

十一月九日冬至,作詩示子孫愛,勉其勵節讀書(初學集卷十八)。

仲冬,柳如是訪牧齋于虞山,止半野堂,贈詩牧齋,牧齋和之(初學集卷十八)。

柳如是半野堂初贈詩:"聲名真似漢扶風,妙理玄規更不同。一室茶香開澹黮,千行墨妙破冥濛。竺西瓶拂因緣在,江左風流物論雄。今日沾沾誠御李,東山葱嶺莫辭從。"牧齋自註:"集名東山,取此詩句也。"

程嘉燧耦耕堂集詩卷下再贈河東君用柳原韻:"居然林下有家風,誰謂千金一笑同? 杯近仙源花潋潋,舟泊近桃源嶺,用劉、阮事。神來巫峽雨濛濛。彈絲吹竹吟偏好,抉石錐沙畫更雄。柳楷法瘦勁。詩酒已無驅使分,熏鑪茗盌得相從。"程嘉燧贈詩,據耦耕堂集的編排,當在十二月二日,見下。

柳如是來訪,與汪然明介紹有關。柳如是尺牘之五:"今弟所汲汲者,止過于避跡一事。望先生速圖一静地爲進退。最切最感!"之三十:"弟小艸以來,如飄絲霧,黍谷之月,遂躡虞山。南宫主人,倒屣見知,羊公謝傅,觀兹非邈。彼聞先生與馮雲將有意北行,相望良久,何謂二仲尚渺溯洄。弟方耽遊蠟屐,或至閣梅梁雪,彦會可懷,不爾則春王伊邇,薄遊在斯。當偕某翁便過通德,一景道風也。"之三十一:"尺素之至,共感相存。知虞山別後,已過夷門,延津之合,豈漫然耶?此翁氣誼,誠如來教。重以盛心,引眄明愷。顧憖菲薄,何以自竭。惟有什襲斯言,與懷俱永耳。武夷之遊,聞在旦夕,雜佩之義,於心闕然。當竢越橐云歸,或相賀于虞山也。"

又顧苓河東君小傳:"嘉興朱治憪爲虞山錢宗伯稱其才,宗伯心豔之,未見也。崇禎庚辰冬,扁舟訪宗伯,幅巾弓鞋,著男子服,口便給,神情灑落,有林下風。宗伯大喜。……留連半野堂,文燕浹月。"後世流傳河東君初訪半野堂男裝小像多種,亦云顧苓首繪。

又錢陸燦調運齋詩集卷八有題安節所貌河東君遺影二絕句,王槩(1645—1710),字安節,號東郭。嘉興人,占籍白下。工詩善畫,有芥子園畫譜,留名後世。

冬日,與柳如是泛舟湖上,贈詩一首,柳如是和之(初學集卷十八)。

柳如是次韻答:"誰家樂府唱無愁,望斷浮雲西北樓。漢珮敢同神女贈,越歌聊感鄂君舟。春前柳欲窺青眼,雪裡山應想白頭。莫爲盧家怨銀漢,年年河水向東流。"

按牧齋與柳如是兩詩,又見殷鐘聲遠詩稿,疑聲遠詩稿誤收。

殷鐘,字聲遠。常熟人。

十二月二日,程嘉燧亦有和詩,見東山酬和集及耦耕堂集:"蚤聞南國翠娥愁,曾見書飛故國樓。如是往遊新安,故鄉人傳致其詞翰。遠客寒天須秉燭,美人清夜恰同舟。玉臺傳得詩千首,金管吹來坐兩頭。從此烟波好乘興,萬山春雪五湖流。"

　　孫永祚雪屋二集卷二舟中次牧翁韻:"翠蛾江上遠凝愁,謫下仙人十二樓。縈拂章臺牆下騎,沿洄桃葉渡邊舟。西施石在猶留跡,玉女盆遺自洗頭。今日東山傾一顧,也知學士舊風流。"

　　按:錢牧齋先生尺牘卷二與李孟芳:"歲事蕭然,欲告糴於子晉。藉兄之寵靈,致此質物,庶幾泛舟之役,有以藉手,不至作監河侯也。以百石爲率,須早至爲妙,少緩,則不及事矣。"王紅蕾繫年在崇禎十五年壬午,所質之物乃宋本漢書,未有確證,疑在本年。

次日,又贈一首(初學集卷十八)。

柳如是又作竝頭蓮詩一首(初學集卷十八寒夕文讌,再疊前韻,是日我聞室落成自註)。

　　十二月二日,我聞室落成,寒夜文讌,作詩一首。程嘉燧有詩贈柳如是,又和牧齋前贈柳如是各詩。程嘉燧將歸新安,灑淚夜別,又作詩一首。

　　程嘉燧耦耕堂集詩卷下虞山舟次值河東君用韻輒贈:"翩然江上見驚鴻,把燭聽詩訝許同。何意病夫焚筆後,卻憐才子埽眉中。菖蒲花發公卿夢,芍藥春懷士女風。此夕尊前煩料理,故應惱徹白頭翁。"列朝詩集亦收此詩,題上有"庚辰十二月二日"七字。

　　東山酬和集牧齋詩題作寒夕文讌,再疊前韻,是日我聞室落成,延河東君居之,題下注"涂月二日"。牧齋詩又見殷鐘聲遠詩稿。

　　程嘉燧半野堂夜集惜別:"何處珠簾擁莫愁,笛床歌席近書樓。金鑪銀燭平原酒，遠浦寒星剡曲舟。望裏青山仍北郭，行時溝水向東頭。老懷不爲生離苦，雙淚無端只自流。"耦耕堂集詩卷下題作感別半野堂疊前韻。

耦耕堂集自序："庚辰春，主人移居入城，予將歸新安，仲冬過半野堂，方有文酒之燕，留連惜別，欣慨交集，且約偕游黃山，而予適後期。"

孫永祚雪屋二集卷二冬夕宴半野堂次韻："芳筵一破美人愁，玉管瑤笙催下樓。海外蓬山疑有路，堂前弱水不通舟。燭搖夜雨飄簾額，曲引春風入座頭。怪道女星時隱見，却隨河漢影西流。"

東山酬和集卷一徐錫胤半野堂讌集次牧翁韻奉贈我聞居士："舞燕驚鴻見欲愁，書籤筆格晚妝樓。開顏四座迴銀燭，咳吐千鍾到玉舟。七字詩成才舉手，一聲曲誤又回頭。佳人那得兼才子，藝苑蓬山第一流。"

有學集卷十四病榻消寒雜詠四十六首其三十四："老大聊爲秉燭遊，青春渾似在紅樓。買回世上千金笑，送盡生年百歲憂。留客笙歌圍酒尾，看場神鬼坐人頭。蒲團歷歷前塵事，好夢何曾逐水流？"自註："追憶庚辰冬，半野堂文讌舊事。"

時門人以某禪師語錄緘寄，乞爲序，以燭火燒卻，颺其灰於廁。

初學集卷八十一書西溪濟舟長老册子："庚辰之冬，余方咏唐風蟋蟀之章，修文讌之樂，絲肉交奮，履舄錯雜。嘉禾門人以某禪師開堂語錄緘寄，且爲乞敍，余不復省視，趣命僮子於蠟炬燒却，颺其灰於溷廁，勿令污吾詩酒場也。"某禪師,即牧雲通門,見下年。

十二月四日,汰如法師順世,世壽五十三。

明河(1588—1641),字汰如,號高松道者。通州陳氏子。通潤弟子,駐錫杭州皋亭、蘇州華山、南京長干等處。著有補續高僧傳、華嚴十門眼等書。初學集卷六十九有汰如法師塔銘,有學集卷四十六又有汰如法師畫像贊,不詳作日,附此。

十二月望日,程嘉燧約偕游黃山。

耦耕堂集文卷下題歸舟漫興冊:"庚辰臘月望,海虞半野堂訂游黃山。"

十二月,作顧母張太宜人墓誌銘(初學集卷五十九)。

張氏(1558—1640),爲顧雲程側室,大章、大韶、大夏生母。墓誌云:"崇禎庚辰七月十八日卒,享年八十三。十二月十五日,祔葬於虞山北麓之祖塋。"

十二月,應李日華子肇亨之請,作李君實恬致堂集序(初學集卷三十一)。

序云:"君實之嗣子肇亨,以余於先君有臭味之好,使爲其序。而同邑譚梁生狀其行事,屬錢塘魯得之携書來請。皆以君實之文,非余莫適爲敘也,故不辭而弁其首。"恬致堂集刻本牧齋序署"皆崇禎十三年嘉平月,虞山友弟錢謙益謹敘"。

梁生即譚貞默。

魯得之,初名參,字孔孫,號魯山。錢塘人,寓嘉興。爲李日華弟子。擅畫竹。

本年,趙隆美六十,作趙敘州六十序(初學集卷三十七)。

　　本年,作益都任氏壽讌序(初學集卷三十八)。

　　　　文云:"崇禎戊寅,侍御史益都任君被簡命來按吳中。故事,御史巡行天下州郡,一歲還報,天子以君爲能,詔復留一年,乃以庚辰之秋報命。而任君之父太公與夫人壽考燕喜,適當覽揆之辰,君以便道過家上壽。於是君之屬吏郡守陳侯輩,推公之意,屬余爲祝嘏之詞。"

　　　　時任知府陳師泰,字交甫。黃岡人。崇禎三年(1630)舉人。任君即任濬。

作太原府推官唐君墓誌銘(初學集卷六十一)。

　　　　此爲同年進士唐公靖墓誌。公靖(1572—1614),原名一相,字君平,號中臺。宣城人。授太原推官,以卓異薦,爲人所誣,遂歸,僑居雨花臺下。著有視舌草、抱膝、髯吟諸稿。

　　　　墓誌云:"(相交)茬苒三十年,兩人皆仕宦不達前死,而余亦窮且老矣。君平之子允甲謁余虞山,泣而請銘其墓。"兩人指唐公靖及石應嵩,皆牧齋同年。

　　　　石應嵩(1581—?),字兆甫,號澹寧。丹陽人,雲南永昌衛籍。官至南京兵部主事,死於任。

　　　　唐允甲(1601—?),字祖命,號耕塢。崇禎末徵江左鉅儒,充中書之選,一時辭命多出其手。會權臣披剝善類,遂遁跡,以詩酒自娛。與王士禎、沈壽民交。有一女,嫁萬壽祺子睿。漸江黃山圖册有唐允甲題識:"甲寅六月,唐允甲題,時年七十四。"知生於萬曆二十九年。

作都察院右副都御史巡雲南錢公神道碑銘(初學集卷

六十五)。

　　錢士晉(1577—1636),字康侯,號昭白。嘉善人。士升弟。萬曆四十一年(1613)進士。

　　墓誌云:"公之二子梅、棻相與謀曰:'隧道之碑,宜有刻也,有虞山之宗老在。'跋而來請。……以庚辰某月某日,葬於嘉興縣里仁都之新阡,元配淑人祔焉。"因附此。

傳錢肅樂拒絕與牧齋交往。

　　錢肅樂(1606—1648),字希聲,號虞孫。鄞縣人。崇禎十年(1637)進士。任太倉知州,遷刑部員外郎。後隨魯王抗清,官兵部尚書、兼東閣大學士。連江失守,悲憤而卒。

　　全祖望錢公神道第二碑銘:"常熟錢侍郎謙益林居,延攬天下士,多歸門下,聞公名,因百方招致之,公卒不往。謙益晚節披猖,始知公之先見。"馮貞群錢忠介公年譜置於此年。全祖望對牧齋頗懷惡意,此事不盡可信。

本年,作聞谷禪師塔銘(初學集卷六十八)。

　　文云:"聞谷禪師印公以崇禎丙子十二月十七日示寂於瓶匋之真寂禪院,明年丁丑九月初六日,弟子奉全身塔於孔青之陽。師世壽七十有一,僧臘五十有八,主叢林二十五年,建道場二所,度弟子千有餘人,得戒弟子萬有餘人。師之没也,傳戒弟子鼓山賢公千里赴弔,補師住處,爲其塔上之銘。既葬,而其上首弟子大堅等扣余山中,復以勒銘爲請。以余於師有支、許之好,假世諦文字,演説實相,爲賢公疏通證明焉,亦賢公之志也,余其忍辭?……今師之葬已三年矣,踵賢公之後而銘其塔,慨刹竿之日倒,媿金湯之無人,俛仰法門,有深感焉。"

元賢(1578—1657)，字永覺。俗姓蔡。建陽人。初爲儒生，先後主持鼓山湧泉寺、泉州開元寺等。著有語録三十卷、禪餘集若干卷。

本年，作封監察御史謝府君墓誌銘(初學集卷五十三)。

謝一爵(1572—1635)，字君錫。鄞縣人。即謝三賓之父。

文云："三賓與其兄三階、弟三台、三卿以崇禎十三年某月甲子合葬君夫婦于郡西翠山之陽。三賓，余門人也，狀君之行來乞銘，掇其語爲銘。"

本年，作曹府君墓誌銘(初學集卷五十三)。

應進士曹廣之請，爲其父以成而作。文云："崇德曹廣舉崇禎庚辰進士，歸而將葬其父，乞銘于舊史氏錢謙益。"且附此。

魯之春秋卷九："廣字遠思，崇德人。崇禎十三年進士。授汀州推官，清冤獄，清廉有循聲。調漳州，擢刑部主事，乞養母歸。預嘉興起兵事，不克。監國擢給事中，進太僕卿。後以蠟書致海上，頻遭不測。嘗葬贈僉都御史楊文瓚父子兄弟十棺于鄞，人稱高義。"

本年，作秦母錢太宜人墓誌銘(初學集卷五十八)。

太宜人爲無錫秦堈之母。秦堈(1587—1648)，字器新，號儼海。天啟二年(1622)進士。授山西澤州知州，丁外艱歸，服闋，補福寧知州，陞户部員外郎。崇禎十七年(1644)改户部郎中。晚居東皋，探道汲古，心師高攀龍之學，而未嘗自附於東林。

墓誌云："無錫秦君堈葬其母錢太宜人，手疏其内行，而謁銘于謙益。……庚辰某月,祔葬于奉直公軍將山箬塢之新阡。"

迎春日,偕柳如是泛舟東郊,作詩一首,柳如是次之(初學集卷十八)。

東山酬和集卷一柳如是次韻:"珠簾從此不須開,又有蘭閨夢景來。畫舫欲移先傍柳,游衫纔拂已驚梅。東郊金彈行相逐,南陌瓊軿度幾回?最是新詩如玉琯,春風舞袖一時催。"

柳如是作春日詩,有"此去柳花如夢裡,向來烟月是愁端"之句,憐而和之(初學集卷十八)。

柳如是春日我聞室作:裁紅暈碧淚漫漫,南國春來正薄寒。此去柳花如夢裡,向來烟月是愁端。畫堂消息何人曉?翠帳容顔獨自看。珍重君家蘭桂室,東風取次一憑闌。

除夕,山莊探梅,口占一首報柳如是(初學集卷十八)。

除夜,攜柳如是我聞室中守歲,作詩一首,柳如是次之(初學集卷十八)。

柳如是和云:合尊餞歲羡辰良,綺席羅帷罨曙光。小院圍爐如白晝,兩人隱几自梵香。縈窗急雪催殘漏,照室華燈促豔粧。明日珠簾侵曉卷,鴛鴦羅列已成行。

瞿忠宣公集卷七除夕次韻:又將景美共辰良,宿火新篘接曙光。煖意暗歸村上柳,冰條斜發野梅香。溪雲破臘偏凝黛,春岫浮煙鬭曉粧。終歲閒愁消此夕,燭花何事淚成行?

嚴渡爲其父詩集及雷琴述請序,作嚴印持廢翁詩稿序及琴述序（初學集卷三十三）。

　　嚴印持廢翁詩稿序："印持有才子曰渡，排纘其詩若干首，而屬余爲序。"琴述序云："印持歿後三年，其子子岸以雷琴述示余。……子岸屬余爲印持作傳，余未及爲，而先書此以復之。"

　　嚴渡（？—1642），字子岸。復社成員。

作徐州建保我亭記（初學集卷四十一）。

　　嘉興朱夢弼，官徐州學正，敘徐州倉户部分司郎中韓昭宣禦賊保民，民衆建亭紀念事。據乾隆徐州府志，户部分司三年一替，韓昭宣崇禎十一年（1638）任，十三年離任，故繫此。

　　韓昭宣，字次卿，一字玉鉉。爌孫。官寧遠兵備道。後降清，順治六年（1649）舉兵反清，被殺。

　　山曉閣明文選續集卷五評云："韓君保徐賑饑禦寇，其實事也。但徐爲形勢之區，韓公保之者，事在既往，而將來之屬望，正自無窮。此文前半是敘徐人之言，故就韓公已事，以致其感恩之意，後半是復徐人之言，故據徐地要害，以深其保障之恩。立言有體，屹然大家金湯。"

本年，錢繼登爲其父建祠，爲作錢湛如先生祠堂記（初學集卷四十一）。

　　文云："嘉善錢湛如先生既歿之十五年，博士弟子員考文而徵行，謀祀先生於學官，相與上其事於所司，所司皆報曰可。先生之子副使繼登、諸生繼振、舉人繼章，推先生遺志，固辭學官之祀，請於郊外絃誦釣游之地，别築祠堂，以妥先生之魂，以慰其鄉人之思。考成之日，邦君大夫率其邑里秀民,胥會祠下,再拜奠幣,略如釋菜之儀。副使兄弟肅拜於後,莫敢適爲主禮也。禮成,既畢事,而來請文以記之。"

錢吾德(1566—1626),字湛如,號明吾。隆慶四年(1570)舉人,與袁黃、馮夢禎齊名,稱三名家。

魏塘錢氏家傳先府君中丞公(繼登)行略:"庚辰,中憲公特祠成,公奉主入祠,虞山錢宗伯爲之記。"因繫此。

繼振,字爾玉。工詩,爲柳洲八子之一。有蕭齋集。

繼章,字爾斐。崇禎九年(1636)舉人。有雪堂自刪集、人琴集。

又光緒嘉善縣志卷七:錢氏世德祠,在東關外,崇禎九年奉督學許豸文爲寧州守錢吾德建。東關舊有錢繼登客園,内建錢公吾德祠,後廢。

作故工科右給事中臨安王公墓表(初學集卷六十六)。

文末云:"後四年庚辰,虞山錢謙益爲文以表之,使鑱之墓上。"故繫此。此王元翰墓表。

山曉閣明文選續集卷六評云:"無端萋菲,死後始白。欷歔往復,情節悲涼,當是楚歌遺調。"

本年,葉翼雲出任吳江知縣。

錢牧齋先生尺牘卷三有答吳江縣葉翼雲三通,皆稱頌之詞。

康熙吳江縣志卷三十名宦:"葉翼雲,字載九。福建同安人。崇禎庚辰進士。知吳江縣。初至,遂大旱,蝗,緩徵平糶,捐俸設粥,步禱龍王祠,日行數里,布袍蔬食,拜跪甚虔。立法驅蝗,蝗皆墜湖死,是歲雖災,不害。時議者以國帑詘,欲因畝加賦爲備,翼雲條上其不便,所蠲省以六萬計。

暇則周行城郭，相度形勢，令城外四周皆康衢，可通馳馬，其上增築臺舍。嘗自戎服閱兵郊外，夜復巡行闉闍，間謂其民曰：'吾以安爾寢，便爾夙興也。'十七年春，北都變聞，不軌者思逞亂，翼雲廉得其主名，立捕殺之，一邑帖然。是年旱疫，復祈禱益虔。遷刑部主事，旋歸閩。戊子八月二十四日，同安破，被獲死之，闔門遇害。翼雲爲故相向高之族孫，學術文章言論皆有源流。好獎拔才士，培養善類，卒以大節終。吳民至今思之不忘。"

倡修崑山萬安橋。

道光蘇州府志卷三十津梁："萬安橋，在綠葭浜西。跨吳淞江，俗名江橋。明崇禎十三年常熟錢謙益倡助建。"菉溪志卷一又云："因國變工未竣。"

與縣令蔣文運討論優免諸事（初學集卷八十七與蔣明府論優免事宜）。

文中云："今則富家巨室，無戶不花，無田不詭。"可見當時田畝詭寄之嚴重。

蔣文運，字玄扈。浙江上虞人。崇禎十年（1637）進士。十一年至十四年任常熟縣令。且繫此。據啓禎兩朝常熟實錄補編：（十三年十月）知縣蔣文運議貼役法。

明崇禎十四年辛巳（1641） 六十歲

元日，作詩一首，與柳如是訂春遊之約，柳如是次韻一首（初學集卷十八）。

牧齋詩東山酬和集卷一題作辛巳元日雪後與河東君訂春遊之約。柳如是次韻：蘼蕪新葉報芬芳，彩鳳和鸞戲紫房。已覺綺窗迴淑氣,還憑青鏡綰流光。參差旅鬢從花妒,錯莫春風爲柳狂。料理香車并畫檝,翻鶯度蔦信他忙。

瞿忠宣公集卷七元日次韻:休論攬勝與搴芳,隨意松寮共竹房。户小偏宜譜昔酒,心閒作計答流光。收書蓄畫消貧癖,坐石看山類醒狂。春色從頭排日過,溪花應笑爲誰忙。

同卷再疊除夕元旦韻:紙窗筆墨稍精良,挂幅鵝溪白氎光。歲事且傾澆悶酒,春心聊托辟寒香。擁爐對雪惟枯坐,剪燭看花倩晚粧。自忖幽懷還自紀,燈前小字細成行。

多情梅柳報年芳,樹樹扶疎繞曲房。亞壁臨風偏有致,繁枝帶雪倍生光。冰心自合山中冷,春色何妨世外狂。打點漫銷閒歲月,鈔詩讀史正堪忙。

新正二日,偕柳如是過拂水山莊,梅花半開,喜而有作(初學集卷十八)。

東山酬和集卷一柳如是次韻:"山莊水色變輕苔,並騎親看萬樹迴。容鬢參池梅欲笑,韶光約略柳先催。絲長偏待春風惜,香暗真疑夜月來。又是度江花寂寂,酒旗歌板首頻回。"

六日,與柳如是泊舟半塘(耦耕堂集文卷下題歸舟漫興册)。

正月六日,張世偉卒,年七十四。

初學集卷五十四張異度墓誌銘:"崇禎十四年正月六日,吳郡張異度卒於泌園之書舍,年七十有四。友人錢謙益題其銘旌曰:鄉貢士孝節張先生之柩。某年某月,葬於花園邨之新阡。仲子奕、冢孫邕泣而來告曰:先人有墜言曰,銘必以錢氏,錢知我者,可無庸以狀也。余曰:諾。爲序而銘焉。"墓誌不知作於何時,附此。

上元夜,泊舟虎丘,訪沈璜,作詩一首,柳如是亦和一首,牧齋又作一首(初學集卷十八)。

柳如是和詩:絃管聲停笑語闌,清尊促席小闌前。已疑月避張燈夜,更似花輪舞雪天。玉蘂禁春如我瘦,銀釭當夕爲君圓。新詩穠豔催桃李,行雨流風莫妬妍。

沈璜東山酬和集序:"辛巳元夕,虞山半野翁偕河東君儼然造焉。於時竹户蕭閒,清陰寂歷。白雲殘雪,映人面而不分;蘭氣梅香,與清言而無別。談諧間作,獻酬不煩。染翰論文,重剪西窗之燭;張燈促席,共開北海之尊。洞裏吹簫,下飆輪於嬴女;筵前度曲,駐月駕於素娥。既醉言歸,逡巡稱遽。寒輕春淺,即席之詩立成;月避花輪,倚答之詞加麗。洵吴都之盛事,實藝林之美談也。"

東山酬和集卷一沈璜辛巳元夕,牧翁偕我聞居士載酒攜燈,過我荒齋,牧翁席上詩成,依韵奉和:"乍停歌舞息喧闐,移泊橋西蓬户前。弱柳弄風殘雪地,老梅破萼早春天。酒邊花倚燈争豔,簾外雲開月正圓。夜半詩成多藻思,幽庭芳草倍鮮妍。"

又蘇先和詩:"春城簫鼓競闐闐,别樣風光短燭前。殘雪樓臺行樂地,薄寒衣袂放燈天。銀花火樹如人豔,璧月珠星此夜圓。一曲霓裳君莫羡,新詩誰並玉臺妍。"

明詩平論二集卷十五周永年上元夜牧齋如是集斷句:"西丘此夜東山侣,明月當空積雪天。炤水花憐一枝發,採珠人妬十分圓。"

傳牧齋與項煜、張溥、馬世奇、徐汧會聚虎丘,商量推舉周延儒之事。

杜登春社事始末:"是時烏程去位,楊、薛相繼秉國鈞,窺見主上崇儒扶正,深眷婁東,無吹求西銘之意。門下或有私附楊、薛以圖顯榮者,以故西銘得以逍遥林下,批讀經史,爲千秋事業,而中夜不安,唯恐朝端尚以黨魁目之也,計非起復宜興,終成孤立之勢。乃與錢牧齋、項水心、徐勿齋、馬素修諸先生謀於虎丘之石佛寺。謀定,遣幹僕王成貽七札,入選君吳來之先生昌時邸中。吳先生者,一時手操朝柄,呼吸通帝座之人也,而華轂番子密布,内外線索難通,王成以七札熟讀,一字一割,雜敗絮中。至吴帳,爲襄衣裱法,得達群要。此得之王成口,最詳確。是辛巳二月間事。于是宜興以四月起,而西銘即以是月暴病云殂,聞其信而不及見其事,首其事而不能圖其終。"虎丘聚謀如屬實,當在此時。

吳偉業復社紀事:吳來之昌時爲禮部郎,移書先生曰:"虞山毀不用,湛持相不三月被逐,東南黨獄日聞,非陽羨復出,不足弭禍。"先生即張溥。

明史卷三百八周延儒傳:"始延儒里居,頗從東林遊,善姚希孟、羅喻義。既陷錢謙益,遂仇東林。及主會試,所取士張溥、馬世奇等,又皆東林也。至是歸,失勢,心内慚。而體仁益横,越五年始去。去而張至發、薛國觀相繼當國,與楊嗣昌等并以媢嫉稱。一時正人鄭三俊、劉宗周、黄道周等,皆得罪。溥等憂之,説延儒曰:'公若再相,易前轍,可重得賢聲。'延儒以爲然。溥友吳昌時爲交關近侍,馮銓復助爲謀。會帝亦頗思延儒,而國觀適敗,十四年二月,詔起延儒。九月至京，復爲首輔。"

松下雜抄卷上："周玉繩之再相也，以丹陽賀監生、虞城某，共斂金屬太監某乘間復相，主事吳昌時之力居多。蓋辛巳之四月也。"

三垣筆記附識中："周輔延儒再召，吳銓曹昌時自以爲功，然實馮舊輔銓之力也。延儒欲復其冠帶不得，延儒語人曰：'錢少宗伯之起，易于外而難于内；馮舊輔之起，難于外而易于内。'少宗伯，謂謙益也。"

正月，作范司馬參機奏疏序（初學集卷三十）。

序云："參機奏疏若干卷，南京兵部尚書參贊機務吳橋范公所著也，侍御方君孩未爲艾其煩長，抉摘其指意，以傳于世，而屬余序之。"

方震孺（1585—1645），字孩未。壽州人。萬曆四十一（1613）進士。由沙縣知縣入爲御史，巡按遼東，爲魏璫所忌，被逮下獄。崇禎初，釋還。八年（1635），流賊犯壽州，率士民固守。史可法上其功，擢爲廣西參議，尋陞僉都御史，巡撫廣西。福王立，上疏勤王，爲馬士英所抑，憂憤而死。

正月，徐霞客卒，年五十六。

初學集卷七十一徐霞客傳："霞客死時年五十有六，西游歸以庚辰六月，卒以辛巳正月。葬江陰之馬灣。"

陳函輝徐霞客墓誌銘："霞客生于萬曆丙戌，卒于崇禎辛巳，年五十有六。以壬午春三月初九日，卜葬于馬灣之新阡。"

黄公渚評徐霞客傳云："徐霞客傳，實一部徐霞客遊記之縮影，於紀遊中，夾寫霞客之人格與議論，如建章宫千門萬户,光怪陸離,雖變化莫測,而條理秩然。謙益學博才大,故論山脈河源,筆筆精卓,洵傑構也。"黃公渚此文署崇禎十四年,誤,牧齋此文應在十五年壬午三月之後。

周永年爲其父請誌,爲作周府君墓誌銘(初學集卷五十四)。

文云:"吴江周永年葬其先人於高景山之阡,排纘其行事,而來告曰:'吾父躬令德,享高壽,謚曰康孝,吾子以爲允。若其精修密行,世出世間法具備,則固非節惠所可盡也。有墓中之石在,敢固以請。'余謹按永年之狀,其書族出壽年者曰:君諱祝,字季華,太子少保吏部尚書謚恭肅諱用之孫,國學生諱乾南之季子。少而工文,爲名士,長而稱詩,爲詩老,晚而負經濟,修長者之行,爲鄉先生。其殁也,崇禎十三年七月廿九日,享年八十有六。娶楊氏,生三男子,長即永年,永言、永肩其次也。二女子,嫁楊士修、金之鎔。葬以十四年之三月。"

晦日,駕湖舟中,作有美一百韻長詩贈柳如是以代別,柳如是亦作詩惜別(初學集卷十八)。

柳如是駕湖舟中送牧翁之新安:夢裏招招畫舫催,駕湖駕翼若爲開?此時對月虚琴水,何處看雲過釣臺?惜別已同鶩久駐,銜書應有鷰重來。祇憐不得因風去,飄拂征衫比落梅。

牧齋詩有"疎影新詞麗,忘憂別館偏",錢曾註云:"河東君寒柳詞調寄金明池:'有恨寒潮,無情殘照,正是蕭蕭南浦。更吹起霜條孤影,還記得舊時飛絮。況晚來,烟浪斜陽,見行客,特地瘦腰如舞。總一種凄涼,十分憔悴,尚有燕臺佳句。　春日釀成秋日雨,念疇昔風流,暗傷如許。縱饒有繞堤畫舸,冷落盡,水雲猶故。憶從前一點東風,幾隔著重簾,眉兒愁苦。待約箇梅魂,黃昏月淡,與伊深憐低語。'陸勑先曰:何士龍有調寄疎影詠梅上牧翁云:'香魂誰比?總有他清澈,没他風味。無限玲瓏,天然蔥蒨,誰知仍是憔悴?便霜華幾日連宵雨,又別有一般佳麗。除那人殊妙,將影兒現,把氣兒吹。　須憶半溪朧月,漸恨入重簾,香清玉臂。冥濛空翠,如語烟霧裏,更有何人起?惜他止是人無寐。算今夕共誰相對?有調羹,居士風流,道書數卷而已。'此詞實爲河東君而作,詩當指此也。"

至塘棲,訪老友卓爾康,作詩一首(初學集卷十八棲水訪卓去病)。

訪胡嘉胤故宅,與卓爾康、沈守正子尤含夜集胡宅,作詩一首(初學集卷十八夜集胡休復庶常故第)。尤含再請其父之銘,爲作都察院司務無回沈君墓誌銘(初學集卷五十四)。

墓誌云:"無回官都察院司務,卒於官。其子尤含屬去病爲行狀,而謁銘於予。予之諾其請者,蓋十年於此,去無回之歿十九年矣。……今年余過休復故宅,其寡嫂具特羊之饗,去病居主位,尤含以子婿行酒炙。明燈促坐,譚休復、無回游跡,相顧涕洟而罷。去病方罷官歸,門仞蕭然,意殊不自得,而余亦已老矣。尤含諄復以銘墓爲請,去病助之尤力。"雪堂集附此銘,但所見數本皆抽燬,只存目錄。

二月,西溪永興寺看梅,梅爲馮夢禎所植,作詩一首(初學集卷十八西溪永興寺看綠萼梅有懷,梅二株繆糾可愛,是馮祭酒手植)。

　　詩末云:"道人未醒羅浮夢,正憶新妝萼綠華。"所懷即柳如是也。

　　柳如是後有和詩,見東山酬和集卷二:"鄉愁春思兩欹斜,那得看梅不憶家。折贈可憐疏影好,低迴應惜薄寒賒。穿簾小朵亭亭雪,瀁月流光細細沙。欲向此中爲閫道,與君坐臥領芳華。"

遊武林西溪,與汪汝謙、馮雲將見面。

　　有學集卷三十六新安汪然明合葬墓誌銘:"崇禎辛巳,余游武林之西溪,然明偕馮二雲將訪我綠萼梅樹下,酌酒譚燕,驩若平生。"按:"辛巳",金匱本有學集作"癸未",西湖韻事、鈔本有學集作"辛巳",考牧齋行跡,辛巳是。

二月九日,再往永興寺看梅,錢仲芳以畫册索詩,遂作短歌一首(初學集卷十八二月九日,再過永興看梅,梅花爛發,髣髴有懷,適吾家仲芳以畫册索題,遂作短歌,書於紙尾)。

　　錢棻,字仲芳,號滌山。嘉善人。士晉子。崇禎十五年(1642)舉人。善畫,山水得黃公望筆意。卒年七十八。著有蕭林初集八卷。

仲春,蕭士瑋、李元鼎來虞山相訪,不值。

　　蕭士瑋春浮園集卷下與錢牧齋:"春仲抵白門,即同梅公買舟虞山,稱觴堂下。已聞翁適往湖上,候月餘矣,又聞在新安。嗣梅公往北,某遂留滯於南。南中風景大異往昔,情懷益蕭索。"

　　李元鼎(1595—1670),字吉甫,號梅公。江西吉水人。

天啟二年(1622)進士,官至光禄寺少卿。入清,授太僕寺少卿。順治二年(1645),官兵部右侍郎,因事牽連免職。再起,復原官,轉左侍郎,充殿試讀卷官,免職歸。著有石園全集,與蕭士瑋頗多唱和。妻朱中楣(1622—1672),字懿則,號遠山,亦擅詩。著有隨草,收石園全集中。二人生平,皆見其子振裕白石山房稿卷八所載行述。

仲春,過西溪鄭庵,爲濟舟長老題壁,作詩一首(初學集卷十八),又書濟舟册子,爲寺院募捐(初學集卷八十一)。

册子文云:"獻歲挐舟游武林,泊蔣邨,策杖看梅,徧歷西溪、法花,憩鄭家庵,濟舟長老具湯餅相勞。觀其舉止樸拙,語言篤摯,宛然雲棲老人家風也。口占一詩贈之,有'頻炷香燈頻掃地,不拈佛法不談詩'之句,不獨傾倒於師,實爲眼底禪和子痛下一鉗錘耳。師以此地爲雲棲下院,經營數載未潰於成,乞余一言爲唱導。"

西溪梵隱録卷二:"明隆、萬間,雲棲宏大師以匡廬蓮社宗風大振東南,雲間鄭昭服捨園宅爲常住,址在龍歸迳北,約八畮有奇。師屬其徒大楫開接衆蓁林,後鄭子索鐶諸檀,復捐貲共搆之。魏塘錢閣學士升、虞山錢宗伯謙益、吳興閔尚書夢得、荊谿曹大參應秋爲募疏……拮據三十年,遂成禪林。初號雲棲別室,俗名鄭庵。崇禎癸酉秋,郡守龐公承寵捐鐶給額,稱復古法華寺。……大楫字濟舟,嘉禾沈氏子。年弱冠,了凡袁公獎導出家。古貌古心,勞謙慈忍,宏師器愛之,遂付法住持。楫晚因耄疾,屬諸山同衣耆德輪次典院,自順治戊子始,後相繼爲常。"

西溪湖水看梅,贈仁和令吳培昌詩一首(初學集卷十八)。

  吴培昌,字坦公。華亭人。崇禎十年(1637)進士。

題橫山江氏書樓詩一首(初學集卷十八)。

  即錢塘江之浙、江浩一支。

二月十二春分日,從橫山晚歸,作詩一首(初學集卷十八)。

  東山酬和集卷二柳如是和詩:年光詩思競鮮新,忽漫韶華逗晚春。止爲花開停十日,已憐腰緩足三旬。枝枝媚柳含香粉,面面夭桃拂軟塵。回首東皇飛轡促,安歌吾欲撰良辰。

又題江浩蝶庵(初學集卷十八)。

二月十五日,冒襄來訪。

  冒襄南嶽省親日記:"崇禎十四年辛巳二月十五日,訪錢牧齋。……先生知余久,聞過訪,艤舟以待,相晤極喜。"

  冒襄(1611—1693),字辟疆,號巢民。如皋人。崇禎十五年(1642)副榜。明末四公子之一。明亡堅持不出。

  又按:張大鏞自怡悦齋書畫録卷十四有牧齋跋黄子久畫一篇,略云:"此幅爲四明謝象三所貽,適以示檀園,檀園拊掌贊嘆,以爲是必子久在虞時所作,故能爲虞山寫照,精妙入神至此。……今象三不遠千里,郵致此圖,而又遇檀園法眼鑒定,懸之草堂,頓令生色,故樂而書。辛巳二月望日,□□記。"崇禎十四年辛巳,李流芳亡已十餘年,疑是僞作。

停舟西溪,等待程孟陽半月,不至,乃發舟。

  耦耕堂集文卷下題歸舟漫興册:"又停舟西溪,相遲半月,乃先發。"

初學集卷四十六遊黄山記序:"辛巳春,余與程孟陽訂黄山之遊,約以梅花時相尋於武林之西溪。逾月而不至,余遂有事於白嶽,黄山之興少闌矣。"

吴拭同行,吴祚爲準備車馬、乾糧。

初學集卷四十六遊黄山記序:"徐維翰書來勸駕,讀之兩腋欲舉,遂挾吴去塵以行。吴長孺爲戒車馬,庀糗脯,子含、去非群從,相向慫恿,而皆不能從也。"

徐維翰疑是徐之垣。之垣(1595—1655),字維翰,號心韋。鄞縣人。天啟五年(1625)進士。官至太僕寺少卿。論事與温體仁多不協,引疾歸。體仁去國,以江西道御史巡撫江北。池州賊發,出兵平之。論功加一秩,再命巡江北,尋改督學。明亡剃髮爲僧。

吴拭,字去塵。休寧人。喜結客,好游名山。工書畫,尤擅製墨。後客死吴中,毛晉爲殮葬。

吴聞詩,字子含;聞禮,字去非,皆吴祚子。聞禮(?—1646),崇禎十六年(1643)進士。明亡舉兵,敗,走福建謁隆武,官建寧巡撫,守仙霞關,爲屬下所殺。

歙事閒譚卷二十一吴聞禮吴聞詩爲錢牧齋製墨:前塵夢影録云:錢牧齋有蒙叟墨,正面"牧翁老師珍賞",背有"爲天下式"四字,旁注"門人吴聞禮製",長方式,重五錢。又秋水閣墨,重約八九錢,牛舌形,面同上,背"秋水閣"三字。有闌,旁注"門人吴聞詩製"。滿身線雲環繞,陰文,字皆居中。

餘杭道中望天目山,作詩一首(初學集卷十八)。

發於潛(昌化舊稱),作詩簡縣令方震仲(初學集卷十八)。

方震仲,號浣叟。桐城人。震孺弟。天啟元年(1621)拔貢。官昌化縣令,陞綿州知州。

和蘇軾陌上花三首寄柳如是,柳如是和之(初學集卷十八陌上花樂府三首,東坡記吳越王妃事也,臨安道中感而和之,和其詞而反其意,以有寄焉)。

柳如是和詩:陌上花開照版扉,鴛湖水漲緑波肥。班騅雪後遲遲去,油壁風前緩緩歸。

陌上花開一片飛,還留片片點郎衣。雲山好處亭亭去,風月佳時緩緩歸。

陌上花開花信稀,楝花風暖颺羅衣。殘花和夢垂垂謝,弱柳如人緩緩歸。

登新安商山響雪閣,作詩一首(初學集卷十八)。

二月晦日,循桃花磵,歷虎巖,觀真珠泉,抵天門,宿榔梅菴,作詩一首(初學集卷十八)。

三月朔日,登白岳,作詩三首(初學集卷十八三月朔日,謁玄天太素宮,是世廟禖祀所建、繇天門登文昌閣,望五老三姑獨聳諸峯巖,欲游石橋巖,未果,宫之右有桃源洞,天壁間有故揚州太守劉鐸訪張躑躅詩版),與前首合稱登齊雲巖四首。

三月七日,發漸口,徑楊干寺,踰石磴嶺,出芳村,抵祥符寺,作詩一首(初學集卷十九)。

初學集卷四十六遊黃山記之一:"余以二月初五日發商山,初七日抵湯院。"時日有誤,當是三月。

上巳禊後五日,浴湯池,題四絕句,寄柳如是(初學集卷十九,卷四十六遊黄山記之一)。

  東山酬和集卷二柳如是奉和黄山湯池留題遥寄之作:
素女千年供奉湯,拍浮渾似踏春陽。可憐蘭澤都無分,宋玉
何繇賦薄裝?

  浴罷湯泉粉汗香,還看被底浴鴛鴦。黟山可似驪山好?
白玉蓮花解捧湯。

  睡眼朦朧試浴身,芳華竟體欲生春。憐君遥嘆香溪水,
蘭氣梅魂暗著人。

  旌心白水是前因,覥浴何曾許別人?煎得蘭湯三百斛,
與君攜手被征塵。

宿桃源庵,作短歌示藥谷主人佘掄仲(初學集卷十九),
邵幼清叔姪來訪。

  佘書陛,字掄仲。黄山領要録:"故老相傳,桃花峰下,
沿澗舊有桃數萬株,花時競豔,徧山皆赤,名桃花澗。邑人
佘書陛建庵于澗上之谷中,舊名藥谷,曰桃花源。尋源者由
祥符寺左折入石林中,則書陛所開徑也。"

  初學集卷三十二邵幼青詩草序:"辛巳三(二)月,余將
登黄山,憇佘掄仲之桃源庵,日將夕矣,微雨霢霂,四山無
人,白龍潭水撞耳如懸雷,顧而樂之,謂同游吳去塵曰:'此
時安得一二高人逸士,剥啄欸門,爲空谷之足音乎?'俄而籬
落間颯拉有聲,屐齒特特然,則邵幼青偕其叔梁卿儼然造
焉。再拜而起曰:'吾兩人宿春糧,從夫子于白岳而不及也,
今乃得追杖屨于此。'皆出其詩以求正焉。"邵幼青二人生平
待考。

夜雨,作詩一首(初學集卷十九)。

初八日，雨不止，題壁一首，稱"不到天都死不休"（初學集卷十九，卷四十六遊黃山記之二）。

桃源庵小樓看天都峰瀑布，作詩一首（初學集卷十九）。

又作天都峰瀑布歌（初學集卷十九）。

初九日，發硃砂庵，逕觀音巖，登老人峰，作詩一首（初學集卷十九，卷四十六遊黃山記之三）。

又緣天都峯趾，度斷凡橋，下木梯，憩文殊菴，作詩一首（初學集卷十九，卷四十六遊黃山記之四），邵幼青叔姪別去。

> 初學集卷三十二邵幼青詩草序："越翼日，余登山，憩文殊院，幼青踵至曰：梁卿肥，不便登頓，至慈光寺而返，吾亦從此而止。明日遥望天都峰頂，如昔人登蓮華峰，以白煙一縷爲信，摇手一笑耳。"

宿文殊菴，夜起看月，作詩一首（初學集卷十九）。

初十日，從文殊院，過喝石菴，到一綫天，下百步雲梯，逕蓮華峯，憩天海，作詩一首（初學集卷十九，卷四十六遊黃山記之五）。

登始信峰，上石筍矼，作詩一首（初學集卷十九）。

登煉丹臺，歸宿天海，作詩一首（初學集卷十九）。

十一日，繇天都峯趾，逕蓮華峯下山，飯慈光寺，抵湯口，作詩一首（初學集卷十九，卷四十六遊黃山記之六）。

十二日，發桃源菴，出湯口，逕芳村，抵灊口作詩一首（初學集卷十九）。

遊黃山期間，又單作湯池、天都峰、蓮華峰、石筍矼、煉丹臺、慈光寺等詩（初學集卷十九），後又補作遊黄山記（初學集卷四十六）。

下黄山，宿故方有度方石書館，懷程嘉燧，作詩一首（初學集卷十九）。

過方一藻司馬故第，作詩一首（初學集卷十九）。

訪程孟陽長翰山，未遇，題詩而去（初學集卷十九）。

得王右丞江山霽雪圖（初學集卷八十五跋董玄宰與馮開之尺牘）。

文云："馮祭酒開之先生，得王右丞江山霽雪圖，藏弄快雪堂，爲生平鑒賞之冠。董玄宰在史館，詒書借閱，祭酒於三千里外械寄，經年而後歸。祭酒之孫研祥，以玄宰借畫手書，裝潢成册，而屬余志之。……祭酒殁，此卷爲新安富人購去，煙雲筆墨，墮落銅山錢庫中三十餘年。余游黄山，始贖而出之。"

耦耕堂集文卷下題歸舟漫興册："（錢老）隨出所收汪長馭家王蒙九峰圖及榆村程因可王維江雪卷同觀，並示余黄山紀游諸詩。"

冒辟疆巢民文集卷六紀董北苑畫卷："又馮開之先生所寶王右丞江山雪霽圖卷，乃京師後宰門拆古屋，于折竿中得唐、宋書畫三，此其一也。文敏一題再題，讚爲希世之珍。後馮公子質與新安人。辛巳，虞山牧齋公游黄山，得歸。今虞山書畫又歸蕩然。"

在黄山，與金聲會面。

初學集卷八十答鳳督馬瑶草書："往年游黄山，值土寇竊發,親見正希宵行露處,勞面胝足,爲父老子弟率先,心竊韙之,不敢不以告于左右。"

同卷上應撫鄭公書:"謙益以辛巳春爲白岳之游,于時土賊竊發,金正希館丈督率鄉里丁壯,腰刀帕首,身編行伍,捍禦桑梓。已而賊退解嚴,親見正希食粗糲、衣大布,朝饔暮鹽,如苦行頭陀,奮臂橫身,讓夷急難,心竊壯之重之,以爲士大夫盡如正希,朝廷尚有人,天下事尚可爲也。"

金聲(1589—1645),字正希,一字子駿,初字成先,號赤壁。休寧人。崇禎元年(1628)進士。三年病歸,在家講學,組織鄉勇練兵。唐王稱帝,進兵部右侍郎,兼都察院右都御史。兵敗被俘,不屈而死。

已解維,金聲有書來相送。

燕詒閣集卷四與錢牧齋宗伯辛巳:"況茲溪山,幸徵杖履,而際時多故,顧不能束身追隨,伺欠伸而報蚤暮。曾幾何時,而仙舟又遂解維……今將詣江頭拜別,而忽接傳報賊情,業已蠢動入境,方寸不覺縈然。先生仍有字達諸上臺,便爲一言,冀得下令,令諸鄉城士民及早飭備,然後郡縣得以奉行,鼓勵督責……儻徵鼎言,得速集事,是先生之大有造于茲土也。"

三月望日,程嘉燧至杭州,聞牧齋已自黃山還。

程嘉燧耦耕堂集文卷下題歸舟漫興册:"崇禎辛巳三月,歸至湖上,將入舟,則錢老有歸耗矣。"又:"余三月一日始入舟,望日至湖上,將陸行從之,而忽傳歸耗。"

三月廿四日,過釣臺,聞周延儒再召,作詩一首(初學集卷十九)。

顧苓東澗遺老錢公別傳：＂崇禎庚辰、辛巳間，延儒再召，疑忌未消，公乃寄情聲伎，稍以自汙。近陳平之婦人，開馬融之絳帳。趙德甫校讎金石，不離易安之堂；蘇子瞻不合時宜，獨出朝雲之口。＂

程嘉燧聞牧齋尚在途中，乘舟而下，相遇新安江上，晚同宿新店。牧齋示黃山諸詩，程嘉燧和之。次日揚帆別去，二人遂成永訣。

程嘉燧耦耕堂集詩卷下辛巳三月廿四日，未至桐廬廿里，老錢在官舫，揚帆順流東下，余喚小漁艇絕流從之，同宿新店，示黃山新詩，且聞曾至余家，有題壁詩，次韻一首：＂千里論文慚裹糧，二僮一馬出相望。未緣竟日留佳客，猶帶春星問草堂。鳥雀空庭無灑埽，龍蛇素壁有篇章。吾廬不厭秋風破，屋漏新痕已滿行。＂

同卷和牧齋宿方給諫舊館有懷孟陽次韻：＂歸來錦里夜留賓，小築南漪狎所親。塚上仙人俱冥寞，昔鍊師孫小庵寓此，己卯化于虞山。燈前兄弟總埃塵。河山遙遙生芻闊，風雨綿綿別淚頻。青眼新知今白首，經過何事不傷神。＂

同卷和牧齋過方大司馬故第次韻：＂司農里第昔經過，出守勳名動兩河。元老壯猷歸國晚，尚公殊錫入朝多。鐃歌鼓吹春開幕，藥碗綸巾夜枕戈。會看祁連新賜塚，莫因時節問堪羅。＂

耦耕堂集文卷下題歸舟漫興冊：＂余三月一日始入舟，望日至湖上，將陸行從之，而忽傳歸耗，遂溯將逆之，猶冀一遇也。未至桐廬二十里，而官舫挾兩舸揚帆蔽江而下，余駕漁艇截流溯之，相見一笑。隨出所收汪長馭家王蒙九峰圖及榆村程因可王維江雪卷同觀,並示余黃山紀游諸詩。讀未半而風雨驟至,欹帆側柁,雲物晦冥,溪山改色。因發錢塘梁娃所貽關中桑落共斟酌之,不覺迫暮,同宿新店,下去富陽不遠矣。知老錢曾獨訪長翰山居,留詩松圓閣壁,看松於舊宅之旁,由南山塢取徑而去。"

有學集卷二十二耦耕堂詩集序:"辛巳春,約遊黃山,首塗差池,歸舟值孟陽于桐江,篝燈夜談,質明分手,遂泫然爲長別矣。"

三月二十九日,趙隆美卒,年六十一。

初學集卷六十一墓誌銘但云"卒以崇禎辛巳之三月",趙氏宗譜作三月二十九。

春,通門見牧齋所題濟舟卷,作書反駁。

嬾齋四悉書卷十三上錢侍郎牧齋先生論禪宗古尚書辛巳春:"今某月日,復得見所書鄭菴僧濟舟手卷,有燒禪師開堂語錄之語,益知手眼之超卓焉。茲者伏念閣下初得其書,既未嘗省視,或不知禪師即某也。某故詳而陳之,聽閣下之進退,非敢有所干也。……其刻殘言剩語,乞大手筆序文,皆檀越之意,非某意也。承閣下燒且颺之,手眼出格,聞見駭愕。……而閣下贈僧詩曰'頻炷香燈頻掃地,不拈佛法不談詩',用以鉗鎚衲子。夫詩固非衲子茶飯,若爲僧而不許拈佛法,猶爲士而不許談經義,此閣下雖河漢其言,於理又未必爲得也。頻炷香燈頻掃地,苟道眼未明,則間閻三尺童子能之,又何取於圓顱方服也歟?"

通門(1599—1671),字牧雲,晚號澹雲。常熟人。俗姓張。祝髮於興福寺,參密雲得法。歷主古南、破山、鶴林、天童諸寺院。能詩文，有孈齋別集、孈齋後集等。

孟夏，在嘉興遇陳子龍，夜談時事。

　　陳子龍詩集卷十二孟夏一日禾城遇錢宗伯夜談時事二首：孟夏陶陶夕，相逢檇李城。山川留謝傅，鄉里識州平。抵掌無群盜，同心熟世英。誰知湖海上，黽勉念周京。

　　數州皆警急，東國倍堪虞。不自清河濟，何繇問轉輸？雄才非世出，群策每相符。庶有公開閣，狂言許我徒。

自黃山歸，瞿式耜、孫永祚、吳昌時、嚴栻迎於半塘。

　　孫永祚雪屋二集卷三錢牧齋師遊黃山歸，瞿稼翁移舟半塘，偕吳來之、嚴子張諸公陪侍："畫舫亭亭傍水濆，柳陰清晝未成醺。群公讌笑方移日，末座風流許出群。天上賜環占氣色，春來遊屐滿氤氳。新詩讀徧更衣起，猶帶黃山嶺半雲。"

黃山之遊，收得珍貴書畫甚多。

　　有學集卷八大觀太清樓二王法帖歌牧齋自註："褚河南西昇經，余購得之新安，乙酉城陷失去。"餘見前。

　　又吳其貞書畫記卷二黃大癡草堂圖小紙畫一幅："書法瀟洒，不甚着急，蓋用焦墨而成，多有天趣。識二字曰大癡，上有尚左生題咏。以上二圖在子含、去非館中，觀於虞山宗伯手。是日仍見宗伯行囊中，入記中者，有：黃大癡洞天春曉圖、郭河陽高松山水圖、王右丞雪霽圖、薩天錫雲山圖、王右軍平安帖。不入記者褚河南西升（竹）經、米元章多景樓詩、米元章題定武蘭亭記。以上皆得於溪南叢睦坊者。時壬午十一月六日。"

毛晉借宋本漢書繕寫，因書賣與謝氏，未克全錄。

毛晉漢書注跋："辛巳，余借牧翁本繕寫，凡二周，而未及列傳。後其本爲四明謝象山攜去，遂不克全，迄今幾十年矣。"

又毛晉刊刻樂府詩集，亦借牧齋宋本。其跋云："惜乎至元間童萬元家本，凡目錄小序率意節略，歲月既久，黶滅不能句讀。因匄大宗伯錢師榮木樓所藏宋刻手自讎正，九閱月而告成。"

五月初八，張溥病死，年四十。

張采知畏堂文存卷八庶常天如張公行狀："按，公生萬曆壬寅三月念三日丑時，以崇禎辛巳五月初八日丑時卒，享年四十。"

徐石麒有書來，談論時局，憂心忡忡，希望牧齋出山。

徐石麒可經堂集卷十與錢牧齋："此何時乎？河竭澤枯，地空民斃，噍殺之象已徧率土，江南一隅，豈能獨完。前見撫報，吾鄉災疫不減北地，哀此流鴻，何堪窮索。江南一盡，國家何恃？……老先生負奇醞粹，徘徊林石，亦有年矣。數雖未過，時則已可，麒等仰望之心益深切矣。"

崇禎十四年(1641)夏，松江、嘉興、杭州各地大旱，疫病大作，徐氏故有此語。

徐石麒(1577—1645)，初名文治，字寶摩，號虞求。嘉興人。天啟二年(1622)進士。官至刑部尚書。

爲木增作華嚴懺法序(初學集卷二十八)。

此書爲毛晉所刻，牧齋序署"崇禎十四年歲在辛巳，禮部右侍郎協理詹事府事兼翰林院侍讀學士虞山錢謙益齋沐謹序"，毛晉序署"昔崇禎十有四年歲在辛巳孟夏浴佛日，虞山佛弟子毛鳳苞薰沐頓首謹序"。卷末有刻書牌記："欽褒忠義忠藎四川左布政雲南麗陽佛弟子木增,同麗江府知府授參政男木懿,應襲孫木靖,暨諸子孫太學生木喬、木參,生員木宿、木橃、木橒、木槳、木極、悟樂等,各捐净捧,延僧命役,敬奉大方廣佛華嚴經三昧懺儀一部共四十二卷六十一册,直達南直隸蘇州府常熟縣隱湖南村篤素居士毛鳳苞汲古閣中鳩良工雕造。起于崇禎庚辰孟夏,終于辛巳莫春,凡一載功成。今寘此版於浙江嘉興府楞嚴寺藏經閣,祈流通諸四衆,歷劫熏修,見聞此法,永持不捨,所願一乘頓教,徧布人寰,三有群生,俱明性海者耳。"

木增(1587—1646),字長卿,號生白。麗江土司,以功陞布政。

夏,作邵不磷像贊(牧齋外集卷二十四)。

不磷名堅,爲長洲邵彌之兄,工畫,尤長於花竹翎毛。

六月朔日,作景寧縣改建儒學記(初學集卷四十一)。

文云:"宣城徐君日隆爲令之期年,政清民肅,百廢具興,建麗譙,樹講堂,山城下邑,焕然改觀。祗謁廟下,周視嗟咨,喟然而歎曰:'兹地之不足以宅吾先師久矣,與其修治也,不如改作。'乃相地於縣治之西而遷焉,捐俸錢,搜贖鍰,量工命日,庶民子來。經始於崇禎十四年之二月,越二月訖工,四月朔日,迎先師像於郊外,用釋奠禮告成。"

徐日隆,字從道。崇禎六年(1633)歲貢。

六月七日,迎娶柳如是,茸城舟中作合歡詩四首(初學集卷二十)。

何士龍詩次和牧翁茸城詩三首:錦衾愛繡兩鴛鴦,羅薦嫌熏龍腦香。鳳自丹山應蔽日，雞從碧樹莫登墻。鮫綃作帳宜冰簟，瑇瑁爲梁稱玉堂。寄語秋來休架鵲，銀河從此接金昌。

織女迎秋欲到家，迢迢天漢未云賖。和風交倚琉璃扇，香霧深藏雲母車。賦就錦篇催夢雨，粧成繡領待昇霞。多情絳蠟渾如畫，賸取同心四照花。

鴛湖猶未比情深，蟾影祇應照柳陰。結念芙蕖緣並蒂，關情梔子是同心。簫能引鶴方知曲，琴解求凰始賞音。十斛明珠等閒事，買春爭擬惜量金。

馮班馮氏小集上和錢牧齋宗伯茸城詩次韻：薰風長日正悠悠，蘭室初成待莫愁。一尺腰猶紅錦襪，萬金鬢更玉搔頭。已障畫扇登油壁，好放偏轅促玳牛。爭似秣陵桃葉渡，風波迎接隔江舟。

殊翁彩翼繡鴛鴦，深下銀鉤隔異香。少女和風閑拂幌，姮娥映月自過牆。青驪金絡光歸路，錦瑟朱弦獨上堂。謝傳東山正行樂，詩人休羨嫁王昌。

從來富貴似仙家，弱水崑山路較賖。今夕湖中催畫艇，何如嶺上駐金車。行雲入暮方爲雨，皎日凌朝莫上霞。若把千年當一夜，碧桃明旦合開花。

一朵名花色最深，章臺長帶漫垂陰。紅蕖直下方連藕，絳蠟纔燒已見心。祇取鴉雛爲髻樣，閒調鳳語作笙音。琉璃鴛瓦香泥地，嬌屋重樓幾費金。

馮班鈍吟集上代友人和錢太保茸城詩：文梓飛飛鴛與鶯，金籠雙宿羽毛香。可憐漢渚虛投佩，自笑東家漫隔牆。月照綺羅看玉樹，風和絲管合金堂。柳星只在天南畔，莫挽長條憶武昌。

　　代作詩,代陳玉齊而作,見東山酬和集卷二。玉齊,字在之,號士衡。常熟人。廩生。師馮班。

　　東山酬和集卷二徐波次韻:欲剪吳淞江水悠,早梅時節釀酸愁。分開畫燭交紅淚,鎖向雕籠到白頭。預借仙期偷駕鵲,深償願海許沉牛。花源一自漁郎問,柳浪春來許繫舟。

　　雙棲休比畫鴛鴦,真有隨身藻荇香。移植柔條承宴寢,捧持飛絮入宮牆。抱衾無復輪當夕,舞袖虛教列滿堂。從此凡間歸路杳,行雲不再到金昌。

　　旋周謫限返仙家,一笑相迎路不賒。懷夢自珍方朔草,急行須借阿香車。長懸素影憑修月,久駐紅顏賴飲霞。坐擁群真曾說法,楊枝在手代拈花。

　　又朱隗次韻:涼波三泖路悠悠,望斷雲軿目眇愁。漸覺雨風香渡口,驚聞簫管下峰頭。卷帷態自迷陽蔡,贈石身看上斗牛。借問藍橋今共室,何如鄂渚皆同舟?

　　成行羅列盡鴛鴦,面藥還存舊賜香。已幸根株移北里,不須聲影傍東牆。山川謝傅攜長袖,絲竹張公滿後堂。千騎上頭何足羡,親曾曳履入文昌。

　　綺窗朱戶莫愁家,桃澗藤溪路未賒。此夕同心吟月扇,當年傾耳聽雷車。上眉鸞鏡輦成譜,五暈羅裙步起霞。一道吳歌采蓮伴,爭看越女勝如花。

　　吳江不識幾何深,畫舫螭頭泊柳陰。雜佩互投珠是意,名香對蓺字爲心。師經素女盈奇態,仙號青琴足賞音。方信蓬壺人世有,何煩餐玉餌黃金。

又林雲鳳次韻第一、二、三首：天上秋期尚繆悠，先從九夏慰離愁。垂來柳眼窺簾額，繡出花心粲枕頭。翠管雙吹諧唳鶴，雕闌并倚笑牽牛。誰知宿世藍橋侶，即在今宵谷水舟。

鴛鴦湖上學鴛鴦，竟體猶霑杜若香。此夜依然來北里，伊人元不隔東牆。桃花旖旎如前度，絲竹騈羅即後堂。一曲將雛應有待，和鳴早已聽歸昌。

九山佳處女仙家，路比章臺定不賒。渡口未曾邀鵲駕，門前先已駐羊車。修眉浣出纖纖月，矯鬢勻來淡淡霞。自此攜歸琴水曲，分明解語白蓮花。

又周葵次韻第一、四首：指顧雲間大路悠，迢迢淺水漾輕愁。追隨颺影承纖手，綰結柔條可並頭。何似大夫能射雉，不須丞相去鞭牛。妝成披扇還相笑，舊恨新歡共一舟。

畫檻朱欄別院深，荷香曲處覆成陰。銀河笑指他年事，碧海歡盟此夜心。花燭開時吟好句，管絃歇處奏繁音。願將婀娜重憐惜，莫謂枝頭長似金。

周葵，字子丹。長洲人。荃兄。

又張紀次韻第一、三首：濺裳一水自悠悠，繡幰先期烏鵲愁。詩裏妝催時逗黶，燈前扇卻半回頭。桃源客到因聞犬，星渚槎間欲飲牛。最是塵間難值候，荷風桂露木蘭舟。

咫尺藍橋阿母家，崎嶇何必玉京賒。銀屏待月聽瓊瑟，金犢迎風起鈿車。纖手擁深通德髻，短箋烘暖浣溪霞。當筵欲問新裁柳，看取春來撲面花。

張紀（1599—1665），字齊芳。崑山人。振德子。以父蔭官錦衣衛中所正千戶，未補。明末聞都城變，盡鬻其產至南京圖報。明亡披緇蕭寺，自署曰昭節，更字閏生，號葹庵。

又錢龍躍次韻第一首："銀河相望兩悠悠，賸取新歡減舊愁。鳥似有情長比翼，花應知喜亦雙頭。障塵彩扇翔金鳳，咽路香車駕玳牛。魚戲只今惟傍葉，蓮東何必有輕舟。"

龍躍，字子飛。龍惕兄。

又吳宗榮次韻第三首："彩雲一片下仙家，河漢先期路豈賒？千疊青螺開寶鏡，兩行銀燭照書車。扇搖圓月回秦鳳，帔拂和風動雉霞。行看池邊種蓮子，紅芳齊發並頭花。"

宗榮，字能遠。歙縣人。家富收藏。

又陸貽典次韻第三首：紅蓮白苧美人家，跨鳳乘鸞事豈賒。錦繡好裁雙粲枕，珍珠須綴五雲車。敢誇神女凌秋水，欲笑靈妃待曉霞。桃李從今莫教發，杏媒新有柳如花。

陸貽典(1617—1686)，字敕先，號覿庵。常熟人。瑞徵子。自少篤志墳典，師東澗而友鈍吟，學問最有原本。藏書處名玄要齋，所藏多善本。精校勘，刻書多種。工詩，論詩謂法與情不可缺一。又工書法，尤長漢隸。有覿菴詩鈔存世。

馮孝威次韻第三首："薰風初至詠宜家，翻笑填河會尚賒。同擎彩箋催卻扇，獨扶錦纜看停車。溪邊忽墮雲中月，岩畔纔昇日下霞。此夜羊家水齋裏，燭光波影共金花。"孝威，字子重。馮舒子。

又顧凝遠次韻第四首："蘭釭背立暑宵深，浴罷凝妝繡閣陰。學士懶捫時事腹，美人歡結海天心。低蛾葉並眉舒色，幽吹簫同語出音。一笑故應無處買，等閒評泊說千金。"

顧凝遠，號青霞。長洲黃埭人。九思孫。少負驚才。

刻尚風雅，隱居不仕。築室蘇城北廓齊門之花溪，愛蓄商周秦漢法物，多蓄圖書，博覽古今。畫師董巨源，出入荊、關，精於畫理。又喜刻書，室名詩瘦閣。明亡，歸隱蠡口。順治四年(1647)，上海諸生欽浩通款舟山，疏吳中義士二十三人，以劉曙爲首，凝遠亦在其中。其疏爲清游騎所獲，各義士皆遭追捕，凝遠亦械送南京。將赴市，其長子樂胥求代父死，獲釋，樂胥亦得免。晚年以畫自娛。後因門下客驟貴，欲引之爲重，不屑就。客銜之，將陷之獄。不得已轉徙避地，以是破家，窮愁以卒。

又錢龍惕次韻第四首：鵲未成橋水尚深，驚看織女下牆陰。絃槽始解胸前意，廚串方知炙裏心。錦段連篇搜麗句，霓裳一曲奏仙音。從今鬱鬱園中柳，嫩緒千條色似金。

沈德符清權堂集卷十八錢受之學士新納河東君作志喜詩四律索和本韻：入望明河清且悠，問津端合唱無愁。重闈是草堪躅忿，曲沼何花不竝頭。京兆臺曾傳拊馬，驪山殿亦誓牽牛。劉綱婦更呈新技，弱水洋中蕩蔡舟。

漫擬雙駕與匹鶿，親承十里逆風香。郎迎古渡仍王楫，女瞰東鄰即宋墻。蔽芾賜名端正樹，鬱金新署合歡堂。韋蟾後乘能同載，無待飛花續武昌。

何來鳥爪蔡經家，狡獪人間歲未賒。唾受紺來頻展袖，淚凝紅處恰登車。廻文詩就重題錦，無縫衣成自剪霞。贈內偶拈相謔句，始憐芍藥異凡花。

濯濯新姿帶月深，便移輕舠就濃陰。蕃釐花徒瓊無種，蜀國琴挑曲有心。展罷縹緗存粉指，拈來絲竹廢清音。子皮自挈夷光去，爲謝君王與鑄金。

馮舒默菴遺稿卷六奉和錢牧翁六月初七日遇河東君四首敬同來韻：一船兩槳水悠悠，此日盧家載莫愁。往事車前驚捍臂，新心松下結從頭。鏡開貌足兼桃李，天遠槎疑犯斗牛。翻笑鄂君情事淺，等閒擁被便同舟。

謾言三十六鴛鴦，未抵驚魂一片香。漢渚不嫌空解珮，宋家應歎枉窺牆。燭光高下迷瓊樹，月影參差妒玉堂。素女撫心天老笑，人間何物不昌昌？

清陰交陌是兒家，路直章臺去未賒。久自攀條看拊馬，不勞投合駐行車。同心帶綰人如月，並口栀流酒似霞。鶖子莫誇多智慧，天衣此夕有粘花。

寶扇初開夜色深，花釵雲鬢出山陰。驪駒昔拒城南騎，綠綺今調客右心。繡帳乍寒成喜夢，鳳簫同奏是仙音。雞聲莫報天河落，此夜星光寸寸金。

棗林雜俎和集："雲間許都諫譽卿娶王修微、常熟錢侍郎謙益娶柳如是，並落籍章臺，禮同正嫡。先進家範，未之或聞。"

又作催妝詞四首（初學集卷二十）。

東山酬和集卷二許經和詩：秀泖遙通銀漢潮，先期一月鵲塡橋。妝樓那有炎歊到，玉女頭盆雪未消。

莫是前身柳七郎，曉風殘月玉人傍。要將學士新詞比，恰好橫江雙鶴翔。

作賦登高未易才，香奩新樣玉臺開。更將補衮彌天線，問取針神薛夜來。

勳名千古說汾陽，織女空中受記詳。今日雲輧映雙好，柳星奎宿兩輝光。

許經，字令則。華亭人。師陳繼儒。工曲，有擲杯記傳奇。

又周永年和詩：白龍潭古鵲橋虛，取道鴛湖聚戲魚。那得直逢牛女夕，始教隔巷看停車。

柳姓曾聞賜作楊，垂條飛絮攪人腸。而今一任三眠起，松柏同心綰帶長。

鼓將錦瑟曲聲和，不數吳娃子夜歌。江上數峰青似黛，算來猶未及雙娥。

紈扇紗幃逗晚烟，月和花燭共嬋娟。同心梔子甘蕉葉，題罷還堪詠晝眠。

又周永言和詩：黃雀風吹雨灌枝，錦帆開葉棹歌遲。金鈴簪向宮妝好，採取衣香入酒巵。

窗外長條蘸碧流，鬢雲眉月鏡中收。染花奩底從容簡，拈得飛環喜並頭。

沈虬河東君傳："辛巳六月，虞山於茸城舟中與如是結縭。學士冠帶皤髮，合卺花燭，儀禮備具。賦催妝詩，前後八首。雲間縉紳，譁然攻討，以為褻朝廷之名器，傷士大夫之體統，幾不免老拳。滿載瓦礫而歸，虞山怡然自得也。"

鈕琇河東君："辛巳初夏，結縭於芙蓉舫中，簫鼓遏雲，麝蘭襲岸，齊牢合卺，九十其儀。于是三泖薦紳喧焉騰議，至有輕薄之子擲磚彩鷁，投礫香車者。宗伯吮毫濡墨，笑對鏡臺，賦催妝詩自若。"

蕭士瑋有書賀喜。

蕭士瑋春浮園集卷下與錢牧齋："坡公晚得朝雲，竟是一禪悅之友，情之所至，一往而深，然情非深不能忘。漫堂兮美人,忽獨與予兮目成。此是千古歇情之方,特未可爲不及情者道耳。"此書不知年月,疑在本年。

八月十三,梅之煥病卒,年六十七。

初學集卷七十三梅長公傳:"長公嘗言:吾於天下有三友,虞山如龍,應山如虎,臨邑如象。"又云:"崇禎初,客或語予曰:'政將及子,滅奴蕩寇,策將安出?'余曰:'用孫高陽辦奴,用梅長公辦寇,天下可安枕矣。'"二人相知如此。應山即楊漣,臨邑即王洽。

秋,因趙士璜結交匪類,聚衆聲討。

趙士春昨夢録:"(辛巳)是秋,邑紳錢、瞿忽搆五衢之下,聚衆千人。余適入郡,府廳皆言,因謁新按君宗諱敦一,四川宜賓人。先中憲守敘州時識拔。云三弟名在渠魁内,余力辨烏有,且以情懇,謂捕逮所及,必驚老母,謁撫臺,亦如之。三弟得免,而陸、嚴二氏俱罹刑責。然三弟不以爲德,而匪類交遊,卒亦不改。"

趙士璜(1603—1666),字介之。士春三弟。

外戚田弘遇奉詔進香泰山,又渡南海,謁普陀,還朝索詩,作詩一首爲贈(初學集卷二十)。

田弘遇,陝西人,以女田貴妃,官至都督府左都督。

有學集卷四十天童密雲禪師悟公塔銘:"崇禎十四年辛巳,上以天步未夷,物多疵癘,命國戚田弘遇捧御香,祈福補陀大士。"

棗林雜俎:"辛巳,(弘遇)來江南,過金陵,收子女珍異亡算。故大學吴興茅元儀妾楊宛,本吴娼也,善琴書,弘遇至茅氏,求出見,即脅以歸。"

秋夕,作燕譽堂詩一首(初學集卷二十)。

秋夕,燕譽堂談及舊事,不勝感慨,作詩一首(初學集卷二十)。

中秋日,攜柳如是出遊,次去年冬日泛舟韻二首,柳如是和之(初學集卷二十)。

> 柳如是和詩:秋水春衫愴暮愁,船窗笑語近紅樓。多情落日依蘭櫂,無藉輕雲傍綵舟。月幌歌闌尋麈尾,風床書亂覓搔頭。五湖煙水長如此,願逐鴟夷汛急流。
>
> 素瑟清尊迥不愁,柂樓雲物似粧樓。夫君本自期安槳,有美詩云:迎汝雙安槳。賤妾寧辭學泛舟。燭下烏龍看拂枕,風前鸚鵡喚梳頭。可憐明月將三五,度曲吹簫向碧流。

九月,周延儒再次入閣爲首輔。

九月,作張元長墓誌銘(初學集卷五十四)。

> 即張大復墓誌。文云:"娶顧氏,生三女,無子,以弟之子桐爲子。桐有文,能筆授君所著書。天啓五年,自爲誌文而卒。桐二子安淳、守淳,以崇禎十四年九月葬君於祖塋,持歸昌世行狀來請銘。"

九月十三日,鄭敷教母錢氏卒,爲作墓表。

> 桐菴年譜卷上崇禎十四年:"秋九月十三日,錢太君見背,年八十七。君一世女師,門人輩皆感而頌之,略載殷學新建姜公墓誌銘,宗伯海虞錢公墓表。殁時宗黨鄰舊無不傷悼,男子哭於巷,女子哭於機也。"按:牧齋所撰墓表未見,且繫此。
>
> 鄭敷教(1596—1675),字士敬,號桐庵。長洲人。崇禎二年(1629)舉人。入復社。入清後不仕,與楊廷樞、陸坦、

許元溥並稱吳門四孝廉。卒後,弟子私諡貞獻先生。

九月,避客南湖,毛晉爲開法筵祝壽。

有學集卷十己亥正月十三日過子晉湖南草堂張燈夜飲追憶昔遊感而有贈凡四首自注:"辛巳九月,余六十初度,避客南湖,子晉爲余開法筵,供貫休十六應真,爲余祝筵,坐客有戈莊樂、李孟芳、孫子長諸君。今同矍圃之觀人,去者半矣。"

毛晉和友人詩首春日錢夫子枉棹隱湖,懷舊感新,示教四章,敬步原韻酬謝其二自注:"辛巳秋,祝延法席,遐邇弘道明教之士往往效法。明年師八十矣,再申前請。"其三自注:"巳秋夜半,送師至湖口而別。"

有學集卷二十七毛子晉六十壽序:"往余六十初度,謝客湖南,子晉爲設南岳應真像,清齋法筵,唄讚竟日。"

牧齋外集卷十慧命篇贈孟昉世友四十稱壽:"吳人生辰爲壽,徵笙歌、製屏障、多宰殺,以供長筵。余年六十,子晉爲伊蒲饌,供養貫休羅漢像,焚誦竟日。吳人至今以爲美談。"

孫永祚爲詩上壽。

孫永祚雪屋二集卷三壽錢宗伯牧齋師初度:"嶽降生申日,郊禖誕契年。東華承日色,南極映星躔。江左謝安石,洛中張茂先。學成王佐器,獻贊帝謨篇。巍甲龍墀步,絲綸鳳沼還。淵雲才似海,燕許筆如椽。道濟生民溺,文垂一代傳。洪鐘隨叩擊,大冶盛陶甄。玉鉉資調燮,青蠅起捷翩。德高翻有忌,望重豈無顛。赤舃居東似,柴車入洛然。懷香空谷媚,韞璞玉山鮮。北斗瞻標聳,東山着屐便。板輿嘗奉母,花洞或遊仙。夜月絃歌第,春風書畫船。侍書嬌秉燭,掌記豔移牋。詩癖閒能註,書淫老更專。弘文昭日月,餘墨落雲煙。式士模楷久,憐才吐握虔。高山誰不仰,大匠總無偏。憂樂關天下,行藏寄日邊。祥麟追繡綍,威鳳照瓊筵。露湛金莖白,霜凝玉杵玄。節符冀英九,歲祝大椿千。金鏡丹心在,銀絲素髮卷。忠門傳武肅,壽裔本彭籛。縱有雲霾日,終須楫濟川。科名真不媿,視履正其旋。道契松喬上,功期伊呂前。白雲封不住,黃閣去朝天。"

阮大鋮作壽錢宗伯牧齋六十。

詠懷堂辛巳詩卷上:"拂水流雲細有聲,藥壺駐景夜長清。浮榮薄視魚鬚笏,凡響平聽鶴背笙。弟子芬陀皆品列,文章黍米已丹成。磻谿不待頭垂白,早爲投竿答聖明。

虞山露下紫英香,好採秋英實絳囊。火撥懶殘新榾柮,風傳弘景舊松簧。合修淨土龐居士,高枕爐峯白侍郎。只恐世緣應了取,莫將煙火視平章。

又范景文范文忠公初集卷十一壽錢牧齋宗伯,不知作於何時,附此:鴻渚天留碩果身,平章三徑裕經綸。名尊師表門仍廣,身待時清道可伸。帝夢築巖思舊履,臣心補袞感蕭晨。海虞蒐整東山弈,莫向秋江問采蘋。

冰霜歷盡歲寒心,玄鬢依然雪未侵。甘谷花香堪煉鼎,尚湖潮長可飛霖。匡時大業春秋富,砥柱狂流日月深。群望調元需妙手,雲開指顧掃沉陰。

歸莊代兄爾復作壽錢牧齋先生三十六韻(歸莊集卷一)。

歸莊(1613—1673),字爾禮,又字玄恭,號恒軒。明亡后,更名祚明,或自稱歸藏、歸妹、歸乎來、懸弓、園公、鏖鏊鉅山人。崑山人。昌世子,有光曾孫。諸生。清兵陷南都,在崑山倡義舉兵。城破,亡命山中,改僧裝,自號普明頭陀。生平最善顧炎武,俱不諧於俗,有"歸奇顧怪"之目。詩古文無不工,擅墨竹,尤工書。

歸繼登(? —1645),字爾復。昌世三子。崇禎六年(1633)舉人。順治二年(1645),官長興教諭,爲亂民所殺。

詩云:"我我高山石,鬱鬱歲寒柏。石懷作礪姿,柏材中尋尺。南國生重器,大年自天錫。公以文章顯,方壯名赫赫。奉命校越士,甄採多良璧。貂璫屬搆難,同朝恣排擊。黨錮局已成,清流禍方劇。欲罪其無辭,掉頭甘削跡。新朝初賜環,澄清爲己責。恢奇勵志氣,慷慨披肝膈。朋黨非所諱,官僚自夷跖。四方仰風采,天子虛揆席。僉人相傾軋,倉卒挺矛戟。浮雲蔽陽暉,雨露成霹靂。一蹶遂十年,仕路久乖隔。高卧謝安居,著書揚雄宅。尺蠖敢求伸,庶曰無禍謫。豺狼既當道,草間生虺蜴。陷穽非尋常,犴狴自夙昔。哲人念劬勞,前聖厚清白。神明之所助,天心竟回易。一朝誅羣兇,恩命猶靳惜。將以老其才,公今已耆碩。策名三十載,憂危甚福澤。太行與瞿塘,一身飽所歷。聲名李杜齊,文章燕許敵。姚崇工救時,王珪善揚激。國運當昇平,公豈山中客。惟公重聲氣,終始敦蘭藉。吾父稱久交,衰年愧疏逖。某也辱顧盼,駑蹇賴驅策。今世重覽揆,拜賀通疎戚。堂上挂兕觥,堂下傾餘瀝。恒人祈壽耇,君子頌聲蹟。爲公敘平生,他年光史册。"

又作書拜師(歸莊集卷三)。

書云："今莊之於閣下,實願北面相師焉。莊生平經術則師故翰林張天如先生,以從遊時晚,未得窺其精;詩賦師家公;理學則難其人,久聞黄詹事、劉、張二都御史、程處士,得濂、洛之傳,恨俱未識面;至文章一事,則嚮往閣下數年於兹矣。"

據上文,歸莊作書時張溥已死。又歸莊集卷八祭錢牧齋先生文:"二十餘年,談經問字。"推敲其年月,繋於此。

十月朔,作湯孺人墓誌銘(初學集卷五十九)。

墓誌云:"葬以崇禎辛巳十二月朔,余之敘而銘也,惟十月朔。"孺人為新安吴維祺、吴維則母。

十月望日,跋一笑散,考訂為章丘李開先作(初學集卷四十一)。

一笑散乃何士龍家藏鈔本,作者不詳,因作此跋。

十月二十九日,作蘇州府修學記(初學集卷四十一)。

碑尚存,太原王節書丹。文云:"司理平湖倪君朔望瞻謁,周視而歎曰:'吾何忍坐視學官之廢,安得精彊廉辨之士,為我仔肩是役者乎?'熟視諸生王一經曰:'無以逾子。'一經再拜受命。乃約胄子諸生之賢者周茂蘭、吴銛、朱壽陽、徐樹丕等勾會計庸,不以一錢經胥史手,消功單賄,則三千金可辦也。以復於倪君,倪君曰:'諾。'盡捐其贖鍰以應。而後先開府、巡方諸公,暨郡邑之長,皆有佽助。經始於庚辰夏四月,凡五月而告成。祠廟矗然,樓閣翼然,堂宇巋然,締構堅緻,彤髹駁蔚。乃八月既望,太守陳君暨倪君行釋菜禮於啟聖祠,子弟駿奔,耋老歎嗟。禮成而退,郡之孝秀數十人踵門而請曰:'願有記也,以無忘倪君之功。'"倪即倪長玘,知府陳弘謐。

王節(1599—1660),字貞明,號惕齋。吳縣人。崇禎十二年(1639)舉人。周順昌被逮,節等質問毛一鷺,直斥其奸,坐罷官禁錮,奄黨敗,得還。順治中,除桃源縣教諭。工詩畫,構別業於雁岩古里,名小輞川,以摩詰後身稱之。著有惕齋詩稿。

王一經,字予傳。順治五年(1648)舉人。官延津知縣。

周茂蘭(1605—1686),字子佩,號芸齋。順昌子。復社成員。嘗刺血上疏,以申父冤。明亡,杜門不出。

吳銛,事跡不詳。

朱壽陽,祖文子。周順昌被逮,祖文護送入京。順昌死,亦悲憤而卒。壽陽後因知府陳弘謐薦,授五經博士。

山曉閣明文選續集卷五評云:"六經言學,凡升秀論官,出師受成,胥於是在,至左右郊遂之移,則刑亦所不廢。中間於刑之輕重,諄復言之。蓋倪君刑官,而自任興學,故特爲比論以致美。行文典碩詳贍,皆摭六經之膏腴,而音節頓挫,卓然大雅,曾、王當爲遜席。前後提出文正,既見蘇學所自來,又得勉勵儒生意,文之高手,只在落想處過人。"

十月晦日,作憺歸閣記(初學集卷四十一)。

爲馮元飈父子而作。元飈父若愚,字大成。萬曆二十年(1592)進士。嘗官滁州知州,有惠政。死後,滁人建憺歸閣於醉翁亭側。後馮元飈再守滁州,欣慨交加,乃請牧齋作記。

馮元飈(1598—1644),字爾韜,號鄴仙。慈溪人。天啟二年(1622)進士。官至兵部右侍郎。京城破,兄元飆憂憤死。十日,元颷亦卻食而死。

山曉閣明文選續集卷五評云:"太僕偶然吟詠,欲搆一閣,而詘於物力,逮身後而僅得之。二子成進士,次公復與同官,皆機緣之奇巧者。此文記憺歸閣,先從閣之未成寫作無限冀幸情致,閣之既成,則又只就父子媲美,詠歎淫泆而出之。蓋世間外物,俱屬有盡之數,獨清名與盛德,可垂不朽。以此推崇太僕父子,覺茲閣之建置,猶在可緩,而惟作述重光,爲足頌也。文字能見其大,自不同於繁靡細響。"

十月(良月),孫愛持黃淳耀文請序,作黃蘊生經義序(初學集卷三十二)。

序云:"兒子孫愛自家塾省余山中,奉其文三十篇以請曰:幸一評定之。"康熙天蓋樓刻本黃陶菴先生全稿有牧齋此序,署"辛巳良月,虞山錢謙益書於燕譽堂之優曇閣"。

十月廿一日,作琴水課義序(牧齋外集卷五)。

敘云:"今毘陵蔣先生來署教職……于是進諸生而躬振董之,考之以文,稽之以行,日有程,月有要。士子彈冠振衣,瞿胅顧化,彬彬乎,或或乎,將有聞矣。于是採擇其課蓺之尤雅者付梓,以爲唱導,而屬余序之。""良月",一本作"六月"。

乾隆常昭合志卷六職官:"(崇禎)十三年,蔣星煒,字槎長。武進人。舉人。陞蕭山知縣。"

光緒武陽志餘卷十之三:"蔣星煒,字五聚。天啓七年舉人。令蕭山,有善政。解組歸,以詩畫自娛。"

和高名衡乘城記事詩八首(初學集卷二十)。

詩小序云:"崇禎辛巳,闖賊破雒陽,下汝、郟,乘勝趨汴。自二月十二日至十七日，并力疾攻者七晝夜。高君平仲以御史巡汴，乘城死守，窮百道禦之乃退，城幾陷者數矣。天子嘉其功，立命爲僉都御史，巡撫河南。平仲作乘城記事詩，自爲之序。余讀而偉之，乃次韻屬和焉。平仲之序曰：圍城中數瀕死，惟自分必死，故盡力守禦，不復反顧也。傳曰：畢萬，匹夫也，七戰皆獲。死於牖下，死不在寇，君子勉之。知言哉！偉哉斯言，可以辦賊，可以辦天下事矣。并記之以示能者。"原詩未見。道光沂水縣志卷十藝文有高名衡更生吟并序，乃取牧齋三良詩之高侍郎平仲拼湊而成。

高名衡（1583—1642），字平仲。沂水人。崇禎四年（1631）進士。任如皋、興化縣令，擢雲南道監察御史。十四年二月，以御史巡汴，李自成來攻，率衆抵抗。兵退，陞兵部右侍郎。因病歸里。清兵破沂水，與妻張氏自殺殉國。

作長干行寄同年鄭之文（初學集卷二十）。

鄭之文，字應尼。江西南城人。萬曆三十八年（1610）進士。官真定知府。工詞曲，嘗與吳兆作白練裙傳奇，譏諷名妓馬湘蘭，傳唱一時。

列朝詩集丁七鄭太守之文："應尼與吳非熊輩，作白練裙雜劇，極爲譏調。……定襄傅司業清嚴訓士，一旦召應尼跪東廂下，出衣袖一編，擲地數之曰：'舉子故當爲輕蛺蝶耶？'收以榎楚，久之乃遣去。應尼舉進士，傅公爲北祭酒，介余往謝，過公一笑而已。應尼官南部郎，稍遷至□□太守，免歸。崇禎末，余作長歌寄之，有曰'子弟猶歌白練裙，行人尚酹湘蘭墓'，應尼亦次韻相答，是後寂不相聞矣。"牧齋所作即此詩，而文字與列朝詩集所載略異。"子弟猶歌白練裙,行人尚酹湘蘭墓",此詩作"游人尚酹湘蘭墓,子弟爭翻白練裙"。

作詩贈建昌痔醫黃岐彬（初學集卷二十）。

黃岐彬,生平不詳,精治痔瘡。張溥亦有贈詩,見七錄齋合集卷四,其詩序云:"張子受先患下漏數年,延醫治之,歲數易,轉劇。適揭萬年以吳子人撫言,導元廣昌黃岐彬先生來,旬日立愈。婁人莫不驚喜,以爲絶神。余賦詩紀之,兼邀諸同人各贈一篇,以壯其行。仙人非遠,世固有之,是可歌也。"

十一月朔日,爲顧苓作復介石書院記（初學集卷四十一）。

介石書院,爲顧苓高祖顧存仁所建,李攀龍爲之記。後被僧人占用,顧苓請官逐僧,而復故祠,請牧齋重新作記。

顧苓（1609—?）,字雲美,號濁齋居士。長洲人。潛心篆隸,精鑒金石碑版。明亡,避居虎丘寺西塔影園。室懸崇禎御書,時肅衣冠再拜。著有金陵野鈔、塔影園集。

十一月十二日,接待刑部咨文,蔡奕琛上疏稱遭復社諸人誣陷,上下旨令錢謙益、張溥、張采回話,謙益作遵旨回話疏,否認與復社有連。

復社紀事:其十一月,蔡奕琛以賄國觀前事被逮訊,不肯入獄,抗章自訟爲復社人構陷,以舊邑令丁煌語爲徵,取復社或問及檄增益上之,且因此以并攻虞山,曰復社殺臣,謙益教之也。陽羨方敦趣在中道,時相爲調旨責三人具對。錢謙益曰……上覽其詞直,置弗問,而奕琛坐本罪論戍。

初學集卷八十七遵旨回話疏:"頃於十一月十二日接得

刑部咨文，内開原任刑部侍郎蔡奕琛奏，爲再陳神通廣大等事。奉聖旨，復社一案，屢奉明旨，延捱不結，明有把持。今觀復社或問及十大罪之檄，倚妄奸貪兼備，於人才治亂，大有關係，何可不問？張溥、張采、錢謙益殊干法紀，俱著回將話來。……臣於復社，有無干涉，不容不力辯於聖明之前者，敢矢心瀝血，爲皇上縷陳之。奕琛疏稱張溥首創復社，臣中萬曆庚戌科進士，溥中崇禎辛未科進士，相去已二十餘年。結社會文，原爲經生應舉而設。臣以老甲科叨冒部堂，何緣廁跡其間？其不容不辯者一也。復社或問係原任蘇州府推官周之夔所作，及徐懷丹十大罪檄原本具在，未曾隻字及臣。若臣果係復社，則之夔何不先指臣，直待奕琛始拈出耶？其不容不辯者二也。復社屢奉明旨察奏，亦未曾有臣姓名，屢旨見在御前。其不容不辯者三也。復社一案，聞往年撫、按回奏，已經部覆。臣方被逮在京，無縁與知。其有未經回奏者，事在所司。有無把持，諸臣見在可問。其不容不辯者四也。復社自復社也，臣自臣也，奕琛欲紐而一之，而無端插入一語，曰謙益發縱，此所謂捕風捉影也。其不容不辯者五也。復社自復社也，奕琛自奕琛也。復社自有周之夔之案，奕琛自有薛國觀之案。奕琛又欲紐而一之，而曰復社操戈，繇臣指授，此所謂桃僵李代也。其不容不辯者六也。臣雖愚陋，亦素講君臣之大義。四方多故，聖主側席，謂中外臣子，皆當以報恩讎之心報君父，以剪異己之心剪奴寇，勿沽直以邀名，勿背公而植黨。此臣朴忠一念，退不忘君，可質鬼神者也。顧坐以遥執朝權，黨同伐異，則冤而又冤，誣而又誣矣。其不容不辯者七也。果如奕琛言，則臣等真江南之大蠹也。官於江南者,與生於江南者,是不一人,何皆暗默不言?豈舉朝之臣子皆朋黨不忠,而獨奕琛一人忠乎?抑亦居官任職時不忠,而負罪之後乃忠乎?其不容不辯者八也。此八者,事理昭灼,確有證據,聖明在上,一覽了然,臣豈敢隻字支飾哉!"

張采知畏堂文存卷一具陳復社本末疏:"惟復社一案,責張溥及臣回奏,惜溥已死,臣謹齋沐陳之。……若復社之起,臣已爲縣令,不預諸生事。張溥時猶未第,故選社文,以臣向同硯席,代臣作序。及溥成進士,而臣已病廢矣。……乃夏五月初八日,溥病身死,惟臣僅生。謂復社是臣事,則出處年月不符;謂復社非臣事,則溥實臣至交,生同砥礪,死避羅弋,負義圖全,臣不出此。……至于或問及罪檄,此忌溥者羅織虛無,假名巧詆,不惟臣生者不聞,亦溥死者不知。若使徐懷丹果有其人,臣願剖心與質;倘其人烏有,則事必誣搆。"

又瞿綬鈔本東澗尺牘有謝友人招飲書:"此時回奏疏未出,孤臣心事,不勝悚仄。見賓客,與燕會,佚然自得,非所宜也。賤性殊爲曲謹,憂患之中,屏居獨處,以岑寂爲安,尤不耐飲食徵逐。故雲旌之招,敢苦相辭,非敢爲固以方命也。徼天之幸,得保無事,覯光天而遊化日,當亦有時,幸少徐之可耳。"大概亦作於此時。

歸莊聞之,有詩寄張采、牧齋。

歸莊集卷一感事寄二受翁二首:中原三輔枕戈矛,婁水虞山事未休。固料生死難別異,亦知名實費吹求。黃巾黨錮雙垂淚,白馬清流一繫愁。天若祚明無此事,會聽雲外迅雷收。

> 欲加之罪豈無辭,惟德成鄰乃見疑。經世文章誠足用,謀深儒術故非時。病聞妙道加餐穩,鄉入溫柔娛老宜。婁東受老方卧病,虞山受老初納河東君。寄語青蠅莫變亂,他年良史定無私。

江上聞梅之煥訃,作詩二首(初學集卷二十)。

小至日,攜柳如是至京口,作詩一首,柳如是和之(初學集卷二十上)

> 柳如是詩:"首比飛蓬鬢有霜,香奩累月廢丹黃。却憐鏡裏叢殘影,還對尊前燈燭光。錯引舊愁停語笑,探支新喜壓悲傷。微生恰似添絲線,邀勒君恩竝許長。"

> 蕭士瑋春浮園詩集錢牧齋寫京口唱酬詩相寄,戲次其韻:疎林白墮隕微霜,斜倚銀牀覆井黃。與子風流成寂寞,爲郎憔悴減容光。凌波露濕環聲度,繞樹月明弓影傷。嚲鬌修蛾橫遠黛,向誰描畫闘眉長。

寄榆林總戎杜文煥詩一首(初學集卷二十)。

冬至前後,在京口舟中,感懷時事,作詩八首(初學集卷二十)。

> 初學集卷四十四韓蘄王墓碑記:"辛巳長至日,余與河東君泊舟京口,指顧金、焦二山,想見兀尤窮麼打話,蘄王夫人佩金鳳瓶,傳酒縱飲,桴鼓之聲,殷殷江流澒沸中,遂賦詩云:'餘香墜粉英雄氣,剩水殘雲俛仰間。'相與感喟欷息久之。"即此組詩第七首。

> 其五"項城師潰苦無衣",錢曾註云:崇禎十四年辛巳五月十九日,上出故大司馬傅宗龍于獄,拜兵部侍郎,爲秦督,

專討自成。宗龍以六月入關,與巡撫汪喬年謀所以平賊。上又遣保督楊文岳率虎大威軍與宗龍會勦。宗龍率李國奇、賀人龍軍出關,遇文岳。九月初四日,至新蔡,命軍中結浮橋渡河,合兵趨項城。是日自成亦過河窺汝寧,二督宿龍口,賊覘我軍至,盡匿精銳林莽間。己卯,二督兵至孟家莊,諸將解鞍休士,賊突出搏戰。賀人龍兵先潰,李國奇亦偕虎大威、陳監軍同奔沈丘。兩督自以親軍與賊相持,傅營于西南,楊營于東北。是夜,保兵潰,文岳奔項城,次日奔陳州。秦督慷慨誓死,猶立營當賊壘。初九日,飛檄人龍、國奇以兵還救,二將不應,亦奔陳州。自成見無外援,穿濠困之。十一日,糧盡,殺馬食。十五日,馬亦盡。十六日二更,開營突圍,師大潰。宗龍以十九日未至項城八里,被執,賊擁之趨城,偽稱秦督軍,宗龍大呼曰:"此賊也,身是傅督師,不幸落敵手,城上速用礮擊,毋墮賊計。"賊以刀斫傅右脇傷,抉兩目,削鼻。礮聲起,賊退。家人盧三負其屍入城,乃絕。喬年聞傅死,痛哭曰:"討賊無人矣!"十一月,誓師出關。時自成圍偃城急,聞喬年出,厲色憤踴曰:"此發吾祖塚者。"遂解偃城圍,悉兵逆戰。初,喬年撫秦,上密令發自成祖父塚。米脂令詗縣役有詭孫姓者,實自成族,執而加拷焉,曰:"吾祖墓去此二百里,在萬山中,聚而葬者十六塚,中一塚,始祖也。相傳穴爲仙人所定,燃鐵燈于壙中,曰鐵燈不滅,李氏當興。"如其言跡之,山徑仄險,林木晦黑,果得李氏村。村旁壘壘十六塚,中一塚,發之,鐵燈尚熒熒然。斲其棺,骨青黑色,毛被體而黃,腦後一穴如錢大,中盤赤蛇,長三四寸,有角,見日而飛,高丈許,以口迎日而吞咋者六七,反而仍伏。喬年乃函臚骨并蛇腊之以聞。後賊矢著其目,舉事無成,蓋天使之也。自成恨喬年甚,攻戰益力。五日而襄城陷,喬年自刎不殊,與李萬慶俱被執見殺。萬慶者,乃降將射塌天也。

仲冬,作壽衛母張孺人五袠華誕序。

常熟衛氏家乘載此文:"今上辛巳仲冬之廿九日,爲孺人設帨之晨。其鄰好張子輩,諗予言爲壽,封人之所稱說,余無容贅辭矣。"張氏爲衛守誠之妻。守誠,字見魯。早年學儒,後棄去,爲郡掾吏。

十一月(暢月),柳如是作書鎭一。

光緒盛湖志補卷三:"柳如是青田石書鎭。石長二寸五分,廣二之一,刻山水亭樹。款云:'倣白石翁筆。'小篆頗工緻,面鐫'崇禎辛巳暢月,柳蘼蕪製'。"此書鎭題詠者甚多,然陳寅恪以爲柳如是已嫁牧齋,不得再稱蘼蕪,必是僞品。

孫朝讓生子,作詩四首賀之(初學集卷二十)。

半塘雪中次東坡雪後書北臺壁韻二首(初學集卷二十)。

孫永祚雪屋二集卷三此時亦有村中和坡公北臺詠雪韻二首、寶綸堂又和東坡詠雪韻二首。

十二月,作刻鄒忠介公奏議序(初學集卷三十)。

序云:"公歿,閩人林銓,字六長,手鈔得其奏疏五卷。每出游,并其所作詩卷貯篋衍中。崇禎乙亥,銓客潛山山谷寺,流賊卒至……銓盡棄其資斧,取忠介奏議及其詩卷縛兩肘……又七年自越游吳,典衣賣文,少有剩餘,盡付梓人,鏤版以傳于世,而屬予序之。"初學集此文署"崇禎辛巳十二月",奏議刻本則作"崇禎辛巳陽月十二日",此從初學集。錢孫愛參與校訂。

陳子龍鄒忠介公奏議序:"吉水鄒忠介公奏議,海内率有藏本,閩士林君銓裒而梓之,凡若干卷。"

黄漳浦集卷三十八古長歌贈别林六長再入虞山詩:"君不見虞山錢牧齋,盤阜丘壑生雲雷。譬之古柏千百丈,群鶴衆鵲争徘徊。大枝偃蹇託華棟,小枝磊砢支高臺。去年吾友劉漁仲,雪柱冰車話寤夢。一言契以黄金千,明月之珠坐相送。今年吾甥朱伯憨,下床答拜哀甥存。每道漳江無死理,仰天灑酒行逡巡。昨日又見林六長,賈孟新詩被欣賞。短歌贈别百餘字,字字爲我開悲愴。文章有道交有神,木門柳下皆路人。史遷中身已破綻,杜甫晚歲多酸辛。幸有牧齋得相識,詞林先輩同太息。珊瑚鐵網玻璃心,吞血相看未化碧。爲君取酒爲君歌,錦帆往往蒙青蓑。冬衣吉貝夏衣荷,蕈鱸適意知誰多?歸語虞山酹山阿,虞山亦奈蒼生何!"

十二月,作翰林院編修趙君室黄孺人墓誌銘(初學集卷五十九)。

黄孺人(1600—1635)爲黄時雨之孫女,趙士春之妻。墓誌云:"崇禎辛巳十二月,翰林院編修趙君景之葬其妻黄氏於桃源澗祖塋之左,手疏其内行而來謁銘。"

十二月,爲作瞿少潛哀辭(初學集卷七十八)。

瞿氏家乘卷四有牧齋此文,末署"辛巳嘉平月,通家友人彭城錢謙益撰"。少潛即瞿式耒。

冬日,書朱治憪寇徐記事後(初學集卷八十四)。

山曉閣明文選續集卷四評云:"文人而留心時務,曉暢兵機者,無踰坡公,讀徐州上皇帝一書,於此方知慮患豫防,致備申警,纖悉畢具。其見於他著者,亦往往而然。子暇文雅書生,而身履戎行,凡籌畫論列,無不與坡公合契。嗟乎,平居無綢繆桑土之思,緩急遂有瓦解莫支之勢,襄、錐已事,可爲寒心。書此於册,非以表章子暇,蓋爲謀國者垂訓也。夫有才而不用,有策而不收,及乎變出非常,乃始當寧扼腕,致歎於任事之無人。豈真無人哉,抑有人而不知收用也哉!"

十二月,作邵幼青詩草序(初學集卷三十二)、邵梁卿詩草序(初學集卷三十二)。

次戈汕六十自壽詩韻,兼簡李毅,以三人皆壬午生也(初學集卷二十)。

十二月二十八日,作明發堂記(初學集卷四十五)。

記云:"予之營斯堂也,財一年而有急徵之禍,縶踰年而歸,歸而廬於此也。……廬居後之三年,涂月二十八日,謙益謹記。"牧齋十一年五月歸家,廬居在此三年,即十四年,故繫此。

山曉閣明文選續集卷五評云:"堂爲墓舍,題以明發,表孝思也。故起結都重示子孫意。前幅詳寫景色,不是誇張美麗,只要見此堂構之爲難得意。後幅回思廬墓,不是一味感懷,亦只要見此堂居之不易安意。合兩路來,以動子孫之深念。若作一篇美麗文字,或作一篇感懷文字讀,便於作者之意,全未夢見。"

黃公渚評云:"明發堂記,起筆簡練,寫景及磵水一段,酷似柳宗元山水諸記。後幅寫廬居時之感謝,酣恣淋漓,迷離惝怳,極文章之能事。"黃氏繫年在上年。

又作花信樓記(初學集卷四十五)。

　　樓在墓道東偏,撤耦耕堂而建,後爲拂水,前爲秋水閣。

　　山曉閣明文選續集卷五評云:"樓名花信,明是樹衆射之的,以爲之招也。況拂水之磵,爲游人所輳集乎?借誘字增出奪字,寫得人情物理,適於自然,即有斯樓者,亦皆在誘奪之中。如此天真爛熳,只須以酒澆之。行文容與娟麗,丰姿秀逸,幾欲與拂水爭妍。"

除夕,按例作詩一首(初學集卷二十)。

　　按:陳寅恪以爲柳如是留蘇養病,居張世偉泌園,未回常熟度歲,全無證據,亦屬妄猜。

本年,黄淳耀辭館。

　　陶菴先生年譜:"十四年辛巳,先生年三十七歲。館虞山。先生自至虞山,牧齋待以殊禮,序先生文稿,推尊甚至。先生終心薄其爲人,因作見義不爲及鄙夫題文示意,遂辭去。"年譜肆意詆毁,不可信。牧齋爲陶文作序在本年後,且弘光時,黄淳耀尚有感事書懷寄錢宗伯五十韻詩,鄙薄何來?

本年,顧大韶去世。

　　初學集卷七十二有顧仲恭傳,當作於此後不久。大韶卒年,見錢陸燦調運齋文鈔清故文學顧任伯墓誌銘:"蓋余之交於顧氏五世矣,崇禎十四年,哭爾高伯祖仲恭公,吾師也。"

　　又牧齋先生尺牘卷二與湘靈:"仲恭非死於其弟,乃死於其兄也。魚頭之論,言之詳矣。承示此舉,知爲師門篤挚,他日立朝風槩,可以預期。老人倦息,惟有徬徨感嘆耳。"湘靈,即錢陸燦。

招某入山讀書,杭州陸圻亦至,與某相得甚歡。

威鳳堂集序:"歲在辛巳,余以牧齋錢公之招,讀書虞山。陸子麗京亦自虎林至,傾蓋定交。陸子有長句贈余,余亦答焉。時四方之士造請陸子無虛日,陸子不能盡應,則扃户謝之。而間道過余,相與陟烏目,汎昆湖,弋(戈)層霄之飛鴻,緡清流之游魴,曼歌長嘯,動搖江山。山中人皆望而異之。"

此序署名被挖,不詳何人。孫永祚雪屋二集卷二有與蔣棻、陸圻、黄淳耀同遊拂水詩,不知是其中一人否。

陸圻(1614—?),字麗京。錢塘人。吉水知縣運昌長子。與弟培俱有文名。著有威鳳堂集。同里陳潛夫起兵於越,圻走往共事。潛夫敗,匿海濱,再至福州,削髮爲僧。莊氏明史案發,繫獄中,久之得釋。後浪跡江湖,不知所終。

陸培(1617—1645),字鯤庭,號部婁。崇禎十三年(1640)進士。清兵至杭,殉節死。

本年,作玉宇戴府君合葬墓誌銘(牧齋外集卷十五)。

戴文瑯(1557—1638),字伯玉,號玉宇。爲戴元威從父,精於吏治,元威令臨淄,以之爲佐。妻袁氏。銘云:"以崇禎之辛巳,葬于虞山之巔,峯曰維摩。"因繫此。

本年,王鐸有書寄牧齋。

見擬山園選集卷五十二,文甚長,大意謂無緣相見,異日奉文請正云。中有句云"從今齡復四十,輳爲九旬",大概作於王鐸五十歲時,故繫此。

明崇禎十五年壬午(1642)　六十一歲

元日,讀晏殊壬午歲元日詩,次韻一首,後又次一首(初學集卷二十)。

瞿忠宣公集卷七次牧師元日雪詩:"準擬銷兵一挽河,朝天彷彿聽鳴珂。遥空早覺胡氛少,上瑞先占國慶多。豹尾千門連紫塞,龍驤萬斛遡滄波。搓瓊踏絮家家事,誰奈春醪尚凍何?"

又金敞亦有和詩,寫作時間不明。金閶齋集卷七次牧齋元日雪詩:"北風一夜捲銀河,散作寒花映玉珂。大地已看真面少,青山亦笑白頭多。竟將粉飾先春色,直欲漫空壓逝波。當道狐群縱無畏,其如窟穴已平何。"

金敞(1618—1693),字廓明,號閶齋。武進人。少負氣節,有經濟才。嘗從魯王海上,顛沛流離。清兵定浙江,乃易服歸里。

又作獻歲書懷詩二首(初學集卷二十)。

惠香別去,作留惠香、別惠香詩,又代作惠香答、惠香別二首(初學集卷二十)。

孟陬,作遊黃山記序(初學集卷四十六)。

黃山記共九篇,記去年遊黃山之事。記成,撰次為一卷,貽程嘉燧長翰山中。

黃公渚評云:"遊黃山記,描寫景物,逐步變換,間述人事,映帶有致,觀瀑一段,沈博閎壯,字字動盪,末以諧語作結,奇情逸興,飄然毫素間。按遊黃山記共九篇,今選第二篇。"

孟陬,作陳中丞時義序(牧齋外集卷三)

序云:"吾友旦融陳公,謝中州節鉞,杜門卻掃,橫經枕籍,家人莫見其面。而里中俊乂,執經問字者,户屨恒滿,欣然起而應之。布席函丈,離經辨志,斷斷然有洙泗濂雒之風。諸生間以時義爲請,見獵喜心,舐筆和墨,揮洒立就。諸生相與繕寫成誦,因以鏤版流布,則兹集諸篇是也。"末署"崇禎壬午孟陬,同里友弟錢謙益謹敍"。

正月,孫永祚爲作東山酬和賦。

孫永祚雪屋二集卷二東山酬和賦爲半野翁、河東君:"吴國王孫,金門仙史。登玉堂,拂蘭錡。冠天上之才華,攬人間之麗傀。既離憂而靡託,望北渚兮帝子。接太傅之風流,陳令公之聲伎。列屋兮粉黛,漫堂兮羅綺。怳若有思,黯若無視。未有疑豔質於鬼神,嫻雅步於詩禮,曠絶世而獨立,妙傾城而可喜者也。爾乃感意星妃,降精柳宿。驂青鸞以回翔,度弱水而邂逅。醜粉黛之容華,陋蘅麝在芳臭。素質凝脂,真香拂袖。皎兮明月寫秋天,燁兮春枝照春晝。容與藝林,跌蕩文圃。託微波以通辭,知不可乎遽就。詎目挑而心招,乃魄動而意授。於時東山陪展,葱嶺申情。唱白雪而遥訂,感紅顔以結盟。捧上壽之觴於椒頌,擁合歡之被於書城。芳心自許,密訊方成。猶有留連徙倚,偃蹇猶夷。乍離乍合,若信若疑。青翰同載,銀燭未移。削玉管而徵韻,量明珠以贈遺。悵春燈以惜别,指秋河以爲期。帶綰同心,恨垂條之尚短;煙含青眼,鎖纖眉而可思。分手涕洟,遊情鬱滯。西豀梅落,餘香未分;仙掌瀑懸,素練欲遇。浴湯泉懷如玉之温,登雲嶠望真仙之御。寄愁心以遥緘,託芳詞而先赴。暮雨不來,行雲何處。於是駕桂檝,理蘭航。沂洲渚,凌滄浪。流蘇百寶,鈿車七香。燒石葉以熏路,爛卿雲而催裝。客星犯斗牛之位,天姝降井鬼之傍。嬴女乘鸞向煙霧,天孫填鵲渡銀潢。連理枝頭,共宿女牀之樹;鬱金堂上,雙棲玳瑁之梁。花影拂箋,麗句斯在。玉聲度曲,清音未亡。記綢繆於三星,侍巧笑於一粲。刻珊瑚以作枕,染翡翠以飾幔。陪甲帳而橫陳,吹乙藜而染翰。綠華條脫,纖手宵分,紅燭簾帷,蛾眉夜半。朱鳥窻前,上官閣畔。青青長在,彩雲不斷。恣糾結以攀折,情綿邈而泮奐。豈若宋玉怳忽於夢中,江生彷象於水上。陳思感洛靈而空迴,相如擬神女而永歎者與?若夫誤曲引顧,秉燭挍文。笑倚柳枝而起草,醉扶桃葉而書裙。掌記紆憂於行役,援桴賈壯於從軍。萊公受諫於脩桃,學士鼓腹於朝雲。莫不紀一時之軼事,資千古之談芬。況良緣之非偶,洵佳人之難得。鏘和鳴於玉簫,諧婉變於瑤瑟。止禮義而不淫,等國風之好色。倚酬唱於曲房,傳風流於通國。寧芍藥之盈篇,競龍鸞之共織。雖靡濫於風人,亦不傷乎麗則。儷玉臺之新聲,猗彤管之有奕。"東山酬和集署"歲在壬午孟陬之月,門人孫永祚藁上"。

錢牧齋先生尺牘卷二與孫子長:"葺城詩和章盈帙,不必更煩仁兄。求作一小賦,冠於集端。以賦爲序,少變緣情之法,亦詞林一美談也。改詩乞即付下,但畧更字面可耳。"元夕,沈璜通訊牧齋,知東山酬和之詩,已編輯成集。

沈璜東山酬和集序:"壬午元夕,通訊虞山,酬和之詩,已成集矣。"

仲春十日,又自和合歡詩四首(初學集卷二十)。

又作春游詩二首(初學集卷二十)。

二月望日,沈璜爲東山酬和集作序。

沈璜東山酬和集序,署"崇禎十五年二月望日,吴門寓叟沈璜璧甫謹序"。

問徐增近况,徐增遂來相見。

徐增九誥堂集卷三牧翁師問余近况賦呈:"自憐老大只如斯,慚愧吾師往日知。負郭乏田惟藉研,匡時無術但吟詩。飄蕭甚類隨陽鴈,黯殺寧殊帶雨枝。病骨年來稱最古,飢驅不得杜門時。"

同卷牧翁師座上贈何士龍:"古人風采自堪思,雅量如君未易窺。數載神交纔對麈,片言心許即稱詩。耻於世路輕求友,喜在門墻更得師。因指琴川衣帶水,扁舟來往預爲期。"

卷二十八有沈璧甫贈牧翁詩跋:"昔草堂居士投王文正詩云:泰岳汾陰俱禮畢,者回好伴赤松遊。沈先生此作,預爲牧翁下一轉語,其標致不在草堂下,而牧翁較文正宏遠矣。"大概亦作於此時。

三月初三,許士柔去世。

士柔有兩子。長琪(1607—1671),字汝玉,號嘉生,因父蔭官饒州府推官,未赴;次瑶(1611—1664),字文玉,號蘭陵,又號竹广,順治九年(1652)進士,妻吴綃,著名女詩人。女二,一適翁憲祥之子毓章,一適瞿景淳孫式鼒。

三月,顧與治來請宋珏墓文,作宋比玉墓表(初學集卷六十六)。

文云:"金陵顧與治來告我曰:夢游與莆田宋比玉交,夫子之所知也。比玉殁十餘年矣，夢游將入閩，訪其墓，酹而哭焉。比玉無子，墓未有刻文，敢以請於夫子，興化李少文亦比玉之友也，巡方於閩，屬表其墓而刻焉，夫子其謂何？"

有學集卷四十九題顧與治遺藁："莆田宋比玉客死吳門，歸葬于閩。家貧無子，詩艸散佚。與治裹糧走三千里，漬酒墓門，收拾遺艸，請余勒石表其墓。"

顧與治詩集卷三虎丘舟次投錢牧齋先生：文章論得失，時運與低昂。今代尊夫子，精誠獻我皇。風流歸大雅，日月仰新光。莫道龍門近，從今始望洋。

耦耕堂裏客，宋玉獨堪悲。往問西州路，來徵有道碑。空山芳草墓，舊事荔支詩。不盡鍾情語，山塘分椑遲。時予入閩拜宋玉墓，先生許爲表墓文。

顧夢游（1599—1660），字與治。江寧人。幼號神童，八歲作荷花賦千言，然鄉試輒病。平生任俠好義，耿介自守。督學高去奢聞其才，使充崇禎十五年（1642）歲貢，終不就廷試。入清，杜門不出。

徐石麒有書來討論朝事。

徐石麒可經堂集卷十答錢牧齋："大疏至，即馳晤元公，元公訢然趨上，令部覆已及起用矣。初與孺老言，孺老遂力任昭雪，緝老似猶慎重，已而司擬看語，皆不用，獨自位置數語，極力表章，則元公之力也。世道清明，老先生宜速出而圖吾君，不然鳥散魚爛，其何艾焉？……考選諸公，皆克錚錚自樹，間有一二邪魔爲道，似無能爲。倪株山首擊德安公，疏繼起則其自賣破綻，殆非苛求。向非元公力救，則早爲韓城之續矣。今付廷議，詞義俱嚴，九列議中，已有情非八議之可原，法非考功所能盡，省臺又稍甚是矣。將來如何結局，亦國家之不幸也。"牧齋疏，應即去年復社之案所上遵旨回話疏。

崇禎實錄：(崇禎十五年夏四月一日庚子)禮科給事中倪仁楨上言，臣等初拜官，例候閣臣謝陞，言及兵餉事，謝陞忽曰："皇上惟自用聰明，察察爲務，天下俱壞。"陞位極人臣，敢歸罪天子。吏科給事中朱徽、户科給事中廖國遴亦劾之。上怒，命議處。

慟餘雜記言路伎倆："壬午考選，德州有搖動宜興意，恐新臺省嘯已，爲尼其事也，於諸君謁見時，極道皇上自作聰明，事事爲聰明所誤，言之娓娓。諸君側目而聽，出即有倪株山仁楨摭拾其言，謂爲誹謗。疏上，上大怒，下府部議，幾欲與韓城一例處分。既得旨，襒逐而已，舉朝稱慶。"

去年秋，楊彝喪子，今年夏初，園中忽長合歡竹一竿，友人皆來道賀，牧齋亦來問訊，楊彝作詩答之。

楊彝穀園集許子洽見寄合懽竹詩次答小序："余自去秋哭兒，不窺園數月。夏初，以賤誕禮懺園亭，夢無強一至，因艿竹得新篁一竿，下分上合，絕異常種。子洽攷曰：'合懽兆當孿子。'於是同人志喜，各有贈詩，余亦以次答焉。"

穀園集園竹喜見連理牧齋適問鳳基事并答："可如人意事，能得幾多連。浪說吾家產，驚奇別洞天。氤氲分合裹，廣漠有無邊。爲識相思種，仍參一味禪。班乎將比玉，截矣即同絃。邂逅非云偶，因緣倘在前。節當風特立，影落月交眠。起秀先芝草，幽真欲並蓮。比之君自一，曾似子多千。靈物雙雙出，詩歌紀代年。"

  楊彝子名静，字定夫。頗有文采，取張采之女。早卒，年二十二。張采知畏堂文存卷六楊生傳略："辛巳春病，適父陞江西都昌縣知縣，移家歸。夏七月，遂卒。"因繫此。

五月朔日，爲張溥立後，爲其嗣子取名永錫（初學集卷八十四題張天如立嗣議）。

  牧齋此文又見張溥七録齋近集附録，署："崇禎十五年壬午五月朔日己巳，虞山通家錢謙益再拜書於婁江舟中。"

  文云："天如館丈之殁也，諸執友議立後焉。論宗法，以次及次房之應立者，又於應立之中，推擇其稚齒便於撫育者。天如之母夫人暨其夫人，咸以爲允，諸晜弟皆曰諾。……嗣子生十齡，未有名字。諸公以狗馬之齒屬余，余爲命其名曰永錫，而字之曰式似。"

  張采知畏堂文存卷八庶常天如張公行狀："公一子，纔二歲，先公一年觴。死之日，僅一女，又撫外家女一。時妾有三月遺腹者，因不敢立嗣，越七月遺腹舉女，隨殤。於是按宗法，長兄一子，不得立，立次兄幼子，錢宫詹牧齋命名曰永錫，字之曰式似。"

五月，過江陰，斥責繆昌期子純白等，以其久不葬父。夜宿從野堂，作詩一首（初學集卷二十）。

  初學集卷五十五繆采璧墓誌銘："西溪之殁十有七年，蒙天子之恩郵十五年矣，而弗克葬。今年五月，余過江上，召諸子面數之，其語切直不可聞。采璧閔默不語，退而深自刻責，咄咄嘆詫，若無所容。"

五月望日，邵彌持周昔雍古學彙纂來，爲之作序。

  周昔雍，字芑烝。长洲人。著有古學彙纂、興朝治略等書。此書乾隆時因牧齋序被禁毀,現尚有存本。序云:"適邵生僧彌函一編貽余,余亟啟之,乃周子古學彙纂也。"末署:"崇禎壬午夏五之望,虞山錢謙益題於山塘舟次。"卷一卷端題"師古虞錢謙益受之父、鹿城顧錫疇九疇父評定。"

五月十八日,繆純白死,年五十七。

初學集卷五十五繆采蘗墓誌銘:"未幾屬疾,七日不汗而卒。"

江陰東興繆氏宗譜卷三:"生於萬曆十四年九月十六,卒於崇禎十五年五月十八日,年五十七。"

繆純白(1586—1642),字采蘗,號去瑕。昌期次子。著有自娛軒文鈔四卷、采蘗行卷一卷、從侍檻車録一卷、經學集證四卷、邸抄筆存二十四卷、自娛軒詩詞合編六卷。

涂仲吉戍辰州,作詩送之,並簡黃道周(初學集卷九十三)。

涂仲吉,字德公。漳州鎮海衛人。太學生。

錢曾註云:"十一年戊寅,黃道周以諍論武陵奪情,忤旨被謫。十三年四月,解學龍特疏薦舉,上以爲黨邪徇私,并下于理。太學生涂仲吉論救道周,通政司施邦曜格之,不使上。仲吉并劾邦曜阻遏言路,上怒,下仲吉于詔獄,杖之,戍辰州。詩謂不煩仗鉞者,公蓋深幸石齋之不斃于杖獄,而以王咸、何蕃擬仲吉,殆亦歐陽生所稱仁勇人也,旌之至矣。仲吉上書云:'唐太宗恨魏徵之面折,至欲殺而終不果。漢武帝惡汲黯之直諫,雖遠出而實優容。'其言侃侃,固爲君父惜大體,非止爲石齋一人見交情。爲臣友而皆成是,可見論成之非其罪,仲吉亦何歉于心哉?夫人主好勝人,則必將騁辯以拒諫,恣强愎則不能引咎以受規。道周辨對而斥之爲佞口,仲吉上言而目之爲黨私。稽首王明,嘆息何所道哉!此公之深意,又當遇之于文辭之外者也。"

崇禎實錄:(十三年十一月十五)壬辰,監生涂仲吉奏言:"黃道周通籍二十載,半居墳廬,稽古著書,晨夜不輟,孤踪獨立,門無雜賓,其一生學力,止知君親,雖言嘗過戇,而志實純忠。今喘息僅存,猶讀書不倦。此臣不爲道周惜,而爲皇上天下萬世惜也。昔唐太宗恨魏徵之面折,至欲殺而終不果;漢武帝惡汲黯之直諍,雖遠出而實優容。皇上方欲遠法堯、舜,奈何智出漢、唐賢主下,斷不宜以黨人輕議學行才品之臣也。"通政司格之不上。仲吉遂劾通政司施邦曜遏抑言路,再救道周。上怒,下獄杖之,論戍。

梅村家藏藁卷五十七與子暻疏:"既陛南中少司成甫三日,而黃石齋予杖信至,吾遣涂監生入都,具橐饘,涂上書,觸聖怒,嚴旨責問主使,吾知其必及,既與者七人,而吾得免。"則涂乃吳偉業慫恿。

又爲涂仲吉作涂母王夫人五十序(初學集卷三十九)。

序云:"神宗之末年,權奸錯互,黨論昌披。漳浦涂通政振任在郎署中,獨身抗其鋒,危言素節,白首不少變。而通政之子太學生仲吉,當聖主震怒,詔獄危急,抗疏以救清直之臣,抵冒萬死,懂而得釋。遣戍辰陽,道經吳門,以予爲通政之故人也,契闊相存,揮淚道故。已而曰:仲吉之母今年五十矣,仲吉萬里荷戈,不能追隨稚齒,稱一觴于堂下,徼惠于夫子,得一言以爲壽,庶可以解慈顏而慰游子乎?"

涂一榛,字廷薦,號淑任。萬曆三十二年(1604)進士。

天啟時,官通政司左通政。名列東林,被迫乞休。

爲范景文、蔡將軍題將相談兵圖(初學集卷二十)。

蔡將軍不知何人。詩云:"錦州城中塵堀堁,大槍五幡紛么麼。廿載軍儲困劍鐵,四海供輸窮箭笴。"疑是蔡士英。蔡士英是年三月與祖大壽在錦州降清,牧齋可能尚不知情。

蔡士英(?—1674),字伯彦,號魁吾。寧遠衛人。效力祖大壽部。降清後,官至江西巡撫、漕運總督。

據范文忠公年譜,本年范景文召復原官(南京兵部尚書),道中遷刑部尚書。

七月,作劉大將軍詩集序(初學集卷九十三)。

序中但稱曹南劉大將軍,未曾言明何人,疑即劉澤清。

劉澤清(?—1649),字鶴州。曹縣人。以將才授遼東守備,陞參將、總兵、左都督、太子太師。京師陷落,逃至南京,擁立福王,封東平伯。清兵南下,率衆投降。後因密謀反清被凌遲處死。又其弟劉源清,亦任總兵,崇禎十六年(1643)正月戰死。

又作詩一首寄劉澤清(初學集卷二十寄劉大將軍)。

詩有"泰山石礪千行劍,清澮流環萬壘營"之句,可知亦爲劉澤清而作。劉澤清曹縣人,時爲右都督鎮守山東。

中秋日,作高陽孫氏闔門忠孝記(初學集卷四十一)。

中秋,爲鄭元勳左國類函作序(左國類函卷端)。

八月戊戌朔,作特進光禄大夫左柱國少師兼太子太師兵部尚書中極殿大學士孫公行狀(初學集卷四十七)。

行狀數萬字,記孫承宗事跡甚詳,其後修纂孫氏年譜,多有採録。但牧齋初稿,并不作於本年。考年譜孫奇逢序:

"按公譜,長君高苑令銓讀禮三年,泣血茹苦,編次成之,未及授梓,而高苑君没。高苑次子之藻訪余渥城,謂兵燹之後,先少師年譜已多遺失,并錢牧齋所狀,亦未得存,言念及此,寸心如焚,中夜起坐。余曰:'牧齋以狀付余,固恐其有遺失也,已存副本於笥中矣。'……(余)追憶生平所見所聞,再採之牧齋所撰述,令博兒録之,得若干卷。……時崇禎十五年夏端陽前一日,容城後學孫奇逢謹序。"孫奇逢既在本年端陽前存有行狀,則行狀成稿不在八月。孫承宗十一年十月殉難,十二年七月下葬,牧齋原狀可能作於十二年。

計東改亭詩集卷四高陽縣過故相國孫公宅十六韻註:"孫督師門下四傑曰鹿、孫、宋、茅,錢牧老作督師行狀,以有夙憾於宋,盡削去宋事,人皆以爲不平,故有陳壽丁儀之句。"四人爲鹿善繼、孫奇逢、宋獻、茅元儀。

又行狀中有"逆奄之横也,所遣緹騎刺邊事者,日夕侍公帳下,公大聲問:你家老公好否? 老公者,士大夫呼群奄爾汝之常詞也",有人質疑"老公"太俗,李清嘗作書辨之。賴古堂名賢尺牘三選結鄰集卷六李清與陸懸圃:"承教謂某友詆錢牧齋所作某行狀用老公二字,此非獨吳老公薄心腸一語也。夫王軌曾捋周武帝鬚矣,謂可愛好老公,有本者如是。譬如江海浩大,雖惡草枯荄,皆入洪流而不沾。沾則垢膩,而不沾則蜕化。夫牧齋不作某墓銘乎,阿婆雖老大,猶堪壓倒三五少年,亦本諸唐也。是故不善用之,則好女殊婿自妍,然學妍亦醜;而善用之,則阿婆老公似俗,然入俗亦雅。何也? 其學其才高且博則然,不高不博,寧弗用。故以規後人之效顰則真顰,而以譏牧齋之作俑,則非俑也。君以爲何如？"

　　陸廷掄（1627—？），字懸圃，別號海樵子。興化人。"阿婆雖老大"一語，出初學集卷五十二陝西延安府延長縣知縣郝君墓誌銘。

中秋日，爲張拱端江南草作序（初學集卷三十二）。

　　寫作時間見江南草刻本。序云："今年遇張孟恭于吴門，見其沈雄駿發，慨然有子瞻太息之思，喜孟恭之能起予也。孟恭出其詩若干首，屬爲其敘。"

　　張拱端，字孟恭。原籍太原，崇禎兵亂，寄居蘇州。工詩。生七女，皆工詩文，所適亦皆三吴士族。

　　江南草卷上奉贈虞山錢侍郎六首有序：羈旅之子，應舉江南，曾未埽門，繆蒙推轂，力薦歐陽，延譽蘇洵，非謁即交，何足紀異？不棄道側，不市私恩，二者兼之，以宰天下，賢于古人遠哉！可歌也已！其詞曰：

　　十年鄭重曳長裾，知慕荆州嬾上書。只恐夷門虚左騎，無能鄴壁代單車。酬恩未敢歌長鋏，私淑徒工賦子虚。何幸泥沙憐怪物，不勞一見便吹嘘。

　　士林借譽躡丹梯，桃李公門星聚奎。伯樂雅能空冀北，裴生實未謁關西。誰堪負鼎傳庸鉢，人擬囊沙築縣堤。元老朝廷正毗倚，鳳凰旦莫鳳池棲。

　　自是天朝重羽儀，一言旋仆黨人碑。東山聲伎謝安石，北斗文章韓退之。葭尤籠中均貯積，虹蜺天上獨昭垂。王曾擢薦人多少，爲問諸公總不知。

　　驛使空懷寄折梅，無家不上望鄉臺。成名舍我山西將，雅志希他天下才。濟北五龍真瓦礫，江東三虎未琪瑰。果然東閣容經術,錫福菁莪取次裁。

九齡風度信如何,望見牛車奏玉珂。胸次有天能運日,口間如海不揚波。門來王粲驚人小,宅比揚雄問字多。一自居東安所事,讀書宰相技無它。

曾把絲綸付冶裘,聖童十二治春秋。芝蘭庭際誰堪並,龍鳳門中罕與儔。自是肯堂承作室,須防跨竈撞烟樓。司徒桓武能相繼,還賦緇衣頌大猷。

乾隆吳縣志卷七十三:"張氏學典,字羽仙。徵君拱端之女。十歲爲採蓮賦,錢宗伯謙益見而賞之。"張學典即楊廷樞次子無咎之婦。

八月望日,憂心國事,效歐陽詹作翫月長詩(初學集卷二十)。

詩云:"崇禎壬午八月望,我生六十一中秋。少年對月不解翫,長大翫月多牢愁。今年端憂值多暇,蕭辰佳日心悠悠。"

十七日,跋翫月詩(初學集卷二十)。

跋云:"壬年中秋日,誦盧仝月蝕詩,吟咀再四,徘徊永歎。余老矣,闖茸眊瞠,欲如仝之涕泗交下,心禱額榻,有不能也。歐陽詹翫月詩,有好樂無荒,良士瞿瞿之思焉,乃作詩一篇,題曰効歐陽詹翫月詩。或曰:韓退之效玉川子月蝕詩,取其似;子效翫月詩,取其不似。仝乎詹乎?似乎不似乎?世當有知之者。中秋十七日,謙益書。"

是年秋,黃淳耀鄉試中式,作書祝賀。

錢牧齋先生尺牘卷一賀黃陶菴:"泥金報至,爲之酌酒相慶。喜制科之有人,國家可收聖賢豪傑之用也。"又云:

"伯申傳佳卷至,真正經術大儒之文,所謂永嘉以後,復聞正始之音。如此猶以常格見收,南宮更不作第二人矣。"南圖鈔本末署"壬午九月"。

伯申,即瞿玄錫(1610—1670),字伯申,號曇谷。式耜長子。崇禎十五年(1642)舉人。方良以爲此書作於黄淳耀會試中式時,誤。

徐石麒有書來,感謝牧齋經營其祖墓,談及時事,悵然有歸隱意。

徐石麒可經堂集卷十答錢牧齋:"石麒久客,不腆先人一抔之墓,五年不詹於兹矣。荷老先生閔其不祀,趣苑監而爲之經營。……汴城十日雨,濁河曲注,沉竈產蛙,周藩與撫公從城頭上浮舟北渡,見之幕府之報,而説者又謂爲闖賊所灌,舉國疑信,有若占夢。……十五年以來,皇上宵旰憂惕,修具儲兵,以保旦夕無事者,一壞於武陵,再壞於渝州。……麒之歸志,固不待決於今日,然至今而又不得不翻然有矰繳之懼,懷色舉之思也。"開封被河水所淹在九月十四,故繫此。

助冒襄納娶董小宛。

冒襄影梅庵憶語:"(壬午)余復還里,不及訊。姬孤身維谷,難以收拾。虞山宗伯聞之,親至半塘,納姬舟中。上至薦紳,下及市井,纖悉大小,三日爲之區畫立盡,索券盈尺。樓船張宴,與姬餞于虎疁,旋買舟送至吾皋。至月之望薄暮,侍家君飲于拙存堂,忽傳姬抵河干。接宗伯書,娓娓灑灑,始悉其狀。且即馳書貴門生張祠部,立爲落籍。吴門後有細瑣,則周儀部終之。而南中則李總憲舊爲禮垣者與力焉。越十月,願始畢。然往返葛藤,則萬斛心血所灌注而成也。"

冒襄同人集卷十一和書雲先生己巳夏寓桃葉渡口即事感懷原韻跋文:"至牧齋先生,以三千金同柳夫人爲余放手作古押衙,送董姬相從,則壬午秋冬事。董姬十三離秦淮,居半塘六年,從牧齋先生遊黃山,留新安三年,年十九歸余。才色洵稱異人,非虞山無以致此異人也。風流教主,當推虞山。……壬午,虞山錢送董姬于虎丘,婁東在座,寄語豔羨,後爲姬題像至十首。"董小宛從遊黃山事不詳。

同人集卷四錢牧齋與冒襄書:"武林舟次,得接眉宇,乃知果爲天下士,不虛所聞,非獨淮海維揚一俊人也。救荒一事,推而行之,豈非今日之富鄭公乎?闡中雖能物色,不免五雲過眼,天將老其材而大用之,幸努力自愛。……雙成得脫塵網,仍是青鳥窗前物也。漁仲放手作古押衙,僕何敢叨天功。他時湯餅筵前,幸不以生客見拒,何如?嘉貺種種,敢不拜命?花露海錯,錯列優曇閣中,焚香酌酒,亦歲曉一段清福也。"亦見尺牘新鈔卷五。

杜文煥來訪,仍以内閣期之,又作詩賀壽。

杜文煥太霞洞集卷十五至虞山訪牧翁宗伯,留酌山亭,因述東山酬和之樂,并志東閣虛左之期:虞山特訪值良辰,快覯祥鸞與瑞麟。江左風流真宰相,河東窈窕亦奇人。我聞室裏天花集,半野堂前霖雨勻。社稷安危須大手,佇開黃閣晉元臣。

同卷壽錢牧齋宗伯:偲風披拂玉堂開,偲醴爭傳戲壽杯。南極一星臨綺席,西池三鳥集丹臺。文章海内推宗匠,德業朝端遜斗台。爰立金甌應首卜,擎天偉烈寄調梅。

牧齋九月二十六生日,文焕所謂"虞山特訪值良辰"大概即此時。本年春,文焕承命再起,討賊河南,仲秋得旨改征江北鳳皖,來訪大概與蕩寇有關。

雲間杜氏詩選有杜文焕秋興詩答錢牧齋:"清秋氣蕭爽,散髮長林下。索居遂幽情,同心一何寡?紫萸既繞籬,黃菊復盈把。放志杯酒間,怡神廣莫埜。大塊勞我生,至樂非外假。棲遲南畝見,自是悠游者。"

聞馬士英、劉良佐破張獻忠于潛山,作駕鵝行志喜(初學集卷二十)。

錢曾註云:"崇禎十五年壬午,起馬士英爲鳳督。張獻忠屯潛山,命賊將一堵牆爲營于古城長嶺,潛之險厄處也。分步騎九十哨爲四營,阻溝枕山,爲持久計。九月己卯,總兵劉良佐、黃得功夜半悉衆從山後譟而升,賊驚潰,越崖跳澗以遁,斬首六十餘。一堵牆伏林中,被焚死。追奔逐北,自古山、天升湖、老鶴頭、黃泥港六十里,橫尸蔽野,奪畜產數萬,奪回難民數萬人。賊之腹心謀士婦豎皆盡。十月丙午,劉良佐再破獻忠于安慶,賊敗而西走蘄水。"

十月(易月)十七日,作黃藴生制義序(牧齋補遺)。

黃淳耀鄉試中式,牧齋爲作此序,序中敘述了嘉定文風之變遷:萬曆初年,吳中文風浮靡腐爛,嘉定李先芳、張其廉、金兆登學歸有光,以爾雅清虛爲宗,而婁東、虞山應之。既又降爲乾苴弔詭,而徐允禄、李流芳、鄭允驥等人又以雄深淡蕩之文出而樹幟,吳風爲之再變。其後風氣再下,詖淫交作,鬼怪横行,侯峒曾、侯岐曾、李宜之、黃淳耀又先後昌明雅道。

又作瞿伯申刻稿序(牧齋外集卷三)。

序云:"伯申之舉於南都也,縉紳逢掖之士,喜而相告曰……於是伯申乃以前應制之文鏤版行世,而問序於余。"

又作郭男祥文序(牧齋外集卷三)。

男祥,即郭熊,後改名佩璆,字鳴吉。吳縣人。忠宁子。忠宁,字葢卿,號履台。官陝西右參政。與牧齋爲進士同年,榜名陳忠宁。今年秋,男祥中舉,忠宁遂取其行卷請牧齋作序。佩璆後中順治十五年(1658)進士。弟佩蘭,字章宜,從李士材學醫,名著吳中。有本草彙十八卷傳世。

又作孫孝若時義序(牧齋外集卷三)。

孫魯(1620—1682),字孝若,號沂水。常熟人。朝肅子。今年南闈得中,故刻所著時文,乞序於牧齋。孝若入清後,又中順治九年(1652)進士。授衢州府推官,陞大同知府。以母老,乞終養。母卒,哀毀過情,逾年亦卒。有許閒堂詩選。

范鳳翼致牧齋書,論起廢之事。

范勛卿文集卷四:"夏秋每奉手教,如對面言,遂欲渡江爲快,恐公刻刻不離細君,非狼五山靈所敢望一至止。嚎嚎。起廢事,海内諸君子誰不以牧齋爲第一流人,即新臺省多乏識力,然老成如玄翁、念翁,皆望中興,何能一念忘公者?九華存如上人至才數日,即遣復台旨。蛤醬非寒舍所能製,特尋得陳者二罈,以供細君讀□□□□□。"

玄翁,即鄭三俊;念翁,即劉宗周。三俊崇禎十一年(1638)撤職,十五年正月重召爲刑部尚書,七月轉吏部尚書,次年五月因薦吳昌時引咎罷官;宗周九年撤職,十五年八月重召爲左都御史。此信當作於本年秋冬。

六日,徽州書畫商人吳其貞來觀畫。

吳其貞,字公一,號寄谷。歙縣人。見崇禎十四年(1641)條。

陽月,跋王右丞江山霽雪圖(初學集卷八十五跋董玄宰與馮開之尺牘)。

此圖現藏日本黑川古文化研究所,錢謙益跋末署"崇禎壬午陽月",初學集無年月。

十一月九日,徐石麒擢刑部尚書。

崇禎實錄:"乙亥,以徐石麒爲刑部尚書。"

又初學集卷三十有徐司寇畫溪詩集序,所作年月不詳,疑在此後不久。

作通奉大夫湖廣布政司左布政使王公墓碑(初學集卷六十三)。

此太倉王世仁碑文。文云:"十五年十一月,葬光福之新阡。公,我錢之自出,于余中表兄弟也。余之論次,於其細行及歷官行事,皆不得盡載,特詳書其西征之功狀,與其有勞而不見庸者如此。"

初學集卷七十七又有祭文,云:"迨我言歸,音塵杳杳。笑言髣髴,䰟夢悽怊。手簡盈篋,殘詩在藁。每一念及,淚漬懷抱。蕭蕭朔風,飛飛丹旐。辭其旅室,歸彼域兆。奠此一杯,以當祖道。"疑亦作於此時。

十一月,繆純白落葬,作繆采璧墓誌銘(初學集卷五十五)。

墓誌云："采璧之子畹擗踊而號曰：'天乎，吾父之不得葬吾祖以死也，有諸父在，而吾父獨死，畹之不得葬吾父也，畹之責也，畹其容有死所乎？'於是卜以十一月某日葬采璧于永安之新阡，母徐氏祔焉，哭而乞銘于余。"

辜月，賀世壽來請序，作賀中泠淨香稿序（初學集卷三十三）。

文云："而中泠以資望深重，入踐卿寺，出領節鉞，休沐歸里，角巾布袍，訪余山中。酒闌燈炖，屈指三十年事，杳然如昔夢。……中泠頃以其詩文集示余，俾爲其序。"淨香池藁卷端此序末署"壬午辜月，年弟錢謙益頓首叙"。

淨香池藁卷一過錢牧齋拂水山莊："垂垂雲護一床書，花木平泉未必如。龍性林皋容獨往，盛名今古並難居。青山兀傲盟知己，烟月虛朧聊隱几。時容楊許一驂鸞，瑤琴清答岩前水。岩前矯矯老梅蟠，剩藥疎香漾碧瀾。莫惜清觴花下醉，捉鼻他年事更難。"

山曉閣明文續集卷四評云："文字相劘相切，大半資乎友生，以其甘苦與共，冷煖相知。昔人所爲視猶性命也。此文序中泠稿，都將自己夾説，蓋三十年老友，值時移物變之候，惟詩文旗鼓，足以相當。古來文士，每不肯相下，非以争勝，殆不忘其切劘之益耳。讀此文，當作如是觀。"

又跋鄒忠介公所作賀府君墓碑（初學集卷八十四）。

文云："故徵仕郎文華殿中書舍人丹陽賀公之卒也，吉水鄒忠介公書其墓碑。後十九年，爲崇禎壬午，公以子世壽貴，得贈兵部右侍郎、都察院右僉都御史，乃礱石以斵忠介之碑，刻趺篆首，陳之隧道，而屬謙益記其事。"

小歲日,作留仙館記(初學集卷四十五)。

> 留仙館在城之北郭,本爲周氏廢圃,牧齋重新之。

長至後五日,跋自作外制文(初學集卷九十三)。

黃道周兄道琛七十,作詩壽之(初學集卷二十)。

> 黃道琛,字子珍,號匪石。詩云:"又不見聖人一朝解羅網,大闢虞門掃漢黨。白鶴驚看華表還,金雞喜見綸竿上。"可知此詩作於黃道周赦還之後。據黃漳浦集,黃道周十月朔日接旨赦免,閏十一月方返家,此詩當作於閏十一月、十二月間。

閏十一月,作嚴子六制義序于優曇室(牧齋補遺)。

> 嚴貽吉(1608—1657),字子六,號香山。常熟人。崇禎十五年(1642)舉人,十六年進士。任工部虞衡司主事。幼繼陸氏,故榜爲陸姓,後歸宗。貽吉爲嚴氏烏橋支,嚴訥從孫。
> 按:此文末署閏十二月,誤,本年實閏十一月。

十二月,作翁子安制義序(牧齋補遺)。

> 翁漢麐(1604—1656),字子安,號瘁區。憲祥次子。崇禎十五年(1642)舉人。授江西南安府推官,未赴。嘗伏闕上疏,不報。祁彪佳、史可法並以書帛禮聘,甚見親重。入清,築東田書屋,觴詠其中。晚悟佛乘,誦偈而没。精春秋,著有春秋詳節。

十二月,作陽明近溪語要序(初學集卷二十八)。

> 此書爲陶珽所作。珽,字紫闐,號仲璞。雲南姚安人,原籍浙江黃巖。珵弟。天啓元年(1621)舉人。官太平府教諭、工部主事、寶慶知府。孫可望入滇,率鄉勇禦之,被害。

著有寄園集。深通佛理,曾助刻徑山藏。

又初學集卷三十一有陶不退閬園集序及陶仲璞遯園集序,不詳作於何年,且附此。不退即陶珙兄珽。

又初學集卷八十五跋董玄宰書少陵詩卷,亦爲陶珙而作,在陶氏罷官歸滇之時。

十二月,作破山寺志序(初學集卷二十九)。

破山興福寺志四卷,程嘉燧輯,尚存刻本。刻本牧齋序署"崇禎壬午嘉平月,聚沙居士錢謙益書于優曇室中。"文中云:"今世盲禪盛行,教義衰落,余欲斥寺西菜圃隙地,架傑閣,搆廣院,復宗教、光明之舊,招延高人即中諸公,唱演其中,使教幢再樹,魔燄頓熄。即中合掌讚嘆,以爲希有。此又一願也。"

即中(1595—?),名乾三,管志道子。初學集卷四十九管公行狀:"子五人:士玠,府學生,先卒;珍,歲貢生;次士瓏、士璞、士珙。……士瓏深達佛乘,唱演台教,白衣説法,緇素歸仰,號爲即中大師。"

十二月,爲陸貽典作虞山詩約序(初學集卷三十二)。

文云:"陸子敕先撰里中同人之詩,都爲一集,命之曰虞山詩約,過而請於余曰:願有言也。"刻本無年月,有印章"優曇室"。

計東改亭文集卷一譚鹿柴十集詩序:"於是我吴常熟錢氏復張目攘臂,以鍾誤讀左傳大隧詩攻鍾,而虞山詩約盡刪王、李、鍾、譚體,覃精爲宋、元人詩。其徒至今日,山東、江南間,以此負詩名相推獎不絕也。"

陸貽典覿庵詩鈔卷一上錢牧翁先生:"大雅憑誰作,斯文仰在兹。身名今董賈,地望舊龍夔。策向金門獻,聲從玉闕馳。屬文摹鳳閣,珥筆拜龍墀。宮錦攢花賜,金蓮帶月移。不言溫室樹,閒賞上林枝。鵷立和同代,鶯遷禮樂司。世推公輔器,天挺大賢姿。河爲千年改,天須八柱搘。興朝有麟鳳,當道伏狐狸。象鼎嗟專政,貂璫弄怪時。群邪騰虎翼,並寵妒蛾眉。欲感風雷變,能任風霜欺。網羅摧李杜,簿牒案忠義。世事真翻覆,人情太嶮巇。每勞傷薏苡,只合詠江籬。屈子忠遭謗,鄒陽獄費詞。黃金雖可鑠,白璧竟何疵。明主恩光近,孤臣志慮危。保躬期世泰,養道待時熙。遊蠟東山屐,吟陪北海卮。良宵閒合樂,白日靜圍棊。風月饒佳麗,烟波復渺瀰。幾人成曠放,夫子得恬怡。往哲連襟帶,高賢接履綦。芝蘭矜獨秀,桃李荷無私。綠野回嵐勢,平泉任土宜。酉陽多秘笈,丙夜尚燃藜。揚刃摹天壯,批鯨出海奇。通經過次仲,明義薄袁滋。異學皆崩角,真儒盡取規。起衰扶八代,裁偽倚多師。魯筆誰能贊,齊竽竊濫吹。輪轅需刻削,砥礪藉磨治。門峻曾經掃,牆高敢漫窺?飲河徒笑鼠,測海且嘲蠡。守拙堅如石,梯榮鈍若椎。無才焚筆硯,有命狗著龜。亦效懸頭學,難言折臂醫。專愚迷馬足,爾雅誤蟛蚑。自愧常流汗,無功等畫脂。鯤鵬上霄漢,燕雀滯藩籬。豹蔚何能變,龍驤未可追。終須煩激發,還擬藉提攜。光範書堆上,仁恩句合披。丹青儻相假,敢忘飾妍媸。"虞山詩約卷下亦錄此詩,文辭略異。

又有學集卷二十三陸敕先詩稿序:"陸子敕先別余垂二十年,客歲賦上巳文宴詩,連章及余,余心爲癢癢胅。"詩序作於順治十七年(1660)庚子,二十年大概即在此時。

十二月十六日,作外制集序,對當前朝廷制文頗有不滿(初學集卷九十一)。

序云:"天啓元年,少師高陽公以官庶領外制,創爲嚴切典重之文,援據職掌,諄複訓誡,闡潛德,章壼儀,鄉里婦孺,纖芥畢舉,於是制誥之體粲然一變。余以史官承乏,從公之後,大端皆取法於公,而參酌質文,規橅唐、宋,則竊有微指焉。余謝事,不及十年,而制誥之文又再變矣。常衮不云乎:其文流則失正,其詞質則不麗。夫質而不麗,非吾之所逮及也。近代之流而失正者有二:抽黄對白,肥皮厚肉,其失也靡;標新豎異,牛蛇鬼神,其失也纖。靡之與纖,其受病於卑俗則一也,然而世之病之者則寡矣。嗟夫,以余之老於史局,在著作之庭,又幸附通儒元老之後塵,不能洗心摶力,明綸旨之典要,定後作之章程,而所謂流而失正者,在後於余者乃滋甚,豈余之不肖,不能障狂瀾而東之,顧反爲之掘泥而揚其波乎?權載之曰:使盛聖之文明,不登於典謨訓誥,罪在菲薄。余誠無所逃罪也矣。歸田多暇,發篋所作制草而閲之,顔面墳赤,愧汗交下。録爲十卷,櫝而藏之,且略述代言革升降之槩,以叙于首。"

十二月二十九日,作玉蘂軒記(初學集卷四十五)。

柳如是愛山礬,牧齋本年種兩株于周氏廢園,取名玉蘂,遂以名軒。初學集卷二十元日雜體長句八首第八首自註:"山礬二株,河東君所拔賞,訂其名爲玉蘂,余爲之記。"

十二月(嘉平),作王芳洲制義序(牧齋外集卷三)。

序云:"今歲秋,邑之得雋者五人,王子芳洲在焉。其尊人喜虞率芳洲端拜謁余,而請序其制舉之文。"

王禮,原名李,字楚先,號芳洲,一號蘭陔。常熟人。崇禎十五年(1642)舉人。同榜四人,即嚴貽吉、翁漢麐、孫魯、瞿玄錫。次年,與其父曰俞同榜成進士。曰俞字喜賡,授餘姚知縣,期年去官。芳洲順治九年(1652)始起爲行人,官至刑部郎中。

十二月,題金處士墓誌。

薛鳳昌舊聞録:"牧翁詩文自初學、有學兩集外,所存尚多,余友丁芝孫家鈔録不少,惜未得見。余曾於里中見一舊箋,爲牧翁手書,係一跋文,亦爲集中所無。茲録之如下:成子高曰:'吾生無益於人,可以死害人乎哉!我死,則擇不食之地而葬我。'記禮者載之,以爲合禮。楊王孫之裸葬,君子以爲過。金處士之歿也,命以祖塋磽确地葬,勿費相視,勿泥年月,其在成子高、楊王孫之間乎?讀其志而有取焉,爲識其後。壬午嘉平,虞山錢謙益。"此文不見初學集,薛稿存上海圖書館。處士不詳何人。

冬,陳子龍來書,勸牧齋出山。

安雅堂稿卷十八上少宗伯牧齋先生書壬午冬:"屬聞虜蹢漁陽,爲謀巨測,徵兵海内,驛騷萬里。此志士奮袂戮力共獎之日,而賢士大夫尚從容矩步,心懷好爵,何異鄉飲焚屋之下,爭餅摧輪之側,旁人爲之戰慄矣。閣下雄才峻望,薄海具瞻,嘆深微管,舍我其誰。天下通人處子,懷奇抱道之士,下至一才一藝之流,風馳雲會,莫不望閣下之出處,以爲濯鱗振翼。天子一旦命閣下處端揆,秉大政,恐非一手足之烈也。孰可與幃幄,孰可寄方面,孰可掌制詔,孰可任風紀,閣下延攬幽遐,秉心無競,求人才於閣下之門,如採玉於山,搜珠於澤,不患其寡也,特難於當時所急耳。……子龍聞君之有相,猶天之有北斗也。君無爲而相用之,天不言而斗運之,欲春而春,欲秋而秋,皆斗柄也。欲春而勾萌施其仁,欲秋而蓐收宣其威,此斗之材用也。故爲相者,宜有溫良藹吉之士以揚治化,又宜有果敢雄武之才以備不虞。閣下開東閣而待賢人,則子龍雖不肖,或可附於溫良藹吉之列,以備九九之數。至於果敢雄武之流,世不可謂無其人,不知爲閣下之所知者幾輩也。禾中孝廉陸銓、李丹衷,子龍所取士也。二生馴謹士,亦有志於道,願附門牆都養之數。如其來也,乞命大闇進而教之。"

張寧生南奔避難,持王鐸書信爲介,請其父如蘭之銘,作南京大理寺南評事張君墓誌銘(初學集卷五十一)。

張如蘭,字子馨。睢州人。文云:"崇禎壬午四月,闖賊再圍汴城,五閱月不解。張君以南評事里居,分守北城,傾家以給守者,民皆願爲君死。秋盡,黃河水大至,挾霖雨灌城。越三日,賊游騎入之,君猶效死不去,賊怒揮刃,墮水中。其子寧生乘船來援,乃得出。十月初九日,創甚,卒於封丘之寓館,享年六十有五。十一月十六日,渴葬于城西三里河之新塋。寧生避難南奔,持宗伯孟津公之書,哭而謁銘於余。"又云:"寧生之來也,余與之坐而問曰:'君所著書及金石錄猶有存乎?'泣曰:'皆問諸水濱矣。''王孫西亭、竹居父子藏書,及王損仲之彝鼎猶存乎?'曰:'盡矣。'問張林宗、阮太冲,曰:'林宗盡室以筏渡,筏絓於屋角,覆焉。太冲漂浮,遇大樹,入於其腹,槁而死。'嗚呼,中州數百年文物與儒雅風流,一旦俱盡,其不獨爲君悲而已也。"

阮漢聞(？—1642)，字太冲。順天人。寓周藩府中，得盡窺其書。徙居尉氏，以聚徒講學爲事。縣志載尉氏破，太冲罵賊而死，與此異。有阮太冲集，清代遭禁毀，今北京師範大學尚有藏本。

　　錢牧齋先生尺牘卷二致瞿稼軒："張評(平)事墓志，草完奉看。此君死義事委曲，筆下頗費斡旋也。覽畢，即付梓人何如？"

聞呂維祺就義，補作新安呂氏節孝旌門銘，表彰其祖母牛氏貞節(初學集卷二十七)。

　　文云："崇禎十五年，闖賊陷雒陽，故南京參贊尚書呂公維祺被執，抗辭罵賊而死。余從故篋中得公所詒先世節孝事狀，摩挲流涕，追惟宿諾，乃爲敘而銘焉。"

　　呂維祺(1587—1641)，字介孺，號豫石。新安人。萬曆四十一年(1613)進士。官至南京兵部尚書，因事罷官。時父孔學在雒，往依之。崇禎十四年(1641)正月，李自成攻洛陽，分守北城，城破被捕，引頸就義。

本年，爲黃傳祖作越東遊草引(初學集卷三十二)。

　　序云："余去年遊黃山，不自量度，作紀遊一卷，既而大悔之。"因繫此。黃傳祖，字心甫。無錫人。詩學竟陵。編有扶輪集數十卷，名振一時。

本年于玉德八十，作于潤甫八十壽(初學集卷三十七)。

　　序云："今年壬午，潤甫壽八十矣。"

本年，應馮文昌之請，作南京國子監祭酒馮公墓誌銘(初學集卷五十一)。

　　馮夢禎(1548—1605)，字開之。嘉興秀水人。

牧齋文云:"公卒於萬曆乙巳十月廿二日,享年五十有八。子三人:驥子、鶵雛、去邪。葬公於西溪之梅塢,公所樂游,欲携家地也。余與鶵雛好,而驥子之子文昌遊於吾門。公殁後三十八年,文昌奉其父所述行狀來請銘。"鶵雛,即雲將。

沈廷揚上疏薦牧齋開府登萊,卓爾康聞之,爲畫圖系説,條列用海大計,疏入未報(有學集卷三十六卓去病墓誌銘)。

墓誌云:"崇禎末,中書沈君廷揚以海運超拜,特疏請敕余開府東海,設重鎮,任援勦。去病家居,老且病矣,聞之大喜,畫圖系説,條列用海大計,唯恐余之不得當也。疏入未報,而事已不可爲。"

初學集卷二十元日雜體長句八首第四首自註:"沈中翰上疏,請余開府登萊,以肄水師。疏甫入,而奴至,事亦中格。"此詩作於崇禎十六年癸未(1643)元日,則沈廷揚上疏當在此前,故繫此。

送程九屏入衛京師,作詩二首(初學集卷二十送程九屏領兵入衛二首,時有郎官欲上書請余開府東海任搗勦之事,故次首及之)。

請牧齋開府東海者,即上文沈廷揚。

程峋,字九屏,初名士鳳,字坦公。南豐人。崇禎七年(1634)進士。時爲蘇松兵備道。明亡入粵,爲惠潮巡撫。後輔佐永曆,官至兵部侍郎。爲堵胤錫部下李元胤所殺。

又作永豐程翁七十壽序(初學集卷三十六)。

爲程峋父親而作,具體時日不詳,且附此。

本年,作書鄭仰田事(初學集卷二十五),及鄭仰田高士真贊(初學集卷八十二)。

書鄭仰田事云:"己卯春……飯畢,入室端坐,奄然而逝。……臨終屬其子曰:'三年後往告虞山,更數年尋我於虎丘寺之東。'仰田信人也,其言當不妄,書其語以俟之。"真贊曰:"嗚呼仰田,今其逝矣。"亦作于死後。故皆附此。

本年,作張叔子墓誌銘(初學集卷五十五)。

張世鸒(1627—1642),字峙君。東陽人。國維三子。

墓誌云:"崇禎壬午五月,東陽張叔子觀省其父中丞公于濟上……病暑,疾增劇,六月三日卒于臺莊舟中。……將反葬,中丞公撫棺而慟曰:兒知讀書,即好虞山夫子所爲古文,誦夫子贈余詩'發兵頭白,憂國鬢絲'之句,未嘗不涕漬于箋也。今其死矣,假寵于汝師,乞夫子之一言以葬,汝而有知,庶不悼其不幸于土中,而亦可以慰汝祖母于堂上。"

除夕,作詩一首(初學集卷二十)。

詩末句云:"閨房病婦能憂國,却對辛盤歎羽書。"讚揚柳如是愛國之情。

瞿忠宣公集卷七壬午除夕和牧齋師韻:老去驚心日月除,漫將圖史學畋漁。山橫淺黛當檐媚,隴發寒香映竹疎。錢舊話長燈烬細,送窮愁集酒醒初。密雲正作濛濛態,好在占豐太史書。

廿載江鄉夢玉除,久拼生計付耕漁。憂時祇益心頭熱,報國其如鬢脚疎。邊徼數傳烽火急,井間剛是調徵初。團圞婦子更深坐,徒倚平安一紙書。

本年,嚴武順寄示三嚴作朋集,爲作序(初學集卷三十三)。

　　三嚴,指嚴調御、嚴武順、嚴敕三兄弟。武順,字忍公;敕,字無敕。皆餘杭人。嚴武順作朋集成謝告親友啟,作於壬午中秋,故繫此。此時程嘉燧歸新安,故牧齋文中有"余方于舍後鑿池種竹,誅茅作室,以待孟陽之歸"之句。所作之室,當是留仙館。

　　山曉閣明文續集卷四評云:"爲三嚴作序,却引出長蘅來,又因長蘅引出孟陽、子柔來,行文便有波折。尤妙在開口突然稱述陶詩,初若漫不經意,而通篇文情,要皆從此生出。中間或言其與陶合,或言其與陶殊,錯綜變化,筆花具有璀璨之妙,與一味蕭瑟興慨者,情致又自不同。"

劉定勳刻其師林增志文集,來請序,爲作林太史玉署初編序(初學集卷三十三)。

　　序云:"可任之門人漢陽劉侯令於吾邑,刻可任之文以行,而屬余叙之。"

　　林增志(1593—1667),字可任。瑞安人。崇禎元年(1628)進士。官至詹事府右詹事。明亡,輔助隆武政權,授禮部尚書。隆武敗,削髮出家,改名行幟,法號法幢。

　　劉定勳(?—1643),字謙甫。漢陽人。崇禎十三年(1640)進士。十五年任常熟知縣,次年病卒。因繫此。

本年,陳必謙六十,作陳中丞六十序(初學集卷三十六)。

　　文云:"陳公謝中州節鉞,家居五年,而春秋六十。"

　　陳必謙(1583—1644),字益吾,號旦融。常熟人。萬曆四十一年(1613)進士。授輝縣知縣,陞南京御史。值挺擊、紅丸二案罪人未得,特疏參戚臣鄭養性及大臣之婿戚入閣者,群奸側目,削籍歸里。崇禎初,起補原官。崇禎八年(1635),巡撫河南。次年,被參撤職。久之,召爲工部侍郎,督修永陵暨皇貴妃墳,晉工部尚書。未幾,三月十九日之難作,必謙被執。清兵再入,得間亡歸,發憤病死。著有柴居漫語行於世。

陳必謙以楊繩武彈劾解官,以王家楨代,綏寇紀略在崇禎九年(1636)九月,明鑑易知錄在崇禎十年(1637)。

本年,嚴熊與歸莊相識于半野堂。

嚴白雲詩集卷九歸玄恭輓詞十首其一:"十七逢君半野堂,英英各自占風光。誰知三十年來夢,打疊秋風慟一場。"

本年,作宋太公七十壽序(初學集卷三十六)。

太公爲長洲宋學顯之父,名如琮(1573—1653),字懋和,號章華,生卒年見長洲宋氏世譜卷一。

學顯(1594—1656),字令申,號爾庵。崇禎元年(1628)進士。授武陵知縣,擢給事中,因忤溫體仁左遷。

本年,周文郁自閩歸,訪牧齋於虞山,願爲牧齋效力,別去數日遂死。

周文郁(?—1643),名蔚宗。宜興人。曾官遼東副參將,從孫承宗、袁崇煥經營遼東,孫承宗稱爲紫髯將軍。

初學集卷七十三紫髯將軍傳:"文郁歸,貧無以爲家,僑居武林,布衣徒(徒)步,閉門讀書,作邊事小紀,敘高陽幕府及袁督行間事甚覈。擔簦游武夷,訪曹能始于三山,能始敘而傳之,刻其詩于十二代選中。歸而謁余虞山,曰:高陽既殁,文郁當爲公死矣。"邊事小紀四卷,現存,前有崇禎五年

(1622)孫承宗序,崇禎十五年(1642)暮春曹學佺序,文郁所獻方略有云"今荆、襄失而不與宋同禍者",李自成攻陷襄陽在今年冬,因繫此。

本年,陳潛夫爲陸培所逐,作書求援,牧齋建議其躲避,潛夫遂避地松江。

  錢牧齋先生尺牘卷二答陳朱明:"錐蜀之禍,不謂近出里社,不肖不能如市南宜僚弄丸而解兩家之難,有俛仰愾歎而已。……今攻者在近,援者在遠,其若之何?以理言之,則曰反窮,以事言之,則曰避地。僕之進於高明者,兩言而已。"

  陳潛夫(1610—1647),原名朱明,字玄倩。杭州人。崇禎九年(1636)舉人。因喜臧否人物,被同社友人陸培所逐。十六年任開封府推官。開封陷落,轉戰河南。弘光立,令其巡撫河南。後忤馬士英下獄。弘光滅亡,逃歸,從魯王抗清。兵敗,赴水死。

  黃宗羲思舊録:"陸培,字鯤庭。杭人。與陳玄倩交惡,玄倩無鄉里之行,武林出檄攻之。鯤庭寓書於余,欲東浙爲應。余告同社,於是紹興王玄趾爲首,寧波陸文虎爲首,皆出檄。玄倩幾無以自容,而以死節一洒之。"

  查繼佐國壽録卷三太僕寺卿監軍御史陳公傳:"會閩黃道周至浙,客湖上。石齋爲東林鉅公……潛夫同里陸培,出豫章文德翼之門,博學尚奇字,詣石齋坐,請爲其先人志墓。坐久,石齋未及見。潛夫聞之,笑曰:'石齋坐豈有崑庭履跡哉?'崑庭,培字也。培啣之。又移書周鑣仲馭:'吾而約,非吾同倫,咸可唾面。'稍稍及崑庭。書中道偶爲崑庭所得,培益憤,爲檄攻潛夫,而士率多故不喜,羣詣署名。……于是陳與陸兩家同社賓客子弟各數十百人,列舟爲陣,口角于禾之東門,連三日,觀者數千人。……潛夫已走都,明年越癸未,禮官不第,易今名,請受開封府司理。"

　　據黃忠端公年譜卷二,黃道周崇禎十五年(1642)四月十五日自都至西泠,與查氏所記合。

本年,陸一鵬任崇明知縣。

　　陸一鵬,字六息。東平人。崇禎十三年(1640)進士。錢牧齋先生尺牘卷三有答崇明陸一鵬,前又有答崇明邑尊三首,疑亦是爲陸而作。

本年,陳台孫任平湖知縣。

　　錢牧齋先生尺牘卷三有答平湖縣陳台(紹)孫。

本年,張紹謙任寧海知縣。

　　錢牧齋先生尺牘卷三有答定海縣張紹謙,定海明代廢縣,不當有令,應爲寧海之誤。張紹謙,字道益,一字牧夫。江西建昌人。拔貢生。

本年,作周忠介公夫人六十序(初學集卷三十九)。

　　考張世偉自廣齋集卷三周母吳淑人五十壽序:文云:"皇明崇禎壬申清和吉日,爲故忠介周公元配吳淑人設帨之辰,距其生五十年矣。"因繫此。又錢序云"忠介郵後之十五年,而其夫人年六十",周順昌崇禎元年(1628)賜謚,至今正好十五年。

　　吳夫人年七十卒,見周茂蘭忠介公墓誌。

明崇禎十六年癸未(1643)　　六十二歲

　　元日,照例作詩一首(初學集卷二十)。

瞿式耜有和詩。瞿忠宣公集卷七癸未元日：氤氳紫陌想朝正，曙色祥烟次第生。北斗昭回催拜舞，東風翦綴細裁成。椒盤早覺春燈麗，柏酒爭開歲釀清。白首山農無報稱，只思重見泰階平。

中興雲物候元正，上日風光即漸生。岸柳溪梅尋舊約，籃輿小艇試新成。晝長魚鳥過從狎，夜淺笙歌侍立清。料得東君與嘉惠，春郊先頌海波平。

元日感懷時事，又雜題八首（初學集卷二十）。

正月，爲顧雲鴻、張世偉、楊大漈請贈，作顧孝廉請贈議、吳中名賢表揚續議（初學集卷二十六）。

顧孝廉請贈議云："巡方者以季思名行上聞，得贈翰林院待詔，且命更舉其未盡者，吳之人士僉謂朗仲不可以後。"

吳中名賢表揚續議云："我皇上深惟治理，激厲頑懦，俞前按臣祁彪佳之請，表揚已故舉人張基、歸子慕、朱陛宣，皆贈翰林院待詔，又命以後巡按御史各宜留心風教，確訪真品，薦舉以聞。於是吳之縉紳孝秀耆老，公舉其續宜表揚者舉人二人、生員一人，謹條列其行事如左。"

按：張世偉生前有與顧雲鴻一起請贈之願，牧齋此舉，不忘故人也。

張紹謙重刻方正學文集，正月吉日，爲作序（初學集卷二十九）。

序云："寧海令南城張君，重訂故翰林侍郎方希直先生之集，鏤版行世，而謙益爲之敘。"張君，即張紹謙。

正月，作奉賀宮傅晉江黃公奉詔存問序（初學集卷三十四）。

文云:"太子太傅晉江黃公以大宗伯謝政家居,年踰八十,天子眷念舊德,特遣行人賜手勅存問,授几乞言。……謙益詞垣後進,遡諸師門,實爲公門下士,其敢無一言以賀?"

黃汝良(1554—1646),字明起,號毅庵。萬曆十四年(1586)進士。官至禮部尚書。

正月,題項孔彰鴈字詩(初學集卷八十五)。

項聖謨(1597—1658),字孔彰,號易庵。嘉興人。元汴孫。工畫,山水花卉,悉皆精妙。

同卷又有題項君禹鴈字詩,疑亦作於同時。項嘉謨(?—1645),字君禹。聖謨弟。乙酉城破,投水死。

正月,爲陶珙題金陵舊刻三部佛經(初學集卷八十六書金陵舊刻法寶三書後)。

文云:"金陵少宗伯殷秋崖先生手訂楞嚴解十卷,采錄華嚴合論爲約語四卷,又得宗鏡會要於長干精舍,鋟梓行世。又七十有餘年,而滇南陶仲璞太守獲其版於公之諸孫,將募送嘉興經藏,以廣流通,而屬余書其事。"

二月初六,清兵陷萊陽,宋應亨戰死。

宋應亨(1593—1643),字嘉甫,號長元。山東萊陽人。天啟五年(1625)進士。

應亨長子璠,字玉伯。次子璜(1602—1657),字玉仲,崇禎十三年(1640)進士。三子琬(1614—1673),字玉叔,順治四年(1647)進士。

仲春,爲朱隗作朱雲子小集引(初學集卷三十二)。

朱隗咫聞齋稿刻本卷端載此文,末署"癸未仲春,虞山

  錢謙益書於虎丘之讀書室"。

   咫聞齋稿卷上有上錢牧齋先生詩：跋難陀龍王，億劫雷雨精。潛身本宮中，不動復不驚。能令六天下，滋澤皆充盈。夫子當代賢，文章稱大成。遊士竊道路，罔匪依爲聲。所不被咳吐，其人如未醒。戛戛賤子懷，引吭思一鳴。結髮事毫素，頗負場屋名。薄俗棄孤潔，獨唱終無賡。豪家鼠飽死，坐視空瓶罌。昔承假眄睞，膚骨生光晶。夫子即孔蔡，顧媿粲與衡。貧也蓋非病，實氣猶内貞。看公頻車動，知我顏色瑩。庶其雨法雨，坐使焦穀萌。

   卷下詩人贊又有錢牧齋先生詩：海藏産靈寶，日月精華新。鮫人曾未覿，何況黑崑崙。

  仲春，閩人陳遜來虎丘相訪，贈梁溪集一部，距上次相見已二十年，作詩一首（初學集卷二十）。

   詩自註："鴻節以李忠定公梁溪集相贈。"

  仲春十四日，又作陳鴻節詩集敘（初學集卷三十二）。

   序云："今年忽訪余於虎丘，握手道故，喜劇而涕。問其年，長余二歲耳。素髮被領，兩目兜眵，觀鴻節，而吾衰可知也。出其詩，則卷帙日益富，曹能始爲采入十二代詩選中矣。"

  將別，又作留鴻節詩一首（初學集卷二十）。

  寒食日，柳如是於花信樓作月堤煙柳圖，錢謙益題山莊八景詩之一"月堤人並大堤游"於其上（月堤煙柳圖題辭）。

   文云：此山莊八景詩之一也。癸未寒食日，偕河東君至山莊，於時細柳籠煙，小桃初放，月堤景物，殊有意趣。河東君顧而樂之，遂索紙筆，坐花信樓中圖此寄興。余因並録前詩以記其事。牧齋老人書。

仲春,應劉古洵之請,爲其父心城先生全集作序(初學集卷二十八)。

序云:"於是心城之子古洵,會粹其世諦文字,自入官至於入道,年經時緯,都爲一集,而請余序其首。"

劉錫玄(1574—?),字玉受,號心城。長洲人。萬曆三十五年(1607)進士。歷貴州提學僉事。天啟元年(1621)永寧宣撫奢崇明、貴州宣尉同知安邦彥先後反,錫玄等分禦之,以軍功進右參政。七年,棄家入道。爲即中之弟子。著有頌帚三集、掃餘之餘、巡城十集等。

范鳳翼有書來。

范鳳翼范勛卿文集卷四與錢牧齋:"左帥爲闖賊所逼迫,却又招納饑賊二十萬,沿江以劫爲餉,南中諸貴人,魂飛魄散。今幸闖已回到中州,與孫總督對敵,左亦暫斂噉息。而西南解嚴,聞將有疏敘城守功,果爾,殊足羞也。每思向來冤屈我公,頃者滿朝君子尚有所畏,必遲至今,想只玄老定力任事也。"

左良玉劫掠沿江在十五年末十六年初,明史卷二百七十三左良玉傳:"自成乘勝攻良玉,良玉退兵南岸,結水寨相持,以萬人扼淺洲。賊兵十萬争渡,不能遏。良玉乃宵遁,引其舟師,左步右騎而下。至武昌,從楚王乞二十萬人餉,曰:'我爲王保境。'王不應,良玉縱兵大掠,火光照江中。宗室士民奔竄山谷,多爲土寇所害。驛傳道王揚基奪門出,良玉兵掠其貲,並及其子女。自十二月二十四日抵武昌,至十六年正月中,兵始去。居人登蛇山以望,叫呼更生,曰:'左兵過矣!'良玉既東,自成遂陷承天,傍掠諸州縣。"故繫此。

春,楚秀爲柳如是刻印一方。

孫原湘天真閣集卷三十六長亭怨慢,題云:"柳如是印旁,刻'癸未春,楚秀鑴贈',癸未,崇禎十六年也。"

春仲,友人過訪,鈔自作詩數首相贈。

手卷見北京文津閣拍品。末署:"癸未春仲,敬老道兄過訪,索書舊作,漫爾應之,并請教削。牧齋弟錢謙益具稿。"敬老不詳,疑是僞作,且附此待考。

社友馮夢龍七十,作詩賀之(初學集卷二十)。

馮夢龍(1574—1646),字猶龍,一字耳猶、子猶,別號龍子猶、姑蘇詞奴、墨憨齋主人等。長洲人。崇禎三年(1630)歲貢,仕丹徒教諭,陞壽寧知縣。唐王立於閩,往從之。順治三年(1646),自台州走還蘇州,春間作辭世詩,含恨而卒。工於經學,尤擅傳奇小説、音樂戲曲,著述甚豐。有春秋衡庫、麟經指月、三言、智囊、壽寧待志、甲申紀事、中興實録、山歌、掛枝兒等。

鄭芝龍四十生日,作詩賀之(初學集卷二十)。

鄭芝龍(1604—1661),字曰甲。福建南安人。本爲海盜,受明廷招撫,官都督同知。順治三年(1646)降清,軟禁北京。因勸其子鄭成功投降不果,被殺。

錢塘魯得之來訪,爲作畫竹歌(初學集卷二十)。

三月朔日,上請調用閩帥議(初學集卷八十七)。

牧齋之意,天下惟東南無恙,應急調閩帥鄭芝龍防衛東南,抵禦李自成。

黄淳耀陶庵集卷四與柴集勳書癸未二月:"得第二次翰

教,爲鄉邦計至深且遠。適虞山友人來,知虞山先有此議,欲借鄭兵,遠復荆、襄,近捍神京。撫軍及南大司馬皆以爲不可,而淮撫則力任之,一面邀請鄭兵,一面拜疏矣。乃知英雄所見,信乎其略同也。"此時淮撫爲史可法。

又祁彪佳尺牘,仲春有寄鄭芝龍書:"昨錢牧齋有浙直合守之議,誠有見於守堂奧不如守門庭也。"

三月,姜垓上疏,請赦其兄歸葬,爲作萊陽姜氏一門忠孝記(初學集卷四十四)。

垓兄埰(1607—1673),字如農。崇禎四年(1631)進士。官禮科給事中。時熊開元疏參輔臣周延儒,廷杖。埰上疏爲開元開脱,語過激,下獄。獄急,萊陽破,其父瀉里、兄圻、弟坡率衆守城,闔門殉國。垓上疏請代其兄,使兄歸家葬父。帝惻然,謫埰宣城。福王時遇赦。道路梗阻,兄弟二人遂流寓蘇州。卒,遺命葬宣城,以君命之故。

姜垓(1614—1653),字如須。崇禎十三年(1640)進士。官行人。見官舍題名碑阮大鋮、崔呈秀與魏大中名並列,請碎之。大鋮用事,欲殺之,逃之寧波乃免。卒葬蘇州西山竺塢。

三月,爲陸培文集作序(初學集卷四十陸鯤庭文集引)。

陸培(1617—1645),字鯤庭,號部婁。錢塘人。崇禎十三年進士。官行人司行人。明亡,欲起兵,不果。聞潞王敗,自縊而死。

此序亦見陸氏旃鳳堂偶集,南京圖書館藏本,末署"癸未三月,虞山老民錢謙益書于優曇室",文詞頗多不同。

三月,效譚貞默作蟲詩十二章(初學集卷二十)。

詩序云："禾髴進士譚塥著蟲賦三十七篇,援據古今,極命物理,自稱原本於莊子蟲天之道,及其遠祖景升化書。而吾竊窺其指意,蓋亦荀卿子請陳佹詩之意,有託而云者也。元微之司馬通州,賦七蟲詩二十一章,其自序以爲備瑣細之形狀,而盡藥石之所宜,庶亦叔敖之意。傳稱禹鑄九鼎,使民入川澤山林,不逢不若。仁人君子之用心,古今一也。余讀禾髴之賦,愾然嘆息,作蟲詩十二章以詒之。微之固云:虵之毒百,蟲之蝥亦百,而賦止於七蟲。禾髴之賦蟲,亦以百計。而余詩止於十二蟲。余之意即微之之意,亦即禾髴之意也夫!癸未三月十六日。"

譚貞默餉醉李,戲答二絕句(初學集卷二十禾髴遺餉醉李,内人開函知爲徐園李也,戲答二絕句)。

應譚貞默之請,作山東青登萊海防督餉布政使司右參政贈太僕寺卿譚公墓誌銘(初學集五十三)。

譚公即譚昌言。長子貞默。四子貞良,字元孩。崇禎十六年(1643)進士。牧齋銘云:"葬之後十八年,貞默謁余屬銘。"

考嘉興譚氏家譜,卷七有崇禎十六年癸未正月其子貞默等所作行狀,云:"府君生於隆慶辛未八月初八日,逝于天啟乙丑三月十四日,享年五十有五。不孝默等跌扶而南,殯於室廬。越兩期,于丙寅二月初十日卜大襄,蒙欽賜葬區于嘉興縣白苎都一陽圩之新阡。"故繫于此。

三月晦日,跋董應舉文集(初學集卷八十四)。

跋云:"閩中董侍郎崇相以所著文集示余,引丁敬禮對陳思王之語,俾余刪定其文。余感其意,不忍辭,朱黃甫竣,而崇相没矣。……摩挲遺集,掩卷三歎,爲書其後如此。癸未三月晦日記。"

四月十一爲沈明掄父八十壽誕,爲作壽序(初學集卷三十六)。

序云:"吳郡沈先生,今年八十,四月十一日,爲其誕辰。吳之孝秀陸履長、許孟宏、陸彦修與其子伯叙、玉當游,請余爲祝壽之詞。余之稚子孫愛方授經於伯叙,而伯叙兄弟又繆以一日之長事余,則夫登堂爲壽之客,宜莫先于余矣,而可以無言乎?"又云:"今天下方多故,胡馬逼淮水,洪河灌汴京,闖賊踞裏、漢,都會丘墟,江流横絶。"開封被淹在崇禎十五年(1642)九月,四月當指本年,故繫此。伯敍,即沈明掄字。弟明揚,字玉當。師鄭敷教,參編鄭桐菴年譜。陸坦,字履長。長洲人。嘉穎子。崇禎三年(1630)舉人。以名義自持,與許元溥、鄭敷教、楊廷樞並稱吳門四孝廉。明亡隱居不出。

四月初八日,作嚮言三十首小序(初學集二十三、卷二十四)。

嚮言兩卷爲論史之作,小序云:"晉五行志:吳孫休時,人有得困病,及差,能以嚮言者,言於此而聞於彼。自其所聽之,不覺其聲之大也,自遠聽之,如人對言,不覺聲之自遠來也。聲之所往,隨其所向,遠者所過十數里。余之得困病久矣,病久而不差,則亦思爲嚮言,以舒寫鬱陶,伸導其志,意而弗能也。無已,則吐其什百之一二,筆之於書,書亦言也,遂命之曰嚮言。用兵者有地聽之法,亦曰缾偵,枕空而卧,則東西南北皆響見于空中。咸之象曰:君子以虛受人。

以地聽之法聽吾之嚶言也,其幾矣乎? 詩曰:維此聖人,瞻言百里。善聽嚶言者,莫如聖人。有瞻言之聖人,言從作乂,而天下無嚶言之咎矣。崇禎十六年四月初八日辛未,虞山老民錢謙益序。"

戴劉淙詩書牧齋宗伯嚶言後:"捫虱何心與客論,一腔血欲洒修門。誰從當宁紓良策,只合先生託嚶言。白馬清流猶蟻鬪,赤眉黃犢已雲屯。燈前掩淚披遺集,背祝招他故國魂。"

程嘉燧牧齋先生初學集序:"晚而以其忠藎嘉謀,無由入告左右,著為嚶言三十首以垂于後。不惟其愛君之深,憂國之切,隱然溢于言表,而救時匡世之畧,亦已見其一斑。"

四月,與趙家再次結怨。

趙士春昨夢錄:"(癸未)四月中,錢牧齋復起一波,借孫氏狂少為名,挽人欺余,至訂封札于倪推官長玗,事連三弟。余向劉縣令促膝苦口,始得解網。然三弟疑余下石,不以為德,而反以為怨也。"具體不詳。

四月,李邦華北上勤王,在廣陵與牧齋見面。牧齋感慨書懷,作詩四首(初學集卷二十癸未四月吉水公總憲詣闕,詒書輂下知己及二三及門,謝絕中朝寢閣啓事,慨然書懷,因成長句四首)。

有學集卷三十八李公神道碑:"癸未北上,要晤廣陵僧舍,艱危執手,潸然流涕,囑曰:'左寧南,名將也,東南有警,兄當與共事,我有成言于彼矣。'篋中出寧南牘授余曰:'所以識也。'入都復郵書曰:'天下事不可為矣,東南根本地,兄當努力,寧南必不負我,勿失此人也。'"

其四自註:"上命精擇大帥,冢宰建德公以衰晚姓名列上。"建德公,即鄭三俊(1574—1656),字用章,號玄岳。池州建德人。萬曆二十六年(1598)進士。官至吏部尚書。崇禎十六年(1643)五月,以薦吳昌時罷。

四月,清軍逼近京師,周延儒自請督師。

四月,作書周延儒,拒絕其入朝之薦(初學集卷八十復陽羨相公書)。

書云:"兩年頻奉翰教,裁候闕然,屏廢日久,生平恥爲陳子康,願蒙子公力得入帝城,此閣下之所知也。……謙益衰年殘生,日甚一日,視鋒車祖道之時,更復頮然篤老,以迂愚頑頓之身,費回天轉日之力,萬一濫塵啓事,必致顛踣道塗,偃蹇朝命,進無補于時艱,退自䘮其晚節,不若因仍永錮,長放山林,庶可以上順天心,下安愚分。……恭聞督師北伐,汛埽胡塵,台席戎旃,曠世爲烈。衰遲枯槁,不能執殳前驅,載筆後乘,凱旋之日,規橅韓、柳,作爲詩雅,用以賡元和之詩,嗣皇武之雅。"

徐石麒召對,皇上詢及牧齋,有"博通古今,學貫天人"之語,感而有作(初學集卷二十嘉禾司寇再承召對,下詢幽仄,恭傳天語,流聞吳中,恭賦今體十四韻以識榮感)。

自註:"上曰:錢某博通今古,學貫天人。咨嗟詢問者再。"

又寄書京師好友,重申堅不出山之決心(初學集卷八十寄長安諸公書)。

有學集卷十三病榻消寒雜詠四十六首其十八:"忠驅義感國恩賒,板蕩憑將赤手遮。星散諸侯屯渤海,飆廻子弟走長沙。神愁玉璽歸新室,天哭銅人別漢家。遲暮自憐長堨翼,垂楊古道數昏鴉。"自註:"記癸未歲與群公謀王室事。"

周鳳岐亦請出山,作書拒之。

錢牧齋先生尺牘卷十三答周彝仲:"兵垣回,得手教,知元老記存之深,知己推挽之切,而聖意堅不可回,至於三四駁阻,其難其慎。則不肖生平本末與晚節末路,終不可扢拭錄用,主上固已知之深,見之確,而持之必不遺餘力矣。聖意即天意也,天可違乎? 萬一知己不諒天心,朝夕力請之於元老,元老過聽,而力請於聖上,以聖上之聰明天縱,始而厭,久而疑,以區區一人之進退,而開明良枘鑿之端,則我之營進者終成畫餅,而所損於世道者不可言矣。又或主上虛己之過,強而從元老之言,以衰殘病廢之身,附贅班行,點綴冷局,面目可憎,語言無味,此時引申求去,進不能有補於時艱,退不能自全其晚節,人何以處我,而我何以自處,不當深長計之乎?"

程嘉燧選鈔元遺山中州集,以爲作文之法。夏日,題其後于玉蕊軒(初學集卷八十三)。

文云:"元遺山編中州集十卷,孟陽手鈔其尤雋者若干篇,因爲抉摘其篇章句法,指陳其所繇來,以示同志者。"

又題懷麓堂詩鈔(初學集卷八十三)。

文云:"孟陽於惡疾沈痼之後,出西涯之詩以療之,曰:'此引年之藥物,亦攻毒之箴砭也。'其用心良亦苦矣。"西涯即李東陽。

黃公渚評云:"題懷麓堂詩鈔,抉摘明代詩病,以見李東陽詩之地位,此反襯法也,文雖短而自精悍。"

夏日，於優檀室跋東坡書陶淵明集（初學集卷八十五）。

夏日，王鐸寓居吳中，有詩相懷。

  昭代詩存卷十三懷牧齋前輩："旅病驚心萬感生，懷君無那夢難成。江間聞笛月千里，枕上懷君磬一聲。羈脱郊原閒上駟，簾懸宗廟少咸韶。婁江如帶山齋近，執掃花陰石路行。"此詩又見擬山園詩集七律卷二，繫年從薛春龍王鐸年譜長編。

初夏日，作記月泉吟社文一篇（初學集卷八十四）。

中夏，題歸有光文集（初學集卷八十三書歸太僕文集）。

  文中提及與歸昌世校正震川文集事："歸熙甫先生文集，崑山、常熟皆有刻，刻本亦皆不能備。而送陳自然北上序、送蓋邦式序，則宋人馬子才之作，亦誤載焉。余與熙甫之孫昌世互相搜訪，得其遺文若干篇，較槧本多十之五，而誤者芟去焉。於是熙甫一家之文章粲然矣。"

五月，作瞿太公墓版文（初學集卷六十七）。

  此文乃瞿純仁爲其祖依京（1516—1596）所請，而遷延未及作，至本年方成文。

五月十一日，作宋稽勳哀辭（初學集卷七十八）。

  宋稽勳爲宋璜父，璜時官杭州推官。牧齋文云："君訃至于杭，司理璜頓踊號哭，蘇而絶者數矣。杭之民皆爲司理巷哭，璜見星奔赴，氣息支綴，將列君死事，墨衰絰，繫草索以上訴于天子，使其門人吳百朋來訃余。"

  吳百朋，字錦雯。杭州人。崇禎十五年（1642）舉人。與毛先舒等十人以詩文著名，稱西泠十子。入清，補蘇州推官,陞南和令,卒於官。

徐文虹七十,次其自壽詩賀之(初學集卷二十)。

　　文虹即錫胤。

以二十千爲徐文虹上壽,作詩一首,後又次一首(初學集卷二十以二十千爲城北公稱壽侑以二銀錢)。

　　所謂城北公,即戰國策鄒忌所云城北徐公,借指文虹。

尹長庚客死廣陵,作詩二首挽之(初學集卷二十),**並作書其父尹嘉賓,從延陵季子之禮,不歸葬**。

　　自註云:"余詒書其尊人子求,俾從延陵嬴、博之禮。"又云:"余與西有未識面。""往有長句相答。""西有爲余上書蜀相,不蒙省答。"可見二人交情。

嘉善夏雪子詩來,有相訪之意,作詩二首答之(初學集卷二十)。

　　道光重修嘉善縣志卷二十四:"夏緇,字幼青,號雪子。諸生。善書畫。工詩,有西泠集。風光細膩,不減金荃、玉溪。錢中丞士晉撫滇時,重其名,走幣聘之。緇聞其地多靈蹟,將便訪袈裟華首之奇,甫至,而中丞逝,竟不及遊,乃取誌記及圖畫髣髴其狀,各繫以詩,名孤望集。歸益究心法乘,別著維摩集。晚年詩更蒼勁,頗得山川之助云。"

應李藻先之請,作寶應李侯壽燕序(初學集卷四十)。

　　序云:"招遠李侯舉進士,爲寶應宰,期年而政成。於是江都令闕,侯兼攝江都篆,臺使者以江都附郭雄緊,請移侯于江都,而寶應之士民皇皇乎惟恐其失之也。侯始至之日,奉其母夫人以俱,至是則就養于江都。六月之某日,爲侯之誕辰,寶應之人相宰具羊酒,舟車百里,相屬于道,爲侯稱賀,而因以上壽于太夫人。年家子李生蘭臣屬余爲祝嘏之辭。"

李日成,崇禎十三年(1640)進士。十四至十六年官寶應知縣,因繫此。李日成入清改名日乾,授萬安知縣。

李藻先,字蘭臣,一作素臣,號訥庵。順治十四年(1657)舉人。工詩,有湖外吟、南遊草等集。

又初學集卷三十三有牧齋爲藻先所作南游草敘,作日不詳。文中提到"蘭臣詒書山中,以五言十六韻贈余,且曰:願有以益也",贈詩亦未見。

金聲有書來,敘休寧之慘狀。

燕詒閣集卷四與錢牧齋宗伯癸未:"今茲愈孔棘矣,虜騎逼淮,南北不通,因而亂兵梗江、漢之間,上下江又壅絕不通。……而敝鄉之人,獨受荼毒,較他處倍深,橫目所至,無復生趣。……佛海上人所攜燈錄,未能細閱,因其行,艸佈近狀。"

佛海上人生平不詳,初學集卷八十六有題佛海上人卷、又題,又題疑在此時。其卷子,即所撰續傳燈錄。又題云:"佛海發願修續傳燈錄,乞言於余,別去八載,已儼然成帙矣。"似初題在崇禎八年(1635)。

初題云:"上人將徧走海內名山古刹,網羅放失,以蕆續燈之役。新安江似孫輯本朝僧史有年矣,上人之採訪,必自似孫始也,其幷以余言告之。"

江紹前,字似孫。諸生。所過都邑,詢古寺廢院,雖深山窮谷,必裹糧而前。與程嘉燧善,松圓浪淘集有答江似孫謝遺錦衾、江似孫赴朝鮮毛帥幕府感賦等詩,牧雲和尚亦有西湖宗鏡堂晤江似孫出示所輯僧史詩。

六月,鄒之嶧卒,年七十(初學集卷六十鄒孟陽墓誌銘)。

山曉閣明文選續集卷五評鄒孟陽墓誌銘云:"爲孟陽誌墓,通篇俱帶長蘅夾説。夫長蘅以畫自重,獨於孟陽不吝,是長蘅傾倒於孟陽處。孟陽挾長蘅之册,隨其所至,即如長蘅與俱,是孟陽傾倒於長蘅,以傾倒於長蘅之畫處。兩下情致纏綿,作者曲爲傳寫,清空灑落,修然自遠。以此誌墓可,以此爲高士傳可,以此當一篇游記讀亦無不可。引簡辭事作結,筆墨尤自高寄,蓋有此一篇高文,自不可少此一結。"

季夏,因鄞縣錢啟忠遭流言落職,作書慰之。

清溪公題詞附錢謙益書信:天下之事,有名美而實未必然者,冢宰風勵天下,抗疏排擊,欲使貪墨者望風解印綬,意非不佳,而獨以流言所中,首及賢者,則豈其激揚之本意乎?計典是其主持,遂奉三尺以從事,則冤甚矣。今幸念臺以海内清望,極口稱冤,而東省之人交口申雪,請論昭然,度不能一筆抹殺。天晶日明,當有其時,幸安意彌節,徐以俟之。季夏朔日,謙益再拜。"又附錢光繡識云:"此虞山宗伯於先沃心叔父手書也。此時宗伯主持清議,物望所歸,而言之慷慨激烈若此,豈遂阿其所好哉!"

錢清溪公不朽録錢廉清溪府君行略:"壬午十月,先大夫攷績告成,思先大父年邁七旬,力懇兩院,代請終養。忽有流言入,玄岳鄭太宰者,一時不察,遂遭白簡。蓋先大夫力破情面,致慍群小,成是貝錦。先大夫束身俟命,不辨一言。念臺先生極口稱冤,鄭後知其誣,亦深悔之。朝中諸君子公疏力保,遂復原職。"鄭三俊時爲吏部尚書。

　　錢啓忠(1594—1643),字沃心,號清溪。鄒元標門人。崇禎元年(1628)進士。時官山東學政。

　　錢光繡(1614—1678)實爲牧齋弟子,全祖望鮚埼亭集外編卷十一錢蟄菴徵君述:"公諱光繡,字聖月,晚號蟄菴。……論文則師牧齋。"鮚埼亭集卷二十六明太常寺卿晉秩右副督御史蘭菴林公逸事狀:"同里錢光繡嘗講學石齋黄公之門,其於翰林張溥、儀部周鑣皆嘗師之,而學詩于□□。公曰:'妻東朝華耳,金沙羊質而虎皮者也,皆不足師。□□晚節如此,又豈可師!子師石齋先生,而更名他師乎?'光繡謝之。"光繡一號爪厂,見牧雲嬾齋别集卷八。

中元日,爲時敏作時子求期思集序(初學集卷四十)。

　　序云:"辛巳二月,子求在固始,作詩五百餘言,敍述中原寇賊殺掠流亡之慘酷,而勉故鄉以綢繆桑土之義,題曰寄江南行。……既而子求考最赴闕,天子親召對稱旨,首擢爲兵科給事中。逆奴入犯,即命巡視真定城守,奴退,督漕江西,便道歸里,而以期思集屬余序之。"

　　錢牧齋先生尺牘卷二有致瞿稼軒書,談及時敏事:"子求封事儘可觀,却多留中,何也?伯申歸,若有新聞,幸見示爲禱。"

柳如是以多病故,於我聞室供奉觀音像。中秋日,牧齋爲作造大悲觀世音像贊(初學集卷八十二)

　　贊前小序云:"女弟子河東柳氏,名如是,以多病故,發願捨財,造大悲觀世音菩薩一軀,長三尺六寸,四十餘臂,相好莊嚴,具慈愍性,奉安於我聞室中。崇禎癸未中秋,大悲弟子謙益焚香合掌，跪唱贊曰……"

中秋日，得鳳督馬士英書，告知合剿張獻忠出師日期，喜而有作（初學集卷二十）。

秋，作書鳳督馬士英，示以防賊要略，並爲金聲開脱（初學集卷八十答鳳督馬瑶草書）。

書云："闖陷荆、襄，獻陷武、漢，各不相顧，闖不顧獻，獻不顧闖，心渙勢散，易于摧敗。闖陷荆、襄，不能顧豫，今保鄧不能顧荆、襄，即其一身首尾，已不相顧，而況能顧獻，則獻之自顧亦從可知也。吾謂今日之計，當委秦、蜀之兵以掣闖，使不得南，而我專力于獻。九江之師扼其前，蘄、黄之師擣其後，勿急近功，勿貪小勝，蹙之使自救，擾之使自潰，此萬全之策，必勝之道也。……秋風蕭條，行間勞苦，惟爲社稷努力强飯自愛。"又云："新安之事可謂大錯，然金正希茹荼攻苦，練兵守土，實痴腸爲國家人也。黔兵之殺必誤也，非故也，舍而不問，則無以謝黔人，執正希以爲大傻，則舉世士大夫容頭過身者，胥以正希爲戒，以練兵任事爲諱，亦可深慮也。"

金正希先生年譜："十六年癸未……三月，左兵潰江上，先生練鄉勇以備不虞，有守禦事宜。鳳督馬士英募黔兵，令四遊擊統之行，迂迴播虐，樂平人憤而殲之，餘兵或冒四遊擊名入徽南之婺源，或冒沐國公名入徽郡之西祁門，徽上下震恐，意爲賊，格之恐後。先生時在百里外，聞而未見也。其監紀懼樂平失律，未可以正告。又憎樂平貧不足以修怨而責償，盡舉而歸之祁門，且謂金翰林實任其事，士英據以入告，請逮治金翰林及手下鄉兵，並盛求所失軍資馬仗。……十月以奉嚴旨北行……御筆批云：據金聲奏辨，情有可原，姑免提問。"

又作書應天巡撫鄭瑄，請其爲金聲求情（初學集卷八十上應撫鄭公書）。

書云："徽人以禦寇獲罪，正希以任事受惡，海內搖手相戒，以聚鄉兵、保鄉里爲禍首，而首鼠兩端之徒，開門揖盜者，反有以藉口，良可慮也。竊謂明公宜據實抗疏，爲主上別白言之，善爲調齊，用以平鳳督之氣，服黔人之心，解徽人之禍。中朝必听然叶應，而鳳督亦降心以相從，則此事了矣。"

鄭瑄，字漢舉。福建侯官人。崇禎四年（1631）進士。崇禎十五年（1642）任應天巡撫。唐王時，擢工部尚書。隆武敗，逃歸福州，降清，不久卒。

金聲被逮北行，有書來，回信勸其平心靜氣，以大局爲重（初學集卷八十回金正希館丈）。

書云："鳳督慷慨誓師，滅獻、闖而後朝食，此事不憤盈執奏，何以謝黔人？何以鼓舞三軍，壯式蛙避螳之氣？使其設身易地，知徽人之捍禦如此，祁戰之本末如此，同爲臣子，同爲國家，寧有不相憐相恤，降心以相從者乎？仁兄純忠大誼，鬼神所知。聖天子拊髀頗、牧，朝鋃鐺而暮節鉞，往往有之。此行也，必且大用，用必有爲也，吾敢爲天下執左券矣。區區所祝者，更望仁兄平心易氣，以天下事處天下事，念督撫擔荷之苦，思師旅召募之艱，深惟憤盈執奏者之出于不獲已，以同舟遇風，胡、越相救爲心，則一切葛藤口語，俱可一刀斬斷。此封疆之幸，國家之福也。"

秋,華亭吴焯爲畫柳如是小像。

　　紅豆樹館書畫記卷八:"明吴啟明柳如是小像。絹本,高五尺八分,寬二尺七寸三分。如是豐容盛鬋,右手支頤,左手持斑竹聚骨扇,着藕色長領衣,内襯淺碧衫,下繫退紅裳,坐短榻上,斜倚檀几,神情散朗,有謝道韞林下風。按:啟明署款及所鈐印,其名從火字偏旁。圖繪寶鑑續纂誤作倬字。圖繪寶鑑續纂:吴倬,字啟明,華亭人。工人物山水。癸未秋,華亭吴焯爲河東夫人寫於拂水山莊。"

秋,燈下看柳如是插花,作絶句四首(初學集卷二十)。

作三良詩三首悼段增輝、汪喬年、高名衡,皆牧齋及門弟子死於國者(初學集卷二十)。

　　詩序云:"三良者,商丘段增輝含素、沂州高名衡平仲、遂安汪喬年歲星也。崇禎戊寅,賊陷商丘。含素謝賢良辟召,率鄉人扞賊。賊再攻,陷之,與翰林馬剛中俱被執,不屈而死。辛巳春,賊圍大梁,平仲以御史巡方,乘城擊却之。上特命以僉都撫豫。賊去,圍我師于鄭。歲星以秦督赴援,遇賊于襄城,力戰死之。是冬,賊復圍大梁。平仲固守經年。九月汴沈于河,平仲渡河而北,賊解去,得請歸里。奴兵陷沂,平仲夫婦罵賊死之。嗚呼,是三君子者,皆余及門之士。余槁項黄馘,視息牖下,觀其接踵死事,横身殉國,有餘媿焉。白樂天有哀二良文,余放之以哀三君子,作哀三良詩。"

八月,皇太極卒,子福臨即位,次年改元順治。

中秋日,於半野堂跋前後漢書(初學集卷八十五)。

　　文云:"趙文敏家藏前後漢書,爲宋槧本之冠,前有文敏公小像,太倉王司寇得之吳中陸太宰家,余以千金從徽人贖出,藏弆二十餘年,今年鬻之於四明謝象三。床頭黃金盡,生平第一殺風景事也。此書去我之日,殊難爲懷。"

將宋版前後漢書以千金售于謝三賓。

有學集卷四十七書舊藏宋雕兩漢書後:"趙吳興家藏宋槧兩漢書,王弇州先生鬻一莊得之陸水邨太宰家,後歸于新安富人。余以千二百金從黃尚寶購之。崇禎癸未,損二百金售諸四明謝氏。"

按:全祖望鮚埼亭集外編卷二十九:"(三賓)其後與受之爭妓柳氏,遂成寶首之仇。"金鶴沖、陳寅恪皆以爲信史。陳捕風捉影,以爲謝氏文集中詠柳之詩皆爲柳如是而作,實不足信。全祖望於牧齋、三賓全無好感,不實之詞甚多。

又讀書敏求記卷三元經薛氏傳十卷:"昔者賈人持宋本蕭常續後漢書求售,刻鏤精妙,楮墨簇新,見者皆爲悅目,牧翁不開卷擲還之,以其與運統背馳耳。"

八月,瞿式耜作跋,解釋初學集書信過少之由:"先生少而高簡自命,無投知自炫之啓,壯而登朝,所言大抵關於國是人材,不欲以先覺居己,不欲以私恩示人,故槩從削稿。"(初學集卷七十九瞿式耜跋語)

八月,金漸皋爲其父請銘,作金文學墓誌銘(初學集卷六十)。

墓誌云:"武林金子漸皋以崇禎十六年八月幾日葬其父,而爲狀來請銘。"

金漸皋,字夢蚩。仁和人。崇禎九年(1636)舉人,順治九年(1652)進士。官漢陽知縣。著有怡安堂稿。

中秋二十六日，作昨非庵日纂三集序（初學集卷四十）。

　　此書包括初集二十卷、二集二十卷、三集二十卷，鄭瑄所撰。昨非菴三集刻本末署"崇禎癸未中秋二十六日，虞山老民錢謙益拜手謹序"，吳邑諸生朱袞書。初學集僅作"崇禎癸未中秋吉日序"。

九月朔日，瞿式耜作牧齋先生初學集目錄後序。

　　文云："先生爲文，每削藳，式耜輒手鈔而藏之，先生不能禁也。乃固請於先生，出其所繕寫，釐爲一百卷，鍥梓以公之當世。先生力禁之不得，復手削其什之四五，命其名曰初學集，而俾式耜敘其後。"又云："旋觀先生之文，初變於曆、啓之交，規摹經營，不失絫黍。其規矩繩尺，猶可尋也。已而學益博，思益深，氣益厚，自唐、宋以迄金、元，精瞥營魄，攝合於尺幅之上，方軌橫騖，而未知孰爲後先。修詞持論，崇尚體要，金科玉條，凜不可易。至於諷諭時政，磨切當世，或正而若反，或戒而若頌，微詞譎諫，層見側出，擬議變化，雖作者亦或不知其所以然，此亦古人所未有也。……先生之詩，以杜、韓爲宗，而出入于香山、樊川、松陵，以迫東坡、放翁、遺山諸家，才氣橫放，無所不有。"

九月，楊世功攜其妻黃媛介詩集來訪，作士女黃皆令集序（初學集卷三十三）。

　　序云："皆令本儒家女，從其兄象三受書，歸於楊郎世功，歌詩花扇，流傳人間。晨夕稍給，則相與簾閣梯几，拈仄韻、徵僻事，用相娛樂而已。有集若干卷，姚叟叔祥敘而傳之。皆令又屬楊郎過虞山，傳內言以請序於余。余嘗與河東評近日閨秀之詩，余曰：'草衣之詩近於俠。'河東曰：'皆令之詩近於僧。'夫俠與僧,非女子之本色也。此兩言者,世所未喻也。"

　　黄媛介,字皆令。秀水人。工詩,亂後被兵劫掠,輾轉吳、越間,卒于江寧佟國器夫人所。

　　楊元勲,字世功。嘉興人。

九月,爲張龍翼兵機類纂作序。

　　張龍翼,字羽明。松江人。生平不詳。刻本署"崇禎歲舍癸未九月,虞山錢謙益題于明發堂"。

九月,憨山弟子復奉憨山靈龕入曹溪。

　　有學集卷四十憨山大師曹溪肉身塔院碑:"南康推官錢啓忠以私淑弟子謀卜善地以妥師靈,弗墨食,不克葬。南海弟子劉起相爲瑞州推官,瞻禮悲泣,復奉靈龕歸曹溪。江神揭訶,風日助順,道路軒豁,干戈遠屏,崇禎十六年癸未之九月也。總戎宋紀曁五羊善信,議茶毘建塔。啓龕,雙趺儼然,髮爪俱生,容顔光潤,膀腹下垂處,皆可捫揣。海衆踊躍,謂師再生,贊歎號呼,不忍舉火,議全身供養,如能大師故事。竺僧屑海南旃檀香塗體,尊奉于舊塔院,即大師所卜天峙岡地,去南華、寶林半里許,時則癸未之□月□日,距癸亥入滅,二十有一年矣。"

作中憲大夫敘州府知府趙君墓誌銘(初學集卷六十一)。

　　此爲趙隆美墓誌。文云:"癸未十月初七日,葬羅墩之新阡。"故繫此。

本年,因郭昭封之請作文毅郭公改葬墓誌銘(初學集卷五十一)。

此爲江夏郭正域(1554—1612)墓誌,初葬於萬曆四十三年(1615)。現墓尚存,碑文書"明尚書明龍郭文毅公,誥封郭母畢太夫人之墓,崇禎拾陸年拾月望捌日諭葬,子孫敬立",因繫此。畢夫人,即郭氏繼室。

十月,張獻忠攻陷吉安,蕭士瑋流離失所。途中遇毛羽健妻子,作書牧齋,請其收留。

蕭士瑋春浮園集卷下與錢牧齋:"抵家三日,郡邑淪陷,賊所至,輒搜鄉紳劫爲僞官,此中刑罰,過於刀鋸,脱身疾足,辛苦備嘗,差幸不爲弋人所慕耳。途次清流,見小艇如刀,寡妻弱子,聚頭而哭,詢之,爲芝田毛年兄旅櫬也。泣而問其何以至此,對以避寇半年,險阻萬狀,神勞而形瘁,雖欲不死,不可得已。芝田正骨雄姿,吾黨託爲後勁,長材短馭,古今同慨。然讀其垂絶一書,忍死必以妻子相託我翁,此尤見其易簀定力也。痛定而觀其子,風氣雄遠,大有乃父之概,我翁必能以北海畜之矣。鄉井殘破,無家可歸,與子成二老來往,亦風流。旦晚思以相依也。"

冬十月,程嘉燧自序耦耕堂集,回憶與牧齋交往之事。

冬月長至後,程嘉燧作牧齋先生初學集序,徐增書寫上板。

文云:"歲癸未冬,海虞瞿稼軒刻其師牧齋先生初學集一百卷既成。先是,先生再寓書於余,寄示近所著嚮言及高陽行狀,屬余序其文甚切,而余方退讓未遑。"

按:刻本内封亦署"崇禎癸未歲刊行/錢牧齋先生初學集/燕譽堂藏板"。程嘉燧云初學集冬日已刻成,實非。從詩文繫年看,初學集遲至下年夏方完工。刻工爲寧國府旌德縣劉入相。入相字文華,與瞿家關係頗洽。瞿昌文粵行紀事卷一:"旌德劉子文華名入(又)相來,語酣,具道粵行,故請偕行。劉慨然曰:'子之行,天實佑之也!相辱而大父之知久矣。敢不成子志?維相母年逾七十,弗能以身許友。無已,送子過浙東,開帆航海。子南征,相北返,尋祖奉母,各遂厥志矣。'文頷手曰:'天惠我友,五年契闊,千里枉顧,侯、季一言,慷慨悲壯,爲人所難爲之事,成人所難成之志,君之功,小子幸也。'駅娑石下一拜,文華遂大笑出門去。"可見亦是豪俠之人。

又初學集行狀、墓誌、塔銘等多至二十餘卷,而傳僅四卷。張異度先生自廣齋集卷十三孝廉仲容徐先生傳:"余與虞山錢宗伯論古今送往之文,宗伯多諾誌表,不肯爲傳,謂唐、宋諸家集中皆然。且言自史傳外,間有特立傳者,必自度可以傳人,其人待文而傳也,不然則人之才品灼然可傳,恐國史未盡收,而附稗官郡乘以冀采錄者也。"

牧齋遺事附八十翁評初學集:"邑中先朝以第三名雋者,趙以父母宗族兄弟之恣,大不理於鄉人,乃其居官,不入黨,不邀譽,廷諍加稅一疏,與鼎元劉同升同攖逆鱗。趙免廷杖謫歸,庶不負科名,繩其祖武。溯錢之生平,青年翰苑,日講房中,所以有浪子燕青之目。其聲聲自謂黨魁,不過步高、趙、楊、左之塵,緘口養望,以眵東林後勁。思宗初年,高、趙、楊、左、王、魏、周、繆盡去。科目既深,垂涎於枚卜一席。群醜附和,僉謂非虞山莫與京矣。而高材捷足者先得之,於是狼狠歸里。肆貪饕壟斷之計,撫按藉其聲援,陰供其飽瞰。張伯臺之奏,何嘗一事虛也。至被逮解網,擊溫擒陳，藥張欸曹，嘉謀既中，益自矜只手障天，力能載地。凡發一緘，非千金不輕許可。涉筆啟口，固非膚謗泰儉之標，居然曰天下第一流也。污瀆婁鄙，不獨有識者齒冷，即雅相附和者，亦目憮而心誹之。弘光建號，而蠅營於馬、阮，北兵南下，而促膝於趙、王，自以爲此番世界改頭換面，鼇變猱升，莫巧於吾，台輔之望，舍吾其誰？天眷他方，更瞠目鐸、銓（詮）之後。顛躓失措，喜得瓦全，而飛語上聞，牽連付鞫者幾次。鼠雀餘生，幸而首丘。跡其末路，奉淫娼以爲佳耦，抱蜣丸以爲蘭茝，販夫販婦，交口而咀嚼之。登第三十年，未聞片語單詞上陳國恤，仰神黼座，今日草誌銘，明日作詩序，非賀某之升擢，必奉某大師主刹，縱咳珠玉，國家奚賴有若人，東林安用此翹楚，不幾羞周、李，而敗楊、魏之群耶？其集中自詫曰如龍，吾以爲如蚋。雖以趙士春一疏爲孤鳳之鳴，初學一集爲群狐之穢可也。"此文亦不盡公允。

又趙士春保閒堂續集卷三目錄有題錢牧齋初學集五絕句，但未見詩。

蕭士瑋作讀牧翁七則以代序。

蕭文不知作於何時，中云"錢牧翁集成，以余能讀其文，索余叙之"，大概在崇禎十六年冬至十七年春間，附此。

又錢陸燦調運齋集卷四槐榮堂詩鈔序："先宫保牧齋公刻初學集成，門人問序，公曰：'惟吾友伯玉、孟陽矣。'"

冬，絳雲樓上梁，作詩八首（初學集卷二十）。

絳雲樓名字取自紫薇夫人詩："乘飈儵衾寢，齊牢攜絳雲。"即將柳如是比作仙子之意。

陸貽典覞庵詩鈔卷一次韻奉和牧翁絳雲樓上梁詩八

首:有美同登極目初,海山應憶設青廬。鳳臺吹竹堪攜偶,蟾窟扳枝好問居。天上看傳紅玉案,人間會降紫泥書。當年秦女樓頭住,夫壻從誇千騎餘。

山城排列對檐楹,百尺樓高羨落成。近向紫霄扶鶴下,遠依碧宇聽雞鳴。月來欲動軒窓影,風度從飄絃管聲。共跡同塵初有約,莫教輕賦重行行。

珍館閒臺稱玉題,誰家椒壁和香泥。鴛鴦闌檻山河近,鸛雀汀州雲樹齊。素手紅粧贈獨守,濁波清路舊單棲。定情相媚還相悦,樓上雙雙羨舞雞。

人間日日是佳期,迢遞堪憐渡漢時。倚看井桃將結子,欹歌山木自生枝。添香重撥金爐火,賭酒閒敲玉局棊。何似秦樓雙鳳去,常留鴛瓦碧參差。

高棟層軒結構牢,天梯步步入重霄。賡詩促膝傳斑管,譜曲憑肩按赤簫。滄海栽桑容易變,靈和有柳却難凋。五城日月應多暇,世上千年只幾朝。

畫梁新鶯舞微微,花柳成行照綺扉。劍佩何慙持作壻,絲桐長願託爲妃。曾經選勝分蘭席,可待迎仙製羽衣。聞道絳雲停影處,傍樓飛閣號含暉。

銀床冰簟射方疏,訝是移家鷲帝居。臺舞青鸞諧照鏡,窻開朱鳥靜繙書。五枝燈畔歌宛轉,三素雲中唱步虛。曾向我聞室裏住,前身應共證如如。

歌酒尋娛佳興新,白公樓上不論春。五千歲裏要通使,十二層中往候神。槎路偏容紫府客,蓬山合貯絳霄人。自從玄暢留題後,八咏于今更出塵。

毛晉野外詩卷登錢夫子絳雲樓和韻八首:

躡履凭高縱目初，風晴下瞰接衡廬。空中何意開飛閣，天上仍聞有淨居。仙吏只依香案籍，姮娥深護蕊淵書。興來時擁元龍膝，落落誰當眼底餘。

襟衢帶術俯千楹，廻合山川點墨成。藻井銜花分向背，柏梁棲鳳欲飛鳴。揮毫不枉珊瑚架，鳴佩還判金玉聲。便欲吹笙通碧落，恍疑身在月中行。

林開初日耀珊題，風動黃金小帶泥。仙骨久從千劫換，佳人難得一心齊。燕驚簾額鈴能語，露濕花房蝶正棲。曉起擘箋聊紀夢，臨池爭識是家雞。

前身曾是與仙期，天上人間此會時。翡翠飛來相命鳥，珊瑚網得最高枝。靈威擬授千年字，神姥應傳五夜萁。縹緲增城樓十二，騫霞限日不爭差。

何物神工置得牢，似擎高掌出煙霄。投梭帝子窺書字，踏鳳仙人聽度簫。樹解聯枝霜更發，花能四照雪難消。流雲夜夜簷端宿，卻笑巫山有暮朝。

紅樓霞氣畫霏微，玉斧玲瓏敞月扉。楚客空傳巫峽女，陳王難賦洛川妃。九鈴鳳泡三宵露，百和香薰八繭衣。爲報掃眉才子道，人間今有鮑家暉。

風入重欄花氣疏，高樓結得傍山居。不須簫引乘鸞女，只恐猿驚赴鶴書。錦帳春深藏窈窕，冰壺日永貯清虛。巋然不數靈光殿，欲賦凌雲愧不如。

阿閣翬飛入望新，簾垂金蒜護春深。岣嶁碑上風雷字，姑射山頭冰雪神。南國久無行雨夢，東鄰誰是效顰人？雜華經裏婆須女，好似飛花不受塵。

道源寄巢詩卷下題牧翁絳雲樓："髣髴仙居十二樓，銀鉤珠箔對清秋。排天有客星堪摘,入漢何人石可求。粉壁泥香椒氣暖,博山爐火篆烟浮。不知舊日陶貞白,百尺容誰到上頭。"此詩不知作於何時,附此。

徐增九誥堂集卷三錢牧翁宗伯構絳雲樓同河東君讀書爲賦四首:"百尺瓊樓遠世塵,登臨不爲看山頻。滿床古籍傳稱宋,牧翁多蓄宋板。絕代名姝恐姓秦。蝴蝶互探娜洞月,鴛鴦雙鎖石渠春。夜來自有明珠佩,寧必吹藜待老人。"

天才國色兩風流,花月良時足唱酬。萬卷不殊爲帝樂,千金始就挾仙遊。雪光玉映鮫綃帳,螢火星奔翡翠樓。階下應生書帶草,鳳腰雙縮度瀛洲。

可知傾國更能文,不惜金釵購典墳。倩得紫雲爲弟子,嫁來文曲是夫君。筆花夢插飛鴉鬢,春句閒題蹙浪裙。辯難却能登講席,裝成七寶妙香薰。

上有瑶光貫紫微,書聲暗度絳雲帷。縹囊夜理花生燭,硃露朝研日滿衣。笑咏范經天也帝,快談麟史是耶非?俯看樹頂平于地,落紙如霞字字飛。

徐增九誥堂集卷五感懷詩自註:癸未,公構絳雲樓,余賦七言律四章,公極稱賞,人爭傳寫。

按:絳雲樓落成時間,以往皆據牧齋上梁詩繫之崇禎十六年冬日。王紅蕾據北京大學圖書館藏新刊監本册府元龜卷五錢謙益題跋"壬午三月十日,假子晉不全宋本始校于絳雲樓,東澗老人謙益",定在十五年春日,非是。東澗之號,在順治十二年(1655)方啟用,北大題跋應是偽作。又曹之中國古籍版本學亦以校字不諱,定爲偽作。

林雲鳳亦有和詩,見下年,和詩未見。

邀黄媛介住止絳雲樓,作詩八首(初學集卷二十)。

有學集卷二十四黃皆令新詩序:"絳雲樓新成,吾家河東邀皆令至止。硯匣筆牀,清琴柔翰,挹西山之翠微,坐東山之畫障。丹鉛粉繪,篇什流傳。中吳閨閫,侈爲盛事。"黃媛介入住絳雲樓具體時間不詳,且附此。

古雪道人黃皆令詩集序:"往在白下,聞嘉禾淑媛黃皆令以能詩名,是時江南女流之云詩者,肩相望也。而姑孰吳巖子有警思,處予閨塾者數年。久之,皆令至,則爲河東氏延入邃閨,不可得見。"

又衆香詞樂集黃媛介眼兒媚謝別柳河東夫人:"黃金不惜爲幽人,種種語殷勤。竹開三徑,圖存四壁,便足千春。匆匆欲去尚因循,幾處暗傷神。曾陪對鏡,也同待月,常伴彈箏。"

又一闋:"剪燈絮語夢難成,分手更多情。欄前花瘦,衣中香暖,就裏言深。　月兒殘了又重明,後會豈如今。半帆微雨,滿船歸況,萬種離心。"

作旌表節婦李母沈孺人墓誌銘(初學集卷六十一)。

節婦爲李流芳仲兄李名芳妻。李名芳(1565—1593),字茂材。萬曆二十年(1592)進士,入翰林,次年卒。

墓誌云:"崇禎十三年六月初八日卒,享年七十有三。十六年十一月,合葬于南翔之稱字圩,宜之具書來請銘。"宜之,名芳子。

十一月,祝化雍被趙士錦逼死,士民請牧齋前往主持公道。事後,牧齋作苦言(牧齋集補),申明不參與此事,粘之通衢。

王氏復仇記：" 祝孝廉者，姓顧，名化雍，字仲求。爲諸生時，能閉戶自守，古之狷介士也。其先嘗隸屬於陳司空必謙，以故人輕之。天啟辛酉，化雍登賢書，鄉老中或與相見者，第稱之曰祝舉人而已。邑有公事，當集諸紳會議，值嚴寒，有孝廉沈某者，見化雍至，故作嘲語曰：'今日真寒甚，鼻中涕乃突然而出。'吳下以奴僕爲鼻，沈故借景揶揄之，同座皆匿笑。其爲人侮慢如此。祝之居在南城，與趙宦鄰。趙宦者，名士錦，字前之，明時進士，爲橫於鄉里，邑人號爲四大王者也。與陳必謙爲兒女姻。陳、趙勢焰赫奕，而士錦尤貪悍肆凶虐，覷祝居與己聯比，啟鳩據心。遂挾陳與祝瓜葛，謂祝居係陳故業，令備畚於趙，囑媳呼祝妻王氏至面白。祝不往，則令婦隔牆詈而尋(辱)之。化雍含忍者有年，而趙終不能釋。祝終不與校，蓋受其凌虐久矣。化雍秉鐸丹陽，會試旋里，士錦即令其黨持銀數，佯欲價買，逼之立券。祝不應，士錦怒，令健僕肆口辱罵，拆毁墙壁。頃刻間，兩家廳事，洞達爲一。化雍夫人王奔趙哀懇，趙妻及媳受士錦旨，捽其髪而歐之，褫衣裂裾，苦辱萬狀。化雍忿恨，情極自縊死。遺筆囑其子曰：'行年未五十，被惡鄰趙士錦逼佔祖基，朝夕詈罵，辱及爾母，凌虐萬狀，含冤自經，雖類匹夫小諒，實出萬不得已。橫死之後，爲伍尚者，爲伍員者，聽兒輩爲之。我躬不閱，遑恤我後。崇禎十六年十一月初一日，父含淚遺囑。'事聞，闔邑人心不平實甚，然畏趙勢焰，無敢過而問者。王夫人於是出揭遍貼通衢。其揭曰：'丹陽縣儒學教諭舉人祝化雍妻王氏，仝男從、泰、虞，泣血具揭，爲誣陷逼產，立殺夫命事。痛夫化雍祖居，與豪宦趙士錦鄰並，百計謀吞。夫宦丹陽未遂,今初一日,覘夫下第歸家,統兇立拆牆垣搜捉,逼立文契。氏急奔告,伊妻及士錦喝家衆,一面將氏裂衣毆辱,一面擒夫鎖考。夫逃避無門,立刻殞。士錦猶謂夫詐死,令奴遍行搜驗,持鎗搠夫妾趙氏,破頸流血,拗折氏指,萬目共睹。今署縣公出,暴尸七日,地方不敢舉報,訴捕不敢准呈,鄰里不敢作證。地慘天昏,神號鬼哭。士錦廣收亡命,蓄意叵測,抄萬家,殺萬命,今則殺及命官,目無國紀,罪惡貫盈,人天共憤。激切哀告。崇禎十六年十一月日具。'於是王夫人復刊揭百五餘張,遣急足走丹陽,粘於街衢。復遍送合學諸生,且寓書曰:"願諸君敦侯芭之誼,舉鮑宣之幡,助我未亡人,執兵隨後,共報斯讐,則大義允堪千古。"未幾,諸生各擔襆被、裹餱糧,雲集響應,而麇至於虞。人人攘臂裂眥,欲甘心於天水氏以報師仇。時瞿稼軒先生家居,於陳、趙兩家皆夙好,故不避嫌怨,特爲廁身謹解,約次日集合邑紳士會議於天水氏之堂。時化雍柩已殯於堂上。丹陽諸生群入相揖,向衆紳士昌言曰:'逼死命官,至變也!至慘也!貴邑禮義之鄉,固宜聲罪致討,共伸公忿。何乃首鼠兩端,人各模稜坐視?晚輩雖懦儒,頗知在三之節,惟有急走京師,擊登聞鼓,泣訴九閽,爲貴邑科名中人一雪恥辱耳。'諸紳噤不發一語。當是時,邑中諸先達齒爵最尊者,唯錢牧齋謙益未至。諸紳故列坐以待,少頃報錢至,稼軒起謁迎入,皆坐。瞿乃白錢曰:'祝、趙搆難,紛擾匝旬,迄無成議,惟丐老師片言以爲折衷。'錢曰:'陳氏之意若何?'瞿曰:'陳氏意主於和。'錢艴然作色曰:'在陳旣可以無君,祝亦可以無主。'遂拂衣登輿去。於是丹陽諸生奮臂一呼,邑中士民響應數千百人，飛甍擲棟，塵烟蔽天，聲震山谷。瞬息間，趙居頓爲平地。諸生遂捐土葬化雍於天水氏之堂基，各撫掌稱快而去。祝氏亦毀其宅，不留片瓦。蓋恐士錦駕題搶劫爲反噬計也。當衆人之毀趙室也，諸鄉老如從壁上觀，絕不敢出一義忿言以當鳴鼓之攻者，惟延竚舍旁，久乃潛散云。"祝趙始末同。

葉紹袁啟禎紀事錄卷三："常熟趙士春、士錦兄弟同舉進士，一鼎甲，一任州守，勢方炎盛。孝廉祝謙吉，與郡守鄰居，祝固義孫也，趙欲並得其居宅以營廣廈，多方欺侮，斥其爲人僕。祝已任學諭，憤不能堪，遂自縊於家，遺書其子復仇。時通城士民及祝所涖本庠諸青衿，俱不平，聚衆燒毀趙氏居第，訟之各臺。祝氏妻及子叩閽上疏，欲洩其冤。此癸未、甲申間海虞異變也。但朝家忽遭改革，此等事恐置之不暇問矣。"

苦言："里中趙、祝之事，幽有鬼神，明有王法，宿世有冤對，現世有報應，獨不肖以衰遲屏廢，一無干預之人，而彼此牽掣，左觸右礚，可笑亦可歎也。事之起也，趙曰：'汝世誼也，當爲我主張。'我無以應也。祝曰：'汝鄉老也，當爲我主張。'我無以應也。士民曰：'汝邑人之望也，當爲通國主張。'我無以應也。……趙、祝之事，誓不口出片言，手出數紙。有渝其盟，鬼神當拔其舌，親朋咸唾其面。"

柳南隨筆卷三："祝謙吉字尊光，邑人也。中崇禎癸酉舉人，就選桃源教諭，以內艱歸。所居在城西，與趙某連趾。會趙與兄同登甲榜，聲勢赫奕，迥出祝上。祝家世故微，趙以此數凌辱之。祝積不能堪，竟于癸未仲冬投繯死。死之日，邑中譁然，群起而噪趙之門。趙鍵戶不啟。有諸生七人，梯而入，去其鍵，衆乃一闐而進，財貨抄掠無遺。先是，祝之在桃源也，頗稱職，得士心。至是諸生聞變，相率兼程而至，至則毀趙所居，即以葬祝焉。時錢□□方里居，兩家竝赴其門，請爲主張。錢不應，乃作趙、祝事自白苦言，粘之通衢。其起語有云：里中趙、祝之事，幽有鬼神，明有王法，宿世有冤對，現在有報應云云。"

趙士春昨夢錄："十一月初旬，祝氏訟作。祝舉人之死，其根雖因四弟議售巷屋，而憤極投繯，則激于祝氏主母顧夫人之一言。四弟平昔仇隙則有顧大夏、陳垣芳、陸、翁兩孝廉，又刀筆馮舒等五六人，起而乘之，而皆受錢謙益指使。謙益名高行穢，余爲里中人，自孝廉時不與同波，心欲發難久矣。一再借三弟爲題，卒不得逞。至是與瞿式耜協力佈網，上慫兩臺，中結倪推官、陳州同，下則指麾群惡少，搶貲拆屋，倉庾椽棟，一朝劫盡。登屋六人公然叫嘯，但祝氏本家詞狀只及四弟，而謗揭沸騰，顛以余名居首。殺人媚人，通國如狂。至于挽腹心何士龍誘余出詞卸罪，謙益面言式耜親筆特爲暴白之語，而猶嚇詐顧夫人之子顧玉書幾及千金，此又豺狼而鬼蜮者也。一時闔縣親友除徐勿齋、楊維斗、王少香稍爲一扶手，而學院之宗、婁東之吳，不發一語。幸有糧道江右程九屏暗地斡旋，故貪按周一敬報聞之疏不下參劾。而四弟已直走都門，余奔走儻極，臘月中作北行計。……（甲申）二月初得四弟信，知撫按疏，與祝婦扣閽，後先上聞，奉旨歸重拆屋，餘無責問。蓋票擬出中堂范質公，而同鄉主持項水心之力爲多。范、項皆余參武陵時同志故也。邑中惡焰自是少息。"

钱牧斋先生尺牍卷二有與陳必謙書三通,語焉不詳,似因此事而作。

十一月,契德立興福寺法産免役碑。

此碑現有拓本,云:"義父禮部侍郎錢,暨同信義父瞿給諫、趙翰林、孫廉憲、嚴刺史各宦等,謹察本郡如堯峰興福院、吳江接待寺等,凡有飯僧之田,盡入免差之例……用敢合籲共申,懇請將本寺衆助飯僧田畝,遵炤優免事理,止令納賦,永免雜差,仍申給剳勒石,垂之永永。"

作琅邪王府君墓表(初學集卷六十六)。

王臨亨(1556—1603),字止之。崑山人。志堅父。萬曆十七年(1589)進士。知西安、海鹽二縣,擢杭州府,未赴卒。卒後王志堅請牧齋表墓,未及作而志堅亦卒,至本年方成文。

本年,瞿式耜截取開國功臣事略及國初群雄事略,編成太祖實錄辯證五卷。牧齋自爲群雄事略作序(初學集卷二十八)。

有學集卷四十三與吳江潘力田書:"癸未歲,國初及群雄事略已削藁,瞿稼軒刻初學集,取其文略成章段者,爲太祖實錄辯證一書,以充卷帙。"國初群雄事略尚存鈔本,末後序言署"書成後之十六年涂月朔"。

又張次仲張待軒先生遺集卷六與錢牧齋老師:"自古作史者,恒遭刑禍,不知其故何也。今老師辯證昭代事實,備一朝典故,而絓議急徵,禍幾莫測,幸而聖主知其枉,黨臣無所用其奸,不可謂非天以筆削之權授我師也。……老師考證已久,自可兼衆長而成書,此非淺見寡聞者所敢道。而蕘言之擇,不遺葑菲,故敢以上詢之左右。"大概亦作於此時。

作抑庵姚君墓誌銘(初學集卷六十)。

姚以高(1590—1631),字汝危,號抑庵。嘉興人。思仁子。天啟元年(1621)舉人。思仁(1547—1637),字善長。萬曆十一年(1583)進士。官至工部尚書。

墓誌云:"於是以癸未十二月甲子合葬於嘉興縣三宿字圩之阡,而澣奉其婦翁譚工部狀來請銘。"

姚澣(1612—1663),字公潄。以高長子,譚貞默婿。復社成員。隱居不仕。著有八代文統等。

十二月,作陳孺人錢氏墓誌銘(初學集卷七十五)。

此謙貞之長女,歸穎川陳氏。銘云:"從祖副使二子殀,有孫謙貞仲不絶。是生長女應一索,歸于穎川宜爾室。……崇禎戊寅七月七,中庭露坐星月白。非雨非霧衫袖濕,舉火視之殷朱血。此爲何祥兆非吉,低廻自傷鈎掛臆。明年盛夏病中熱,庸醫索命助鬼伯。老祖母徐趨視疾,猶問匕箸顧啜泣。歸來夜半扣門急,嗚呼哀哉永分背。……癸未嘉平甲子吉,卜葬祖塋唯墨食。霜天顥顥寒凝凝,祖母扶將叫臨穴,從伯牧翁銘幽宅。昭女賢明命奄忽,埋石千年永不泐。"

十二月初四日,作重修維揚書院記(初學集卷四十四)。

記云:"萬曆中,御史中州彭君來視鹽政,閔其蕪廢,修而作之,祀董仲舒以後諸賢于其中。高館曾樓,弘壯靚深,故御史大夫鄒忠介公爲之記。久之復廢,後鹽使者泰和楊君愾然歎曰:'豈可使講德之堂,夷而爲長亭廚傳乎?'按其舊而新之，正其名曰維揚書院，以書屬余曰：'願有記，以繼忠介之後。'"

雍正揚州府志卷十二學校："維揚書院在西門內仰止坊，明嘉靖間御史雷應龍建。萬曆間，御史彭端吾修，崇禎間，御史楊仁愿復葺。今圮。"

楊仁愿，字內美。江西泰和人。原名學愿，因惡宋時楊愿柔媚奸險，改仁愿。崇禎七年（1634）進士。授大理寺評事，陞御史，出巡兩淮。佞佛，徑山藏中有其捐刻佛經多部。

十二月，作虎丘雲岩寺重修大殿記（初學集卷四十四）。

記云："崇禎二年十一月，虎丘雲巖寺災，大雄寶殿、萬佛閣、觀音閣，方丈樓觀，一夕而燬，山林焦枯，神鬼灼爛，人天憯悽，如聞歎噫。寺僧持簿勸募垂十年，高門縣簿，靡有應者。東陽張公奉天子命保釐是邦，慨然嘆曰：'噫，是誠在我。'捐俸錢，搜鍰金，僚屬咸伙助焉。乃屬山僧鳩材庀徒，量工命日，自十一年四月初八日始事，至十三年四月初八日大殿卒功，方丈樓觀，以次修葺，邦人士女，來游來觀，耋艾詠歌，推美頌考。於是僧以公之命來請曰：'願有記也。'"東陽張公，即張國維。

李根源吳郡西山訪古記卷五："虎丘雲巖禪寺重建大殿記，正書，崇禎十六年十二月，賜進士及第通議大夫禮部右侍郎兼翰林院侍讀學士協理詹事府事常熟錢謙益撰，賜同進士出身右春坊右庶子纂修大明會典分校禮闈□□□□卿鄭敷教書。高約八尺，在仁壽塔下廢殿旁。謙益、敷教皆復社魁傑，一則晚節不終，一則全節隱遯。方苞語汪份曰：'牧齋文穢惡，藏於骨髓，一如其人。'今與敷（邦）教字同刊一石,薰蕕尤判矣。"

作湖廣行都司斷事蔣君墓誌銘(初學集卷六十一)。

此蔣國珧墓誌。國珧(1570—1626),字公韞。以忠子,嗣以化爲後。妻陳氏,禹謨之女。國珧刊有常熟縣儒學志。墓誌云:"妻陳氏……病革語廣生曰:'汝父賢而未有聞也,吾聞錢先生爲銘辭,取信天下,吾先夫子既得請矣,汝不忍汝父之死而沈泯也,必求先生銘,吾亦可以見汝父于土中矣。'於是廣生以崇禎癸未臘月十日庚午之吉,合葬于平墅之新阡,奉其母之墜言,以來請銘。"蔣廣生,字幼輿。諸生。國變後,以不與試除名。

十二月,爲岳父陳欽光作陳府君合葬墓誌銘(初學集卷七十六)。

文云:"以歲之不易,家門之陵替,府君權厝淺土,夫人尚在殯宮,以崇禎十六年十二月十二日合祔于頂山之穆穴,淑人率其弟姪踞而請曰:夫子銘矣。"

十二月,程嘉燧卒于新安,年七十九歲。

有學集卷二十二耦耕堂集序:"崇禎癸未十二月,吾友孟陽卒于新安之長翰山。"

作隨州知州贈太僕少卿徐君墓誌銘(初學集卷六十)。

此爲嘉興徐世淳墓誌。世淳(1585—1641),字仲明。萬曆四十六年(1618)舉人。授永嘉教諭,官至隨州知州。崇禎十四年(1641),張獻忠圍隨州,與子肇樑等一門十八人皆殉難。有三子,長肇森,字質可,有焚餘草一卷存世。次肇樑、肇彬,爲學生子。肇樑,字文可。肇彬,字忠可,擅岐黃,有著述多種。

墓誌云：："崇禎十六年十二月廿四日，賜葬于東荒之新阡，而戴恭人祔。肇森奉其宗老司寇公所撰行狀，及排纘行略，哭而請于余。"司寇公即徐石麒。

山曉閣明文選續集卷五評云："徐君偉節，著於死事，而守隨以衛陵寢，則尤其明見大義之所在。夫隨有守禦，賊力已殫，縱驟城以入，諒不能以既竭之氣而寇郢。迨遲之二年，而震驚卒及之，亦是臣子在一日，則盡一日之心耳。篇中敘徐君之死，既極其激烈，又未嘗不整暇，其引睢陽事，見其誼已符乎古人，其述與文事，見其遇不逮於今人。至巡道之阻遏救援，當國之厭薄節義，皆助賊爲燄，以奪忠臣之氣者也。時勢至此，大事可知，作者扼腕沉吟，幾于淚漬霑紙，痛不忍書。此篇所誌，纖悉畢備，蓋忠義之事，言之惟恐不詳，此史氏家法也，與一切墓門之石，固自有異。"

作顧端文公淑人朱氏墓誌銘（初學集卷六十一）。

朱氏爲顧憲成妻。墓誌云："朱氏年九十有五，崇禎十六年某月某日考終於涇里之内寢。其年十二月某日，祔葬於端文之阡。次子南京户部主事與沐踽門而請曰：顧有述也。"

歸昌世七十，作歸文休七十序（初學集卷四十）。

序云："余與嘉定李長蘅遊，因以交長蘅之友新安程孟陽、崑山歸文休。三人者，皆强學好古，能詩文善畫，跌宕世俗，擺落榮利。其與余交，久而彌篤，蓋所謂素交者也。崇禎十六年，文休年七十，以除夜爲縣弧之旦，其子繼登、莊將具椒盤歲酒，遍召親知，歡飲上壽，而請余爲讌序。"

十二月，作成文穆公全集序（有學集卷十六）。

序云:"兹文穆公之集,則其子少宰公撰次藏弆,以備國故者。其在中書日,論國體、籌邊事,焦心蒿目,憂及溺而戒其焚者,約略具焉。少宰之請序而傳之也,其不徒以鋪陳藻悦,張館職之盛而已也。"

按:此書上海圖書館有崇禎時成克鞏刻本,序末署"崇禎癸未嘉平,虞山錢謙益謹題",成克鞏官職以及涉及崇禎之詞,皆與有學集不同,知有學集乃其後改定之本。考世祖章皇帝實錄,成克鞏順治九年(1652)五月爲吏部右侍郎,次年四月晉尚書。有學集序猶稱少宰,應在順治十年前。

成克鞏(1608—1691),字子固,號青壇。崇禎十六年(1643)進士。入清,官至吏部尚書。

本年,應張鳳翔之請,爲其孫昭子作墓誌銘(初學集卷六十)。

張弆之(1620—1641),字昭子。墓銘云:"有明崇禎,龍集癸未。葬張昭子于梁水之原,獲麟之後二千一百三十餘年。嗚呼,奈何乎天!"

張鳳翔(?—1657),字稚羽。山東堂邑人。萬曆二十五年(1597)進士。東林黨人。累官至工部尚書。後降清,亦官至工部尚書。

按:張鳳翔有樂經集註,亦牧齋作序,載明刻本樂經集註卷端。

本年,作長洲鄭氏新復祭田記(初學集卷四十四)。

爲孝廉鄭敷教作。

山曉閣明文選續集卷五評云:"都邑田疇,傳自先世,有國有家,均當共守。篇中明守之爲義,皆春秋、詩、禮之名言,記爲鄭氏而作,義不專繫乎鄭氏也。結尾點明此意,覺從前所言,都非無謂。相題立說,自是善於謀篇。起手將鄭氏祠制田制點得分明,以後便好自發議論,所以客意雖多,而體裁義例,固自朗朗如列眉也。"

本年,作陳則興墓誌銘(初學集卷五十七)。

陳三吾(1557—1609),字則興。常熟人。萬曆三十七年(1609)四月卒。

墓誌云:"陳君於余二十年以長,余少伉浪,不可人意。君折輩行與游,嘗語余曰:'里中貴人遇我,多繆爲恭敬,時具酒食啗我,我輒掉臂不顧。公等多狎侮人,善嫚罵,我顧喜從公等游,不知其所以若此者何也。'居久之,君益窮,落魄不得志以死。余時時念君,輒省記其語,君歿三十有四年,其子夢鳳葬君於虞山,而請余爲銘。於乎,余何忍不銘君也哉!"

本年,陳恂兄弟來請壽序,作曹母陳孺人七十序(初學集卷四十)。

陳孺人(1574—?)爲陳懿典之女,曹憲來妻。懿典,字孟嘗。秀水人。萬曆二十年(1592)進士。官至中允,因"三王並封",辭官歸隱。崇禎初,起爲少詹事,不赴。著作甚富,有讀左漫筆、讀史漫筆、陳學士先生初集等。

曹憲來,字公振,號九真。海鹽人。子四人,愫、恛、恂、恪。皆從母姓。恂,字子木,崇禎十五年(1642)舉人。早年負盛名,見賞於岳司馬元聲。黃漳浦講學大滌山房,追隨無少間。甲申後,隱居不出,爲浙西四孝廉之一。年八十九卒。著有餘菴雜録三卷。

歲暮,牧雲得黃毓祺書,乞錢牧齋爲天童密雲塔銘。

澹翁傳餘:"(癸未)秋,歸破山,掃雪柏老人塔,遂葬母。訪黃介子于江陰,乞雪柏老人語錄序。抵郡,登虎丘,掃隆祖塔。歲暮,復卧疾作書上錢牧翁,乞天童老人塔銘。"

有學集卷四十天童密雲禪師悟公塔銘:"師既歿,介子裁書,介天童上座某屬余爲塔銘,遭世變不果作,而介子殉義以死,又十年矣。""天童上座某",天童寺志卷七引文正作"鶴林門公"。

除夕,作詩一首(初學集卷二十)。

作書嘉定縣令龐昌胤(牧齋先生尺牘卷三答嘉定龐邑尊)。

龐昌胤,字再玉。西充人。崇禎十年(1637)進士。歷官無錫、嘉定、青陽知縣。明亡,舉兵抗清,事洩被殺。崇禎十五年(1642)五月,無錫生員將龐驅逐,始改官嘉定。牧齋書云:"配印辟邪,四境物無疵癘,鳴琴解愠,期年民用阜康。"故繫此。

又一通答嘉定邑尊:"錫邑茂坐棠之化,遷喬奚竢考成?練川興馴雉之謠,簡用定知不次。"可知亦爲龐昌胤。

又同卷有答桐廬曹邑尊,内容與答嘉定邑尊同,且檢桐廬縣志,並無曹姓知縣,疑有訛誤。

張次仲作書牧齋,論戰守之事。

張待軒先生遺集卷六與錢牧齋老師:"天下形勢,西北高而東南下,西北距上流之勢,故起西北者可以有東南,起東南者不能有西北,此從來舊説,而亦非必然之事也。寄奴之不能有中原,私意亂之,武穆之不能抵黄龍,奸相害之,豈形勢使然哉？高皇帝亦起東南，乘勝捷趨，如順風而呼，迎刃而解，十數年而秦、晉、燕、薊皆已戡定，亦何嘗不有西北乎？西（江）北之形勝，關中爲最，江南之形勝，金陵爲最。關中民勁可以足兵，金陵財饒可以足食。且江南爲國家發祥之地，祖宗神靈實式憑之，得有材能而清正之大臣號呼惕厲，以召號英雄豪杰，同心戮力，以講戰守之事，據龍盤虎踞之地以稱雄，則長江天塹，不特爲少康之一成一旅也。"卷末有跋："此卷皆甲申以前書剳也。"因附此。

又一通："人競言形勝之説，亦勵足恃也，當審其所以守禦者，爲固圉之策。蓋天下之形勝，北無若關中，南無若金陵。然河湟不歸，則關中未易守，荆襄不靖，金陵未易都。"云云。

明崇禎十七年甲申(1644)　清世祖順治元年
六十三歲

元日，作詩一首（初學集卷二十）。

年初，徐石麒有書來，請牧齋救濟約束吳昌時、趙士春子弟，以保地方安寧。

徐石麒可經堂集卷十二與錢虞山牧齋："閣下新禧何似？……秦關百二，一朝撞破，西北一路殆難收拾，且獻賊迴翔於衡岳，左弁跋扈於江、黃，留京單虛，危若朝露。隆中卧龍，豈得長卧？前移勒責備穀城，此老自當今一片有心人，在江南最久，受知于閣下最深，當必不使祥麟威鳳，空老谿山也。竹亭任事，憨而且騃，遂至今日。然其當日爲諸正人一段苦心，自不可没，覆巢之下，寧有完卵，期與老先生共匡定之。趙太史門户之變,怒甲移乙,亦太苛矣。若使抄没之柄抄之自下,不可不謂與亂同事也。……太史爲閣下後輩,排難解紛,俾地方各有寧宇,生死適得其平,不能不於老先生有厚望焉。"

同卷與同門吴磊齋:"而惡竹亭者,有欲竄其家子弟於叛黨之内,則誣甚矣。"

吴昌時有二子,長子原名鉏,後改名祖錫(1616—1677),字佩遠,號稽田。崇禎四年(1631)舉人。嗣昌期後,娶徐汧女。

次銍,後改名友錫(1638—?),字新畬,號服宏。

趙太史即趙士春,門户之變,即祝舉人事。

中和節(二月初二),曹學佺作錢受之先生集序,伍柳書寫上板。

伍柳,字柳門。常熟人。工篆刻及八分書。

二月朔六日,作梅長公傳(初學集卷七十三)。

此文初學集無寫作年月,梅中丞遺稿附此文,署崇禎十七年二月朔六日。文云:"乃據其門生萬延行狀,且與其從弟惠連、念殷訪求其遺事作公傳,庶國史有徵焉。"

又同卷有張進諫傳,大致亦作於此時。張進諫,萊州人。舊隸之煥從父梅國楨麾下,國楨死,未幾亦死。

二月,觀梅鄧尉,過靈巖山下韓蘄王墓,作韓蘄王墓碑記(初學集卷四十四)。

記云:"宋蘄國韓忠武王世忠墓在吴縣靈巖山下,豐碑巋然,鼂鳳屈盤,禮部尚書趙雄奉詔撰也。宋史列傳援據雄碑,其書楊國夫人事,則碑爲詳。……甲申二月,觀梅鄧尉,還過靈巖山下,埽積葉,剔蒼蘚,肅拜酹酒而去,因撫採楊國夫人遺事,記其本末如此。"楊國夫人,即世忠妻梁紅玉。

又錢牧齋先生尺牘卷二致瞿稼軒:"出門數日,須有種種料理,觀梅之約,且待來年矣。昨夕承春酒之貺,與犬子共酌,以拜明德。未及致謝,歉甚。"不知此次觀梅,與稼軒同行否。

二月,范景文拜相。

因陳璧入京,作書李邦華。

錢牧齋先生尺牘卷一與李懋明:"留都根本重地,仁兄以搘天馭日之才,爲戎樞厚寄,行見兵化櫌鋤,民歌襦袴也。……但邇來奸回當軸,倚附爲私,紅案將翻,清流殆盡,然幸彼自鬮穴中相尋覆敗,亦由天心欲轉,默啟宸衷。小往大來,漸漸已有機會。頃吳橋相公有手札至,具道本末。……茲者陳生璧,效用於玉筍門下,以公務入都,遣申左右,惟仁兄諒之。"吳橋相公,即范景文。

二月左右,作亡妹嚴氏孺人合葬誌(初學集卷七十四)。

此庶妹與其夫嚴柞(樞)合葬墓誌。文云:"崇禎己卯七月病暍,庸醫誤藥之,暴卒,年五十有五。吾妹亡,子若忽忽不樂,性理荒忽,若不知人。臥蓐三年,癸未十二月卒,年六十。吾妹生子一人,女六人,庶男子二人,女四人。長子有翼,卜以甲申二月,合葬于鳳皇山之新阡。嗚呼,吾終鮮兄弟,有異母之妹二人,先君愛其女異甚,視其壻猶子也。先君既没,吾妹事吾母顧太淑人益親。歲時歸寧,諸甥男女,扶床繞膝。吾晚而生子,妹撫愛之,逾于己子也。癸酉,太淑人見背。七年,哭吾妹。又三年,哭歸氏妹。今又哭子若。天之使余晼晚孤特,塊然久居此世者,何也?"

春,牧雲通門回虞山,過牧齋,所求密雲塔銘,因北京陷落,未能如願。

通門嬾齋別集卷四致錢牧齋宗伯:"甲申趨侯,四載于兹。"

澹翁傳餘:"(甲申),是春回里,謁錢牧翁。翁初答書,期銘文在清明左右,發老人末後光明。至是以神京崩,翁多國事,莫遂初願。"

馬士英上疏請任江北援剿軍務,又請史可法專理南京,牧齋開府江、浙,以扼制海道。

有學集卷七贈雲間顧觀生秀才詩序:"崇禎甲申,皖督桂陽公抗疏經畫東南,請身任大江以北援剿軍務。南參贊史公專理陪京,兼制上游,特命余開府江、浙,控扼海道。三方鼎立,聯絡策應,畫疆分閫,綽有成算。拜疏及國門,而三月十九日之難作矣。"

春月,爲瞿式耜所刻石田詩鈔作序(初學集卷四十)。

序云:"石田先生詩集凡十餘本,余與孟陽居耦耕堂互爲評定,差擇其尤佳者若干卷。……稼軒苦愛石翁畫,一縑片紙,搜訪不遺餘力,名其齋曰耕石,遂刻詩鈔,藏之齋中,并彙其古文若干篇,及余所輯事略附焉。刻成,屬余序之。"

瞿式耜書石田先生集後:"右石田先生詩鈔八卷文鈔一卷,其事略一卷,則吾師牧齋公所裒輯也。……會吾師方評定本集,因搜錄題款,進備採擇。間有舊刻所未載,亦補入集中。"

作書瞿式耜,在初學集刻本中補入十六年癸未之詩。

錢牧齋先生尺牘卷二致瞿稼軒："癸未詩一卷，乞付文華刻入，文部缺者即日補上也。"文華，即旌德刻工劉入相。

瞿式耜書石田先生集後："右石田先生詩鈔八卷文鈔一卷，其事略一卷，則吾師牧齋公所裒輯也。……會吾師方評定本集，因搜錄題款，進備採擇。間有舊刻所未載，亦補入集中。"

爲周文郁作紫髯將軍傳（初學集卷七十三）。

傳文有"髯死賊愈熾，衡、永、秦、晉相繼陷没"，李自成攻陷太原在本年二月，故繫此。

作慈溪馮氏先塋節孝碑（初學集卷六十三）。

此馮有經碑文。馮卒於萬曆四十三年（1615），卒後十九年牧齋撰寫此文。

瞿妻陳夫人招邀柳如是，至絳雲樓成後，方赴約。

錢牧齋先生尺牘卷二致瞿稼軒："賤内辱太親母寵招，何敢自外，第恐太費華筵耳。"

又一通："内人性頗悤濼，再三商榷，以爲必待小樓成後，奉屈太母，然後可以赴召。其意確不可回，似亦一念恪慎，非有他意，只得聽之矣。"

又一通："華堂曲宴，大費郇廚，附謝不盡。"

孫愛配瞿式耜女孫，故牧齋稱陳氏太親母。

三月十日，與瞿式耜同時被召。

有學集卷四哭稼軒留守相公詩一百十韻凡一千一百字自註："余與君以甲申三月初十日同日賜環，邸報遂失傳。"

顧苓東澗遺老錢公別傳："鳴鏑銅馬，騷動中外，江南士民爲桑土計者，欲叩閽援豫、楚例，請以公備禦東南。上亦於甲申三月十一日賜環召公,而遇十九日之變。"
林雲鳳聞牧齋內召,作長律一首。

詩風初集卷十五林雲鳳虞山錢宗伯絳雲樓上樑,既以八詠屬和矣,茲聞落成,適當內召,再賦長律二十韻:"宗伯樓成倚絳天,還攜弄玉竝登仙。芝雲燁燁方呈瑞,柳宿輝輝恰應躔。初上棟梁承漢掌,乍移柱礎借秦鞭。簷飛鴛瓦琉璃飾,窗綴鮫綃玳瑁聯。俯瞰合扶欄十二,仰攀欲盡級三千。劍門望去危於棧,琴渚縈迴宛似絃。雉立翠微城半聳,雁摩碧落塔雙懸。言公井在巫咸里,尚父湖通范蠡船。火齊簾櫳藏窈窕,冰晶屏障映嬋娟。袒衣詎肯臨風解,法墨應須滴露研。那數蘭香新嫁碩,絕勝萼綠暫歸權。籙從南岳夫人授,信向西池阿母傳。了悟宿因前度翠,癖耽奇字古來玄。異書快讀瑯環秘,真誥聞繙句曲編。俊眼動隨波共媚,芳心期與石同堅。詩如班女題紈秀,文比蘇家織錦妍。每奏瑤簫鰥鳳律,頻拈彩筆展魚箋。誰從托感甄皇后,我亦論交顧□先。入座敢稱潭府客,及階聊獻門□□。□□媵有清□□,爭奈黃麻早已宣。"

三月十九日,崇禎自縊於煤山。

李邦華投繯殉國,年七十一。

同日,**范景文**投井殉國,臨死,囑託家僮以墓誌付牧齋。

列朝詩集丁十一范閣學景文:"夢章就節時,屬其家僮蘭芳曰:使所善李生、蔣生,件繫事狀,乞虞山公誌我。"

三月,作純師集序(初學集卷四十)。

序云:"太末余子式如矯志學古,採緝古人之文,自東周至南宋,凡十二卷。其撰集之法,取衷于西山、疊山、迂齋三君子,以考鏡古今政治,興亡得失,崇獎忠孝,激勸志義爲指要,而風雲月露,留連光景之作,皆不與焉。"此書尚存刻本,末署"甲申三月,虞山老民錢謙益序",前有陳子龍序、癸未吳适序、癸未余氏義例。

余鉦,字式如。衢州人。家中藏書甚富。

與王心一等迎三昧禪師至吳郡北禪寺開戒。四月,又送其還華山。

見康熙寶華山志卷八請三昧和尚開戒於北禪寺公啟,題錢謙益、王心一等撰;又卷八王心一送三昧和尚還華山序:"歲在甲申,北禪寺端和上人以合郡紳士意,持書入山,延請設戒。……和尚以四月八日,振錫還華山。退邐大衆,絡繹填塞,攀法駕而願留,止寶幡而流涕。余因諸公之請,粗述其概,以及留連企託之懷。"末列主戒宰官鄭瑄、周一敬、孫國楠、倪長玗,護戒居士則以錢謙益爲首,共九十五人。釋寂光,字三昧。俗姓錢,世居瓜渚。寶華第一代祖師。

四月初一,史可法誓師勤王。徐石麒給帖吳郡,求輸軍餉,以徐汧、牧齋、顧錫疇、吳偉業、陸文衡、侯峒曾爲主事。

徐石麒可經堂集卷十二簡蘇郡紳公啟:"國事至此,令人飲泣不休,南參贊慷慨誓師,苦難措餉,因發傳帖求輸。……郡中乞勿翁徐老先生爲主,常熟乞牧翁錢老先生爲主,崑山乞瑞翁顧老年丈爲主,太倉乞駿翁吳老先生爲主,吳江乞中翁陸老公祖爲主,嘉定乞廣翁侯老公祖爲主,事在燃眉,萬勿緩視。"

四月初五日,跋建玉皇閣疏(初學集卷二十二)。

文云:"乾元觀在小茅山西北鬱岡山下,自充符張尊師住持,崇飾尊嚴,殿宇巋然。而玉皇殿閣未就。中常侍李君捐貲締搆,又為文以唱導。充符書來,請余記其後。"

張充符,史籍或作張沖甫、張充甫、張沖符、張中符、張仲符,明亡後暗中抗清。明清史料已編刑部殘題本,稱他"係海賊張名振的總線索"。後隨魯王入海,官至兵部侍郎。

四月十二,崇禎喪至南京,諸大臣議立新君,牧齋擔心報復,不肯擁戴福王。

爝火錄卷二:"(四月)十二日己巳,先帝凶聞至南京,諸大臣縞衣發喪,議立君。而福王由崧、潞王常淓俱避賊至淮安,倫序當屬福王。諸大臣慮福王立,或追怨妖書、梃擊等案;潞王立則無后患,且可邀功。陰主之者,廢籍禮部侍郎錢謙益,力持其議者,兵部侍郎呂大器。而右都御史張慎言、詹事姜曰廣皆然之。前山東按察司僉事雷縯祚、禮部員外郎周鑣往來游説,乃言福王神宗孫也,倫序當立,而有七不可,貪、淫、酗酒、不孝、虐下、不讀書、干預有司也。潞王常淓,神宗姪也,賢明當立。移牒史可法,可法亦以爲然。時馬士英以兵部侍郎兼右僉都御史督師廬、鳳,獨以爲不可,潛與阮大鋮計議,主立福王,咨可法。可法即以七不可之説告之,遂自浦口還南京。而士英已密結操江誠意伯劉孔昭、總兵高傑、劉澤清、黃得功、劉良佐發兵送福王至儀真。福王懼不得立,以書召高傑、黃得功、劉良佐擁兵協戴。劉澤清始附潞議,以兵不敵,改計從傑等。四鎮遂與馬士英歃血定盟。史可法知事已決,將具舟啟迎,而錢謙益、呂大器、雷縯祚猶呶呶也。"

夏樹芳之子寶忠來請銘，爲作習池公暨配吕李兩孺人合葬墓誌銘（習禮夏氏宗譜卷四十六）。

文云：“崇禎八年十二月，茂卿卒，享年八十有五，十七年四月十三日，其子寶忠卜葬綺山之先塋，屬沈駕部垒邱爲行狀，而來謁予銘。”

夏樹芳（1551—1635），字茂卿，號習池。江陰人。以諸生教授鄉里，造就甚多，繆昌期即出其門下。萬曆十三年（1585）舉人。以母老不赴公車。養母之餘，惟耽著作。隱居毗山東麓，不屑仕進。學識宏博，無所不窺。著有消暍集、詞林海錯、茶董、酒顛、奇姓通、女鏡等。

寶忠（1599—1673），字孝琛。娶繆昌期女。

傳毗陵龔雲起聞牧齋起兵勤王，上書牧齋，牧齋作書答之（鹹闖小史第九回）。

龔雲起書云：“今天下事急矣，閣下以文章道德，爲天下盟主三四十年，而忽慷慨於王導之所爲，戮力神州，共獎王室，甚厚！甚厚！”

牧齋答書云：“今歲三月，又陷晉陽，攻楡林，破宣府，殺撫臣。旋入居庸，震陵寢，指金闕以長鏑，向王城而蹶張。勤王曾不解其唔吰，而將相皆屈體於犬羊矣。先帝忽以厭世，白日黯而無光。……不佞因思嫠婦尚卹周宗，可以人無忠義？遂不度德量力，思毁家殉國，紓難急公，猶冀内外有勤王之師，與我同心戮力，奉辭伐叛，露檄以告于四方。幸有同院翰長金先生，節義文章，表表在目，同予奮志倡義，此真能奮禮義之勇。”又云：“而今聖上遠過瑯琊王，輔弼諸臣，亦不讓茂弘諸君子。”知在本年五月以後。牧齋集補云作于乙酉,誤。

爲袁樞作南征吟小引(初學集卷四十)。

袁樞(1600—1645),字伯應,一字環中。睢州人。可立子。以父蔭起家,官至河南右參政。序云:"至其權開南國,登車奉使,江南佳麗之地,風聲文物,與其才情互相暎帶,而羽書之旁午,民力之凋敝,持籌萬目,又迸逼于胸中。……權政告竣,頌聲塞途。關中警急,秉鉞者急需戡定之才,君且奉簡書驅車以往,則其詩當益雄。"

田蘭芳袁公墓誌銘:"崇禎十五年,命權滸墅關商稅,隨職各著勞效。十七年五月差滿,例還部,移廣東司。時危,疆需材,山東、湖廣重臣交疏請公,廷議授而復改者再。卒任公河南,俾分守大梁,治睢州。"故繫此。

端陽,作感懷十四首(牧齋外集卷一)。

五月十四日,祁彪佳作書史可法、姜曰廣等人,商量目前急務,如救揚州,安鄭、尤二師,及起用牧齋事(祁彪佳日記卷十四甲申日曆)。

趙士春昨夢録:"五月初,南都擁立,余念侍從小臣,不應攘功推戴,而永不敍用之錢牧齋竟攙入班行,被糾歸里矣。"

五月十五日,福王監國南京,馬士英因擁立功執政。

南渡録卷一:"時草野聞立潞王不序,皆不平。及王監國,人心乃定。"

五月,徐石麒會牧齋於毘陵。

徐石麒可經堂集卷十二與吳石袍:"弟於四月三十日始聞國難,惶駭欲絶,狂奔盡氣。行過毘陵,會錢牧老,知月之三日,監國已定,遂即回橈。"

五月二十,因李沾推薦,受命起用。

> 南渡録卷一:"(五月)丁未……命起用原任禮部侍郎錢謙益。謙益以先主立潞議懼禍。時科臣李沾有定策功,故浼沾疏薦,爲巧護地。臺臣陳良弼不平,言:陛下以親以賢,當正大統。乃龍江覲駕,謙益邪議撓止。時科臣李沾相對詫異,與臣等並持公論。及事定,謙益猶現身密間,沾對臣曰:此時尚議論不歸正乎?今忽以謙益與黃道周、黃景昉等仝薦黃扉,臣憂奸人鑽用,心不可測。當陛下前,不惜一死爭之。退,仍與沾爭,彼謂爲吾同鄉,不得不調停。夫調停同鄉情面,不顧紊亂朝廷,是何心哉!謙益大節已失,公論共斥。閱沾薦疏,原借名正人君子,而于衆瑜中混以瑕邪!從來誤國宿套,牢不可破。願以臣疏與沾疏懸之國門。"

五月,黃道周作書牧齋,勸其勤王。

> 黃漳浦集卷十五與錢某書:蟄處天末,無殊聾瞶。五月廿七日,乃聞神京陸沉,鼎湖戰血。……老先生輿望所歸,經心素熟,又當尺五之地,居高易呼,劉、桓、溫、陶之業,誠不足以貢左右。至於管、樂、桓、文,猶或可爲也。張孟卓書生耳,登壇一揮,天下投袂。先生誠得三吳俊傑,數旅之卒,濯足江淮,義旗所指,先討劉賊,次及李、張,山東遺黎,必共響應。……倘宣平復起,江南推戴,無踰老先生者。某雖槁朽,亦當頂戴。……霞城、稼軒,并寄於邑。不盡。

五月,時敏因降李自成,常熟士民焚其家,三代四棺亦皆劈毀。

> 祁忠敏公日記:"(五月二十八日)知常熟奸民又焚搶時

給事敏家,亦以其從逆也。"

趙水部雜誌云:"兵科時修來於甲申闖圍中歸,以舟抵家,泊南門,邀予夜話。適其母舅王顯忠在座。顯忠謂修來曰:'錢牧翁意欲得甥歌姬,其肯割愛乎?'修來意不悦,曰:'此我瞑目後事也。'竟席無言。將卧,謂顯忠曰:'頃所言,明晨當奉復也。'次早,將紅柬書楚楚、露露、娟娟、紺奴、素娥名,與顯忠曰:'候牧翁點中,當備衣飾送去。'未幾,修來以劉鎮澤清之薦,還原官。其事遂寢。"趙水部,即趙士履。

六月初二,祁彪佳再度巡按蘇州,自常熟歸,牧齋遣蕭世忠送于舟次(祁彪佳日記卷十四甲申日曆)。

蕭世忠,時爲福山參將。次年閏六月降清,提兵破福山城。

周永年貽書牧齋,條列戰守、建置等事宜。

有學集卷三十五周安期墓誌銘:"弘光南渡,詒余書數萬言,條列東南戰守,中興建置事宜,鑿鑿可施用,余將疏薦而未遑也。"

六月初十,升禮部尚書,協理詹事府。

有學集卷八一年詩錢曾註:"丙寅,起公爲禮部尚書,協理詹事府。"南渡錄同,國榷卷一百一作初六日。

牧齋起用,孫永祚作詩送之。

孫永祚雪屋二集卷五送錢宗伯内召二首:山間嘗得侍春風,欣見中興佐命功。元氣三台廻斗北,橫流一柱障川東。洛中耆舊唯司馬,江左風流有謝公。當宁已教虛揆席,佇看日月再天中。

聖祖龍興王氣苞,天南再造正殷勞。中流風浪同舟濟,異味鹽梅盡鼎膏。戮力豈應騰頰舌,洗心猶恐伐皮毛。時艱獨賴旋乾手,爲挽虞淵旦旦高。

陳子龍兵垣奏議上薦舉人才疏:"已補者如錢謙益、黃道周、徐汧、吳偉業、楊廷麟等,皆一時人望,宜速令補闕。……崇禎十七年七月二十五日奉旨:人才宜乘時徵用,説的是,錢謙益等速催來京。"

顧苓亦有詩寄牧齋。

塔影園集道中寄錢牧齋先生:"賭棋墅外雲方紫,煨芋爐邊火正紅。身是長城能障北,時遭飛語久居東。千秋著述歐陽子,一字權衡富鄭公。莫説當年南渡事,夫人親自鼓軍中。"此詩與孫永祚詩同韻,應在今年。

攜柳如是入南京。

鹿樵紀聞卷上:"先是錢謙益入都,其妾柳如是戎服控馬,插裝雉尾,作昭君出塞狀。服妖也。"

牧齋遺事:"弘光僭立,牧翁應召,柳夫人從之。道出丹陽,同車攜手,或令柳策寒驢,而己隨其後。私語柳曰:'此一幅昭君出塞圖也。'邑中遂傳錢令柳扮昭君妝,炫煌道路。"皆有誇張成分。

黄媛介隨行署中,夏日,黄媛介作畫扇,柳如是題詞(初學集卷四十)。

湯漱玉玉臺畫史卷三:"借閒漫士曰:余弟子惠從禾中得皆令金箋扇面,仿雲林樹石,署款'甲申夏日寫於東山閣,皆令'。'閨秀'朱文、'媛介'白文、'皆令'朱文。左方上有詞云……調寄滿庭芳,留別無暇詞史。我聞居士。'如是'朱文。"印章皆描摹。

按，黄媛介在署，不久即别去。有學集卷二十四黄皆令新詩序："南宗伯署中，閒園數畝，老梅盤拏，柰子花如雪屋。烽烟旁午，訣別倉皇，皆令擬河梁之作，河東抒零雨之章。分手前期，暫游小別，迄今數年往矣。"

七月二十七日，初舉經筵，充講官。

有學集卷八難人詩錢曾註："甲申七月壬子，初舉經筵，以公與管紹寧、陳盟充講官，張正爲講書官。"亦見許重熙明季甲乙兩年彙略卷下、南渡録卷二。

七月二十八日，祁彪佳與牧齋相見京口，時嚴栻亦在座，商議防江之事。

祁彪佳日記卷十四甲申日曆："二十八日，方致書錢牧老，而牧老已至京口，乃出晤之。值黄明輔，即同至其舟中。易戎服，與并登艮山，觀鄭弁天鴻安插各兵，遂與天鴻議，就艮山扎營，控扼江上。""(八月)初三日……約黄明輔自江干登舟。先是，虞山鄉紳嚴栻送錢牧齋至京口來晤，攜其所集立功舟師統領者數人以見，蓋不費錢糧，而願出舟以保福山一帶也，是日亦在座。"

祁忠敏公尺牘又與錢牧齋："屢辱賜教，以初到潤城，軍旅倥偬，未及裁答。……時值秋高，虜警漸逼。某方殫力江防，一切民事廢閣。……京口一旅孤懸，難以控制。近有議設督臣于江上，以通淮揚之氣脉，集閩、浙之聲援者。若此説一行，則江南氣勢自壯，而臨機策應，呼吸亦靈。某待此共濟，不啻左右手之切。老先生向持浙、直合守之議，即此意也。幸賜鼎持，推一知兵威望大臣，星馳受事，及早圖之，庶克有濟。"

黄明辅，即黄斌卿，號虎癡。莆田人。舟山參將。原隸王之仁部，與王之仁有隙，走閩，奉隆武爲正朔，封肅虜伯。紹興陷，魯王來會舟山，不納。隆武敗，退保魯王。後爲王朝先、張名振所殺。

祁彪佳再按吴郡，與牧齋書信來往，商量政事甚多。又尺牘一通："文武諸員在老先生品題，無不與輿情恰合，而亦多某微窺所及者。……其所已行者，若練川之更易，松陵之鼓勵是也；其可以即行者，署印官之即真，新制科之坐選是也。其他品行之縉紳、才畧之將領，某皆一一識之於五中。"又一通："編聯沙船，鼓舞鄉勇，匪借重嚴子老不可，昨曾具小揭上台覽，乞老先生力主之。蘇州知府……總之或劉（士斗）或袁（樞），必求速定一人……乞老先生早擇賢守，以安地方。"

劉宗周疏參四鎮，詞及路振飛，責其唱逃，牧齋面質之，宗周自悔失言。

有學集卷三十八路文貞公神道碑：都御史劉宗周抗論時事，譙公甚厲，謙益面質之，爲訟言其所以。避席起謝曰："微公，安得聞此言？吾知所過矣。"

歸莊集卷八路文貞公行狀：公之女字李文襄公之子尚寶司丞志勳，公在淮時，尚寶來迎婦，公遣女出署。於是忌者或誣傳公攜家逃匿，都御史劉宗周劾諸藩疏中，遂并指公爲唱逃。……宗周後亦自悔其失言。

鄭成功隨父至南京，拜牧齋爲師。

黄宗羲行朝錄卷十一賜姓始末："朱成功者，鄭芝龍之子也，母爲夷女，原名鄭森。弘光時入南京太學，聞錢謙益之名,執贄爲弟子。謙益字之曰大木。丰采掩映,奕奕耀人。"

沈雲臺灣鄭氏始末卷一:"十七年春三月,京師陷。夏五月,福王立於南京,以明年爲弘光元年,封芝龍南安伯,鎮福建;鴻逵靖虜伯,充總兵官,守鎮江。芝豹、彩,并充水師副將,芝龍遣兵衛南京,子森入太學,説錢謙益以知人善任,招攜懷遠,練武備,足糧貯,決壅蔽,掃門户。曰:'少更事,知之易,行之難。'曰:'行之在公等,度不能行則去,能不我用亦去,此豈貪禄位,徒事粉飾地邪?能將將,伊、吕一人,能將兵,虎賁三千足矣,不能,多益擾衽席間,皆流寇也。'謙益心畏而謝之。"

南渡録卷一:"(六月)甲申(二十八日),命都司同知陳謙獎賷鄭芝龍,調其兵六千人入衛。"

八月十六日,致書祁彪佳,向其推薦朱長元、顧子方二人(祁彪佳日記卷十四甲申日曆)。

顧杲(?—1645),字子方。無錫人。顧憲成從孫。復社成員,列名留都防亂公帖。清軍南下,爲義軍誤殺。

祁彪佳日記卷十四甲申日曆:"十六日,得錢牧齋書,言東義再警,南都震動,薦朱長元、顧子方,言能得彼中豪傑而可以收拾之。"

又:"(九月)二十八日,又因牧齋言東義之警,有嘉禾二友早知於未變之前,惟錫山顧生杲者能知二友,乃聘之來,晤於吴門歸舟。及予至吴門,屢於禮賢館晤之,或事冗,則託季超兄與任君平晤之。不知顧生曾以討檄得罪阮圓海,而予獨取用,又觸忌甚矣。"

九月初一日,馮元颺憂憤而死(有學集卷三十二都察院右僉都御史巡撫天津慈谿馮公墓誌銘)。

> 按:馮氏卒日,金匱本作"初十",鈔本作"初一"。

秋,徐增送其父隱居太湖青芝山,與瞿式耜各作詩一首相贈。

> 九誥堂集卷端有牧齋題子能芝山隱居圖:芝山何處是,聞說太湖陰。茅屋數間小,梅花十里深。高人無俗事,盡日有閒吟。只隔橫塘路,扁舟不可尋。
>
> 卷五虞山瞿稼軒式耜詩,徐增自註:"甲申秋,先生贈家君入山詩一首:聞說芝山好,幽人住橘陰。梅藏鮫樹暗,雲護雀巢深。山靜鄰鐘吼,花芳谷鳥吟。高風如可接,短舸一招尋。牧翁原倡併附後……"

秋,與王鐸諸人宴飲。

> 見薛春龍王鐸年譜長編,其云詩中錢君即牧齋,以西泠拍品稿本爲證。然拍品並無牧齋二字,然有擦抹痕跡,或是,且附此。

十月初三,作矢愚忠以裨中興疏上福王(牧齋外集卷二十)。

> 爝火錄卷七置此疏于十月初三丁巳,從之,外集作十一月初一日。疏中條列四條,即嚴内治、定廟算、振綱紀、惜人才,並詆諆馬、阮,爲閹黨翻案。疏云:"臣觀三十年來,文武出鎮專征,鮮不僨敗,其綽有成算,克奏膚功者,承宗之後,馬士英一人耳。"又云:"先帝欽定逆案,所以結正閹兒媼子獻媚贊逆之罪狀。而定案諸臣,未免軒輊有心,上下在手,故出故入,往往而有。……逆案之故入者,賈繼春、阮大鋮,

皆慷慨魁壘男子也。周宗建之攻逆奄也，大鋮實贊其議。安有奮臂努目，引人以攻奄，而反身爲贊導者乎？繼春家居時，顧大章被逮過新鄉，繼春策馬餞送，洒淚贈別。已而有法司定案一疏，解死者之孥僇，全生者于囹圄。斡旋維輓，備極苦心，而反坐爲罪案，不亦冤乎？他如馮銓以申救繆昌期、周宗建，被逐去相位者也，去而不免于入。房壯麗□陷畿輔，投井死節者也，死而終不得出。吕純如與董應舉及臣等，以經濟相期許，應舉每言其枉，聲淚俱下，其生平可知。虞大復之哭光斗，則臣師孫承宗誌光斗之墓，大書其事，其文爲士林傳誦者也。"又爲蔡奕琛開脱："其惜人才首及蔡奕琛，奕琛曾以復社發端，抗疏攻臣，臣心知其誤，殊爲惜之，事過已釋然置之矣。天下多事，將伯助予，中流遇風，吴越相濟，果有嫌隙，固當先國家之急而後私仇，況臣本無仇于奕琛乎？"牧齋此疏一出，輿論譁然。

爓火録卷七："起陛蔡奕琛吏部右侍郎。奕琛疏云：'臣向者偶激風聞，曾牽及禮臣錢謙益。今謙益休休雅量，盡釋猜嫌，引臣共濟，方深愧嘆爲不可及，臣獨何心，敢留成見？'然當日力阱奕琛，欲以受吴中彦賄相加者，實謙益也。人兩哂之。"

趙士春昨夢録："是時，余以局外旁觀，舉朝多附麗馬、阮之人，而詞臣中錢牧齋之改頭換面，陳子鼎之潑口鴟張，尤爲可嗤可怪。"

棗林雜俎仁集：錢謙益侍郎觸暑步至膠東第中，汗渴解衣，連沃豆湯三四甌。問所立，膠東曰："福藩。"色不懌，即告别。膠東留之曰："天子毋容抗也。"錢悟，仍坐定。遽令僕市烏帽,謂:"我雖銷籍,嘗經赦矣。"候駕江關,諸臣指異之。監國初,復官。八月入朝,陰附貴陽,日同朱撫寧、劉誠意、趙忻城、張冢宰捷、阮司馬大鋮聯疏訐異議者。膠東解相印,欲卜居虞山,謙益恐忤貴陽,卻之,且不祖送。

人海記:"(大鋮)日同士英輩狎飲。後常熟錢侍郎附焉。錢寵姬柳如是,大鋮請見,貽以玉帶,曰:'爲若覓恩封。'談孺木云。"

雪交亭正氣錄乙酉紀自序:"逆案之將翻也,士英就錢謙益而唁之曰:'黨人不謂不抑矣。今需人之日,破格爲先。必自公翻之,當掃黃扉以俟公也。'謙益欣然爲之出疏。"

南渡錄卷三:"(十月)戊午……命吏部分別酌用蔡奕琛、楊維垣等,從禮部尚書錢謙益言也。……謙益老於門戶,仍以門戶攻門戶,又以門戶薦非門戶,人皆哂之。"

小腆紀年附考:"丁巳,明錢謙益疏頌馬士英功,雪逆案冤。謙益以定策異議自危,遂諂附馬、阮以自解。士英欲起用蔡奕琛、楊維垣,恐物論不容,以謙益人望也,屬薦之。謙益乃阿士英指,疏列四事。曰嚴內治,定廟算,振紀綱,惜人才。……疏數千言,煩猥不盡錄,大旨在頌馬士英功,雪逆案諸臣冤。而奕琛見中有魁壘男子語,則不喜,揚言于朝曰:'我自宜錄用,何藉某之薦牘誚我。'聞者笑之。徐鼒曰:'特書何?罪謙益之無恥也。謙益謬附東林以爲名高,既以患得患失之心,爲倒行逆施之舉,勢利熏心,廉恥道喪,蓋自漢、唐以來,文人之晚節,蓋莫無如謙益之甚者。純廟斥毀其書,謂不足齒於人類,蓋以爲有文無行者戒哉!'"

三垣筆記附識上:"喬侍御可聘巡按兩浙時,吳下諸公皆欲重蔡少司寇奕琛受賄罪,託嘉興文(史)司李德翼言於可聘,而錢少宗伯謙益爲最,可聘心無適莫,正色拒之。謙益等遂以爲黨邪叛正,且尤及吳侍御甡,謂甡乃可聘兒女戚,何不致一言。及南渡後,薦奕琛者,又謙益也。"

續幸存錄南都大略:"謙益素稱儒林之望,至是有使過一疏,名節掃地。謙益不過欲得揆席,爲此喪心之事。士英借謙益以用群奸,而愈疑謙益,反絶揆望。"

又全祖望鮚埼亭集外編卷二十九幸存錄跋:"夏文忠公幸存錄有二本,其一稍詳,且志阮大鋮語曰:'此敝門生錢謙益也。'而一本無之。愚疑前一本乃足本,若芟之者,乃丙戌以後,東澗之客爲洗雪而削去之耳。嗚呼,此公之瓦裂,雖滅去此一語,亦不足以自蓋也。"此亦侈口污衊,阮大鋮再狂妄,斷不至稱牧齋爲門生。

丁國鈞荷香館瑣言卷下瞿忠宣啟稿:鈔本瞿中丞式耜啟稿,計一百十餘葉,近三百通,皆啟、禎時稿也。與阮大鋮往來書函甚多。迨阮入閹黨,始復書謝絶,然詞甚委婉。尚有南歸後,求其作書之語,固未疾之已甚也。"

十月二十一日,致書祁彪佳。

祁彪佳日記卷十四甲申日曆:"二十一日,戴見龍入署,爲予診脈,浦劍仙自南都回,傳錢牧齋書,已知予深爲時局所忌,勢不能留。"戴見龍、浦劍仙生平不詳,浦似爲吳江人。

二十一日,蔡奕琛起用。

十月二十四日,招戴見龍看病。

祁彪佳日記卷十四甲申日曆:"二十四日,戴見龍爲錢牧齋所招,乃與浦劍仙同別予而去。"

十一月二十九日,卓爾康去世,年七十五(有學集卷三十六卓去病墓誌銘)。

仲冬晦日,作李心水掌垣奏疏敘(補遺)。

李清(1602—1683),字心水,一字映碧,號天一居士。南直隸興化人。崇禎四年(1631)進士。授寧波府推官,多所平反。陞刑科給事中,轉吏科給事中。十三年,以言事謫還。明亡,任南明工科都給事中,遷大理寺左丞。順治二年(1645),南都潰敗,歸隱不出。後寓居崑山,徐元文薦修明史,以老病辭。康熙十七年(1678),薦舉博學鴻儒,不應。生平手不釋卷,尤潛心史學,著作宏富。有南北史合注、三垣筆記、南渡錄、諫垣疏草、女世説、公餘錄等。

考李氏著述,惟有諫垣疏草,未見掌垣奏疏。諫垣疏草今存明刻本,分古言、今言兩部,古言有朱天麟序,多爲先正追諡贈官事。錢序云:"心水之奏疏……其於遜國以來,忠臣義士,身沈而名湮者,皆爲闡幽表微,使之章明顯融而後已。"則掌垣奏疏即諫垣疏草也。

錢孫愛過棲水,作書周永肩,請其代覓蜜橘。

錢牧齋先生尺牘卷一與周安石:"吳門舟次,倉卒執手,復與撫軍周旋,深以農山後事爲囑。人情冷暖,鄙言殊不足爲軒輊,恐未必能破格相待也。……奴子過棲水,令覓蜜橘佳者……乞命一介指引,覓其道地者,即是得甘露蜜也。時已逼臘,如有樹種可栽者尤佳。"

農山即卓去病,孫愛過棲水,可能是爲弔喪。

十二月十五,僧大悲案起,牽連其中。

有學集卷八一年詩錢曾註:"十二月己巳,妖僧大悲之事起,楊維垣、袁弘勳、張孫振等欲借此以興大獄,羅織清流,遂傳有十八羅漢、五十三參之名,如公與徐石麒、徐汧、陳子龍、祁彪佳等咸屬焉。孫振審詞有大悲本是神棍,故作瘋僧,若有主使線索。又云豈是黎丘之鬼,或爲專諸之雄。語多挑激上怒,賴上不欲深究而止。"

小腆紀年附考卷八:"明下狂僧大悲於鎮撫司。僧大悲者,夜叩洪武門,自稱烈皇帝,閽人擒之,以隸戎政張國維。國維曰:'此等妄男子,但當速斃之,一經窮究,國體不無少損。'于是都人籍籍,謂國維且杖殺烈皇。乃以屬三法司,則又自稱爲齊王;再詰,則言是潞王之弟,受封郡公。或曰是齊庶宗詐冒,或曰大悲者非真大悲,乃吳僧大悲之行童,從大悲往來錢謙益、申紹芳家。故質對時但知有二人,而阮大鋮即欲借之興大獄也。"

年末,錢澄之爲阮大鋮逼迫,浪跡吳中,遇黃道周,談論牧齋爲人。

錢攜祿先公田間府君年譜:"賴姜如須與仲馭計脱出,改服混吳市。遇黃石齋先生舟過閶門,望見識之,招入舟,與談東漢諸君子之過,因言錢牧齋畢竟比爾多讀幾年書,學問不同。府君笑曰:'如此讀書,不如不讀。'先生正色責之。"

錢澄之不滿牧齋,大概與牧齋爲閹黨開脱有關。錢澄之(1612—1693),原名秉鐙,字幼光,改字飲光,號田間。安徽桐城人。諸生。明亡起兵抗清。阮大鋮柄用,捕治黨人,亡命浙、閩。黃道周薦之唐王,授吉安府推官,改延平府。唐王敗,投桂王,官翰林院庶吉士,掌誥敕,撰文指摘,忌恨者衆。見事不可爲,乞假歸里。著有田間易學、田間詩文集、藏山閣集等。

年底,祁彪佳爲人所梗,告病歸家,臨行有書相寄。

祁忠敏公尺牘:"某之受老先生知愛最深,而圖報最淺,即今被論之身,蒙面輿疾,無地自容,而老先生猶惓惓稱惜,令人感銘不已。……若以翊戴之誠,而陷於異議之列,身名所係,實不甘受。萬望老先生始終昭白,始得安穩跧伏。雖死之日,猶生之年矣。某將去之身,不敢復言地方事。惟是洞庭增兵一事,似於東南有裨。浦生曾傳台指允合,故敢饒舌及之。他如漕糧、官布之請折,在老先生主持,必有造福桑梓者矣。"

本年,作册府元龜序論弁言。

册府元龜序論爲王泰徵、張運泰、余元熹等編。牧齋此序不見初、有學集,見崇禎十七年(1644)余氏自刻本卷端。序云:"潭陽余子公炤輯全書選,于部之總序,門之小序,踵事增華,攻堅乘瑕,而又不失爲明理之言,總而額之曰序論。……公炤之友蔡無能與余善,出是書而丐余言,且爲述公炤君與其師若友,亦從勵精裁斷而後成,匪敢謂冰生水而更寒,色出藍而逾青也。……余老矣,願我儕人士,苟能得其所欲求者,無慮不取有益之書而讀之。聖天子在上,可以出而仕矣,資文辭云乎哉!是爲序。"

王泰徵(1600—1675),字蘆人,號半士。歙縣人。崇禎十年(1637)進士。授吴川知縣,補建陽縣,擢禮部主事。入清後不仕,隱居檀山。

張運泰字來倩,元熹字公炤,皆泰徵弟子,建陽人。書前有册府元龜序論姓氏，訂正第一人即錢謙益，另有曹學佺、黃道周、祁彪佳等人。

又陳元綸序云："會去年閩有司刻於蕉源……然刻厥告成，正騰洛陽之紙，而鋟板散拆（折）兩方，墨莊鴻寶，高閣束之，是書復當一厄。潭陽余公炤，今之茂先也，博學能裁，遂偕社中二三兄弟復起而謀梓之。汰彼繁雜，手自讐對，詮次其序論以行。"陳序署甲申之小寒日，余元煮紀例自署甲申重九，牧齋此文亦當作於本年。蔡無能見下。

校正蔡鼎所著易蔡。

蔡鼎（1588—1655），字可挹，號無能。晉江人。布衣。精易學。明亡隱居不出。蔡鼎曾佐牧齋座師孫承宗守薊遼，孫承宗辭官歸高陽，清兵南下，又不遠千里而來，勸孫承宗避其鋒芒，孫承宗不可，闔門殉難。見初學集卷四十七孫公行狀。

易蔡二卷繫傳三卷節錄一卷，現有明末刻本，前有崇禎甲申蒲月初旬曹學佺序，易蔡上篇卷端題"閩中曹學佺能始甫點評，虞山錢謙益受之甫較訂，梁谿曹荃元宰甫鑒定，雲間陳子龍卧子甫參閱，閩蔡鼎無能甫纂註"，繫傳同，而無曹學佺之名。

本年，爲錢增作太倉錢氏義莊記（有學集卷三十一）。

太倉錢氏彭城世譜文傳卷五亦有此文，然皆不記年月。記云："吴越武肅王之裔，散居江表，其在太倉，則有中丞浩川公。公忠長德，爲萬曆名臣，其子封給諫君，劬先煮後，倣范文正公家規，建置義田，養濟群族，寢疾彌留，執給諫君之手，諄復誰諉。給諫君泣涕受命，斥負郭之田三百畝，經營規式,一如高平故事,請諸公上復其徭役。謂宗老謙益舊待罪太史氏,俾書石以垂永久。"又云:"今給諫經理義莊,卒業崇禎末年,而乞文刻石,汲汲于此時也。"

據錢氏世譜,錢增之父崇禎十五年(1642)七月卒,臨死命其經理義田。十一月,錢氏族人上書州府,請免田租,立義田碑記。次年四月,錢增復作義田記記其事,與牧齋所言合。

牧齋記云:"給諫君諱增,崇禎辛未進士,今官戶科右給事中。"程穆衡婁東耆舊傳卷六錢增傳:"乙酉五月,公既以先幾引退林居,杜門守素,非至親罕接其面。壬辰,上用郊恩薦舉山林隱逸,撫按交章趣公入覲,以母老,至稍後,報罷,亦淡如也。"新劉河志卷下載錢增崇禎十七年(1644)六月請濬劉河疏,署"刑科右給事中",其任戶科給事中疑在此後不久,故繫於此。

本年,爲其師傅新德作文恪傅公神道碑(初學集卷六十三)。

文云:"吾師太原文恪公既歿之三十三年,而門生錢謙益始書其墓隧之碑。"傅卒於萬曆三十九年辛亥(1611),故繫此。

作書錢良翰及孔孟文。

錢牧齋先生尺牘卷一與錢潤州:"吳門邂逅,幸覿光儀。……茲有啟者,孔總戎孟文,雄才大畧,兵家之韓、白也。頃以撫局告竣,奉旨峻擢,候命京口。布衣蔬食,戟門蕭然。惟臺下爲國憐才,得賜青盼,俾得不困於薪桂。以經營戎務,即日仗鉞登壇,得有成績,皆臺下之賜也。"

瞿緩鈔本東澗尺牘與孔孟文：門下蓋世英才，自當建非常大業，登壇仗鉞，榮命伊迩，當效班定遠萬里封侯，不嘆玉門頭白也。舍姪孫回，具悉起居，兼荷存念。老病支離，日甚一日，無可爲知己道者。鎮郡公附致一函，以門下雄姿偉望，彼自當望風欽挹，殊不以鄙言爲輕重也。

據乾隆鎮江府志，錢良翰，字雲將。順天籍山陽人。崇禎七年(1634)進士。十七年任鎮江知府。孔孟文不詳。

吴适聯合牧齋、張有譽抵制張鳳翔在江南立北師之議。

顧苓塔影園集卷一前文林郎兵科給事中吴君行狀："北商王敬敷請于江南立北師，募客兵，意叵測。兵部侍郎張鳳翔方奉敕總制直隸浙江軍務，主其事。君草疏約禮部尚書錢謙益、户部尚書張有譽等公言之，鳳翔大驚，事以不行。"

吴适(1614—1663)，字幼洪，號静齋。崇禎十年(1637)進士。授衢州推官。福王南渡，除户科給事中，進兵科。時左良玉與馬、阮交惡，舉兵焚武昌，逆黨言适指使，牧齋爲主盟，下适錦衣獄。南京失守，逃歸。住蓽門吴衙坊，杜門卻掃十七年而卒。

張有譽(1590—1669)，字誰譽，號静涵、圓覺居士。江陰人。天啟二年(1622)進士。官至南京户部侍郎。本年七月，授户部尚書。明亡，從弘儲出家。

清順治二年乙酉(1645)　明弘光元年
隆武元年　六十四歲

弘光改元，黄淳耀有詩相贈，並寄婁堅所書歸去來分辭。

黄陶菴先生全集詩集卷七弘光改元感事書懷寄錢宗伯五十韻："禾黍宗周轍，衣冠建武年。寅清三禮貴，耆艾五朝賢。聽履楓宸迥，循陔蕙葉遷。瞻依同日下，淹卧自江邊。昔歲登龍忝，郎君麗澤專。南垞燈火屋，北汨宴遊船。捧手評毫素，開廚出簡編。文瀾增拂水，詩壘壓松圓。酒發公明氣，談鉤向秀玄。賞音存寂莫，延譽許騰騫。精舍留三載，陰符練幾篇？厭貧將嫁衡，躡蹻遂摩燕。刺滅禰衡袖，囊空杜甫錢。腥臊名字播，崩迫世情偏。憶鱠秋風起，騎驢暮雪旋。方期遊綠野，仍擬借青氊。未信吾何仕，知玄意必傳。瞠違丁喪亂，悵望阻階緣。家國雙胡廣，疆場一李全。丸泥秦事壞，首鼠漢臣愆。御膳供糜粥，京城墮紙鳶。陷牀驚玉座，失涕到銅仙。僇辱疲巾幗，奔亡相馬鞭。地將翻黑海，鬼欲立黃天。代邸著龜協，韓原怒氣填。荆榛陵廟泣，烽火蠟書遄。夫子纓冠往，蒼生屬目先。波難搖砥柱，日遂夾虞淵。慷慨紆籌策，雍容委事權。屢前宣室席，始踐玉堂遊。北斗南惟一，東山出偉然。從繩資直木，調瑟待安弦。禮樂今僵仆，瘡痍鳳蔓延。三微危欲盡，萬姓厄堪憐。寂寂思鳴鳥，滔滔泣逝川。若爲凝化理，欻爾正垓埏。逆骨春爲粉，凶臍炷作烟。驅除塵宇難，滌蕩版圖遄。組帛人胥給，租庸戶得蠲。浯碑文刻畫，淮雅筆雄妍。此志終成矣，明公道在焉。不材慚朽櫟，無意忝班聯。欸段聊騎馬，槎頭漫釣鯿。條桑春社靜，抱甕夏畦痡。對物全寧澹，從心得靜便。稍能窺浩浩，豈敢守戔戔。碧草無情極，青門有夢牽。五雲飛唵靄，獨隺舞蹁躚。問訊憑書驛，關心是杜鵑。休論出與處，萬事荷陶甄。"

陶庵先生年譜：“改元弘光，以錢謙益爲禮部尚書，謙益馳書招先生，不赴。完初先生命致賀，乃賦感事書懷五十韻，並以妻子柔先生所書陶靖節歸去來辭長卷寄之。”

又朱鶴齡愚菴小集卷十四題黃陶菴詩卷：“當甲申北變，聞金陵嗣統，謁選者麕集都下，先生獨不往。吾友包子問之，先生曰：‘某公素善余，今方與當國者比。余入都，必當與往來，往來必爲彼牢籠矣。君子始進必以正，豈可爲區區一官，捐名義以殉之耶？’卒不往。嗚呼！先生之律身如此。”方良以爲某公即牧齋。

又掃軌閒談云：“乙酉，王師東下，南都旋亡。時黃陶庵館於錢宗伯家，力勸宗伯死，宗伯不應，遂作鄙夫可與事君也與哉一章文，置之案而歸，與弟偉恭及其徒侯幾道同殉難。”不可信。

鄭敷教子之謨不應薦。

華山書卷四鄭敷教傳：“之謨，鄭敷教長子，字仙弢。少有文譽，弱冠補弟子員。爲人負奇略，矜名行，吳士夫咸以國士目之。崇禎十五年，主舉者慕其人，欲拔取之，潛使人授以數字曰：‘書此試藝中，即得舉矣。’之謨曰：‘士以私舉，不可白天下，令上知也。’謝不赴。弘光時，錢謙益疏薦其才行茂良，徵使交至。之謨嫉馬士英、阮大鋮之朋姦誤國，且惡謙益之黨馬、阮，堅卻之。南都變，之謨從父皈沙門。熊開元居華山時，從之遊。……及卒，學者稱孝隱先生。所著有義門家訓、可生居剩稿。”

祖、父覃恩贈官。

晚年家乘文族譜後錄上篇：“弘光元年，覃恩贈官保如今官，而祖母贈一品夫人。"又"先考妣凡四受命，先君以……弘光元年贈光禄大夫，太子太保，禮部尚書，兼翰林院學士。先母……四追贈一品夫人"。

正月十三日，與申紹芳上疏，辯大悲事。

燼火錄卷八："禮部尚書錢謙益、户部右侍郎申紹芳各疏辨大悲、月光等事，俱奉俞旨。"同卷："阮大鋮與張孫振謀誅東林及素所不合者，令大悲引諸臣擁立潞王，可一網盡也。因造十八羅漢、五十三參之目，書史可法、高弘圖、姜曰廣、吳甡等名，納大悲袖中，海内人望，無不備列。錢謙益先已上疏頌士英，且爲大鋮訟冤修好矣，大鋮恨不釋，亦列焉。將窮治其事，獄詞詭秘，朝士皆自危，而士英不欲興大獄，乃第當大悲妖言律斬而止。……十八羅漢，則指史可法、高弘圖、姜曰廣、吳甡、張慎言、徐石麒、鄭三俊、黃道周、解學龍、呂大器、練國事、路振飛、袁繼咸、易應昌、徐汧、金光宸、郭維經、侯峒曾；五十三參，則指許譽卿、詹兆恒、姚思孝、華允誠、葉廷秀、章正宸、王重、熊維典、陳子龍、熊汝霖、游有倫、成勇、黃澍等；七十二菩薩，則指王志道、劉同升、趙士春、姜垛、金聲、沈正宗、張采、熊開元、張有譽、馬嘉植、沈宸荃、喬可聘、郭貞一、劉宗周、吳嘉允、黃端伯、祁彪佳、張國維、何剛、錢栴、王孫蕃等。凡海内人望，蒐羅無遺。"

元宵，與陳于鼎、宋徵璧夜集，宋有詩。

宋徵璧抱真堂稿卷六元宵集海虞錢宗伯齋，張燈陳樂，觀魚龍之戲乙酉："疏鐘箭漏思冥冥，盡醉芳筵日暮情。葭谷漸回春便煖，金吾不禁月偏明。星橋匝樹連銀漢，鵝管吹笙跨玉京。莫道上林誇角觝，大官俱得戲長鯨。"柳如是別傳引此詩,題作元宵同陳寶庵太史集錢宗伯齋,張燈陳樂,觀魚龍之戲。

宋徵璧,原名存楠,字尚木。華亭人。崇禎十六年(1643)進士。

陳于鼎,字爾新,號寶庵。宜興人。崇禎元年(1628)進士。

又抱真堂稿此詩前有乙酉元宵前三夕,明月照積雪,有懷舊京,賦呈陳素菴學士,不知寶庵是素菴之誤否。素菴,即陳之遴(1605—1666),字彥升。海寧人。崇禎十年(1637)榜眼。後降清,官至禮部侍郎。順治十六年(1659),因事流徙盛京,死於戍所。在蘇購拙政園,擅園亭之盛。妻徐燦,工詞,有拙政園詩餘。

仲春,爲李藻先作李黼臣甲申詩序(有學集卷二十二)。

鈔本有學集署名"乙酉仲春,虞山錢謙益題于白門官署"。

二月,爲余光、余颺兄弟所作春秋存俟作序(弘光刻本春秋存俟卷端)。

余光,字希之。莆田人。諸生。余颺,字虞之。光弟。崇禎十年(1637)進士。歷官宣城、上虞知縣。弘光時出任吏部文選司主事,見馬、阮弄權,辭職歸里。順治時,又在家起兵抗清,兵敗,杜門著書。

二月十九,請即家修史,不允。

許重熙明季甲乙兩年彙略卷三:"(二月)壬申,侍郎錢謙益請即家開局修史,不允。"

南渡錄卷四:"壬申,禮部尚書錢謙益疏修國史。疏言:

'萬曆中,閣臣陳于陛請修全史,開局纂修,旋即報罷。大抵官多則拜除不一,人衆則考要難稽,文雜則貫串無緒,古人所以有白頭汗青之歎也。臣壯歲登朝,留心史事,三十餘年,揚扢討論,差有端緒。昔宋臣司馬光編修歷代通鑑,以衰疾乞就冗官,前後所任,聽以書局自隨,給之禄秩,不責職業,卒能成書。臣願比光例,即家開局,或書,或徑進,或按期繳納,乃聽閣臣總裁改定,奉詔頒行。'疏奏,命在任料理,謙益志也。謙益博覽群書,尤精史學,搜羅考核,備極苦心,人亦以此服之。後國亡,史稿盡付絳雲樓一炬,殊可惜也。"

三月初二,僧大悲棄市。

有學集卷八一年詩錢曾註:"三月乙酉,誅妖僧大悲。御史高允兹疏言:'大悲一案,其狀似癲似狂,其言如夢如囈。先帝必無十二年封齊王之文,王豈有十五年過鎮江之事?且藩封貴重,寺人驕蹇,招内潞王下位迎接,與李承奉之叩首陪坐,正不知有風影與否?至如申紹芳、錢謙益現在官詹卿貳,敢有異圖?且此何等事,而議之孔聖廟耶?'會公與紹芳各具疏辯,上召對閣臣,皆請誅大悲以安反側,遂命棄之于市。

三月三日,進禮部尚書,兼翰林學士。

許重熙明季甲乙兩年彙略卷三:"(三月丙戌),錢謙益進尚書,兼翰林學士。"

弘光實録鈔卷一:"(二月)乙巳,禮部尚書顧錫疇致仕,以錢謙益代之。"

身邊積聚了一批義士。

有學集卷二十三:"弘光南渡,東南扵弓輿馬之士舉集南都。彭子達生、韓子茂貽,將應維揚幕辟,客余宗伯署中,莫不豎眉目、舌齒牙,骨騰肉飛,指畫天下事,數著可了。"

彭士望恥躬堂詩鈔自序:"乙酉春,應聘廣陵,居督師史名可法幕府,未幾謝歸。"

韓繹祖(1601—1651),字茂貽。湖州人。韓敬子。破家抗清。後薙髮爲僧,往來江淮間,困頓以死。

邀葛芝與葉方恒相見。

葛芝容膝居雜錄卷四:弘光改元,余與葉子嵋初同寓白泉葉水部南都邸舍,虞山錢牧齋宗伯知之,邀令相見。余與嵋初偕往,坐定,宗伯曰:"滇南朱使君視學三吴,今將行,欲以吾郡諸英俊托之,子其領袖也,可疏姓氏以來。"余索紙筆,書同志數十人姓氏呈之,斂容謝曰:"某此來,將觀光太學,獨不能荷厚澤、虛雅意,奈何?"宗伯默然出。而嵋初允之曰:"子實無遊太學意,奈何逆長者旨哉?"余笑曰:"子豈不知耶?彼蓋欲貯我藥籠中也。丈夫生于世,當獨往獨來于天地間,安可輕受人籠絡哉?"國變後,與宗伯數相見,然殊落落,知余倔强猶昔也。

葛芝(1618—?),原名雲芝,一字龍仙,字瑞五。崑山人。錫璠孫。受業於張溥之門,又爲張采婿。沉靜英敏,未冠補博士弟子員。入清,潛心理學,好王守仁致良知之學。徐枋爲立生傳。葉方恒,字嵋初,一字在東,號學亭。崑山人。重華三子。順治十五年(1658)進士,官運河僉事,分守濟寧河道。

季春十六日,作書友人。

見愛日吟廬書畫續錄卷四:"啓:陳秋老每見,極稱彈壓之功,不惟不以爲嗛,而且不啻口出也。門下但安位行志,勿以杯蛇弓影留之胷中,則一切得力矣。憨人行閒殊苦,其所條論,已是科斗時事也。式匡公祖,世之麟鳳,當以利見爲瑞,豈容其覽德輝而俊下乎?若緇衣之好,自不敢愛心力也。張庶常抗賊,殊見風彩,何苦上書教閫收錄名賢,豈非畫蛇添足乎?然亦不能不心憐之也。曾原魯即大用矣,希爲致聲。秋老之介弟,其才能火攻伯仁,幸勿草草遇之。黎美周想即上公車也。覊紲不得去,冗憒良苦。草草附報,不多及。季春十六日,謙益頓首,冲。"

　　秋老,即陳子壯。

　　陳之煌,字式匡。杭州人。崇禎六年(1633)舉人,授廣東高州府推官。十年進士,授常州府推官。

　　曾道唯,字原魯,號自菴。南海人。牧齋同年進士。授刑部主事。官至都察院左都御史。隆武時,官戶部尚書。

　　何剛,字憨人。華亭人。崇禎三年(1630)舉人。崇禎末年,授兵部職方司主事,往浙東募兵,得水師千餘人。清兵逼揚州,領水軍支援史可法。城破,投井死。

四月初二,左良玉傳檄東下,討伐馬士英,沿江劫掠。袁繼咸至舟中,責以大義。

初四日,左良玉死於舟中。

四月,參與選妃。

　　許重熙明季甲乙兩年彙略卷三:"(四月)辛酉,錢謙益奏選到淑女,着于十五日進玄輝殿。"

　　南渡錄卷五:"擇十五日選中宮,吏部尚書錢謙益請并選東西二宮,命候旨。"

小腆紀事附考:"錢謙益奏選到淑女,命於十五日親選於玄暉殿。京選七十人中,阮姓女一人,浙選五十人中,王姓女一人,又周書辦自獻女二人。五月辛卯清晨,傳旨放還母家,蓋是夕將出狩也。"

弘光欲立寒門程氏爲后,牧齋欲借程峋家世,以光册典,程峋作書拒之。

錢泳登樓雜記處士程峋傳:"程峋,蘇之常熟人,字禹開,號眉山,初名菀楨。……弘光即位南京,將册程妃爲后,而家門寒素。時峋從其兄光禄寺仲翼在都,同邑人錢謙益署峋兄弟名具題,欲借其門第家世,以光册典。峋作書卻之曰:蒙表兄骨肉之愛,爲寒家昌大門閭之計。但弟年僅十三,髮未垂肩,一旦膺鐵券之封,加蟒玉之餙,雖叼一時之榮,得毋爲識者笑乎?且愚兄弟與册立君支系不甚交切,何敢濫叼世職,上欺君父?若降旨見逼,弟當避跡窮山,從赤松子遊耳!"

十三日,因牧齋之請,赦閹黨李承祚之罪。

明季甲申日記卷四:"赦逆案成犯李承祚罪,准還京,從禮部尚書錢謙益請也。承祚,故豐城侯,請加魏璫九錫者,先帝改斬爲戍,已幸矣。"

推薦王崇簡諸人。

宋徵璧抱真堂詩稿卷三敬哉過話雲陽舟次適聞車聲乙酉注:"時海虞錢宗伯上疏奏薦王子。"

王崇簡(1602—1678),字敬哉。宛平人。崇禎十六年(1643)進士。北京陷,乘亂出城,逃亡浙江。福王敗,降清,官至禮、兵、工部尚書,保和殿大學士,卒諡文貞。

十六日，黃斌卿敗左兵，獲書牘無算，內有牧齋書信，斌卿止之不上。

  明季甲申日記卷四："（黃斌卿）自初一至初五，連戰皆捷，前後焚舟百餘，溺死千餘人，並獲其奏檄書牘甚衆。內貽禮部尚書錢謙益一牘，有廢置語。斌卿欲奏聞，恐爲諸人禍，乃止。"

  有學集卷八難人詩錢曾註："戊辰，廣西總兵黃斌卿敗左兵，焚舟百餘，獲其奏檄書牘甚衆，內得貽公書藁，中有廢置語，斌卿欲奏聞，恐爲公禍而止。夫公與寧南密書往返，必有成算，群小疑而忌之，亦未爲無因。但其事秘，人莫得而知也。"

四月，聞揚州危急，自願督師救揚州，上不許。

  顧苓塔影園集卷一東澗遺老錢公別傳："四月癸酉，揚州告急。上召對百僚，公請收用都督陳洪範。上曰：'國家未嘗不收人，收來皆不得其用。'君臣默然而罷。時洪範使北歸，已受北劄招諭江南，公不知也。上疏請自督師救揚州，不許。"

  有學集卷八難人牧齋自註："余力請援揚，上深然之。已而抗疏請自出督兵，蒙溫旨慰留而罷。"

  有學集卷八難人詩錢曾註："蔡奕琛疏云：'有聞左兵之來，而欣欣有喜色者，有聞良玉之死，而愀然不樂者。'此兩言實爲公而發，公于此時跼蹐駭機，側目切齒之徒，咸思劙刃于公，惴惴恐不終日。公之疏請援揚，自願督兵者，意在求出國門，借此遠禍害，亦無聊不得已之謀也。當日局勢，內則權臣專橫，外則强藩跋扈，國祚將亡，如人之臟腑已穿，雖有上醫，亦袖手莫救矣。公如真欲援揚，兵何從調，餉何從支乎？時至河決魚爛，將以一掌塞其源，杯水救其涸，雖愚者不爲，而謂公爲之乎？耳食之徒，未知公當日情形危迫，身坐劍鋩，岌岌乎惟求去國爲幸，乃徒感慨于公之不得督師以展其老謀碩畫，此豈爲知公者哉？"

四月二十四，揚州城破，史可法被執，旋被殺。清軍因揚州抵抗，屠城十日，民衆死亡殆盡。

四月二十七，群臣商議遷都，牧齋反對，遂作罷。

爝火錄卷十二："二十七日己卯，帝視朝，問群臣遷都計，錢謙益言不可，乃退。"

小腆紀事附考："戊寅（二十六日），明福王召對群臣。王問群臣遷都計，錢謙益力言不可。"所記有一日之差。

壯陶閣書畫錄卷十一錢牧齋二札其一："奴騎蹂躪齊、魯，漸逼郯、徐，中朝有南遁之説，可爲絶倒。援兵既奉旨阻遏，則爲東南者惟合力以守淮，庶可禦寇于門外耳。昨以此言進于南樞，未知能用吾言否。鉤黨日急，永言又外調矣。高陽師以元老罵賊剖心，僅得優郵兩字，不知禁旅之醲賞，果何謂也。言至此，惟有痛心飲涕耳。兩令壻事，玉笥已力任之矣。來札奉覽，想必有以報命也。周千載便，附此數行，匆匆不多及。弟謙益再頓首。沖。"永言即姚思孝。

四月，瞿式耜赴廣西巡撫任。

夏，與王鐸交談。

擬山園詩集五律卷九同牧齋夏日披襟别館柏軒下：野翼非來遠，相看豁一軒。收笳方拭澣，摘果莫傷根。妹弟才通信，池雲亦解言。邀期東海外，嚅納問何門。

牧齋言太湖莫厘幽峭:何緣能住此,湖水與沖夷。在寂不求物,隨時無所爲。道深探秘笈,年老嗅華芝。共處焚香嶂,人聲知不知。

五月初一,廷對議事,朝官言天熱北兵必不過江,爲牧齋所斥。

有學集卷八難人牧齋自註:"乙酉五月初一日召對,講官奏胡馬畏熱,必不渡江。余面叱之。"

作書冒襄,請他照顧樂師李玉陽。

同人集卷四錢牧齋與冒襄書:"江淮鼎沸,吳中一夕數驚。……儀部之事,托蕭、張二君爲料理,已許得當以報,想漁仲不難作浮圖合尖也。吳門李玉陽,度曲之妙,爲老教師領袖,詼諧談笑,一座風生,今之東方生、郭舍人也。以稼軒紹介,謁徂徠丈,遂令摳衣趨侍,乞延之幸舍,勿以彈鋏客待之,幸甚幸甚。雙成亦知其爲人,應不以他客拒之也。損惠蛤醬絕佳,更祈一罋,以慰老饕。"雙成,指董小宛。

李之椿(1600—1651),字大生,號徂徠。如皋人。天啟二年(1622)進士。官至文選司主事。福王立,遷禮部侍郎。後因反清,兩次被逮,絕食七日死。

五月七日,與馬士英等人商量納款北兵。

許重熙明季甲乙兩年彙略卷三:"(四月)戊子,集百官清議堂議事。預坐者十六人,馬士英、王鐸、蔡奕琛、陳于鼎、張捷、陳盟、張有譽、錢謙益、李喬、李沾、唐世濟、楊維垣、秦鏞、張孫振、錢增、趙之龍,各竊竊偶語,百官集者甚衆,皆不得與聞。臨散,李喬、唐世濟齊聲相和曰:'便降志辱身,也説不得了。'散後有叩諸大僚者,皆云虜信雖急,如今不妨了。蓋所商議藉之龍納款于清也。"

顧苓東澗遺老錢公別傳:"五月初十辛卯夜,上出狩,洪範輩給公,以南宋金人之約,公信之,人多就公謀進之,公曰:'事至此,惟有作小朝廷求活耳。'擬致書北軍前,移草于總督京營戎政忻城伯趙之龍,之龍屏不用,竟以降表去。公泣語其館賓沈明掄曰:'子憶朱勝非事乎?未知得爲朱勝非否?'洪武門開,慟哭而出。"

五月初九,清兵過江。次日,福王出奔太平府。二十四日,即被清軍捕獲。

陳子壯過問求計,唯唯而已。

陳子壯行狀:"五月初九日,聞大兵破揚州……往會掌京城戎政忻城伯趙之龍……。公知此有降意也,辭出。因念錢謙益平素交厚,往告之曰:"金陵翹日受兵,馬士英嫉賢妒能,蠱惑宸聰。趙之龍色屬内荏,心懷巨測。事勢如此,計將安出?'錢謙益聞公言,唯唯而已。"

五月十一日,馬士英出逃。

許重熙明季甲乙兩年彙略卷三:(五月)壬辰,黎明,錢謙益肩輿過馬士英家門,門庭紛然。良久,士英出,小帽快鞋上馬衣,向錢一拱手曰:'詫異!詫異!我有老母,不能隨君殉國矣。'即上馬去。後隨婦女多人,皆馬上粧束,家丁百餘人。出城至孝陵,詭裝其母爲太后,召守陵黔兵自衛,黔兵亦半逃。"

柳如是勸牧齋殉節,牧齋不肯。

顧苓河東君小傳:"乙酉五月之變,君勸宗伯死,宗伯謝不能。君奮身欲沈池水中,持之不得入。長洲明經沈明掄館宗伯寓中見之,而勸宗伯死,則宗伯以語兵科都給事中寶豐王之晉,之晉語余者也。"

乾隆長洲縣誌卷二十四:"沈明掄,字伯敘。少爲諸生。精於春秋內外傳,吳中明春秋者不數家,明掄爲最。經其指授獲雋者,不勝數。徐孝廉枋,其高弟也。崇禎癸酉中北闈乙榜。錢尚書謙益延主講席。南都破,曾勸尚書殉身,曰:'公受恩深,毋游移也。'尚書不從。明掄不復相見。後幅巾布袍,絕意科名,仍以春秋教引生徒終。"

顧苓此傳,後衍生多種說法,至有秦淮水涼之語。爝火錄卷十二云:"後錢、柳遊拂水山莊,錢見石澗流泉澄潔可愛,欲濯足其中而不勝前卻,柳戲語曰:'此溝渠水,豈秦淮河耶?'錢有恧容。"亦屬無稽之談。

吳嘉胤自縊。

宋徵璧抱真堂詩稿卷六乙酉暮春從江上寄民部吳繩如小註:"繩如先生姓吳,名嘉胤。松江華亭人。孝廉,居鄉卓然有品行。築石塘以捍海患,其功尤大。以言路奏薦先皇,于甲申二月初特授戶曹。大兵下江寧,先生上書豫王,首言江南民柔弱,乞免其殺戮。書上,遂自縊于古寺。前見海虞錢宗伯,以爲鼎革之際,從容死難者,當推先生及同郡瑗公先生並美云。"

五月十五日,南京城內文武大臣迎降清軍。

清史稿卷四世祖本紀:"(五月)丙申,多鐸師至南京,故明福王朱由崧及大學士馬士英遁走太平。忻城伯趙之龍、大學士王鐸、禮部尚書錢謙益等三十一人以城迎降。"

許重熙明季甲乙兩年彙略卷三:"丙申,大開洪武門,二大僚統百官獻册行四拜禮，趙之龍叩首請豫王進城。保國公朱國弼、振遠侯顧鳴郊、駙馬齊贊元咸至。"

爝火錄卷十二："十五日丙申，大清兵營於城北，勳臣自趙之龍、湯國祚、柳祚昌等，文臣自王鐸、錢謙益、張孫振等，文武數百員，馬步兵二十餘萬，俱迎降。"

牧齋降清，異說紛紜，未必皆是信史，擇一二如下。

查繼佐國壽錄便記南都之失："十一日，忻城伯趙之龍與大學士王鐸、蔡奕琛、錢謙益等，合詞恭迎清兵。清兵已至句容矣，猶恐僞降，逡巡不即進，迎者極嵩呼。清豫藩曰：'必忻城獨來。'之龍廼夜出，小服如罪人，伏謁道左，云天子已遁，殿廷虛無備。於是縶忻城爲信。十三日，入通濟門，果不設守。廼任用之龍等。楊維垣、何應瑞、劉邦弻、張捷、高倬五人，既不及從駕，城破之日，懼爲所逼，各先自縊死。維垣向爲魏逆璫忠賢之黨，士大夫不齒。錢謙益有積望，爲東林賢者所皈向。廼生死相反如此，物論之不足憑也。"

柳南隨筆卷二："己酉五月，豫王兵渡江，弘光主曁大學士馬士英俱出走。僞太子王之明、忻城伯趙之龍、大學士王鐸、禮部尚書錢謙益、都督越其傑等，以南京迎降。王引兵入城，諸臣咸致禮幣，有至萬金者，錢獨致禮甚薄，蓋表己之廉潔也。其所具之柬，前細書'太子太保、禮部尚書兼翰林院學士臣錢謙益百叩首，謹啟上貢'。計開鎏金銀壺一具，法琅銀壺一具，蟠龍玉杯一進，宋製玉杯一進，天鹿犀杯一進，夒龍犀杯一進，葵花犀杯一進，芙蓉犀杯一進，法琅鼎杯一進，文王鼎杯一進，法琅鶴杯一對，銀鑲鶴杯一對，宣德宮扇十柄，真金川扇十柄，弋陽金扇十柄，戈奇金扇十柄，百子宮扇十柄,真金杭扇十柄,真金蘇扇四十柄,銀鑲象箸十雙。右啟上貢。又署'順治二年五月二十六日,太子太保兼禮部尚書翰林院學士臣錢謙益'。郡人張滉與豫王記室諸暨曾王佐善,因得見王鐸以下送禮帖子,而紀之以歸。王佐又語滉云:'是日錢公捧帖入府,叩首墀下,致詞于王前,王爲色動,接禮甚歡'云。"

徐樹丕識小錄卷四再記錢事:"白門余澹心,快士也,親見錢牧齋南京投降表,約有千餘字,大半是罵明朝諸帝,自成祖而下,鮮有免者;其半則頌清之諸帝也。"

鹿樵紀聞卷上:"翌日,豫王兵至城下,見門未啟,遣使呼曰:'既迎天兵,何閉也?'有老人登陴應曰:'自五鼓候此,待城中稍定,即出謁。'騎曰:'若爲誰?'復自喝曰:'禮部尚書錢謙益。'有頃,戎政趙之龍至,率群臣啟門,伏謁,迎豫王入宮。端伯聞變,大書于門曰:'大明禮部儀制司主事黃端伯不降。'"按,此後雪交亭正氣集又綴以牧齋勸降事,亦是附會,不錄。

牧齋投降的原因,顧苓東澗野老錢公別傳云:"北師入京,乃謬爲招論,陰圖伺隙,不得已而行文種、范蠡之事,計復不售,北軍挾之去。"沈德潛國朝詩別裁集卷二十一吳祖修書牧齋詩後:"紅豆山莊拂岫青,客來猶見子雲亭。當年黨論推尊宿,近日騷壇尚典型。不死似將成漢史,孤生忍獨守玄經。延登舊恨君休詫,目斷台階兩兩星。"注云:"牧齋不死,一以明史自任;一以受溫體仁許未得相位爲恨;佐命興朝,庶展抱負也。此意爲柳塘指出。"

據顧希哲吳祖修行狀:"方未第時,嘗與嘉定黃蘊生先生同館於嘉定侯氏,始爲石交,旋爲同年友。先又受業於虞山錢侍郎牧齋。其師友淵源之學,非世之競習聲詩者所可擬也。"則祖修受業牧齋,所述似非妄言。

五月十七日,率清軍搜宮。

南都錄卷五:"戊戌(十七日),北兵進守皇城。豫王先遣兵千餘,命禮部尚書錢謙益等統之搜宮。"

爝火錄卷十二:"十七日戊戌……禮部尚書錢謙益,引大清官二員,從五百騎,入洪武門,候開正陽門,索匙不得,乃引進東長安門,盤九庫現銀九萬兩,即著錢謙益駐皇城守之。"

五月二十五日,福王執至南京。

爝火錄卷十二:"二十五日丙午,執福王至南京……時諸臣皆拜,獨王鐸直立戟手數其罪惡,且曰:'余非爾臣,安所得拜?'遂攘臂呼叱而去。錢謙益乃伏地慟哭,不能起,曾王佐爲扶出之。"

五月二十五日,出兼吏、禮二部尚書。

許重熙明季甲乙兩年彙略卷三:(五月)丙午,錢謙益兼吏、禮二部尚書,李沾復爲都御史。"

代清廷招降江南。

爝火錄卷十二:"錢謙益既投誠於大清,以招降江南爲己任,致書撫按及鄉紳勸降,有名正言順、天與人歸等語。屬其門下客周荃同黃家鼐等充安撫來蘇。時官府皆遁,士大夫爭入山,家鼐等入城,民皆執香以迎。城中大姓,亦有設香案于門外者。"

小腆紀年附考卷十:"(五月)明監軍副使楊文驄殺降臣

黃家鼒於蘇州。黃家鼒者,趙之龍之私人也,以鴻臚寺序班躐升少卿。我豫親王入南都,命家鼒爲安撫使,捧檄至蘇州,巡撫霍達、巡按周元泰以下皆逃。適文驄率黔兵五百自鎮江南奔過蘇,太監李輔國亦至,出不意,執家鼒,數其罪誅之,其同黨周荃聞風逃。荃,錢謙益之門客也。"

嘉定屠城紀略:"明禮部尚書錢謙益率先降附,欲樹德東南,以自解於吳人士。郡人周荃,謙益客也,有口辯,密受謙益旨,謁清帥豫王,言吳下民風柔軟,飛檄可定,無煩用兵。王大悅,即日拜官,使降人黃家鼒佐荃,單騎安撫吳中。"

小腆紀年附考卷十:"降臣趙之龍、錢謙益爲我大清傳檄四方,諭令降順。檄曰:自遼、金、元以來,由沙漠入主中國者,雖以有道代無道,靡不棄好而搆釁,問罪以稱兵。曾有以討賊興師以救援奮義,逐我中國不共天之賊,報我先帝不冥目之仇,雪恥除凶,高出千古如大清者乎?有肅清京闕、修治山陵,安先帝地下之英魂、臣子獄中之哀痛如大清者乎?有護持我累朝陵寢、修復我十廟宗祧,優恤其諸藩、安輯其殘黎,擢用其遺臣、舉行其舊政,恩深誼崇、義盡仁至如大清者乎?權奸當國,大柄旁落,初遣魏公翰而不奉詞,繼遣陳洪範而不報命,然後興師問罪,猶且頓兵不進,紆回淮泗,以待一介之來,自古未有以仁以禮雍容揖讓如大清者也。助信佑順,天與人歸,渡大江而風伯效靈,入金陵而天日開朗,千軍萬馬寂無人聲,白叟黃童聚於朝市,三代之師,於斯見之。靖南覆轍,誰爲一旅之師;救主挾歸,彌崇三恪之禮。凡我藩鎮督鎮,誰非忠臣,誰非孝子,識天命之有歸,知大事之已去,投誠歸命,保億萬生靈,此仁人志士之所爲,大丈夫以之自決也。幸三思而早圖之!謂予不信,有如皎日。乙酉五月,南京文武諸臣趙之龍等謹白。相傳以爲錢謙益筆也。"

趙士履屛亭雜記:"乙酉,清兵破南京,錢牧齋謙益時爲禮部尚書,粘蘇州示云:'大兵東下,百萬生靈盡爲虀粉,招諭之舉,未知闔郡士民以爲是乎?非乎?便乎?不便乎?有知者能辨之矣。如果能盡忠殉節,不聽招諭,亦非我所能強也。聊以一片苦心,與士民白之而已。'又與常熟知縣曹元方(芳)書云:'主公蒙塵五日後,金兵始至,秋毫無犯,市不易肆,卻恐有追師入越,則吳中未免先受其鋒。保境安民之舉,不可以不早計也。犠牲玉帛,待於境上,以待強者而庇民焉,古之人行之矣。幸門下早決之,想督臺自有主持。亡國之臣求死不得,邑中怨家必攘臂而魚肉之矣,恐亦非便計也。如何?急足附此,不多及。'是時邑中有創立謙益生祠者……"

徐枋讀史稗語卷十:"乙酉虜薄南都,明朝大臣有首倡獻都城者,決策先降,乃遺書鄉里曰:'大兵南下,百萬生靈將爲虀粉,潔身一死甚易,如十數郡生靈何?'此人即蒲壽庚再來者。"

研堂見聞雜錄:"(王)介福,字受茲,鳳洲曾孫,由恩例爲中書。弘光時夤緣爲海防道。除書甫下,而兵猝至。錢謙益首樹降旗,素與受茲善,謂之曰:'婁東汝故土,當疾馳歸,以户籍獻,大官可得矣。'受茲果如言詐稱使者,擁高車至婁,民香花迎之。入衙視事,首括民間金三千,及輿地籍以獻,冀以行媚。"

　　周荃,字子静,一字静香,號花溪老人。長洲人。清軍南下,輔助黄家鼐安撫吴郡。適楊文聰潰兵至,執家鼐殺之,荃逃脱,楊戮其家人。

　　又佚名蘇城紀變云:"十五日,喧傳北兵唾手下留都,屬主已做孫皓故事,吾吴賴有錢牧齋在内力主招安,可保無虞。一時士民相慶。"可見當時民衆心態。

六月初三日,多爾袞詢問江南人才,群臣以牧齋對。

　　多爾袞攝政日記:六月初三日……少頃,王又言:"凡人臣事君,全在精白一心,不在面貌上。"王又問:"江南既下,有甚好人物?"大學士等對:"地方廣大,定有賢才。"王又言:"不是泛論地方賢才,只是先生們胸中知道的否?"大學士等對:"錢謙益是江南人望。"王又問:"如今在否?"大學士等對:"昨歸順文册上有名字,現在。"王領之。

六月初五日,祁彪佳晤常熟令曹元方,知牧齋有勸降之書。

　　祁彪佳日記卷十五乙酉日曆:"晚,得常熟令曹元方稟,知曹亦掛冠,抄錢牧齋手書數通,稱北兵爲三代之師,諄勸邑中歸順。"

　　曹元方(1593—1674),字介皇,號耘庵。浙江海鹽人。崇禎十六年(1643)進士,授常熟縣令。清軍抵吴,棄城而逃。

初七日,潞王在杭州監國。

有書致潞王,不詳何事,疑爲勸降。

　　祁彪佳日記卷十五乙酉日曆:"(六月)十一日……李大

生亦至,而顧南金自武林來,云監國頗屬意於予,欲以爲大司寇、少司馬,然未聞總督也。又知南金條數事於承奉李進,而請太后入宮,免奸人離間,尤爲得力耳。先是,錢牧齋有密啓上潞藩,又一書與顧南金,託吴門安撫周子靜致之。及楊龍友殺安撫黄家鼒而子靜逃,北兵遂於初四日到吴門矣。至錢之密啓,顧南金於初八日致承奉李進啓上。然是日已傳北兵信緊,監國有幸越之意也。"

顧南金即顧礽,浙江黄巖人。潞王敗,降清,授浙江糧儲道參議,陞建寧副使,因事革職。順治十六年(1659),歸附鄭成功,移居臺灣。

薙髮令下,閏六月一日,江陰士民在閻應元、陳明遇等人帶領下,決計固守。前後堅持八十一天,死亡十餘萬人。城破,江陰亦慘遭屠城。

閏六月六日,祁彪佳投水而死。

閏六月初八,劉宗周見杭州陷落,絕食而死。

閏六月十二,徐汧投水殉國,遺言其子徐枋勿事二姓。

閏六月十三日,崑山士民殺縣丞起兵,顧炎武、歸莊皆參加義軍。七月初六城破,死亡四萬餘人,歸家多人遇難,顧炎武因省母得免。

閏六月二十六,清軍攻嘉興城,將破,徐石麒誓與城共存亡,朝服自縊。

閏六月二十七,唐王在福州稱帝,改元隆武。

七月四日,黄淳耀見嘉定城不可守,與弟淵耀自縊殉國。城破後,士民慘遭屠殺,史稱嘉定三屠。

七月十四,常熟陷落。顧炎武母王氏聞之,絕粒而死,遺言炎武"無仕二姓"。

> 研堂見聞雜錄:"是時,惟虞山嬰守不下,虞山故子張(長)嚴公爲拒守。嚴公名栻,甲戌進士,官拜知州,文靖公之孫,有才略,素爲邑人所附。同胡來貢、時子求,率此爲捍禦計,頗知崑山故事。崑既破,人謂旦夕必下虞城,而故徘徊不發。破崑之後,席捲入郡,婁中兵若干,亦載輜重西行,竟不知所之。至十四日,遣一枝從齊門而北,出不意,疾破之。胡來貢遁,時子求反以火炮蕢之,復走七星橋,爲鄉兵所殺。嚴公不支,亦遁。城外燒毀一空,男女殺死者無算,頗不亞於崑。"

七月,王鐸題牧齋房中孔雀。

> 王鐸稿本牧齋房中所養三孔雀:啄啄聲角角,孔雀誰縛爾南來?怪石對面鼠矢落,飲啄由人暗垂泣,翅長口襟接跡立。既不願兮黃雀之籠同劬勞,更不願兮朱鳳之儀占其曹。地有龍兮龍有淵,孔雀何罪敢爲動貞陳一言?毛深峪莽,林木高廣,放飛去時出林爽。牧齋遂乃性,萬物偕俛仰。牡丹桃花幽山好,遠鳴一聲天地曉。

稿本見陳紅梅王鐸詩文稿墨跡一書。此詩以羈縻孔雀相比,頗爲沉痛。

秋,詠同心蘭四絶句贈柳如是(有學集卷一)。

> 有學集刻本皆未署年月,鈔本題"乙酉秋白下作"。
> 趙士春保閒堂續集卷四讀錢牧齋有學詩集云:"秋槐集至消寒集若干卷,大約以襛博見長,而啁笑誕謾雜出其間,於忠厚和平之旨微矣。摘其甚者,爲賦五絶句。"第一首小

序云：“秋槐集開卷乙酉秋咏同心蘭四首，是年七月，常熟城破，死三千餘人。”詩云：“投身已入氊裘幕，顧影能無桑梓悲？何事琴川流血日，是君白下咏蘭時。”頗有不滿。

又卷四又題錢吳兩前輩詩集：“王蠋陶潛豈異人，忍于改姓作君臣。只應雙詠胡笳拍，絃上他年話苦心。一縋城，一薦舉，甘心就之，擬以蔡琰，非其倫矣！”

七月十八日，魯王在紹興監國，改明年爲監國元年。

七月，詔豫王率南京降臣及福王還京。十月十五日癸巳，豫王抵京。

顧苓河東君傳：“是秋，宗伯北行，君留白下。”

按：徐樹丕識小錄、李清三垣筆記、牧齋遺事，皆稱牧齋北上，如是與鄭生（一說陳）通奸，孫愛鳴於官，杖殺奸夫，牧齋作書責孫愛，云當此之時，士大夫尚不能守節，況一夫人。此必污衊之詞。至陳寅恪云主事者非孫愛，乃陳夫人黨遵王之流，更是妄議。遵王此時不過十六歲，豈有如此手段？

將北行，王鐸過牧齋水亭，有詩。

王鐸稿本牧齋水亭，又將北行：半日忽無事，適朕到水亭。舉頭見鍾嶁，送我萬古青。漫道入宮即見妒，何難作賦不言貧。江柳多情若留客，那堪又送遠行人。

致書馮銓，請其招撫阮大鋮。

明清檔案第三册大學士馮銓揭辯誣搆並請早賜罪斥（順治二年八月）：“御前曾發下南官錢謙益寄職一書，言安輯江南事宜，內有招撫阮大鋮之語。職同官洪承疇錄其書於帙，遂來吳達之疑。”

馮銓（1595—1672），字振鷺，又字伯衡，號鹿庵。涿州人。萬曆四十一年(1613)進士。因諂事魏忠賢入閣,歷官禮部、户部尚書。崇禎時被禁錮。清軍入關,多爾袞以書信招之,官至弘文院大學士。

九月四日,歸昌世卒,年七十二(有學集卷三十六歸文休墓誌銘)。

墓誌云:"文休生十歲能爲歌詩,爲諸生,與嘉定李長蘅、太倉王淑士號三才子。余年少後,亦從之游。四人者,互相題拂,咸以爲瑞人神士,朗出天外,不可梯接也。李、王及余相次取科第,文休數踣省門,彳亍諸生中,閬疎落拓,不事生産,日高醉卧,戞釜待炊。其婦典衣易粟,不使文休知,文休亦竟不知也。中年益放意爲詩,阸窮連蹇,思慕酣醉,無聊不平,可喜可愕,必于詩焉發之。晚于詩律尤細,和陶諸篇,爲詩老程孟陽所稱。長蘅苦愛其五言詩效韋、柳者,嘗摘二章題武林壁間,觀者不知爲今人也。酒酣以往,槎牙芒角,奮筆爲風枝雪幹,攄寫其扶疎魁壘之致,人多攫奪藏弆,比于仲圭、孟端,文休夷然不屑也。……文休娶于秦,生四子,長時發,次昭、繼登、祚明。秦有儀法,食貧攻苦,以逸妻自命。三子皆有儁才。晚益閒放,望山尋水,交風友月,听然獨笑,不知老之將至也。既而戎馬縱横,天地崩圮,自以家世爲儒,三百年荷國涵養,不殊世禄。行歌野哭,欷歔飲泣,塊然無生人之樂。昭殉幕府,繼登死儒官,女及媳接踵赴難,遂擗摽發病以死。"

歸氏一門慘烈,見於歸莊所作詩文中。先考處士府君行狀:"府君娶吾母秦氏,縣學生諱伯寅之女。子四人,長時發蚤卒;次昭,以諸生挾策干督師閣部史公,留幕府,署監紀知縣,弘光元年死揚州之難,別有狀;次繼登,以舉人選長興縣儒學教諭,亦以是年卒於任;次莊。女一人,嫁翰林院待詔朱灝,已前卒。孫二人:琨、玠。孫女六人,其四人以崑山城陷被掠,有赴水死者。嗚呼,半年之中,而環顧子孫男女十失七八,桑榆之年,誰能堪之?所以百病咸生,遂至不起也。"歸氏二烈婦傳:"歸氏二烈婦者,余兩嫂陸氏、張氏也。陸氏爲仲兄監紀君諱昭之妻,張氏爲叔兄教諭諱繼登之妻,皆太倉人。……乙酉夏,監紀死揚州之難,教諭爲長興亂民所殺,時家中皆未得凶問,然心知必無幸也。……乙卯日,城破,諸奴婢猶固請二烈婦從北門出,可無虞,皆執不可,乃舍之去。頃之,兵數輩掠菴中,張聞人馬聲,則奮身入水。陸方處置其女,不及走,一卒前犯,陸以死拒之,遂被二槍仆地,又亂筆斃之。張入水,水淺不死,以蘆葦自蔽。兵去,則匍匐登岸尋其姒,陸亦復甦。張與菴尼掖之卧床上,求諸兒女,則失之矣。……後一大卒索菴中,得張氏於水,欲執以去,拒之如陸,遂遇害。……陸氏傷重,藥之不瘳,竟以八月庚辰朔死。……陸氏生女二人,張氏生子一人玠,方五歲,女三人。自張氏所生幼女外,男女五人皆離散,後二十日,訪得玠所在,抱以歸,餘不知所在。蓋吾家不幸,半年之中,父子夫婦兄弟男女死若亡者近十人,以累世孝友,而得禍如此,世猶言有天道,妄也!"

九月十七,夏允彝投水殉國。

在京與成克鞏相見,爲其父成基命作神道碑(有學集卷三十八)。

　　成基命神道碑,有學集所載頗有錯訛,引文據民國大名縣志卷二十一塚墓，文云："今老病垂死，而書文穆公墓隧之碑，乃在其即世十年(有學集作二十餘年，誤)之後，此所以忍淚執筆，嘆窮而繼之以泣也。""公乞歸凡六年，以乙亥(有學集作乙酉，誤)八月卒于家，櫛沐草遺疏，正襟危坐而逝。上震悼，恩郵特隆，仍予贈謚。以丙子十二月十五日(有學集作某年某月)大葬于郡城南關之阡(有學集作某地之阡)。葬後數年，余與公之子今翰林學士克犖相見于長安，絮語舊事，相對啜泣，以麗牲之碑爲請，余謹撰次。"

山曉閣明文選續集卷六評云："大臣繫國家安危，文穆居中，文正在外，此表裏相維之勢也。文穆去而文正之功不終，此中殆有天意。起手以有意無意樹義，其有意者，二公之並世俱生，其無意者，二公之未久竟去。文穆用雖未久，其於國家安危大計，固已躊躇畢慮，殫心盡瘁矣。篇中有一段敘事，即有一段結束，流連慨惜，往復不已，所謂歎窮繼之以泣，非爲文穆感，蓋爲國事感也。意先生與文穆，同官同志，投分最深，乃於此歿之既久，而始碑其墓隧，撫今追昔，觸境傷懷，不禁言之，且長言之，其手筆不可及，當是其情致爲不可及耳。"

與陳名夏論文。

牧齋外集卷二讀豈凡先生息齋集質言："酉戌之交，與平陵公談文闕下。平陵告曰：豈凡先生，今之韓、歐也。"平陵即陳名夏。

陳名夏(1601—1653)，字百史。常州溧陽人。崇禎十六年(1643)探花。授編修，陞修撰，改戶、兵二科都給事。降清後，官至吏部尚書、秘書院大學士。

嘉平月,題吳寬楷書詩册。

見國家圖書館藏吳文定公詩稿:"吾鄉吳文定公手書詩藁一册,大都是其初登第官翰林之作。公平生好學,老而不倦,家有叢書堂,藏書萬卷。凡古書祕本,多出手鈔。其題署有云書於吏部東箱者,則其佐銓時書也。王文恪公手鈔唐六典,今鋟版吳中。先輩遭時承平,讀書汲古,優游翰墨,其風流可想見也。北海先生出此册見貺,感而書其尾。乙酉嘉平,虞山錢謙益敬書於花市之桂邸。"又見方濬頤夢園書畫録卷九明吳文定公匏菴楷書詩册。

又石渠寶笈卷十六唐閻立本孝經圖褚遂良書一卷:"又跋云:憶乙酉歲,余初得此卷,時虞山錢牧齋在京見之,曰:'此顏魯公書,神宗在講筵,常出以示江陵相。'因命重裝。曾見江陵進顏真卿孝經表,牧翁之言,必有所本。後載入列朝詩選小傳中。或當日江陵亦以字類麻姑壇記,而未見褚河南小楷書也。格物之難如此。乙巳之冬,偶閲此卷,重記之,余年已七十有三矣。退翁澤。"

孫承澤(1593—1676),字耳伯,號退谷。崇禎四年(1631)進士。官刑科給事中。先降李自成,再降清廷。官至吏部右侍郎。富收藏,著有春明夢餘録、庚子消夏記等。

又孫承澤研山齋法書集覽卷一:"丁亥之春,同錢牧齋於報國寺松下見右軍洛神,錢咋舌稱爲異寶。"丁亥之春,牧齋不在京師,疑有誤。

清順治三年丙戌(1646)　明隆武二年
六十五歲

正月二十七日,清廷復牧齋原官,管内翰林祕書院學士事。又充明史館副總裁。

  世祖章皇帝實録卷二十三：以故明禮部右侍郎錢謙益，仍以原官管内翰林祕書院學士事。禮部尚書王鐸，仍以原官管内翰林弘文院學士事。編修劉正宗爲内翰林國史院編修，庶吉士魏天賞爲内翰林國史院庶吉士。

  清史稿卷四百八十四文苑一："順治三年，豫親王多鐸定江南，謙益迎降，命以禮部侍郎管秘書院事。馮銓充明史館正總裁，而謙益副之。"

二月，作陳百史集序（牧齋外集卷六）。

  序云："甲申三月以後，誓斷筆硯，士友過從，絕口不及文事。"又云："今年入燕，平陵陳百史先生以詩文見示。"年月見刻本石雲居文集。

三月初五，黃道周在南京就義，年六十二。

  有學集卷四十八題程穆倩卷："漳浦畢命日，猶語所知：'虞山不死，國史未死也。'"黃道周于去年十二月在婺源被捕。

因邑中傳言，作與邑中鄉紳書辯解（牧齋外集卷二十二）。

  書云："諸公果以剃頭責我，以臣服誚我乎？諸公仗節舉義，頂天立地，个个是張睢陽，人人是文信國。僕之愚劣，玷辱鄉黨，俯仰慚愧，更復何言！若謂大兵入虞，出自不肖主張，此大冤也，此大誣也。大兵到京城外纔一日，僕挺身入營，創招撫四郡之議。此時營壘初定，兵勢洶涌，風崔驚危，生死呼吸。僕真見大事已去，殺運方興，拼身捨命，爲保全萬姓之計，觸冒不測，開此大口。上天眷佑，慨然允從。

便分派差官,要王玄沖一面往郡,周子靜一面到縣,惟恐招撫少後,本縣不得保全也。今都謂不肖主意,要殺害常熟,有是理乎?……謂吾邑之兵,由我力請,則江陰、崑山、嘉定之兵,又何人請之乎?"又云:"僕邇年得罪一二貴人巨族,構成仇怨。反而思之,一一從公論起見,從百姓起見,未嘗有一點恩怨私曲,天地鬼神所共鑒也。"末云:"僕老矣病矣,卒然不可知,爲燕山之鬼,則亦已矣。倘有天幸,尚得以殘年餘生,乞骸歸里,則亦虞邑之一老民也。"故繫於此。

時曹溶任順天督學,亦在京,時相過從。

曹溶絳雲樓書目題詞:予以後進事宗伯,而宗伯相待絕歎曲。丙戌同客長安,丁亥、戊子同僦居吳苑,時時過予。

又云:昔予遊長安,堂上列書六七千冊,宗伯間日必來,來則遍繙架上,遇所乏,恒借抄寫,如是數四。余私喜,異日遂借宗伯書也。嘗請曰:"先生必有路振九國志,劉恕十國紀年,南歸幸告借。"宗伯許諾。

曹溶(1613—1685),字秋岳,號倦圃。嘉興人。崇禎十年(1637)進士。後降清,官至廣東布政使。家富藏書,又工詩文,有靜惕堂集。

李魯生示董其昌所寫康義先生傳,爲作題跋。

此文見上海博物館藏行書李康義傳。文曰:"霑益李公以壹行著齊、魯間,其歿也,衆君子私諡曰康義,雲間董宗伯爲立康義先生傳。……康義之子京兆公出宗伯手書傳文見示,而余書其後如此。歲在丙戌,虞山錢謙益書於花市之桂邸。"

京兆公即李魯生,字尊尼,號雲許。霑化人。萬曆四十一年(1613)進士。官兵科給事中。因座主魏廣微通於忠賢，是魏黨十孩兒之一，聲名狼藉不堪。崇禎時，以魏黨罷免。入清，官順天府尹。康義先生即其父反觀，字守詹，別號二峰居士。

于南城廢殿得古本列女傳（有學集卷四十七跋列女傳）、元微之集殘本（牧齋外集卷二十五題鈔本元微之集後），在京師搜集珍本書籍甚多。

跋列女傳云："余藏列女傳古本有二，一得于吳門老儒錢功甫，一則亂後入燕，得于南城廢殿中，皆僅免于劫灰。此則內殿本也。"按：天祿琳瑯書目卷二錄有此跋，署"壬辰孟冬"。

錢曾讀書敏求記卷二：古列女傳七卷續列女傳一卷，牧翁亂後入燕，得于南城廢殿。

題鈔本元微之集後云："亂後，余在燕都，于城南廢殿，得元集殘本，向所闕誤，一一完好。

牧齋外集卷二十五題毛黼季所藏定武蘭亭："長安兵火後，有豎子插稻艸為標，持宋刻蘭亭三十餘紙求售，胡井研以三十錢易之，乃游丞相家經進本也。余攫得四紙，裝潢攜歸，燼于絳雲之火。聞其存者，亦散落無幾矣。"大概亦在此時。胡井研，即胡世安，見下。

周亮工因樹屋書影卷一："虞山先生嘗為予言：丙戌年在都門，于灰爐中檢出宋刻唐詩數冊，乃宋人趙氏所彙集，分門別類，無體不備。自序言其家藏唐人詩集千家，彙成此書。計全書可五百餘冊，虞山所得不過天文等一二類。中多未見詩。如薛濤，世但傳其絕句耳，此中載薛濤律詩甚多,他可類推。其書是明仁宗東宮所閱,上有監國之寶。後先生絳雲樓災,並此數册,亦不可得見矣。"

在京賞鑒收羅文物,與王鐸頗有往來。

擬山園選集卷三十八五絃少司空褚臨蘭亭墨蹟:"山東五絃李君得善書蘭亭,紙故墨勞,似數百年物……超定武刻汴中本而上之。時虞山錢牧齋在席,亦極驚賞。"又同卷跋戲魚堂帖:"虞山錢牧齋示予戲魚堂帖一册,予驚異之。"同卷跋聖教序:"牧齋賞此,豈淺之乎?……甲申乙酉,乾傷坤毁,文獻寥寥,而兹册獨善,無凋損,何耶?天下物有幸不幸,所從來久矣,予題爲第一聖教序。它日至拂水山房間,猶能作賦詠之。"

在京尋崔子忠所在,竟以窮餓死。

列朝詩集丁十崔秀才子忠:"丙戌入燕,訪問道母所在,或曰道母尚在,或曰亡矣。已而知道母亂後依友人以居,家人尚數口,友人力不能供,而未忍言也。道母微知之,固辭而去,竟窮餓以死。"

六月,作觀管夫人畫竹并書松雪公修竹賦敬題短歌(有學集卷一)。

有學集箋註本題"丙戌六月,書於燕山桂邸行館"。

六月,錢塘不守,魯王逃亡海中。

六月二十六日,文震孟子文乘以起義被殺,年二十九。

文乘(1618—1646),字應符。長洲人。震孟次子。廩膳生。能詩,善屬文。以密結太湖義師,被執殉節。

錢牧齋先生尺牘卷一與許青嶼:"文應符英年殉義,不獨爲文起肖子,實吾輩畏友也。一棺蕭然,未歸坏土。二子孤窮,皆能自立。而次郎建威,尤爲貧困,賃外家敝屋半椽,不蔽風雨。今將謀葬應符,介恃翁兄高誼,生死肉骨,特來走謁。知翁兄必將側席涕洟,力爲經紀,不待弟爲之饒舌也。"

許之漸(1613—1701),字儀吉,號青嶼。武進人。順治十二年(1655)進士。官至江西道御史。文乘有二子,長子文烈,字建威,年三十餘卒;次子文熊(1638—1703),字建周。牧齋書中云次郎建威,誤。文乘下葬不知何時,附此。又瞿綬鈔本,以此書爲許霞城作,疑是。霞城,即華亭許譽卿。

作漢新城三老董公贊(有學集卷四十六)。

見金鶴沖錢牧齋先生年譜:"六月,先生即引疾歸,作漢新城三老董公贊。先生自毅皇帝殉國後,廢吟詠者二年餘矣。是年少有詩,名其集曰秋槐集,蓋取王維被拘菩提寺'秋槐葉落空宮裏'句,以王維自況也。"

六月二十六日,牧齋稱疾乞歸,清廷許之。

李光濤多爾衮徵女朝鮮史事伍論太后下嫁及多爾衮前後史實載内閣檔案有牧齋"哀懇天恩,俯容休致"揭貼,全文如下:内翰林秘書院學士禮部右侍郎錢謙益謹揭,爲微臣老病,萬分危苦,哀懇天恩,俯容休致回籍調理事。職隨營入覲,荷皇上暨皇叔父攝政王恩禮優崇,拔居内院,援以史局,朝夕入院編纂,恪恭厥職。不意三月中旬,頭暈反胃,舊症舉發,日增一日,不敢言病。五月十六日,看廷試卷,直房用飯,即時嘔吐,諸臣目擊駭歎,始歸私寓,告假服藥,尚未敢言病。六月初十日,强起盥洗,昏暈倒地,移時方甦。左手右足，麻木酸軟，經今又二十多日，手足轉覺沉滯，加以怔忡煩悶，晝夜不寐，夜嘔清水，日吐粥食，一切病症，有增無減。醫官黃子秀等稱，氣血並耗，補瀉兩難，歲計尚可遷延，驟治決難措手。職惟有奄奄一息，殘喘待盡，盼望首丘，零淚積枕而已。本月二十日，內院差滿漢官相視，見職伏枕委頓，皆相向歎息。職今年六十五歲，中科甲四十餘載，真老真衰，加以真病，聖朝鼎新，在位皆精明強幹，職何敢以老病殘生，僵臥私寓，耽妨史局。頃見聖慈廣被，李魯生、蔡奕琛，皆蒙恩放去，職年逼於魯生，又加以病，病深於奕琛，又加以老，不及今控告聖明，馴至風燭難延，輿尸狼狽，此時欲哀鳴乞恩，其可得乎？伏乞敕下內院，察職衰病真情，准職休致回籍調理，職生尚可策勵桑榆，死則有銜戴泉壤，職不勝激切待命之至。爲此，除具奏外，理合具揭，須至揭帖者。順治三年六月日。"揭帖封面有"順治三年六月二十六日到，本揭對同"字樣。

世祖章皇帝實錄卷二十六："（順治三年六月二十九日）甲辰，內翰林秘書院學士錢謙益乞回籍養病，許之，仍賜馳驛。"

六月二十八，張國維見事不可爲，赴水死，年五十二。

南還，贈別武安侯妓人冬哥，作四絕句（有學集卷一）。

鄧漢儀詩觀初集卷一錄其三、其四，評云："便是不尋常情語。""冬哥女俠，故虞山每每形之唱歎。"

梅村家藏藁卷十一臨淮老妓行："臨淮將軍擅開府，不關身強關歌舞。白骨何如棄戰場，青娥已自成灰土。老大猶存一妓師，柘枝記得開元譜。纔轉輕喉便淚流，尊前訴出漂零苦。妾是劉家舊主謳,冬兒小字唱梁州。翻新水調教桃葉,撥定鵾弦授莫愁。武安當日誇聲伎,秋娘絕藝傾時世。戚里迎歸金犢車,後來轉入臨淮第。……老婦今年頭總白,淒涼閱盡興亡跡。已見秋槐隕故宮,又看春草生南陌。依然絲管對東風,坐中尚識當時客。金谷田園化作塵,綠珠子弟更無人。楚州月落清江冷,長笛聲聲欲斷魂。"

談遷北游錄紀郵下:(乙未六月)庚辰,午過吳太史所。太史作臨淮老妓行,甫脫稿。云良鄉伎冬兒,善南謳,入外戚田都督弘遇家。弘遇卒,都督劉澤清購得之,爲教諸姬四十餘人,冬兒尤殊麗。甲申國變,澤清欲偵二王存否,冬兒請身往,易戎飾而北。至田氏,知二王不幸,還報澤清,因從鎮淮安。……澤清誅,下冬兒刑部獄。時尚書湯□□嘗飲劉氏,識之,以非劉氏家人,原平康也,得不坐,外嫁焉。

陳維崧婦人集:臨淮老妓某,戚畹府中淨持也,後爲東平侯女教師。甲申,京都失守,侯欲偵兩宮音息,而賊騎充斥,麾下將無一人肯行。妓奮然曰:"身給事戚畹邸中久,宜往。"遂易鞍鞳,持匕首,間關數千里,穿賊壘而還。

尤侗宮閨小名錄卷四:冬兒,劉東平歌姬,吳梅村作臨淮老妓行。

曹溶青衫濕田戚畹家姬東哥甲申後爲教師,遇之有感詞:"定場娘子霜棲鬢,先唱渭城花。重翻宮調,開元舊曲,知付誰家。　此身似燕,春巢畫棟,秋宿平沙。相如抽管,長門寫怨,輸與紅牙。"

田弘遇女秀英,爲崇禎貴妃,故牧齋借武安侯田蚡代稱之。

七月七夕，懷柳如是，作丙戌七夕有懷(有學集卷一)。

詩云："閣道垣牆總罷休，天街無路限旄頭。生憎銀漢偏如舊，橫放天河隔女牛。"此雖懷柳如是之作，對清廷頗有不滿。金鶴沖年譜云爲隆武而作，誤。

范鍇華笑廎雜筆卷一："余嘗見黃梨洲手批虞山詩殘本曰：牧翁丙戌七夕有懷，意中不過懷柳氏，而首二句寄意甚遠。茸城惜別詩，柳姬定情，爲牧老生平極得意事，纏縣吟詠，屢見于詩。姬歸于崇禎十三年庚辰之冬，距順治十三年丙申，十六年矣。"

初秋，與惠世揚、房可壯二人告別，作燕市別惠房二老(有學集卷一)。

"燕市別惠房二老"鈔本作"丙戌初秋燕市別惠房二老"，故繫此。

惠世揚，字抑我，號元儒。陝西延安人。萬曆三十二年(1604)進士。東林黨人。官刑部侍郎。三大案發，劾首輔方從哲十大罪，被貶還鄉。天啟五年(1625)，被閹黨逮捕入都，下刑部獄。崇禎御極，放歸。李自成在關中，致書世揚，拜右平章事。李自成敗，降清，官至左副都御史。順治四年(1647)八月，以年老致仕。

胡世安有詩送別。

秀巖集卷十六初秋送錢牧齋前輩予告還里："候雁桑乾憶舊汀，吟蟬梅里逆歸軿。論文春樹巡尊邈，紉佩秋蘭隔室馨。笈有右軍辭世帖，家藏柱史養生經。遠儀豈合鱸蓴老，振緒還朝照汗青。"

胡世安(1593—1663)，字處靜，號菊潭。四川井研人。

崇禎元年(1628)進士。累官詹事府少詹事。順治元年(1644)降清,授原官。改授翰林院侍讀,遷國史院學士、明史副總裁。擢禮部左侍郎、尚書,加太子太保。後因與陳之遴等結黨營私,革去太子太保,降三級任用。十五年,再任武英殿大學士,兼兵部尚書。康熙元年(1662),以疾乞歸,加少師兼太子太師致仕。著有大易則通、操縵錄、秀巖集等。

八月四日,錢謙貞卒。

馮班錢履之小傳:"兵興時,自撰其文,爲四編,鏤版行之。明年感疾,卒於丙舍,春秋五十有四,丙戌歲八月四日也。"

八月,汀州陷落,隆武帝被殺。

中秋,與柳如是、程魯瞻、程先貞父子集盧世㴶杜亭,柳如是作詩題壁,程、盧和詩至再。

程先貞海右陳人集卷下和錢牧齋先生柳姬題杜亭壁韻云:"秋色瀟瀟過井桐,蔡家仙吏到堂中。少年看取麻姑戲,漫擲丹砂送好風。"

盧世㴶尊水園集略卷四次我聞大士中秋題杜亭韻:"離離秋色到疎桐,屋老階荒月正中。一自真人題句後,長留墨氣度仙風。"再和我聞元韻:"青蓮秋色老梧桐,千古文章五字中。獨有河東能續古,豪端蘭雪灑清風。"杜亭中秋,我聞高唱,魯翁、正夫賡和至再,余主人也,不敢不勉:"采藥真君舊姓桐,相攜仙伴到亭中。比鄰詩客知消息,數幅魚牋送惠風。"

王苹二十四泉草堂集卷二養疾僧廬遣懷:"前輩風流說

杜亭,杜亭,盧侍御德水築,今歸吾師田公。高槐還是舊時青。深深屋老鴟夷氣,漠漠墻餘釵股形。紅袖裁詩臨妙墨,虞山河東君題詩亭中。白頭對酒上寒廳。謂虞山、德水。何當六十年來後,蕉雨松風兩月聽。"

有學集卷一金壇客座逢水樹故妓感嘆而作凡四絕句其三:"身輕渾欲出鵝籠,巾袖低徊光景中。還似他家舊樓館,吹簫解珮下屏風。"雖作於次年,可能亦是次韻之作。

柳如是詩未見。

牧齋又爲程先貞作海右陳人集序(海右陳人集卷端),**爲其家藏思陵石墨題詩。**

程先貞(1607—1673),字正夫,别號蒠庵。山東德州人。紹孫。正夫以祖蔭授工部營繕司員外郎。明亡杜門不出。與顧炎武交往頗多。

尊水園集略卷四正夫家藏思陵石墨,錢牧齋先生題詩其上,余次韻奉和:"石墨鐫華蘊寶香,虞山短詠動寒光。可憐雲漢成煙霧,淒斷銀鉤四十行。"牧齋詩未見。

又與盧世㴶論詩。

列朝詩集丁十鵝池生宋登春:"丙戌歲,余寓杜亭浹旬,與德水談詩甚快。德水曰:'公之論詩,謂當解駁形相,披露性情,何其言之似海翁也?'"海翁即宋登春號。

秋,錢孫愛中舉。

十月,瞿式耜與丁魁楚等人奉桂王監國肇慶。

十月十三日,錢裔肅去世,年五十八。

錢裔肅(1589—1646),字嗣美。常熟人。錢岱孫,時俊子,遵王父。萬曆四十三年(1615)舉人。好聚書,家多又牧齋南歸，方良年譜云"首次公共露面的時間不遲於十月上旬"，引侯岐曾日記爲證。檢得日記中相關事實如下：十月十一日"侯馴自城回，説諸宵人鼓煽之狀，惟以不動心應之。泓、瀞俱至，瀞久留，欲商虞山一路"；十三日"爲虞山之説，發俞兒迎黄封翁"；十七日"虞山一行，完初正覺遲疑，適管科自城來，説衙門人述虞山與署印方相接時，致囑侯、黄甚力，然則完初此行大不孟浪矣"；十一月初六"黄封翁歸，得虞山翁答札"；十一日"昨暮，新令名帖一通，與優恤告示同至，且必邀孤子一見。今晨，枕上呼汸，口授義扶、眉聲一札，求諸相知代爲陳謝。纔遣去，得子石吳門回報，知虞山公到處用情，但一呈不便手致。然其微意，亦謂守城殉節者籍，乃彼中畫一之法。此呈雖進，未必肯批行耳。子石札并送義扶看看，以便措辭。至子石札中道新令對虞山語及雍瞻，以爲平生誦讀其文云云，八股微名，尚掛邑官牙頰，亦可笑也"；十四日"姪以虞山書禮相商"；十五日"姪黎明赴江上，因欲以虞山書禮托子石郡行，故取道槎上"。大意是侯岐曾因爲家族抗清之事，託虞山在吳門四處活動，並與新令唐瑾進行交際。

十一月，唐王在廣州稱帝，改元紹武；桂王在肇慶即帝位，改元永曆。二人不能相容，互相攻殺。

題倪雲林畫。

嶽雪樓書畫録卷三載有牧齋爲倪雲林澹室詩圖卷所作題跋："剩水殘山且卜居，粗憐馬夏渡江餘。誰知簡遠高人意，一一豪端百卷書。昔人評趙令穰畫，謂欠五百卷書。若元季雲林得稱逸品,正由胸中古今,陶洗畫師俗氣耳。丙戌長至後七日,虞山蒙叟錢謙益題。"跋文又見式古堂書畫彙考。

考此詩乃董其昌容臺集卷四題倪迂畫二首其一,而文字略有不同。容臺集作:"剩水殘山好卜居,差憐阮體過江餘。誰知簡遠高人意,一一毫端百卷書。"據此,牧齋題跋似爲僞作。

冬,黃毓祺在江陰起義。

鹿樵紀聞卷上:"貢生黃毓祺者,好學有盛名,尤精釋氏學。與門人徐趨舉兵行塘,與城中相應。及城破,兩人逸去。丙戌冬,偵江陰無備,率壯士十四人襲之,不克。趨死,毓祺遁避江北。其子大湛、大洪被收。兄弟方爭死,而毓祺以敕印事發,逮繫江寧獄。"

小腆紀年附考卷十三:"明黃毓祺、徐趨襲江陰不克,趨死之。毓祺、趨之起兵行塘也,江陰破,乃亡命淮南,與其黨棲山中。是年冬,偵城中無備,率王春等十四人來襲,不克,十四人皆死。趨被獲……明年正月八日被殺。已而捕同謀者,毓祺既遠逸,乃收其二子大湛、大洪(紅),兄弟爭死。後輸入官,配功臣家,鄉人斂金贖之,教授弟子,學行不愧其父。毓祺於已丑三月,死於故敕之獄。"

冬,巡撫土國寶生日,作詩三首賀喜(牧齋外集卷一)。

孫雪屋文集賀江南土撫臺壽誕序:"二載以來,士頌於學,民歌於塗,屬吏賀於廷,相與抃手加額,祝公萬年觴也。……丙戌冬日撰。"牧齋詩亦云"爲報懸弧春正永""兩年節鉞惠吾吳",土國寶順治二年(1645)任巡撫,至本年前後二年,因繫此。

十二月,廣州陷,唐王被俘死之。桂王亦逃竄,次年正月至桂林。

本年,王夢鼎借鈔宋本華嚴經。

王夢鼎槐川堂留稿卷六生緣小記:"(丙戌)聞錢師母陳夫人家藏有宋板華嚴善本,請假以歸,專命家僮獨書全部。"

與柳如是居拙政園。

徐乾學憺園文集卷二十六蘇松常道新署記:"入國朝以來三十餘年,園凡數易主,而後今爲官署云。始虞山錢宗伯嘗構曲房其中,以娛所嬖河東君,而海寧相公繼之,門施行馬。海寧得禍入官,而駐防將軍以開幕府。禁旅既還,則有鎮將某某者迭館焉。亡何,而前備兵使者安公以爲治所,未暇有所改作,既而歸於永寧。凡前此數人居之者,皆仍拙政之舊。"

又棗林雜俎和集:"或題虎丘生公石上寄贈大宗伯錢牧齋盛京榮歸之作:'入雛紛紛意正濃,蕈鑪此日又相逢。黑頭已自羞江總,青史何曾用蔡邕。昔去幸寬沉白馬,今來應悔賣盧龍。最憐攀折庭邊柳,撩亂春風問阿儂。''錢公出處好胸襟,山斗才名天下聞。國破從新朝北闕,官高依舊老東林。'"

讀李玉傳奇。

一笠庵新編第七種傳奇眉山秀題詞:"往與海內賞音之士品定得失,謂伯龍、伯起諸子,已成隔世,而新聲間出,則玄玉氏占花魁、一捧雪諸劇,真足令人心折也。玄玉言詞滿天下,每一紙落,雞林好事者爭被管絃,如達夫、昌齡聲高當代,酒樓諸妓咸歌其詩。玄玉管花腸篆,標幟詞壇,而蘊奇不偶,每借韵人韵事譜之宮商,聊以抒其壘傀(塊)。丙戌歲,予寓郡城拙政園居,得盡讀其奚囊中秘義。即使延年協律,當亦賞其清柔;善顧周郎,無能摘其紕繆。"

李玉,字玄玉,號蘇門嘯侶。吳縣人。所居曰一笠庵。崇禎末,中鄉試副榜。明亡後絕意仕進。好奇學古,才調俊發,專力於傳奇、曲譜。吳偉業推許至高,云其傳奇"即當場之歌呼笑罵,以寓顯微闡幽之旨,忠孝節義,有美斯彰,無微不著",可與唐詩、宋詞同垂不朽。有傳奇一捧雪、人獸關、永團圓、占花魁等。

清順治四年丁亥(1647)　明永曆元年
六十六歲

曹溶革職南歸,時寓閶門,向牧齋借九國志、十國紀年二書,牧齋不與。

曹溶絳雲樓書目題詞:予以後進事宗伯,而宗伯相待絕歎曲。丙戌同客長安,丁亥、戊子同僦居吳苑,時時過予。每及一書,能言舊刻若何,新板若何,中間差別幾處,驗之纖悉不爽。蓋于書無不讀,去他人徒好書束高閣者遠甚。

又云:昔予遊長安,堂上列書六七千冊,宗伯間日必來,來則遍繙架上,遇所乏,恒借抄寫,如是數四。余私喜,異日遂借宗伯書也。嘗請曰:"先生必有路振九國志、劉恕十國紀年,南歸幸告借。"宗伯許諾。丁亥,余挈家寓閶門,宗伯先在拙政園,相見首及二書,疾應曰:"我家無此書,曩者言妄耳!"余以先輩之言,誠不敢再請。嗣後吊其災,坐久,忽自歎曰："我有惜書癖,畏因借展轉失之,子曾欲得九國志、十國紀年,我實有之,不以借子,今此書永絕矣!使鈔本在,余可還抄也。"余不樂而退。

傳柳如是海上犒師。

祝純嘏孤忠後錄:"順治四年丁亥,黃毓祺起兵海上,謀復常州。正月,毓祺糾合師徒,自舟山出發。常熟錢謙益命其妻豔妓柳如是至海上犒師。適颶風大作,海艘多飄没,毓祺溺于海,賴勇士石政負之,始得登岸。"此說不可信。據前說,此時毓祺早已亡命。

春,與嚴熊虎山橋訪馬湘蘭墓。

嚴熊嚴白雲詩集卷七和馮定遠弔馬湘蘭墓四絕句其三:"舊院風流付劫塵,河房丁叟是陳人。虎山橋畔青青塚,杖策來尋又廿春。丁叟,繼之。丁亥春,曾同牧公訪湘蘭墓,回首已二十餘年矣。"題下自注:"墓在虎山橋,或云在金陵。"

本年常熟五人中進士:錢祖壽、錢朝鼎、錢裔儻、翁長庸、曾振甲。

長庸(1616—1683),字玉子,號山愚,一號子虛。萬春子。授户部主事,権蕪湖關。官至河南參政。爲人清廉慈愛,有翁佛子之號。

二月,胡珍任常熟典史。

上海工美拍賣有限公司有蒙叟所書鏡心,題詩贈胡玉鉉父母希政:"二澌推君第一流,卻來丸邑試吳鈎。滿城花柳陽春色,兩袖清風冰玉修。高才不讓張仙尉,戮力堪追祖豫州。虞山蒼蒼水森森,甘棠奕葉頌千秋。"此人疑即胡珍。康熙重修常熟縣志卷十五宦蹟:"胡珍,浙江蘭谿人。任典史,董濬運河有功,至十一年陞福建泉州府照磨。"

三月晦日,被清廷逮捕,柳如是扶病相從。

有學集卷一和東坡西臺詩六首小序:"丁亥歲三月晦日,晨興禮佛,忽被急徵,銀鐺拖曳,命在漏刻。河東夫人沉痾臥蓐,蹶然而起,冒死從行,誓上書代死,否則從死。慷慨首塗,無剌剌可憐之語。余亦賴以自壯焉。獄急時,次東坡御史臺寄妻詩,以當訣別。獄中遏絶紙筆,臨風闇誦,飲泣而已。生還之後,尋繹遺忘,尚存六章。值君三十設帨之辰,長筵初啟,引滿放歌,以博如皋之一笑,並以傳眎同聲,求屬和焉。"

牧齋爲何被逮,顧苓東澗遺老錢公别傳云:"五月初十辛卯夜,上出狩。北軍挾之去,以前資浮沉數月,自免歸。送公歸者,起兵山東,被獲,因得公手書,并逮公。銀鐺三匝,至北乃解歸。"

又鄧之誠清詩紀事初編卷三:"三年正月,授秘書院學士兼禮部侍郎、明史副總裁。六月,以疾歸。是時法令嚴,朝官無敢謁假者,謙益竟馳驛回籍。歸遂牽連淄川謝陞案,銀鐺北上,傳言行賄三十萬金得幸免。賄雖無徵,後來謙益與人書,屢言匱乏,貧富先後頓異,未爲無因矣。"陳寅恪柳如是别傳則云"謝陞"乃"謝陛"之誤,耳食者遂以爲定論。然考謝陞生平,其與盧世㴶舉兵所討者,乃大順防禦使閻杰、德州知府吴徵文。清兵至,二人即歸附,盧氏拜原官,以病不行,卒於家;謝氏從此隱居,優遊里閈垂十年,何來反清之説?

又田雯古歡堂集銘表卷二謝公墓誌銘:"公姓謝氏,諱陛,字紫宸,號丹楓。……知州某,徵文甥也。誅徵文時,匿僧舍免。後成進士,來知州事,思得公而甘心焉,誣以私藏兵器,叱曰:'女喜殺官乎?'曰:'誅賊耳,長者在前,叱何爲也?'徑拂袖去,卒無以害。"未聞有下獄事。然陳氏卻説:"謝氏既被誣以私藏兵器,但不久事白,則牧齋之得免禍,亦事理所當然,而顧云美所謂送公歸者,乃指盧氏,抑又可知矣。"何齡修又據陳氏之説加以推衍,言某即知州李大升。大升,字木生。山西猗氏縣人。順治三年(1646)進士。四年十一月前離任,調壽寧知州(壽寧志作十年任)。此皆猜想之詞,並無確證。考德州志及當時詩文,亦未見興有大獄。如謝陛銀鐺下獄,田雯豈能無一語及此?謝陛主事者,如不下獄,又豈能逮牧齋下獄?于理皆不可通。況謝氏諸人世住德州,亦非淄川人。當時山東舉兵者甚多,考世祖實錄,三年十一月,清軍就進剿山東土寇一萬六千有奇,俘獲無算;十二月,謝遷又攻陷高苑,次年又拿下淄川。既不能坐實,不如闕疑。

　　史料叢刻初編洪文襄公呈報吳勝兆叛案揭帖:"順治四年三月内有戴之俊前向勝兆嚇稱,蘇州拿了錢謙益,説他謀反。"

　　又侯岐曾日記四月初四云:"大鴻黎明入城,兼銜予命,訂弦老即日入塔。先是,龔雲乘同徐朝宗於朔日過惠莊,雲乘云曾走吳門,懇實沈之豐於虞牧。虞牧高居不見,但令蒼頭傳命云:'如有言,何不托侯某言之?'予於是知虞牧之劊之無所辭也。至是雲乘專使相促,若不能少待者。而日來聞虞牧忽掛清朝吏議,方在逮間,予囑雲乘察其實虛,舉筆未晚。"初八日又云："聞虞牧果被清國急徵,而莫識所從來。札告雲乘,以明我之非食言。""虞牧"不知何指,方良年譜以爲即"虞山牧齋"。

柳如是隨同北上,至真定,寓居梁氏雕橋莊,備受禮遇。

有學集卷二十九梁母吳太夫人九十序："丁亥之歲,余坐飲章急徵,婦河東氏匍匐從行。獄急,寄帑于梁氏。太夫人命慎可卜雕陵莊以居。慎可杜夫人酒脯粔妝,勞問絡繹。太夫人戒車出饗,先期使姆致命,請以姑姊妹之禮見。賓三辭,不得命。翌日,太夫人盛服將事,正席執爵,再拜,杜夫人以下皆拜,賓答拜踐席。杜夫人以下以次拜太夫人,介婦以降,復以次拜,乃就位。凡進食進饎,賓執食興辭,然後坐,沃洗卒觶,禮如初。太夫人八十高矣,自初筵逮執燭,強力無怠容。少宰諸夫人,跋踖相杜夫人,執事無儳言、無偕立,貫魚舒雁,肅拜而後退。余聞婦言,奉手拱立,惜未得身爲煇胞,于是乎觀禮焉。"

吳夫人(1568—?)爲梁夢龍幼子志婦,維樞之母。

按:世傳此時有柳如是致牧齋書一封:"古來才人佳婦,兒女英雄,遇合甚奇,終始不易。……自悲淪落,墮入平康,每當花晨月夕,侑酒徵歌之時,亦不鮮少年郎君,風流學士,綢繆繾綣,無盡無休。但事過情移,便如夢幻泡影,故覺味同嚼蠟,情似春蠶。……自從相公辱臨寒家,一見傾心,密談盡夕。此夕恩情美滿,盟誓如山,爲有生以來所未有,遂又覺入世尚有此生歡樂。復蒙揮霍萬金,始得委身,服伺朝夕。春宵苦短,冬日正長,冰雪情堅,芙蓉帳暖,海棠睡足,松柏耐寒。此中情事,十年如一日。不意河山變遷,家國多難,相公勤勞國家,日不暇給。奔走北上,跋涉風霜,從此分手,妾以爲相公富貴已足,功業已高,正好偕隱林泉,以娱晚景……"此書與柳如是、牧齋生平不合,牧齋未曾"辱臨寒家",且自崇禎十三年(1640)冬兩人虞山相見算起,十年一日,爲順治八年(1651),而牧齋自本年(1647)被逮以後,再未北上,二人亦未曾分開。

五月一日,楊廷樞因門生吴勝兆起義牽連被殺。

五月,陳子龍被捕。十四日,在押送途中跳水死。

入獄後,與二僕桔桲者四十日。夏六月,釋放南歸。

爲房可壯題畫,作丁亥夏爲清河公題海客釣鰲圖四首(有學集卷一)。

　　清和即房氏郡望。或曰釣鰲指房可壯策反王鰲永,此亦牽强附會之言。王鰲永巡撫山東在順治元年(1644),該年十月,即被李自成部趙應元斬殺。

初伏日,再别惠世揚,作兩絶句(有學集卷一)。

　　鈔本題作"丁亥夏初伏日别惠老兩絶句",故繫此。本年六月二十一庚寅初伏。

六月,出獄後七日,題沈石田瓊林玉巘卷。

　　見吴越所見書畫録卷三。

六月,嘉定潘應鯉卒,年七十二(有學集卷三十六潘文學墓誌銘)。

　　潘應鯉(1576—1647),字汝躍。與徐允禄最善。徐死,爲經紀其喪。

六月臨行,王鐸亦贈之以詩。

王鐸擬山園選集七言律卷六丁亥六月贈牧齋(原四首,刪第二首,存三首):

說得吳淞撥棹行,胡爲甃甓舊燕京。山中明月床頭好,天上浮雲海外生。身退何勞八百詠,書成不羨五侯鯖。他時光福還同夢,風卷寒潮夜夜聲。

荷花對酒醉休辭,常熟錢公安所之。滿眼風塵交甚少,何人天地遇偏奇。未歸骯髒燕歌切,漸老英雄楚調悲。孤棹不禁蓬島意,蚊門龍窟霧垂垂。

拂水房前舊屋存,青天蘭芷洗朝暾。回頭恍惚生前事,墮淚殷勤夢裏言。雁蕩霞標收越徼,洞庭山翠近吳門。今時亦有赤松子,世外沖虛煉魄魂。

八月,周永年病卒(有學集卷三十五周安期墓誌銘)。

八月,柳如是三十初度,尋繹獄中和東坡西臺詩,尚存六章,以詩爲贈,並示諸人索和(有學集卷一)。

牧齋詩有"三人貫索語酸凄,主犯災星僕運低""六月霜凝倍懵淒,骨消皮削首頻低"等語。康熙二年(1663)冬,牧齋作病榻消寒雜詠四十六首,第十六首即記此事:"氈毳重圍四浹旬,奴囚并命付灰塵。三人縲索同三木,六足鈎牽有六身。伏鼠盤頭遺宿溺,饑蠅攢口嘬餘津。頻年風雨雞鳴候,循省顛毛荷鬼神。"錢曾注云:"丁亥歲,公偕二童囚繫北獄,鉗鎖甚緊。童鄧國用默誦觀世音菩薩名號六七晝夜,鎖杻拉然有聲。忽伸一臂出械外,似有人解之者。公嘆異不敢言。未幾,遂得釋。"

詩中稱柳如是爲妻,頗招人不滿。王應奎柳南隨筆卷一:"某宗伯于丁亥歲以事被急徵,河東夫人實從,公子孫愛年少，莫展一籌，瑟縮而已。翁于北京（金陵）獄中，和東坡御史臺寄弟詩，有'慟哭臨江無孝子，徒行赴難有賢妻'之句，蓋紀實也。孫愛見此詩，恐爲人口實，百計託翁所知，請改'孝子'二字。今本刻'壯子'，實係更定云。"又云："夫寄弟詩也，而謬曰寄妻，東坡集具在，不可證乎？其伊原配陳夫人此時尚無恙也，而竟以河東君爲妻。竝后四敵，古人所戒。即此一端，其不惜行檢可知也。"

同卷又云："陳玉齊字在之。邑諸生。少時，以'十里青山半在城'之句受知於錢牧翁。福藩南渡，起牧翁爲大宗伯。在之投詩，又有'千年王氣歸新主，十里青山憶謝公'之句，牧翁亦最賞之。相國蔣文肅公懷在之詩云'一生知遇託青山'，蓋謂此也。又在之和牧翁獄中詩，有'心驚洛下傳書犬，望斷函關放客雞'之句，亦爲牧翁所稱。"玉齊有情味集五卷存世，上述詩皆未見。

趙士春保閒堂續集卷四讀錢牧齋有學詩集其五小序："柳氏，華亭娼家，其在錢也，穢惡特甚。集中被徵下獄，效顰東坡牛衣老妻之語，至所集楞嚴箋解，序例中亦及柳氏，唐突人天，可謂無忌憚者矣。"詩云："不學柳州工作傳，卻同坡老漫呼妻。最憐攙入旁行冊，賢首一宗落污泥。"

葉紹袁啟禎紀事錄卷七："錢牧齋有妾柳氏，寵嬖非常，人意或以顏貌，或以技能擅長耳。乃丁亥牧老被逮，柳氏即束裝挈重賄北上。先入燕京，行賄於權要，曲爲斡旋。然後錢老徐到，竟得釋放，生還里門。始知此婦人有才智，故緩急有賴，庶幾女流之俠，又不當以閨閫細謹律之矣。"

道源寄巢詩卷下和牧翁次東坡韻之三首：野戍鳴笳聲

韻悽,四垂星月舉頭低。烏鳶往往欺靈鳳,芥蛂紛紛出鬭雞。軹里曾聞聶政姊,如皐休說賈君妻。薊門南望家何在,忍聽狐啼日又西。

甲騎紛紛觸目悽,前途夷險歷高低。爲祥未見朝阿鳳,倚勢徒矜立樹雞。舉案幸隨梁氏婦,廻文何數竇滔妻。一生去取存詩史,箋注人人重瀼西。

昔別親朋意慘悽,征途回望海雲低。風烟驛館宵聞柝,桑柘人家聽午雞。靈岫不如參柏子,孤山猶自念梅妻。歸來重理名山業,兩漢文章只重西。

徐波天池落木菴存詩和錢牧翁用東坡獄中韻贈從逮柳夫人:漸塗淋雨夏含悽,欲問高天天肯低?合殿獨當扳檻欸,非時誰唱出關雞。張羅並及忘機叟,全局今憑畫紙妻。樂府朝來須換調,曲中愁聽燕飛西。

九月十七日,夏完淳因起義被殺于南京,年僅十七歲。深秋方到家。

見真定梁氏直譽集牧齋給梁維樞書信,詳見下年。

孫永祚作壽河東君三十序。

見孫雪屋文集,文曰:"今歲居雙魚,月當作噩,年已登三,德惟從一。某等喜宗伯之完名,感夫人之亮節,一觴爲壽,三祝有嘉。"

秋,孫永祚五十,贈詩二首(牧齋外集卷一)。

秋,延牧雲通門入主破山,通門有致虞山各護法、致錢牧齋宗伯、致嚴子張兵部諸信。

通門嬾齋別集卷四致錢牧齋宗伯:"甲申趨侍,四載于茲。丈室雖退,懷思則邁。……竊惟某望法實未之見,懷鄉敢即歸來。過辱獎提,已覺慚惶無地;使居方丈,是宜戰栗兼并。未發大心,猥承嚴命。第以名山發跡,亦此生莫大因緣;迷徑逢師,乃末世不多遭遇。脫俗網,幸即獲五夏巾瓶之侍;于山門,理宜執一番灑掃之勤。"

同卷致嚴子張兵部:"重陽前四日,興福鶴師至,展大翰,述廿餘年前事,不覺憮然。"

同卷謝錢牧齋宗伯:"某啟,憶自丁亥秋過辱台翰,主破山一席於茲三年矣。"則通門主持破山在丁亥重陽後。

澹翁傳餘:"(丁亥)冬回里,住破山興福寺,法化特隆,舉邑傾信。"注云:"錢宗伯牧翁啟云:唯此方丈之一席,必須卓犖之偉人。矧五山之宗主,合四衆以翹勤。"

冬,至金壇,逢陸孟珠,作金壇客座逢水榭故妓感嘆而作凡四絕句,又作籠鵝曲四首示水榭舊賓客(有學集卷一)。

有學集各本皆無陸孟珠之名,徐釚本事詩題作"戲贈陸姬孟珠"。

鄧漢儀詩觀初集卷一錄其一,評云:"見歌場舊人,便形感歎,此是唐人遺意。"

又陳維崧婦人集云:"陸姬孟珠,或曰嵺城大家女也。曾爲侯門寵伎。侯裁于法,姬邑邑不得志,流落江湖間,凄然擁髻,有東京夢華想。製詩一卷,自名紅衲道人。"並引牧齋詩二首云云。

眾香詞書集四十八:"陸幽光,字孟珠,又字蛾壑,吳縣銓部某女也。天資穎異,讀書過目成誦。初奔于義興,值義興敗,陸遂轉徙江湖,時向酒間花下爲人賦詩。後陷圖圄,又入侯門,又鄰北里,又入空門。總之踪跡怪異,所至人輒嬰禍,洶亡國之妖也。然每述半閒堂裏事,天寶舊人,聞者往往嘆息。廣陵詩社,集多佳句,忽忽散去,止得二詞。非侈紅粧筆墨之麗,實深青衫涕淚之情。"詩觀初集小傳略同。

王端淑名媛詩緯卷二十三陸孟珠酬牧齋宗伯:十五吹簫暈粉腮,舞衫一半已蒙灰。聞郎爛醉燕支館,可踏青青塚上來。

名園莫訝墜樓稀,鸚鵡無情恨是非。爲問永豐坊畔柳,雕簷春色傍誰飛?

來燕何須笑去鴻,低幨殘月寶釵鬆。儂家夫婿助歌舞,曾嘆西陵繐帳風。

綽約娥媌花釁眉,冰綃不耐曉風吹。縱然闌入青樓去,還似徐陵入塞時。

小傳:"陸孟珠,字燕燕,又字綠珠,蘇州人。"與婦人集、衆香詞所記,似非一人。王端淑名媛詩緯經牧齋過目,較可信,見順治十八年(1661)條。

冬,在金壇訪于鑾,搜羅其兄鑒之遺稿,相對泫然。又得王鏳詩稿讀之。

于鑾(1595—?),字御君。能詩,與兄昭遠俱從牧齋遊,頗爲所賞。屢因場屋,康熙十三年(1674)尚在世,年已八十。

列朝詩集小傳丁十三下于秀才鑒之:"丁亥冬,訪昭遠遺詩,與御君復理前語,相顧泫然者久之。"

列朝詩集小傳丁十四王遺民鏳:"丁亥冬,過金壇,得其詩於御君,篝燈疾讀,俯仰太息。當吾世有叔聞,而不能知,且叔聞或知余,而余不知叔聞,余之陋則已甚矣。"

王鐺(1579—1647),字叔聞。金壇人。王詩乾隆刻本,版權頁題"虞山錢牧齋原選"。

冬,謝三賓因事入獄,牧齋寄示東坡西臺詩韻詩,謝氏亦和四首。

一笑堂詩集卷三丁亥冬,被誣在獄,時錢座師亦自刑部回,以四詩寄示,率爾和之:陰風颯颯雨淒淒,誰道天高聽果低。漁獵誰堪官似虎,桁楊易縛肋如雞。已無收骨文山子,尚有崩城杞子妻。所仗平生忠信在,任教巧舌易東西。

犴狴城深白日淒,肯從獄吏放頭低。任渠市上言成虎,已付甍中命如雞。辨謗雖存張子舌,賂官難驚老萊妻。不知孤寡今何在,定是分飛東與西。

歲行盡矣氣方淒,衰齒無多日已低。嘹嚦夢中聞過雁,悲涼舊事聽荒雞。囹圄不入慘蕭傅,縲紲無辜愧冶妻。久矣吾生欠一死,不須題墓作征西。

貪夫威福過霜淒,素可爲蒼高作低。已苦籠人如縛虎,仍聞席卷不留雞。網羅並及傷兄弟,顛沛無端累妾妻。知有上天無待訴,種松也有向東西。

清順治五年戊子(1648)　明永曆二年
六十七歲

發春,遣使至真定梁氏致謝。

真定梁氏直譽集卷十有牧齋給梁維樞書信一通,文云:"寶石開車,邸成分宅,古人高誼,不謂再見于今日。載德而南,幸返鄉曲。吳中賢士大夫無不拱手嘆頌,比高于恒岳,而擬深于滹水也。深秋抵家,旋復卒歲。獻歲發春,始能走一介代叩首九頓於堂下。道塗艱阻,不能將毫毛之敬,徒有寸心用爲旌佩耳。陸放翁二集已囑盧公祖覓寄,想已先達鄴架矣。賤體衰殘,日甚一日,惟有補綴殘書,養生送日,想知己所樂聞者。信筆草次,馳企之私,百不盡一。賢嗣、令姪,深荷盛雅,并祈叱名。"

春,錢龍惕侍候吳門,牧齋勉勵其作義山詩注。

　　錢龍惕玉溪生詩箋序:"今年春,侍家叔太保公於吳門,謂余曰:'子何不注釋之以貽學者?'余以學問淺陋,兼之家無藏書,難以援據,謝不敢當。歸而訪石林源上人於高林庵。見其取李集一編,隨事夾注其下,旁行逼仄,蚓行蚊脚,幾不可辨。迫而讀之,乃知徵引極博,搜羅甚苦,經史諸書,紛然雜陳於左右,而功猶未及半。余扣之曰:'師亦知某詩爲某人,某詩爲某事乎?'源公曰:'尚未悉也。'余謂:'古人讀其書,論其世,即如注陶淵明、杜子美之詩,必先立年譜,然後其遊歷出處、感時論事,皆可考據。師欲注義山,當先事此。'源公謙退,屢以見問。因取新舊唐書並諸家文集、小説有關李詩者,或人或事,隨題箋釋於下,疑而無考者闕焉。得上中下三卷,以復石林長老。至於全詩之注解,有源公之博識可以任之,非余所敢及也。他日書成,附此於後,可以不朽矣。戊子仲夏望日,鱸鄉漁父錢龍惕上。"

　　錢龍惕大充集卷下朱注李義山詩集序:憶數年之前,家叔太保公寓居臨頓里,嘗語余曰:"義山詩讀者多不解,子何不注釋之以貽學者?"余辭以學問淺陋,家無藏書而止。歸而訪源上人于破山,見其攤書塚筆,方注義山,頗以未諳其詩旨爲言。余因繙舊、新二書及諸家雜説,凡關涉是詩者,箋以復之,源公遂因以成編,甫削稿而下世。

　　錢龍惕(1610—?),字子健,一字夕公。牧齋族侄。著有大充集。

　　按:錢龍惕箋注初稿僅費時數月,但此後又修改多年。有學集卷十八石林注李義山詩集序云:"石林長老源公,禪誦之餘,博涉外典,苦愛李義山詩,以其使事奧博,屬辭瑰譎,捃摭群籍,疏通詮釋。吾家夕公,又通考新、舊書,尚論時事,推見其作爲之指意,累年削稿,出以際余。"

金壇虞憲使大復行年七十,作賜蘭堂壽宴詩四首上壽(有學集卷二)。

　　詩小序云:"金壇虞憲使來,初與余同舉丙午,少壯論交,忽焉七十。呴濡相存,哀榮無間。于其初度之日,爲長句以稱壽焉。"

　　有學集卷四十一祭虞來初文:"憶張燈之高宴,在戊子之好春。張水嬉而卜夜,奮絲肉以雜陳。移璧月以入座,浸繁星于水濱。然火城而不夜,爛花樹其如銀。遲賓明而畢燕,感榮落乎兹晨。執兄手而三嘆,信爽鳩之樂頻。覩參横兮月落,識廻向于空門。"有學集卷二繫年在順治七年(1650)庚寅春,似誤。

仲春,李生還長干,作吳門春仲送李生還長干詩(有學集卷一)。

　　李生何人,尚待考。

訪拈花寺項目禪師,贈詩一首(有學集卷一)。

　　項目禪人即弘徹(1588—1648),字幻空,號項目。金陵人,俗姓柏。初從朗泉薙染,受具足戒於常熟三峰清涼寺。

崇禎三年(1630)主席三峰,四年開法蘇城瑞光寺。又建拈花寺於穹窿山。順治五年(1648)九月示寂,塔在拈花寺右,江陰張有譽撰塔銘,蔡德懋爲像贊。

三月,題二葉子詩(牧齋外集卷二十五)。

二葉子,即葉奕子葉修、葉裕(1636—1659)。修字祖德。奕長子。善詩工書。裕字祖仁。奕次子。右手駢指,自稱枝指生。性穎悟,有神童之稱。詩風情輕麗,矩規唐賢。以後母故,失愛於父,竟鬱鬱以死。

又牧齋外集卷五葉兩生詩藁序云:"余以老病,息交絶學。震澤葉林宗使其二子强而受學焉。……于時冬也,以冬令告焉。"序不知作於何時,附此。

七十二峯足徵集卷六十四葉修條云:"與弟祖仁守其家學,迭爲酬倡,有謝庭風致,名其集曰華萼集。"則牧齋所序,即華萼集也。

四月,因黃毓祺反清事牽連,被清廷再次逮訊,自往金陵辯訴。

世祖章皇帝實錄卷三十八:(順治五年四月二十六日)辛卯,鳳陽巡撫陳之龍奏,自金逆之叛,沿海一帶與舟山之寇止隔一水,故密差中軍各將稽察姦細。擒到僞總督黃毓祺,并家人袁五。搜獲銅鑄僞關防一顆,反詩一本。供出江北窩黨薛繼周等。江南王覺生、錢謙益、許念元等見在密咨拏緝。疏入得旨,黃毓祺著正法,其江北窩賊薛繼周等,江南逆賊王覺生、錢謙益、許念元等,著馬國柱嚴飭該管官訪拏,袁五着一併究擬。

清史列傳卷七十九錢謙益傳:"五年四月,鳳陽巡撫陳之龍擒江陰人黃毓祺於通州法寶寺，搜出僞總督印及悖逆詩詞，以謙益曾留黃毓祺宿其家，且許助資招兵。入奏，詔總督馬國柱逮訊。謙益至江寧訴辯：'前此供職内院，邀沐恩榮，圖報不遑。況年已七十，奄奄餘息，動履藉人扶掖，豈有他念？'哀籲問官，乞開脱。會首告從逆之盛名儒逃匿不赴質，毓祺病死獄中，乃以謙益與毓祺素不相識定讞。馬國柱因疏言：'謙益以内院大臣歸老山林，子姪三人新列科目，榮幸已極，必不喪心負恩。'于是得釋歸。"牧齋與黃毓祺素不相識，此乃托詞，見前黃毓祺各條。

顧苓東澗遺老錢公別傳："戊子五月，爲人牽引，有江寧之逮。頌繋逾年，復解。"

趙士春昨夢録："四月，余與四弟俱以僧一安招詞波及提解，費三百金，幸免下獄。在郡寓看守日，與掾曹爲伍。時錢牧齋亦以别案提問，誤疑及余。其門下淫棍顧茂志潛往如皋，砌趙探花三字于盗案中，淮差賫文到縣。"

茂志，字以寧。諸生。後虞書："魏知縣下諸生顧茂志於獄，撻之死。志爲錢牧齋表姪，掌家政，卒致禍。"魏知縣即魏允升，順治十三年(1656)任，次年即被參去。

閏四月朔，作戒幢法院募鑄雙銅塔疏(牧齋外集卷二十一)。

百城烟水卷三："戒幢律院，在冶坊浜東，舊爲徐太僕西園，子工部溶捨爲復古歸原寺。崇禎八年，延報國茂林衹律師開山，改今名。"崇禎八年(1635)後閏四月者，僅崇禎十年、順治五年。牧齋文中有"震旦國中，五濁惡世，雜穢充徧，名臭世界"，應在本年。

五月廿七日,仍在吳門,跋鈔本元微之集(牧齋外集卷二十五)。

篇末署:"著雍困敦之歲皋月廿七日,東吳蒙叟識於臨頓里之寓所。"

陳名夏有書來論文。

陳名夏石雲居文集卷十五寄錢牧齋先生:"聞流言困折長者,至于就訊江寧,同朝知契,莫不爲老先生危之。有語夏者,夏獨謂先生文章規模,原本不讓遵巖、荆川、震川三先生,必能履尾不咥,蹈阱不陷。況兩朝老成,暮歲優游田間,當愛之重之,何至以不根之謗,使從吏議耶?頃接手示,勤切逾分,更悉當事深熖前誣,然夏實從尊集知之,不待後來欣慰矣。承教選定諸家古文集,更善震川先生之後學者,爭趨詭俊,後來漸染偶麗,抄襲四六,自擬古體,豈特悖謬震川?即王、李諸公,亦不以爲知己。……夏于近日文章家,獨心服先生,爲震川先生以後一人。……吳中朱雲子風雅閎博,罕得倫等,若明詩平論之選,大非詩家所宜有,竟陵惡習,滿紙可厭。如夏少作甚可笑,亦半入集中,何也?……先生論文之暇,嘗併正之,令即下第,不必鬱鬱,年富力強,于古文何難?更勉其勿爲時說所惑,寢食誦讀八家之書,古今文同一氣格,更無他道也。"

秋冬之間,羈囚金陵,日與林古度、盛斯唐、何煜諸人相唱和,唱和之作有次韻林茂之戊子中秋白門寓舍待月之作、次韻茂之戊子秋重晤有感之作、再次茂之他字韻、見盛集陶次他字韻詩重和五首、和盛集陶落葉詩二首、次韻答皖城盛集陶見贈二首,盛與林茂之鄰居,皆有目疾,故次首戲之、歲晚過茂之,見架上殘帙有感,再次申字韻、有喜三次申字韻示茂之、四次韻贈茂之、次韻那子偶成之作(有學集卷一),又觀林古度父林章畫像,爲作絕句二首(有學集卷一觀閩中林初文孝廉畫像,讀徐興公傳,書斷句詩二首示其子遺民古度)。

有學集卷二十四新安方氏伯仲詩序:"戊子歲,余羈囚金陵,乳山道士林茂之僂行相慰問。桐、皖間遺民盛集陶、何瘖明亦時過從,相與循故宮,踏落葉,悲歌相和,既而相泣,忘其身爲楚囚也。"

有學集卷十四病榻消寒雜詠四十六首其十七:"頌繫金陵憶判年,乳山道士日周旋。"

林古度(1580—1666),字茂之,號那子、乳山道士。福清人。流寓金陵。

盛斯唐(1608—1668),字集陶,號雪坡。桐城人。世翼孫。性好客,多長者之遊。僦居金陵,毁垣敗屋,蓬蒿滿門,與林古度相唱和。晚年以眼疾屏居。龍眠風雅全編初集卷三十二選集陶落葉詩八首之一曰:"換碧看朱思已非,褪黃脱綠望全稀。争先落木蕭蕭下,故傍離亭黯黯飛。敲碎閒聲驚曉夢,吹來寒色上秋衣。傷心最是楓江客,兩岸紅殘一棹歸。"牧齋和詩第二首即用此韻。

何煜,字瘖明。安徽青陽人。少薄舉子業,肆力詩古文辭。築雙柑園於城東,隱居自樂。晚年遍遊江湖,交諸名公,名重一時。後客死金陵。著有青浦集、雙柑園集。

林章(1551—1599),本名春元,字叔寅,後改名章,字初文。古度父。萬曆元年(1573)舉人。會試不第,僑居金陵。

南曹枉法,奮臂直之,繫獄三年始得出。關白亂,又上書出海剿賊。礦使四出,又抗疏請止礦稅,兼陳立兵行鹽之策。四明當政,希中人旨,密揭逮治,即日下獄,暴疾而死。

龔鼎孳定山堂詩集卷二十又和牧齋金陵中秋待月詩題繼之小冊:江城涼晚碧雲浮,絡緯猶啼古石頭。一雁關河迴夜色,百年風露屬高秋。聞砧故國難看月,搔首青天欲寄愁。多少樓臺兵甲裏,玉簫金角兩悠悠。

龍眠風雅續集卷四吳道新讀錢牧齋金陵和盛集陶落葉詩感懷次韻二首:蕭森故苑望依稀,禾黍西風幾處飛。凝碧詩中槐已盡,甘泉賦內樹全非。宮娥愁淚秋悲扇,商女哀歌夜擣衣。王謝宅今喬木少,也隨社燕一時歸。

六朝繁芿見應稀,蔓艸寒烟慘淡飛。臺畔花殘金埒改,渡頭桃去畫舡非。和陶殿閣前朝士,弔屈江潭舊布衣。指點銅駝當日陌,雪霜荊棘事同歸。

吳道新(1602—1683),字湯日,號無齋。天啟七年(1627)舉人。官至都水司主事。國變被執,尋間逃歸。遂隱居著述不出。

張宸平圃遺稿卷一和牧齋金陵待月:參差碧瓦夜霜浮,一片征鴻度石頭。此際關山偏有月,誰家庭院易經秋。空宮落葉爭殘菊,獨樹啼鴉驚暮愁。最是清光流不盡,風亭橫笛晚悠悠。

張宸,字青琱。松江人。入清以諸生入國子監,授中書舍人。

再讀史、漢二書。

有學集卷四十二答杜蒼略論文書:"去歲纍囚白下,又繕一過，又自媿向者之闊疎也。古人之書，其難如此，而況于自作乎？……時己丑春王之五日也。"

作前、後觀棋絶句各六首(有學集卷一)。

觀棋六絶句，爲汪幼清作。後觀棋六絶句，自註亦云："是日周老、姚生對弈，汪幼清旁看。"汪幼清與周冕所選弈時初編，尚存。

鄧漢儀詩觀初集卷一録後觀棋其四，評云："寓意甚深。"

沈德潛國朝詩別裁集卷一録後觀棋其四："此牧齋自傷末路也，殘局自有勝著，只是人不肯尋耳。"

有學集卷十九棋譜新局序云："余不能棋而好觀棋，又好觀國手之棋。少時方渭津在虞山，與林符卿對局，堅坐注目，移日不忍去。間發一言，渭津忻然許可，然亦竟不能棋也。中年與汪幼清遊，時方承平，清簟疎簾，看棋竟日夜，今皆爲昔夢矣。……幼清沉雄精悍，絶倫逸群，每一遇敵，目光迸裂，透出方罫間，出奇制敵，横從背觸，譬如駿馬追風，饑鷹灑血，推枰決勝，擲帽大呼，雖受其攪撼者，未嘗不拍手叫絶也。……幼清北遊歸，出其對弈全譜凡四十局刻之，以公于人，而屬余爲序。"又云："幼清節俠奇士，從余于行營萬馬之中，單騎短篚，衝鋒突刃，以捍余于瀕死。秋高風緊，合圍大獵，騰上胡兒馬，奪其勁弓，絃響霹靂，箭如叫鴟，連貫雉兔，擲艸地不復顧。控絃鳴鏑者，咸爲咋指。嗟乎，余十指如錐不能弈，而能得善弈之幼清，出死力以捍余。幼清以善弈擅名，中華之文弱巧人也，顧以長弓大箭，横鶩北庭。由此觀之，天下事夫寧有定局耶？項羽重瞳，湘東一目，山谷老人所託喻者,安知夫爛柯之老,橘中之叟,不揶揄竊笑耶?"觀棋六絕句其三云:"重瞳尚有烏江敗,莫笑湘東一目人。"即此文註脚。

方新,字子振,號渭津。揚州人。姚吁孺曾与周懶予分先十局,各有勝負,不知即周老、姚生否。

顧湄水鄉集奉和牧翁老師白門觀棋六絕句:河房人靜水風幽,半岸紗綃對弈秋。一着輸贏定先見,何須更待局終頭?

六代山川局未平,衝關奪角滿縱橫。而今夜雨僧窻裏,猶似深宫打子聲。

當場黑白路漫漫,矩地規天界畫寬。若箇圍棋大中正,只應成敗有旁觀。

朔風殘漏夜遲遲,對面藏機兩不知。獧子總教能亂局,當前失着已多時。

平分何當解擊虚,曾聞四句説乘除。分明往事如儳博,莫向殘枰問劫餘。

休言覆舊與翻新,賭賽英雄或未真。眼底滿盤饒勝算,殘棋一着竟何人?

顧湄(1633—1684),字伊人,號抱山。太倉人。本惠安令程新子,新與顧夢麟善,夢麟無嗣,幼鞠湄,遂姓顧。爲陳瑚高弟。慎交、同聲社興,皆以得湄爲重。後以奏銷案累,遂絕意進取,專力詩古文,與黃與堅等並稱"婁東十子"。徐乾學延之於家,爲校勘通志堂經解。

許旭秋水集亦有前後觀棋詩各六首,然似非和詩:茫茫黑白幾尋思,只信當枰下手時。變勢妙來能脱骨,霎看又不是前棋。

　　斜飛角活兩無成,邊腹周圍盡死兵。眼見殘棋收一局,忽逢國手又重生。

　　局終一子忽爭先,翻覆輸贏盡闃然。弈譜向來都不載,除非去問橘中仙。

　　一角偏安且讓居,縱橫何用費驅除。棋逢盡殺終須忌,誤讀孫吳二子書。

　　從教百萬勢橫陳,敵手元來遇未真。莫信向時棋品劣,草堂一賭屬何人?

　　呼吸存亡半壁師,局中劫急有誰知?唱籌本是英雄智,只恐空奩應子遲。

　　後觀棋:失勢休嗟得勢歌,當場變態幾爭多。傍觀半局頭先白,莫怪深山易爛柯。

　　奇兵突出一番新,覆勢看看又覺陳。界道滿盤三百六,從來着盡有誰人?

　　饒他決勝賭英雄,劫盡還愁滿局空。有眼殺時虛眼活,算來何必要重瞳?

　　當先奪路但爭奇,妙裏君家尚未知。一子誤來無立處,拋存幾着敗殘棋。

　　全勢分明已不支,南風半面只空吹。局鬆惹得侵分急,合活還愁未可知。

　　搏虎探龍計未成,紛紛四坐莫談兵。滿盤好子無人下,閒殺秋風過一枰。

此時爲編寫列朝詩集,有采詩之舉,並向黃虞稷借書,爲作黃氏千頃齋藏書記(有學集卷三十)。

列朝詩集丁十四白雲居士石沆：“余采詩於白下，從黃仲子得瀅仲詩，讀而異之，不知爲何許人。訪之金陵人，金陵人亦莫知瀅仲爲何人也。”

藏書記云：“戊子之秋，余頌繫金陵，方有采詩之役，從人借書。林古度曰：'晉江黃明立先生之仲子，守其父書甚富，賢而有文，盍假諸？'余從仲子借書，得盡閲本朝詩文之未見者。于是嘆仲子之賢，而幸明立之有後也。仲子來告我曰：'虞稷之先人，少好讀書，老而彌篤，自爲舉子，以迄學官，修脯所入，衣食所餘，未嘗不以市書也。寢食坐卧，晏居行役，未嘗一息廢書也。喪亂之後，閉關讀易，箋注數改，丹鉛雜然，易簀之前，手未嘗釋卷帙也。藏書千頃齋中，約六萬餘卷，余小子裒聚而附益之，又不下數千卷。惟夫子之于書有同好也，得一言以記之，庶幾劫灰之後，吾父子之名，與此書猶在人間也。'”

黃虞稷（1629—1691），字俞邰，號楮園。原籍福建晉江，移家江寧。父居中（1562—1644），字明立，萬曆十三年（1585）舉人，性喜墳典，築千頃齋，藏書六萬餘卷。虞稷繼父志，搜羅更廣。後以諸生參修明史，所著千頃堂書目三十二卷，即爲明史藝文志所本。

山曉閣明文選續集卷五評云：“藏書固難，藏而能讀爲尤難。若明立先生，固終身有書癖者，而俞邰又欲以其名與書俱傳，則能讀父書可知。夫書自咸陽一炬，已成劫灰，至其後而踏藉之慘，所不忍言。又有甚於祖龍者，篇中連類廣引，以見聚散飄忽，反覆不常，而黃氏之保有其書，得天固爲特厚，後乃因藏書説到守，因守説到讀，層層推入，以致歸美黃氏意。蓋黃氏之於書,非僅能藏,而實能讀也。嗟乎,五車二酉,自昔侈談,其能守而勿失者,固已鮮矣。況於讀之而得其用乎？作者用意,固與坡公之記李氏山房,同一深情爾。"

又向丁雄飛借書,丁雄飛輯牧齋往返尺牘,裝成二冊。

有學集卷五十題丁菡生藏余尺牘小冊:"戊子歲,頌繫南都,從丁菡生借書,往返促數。菡生輯余雜簡,成二小冊。縹被裝襛,鄭重精緻。余既不工書,小簡語尤潦艸,見之慚惶。便欲攫付水火,然深愧其意,縮忍而止。"

此後丁菡生持此冊兩次索題:一"菡生寄冊子索題,遂書而歸之";一在列朝詩集行世後,"菡生以小簡索題,遂書其語以畀菡生,菡生笑不應,卷冊子入袖而去"。兩次具體時日皆不詳,附此。

閻若璩潛邸劄記卷四上初刻唐百家詩選:"嘗聞錢牧翁撰列朝詩集,先採詩於白下,從亡友黃俞邰及丁菡生輩借書,每借輒荷數擔至。牧翁以人之書也,不著筆,又不用籤帖其上,但以指甲掐其欲選者,令小胥鈔。胥奉命惟謹,於掐痕侵他幅者亦竝鈔,牧翁不復省視。此與群牧司吏遺籤置不取小詩上者何異？……牧翁指掐本,余猶就俞邰家見之。"

張文寺推薦詩文數種。

列朝詩集丁十六紀居士青:"余采詩留都,紀之友張文寺出以示余,自徐穎以下五人,皆文寺所論次也。"列朝詩集丁十張參將如蘭:"次子文寺,有才名,集錄明詩別裁風雅,於余之采詩有助焉。"五人爲海鹽徐穎渭友、衡州孔說傳生、上元紀青竺遠、湘潭周楷伯孔、江寧傅汝舟遠度。紀青,即紀映鍾之父。

張可仕(1591—1654),字文寺,一作文峙,以字行。晚年好佛,自號紫澱老人。金陵人。如蘭子,可大弟。諸生。幼有大志,與歸安茅元儀友善。明亡,終日衣塾中破衣,行吟野哭,往來雨花臺、棲霞山間。

又周永年等人亦參加了列朝詩集的搜集。錢牧齋先生尺牘卷一與周安期:"鼎革之後,恐明朝一代之詩,遂致淹沒,欲仿元遺山中州集之例,選定爲一集,使一代詩人精魂,留得紙上,亦晚年一樂事也。此事定當與仁兄共之。可先爲料理搜輯,若空同、大復、弇州及劉子威輩,篇帙浩繁,先加丹鉛點定,俟弟歸告成之。元歎、子羽暨兩令弟,可與共搜訪。一篇半紙,不可塗抹,而國初人爲尤要。想仁兄篋中,先有定本也。"

牧齋又曾向陸貽典借書。錢牧齋先生尺牘卷二與陸敕先:"選詩已及嘉、隆間,近代文集繁富,放失尤多,見聞固陋,不得不求助於博雅君子。聞仁兄收藏甚富,口吟手鈔,有數十大册,何不出以見示,省弟搜訪之勞,共成此勝事。若屠赤水、胡元瑞二公集,知已評點至再,并求惠教。待采錄過,即日完璧,不致少稽滯,有借書一癡之嘆也。"

又陸心源皕宋樓藏書志一百八九靈山房集三十卷:"無名氏手跋曰:我里蔣之翹,字楚雅,隱廛市間,有藏書之癖。虞山錢宗伯編國朝詩集,嘗就其家借書。此卷首甲、乙題字,宗伯蹟也。曾不三四十年,士大夫家遂有不蓄一卷書者,可慨也夫。壬戌上元前二日,鋤菜翁記。"按:蔣之翹,字楚雅,號石林。秀水人。著述有甲申集、檇李詩乘等。家中藏書甚富,後皆讓與同里曹溶。鋤菜翁即曹溶。

又寫心集錢牧齋與汪然明:"選一代之詩,以網羅放失,頗於逸民野老多所搜括,效昭明文選例,止及已往,不敢及現在作者。不然則掉鞅詞壇,有如老兄,便當借重壓卷,豈待翰教之及哉?然拜大教,則已奢矣。莫名僧閨秀及隱逸詞人之作,篋笥所有,而人世罕傳者,幸不惜搜訪見遺,共裏此一段盛事。"

又爲黃虞稷作金陵三老圖詩(有學集卷一)。

余懷板橋雜記卷下:"丁繼之扮張驢兒娘,張燕筑扮竇頭盧,朱維章扮武大郎,皆妙絕一世。丁、張二老并壽九十餘。錢虞山題三老圖詩末云:'秦淮烟月經遊處,華表歸來白鶴知。'不勝黃公酒罏之歎。"余懷以三老爲丁、張、朱,非是。

錢陸燦書金陵三老圖後云:戊子秋,先官保牧齋族祖以告訐事下所司,待訊金陵,而予以試至,讀秋槐小集,有題金陵三老圖一詩,卒卒未暇問姓名。又二十三年庚戌秋,吾友黃俞邰始告予三老姓氏,相與感嘆而別。其秋,俞邰招予千頃齋,出其圖拜觀,如侍三先生焉。俞邰曰:"圖之上長松怪石,庭花爛發,窗几净潔,書帙紛而爐煙裊。坐而右,須糜俱白,雙手把卷者,先君海鶴先生。几之左,坐而上,須糜白轉遜先君,憑几指示卷中,若有所言者,薛先生千仞,諱岡。坐薛先生下,顏更少,執弟子禮,恭謹若佇而聽者,張先生玄著,諱肇。去先君數武,趨而後,髮覆額,綠衣朱履,即虞稷,時年十有幾齡矣。"予拜其像思其人,竊有感焉。是圖之作,蓋海鶴先生以"三壽作朋"題之者也,詎意七年而宮保遂以金陵三老圖賦詩也。其以金陵三老圖賦詩何也?黃先生閩人也,薛先生越人也,張先生吳人也。以閩、越、吳人胥會金陵者何也?黃先生罷牧伯,讀書談道,僑居金陵,故兩先生各爲師友來也。按圖之作在壬午,而薛先生之自序書年在甲申,黃先生八十有三,薛先生八十有四,張先生則六十,則必書甲申歲之年也。圖之左方宮保既題詩矣,又自注云:"有感而作。"其有感何也?夫甲申之金陵,異於壬午之金陵,諸先生或有未之見矣。六代風流吐内之地,前朝衣冠遊冶之鄉,生則詠歌於斯,没而魂氣無不之也。高山流水,乘雲化鶴,故冠以金陵書感也。俞邰名虞稷,海鶴先生諱居中之仲子也。

得通州錢明相詩一卷,爲之泫然。

明相爲牧齋父執,列朝詩集丁十三下錢文學明相:"戊子秋,金陵客舍閲廣陵詩,得先生詩一卷,燈下展讀,涕淚漬紙,遂手録而存之,庶幾柳子厚石表先友之意,亦以見吾先宮保之知詩,不妄爲許可也。"

柳如是女兒出生。

錢氏家變録孝女揭:"母歸我父九載,方生氏。"

秋,與顧夢游、杜濬等遊,因二人請,爲邢昉作石臼集序(石臼前集卷端)。

序云:"戊子秋,采詩白下,與治、于皇告曰:孟貞之詩成矣,今之隨州、長江也。"故繫之此。

邢昉(1590—1653),字孟貞,一字石湖,室名魯稽齋。高淳人。珵玄孫。家多積書,博聞强記,嘗就學於陽羨曹銘石。崇禎七年(1634),與胡蛟之、韓無疾等結竹溪社。九年,又與吴江史玄、江寧顧夢游等結社於南京。十年,入楊文驄幕,與夏允彝、陳子龍等定交,爲復社中堅。明亡後棄舉子業,築室石白湖濱,沽酒自給。詩清真古淡,爲王士禎所推賞。

杜濬(1611—1687),初名紹先,字于皇,號西止。籍黄岡,明末隨父遷居金陵。崇禎十二年(1639)副貢生,座師吴梅村。入清不仕,與汪沁稱"白門二老"。刻意爲詩,名滿天下,然家貧,柳敬亭常濟之。嗜茗飲,故又號茶星、茶村老人。晚傷足而跛,因自號半翁。卒於揚州,無以爲葬,陳鵬年知江寧府,始葬金陵蔣山北之梅花村。平生著述,手定凡四五十種,傳世者不及十一。有變雅堂集。

變雅堂詩集卷一奉贈錢牧齋先生:"古法所不傳,斯文及劍舞。非無雙龍精,入手但旁午。六籍俱在世,後生昧規矩。作者握靈虵,徒令觀者苦。於戲古之人,餘輝炤塵土。虞山信人傑,獨往實深睹。一揮厖雜門,力宗遷與愈。出入歐曾間,鏗然秉匠斧。余也嗜其文,孤懷莫由吐。何期虎丘月,一沃龍門雨。衷言不遑他,此意正千古。"此詩作於杜濬來吴遊虎丘之時,大致在順治初年。

與胡澂相識,爲作胡致果詩序(有學集卷二十二)。

鈔本有學集署"虞山蒙叟錢謙益書于冶城頌繫之所"。有學集卷二十六贈别胡静夫序:"往余游金陵,胡子静夫方奮筆爲歌詩,介茂之以見于余。余語茂之:'是夫也,情若有餘于文,而言若不足于志,其學必大,非聊爾人也。'爲序其行卷,期待良厚。别七年,再晤静夫,其詩焯然名家,爲時賢眉目,余言有徵矣。"牧齋順治十二年(1655)冬至十三年春,再遊金陵,故繫于此。

胡澂,字靜夫,號致果。後改名其穀。休寧人。父正言,字曰從。著名雕版家,所刻十竹齋箋譜,妙絕時人。

夜夢黃鶴下半野堂,以爲生兒之祥(有學集卷九)。

有學集卷九桂殤詩其十二自註:"戊子歲,余在南京,夢黃鶴下半野堂庭際,金衣爛然,身如長人,驚顧錯愕,先宮保抱持捉付後院,蓋生兒之祥也。"生兒,指桂哥誕生。

作贈濮老仲謙(有學集卷一)。

此詩佚叢題作漫興。濮澄(1582—?),字仲謙。安徽太平府人。遷居金陵三山街。工竹刻,時稱第一。康熙太平府志卷三十三方伎有傳。

張岱陶庵夢憶卷一濮仲謙雕刻:"南京濮仲謙,古貌古心,粥粥若無能者,然其技藝之巧,奪天工焉。其竹器,一帚、一刷,竹寸耳,勾勒數刀,價以兩計。然其所以自喜者,又必用竹之盤根錯節,以不事刀斧爲奇,則是經其手略刮磨之,而遂得重價,真不可解也。仲謙名噪甚,得其一款,物輒騰貴。三山街潤澤于仲謙之手者數十人焉,而仲謙赤貧自如也。于友人座間見有佳竹、佳犀,輒自爲之。意偶不屬,雖勢劫之、利啖之,終不可得。"

劉鑾五石瓠:"金陵(蘇州)濮仲謙水磨竹器,如扇骨、酒杯、筆筒、臂擱之類,妙絕一時。亦磨紫檀、烏木、象牙,然不多。或見其爲柳夫人如是製弓鞋底板二雙,又或見其製牛乳潼酪筒一對,末矣。"

阮葵生茶餘客話卷二十:"濮謙,壬午生,與老蒙同庚。

嘗贈以詩。"後引此詩云云。

作題丁家河房亭子(有學集卷一)。

牧齋詩云：小蘭花外市朝新，夢裏華胥自好春。夾岸貔塵三月柳，疏窗金粉六朝人。小姑溪水爲鄰並，邀笛風流是後身。白首吳鈎仍借客，看囊一笑豈長貧。

丁家河房，即丁繼之所住之地，在青溪與邀笛步之間。丁胤(1585—1675?)，字繼之。擅演劇。所扮張驢兒娘，妙絶一時。

張宸平圃遺稿卷一再和虞山韻：當筳曲調已翻新，剩取柴門一段春。笛裏青山楊柳月，圖間白袷薜蘿人。銷沉猿鶴憑高枕，閱歷齊梁有現身。粧閣畫眉山閣醉，不聞誰説老萊貧。

何事文章號美新，舊京遺老漢家春。君卿納履非殘客，優孟排場信古人。每易流連三宿影，最難辜負百年身。蕭條窮巷堪容我，南阮驕奢北阮貧。

變雅堂詩集卷四丁叟河亭用錢虞山韻："樹色無多草色新，陽和猶見帝城春。青鞋獨往知何處，白首相看尚有人。桃葉水聲來燕語，鍾山雲起護龍身。遭時不是輕優笑，歎息何戡老亦貧。"

龔鼎孳定山堂詩集卷二十和牧齋先生韻爲丁繼之題秦淮水閣："開元白髮鏡中新，朱雀花寒夢後春。粧閣自題偕隱處，踏歌曾作太平人。烏啼楊柳仍芳樹，鷗閲風波有定身。驃騎武安門第改，一簾烟月未全貧。"龔氏和詩在順治六年(1649)。

順治十四年(1657)丁酉，李元鼎亦有和詩，見石園全集卷八和錢牧齋先生韻贈友:"花開花落幾迴新,歌舞年年別有春。一水光生王謝客,雙橋香襲綺羅人。逢場怯對杯中酒,顧曲歡餘物外身。四海音書頻寄贈,蕭蕭四壁未言貧。"

康熙時,丘象升過此,亦有和詩,見南齋詩集題丁繼之秦淮水閣用錢牧齋壁上韻:"南朝幾度物華新,淮水于今尚屬秦。燕子巢懸歸社日,桃花風送隔江春。晴溪有笛傳空步,夜舫無燈照舊津。猶賴老翁好層閣,長教烟月戀閒人。"

中秋,採金陵社集詩一編,並作序。

列朝詩集丁七金陵社集詩:"戊子中秋,余以銀鐺隙日,采詩舊京,得金陵社集詩一編,蓋曹氏門客所撰集也。"曹氏即曹學佺。

秋盡,跋曹能始所作林茂之六十壽序(牧齋外集卷二十五)。

序云:"余與能始宦途不相值,晚年郵筒促數,相與託末契焉。然余竟未識能始爲何如人也。今年來白下,重逢茂之,劇談能始生平,想見其眉目嚬笑,顒顒然如在吾目中。"

應張縉彥之請,爲其父母作新鄉張府君合葬神道表(有學集卷三十九)。

碑文云:"越八年戊子,司馬公奉胡孺人柩,偕二母合祔于公。排纘事狀,俾謙益書隧之碑。"因繫此。

張縉彥父問仁(1571—1641),字含惺。天啟中以明經貢,授太康儒學訓導,陞武陟教諭,以真定府通判致仕。娶李氏,再娶王氏,即縉彥生母,繼取胡氏。

張縉彥(1599—1670),字濂源,號坦公、方外子。崇禎四年(1631)進士。官至兵部尚書。李自成入京,被俘。後逃歸。弘光稱帝，又依附南都，官復原職。南都破，再降大清，遲遲未得官。順治十年（1653），始任山東左布政使，陞浙江左布政使、工部侍郎。十七年，因文字獄流戍寧古塔，卒於戍所。

題沈朗倩石厓秋柳小景（有學集卷一）。

沈顥（1586—？），字朗倩，號石天。吳縣人。諸生。性豪放好奇，工書畫詩文。著有畫麈、沈石天雜著等。

王士禛帶經堂詩話卷十二：“順治辛丑，客秦淮丁翁邀笛步水閣，見錢牧翁題沈朗倩石崖秋柳絕句云：'刻露巉巖山骨愁，兩株風柳曳殘秋。分明一段荒寒景，今日鍾山古石頭。'予援筆和云：'宮柳煙含六代愁，絲絲畏見冶城秋。無情畫裏逢搖落，一夜西風滿石頭。'袁荆州見之，戲曰：'忍俊不禁矣。'”

按：袁荆州即袁于令。

冬，作禪關策進詩示黃毓祺，勉其從容赴死（有學集卷一）。

詩云：“漫天畫地鬼門同，禪板蒲團在此中。遍體銀鐺能説法，當頭白刃解談空。朝衣東市三生定，懸鼓西方一路通。大小肇師君會否？莫將醒眼夢春風。”此詩多用佛典，頗隱晦。陳寅恪猜測爲黃毓祺而作，而鈔本錢曾有學集詩註云：“乙酉歲，江陰守城不下，黃介子毓祺起兵竹塘遥應之。事敗，亡走淮南。以官印印所往來書，爲人告變，捕繫江寧獄。以其所著小遊仙詩及園中草授門人鄧大臨，坐脱而化。當事戮其屍。大臨守喪鋒刃中，贖其首，聯而含殮之，經紀其柩歸里。大臨，字起西，常熟鄧黻曾孫。”可見爲黄毓祺作無疑。黄毓祺精於佛學，爲天童密雲禪師弟子，故以禪語相勉。

仲冬，作書毛晉，談列朝詩集編纂之事。

錢牧齋先生尺牘卷二與毛子晉："獄事牽連，實爲家兄所困。……羇棲半載，采詩之役，所得不貲，大率萬曆間名流。篇什可傳，而人間不知其氏名者，不下二十餘人，可謂富矣。此間望此集者，真如渴飢，踵求者苦無以應。惟集名國朝二字，殊有推敲，一二當事有識者，議易以列朝字，以爲千妥萬妥，更無破綻，此亦篤論也。板心各欲改一字，雖似瑣屑，亦不容以憚煩而不爲改定也，幸早圖之。歸期不遠，嘉平初，定可握手。曾託胡白叔尋訪郡中黄德水、沈從先詩，幸一促。德水詩惟史辰伯有之，惡其吝而難與言也。"

牧齋選輯列朝詩集，倩子晉刊刻，故來往書信頗多。同卷與毛子晉："詩集之役，得暇日校定付去，所謂因病得閒渾不惡也。丁集已可繕寫。近日如丘長孺等流，欲存其人，卒未可得，姑置之可耳。鐵崖樂府，當自爲一集，未應入選中，亦置之矣。"

又一通："甲集前編方參政行小傳後，又考得數行，即附入之，庶見入此人於此卷，非臆見耳。鐵崖樂府稿仍付一閱。"

又一通："乾集閱過附去，本朝詩無此集，不成模樣。"

又一通："諸樣本昨已送去，想在記室矣。頃又附去閏集五冊，乙集三卷。閏集頗費蒐訪，早刻之，可以供一時談資也。"皆附此。

臘月，顧夢游五十生日，作詩賀之（有學集卷一）。

牧齋詩云：“開尊信宿嘉平臘，雒誦傳家德靖時。”可知生日爲臘月。方文嵞山前集卷三亦有贈顧與治五十詩。

臘月，瞿昌文西行往桂林尋親。

歲末，在廣陵舟中，爲程端伯畫册作歌（有學集卷一）。

程正揆（1604—1676），原名正葵，字端伯，號鞠陵、青溪道人。湖北孝感人，原籍安徽歙縣，後寄居金陵。崇禎四年（1631）進士。入清，官至工部侍郎，因彈劾革職。擅畫山水，有江山卧遊圖五百卷。又著有青溪遺稿二十八卷，讀書偶然録十三卷。

牧齋詩云：“是時薄遊廣陵歲云莫，邗江漠漠愁寒沍。蕃釐花殘但禾黍，隋堤柳禿無飛絮。笯籬灣頭萬樹雅，夏國壩荒何處駐？竹西歌吹又喧闐，對畫沉吟感情愫。”則詩作於戊子歲末。

開始纂修國史，後毀於絳雲樓之火。

顧苓東澗遺老錢公別傳：“丙戌、己丑之間，蒐討國史，部居州次，起例發凡，以報乙酉二月之命。而祝融惎之，與所論次昭代文集百餘卷蕩爲煨燼。”

人海記：“錢蒙叟撰明史二百五十卷，辛卯（庚寅）九月晦甫畢。越後日，絳雲樓火作，見朱衣人無數出入烟燄中，隻字不存。”頗涉不經。

錢曾日夕來遊。

讀書敏求記卷四白氏文集七十一卷年譜一卷：“戊子、己丑，予日從牧翁遊，奇書共欣賞，駭心悅目，不數蓬山。今人侈言藏書，陋板惡抄盈箱插架，書生見錢，但不在紙裏中，可爲一慨。”

作書孫奇逢,請其處理茅元儀身後事。

孫奇逢歲寒居年譜順治五年條:"繼而錢牧齋有字來,云:止生家產爲強有力者所奪,邀弟到南中同爲料理,弟衰病不能涉遠,不意湖城亦被屠。止生孤兒弱女,不知得存一線否。煩親翁詳探之,周視其家,弟之感德當不朽。止生有知,感泣當何如耶！孫相國、鹿奉常兩集,止生破產刻于南都,親翁當覓此板着落。止生大小刻數十種,精光文焰,當不埋没,得大君子一呵護而表章之,所謂不相見而相知者此也。"

清順治六年己丑(1649)　明永曆三年
六十八歲

元日,仍在羈縻中,作己丑元日試筆二首敘懷(有學集卷二)。

盛斯唐作新春見懷詩,次韻答之(有學集卷二次韻答盛集陶新春見懷之作)。

正月初五日,作答杜蒼略論文書(有學集卷四十二)。

書云:"足下謂吾之評文,恐流入于可之、魯望、表聖之倫,而微詞相諷諭。此則高明之見如此,而僕固不敢有是論也。可之之文,出于退之,再傳魯望、表聖,託寄不一,要皆六經之苗裔,騷雅之耳孫也。其所以陷于促數噍殺,往而不返者,以其生于唐之季世,會逢末劫之運數,而發作于詩章。故吾于當世之文,欲其進而爲元和,不欲其退而爲天復,有望焉,有禱焉,非其文之謂也。……新詩氣韻琅琅,詠史十章,爲茂之所稱者,使事押韻,具有前輩典刑,實西涯諸公之遺則也。後生可畏,來者難誣,惟足下努力自愛。"

杜岕(1617—1693),原名紹凱,字蒼略,號岕山。湖北黄岡人。祝進子,濬弟。

杜岕有書再來,元夕前四日,又作再答蒼略書(有學集卷四十二)。

書云:"蒼略賢良友兄執事,再惠長箋,斐亹爛熳,讀之未能即了,再乙其處,而後始竟其詞也。僕之著作,流傳絕少,往年爲瞿稼軒蒐萃刻成百卷,刻甫就而國變作,書版漫漶,不復料理,且亦不敢復出。不知足下所見,是僕何等文字,而獎飾之若是?……六經,史之宗統也,六經之中皆有史,不獨春秋三傳也,六經降而爲二史,班、馬其史中之經乎?……由二史而求之,千古之史法在焉,千古之文法在焉。……居今之世,欲從事于二百餘年之史,非有命世之豪傑如歐陽子者,其孰能爲之?……老夫耄矣,無能爲矣。庶幾以餘生暮齒,優游載筆,收拾遺書,詮次舊聞,以待後之歐陽子出,而或有采取焉。用以當西京之禠記,東都之長編,猶可以解黍螟食蠱之譏,而慰頭白汗青之恨,此則某之所竊有志焉,而亦深望于同志之君子啟予助我者也。"

春,林古度七十,作詩賀之(有學集卷二林那子七十初度)。

作寄題廣陵菽園(有學集卷二)。

此不知爲何人而作。嘉慶揚州府志卷三十一甘泉縣:"菽園,桑豸有十二詠,曰則堂,曰綠倚樓,曰西清館,曰棲尋閣,曰百城,曰寒河,曰舟居非水,曰香象閣,曰深柳讀書堂,曰蘆之漪,曰雲灣,曰蔚浮深境。今不知其處。"注云:"按乾隆甘泉縣志第載蓤園之名,而不詳所在,則蓤園疑即雪譝所詠之園歟?"

題朱玉耶畫扇(有學集卷二)。

　　錢曾詩註:郭天中,字聖僕。其先莆田人。購畜古法書名畫,尤精篆隸之學。有二姬:一名朱玉耶,工山水,師董北苑;一名李柁那,工水仙,逼趙子固。鍾伯敬贈詩曰:"姬妾道人侶,敦彝處士家。"其人風致可想見也。

　　余懷板橋雜記卷中:(楊)龍友名文驄,以詩畫擅名,華亭董文敏亟賞之。先是,閩中郭聖僕有二妾,一曰李陀那,一曰朱玉耶。聖僕歿,龍友得玉耶,并得其所蓄書畫、瓶研、几杖諸玩好古器,復擁婉容,終日摩挲笑語為樂。甲申之變,貴陽馬士英冊立弘光,自為首輔,援引閹兒阮大鋮構黨煽權,撓亂天下,以致五月出奔,都城百姓焚燒兩家居第。以龍友鄉戚有連,亦被烈炬,頃刻灰燼。時龍友巡撫蘇、松,盡室以行。玉耶久殉,婉容莫知所終。龍友父子殉難閩嶠,無遺種也。猶存老母,匄歸金陵,依家僕以終天年。

　　毛晉尊前集跋:此本予得之閩中郭聖僕,聖僕酷好予家諸刻,必欲一字不遺而後快。癸酉中秋後一日,予訪之南都南關外,應門無人,惟檐前白鸚鵡學人語,呼客到已耳。老屋二間,不蔽風日,几榻間彝鼎盤缶,皆三代間物。其最珍玩者,一折角漢硯,因顏其齋曰漢研。出異香佳銘作供,劇談竟日。臨別贈予二書,兹編及剪綃集也。又贈予二畫,一淡墨水仙,一秋林高岫。蓋其愛姬李陀奴、朱玉耶筆也。惜其無嗣,今墓檟已森,二姬各有所歸。二書予安忍秘諸!

聖僕與牧齋有一次會面，列朝詩集丁十郭布衣天中："聖僕平生無所造請，嘗偕孟陽訪余虞山，信宿而去。"不詳何時，附此。

何煜贈詩，次韻答之（有學集卷二次韻答何寤明見贈）。

韓詩投詩慰藉，牧齋爲作學古堂詩序（有學集卷二十四）。

序云："丑寅之間，郭胤伯與涇、華數子從我于請室，所謂知我桑落之下者也。更十餘年，余老不能死，不比于人數，而聖秋唁我白門，投詩慰藉，逝欲收南極而抵窮塵，余心感之而滋惑焉。久之，請余論詩，則余請論聖秋之詩。"故繫此。此文署"峨眉老行僧徹修和南書"。

韓詩（？—1662），字聖秋，號固庵。陝西三原人。崇禎十二年（1639）舉人。甲申後，史可法邀爲中書舍人，兼兵部職方司主事。弘光覆滅，流浪江淮。順治時復出，官至兵部武選司郎中。韓詩是牧齋同年文翔鳳門人，與劉客生最善。

馮文昌、金漸皋自武林吊唁，喜而有作（有學集卷二馮硯祥、金夢蜚不遠千里，自武林唁我白門，喜而有作）。

馮文昌、金漸皋歸武林，又作三首贈別（有學集卷二疊前韻送別硯祥夢蜚三首）。

寒食前數日，作戲爲天公惱林古度歌（有學集卷二）。

詩首句云："己丑春王近寒食，陽和黯黜春無力。"故繫此。

作汪氏收藏目錄歌（有學集卷二）。

李維楨大泌山房集卷七十一汪景純家傳：汪景純，名宗孝，歙叢睦里人也。……景純眇小丈夫耳，而精神挺動，日誦千餘言，手屬文稱是。年十六，爲邑諸生，以高第受廩生。……亦因此謝諸生籍，入太學，徙家廣陵。廣陵江淮都會，叩其囊底知，用鹽筴起家，不數年金錢繒帛仞積。益關覽六籍諸史、百家衆氏，投間而作，購名畫法書、先代尊彝鐘鼎。與通人學士指刺瑕瑜，差別真贗，無不精審。……則徙金陵，得王孫故宅廢圃，拓而新之，水竹花石，位置都雅，爲隩室連閣、洞戶綺寮。擇稚齒曼容千金百琲者貯之，教以歌舞，盡一時之妙選，自非襟契，不得與曲燕。翠屏絳帳中，香氣與人聲俱發，若鸞鳳鳴煙雲間。陸遊則緹帷竟道，舟居則簫鼓沸波，人望之如仙。……景純將詣闕，至蕪城，痁作，夢文皇遣緹騎召使治水，引見殿上。文皇貌甚偉，長髯垂膝。左右以奏牘進，文皇推案震怒："復壞我東南百萬民命，奈何！"宗孝頓首言："臣書生，不任官守，且父老不忍離子舍。"文皇色不懌。有皁衣人長跪固請，乃已。宗孝還，其年淫雨漏河，三楚三吳，沉竈產蛙，人相啖食，惻然心傷之。病革，不可爲矣。生平好博施濟衆，有簡在帝心者，夢故如是。卒之日，遠近匍匐泣，臨路爲之喧。景純有子十二人，女十三人。

景純時已早死，牧齋詩或爲其後人而作。牧齋小序云："萬曆間，常卧病，夢授命於文廟，遣治水江、淮間，七日而瘳。楚人王同軌作耳譚，載其事。"與傳記相符。

春王三月，題紀伯紫詩（有學集卷四十八）。

作於桃葉渡之寓舍，文云："余方銀鐺逮繫，纍然楚囚，誦伯紫之詩，如孟嘗君聽雍門之琴，不覺其欷歔太息，流涕而不能止也。"

題介立詩(有學集卷四十八)。

文云:"昔人云:僧詩忌蔬筍氣。余謂不脱蔬筍氣,乃是本色。……旦公詩託寄高遠,屬意清切,庶幾道人本色,不失蔬筍氣味。余讀而深嘆之。"

同卷後香觀説書介立旦公詩卷:"余自己丑讀江上詩,嘆其孤高清切,不失蔬筍風味,庶幾道人本色,今十餘年矣。"故繫此。

達旦,字介立。白門僧。

作唐祖命詩稿序(有學集卷十八)。

爲唐允甲而作,序云:"祖命起家中翰,遭讒放黜,喪亂屏退,長爲旅人,而年亦已五十矣。……余游留都,與祖命執手,祖命别余之溧水,而遣平頭裏糧以候余文。"姑附此。

三月,黄毓祺死於獄中,牧齋獄事得解。

小腆紀年附考卷十六:"毓祺之起兵行塘也,魯監國授以兵部尚書敕印,隆武帝亦遥授爲浙直軍門,得私署官屬。毓祺僞爲卜者,與常熟武舉許彦達游通州,主湖蕩橋之薛繼周家。凡遊擊參將自海上來見者,雖滿裝,及入謁,則青衣垂手,衆疑之。將起義,遣江陰徐摩致書錢謙益提銀五千,用巡撫印鈐之。謙益知其事必敗,卻之,持空函返。摩之友人徽州江純一謂摩返必挾重貨,發之可得厚利,詣營告變。毓祺遂與彦達、繼周同就江寧獄,江以南所謂故敕之獄也。毓祺奮筆書供曰:'道重君親,教先忠孝,避禪已久,豈有宦情,義憤激中,情不容已。明主嘉誠,遣使授職,招賢選士,分所應然。哀憤曠官,死有餘辜。謹抱印待終,附子卿之义。'獄成將刑,門人鄧大臨告之期,命取襲衣自斂,趺足而逝。當事戮其屍,大臨贖之歸葬,變服爲黃冠去。大臨,字西起,常熟人。是獄也,江南人士多死,謙益以哀籲問官,開脱獲免焉。"明季南略亦同。

春末回里,錢曾侍牧齋於燕譽堂,觀皇極經世觀物篇解,又以四十千購得牧齋所藏營造法式。

> 讀書敏求記卷二營造法式三十四卷目録看詳二卷:牧翁得之天水長公,圖樣界畫最爲難事。己丑春,予以四十千自牧翁購歸。牧翁又藏梁溪故家鏤本,庚寅冬不戒于火,縹囊緗帙盡爲六丁取去,獨此本流傳人間,真希世之寶也。

> 讀書敏求記卷三邵子皇極經世觀物篇解六十二卷:憶己丑春杪,侍牧翁於燕譽堂。適見檢閲此册,余從旁竊視,動目駭心,歎爲奇絶。絳雲一燼後,牧翁悉舉所存書相贈,此書亦隨之來。

陶式玉有詩慰贈。

> 王應奎海虞詩苑卷一:"式玉,字玉章。爲諸生,有才名,而文尚奇詭,世無識者,遂被黜。君庠姓曰瞿,從外氏也,名又綴稼軒行。……君有別墅曰鉏園,在芝川東,澄潭叢篠,最爲靜處。"

> 鉏園詩集牧師亂後還山奉寄四首:馬角烏頭愴別離,三年屈指計歸期。嚴陵去國終垂釣,綺甪辭朝竟茹芝。道在只應天可問,功高卻與世相遺。從今一枕羲皇上,蠻觸交争總莫知。

> 登樓舊恨故園迷,息駕歸來倍慘悽。繡佛金經翻劫火,牙箱玉檢破封題。草深筆塚鹿仍過,花覆琴牀鶯亂啼。十

里虞山尚如昨,拄頤先踏絳雲西。

山鬼憑人技易窮,方知萬事屬天公。興亡滿眼歸遼鶴,得失無心老塞翁。牙軸尚存供炳燭,玉臺重整試飛蓬。書生枉下昭陵淚,塵土何曾涴太空。

地老天荒行路難,塵鞿初解怯憑闌。故人嗚咽探詩卷,弱女嚶咿傍晬盤。姓氏與誰投白社,湖山從此著黃冠。蟲沙觸磕公休論,且爲斯文勉一飡。

開始選輯有明一代古文。

有學集卷二十一賴古堂文選序:"己丑之春,余釋囚歸里,盡發本朝藏書,裒輯史乘,得數百帙,選次古文,得六十餘帙,州次部居,遺蒐闕補,忘食廢寢,窮歲月而告成。庚寅孟冬,不戒于火,爲新宮三日之哭,知天之不假我以斯文也。"

有書致汪汝謙。

留青二集卷三與汪然明:"數年漂泊,三徑荒蕪,旅人乍歸,百事嗔咽。正在憒悶,佳訊忽至,兼以雅貺種種,爲之開顏一笑,嘆故人之念我厚也。弱女咿嚶,稍知孩笑,慰情勝無,柴桑信非虛語。得隴之望,頗自殷殷。玉鎖之兆,敢不心銘。倘得移瓦爲璋,則殷勤摩頂,便以寶誌公相頂禮也。吳巖聞其色藝雙絕,又復青沙五色之瓜,子母相鈎帶,西子湖頭,又得兩西子,不負西湖主人矣。佳話如命作一序,又以内子力促,不容放筆。疾行無好步,故知不足一笑也。"吳巖一段,應指吳巖子、卞玄文母女。

六月三日,毛晉攜王人鑑子僧祐來,跋人鑑詩卷(牧齋外集卷二十五題王德操詩卷跋語)。

跋云："德操丈七十生子，羈貫成童。哀其生平所得名人勝流贈遺寄示之作，裝潢成卷，以當萬金之詒，而屬余爲之題識。偶未及點筆，此卷留篋衍中，已十年所，德操墓木拱矣。今年六月，子晉携其子僧祐來見，嶷然玉立，有成人之姿。余悲德操之不可作，而喜其有子也。出是卷于藏弆，亟題而歸之。喪亂以來，余所蓄法書名畫，一一蕩爲劫灰。不知是卷何以獨存？豈非德操有靈，能致鬼神護訶，以遺其子孫耶？"

有學集卷三十五毛子晉墓誌銘："與人交，不翕翕熱。撫王德操之孤，恤吳去塵、沈璧甫之亡，皆有始終。"故僧祐與毛晉偕來。

牧齋先生尺牘卷二與毛子晉："德操家藏詩卷，幸爲致乃郎。見其氣宇昂然，殊爲故人喜不勝也。"

七月三日爲徐波六十生日，作詩賀之，又代林古度作一首（有學集卷二）。

代作鈔本作次前韻代茂之，而金匱本題作用原韻代茂之壽元歎六十，江左三大家詩鈔題作元歎六十，可知亦爲賀壽而作。

顧夢游顧與治詩卷六徐元歎六十初度用錢牧齋宗伯韻：近住空林日日閒，自來塵事不相關。縱然絕跡市城裏，未許逃名天地間。竹屋雲封樵客到，花谿月出棹歌還。懷余應念吟重九，吾欲從君共買山。

黃翼聖黃攝六詩選卷下亦有壽元歎六十詩，非次韻之作，不錄。

元歎生日，見天池落木菴存詩年事崢嶸，賤貧無極。……己亥之秋七月三日,年開七秩,月始生明。……袁子寫圖,聽取口號一詩。

本年有句曲山之行,作句曲逆旅戲爲相士題扇詩。

七月,孫潛借鈔禪月集。

上海圖書館藏禪月集孫潛題跋:己丑七月,在□□□□□處假得錢宗伯家舊抄本印寫,錢本蓋宋本印抄者也。二十七日寫完,對讀一過。潛夫記。

孫潛,字潛夫。常熟人。與葉樹廉善,皆喜抄書。

秋,通門辭破山住持。

通門嬾齋別集卷四謝錢牧齋宗伯:"某啟,憶自丁亥秋過辱台翰,主破山一席,於茲三年矣。……自夏入秋,每思走訊毗耶,側聆深誨,竟以泄病時作,弗克遂願。今病轉深,竊念古德應世行解卓舉,尚嫌住持事繁,況某蚊虻之力,曷克久肩泰山?夙興夜寐,切思一茅以適餘生,惟護法原其情而憫焉。"

澹翁傳餘:"(己丑)秋,謝事,仍還禾,僦數椽于深村。"

九月十六日,寄瞿式耜楸枰三局書,提出其中興構想。

有學集卷十四迎神曲其四錢曾註:"己丑九月十六日,公寄瞿留守書楸枰三局一通,文見投筆集中。"有學集卷十二投筆集後秋興之六其四:"棋罷何人不說棋,閑窗覆較總堪悲。故應關塞蒼黃候,未是天公皂白時。火井角芒長燄燄,日宮車輦每遲遲。腐儒未諳楸枰譜,三局深慚厪帝思。"

瞿式耜集卷一報中興機會疏:(臣子玄錫)于七月十五日自家起程,今月十六日抵臣桂林公署,齎帶臣同邑舊禮臣錢謙益寄臣手書一通,累數百言,絕不道及寒溫家常字句,惟有忠驅義感溢于楮墨之間。蓋謙益身在虜中,未嘗須臾不念本朝,而規畫形勢,瞭若指掌,綽有成算。據言:千古來國家之敗壞,惟崇禎十七年之禍爲最烈,而中興之基業事功,惟我皇上今日爲最易。西南幅員且半天下,無論非一成一旅之圖。而賢臣良將,無不卧薪枕戈,兵馬錢糧,方且川湧雲集,豈非大有爲之日乎?但難得而易失者,時也;計定而集事者,局也。人之當局,如弈棋然。枰楸小技,可以喻大。在今日有全着、有要着、有急着。善弈者,視勢之所急而善救之。今之急着,即要着也;今之要着,即全着也。夫天下要害必爭之地,不過數四,中原根本自在江南。長淮、汴京,莫非都會,則宜移楚南諸勳重兵,全力以恢荆、襄,上扼漢、沔,下撼武昌,大江以南在吾指顧之間。江南既定,財賦漸充,根本已固,然後移荆、汴之鋒,掃清河朔。其次,所謂要着者,兩粵東有庾關之固,北有洞庭之險,道通滇、黔,壤鄰巴、蜀。方今吴三桂休兵漢中,三川各郡數年來,非熊在彼聯絡布置,聲勢大振,宜以重兵徑由遵義入川。皇上則擇險固寬平富饒之地,若沅州或常德爲駐蹕之所,居重馭輕,如指使臂。三川既定,上可以控扼關、隴,下可以掇拾荆、襄。老成謀國,當久已熟籌而預決之。倘以芻言爲迂而無當,今惟急着是問。夫弈棋至于急着,則斜飛橫掠,苟可以救敗者,無所不用。邇者燕京特遣恭順、致順、懷順三虜進取兩粵,于江南、楚中各借餉二十萬,刻期南下,其鋒不可當。而僞續順公沈容現扎星沙,尤眈眈虎視。因懷順至吉安忽然縊死,故三路之師未即渡洞庭、過庾嶺。然其勢終不可遏,其期諒不甚遠,豈非兩粵最急時乎?至彼中現在楚南之勁虜，惟辰、常馬蛟麟爲最。傳聞此舉將以蛟麟爲先鋒，幸蛟麟久有反正之心，與江浙僞提鎮張天祿、田雄、馬進寶、卜從善輩，皆平昔關通密約，各懷觀望。此真爲楚則楚勝，而爲漢則漢勝也。在皇上今日當必不吝破格之庸，以鼓其忠義之氣，灰其爲虜用命之心。蛟麟倘果翻然樂爲我用，則王師丞先北下洞庭，別無反顧支綴。但得一入長江，將處處必多響集。即未必盡爲佐命之偉勳，亦足以分虜之應接，疲虜之精神，使不能長驅直入，我得以完固根本，養精蓄銳，恢楚恢江，尅復京闕。天心既轉，人謀允臧。若謙益視息餘生，奄奄垂斃，惟忍死盼望鑾輿拜見孝陵之後，漿水加劍，席藁自裁等語。臣反復披閱，雖謙益遠隔萬里，其言豈果當于中興之廟算，而彼身爲異域之臣，猶知眷戀本朝，早夜籌維，思一得以圖報效，豈非上蒼悔禍，默牖其衷？亦以見天下人心未盡澌滅，真祖宗三百年恩養之報，臣敢不據實奏聞？伏祈皇上留意詳閱，特賜鑒裁。

瞿式耜所記時間與錢曾不同。

九月二十九，馮舒被知縣瞿四達拷死獄中，年五十七。

馮孝威等殺父奇冤揭："新朝鼎革，聖天子軫念江南重賦，兵燹殘黎，恩赦錢糧，均沾雨露。獨虞山片壤，禍遭貪酷，知縣瞿四達，稟性窮凶，天資慘刻，逢惡者爲九卿四相，流毒者有七煞五瘟，額外加派，赦後誅求，夾拶鞭笞，竟無虛日。六年間，土撫院廉知弊竇，出示嚴查生員黃啟曜等條陳公舉，父亦列名。惡百計免脫，僅訪拏腹黨四人，而諸奸意謂父實主之，遂詆聲四達云：'加徵諸項，惟有馮舒洞然明瞭，不殺馮舒，必敗乃公事。'于是朋謀合算，殺父之計決矣。……既而五年白糧解吏於官，加官耗之外，別立貼役名色銀七千兩，撫臺欲裁此項，發紳袍公議，而侵糧巨蠹鄒志【浩】父子與劣腹薛維巖密謀，維巖手草八位紳袍公書，覆繳反增八千有奇，合邑沸騰。翁戶都諢長庸，即具辨揭，各紳復連名具呈，撫臺發縣再議。八月廿二日，約紳袍至大察院，衆皆緘默，父獨言役銀原議止有每畝九厘七毫，今諸吏加外又加，斷不可更剝百姓脂膏，以肥私橐，并欲窮究手寫公書之人。于是時，無不擊節稱快，而惡與諸奸，張目直視，殺父之計益決矣。九月，乘金按院按臨，四達先出朱單，差班頭徐相、楊祥擒父監禁。次日解院，蒙察無辜，發單刑尊釋放。時刑尊在慧日寺，四達即稟云：'馮舒不可輕放。'刑尊云：'既無惡跡，又無被害，何以罪之？'四達遂於廿八日夜，囑腹黨訪行陳猷、薛維巖、譚于墀等會集，窩訪鄒志浩、鄒日升家，捏造絶無風影之款，又立聚三千餘金，重賄按院承差高雲從，并刑廳權書胡廷桂，即刻限審，以銜蠹爲被害，以心腹爲硬證，而青天白日，一任其說鬼說夢矣。至廿九日，四達又批示白牌，懸之縣門，有我與馮舒作對之語，分遣虎差陳太等逼人誣告。……四達知公論不容，必欲置闔門于死地，于是威、慶兄弟及家人張木匠等十四人并禁黑獄。是夜，因刑尊未審結回府，遂押父自審，怒目向父云：'你前日在察院議錢糧，也有今日見我。'遂令腹黨陳元、李流長等擒父毒毆，四達即親自進監，囑牢頭朱啓賢、禁卒周三，登時拽死，以圖滅口。而威、慶身在羈候，與大監絶不相通，父死不得一見。既死之後，四達恐傷痕在頸，遲至二十有八日，直待腐爛，方許父屍出獄。雖威、慶肝腸寸裂，不敢仰天長恸。呜呼,惨哉! 痛哉!"

冬,黄翼聖持孟陽詩帙見示,并以素册索書近詩,録秋槐小稿近體詩二十餘首并近詩。

> 詳見下年正月、二月各條。

歲暮,黄申來,連宵暢飲,作詩四首(有學集卷二己丑歲暮,讌集連宵,於時豪客遠來,樂府駢集,縱飲失日,追懼忘老,即事感懷,慨然有作凡四首)。

蠟日大醉,席上作詩戲示三王生(有學集卷二蠟日大醉,席上戲示三王生。三生,樂府渠帥,吴門、白門人也)。

> 有學集卷二十三黄甫及六十壽序:己丑之冬,逼除閉户,黄君甫及自金陵遇訪,寒風打門,雪片如掌。俄爲予張燈開宴,吴下名娼狡童有三王生,取次畢集。清歌妙舞,移日卜夜,酒酣耳熟,銜杯憮嘆。余擊壺誦扶風豪士詞,賦四詩以紀事。

> 黄甫及,陳寅恪柳如是別傳以爲即黄澍,此人此來,爲聯絡反清,但由於人品低劣,牧齋隱其名。此説流傳甚廣,然實爲誤考。甫及名申,淮安人。諸生。入望社。明末任職鴻臚寺,自請監軍。崇禎亡國之際,退居淮安。福王敗,往來吴、越間。與方文、閻爾梅、毛奇齡等皆有交往,見各家詩集。家有舫閣,亦牧齋爲記。詳見李聖華黄甫及生平事跡考辨——對陳寅恪柳如是別傳一則重要考證的補正一文。

孫魯三十,有詩慶賀(牧齋外集卷一)。

> 孫光甫詩稿孝若姪三十次牧齋錢宗伯韻:"共道宫衣着更香,何如迴馭學王陽。娟娟浄愛春鋤羽,落落空憐郭索

腸。六甲今朝雖過半,五紋昨日已添長。座中爲奏尚書什,煖挾春曦凜挾霜。"

本年,李明嶅有詩二首相贈。

樂志堂詩集卷三奉寄錢牧齋先生二首:花笑鶯啼故國春,林間澤畔一閒人。相逢短髮綸竿叟,曾是先朝侍從臣。山上有薇元可食,天邊無路莫相親。自從禮樂三千盡,文獻流風亦已淪。

春明門外柳垂垂,飄拂輕風盡日吹。北闕新恩朝露下,西京舊事夕陽遲。三千里外雙行淚,二十年前一字師。歲庚午,余年十三,以文干先生,輒蒙許可。滄海桑田容易過,至今雲物最相思。"

清順治七年庚寅(1650) 明永曆四年
六十九歲

正月,跋程嘉燧詩册(牧齋外集卷二十五跋偈庵詩册)。

跋云:"孟陽仙逝,去今八年。此册則癸酉之春,子羽枉弔先太夫人,爲書于山莊者也。八年之中,天地翻覆,劫火洞然。而孟陽殘編爛簡,人間藏弆者,不啻如洞章玉書。子羽此册,良可寶也。"

人日小集,作即事詩二首,又作二首贈柳如是,柳如是依韻奉和二首(有學集卷二)。

牧齋詩有"黃口弄音嬌語澀",柳如是詩有"銀旛因戴忻多福",可見其女尚幼。

二月二十五日,題爲黃子羽所書詩册(牧齋外集卷二十五)。

　　文云:"余自甲申以後,發誓不作詩文。間有應酬,都不削藁。戊子之秋,囚繫白門,身爲俘虜。閩人林叟茂之,僂行相勞苦,執手慰存,繼以涕泣。感嘆之餘,互有贈荅。林叟爲收拾殘奔,楷書成册,題之曰秋槐小稿。蓋取王右丞葉落空宮之句也。己丑冬,子羽持孟陽詩帙見示,并以素册索書近詩。簡得林叟所書小册,拂拭蛛網,錄今體詩二十餘首,并以近詩系之。……孟陽已矣!子羽其并眎孟兕,庶幾寶獲我心尔。"牧齋外集題作爲黃子羽書詩册,別本作題秋槐小稿後。

三月朔,作明旌表節婦從祖母徐氏墓誌銘(有學集卷三十七)。

　　徐氏(1572—1649),爲徐栻孫女,世顯之婦,謙貞母。世顯爲順德次子,過繼順理,萬曆二十三年(1595)卒。徐氏守節四十二年,旌表節婦。年七十八卒。

　　牧齋文云:"次年庚寅□月,冢孫孫保卜葬于長興之新阡。"鈔本有學集署"是年三月朔日,從祖舅子謙益謹述"。

　　孫保,一名容保,字求赤。謙貞子。趙士春婿。諸生。有父風,日讀書,夜必記卷尾。藏書甚富,校勘精審。

三月,黃宗羲來訪,住絳雲樓下。

　　黃宗羲天一閣藏書記:"庚寅三月,余訪錢牧齋,館于絳雲樓下,因得盡翻其書籍。凡余之所欲見者,無不在焉。牧齋約余爲讀書伴侶,閉關三年,余喜過望。方欲踐約,而絳雲一炬收歸東壁矣。"

　　黃宗羲思舊錄:"余數至常熟,初在拂水山莊,繼在半野堂絳雲樓下。後公與其子孫貽同居,余即住于其家。……絳雲樓藏書,余所欲見者無不有。公約余爲老年讀書伴侶,任我太夫人菽水,無使分心。一夜,余將睡,公提燈至榻前,袖七金贈余,曰:'此内人意也。'蓋恐余之不來耳。是年十月,絳雲樓毁,是余之無讀書緣也。"

金鶴冲錢謙益年譜:"是年三月,(黄宗羲)來見先生,欲因先生以招婺中鎮將。有事則遣使入海告警,令爲之備。"

杜文焕七十,作奉贈太傅崇明侯發武杜公詩四首(有學集卷二)。

杜文焕太霞洞集卷十二庚寅元日試筆"花甲于今已四旬,壯心銷盡逸情深",卷十三又有庚辰元日紀興,時年六十、季春六旬初度奉酬子亮、述之、野鹿諸友并步來韻詩,可知文焕七十生日在庚寅暮春,牧齋組詩按有學集編排順序,亦在庚寅,疑與賀壽有關,故繫此年。

又作杜大將軍七十壽序(有學集卷二十八)。

序云:"上章攝提格之歲,前太傅元侯大將軍發武杜公,春秋七十。痾月二十日(一本作廿二日),爲懸弧之旦,其猶子總戎弘埠、弘場及諸孫十二人謀,相與羅長筵、考鐘鼓,横金拖玉,稱百年之觴。公方損食降服,獨居深念,湫乎其有墨也,怸怸乎如有所失也,則相與屏營踧踖,前却而未敢進,裁書布幣,走使數百里,以稱壽之詞請于余。"

春,譚吉璁來爲其父貞良請銘。十月二十八,作明五經進士譚君權厝志(有學集卷三十三)。

鈔本有學集署"歲在庚子十月二十八日,石渠舊史虞山通家友生錢謙益撰文",疑是庚寅之誤。銘云:"庚寅春,孤吉璁間關扶櫬,權厝郡城北之朱橋,謀于先友,泣血而請余銘。"

譚貞良(1599—1648),字元孩,號築巖。嘉興人。昌言四子,貞默弟。崇禎十六年(1643)五經進士。弘光時,授吏部精膳司主事,典試廣東。南都陷,與夏允彝、陳子龍等共議拒戰。再入閩,官至兵部右侍郎,死於軍。

吉璁(1624—1680),字舟石。貞良長子。康熙三年(1664),考授弘文院中書,遷榆林同知。十八年,舉博學鴻儒。擢登州知府,卒於官。著歷代武舉考、蕭松錄、嘉樹堂集等。

柳如是作四絶句贈黄若芷(有學集卷二)。

陳寅恪考證黄若芷爲黄媛介,誤,媛介並無若芷字號。嘉慶直隸太倉州志卷四十三:"黄若,字若芝,翼聖女。適楊玠。若芝少仿文俶畫翎毛花草,人爭購之。及寡,遂不復作。削髮奉佛,守節四十三年。"卷四十八:"後有同邑閨秀黄若,從父蜀歸,以奇花珍木圖示之,日夕模寫,致病殁。"

有學集卷三十五黄子羽墓誌銘:"嫁于楊而寡,依其父學佛也者,其女若也。"與柳如是詩"節比青陵孝白華,齋心況復事毘耶。丹鉛點染從遊戲,只似諸天偶雨花"正契合。

三月,卓彝父卓禹亡,年六十八。

卓禹(1583—1650),字肖生,號海幢。瑞安人,居杭州。文與從兄弟卓爾康、卓發之齊名。死後,牧齋應卓彝之請,作海幢先生墓誌銘(牧齋外集卷十六),吳偉業作墓表。

卓彝(1611—1656),字辛彝,號静巖。順治四年(1647)進士。

四月朔,校讀宋史。

牧齋所校爲朱英所刻宋史,現存國家圖書館。

夏四月,徐延壽、陳濬造訪(有學集卷二十二徐存永尺木集序),牧齋作閩中徐存永、陳開仲亂後過訪,各有詩見贈,次韻奉答四首(有學集卷二)。

序云:"存永偕陳開仲自閩過,存永坐絳雲樓下,摩抄沁雪石,周視揷架古史舊文,談興公、孟陽游跡。余爲詩曰:'高人有福先歸地,野老無謀但詛天。'酒罷悲吟,欷歔別去。"

徐延壽尺木堂集亂後得宗伯錢牧齋先生書:"拂水巖頭別後思,秋風常恨雁來遲。交情兩世聯生死,遠道千言說亂離。鼓瑟舊傳錢起詠,和鉛新註杜陵詩。東山賭墅應無恙,總付興亡一局棋。"

徐延壽尺木堂集三過虞山訪牧齋先生:"別去十二霜,庚寅夏月四。問渡喚扁舟,再經虞仲里。偕行有陳生,同執弟子禮。林翁尚矍鑠,依然陪杖履。握手問存亡,先嚴痛逝矣。重開半野堂,宴集多賢士。檀板按吳歈,華筵列羅綺。"

徐延壽尺木堂集再過虞山訪錢牧齋先生半野堂:"小子將車(軍)十二年,回思往事淚潸然。常懷拂水塵中榻,重泛昆湖雪後船。酒瀉百壺花月夜,堂分半野麥秋天。悲歡執手頻相慰,一路山川可似前?"

陳濬,字開仲。閩縣人。衎子。衎字磐生,與徐𤊿同入曹能始閩風樓詩社。有大江草堂集存世。

又大江草堂二集卷又四有送陳克張之常熟訪錢宗伯且之北都:"語別在深澗,驪歌答響泉。吳門猶可望,閩地本來偏。太史舊司馬，諸生今服虔。時危歸勿緩，莫賦帝京篇。"陳翰，字克張。長樂人。但不知與牧齋相見否。

讌新樂小侯於燕譽堂，徐延壽、陳潛、林雲鳳并集，作詩二首（有學集卷二）。

沈德潛國朝詩別裁集卷一錄此詩一首，評云："此少年故侯也，激壯之中自饒悽惋，於吳地讌之，故有末語。"

新樂小侯即劉文炤(1630—1687)，字雪舫。新樂侯文炳幼弟。明史卷三百外戚傳：劉文炳，字淇筠，宛平人。祖應元，娶徐氏，生女，入宮，即莊烈帝生母孝純皇太后也。應元早卒，帝即位，封太后弟效祖新樂伯，即文炳父也。崇禎八年卒，文炳嗣。……九年，進文炳爲新樂侯，其祖、父世贈爵如之。十三年……追贈應元瀛國公，封徐氏瀛國太夫人，文炳晉少傅，叔繼祖，弟文燿、文炤俱晉爵有差。……(十七年三月)十九日，文炤方侍母飯，家人急入曰："城陷矣！"文炤碗脱地，直視母。母遽起登樓，文炤及二女從之，文炳妻王氏亦登樓。懸孝純皇太后像，母率衆哭拜，各縊死。文炤入縊墮，拊母背連呼曰："兒不能死矣，從母命，留侍太夫人。"遂逃去。家人共焚樓。文炳歸，火烈不得入，入後園，適湛然、尼麓至，曰："鞏都尉已焚府第，自刎矣。"文炳曰："諾。"將投井，忽止曰："戎服也，不可見皇帝。"湛然脱己幘冠之，遂投井死。繼祖歸，亦投井死。繼祖妻左氏見大宅火，亟登樓自焚，妾董氏、李氏亦焚死。初，文燿見外城破，突出至滹河，聞内城破，復入，見第焚，大哭曰："文燿未死，以君與母在。今至此，何生爲！"遂覓文炳死所，大書版井旁，曰"左都督劉文燿同兄文炳畢命報國處"，亦投井死。闔門死者四十二人。……福王時，謚文炳忠壯，文燿忠果。

劉文炤逃出時年僅十五，流落江淮間，後移家鹽城，與宋曹結兒女親家，同隱湯村。

徐延壽尺木堂集錢牧齋先生招飲，同劉雪舫小侯、林若撫、陳開仲觀演劇："句傳湘瑟奏雲和，屢舞狂吟飲叵羅。許史當筵悲故國，伊凉變調按新歌。隱招虞仲山如舊，客繡平原像已多。十二年前曾有約，載書應不負重過。己卯春過虞山，先生贈詩有'載書何日重經過'之句。"

爲佟國鼐作佟懷東古意新聲序（牧齋外集卷七）。

古意新聲序云："古意新聲之什，創于陽羨俞羨長，佟中丞懷東見而説之，爲之嗣聲屬和，又益之以出塞、宮詞、閨情、詠懷之屬，凡六十章。閩士徐存永、陳開仲攜以入吳。予方有事採詩，深嘉指意，爲之序而傳焉。……始存永、開仲之以詩請也，秉燭命觴，相顧欣賞。昧旦而求之，余與二子卹然若有失也。浹旬吟咀，昕然有得，始拈出風之一字，而二子遠矣。遇懷東，輒舉似之，懷東笑而不應。"徐存永、陳開仲來訪在四月，序文當作於此後不久，故繫之此。

又懷東究竟爲何人，陳寅恪以爲是閩撫佟國器，方良尋繹事實，以爲是閩撫佟國鼐，然尚乏確證。考序稱佟中丞，國鼐任巡撫在順治四年（1647），國器任巡撫在順治十年（1653），如是國器，序當作於十年以後。國器子世南輯有東白堂詞選，前有詞人姓氏，載佟國器字思遠，號匯白，佟國鼐字懷東，則序爲國鼐所作無疑矣。

佟國鼐，恩貢出身。順治三年（1646），隨大軍平定福建，由巡鹽御史擢福建巡撫。時巡按周世科貪酷，而國鼐以寬仁濟之,全活甚衆。次年免,八年左遷蔚州兵巡道,民賴以安。福建、山西並崇祀名宦祠。楊鍾羲白山詞介云其有閩行小草。國鼐家世不可詳考,錢謙益稱他起於遼東,"長邊陲",和他有通家之好,俄而"國步艱危,家難洊作,毁室有取子之謀,覆巢無全卵之勢","飲章録牒,累北海之一門,複壁後車,倚東海之百口",當與佟養性降金,明朝誅殺佟姓族人有關。

俞羨長,即俞安期(1550—?),初名策,字公臨,改字羨長,號震維居士。本吳江人,遷居陽羨。其翏翏閣全集卷二十九有古意新聲十首,小序云:"余讀古樂府,愛其語直而真,情婉而切,時發豔辭,終無雕繪,其猶存列國之風乎?竊取其語意,漫爲時體,名曰古意新聲。"

四月(余月)朔日,作陸孟鳧七十序(牧齋外集卷十一)。

吳梅村亦有壽陸孟鳧七十詩。

夏五月,赴金華訪馬進寶,初一日渡錢塘江,往來月餘,作詩三十餘首,總名庚寅夏五集。

有學集卷三庚寅夏五集自序:"歲庚寅之五月,訪伏波將軍於婺州。以初一日渡羅剎江。自睦之婺,憩於杭,往返將匝月。漫興口占,得七言長句三十餘首,題之曰夏五集。春秋書夏五,傳疑也。疑之曰夏五,不成乎其爲月也。不成乎其爲月,則亦不成乎其爲詩。繫詩於夏五,所以成乎其爲疑也。易曰:'或之者,疑之也。'作詩者其有憂患乎?"

牧齋此行,陳寅恪以爲是説服馬進寶反清,然事涉機密,尚乏確證。

馬進寶(1613—1660),字唯善,賜名逢知。鼫州人。順治初年隨軍征金華,授金華總兵。十三年(1656),陞蘇松提督。鄭成功入長江,擁兵坐視,以此獲罪被殺。

五日,早發七里灘,過釣臺,晚泊睦州,各作詩一首(有學集卷三)。

乾隆桐廬縣志卷二:"七里灘,在縣西南四十五里。圖經云:七里灘距嚴州四十餘里,又下數里乃至釣臺。輿地志:七里灘與嚴陵瀨相接。甘州記:桐廬縣有七里瀨,瀨下數里至嚴陵瀨,兩山夾峙,水駛如箭。諺云:'有風七里,無風七十里。'蓋舟行艱于牽挽,惟視風以爲遲速耳。"七里灘離釣臺不遠,故繫於一日。睦州即下之嚴州。

五月,在嚴州,爲錢廣居作釣臺彙集序(選刻釣臺集卷端)。

序云:"余宗人大可氏爲嚴州太守,以其間搜訪釣臺詩文,增廣其舊,刻成示余。"

錢大可,名廣居,太倉人。崇禎十五年(1642)順天舉人。入清授鹽山知縣,陞工部主事,歷員外郎,出守浙江嚴州。順治八年(1651)冬,陞陝西關南兵備副使,爲忌者所扼,罷歸。生平好講莊子、性理諸書,居常手不釋卷。著有詩剩、文函(吳郡名賢圖傳贊作問函)諸集,輯有嚴州府志補遺、釣臺集。卒年八十三。

太倉彭城錢氏,乃從常熟遷出。牧齋前往金華,途徑嚴州,故爲此書作序。大可此書又名選刻釣臺集,共五卷,尚存刻本。

在金華,周在勛以詩扇見贈。

周在勛著娛齋詩集卷端牧齋序:"庚寅夏,余游婺城。

郡守周君仲賜以詩扇見投。"

周在勛,字仲賜,號雷澤。山西長治人。崇禎九年(1636)舉人。順治二年(1645)授刑部司務,參校大清律。因督餉薊州、密雲有功,遷户部員外郎。旋授金華知府,以老乞歸。

父周一梧,字唐珪。萬曆二十一年(1593)進士,三十一年曾任蘇州知府。因笞責常熟生員孫汝炬,致生員鬧事,謝政歸田。其時錢謙益年紀尚輕,與一梧應無交往。

又作婺州懷古詩一首(有學集卷三)。

回程再過釣臺、桐廬,載花滿舟,作歸舟過嚴先生祠下留別、桐廬道中詩(有學集卷三)。

牧齋自注云:"蘭溪載花盈舟,越人笑之。"

又在杭州逗留數日,居汪汝謙不繫園中,爲題詩二首(有學集卷三)。

汪汝謙不繫園記:"癸亥夏仲,爲微(雲)道人築净室,偶得木蘭一本,斲而爲舟,四越月乃成。計長六丈二尺,廣五之一。入門數武,堪貯百壺。次進方丈,足布兩席。曲藏斗室,可供卧吟;側掩壁櫥,俾收醉墨。出轉爲廊,廊升爲臺。臺上張幔,花晨月夕,如乘彩霞而登碧落。若遇驚飆蹴浪,欹樹平橋,則卸欄卷幔,猶然一蜻蜓艇耳。中置家童二三擅紅牙者,俾佐黄頭以司茶酒。客來乘舟,可以御風,可以永夕,追遠先輩之風流,近寓太平之清賞。陳眉公先生題曰不繫園,佳名勝事,傳異日西湖一段佳話,豈必壘石鑿沼圍丘壑而私之,曰我園我園也哉!"微道人即王微。

湖上送孟君歸甘州,作詩二首(有學集卷四)。

孟君不祥何人，詩首句"刮面寒風掠鬢絲，湖干尊酒不堪持"，應作於游西湖時。

贈故司禮盧太監詩一首（有學集卷四）。

牧齋此詩題下有自注："盧舊官司禮，神宗時屬鄭貴妃名下。今管織造于杭。"江左三大家詩鈔作羅太監，大概是聲近而誤。盧太監，疑即盧九德。

計六奇明季北略卷十一賊陷鳳陽："（崇禎八年），賊渠列幟，自標古元真龍皇帝，恣掠三日，太監盧九德、總兵楊御蕃，以川兵三千，救鳳陽。"卷十二河南光山之敗："丙子正月二十六日壬申，賊陷閿鄉。上用經略侍郎王家禎巡撫河南。……上又憂賊不即平，命內臣盧九德、劉元斌率禁旅出討。八月抵河南。九德號雙泉，揚州人，性勤幹，諳練兵機。其把牌中軍黃得功、朱紀，皆驍勇絕倫。"卷十四豫楚屢捷：（崇禎十一年）二月，官兵三戰三捷，敗賊於鎮平縣，生擒草上飛、獨脚虎等，斬扒天虎等四人。賊渡河間、光山等處，結連曹操及托天王、整世王、混世王、十天王、紫微星、過天星、飛虎八家大賊，乘商城、固始界，欲上潁、霍等處度暑計。太監盧九德，分布官兵迎擊，大敗賊於山石橋，擒賊抵地虎、黑旋風等。……九月，內臣盧九德扼之於襄，撫臣常道立擊之於鄧，監軍張大經、總兵劉澤清、左良玉、張任學擊之於襄、承、隨、棗、汝、許。"

崇禎實錄崇禎十年："九月丁卯，張獻忠東掠儀真，揚州告急，命督理太監劉元斌、盧九德選勇衛營萬人往援。"十五年十一月二十一日："丁亥，令薊州東西兩協唐通等合兵策應薊州，山東總兵劉澤清入援，太監盧九德防護鳳泗。"十七年正月二十三日:"命馬士英同監勇衛營太監盧九德協勦張獻忠。"

應廷吉青燐屑卷上:"甲申四月,鳳陽總督馬士英、總兵黃得功勦寇,內臣盧九德聞變南行,江北郡縣,擄掠一空。""五月,閣臣高弘圖、樞臣史可法、督臣馬士英、內監韓贊周、盧九德、科臣李霑、臺臣左光先等共擁福藩世子正位南京,改元弘光,遣臣分道安撫天下,從龍定策諸臣進位有差。"

世祖章皇帝實錄卷二十二:"(順治二年十二月六日)杭州織造太監盧九德,具疏進御用袍服。以內監已分隸六部,九德仍妄行具疏,切責之。"其生平大致如此。

爲心函上人作方菴詩(有學集卷四)。

心函,有學集金匱本、鈔本皆作心閑,此音同而誤。昭慶寺志卷九:"普滄字心涵,住持禪堂,能詩,有竹閣社集。"西湖雜感詩其七:"佛燈官燭古珠官,二十年前兩寓公。謂程孟陽、李長蘅。畫筆空濛山過雨,詩情淡蕩水微風。斷橋春早波吹綠,靈隱秋深葉染紅。白鶴即看城郭是,歸來華表莫匆匆。"亦見昭慶寺志卷九。梅村家藏藁卷四亦有題心函上人方菴詩,龔鼎孳定山堂詩集卷一亦有方菴詩贈心涵上人。

又作西湖雜感二十首(有學集卷三)。

西湖雜感沉鬱淒愴,是牧齋代表作之一。

應聞元亮之請,作聞母鄒太君七十序(有學集卷二十九)。

壽序云:"聞元亮之母鄒太君者,吾友子將之配,孟陽之妹也。余往游武林,游于兩君,聞太君風範甚備。元亮長與案等耳。今年再過湖上,太君壽逾七十矣。子將、孟陽墓艸久宿。元亮頎然玉立，彊學勵志，已爲老成人。世界滄桑，湖山間舊游往跡，邈然如威音龍漢，在窮塵歷劫之間，而聞氏母子猶得以高堂暇豫，稱觴燕喜。衰老殘生，俛仰今昔，未嘗不爲听然以喜，愾然以悲也。元亮自愧身爲書生，居隱畏約，不能拾取富貴，顯榮其母，再拜乞言于余，有不能舍然者。"

聞啟祥，生於萬曆八年(1580)。聞元亮，名淡明。孫宇臺集卷十三聞元亮葬記："元亮名淡明，生於壬戌，卒於癸巳。"癸巳爲順治十年(1653)，則鄒太君七十生日，大致在順治六年(1649)至十年間，考牧齋行履，因附此。

在湖上，張次仲來見。秋，許令瑜死，次仲薦令瑜子龕來見。

張次仲張待軒先生遺集卷七與錢牧齋老師："明聖湖頭披髮趨侍，相視莫逆，有淚無聲。陳、蔡之厄，恐不至是。許元忠匍匐而至，不得一晤顏色，今遂爲古人。如此世界，求死不得，祖生先我著鞭，此宜賀不宜弔者也。獨先世氣節自命，元忠拙於仕宦，身後淒涼，十倍古人，未免有今昔之感耳。其元嗣龕頗知自好，能讀先世遺書，遵元忠貽訓，瞻仰門墻，自附桃李餘枝，望吾師捉麈，慊其宿悃。引領虞山，拂水餘波，流行楮墨，彌深懷想。"

龕(1621—1673)，字大辛，號鐵函。令瑜長子。

又同卷與錢虞山老師："潯暑趨侍老師左右，倐忽新秋，寒暑往來，如有大爐，應接不暇，殊難爲懷。承諭認真太過，此膏肓之疾，非藥石所能除。冥心靜念，亦自知無用，如多生習氣何哉！古來士大夫留心禪理者，不過宗門大意，得輕安解脱之趣耳。……"大概亦作於本年。

作顧行之七十壽敘(牧齋外集卷十)。

敘云:"上章攝提格之歲,表兄行之顧君春秋七十。兄爲吾外祖一江府君之冢孫,仲舅曲江府君之子,而吾母一品太夫人之嫡姪也。吾母于仲舅雖異母兄弟,而親逾同胞。……今吾母之棄蓊孤十有八年矣,而吾兄七十稱壽,以五月廿三日爲懸弧之旦"。又云:"吾仲舅布衣任俠,毀家首公,好義急難,十歲誦聲□□。兄雖居身隱約,挫先人之產,而獨立行意,不汩没于流俗。……仲舅好長生冲舉之術,延致閻希言、李赤肚輩,皆百歲以外登真度世之人。兄少從諸道人游,金液之大丹,玉函之隱訣,靡不涉其津涯,啟其關鍵。"可見其爲人。

五月晦日,在歸途唐棲道中,作西湖雜感詩小序。

西湖雜感,又有江左三大家詩畫合璧本,吴梅村繪圖,龔鼎孳題詩。吴梅村又題云:"虞山宗伯作西湖襍感二十首,命偉業繪圖以爲緣起,後自録詩以寄慨云。梅邨吴偉業恭繪。"牧齋小序云:"浪跡山東,繫舟湖上。漏天半雨,夏月如秋。登登版築,地斷吴根;攘攘煙塵,天分越角。岳于雙表,緑字猶存。南北兩峯,青霞如削。想湖山之繁華,數都會之佳麗。舊夢依然,新吾安往?況復彼都人士,痛絶黍禾;今此下民,甘忘桑梓。侮食相矜,左言若性。何以謂之,嘻其甚矣!昔者南渡行都,憋遺南士,西湖隱跡,追抗西山。嗟地是而人非,忍憑今而弔古。叢殘長句,凄絶短章。酒闌燈灺,隔江唱越女之歌;風急雨淋,度峽下巴人之淚。敬告同人,勿遺下體,敢附采風,聊資剪燭云爾。庚寅夏五,憩湖舫凡六日,得詩二十首,特倩梅村祭酒作圖以爲緣起,今并錄之。"詩末又云:"牧齋錢謙益初藁,并書於紅豆山莊之東榮。"詩及小序與有學集刻本頗多不同。龔鼎孳所題詩即牧齋留題湖舫第二首,末署:"癸卯三月十又二日,芝麓弟龔鼎孳拜題。"

陳建銘據末尾印章,考證合璧爲偽作,牧齋"宗伯學士"竊董其昌,"少宗伯大司成之章"竊孫岳頒,甚是。又序中所云"庚寅夏五,憩湖舫凡六日,得詩二十首,特倩梅村祭酒作圖以爲緣起,今并錄之",亦是偽造。吳偉業任國子監祭酒在順治十三年(1656),去順治七年甚遠。

狄葆賢平等閣詩話卷二:"先君子生平酷嗜書畫,耄而不倦,藏弄元、明、國朝人遺冊極多。嘗於光緒乙酉閒遊豫章市上,購得虞山蒙叟西湖雜感詩橫卷一幀。卷首有吳梅村繪圖,蒙叟錄詩於後,綴以駢體序,自紀'庚寅夏五憩湖舫六日,得詩二十首,倩梅村祭酒作圖,以爲緣起'云云。書法兼行草,圓潤蒼健。卷尾有癸卯三月龔芝麓題七律一首。江左三家,烟雲陳跡萃于一幀,洵大觀也。按蒙叟此詩,語多忌諱,故有學集未經刊載。"

過嘉興南湖,望吳昌時勺園,聞其子貧薄,感歎作詩,後又再作一首(有學集卷三)。

東歸漫興六首其四自注:"過南湖,望勺園,悼延陵君而作。其子貧薄,故有任西華之嘆。"

張待軒先生遺集卷十二:"吳來之在鄉,通朝中聲息。予見一友將選官,求虞山先生先容。先生將掌大尺八紙書云:'某誠實人也,可善用之。'令付來之,其應如響。"

過吳門,携鍾元常書賀捷表至韓逢禧草堂,請其鑒賞,並餉以酒炙(有學集卷三婺歸以酒炙餉韓兄古洲口占爲侑)。

  韓逢禧(1576—?),字朝延,號古洲,又號半山老人。長洲人。世能子。以父蔭入仕,官至雷州知府。精于鑒賞。生平詳見其自述五福十全志。

  世能(1528—1598),字存良,號敬堂。隆慶二年(1568)進士。官至禮部左侍郎。嘗奉使朝鮮。

  雲東韓氏家譜韓逢禧五福十全志:"庚寅歲五月,高齋坐雨。琴川老友錢牧齋過余草堂,携有鍾元常書賀捷表。細玩之,是宋高宗所臨。書法雖高古,第以絹素故,鑒定爲南宋之物,亦是人間奇覿。"據有學集卷二庚寅夏五集自序及西湖雜感小序,牧齋五月初一已過錢塘,五月晦日尚在唐棲,若古洲所記無誤,則晦日又至吳門。

從杭州歸,有東歸漫興六首(有學集卷三)。

  華笑廎雜筆卷一黃梨洲先生批錢詩殘本:"東歸漫興六首,牧齋意欲有所爲,故往訪伏波,及觀其所爲,而廢然返櫂。"

  沈德潛國朝詩別裁集卷一錄此詩其四:"贈人句云,半生花月張三影,兩鬢滄桑郭四朝,頗有風韻。"

歸家,題詩夏五集後以示柳如是,中有"聞雞伴侶知誰是,畫虎英雄恐未真"之句(有學集卷三)。

  六月十三,讀宋史五行志,感本年入夏猶寒,跋其後(朱英刻宋史卷九十七)。

六月二十、廿一日,再校跋宋史(朱英刻宋史卷一百四)。

六月廿七日,再校跋宋史(朱英刻宋史卷一百二十一)。

七月朔,再校跋宋史(朱英刻宋史卷一百二十八)。

七月十三,再校跋宋史,出門會見錢曾(朱英刻宋史卷一百五十四)。

跋云:"出門詣遵王,遇大雨,淹留竟日。"

中秋,作書汪然明。

寫心集柬汪然明:"暑雨纏綿,湖山岑寂,匆匆作客,都無好懷。惟是變遷之餘,得與知己盤桓聚首,契闊道故,此行爲不徒也。歸後忽復中秋,忙忙碌碌,却如在逆旅中。秋光如水,明月如璧,不繫園中清歌妍唱,容與六橋、三竺間,不知添許多好景,做許多好詩。提壺載筆,不得追陪後塵,正是生辰八字中欠此一段清福耳。"

九月朔,作王翰明詩引(有學集卷二十四)。

鈔本有學集署"庚寅九月朔,書于松雪翁之沁雪石下"。序云:"定興王翰明,吾友鹿伯順(繼)、孫鍾元之高弟。渡江而南,東國之人倫,兩都之賓主,雲合景附,定交結契,投贈惜別之詩二百餘章,可謂極盛矣。"王翰明不詳,與方文、宋琬等人皆有來往。

山曉閣明文續集卷四評云:"文章與時盛衰,而實因乎情而發。此爲翰明詩作引,而痛伯順(繼)、思鍾元,種種情緒,縈懷不已。故篇中每多言不盡意之處,但提出志字爲主,而諸人之志,翰明之志,與夫鍾元之志,皆在其中,豈作者獨無其志乎?則雖意不盡言,而志之見於言下者,已可令九月初八，再校跋宋史(朱英刻宋史卷一百七十四)。

　　文云："九月初八日，風雨留城，點竟此卷。先是浹旬來，與王蘭陔議賃園居，往返郡城間，陸陸無寧晷也。"

九月，作從祖父錢府君改葬誌(有學集卷三十六)。

　　墓誌云："塹橋阡，副使宅。君從葬，聚營魄。天啟初，即窆窀。晉昌叟，銘玄石。二紀餘，喪厥室。……戊子月，庚寅吉。歲上章，攝提格。史續銘，告宗祐。從祖晜，子謙益。"知為錢謙貞父世顯改葬誌。

十月初二，題石珤等六人詩後(列朝詩集丙集六)。

　　末署"庚寅十月初二日乙夜，蒙叟謙益書於絳雲樓下"。

十月初二，絳雲樓失火。

　　校宋史卷一百七十九後："十月初二夜，半野堂火。昔方雷電交作，大雨傾盆，後樓前堂，片刻煨燼，乃異災也。讀隋經籍志，知書籍所聚，往往遭厄。宋元之繕本，研精五十餘年，轉輾困阨，遭值兵燹，肆力靡休，告成書于望古稀之晨，而一旦為火焚卻，此何為者也？傷哉傷哉！"

　　曹溶絳雲樓書目題詞：入北未久，稱疾告歸，居紅豆山莊，出所藏書，重加繕治，區分類聚，棲絳雲樓上，大櫝七十有三，顧之自喜，曰：'我晚而貧，書則可云富矣。'甫十餘日，其幼女中夜與乳媼嬉樓上，剪燭灺悞落紙堆中，遂燃。宗伯樓下驚起，焰已漲天，不及救，倉皇走出。俄頃樓與書俱盡。

　　按，此時牧齋尚未遷居紅豆莊。

　　人海記："王元美所著讀書後四本，捐館後，公子吏部士騏于貨郎擔中重得，刻以行世。又有毀論十本，係先生手書,無副本。牧齋宗伯乞於吏部,秘不示人。辛卯九月(庚寅冬)燔于絳雲樓之一炬,惜哉!"

絳雲樓災後,牧齋更潛心向佛。

> 牧齋外集卷二大佛頂首楞嚴經疏蒙鈔緣起論云:庚寅之冬,不戒于火,五車萬卷,蕩爲劫灰,佛像經廚,火燄輒返,金容梵夾,如有神護。變憎良久,懼然憬悟。是誠我佛世尊,深慈大悲,愍我多生曠劫,游盤世間文字海中,没命洄淵,不克自出,故遣火頭金剛猛利告報相拔救耳。尅念瘡疣,痛求對治。刳心發願,誓盡餘年,將世間文字因緣,廻向般若。

絳雲樓災,徐延壽寓書慰問,相三日之哭(有學集卷二十二徐存永尺木集序)。

范鳳翼有書相問。

> 范鳳翼范勳卿文集卷三寄錢牧齋:"印如上人同魏于飛至止敝地,遂知台府無恙,乃蒙火災奇慘。今弟關心,即如庚午破家之苦。然至今千古大亂之後,身家猶幸康平,可以無恙。幸台翁自有以自遣,以享德福于千秋也。"

曹溶亦來弔,牧齋憶及順治四年(1647)借書之事,大爲感歎,有售書曹溶之意。

> 曹溶絳雲樓書目題詞:嗣後弔其災,坐久,忽自歎曰:"我有惜書癖,畏因借展轉失之,子曾欲得九國志、十國紀年,我實有之,不以借子,今此書永絶矣!使鈔本在,余可還抄也。"余不樂而退。

> 又云:"予聞駭甚,特過唁之。謂予曰:'古書不存矣,尚有割成明臣誌傳數百本,俱厚四寸餘,在樓外。我昔年志在

圖史，聚此，今已成灰冷。子便可取去。'予心豔之。長者前未敢議值，則應曰諾諾。別宗伯，急訪葉聖野，托其轉請。聖野以稍遲，越旬日，已爲松陵潘氏購去，歎息而已。"

按，松陵潘氏，應是潘檉章，牧齋售書，供其修史之用。則曹溶來弔，未必在本年，且附此。

十月二十五日，吳偉業至常熟，牧齋安排與卞玉京見面，未果。後讀吳梅村琴河感舊詩，亦作四首（有學集卷四）。

鄧漢儀詩觀初集卷一錄其三、其四，評云："如此跋豔詩，便有絕大關係，不得輕議溫、李一輩。""言情都在筆墨之外。"

梅村家藏藁卷五十八詩話：女道士卞玉京，字雲裝，白門人也。善畫蘭，能書，好作小詩。曾題扇送余兄志衍入蜀一絕云："翦燭巴山別思遥，送君蘭楫渡江皋。願將一幅瀟湘種，寄與春風問薛濤。"後往南中，七年不得消息。忽過尚湖，寓一友家，不出。余在牧齋宗伯座，談及故人，牧齋云力能致之，即呼輿往迎，續報至矣，已而登樓，托以妝點始見。久之云痁疾驟發，請以異日訪余山莊。余詩云："緣知薄倖逢應恨，恰便多情喚却羞。"此當日情景實語也。又過三月爲辛卯初春，乃得扁舟見訪，共載橫塘，始將前四詩書以贈之。而牧齋讀余詩有感，亦成四律。其序曰："余觀楊孟載論李義山無題詩，以謂音調清婉，雖極其濃麗，皆托於臣不忘君之意，因以深悟風人之指。若韓致光遭唐末造，流離閩越，縱浪香奩，蓋亦起興比物，申寫托寄，非猶夫小夫浪子，沈酒流連之云也。頃讀梅村豔體詩，聲律研秀，風懷惻愴，於歌禾賦麥之時，爲題柳看桃之作。彷徨吟賞，竊有義山、致光之遺感焉。雨愜無俚，援筆屬和。秋蛩寒蟬，吟噪嗝哳，豈堪與間關上下之音，希風說響乎？河上之歌，聽者將同病相憐，抑或以同牀各夢，而輾爾一笑也。"詩絕佳，以其談故朝事，與玉京不甚切，故不錄。末簡又云："小序引楊眉庵論義山臣不忘君語，使騷人詞客見之，不免有兔園學究之誚。然他日黃閣易名，都堂集議，有彈駁文正二字，出余此言爲證明，可以杜後生三尺之喙，亦省得梅老自下註脚。"其言如此。玉京明慧絕倫，書法逼真黃庭，琴亦妙得指法。余有聽女道士彈琴歌及西江月、醉春風填詞，皆爲玉京作，未盡如牧齋所引楊孟載語也，此老殆借余解嘲。

　　梅村家藏藁卷六琴河感舊四首："楓林霜信，放棹琴河。忽聞秦淮卞生賽賽，到自白下。適逢紅葉，余因客座，偶話舊游。主人命犢車以迎來，持羽觴而待至。停驂初報，傳語更衣，已託病痁，遷延不出。知其惟悴自傷，亦將委身於人矣。予本恨人，傷心往事。江頭燕子，舊壘都非；山上蘼蕪，故人安在？久絕鉛華之夢，況當搖落之辰。相遇則惟看楊柳，我亦何堪；爲別已屢見櫻桃，君還未嫁。聽琵琶而不響，隔團扇以猶憐。能無杜秋之感、江州之泣也！漫賦四章，以誌其事。

　　白門楊柳好藏鴉，誰道扁舟蕩槳斜。金屋雲深吾谷樹，玉杯春暖尚湖花。見來學避低團扇，近處疑嗔響鈿車。卻悔石城吹笛夜，青驄容易別盧家。

　　油壁迎來是舊遊，尊前不出背花愁。緣知薄倖逢應恨，恰便多情喚却羞。故向閒人偷玉筯，浪傳好語到銀鉤。五陵年少催歸去，隔斷紅牆十二樓。

休將消息恨層城，猶有羅敷未嫁情。車過捲簾勞悵望，夢來攜袖費逢迎。青山憔悴卿憐我，紅粉飄零我憶卿。記得橫塘秋夜好，玉釵恩重是前生。

長向東風問畫蘭，玉人微欹倚闌干。乍拋錦瑟描難就，小疊瓊牋墨未乾。弱葉懶舒添午倦，嫩芽嬌染怯春寒。畫成粉奩憑誰寄，多恐蕭郎不忍看。

趙士春保閒堂續集卷四讀錢牧齋有學詩集其三：吳梅村豔體詩四首贈秦淮妓卞賽，和詩序中引前人評李義山無題詩，謂是臣不忘君之意。

風流自詠紅兒句，此念那從忠孝來？不見昔時慟哭者，也曾攜妓上西臺。

余懷板橋雜記卷中：卞賽，一曰賽賽，後為女道士，自稱玉京道人。知書，工小楷，善畫蘭、鼓琴，喜作風枝嫋娜，一落筆畫十餘紙。年十八，遊吳門，居虎丘，湘簾棐几，地無纖塵。見客初不甚酬對，若遇佳賓，則諧謔間作，談詞如雲，一座傾倒。尋歸秦淮，遇亂復遊吳。吳梅村學士作聽女道士卞玉京彈琴歌贈之，中所云"昨夜城頭吹篳篥，教坊也被傳呼急。碧玉班中怕點留，樂營門外盧家泣。私更裝束出江邊，恰遇丹陽下渚船。翦就黃絁貪入道，攜來綠綺訴嬋娟"者，正此時也。在吳作道人裝，然亦間有所主。侍兒柔柔，承奉硯席如弟子，指揮如意，亦靜好女子也。逾兩年，渡浙江，歸于東中一諸侯，不滿意，進柔柔當夕，乞身下髮。後歸吳，依良醫鄭保御，築別館以居，長齋繡佛，持戒律甚嚴，刺舌血書法華經以報保御。又十餘年而卒，葬于惠山祇陀庵錦樹林。

按：牧齋詩小序有學集有記日，題"時歲在庚寅玄冥之小月二十有五日"。

又程穆衡吳梅村詩集箋註卷三有觀棋詩六首，繫年在此時，題下注"和錢宗伯"：深院無人看劇棋，三郎勝負玉環知。康猶亂局君王笑，一道哥舒布算遲。

小閣疏簾枕簟秋，晝長無事爲忘憂。西園近進修宮價，博進知難賭廣州。

閒向松窗覆舊圖，當年國手未全無。南風不競君知否，抉眼胥門看入吳。

碧殿春深賭翠鈿，壽王游戲玉牀前。可憐一子難饒借，殺却抛殘到那邊。

玄黃得失有誰憑，上品還推國手能。公道世人高下在，圍棋中正柳吳興。

莫將絕藝向人誇，新勢斜飛一角差。局罷兒童閒數子，不知勝負落誰家。

十一月初五，桂林陷。次日，瞿式耜與張同敞被清軍所執，二人在獄中賦詩唱和。閏十一月十七日，二人遇害。

瞿式耜東日堂詩藁自入囚中，頻夢牧齋錢師，周旋繾綣，倍于昔年，詩以志感："休言漢祚不靈長，佇盼中原我武揚。頗羨南荒留日月，寧知西土變冠裳。天心莫問何時轉，臣節堅持詎改常。自分此生無見日，到頭期不負門墻。"

冬，胡梅卒，臨終，囑友人向牧齋請序。

列朝詩集丁十三下胡山人梅：庚寅冬，病卒，撫其詩，屬友人曰："爲我請于虞山，得數行爲序，死可瞑矣。"徐元歎憐其意,選其詩十餘首,余錄而存之。

作贈中憲大夫忍齋顧府君墓誌銘(牧齋外集卷十六)。

顧譔(1596—1650),字仲晉,號忍齋。長洲人。九思弟九韶孫。周順昌被逮,周旋其難。長子贄,字舊來。順治六年(1649)進士,官吏部郎中。次子贊,字思王。開化縣丞。

按:牧齋墓誌云贄爲順治四年(1647)丁亥進士,考府縣志及進士題名碑皆作六年,改從之。

長至日,作黄皆令新詩序(有學集卷二十四)。

有學集無寫作時間,據黄媛介湖上草卷端,知作於本年長至日。序云:"今年冬,余遊湖上,皆令僑寓秦樓。見其新詩,骨格老蒼,音節頓挫。雲山一角,落筆清遠,皆視昔有加,而其窮亦日甚。湖上之人,有目無覩。蠅鳴之詩,鴉塗之字,互相題拂,于皆令莫或過而問焉。衣帔綻裂,兒女啼號,積雪拒門,炊煙冷突。古人賦士不遇,女亦有焉,吁其悲矣!"

按,"今年冬",疑是"今年夏"誤。

梅村詩話:"媛介客於牧齋柳夫人絳雲樓中,樓毀於火,牧齋亦牢落。嘗爲媛介詩序,有今昔之感。"即指此文。

黄公渚評云:"黄皆令新詩序,先敘湖山吟咏之樂,次敘炊煙冷突之悲,歐陽修所謂因道其盛時以悲其衰也。後幅寫亡國之痛,又作慰藉語,寓駢儷於散體之中,極哀感頑艷之致。"

徐仲昭有長歌見贈,至後一日,作書囑咐其刊刻徐霞客遊記。

錢謙益囑徐仲昭刻遊記書:"侯伯暘來,知先生有長歌見贈,頃從祉生得之。隋珠和璧,錯落扇頭。至於片言相許,千古爲期,被斷緇以青黃,鮮混沌之眉目,俾得傳之其人,藉以不朽,則雖有百朋之錫,連城之割,豈足以逾此哉?萬卷劫灰,一身旅泊,一意拋棄世事,皈心空門;世間聲名文句,都如塵沙劫事,不復料理。唯念霞客先生遊覽諸記,此世間真文字、大文字、奇文字,不當令泯滅不傳。仁兄當急爲編次,謀得好事者授梓。不惟霞客精神不磨,天壤間亦不可無此書也。聞其文字質直,不事雕飾,又多載米鹽瑣屑,如甲乙帳簿。此所以爲世間真文字,萬萬不可改換竄易,失卻本來面目也。知先生自有卓識,并與子玉昆仲具眼者商之。老眼多花,尚思見此奇寶,作點眼空青也。信筆附謝,何時更得一握手,快所欲言,徒有搔首耳!至後一日某頓首,仲昭徵君仁兄有道。"此書未署年月,徐霞客遊記徐建極鈔本"萬卷劫灰"有註:"先生有絳雲樓,藏書萬卷,十月盡毁于火,故云。"據此,書當作於今年。

　　伯暘名復。常熟人。擅畫。祉生,即繆昌期孫繆疇。

又作書毛晉,請梓行徐霞客遊記。

　　錢牧齋先生尺牘卷二:徐霞客千古奇人,遊記乃千古奇書,惜其殘缺,僅存數本。仲老携來,思欲傳之不朽。幸爲鑒定流通,使此等奇人奇書,不没於後世,則汲古之功偉矣。詩集序可付稿來,另寫登梓。未刻經目并雲棲經,直乞借一看。

嘉平月再望,題徐賁詩後(列朝詩集甲十一)。

　　末云:"余撰此集,倣元好問中州故事,用爲正史發端,搜撼考訂,頗有次第。十月之交,不戒於火,三百年琬琰盡矣。劫火秦灰,斯文蕩然。行且瘞硯塚筆,以答天戒。翻閱幼文之集,戚戚心動,謹書其後,以告世之君子,或亦爲撫卷而三歎也。庚寅嘉平月再望,蒙叟謙益書於絳雲餘燼室。"
本年,列朝詩集選輯基本完成。

有學集卷十八歷朝詩集序:"而丁開、寶之難,海宇板蕩,瀕死訟繫,復有事於斯集,託始于丙戌,徹簡于己丑。"

又顧苓河東君傳:"宗伯選列朝詩,君爲勘定閨秀一集。"列朝詩集小傳中亦有柳如是評語,閏集六許妹氏:"承夫子之命,讎校香奩諸什,偶有管窺,輒加絮記。"

本年,與王言相識,王時爲江南按察使司副使。

王言,遼東人。貢生。官兩淮運同,陞江南按察使司副使,轉山西按察使司副使。

有學集卷三十四王府君墓誌銘:"歲攝提格,我識使君。盱衡抵掌,噓氣成雲。東方之美,有珣玗琪。"

世祖章皇帝實錄卷三十三:"(順治四年八月一日)陞兩淮運同王言爲江南按察使司副使,水利道。"卷六十:"(順治八年九月四日)江南水利道副使王言爲山西按察使司副使,岢嵐道。"

清順治八年辛卯(1651)　明永曆五年　七十歲

正月,黃媛介爲柳如是作畫。

此畫藏故宮博物院,與柳如是月堤烟柳圖合裝。黃媛介題云:"辛卯春正寫意,奉寄河東夫人,以博粲教。"

正月,生孫佛日。

佛日,字重光,小名桂哥,見有學集卷九桂殤詩小序。

正月,開始撰寫楞嚴經疏蒙鈔。

牧齋外集卷二大佛頂首楞嚴經疏蒙鈔後記:"蒙之鈔是經也,創始于辛卯歲之孟陬月,至今年中秋而始具艸。"

孟陬二十四日,作書石林上人,對其所撰義山詩註大加讚揚,並爲制定凡例(錢牧齋先生尺牘卷二)。

書云:"伏讀義山詩箋注,援據詳洽,尋味良苦,可謂既文既博,亦玄亦史,雖復世諦之駢枝,實則藝苑之金鏡也。焚書之後,幾無片紙。腹笥單疎,老眼昏眊,繙閱一過,信筆點竄,無是正之能,多闕如之義。奉承嘉命,良可愧矣。注書之難,昔人所歎。……纂要鉤玄,删煩薙雜,更與通人如夕公輩者疏通證明,撰定一編,庶不負阿師禪餘梵罷,攤書冢筆,數十年一片苦心也。序文敢不如命,佇俟削藁,便當命筆。"此書南京圖書館鈔本末署"辛卯孟陬月二十日,蒙叟謙益和南謹白",又附凡例六條,大致以遵宋本、重釋事爲主。

閏二月,錢裔嘉五十生日,作詩賀之(苦海集嗣隆姪孫起自孤生,育於祖母劉,克有成立,娶於趙,生子皆美秀而文,辛卯閏二月五十初度,詩以祝焉)。

錢裔嘉(1602—?),字嗣隆。

三月,石濤上人持蕭士瑋書自廬山來,歸,作十四絶句送之(有學集卷四)。

詩後有注:"石濤開士自廬山致伯玉書,於其歸,作十四絶句送之,兼簡伯玉。非詩非偈,不倫不次,聊以代滿紙之書,一夕之話。若云長歌當哭,所謂又是一重公案也。辛卯三月,蒙叟弟謙益謹上。"

春浮園集附牧齋祭蕭奉常伯玉文，牧齋自注云："壬辰春，石濤上人自廬山持伯玉書來，漫興十二絕句送之，兼柬伯玉，以代滿紙之書、一夕之話。比至，而伯玉已化去矣。今年得見孟昉，感歎存没，書此詩於扇頭，歸時以吾集敘、祭文并詩寫作一通，焚之殯宫，亦少見吾兩人素車白馬之誼也。"壬辰係誤記，伯玉順治八年（1651）四月十三已亡故，不可能九年壬辰尚有書來。

又作書毛晉。

錢牧齋先生尺牘卷二與毛子晉："八行復伯玉，幸致石濤師兄，并附齋銀一金，窮子老酸，正可一笑也。信筆作十四絕句，當令白家老嫗誦之。兄見之，當爲一笑也。夏五集有抄本，可屬小史錄一小册致伯玉，俾少知吾近況耳。乾集閱過附去，本朝詩無此集，不成模樣。彼中禁忌，殊亦闊疏，不妨即付剞劂，少待而出之也。"

三月二十四，孫魯書華嚴經成，作法書華嚴經偈（有學集卷四十六）。

鈔本有學集署"鴻朗妙嚴重光單閼之歲痾月二十四日，齋沐拜手謹書于絳雲餘燼處"。文云："海虞城中有善男子孫氏名魯，發願敬書大方廣佛華嚴經八十一卷，踰年告成。那羅延窟弟子蒙叟錢謙益忻逢勝緣，焚香繙閱，合掌頂禮，而爲說伽陀以讚嘆曰……"

春暮，王紫稼北上依龔鼎孳，作詩送之，兼柬冬哥（有學集卷四辛卯春盡，歌者王郎北遊告别，戲題十四絕句，以當折柳，贈别之外，雜有託寄，諧談無端，讔謎間出，覽者可以一笑也）。

牧齋外集卷六西陵二張子詩序云:"往歲吳門歌者入燕,過余言別,有龜年湖湘之嘆,爲書斷句十四首。龔孝升在長安,倚而和焉。傳寫至濟上,盧德水酒間曼聲諷詠,泣下霑襟,坐客皆凄然掬淚。"

梅村家藏稿卷十一王郎曲:"王郎十五吳趨坊,覆額青絲白皙長。孝穆園亭常置酒,風流前輩醉人狂。同伴李生柘枝鼓,結束新翻善財舞。鎖骨觀音變現身,反腰貼地蓮花吐。蓮花婀娜不禁風,一斛珠傾宛轉中。此際可憐明月夜,此時脆管出簾櫳。王郎水調歌緩緩,新鶯嚦嚦花枝暖。慣拋斜袖卸長肩,眼看欲化愁應懶。摧藏掩抑未分明,拍數移來發曼聲。最是轉喉偷入破,嬬人腸斷臉波橫。十年芳草長洲綠,主人池館惟喬木。王郎三十長安城,老大傷心故園曲。誰知顏色更美好,瞳神剪水清如玉。五陵俠少豪華子,甘心欲爲王郎死。寧失尚書期,恐見王郎遲。寧犯金吾夜,難得王郎暇。坐中莫禁狂呼客,王郎一聲聲頓息。移牀欹坐看王郎,都似與郎不相識。往昔京師推小宋,外戚田家舊供奉。只今重聽王郎歌,不須再把昭文痛。時世工彈白翎雀,婆羅門舞龜兹樂。梨園子弟愛纏頭,請事王郎教弦索。恥向王門作伎兒,博徒酒伴貪歡謔。君不見康崑崙、黃幡綽,承恩白首華清閣。古來絕藝當通都,盛名肯放優閒多。王郎王郎可奈何!王郎名稼,字紫稼,於勿齋徐先生二株園中見之,髫而晳,明慧善歌。今秋遇於京師,相去已十六七載。風流儇巧,猶承平時故習。酒酣,一出其伎,坐上爲之傾靡。余此曲成,合肥龔公芝麓口占贈之曰:薊苑霜高舞柘枝,當年楊柳尚如絲。酒闌卻唱梅村曲,腸斷王郎十五時。"

熊文舉恥廬詩集戴少司農齋中步虞山先生韻贈歌者王生：

鳳城佳氣遶瑤林，細按笙簫夜色深。直接青霄人似玉，傲誰風雪訪山陰？

蘇臺幾度見飛花，剪燭西窗坐絳紗。惆悵夜闌歌態冷，銷魂天外脆殘霞。

娟娟霜月浸烟霞，矮屋明窗等畫橈。有客烏烏能送酒，絕勝赤壁聽吹簫。

不解傷心不遺聞，清微古調遏行雲。堪憐白首梁江總，聽到無聲淚雨紛。

金臺玉峽已滄桑，細雨梨花枉斷腸。惆悵虞山老宗伯，浪垂情淚送王郎。

人間幽夢幾曾醒，玉茗檀痕字字靈。彈動琵琶天欲老，傷心寧爲牡丹亭？

三三兩兩絕江潭，碧玉紅牙總未諳。誰是渭城朝雨客，又從沙塞見何戡。

淮水吳山又帝都，平原萬馬聽吹蘆。君過燕市應垂涕，可有高陽舊酒徒。

幾年邊調咽殘醼，蕭索山河天道分。十五胡姬能勸酒，窺他豔色不如君。

侯門毳帳響弓刀，風雅猶然拔俊髦。誰爲王昌青一顧，君家原有鬱輪袍。

十載樽前夢虎丘，千人石上聽清謳。淒涼此事成今古，猶向龜年憶舊遊。

舞罷霓裳散酒人，蕭條無復曲江春。滿愁旅食緇衣客，來浣長安陌上塵。

熊文舉雪堂先生集選卷十一王伶歎:"王伶,名子介(合),吳門人。往見於劉西佩尚寶家,髮鬖鬖覆額,歌聲圓亮,如珠串玉。簫尤工掩抑愁絕之態。丙戌世亂,歸督府,復歸署中丞,又歸董直指。戊子江右大亂,歸偽藩。己丑城破,執於北兵,以為流落不知死所。辛卯,忽見於京師。曲則猶是也,而人已頎然長矣。嗚乎,一伶所歷之滇洞變遷如是。七君子遭時不淑,其為失機落節,可勝歎哉。此杜少陵所以重有感於李龜年也,因寫王伶歎。"

清稗類鈔優伶類王紫稼風流儇巧:王稼,字紫稼,一作子玠,又作子嘉,明末之吳伶也。風流儇巧,明慧善歌。順治辛卯,年三十矣,從龔芝麓入京師。先至常熟,告別於錢牧齋,牧齋乃為送行十四絕句,以當折柳,蓋於贈別之外,雜有寄託,諧談無端,讔謎間出也。詩云……熊雪堂侍郎文舉聞之,和韻以諷曰:"金臺玉峽已滄桑,細雨梨花枉斷腸。惆悵虞山老宗伯,浪垂清淚送王郎。"牧齋見之,不懌者累日。紫稼既入都,諸貴人皆惑之,吳梅村嘗作王郎曲云……甲午春盡,紫稼南歸,芝麓和牧齋韻以送之云……紫稼返蘇而禍作矣。時披縣李琳枝給諫森先方巡按下江,訪拏三遮和尚,而紫稼亦與焉,枷於閶門,三日而死。其後有人自北濠歸家,聞水濱有二人閒話云:"惡人受報不爽,三遮和尚死後,仍問斬罪,紫稼死後,又問徒罪,變成馬騾之類,日日受負重行遠之報。"互相歎息。其人駐足審視,二人谽然入水而去,方知為落水鬼也。

尤侗艮齋雜說卷四:予幼時所見王紫稼,妖豔絕世,舉國趨之若狂。年已三十，游于長安，諸貴人猶惑之。吳梅村作王郎曲云："寧失尚書期，恐見王郎遲。寧犯金吾夜，難得王郎暇。"而龔芝麓復題贈云："薊苑霜高舞柘枝，當年楊柳尚如絲。酒闌却唱梅村曲，腸斷王郎十五時。"其傾靡可知矣。後李琳枝御史按吳，錄其罪，立枷死，識者快之。然當時尚有惜其殺風景者。

清史稿卷二百四十四："李森先，字琳枝。山東掖縣人。明崇禎進士。……十三年，巡按江南，劾罷貪吏淮安推官李子燮、蘇州推官楊昌齡，論如律。巡蘇州，杖殺不法僧三遮、優王紫稼，并爲優張榜少年沈澄，一時震悚。"

又女開科記、梧桐影詞話兩部豔情小說，即以王紫稼、三遮和尚爲本事。龔鼎孳贈詩見順治十一年甲午條。

熊文舉請作其母墓誌，作熊母皮夫人墓誌銘（有學集卷三十三）。

墓誌云："少宰南昌熊公趨召北上，詒書屬余，以母夫人墓石爲請。"

熊文舉（1599—1669），字公遠，號雪堂。江西新建人。崇禎四年（1631）進士。官至吏部郎中。李自成入北京，歸附大順。後降清，仍委原職，遷吏部左侍郎。康熙元年（1662）丁憂，再起爲兵部左侍郎。次年以病免。卒於家。據清實錄，熊文舉本年授吏部左侍郎，次年奉父諱南歸。因附此。

四月，與沈顥、楊曰補相見於書齋，看黃媛介所寄畫，錄贈黃介令序於其上。

牧齋題云："辛卯清和月，時與沈朗倩、楊曰補晤言小齋，談及皆令近況，適見其小幅，因錄序言於左。"見月堤烟柳圖題跋。

又爲沈顥作詩一首（牧齋外集卷一辛卯初夏，辱朗翁社兄過我話舊，贈此）。

牧齋詩中自註："翁年六十六。"據此，朗翁生於1586年，正與沈顥合。

余月，題沈石天浣花閒話（牧齋外集卷二十五）。

同卷又有爲沈石天題高士册，附此。石天即沈顥號。

又題沈石天頌莊（有學集卷五十）。

鈔本有學集末署"書于檀雲館之沁雪石前"。沁雪石即在絳雲樓側，相傳爲趙孟頫鷗波亭物。"沁雪"二字，即趙孟頫所書。後爲常熟錢昌字允言購得，先歸徐廷庸，再歸錢謙益。見柳南隨筆卷四。隨筆云沁雪石毁於絳雲樓大火，據此文，則非是。

沈顥將別，又作一首（牧齋外集卷一朗翁攜紫輕再過小飲，時將判袂，賦此志感）。

四月十三日，蕭士瑋卒，年六十七（有學集卷三十五蕭伯玉墓誌銘）。

動身往廣陵，於京口渡江，作京口渡江有寄（有學集卷四）。

在京口，看梁溪過百齡下棋，作詩六首（有學集卷四京口觀棋六首）。

秦松齡蒼峴山人文集卷四過百齡傳：百齡姓過氏，無錫人也。……生而穎慧，好讀書。年十一歲，見人弈，即盡得其虛實先後進擊退守之法。與人弈輒勝,間黨間無不奇百齡者。時福唐相臺山葉公弈品居第二,過無錫,求可與敵者,諸鄉先生則召百齡。至則一童子也,葉公已奇之。及弈,葉公輒負。諸鄉先生耳語百齡曰:"葉公貴人,若當陽負,何屢勝?"百齡色然曰:"弈固小技,然枉道媚人,吾恥焉。況葉公賢者也,豈以此罪童子?"葉公聞而重之,欲載之去,百齡辭。自是而百齡之名益著,京師諸公卿聞而邀致之。有林生者,先百齡而得名,見百齡年少,意輕之。一日,諸公卿會飲,林笑視百齡曰:"吾與若同遊京師,未嘗一爭道角技,即諸先生何所用吾與若耶?今願畢其所長,博諸先生歡。"諸公卿皆曰:"諾。"遂爭出注,約百緡。百齡固謝不敢。林益驕,益強之,遂敵道弈。弈未半,林面赤,汗沾頰,而百齡信手落子,旁若無人。凡三戰,林三敗。諸公卿譁然曰:"林生雅自負,今得過生,廼奪之矣。"復皆大笑。於是百齡棋品遂第一。當是時,居停主某錦衣以事繫獄,或謂百齡曰:"君爲錦衣客,須謹避,不然,禍將及。"百齡曰:"噫,錦衣遇我厚,今彼有難而去之,不義。且吾與之交,未嘗干以私,禍必不及。"時同客錦衣者悉被繫,百齡竟免。已而天下多故,百齡不欲久留,遂歸。日與一二酒徒狂嘯縱飲,不數與人弈,而顧好博,博輒敗,向弈時所得貲盡失之。百齡名文年,以字行,人皆稱曰過百齡云。

虞初新志卷十一亦收此文,而更加詳。林生,即林符卿。牧齋詩其三"烏榜青油載弈師,東山太傅許追隨。風流宰相清平世,誰識枰邊一着棋",即記與葉向高對弈事。

春夏間,在广陵,居福緣庵,登佛閣,作詩四首(有學集

卷四廣陵登福緣佛閣四首),見彭士望等人。

有學集卷二十三彭達生晦農艸序:"越七年辛卯,遇達生于廣陵僧舍,風塵顑頷,扠衣禈坐,久之乃辨識顏面。起而再拜,涕泗霑衣袂,喉吻喀喀然,有言而各不能吐。"

彭士望恥躬堂詩自序:"辛卯,詣姑孰,晤區湖寄公沈名士柱、棲碧即黎士彥諸子,就止山即曾傳燦京口。見後雲門僧即韓繹祖,相持痛哭。夏五月,遊廣陵邑人李、顧,寓公劉、瞿、余、張、余、秦,同虞山蒙叟錢名謙益、三茅山道士張仲符、錢塘卓子姚名志卓班荊野寺主福緣庵僧德宗。歸山作廡下吟十首。"

牧齋此次往廣陵,與反清大有關係。廣陵登福緣佛閣第一首:"鈴鐸人天語,如聞替戾風。"即用匈奴劉曜被擒典故。彭士望恥躬堂詩鈔卷十六山居感逝,示弟士時、士貞、壻胡映日令貽,稚子厚德,戊戌臘廿日:"時有二少年,一伯一中丞姚志卓,浙江;黎士彥,新建。屈己兄事我,怒呵猶順承。可惜蹈江海,黃鳥徒哀傷。更有一老翁,破產圖再光。既耄氣不衰,壯志能冥升。脫略舊師生,八拜何忘形。……岩棲獄瘐死,耿耿戀明王茅山張沖符、東江卞(苓)醇醇、西山張逍遥、揚州僧 德宗(宋)。"老翁即牧齋。

姚方卓即姚神武。牧齋後秋興八首之三其三自註:"姚神武有先裝五百羅漢之議,内人爲余盡橐以資之,始成一軍。""乙未八月,神武血戰,死崇明城下。"錢曾詩註:"飲光錢澄之曰:姚志卓,字子誠,錢塘人。乙酉秋同金道隱起義瓶窰山中,勇而健鬭,敵畏之,稱爲姚老馬。道隱入朝,奏犖勅獎諭,封神武伯,未至而兵潰,一門殲焉。獨其尊人默仙翁跳免奔閩。閩事壞，匿沙縣村中，予亦避跡于縣之北鄉砦，與翁謀一面即別去。度嶺之明年，翁至道隱署中，予爲書介之方密之，相與甚歡。未幾，翁死，密之葬之平西山中，立碑以表焉。辛卯冬，予歸里，息影江村。壬辰秋，有客款門，不通名字。問其地，則曰杭州。予曰：'杭有姚子誠，予未之識。君神氣清正，一何似其尊人默仙翁也。'客驚，伏地哭，自陳實子誠，因謝葬先人而來。留之止宿，細述虞山公資其遠行，甫抵貴州，即回，不得至安隆，且述湖南戰功甚悉。質明別去。君無家，有蔣生者，爲瓶窰同事死難之子，君撫之，已有室矣，變姓名寄居高郵。君即其家以家焉，爲土人告捕，君無地自容，值海上樓船大震，遂入張名振舟中。至崇明遇敵，君奮欲立功，揮刃登岸，恃勇深入，後無繼者，爲敵所圍，連砍數人，自刎死。"錢曾此注與錢攜祿先公田間府君年譜基本一致，可參看。

張仲符，亦是反清義士。順治十一年（1654）正月，吳鼎在鎮江被清廷被捕，牽連出一大批義士，如平一統、闞名世、萬爾順、眭本等人。四月，平一統、闞名世、萬爾順等人被兩江總督馬國柱殺害。眭本被繫不屈，觸階而死（彭士望稱夾死）。隨後，賀王盛、冷應祥、趙成甫、江之龍相繼被殺。而逃脫者，則有姚志卓、張充甫、楊聲遠等人。見何齡修平一統賀王盛復明案始末一文。

高宇泰雪交亭正氣錄卷八："德宗，揚州僧。凡淮海舊臣有志興復者，無不與之交。監國在舟山時，間至吾郡，蓋亦爲行朝而至也。癸巳春，一士人往訪之，與談恢復事。德宗初不與深言，漸見士人情款甚篤，遂稍稍泄，其人去。未幾,遂捕德宗。乃知爲清巡按微服往誘之也。拷掠甚酷,德宗至死不承,決不及同事一人。于是巡按無所據而發,禍遂解,而德宗斃於杖下。"

汪雲卿歸楚,作詩送之(有學集卷四)。

有學集卷三十四懷遠將軍進階安遠將軍錦衣衛指揮同知北鎮撫司掌司事王府君墓誌銘:崇禎九年,烏程枋國,興牢修、朱立之獄,而余首及難。大金吾希承風旨,鍛鍊具獄,獄三上,上不許,詔下東廠。廠屬所司詳審推鞫,盡得鈎連文致狀。上震怒,尸三奸人于闕下,烏程罷,不再召,旋命法司釋予。事之殷也,東廠理刑王公喟然嘆曰:"起大獄,殺大臣,斲大法,蒙蔽當宁,衛代閹割刃,而廠代衛受名,不已慎乎?"偕其屬正告廠璫,璫大悟,獄遂得白。方獄急,人莫知也。楚人汪雲卿客公所,請以告余。公屬曰:"悶之,毋使烏程知而甚我。"烏程死,又囑曰:"終悶之,虞山將大用,吾不欲使知而德我也。"汪生爲余言公之爲長者如此。

聞瞿式耜死訊,作哭稼軒留守相公一百十韻(有學集卷四)。

瞿氏家乘卷五載此詩,末有牧齋識:"契家老友蒙叟錢謙益作爲此詩,辛卯六月朔日,書遺孝子伯申曰:'爲我曼聲朗誦,申告几筵,即焫而焚之。萇弘之血,三年化碧,此詩方可流播人間也。'寫畢,復抆淚書其後。"

瞿式耜殉難後,哭挽者甚多。陳瑚確菴文稿卷二瞿稼軒臨桂輓辭并序云:"甲午春,明留守大學士稼軒瞿公之喪至自桂林,藩臬大吏令丞以下,莫不奔走而拜之。國中縉紳先生、耆老子弟,暨其門生故舊之屬,皆束芻絮酒,會哭于其丙舍之旁。蓋自國變以來，士大夫之仗節死難，成仁取義，其感人未有若此之盛者也。"除陳瑚外，吳偉業、錢曾、陳璧、歸莊、錢賤、王抃、弘儲、魏耕、方以智、林雲鳳、金堡、吳歷、方孔炤、王夫之、陸世儀、黄起、陸元輔等人都有輓詩或者祭文，長詩則牧齋一百十韻、錢曾百韻、陳璧七十韻，以牧齋爲最工。

梅村家藏藁卷五十八詩話："錢宗伯爲詩哭之，得百二十韻。其敘浩氣吟，文詞忼烈，絶可傳。稼軒在囚中，亦有頻夢牧師之作。蓋其師弟氣誼，出入患難數十餘年，雖末路頓殊，而初心不異，其見詩文者如此。余亦爲詩哭稼軒曰：萬里從王擁節旄，通侯青史姓名高。禁垣遺直看封事，絶徼孤忠誓佩刀。元祐黨碑藏北寺，辟疆山墅記東皐。歸來耕石堂前夢，書畫平生結聚勞。"梅村詩即梅村家藏藁卷六雜感二十一首最後一首。

陸瑞徵有疾，作詩問之（有學集卷四簡陸二兆登問疾）。

康熙重修常熟縣志卷二十文苑："陸瑞徵，字兆登。勤苦積學，以明經序進，謁選得應天學博，日與名流韻士結社賦詩，南曹鉅公雅相引重。以臺薦知浙之新城，其城彈丸三里，在萬山中，群峰峝嶵，清泉流激，瑞徵樂其山水，蒲鞭不試。踰年鼎革，不願仕進，納印歸。爲人端方易直，自少至老，橫經籍史，手不廢書。篤嗜翰墨古法帖名畫，復喜弈，晚年兼親繪事。所居城西南隅，有頤志堂，幽軒曲沼，皆所手闢。有頤志堂稿八卷、歸鶴堂稿八卷行世，法忍菴稿四卷未刻。"瑞徵即陸貽典父。兄泰徵，字九來。諸生。亦有才名。早卒。

钱牧斋先生尺牍卷二与陆敕先:"尊公去世,吾辈失此良友。邑中善类,亦道尽矣。每与孟觥谈及,未尝不俳徊叹息也。"陆铣死于顺治十一年(1654),则瑞征卒年应在十一年前。

程嘉燧孙念修过访,口占二首送别(有学集卷四)。

程孟阳有三子,长士顒(孝直),次士正(孝朔),次士迪(孝吉)。又康熙嘉定县续志卷五汪价同善录序:"渭师曰:于礼为孝吉之孙,孟阳先生之玄孙也。孝直、孝朔俱无后,而孝吉止此孤孙。松圆诗老,其不绝者如线耳。于礼逾壮未婚,萍梗飘落,虞山钱牧翁不惜重赀,侦得以归,属之吾邑张子石先生,而子石先生又属之我。其百年伉俪,又余之责也夫。"为之择妻。渭师即金熊士。

夏,邑中大水,周安锡致书牧斋,牧斋转达当事,得减赋税。

康熙重修常熟县志卷二十:"(周光宙)孙安锡,弱冠好学,应童子试,为杨忠烈公赏拔,数奇不售。壮而练达世故,多为人排解。顺治间,邑中大水,致书钱宗伯谦益,词旨恳笃,宗伯感动,转达当事。是岁,得邀蠲典。性好游名山胜境,足迹几遍天下。一与宾筵,后俱坚辞。年近九旬卒。"同书卷一祥异,仅记顺治八年(1651)"夏大水,民饥,米石四两二钱",因附此。

秦世祯抚吴疏稿卷一江南水灾异常疏:"不料五月二十日起至六月十三日,又遭大雨连绵,苏州起至淮安一带,运河洪水氾滥,苗秧淹没,庐舍倾颓,城垣坍塌,米价每石长至四两,有钱尚无买处。民间有卖儿易米,粥熟无儿,夫妻悲號自縊者。有羞爲乞丐,隨水浮沉自盡者。繪圖闕訴,從無虛日。……伏乞皇上俯憐地方異常水災,勑下該部,照例行臣等細查州縣被災輕重,另疏量請蠲恤。……順治八年七月三十日奉聖旨,户部一併速議具奏。"

夏,龔鼎孳起服北上,有書相寄。

龔鼎孳定山堂文集卷二十六與錢牧齋:"柳敬亭從邗上出瑶華相示,藹然長者之意,佩誦無斁……(晚生)坐甘後時,當途誤不見遺,催迫彌甚,頃緣便舫,觸暑北征。"

張相文白耷山人年譜上辛卯年條:"定山堂集,孝升以順治三年丁父憂,攜顧眉南下,至順治八年夏北上,所謂年少觸之膃西草堂即此。"

作書馮文昌。

全祖望鮚埼亭集外編卷三十三錢尚書牧齋手蹟跋:"尚書手蹟十幅,在馮研祥家,皆與馮氏群彦往還者。……第二幅云:'劫灰之後,歸心佛乘,急欲請書本藏經,以供檢閱。聞霍魯齋作守道,此好機緣,春夏間欲往訪之。兄過嘉禾,幸爲商地主,不止棲棲旅人也。内典可更爲一蒐訪。嗚呼,望塵干索,禪力何在? 不覺爲之一笑。'"據章皇帝實錄,本年五月,霍達由口北道陞浙江按察使司僉事。霍達,字魯齋。崇禎四年(1631)進士。官御史,巡按應天。入清,累官至工部尚書。

全氏又云:"十幅云:'春宵一刻,先令細君滿引一杯,以助千金之興。'細君指柳氏也。予聞之周鄞山,謂牧齋年六十(六十四),柳氏年二十四歸之。客有訪之者,柳氏出侑酒,依然舊日風流。觀此箋,并前索酒札,知柳氏固酒徒黄忠烈公见诸弟子有与女校书诗者，辄戒之。牧斋跌荡乃至於此，宜其有浪子燕青之诮。"附此。

七夕，钱曾与陆铣过访，作遵王笔云集序（有学集卷二十三）。

钞本有学集署"辛卯岁七夕，钱後人蒙叟谦益书于绛云馀烬处"。钞本与刻本颇有出入，"伏暑向阑，新桐初引，族孙遵王侍陆丈孟凫过余水亭啜茗，出其所著笔云集，求是正焉"，"笔云集"，金匮本作"怀园小集"。

七月二十三，作咸子诗序（有学集卷二十三）。

钞本有学集署"辛卯七月廿三日"。序云："咸子大咸遗吾友子敏书来访，凝尘蔽榻，樵苏不爨，相视移日，不交一言而去。僮奴相指目，谓向来主宾，未有是也。咸子既退，手其书一诗，口诵心惟，累日不置，其人奕奕然如在吾目。其清音令辞，琅琅然，锵锵然，如在吾耳也。扁舟入吴，梦与咸子剧谈饮酒。……趣呼大白，持耳灌予，余抃手卢胡而觉。凌晨抵家，则咸子来徵诗序，再而三矣。予无以序咸子之诗也，书梦中之语以复之。"

咸默，字大咸。山阳人。诸生。左懋第客，懋第出使北京，为清军所留自杀。默送其葬归莱阳，天下义之。又作哭莱阳诗，凄楚不忍卒读。归庄亦有咸大咸诗序，其系年在己亥。

山晓阁明文续集卷四评云："胸中无限忧思，涉笔便欲倾写，只看起手一段，连作三折，欷歔感慨，大约已情见乎词。以後以诵咸子之诗，而托於梦，其所诩三事，皆间气伟人，或盛烈在当时，或著作垂千古，高山景行，百世师表，俯仰追思，寄之夢語，要以抒其筆墨之幻異耳。且庸人醒時皆夢，誼士夢境亦醒，持耳抃手，是醒是夢，請以質之曉人。文情奇恣，去題似遠，乃其前後關生處，則又居然一篇詩序也。"

相月（七月）二十八日，作喻氏尚論篇序（牧齋外集卷八）及贈新建喻嘉言詩（有學集卷四）。

> 喻昌，字嘉言，別號西昌老人。江西新建人。幼能文，與陳際泰遊。崇禎中，以副榜貢生入都上書言事，尋詔徵，不就，往來靖安間。國亡披髮爲僧，復蓄髮游江南。善岐黄，晚年客居常熟，授徒自給。陳熿、蔣師仁皆其弟子。著有尚論篇八卷後篇四卷，醫門法律六卷、寓意草一卷。喻氏無子，一夕染病幾死，女刲肉救父，錢龍惕爲作孝女行。
>
> 尚論篇尊崇張仲景傷寒論，而駁斥王叔和，是嘉言名作，享譽當時，而徐乾學卻言此書竊自吳縣韓來鶴傷寒意珠篇。清代七百名人傳云牧齋受倒仆之驚，嘉言治愈之。明代三千遺民詩詠三編卷三云昌乃明宗室，鼎革後諱其姓，加捺作余，又易作俞，再填口作喻，小説家之言，絶不可信。新建喻氏，著名者另有喻致和等人。

八月，清兵進攻舟山。張名振大敗，阮進被創投水死。

> 張名振（1601—1656），字侯服。江寧人。崇禎末，任台州石浦游擊。扈從魯王出海，加封定西侯。順治八年（1651），與清兵戰于舟山，大敗，率軍投鄭成功。後被鄭成功毒死。阮進，號大鋮。會稽人，一説福建人。本爲海盜，張名振拔之。魯監國二年（1647），封蕩湖伯，率部攻閩。閩地失，與名振合殺黃斌卿，併其師。舟山之戰，投水死。

中秋二十日,作西田記(有學集卷三十),又作奉常王烟客先生見示西園記寄題十二絶句(有學集卷四)。

西田,又名西廬,爲王時敏晚年別墅。本年八月十三,爲王時敏六十壽辰。牧齋記云:"西田落成,會奉常六十始壽,群公屬余言張之。予未游西田,于其勝未能詳也,聊約夢語以爲記。重光單閼之歲中秋二十日。"

九月,因避壽而逗留金陵,寓居佟國鼐處,爲其作佟懷東詩選序、佟懷東擬古樂府序(牧齋外集卷七)。

示徐波佟國鼐集,徐作詩一首。

天池落木菴存詩牧翁示佟中丞集,出山隨路披讀,因同宿佟公舟次:先驅旌旆動吳門,贊頌羞爲乍見言。鱗集群情趨畫舫,口吟佳句出荒村。追隨自抱春宵被,涓滴仍沾北海尊。珍重相逢連送别,滿船風雨易銷魂。

據徐波此詩,佟應在吳門迎接牧齋。

又作七十答人見壽詩一首(初學集卷四)。

按:錢牧齋先生尺牘卷一答佟思遠:"山中草木,幸脱餘生。晚歲桑榆,已爲長物。燭武抱無能之恨,師丹招多忘之譏。隨例稱觴,撫心自愧。深荷老姊丈惠顧殷勤,翰章重疊,遂令長筵生色,兒女抃舞。當賤誕之日,佳貺貴臨,故知吉人記存,即是慈光加被。可以招邀餘慶,敺退災星矣。拜嘉之餘,惟有銘勒。賢閫賢甥,并此馳謝。臨楮不盡馳企。"此書作於佟國器,不知即在此時否。

歸莊作壽序一篇,書於便面。

歸莊集卷三某先生八十序:"且先生年七十時,亦嘗拒人之以詩古文爲壽矣,顧於莊所作序獨喜。序初書於便面,先生以爲易於剗敚，出册子命重録之。"

九月，胡澂有祝壽詩相寄。

胡澂絳雲樓書目題詞："辛卯秋九月，賦詩四章，寄祝虞山錢宗伯公七十壽，有句云：'祝融相夫子，朱光蕩精廬。中有卿雲霏，太乙收奇書。'蓋爲其藏書惜也。"全詩未見。

九月，徐波有詩祝壽。

天池落木菴存詩牧翁九月廿五七秩初開，奉祝二詩：莫訝門前客已殘，大家法屬共團欒。時當逸老談何易，中可容卿腹甚寬。高臥舊山增氣色，閒居四海問眠餐。傳經釣渭將來事，分付吾徒拭目看。

時間驚畏飽曾經，善護真仙珮嶽形。過節晚香南菊艷，倚天嘗住一峰青。近披貝葉窺禪月，堅把漁竿備客星。舉世祝君聊坐鎮，不須存想道殊庭。

九月，鄭廷櫆任江南右布政。

鄭廷櫆，字文灣。廣東澄海人。天啟四年(1624)舉人。

按：牧齋外集卷一有贈義翁父母五十初度四首，前兩首云："曲江風度美琳琅，通德標名閭閈長。浴日亭臺占氣象，粘天碑版見文章。千秋金鏡徵玄鑑，萬里珠厓毓夜光。南斗近來占德耀，遙從鵷尾借星芒。""隼旟熊軾掛金章，玉尺冰壺姓字香。行省台階推右轄，諸侯符節領東方。褰帷淮水飛春雨，卧閣鐘山對夕陽。靈谷早梅千萬樹，盡從庾嶺借餘芳。"丁祖蔭牧齋外集校云："一、二首苦海彙編作'鄭方伯，廣東人'，三、四首作'□□方伯'"。一二兩首詩與祝壽無關，且與鄭生平相合，應是爲鄭而作。

季秋，憩友蒼石門院，與介丘、杜岕等人往來，並向介丘扣問八識規矩(有學集卷六乙未小至日宿白塔寺,與介丘師兄夜話,辛卯秋,憩友蒼石門院,扣問八識規矩,屈指又五年矣,感而有作二首)。

　　大嵩(1595—1673),字友蒼,號好山,又號祖庭。四川遂寧人。避張獻忠亂,遁入空門。崇禎初雲遊京師,名動公卿。入清居金陵。工詩,迥異流俗。

九月二十六日,作大報恩寺修補南藏法寶募緣疏(有學集卷四十五)。

　　鈔本有學集署"九月二十六日吉旦,三寶弟子虞山蒙叟錢謙益拜手疏于寺之石門院"。疏云:"歲丁單閼,運屬蕭辰。旅泊長干,抱鹿苑垂秋之嘆;頂禮大藏,佇雞鳴問夜之期。爰有友蒼庭公,應囑累而至止;旻昭侍御,矢金湯以護持。相與次第經函,揀料藏版。逝將整齊漫漶,拾補闕遺。結搆藏弆之房,分濟流通之法。務俾三乘四教,再燿摩尼;五部千函,重羅寶網。事乃經始,願寶弘深。授簡虞蒙,申言唱導。"

　　陳丹衷,字旻昭,一字涉江。法號道昕。上元人。崇禎十六年(1643)進士。

　　康熙江寧府志卷三十一寺觀上陳開虞重修修藏社藏經殿碑記:報恩寺為金陵上刹,舊有藏經殿,刊刻經板,咸貯其中。自明永樂庚子繕始後,正統、萬曆代有增修。其所為六百三十七函及四十一函者,至今猶釐然具備。歲久浸蝕,幾于漶滅。覺浪和尚囑松影等,補其殘缺,易其漶漫,工費浩繁,乃別立修藏一社,經營其事。虞山錢宗伯、涉江陳侍御交相贊助,事有成立。

爲杜岕史論作跋(有學集卷四十九書杜蒼略史論)。

　　文云:"杜子作史論,論太史公之書,標新豎義,皆前人所未發。余讀之一過,如臨朝鏡,觀秋水,慨然有窮塵歷劫之想。偶有感于漢事,書之以廣杜子之意,亦因以自廣焉。辛卯季秋,蒙叟錢謙益書于長干之石門檻。"

在金陵,爲丁繼之畫像題詩(有學集卷四題金陵丁老畫像四絕句)。

陽月,題檀園墨戲册(牧齋外集卷二十五)。

　　文曰:"悠悠世事,一切擺落,惟故人如孟陽、長蘅,時時入夢想中。去歲泊西湖,有懷二君詩云……山僧遺老猶及見二君者,讀余詩咸爲嘆息。今年冬,子羽持長蘅畫册索題。余方翻閱首楞,未遑著語,遂書此詩于後。"

爲汪汝祺作甘霖頌序(牧齋外集卷四)。

　　序云:"今年季夏,海虞令闕,大中丞張公檄下海防郡丞汪公來署篆。視事才四閱月,政成民和,歌舞載道,喜雨應時,而甘霖之頌作。學博晉君卞君,命諸人士問序於余。"

　　汪汝祺,字石公。錢塘人。貢生。順治十年(1653)至十四年任蘇州府海防同知,以粵餉解遲解職。卞君,即教諭卞日郅,丹徒人。歲貢生。曾督修聖殿,學宮爲之一新。

長至後二日,作金剛經了義引(有學集卷二十五)。

　　鈔本有學集署"辛卯長至後二日,海印居士蒙叟錢謙益敬書于絳雲餘爐處"。文云:"元實居士注金剛般若經,名之曰了義,舉似蒙叟。"

　　元實即宋奎光。

小歲日,作浩氣吟序(有學集卷十九)。

序文署:"歲在單閼重光小歲日,蒙叟謙益再拜書于絳雲餘燼處。"

梅村家藏藁卷五十八詩話:"(錢宗伯)其敘浩氣吟,文詞伉烈,絕可傳。"浩氣吟,爲張同敞、瞿式耜二人在獄中唱和之作。

全祖望鮚埼亭外集卷三浩氣吟跋:"稼軒先生少年連染于牧齋之習氣,自丙戌以後,牧齋生平掃地矣。而先生浩氣吟中,猶惓惓焉,至形之夢寐,其交情一至此乎? 牧齋顏甲千重,猶敢爲浩氣吟作序乎? 一笑也。"

嘉平月,作成社詩序(牧齋外集卷五)。

序云:"貞復爲石門祭酒之孫,散華掞藻,掉鞅詞壇,與祖德兄弟,并樹旗纛。"

許貞復,名世忠。士柔孫,瑶子。順治十一年(1654)副貢。授州同。著有綺合集八卷。祖德兄弟,即洞庭葉修、葉裕。

十二月廿四日,再校跋宋史(朱英刻宋史卷二百八十)。

文云:"辛卯十二月廿四日,閱至此卷,因借宋版荀子對校,遂輟業。時新令公湯,諱家相,山西人,到任。前令瞿四達在郡獄。撫臺土國寶縊死。"

爲道源所作李義山詩注作序(有學集卷十八)。

寄巢詩卷下亦附此文,署"歲在玄黓執徐立春之日,蒙叟錢謙益謹敘"。

按:玄黓執徐爲壬辰,實爲順治九年(1652),但立春實在八年十二月二十五,故附此。

本年,作范勛卿文集序(有學集卷二十)。

序曰："余庚戌通籍，出吾師耀州王文肅公之門。公長身偉幹，聲如洪鐘，每侍函丈，必爲余誦説海内賢士大夫，盱衡扼腕，咨嗟慨慕，希風問影，如恐不及。崇水范異羽先生，其所屈指甲乙者也。余因是以心儀先生，遂與定交。……余今年七十，老矣。先生作爲歌詩，遣使者涉江來賀，因緘其所著文集示余。"

山曉閣明文續集卷四評云："僉壬與鈎黨之獄，而宗社竟致丘墟，其勢固可畏。此文前半就時事言，後半纔説到文字。然即敘其文處，亦皆於時事深致慨惋，真乃文以情生，所謂聽雍門之瑟，不自覺其悲耳。"

范勛卿文集卷三謝錢牧齋宗伯小啓："不肖弟樗材無似，馬齒加長，久負仁聖之高深，併慙知交之薊拂。乃台兄知己，眷注彌殷，既玄黄承其鵷笲，益冰谷悚乎鳩笻，佩切寵慈，感兹高大。遥翰已同十朋之拜，佳作况增千秋之榮。倘借須臾，總沐無疆於君友；幸留日月，感言有報於親知。銜謝不勝，汗顔靡既。"應即作於此時。

本年，作武林湖南浄慈寺募建禪堂齋室延請禪師住持宗鏡唱導文疏，並施彌陀疏鈔一部（有學集卷四十五）。

疏云："浄慈比丘正願，敍述唐、宋以來山門興替故事，與發願經營緣起，走其徒數百里，告聚沙居士曰……居士身爲窮子，財施法施，一切無有。庋册有蓮池大師彌陀疏鈔一部，謹函致上人，作宗鏡開堂資本。仍遥寄一語，普告四衆。"疏中又云："（吾）今年七十，老矣！"故繫本年。正願即無生上人。

陳于到六十，作詩一首（牧齋外集卷一）。

孫光甫詩稿步錢牧齋宗伯韻壽陳于到六十：蓬山閬苑舊東鄰，海國煙雲逐眼新。已許浮鷗爲上客，併忘化蝶是前身。請看處士真名士，始信閒人定貴人。歲歲廣陵潮似雪，音中無字不陽春。

擬趁南風五兩輕，壓鰲亭館坐來清。臥床知有陳登氣，擲地慙無孫綽聲。警夜露寒宜鶴姓，休時雨歇適龍情。連年巨浸無田種，猶喜先生事火耕。

范鳳翼范勳卿詩文集詩集卷十五贈陳于到初度二首次來韻：於我浮雲身世輕，道心無宰任天行。嘯風詠月青山色，和寡彌高白雪聲。爰靜爰清神自王，毋搖毋勞爾長生。杖藜牧笛同三隱，唐末醉侯且力耕。伯成子高也。

浴德陳言千古身，桑柔何必歎生辰。絕塵趨步宜希聖，玄牝修真不死神。泉石烟霞安有恙，華林魚鳥便來親。尤憑烏奕追風雅，勝賞名園皆是春。

范氏此文與牧齋同韻，應是同時所作。范氏繫年似在辛卯，故置此。

陳遠，字于到。南通人。完孫。美風致，論文有卓識，一藝出，書賈爭購之。崇禎十七年（1644）歲貢，因明亡，未與廷對。有葩經新義、偶存草、喁喁草等。

清順治九年壬辰（1652）　明永曆六年
七十一歲

作寄嶺外四君子詩（有學集卷四）。

四君子，即金堡（1614—1679）、劉湘客（1605—1653）、姚端、瞿昌文四人。錢曾詩注：金使君道隱，名堡，浙之仁和人。崇禎庚辰進士,授山東臨清州知州。甲申之變,棄官歸里。丙戌二月至閩,思文補任户部主事,尋改禮科,繼而流寓西粵。戊子十月,趨赴端州行在,補兵科左給事,敢言直諫,朝著憚□。與總憲袁彭年、宫詹劉湘客、吏掌印科丁時魁、兵科蒙正發四人交最厚。己丑九月,馬吉翔門下士吕爾璵冒入臺班,道隱糾罷之。忌者指疏有"昌宗之袠"語,爲騰謗兩官憾焉。庚寅正月初六日,庚關失守。初八日,上移蹕梧州。道隱隨駕至梧。二月,吴貞毓等十四人以"六飛播遷事"參袁彭年、劉湘客、丁時魁、金堡、蒙正發把持朝政,號爲五虎,袁爲虎頭,劉爲虎皮,丁爲虎鬚,金爲虎爪,蒙爲虎倀。駕甫抵江岸,即奉旨下錦衣衛拿問。袁獨以反正功得免,輔臣嚴起恒率詞官錢秉鐙等數人跪沙濱申救,不允。理臣張鳳鳴迎合兩宫意,杖道隱百,受刑獨慘,瀕死,與時魁同論戍。湘客、蒙正發俱贖徒。貞毓等意猶未慊,時忠貞營勳國公高必正入覲,貞毓諸人郊迎四十里,極言朝事壞于五虎,爲之主者,嚴起恒也,公入朝宜清君側。必正領之。次日請封水殿,高與劉遠生同鄉,其晨先過遠生舟飯,湘客爲遠生胞弟,同彭年出晤,必正正色責之,且極詆嚴公。錢秉鐙適至,詢何以知之,因出科臣雷德復揭斥嚴爲賊,論其二十大罪。鐙曰:"諸君之惡嚴公者,爲救五虎死也。在坐袁、劉,即五虎之二,去歲五虎攻嚴公不遺餘力,而嚴公不乘機報復,反跪沙濱力救,此爲正人乎?匪人乎?"必正大悟,至上前極論起恒公忠,并言金堡清直,貞毓等慚恚而罷。一日,上召對群臣,忽問曰:"金堡畢竟是君子是小人?"在廷無有對者,秉鐙次早上疏云:"臣昨侍班,未聞皇上問及金堡,而廷臣之惡堡者皆在,咸不對,則良心難昧,堡爲君子可知。且堡受刑獨重,左腿已折,孑然殘廢之軀,遠戍極邊,去必不到,到亦必死,伏乞量改以全堡命。"得旨改清浪衛。時清浪不入職方,無路可達,遂依留守公于桂,祝髮城北之茅坪庵,法名性因,號澹歸,別號借山,後名今釋。是冬,桂林陷,留守與張公別山同殉難,澹歸上書定南,求爲殮葬。甲午至虞山晤牧翁于東臯,隨往廬山棲賢寺。後駐錫雷峯,開堂于韶州仁化縣之丹厓。己未秋,留吴門半塘寺,其冬逝于平湖陸氏之別墅,世壽六十六,僧夏三十。和留守公浩氣吟詩并序文,俱載虞山集中。

　　劉詹端客生,名湘客。陝西宜川人。其兄即戎政兵部尚書遠生也。遠生初名廣胤,避劉承胤之嫌,遂以字行。客生多讀書,能詩古文詞。少以明經拔選,應授司理。甲申冬,史公題補淮安府推官兼軍前監紀贊畫。思文朝,陞兵部職方司主事。時遠生開府江西,方圖恢援吉、贛,俄而閩、汀告變,思文正位端州,留守公以少宰署部事,題改湘客爲御史。丁亥四月,上自全州駐蹕武岡,劉承胤與司禮王坤交關搆扇,封承胤爲安國公,御史吴德操、毛壽登糾之。湘客與科臣萬六吉同時上疏力争,王坤脅上廷杖四人,群臣論救得免。上御經筵,方以智爲中允,奏改湘客翰林院編修,充日講起居注官。己丑,上蹕端州,以資深陞左坊庶子,洊歷掌詹、少宗伯。庚寅二月,爲吴貞毓等所糾,留守公七疏申救,薄議奪官。七月至桂林,留守殉節後,避難陽朔剪刀原,轉徙流移。癸巳六月,病殁于平樂賀州里松筒,年四十九。平生著述甚富,撰留守公傳甚佳,史官有採焉。

姚侍御以式名端，浙江仁和人。父奇胤，字有僕，崇禎庚辰進士，授廣東南海令，以式隨任遊庠。戊子夏，以選貢授兩殿中書。己丑春考選御史，監滇、焦兩勳鎮軍務，久依留守公于桂林。庚寅十一月，避亂梧、潯間，尋削髮于柳州佛寺者三年，後不知所終。

瞿昌文，字壽明，戊子臘月朔子身棄家入粵，兩親不知也。由浙航海抵閩，又從閩航海抵廣，間關半載，歷遍水陸艱危，始達桂林見乃祖，時己丑六月十九日也。留守隨疏奏聞，蒙恩循蔭例授中書舍人。庚寅五月，赴梧州行在，面對稱旨，特諭吏部從優議敘，改翰林簡討。留守再疏控辭，謂祖制可循，清華非任子宜列。上不允。在廷諸臣僉云皇上特恩，而留守慎名器，應倣去年考錢秉鐙、李來、溫溥知、楊在等詞員例臨軒面試。隨于十一月初五日御定試題親考，初七日上傳以新銜供職。初十日晚，聞桂林陷，即辭上行，其後事詳粵行小紀中。

寄留守孫翰簡詩云："昨夜春雷喧北戶，老夫欣賦籜龍詩。"又金堡徧行堂集卷三十四有詶錢牧齋宗伯壬辰見寄原韻，可知作於壬辰春間，因繫此。

作書吳偉業，請他調和慎交、同聲二社（牧齋外集卷二十二）。

書云："頃與閣下在郡城晤言，未幾，遽分鷁首。竊有未盡之衷，不及面陳。比因沈生祖孝雪樵、魏生耕雪寶、顧生萬祺庶其三子，欲謁門下之便，敢以其私所憂者，獻于左右，以報閣下待僕繾綣之萬一也。竊謂天下之盛，盛于士君子之同，而壞于士君子門户之未破。……慎交、同聲兩社，吾吴之望也。若慎交之汪均萬、宋既庭、侯研德、宋右之、吴弘人、計甫草、許竹隱、趙山子諸公；同聲之鄭士敬、章素文、沈韓倬、趙明遠、錢煉百、宮聲諸公，又吾吴兩社之望也。望者，天下之表也。望之所繫，豈可輕開嫌隙！諸公僕雖未獲盡與周旋，相爲聲折。挹其言論，知其皆道德君子，必無若僕所慮者。然僕聞其頗有異同，在諸公可諒其無他，正恐天下之傅會諸公者，不知諸公之意。積釁漸深，安知其禍之所極不至于此。……伏以閣下聰明特達，好善不倦之心，信于天下久矣，一出而調和焉，則朋黨之釁消，而歸美閣下者無窮。且兩社之信閣下者尤至，一整頓于詩文，一解憾于杯酒，而固已磊磊明明，盡輸服于閣下。閣下則以談笑之頃，收作睹之功矣。僕年逾七十，時以醫藥自賴，近復箋注教典，于三藏十二部之文日親，萬事洒然，視天地皆旅泊，獨于朋友文字之好，不能盡忘，故欲急覯閣下之成，以伸其願，非有他冀也。……氣候增熱，伏惟善攝，不勝鄙劣之愛。"馮其庸、葉君遠吴梅村年譜繫此事于順治九年(1652)夏，從之。

魏耕(1614—1662)，原名時珩，字楚白，改名耕，字野夫，號雪竇居士。慈溪人。移居歸安。明亡，舉兵抗清。後因通海被捕，遭凌遲處死。

顧萬祺(1617—?)，字庶其。吴江人。大典曾孫。

按：魏耕與牧齋的初次交往，方良年譜置本年初，然未有確證。雪翁詩集卷四上宗伯錢謙益："小謝清標能染翰，前身卻夢劉公幹。分明謫墮千年來，壯心疏豁長貧賤。聞道尚書擅風流，角巾嘯詠東山頭。豪士追邁傾宇宙，文章瀟灑映滄州。弱水由來限吴越，蓬萊神仙不可接。今日相逢借片顏,願邀一榻白雲間。"

又雪翁詩集卷五欲謁虞山錢大宗伯途中書懷先寄柬呈覽:"四明狂客四十餘,擊劍拂衣意氣疏。汎海飄飄洪波詠,落魄淒淒下澤車。來往苕南復苕北,門前五柳垂金色。明月橋頭酒一壺,醉來高臥清溪石。前歲縱橫計不成,仰天大笑還振纓。授書恰思下邳去,采藥乃向玉山行。玉山彩翠搖蘿樹,仙人樓閣雲邊住。中有仙翁餐雲腴,印心曾把楞伽註。峰西白鶴破鴻濛,翩躚有客駕長風。雖然未進胡麻飯,曾識井上雙梧桐。"方良認爲和前詩作於同時,非是。據所言"四十餘",當在順治十年(1653)後。

許虬(1625—1689),字竹隱,號湛庵,一號敏庵。長洲人。崑山籍,榜姓顧。元方子。少有高陽才子之名。順治十五年(1658)進士。官至永州知府。其制義文稿,家弦戶誦。詩多擬古之作,爲王士禛所推崇,與汪琬、尤侗輩唱和尤多。著有萬山樓詩集。

萬山樓詩鈔題辭:"吳江茂倫顧有孝曰:吾友竹隱少擅驚才,見推江左,性敦蘭譜,冠冕人倫。諸生時秉選政,問字之屨常滿戶外。其肆力古文詩歌,淵源宗派,盛衰正變之間,屹然無少假借。虞山錢宗伯、婁東吳學士亟相推稱。戊戌捷南宮,制義流傳,紙貴海內。"

里人邵燈舉進士。

燈,字薪傳,號無盡。梁子。謁選中翰。分校北闈,舉朝無不服其持正。量移比部,處法曹前後數年,明敏無留獄。後外轉按察使僉事,奉敕視河南。著有河防要略等書。

二月十七,王鐸卒於里第,年六十一。

有學集卷三十四有孟津王公墓誌銘："故于其子之請銘，不敢以老病辭。"不知作於何年，附此。

作郡二守槐陽石公德政碑。

　　此碑尚存，藏常熟碑刻博物館，題"順治壬辰仲春穀旦立"。文云："邑諸生時戴呆、張芳時、鄧林梓輩，卧轍挽公，不可得。僉謀礱石，用識弗諼，藉手於余，漫屬其略，庶幾附漢循吏後，備採風者取擇焉。公名映星，字光壁，真定之元氏人也。"

　　石映星，貢生，順治六年（1649）任海防同知，代常熟縣令，蒞事五月，縣大治。本年三月陞鄖陽知府。

仲春，徐增作懷感組詩，中有懷牧齋詩二首。

　　徐增九誥堂集卷五："壬辰仲春，貧居僻陋，賓朋都闊，末疾既劇，復益以他病，伏枕累月。因念曩時相與生離死別二者各半，聊各賦二十八字，以寫其概。而余事跡亦畧記於此。言本至痛，與淚俱出矣。"虞山錢師牧翁謙益："公門桃李植成林，棘也何當遇賞音。每飯不忘余病寒，問醫寧惜與多金。余刻芳草吟，爲公所知。甲戌始識荆，承獎勉甚至。復爲作詩序，頻語人曰：'有能治子能病者，當酬以百金。'一時欲療余疾者踵至。"又："十年營就絳雲樓，古籍名姝足解憂。何意劫灰成旦暮，併教國史失千秋。癸未，公搆絳雲樓，余賦七言律四章，公極稱賞，人争傳寫。庚寅，樓失火。是夜，公修明實錄成書併付灰燼矣。"

三月上巳，作觀世音菩薩像贊（有學集卷四十六）。

　　鈔本有學集署名"玄黓執徐之歲病月上巳日，海印弟子蒙叟錢謙益合掌頂禮敬書"。

三月望日,作楞嚴解敘(牧齋外集卷三)。

又見有學集卷二十五。文云:"葵陽沈居士生海虞城中,現廣文身,修優婆塞行,信受大乘經論,法華、二楞諸部,憶持講解,參詳反復,蠅頭蠆尾,手自箋註。雖兔園之册,汗竹之簡,專勤詳密,未有以過也。歿後三年,而楞嚴之解出,余得而略觀之。"

沈昌時(1575—1649),字逢可,號葵陽。常熟人。少補諸生,文譽靄蔚。縣令耿橘延管志道、顧憲成講學,昌時揖而上,縱談名理。萬曆二十八年(1600)、三十四年兩中副榜。授太湖縣學訓導,遷清流縣學教諭。崇禎六年(1633)告歸。著有四書發、禮記定註。晚好內典,於楞嚴、金剛二經,擔撼疏解,得其指要,世以為可繼長水、天台也。

四月初八(浴佛日),作楊明遠詩引(有學集卷二十四)。

有學集此文無撰寫時間,刻本懷古堂詩選亦有此序,題"壬辰浴佛日,蒙叟錢謙益書"。楊炤,字潛夫,一字明遠。補子,隨補避居鄧尉。詩學少陵,字櫛句比,不失尺寸。

明詩紀事卷三十一引徐柯一老菴文集云:"甲申、乙酉之際,潛夫歸鄧尉山,為終隱計。肆力於詩,規模少陵,字櫛句比,不失尺寸。故其所得,真率渾成,絕去雕飾。虞山錢宗伯故善其父古農,見潛夫詩益喜,且高其志,為序而刻之,有魯兩生、漢四老之目。虞山沒,婁東吳司成、王奉常亦稱焉,而尤為寧都曾燦、益都孫寶侗、桐城方孝標、萊陽宋琬所激賞。"

馬進寶四十,作馬總戎四十序(牧齋外集卷十)。

文云:"大元戎馬公,專征秉鉞,開府婺州者七載餘,而春秋方四十。四月十有三日,爲懸弧之辰。"馬進寶順治二年(1645)降清,駐守金華,至本年正七年有餘。

又考光緒續隰州志卷一所載金之俊都督和宇馬太公暨太夫人何氏合葬墓誌:"公諱應春,字和宇,生于隆慶辛未,晉之隰州人也。……公以疾終,年六十有一,都督公年方十九齡耳。"推算可知,馬進寶生於萬曆四十一年(1613),今年正好四十初度。陳寅恪置此文於順治十一年(1654),云借祝壽爲名勸其反清,誤。

夏五月,遊嘉興南湖,題吕天遺菊譜(有學集卷五十)。

鈔本有學集,署"壬辰夏五月,偶游南湖,漫題數語"。文云:"檇李吕翁天遺,性好蒔菊,自謂有菊癖,述樹藝栽植之法,爲菊譜一卷。"

夏五月,爲高陽作顔子疏解敘(有學集卷十八)。

鈔本有學集,署"玄黓執徐之歲夏五月,虞山蒙叟錢謙益謹序"。此書尚存康熙刻本(北京文管會資料室)。

高陽,字庭堅。鄞縣人。繼妻歸淑芬,字素英。嘉興人。亦工詩。夫妻二人偕隱花村,晚遷香溪。淑芬有雲和閣集,輯有古今名媛百花詩餘。

乾隆鄞縣志卷十八藝術:高陽,字秋甫。善花鳥,畫石極精。如太湖、錦川、英石、蠟石皆妙形似。少工寫生,有儀部邀陽貌其父,陽惡其慢,率爾應之,儀部恚,訟之有司,因盡室避居金陵,改畫山水花石。從子友,字三益,所作與陽無異,雖陽亦不能辨。由是二高之名盛傳白下。

夏五月,作李孝貞傳序(有學集卷十九)。

鈔本有學集署"玄黓執徐之歲夏五月,虞山蒙叟錢謙益謹序"。序云:"木陳忞公製孝貞傳後序,歸本于累朝神聖豐功厚德之所致,余讀之,慨然太息,以爲禪門尚有人焉。因舉其感憤,牽連書之。……忞公聞余言,亦當爲涕淚悲泣否。"

錢牧齋先生尺牘卷二與木陳和尚:"往在嘉禾,得見李孝貞傳後序,不但文詞爾雅,而尚論閨門風義,原本于祖宗之教化,當墨穴世界點出金剛眼睛,甚難希有。徑山有言:予雖學佛者,然愛君憂國之心,與忠義士大夫等。"

道忞布水臺集卷二十二柬牧齋錢虞山:"嘉禾李女傳,深媿不成文理,及閱尊集,則皆此物此志,方慶如蟲禦木,亦自暗合孫吳。"

李孝貞名鳳,嘉興人。不嫁以養父。崇禎二年(1629),年四十七卒。同里陳懿典爲作傳,黄道周題其墓碑。

又爲作楞嚴志略序(有學集卷二十五)。

鈔本有學集署:"玄黓執徐之歲夏五月,海印弟子虞山蒙叟錢謙益焚香謹序。"序云:"嘉興郡治中梵刹相望,楞嚴講寺爲最。……又二十餘年,白法琮公以耆年宿德,聿來住持,大殿三門,次第告成,僧田經坊,規制詳備。以其間輯此寺碑版文字,表著興復建立之始末,名曰楞嚴志略,而屬余爲其序。"

夏五二十八日,作長老白法琮公畫像贊(有學集卷四十二)。

鈔本有學集署"玄黓執徐歲夏五二十八日"。

在嘉興,聞蕅益禪師演法湖州之晟舍,扁舟造訪,囑作古慧明寺重修禪堂記(有學集卷三十一)。

記云:"壬辰仲夏,余遊長水,聞蕅益旭公演法茗谿之晟舍,扁舟造焉。所居寺曰慧明,去闤闠少遠,鐘魚迢然,結構粗就。寺僧敬松告我曰:'此古慧明寺,宋元嘉間,法瑶大師開山地也。……歲乙酉,里人閔君一棟延體源印師藏事,印以參請力辭。閔引刀斷左臂,命二子捧持往請,印乃驚嗟受事,閔聞之一笑而逝,丙戌十月五日也。閔願輪堅固,印法輪方廣,依助有人,機緣歙集。未三載,禪堂告成,蕅大師金陵解制,敦請駐錫。日講楞嚴,夕疏楞伽,八閱月于兹矣。公爲大師不請之友,仗緣至止,願施我慧目,作禪堂記開示學者。'余諾之未及爲。敬松踵門請甚力,乃爲敘次其槩,而申言之。"

智旭(1599—1655),又名際明,字素華;又名聲,字振之,別號八不道人,晚稱蕅益老人,俗姓鍾。吴縣木瀆人。七歲茹素,十二歲就傅讀書。天啓二年(1622),從憨山徒雪嶺剃度爲僧。後住九華山華嚴庵。主禪、教、律三學統一,儒、道、佛三教一致。平生著述甚多,與憨山、紫柏、蓮池並稱晚明四大高僧。

蕅益大師宗論卷六楞伽義疏後自序:"壬辰結夏晟溪,無處借藏,乃以六月初三日舉筆,至八月十一日擱筆。"

有學集卷四十四與素華禪師書:"去歲接席,曾談續燈一事,深荷許可。此非獨紫柏老人未了願力,實末法一萬年中慧命所繫。"參見下年。

過梅溪精舍,訪大山禪人,作四絶句(有學集卷四)。

孫肩,字培庵。嘉興人。參議光啓子。少通仕籍,明亡後棄家爲僧,改名詮勝,號大山。嗣遊江北鶴林寺,受牧雲禪師囑付,歸葬梅谿精舍以老。工草書,尤好吟咏。有甲乙詩記四卷。傳見檇李詩繫卷二十七。

又爲吴統持作吴巨手卍齋詩(有學集卷四)。

吴統持,字巨手,號卍齋。嘉興人。諸生。明亡棄儒業,隱居鴛湖。著有典林十卷、明月樓集四卷。妻項珮,字吹聆。亦工詩,有藕花樓詩稿。

朱彝尊明詩綜卷八十五:"吴處士巨手有大宅在北郭之秋涇,得吹聆爲嘉耦,琴瑟靜好,詩篇酬和,甚樂也。遭亂家破,轉徙無定跡,糠籺不飽,然未嘗聞交謫之言。所題卍齋,即秋涇故居,取方廣胸前字以爲曲闌,鄉人題詠者紛紛,惟吹聆詩俱從梵夾中出,極其熨貼。"

又作朱五兄藏名酒肆,自號陶然,余爲更之曰逃禪,戲作四小詩(有學集卷四)。

朱五兄疑即朱大治,字君平,號修能。嘉興人。朱國祚五子,朱彝尊叔祖。承父蔭入太學。有學集卷四十六又有戲作朱逃禪小影贊,疑亦作於此時。

過徐次桓胥山草堂,作詩一首(有學集卷四)。

吴詩集覽卷五送徐次桓歸胥江草堂詩注:"按:次桓,亦于之子也。嘉興府志:秀水徐彬臣,字亦于,好奇負志節,崇禎丙子舉於鄉。仲子賚,西銘張溥奇其才,以姪女妻之。季子維,以俠聞。按:賚胥江草堂詩即用梅村孺子飄零語,次桓即賚也。"

夏五,題武張聯易箋(有學集卷五十)。

文云:"余再蒙大難,思文明柔順之義,自名爲蒙叟。讀闓齋易箋,竊有謝石之媿焉,書以識之。"

武張聯,字燦垣,號闇齋。曹縣人。官武昌通判。著有印心錄、楚遊紀、焚餘集、太平記等。

夏,張賁孫以所作中州詩見示(牧齋外集卷六西陵二張子詩序)。

白雲集卷十七有題虞山初學集後:"千秋文獻在吾曹,蒙叟年年著述勞。十載書成君不見,絳雲爭似白雲高。"附此。

張賁(1621—1675),一名賁孫,字祖明,又字繡虎,號白雲道人。錢塘人。順治十四年(1657),因北闈科考案牽連,擬戍尚陽堡,斡旋得釋。康熙九年(1670),再戍寧古塔。

作書汪汝謙。

留青二集卷三與汪然明:"堅坐食貧,無意作客,懷東誤傳魯齋之約,欣然而來,比至,則落落如也,茫茫如也。生平傲兀,不復開口隻字。禾中新舊門生,問字如雲。又得見白髮老僧,天遺高士,道風相映,差不寂寞。畢竟興盡而歸,作雪夜之棹矣。時官另具時眼,老兄來,自能刮目相待,不當引畸人之例,逆自迴避也。湯父母慈祥和易,是一尊活佛,但上畏上臺,如天如帝,下畏衙役,如虎如狼,此公饘粥不給,豈能推分及人?蘇姑子作好夢,斷斷不在此地也。一笑。"

又一通云:"名姝麗藻,與湖山風月角勝爭妍,鐵崖老仙後,三百年無此風流矣,邇來當更添許多韻事。老夫如寒蟬老繭,抱影窮廬,齋餘禪罷,偶一念及,未嘗不左顧而唾,恐又添一番公案也。虞山之約,徑復茫然,人生幾何,再禁得此幾番失約耳。吳門張綏子感誦高誼,如昔人稱之魯連、馮驪也。此君食貧奉母，吳中志節之士推爲眉目，仁兄臭味沂合，憐其淪落，將何以爲之地乎？信筆草草便郵，勿忘德音。"此信不知作於何時，附此。

六月十一日，又舉一孫，名台孫。

校跋宋史卷四百五十五云："六月十一日辛亥日，又舉一孫，外舅年七十五，爲名之曰台孫，壬辰、丁未、辛亥、己丑，其八字也。"

六月十八日，再校跋宋史。

文云："六月十八日侵曉，研硃方舉筆點邵成章傳三行，驚見幼媳乳媼之變。此媼年四十七歲，素健無疾，偶過留宿，黃昏猶善粥也，旦乃逝矣。"

六月，道開自扃卒，年五十二。

有學集卷四十道開法師塔銘："壬辰六月，自檇李歸虎丘東小庵，屬疾數日，邀蒼師坐榻前，手書訣別，有曰：'一事無成，五十二載。一場懡㦬，雙手拓開。'……道開名自扃，世壽五十二，僧臘二十九。"

作封淑人林太君墓誌銘（有學集卷三十七）。

陳氏，錢塘林子惠之室，國棟、廷棟之母。本年七月卒，八月葬。廷棟來請銘。

爲周應璧義士妻金孺人作六十壽序（有學集卷二十九）。

壽序云："連城既歿，其婦金孺人守其墓廬，一女遠嫁，不通聞問，形影相弔，饘鹽不給，誓不肯扣門乞憐，遺羞地下。吾內子聞之曰：'豈可使賢明高行，賁志立槁？'亟遣人迎歸。相依數年，清齋禮佛，行止有常，謦笑不苟。內子每嘆曰:'真義士妻也。'去年偕歸虞山,訪知女歸林氏,母子相見,攜抱痛哭。其女誓終身奉養,歲時醱奠其父。孺人自此方有歸寧之地,而春秋已六十矣。歲在壬辰,中秋前之一夕,其誕辰也。内子曰:'不可無一言以爲壽。'"周應璧見崇禎十年(1637)條,内子即柳如是。

中秋,作爲留守相公求賻引,爲瞿式耜助葬(有學集卷十九)。

末署"歲在壬辰中秋之日,通家契末七十一叟謙益拜手謹告"。瞿氏家乘卷五亦有此文,題作爲留守稼軒相國助喪哀詞。

汲古閣刊刻列朝詩集成,九月十三日,作歷朝詩集序(有學集卷十八)。

鈔本有學集末署云:"集之告成,在玄黓執徐之歲,而序作于玄月十有三日。"列朝詩集起始於天啟初年程嘉燧讀中州集,成於順治九年(1636),前後費時三十年。包括乾集二卷,甲集前編十一卷,甲集二十二卷,乙集八卷,丙集十六卷,丁集六卷,閏集六卷。

有學集卷二十二程孟陽耦耕堂集序:"歲在甲午,余所輯列朝詩集始出。"

又吾炙集卷上有趙巘讀列朝詩集敬呈牧齋夫子詩,不知作於何時,附此。趙巘,字國子,號一蒼子。廬陵人。崇禎副貢。後以黃冠施藥終其身。爲祝登元弟子。詩云:"文明昭周代,聖瑞肇尼父。素王行火德,光芒垂萬古。一經繼六義,爲史兼存魯。以兹經史法,遂開詩史譜。人之神在火,文字從心吐。煌煌中華色,不能安他土。真火假嬴戎,一燎乃化腐。所以赤帝興,斬截哭鬼母。丙丁每不請,加以移賓主。追尊首出入,健德慕神武。虞山託南服,乾離瞻二五。運會邁斯辰,陰生危當午。頭白爲汗青,載筆良獨苦。洪惟我文明,奇書成四部。詩材厄史料,萬斛資巨賈。冒以列朝稱,功德統堯禹。大雅零落盡,憭歎失朋侶。元氏集中州,程子慕規矩。詩與人并見,傳略亦因覩。惜哉徒草創,委別竟如雨。燧也誠火精,薪傳盡如炬。奉爲一代光,壓代毋過許。聊以寄哭泣,哭泣在詩祖。嗚呼但言集,史職臣是補。中州畢歸藏,吾代訖彊圉。于時爲朱明,強盛此其敘。金鏡未墜地,朱囊重理取。兩丸跳大塊,一綫準勾股。毛子實功臣,布之方策舉。得免融風災,一同壁藏所。用晦存吾明,流布擬檄羽。世人爭購讀,庸眼終盲瞽。翻笑鐵函經,沉淪當世語。小子亦野乘,敢擬愁老杜。置身丁運中,心聲蓮華府。歌鳳與泣麟,能言鄙鸚鵡。弄曲哀江南,圍棊思別墅。秋風詩壘壯,慘淡望旗鼓。"

　　有學集卷十八愛琴館評選詩慰序:余輯昭代詩集,徵文獻之闕遺,倣中州之序論,聊薈蕞及之耳。才人志士,愛慕良多,長洲葉聖野、吳江戚右朱手自繕寫,勒成一集。其尤且謗之者則間作,愛我者未必果我之得,而尤且謗者亦未必果我之失,信彼是非,兩行而已。

　　列朝詩集小傳,亦頗受人矚目。錢牧齋先生尺牘卷一與施偉長:"假髻詞,列朝詩誤刊張東海,僕心疑久矣。得君家世澤圖,定爲曾忠愍作。……伯璣欲盡摘小傳,另爲鋟行,丈故雅熟國朝文獻者,暇日能再爲點定,過我商榷。"卷二與陸敕先:"列朝詩人小傳,得加刪削,幸甚。然古之神仙,但有點鐵成金者,若欲點糞溲爲金銀,雖鍾、吕不能,吾恐其勢而無功也。"

又金堡徧行堂集卷八列朝詩傳序,認爲小傳有微言大義:"列朝詩集傳,虞山未竟之書,然而不欲竟。其不欲竟,蓋有所待也。傳有胡山人白叔,死於庚寅冬,則此書之成,兩都、閩、粤盡矣。北之死義,僅載范吴橋,餘豈無詩?乃至東林、北寺之禍,所與同名黨人一一不載,虞山未忍視一綫滇雲爲厓門殘局,以此書留未竟之案,待諸後起者,其志固足悲也。……析青田爲二人,一以爲元之遺民,一以爲明之功臣,則凡爲功臣者,皆不害爲遺民。虞山其爲今之後死者寬假歟,爲今之後死者興起歟,吾不得而知,而特知其意不在詩。於是蕭子孟昉取其傳而舍其詩。詩者,訟之聚也。虞山之論,以北地爲兵氣,以竟陵爲鬼趣,詩道變而國運衰,其獄詞甚厲。……虞山平生游好,皆取其雄俊激發,留意用世,思得當而扼於無所試,一傳之中三致意焉。……或謂虞山不能堅黨人之壁壘,而爲詩人建鼓旗,若欲爭勝負於聲律者,人固不易知,書亦豈易讀耶?孟昉有儁才,於古今人著述,一覽即識其大義,其力可以爲虞山竟此書而不爲竟,亦所以存虞山有待之志,俾後起者得而論之。嗚呼,虞山一身之心跡,可以聽諸天下而無言矣。"此後錢陸燦重輯列朝詩集小傳,即效仿陳允衡等人。

陽月一日,作閩人陳昌箕畫像贊(有學集卷四十六)。

鈔本有學集署"玄默執徐之歲陽月一日"。贊云:"余未識昌箕也,而疇昔之夜忽夢見之。……越一日,昌箕書來,以畫像索贊。余既于夢中識昌箕矣,遂援筆而書之。"

陽月十三日,爲陳肇曾作陳昌箕日記詩序(有學集卷二十二)。

鈔本有學集署"壬辰陽月十有三日,虞山蒙叟錢謙益書於絳雲餘燼處"。序云:"閩中陳孝廉昌箕公車北上,三過吳門,皆遺信相聞,賦詩贈答,而不獲一面。今年落第歸,復修故事,以所著日記詩屬余評定,序而傳之。"

又作江田陳氏家集序(有學集卷二十一)。

序云:"余近輯列朝詩集,釐爲甲乙丙丁四部,而爲之序曰:遺山中州集止于癸,癸者,歸也。余輯列朝詩,止于丁,丁者,萬物皆丁壯成實,大盛于丁也。蓋余竊取刪詩之義,碩異于遺山者如此。而閩中陳孝廉昌箕以江田詩乘寓余,俾爲其序。"列朝詩集序亦作於本年,故繫此。

陽月二十四日,作李緇仲詩序(有學集卷二十四)。

鈔本有學集署"壬辰陽月二十四日,通家老友蒙叟謙益書于絳雲餘燼之燈下。"文云:"緇仲年舞象,長蕭攜以過余。于時緇仲丰神開朗,鬚眉如刻畫,搖筆數千言,旋風驟雨,發作于行墨之間,雖老于文學者,靡不望而却走也。……今孟陽仙游十年所,余年逾七十,緇仲亦冉冉老矣。"

李宜之,字緇仲。流芳侄,名芳子。著有猗園詩集。

錢牧齋先生尺牘卷一與李緇仲:"佳集之序,草率應教。……辟地之舉,尚無定着,倘必欲遠携妻子,當就足下問鹿門也。夫己氏無他罪端,但詩題中恣意凌譙,侮辱無狀,見者皆爲豎髮,不得不少施筆伐也。"辟地云云,知本年即有遷居之意。

孟冬,跋古列女傳(有學集卷四十七)

傳云:"余藏列女傳古本有二,一得于吴門老儒錢功甫,一則亂後入燕,得于南城廢殿中,皆僅免于劫灰。此則内殿本也。"云云。此文天禄琳瑯書目卷二署作"壬辰孟冬",不知是"壬寅"之誤否,且附此。參見康熙元年壬寅(1662)條。

管效忠爲江南提督。

世祖章皇帝實録卷六十七:"(順治九年八月六日)乙巳:陞天津總兵都督僉事管効忠爲昂邦章京,充鎮守江南提督漢兵總兵官。"

管効忠,字懷赤。順治十七年(1660)革職爲奴。

又牧齋外集卷一有贈管提督懷赤二首,中有兩句與上梁提督翀霄、贈高元侯振生同。

年底,作亞中大夫福建布政使司右參政管延平府事朱君墓誌銘(有學集卷三十四)。

此崑山朱日燦墓誌。銘云:"君少從長姊夫王淑士游學,討論經史,場屋之文,最有原本。……因淑士交李長蘅及予,皆有終始。娶周氏,生子陛臣,歲貢,今富陽令。繼譚氏,生階臣、堞臣,皆諸生。……陛臣以某月某日葬君朱大圩之高原,兩恭人祔焉。以父執故,乞銘。""某月某日",錢仲聯所見本作"壬辰十二月初四日",因附此。

本年,王澧起爲行人,作送王楚先大行詩一首(牧齋外集卷一)。

錢陸燦調運齋集卷四刑部尚書郎中加一級蘭陔王公傳:"順治九年,用巡撫薦山林隱逸,起公行人司行人。"

傳接受桂王政權使命。

顧苓東澗遺老錢公別傳:"會安西將軍李定國以永曆六

年七月克復桂林，承制以蠟書命公及前兵部主事嚴栻聯絡東南。公乃日夜結客，運籌部勒，而定國師還。于是一意學佛，殫心教典，凡十年而卒。"

存信編："永曆六年冬，謙益迎姚志卓、朱全古祀神于其家，定入黔請命之舉。七年七月，姚志卓入貴筑行所，上疏安隆，召見慰勞賜宴。遣志卓東還，招集義兵海上。"

本年，題黎遂球詩集（有學集卷四十八）。

文云："廣陵鄭超宗邀諸名士賦黃牡丹詩，糊名易書，屬余看定，如唐人所謂擅場者。余取美周詩壓卷，一時呼黃牡丹狀元，鏤朱提爲巨杯，鐫余言以識。……去今十二年，嶺郵中得其子所寄蓮鬚閣集，撰文懷人，潸然出涕。"牧齋評牡丹詩在崇禎十三年（1640），因繫此。遂球子名延祖。

按：十二年，金匱本作二十年，即順治十七年（1660）。考牧齋文中有"恨越在二千里外，無從與巨源劇談噴飯，聊書此以寄之"，而徐巨源死於順治十四年（1657），可知作二十年誤。

清順治十年癸巳（1653）　明永曆七年
七十二歲

元日，題無可道人借廬語（有學集卷五十）。

無可道人即方以智。方中通陪詩卷一趙秋屋攜老父借廬語歸海虞，錢牧齋先生見而序之："匡廬山九墅，老父獨徘徊。身入雲霄上，詩傳風雨來。故人還念故，灰燼不成灰。天地無情極，猶憐絕世才。"趙秋屋此行東歸，所攜尚有方以智所作瞿式耜傳。

春,送趙秋屋遠遊(有學集卷四)。

　　趙秋屋,名延年。瞿昌文入桂,受命護送。瞿昌文粵行紀事卷一:"戊子春,陰與趙秋屋名延年策圖南行……意中同行,唯秋屋是賴。秋屋以親老,不能遽違色養,不忍強之。……行之先一日,別秋屋,未與詳語。……(臘月)二十日乘潮抵江心寺,入溫州城。覓寓得客店蔣姓家,負行囊入門,見一人對日獨坐,識之則趙秋屋也,駭愕不知所云。細訊之,方知其受吾父母託,赴武林急追,晤無生,得曉行狀,遂取道金華、處州,先兩日至甌城者也。秋屋袖出吾父母手諭……且囑秋屋云:可留則與之俱歸,春和再理征帆,否則水火患難,藉君之靈,早達桂林,瞿門之福也。"秋屋後不負所托,最終護送瞿昌文抵達桂林。

　　粵行紀事卷三:"方公捐妻子披緇出家,名行遠,號無可,同秋屋出見馬鎮于梧。秋屋旋護方夫人暨其幼子還桐城,而行遠留梧。"可見秋屋為人之俠義。

巡按秦世禎欲薦舉牧齋諸人,以年老作罷。

　　秦世禎撫吳疏稿卷六舉報地方人材疏:"臣恭誦恩綸,仰見皇上縈精治平,求賢若渴,敢不奉揚德意,廣事蒐羅。如蘇州府鄉紳錢謙益、申紹芳,常州府鄉紳張有譽,揚州府鄉紳吳甡、喬可聘,皆經綸素裕,清望絕倫。臣既景仰其賢,令道府有司敬禮有加,微致其勸駕之意。奈此數賢者,春秋俱高。紹芳年非高,則稱夙患足瘍,可聘則稱先經奉旨致仕,若甡、若有譽俱果老病。謙益齒雖隆而才猶健,則又閉戶養高,可仰而不可親,未悉其近履康強與否。俱不敢虛舉。"

歸莊欲葬其三世八人于新阡，貧不能致。正月，作歸文休墓葬引（牧齋外集卷二十一），爲之募捐。

　　有學集卷三十六歸文休墓誌銘云："文休以弘光元年九月四日卒，年七十有二。配秦，辛卯三月二十六日卒，年七十有五。又二年癸巳三月，祚明泣血負土，卜葬于崑山九保巨字圩之新阡，哭而謁余銘。"祚明，即歸莊。

　　引云："三世八棺，纍纍淺土，近者十年，遠者四十餘年。玄恭有仁人孝子之心，而慕一行卓詭之事，呼天呼父母，無可奈何，極而謀鬻身，又極而謀乞丐焉。嗟乎，此非玄恭之恥，而吾黨賢士大夫之恥也。"

　　歸莊集卷五上錢牧齋書："新正得吾師序文，感激涕零，持以示人，靡不感動。奔走一月，合四方賻布，得百金，襄事之費，計已得十之七八，遂卜以三月七日葬于新阡。三世枯骸，得免爲狐狸所殘，皆先生一言之力。毋論祚明之銘心鏤骨，即地下幽魂，亦當效結草之報也。"

　　歸莊集卷三旌孝編序："余兵燹之後，奔竄之餘，以親喪不能葬，日夜痛心疾首，而無可如何，賴錢牧翁爲將伯之呼。"

正月望日，作嘉定張子石六十壽序（牧齋外集卷十）。

　　牧齋序云："侯氏二瞻、黃子蘊生、張子子石，暨長蘅家僧筏、緇仲，皆以通家末契事余于師友之間。子石游閩，余寓書曹能始，請爲先太夫人傳。子石攝齊升堂，肅拜而後奉書，能始深嘆之，以爲得古人弟子事師之禮。"

正月晦日，作張子石畫像贊（牧齋外集卷二十四）。

聞李明睿、汪然明等人結孤山五老會，作書張遂辰。

留青廣集卷七與張卿子:"經年闊别,日在塵埃勞攘中。湖山知己,惟有魂夢往來。頃聞太虚東山燕遊,然(樵)明左掖畫錦,二美並至,五老交并,衣冠儼肰,神仙觴咏,爲之紙貴。江干一老,病困摧頹,聞斯盛事,不覺兩腋風舉。上巳之後,倘賤體少痊,巾車足辦,便當過明聖湖頭,追隨五老後塵。吹新火,烹石泉,理舊遊,而陪新賞,或不以爲俗客逋士,勒令回車也。"疑在本年。

五老爲李太虚、馮雲將、顧林調、張卿子、汪然明。汪然明春星堂詩集卷五有詩記其事。

張遂辰(1589—1668),字相期,一字卿子,號西農。原籍江西,遷居杭州。明亡隱居不出,爲醫自給。

二月三日,於吴門道中書嘉定張子石六十壽序(牧齋外集卷十)。

二月初四,作書惟新和尚(有學集卷四十四)。

鈔本有學集署"癸巳二月初四日"。惟新和尚,生平不詳。書云:"竊惟今日妖邪熾盛,狂蓍交馳,皆以正法不明之故。而三宗之中,急宜提唱者,尤莫先于賢首。蓋自清涼、方山兩家之疏論,已不免砧錐相向。而圭峰已後,弘演斯宗,作人天之眼目者,寥寥乏人。台家各伵門庭,人以妄判叛竊之談,互相矛盾。以故魔民盲子,緣間乘隙,矯亂披猖。如使華嚴法界,豁然中天,高山之旭日常明,帝綱之寶珠徧照。善得見而衆疾俱消,末尼出而群生咸給。又何患狂燄之不除,慧燈之不續哉?當仁不讓,舍我其誰。説法爲人,忍忘遺囑?蒙雖不敏,志切皈依,所以願隨大衆而頂戴,敢劾諸天之啓請者也。"

本年，作新建巡撫都察院行臺碑記（牧齋外集卷十八）及巡撫都察院題名記（牧齋外集卷十三）。

碑記云："順治九年，滿洲振宇周公特奉簡命，擢少司馬兼大中丞，建節于斯……乃卜地于吳城之巽隅，高明爽塏，風氣茂密，于營建爲宜。相地宫宅，量日庀材。經始于順治九年之十一月十六日，蒇事于十年之二月二十六日，凡三閲月而畢工。"

題名記云："念自鼎革以來，銜命巡撫，有事于南畿者，具有成勞，不可以無記載，乃詳列其姓名履歷、涖任始末，鐫諸貞珉，垂示永久，而屬爲題名之記。"

康熙吳縣志卷二十二官署：巡撫都察院在南宫坊，即鶴山書院。明宣德七年知府況鐘建。……本朝順治二年閏六月十三日，燬于兵燹，巡撫都御史土國寶購舉人許元弼住居改爲撫署，即朱明寺舊址也，巡撫都御史周伯達亦駐節焉。及國寶復任，相沿七載。九年，巡撫都御史周國佐暫駐府學之明倫堂，移文巡按御史秦世禎代題，移建故址。大門內東立土地祠，西設寅賓館。儀門內大堂三楹，區曰明慎容保。左右各樹一碑，學士錢謙益所撰建院、題名二記也。堂東立聞喜堂，西設書吏房。堂後有川堂、時幾堂，仍倣舊制，創來鶴樓于後堂之北。轅門外東西設道、府、廳、縣及遊擊、衛所公署，賫奏、健快、砲細等役班房。東西二坊，東曰保障東南，西曰澄清海甸。

康熙吳縣志卷四十宦蹟：周國佐，字振宇。滿洲人。世籍阿達哈哈番，管梅勒章京，吏部左侍郎。順治九年奉簡命，改兵部左侍郎，兼右副都御史，巡撫江南。

三月朔,作道開法師塔銘(有學集卷四十)。

　　鈔本有學集署"癸巳三月朔"。銘云:"塔在庵右若干步,其徒文圭拾遺骨藏焉,而奉蒼師書來請銘。"蒼師即蒼雪。

三月上巳,慎交、同聲二社匯集虎丘,皆推吳偉業爲魁首。

　　王巢松年譜:"是年上巳,郡中兩社俱大會於虎邱,慎交設席在舟中,同聲設席在五賢祠內。次日,復於兩社中拔其尤者,集半塘寺定盟。四月中,復會於鴛湖。歸途在弘人齋中宴飲達曙,此後始稍得寧息。兩社俱推戴梅村夫子,從中傳達者,研德、子倣兩君,專爲和合大局大費周旋。豈知欲和而愈不和,欲合而愈不合。始信友朋聲氣之事,真屬無益,有識者斷不爲也。"

三月二十九,盧世㴶去世,年六十六。

　　王永吉撰盧氏墓誌銘:"公生于萬曆戊子十二月初三日,卒于順治癸巳三月二十九日,享年六十六。"

　　尊水園集略卷端程先貞緣起:"歲癸巳暮春晦日,盧德水先生以疾卒。"

春,遊武林,居杭州昭慶寺,得周亮工所作清漳城上詩,感歎不已(有學集卷二十一周亮工賴古堂合刻序)。

　　序云:"癸巳春,余游武林,得元亮清漳城上四章,讀而嘆曰:余與元亮別八年矣,久不見元亮詩,不謂筆力老蒼,感激悲壯,一至于此。"

　　周亮工(1612—1672),字元亮,號櫟園,又號減齋。河南祥符人。崇禎十三年(1640)進士。由濰縣令陞御史。入清，官至吏部右侍郎。八年前即順治二年(1645)，時二人皆在南京。亮工時爲兩淮鹽運使。

湖上遇謝良琦，作謝獻庵詩序（牧齋外集卷三）。

序云："今年於明聖湖上遇謝明府獻庵，觀其人金莖特起，玉尺映望，如范致能所謂平地蒼玉掘起，爲天下偉觀者也。"

謝良琦(1624—1671)，字仲韓，一字石臞，號獻庵。全州人。崇禎十五年(1642)舉人。嘗官淳安知縣，後移居常州。

謝良琦醉白堂文集卷三西湖函上人詩序："憶癸巳春，在明聖湖上，雨中與心函登天竺山，躋五雲、高峰，顧見寥廓，賦詩歸卧烟雨樓。"因繫此。

贈盧之頤詩一首（有學集卷四贈盧子繇）。

盧之頤，字子繇，號晉公，又自號蘆中人。錢塘人。承家學，以醫名，著有本草乘雅半偈、痎瘧論疏等。爲人性簡傲，魯王在山陰，往從之，授職方郎。事敗歸里。晚年雙目皆盲，所交皆斷絶，憤懣而卒。杭世駿道古堂文集卷二十九有傳。

牧齋詩云："雲物關河報歲更，寒梅逼作見平生。"可見作於春初，與上條合，因繫此。

馮雲將納妾，作詩一首相謔（有學集卷四）。

又作壯遊詩贈顧南金（有學集卷四）。

顧南金即顧礽，時暫住杭州。

暮春，作回金湯主人戲論（有學集卷十七）。

文末署："癸巳莫春，華藏世界中没口居士戲說於昭慶之古樸僧房。"金湯主人,指護法諸人,並非實指。文云:"金湯主人具護法眼,張牙努目,說道三宜是箇活佛,具德是箇妖僧。老夫聊借二語,落艸盤桓。且道如何是活佛。具足三十二相、十力、四無畏、四無礙智、十八不共法、三十七助道品,纔叫作活佛。三宜便當箇活佛麼?如何是妖僧,身上出水,身下出火,左脅出水,右脅出火,一脅震雷,一脅降雨,纔叫作妖僧。具德便當得箇妖僧麼?"三宜明盂是曹洞湛然圓澄弟子,紹興雲門住持,具德是杭州靈隱寺住持,臨濟漢月法藏弟子。事件起因,與臨濟、曹洞(雲門)鬭諍有關。

按:本年臨濟通容費隱撰五燈嚴統,提出三個不利曹洞的觀點。一是青原排名在南嶽之後,臨濟才是禪學正統。一是天王道悟、天皇道悟乃是二人,一是石頭弟子,一是馬祖弟子,曹洞混爲一人,有尊高自己之嫌。一是覺浪及三宜一系傳承不明。三宜明盂得知後,不能接受,遂聯合師門明雪、明方以及覺浪等人撰文反駁,引起紛爭。支持三宜的武林、越州諸護法,也撰文支持。净慈寺和靈隱寺也牽扯其中,牧齋有意調和,故作此文。

有學集卷十覺浪和尚挽辭八首其八錢曾注:"牧翁嘗云:昔者紫柏、海印二大師,謂五燈之傳不正,則慧命不續……按道悟同時有二人,一住荆南城西天王寺,嗣馬祖,其下出龍潭信者;一住荆南城東天皇寺,嗣石頭者。"又云:"紫柏大師謂本朝單傳一宗,幾乎滅熄,傳燈未續,是出世一大負。公(牧齋)嘗以此言語浪丈人,囑其校正五家宗派,作錄以繼傳燈,作傳以續僧寶,科揀綱宗,區別邪正,庶幾正法眼藏,不爲魔外之所撓亂。"可知牧齋亦以道悟爲二人。其次,具德爲法藏弟子,自法藏開法虞山三峰寺,臨濟一宗在常熟大盛,牧齋有維持法脈,爲鄉里護短之意。

三月十五日,又作諭湖南淨慈寺僧書(有學集卷十七)。

此文末署"三月十五日,虞山牧齋老人爲淨慈諸清淨僧說法竟。"文云:"在三界內,元當省人我是非;況出家兒,豈可犯鬭諍堅固。今時僧衆,不守律儀。逞毒手,飽老拳,冤冤相報;依嗔心,造惡業,對對相纏。生前自種旃陀羅因,死去定受捺落迦報。披毛戴角,懵不自知;劍樹刀塗,悔將何及?我今苦口,勸汝兩邊。"應與上文作於同時。

暮春二十日,作大司成開之馮先生畫像贊(有學集卷四十二)。

鈔本有學集署"莫春二十日,錢謙益再拜書于昭慶古樸僧房"。

吳國輔六十,爲作吳金吾傳(有學集卷四十一)。

吳國輔(1594—1668),字期生。天啟七年(1627)廣東武狀元。崇禎恩授錦衣衛鎮撫,陞正千戶。官至都督同知,洊加太子太保、左都督。

傳云:"期生後與商丘段增輝善,段生節俠士也,用賢良辟召。寇陷商丘,力戰死之。段曾挾期生訪余虞山,臨行執余手曰:'增輝誓必死國,能與增輝同志者,期生也。'蓋期生之生平,能見信于賢豪間如此。"增輝即段含素。

鈔本有學集署"癸巳季春,書于西湖昭慶寺之古樸僧房"。

吳國輔爲其父孟明請壽序,作吳祖洲八十序(有学集卷二十八)。

序云:"大金吾山陰祖洲吴兄,謝環衛事,歸卧東中者凡十有二年,而春秋八十。癸巳歲六月吉日,其懸弧之辰也。"

有學集卷四十一吴金吾傳:"司馬公(兑)先大父同年進士,指揮(孟明)余兄弟也。"可見二人爲年家子。

山陰州山吴氏族譜,此文亦署作於昭慶寺古樸山房。

季春,因錢廣居之請,作宗衮曼修大司諫五十初度序(牧齋外集卷十一)。

序云:"歲在癸巳季春之月□日,宗衮給諫君曼修五十初度,憲副大可將宗人登堂燕喜,酌酒稱壽,屬予爲祝嘏之詞。予於宗人禮先一飯,其交于曼修一門則三世矣,其何以辭?"

錢增(1604—1658),字裹卿,號曼修。桓孫,熯子。崇禎四年(1631)進士。授行人,擢兵科給事中,轉刑科都給事中。謹直敢言,嘗劾樞臣楊嗣昌、王國光。年四十二乞休歸養。請開瀏河,條列八事,已議行,因國變未果。後知州白登明大開瀏河,悉宗其說。順治九年(1652),撫按交章薦,以母老辭。子廷銳,女六,長適王時敏子抃。牧齋錢母吴太孺人七十壽序亦云"交曼修一門凡三世"。

佛生日,作錫山高氏白華孝感頌并序(有學集卷四十六)。

鈔本有學集署"歲在癸巳釋迦佛降生日,海印弟子虞山錢謙益合十和南謹説。"序云:"吴門袁生重其來告我曰:'錫山高太君李氏,儀法茂著,精修浄土,無疾考終。其子學憲彙旃,哀慟毁瘠。念無以報母恩,長跪柩前,誦妙法蓮華經,兩膝著地,聲淚迸咽。越三虞,庭中枯蘭,忽抽白華一叢,一莖三花,瑩如刻玉。見聞隨喜,靡不嘆異。不知此何祥也？敢以質諸夫子。'……雖然,袁生有節母,年七十矣。世間文字,多于海沙,日夜營求卷軸,以旌其親。不如一言半偈,回向報恩者之爲得也。"袁駿此來,應亦爲其母求文作壽。

高世泰(1604—1676),字彙旃。無錫人。高忠憲從子。崇禎十年(1637)進士。授禮部主事,歷至湖北提學僉事。

作東臯老僧詩(有學集卷四)。

老僧不詳何人。詩云:"春深花柳隱東臯,獨抱軍持護寂寥。"東臯,應即瞿式耜家園。

作歸文休墓誌銘(有學集卷三十六)。

鈔本有學集署"癸巳五月二十四日,虞山友弟蒙叟錢謙益製"。

夏,在半野堂見楊抡,授以作詩之法。

懷古堂詩集卷一奉挽錢大宗伯牧齋先生其三自注:"癸巳夏,侍半野堂。因請問作詩之法,先生曰:別裁僞體親風雅,此千古作詩法也。"

夏間,智旭有書來。秋,作書報答,告知蒙鈔編纂情況(有學集卷四十四與素華禪師書)。

書云:"孟夏奉手書,感歎無已。……去歲接席,曾談續燈一事,深荷許可。此非獨紫柏老人未了願力,實末法一萬年中慧命所繫。頃見濟、雲兩家堅固鬬諍,蠻、觸交戰,首尾互噉,狂風邪焰,長此安窮？所望大德同體慈悲,爍世外金剛之眼,奮人間董狐之筆,定此公案,勒成一書,庶幾正眼重開,魔軍少息。……首楞蒙鈔三易其稿,今秋輟筆,少有端緒。更加數年研究,補闕正訛,然後就正有道,爲流通之計。

向有緒言未竟者,則憨大師性相、達大師八識未了之義,及闢交光師邪説本末。此三段公案,曩荷指授,誦帚鈍根,未能記憶,敢乞信筆疏通,伸寫疑義,俾學人得破聾導瞽,因指見月。……因白法老人便郵,附訊法座。軍持相望,敬候德音。"雲門、臨濟之争見前。

端午,毛晉送粽米,作書答謝。

  錢牧齋先生尺牘卷二與毛子晉:"湖上歸,渴欲一晤。孟老來,知有臂痛之恙,殊相念也。……競渡喧闐,端居晏坐,却承粽米之會,不無湘江角黍之思。浮大白,酌村醖,對柳敬亭劇談秦叔寶,差消塊壘耳。"

  又周容春酒堂文存卷二柳敬亭傳:"癸巳,值敬亭于虞山,聽其説數日,見漢壯繆,見唐李、郭,見宋鄂、蘄二王。劍戟刀槊,鉦鼓起伏,骷髏模糊,跳擲遶座,四壁陰風盤旋不已。予髮肅然指,幾欲下拜,不見敬亭。"何齡修以爲虞山即錢謙益處,雖無確證,亦有可能。

  周容(1619—1679),字鄮山,號甓翁。鄞縣人。

六月,吴梅村父吴琨七十,作吴封君七十壽序(有學集卷二十八)、吴約菴七十壽讌序(牧齋外集卷十)。

  吴琨(1584—1663),字禹玉,一字藴玉,號約菴。諸生。

  金匱本壽序云:"歲在癸巳,太倉封官相約菴吴先生春秋七十,四方士大夫與官相游,及出其門下者,争援筆爲介壽之詞。……六月吉日,爲先生初度之辰,敬敘次其言,因官相以獻于先生,使斯世之人談避世者,無刺促于此土,而以往生西方爲大歸,則自余之壽先生始。"

王夢鼎、邵燈重建鄉巫咸祠,八月初八,作重建鄉先賢商相巫公祠堂碑(有學集卷十六)。

  鈔本有學集卷署"昭陽大荒落之歲壯月初八日,邑人後學蒙叟錢謙益再拜製文"。文云:"邑之英俊王君夢鼎、邵君燈考邑乘,企風烈,喟然嘆曰:'嗚呼,是不可以不正。'卜地梁昭明讀書臺之左,建祠堂三楹,春秋饗祀,得如甲令從事,請刻麗牲之碑,以示永久。"

  錢牧齋先生尺牘卷二與陸孟鳧:"聞巫咸祠記即欲勒之於石,而吳門馬天遊適來,今之伏靈芝也。如以屬之,當令敝文增價,不媿寒山一片石矣。乞轉致王、邵兩公爲荷。"

  馬嘉,字天遊。蘇州人。精碑版文字。年八十餘卒。父士鯉,字雲逵,人稱馬癡。遊文震孟、姚希孟之門,亦以鐵筆擅名。吳中爲忠賢立碑,先期逃去。魏大中下獄,子學濂因贓牽連,爲之勸募。道光蘇州府志卷一百六有傳。

陳維崧過吳門,上書牧齋。

  湖海樓詩集卷六舟次虞山呈錢宗伯牧齋先生并示令子孺飴:蕭辰隨掛席,雲水漾澄暉。城郭迴丹嶂,間閻入翠微。渚花晴自放,沙鳥暮還飛。無限行歌客,西風未忍歸。

  此地還江左,風流謝傅碁。尚書聞北府,公子擅南皮。柳碧言游巷,花深虞仲祠。金尊紅燭夜,簾幙正參差。

  周絢隆陳維崧年譜繫年在順治十年(1653),從之。

  陳維崧(1625—1682),字其年,號迦陵。宜興人。貞慧子。善詩及駢文,尤工詞。陽羨詞派領袖。康熙十八年(1679),舉博學鴻儒。由諸生授翰林院檢討。

秋,吳偉業應召入京,作詩送之(有學集卷五送吳梅村宮諭赴召)。

按：此詩有學集繫年在順治十二年(1655)，誤。牧齋詩云："清秋黄葉滿平蕪，月駕星軺肅首塗。病起恰逢吳八月，賦成還比漢三都。香爐烟合朱衣在，宫扇雲開玉佩趨。花院槐廳多故事，蚤傳音信到菰蘆。"

顧師軾吳梅村先生年譜卷四："九月，應召入都，授秘書院侍講，奉敕纂修孝經衍義。"又云："王隨菴撰自訂年譜："十年……是秋九月，梅翁應召入都，實非本願，而士論多竊議之，未能諒其心也。"

王抃王巢松年譜："(順治十年)九月中，梅村夫子出山北上，余送至吳門。"可知在本年。

作書吳通判(錢牧齋先生尺牘卷一)。

書云："初聞視篆雲間，謂可長侍教言。不謂仍借重漕督，馳驅跋涉，爲國宣勞。……奸人飛誣，宋公祖徹底昭雪，實賴指南之力。更得撫公電斷，斬盡葛藤矣。"別本作與吳三府。吳城日記："長洲縣令李廷秀本非科貢出身，乃旗籍，以貪酷被拿禁，提往江寧審究，本府管糧吳三府署其篆。"知此人是管糧通判吳重舉。據康熙蘇州府志，吳重舉號巁菴，真定人。順治六年(1649)十一月任，十年十一月丁憂去。又據乾隆長洲縣志，李廷秀順治八年正月至九年八月任長洲知縣，被劾去；繼任宋聚奎，順治十年四月至十一年六月被劾去，則此書作於順治十年可知。宋公祖，應即宋聚奎，字木天。陝西耀州人。順治二年拔貢。

鶴如五十，作詩賀之(牧齋外集卷一壽鶴如五十)。

鶴如生年不詳。康熙重修常熟縣志卷二十二："契德，字鶴如。幼與牧雲同投洞聞出家，又參天童和尚，歸破山。

自大殿外,種種興建,至今丹碧巍焕,蔚爲寶坊,契德一人力也。晚年謝事,退居惟實居,焚香染翰,邑中名流多與還往酬唱。"

孫本芝先生詩稿有錢嗣希索詩壽鶴如師五十,率筆賦贈,題下注"癸巳",首句云:"鶴公年五十,生晨九月五。"因繫此。吳梅村亦有壽詩,但編排在順治七年庚寅。

牧齋外集卷一又有喜鶴如上人還破山詩一首。

長至日,爲同年劉康祉文集作序。

此文不見初、有學集,見識匡齋全集卷前。卷端又署古晉馮如京、虞山錢謙益定。文曰:"玄受没後癸巳年,其子予瓚、予珏以其集請序。"

劉康祉(1583—?),字以吉,號玄受。永嘉人。萬曆三十八年(1610)進士。官至廣西布政使。

十一月二十五日,作石林長老小傳,又爲其畫像作贊(有學集卷四十一)。

寄巢詩卷下附此文,署:"癸巳之歲冬十有一月二十五日,海印弟子虞山蒙叟錢謙益書于絳雲爐餘之皤經處,時年七十有二。"文云:"師居北禪,慈月夫人降乩,爲師畫像,點染才數筆,落落然望而知爲師也,喜而爲之贊。贊曰:水觀寂寂,山骨層層。天女點筆,素練風棱。雲床雪被,切玉琢冰。蒙叟作贊,真清淨僧。"

慈月夫人即金聖歎。寄巢詩附録金聖歎畫像題詩:"北禪自古天台寺,龍象寥寥只此賢。文字品中持滿義,維摩經裏證無言。丁丑清明,法弟朗寫并贊。朗即慈月夫人。"

應朱陛宣子鎰之請,作明特贈翰林院待詔私謚孝介先生朱君墓表(有學集卷三十九)。

墓表云:"太歲癸巳十二月十一日,鎰用青烏家言,改葬鄧尉山鳳鳴岡下,屬余爲其志。"

此吴江朱陛宣(1578—1633)墓表,陛宣次女,即順昌次子茂藻室。鎰字彥兼,有神童之譽,補吴縣學生,入復社。亂後以黄冠終老。

山曉閣明文選續集卷六評云:"起手提出士氣,爲後來照應。中間有正敘,有旁敘,有補敘,有深慨,有閒情,胸中憤懣,觸筆欲瀉,義不僅繫之一人一事也。"

十二月,作顧東壁墓銘(牧齋外集卷十六)。

序云:"東壁顧氏,名登瀛,錫山右族。父君錫,娶常熟錢氏。東壁,我之自出也。……癸巳臘月,君錫書來曰:兒以二月十七日夕死,逼除渴葬,敢請銘。"

本年,應卓人臯之請,爲其父卓爾康全集作序(有學集卷二十二)。

序云:"去病之殁,在崇禎甲申之十一月。後九年歲在癸巳,其子人臯,始彙其全集,鏤版行世,而虞山友人錢謙益爲其序。"

人臯,字有牧。

本年,作河陽湯侯去思碑(康熙重修常熟縣志卷二十五)。

湯家相,字泰瞻。山西趙城人。順治六年(1649)進士。八年十二月繼瞿四達爲縣令,十年去職。

康熙重修常熟縣志卷十五宦蹟:"湯家相,號泰瞻。進士。授知縣,愷弟宅衷,冰蘖礪志,率紳士矢於神,潔己愛民,一塵不染。承前任繩亂絲棼之後,招撫流亡,培植傾廢,焚積牘以致措刑,懲奸收而革餘羡。臨民之際,齋顏勞問,不動聲色,視民真如赤子。爲政期年,會當事者以五郡漕糧上其事,概奉嚴綸,而家相亦坐是解任。聞報之日,男哭於途,女號於室,恤侯之任內原無逋賦,因公受過,挽留無術,自紳衿及負販,爭相輸納,漕糧千餘緡,不踰宿而足。次年秋,當事再上其事,分別請復,首及家相,補任湖廣南漳縣知縣。常熟士民勒去思碑於惠民藥局舊址,棠陰屹然。"

本年,涇陽楊梧年七十,其侄楊昌齡來請壽文,作楊徵君鳳閣先生壽宴序(有學集卷二十七)。

楊梧(1583—1658),字鳳閣,號念劬。陝西涇陽人。萬曆四十年(1612)舉人。家世禮學。

從子昌齡,字三閈。崇禎十二年(1639)舉人。順治十年(1653)八月至十三年十一月官蘇州府推官,以貪酷被李森先彈劾而去,因繫本年,時楊梧已滿七十。

本年,周天成任蘇州織造,作書相賀。

錢牧齋先生尺牘卷一與周工部:"老公祖臺下以碩德台望,榮膺特簡,再涖江南。……屏居江村,未能奉叩鈴閣,祗聆慈誨,惟有清夜爇香,于長明燈下遙祝萬壽而已。"

蘇州織造局志卷三職員:"周天成,字凝圖。遼陽人。內工部右侍郎。順治十年任,十一年奉旨撤回,停局。"

本年秋,周天成曾來祝壽,未遇而返,參見下年。

又南圖鈔本牧齋尺牘尚有請周天成捐貲刻經書:某衰年暇日,歸心空門,修葺楞嚴、金剛、心經箋疏,薈萃古今之解,而歸于一門。諸方耆宿,咸相推許,以爲有功于佛乘。

現謹將刻稿一二種，請正于門下。老祖臺爲人天龍象，具有法眼，幸爲留心筆削，改正其疵誤，以津梁末劫，則其爲法施廣矣。又經本浩繁，刻費頗爲不貲，老公祖以廣長舌相，一爲唱導，俾得剋日流通，功德尤無量也。

本年，張松霞分巡嘉湖道，作書請其照拂王人鑑之子（牧齋外集卷二十二）。

書云："恭惟節鉞，賁臨禾水。虛危德星，近指斗牛。東南半壁，光氣郁然。……德水近有岱宗之耗，生平石交，從此道盡。……杜詩箋注，正欲奉寄，偶一繙閱，缺誤良多。誠恐貽笑大方，尚思整齊補綴，然後借重玄晏，懸諸國門也。吳門山人王德操，清修苦吟，爲近代真隱。毛子晉撫其遺孤，誓使周六同於己子，古人中不多得也。今此子已知佔畢，子晉欲令試童子科，留讀書種子。特爲請于臺下，冀得片言嘘植，老年丈其善成之。獻歲發春，容躬叩不一。"

道光濟南府志卷五十六："張吉士，號松霞。平原人。性至孝，侍父疾五年，無怠色。明崇禎庚辰進士，授陝西苑馬司錄事，陞平陽府推官。順治初爲武功令，時山寇竊發，戎馬繹騷，外調芻饟，內畫守禦，撫戢遺黎，邑以安枕。晉兵部職方郎中，擢浙江水利道，缺裁，改督糧道，漏巵盡杜，漕弊一清，再補嘉湖道，以哭母卒。吉士博極群書，學兼體用，性理、通鑒、史傳，俱有評纂。祀鄉賢。"

雍正浙江通志卷一百二十一分巡嘉湖道："張吉士，山東平原人，順治十年任。"盧世㴶亦死於本年暮春，故繫此。

本年，蒼雪作詩詢問絳雲樓火災之事。

中峰蒼雪大師集寄詢錢虞山絳雲樓火後專意內典："好

將世事較樗蒲，林下高眠任老夫。天意未容成小草，河清終欲薦遺珠。面非北向安知海，望到東山只有虞。不盡奇書探海藏，人間文字可燒無？"

本年，趙延先陞眞定郡丞，託其帶書梁維樞。

錢牧齋先生尺牘卷三十一致梁鎮臺："兹因趙通府涖任貴郡，託其奉候起居。通府爲文毅公定翁之曾孫，太史景之之子。……内子念尊夫人厚愛，寢食不忘。"

趙延先（1622—1690），字讓卿，號石麟。士春子。副貢生。歷官安陸推官、眞定府丞、萊州知府、陝西河西道副使。眞定府志順治時職官闕漏甚多，不知趙任于何年。考趙士春昨夢錄："癸巳……是年，長男緣安陸陞眞定同知赴任。"因繫此。

本年，瞿式耜靈柩東歸，作書楚帥馬某，請其提供方便。

瞿綬鈔本東澗尺牘寄楚帥：劫灰一塵，寒林片葉，殘生衰質，眇然何有。雖復仰星象于戴斗，遡河流于碣石，徒有瞻企，末由申寫。西江客行，附通口信。天宇寥廓，好音趸然。頃者粤地檄傳，吴天訃至。歸國子之元，誰加組帶，發洛陽之夢，徒悵啁鬚。教義咸悲，同軌共恤。聞楚中馬大將軍，義捯白日，誠感黄泉，收萇弘之血，不待三年，字羽林之孤，俾存百口。此眞史册所特書，古今所希有也。厥孤死孝，喘息綴支（友），先遣□使訪求殯宮，聞密之令嗣，頃爲幕府上客，敢乞片言，屬其一盼。俾萬里忠魂，得依丘壠，一綫孤孀，仍返桑榆。故知松柏同心，芝蕙共嘆，惟力是視，無煩誺諉者也。衰年老眼，信筆披陳，不盡馳仰。

清順治十一年甲午(1654)　明永曆八年
七十三歲

正月,瞿式耜幼子玄鏡奉其骨歸常熟,顧苓來弔,以女妻之。

牧齋外集卷十六明經顧云美妻陸氏墓誌銘:"留守相公瞿稼軒既殉國,其幼子玄鏡奉其骨歸自桂林,甲午正月至常熟,顧苓云美來弔,玄鏡從其兄擁杖出拜。云美問其兄,曰:'吾幼弟也。生長西南,今九歲矣。'云美出,謂其表弟嚴武伯曰:'子爲我語瞿氏,以我女字玄鏡。'瞿氏諾之。云美告余曰:'苓以女字留守相公之幼子矣,夫子其謂我何?'……云美居喪守禮,不畜姬侍,躬保護其女。服除,而玄鏡孤貧無倚,云美收爲贅壻。"

玄鏡(1646—?),字端叔。

作翁芳菴合葬墓誌銘(牧齋外集卷十六)。

芳菴名萬春(1555—1626),字伯生。娶龐氏,早卒,繼娶扁荻王氏(1582—1642)。無子,抱鄒氏子爲後,即長庚。

牧齋文云:"年家子翁君子虛,以尚書户部郎榷蕪湖,竣事還里,奉其母王安人柩,合葬芳菴府君兆域。"考翁長庚蓼野年譜:"三十九歲,甲午順治十一年,余母在淺土閲十年矣,弗克勉圖窀穸。春正月,乃啟母柩,治喪三日,以十一日與余父暨前母合葬祖塋之次。年伯錢□□□、同年吕大學士蒼忱並作合葬墓誌銘。"

正月,爲喻嘉言醫門法律作序(有學集卷十五)。

鈔本有學集署"歲在甲午春王正月,虞山友人蒙叟錢謙益謹序"，故繫此。醫門法律尚存刻本。

呂天遺以墨香秋興卷寄示索題，爲題二首（有學集卷五）。

小序云："成化中，嘉興姚侍御公綬爲許進士廷冕題墨菊卷，周桐村鼎、沈石田周、張給事寧皆有詩屬和。呂太常㦂二律尤佳。太常諸孫天遺從市人購得，寄示索題。敬次諸公韻二首，以識仰止。追盛世，懷君子，采苓風雨，良有感託云耳。"

姚際恒好古堂家藏書畫記卷上："計汝和墨香秋興卷，作野菊數枝，雜以飛白竹，生峻嶺驚濤之間，筆力雄健，意境絶奇。汝和時官庶常，爲同年友許廷冕作，廷冕之外兄姚公綬，時亦官京師，題之詩，廷冕以使事歸，乞諸名人和之。凡數十人，姚落句鴉字，諸公競出新意，呂九柏有'坐對南山色似鴉'之句，沈石田亟相推服，前輩風流，可以想見。此卷後轉徙他人，迄于近世，和者猶不已。然亦多散佚，及不錄入卷中者。因思此卷，紀曆二百，事更兩朝，倡和相承，傳爲盛事。斯亦藝苑之雅音，江南之故實也。故備錄之，以俾其傳焉。其他跋語不錄，惟錄其詩，予一詩，亦附後焉。'憶在江南共別家，重陽時節正開花。花曾笑我滿頭插，酒欲憑誰取次賒。三徑逢秋懷舊約，五年爲客住京華。玉堂吉士勞相贈，醉詠寒香散墨鴉。姚綬。'……'計老風情豈畫家，慣披月令寫秋花。先朝文藝江湖見，此卷流傳歲月賒。筆與騷魂增澹泊，墨填籬影有光華。興來把酒雙眸凈，坐對南山色似鴉。一。畫菊從來有數家，計公書法不論花。獨憐作者頻年盡，貪看容余一日賒。芳迹東南留故實，幾人官秩總清華。相邀真設籬邊會,醉筆還能寫亂鴉。二。呂煐。''寫菊題詩合兩家,今人重看昔年花。風流宛宛有墨在,歲月茫茫何處賒。物老不堪秋換夢,紙寒猶覺露生華。斯文聚散成惆悵,獨倚空江看晚鴉。一。詩畫于今又別家,人亡重見舊禽花。難容白髮貪緣插,賤許黃金展轉賒。草木盛衰和物數,姓名存沒感才華。蒙莊得失弓無恙,高樹猶能宿後鴉。二。沈周。'……'徵士東籬能幾家,爛然奪目過春花。名賢此日情何限,勝賞當年興獨賒。廎就奚囊俱白雪,歲逢甲子再光華。呂天遺爲九柏公文孫,其先倡和在弘治戊子,今天遺得此卷,在順治戊子。那知代謝悲傷事,聚散渾同樹杪鴉。天遺得此卷,廣延騷墨之友,社集題詩,予亦與焉。不數年,天遺沒。戊午,忽爲予所得,故有感云爾。沈治。'''畫卷當年題跋者甚多,不盡錄。

復題其東籬秋興卷(有學集卷五天遺家籬菊盛開,邀諸名士作黃花社,奉常公墨菊卷適歸几上,諸子倚原韻賦詩,題曰東籬秋興,而屬余和之)。

　　紅豆書館書畫記卷八:"明項孔璋黃花社圖。……癸巳九月,呂天遺舉黃花社,少長咸集,予兄弟不及赴。今年七月,各以詩畫補之,見李醉鷗看菊上題黃字韻,余復用次韻題此。……甲午中秋,項聖謨筆。"

又題僧卷一首(有學集卷五)。

因去秋周天成賀壽未遇,作書謝之。

　　錢牧齋先生尺牘卷一與周工部:"去秋避跡窮鄉,有失倒屣。門下不以爲罪,念及草木之年,殷勤稱壽,何記存之厚也。……道間趨行,未致報章,特遣奴子馳謝。"方良以周工部爲周亮工,然亮工無任職工部之記錄。順治十八年

(1661)秋,牧齋八十,亮工曾來虞山乞銘,如"工部"爲"亮工"之誤,則應在十八年。

二月九日,在吳門,作印初講師畫像贊偈(有學集卷四十六)。

> 鈔本有學集署"太歲甲午春王二月九日,海印弟子錢謙益書于吳門之拈華菴"。贊云:"臨終囑其徒……勿多乞志傳,虞山學士具正法眼,請一言以證明足矣。今年師之孫鑑若,攜師畫像,以遺言請。"

> 海正,字印初,俗姓楊。嘉定人。九歲出家,年六十卒。嘗駐錫毛晉曹溪一滴菴。

二月十日,作古慧明寺重修禪堂記(有學集卷三十一)。

> 鈔本有學集署"龍集甲午春王二月十日。"

春日,題施秀才卷(有學集卷四十九)。

> 文云:"嗚呼,此吾吳郡二十年中事也。有是太守,廉辦得民,輯瑞告行,黃童白叟,如兒父母。有是諸生,舉幡詣闕,爲州人借寇,橫被策蹇,不釀邑室一錢。有是孝廉,跡不入公府,蘊義生風,舌樹齒牙,鏃礪流俗。豈非中吳之盛舉,郡志之美談乎?"三人本事不詳,太守疑爲蘇州知府陳弘謐。

春,遇鄧漢儀於吳門,鄧漢儀出詩卷評定。又同訪卞玉京,玉京堅不肯出。

> 有學集卷四十八題燕市酒人篇:"甲午春,遇孝威于吳門,孝威出燕中行卷,皆七言近體詩。"

> 牧齋外集卷五陳崑良詩序:"去年(甲午)游吳門,見三吳才人志士,高篇名章,行卷闐咽,顧視下邑,頗以秦無人爲恨。"

鄧漢儀慎墨堂筆記:"卞生,字雲裝。……甲午春,僕同錢宗伯牧齋訪之鄭三山家,果然終不出見賓客。"

鄧漢儀詩觀卷一:"比甲午春,同錢牧齋宗伯往吳閶鄭翁家訪之,則樓頭紅杏照人,隔牆隱隱聞梵唄聲,屬鄭翁致慇懃,終不肯出。"

鄧漢儀(1617—1689),字孝威,號舊山。泰州人。博洽通敏,貫穿經史百家之籍。尤工於詩學,登壇執牛耳者數十年。康熙十八年(1679)召試博學鴻儒科,因年老授內閣中書。歸寓董子祠,執經問業者車馬塞市。著有詩觀、慎墨堂集等。

二月,爲顧苓作雲陽艸堂記(有學集卷三十)。

鈔本有學集署"歲在甲午之二月"。記云:"顧子云美卜居于雲岩之陽,所謂塔影園者,讀書尚志,撫今懷古。讀後漢宣秉傳,論其世而知其人,穆然太息,顏其三間之屋曰雲陽艸堂,而請余爲記。"

仲春,又作西陵二張子詩序(牧齋外集卷六)。

二張,即張綱孫及其弟賁孫。

張綱孫(1619—1687),字祖望,號竹隱君、西山樵夫。錢塘人。西泠十子之一。年三十二喪妻,不再娶。晚年夢神人,改名丹,號秦亭山人。廉介不好交遊,好爲詩古文詞。又喜山水,南北行旅之篇尤崛奇,爲全集之最。有張秦亭詩集傳世。

張賁孫白雲集卷二與錢大宗伯論修史書:"奉違先生函丈又三年矣,昨虎阜相遇,荷先生慇慇垂訊,以修史相屬,且言史記、兩漢而後,代有傳書,非大作者不克繼龍門之躅,傳信史,能文章,古人兼備之難,信矣。乃以斯事屬之某,某聞言惶懼,愧汗浹背,不敢不以先生爲失言也。……而先生好奇,喜搜討逸事,是以街談巷議,稗官野乘,無稽之言,亦垂採聽,以明賅博,然一入正史,便欲垂之將來,不可不慎也。"又有再答錢大宗伯論修史書,論會典之不可信,"今追修一代之書,而復取正於會典,某恐有王者起,必來取法,因而貽誤後世之君,是大不可"。兩人虎丘相遇,疑在此時,見前順治九年(1652)條。

仲春,爲龔鼎孳作尊拙齋詩集序(牧齋外集卷七)。

龔鼎孳(1616—1673),字孝升,號芝麓。合肥人。崇禎七年(1634)進士。歷蘄水知縣、兵科給事中。李自成破北京,與小妾顧媚投井不死,降,受直指使職,巡視北城。清軍敗李自成,再降,以原官任。順治三年(1646),丁憂里居。八年復官,十年陞吏部右侍郎,遷戶部左侍郎、都察院左都御史。十二年,以議滿、漢差別降級,次年補上林蕃育署署丞,出使廣東。康熙三年(1664),遷刑部尚書,五年改兵部,八年改禮部,兩任會試主考,得士甚衆。十二年致仕,未幾病逝,謚端毅。乾隆間,詔奪其謚。鼎孳長於詩文,與錢謙益、吳偉業齊名,稱江左三大家。錢謙益在序中提出:"夫詩之爲道,性情學問參會者也。性情者,學問之精神也。學問者,性情之孚尹也。"

張賁孫尊拙集詩集序:"值余南返,攜入吳門,以示三閈、聖野,鐫而行之,俾能詩家觀覽焉。"牧齋所序龔氏之書,應即張賁孫攜來。

作都察院書佐題名記(牧齋外集卷十三)。

記云:"關東振宇周公奉詔巡撫江南,保釐政成,百職備舉。妙簡幕府書佐,分曹庀事,凡二十人,皆能以公勤廉辦,克供厥職。公將還旗休沐,乃條具其姓名,刻之貞石,如各省院題名故事,而屬余爲之記。"

據錢實甫清代職官年表,周國佐順治八年(1651)十二月任巡撫,十一年八月解任,故繫之此。

春日,在廣陵,讀吳綺懷人詩卷,愴然有感,次韻二首(有學集卷五)。

吳綺(1619—1694),字薗次,亦作園次,號豐南,一號聽翁,又號紅豆詞人。江都人。順治十一年(1654)拔貢,授中書舍人。奉詔譜楊繼盛樂府稱旨,即以楊官官之。後授浙江湖州知府,多惠政,人稱"三風太守",謂多風力、尚風節、饒風雅也。才華富豔,工詩,尤善詞曲,與陳維崧齊名。罷官後居揚州,凡索詩文者,以花木爲潤筆,不數月而成林,因名種字林。

次吳綺詩卷韻作詩四首,賀丁繼之七十之壽(有學集卷五)。

按:顧景星白茅堂集卷十有合肥公邀同錢牧齋看丁繼之演水滸赤髮鬼,丁年已八十,即席次牧齋壽丁六十詩韻,繫年在順治十四年丁酉。似非準確。

又詩風初集卷十二有季振宜次虞山先生韻贈丁繼之:"八十情懷似少年,時攜筇杖晚花前。駐顏不信君臣藥,好客偏無子母錢。曲沼高臺今日恨,短歌狂舞故人憐。方瞳照我秋山裏,最愛樓居爲學仙。"亦和此詩。

張宸平圃遺稿卷一贈丁繼之次虞山先生韻:八百靈椿

尚小年,縱談每到葛翁前。非無世上朱家客,但少囊中鄧氏錢。青眼故教狂者恕,白頭偏得美人憐。不知生長昇平日,何事蹉跎未學仙。

當歌曾識李延年,一諾翻居季布前。客至教看投轄井,愁來檢放買山錢。人今習我兼容嬾,骨已能貧肯受憐。漢臘秦碑渾不記,大羅天外有頑仙。

往事依稀天寶年,小樓偏築故宮前。壯心降處惟除酒,豪舉逢場不計錢。花月到簾心便許,江山如夢見猶憐。生平閱盡公侯事,若箇能為跨鶴仙。

甕裏醯雞也歲年,生涯端在好花前。曾聞佛土能離垢,不信胡姬慣數錢。邀笛步從池上覓,弄珠人得掌中憐。淳于縱酒東方謾,取次圓成忍辱仙。

比來小友幾忘年,愛爾停歌玉樹前。涵世自須千日酒,買閒難惜五銖錢。揚眉齊市誰相笑,脫手吳鉤詎解憐?弱水近今清淺朱,太平身在即飛仙。

山花娛眼即逢年,脫帽何慚七貴前。每到按歌疑絳樹,若教選勝定青錢。從容綺席千場博,領受香閨一種憐。垂老六朝金粉地,欲將風月譜留仙。

齊諧從此不編年,與爾荒唐汲冢前。漫說老兵堪對飲,誰言官市欲輸錢。故交但憶虞山老,心事常為汜水憐。翁與虞山、合淝兩先生至交。話道啟禎先輩在,即論裘馬是神仙。

擲梟呼雉度丁年,生長長干烏柏前。蔗境更調雲母粉,杖藜重掛洗兒錢。圖間綵鳳參差見,花底將雛次第憐。為問淮南舊賓客,八公可是冶游仙。

紀異無如王子年,怪他黃髮瑣窗前。貴游親見魚鬚笏,幸舍誰窺馬埒錢。錦字文從歌扇得，玉壺心爲護花憐。逢人慣乞書蕉葉，蝕字應成脉望仙。

一叟分明釣渭年，尚能晞髮晚風前。如君解構悲秋賦，奈我無多賣字錢。宮井轆轤啼烏換，臺城楊柳酒人憐。南朝狎客銷亡盡，只有山翁是散仙。

花溪把柁號長年，六代烟雲過眼前。携李每游香積寺，餞春時乞水衡錢。從無相對牛衣泣，只道多情馬首憐。古詩：心相憐，馬首圓。縱使穴中聞蟻鬭，夢迴蝴蝶已仙仙。

栗里風光不計年，羲皇人老北窻前。應稀俗客來題竹，獨有山家不愛錢。好句已無江總在，世途難得阮公憐。懷中一片秋江月，不遇麻姑也得仙。

見趙友沂，次韻四首（有學集卷五）。

趙而忭（？—1661），字友沂。長沙人。父開心，崇禎七年（1634）進士，入清官左都御史。友沂少負異才，以父蔭官中書舍人。著有虎鼠集、孝廉船。

沅湘耆舊集卷四十八："友沂虎鼠齋集自序：……甲午放歸淮泗，天時峭寒，舟行冰上，携中酒吟一帙，竟爲鼠嚙幾盡。生平詩境，捨此無可名者。"

郭金臺石村詩文集哭趙友沂自註："錢牧齋先生手書自詩二册付友沂。"

將別，又贈詩一首（有學集卷五）。

又爲趙友沂題其所藏楊龍友畫册（有學集卷五）。

龔鼎孳定山堂詩集卷四爲趙友沂題所藏楊龍友畫册和錢牧齋先生韻：南渡誰秉國鈞者？當時爭指貴陽馬。皖江老狐據當道，清流喋血盈朝野。金盤火齊高如山，斜封墨勅疇封還。葛嶺閒堂格天閣,錦裝大軸連雲間。一夕延秋六軍散,白衣紅袖徒悲歎。相府圖書等告身,溝渠紙墨殘花亂。龍友筆墨殊蕭然,鯖盤游戲還仙仙。解衣興至一揮灑,千巖萬壑生秋烟。黃驄袴褶馳南陸,憤作虎頭飛食肉。鐵戟沙迷戰鼓沈,櫪馬驚星地翻軸。丹青縱橫久更新,荆關董巨流傳真。蒼茫古色照金石,貴陽亦有風流人。趙生意氣深相取,晴窗還竝孤松撫。此物攜持應有神,九疑落月三湘雨。

郭金臺石村詩文集卷中哭趙友沂其六:"萬頃汪汪百尺蘿,東南奇士愛君多。回看餘子難分壘,進逼雄軍亦解戈。友沂好與予聯句。詩聚虞山成典冊,錢牧齋先生手書自詩二冊付友沂。畫藏龍友照山河。楊文驄先生遺畫十副藏友沂家,標鑒盡天下名筆。應留是物殉青冢,潛路追隨定不磨。"

鄧漢儀詩觀初集卷一評云:"借馬上生論,卻說出許大關係,想一代興亡事跡盤結胸中,固遇題輒發耶?"

又作趙友沂詩稿序(牧齋外集卷四)。

春盡,紫稼自都南還,龔鼎孳作書牧齋,並和其王郎行詩。

定山堂詩集卷三十七贈歌者王郎南歸和牧齋宗伯韻:
吳苑曾看蛺蝶身,行雲乍繞曲江塵。不知洗馬情多少,官柳長條欲似人。

醉拋錦瑟落花傍,春過蜂鬚未褪黃。十里芙蓉珠箔捲,試歌一曲鳳求凰。

香韉紫絡度烟霄,金管瑤筆起碧寥。誰唱涼州新樂府,舊人彈淚覓紅桃。

漁陽鼓動雨鈴喧,長樂螢流皓月沉。不信銅駝荆棘後,一枝瑶草秀中林。

将身莫便许文鸳,罗袖能窥宋玉墙。归到茱萸沟水上,一丛仙藻拥唐昌。

盘髻掬筝各斗妆,当筵弹动舞山香。酒钱夜数留人醉,不是吴姬不可尝。

生成珠树有莺栖,丞相钟鸣邸第西。为报五侯鲭又熟,平津花月贱如泥。

长恨飘零入雏身,相看憔悴掩罗巾。后庭花落肠应断,也是陈隋失路人。

萧骚蓬鬓逐春衰,入座偏逢白玉枝。珍重何戡天宝意,云门谁与奏埙箎?

天半明霞系客思,杜鹃无赖促归期。红泉碧树堪销暑,妒杀银塘倚笛时。

金谷人宜障紫丝,杜陵犹欠海棠诗。玉喉几许骊珠转,博得虞山绝妙辞。

烟月江南庾信哀,多情沈炯哭荒台。流莺正绕长楸道,不放春风玉勒回。

韦公祠畔乳莺飞,花下闻歌金缕衣。细雨左安门外路,一行芳草送人归。

初衣快比五铢轻,越水吴山竝有情。一舸便寻香粉去,不须垂泪祖君行。

王郎死,龚鼎孳又作诗挽之,见定山堂诗集卷三十九。

定山堂文集卷二十六与钱牧斋先生书:"子介入都,拜瑶华之赠,旷然如奉杖履于东山也。……子介旅食长安,正某索米萧瑟时,幸舍歌鱼,良用憨悆,亦时时往来贵游,几合五侯之鯖。王郎風韻如新柳，一曲望江南，固自濯濯爭玉河金縷哉！以先生促歸之諄，復扁舟南還，風絮飄搖，別懷正爾作惡。得以明春重入，亦不知蓴鱸季鷹尚能相待否？"

清稗類鈔優伶類王紫稼風流儇巧："甲午春盡，紫稼南歸，芝麓和牧齋韻以送之云……紫稼返蘇而禍作矣。"

作席順懷先生八十壽序（光緒席氏世譜載記卷十）。

順懷(1575—1657)，名允信，字任夫，於席本楨爲叔父行。年高資富，然乏子嗣，以弟允敏子斑爲嗣。

康熙新刊常熟縣誌卷五小傳："萬曆間築福山城十之一，築雲和塘十之二，解磚解銅，輓運漕糧，每代鄉民償補。崇禎間荒旱，載粟數千斛分貯城市，糶半價以爲賑。在其鄉則開厰施粥，遍設石梁以濟行旅，分建石閘以修水利。兩散田產，分給弟姪。舉鄉飲賓。"

席氏世譜載記卷二席琮兩朝鄉飲賓伯父順懷公傳："清興，乙酉五月，大兵南下，七月十三收虞城，城一空。伯之市屋數千間俱灰燼，存百間而已；園亭數萬椽俱殘毀，存百椽而已。二十四日游兵猝至，數十年積聚之金貲，不崇朝而罄之矣。丙戌秋，賊千餘縱劫，數十年紅朽之菽粟，不轉瞬而傾之矣。丁亥六月，役機戶則歲費如漏卮，無有所終極。而魚肉我伯父者，且群起圖之也。戊子春，遂陷誣謀叛，械繫至府，費萬金事乃釋。丙申冬，復陷誣謀叛，繫至府。其明年正月二十一日，竟殞於蘇郡之客邸。"允信雖兩次以謀叛被逮，是否真的參與反清活動，尚不得而知。

席琮(1602—1685)，字宗玉，號癡仙。席氏世譜載記卷三翁叔元席宗玉先生傳："性憨直，惡師巫佛老說，有言及者，必詆諆嫚罵之。居父母喪盡禮，子弟稍知書，即多方獎勸不少置。瞿給諫式耜、錢宗伯謙益兩邀至家，囑以重事，琮終始周旋，妻孥不知也。方四鎮擁兵時，聘幣交至，冠蓋相屬，琮概謝使者，不肯往。有友人居楚用事，白於王，召琮，琮堅卧不應。或問之，曰：“太祖皇帝明聖，剏業固宜遠過商周，但以讓帝之仁且正，而成祖奪之，又屠戮忠義，累世無餘，元氣索矣，豈能長久？語云一姓不再興，我以知其不復也。天命在大清，吾爲宋遺民可耳。”因復泣下。

春盡，送吳興公遊下邳，兼簡李條侯（有學集卷五）。

吳興公與當時名流多有往來，陳瑚亦有送吳興公移居下邳詩，繫年在庚子。陸世儀桴亭先生詩集卷六有仲夏十二日，白使君林九約往王太常東郊看荷……使君樂甚，即席分韻，人賦一首，時同集者，武陵吳興公正宗、維揚陸無文朝、陽羨任文素雄……，知興公名正宗，杭州人。乾隆杭州府志作振宗，弟亢宗，皆能詩。

李條侯，名枝翹。康熙睢寧縣志卷八：“李枝翹，由拔貢任官學教習，考授知縣，回籍候選。天性孝友，父母并登八十，色養不衰。有異母幼弟，先人所遺田宅悉推讓，又割己産益之。仗義輕財，平生多大節，名半海內。所至賢士大夫雅重之，詩文投贈之富，彙輯成帙。自著有商芝館集、燕臺三體詩諸刻。”

鄧漢儀詩觀初集卷一評云：“興公、條侯，僕眼中二奇士也。詩能傳其氣槩。”

又贈李條侯詩二首，李太公壽詩一首（有學集卷五）。

贈李條侯詩云：“下邳橋水漫黃沙，授履傳書跡未賒。”

李太公壽詩云：“赤松黃石皆仙侶，進履橋邊問子房。”李太公當即條侯之父。

四月十三日，題修建聚奎塔院殿宇緣起後（牧齋外集卷二）。

文云：“吾邑聚奎塔之建，初始于故觀察蕭公。天啟中，余以官僚里居，有感于里人戴老承護法神示現付囑之事，遂與稼軒留守應緣唱導。邦君大夫以曁邑紳，咸協力佽助，而潰于成。落成之後，世運陽九。俄而滄桑變易，干戈儆擾。塔院香火，僅餘粥飯殘僧，莫克肩營造之役。……大都護關西楊公，以元戎休沐，寓居茲邑。……頓悟夙因，弘思佛囑，遂慨然以締構殿堂、了畢塔院爲己任。公之賓友余君心生，及舊部將劉君集之，共禮佛發願，誓竭乃心力。公自爲文以唱導，相地命工，既有日矣。”

楊公即楊承祖，字大宗。陝西宜川人。順治初，官都督同知，鎮守蘇州。約束防兵，市廛不驚。吳民德之，爲立祠婁門。後告病居常熟。牧齋又爲作大總鎮楊公先塋勳績碑，文在牧齋外集卷十八。

康熙重修常熟縣志卷十三寺觀：聚奎塔福城禪院，在迎春門外西南半里。明萬曆間，觀察蕭應宮捐貲初建浮屠。……國朝順治間，總戎楊承祖建大雄寶殿，遂成巨刹。僧浮石賢卓錫其中。

袁節母七十，作壽詩一首（有學集卷五）。

袁節母即袁駿母親吳太君。牧齋外集卷十一袁節母吳太君八十序：“歲癸卯初冬，郡人袁駿母吳孺人上八十觴。”則吳太君應是順治十年（1653）癸巳冬七十初度，今年滿七十。

四月晦日,爲熊文舉作雪堂選集題詞(牧齋外集卷二十五)。

順治刻本雪堂先生集選録此序,署"甲午四月晦日,虞山社弟錢謙益書于緑水園之假我堂中"。文云:"雪堂之集,余既爲文弁其首,其門人吉公司李致師命以請曰:'詩文之道,作必有爲,美斯可傳,請精擇其尤者,以垂于後。楊用修之于張愈光、朱子价,例可引也。'余受命唯唯,稍爲詮擇,得若干卷。"吉公即楊昌齡。

楊昌齡序云:"茲者再刻金閶,欲以廣塞物聽,乃先生敬挹無已,折簡下頒曰:'勿多言是,必選而後可……宜以屬之錢公。'錢公者,虞山宗伯,當代師匠也。繼選而序之,而愛實難多割。"

四月晦,程邃示高二亮梅花百詠詩,書其後(有學集卷四十八)。

文云:"新安程穆倩示余梅花百詠詩,灤水高二亮先生和中峰本公韵而作者。……余老矣,皈心空門,世間文字都如唉蠟。讀二亮百詠,此心癢癢,食指欲動。二亮有事吳門,而余方鑿坏踰垣,屏跡貴游,不獲一見。聊書長語于卷末,因穆倩以寓焉。"

高輔辰,字欽亮,號二亮。灤州人。兵部尚書高第子。崇禎十六年(1643)進士。

又題張穉恭贈程穆倩卷(有學集卷四十八)。

蕭然吟有金閶舟次呈錢牧齋先生:閶門城外散艨艟,得見星槎并鸛龍。天地先生全物命,湖山賓客仗芙蓉。黍禾箕子垂洪範,終始留侯事赤松。幾度鴻濛斗南氣,再來門下酒家傭。

九皋木葉打初寒,胥水津高霜露溥。簫鼓中吴今昔好,雲霄萬古笑談寬。後車鬖髿顏如玉,麟閣丹青筆未乾。不使人天入長夜,民生可以答平安。

蕭然吟附錄錢謙益半塘客艇,舊雨蓬窻,走筆以發穆倩一笑:"昔者吾友程孟陽,畫筆矜慎非尋常。興到槎牙出肺腑,放筆破墨皆琳瑯。嗚呼高人不可作,穆倩英英起芒角。孟陽蕭散似荆蠻,穆倩陰森比黃鶴。古人作畫無聲詩,天地畫笥皆吾師。一重一掩各有意,一山一水徒爾爲。看君此作真奇絶,點染不知工與拙。意匠將迎無位置,元氣淋漓有曲折。我不識畫徒覶縷,把君詩卷吟且歌。吟君詩兮看君畫,破牕風雨如我何!"

二人會面時間不詳,疑在此時。

張恂(1622—?),字穉恭。涇陽人。崇禎十六年(1643)進士。入清官中書舍人。順治十四年(1657),以科舉案牽連,遣戍尚陽堡。以畫名。

夏秋間,金堡到常熟訪牧齋、瞿玄錫等人。

徧行堂集中有訪瞿伯申於虞山、宿東皋柬壽明、潮音閣同印如明上人步東池上、酬錢牧齋宗伯壬辰見寄原韻、又贈牧齋、六月望夜坐東皋橋上等詩。

徧行堂集卷七四書義自序:"甲午,至琴川,駐錫貫清堂,冬還棲賢。"貫清堂,即瞿式耜所構,宋珏書額。

有學集卷四寄嶺外四君子詩錢曾"金使君"注:"金使君道隱,名堡,浙之仁和人。……甲午至虞山晤牧翁于東皋,金堡徧行堂集卷三十四詶錢牧齋宗伯壬辰見寄原韻："蒼江白浪夢初殘，遊戲同歸法海瀾。未謝閒名還熱客，現場公案付秋官。雙魚遠韻三年續，百感勞生一曲蟠。撥盡孤燈猶獨立，數聲宿鳥報更闌。"

又贈牧齋："楸枰局裏畫乾坤，萬里遙看一老存。峻極儒宗憑岱嶽，大觀義海發朝暾。劫灰欲盡丹心出，碩果將留黃髮尊。卻許野人無事好，不教世諦落寒溫。"

陳恂母八十，作詩一首（有學集卷五陳子木母曹氏壽詩），又作曹母陳孺人八十序（牧齋外集卷十二）。

詩題有誤，恂母爲陳懿典女，嫁曹憲來爲妻，子雖從母姓，亦當稱曹母陳氏。

又陳孺人生萬曆二年(1574)，見初學集卷四十曹母陳孺人七十序，此時已滿八十。

孟秋之中浣日，作薛行屋詩序（牧齋外集卷五）。

薛所蘊(1600—1667)，字子展，號行屋。河南孟州人。崇禎元年(1628)進士。授山西襄陵知縣，陞國子監司業。李自成入都，降。後又降清，官國子監祭酒，擢禮部左侍郎。著有澹友軒文集、桴庵詩集。

作詩寄官靖共使君，兼示葉襄（有學集卷五寄湖州官使君，兼簡聖野）。

官靖共，字衷寅，別號藏真居士。山東平度人。順治三年(1646)進士。授刑部主事，陞郎中。出爲杭嘉湖道。兩署藩司，因忤上臺解組歸。年六十二卒。

葉襄(? —1655)，字聖野。吴江人。長洲儒學生。復社成員。工詩,有紅藥堂詩。

過吳門,又有多通書信致含光,請教楞嚴經義。

錢牧齋先生尺牘卷二與含光師:"昨從袁生附一函,索首楞四録及蒙鈔首秩,今復託鄭莊置郵,幸即賜省發。或即付鄭郵,或尚遣一侍者持來,唯所命之耳。楞嚴廣注,曾一披覽否?楞伽注并覓付一覽,或可於此中尋行公行履也。推簡法及七徵偈,并求詳示。"

又一通:"頃接得諮決、旁論,不任喜躍。……此番得奉晦示,直是積劫因緣,非復尋常經義商榷也。其中妙義,雖欲砥錐相向,亦多有彼此相發明者。意欲采其和會者,逐段註入,以補愚陋之闕畧。更有鄙意所未叶,更欲仔細商量者,則待從容更加分疏,參諸座下,再求指示。……諸俟武林回日,更有咨稟。"

在杭州,作武陵觀棋六絶句示錢祖壽(有學集卷五)。

自註云:"弈者吕生,陽羡之客也,故有鶇籠斧柯之感。"即後文所説吕小隱。

雍正昭文縣志卷九:"吕應空,善弈。錢牧齋有前觀碁、後觀碁詩贈之。"

有學集金匱本題下有"示福先姪孫"五字。錢祖壽,字福先,號三峰。時俊孫。順治四年(1647)進士。官户部主事,歷員外、郎中。先後榷山東臨清、杭州北新兩關,以廉潔稱。

陳瑚確庵文稿卷二觀弈六絶和錢牧齋宗伯:賭墅聊當鉅鹿看,侵邊飛角落聲寒。分明勝負無人識,只爲交争劫未闌。弈經云:低者取邊,高者取腹,不争腹而争邊,安見其成也。

一着先人豈在多，推枰斂手意如何。等閑跳却雙丸去，祇恐樵夫欲爛柯。巧遲不如拙速，奈何。

　　濟河焚楫有成勞，破釜沉船秦將逃。毋失一先寧失子，昆陽國手果然高。

　　智勇全於一局收，棋逢敵手要深謀。方圓動靜周天合，眼底何人李鄴侯。

　　西敲東擊是耶非，下子還應審事幾。欲殺天都并野利，可憐身已被重圍。

　　誰是重瞳誰獨眼，孰爲墨守孰輪攻。握奇多少孫吳筭，盡在旁觀一笑中。

吳國輔六十，作詩二首相賀（有學集卷五吳期生金吾生日二首）。

　　按：吳國輔去年六十初度，本年已滿六十。

馮雲將八十，作詩賀之（有學集卷五）。

爲人題程嘉燧畫扇（有學集卷五）。

爲小沙彌戒香小師題扇（有學集卷五）。

　　戒香不詳何人。

爲汪汝謙題宛仙女史午睡圖（牧齋外集卷一）。

　　春星堂詩集卷五夢香樓集汪然明自序云："夢香樓集爲眉史宛仙而成也。……憶壬辰於駕水遇之，終讌無一語，然依依不可得而親疏遠近。……今夏宛仙有意外之虞來武林，予爲解之。時尚有側目者，又有私慕者。宛仙匿影不出。予一日拉同人雅集不繫園，致使聲名益噪，游人多向予問津。不輕引入桃源者，時多戎馬，恐名花爲之摧殘，可惜也。仲夏過予朱萼堂，時炎歊爲虐，花氣熏蒸，覺其神情倦息,予爲設清供下榻,宛仙入夢香時,屬謝文侯寫照,海棠睡未足,未足擬也。遂拈四絶,借物寫神,名曰夢香樓集。孟冬有文武顯貴臨湖上,聞而慕之,會予蕭齋,有不惜明珠白璧屬予寨修者。宛仙笑而謝曰:'公輩真鍾情,如薄命人非宜富貴家,且何忍遽別西湖也。'聞者多病宛仙少周旋,然亦以此益高宛仙矣。……乙未花朝松溪道人汪汝謙書於夢香樓。"

詩及小序云:予家藏有紫檀牀,沙小泉良工所製。漢玉鴛鴦嵌枕、綠結伽南香山、嘉文錦席,皆清供几榻之具,未遇可當賞者。六月十九日,宛仙過予朱萼堂,因鋪設以待。其日酷暑熏蒸,香山與蘭花芬馥,宛仙神情若倦,因試枕之,不覺熟睡。予啓北窻,緑陰籠榻,香風襲人,觀其艷態,真海棠睡未足也。遂拈四絶,並以詠物。松溪汪汝謙。

良工遺琢足奇觀,十載歸予未合歡。今喜名姝應下榻,嫣然猶作海棠看。紫檀牀。

蘭芬入室動微涼,夏木垂陰朱萼堂。莫謂珊瑚曾作枕,今耽漢玉鎖鴛鴦。漢玉鴛鴦枕。

香山供榻雜花間,栩栩魂銷蝶夢還。爲問巫山空作賦,如何今日看雲鬟。伽南香山。

楊妃睡態意如君,席卷湘紋一片雲。玉質冰姿渾卻暑,銀鈎雙褪石榴裙。嘉文錦席。

宛仙和詩及小序云:

予昔於鴛水遇然明先生,先生有詩訂遊西湖。于兹三年,始得踐約。六月十九過朱萼堂,琴尊書畫,雅集名流。予時倦暑,先生因設檀床、玉枕、文席、香山,清供具備。有詩紀事，和者盈帙。予因步韻，以志主人情重，亦一時佳話云。雲間張宛。宛仙舊字小青。

一榻清供助豔觀，令人珍重若爲歡。夢魂不禁尋芳蜨，博得東君帶笑看。紫檀牀。

綠陰庭際影生涼，風韻如何半野堂？深入睡鄉猶未足，應耽玉枕是鴛鴦。漢玉鴛鴦枕。

香生閬苑我雲間，芬馥撩人夢往還。莫使巫雲輕出岫，風來猶恐亂雲鬟。伽南香山。

朝來雅集喜隨君，冰簟鮫綃映水雲。一卷湘紋輕似練，因懷捧硯待書裙。嘉文錦席。

一時唱和者，除牧齋外，尚有李明睿、趙玉森、李令晢、王臣蓋、顧卟、饒璟、施閏章、張陛、李漁、程光垔、馮鷳雛、葉生、黃媛介、張遂辰、陳奕培、俞祥、陳紹英、胡演、姚宗文、吳孔嘉、鍾禾士、沈顥、關鍵、吳湘、吳士權、江遠、江念祖、王泰、繆沅、韋克振、趙陞、吳淳、衛貞元、沈光裕、王端淑諸人。汪汝謙序時間有錯訛，汪師韓跋云："順治十一年，宛仙自雲間過訪西湖，先生有詠物四詩，一時和章雲集。次年乙未花朝，集乃刊成。"可知事在順治十一年。

中秋前三日，爲周在勛作著娛齋詩集序（著娛齋詩集卷端）。

此序作於金華七寶寺之五觀堂。

中秋，在蘭江舟中與季振宜談論列朝詩集，後又爲作季滄葦詩序（有學集卷二十一）。

鈔本有學集署："甲午中秋，虞山年家老友蒙叟錢謙益書于婺州七寶寺之僧牕。"序云："甲午中秋，余過蘭江，滄葦明府訪余舟次，談余所輯列朝詩集，部居州次，累累如貫珠。人有小傳，趣舉其詞，若數一二。余邮然心異之，硯祥告我曰：滄葦購得此集，繙閱再三，手自採纈，成掌大簿十帙，雖書生攻兔園冊，專勤無如也。"

季振宜(1630—1674)，字詵兮，號滄葦。泰興人。順治四年(1647)進士。授蘭溪知縣。後陞監察御史，巡按山西鹽課，彈章數十上，風節凜然。康熙九年(1670)，疏免揚屬科派，鄉人感頌德之。好讀書，於書無所不窺。家本豪富，購求善本，江南故家之書多歸之，故藏書之富甲於天下。藏書處曰辛夷館，室名静思堂。季氏知蘭溪在順治四年(1647)至十一年，故得與牧齋相見於舟次。

又錢牧齋先生尺牘卷一有書："大江南北有二老人星，翁兄五福渾圓，享麥丘封人之祝。而僕則皈依空門，從折脚鐺邊過活。枋榆九萬，相視不同，其為逍遙遊則一也。吳門陶馨之精於鑒古，為吳中第一人。今以所蓄，傾箱倒庋，求售於門下，非米元章、王晉卿一流，不能鑒別。海內名物，得有所歸，不致沉埋，亦可喜也。"

按，此書康熙刻本作致計■■，別本作致季滄葦。自行文看，此人與牧齋年紀相當，非季滄葦可知。牧齋死時，滄葦不過三十五歲。

有信寄馮如京。

錢牧齋先生尺牘卷一復馮秋水："蘭江令渡江而來，得奉大集，且謂龍門緒言，記及衰朽。……冒昧載筆，僭為珠玉之導。意滿詞拙，顧視憗汗。乃台臺不我鄙夷，儼然弁首。壽夢之鼎，以乘韋先之，通懷若斯，感悚何似！……長公駒齒未落,已是龍文。觀其闡牘,篇錦百尺,字弩千鈞,非獨場屋之雄也。西浙俊髦,無如馮、范。研祥落落竹箭,文白亭亭明玕,故應盡入藥籠,欣同臭味也已。"蘭江令即季振宜。

馮如京(1603—1670),字修隱,號紫乙,別號秋水。代州人。崇禎貢生,官至永平知府。入清後,歷官金衢道參政、江南右布政使、廣東左布政使。著有秋水集。如京爲牧齋座師傅新德女婿。

長子雲驤(1629—1698),字志椒,號訥生,又號約齋。順治十二年(1655)進士。著有訥生詩集、約齋文集。

信中所言大集,疑即馮如京、馮雲驤所編春秋大成,此書三十一卷,正刻於本年,卷端參閱姓氏,首即牧齋。據牧齋書信,應有序言,未見。

范驤,字文白,號默庵。海寧人。著有海寧志略、默庵集等。以門人列名馮如京春秋大成。

仲秋,作張念瞿令永諸刻序(牧齋外集卷四)。

此序亦作於金華七寶寺之五觀堂,序云:"余往爲童子時,毘陵張冶生以春秋名家,號爲大家。已而偕文閣學文起、姚詹事孟長舉春秋社,推冶生執牛耳,余固肩隨事之。冶生久不第,膺貢對大廷。余以史官閱卷,拔置甲選。冶生摳衣執弟子禮,久而益共。"

張冶生,名三光,字九水。蔣一葵婿。以貢授太倉訓導,陞昌化知縣,再擢廣州府同知。

孫祚先,字念瞿。順治四年(1647)進士,任金華永康知縣。亦以門人列名馮如京春秋大成。

馬進寶生子,作伏波弄璋歌八首相賀(有學集卷五)。

  有學集收六首,牧齋外集補收兩首。牧齋此次往金華見馬進寶的目的,或云與反清有關,但事涉隱秘,苦無實證。

中秋,作題武林兩關碑刻(有學集卷四十九)。

  鈔本有學集署"甲午中秋"。文云:"神廟庚戌之歲,余居憂禮懺雲棲。族子用章水部司榷南關,舟船下上,頌聲殷殷然也。越四十餘載,用章之孫福先復起甲第,司榷北關,計口食俸,洗手奉公,蠲除瑣科,爬搔敝蠹,徵輸鱗次,行旅鳥集,帆檣廛舍,輿誦周浹。及瓜之日,薦紳懷鉛素,童髦卧轅轍,相與咨嗟涕洟,伐石誦美。訪求用章遺愛之碑樹北關者,磨洗摹搨,合爲一帙。"

八月二十二日,陸銑卒於虞山里第,年七十四(有學集卷三十一陸孟鳧墓誌銘)。

九月三日,作大佛頂首楞嚴經疏蒙鈔緣起論(牧齋外集卷二)。

秋日,過虎丘,至周葵齋中,題萬壽祺野果山禽圖。

  此圖藏上海博物館,牧齋題跋云:"萬年少孝廉,儁才絕世,每見寫生,皆度越古人。此幅韻趣生動,真化工也。甲午秋日,舟過虎丘,至于鄰藿齋中手題。"

  萬壽祺(1603—1652),字年少,一字介若。徐州人。崇德子。崇禎二年(1629)入復社,三年舉於鄉。甲申之後,舉兵太湖,兵敗入獄,幾遇難。後脫走江北,抗節逃禪,初徙山陽,再徙清江浦,自號沙門慧壽、壽道人、明志道人。儒衣僧帽,往來吳、楚間,人稱萬道人。順治六年(1649)患痹風,自作背立小像,顧苓題爲扶腰道人。博覽群書,旁通禪理,工於詩文,善畫仕女。所居曰隰西草堂,著有隰西草堂集。

九月六日,作葉聖野詩序(有學集卷二十三)。

　　鈔本有學集署"甲午秋九月六日,虞山老友蒙叟錢謙益製"。

菊月,爲李玉傳奇眉山秀作序。

　　見眉山秀卷端,末署"順治甲午歲菊月,□□□□□題于拂水山房并書",名字被剜除。

龔鼎孳四十初度,作詩賀之(有學集卷五龔孝升四十初度附詩燕喜凡二十二韻)。

　　龔鼎孳生日爲十一月十七。

爲韓四維題郭熙溪山行旅圖(有學集卷五)。

　　韓四維,字張甫,號芹城。昌平人,原籍河南嵩縣。崇禎三年(1630)舉人,姚希孟門生,四年進士。官至左春坊左諭德。李自成入京,降。後奔吳,僧服隱支硎山,自號檽花庵主。如皋李之椿反清,被家奴告發,四維亦被捕,死於獄中。

又題柳枝春鳥圖(有學集卷五)。

十月二十日,在吳門,夜宿張氏假我堂,夢伍子胥享以魚羹,作詩一首(有學集卷五)。

　　假我堂爲張世偉故居。張世偉自廣齋集卷一泌園記:"復進一門,庭左牙松一株甚茂。堂五楹據之,曰假我堂,面全領池之勝。啟北窻,松杉列植。隔一澗,有竹萬箇,炎天暑蒸,掩南窻,隔日色,獨對北窻,覺涼風颯颯襲人,殊足自遠。舊竹未盛時,南設青油幙,舉目見池荷亭亭,故自佳,竊謂不如看竹之勝也。"

葉襄攜妓來飲綠水園,題四絶句(有學集卷五)。

綠水園即張氏泌園古稱。園相傳爲朱勔別業,元至正中爲陳汝秩、汝言兄弟所得,取杜詩"名園依綠水"之句改爲此名。

十月二十八日,與朱鶴齡、歸莊、侯玄泓、金俊明、葉襄、徐晟、陳三島等人在假我堂舉行文宴。數日間,各有詩往還(有學集卷五)。

詩小序云:"歲在甲午陽月二十有八日,客爲吳江朱鶴齡長孺、崑山歸莊玄恭、嘉定侯玄泓研德、長洲金俊明孝章、葉襄聖野、徐晟禎起、陳三島鶴客,堂之主人張奕綏子。拈韻徵詩者袁駿重其,余則虞山錢謙益也。"

沈德潛國朝詩別裁集卷一録簡侯研德詩,其一評云:"王衷無不許其忠孝者,此又翻進一層,倍覺新警。"

侯玄泓(1620—1674),字研德,號掌亭。嘉定人。岐曾幼子。著有格致録、掌亭集等。

黃與堅願學齋文集卷二十四侯研德掌亭文畧序:"憶癸卯冬,研德要余登小樓,相與論古文之道,自旦及暮,娓娓不休。已,盡出其文校讐商榷,并以錢牧齋先生許可之札告余:'虞山以此謬推余,異日者余稿成,子其爲余序之。'"

金俊明(1602—1675),初冒姓朱,名兖,字九章。後復姓,字孝章,號耿庵、不寐道人。吳縣人。諸生。少隨父官寧夏,往來燕、趙間,以任俠自喜。歸里後,折節讀書,入復社,才名藉甚。明亡,杜門傭書以自給,不復出。工水竹石,蕭疏有致,墨梅最工。以詩、書、畫稱"吳中三絶"。卒,門人私謚孝貞先生。

徐晟(1618—1683),字禎起、損之、曾銘,號陶庵、秦臺樵史。長洲人。樹丕子。博學工文。明亡後,從父隱居,窮貧授徒養親達四十年。父歿,哀毀得疾,營葬甫畢而卒。著有續姑蘇名賢小紀等。朱鶴齡註杜詩,亦與參訂。

陳三島(1624—1660),字鶴客。長洲人。崇禎末爲博士弟子,有聲名。與徐晟善,晟稱其負逸才而有奇志。密與抗清志士通聲氣,事不成,憂憤咯血死。工詩,古詩追風蘇、李,律體在王、孟間。

張奕,字綏子。世偉仲子。

朱鶴齡(1606—1683),字長孺,號愚菴,別號愚谷叟、松陵散人。吳江人。幼穎悟嗜學,五戰棘闈不雋,明亡後遂絕意進取,屏居著述,晨夕不輟,行不識途路,坐不知寒暑,人或謂之愚,遂自號愚菴。

朱鶴齡愚菴小集卷五假我堂文讌次和牧齋先生韻:"蕭蕭落葉正愁予,哲匠高論酒戒除。養拙自嗤同土木,成書漫擬注蟲魚。樽傳白墮揮渠椀,饌具伊蒲佐蟹胥。招隱桂叢今得主,東皐十畝伴誅鋤。"

朱鶴齡愚菴小集卷九假我堂文讌記:"張氏假我堂,待詔異度公之故居也。地偪胥關,園多勝賞。甲午(丁酉)冬日,牧齋先生僑寓其中。山陰朱朗詣選二十子詩,以張吳越,先生見而歎焉。維時孤館風悽,嚴城柝靜,悵雲巒之非故,悲草木之變衰,乃命袁重其招邀同好,會讌斯堂。步趾而來者,金子孝章、葉子聖野、歸子玄恭、侯子硯德、徐子禎起、陳子鶴客,并余爲七人。孝章談冶城布衣顧子奧治,禎起述渭陽舊事姚子文初,玄恭徵東林本末,余叩古文源流,聖野約種橘包山，硯德期垂綸練水。辨難鑾起，俳諧間發，紅牙按板，紫桂燃膏。穀豆薦而色飛，酒車騰而香烈。先生久斷飲，是夕歡甚，舉爵無算，顧余而言曰：'昔吳中彥會，莫盛于祝希哲、文徵仲、唐子畏、王履吉諸公，風流文才，照耀一時。今諸君子，其庶幾乎？可無賦詩以紀厥盛？'飲罷，重其拈韻，先生首唱云：'歲晚顛毛共惜余，明燈促席坐前除。風烟極目無金虎，霜露關心有玉魚。草殺綠蕪悲故國，花殘紅燭感靈胥。文章忝竊誠何補，慚愧荒郊老荷鋤。'翼日，予七人各次和一首，先生再疊前韻一首。翼日，予七人又各次和一首。先生又每人贈詩一首。翼日，予七人又各次和一首。詩多不錄。先生之詩如幽燕老將，介馬衝堅，吾輩乃以羸師誘戰，有不轍亂旗靡者哉。先生顧不厭以隋珠博燕石，每奏一章，輒色喜，復製序弁其端。都人詫為美談，好事傳之剞劂。迄今未及一紀，而朗詣、聖野、鶴客、硯德，皆赴召修文，先生亦上乘箕尾矣。南皮才彥，半化烟雲，臨頓唱酬，空存竹樹。後之君子登斯堂者，當必喟然有感于嘉會之難再也。悲夫！"

朱士稚（1615—1661），字伯虎，更字朗詣。山陰人。少好遊俠，明亡，散千金結客，欲有所為，被補下獄，以賄免。後放蕩江湖間，與祁班孫、陳三島、魏耕相交。三島死，歎息悲思，隔年亦卒。吳越詩選二十二卷，魏耕、朱士稚、錢纘曾同選。中選錢謙益、柳如是詩各數首。

計東改亭文集與錢磏日書："敬啓，敝邑朱隱君長孺，吾黨所推為儒林祭酒，篤學方聞之士也。生平酷嗜杜詩，嘗點校草堂詩箋，廣採諸家之說，名為輯注。虞山牧翁先生在郡又徐晟存友札:"錢宗伯牧齋謙益,于書無所不窺。曾招予飲淥水園,譚本朝典故,娓娓中名實。于衆人中以目視予。後稱於人,云某也才。招致芙蓉莊,命子婿執北面禮。"

詩風初集卷二徐晟館芙蓉莊:"春風吹遠樹,百里抗前旌。感兹憺蕩游,聊以舒我情。再拜言偃墓,懷哉虞仲城。古人去已久,麋爵良所輕。主人愛敬客,白水明且清。茫茫遷物化,好鳥常和鳴。塵慮既已息,慨然念春耕。還思桃花源,桑麻窮此生。"

姑蘇采風類記卷六歸莊牧齋先生招飲同諸君子分韻得十灰:山中老却棟梁材,桃李仍看次第栽。偃蹇七朝皆國運,亂離十載惜人才。激推風雅詞源發,斟酌尊罍賀次開。莫道腐儒難入俗,後堂絲竹儘無猜。

又和牧齋二首:長者邀朋濫及予,芒鞵布衲到階除。當軒明月傾醇酒,入座秋風薦白魚。一夕清言存正始,十年遠夢託華胥。先生倘有乘桴興,學稼樊遲願廢鋤。一。

朔風獵獵正愁予,一事難教酒破除。未得馳驅悲老馬,還教出入戒枯魚。英雄託興齊三士,忠孝寸心楚二胥。天意尚留吾輩在,不應槁項荷檡鋤。二。

十月,見王光承、陳三島所贈袁母序,題其後(牧齋外集卷二十五)。

文云:"頃在吳門,獲見松江王玠右、長洲陳鶴客贈袁母二序,繙閱一過,劃然心開。"即見於假我堂文讌之時。袁母,即袁駿之母。

王光承(1606—1677),字玠右。華亭人。少有文名,與弟光烈立求社與幾社對立。明亡,與弟偕隱不出。著有鑣山草堂集。

仲冬六日,周亮工擢副都御史離閩,道過吳門,與牧齋相見。

有學集卷五甲午仲冬六日,吳門舟中飲罷,放歌爲朱生維章六十稱壽自註:"是日周元亮適至。"

是日舟中放飲,爲朱維章六十作歌上壽,次日舟泊吳塔,呵凍成稿(有學集卷五甲午仲冬六日,吳門舟中飲罷,放歌爲朱生維章六十稱壽)。

朱維章,伶人,以扮武大郎著稱。吳塔又名吳榻,在常熟西南辛莊鎮,相傳吳王夫差在此下榻,故名。

虎丘舟中爲張稚昭題扇(有學集卷五虎丘舟中戲爲張五稚昭題扇,得絕句八首,稚昭少年未娶,不肯席帽北遊,故詩及之)。

張稚昭,伶人。前贈朱維章詩云:"就中張老燕筑最骯髒,橫襟奮袂髻戟抽。鄰翁掃松痛長夜,相國寄子哀清秋。金陵丁老繼之誇鼙鑠,偷桃竊藥筋力遒。月夜劉唐尺八腿,扴衣闊步風颼飀。王倩公秀,張老之壻。張五稚昭并婀娜,迎風拜月相綢繆。玉樹交加青眼眩,鷥笢奪得紅粧愁。"

張燕筑,伶人。以演竇頭盧著名。稚昭疑爲燕筑之子。吳暻西齋集卷二席上贈張稺昭八首小序:"余舊嘗讀吾鄉虞山先生贈張稺昭詩,有云'人中張五看誰是,玉樹臨風只一枝',吟咀之下,如見其人。丁卯遇稺昭於京師,蒼顏白髮,一吳市老翁耳。酒酣追昔,談笑鋒起。每話其三十年前遺事,樂府懽場,舊遊如夢,座客皆爲之輾然笑而戚然泣也。

酒闌,余作八絕句贈之,亦如虞山之數。"詩略。

冬,林雲鳳卒,作挽詩一首(有學集卷五)。

林雲鳳卒年,蒼雪大師行年考略在順治五年,誤。

史兆斗吳中往哲詩選云:"至甲午冬化去,時年七十有七。"與牧齋詩相合。

冬,請含光校訂蒙鈔,先送三本。

見下年二月條。

智旭回信牧齋,告知自己身體情況,並回復其在來信中的疑問。

智旭靈峰蕅益大師宗論卷五之一寄錢牧齋:"今夏兩番大病垂死,季秋閱藏方竟,仲冬一病更甚,七晝夜不能坐卧,不能飲食,不可療治,無術分解,唯痛哭稱佛菩薩名字,求生淨土而已。"

同卷復錢牧齋:"濟、雲鬮諍,不啻小兒戲。閱儒釋宗傳,竊議可付一笑矣。續燈事,遍集明朝語錄,乃可成之,非朝夕能辦,未填溝壑,當以三四年爲期也。著述須實從自己胸中流出,方可光前絕後。設非居安資深,左右逢源,縱博極群書,遍採衆長,終是義襲而取,不可謂集大成也。……憨大師性相通說,久爲教家嗤笑,無能爲害。達大師以能所八法所成釋性境二字,不過承魯菴之訛,習而不察,白璧微瑕耳。交光用根一語,毒流天下,遺禍無窮,非一言可罄。宗鏡對畢,乞寄還山中,所許通翼,亦乞概付。"

自吳門歸,袁重其復來徵詩。小至日,止宿劇談,有詩相贈(有學集卷五)。

有學集贈詩僅一首。苦海集又有贈友詩一首,五大家詩鈔題作贈袁重其兼示吳門諸君子,時甲午小至日,則亦此時作。

十一月長至日,作永定寺興造募緣疏(有學集卷四十五)。

疏云:"清信士三山鄭君等,以是因緣,屬余唱導。"

永定普濟天台講寺,在蘇城小市橋東,始建梁天監中,原在閶門北。韋應物嘗寓居此寺,聲名遠播。

葉燮巳畦集卷十六古永定講寺微密詮法師塔誌銘:順治初年,蘇郡李御史模、常熟錢宗伯謙益,首倡迎師刱復永定講席,起瓦礫荆榛為金繩帝網,鈴鐸風幡,無不燦炳,皆師以不思議功德開無量法門者矣。師開法始金陵,終蘇郡,應道場十二處,登座說法二十餘處。世壽五十一,道臘三十。人但知師為永定中興之主,而實賢首中興繼序之文孫也。

賢首宗傳卷六:法師名真詮,號微密,湖廣孝感人也。少立志出家……後得法於天界寺碧空湛師。碧師為雪浪門人,師親承之下,聞一悟十,機辯不窮,如洪鐘赴響,無不快足。……順治初年,吳郡檀護沈幾、宋學顯、吳滋等,迎師恢復永定廢寺。……師貫花飛錫,插草倡緣。畫甈聚沙,假形像而說法;冰床雪被,罄衣缽以命工。誅鋤草茅,糞除瓦礫。樹寶殿于棟折榱崩之後,如涌靈山;焕金容于風饕雨虐之餘,似來兜率。辛勤奋築,次第經營,永定法席,以仍為創,千餘年古刹,一旦中興,皆師以不思議力開無量法門也。

長至日,作大梁周氏金陵壽燕序(有學集卷二十八)。

序云:"閩之門人陳子輪、徐子延壽、陳子濬,撰書幣而來告曰:'我方伯周公元亮,保釐八載,入總大憲。太公太夫人寓居金陵,齊眉媲德,逾七開八。公便道抵子舍,稱觴上壽,長筵肆設,鋒車在門,大學士晉江黃公已下,致詞祝嘏,金章玉軸,照曜堂廡,而夫子未有言焉。公于師門爲弁冕,天下莫不聞公之意,謂非得夫子之一言,不足以寵光介壽。惟吾黨小子,亦欲然如有失也,敢稽首遥拜以請。'……閩書既至,元亮旋過吴門,請之益力,曰:'吾二尊人所不足者,非巫祝之詞也。夫子無以卮言抵我。'余故趣舉胸臆,伸寫其荒唐浩汗之説以詒元亮,俾薦陳于工歌優舞之末。"鈔本有學集署"歲在甲午長至之日"。

周在浚周櫟園先生年譜:"甲午,四十三歲。在福州。秋,鄉試提調,擢都察院副都御史。十月離閩,冬抵白下,覲太封公、朱太淑人。"按:亮工父文煒,字赤之,號坦然、如山,嘗官諸暨主簿。妻朱氏,胙城王之女。

長至後二日,作周元亮賴古堂合刻序(有學集卷二十一)。

序云:"今年相遇吴門,乃盡見其賴古堂諸刻。"鈔本有學集署"甲午長至後二日"。

長至後三日,爲作賴古堂文選序(有學集卷二十一)。

年月亦見賴古堂文選刻本。序云:"越五年甲午,遇周子元亮于吴門,出賴古堂文選屬余是正,且請爲其序。"

文瀫初編卷五收此文,錢肅潤評曰:"通篇俱説繆種,繆種不闢,古學不見,所關文運,夫豈小耶?虞山先生有唐詩英華序而詩學明,有賴古堂文選序而文體正,余故兩存之,以爲天下後世學詩文者法云。"秦對巖(秦松齡)曰:"胸次有全書,目空千古,故發爲高論,洵堪壓倒時流。想起命筆時,直加置身太華巔,俯視衆山小矣。"

長至後五日,爲佟國器父卜年幽憤録作序(有學集卷二十)。

序云:"佟氏幽憤録者,故登萊僉事觀瀾佟公,當絶命時,自著幽憤先生傳,其子今閩撫思遠,并出其對簿之揭與檻車之詩,集録以上史館者也。"

有學集卷三十三佟公墓誌銘:"故山東按察司僉事管登萊道監軍道遼陽佟公,以天啟五年乙丑九月,畢命于請室。自敘其生平,作幽憤先生傳,而余爲其序,極論公之不當坐叛死爲大冤,黨人曲殺公以敗壞遼事爲大誤,而公之死冤死黨,不死于國法而死于疑似髣髴不可窮詰之膊書爲大異。讀斯文者,靡不拊膺椎胸,泣下歎息。"

又作佟公墓誌銘(有學集卷三十三)。

銘云:"公歿二十年,國器際會風雲,致位節鉞,恩綸自天,爼豆相望。憖忠追遠之典,于是乎大備。而其意不但已也,謂愛書國論,職在舊史。將取徵墓中之石,以示永久。"

按:二十年當是三十年之誤,卜年死於天啟五年(1625),國器順治十年(1653)尚授福建巡撫,至本年正三十年。

仲冬二十四日,爲含光書華山寺募田供僧册子(有學集卷十七)。

鈔本有學集署"歲在甲午仲冬二十四日,海印弟子虞山蒙叟錢謙益榮談書"。

此文對含光大加讚賞。金匱本文云:"若今之禪門,自命臨濟後人者,其一二巨子,未得謂得久假不歸,以小辯飾其小智,以大妄(鈔本作網)成其大愚,魁儈旃陀,一登其門,莫不盱衡讚歎,彈指徹悟。用是以簧鼓群昏,簸揚狂慧,盲師作俑,則判能大師爲外道禪,師子吠聲,則斥龐居士居二乘果,棒喝如劇戲,付拂如酒籌。以瞽視瞽,以聾聽聾。敢于抹撥教典,詆讕尊宿,以蓋護其膚淺瞽亂之衣鉢。此所謂大妄語成,如刻人糞爲旃檀形者也。而舉世尋附聲響,激揚尊奉如恐不及。……雪浪大和尚,賢首之法匠也。……而華山含光渠公,則與蒼老代興者也。渠公網羅三藏,鈎貫三昧,精心慧辯,超然義解之表,賢首耳孫,非公而誰?"

又送首楞四册、楞嚴蒙鈔首册請正,見下年與含光書。

仲冬二十六日,書柳敬亭募葬册子(有學集卷十六)。

鈔本有學集末署"壬辰仲冬二十六日,書于滅渡橋之舟次",一本題作爲柳敬亭募葬地疏。疏云:"柳生敬亭,今之優孟也。……今老且耄矣,猶然掉三寸舌,餬口四方。負薪之子,溘死逆旅,旅櫬蕭然,不能返葬,傷哉貧也。……三山居士,吳門之義人也,獨引爲己責,謀卜地以葬其子,幷爲敬亭營兆域焉。"三山,即鄭欽諭。

黃公渚評云:"爲柳敬亭募葬地疏,前幅以優孟爲比,抑揚跌蕩。後幅極寫交遊,其酣恣處,得力於史記游俠列傳。"

長至後十五日,爲黃翼聖作蓮蕊樓記(有學集卷三十)。

鈔本有學集署"歲在甲午長至後十五一作二日,海印弟子蒙叟錢謙益記"。記云:"黃子子羽要陸兄孟鳧過余而請曰:'翼也游二夫子之門三十年矣,少年善病,望强仕如胡耇,明年六十矣。牽絲州邑,幸不獲罪吏民。成都劫灰,安吉餘燼,仗佛力以無恙。亂後還沙谿故居,不自意亂而得免,免而得歸。不罄餘年,專修淨業,以西方爲大歸,茫茫三界,長爲旅人,不亦悲乎。築小樓三楹,持誦晏息。常聞人心内瓣正八,和合爲蓮華,心華自然,開能見佛。又此花含蕊寶池,視行人勤惰以爲敷萎,顔其室曰蓮蕊,所以志也。惟夫子爲之記,昕夕省覽,庸以鞭退策進,如天鼓焉。敢固以請。'余諾之而未作也。孟鳬病,助之請益力,無何,遂厭世而去。信人世之不可把翫也,乃泫然執筆,而爲之記。"

作王兆吉六十壽序(有學集卷二十八)。

王兆吉(1596—1673),名夢鼎,號忍巖。天啟七年(1627)舉人,官吏部司務。與弟夢蕭留意邑中文獻,搜羅放失,不遺餘力。後錢陸燦修志,多出其手訂。兆吉修訂族譜,亦牧齋作序,見有學集卷十九。

據三沙王氏統譜及槐川堂留稿卷六生緣小記,夢鼎生萬曆二十三年乙未十二月二十六日,娶嚴澤之女。壽序:"閼逢敦牂嘉平之月,甲子一周,里之士友,將往致祝,而請余爲其詞。"

錢牧齋先生尺牘卷二有與王氏書五通,有處理顧大韶家事、救濟顧雲鴻後人等事,多不能繫年。

因陸家之請,作陸孟鳬墓誌銘(有學集卷三十五)。

墓誌云:"甲午八月二十二日卒于虞山里。……越五月卜葬,以十二月二十六日窆芝川之先塋,其家來請銘。"

墓誌又云:"孟鳬長余一歲,並游郡學,出同車,入同席。……余登甲科,官禁近。孟鳬久次諸生,泊然自守,無躁心,無退色。余罷枚卜,孟鳬始入官。懸車之輿初春,交相恤也。孟鳬仕而歸,余亦釋纍囚還里,亂後握手,有梵志出家之嘆。……嗚呼,孟鬼已矣,吾誰友?"可見二人交情。
十二月十二日,作祭虞來初文(有學集卷三十七)。

　　鈔本有學集署"甲午十二月十二日"。文云:"粵今歲之獻春,暨蕭辰之改燠。……又踰月而聞訃,報窀穸已穆卜。"知虞死于今年春。

十二月(嘉平)十四日,因袁駿之請,作宋母王淑人六十壽讌序(牧齋外集卷十二)及壽詩(長洲宋氏族譜卷九)。

　　牧齋外集無序文撰寫日期,道光長洲宋氏族譜載此文,作"先閼逢敦牂之歲嘉平月十有四日,虞山通家眷侍生錢謙益頓首譔",故繫此。

　　淑人(1596—1655)爲宋學朱(1594—1639)妻。學朱字用晦,一字旭初,崇禎四年(1631)進士。授南京工部主事。丁憂,起補禮部,以才望改御史,抗疏劾楊嗣昌、田惟嘉,時論壯之。出按山東。十一年冬,清兵南下,濟南空虛,學朱與布政使張秉文等死守各門。十二年正月二日,城陷戰死。福王時,贈大理卿。子德宸、德宜、德宏,俱有文名,一時有三宋之目。

　　宋德宜(1626—1687),字右之,號蓼天。順治十二年(1655)進士。官至左都御史。卒於官,謚文恪。

　　文瀫初編卷九收此文,錢肅潤評曰:"以孫氏一門配合宋氏,却似天成,而期望尤爲真切,今果驗矣。其言質而典,頌而非諛,是祝詞中第一篇文。"

作李貫之墓誌銘(有學集卷三十六)。

　　墓誌云:"越十五年乙酉,國有大故,渴葬,又十年甲午,成之具狀來請,余老不獲死,泫然執筆,徒以墜言受命,其又可悲也。"成之,即貫之孫。

嘉平月,又作李貫之先生存餘稿序(有學集卷二十二)。

鈔本有學集署"歲在閼逢敦牂嘉平之月,虞山眷友錢謙益謹序"。序云:"貫之没二十有餘年,其孫成之,刻其遺文,請序于予。……成之于劫灰焚蕩之餘,收拾餘燼,鏤板家塾,庶幾乃祖之緒言不墜于地,可謂有志者也。"

性琮明年八十,臘月二十五,作白法長老八十壽序(有學集卷二十九)。

鈔本有學集署"先一歲閼逢敦牂臘月二十五日,海印弟子虞山白衣錢謙益榮談謹譔"。故壽序作"今年乙未,公世壽八十矣"。

性琮(1576—1659),字白法。上饒鄭氏子。住嘉興楞嚴寺三十餘年,踵紫柏遺願,續刻嘉興藏。

逼除,讀吳炎今樂府,贊嘆久之(有學集卷四十二答吳江吳赤溟書)。

書云:"去年逼除,得見今樂府一編,深推其採擷之富,貫穿之熟,評斷之勇也。跫然而喜,焕然而興,曰:所謂斯人者,其殆是乎?天誘其衷,緣隙奮筆,以蔵我正史。遺民逸史,扶杖輟耕,撫絳雲之餘灰,泣蕉園之焚草,庶幾可以少慰矣乎?"參見下年。

除夕,因明年石林長老七十,作石林長老七十序(有學集卷二十九)。

寄巢詩卷下附此文,署:"甲午除夕,虞山蒙叟錢謙益謹序。"

本年,卜築白茆芙蓉紅豆莊。

葛譜繫在今年,從之。乾隆支溪小志卷四:"芙蓉莊,一名碧梧紅豆莊。在古湫浜西,雲和令顧松菴公別墅。小橋流水,曲折幽勝,有右丞輞川、藍田風景。周遭可里許,繞池植芙蓉數百,翠葉紅葩,掩映水際。莊之取名以此。松菴孫東江嘗植閩中荔枝於莊上,側生纍纍。沈石田、文衡山爲賦新荔篇焉。又有紅豆一本,大可合抱,贈君孫曲江耿光所植,與碧梧相錯,故又爲碧梧紅豆莊。錢牧齋僦居其地十餘年,名紅豆莊。錢殁,仍歸顧。莊與草堂遺址相屬,今久廢。而莊前白石平橋堅好如故。其兩門鐫杜句者,僅存一焉。"

清順治十二年乙未(1655)　明永曆九年
七十四歲

陸世鎣作乙未改歲詩八首,和之(牧齋外集卷一)。

　　陸世鎣(1596—1661),字彥修,號止菴。崑山人。安吉子。崇禎十二年(1639)舉人。好讀書,尤熟國家典故及經世之學。福王立,邀令受職,婉辭不赴。順治二年(1645)冬,遇劇盜被創幾死,後隱居湖濱,以詩酒山水自放。

　　陸世鎣詩多不存,陳墓鎮志卷十收其改歲詩僅一首:"再上公車夢未遥,十三年事作前朝。鬢毛留得長安雪,幾度春風不肯消。"陸詩和者甚多,除錢謙益外,尚有錢曾、陸世儀、陳煌圖、陸元輔等人。

　　海虞詩苑卷三陳煌圖和陸彥修改歲漫興四首之二:珠履三千已作塵,九原何處覓春申。不知夢裏身爲客,猶向雲臺問楚人。

　　岐王賓客李龜年,剩得琵琶繡袱鮮。葉落秋槐池上冷,偶彈一曲記桑田。

　　陸世儀桴亭先生詩集卷五乙未改歲漫興和陸彥修：蓬萊清淺水揚塵，十二年前是甲申。怪底春風能轉換，眼中幾個舊時人。

　　乘桴偶泊未爲家，曲曲春流逐岸斜。檢點芳溪閒草木，數株猶是古梅花。

　　忘機何必住深山，白叟黃童任往還。珍重浮生莫相負，箇中能有幾時閒？

　　鄰曲相過話昔年，室廬荒盡媿烹鮮。依稀記得先王俗，五畝之居百畝田。

　　賜帽君恩尚未遙，禦寒新典出前朝。堅冰也積興亡恨，十日春風不肯消。

　　杜陵哀曲憶王孫，蜀道春生望帝魂。原上冬青青幾許，夜深風雨暗荒村。

　　莫笑村莊野老家，春深也種一庭花。顛狂最是溪邊柳，逐日隨風到處斜。

　　不用尋春不恨春，春光往復互相因。天公自有循環理，一度重來一度新。

　　錢曾夙興草堂集和陸彥修孝廉乙未改歲漫興八首：總是三山也是塵，仙家漫學守庚申。鶯花撩亂尋常事，聽雨聽風愁殺人。

　　草舍漁灣隱士家，絲絲垂柳向風斜。江山回首無窮恨，滿地殘陽剩落花。

　　獨凭危樓看晚山，浮雲似鶴更飛還。可憐今古青青草，一片閒愁未得閒。

石馬銅駝記往年,亂蓬飛處野雲鮮。何人更上高原望,便是西陵望墓田。

冬青樹冷夢魂遙,南國荒涼舊六朝。猶有當時城郭在,杜鵑春恨不曾消。

窮途乞食怨王孫,半夜悲笳易斷魂。挑盡殘燈渾不寐,雞聲催舞到荒村。

憒騰憶得故侯家,絃管紅燈處處花。此際春風倍惆悵,長安依舊日西斜。

燕子簾籠又送春,茶烟殘夢悟前因。兜玄國裏閒花草,也向風光別樣新。

陸元輔陸菊隱先生詩集卷四和陸孝廉彥修乙未改歲漫興次韻:素衣不染洛陽塵,周室蕃宣佇甫申。岳降漸看週甲子,江頭依舊釣魚人。

不是僧家便酒家,醉吟疏影共橫斜。夕陽荒草人歸路,拾得風前半落花。

愁人未必是青山,野鶴悠悠自去還。萬事無如林下好,清風明月幾人閒。

蟲沙歷數自年年,春到桃花色倍鮮。太守不勞尋洞口,桑麻還有未徵田。

公車舊路馬蹄遙,記得諸侯盡入朝。十載虹蜺侵玉座,燕山一望恨難消。

眼看孤竹又生孫,茂苑鶯聲易斷魂。一醉渾忘時物變,杏花酒店望前村。

庾嶺天南有漢家,東風幾見入梅花。年來驛使無消息,目斷衡陽雁影斜。

春草春華共妬春,春城春事亦相因。疎慵羞逐狂蝴蝶,別過鄰園眼又新。

正月二十一日智旭病逝,年五十七,僧臘三十四。

弘一蕅益大師年譜:"乙未,五十七歲。……正月二十日,病復發。二十一日晨起病止。午刻,趺坐繩床角,向西舉手而逝。世壽五十有七歲,法臘三十四。僧夏,從癸亥臘月至癸酉自恣日,又從乙酉春至乙未正月,共計夏十有九。"

贈盛子久詩一首(有學集卷五)。

盛遠(1630—1710),字子久,號鶴江、宜山。秀水人。工詩書畫,人稱三絕。家築瓣香庵,祀名人之無後者。據有學集卷五,此詩作於甲午、乙未間,具體時間不詳,且附此。

蔡士英建滕王閣成,寄題七律四首(牧齋外集卷一)。

滕王閣徵彙詩文范文程記:"工始于甲午仲冬,訖于乙未孟春閣成。"蔡士英自記:"鳩工于仲冬,落成于孟春。"故繫于此。

蔡士英順治九年(1652)至十二年為江西巡撫。

又牧齋外集卷一懷長姑夫人二首,題注:"時蔡為贛撫。"似為蔡士英母夏氏而作。

牧齋詩載滕王閣徵彙詩文,且有蘇州太守吳一位步韻詩二首。吳一位,滿洲人。順治十二年任蘇州知府,十三年八月以婪穢劾去。詩云:

瞻言百里雅音徽,纔説靈臺神已飛。逸興偏宜乘昧爽,登臨猶自戀斜暉。閣中紫燕啣雲駐,檻外寒雅帶月歸。此日壯猷推國老,經營豈與願相違。

凡承簡命豈無思,不數當年幼婦詞。鋤雨犁雲已滿地,挽舟淪水歇何時？千灣萬溜莫辭遠,縷進絲那只慮遲。漫道使君空吊古,高懸秦鏡仰新碑。

二月,再請含光校訂蒙鈔。

南京圖書館藏牧齋尺牘與含光法師:首楞四錄二册,并首楞嚴經蒙鈔第一册,去年冬送含光老師兄處求閲,今將蒙鈔後二卷至十卷,共九册,并前稿共十二本,俱送含老,乞爲仔細翻閲批點。其中有應增損,及應改削者,一一詳細標出,總俟閲完付下。此番再加審定,謄清一稿,便可作流通之計矣。此鈔得行,或可稍撮諸家之長,作人天眼目。但目前明眼人少,惟含老于佛法中,知見確而筆格正,幸放出金剛眼睛,共定此書。其爲利益,殊非聊爾,蒙亦不敢私此鈔爲一家之書也。諮決十義及別釋名題,一如尊命改正。旁論有應附見者,略以鄙意入之。若經中有高見應鈔入者,亦竟云某人旁論可也。乙未二月望日書。

錢牧齋先生尺牘卷二亦有多封書信寫給含光法師。一通云:"入春多病,更苦瘡痏,手足卷攣,幾成廢物,以此未得趨赴法座,質疑問津也。首楞四錄及經鈔首册,知已經繩削,幸即檢付。其餘幾册,親攜請教。諮決十義及十門懸敘,如命點竄一過,亦俟晤時更求指示耳。所云推簡法出起信論者,徧簡論中,並無此文,想是教典未熟,不能檢出耳,乞詳細示之,以便舉筆。又七徵一偈,未知何人所作,并出何典,亦求見教也。因重其便,附此相訊,幸賜教言。"

又一通:"今特遣一介奉復,賫蒙鈔二三卷,專求治定,并乞即付首册,以便繕寫。……二三卷點筆後,仍乞尅期見教,方敢再奉後帙。夏秋必欲了此程課,恐歲月悠悠,不堪把翫。"

又一通:"毒熱如焚,吴門之權且止。尚此來領蒙鈔,以便接寫。即未能三卷全付,且先付第四一册。望之望之。三卷全依尊批,奉爲指南。"

又一通:"四卷將竣,得六七兩卷接手,欣慰無量。"

春,作燈屏詞十二首,爲龔鼎孳小妾顧眉壽(有學集卷五)。

顧眉(1619—1664),又名媚,字眉生,號橫波。秦淮名妓。工詩善畫,又精音律。有柳花閣集。

龔鼎孳定山堂詩集卷四十一燈屏詞次錢牧齋先生韻同古古仲調:碧落紅墻一派斜,蕊珠宫闕近銀紗。春寒誰壓天街笛,半夜齊聞玉樹花。

珠簾錦瑟事依稀,紅淚拋殘金縷衣。曾記五侯春宴罷,花前被酒玉驄歸。

月地雲堦夜色多,乘槎誰與犯明河?春風天上無華髮,散作五陵蹋臂歌。

菡萏浮光夜插天,金枝能攪鐵龍眠。千層寶網交華霧,織就青春又一年。

樓閣憑將結綺猜,留仙裙帶鬪春來。漢宫蠟燭傳銅雀,不逐昆明劫火回。

拂水琴樽散落霞,鳳池才子欸長沙。殷勤玉漏金樽裏,易看朱欄紫陌花。

繡佛名相去不迴,春人春日罷登臺。錦屏看遍吹簫女,可似姍姍佩影來。虞山燈屏曲,爲善持君壽也。

桂樹輪開烏鵲枝,玉河宫柳漸紛披。夜珠的爍滄江上,洗盡蕭條宋玉詞。

　　花開得似鬱金堂,劍氣燈前老激昂。六曲屏風千日酒,醉眠何地不歡場。

　　花底鈔詩問小胥,夜闌猶自指參旗。銀釭風剪銅龍急,彩燕爭教續五絲。

　　開元法曲夢華遥,腸斷春雲度玉簫。寶馬香車今夕動,幾人回首杜鵑橋。

春,作詩二首贈張燕筑(有學集卷五)。

　　此詩五大家詩鈔題作"壽張燕筑七十"。

　　顧景星白茅堂集卷六無錫舟中大風雨聽張燕筑歌,自註:"金陵人,年八十三。"顧氏此詩作於順治五年(1648)戊子,八十三應指張氏卒年八十三歲。

春,郭都賢來吴,有贈詩。

　　郭都賢(1599—1672),字天門,號些庵。益陽桃江人。天啟二年(1622)進士。明亡後剃髮,號頑道人。初無定居,後流寓海陽,築補山堂。客死江寧承天寺。工詩善畫,著有補山堂集、些庵雜著等。

　　些庵詩鈔卷十二贈錢牧齋先生:雨後清和定午烟,半塘鴦老不聞鵑。布單挂却三千里,函丈新披尺五天。心向井邊私問史,魂來江上遠勞箋。風流江左依然在,賭墅爭看一着先。

　　握手凝脂玉塵逾,摳衣如浣意如愯。五朝黃髮心長短,萬里荒雲鴈有無。淚盡渡江仍對楚,簫吹過市偶游吳。問奇畫盡灰中字,咄咄書空未擬孤。

邵世茂成進士,作邵松如時義序(牧齋外集卷五)。

序云:"今乃得遇知己,擢上第,咸陽之紙,正字之琴,一字而享千金,一日而傾都下。……松如歸,以行卷屬余爲序,余何以序斯文哉?"據此,文當作於松如進士及第時。

康熙新刊常熟縣志卷四進士:"邵世茂,字羽萬,號松如。崇禎丙子登賢書,至順治乙未成進士。除韶州司李,慨然以澄清爲己任。除煩苛,剔奸弊,絶苞苴,勤訓六邑之士,申明禮義,嶺表文風于焉丕變。癸卯分校粵闈鄉試,得六人皆名雋也。會學使者臨郡,提調試事,觸寒疾卒。"

贈張縉彦詩兩首(有學集卷五)。

順治十一年(1654),張縉彦由山東右布政改浙江左布政,因作此詩。

張縉彦燕箋詩集卷三牧齋先生:湖烟今不薄,山水待知音。草細吴門棹,秋歸楚澤吟。百年争戰日,四海晦明心。渺渺澹臺月,清漪灌石陰。

迂骨終無改,松前幾代人。此來欣問訊,前路各風塵。藥白商山暮,瘦瓢洛社春。猖狂吾未敢,躡履在松筠。

卷四牧齋先生:石湖幾處穩花裀,閱歷艱危百代身。獨樹浩歌惟短劍,深山青史見空燐。繙書莫作過秦草,避地何心遇晉人。此去江烟應不改,緑苔丹竈自長春。

暮春望日,作杜弢武全集序(有學集卷二十)。

有學集鈔本署"歲在乙未莫春望日,虞山友人蒙叟錢謙益謹序"。文云:"余與弢武交四十年矣,于其請序也,不忍以老病辭之。"

徐增以黄牡丹詩請序,春三月,作徐子能黄牡丹詩序(牧齋外集卷六)。

序云：："吴門牡丹詩，陳子明偕子能屬和美周遺什，子能歲得一百餘首，貫花結鬘，香粉散落，吳人傳寫，爲之手馥。"

陳鑑(1594—1676)，字子明。化州人。萬曆四十六年(1618)舉人。曾官華亭知縣。後流寓吳地，窮餓以死。

徐增九誥堂集卷九上元前雪夜寄懷錢牧翁先生并以黄牡丹詩請序乙未："手折梅枝欲寄難，上元前夜雪漫漫。碧山學士宫燈遠，白屋書生布袖寒。冰雪有心留故我，春風無夢到長安。千秋敢冀青雲附，一卷詩成意萬端。"

九誥堂集附牧齋書："讀足下黄牡丹詩，知才情爛發，翻江倒海，安有如此才筆，而不享有遐福，逢迎人世吉祥善事者乎？以此知文園善病，自是長卿慢世，終不作盧照鄰也。序致上，僅一飰時削稿，故知疾行無好步也。一笑。謙益再拜。"

吳炎得知牧齋讚嘆其今樂府，來書答謝，並詢以作史之事。送春日，作書答之(有學集卷四十二答吳江吳赤溟書)。

有學集鈔本署"乙未送春日"。書云："去年逼除得見今樂府一編……每與同人盱衡嘆息，望塵遥集，欣愧交并，不圖斯語傳遞流聞，手書見存，鄭重累紙，愾然以不朽大業下詢陳人，則僕之欣固踰涯，而愧乃滋甚矣。既而深惟，所未敢承命者有二。伏讀來札，著作指要，取法子長，班、范以下，世降文靡，皆將置之衙官，降爲皂隸。僕以卑近之學，挾中下之材，每自分古人筆格，不能闚其儲胥。惟是遠摹三國，近倣五代，畫地守株，或可殆庶。今將與之抗論千古，高視九流，譬諸承蜩尺蠖，進舍在一步之間，試語以騰空高舉，有不掉眩自失者乎？所未敢承命一也。僕嘗謂古人成書，必有因籍龍門，旁取世本，涑水先纂長編，此作史之家之高曾規矩也。往所採輯名曰事略，蓋用宋人李燾、元人蘇天爵之體例，艸創編摹，以俟後之作者。此書具在，識小攸存，無裨汗青，有同薈蕞。而況劫火洞然，腹笥如洗，挾面牆一隅之見，應武庫八面之求。籍談之數典，何以無譏，裨諶之謀野，敢云則獲？所未敢承命二也。"

作鄭士敬孝廉六十壽序(有學集卷二十八)。

壽序云："自萬曆末造，迄今五十年，吳中士大夫相率薄文藻、厲名行，蘊義生風，壇墠相望。吳人為之諺曰：'前有文、張，後有鄭、楊。'吳人士有名章徹多矣，諺獨云云者，龍宗有鱗，鳳集有翼，亦標舉其眉目云爾。十年以來，諸君子墓艸載陳，藏血已碧。惟鄭君士敬，如魯靈光巋然獨存，斯則霜林之清喬、儉歲之嘉穗也。今年清和之月，士敬六十初度，及門之士，相與酌昔酒、治脩脯，脩承平故事，具衣冠以稱壽，而乞言于余。"

桐庵年譜卷下："門人徐枋撰文作畫，製手卷稱祝。四方來賀者，海虞錢謙益、玉峰徐開禧、梁溪秦坊、華時亨、族弟應皋、真定施肇元，皆爲文製屏軸。其餘遠近知名士暨諸方相識，多吟詩寫繪事，群賢畢至。三男侍膝，致足樂也。"

按：鄭敷教生於萬曆二十四年(1596)四月十二日，卒於康熙十四年(1675)九月初二，則牧齋壽序當作於本年四月中旬前。

又錢牧齋先生尺牘卷二與□□□："祝嘏之詞，重荷台命，衰病餘生，久荒筆墨，又不敢愆長筵之期，刺促具稿，真所謂疾行無好步也，惟知己深諒之。"瞿綬鈔本作與鄭士敬。

四月，作陳崑良詩序（牧齋外集卷五）。

　　陳璧（1605—?），字崑良，號雪峰道人。常熟人。早年爲復社成員，遊學吴橋范景文、嘉善徐石麒、吉安李邦華之門。崇禎甲申（1644），因張國維舉薦，爲兵部司務。弘光時，上疏論事，不報。南都破，往來浙、閩之間，間關萬里。後又泛海至桂林，留瞿式耜幕府。順治七年（1650）十月初十，護式耜孫昌文出桂林。式耜被囚，又與昌文西上。後回到故里，歸隱唐墅語濂涇，以詩文爲事。有殘稿尚存。

作楊無補古農詩草序（牧齋外集卷六）。

　　此序無撰寫時間，刻本懷古堂詩選末署"乙未立夏日，虞山友人蒙叟錢謙益爲序"，亦見丁祖蔭牧齋外集校。

五月，顧炎武因殺奴下獄。傳歸莊爲救顧炎武，來虞山請牧齋救援。牧齋欲炎武投其門下，炎武拒之。

　　顧炎武（1613—1682），初名絳，更名繼紳，字忠清，明亡後改今名，字寧人，自署蔣山傭，學者稱亭林先生。崑山千墩鎮人。南明時參加反清，遥授兵部職方司主事。明亡，周遊四方。論學以"博學於文""行己有恥"爲主，提倡經世致用。凡國家典制、郡邑掌故、天文儀象、河漕兵農以及經史百家、音韻訓詁之學，莫不窮究原委，開有清樸學之風。

　　徐鼒小腆紀傳卷五十三："有三世僕曰陸恩，見其日出遊，家中落，叛投里豪葉方恒，且欲告其通海狀。炎武禽之，數其罪而沉諸河，葉訟之，獄急，歸莊私爲門生刺，爲求救于故尚書錢謙益。炎武知之，索刺還，不得，乃列揭通衢以自白。會故相路振飛之子澤溥言諸兵備道，事得解。"江藩漢學師承記亦云。皆出全祖望亭林先生神道表。

季夏,爲蕭來儀作文,頌其德政。

序見蕭公祖德政頌,此文不見有學集。蕭來儀,字松門,號星巖。南昌人。順治十一年(1654)冬奉命來吳督糧,秉公辦事,吳民信服。

牧齋又作詩云:見説名家滿笏簪,多君瓌瑋復球琳。烏飛江左芙蓉幕,澤滿姑蘇棠棣陰。自有文章麟表瑞,坐看政績鶴和音。一帆如駛勞王事,爲訴東南民力深。

史兆斗年八十,作詩賀之(牧齋外集卷一),並示毛晉。

錢牧齋先生尺牘卷二與毛子晉:"辰伯壽詩,倉卒應命,文雖不工,然自是辰老之詩,不可那移也。呈上以博一粲,并求斧削爲幸。石老詩序,日下想已刻成。乞付數紙,欲以扣所知也。"石老詩序,似指石林壽序,見前。

徐波天池落木菴存詩有史辰伯八十壽詩,繫年在乙未。汪琬鈍翁前後類稿卷三十四史兆斗傳:"乙未秋,予舉進士歸,兆斗數來訪予,年已八十餘。"取其大概。

爲李炳作芥閣詩四首,次讀徹原韻(有學集卷五)。

李炳,字文中。吳縣李模子。國變後棄諸生,隱居不仕。

讀徹南來堂詩集補編卷三芥閣次韻二首:昔李渤問歸宗禪師:"須彌納芥子則不問,如何是芥子納須彌?"師曰:"聞公曾讀五車書,身僅如一椰子樹大,五車書置之何處?"公于言下領旨。文中李公子,文心道韻,博學多聞,嘗構小閣于園之西隅,面城臨流,煙蓑雨笠,頗饒野趣。偶登,屬題其眉,因署書曰芥閣,爲拈前語一則以贈之。庶幾取義人地永當,即請質之案山子,其能爲我點頭否。

遥分山色隔城頭,眼底沙鷗事事幽。可是須彌堪見納,漫同莊叟認爲舟。五車填腹渾無跡,萬卷藏樓不用謀。秋水落霞看仿佛,拈題坐客好淹留。

路滑梯盤看石頭,妙高縮入最深幽。機鋒失卻鍼投芥,轉語徒勞劍刻舟。滄海豈能窮目望,雲霄更上置身謀。五車文字知多少,一吸天河水不留。

七月,汪汝謙卒,年七十九。

有學集卷三十六有新安汪然明合葬墓誌銘,作於順治十四年丁酉(1657)以後,附此。文云:"然明生萬曆丁丑八月,卒乙未歲七月,年七十有九。娶吴氏,相夫刑家,具著儀法,字庶出子,逾于己出,閨門頌之。與然明齊年,以丁酉四月卒,年八十有一(一本作二)。子玉立,以高才生有聞。次繼昌,出爲仲方公後,己丑進士,官湖廣按察司副史。女二人。孫男女若干人。葬于玉岑山之新阡。于是玉立排續事狀,泣而請銘。"

山曉閣明文選續集卷五評云:"此篇誌然明行誼,極爲詳備。滔滔汩汩,一氣呵成,使人莫得其段落之迹。起結俱就湖山生情,蓋名流寄託,必於勝地。俯仰之間,寒暄改色,長吁再四,所以悼亡,當亦作者自寫其愁心耳。"

八月,鄭之洪請壽序,作内殿保御三山鄭君七十序(牧齋外集卷十)。

梅村家藏藁卷五十保御鄭三山墓表:君諱欽諭,三山其字,晚自號初曉道人。子二,長共亮,次之洪,亮早世,之洪能養志,先君四年以卒。

乾隆蘇州府志卷六十六藝術:鄭欽諭字三山,吴縣人。

先代習帶下醫，子孫世其業。門前有假山，故世以山爲字。欽諭兼精諸科，所治無不效。性孝友，沖和樂易，爲善如不及，所得餽遺，輒以濟人。凡飼饑絮寒，埋胔掩骼，不可勝數。徐汧、楊廷樞殉節後，子孫朝夕不給。欽諭以已女女廷樞次子，以子之洪女女汧孫，傾身收郵弗吝。康熙初卒，年七十六。

　　梅村家藏藁卷十鄭孝子青山墓誌銘：孝子鄭姓，諱之洪，字青山。吳郡人。卒年四十有六。……余於鄭中表也，悉其內行，知仲子之孝，在乎保御之爲善，而先意承志之爲大也。

　　按：鄭氏自宋代起，習外家李氏婦科，以此著名。欽諭（1586—1661）五世祖海，始卜居長洲之吉田里，人稱僻山鄭氏。三山子之洪（1612—1657）字青山、孫櫛（1640—1689）字兼山，皆以醫名。

八月，作徐徵君暨姚孺人六十序（牧齋外集卷十一）。

　　徵君即徐樹丕，娶姚希孟之女。

中秋，棲虎丘石佛院，日鈔首楞嚴經數紙。

　　有學集卷二十六贈別施偉長序："今年中秋，栖虎丘石佛院，僧窗隱几，日鈔首楞嚴數紙。"

　　牧齋外集卷六知非堂詩集序："中秋日，坐虎丘僧窗，日寫首楞鈔數紙。腮外笙歌如沸，都不相關。"

爲韓逢禧作韓古州太守八十壽序（有學集卷二十八）。

　　壽序："歲在游蒙協洽，雷州太守古州韓兄春秋八十，余曰：是吾年家長兄也，是吾吳之佳公子、良二千石、國之老成人也，是閎覽博物之君子，海內收藏賞鑒尚門名家也，盍往爲壽乎?"

雷州公自述五福十全志:"今年將八旬,二子死絕,雖有三孫,賭博游蕩,愚暗無知之物。生前不能扶顛持危,身後又何望其可繼家聲者?……不樂居城市,華堂邃宇,尤不願居,所以寓於郊外半塘、虎邱之間,棲止小樓,檻臨流水,見天池呈秀,雲山滿目,宛若董源一幅瀟湘圖也。有山閣詩:'高閣虎邱阿,登臨日稱快。閒雲時往還,幽人得自在。'日惟焚香念佛于其間,老年光景,如是而已。"時逢禧亦在虎丘,故能與牧齋相見。據五福十全志,韓逢禧生于萬曆四年(1576)丙子八月初七。

中秋,作二王子今體詩序(有學集卷二十四)。

爲王抃、王攄而作。鈔本有學集署"乙未中秋,虞山通家蒙叟錢謙益序于武丘之石佛院"。

王抃(1628—1702),字懌民,一字鶴尹,別號巢松。太倉人。時敏第五子。王攄(1635—1699),字虹友。時敏第七子。皆婁東十子之一。

黃翼聖本年六十,中秋二十四日,作黃子羽六十壽序(有學集卷二十七)。

鈔本有學集署"乙未中秋二十四日,虞山老友錢謙益序于虎丘之石佛院"。序云:"憶初識子羽時,年才踰弱冠,風神娟美,眉目如畫,汎灃湘之崇蘭,濯靈和之春柳,朗朗如玉山瑤林,秀在人外,不可梯接。今即而視之,長眉蒜髮,面如削瓜,顴隆齒削,儼然如老禪和,凝目旋思向日之子羽,膚神標格,宛宛然猶在目中。如掩故鏡,如理昔夢,茫然不可復即矣。……子羽誕辰在六月,余與名僧石林、隱人潘獻夫期以高秋往賀,稱黃花晚節之觴。會有師命,羽書旁午,未敢行也。……念四十年師弟之誼,不可不舉一觴,聊次序其言,以發子羽一笑,幷以道不能往賀之意。"

獻夫即潘榮,字一作顯甫。與陸銑、錢曾、道源交最密。

九月朔日,施男携張石初詩集從鳩茲來,於虎丘謁見牧齋、吕兆龍、史可程、陶康侯、沈光裕同集,牧齋爲作贈別施偉長序(有學集卷二十六)及知非堂詩集序(牧齋外集卷六)。

贈別施偉長序:"吉州施偉長,不遠千里過訪。……于是遂援筆敘言,抗手而別。乙未歲九月朔日,虞山年家蒙叟錢謙益奉贈。"此序即邛竹杖序。

知非堂詩集序:"施偉成從鳩茲來,携張石初詩集,偶閲數章,心花怒生,識浪激起。"

施男邛竹杖卷四海虞宗伯:"九月朔日壬午,謁錢大宗伯牧翁于虎丘石佛房,精神渾顥,藴藉宏淵,默識强記,隨叩而響。時年七十有四,指頂小楷,日書首楞疏鈔數紙,洵(詢)金仙再世,眞丹重光,豈淺見寡聞,熠火宵燭者可耳食窺也。賦得一首:眞丹野火燒樊桐,鰲足誰肩屓屭雄。五百雲雷開砥柱,三千俎豆續龜蒙。鹽梅待發商巖夢,草澤權高甪里風。獨拜牀頭承塵語,逢人枉自説生公。"

卷六乙未秋日,錢大宗伯牧翁、吕銓司霖生、史庶常赤豹、陶康侯侍御、沈仲連司李同集虎丘漫賦:"浪説金精炤閶閶,那堪興廢又居諸。吴儂日蠟遊人屐,野老初脂長者車。酒政相逢追雒社,騷壇各自感坤輿。緇冠羽服今成俗,清夢何曾道碧虛。"

呂霖生名兆龍,金壇人。崇禎十三年(1640)進士。官內閣中書。

赤豹即可程(1606—1684),號蘧庵。河南祥符人。可法從弟。崇禎十六年(1643)進士。明亡,流寓宜興。

陶康侯待考。

沈仲連名光裕。直隸宛平人。崇禎十三年(1640)進士。官贛州推官。國變浪跡江、淮間。年七十六卒於海鹽。

施男(1615—1672),字偉長。江西吉水人。道光吉水縣志卷二十二文苑:施男,字偉長。施(詩)坊人。爲人跅弛不羈,挾奇氣諸生間,恒以詩文盡屈其曹。每酒酣掀髯,放筆千言。有"一劍橫南北,萬里如籬落"意思。順治初,隨征廣西,招撫有功,授按察副使。尋丁父艱歸。歷遊吳、越間,遍遊海內名人。壬子卒于家。著有邛竹杖、爾雅合抄、琴川吟、行家言、一家言諸集行世。

張九如,字石初。蕪湖人。一如弟。與漸江上人、沈士柱善。一如,字來初。崇禎四年(1631)進士。民國蕪湖縣志卷五十人物:"(一如)弟石初,亦有文學,病青盲,時命諸子出所藏書,誦而聽之。工詩賦,著知非堂文集十卷。"

重九,避地太湖東山,與許元功、侯性、翁秉鑒、路澤農等登莫釐峰,作詩二首(有學集卷五乙未秋日,許更生扶侍太公,邀侯月鷺、翁于止、路安卿登高莫釐峯頂,口占二首)。

有學集卷三十九太學生約之翁君墓誌銘:"余以乙未秋避地東山。"

葉梅友詩序:乙未秋,避地東洞庭,遺民埜老,步屧過從,指點柳毅井、橘社樹,隱隱阡陌間,心神癢癢飛動。九日上莫釐峰頂，登高騁望，顧謂諸人："錢唐君一聾蟲耳，一怒而九年洪水，再怒而塞五嶽，英雄男子，螢乾繭縛，老死章句，不憂水府腥臊笑人乎？"卻望三吴，蹲伏脚底，珠宫貝闕，光景髣髴。夕陽零亂，見海東紅雲，近連橘社，爲賦詩以紀其事。

牧齋外集卷七翁季霖詩序：乙未九日，許無功奉其尊人，典衣沽酒，邀余登高莫釐峯。于時烽煙未熄，客思惋惘。余賦"茱萸劫火、藜杖晴空"之句，坐客相顧嘆息。余舉酒而言曰……坐客皆放歌痛飲，極歡而散。

許元功（1602—1659），字茂勳，一字無功。東山人。中年遭喪亂，家計窘枯，酒酣落筆，歌哭淋漓。或寫蘭數筆，署名更生。病將死，以生平詩稿一束，封識授二子曰："必囑灌溪（李模）作序。"門生私謚静曙，並以名其集。

侯性，字月鷺，一字若孩。商丘人。爲人豪放，補博士弟子，錚錚諸生間。尤善騎射，自負有文武才。明末爲廣東西寧參將。永曆即位，擢都督同知。從永曆之武岡，封商丘伯。梧州陷，降清。後奉母樞移家東山，殁于吴。七十二峯足徵集卷七十八："侯藏，字月鷺。從路澧撫移家東山。與吴中之遺臣遺老共相引重。明詩綜載之。"與侯性分爲兩人，誤。詩觀初集小傳亦云："侯性，月鷺、若孩。河南商丘人。"

翁秉鑒（1618—1682），字于止，號愚菴。東山人。應玄子。

路澤農（1639—1685），初名澤濃，字吾徵，一字安卿。曲周人。路振飛三子。申涵光妹婿。著有宜軒集、草堂雜著等。

七十二峯足徵集卷二十三許元功小傳："同牧齋九日登高莫釐峰頂，牧齋賦詩二首，茂勳次和至再，有'禾黍欲歌渾是淚，茱萸方健未成翁'之句，牧齋誦之色沮。"

七十二峯足徵集卷二十四鄭元亨九日同錢牧齋先生莫釐峰登高次韻：晴峰卓立砥洪濤，四野雲烟入望遥。已是半生成落魄，不堪今日共登高。霜清南國荒三徑，帽脱西風颯二毛。節序不殊時事異，黄花紅葉總蕭騷。

聳碧芙蓉灝氣中，憑高人欲御長風。揮毫興屬悲秋客，載酒欣同避世翁。覆水雲霞籠遠岫，來賓鴻雁界晴空。流連向晚重回首，笑指明蟾隔嶺東。

鄭元亨（1589—1658），字世貞，號海若。東山人。自少失聰，晚年自署西村聾叟。愛賓客，喜詩酒。宅構西樓，與四方騷人文士觴詠其中。乙酉歲作祝髮文，云："毛髮雖損，吾道猶存。"有一有吟一卷，路澤溥爲之序。

徐增九誥堂集卷九錢牧翁師九日登莫釐峰，有"百年藜杖倚晴空"之句，即用爲領句，奉和一首："百年藜杖倚晴空，九日藍田想杜公。世外山河非破碎，此間詩酒足豪雄。半天崔叫神仙侣，萬頃波摇落木風。老興獨留夫子在，黄花雙袖夕陽紅。"

愚菴小集卷五和牧齋先生登莫釐峰同子長作："突兀憑空倚怒濤，何年開鑿奠神鼇。環洲水劃坤維斷，插漢峰凌日御高。天目石根通洞府，海門雲物辨秋毫。勢連縹緲尤奇絶，乘興還思放小舠。渡湖十里即縹緲峰，東西對峙。"

又遊東山雨花臺，許振光贈詩，次韻一首（有學集卷五）。

　　許振光（1612—1672），字起文，一字玉晨，號心耕。吴縣東山人。元楨子。諸生。有聲於時。棘闈文卷，屢薦不售。性好賓客。喜吟詠，徐子能稱其詩"厚不露骨，深不露才"，有悠然之致。著有得閑草、鼓缶集、秣陵游草。

　　愚菴小集卷五陪牧齋先生登洞庭雨花臺即席限韻作："極目重湖接水雲，石欄晴倚辨波文。帆迴斷岸林端見，葉脱疏桐寺外聞。翠靄拂巖中坐合，朱霞散浦一峰分。前村指點山樵路，何日攜家友鹿群？"

路易公、路安卿置酒包山官舍，即席作詩二首（有學集卷五）。

　　易公疑即澤溥，字蘇生。路振飛長子，以父蔭官中書舍人。明亡，攜兄弟隱太湖，暗中抗清。顧炎武殺奴下獄，曾出手相救，炎武得以不死。

同許元功等登朱珩璧縹緲樓，作詩兩首（有學集卷五朱内翰開宴二首）

　　具區志卷十一載此詩，題作題朱珩璧縹緲樓。珩璧即朱必掄。具區志云："縹緲樓在東山朱巷，里人朱必掄築。必掄性豪邁，好聲伎，教習女梨園數人，搆樓以爲歌舞地。必掄當鼎革之後，自留都歸，享園林聲色之樂二十年，至今山中人猶豔稱之。"

　　七十二峯足徵集卷二十四許元功陪錢牧齋登朱珩璧縹緲樓："好山合璧峰全露，最喜初登霧未開。林屋雲霞常映帶，石公風雨欲飛來。白蘋漁艇炊烟出，紅葉人家夕照回。對酒放歌應不惜，凄涼直比是蘇臺。"

洞庭吴時雅請重修家譜序（乾隆延陵吴氏族譜）。

吴時雅重訂譜序："會虞山錢宗伯、平湖倪司李、婁東宗老梅村先後集於我山，謁而謀之。"時雅（1631—1693），字份文，一作斌雯。祖從聖，爲人重然諾，與路振飛相交。父嘉鈷，善文章，著有樂陶詩。時雅娶席本楨女。順治初年，太湖多匪盜，席本楨受方略於路振飛，出家財練鄉勇，時雅協助之。康熙四年（1665）設太湖營，分汛東山，把總、巡檢皆無官署，時雅鳩貲創建文武二署於湖濱以備盜。性愛林泉，依水結廬，堂曰南村草堂，人遂以南村稱之。徐乾學有贊曰："君於末俗，如野鶴之在雞群。義氣楚田仲，好客平原君。許子章之愛才，翟光鄴之睦親。既敦行之尚義，亦宅心之能仁。匪特延陵碩望，洵爲南國奇英。"

九月二十六日生日，題李小有戒殺雞文（有學集卷五十）。

鈔本有學集署"乙未九月二十六日，蒙叟錢謙益初度之日，書于許更生氏松石軒"。

又作許更生詩引（牧齋外集卷八）。

又爲李小有題京口避風館詩（有學集卷五）。

李盤宿避風館登金焦北固詩："船頭破浪三山椊，京口憑闌兩岸燈。已築避風難避世，卻憐逢主即逢僧。堤邊故苑牛羊暮，原上諸陵草樹增。只有漁人眠自穩，驚破日月化飛騰。"

李盤（？—1657），字小有，號根大，原名長科。崇禎十四年（1641）歲貢，官廣西懷集知縣。詩摹唐賢，在諸李中名尤盛，又擅醫。入清以隱逸終。著述甚富，有李小有詩紀、金湯借箸、廣仁品等。

十月，作金文學小傳（有學集卷四十一）。

鈔本有學集署"歲在乙未陽月"。金元復（1555—1618），字峰石。吳縣人。十四學賈，又棄去，爲童子師。年四十始補弟子員。子瑞華，明亡隱居不仕。

十月，作金爾宗詒翼堂詩序（有學集卷二十一）。

年月見刻本詒翼堂集。序云："嘉定有懷文抱質，溫恭大雅之君子，曰金先生子魚。其子曰德開，字爾宗，以文行世其家。爾宗歿十餘年，其子熊士刻其遺詩三卷，而請余爲其序。往余獲交子魚，爾宗以執友事余，摳衣奉手，不命之進不敢進，訢訢抑抑如也。子魚歿，爾宗請予誌其墓，其事予益恭。"子魚，名兆登。熊士（1619—？），字渭師，後改名望。兄起士，字懷節，遭逢國難，憂憤而死。

十月望日，作程孟陽耦耕堂集序（有學集卷二十二）。

序云："于是嘉定二金子渭師、治文，從其壻孫介繕寫松圓集以後詩文曰耦耕堂集者，鏤版行世，而屬余序之。"治文即金獻士。孫介，字石甫，程嘉燧壻。俱嘉定人。

此書刻本尚存，包括詩三卷文二卷，牧齋序末署"歲在乙未陽月望日，虞山友弟蒙叟錢謙益謹序。"

十月十八日，施男游臨海，謁錢氏先廟，見周成王嚮彭祖三事鼎，鼎足篆"東澗"二字。後告知牧齋，牧齋遂以爲號（有學集卷四十九題吉州施世遺冊）。

文云："乙未歲，偉長游臨海，謁先廟，拜武肅、忠懿、文僖畫像，獲觀鐵券及周成王饗彭祖三事鼎，鼎足篆東澗二字，蓋以周公卜宅時，乃卜澗水東、瀍水西，故有此欵識也。

谦益老耄昏庸,不克粪除先人之光烈,尚将策杖渡江,洒扫墓祠,拂拭宗器,以无忘忠孝刻文,乃自号东涧遗老,所以志也。"

施男邛竹杖卷四:"十八日,瞻吴越王钱武肃像,像藏临海钱氏嫡孙家,横颊丰颐,红袍玉带,朱梁物也。忠懿、文僖各有像,衣稜丹碧,宋制工繕。迄元亡,仕者像亦不载。铁券则形如覆瓦,错金镂书,列爵盟伐。国初大封功臣,借资考核,龙门、青田诸君子,俱制诗荣之。三事云是周成王赐饗钱铿者,中如鼎,分两层,隻手可举,左右各一事,體如瓶,与鼎为三。薄质莹章,光黝可鑑,底篆东涧二字。厥孙钟珍置几,駢罗巾袍,东阶拜而展焉。欣赏弥日,成十四韵。"

陈祖范掌录卷下稱远祖:"离骚帝高阳之苗裔,韦孟责躬诗称豕韦、大彭,见于诗词无足怪,若竟以为头衔,如钱氏之自称钱後人,亦稚子气矣。盖效宋钱希白,希白为吴越之裔,吴越以彭祖为祖者也。唐祖老子,加以玄玄皇帝之号,宋偽造赵玄朗而祖之,谓即司命真君,避讳改元为真,真武、真宗皆以此也。又何怪吴越之祖彭祖,而沿及文章之士哉。钱氏题吉州先世遗册云:游临海,谒先庙,获观周成王饗彭祖三事鼎,鼎足篆东涧二字,以周公卜宅时,乃卜涧水东、瀍水西,故有此欸识也,因自号东涧遗老以志之。其果然歟?否歟?"

又施男竹苞集序:"余之知孟昉,自虞山钱宗伯先生始。先生負人伦鉴,余数从之游。酒阑灯灺,每指常熟某丘某树曰:此奉常萧君伯玉昔所譽處者也,风规无复见矣。"

萧伯升(1619—1679),字孟昉。泰和人。士瑋侄。崇禎鄉貢,會昌教諭。與方以智過從甚密。爲人慷慨好義,刻書多種。

劉孔昭五十,作郁離公五十壽詩一首(有學集卷五)。

劉孔昭,字復陽。誠意伯劉基裔孫。劉基號郁離子,故牧齋稱孔昭郁離公。孔昭天啟三年(1623)襲爵,崇禎時依附溫體仁,與東林不協。後授南京操江提督,與馬士英等人擁立福王,權傾一時。福王覆滅,出海聯合張名振、鄭成功等抗清。後不知所蹤。

仲冬,爲許振光作白下秋聲引(牧齋外集卷八)。

仲冬十有一日,因周永肩之請,序吳江周氏家譜(有學集卷四十九)。

作於洞庭許氏之松石軒。此文敘牧齋與吳江周氏之交情,云:"余少壯取友,于吳江得周子安期及從弟季侯,皆珪璋特達君子,雄駿人也。季侯與余偕舉于鄉,已而取科第,歷雄職,甴牙樹頰,忤璫考死,易名賜祠,蔚爲名臣。安期睆晚不能取一第,與余交益親。因得見其二弟安石、安仁,所謂瑤環瑜珥,稱其家兒者也。余每過吳江,泊舟垂虹亭下,安期墊巾扠衣,信步追躡,若與長年要約。或舟未艤,映望亭畔,招手叫呼,舟人讙笑,知爲安期也。安期歿後,間復過垂虹,追憶安期步屧登舟,足跡猶可指數。招邀笑語,咳吐宛然,輒潸然泣下,不忍久泊而去。衰年念故,輒作數日惡,以是故,于安石兄弟,亦不復促數相問。今年徵求内典,書尺再往復。安石以修葺家譜示余,使爲其序。"永言,字安仁,號禹祈。永肩,字安石。季侯即周宗建。

冬,送周亮工入閩,並贈畫一幅。

周亮工賴古堂書畫跋題畫寄林鐵厓:"乙未冬,將復入閩,牧齋先生送予江上,出此爲贈。"

小至日,宿揚州白塔寺,與介丘師兄夜話,作詩二首(有學集卷六)。

"介丘",有學集各刻本皆作"介立",惟鈔本作"介丘",疑"介丘"是。介丘即髡殘;介立,名達旦,亦與牧齋有交,牧齋有後香觀説書介立旦公詩卷,見有學集卷四十八。詩自註云:"王于一約看女戲,不果。"則王猷定當時亦在。

王猷定(1598—1662),字于一。南昌人。貢生。曾爲史可法記室參軍。入清後,絶意仕進,流寓金陵、杭州等地,憂憤而死。著有四照堂集。

往淮上訪友,過寶應,有詩寄李藻先(有學集卷六寶應舟次寄李素臣年姪),又應藻先之請,爲其母張氏作墓誌銘(有學集卷三十七明故誥封李宜人張氏墓誌銘)。

墓誌云:"又十二年乙未,余之淮,過寶應,藻先拜而請銘。李公,余同年長兄,宜人,丘嫂也。藻先父事余二十年益共,知宜人内行者,莫余爲詳,其忍不銘。"

李藻先父李茂英(1582—?),字君秀,號淮南。萬曆三十八年(1610)進士,與牧齋同年。官至通政司右通政。

至淮安,題黄甫及舫閣(有學集卷六)。

題陳台孫振衣千仞岡小像(有學集卷六)。

陳台孫(1611—?),字階六,號越庵,又號楚州酒人。淮安人。崇禎十三年(1640)進士。授富陽知縣,轉平湖知縣。入清,授户科給事中,陞禮科,轉福建糧餉道參議。康熙十一年(1672),任陝西分守隴右道參議。有鷃笑齋詩集。

又題閻修齡眷西草堂（有學集卷六）。

閻修齡（1617—1687），字再彭，號容庵，別號飲牛叟。淮安人。世科子，若璩父。崇禎貢生。入清後落籍，隱居白馬湖濱，一時名流雲集。

錢湘靈先生詩集卷十一淮上閻再彭七十壽小序："先宮保牧翁眷西草堂詩，爲淮上再彭閻徵君作也，前六句'西向'、'南枝'、'艱難'、'眷顧'、'金天'、'渭水'，徵君之志意可知矣。余仰止先生，而未及登其堂。今年嚛城友人張子原曜請余詩爲先生七十壽，又誦宮保落句曰：'美人行萬舞，山隰思悠悠。'蓋宮保題詩甲午歲，去今三十三年矣。……因用宮保韻而稍廣其詞焉。虞山弟七十五叟錢陸燦手書。"甲午歲誤記。

又作閻寧前畫像贊（有學集卷四十六）。

閻世科，字伯登。萬曆八年（1580）進士。官遼東寧前兵備。贊作日不詳，疑在此時。

爲張新標作淮上詩選序（牧齋外集卷四）。

序云："頃遊淮上，見張吏部鞠存之詩異焉。"

張新標（1618—1679），字鞠存，號淮山。山陽人。順治六年（1649）進士。官吏部考功司主事。

又爲李藻先作湖外野吟序（有學集卷二十二）。

序云："余初敘素臣詩，策名驥，騁修坂，花攢錦簇，夭桃流鶯如也。已再敘素臣詩，慟龍胡，瞻烏屋，風緊雲輕，秋蟲寒螿如也。越十有餘年，見之于八寶，素臣之齒日長，學殖行修，歸然爲勞人良士。江、淮之間，詩壇矗立，莫不捧盤執觶，推爲祭酒。素臣摳衣斂袵，儉然自下，出其所著湖外野吟是正于余,謹謹肰如有失也。"八寶,即寶應八寶亭。

按:浙江圖書館藏喬寅碧瀾集,中有錢牧齋序末殘葉:"序之,以觀子之成。乙未臘月年家蒙叟錢謙益序。"後幾字與湖外野吟序同,入碧瀾集,疑是誤裝。

喬寅,字東湖。寶應人。

十二月(嘉平月),爲李藻先作竹谿艸堂記(有學集卷三十)。

竹谿艸堂,爲李藻先別業。

山曉閣明文選續集卷五評云:"谿堂勝槩,只起手一段,約略點染已盡。以下都就李子之得有此谿堂,生出情致,蓋從谿堂論,縱寫得出色,亦是一幅畫圖,從李子得有此谿堂論,則煙雲繚繞,橫側皆成奇峰。至結以欲從李子歸老,尤覺逸興遄飛,正如竹杖化龍,空中有旋舞之妙。"

李藻先湖外吟謝虞山老人爲作草堂記:搖搖野水連雲澈,飛盡桐椵鵰鶻蟄。蜀錦模糊半束書,吹墮峨嵋古冰雪。魚蟲近代無人識,鬼泣千年終結舌。軒農著作有職司,卻望荒煙寫紆折。鸞臺几杖雕寒玉,笙鶴飄颻羽衣潔。紫蜺垂光夜燭天,東拜海山山嵲嵲。

從淮上歸,又爲李藻先作歌(有學集卷六竹谿艸堂歌爲寶應李子素臣作)。

十二月二十四日,送松影上人遊楚,作詩二首,兼束楚中郭、尹諸公(有學集卷六長干送松影上人楚游,兼束楚中郭、尹諸公二首,時嘉平二十四日)。

松影(1606—?),字大麟,景陵王氏子。爲覺浪道盛及寂光三昧弟子。奉覺浪命在報恩寺重修南藏經版。牧齋文或稱松影省公,或稱松影麟公。

有學集卷二十五松影和尚報恩詩草序:"往遊長干,與松影麟和尚邂逅寒燈朔雪中,余方箋注首楞,松師料理修藏,交相勸發,有法乳之契。久而與之處,雄駿閎朗,舌有鋒而頂有燄,余心好之,謂曰:公楚人也,豈嘗游于龍湖,熏染禿翁之流風,而爲其後身與?"

覺浪密藏開禪師遺編序:"予方在長干,命門人松影麟子與諸護法共修大藏梵冊板。"

宋琬安雅堂文卷九重建藏經殿碑:"寺西南隅爲藏經殿,長廊高棟,周旋迴複,貯經律論板凡六百三十有六函。歲月寖久,梨穿棗蠹,點畫模糊,不辨魚魯。爰有松影和尚受遺覺浪禪師,念往悲來,誓興墜緒。于是宗伯錢公、侍御陳公交相贊勉,思日孜孜,曾不數稔,殘缺者以完,譌謬者以正,而師與兩公先後西歸。"

李元鼎石園全集卷二十八募修修藏社經殿疏:"在昔盛世,藏版至二十餘副,迄今止南北兩藏。在北者非欽賜不可得,名山大刹重跰印造,惟金陵報恩寺一版耳。歲久漫漶殘缺,幸石墻松影和尚發大誓願,糾工補刻,費不下巨萬。一笠一鉢,走徧十方,不日不夜,期於法寶完成而後已。其爲功德,真如虛空不可思議。惟是從前收貯經版,印刷裝潢之所,爲殿者一,爲門者一,爲兩廡者各二十四,皆高大弘敞,今漸隤圮,緫緫焉慮之,慮夫有藏不補,與無藏同,然既補藏而無藏藏之居,又與不補同。蓋經版總計五萬七千有餘,非可旦夕竣工,若令風雨飄搖,後刻未補,前刻已見損蝕。經之成也,何日之有?是以經版可以陸續修,而藏藏之居必不能頃刻緩矣。松師入楚,其弟達一意與師同,遠涉彭蠡,往來青原、白鷺間,以此爲余言。……余偶憩長干,漫題數語以勸。"

郭、尹二公,不詳。

乙未除夕,與介丘道人守歲(有學集卷六長干偕介丘道人守歲)。

又作詩寄柳如是(有學集卷六乙未除夕寄內)。

本年,作壽徐彥博七十詩(牧齋外集卷一)。

嚴熊嚴白雲詩集卷十一有贈九十翁徐彥博次孫方伯韻四首其四:"詩老裁詩又兩句,清琴濁酒賀閑身。"自注:"詩老謂牧公也。翁七十時,牧公贈詩云云。"嚴熊詩大概作於康熙十四年(1675),因附此。徐氏生平不詳。

爲鄒虎臣題扇(有學集卷五)。

鄒之麟(1574—1655),字虎臣,號衣白,自號逸老、昧庵老人。武進人。萬曆三十八年(1610)進士。萬曆四十年(1612)因科場舞弊案,謫上林典簿。原爲浙黨,後依附齊黨。旋因求吏部職不得,反攻齊黨,遭齊黨排斥。福王時,官都御史。福王敗歸里。書畫爲時所重,山水學黃公望、王蒙。

爝火錄卷十二:"王鐸點諸降臣名,至鄒之麟,不應。鐸即欲參之。張孫振謂錢謙益曰:'者係老先生同鄉同籍,宜爲周旋。'錢領之,鄒得無恙。孫振每對人誇云:'非我,鄒衣老幾弄出來?'鄒厚酬之。而鄒猶揚揚自稱不屈。"

本年,傅新德次子庭禮訪舊入吴,執手問故,相向而哭(有學集卷二十傅文恪公文集序)。

序云："又五年乙未，公次子庭禮訪舊入吳，執手問故，相向而哭。"傅庭禮，密雲縣丞，順義知縣。

因錢增之請，作錢母吳太孺人七十壽序（牧齋外集卷三）。

吳太孺人（1586—1658），大名通判吳嘉佑女，錢增之母。

本年，延請朱鶴齡任教家塾。此前，曾向毛晉推薦，欲其假館毛家。

有學集卷三十九復吳江潘力田書："長孺授書江村，知其篤志注杜，積有歲年，便舉元本相付曰：'幸爲我遂成之。'略爲發凡起例，擿抉向來沿襲俗學之誤。"

計東改亭文集與錢磌日書："敝邑朱隱君長孺，吾黨所推爲儒林祭酒，篤學方聞之士也。……虞山牧翁先生在郡城假我堂見之，亟爲許可。乙未年延致家塾，舉所藏宋刻九家注及吳若本，命之合鈔，間出新箋，再三商榷，卒業而爲之序。"

錢牧齋先生尺牘卷二與毛子晉："項在吳門，見朱長孺杜詩箋註，與僕所草，大署相似。僕既歸心空門，不復留心此事，而殘藁又復可惜，意欲并付長孺，都爲一書。第其意欲得近地假館，以便商訂，輒爲謀之於左右，似有三便。長孺與足下臭味訢和，長孺得館，足下得朋，一便也。高齋藏書，足供繙閱，主人腹笥，又資讐勘，二便也。長孺師道之端莊，經學之淵博，一時文士，罕有其偶，臯比得人，師資相悅，三便也。僕生平不輕薦館，此則不惜緩頰，知其不以龔言相目也。"

愚菴小集卷五牧齋先生過訪："門對春塘亂柳花，高軒枉駐已棲鴉。帽簷不礙疎簾入，香印深移漏鼓撾。漫道徑荒鋤栗里，敢云玄草疏侯芭。雙瓶欲盡愁無奈，金井桐陰月色斜。"不知作於何時，附此。

本年，作書顧夢游。

瞿縠鈔本東澗尺牘與顧與治：自喪亂以後，忍死視息，自顧餘年，草木同盡，不敢復論天下之文，復識天下之士，十年于此矣。去冬旅泊吳門，得見吳會間才人志士之作，歌黍離，嘆滄海，西臺北郭，國有人焉。爲之蹶然而起，欣慨交集，不能自禁。已而讀蔣山之詩，習其傳，則又爲之欷歔太息。願見其人而不可得，良自分髡鉗餘質，草亡木卒，終無能昂首伸眉，復見魯衛之士也。長孺從吳門來，攜手札見存，承示孝陵圖記，金粟朝呼，石馬夜汗，衣冠馳道，儼然尺幅間，肅拜展閱，老淚漬紙。已而伏讀翰教，誠欲洗刷混沌，還其眉目，慰存期待，用意篤摯。俯仰自媿，又自傷也。僕以迂疏瞀儒，濫塵甲第，南箕北斗，忝竊虛名。戊午內訌之役，長星亘天，羽書旁午，腸肥腦滿，骨騰肉飛，每思乘一障，提一旅，樹橫戈躍馬之績，以雪四郊多壘之恥。回翔滋久，資地偪促，不得一日立于本朝，在高門文石之間，爲國家破除黨論，枝柱疆埸。天人交窮，智勇俱困，光芒薄蝕，志氣銷落。馴至今日，身世陸沉，名行窪辱。西郊之病馬，自惜創殘，東海之涸魚，無資煦沫。來教猶殷勤惋惜，厚有責望，庶幾問渡長年，識途老馬，庀雲夢之六典，訪河汾之三策，老而耄及，何以承命？田光有言，太子知臣壯盛之時，不知臣精已消亡矣。豈不痛哉！詩文之道，本非所長，中年奉教于二三耆碩,稍知古人學問血脉,與近代剽竊塗抹之病。年往殖落,綆短汲長,望古遥集,廢然自返。詩集之輯,不徒考文,正欲仿遺山中州集事例,爲野史亭之前矛。天不憖遺,劫火洞然。三百年琬琰遺編,與四十年編摩記註之書,充棟插架,化爲煨燼。自此遂絶意著作,皈依空門,香燈一炷,貝葉數行,用以證往因,懺宿業,回首息機,灰心送老,此則所以策勵桑榆,掉鞅塵劫,窮老盡氣,死而後已者也。革除辨,簡要雄健,真良史才也。處分國論,劈肌中理,經國巨手,見一班矣。白水赤伏,取次告期,天球河圖,具在東序。野老何知,惟願須臾無死,扶杖以觀厥成耳。應休璉之詩曰:"文章不經國,筐篚無尺書。宋人遇周客,慙愧何所如?"衰晚薄劣,辜負德音,謹誦百一,以代相鼠。所居屏跡,羅雀蕭然,軒車肯至,敢忘卻掃?臨楮神馳。

此文爲知己者言,真切沉痛。

卿朝暉 著

錢謙益年譜長編（下）

浙江古籍出版社

清順治十三年丙申(1656) 明永曆十年
七十五歲

元日,在長干,作元日詩一首(有學集卷六)。

有學集卷六丙申春就醫秦淮,寓丁家水閣,泱兩月,臨行作絕句三十首留別留題,不復論次其二十四自註:"乙未除夕、丙申元旦元夜,皆投宿長干,與介丘師兄同榻。"

正月三日,作賴古堂寶畫記。

見周櫟園藏畫題記,末署"丙申正月三日,虞山蒙叟錢謙益書於報恩僧舍。"

正月,金德衍五十,作嘉定金氏壽宴序(有學集卷二十八)。

序云:"余生之年,爲萬曆壬午,嘉定金子魚先生以是年舉于鄉。既而偕上公車,晚年折輩行與余交,命其子爾宗、爾支以執友事余。當是時,二子妙年夾侍,順祥娟好之氣著見于顏面,余顧而羨之。子魚長德考終,爾宗兄弟鏃礪名行,家風蔚然。未幾爾宗亦卒,爾支值世亂,不應科舉,退而修布衣長者之行。其婦唐孺人,裙布操作,饁畊偕隱。丙申正月,五十初度,其子治文偕三弟舒雁行列,奉觴上壽,徵余言以當祝嘏之詞。……今爾支年纔五十,規言行矩,歸然長德。室有晤言之婦,家有競爽之子,蘭錡如故,箕裘日新。今兹初度之日,東都之遺老,西園之故人,相與越阡度陌,酌酒上壽。余既耄老,尤獲與紀群舊交,爲登堂燕喜之客,視韓子之俛仰歎息者,爲何如也。"

子魚,即金兆登(1556—1638)。子德開,侯峒曾妹婿,因支持侯氏抗清被殺。牧齋爲其詩集作序,見有學集卷二十一詒翼堂詩草序。次子德衍,字爾支。治文即獻士。又牧齋外集卷一有爲金爾支題孝章墨梅一絶。

春正,題杜蒼略自評詩文(有學集卷四十九)。

王式之參軍五十,作詩相賀(有學集卷六)。

　　王民,字式之,原名度,字玉式。金陵人。官中書舍人。

　　板橋雜記卷中顧媚條:"歲丁酉,尚書挈夫人重過金陵,寓市隱園中林堂。值夫人生辰,張燈開宴,請召賓客數十百輩,命老梨園郭長春等演劇,酒客丁繼之、張燕筑及二王郎中翰王式之、水部王恒之串王母瑶池宴。夫人垂珠簾,召舊日同居南曲呼姊妹行者與燕,李大娘、十娘、王節娘皆在焉。時尚書門人楚嚴某,赴浙監司任,逗留居樽下,褰簾長跪,捧卮稱賤子上壽,坐者皆離席伏,夫人欣然爲罄三爵,尚書意甚得也。余與吴園次、鄧孝威作長歌紀其事。"

爲康小范題李流芳畫(有學集卷六)。

　　康范生(?—1664),字小范。安福人。崇禎十二年(1639)舉人。博通經史,下筆千言立就。明亡,與楊廷麟抗清。兵敗被俘,下獄瀕死,幸而得脱。亦俠烈之士。

　　有學集卷六丙申春就醫秦淮,寓丁家水閣,浹兩月,臨行作絶句三十首留别留題,不復論次其十八自註:"康孝廉小范偶談清江公守贛故事。"

周亮工赴閩,作放歌行相贈(有學集卷六放歌行贈櫟園道人遊武夷),在丁家水閣,再作詩送之(有學集卷六丁家水亭再别櫟園)。

　　周櫟園先生年譜:"(乙未)七月,福建總督佟代疏參公在閩事,奉旨回奏。十一月革職,赴閩質審。冬,赴閩便還白下,省兩尊人。……(丙申)正月,赴閩質審。"

熊文舉恥廬近集卷一和錢牧翁寄少司農周櫟園:低徊硯沿欲生波,況是罡風起濁河。貝錦未傷銘績在,苡珠能較著書多?披雲漢殿歡俞草,帶雨樵川夢枕戈。聞道天光燭幽隱,懷人江上聽漁歌。

周亮工賴古堂集卷八錢牧齋先生賦詩相送,張石平、顧與治皆有和,次韻留別:"寒潮入夜不增波,苦憶敲冰渡濁河。失路自憐酒伴少,看山無奈淚痕多。交情雨雪猶分袂,時事東南未罷戈。凍盡勞勞亭下柳,那堪重聽故人歌。"

顧與治詩卷七送周元亮司農被誣入閩勘問:"秦淮吹綠不成波,情滿春觴雪滿河。鵲月夢回親舍遠,鴒原詩好淚痕多。一生寵辱閒看儡,十載勳名半枕戈。誰使勞臣傷薏苡,百城曾否問謳歌。"

張天機,字石平。中牟人。崇禎四年(1631)進士。時為江寧道右參議。

又尺牘新鈔卷五有牧齋與減齋書一通:"撫躬責己,歸命宿世,此理誠然誠然。不肖歷閱患難深淺因果,乃知佛言往因,真實不虛。業因微細,良非肉眼所能了了,多生作受,亦非一筆所能判斷。惟有洗心懺悔,持誦大悲咒、金剛、心經,便可從大海中翻身,立登彼岸也。荔枝名酒,從刺促中將寄。不惟念我之厚,而好以暇整,善敗不亂,亦可以占後福矣。寄到之日,正遠歸荒邨,與荊婦明燈夜談,徧酌兒女,共一愾歎。因知喪亂殘生,妻孥相對,良非容易事也。新詩燈前雒誦,怨而不怒,信大雅之音也。皋橋銀筝,尚裹紅淚,須歸棹盤桓,再廣魯陽之什耳。三家村中,都無片楮,捃拾非報,未盡馳念。"放歌行有句云:"臬橋銀箏裏紅淚,遲君拂拭追歡娛。"

人日得沈士柱書,並滇連、心紅二物,作詩報之(有學集卷六)。

沈士柱(1606—1659),字崑銅,號惕庵。蕪湖人。早年入復社,驅逐阮大鋮。大鋮掌權,曾被逮下獄。福王覆滅後,破家結客,暗中反清,又兩次被捕。順治十六年(1659)以謀反被殺。著有土音集。

牧齋詩云:"人日緘詩寄老翁,封題意與古人同。憐予味蜇黃連苦,顧子心殷朱粉紅。磨勵寸丹廻白首,滌除雙碧向青銅。滇雲萬里通勾漏,職貢遥遥問乙鴻。"對沈士柱暗中聯絡永曆抗清表示讚揚。滇連,即雲南黃連,心紅即丹砂。黃連明目,丹砂駐顏,故名。

又方文嵞山集卷九蕪陰訪沈崑銅飲其山閣其二:"卻怪年來受禍奇,故人相見各興悲。君當九死一生後,我正千愁萬恨時。磊塊欲澆難止酒,家園雖破未拋詩。坐中忽誦虞山句,此道應推此老知。錢牧齋先生有寄沈詩甚佳,沈誦之。"所誦即此詩。

正月,爲谷琳作贈谷愧莪序(有學集卷二十六)。

鈔本有學集署"柔兆涒灘孟陬月"。谷琳,字愧莪。牧齋門人。生平不詳。

作催妝詞二首,邀紀映鍾同作(有學集卷六)。

紀詩未見。王士禎感舊集卷六:"映鍾,字伯紫,一字伯子,號戇叟,自稱鍾山遺老。江南上元人,移居儀真。有真泠堂詩稿。"

有學集卷六丙申春就醫秦淮,寓丁家水閣,浹兩月,臨行作絕句三十首留別留題,不復論次其十三自註:"重讀紀伯紫顐叟詩。"

爲柳敬亭作左寧南畫像歌(有學集卷六)。

錢曾詩註云:敬亭,曹氏子,揚之泰州人。少無賴,年十五,犯法當死,亡命走盱眙,變姓柳,學說書于市上,浮蹤浪跡,流轉無定所。雲間莫後光見而謂之曰:"騁子機變,足鳴于世。説書雖小道,要必如優孟搖頭而歌,使負薪者以封,然後伎可成名。"柳生退而揣摩久之,三就後光以徵其藝之所至,始出而遊于公卿大人之門。華堂綺席,危坐奏伎,梯几抵掌,各肖其人之音聲笑貌,聲欬詼諧以發諸口,聽者咸謂唐人一枝花話不是過也。寧南東下,招之幕府,參預帷幄,往往移日分夜,行間飛書走檄,文士設意修辭都不當寧南意,柳生衝口而談,雜以委巷俚語,輒爲劃然心開。聖安南渡,啣命至陪京,朝士爭相結納,或以寧南故,上坐稱柳將軍,敬亭安之自如也。曩時儕輩從道旁竊窺而笑:"此固昔日與我同説書相爾汝者,一旦榮貴至此乎?"未幾,寧南死、國亡,流落蕭條,故吾彳亍無俚,一段淒涼情況,仍寄之平話中。蓋其在軍中久,驕帥悍卒、遷客旅人,無日不與同遊,兼之殊方俗尚,鄉音異地,羈魂殘魄,仳離遇合,瘖嘆飄零之景像,一一雜然于胸次,故其衍説故事,或如鐵騎刀鎗埒鎩悲壯,或如傷禽倦羽蹢躅哀鳴,令聞之者可興可怨。神哉伎乎!予昔同梅村先生聽説秦叔寶元夜觀燈、魯達三拳打鎮西兩段話,若奔雷掣電之過我前,東崖倒峽之墮我後,爲之悄然以恐,有關隴歌殘、家山曲破之感。壬申寒夜偶讀牧翁寧南畫像歌,殘燈剔焰,特呵凍追記之,亦不忍使其無傳也。

王猷定四照堂集卷二柳敬亭爲左寧南畫像贊:柳敬亭爲左寧南寫照,而自圖其像于旁,志不忘也。余爲之贊:辯士舌,將軍刀,白骨遇之,以枯以豪。人知辯士之所快者,英雄既朽之士氣;吾知將軍之所恨者,當年未血之戰袍。斯人也,其皆有關于氣運,而天厄之以所遭者歟?噫嘻,刀亡兮舌勞!

題趙澄臨趙子固棧道圖(有學集卷六)。

周亮工讀畫録卷三:"趙雪江澄,一字湛之。潁州人。嘗移家東萊,又移膠西,移大梁,晚移濠上。所至人爭重之。君畫善臨摹,嘗入長安從王孟津遊,多見大内舊藏,皆縮小幅焉,無一筆不肖。……性好弈,又工臨帖,善寫照。"

應張可度之請,爲其兄可仕作墓誌銘(有學集卷三十六)。

鈔本有學集署"柔兆涒灘之歲"。墓誌云:"于是文峙之弟二嚴,立紫淀先生傳,而謁銘于余。"有學集卷六丙申春就醫秦淮,寓丁家水閣,泱兩月,臨行作絕句三十首留別留題,不復論次其二十一自註:"張二嚴季筏爲其兄文峙請誌。"

張可度,字二嚴,自稱屬筏老人。工詩文,隱居未仕。

就醫陳古公處,初春十四日,爲其詩集作序(有學集卷二十二陳古公詩集序)。

鈔本有學集署"柔兆涒灘初春十四日"。有學集卷六丙申春就醫秦淮,寓丁家水閣,泱兩月,臨行作絕句三十首留別留題,不復論次其二十二自註:"余就醫于陳古公。"

陳古公，姓名不詳。工詩，善醫。陳寅恪以爲陳元素，誤。陳元素字古白，崇禎時已亡故。顧與治詩卷一有哭陳古公，卷五又有柬陳古公。姚孫棐亦園全集卷五亦有陳古公以拜石草堂詩相示詩。

錢澄之田間詩集卷七寄懷白門舊游又二十四首之十四："建安游子滯難歸，困在江城古帝畿。賣畫僧慳分潤少，燒丹友死乞錢稀。謂陳古公。"知爲閩人。

遇李念慈，題其谷口山房詩（有學集卷四十八）。

文云："今年游白門，得見李公之曾孫屺瞻，弓冶箕裘，羽儀具在，不獨厓中郎虎賁之思而已。"李念慈谷口山房詩集卷七奉贈錢牧齋先生其二："秦淮唱和日，回首六年餘。椒酒迎春至，梅花照歲除。書生霑緒論，長者枉高車。嚮往懷真切，重來願不虛。"可知在春間。

李念慈，字屺瞻，號劬庵。涇陽人。世逵曾孫。順治十五年（1658）進士。初授河間府推官，改授新城知縣，因事革職。再起天門知縣。

郎廷佐生日，作奉和郎制府序（牧齋外集卷九）。

序云："頃遊金陵，遇公嶽降之辰，不敢以巫史之詞進，而畧序其見聞，以代輿人之誦。"郎廷佐（？—1676），字一柱。廣寧人。父熙載，爲明諸生，率衆投清。順治十二年（1655），擢廷佐江南總督。十六年，鄭成功入長江，進取南京，廷佐固守待援，大敗之。康熙四年（1665），改兩江總督，以病免。十三年，耿精忠叛，出爲福建總督。十五年病死。

爲汪幼清作棋譜新局序（有學集卷十九）。

鈔本有學集署"柔兆涒灘之歲，虞山蒙叟錢謙益書于秦淮丁氏之水閣"。序云："幼清北遊歸，出其對弈全譜凡四十局刻之，以公于人，而屬余爲序。"

胡澂借鈔絳雲樓書目。臨別，作贈別胡静夫序（有學集卷二十六）。

序云："往余游金陵，胡子静夫方奮筆爲歌詩，介茂之以見于余。……別七年，再晤静夫，其詩焯然名家，爲時賢眉目，余言有徵矣。"

吾炙集卷下胡澂虞山檜歌上牧齋夫子："矯矯虞山檜，夭挺虬龍姿。高柯應北辰，清風貫四時。百草萎霜因鶗鴂，群萌向暖復葳蕤。獨此潛根凍壑走，依然拔地蒼雲垂。樵人礪斧曷敢近，神物抱節誰能窺？我時翹首不得見，再拜先生冰雪儀。丞相黃冠指南錄，尚書赤烏居東期。七年遥隔杜鵑夢，二月重逢楊柳絲。花霧霏微舊陵闕，白頭喬木兩含悲。"

有學集卷六丙申春就醫秦淮，寓丁家水閣，洪兩月，臨行作絕句三十首留別留題，不復論次其十八自註："胡静夫好閉關。"

胡澂絳雲樓書目題詞："丙申春，候先生于秦淮丁氏閣上，侍坐竟日，多所未聞。并出絳雲樓書目見示，因請借鈔。時蒙先生書扇贈詩云：'閉戶經旬春草齊，牙籤插架自編題。卞家冢上澆花了，閒聽城東説鬭雞。'詩刻有學集中。今閱此目，追憶當日。"

又與顧與治論張印頂詩。

有學集卷二十五大育頭陀詩序："往余在南京得大育頭陀詩，語顧與治曰：此人于詩壇無名，余喜其翩翩自逝……

與治笑而不答。余採其詩數章列吾炙集，每爲人誦之。"

張印頂，初名應鼎，字大玉。明亡後更今名，字大育，又號大育頭陀。江陰人。與陳繼儒訂忘年交，與顧炎武尤契厚。夙以知兵聞於時，張國維徵爲軍前贊畫。聞崇禎帝死，嘔血數升，幾成顛疾，自此結廬茅山中，遁爲禪人。每上山大哭，里人呼張顛。

江陰詩粹續選有張印頂烏龍潭春夏之交呈虞山錢牧齋老師詩，即作於此時：畫欄憑水步徐徐，鏡裏藏身兩月餘。倚樹愛聽宣法鳥，臨淵不羨放生魚。別情未割愁春去，好景難忘逐日書。何事故山猶入夢，雨前雨後芥香初。

消受煙波與月明，一春詩夢水俱清。花開花落去來蝶，柳暗柳明朝暮鶯。牧馬人歸夕陽影，報鐘僧打過潭聲。莫愁覓渡無蘭槳，桃葉東風久斷情。

桃源日涉不須尋，人惜黃金我惜陰。芳樹無風皆入定，碧潭生月好徵心。午餘或與蝶爲夢，夜半豈無龍聽琴。笑我何爲閒如此，公私忘卻問華林。

來時梅雨正霏霏，纔見紅肥又綠肥。柳陌枉鋪春暮絮，蘿垣俱着夏初衣。鷗惟空闊無他戀，燕亦炎涼別處飛。猶幸杜鵑聲未喚，王孫雖倦不思歸。

與余懷論詩。

有學集卷六丙申春就醫秦淮，寓丁家水閣，浹兩月，臨行作絶句三十首留別留題，不復論次其十四自註："寒鐵道人余懷古居面南溪，鍾山峯影下垂。杜詩云'半陂以南純浸山'也。"其十五自註："澹心方有採詩之役。"

余懷(1616—1695)，字澹心，一字無懷，又字廣霞，號曼翁,別號板橋老人、曼持老人、雁亭居士。莆田人,僑居南京。博學多通,熟於掌故。工詩詞,與杜濬、白夢鼐齊名,時號"余杜白",市語諧音"魚肚白"。又有硯癖,家中蓄硯甚多。著述頗富,有板橋雜記等。

仲春少三日,跋留題丁家水閣絕句(清抄本秋槐小集)。

文云:"余澹心采詩,來索近作。余告之曰,吾詩近有二種,長言放筆,漫興無稽,強半是靜軒先生有詩爲證。若乃應酬牽率,枯腸覓對,子路乘肥馬,堯舜騎病豬,取作今體詩法,自謂獨絕。澹心爲撫掌大笑。此詩削藁,改罷長吟,自家意思,便多不曉,大率是前所云耳。書一通寄澹心,傳示白門諸友,共一閧堂耳。丙申仲春少三日,蒙叟書於燕子磯舟中。"

有學集卷四十八題爲龔孝升書近詩册子:"往在白下,余澹心采詩及余。余告之曰:老來作詩,約有二種。長言讕語,率意放筆,不徵典故,不論聲病,吴人嗤笑俚詩,謂是靜軒先生有詩爲證。余詩強半似之。至若取次應酬,牽率屬和,撐腸少字,撚鬚乏苗,不免差排成聯,尋撦捉對。'子路乘肥馬,堯舜騎病猪',此十字,金針詩格閟爲家寶。但是扇頭屏上,利市十倍,不敢云'舍弟江南,家兄塞北'也。金陵士友爲之閧堂大笑。"

瓶粟齋詩話初編卷五:"錢牧齋跋龔孝升詩册有云……此雖牧翁自爲解嘲,實則痛罵時輩。"

鄧漢儀詩觀初集卷一錄留題丁家水閣詩其三、其四,評云:"如此懷抱自佳。"

二月十七日,接徐世溥書,作答徐巨源書(有學集卷四十二)。

钞本有學集署"丙申二月十七日,謙益再拜"。書云:"僕嘗觀古之爲文者,經不能兼史,史不能兼經,左不能兼遷,遷不能兼左,韓不能兼柳,柳不能兼韓。其于詩,枚、蔡、曹、劉、潘、陸、陶、謝、李、杜、元、白,各出杼軸,互相陶冶。譬諸春秋日月,異道竝行。今之人則不然,家爲總萃,人集大成,數行之内,苞孕古今,隻句之中,牢籠風雅。今人之視古人,亦猶是兩耳一口也,何以天之降才,古偏駁,今偏純?何以人之學殖,古偏儉,今偏富?何以斯世之文章氣運,古則餘分閏氣,今則光岳渾圓?上下千載,吾不知其何故也。兼并古人未已也,已而復排擊之以自尊,稱量古人未已也,已而復教責之以從我。……竊嘗謂末學之失,其病有二:一則蔽于俗學,一則誤于自是。……今誠欲回挽風氣,甄別流品,孤撑獨樹,定千秋不朽之業,則惟有反經而已矣。何謂反經?自反而已矣。"

仲春十八日,爲余懷題南谿雜記(有學集卷四十九)。

钞本有學集署"丙申仲春十八日,書于丁氏之秦淮水閣"。

春三月,題程孟陽畫。

見周櫟園藏畫題記,署"丙申春三月,謙益書於報恩僧窗"。

三月,徐世溥接書,再作書牧齋,勸其"不薄今人愛古人"。

尺牘新鈔卷二徐世溥與錢牧齋先生書:"後學世溥再拜牧翁先生閣下,三月九日得接丙申仲春十八日所賜手書,何其獎予之深,指示之切。反復循環,實非小子所克當也。當虞山之世,未有以斯文自任者也。以斯文自任者,必未嘗知虞山之萬一。不知虞山,由于無淹古之學,無貫古之識,且無希古之心。……小子不敏,竊有一言效於宗匠。……伏惟弘大雅之量,推善誘之恩,曲引而直教之,使後進英才,有識路之樂,無望古之驚,相成百世,猶私淑于虞山焉,不亦賢聖之盛心,仁者之教思也乎!杜子美曰:不薄今人愛古人。愛古人易也,不薄今人則具眼所難也。漢陽李文孫昌祚、長汀黎愧曾士弘,此皆有希古之心,而能識者,小子敢以進焉。"

三月,開始撰寫心經略疏小鈔。

牧齋外集卷二心經略疏小鈔緣起後記云:"鈔始于丙申之病月,畢于是歲之涂月。"

梵天廬叢錄卷三十四玻璃硯:"玻璃在清初尚爲珍寶,即乾隆時百物薈萃,而玻璃尚罕見。故隨園老人以紫玻璃鑲窗,一時詠之者不下百人,其貴重可知矣。朱竹垞有玻璃硯一方,大僅如兒掌,四緣刻銘識殆遍,字鑲以金,底邊隱隱如水紋。竹垞自謂是虞山絳雲樓故物,蒙叟錢老用以作心經、蒙鈔者也。"

接徐世溥書,又作復徐巨源書,對徐世溥提出期望(有學集卷四十二)。

書云:"巨源之言曰,當虞山之世,未有以斯文自任者也。巨源知虞山之深者也,然巨源之知虞山,固不若虞山之自知也。……巨源諄復示晦,期以弘長風流,鼓吹大雅,而又汲引同志漢陽、長汀一二俊人,以相伕助,則僕竊有以自處矣。……巨源引子美之詩,不薄今人愛古人,以爲愛古人易,不薄今人難。知僕斯言,引繩披根,厚自破疵,法行自近,此則薄今日之尤者也,巨源將毋代我張目邪?……若曰先河後海,前輝後光,如歐陽之于子瞻,所謂付以斯文者,僕固不敢以此薄巨源,而亦非巨源之所以自命者也。"

黎士弘在徐世溥的慫恿下,上書牧齋。

託素齋文集卷二上錢牧齋先生書:"日者巨源徐子不以不肖無似,猥以賤名聞之閣下,曾得讀先生報章。今巨源又欲不肖裒集近文,令自通其言于左右。……弘生三十五年矣,束髮受制舉之書,雖間收時譽,不無自厭薄所爲。賴先世之積,頗有藏書,日夕編摩,弟兄自課,約略手抄,殆將二百卷爲詩歌,古文亦約略數百餘紙,然亟亟乎爲之,而終求一言之幾乎道而不可得者,則見聞之不廣也,時命之不達也。……先生人文位望,當世所宗,以後進小生通辭之始,即當援引盛德,布請教之誠,而忽敢率爾發其狂談。恃先生之廣大,憐其無成,而進其所不足,亦藉以爲三隅之反。望先生之復之也,敬上所著雜文二十五篇,望門遥擲,惶悚可勝。"

黎士弘(1619—1697),字愧曾。長汀人。順治十一年(1654)舉人。官廣信推官、甘州知州。

朱仕琇朱梅崖文集户山文集序:而先生(李世熊)門人故大參黎公,善南昌徐世溥,徐與吳人錢謙益慨然斯文之衰,欲進大參救之。于時大參年尚少也,錢深歎慕。而大梁周亮工亦曰:"徐君之言是也。"及大參託素齋集成,與李先生寒支二集並行于世。世于是信周、徐二先生之言。

牧齋在秦淮逗留數月，來往人物甚多，有紀映鍾、趙澄、張可度、陳古公、胡澂、柳敬亭、余懷、顧夢游、林古度、薛正平等人，將別，作絕句三十首（有學集卷六丙申春就醫秦淮，寓丁家水閣，浹兩月，臨行作絕句三十首留別留題，不復論次）。

其八自註："從顧與治問祖心千山語録。"函可（1611—1660），字祖心，號剩人。俗名韓宗騋。廣東博羅人。禮部尚書韓日纘長子。隨空隱獨禪師落髮。甲申入金陵，居顧夢游樓上，著再變記一書。順治四年（1647）因事被捕，顧夢游亦牽連入獄。次年，謫戍沈陽。十六年十二月二十七日，端坐而逝。千山剩人和尚語録六卷，有順治十一年（1654）李呈祥等刻本，又有康熙重刊本。

其九自註："乳山道士修志溧水。"其十自註："茂之書來，元旦夢余登拜。"其時林古度正修溧水縣志，縣志尚存。

其十一自註："薛更生敘易解云：王輔嗣解易未當，罰作洞府守門童子。"其十二自註："更生云：吾註易成，將以末後句問紫府真人，紫府真人傳是韓魏公也。"薛正平（1575—1658），字更生。後以字行，改字那谷，號旻老夫。華亭人。少爲儒，老爲釋，死於金陵。牧齋爲作墓誌銘，文在有學集卷三十五。南吳舊話録卷二十："崇禎季年，日當食不食。錢牧齋謂更生曰：'主上殷憂，用能挽回天道。'更生歎曰：'誰爲公亦作此言？曆法歲久而差，乃不懲究曆官，更轉相詿惑，苟事事如此，國亡無日，劉孔才何得爲人口實？'遂槌胸瀝血，一病幾殆。"

其十六自註："杜于皇近詩多五言今體。"其十七自註：

"于皇弟蒼略挾所著史論游滁、和間。"即杜濬、杜岕兄弟。

其十九自註："倪燦闇公,文僖、文毅之諸孫,相見每述祖德。"倪燦(1626—1687),號雁園。金陵人。長於史學,工詩文,書法冠一時。康熙十六年(1677)舉人,十八年召試博學鴻儒,列一等二名,授翰林院檢討。與修明史,網羅富,考據精,爲時所重。又奉敕點勘通鑑綱目、十七史諸書。卒於官。著有雁園集。

其二十三自註："閩人黃帥先博學奇窮,戲之亦紀實也。"黃師正,字帥先,後改名澂之,字靜宜,一字波民。建陽人。曾佐史可法幕。工詩,文筆妍麗。

其二十五自註："曾波臣之子薙髮住永興寺。"曾鯨(1568—1650),字波臣。莆田人,流寓金陵。以善畫人物著稱。子沂,字漱雲。明亡,于牛首山永興寺出家爲僧,法號懶雲。亦善畫。

其二十八詩:"粉繪楊亭與盛丹,黃經古篆逼商盤。史癡畫筍徐霖筆,弘德風流尚未闌。"楊亭,字玄草。維揚人,寄寓金陵。山水挺特巉岩,自成一家。家貧無子,晚年與瞽妻晨夕禮佛,貧困以終。盛丹(？—1659),字伯含。金陵人。胤昌子。工山水花卉。

其二十九自註："旭伊法師演妙華于普德,余頗爲卷荷葉所困,而薛老特甚。"普德寺在雨花臺西北麓,明正統重修。南京四大名寺之一。旭伊,又作勗伊(1602—1663),名佛閒。蜀人,俗姓朱。主天界、普德多年。

其三十詩:"寇家姊妹總芳菲,十八年來花信違。今日秦淮恐相值,防他紅淚一霑衣。"指寇白門姊妹。

四月,吴江王君采寄扇來索詩,爲題崑崙山人扇子歌(有學集卷六崑崙山人扇子歌,吴江王君采,崑崙山人子幻介孫也,屬沈雪樵寄扇來索詩)。

詩云:"崑崙山人騎鯨去莫挹,遺扇親身在箱篋。扇面題年標丙申,周冕寫生如雨裏。是歲六十開長筵,誕孫彌月呱呱泣。孫今白首又丙申,甲子周廻百又廿。……荒村四月仍嚴寒,冒絮蒙頭倚柱立。巡簷扶杖哦此詩,放筆沈吟淚霑濕。還君扇子囑君莫放歌,昨夜江鄉滿天風雨急。"知作於丙申四月。

崑崙山人,名王叔承(1537—1601),字子幻。沈祖孝(1609—1668),初名果,字因生,號雪樵。烏程人。明亡,隱於吴江嚴墓村,與友結驚隱社。性耿介不苟,卒以窮死。

四月浴佛後一日,作送性恒比丘尼歸空靈墟頌(有學集卷四十六)。

鈔本有學集署"歲在丙申四月浴佛後一日,虞山白衣蒙叟錢謙益焚香合掌而説偈言"。頌云:"天台天封寺,往昔號靈墟。是智者大師,第五思修處……哀哉崇禎年,洞然遭劫火。寶地成灰場,龍象無餘爐。有一比丘尼,張氏名性恒。剃染來金陵,誓願爲興復。……三災小劫起,最後爲刀兵。……爾時比丘尼,涕泣誓佛前。願捨一報身,殉佛殉塔廟。……以是因緣故,天封得無恙。……示寂拈華菴,端坐而長誓。生爲靈墟尼,死作靈墟土。遺言告徒衆,骸骨歸于此。"

四月廿三日,吉水施男過拂水山莊,賦排律二十詠。

邛竹杖卷五拂水山房:廿三日,從慧日寺命楫,徑西關不數里,松楸陰陰,亭館虛寥,水田釣艇,柳(聊)浪娛目。及山房,入門爲秋水閣,屛扆龍揵,縣岩飛溉,古所稱海虞石室礧磈處也。右瞰巨湖,前匯清溪,堂築其中,軒敞宏麗。迤左則曲房連檻,庖湢軒除,迷眣炫趾,思出匪夷。右爲屋梁,爲石磴,浣掏箕踞,涼飀森耳。環宅中邊,夾植老梅修竹,池蓮井桐,引水激池,婆娑葳蕤,彌供矙玩。偏東窿然中起,舊爲耦畊堂,程孟陽賦詩讀書所,今穿爲馬鬣,兩尊人千秋窀穸,是馮依焉。展拜之餘,因思山房楔棹,顏曰明發,是將藉此爲瀧岡、西陽,玄閟禋享之宮,豈徒綠野、輞川,觴酌宴遊,娛悅目前已也。成排律二十詠:凤昔敦嘉尚,微生逐轉蓬。長懷君子室,側近古人風。茂徑臨山麓,清渠谺石硔。亭臺俱別墅,墓隧盡群公。道旁俱巨室墳。巨壑一流遠,豐湖四匯同。地當青嶂合,門倚綠烟叢。高閣憑虛霤,橫橋落漲洪。苔封軒砌古,簷敞畫棱崇。曲房連宛轉,回榭瞰玲瓏。雲樹窗甞皎,冰炎氣不通。寒泉汲宇下,碧澗繞墙東。枯栙梅椿瘦,交稍竹影籠。池蓮折臂藕,屋葉響秋桐。舊隱羅名彥,新阡起窀宮。漆鐙光炤夜,華表望侵穹。匪藉盤遊樂,聿爲肸(盼)蠁隆。經營歸素志,締搆識淵衷。梓澤榛蕪久,瀧岡碑版雄。遵時聊自晦,抱道署稱蒙。公自號蒙叟。陋彼平泉戒,甘兹半野窮。公堂名半野。"

作贈侯商丘若孩詩四首(有學集卷六)。

  鄧漢儀詩觀初集卷一録其一至其三,評云:"胸懷激楚,故能透發情事。"

五月端午日,作虎丘雲岩寺重建藏經閣募緣疏(有學集卷四十五)。

鈔本有學集署"歲在丙申五月端午日，聚沙居士錢謙益槃談謹説"。

五月五日，爲王夢鼎作王氏族譜序（有學集卷六）。

序云："里中王氏兆吉纂修族譜，既卒事，以余爲絳縣之老人，就而問焉。"鈔本有學集署"歲在丙申五月五日，同邑世家老生錢謙益謹序"。

王夢鼎槐川堂留稿卷一跋山塘族譜後："族譜之修鍥也，始於甲午之春，成於丙申之秋。"

五月五日，作與嚴開止書，評價其所著春秋傳註（有學集卷四十二）。

書云："僕家世授春秋，兒時習胡傳，粗通句讀，則已多所擬議，而未敢明言。長而深究源委，知其爲經筵進講、箴砭國論之書……私心不自量，謂當以聖經爲經，左氏爲緯，採集服、杜已後訖于黄、趙之疏解，疏通畫一，訂爲一書，而盡掃施丐盧仝、高閣三傳之臆説，庶幾春秋一經，不至爲郢書燕説，疑誤千載。日月逾邁，舊學荒落，憒悶遺忘，不復省記，蓋二十年于此矣。荒邨卧病，冒絮蒙頭，門下忽以春秋大聲擲示，忽漫開卷，頭目岑岑然，俄而目光迸發，心花怒生，如向所失物，取次得之。記憶宛然，口不能喻，惟有歡喜踊躍而已。書之大指，在乎據傳以通經，據經以訂傳……所最可惜者，本是通經著述之書，却言爲舉業而作，先之以標題舉業，繼之以別論經義。先號後笑，曲終奏雅，高明之士，一見講章面目，不待終卷，已欠申思卧矣。……今門下所撰述，縱橫千古，可以廢口游夏，輒簡談趙，而乃沿襲流俗，夾雜講章，徒爲趙先生瑱耳之物而已，豈不可爲嘆息哉。倘門下不棄瞽言,慨然改正,艾削蕪梗,斷爲一書,僕雖老耄,尚當溫繹舊聞,悉意而爲之序。如其不然,畢竟以舉業爲主,經義爲客,則僕之斯言,或可命侍史繕寫,置之簡末,使世之君子有習其讀而不欲竟者,或將爲之決眥拭目,蹶然而興起也。"

嚴啟隆,字爾泰,號開止。烏程人。復社成員。作春秋傳註三十六卷,抨擊胡傳。

春秋傳註前有嚴民範著書年譜述:"至丙申,命範清稿請政虞山錢牧齋太史,深加歎賞,以書見遺,累幅數百言,稱爲尼父之功臣,康侯之諍友,顧惜其以舉業兩歧也。"

閏五月十有二日,爲蔡士英作新修滕王閣詩文集序。

此書尚存順治刻本,包括滕王閣徵詩文彙集十一卷滕王閣全集十三卷,錢謙益序署"順治十三年閏五月十有二日,石渠舊史虞山蒙叟錢謙益拜手謹序"。

閏五月十有四日,讀新修滕王閣詩文集,題十絶句(有學集卷六)。

熊文舉恥廬近集卷一少司馬總漕蔡公伯彥刻滕王閣集見寄,中有虞山錢牧翁宗伯十絶,依韵和酬:節鉞三江鼓角雄,魚龍清夜嘯蛟宮。閒來俯仰千秋勝,傑閣崔嵬指顧中。

三年民隱上愁眉,披拂仁風展畫旗。萬色頓新山水倩,江天又見閣成時。

歡遊不爲宴城隅,白鹿鵝湖表大儒。剩有風烟裒帶意,重來閣上寫新圖。

不忍勞民損俸錢,精神都與峴碑傳。江城父老重垂涕,棠茇依依憶昨年。

憑欄指點四山排,紫氣襟江復帶淮。麋鹿不驚雲外角,雁鴻猶記雪中碑。

學海文江不易航,昌黎留記讓三王。中丞大有如椽筆,宗伯相推一代當。

春風勝會集群仙,選得名文琬琰傳。事業肯居襄毅後,聲華合在永徽前。

畫戟霓旌控上游,古來天寶重南州。功成自可同民樂,不羨神仙十二樓。

從來吏部有文章,望古情深費忖量。夜月一簾懷庾府,春風如畫憶滕王。

浦雲山雨彩毫收,集得新詩縮舊愁。雁字數行傳遠信,鳳輝千仞覽危樓。

熊詩作於下年丁酉(1657)。

瞿綬鈔本東澗尺牘與蔡魁吾:"節鎮清嚴,仰荷晉接。道誼雅愛,深入心腑。歸途冱寒,冰雪塞路,陽春浹體,和風盈懷,載德以歸,雖瘖寐不敢忘也。暌違雉門,馳企日積。比承命徵滕王閣序,謹具艸呈上,并附拙詩十章。學殖荒落,才筆庸猥,老祖臺持修月之斧,運成風之斤,不惜大爲郢削,付之梓人,俾不至以蕪詞俚言,點染珠玉,榮施多矣。"據此書,蔡士英于春寒之時曾與牧齋有一次會面,疑即在順治十一年,見前。

又有蘇州知府吳一位步韻詩,存兩首,見滕王閣徵詩文彙集:登高望遠氣神雄,何異蓬萊仙島宮。適念窮簷焦思起,那知華屋在天中。

百萬春光恰照眉,王師絡繹列朱旗。凱歌欲奏昇平樂,更念當年輪輓時。

閏五月,重訂首楞嚴經疏解蒙鈔。

見國家圖書館藏稿本大佛頂首楞嚴經疏解蒙鈔目錄後記卷端,自題"丙申閏五月重訂於紅豆軒"。

本年,移居紅豆莊。

方良繫在上年,葛譜在本年。四月廿三日,施男所過仍爲拂水,則似移居在本年爲是。

又陸弘定寧遠堂詩集寄壽虞山大宗伯其四自註:"丙丁之際,從故人向吾里覓居。"不詳其事。

陸弘定(1629—?),字紫度,號綸山。海寧人。與兄嘉淑有二陸之號。

閏五月,歸莊來,與牧齋、朱鶴齡劇談,爲作歸玄恭恒軒集序(有學集卷二十三)。

序云:"丙申閏五月,余與朱子長孺屏居田舍,余繙般若經,長孺箋杜詩,各有能事。歸子玄恭儼然造焉。……遂援筆伸紙,襮記其言而書之,以爲集序。是月十有三日,書于碧梧紅豆之閣。"

又朱鶴齡愚菴小集卷五有紅豆、碧梧、連理榆、放生池詩四首,詠紅豆山莊之景,似亦作於此時。

閏五月廿二日,讀徹蒼雪圓寂,世壽七十。

有學集卷四十中峰蒼雪法師塔銘:"示化寶華,實丙申閏五月二十二日,世壽七十。……余老歸空門,與師結契尤篤。每執手語余:'魔外昌披,法眼澌滅。'黯然欲泣者久之。嘗告其徒:'風雪當門,孤立不懼者,虞山一人而已。'"

與姚將軍茂之話舊,作詩一首(有學集卷六)。

姚將軍,不詳何人。有學集卷四十六有姚將軍採藥圖贊,應一人。潘陸亦有贈詩。

六月二十八日,作金剛經頌論疏記會鈔緣起論(牧齋外集卷二)。

毛晉次子毛袞卒,作書慰問。

  錢牧齋先生尺牘卷二與毛子晉:"荒村屏居,迥絕人事。邑子來,知有次公之變,不勝驚悼。通家契誼,禮當執手奉唁。衰殘病暑,不能命廿里之棹。因長孺行,輒附數行,以代瓣香,唯足下念之。賢郎英妙,遽此夭折,當是世緣淺薄,觀化而去。……方與含師商榷佛法,又聞蒼公之訃,末法中又損一法將矣。"

  毛袞,字補仲。毛晉三子。有才氣,爲陳瑚高弟。潘天楨據馮武詩集,定毛袞卒年爲順治九年(1652),非是。

又有書致含光,談往弔蒼雪事。臨行,因痔發後期。

  錢牧齋先生尺牘卷二與含光師:"蒼老龕到,元有心期。子晉拏舟共載,已束裝矣,忽苦痔發,逡巡中止。總俟入塔時,躬致瓣香,不必拘吊送之俗儀也。……別後繙閱心經疏畧,忽有省悟……諮決一編,乞披削見示,勿以示人。抄畧次第,意欲先金剛而後佛頂,以佛法精深,流通不易,不同外典可以聊爾卒業也。會玄記先奉還五册,其二册尚俟繕寫。秋間先會玄談,後理餘經,而會玄中多與疏鈔重複,必須大加芟削,方可和會,其中由致,亦須面商之也,會玄梵本,不妨先付校對,以小本譌謬,殊不堪讀也。"

  又一通云:"昨子晉拏舟,病痔不能共載,頃已少安,即日汎西山之棹,當先詣法座,方往致瓣香也。撫公或當往謁,入山與灌老、幼老商之。"

又有書致毛晉。

牧齋先生尺牘卷二與毛子晉:"連日痔發,向夕大劇,兼以市有鎮兵,鄉村大擾,俟少定後方可出門,此時尚未及即行也。南來炷香,少日定當躬致,不敢忘素車白馬於彼空門也。恐仙舟空載,特遣力奉告。"

又一通:"京口之信,傳聞不一。城中紛紛,正是未荒先荒,乃吾邑常熟風如此。總之,吾輩水鄉人,家住江南黄葉村,且省此一番驚惶也。心經緣起領到,尚俟細閲以復。不一。"

七月朔日,含光法師等造訪紅豆村,談華嚴十玄門,道源等人亦集,以華、嚴、玄、談四字爲韻,牧齋首倡四首,餘各有賦詩(有學集卷六)。

又見隱湖倡和詩卷中芙蓉莊聽含光法師論華嚴玄談,即用四字爲韻。毛表序略云:"緒風減熱,素月臨秋。桂吐花於小山,楓翻葉於大谷。含光開士,飛錫白馬澗邊,聚沙相公,布金紅豆莊上。緇素禮北,內外和南。……撰録維新者,疏鈔緣起,啟塗提唱者,華嚴玄談。……一回拈出,影散高堂,四字廣歌,聲聞曠野。"

釋照渠:刹塵含攝喻蓮華,隨語悲人入筭沙。立觀帝心方見妙,疏經賢首更無加。色空舉體還同味,調慮雙忘可到家。吾道亦因知己用,圭山裴相豈相誇?

説通無議此華嚴,九會中邊靡不甜。論佛舊成齊出現,發心全具絶廉纖。圓音肯向彌天乞,片紙何曾四海嫌。荷淨悠看流水内,芙蓉敷座瓣香拈。

衆妙超言體是玄，汪洋久矣歎圓詮。樹王移北溪千月，金色來東地十錢。豈浪耳聞趨勝熱，從中盼定上歸船。無心按指長空外，落落疎星布義天。

此來只爲口玄談，無性須知入理函。出岫竟忘身在墅，納涼何意面當南。團團近坐音聞切，坐卧登樓主伴含。愧乏永明呈賦語，敢推支許話同參。

毛晉：消夏何勞心鎮瓜，清涼風動一幡斜。庭前古樹垂紅豆，舌底潮音綻覺華。無垢縷烟薰杜嚕，有饟香飯供麋牙。午橋莊裏添文句，豈是人間鬭八叉。

圓教從頭說妙嚴，聞來十益頓忘黏。三舟淼淼憑隨住，兩鏡重重互顯潛。樓閣千門方展篋，秋空片月正垂簾。百川一滴無差別，蚊飲原知水味兼。

曾聽談空更把玄，破除門所幾千千。芥瓶觸目云皆爾，鏡影擎拳各了然。宗趣後前無隔法，被機深淺總乘圓。翱翔一夢渾無礙，闖戶窺藩洵有緣。

水田久矣著玄談，又見雲孫一偉男。放鶴亭空誰上座，喝獅聲斷幾同參。雲邊帆影虞山北，樹裏鐘聲支水南。緇素同堂容末坐，蓮香蘭露滿珠龕。

釋道源：酷日園丁進碧瓜，水沉飄處篆烟斜。秋含紅豆存奇樹，光吐青螺講雜華。城遠過摩師利手，天高聞請觀公牙。六根清淨周塵刹，戒本先曾善木叉。

維摩室裏極莊嚴，妙義欽聞幸解粘。菡萏妙香風自送，葡萄珍果鳥能銜。互含金相初懸鏡，不設銀鈎怕捲簾。天女散花先慶法，鉢持仙飯衆香兼。

賢首其先立十玄，小千推廣及三千。眉垂舍利光如是，手舉庵羅果自然。地湧人華蓮座滿，庭移帝網露珠圓。要知動濕唯波水，相入相容透萬緣。

白椎之後聽玄談，遥想文殊是少男。林下六千真不見，空中百萬儼來參。普賢善説言詮外，童子能詢烟水南。居士已拋閨閤事，六時燈像共禪龕。

湯鴻：腹蟠經論浩無涯，勝解難量海底沙。夙侍文殊會授莂，宗承賢首是當家。良醫療病千萬藥，慈父憐兒三種車。親近吾師歡喜相，點頭微笑手拈華。

眼前佛刹妙莊嚴，寶焰香幢丈室兼。棐几宿雲秋寂寂，清燈籠月夜厭厭。圓音遍徹三千界，義海窮搜十萬籤。不是婆心提唱切，學人安得解膠黏。

自憐垂老困遺編，法鼓鳴時意惘然。百歲支離渾是夢，一堂語笑暫隨緣。刀俎身世思藏繭，鍼孔光陰願著鞭。何日空山縛茅屋，清齋晏坐究三玄。

繙罷瓊編對古龕，幸陪支許接清談。禪心月朗琉璃映，法界雲羅寶網含。境寂妙香空際發，坐深定水靜中涵。福城百十詢求遍，樓閣依然在舍南。

隱湖倡和詩卷中目録云："照渠，字含光，華山釋。""湯鴻，字郭指。常熟人。"有學集卷六云"石師、潘老賦聽法詩"，湯爲潘之誤。

又錢曾有和詩，王應奎海虞詩苑卷四錢曾含光法師駐錫紅豆村莊，談玄纍日，牧齋先生贈之以長句，不揣荒陋，率爾奉和，韻用華嚴玄談四字四首選一：休論鵠白與烏玄，六結華巾總惘然。枯木光陰秋後劫，落花詩句夢中禪。舟移藏壑迷前夜，髮變觀河憶往年。幾度斂心摩竭地，不將知解滯中邊。

又澹翁傳餘:"丙申……會讀聚沙居士紅豆莊四詩,遂疊其韻作華嚴四韻詩四十首,皆佐管記,發明經義。"通門詩未見。

秋七月上浣,作重修吳氏世譜序(乾隆延陵吳氏族谱卷一)。

此爲吳斌雯(1631—1693)作,斌雯續修此譜,始於順治十三年(1656),成於康熙十年(1671),二十九年又再次修訂。

又有多通書致毛晉,討論刊刻華嚴玄談詩、心經諸事。

錢牧齋先生尺牘卷二與毛子晉:"聽講之作,不謂塵作者之目,兼得屬和,尤爲盛事。若可授梓人,樣式一惟尊裁,定無不佳也。吳郡文獻志舊稾在許孟(伯)宏處,久假不歸,若得足下與長孺博雅名流共成一書,可省郡中修志。……蒼老龕到,當躬致瓣香。"

又一通:"心經脱稿,頗爲含老許可,尚有一番校對工夫。新歲當奉致,以商流通。金剛亦取次就緒,卷帙少繁,似亦不妨並行也。玄談及聽講詩,俱領到,并謝餽歲之貺。長孺文獻之興頗高,而其稿孟宏堅不肯發,亦可笑事也,當更叶力徵之耳。"

孟宏,即許元溥(1595—1645),字孟泓,號鴻公、千卷生。長洲甫里人。自昌長子。崇禎二年(1629)入復社,三年舉於鄉。性沈静,遍觀經藝,尤邃於易。喜購書,所藏頗富。卒,友人私諡曰孝文。府志記載此書名古吳文獻,今存殘本,名吳乘竊筆。

雲陽姜氏壽讌，作詩一首相賀（有學集卷六）。

　　雲陽姜氏不知何人，考詩中有"積金術應長，良常酒初釃"，積金峰、良常山皆在茅山，可知爲丹陽姜氏。據丹陽滕村姜氏族譜，姜寶（1514—1593），字廷善，號鳳阿。嘉靖三十二年（1553）會元。嘗官南京國子監祭酒，禮部尚書。長子士麟（1541—1610），字孟趾，號養衲。援例入監。次子士昌（1561—1621），字仲文，號養沖。萬曆八年（1580）進士。士麟長子志魯（1576—1620），字景尼，一字龍祥，號儒一。萬曆二十八年（1600）舉人，取妻賀氏。志魯長子紹書（1595—1670），字二酉，號晏如，取妻吳氏。工詩畫，善賞鑒，著有無聲詩史聞名于時。姜寶、士麟、紹書字號生平，與詩中所言"祭酒鳴鳳阿，雲孫誕麟趾。論詩殷璠繼，評畫董逌比"合符。詩又云："譬如兒飛乳，又如母嚙指。潮音不失時，吉雲自加被。"可知爲姜母上壽。

　　據魏裔介誥贈工部屯田清吏司主事儒一姜公暨元配賀宜人墓誌銘，賀氏崇禎十一年（1638）已亡故，則壽讌疑爲吳氏六十而設。吳氏爲武進龍溪令吳弈女，禮部侍郎中行女孫，生卒年不詳。吳弈，字世于，號敏所。萬曆三十八年（1610）進士，與牧齋爲同年。

秋，在吳門。

　　徐崧百城烟水卷一："丙申秋，雲間沈某來吳門，欲定花案，要富人下堡金某同之，致兩郡名姝五十二人，選爲花場二十八宿。畫舫華堂，傾城遊宴無虛日。時虞山錢宗伯、井研李研齋、宣城梅杓司亦在。金寓近院署，簫鼓之聲既屢夜相聞。"

褚人穫堅瓠補集卷五:"順治丙申秋,雲間沈某來吳,欲定花案。與下堡金又文重華,致兩郡名姝五十餘人,選虎邱梅花樓爲花場,品定高下。以朱雲爲狀元,錢瑞爲榜眼,余華爲探花,某某等爲二十八宿。彩旗錦植,自胥門迎至虎邱,畫舫蘭橈,傾城遊宴。直指李公森先聞而究治,沈某責放,又文枷責,遊示六門,示許被害告理。"

中秋初四日,作心經略疏小鈔緣起論(牧齋外集卷二)。

中秋十二日,吳門舟中,作吾炙集序。

序云:每觀吳、越間名流詩,字句繫績,殊苦眼中金屑。秋燈夜雨,泊舟吳門。從扇頭得遵王斷句詩二首,不覺老眼如月。因語郭指曰:"詩家之鋪陳攢儷,裝金抹粉,可勉而能也。靈心慧眼,玲瓏漏穿,本之胎性,出乎毫端,非有使然也。如'莫取琉璃籠眼界,舉頭爭忍見山河',取出世間妙義,寫出世間感慨。正如忉利天宮殿樓觀,影現琉璃地上,殆亦所謂非子莫證,非我莫識也。"正欲摘取時人清詞麗句,隨筆鈔畧,取次諷詠,以自娛樂,遂鈔此詩壓卷,名爲吾炙集。復戲二絶句于右:"籠眼琉璃映望奇,詩中心眼幾人知?思公七尺屏風上,合寫吾家斷句詩。""高樓額粉笑如雲,還鉢休隨慶喜群。大叫曾孫莫驚怖,老夫還是武夷君。"丙申中秋十二日蒙叟題。

錢朝鼎自廣東學政歸,黎彭祖作詩寄牧齋。

全粵詩卷六七〇黎彭祖錢黍谷督學還朝,兼托寄錢牧齋宗伯書:"二像氣純懿,睿哲稟其沖。以彼貴天爵,鬱爲斯人龍。典命作動物,六禮咸和同。洋洋盛威儀,南國思皇風。自掌學士版,中和暨祗庸。舍采修蘋蘩,儒林何雍雍。

祈珥爰築鼉,不下國子官。三年成均法,儀型浩無窮。置醴
饎靡敬,懸鐘扣童蒙。辟如把行潦,濁亂斯清聰。君家大宗
伯,飆起爲詞崋。建保邦國上,謀猷廟堂中。平津始禮隗,
先君獲相從。既被文字知,復感意氣通。孺子念故遊,兼仰
當世宗。憑寄下士言,乃爲夫子容。沾濡樂德教,摯雉奚敢
傭。獨慚溲渤姿,趨堂誠愚惷。"

黎彭祖,字務光。遂球次子。明貢生。有醇曜堂集。
錢朝鼎順治九年(1652)至十三年任廣東學政,因繫此。

八月下旬,清兵圍攻舟山,劉孔昭子永錫戰死。牧齋聞
說,作悼郁離公子詩一首(有學集卷六)。

明末忠烈紀實卷十六:"丙申(戌)八月二十六日,大兵
復取舟山。陳六御、阮進(駿)兵敗,投橫水洋死。劉永錫,
字爾類。青田人。誠意伯孔昭之子,同陳六御死。"

致書陳璧,談表姪與陳氏聯姻之事。

錢牧齋先生尺牘卷二與陳崐良:"朱陳之約,舍表侄深
以齊大非偶爲歉。僅謂道誼契合,重以婚媾。絲羅喬木,有
何彼此。況當渝色驚疑之日,正多昏殺禮之時。期以桂馥
之時,請畢桃夭之好。仰候高明俯成嘉禮,必不以宋子河
魴,貽古人婚娶論財之議也。即有松行,草瀆奉訂,歸時即
當奉賀,并領三千六百鍾之賜也。"

秋,訪雲間,與雲間諸君子於徐武靜高會堂文宴,賦長
句二首(有學集卷七)。

徐致遠(1614—1669),字武靜。華亭人。孚遠三弟。
孚遠奔走閩浙,賴致遠得以保全家門。

詩中自註:"于時有受降之役。"陳寅恪以馬信投誠當

之,誤。實即張七投降事,見後文。又陳寅恪以爲牧齋此行,是爲了策反松江提督馬進寶。

席間觀督學李素心孫暘草書,作詩一首(有學集卷七)。

李愫,字素心,號嗇齋。華亭人。順治九年(1652)進士。授吏部主事,以僉事督學河南。丁內艱,再補湖廣上江防道。李暘,字寅谷。康熙四十四年(1705)舉人。

姚永濟年九十四,作詩贈之(有學集卷七)。

閱世編卷五門祚二:"姚方伯通所永濟,由萬曆戊戌進士入禮垣,歷兩浙藩臬長,家甚豐腴。鼎革之際,散于兵火。順治中,年九十餘,步履矍鑠如六十許人,遠近慕爲人瑞,壽九十七而卒。今子孫寥落,不異寒士矣。"

張洮侯有詩投贈,作詩答之(有學集卷七)。

嘉慶松江府志卷五十六:"張彥之,字洮侯。華亭人。初名懋,之象玄孫。幼與弟漢度、九荀有三張之目,讀書細林山中。後盡斥田宅,即細林別業亦讓其弟。隱居陋巷,取遺書讀之,托於酒狂以自廢。著有浴日樓詩稿。"

聶先名家詩鈔所輯張彥之觀海草堂集有陸子玄丙舍,同虞山錢牧齋、我郡許霞城兩先生、武塘郁子弁分韻詩:"華表蒼茫萬木齊,暮雲寒色望中低。珠簾鉤響日將落,銀燭光搖夜不迷。鴻雁數聲來塞北,芙蓉幾樹亂橋西。先生非是塵埃客,詎肯空山醉似泥?"

郁襄,字子弁,號遜庵。嘉善人。之章子。順治十四年(1657)副貢,官江西永豐知縣。

又得董得仲投贈詩,依韻答之(有學集卷七)。

嘉慶松江府志卷五十六:"董黃,字律始,號得仲。華亭人。隱居不仕。著白谷山人集。"

董黃白谷山人稿卷六呈錢牧齋宗伯：虞山紫氣迥，茂苑德星懸。曩日推元老，今朝屬隱賢。行藏隨世轉，聲譽幾人全。回首懷皇日，追思神廟年。談經雄碣石，從祀賦甘泉。學術劉子政，文章班孟堅。石渠窺秘笈，天祿校陳編。太乙青藜照，中官寶燭然。入朝趨甲觀，直講侍經筵。賈誼敷陳切，桓榮啟沃便。才名絳灌忌，意氣顯恭悁。黨禍紛鈎攝，忠臣竟謫遷。曲江初罷政，林甫忽專權。水火爭相激，玄黃戰不悛。一人終亂國，隻手竟彌天。畫地牢何固，飛文獄並煎。赭衣愁滿目，瓜蔓苦連綿。解網逢仁澤，批鱗賴直弦。枯魚還北溟，倦翩返西川。謀社雖群鬼，傾城實大奸。妖氛橫趙魏，殺氣亘幽燕。精衛思填海，鰲身欲戴乾。三都俱覆沒，九廟已顛連。投袂兵戎散，攀胡泣涕漣。鋤瓜尚有地，採蕨已無巔。故國新豐渺，愁心哀郢填。翟門人寂寂，蔣徑草芊芊。人望歸安石，時名屬茂先。偏栽彭澤柳，自種杜陵田。好客貧逾甚，開樽老更虔。袁忘黃憲少，孔恕禰衡顛。草布尤加眄，菰蘆倍肯憐。蔡邕頻倒屣，郭泰願隨肩。坐客皆徐稚，門生盡鄭玄。閱箋三乘注，重著五噫篇。白雪誰能和，青箱自可傳。延年餐玉粒，遁世愛金仙。園綠千頭橘，池紅並蒂蓮。北牕眠碧簟，東閣臥青氈。鴻烈從容著，潛夫次第詮。偶思張翰鱠，爲泛李膺船。此地秋光麗，諸君風雅偏。登壇執牛耳，納履願垂鞭。九月茱萸熟，群峯桂樹聯。登高人慷慨，落帽客嬋娟。採菊花方好，窺簾月正圓。莫傷天寶後，漫憶永嘉前。陽羨寧無罪，烏程實叢愆。口誅豈有益，直道未能捐。願執陽秋筆，追隨一握鉛。

又白谷山人稿卷七有高會堂席上送別陳昌箕、侯月鷺、路安卿詩：“上客相逢中酒深，燈前擊筑一狂唫。文章老去同司馬，意氣消來遜季心。八顧功名何寂莫，三江風雨更蕭岑。明晨畫鷁東西路，折柳臨岐淚滿巾。”不詳為此次聚會否。

又次宋子建詩一首（有學集卷七）。

宋存標，字子建，號秋士。華亭人。徵璧（原名存楠）弟。崇禎十五年（1642）副貢。著有情種、翠娛閣集等。

又次宋子建子楚鴻詩一首（有學集卷七）。

宋思玉，字楚鴻，號棣萼。存標長子。十三能文，時稱神童。有棣萼軒詞。

重九，于海上（雲間）作詩四首（有學集卷七）。

鄧漢儀詩觀初集卷一錄其一、其二，評云：“虞山晚年每登雄鍊。”

重九，作錢寶汾詩序（牧齋外集卷五）。

牧齋序云：“今年復遊雲間，得見其子寶汾，皎然如玉樹臨風，蜚文落藻，已為都人士領袖。”此序又見錢芳標湘瑟詞卷端，末署“丙申重九，蒙叟謙益題”。

錢芳標，原名鼎瑞，字葆芬，或作寶汾、葆盼。華亭人。士貴子。士貴與牧齋鄉試、會試皆同榜，交情頗洽。芳標生有異稟。康熙五年（1666）順天舉人，授中書舍人。與魏裔介、龔鼎孳、陳維崧、朱彝尊等交，聲振都下。十四年告歸。會舉博學鴻詞，以丁內艱不赴，以哀毀卒。著有金門稿六卷、湘瑟詞四卷。

陸子玄置酒丙舍，妓彩生持扇索詩，醉題八絕句（有學集卷七)。

陸慶曾,字子玄。華亭人。禮部尚書陸樹聲孫。少有文名,屢試不售。順治十四年(1657)中舉,因科舉案發,謫戍尚陽堡,卒於戍所。

彩生,陳寅恪據雲間諸君子再饗余於子玄之平原北皋子建斐然有作次韻和答四首"漢代詞人諡洞簫"以爲姓王,又引毛奇齡贈王采生詩四首佐證,非確論,不如闕疑。

許譽卿置酒,同魯山、妓彩生夜集,醉後有作(有學集卷七)。

鄧漢儀詩觀初集卷一評云:"豪快却自淒激。"

許譽卿,字公實,號霞城。華亭人。萬曆四十四年(1616)進士。官吏科給事中,因抗疏魏忠賢罷官。崇禎再起,歷工科給事中,與溫體仁不協,引退歸家。國變削髮爲僧。譽卿妾王微,字修微,號草衣道人。廣陵人。亦一時名妓,譽卿視爲正嫡。

孫晉,字明卿,號魯山。桐城人。鼎祚子。天啟五年(1625)進士。官至工部給事中。曾上疏彈劾溫體仁,一時稱爲敢言。因病歸里。弟臨(1610—1646),字克咸,號武公。爲方以智妹婿,殉難閩中。

龍眠風雅卷四十孫臨答錢牧齋先生:"夢餘紅葉寺邊霜,芒屩蹣跚印畫廊。藥採商山芝欲紫,船歸鞴口橘應黃。酒銷公子琉璃斝,閣起平津玳瑁梁。白石滄江漁火路,獨能無意向明光。"

同卷虞山訪錢牧齋先生不值:白沙圍翠竹,烟水共蒼茫。北海人猶在,洪喬刺未將。堂無歌劍客,室有校書郎。

已識門前路,秋期話政長。

徐致遠生日,置酒高會堂,贈八百字(有學集卷七)。

詩云:"四十年華盛,三千風力強。開筵千日酒,初度九秋霜。"致遠應是四十壽誕。

再與彩生、魯山、宋存標等人會于陸慶曾平原北皋,宋存標斐然有作,次韻四首(有學集卷七)。

自註云:"魯山公次余坐,彩生接席。"又云:"席中宋子建作致語,有云:'借箸風清,效伏波之聚米。'非道人本色。"

鄧漢儀詩觀初集卷一錄其一、其二、其三、其五、其六、其七、其八,其六評云:"更是深一層語,無人道破。"其八評云:"韓致光香奩詩每托于臣不忘君之義,此借彩生傳寫心事,可愛可傳。"

沈德潛國朝詩別裁集卷一錄其六:"亦是翻進一步法。"

許譽卿累夕置酒,彩生別去,口占十絕。並與譽卿訂西山看梅之約(有學集卷七)。

其五云:"會太匆匆別又新,相看無淚可霑巾。綠尊紅燭渾如昨,但覺燈前少一人。"自註:"河東評云:唐人詩'但覺尊前笑不成',又云'插遍茱萸少一人',合此二語,恰是此詩落句也。"其八自註云:"魯山贈詩,傷昔年放逐,有'千金不賣長門賦'之句。"則孫晉亦有贈詩,未見。

鄧漢儀詩觀初集卷一錄其三、其四,評云:"如此跋䠠詩,便有絕大關係,不得輕議溫、李一輩。""言情都在筆墨之外。"

沈麟累有詩相贈,答二首(有學集卷七),**又作董文敏公遺集序**(有學集卷二十)。

沈麟(1622—1692),字友聖。華亭人。擅詩文,吳偉業等皆雅重之。亦善畫,尤以畫蘭稱。

董文敏公遺集序,有學集鈔本署"歲在丙申"。文云:"故宮保禮部尚書華亭董文敏公,其詩文有容臺集行世,冢子祖和屬其友人沈生友聖重爲校讐,標舉其肰可傳者,以示無止,而請余爲其序。"祖和嘗重訂容臺集,刻於閩中,遺集未聞。

九月二十五日,作沈節婦傳(有學集卷四十一)。

鈔本有學集署"歲在丙申九月二十五日"。節婦姓蘇,松江人,沈胤嘉之妻,二十七而寡,撫育子承歆。承歆卒,又撫養諸孫。孫沈坤,曾孫沈麟,隱居讀書,皆有卓行。

作題徐季白詩卷後(有學集卷四十八)。

文云:"偶遊雲間,徐子季白持行卷來謁,再拜而乞言,猶以余爲足與言者也。"徐季白生平不詳,松江人,曾館侯研德家。陸元輔亦有多首詩與之唱和。

十月八日,松江白龍潭舟中,與顧觀生相見,作詩一首相贈(有學集卷七)。

詩序:"崇禎甲申,皖督桂陽公抗疏經畫東南,請身任大江以北援剿軍務。南參贊史公專理陪京,兼制上游,特命余開府江、浙,控扼海道。三方鼎立,聯絡策應,畫疆分閫,綽有成算。拜疏及國門,而三月十九日之難作矣。顧秀才觀生實在桂陽幕下,與謀削藁,余游雲間,許玠孚爲余言,始知之。請與相見,扁舟將發,明燈相對,撫今追昔,慨然有作。讀余詩者,當憫余孤生皓首,亦曾闌入局中,備殘棋之一著。而桂陽賓主苦心籌國,楸枰已往,局勢宛然,亦將爲之俯仰太息,無令泯没於斯世也。丙申陽月八日,漏下三鼓,書於白龍潭之舟中。"玠孚,名名允,譽卿子。

鄧漢儀詩觀初集卷一評云:"撫今追昔,不禁塊壘填胸,能無血淚滿楮?"

嘉慶松江府志卷五十六:"顧在觀,字觀生。華亭人。明諸生。博覽經史,陳繼儒見其史選,曰:'神明識量,不可及也。'因推鳳凰山來儀堂以居之。時楊文驄為府學教授,命子師事焉。後馬士英辟置幕府,嘗以近昵懷寧,群情致憾語士英。及士英輔政,方欲起用老成,而大鋮欲以一網盡之。在觀又語士英曰:'如大鋮才智,加以十七年傷心次骨之怨,使其一旦得志,為所欲為,必不顧其後,此事關公門户,亦千萬世清議所繫。'且以告士英子鑾,鑾幾諫,至涕泣隨之。其時不至起同文黨錮之禍者,在觀力也。後知事不可為,即告歸,磽田二頃,力耕自給。以逋賦,失產窮死。"

訪金是瀛,金避匿不見,後又貽詩譏諷。

柳南隨筆卷四:"金是瀛,字天石。居華亭之臬橋。……是時松郡人文最盛,奉吾邑某宗伯為盟主,而宗伯亦屢至其地。一日,舟次白龍潭,諸名士方群趨迓之,天石忽投一詩云:畫舫滄江載酒行,山川滿目不勝情。朝元一閉千官散,無復尚書舊履聲。宗伯得詩默然。即日解維去。"

沈起元敬亭文稿卷三金癡傳亦記此事:"天石望重四方,知名之士爭求見之,常熟錢謙益往謁,君匿不見,伺錢他出,往答之,貽詩三章,其卒章云:畫舫青溪載酒行,山川滿目不勝情。漢宫一閉千官散,無復尚書舊履聲。錢歸見之,憨歎竟夕,命舟急歸,終君世,不復至松。"

十月九日，作記雲間鳳皇山修復三星堂事（有學集卷十六）。

文云："世宗肅皇帝賜福祿壽三星畫像，爲故少師華亭徐文貞公稱壽。文貞公築堂於鳳皇山之麓，藏弄尊奉。……歲久而堂圮，文貞之曾孫致遠延僧別山，修復堂宇，供奉佛像，而別構樓閣，以崇賜像。……堂成之日，謙益薄游雲間，謹書其事，以諗于來游來觀者。"

十月十有一日，青浦舟中作高會堂酒闌雜詠序（有學集卷七）。

序云："不到雲間，十有六載矣！水天閒話，久落人間。花月新聞，已成故事。……兒童生長於別後，競指鬚眉；門巷改換於兵前，每差步屧。常中逵而徙倚，或當饗而欷歔。若乃帥府華筵，便房曲宴。金缸銀燭，午夜之砥室生光；檀板紅牙，十月之桃花欲笑。橫飛捬陣，倒捲白波；忽發狂言，驚廻紅粉。歌間敕勒，祗足增悲；天似穹廬，何妨醉倒。……是行也，假館於武靜之高會堂，遂以名其詩，亦欲使此邦同人摳衣傾蓋者，相與繼響，傳爲美談云爾。歲在丙申陽月十有一日，蒙叟錢謙益書於青浦舟中。"崇禎十四年（1641），牧齋迎娶柳如是，過雲間，至此時正十六載。

作千字詩與雲間諸人告別，再與許譽卿定看梅之約（有學集卷七）。

陽月望日，作宋子建遙和集序（有學集卷二十）。

鈔本有學集署"丙申陽月望日"。

陽月望日，書蓮蕊棲記（有學集卷三十）。

鈔本有學集署"歲在甲午長至後十五日，海印弟子蒙叟錢謙益記。次年丙申易月望日,書于虎丘山塘舟次"。

陽月十六日,跋惟諤上座傳(有學集卷五十)。

鈔本有學集署"丙申陽月十六日"。文云:"即公、見公贊惟諤上座行履,極稱其舍道歸禪,得三聖設教之意。……厥孫蒼暉,受霱峰遺囑,傑然稱師子兒,其家風可知也,蒼暉勉之。"惟諤不詳。靈晟,字蒼暉,蕅益弟子。

作書朱鶴齡,詢問杜箋等事。

錢牧齋先生尺牘卷一與朱長孺:"雲間之行,困於酒食。歸泊吳門,渴思會面,以家人稚子,尚淹荒村,須入城安居,方可洒掃候教,未敢卒卒相邀也。杜詩想復爲料理,已能繕寫成帙否?此番再一校訂,便可卒業。吳郡文獻稿,許氏已期相付,未知子晉曾往取否?昨於鹿城晤王懋明兄,知爲有道異人,曾以賤造託其推算,已許捉筆。今遣力領取,并欲邀之一談。借重片言,爲之勸駕,所深禱也。"王懋明不詳。

作大中丞張公靖海紀事碑(牧齋外集卷十八)。

碑云:"今年五月,復聯艗直上,分犯江海。我將士受命而前,以必殺之威,予螳臂當車者,以不殺之仁,予稽顙投戈者。梟音將變,鷹眼尚存。亟謀桑土,以成撫局。公歷選將士,知儲將楊芳輩堪茲委任,駕馭策力,密授方略,用芳輩爲臂指,陰闔陽闢,展轉開導。海中梟獍顧忠、王有才、王斌之屬,咨嗟涕洟,如寐方覺,如醒方醒。六月哉生魄,公遣使宣尺一之詔,傳示洋中,開自新之塗,廣並生之德。洗心易向,共享昇平。是以有八月乘間來降之約。九月五日,洋中遣使報命。公摩盾艸檄,應時飛諭。海衆捧檄手額,繼以泣下,北向呼拜。遂自大陰沙聯艗揚帆,銜尾而進楊家嘴。公遣官偵探得實，會同督鎮道諸公，諏納降之禮。九月九日，提督馬公拏小舟飛渡顧忠艦中，揚皇恩，頌公德。越一日，諸艦齊泊上海。松守臣張筵宴勞，陳列餼，牽酒肴，均飯共醉，歡聲如雷。公解衣脫帽，投贈倡率受撫者，其餘賞賚有差。金錢幣帛，皆公等蠲貲預儲，不煩公帑。二千餘衆，一時厥角稽首，復爲良民。……公諱某，以僉都御史開府三吳。督臣馬公，諱某。提督臣馬公，諱某。巡按御史李公，諱某。鎮臣梁公，諱某。道臣張公，諱某。皆一心同德，以成撫事。松江守臣李君正華，蘇州海防汪君汝祺，松江海防施君洪烈，上海知縣閻君紹慶，皆協力襄事，例得書。"

明清史料丁編第二本僞海鎮總兵顧忠就撫殘件（順治十三年九月）：臣於初拾日駕舟飛往，於途次復接投誠僞鎮王有才呈開切：才自天朝鼎革之初，隨本官張國柱至定關，進寧波，逍遙半載，後因大兵渡江，浙東歸服，本官撤艍前至舟山，拋泊岑港，被黃斌卿打散，本官即統艍到吳淞投順。才被斌卿所獲，適遇張名振，討居標下，逐流海上，不能脫身。今伍月間，海鎮總兵官顧忠即將皇上招撫至意，並達本院洪恩，特來密議，即示鈞牌憑據。才等敢不仰承，猶恐各標將心未一，不敢遽行。顧總兵於捌月拾貳日假取糧名色，統艍北來，才俟至貳拾壹日開艍前來羊山，正遇顧總兵船艍泊候，因風多阻，遲延時日。今才船艍同泊稗沙，先差官余起忠、項德等具呈前來，伏乞鈞示，以便進關等情。臣亦答札云……等因去訖，臣隨先遣標下降級旗皷官朱麟、傳宣官張光輔、將材官王逢聖，檄開項據吳淞趙副將報稱海衆投誠，見進楊家嘴就撫緣由到院，據此爲照。……陸月內，接准貴院手札,並差官楊芳、張光輔前來,云有海中張七報稱偽將王斌、莽撞顧三欲來投順等語,本提督隨差標將唐禾、馬之駿協同楊芳等同往柘林宣布皇仁,相機招撫,一面申嚴各汛密設防禦,以待來歸。柒月拾壹日,據楊芳、張光輔、唐禾、馬之駿報稱海船壹隻,行泊漊缺,有張七上岸,稱言彼處營頭嚴密,一時難以就來,大都在於捌月內乘隙來投等語。……玖月初肆日,據柘林營報稱,投誠人張七率領偽海鎮總兵顧忠差官陳傑、葛之覃,并偽參將王斌,偽□□王有才差官項德、余起忠齎到投順,公文俱各在案。

按:張中元,字魁軒。正黃旗人。順治十一年(1654)任巡撫。

馬鳴佩(1600—1666),字潤甫。遼陽人。順治十一年(1654)至十三年任江南總督,以病免。

梁化鳳(?—1671),字翀霄。長安人。順治三年(1646)武進士。十三年任松江總兵。十七年遷蘇松提督。

張基遠,介休人。煊子。煊因彈劾陳名夏、洪承疇下獄死。後昭雪,以贈官賜基遠。順治十二年(1655)任蘇松太兵備道。後官至禮部侍郎。

李正華,字茂先。獻縣人。拔貢生。順治十年(1653)由兗州運河司同知遷松江知府。精明強幹,姦弊一清。

汪汝祺,字石公。錢塘人。貢生。順治十年任海防同知。

施洪烈,字仲芳。恩貢。平湖人。選欽州知州,因途次尚梗不能赴。順治十三年任海防同知。

閻紹慶,字康侯。魯山人。順治十年以拔貢知上海縣。

十二年，海寇犯境，抵死拒之。縣民被誣通寇，詣臺使力保之，全活甚衆。十四年，以事坐免。

十月，應楊昌齡之請，爲楊梧禮記說義纂訂作序。

見禮記說義纂訂卷端。序云："先生所撰著禮記說義纂訂一書，久秘帳中，司理公欲謀殺青以公同學，問序於予。"

楊昌齡刻禮記說義纂訂記略："順治丙申，先叔父春秋七十一矣，閉户經年，著成此書。其苦心爲人處，經學制舉，取之咸宜。昌方待罪蘇理，請其藁來，東南諸公無不交口，謂當行世。虞山宗伯、南昌少宰及吾家靜山三先生賜以序言，業付梨棗。是冬，昌得罪故人，致煩白簡，對簿遷延，此事遂爾中廢。"

仲冬朔，作關聖帝君像贊（有學集卷四十六）。

鈔本有學集署"丙申仲冬朔，海印弟子錢謙益盥手題"。

題沈祖孝行脚詩（有學集卷七沈雪樵行脚詩）。

至日前三日，吳門送龔鼎孳往嶺南，作詩四首相送，兼柬曹溶，請其收羅憨山大師遺集（有學集卷七）。

本年四月，龔鼎孳因結黨被降爲上林苑監署署丞，出使廣東。梅村家藏藁卷十一有送舊總憲龔孝升以上林苑監出使廣東詩。曹溶時爲廣東右布政。其四自註云："憨山大師真身漆供曹溪，屬孝升往頂禮，并約秋岳收其遺集。"有學集卷二十五嶺南刻憨山大師夢遊全集序："憨山大師夢遊集，吳中未有全本。丙申冬，龔孝升入粵，余託其訪求海幢華首和尚，得鼎湖棲壑禪師藏本。曹秋岳諸君集衆繕寫，載以歸吳，余校讐刊定，勒成四十卷。"夢遊全集卷四十下曾弘憨山大師口筏引云："客歲龔中丞孝升入粵，虞山錢宗伯屬收憨山大師遺文。維時華首老人與鼎湖棲壑和尚，裒集法語及諸論述，附星軺以往。珠海牟尼光，已照映吴山灛水閒矣。"

華首老人，即道獨（1600—1661），字宗寶，號空隱。南海人。俗姓陸。十六落髪。禮元來，受具足戒，爲曹洞二十八世弟子。順治十一年（1654）住海幢寺，十八年七月二十二日圓寂。牧齋爲作塔銘。道獨有兩大弟子，一天然函昰，一祖心函可。

道丘（1586—1658），字離際，號棲壑。順德柯氏子。少立志出家，參憨山、蓮池等師。後至鼎湖山建慶雲寺，住持二十餘年卒。

又龔鼎孳定山堂詩集卷二十四舟中雜詩和家木公兄秋吟韻其二十一："續史談經漢大家，蘭臺東觀事非賒。尺書勸我團瓢勝，逸興遥憐杖履斜。長日爛柯消貝葉，絳雲劫火湧琪花。妙香擬築維摩室，楊柳清谿舊覆鴉。舟中得虞山先生書。"大概亦作於此時。

又爲海幢衆上座作書一封，申述編輯憨山大師全集，及重作塔銘之意（有學集卷四十四致憨大師曹溪塔院主持諸上座書）。

書云："恭惟甲申之歲，大師真身自五乳歸于曹溪，迄今十有三載矣。益澒經喪亂，萬死一生，視息僅存，草土自屏，既不能襆被腰包，躬埽塔院，又不克齋心頂禮，遥致瓣香，仰負劬勞，俛辜記莂，跼天蹐地，嘆愧何已。……今所欲亟請於座右者，近者紫柏、雲棲，皆有全集行世。大師夢遊集，嘉興藏函，但是法語一種，其他書記序傳之文，證明大法者，有其目而無其書。聞大師遺稿，藏貯曹溪，卷帙甚富。今特爲啟請倒囊相付,當訂其訛舛,削其繁蕪,使斯世得窺全璧,不恨半珠。人天眼目,剎塵瞻仰,斷不可遼緩後時,或貽湮沈之悔也。又大師著春秋左氏心法,乃發明因果之書。常自言曹溪削藁時,燈前燭下,徵求斷案,魂魄可追,毛髮皆竪。以今世時節因緣,正當開顯此書,用以革頑止殺,撈攏劫濁。追思大師往昔付託,良非聊爾,流通之責,胡可逭也。伏祈諸上座合力搜羅,悉心採集,片紙隻字,罔有闕遺。楗椎集衆,招告大師真身之前,奉授軺車詔使,鄭重郵致,俾謙益得藉手撰集,以告成事。此則法乘教海千秋之耿光,非及門一人之私幸也。大師五乳墖院,濫竽載筆,南海陳相公曾爲題識,勒石南華。甲申已後歸龕事跡,山門當有實錄,不揆蕪陋,願考覈作第二碑,以備僧史。……歲在丙申十一月長至前三日,錢謙益和南奉啟。"

夢遊全集卷四十下今釋跋云:"右錢牧齋宗伯訪求憨山大師遺稿書,以託龔孝升中丞者,頃攜之海幢,華首和尚觀之,彈指讚禮。蓋歎錢公能不負師,龔公能不負友,而兩公皆能不負佛所付囑也。使授諸梓,命今釋跋其後。"今釋,即金堡法名。

長至前三日,在蘇州半塘,與鄧漢儀論詩,題其燕市酒人篇(有學集卷四十八)。

鈔本有學集署"丙申長至前三日"。文云:"甲午春,遇孝威于吳門,孝威出燕中行卷,皆七言近體詩。余賞其骨氣深穩,情深而文明,他日當掉鞅詩苑。今年復遇之吳門,見燕市酒人篇,學益富,氣益厚,骨格益老蒼。未及三年,孝威之詩成矣。"

鄧漢儀詩觀初集卷一:"憶丙申冬,予宿半塘舫軒,虞山則舟泊橋下,侵曉招予入舟,以手評拙稿相示。因謂予曰:'昨東游,友人贈詩盈數尺,總無一字。'予問故,虞山曰:'只是中間無一意思爾,固知近日學大樽者均坐此病。'"大樽,即陳子龍。

鄧漢儀慎墨堂筆記:錢牧齋宗伯每出,愛乘小艇,艙中僅容几榻。丙申冬,余宿半塘人家,牧翁泊舟塘下,時冰霜滿眼,凌晨早遣蒼頭邀至舟中,則牧翁已盥罷,方據案作小楷,題一山僧畫册,題畢,同余啜粥。啜已,出笥中詩帙相示,則録余燕市詩數首在上,手自丹黄,細加評跋,且作一序文見贈。余謝不敏。牧翁曰:"子詩良佳,僕非輕諛人者。"因謂余曰:"昨自雲間來,以詩刻投者可盈數尺許,閱罷竟無一字。"余驚問故,牧翁曰:"非無一字,只是中間無一意思耳。"因登虎丘,置酒清歌,極歡而去。

鄧漢儀又總評牧齋詩曰:"虞山詩始而輕婉秀麗,晚年則進於典重深老。"

長至日,爲人題華堂新燕圖(有學集卷七)。

作武畧將軍瞻雲姪孫墓誌銘(牧齋外集卷十六)。

末署"吴越二十五世王孫七十五翁牧齋謙益譔",故附此。

錢可興(1590—1642),字明詩,號瞻雲。高祖泮(1493—1555),字鳴教,嘉靖十四年(1535)進士。歷侯官、慈溪知縣,官至江西布政使左參政。憂居,與倭戰,死之,世蔭錦衣衛百户。可興萬曆四十六年(1618)襲錦衣衛百户,陞副千户,再晉正千户。後移疾歸里,覃恩階武畧將軍。

十二月朔,作書方以智論易論佛(有學集卷四十二)。

鈔本有學集署"丙申季冬朔日,虞山俗衲謙益再拜"。書云:"近代之談易者,自李卓老、管東翁之外,似未免爲時文講章、兔園册子,若欲一一取之,吾恐尼父之韋編有不勝絶,而鐵撾有不勝折也。素伯不恥下問,趣舉以告,想過庭時聞之,當笑狂夫老更狂耳。"素伯,即方以智幼子中履。

冬,作聚魁塔院新建大雄寶殿碑銘(牧齋外集卷十八)。

此文與牧齋外集卷二書修建聚奎塔院殿宇緣起後文字多同,蓋書後作於修建之時,而此文作於修成之後。文云:"都護公頓悟宿因,以締搆殿堂爲己任,首捐萬金,以供百凡之費。公之賓友余君心生,及舊部將劉君集之,共竭心力,相助勝緣。庀徒蕆事,土木皆作。經始于甲午之夏,斷手于丙申之冬。"故繫于此。都護,即楊承祖。

本年,楊彝老來得子,作贈楊子常七十生子詩(牧齋外集卷一)。

楊彝早年有一子靜,頗有文名,早卒。晚年又得男、女各一,男名緒,字纘夫,年十九卒。見顧苓所撰楊彝行狀。

又穀園集所載楊熙跋文:"(先曾祖)迄辛丑易簀,年七十九。時二叔祖纘夫方及六齡,次歲始就外傅,即聰雋有志。暨十五六,已能整頓先人所遺。不幸於甲寅冬又逝,亦僅十有九耳。由是而家貲蕩散,固不待言。即先曾祖所存書籍與生平著作,並落他人之手,旁求之,竟爲烏有矣。"則纘夫生於順治十三年(1656),時楊彝年七十四,牧齋所謂七十生子,乃取成數言之。

立春之三日,作毛子晉六十壽序(有學集卷二十七)。

钞本有学集末署:"强圉作噩之岁立春之三日,友生钱后人谦益再拜为序。又三日,书于碧梧红豆之村庄。"丁酉立春在今年十二月,故系此。文云:"子晋有三才子,撰书币过余,谋所以寿其亲者。……往余六十初度,谢客湖南,子晋为设南岳应真像,清斋法筵,呗讚竟日。今将偕一二名僧遗民往修故事,恐子晋之或避匿也,告夫三子,俾曙戒以待我,而先之以斯文,以道余所以往贺之意。"

毛晋寿文总集亦名以介编,尚存刻本。释照渠以介编寿序:"岁在丁酉正月,惟丙午朏,越三日戊申,为毛子晋先生悬弧之辰。"则生日应在丁酉年(1657)之正月。

然考有学集卷三十一隐湖毛君墓志铭,毛晋"生于己亥岁之正月,卒于己亥岁之七月二十七日,年六十一"。至丁酉虚岁尚不足六十。以介编顾与治寿诗小序云:"子晋以戊戌生,而是年正月始举周甲之觞。盖亥正未春,月仍丑建,日者作去腊推也。丁酉九月叩关再访,偶讯贱子生日,告以庚之建寅,实则亥腊。于是大笑,曰:向谓长子二岁,廼知为同年耳。"因毛晋生于己亥正月初五,此时尚未立春,故云。

立春后三日,作书即中乾老,讨论涅槃经疏之事(有学集卷四十四)。

钞本有学集署"丁酉立春后三日,谦益再拜"。书云:"窃惟斯世,正眼希微,法幢摧倒,今欲折伏魔外,必先昌明正法。……台家一灯,实在法座。慈、贤两宗,同所钦挹。今将重理涅槃大经,发明顶、然二师所未备,此法门调元之神丹,即末刦伐邪之上剂也。……如蒙钝劣,不能比迹梵天,亦岂自后于夜叉之传唱乎?伏惟采择,法门幸甚,众生幸甚。涅槃經疏二函,點勘已畢,謹歸記室。文字品十四音議,仰承下問,蒙于音聲文字,茫無所解。嗣當悉心詳考,少有弋獲,取次奉復,茲固未敢強所不知,艸次臆對也。"

殘冬,作書石林,邀其與潘榮商訂朱鶴齡杜詩箋註。

錢牧齋先生尺牘卷二與石林上人:"往辱獻甫潘兄柬書執贄,欵門造謁,知其為溫文恭敬,強學好問之君子,不圖其珪璋文府,精理道心,富有日新,一至於此也。紺珠一書,貫穿三藏,繁簡博約,殆將合珠林、一覽而為一書……明年要松陵朱長孺了杜詩箋注舊債,倘得師兄拉潘兄共事商訂,亦藝林美談也。殘冬多暇,願一請見。"

錢曾讀書敏求記卷四吳正子箋註李長吉歌詩四卷詩外集一卷:"此書是元人舊抄,潘君顯甫賜予。君諱榮,別號郭指。平生交惟孟戢先生、石林長老與予三人。著法苑紺珠集,牧翁極稱之。窮居陋巷,書聲瑯瑯出金石,虞山一隱君子也。惜乎單門寒素,將來湮沒無聞,未免有名氏翳如之歎耳。"

又潘憲甫曾贈墨牧齋。錢牧齋先生尺牘卷二與潘憲甫:"承贈佳墨,又是隱君子手製,磨用寫經,墨池上當生五朵吉祥雲也。許贈俚言,久而未作,更辱佳什枉存,不獨瓊玖之詒,亦几杖之賜也。憨負何如!卜居之説,已於長孺札中,畧知尊旨矣。"

本年,王乃昭五十,作詩賀之(牧齋外集卷一王嬾髯五十)。

"五十",一本作"四十"。王乃昭,名慎德,號嬾髯,又號樂饑翁。常熟人。以鈔藏善本著名。

文禄堂訪書記卷五:"月屋漫稿一卷,元黃庚撰。清王乃昭鈔本。……王氏手跋曰:康熙癸丑小春二十有四,懶髯野叟偶得元人手書天台山人集,喜而録之,時年六十有七。"因附此。

本年,李森先出任蘇松巡按,先後杖殺王紫稼、三遮和尚等,吳人爲之震悚。

按:王紫稼之死,以往據堅瓠集多作順治十一年(1654)。然據世祖章皇帝實録,本年閏五月,李森先由四川道監察御史陞蘇松巡按,明年二月,以徇縱革職提問,作十一年顯誤,因繫此。

李森先(?—1659),字琳枝。掖縣人。崇禎十三年(1640)進士。先降李自成,再降清。官至蘇松巡按,十五年往河南查荒,次年死於官。

應王喜廣之請,爲其父母作合葬墓誌銘(有學集卷三十)。

銘云:"故餘姚令王子曰俞,率其子今大行禮謁余而哭曰:'先人即世十三年始克葬,葬十四年未有刻銘,歐陽子之云,以有待也。嗚呼,今則已矣。兩尊人見曰俞鄉舉,而不及見曰俞與禮偕雋南宫也。兩尊人劬躬養後,不知子若孫食其報。陵谷貿遷,一紀于兹,又不知其食報而不克終也。金銷石泐,終天而已矣。唯是隧道之石,所以不死吾親者,敢以累夫子。'拜已,又哭,余亦欷然而哭,乃考據行狀,誌而銘焉。"其父死於崇禎三年(1630),二十七後爲順治十三年(1656),至甲申(1644)正一紀,故繫於此。

爲朱虛古今疏作序(古今疏卷端)。

序云：“濟陰劭齋朱公以博物洽聞著名當世者也，其詩古文詞爲時宗匠，每從坐客竊聆其雅音，僕未之槩見。今年駐節會稽，乃以古今疏乞僕序言。”又云：“僕家藏書數萬卷，集録前代金石遺文千餘卷，僕嘗欲貫串焉，匯爲一編。而仕途多躓，促促無休。會絳雲樓焚，禍同秦灰，凡賜書秘笈無劋存者。且僕今老矣，乏貫串之力，而書又缺，不具一念之至，引以爲深恨。今讀劭齋此疏，劉覽之餘，盡在目前。而簡括不煩，實能償僕夙願。”據乾隆紹興府志卷二十五，朱虛本年出任寧紹台道，因繫此。

朱虛，字若虛，號劭齋、介庵。菏澤人。順治四年（1647）進士。授衡水知縣，擢監察御史。旋巡按陝西，陞甘肅按察司副使。著有詩經箋、古今疏、于園集等。

冬，作常熟魏邑侯序（牧齋外集卷十）。

魏邑侯即魏允升，字升之，號吉菴。宣化人。順治十二年（1655）進士。十三年十一月任常熟縣令。爲人有膽略，豪家蒼頭橫行鄉里，盡寘之法。運丁橫索，力禁之，軍民喧嘩，訛傳民變。後竟以此被參，十四年九月即去職。錢序云：“於是邑進士松如邵君，偕諸縉紳，沐芳襲休，謀以獻春躋堂稱賀，而徵余言爲乘韋之先。”獻春，即正月，故繫此。

魏氏任職期間，汲古閣刻有范士楫、戴明説、魏允升所選，毛晉參閲，歷代詩家五十六卷二集八十六卷，書名頁即題“錢牧齋先生鑒定”。

清順治十四年丁酉（1657） 明永曆十一年
七十六歲

宋徵輿聞牧齋遊松江，作書痛罵。

牧齋遺事附宋氏書:"側聞先生泛輕舠,駕華軒,惠然賁於敝邑。惟敝邑之二三子及不佞徵輿在遠聞之,以爲先生有歲時之事,信宿而已,日復一日,驪駒不歌,且聞諸從者曰:雖返,將數至焉。嗚呼,以先生之密邇,曾不聞敝邑之病乎?敝邑狹小,有明之末,困於煩賦。順治二年大兵攻焉,宿而守之。爲之將者,若李若吳,皆叛帥也。其爲郡守者,若張若盧,皆殘吏也。視民如仇,而懾之以軍。十年以來,無歲不災,無家不役。今郭以內,皆列伍也。郭以外,百金之家可籍而計也。江南諸郡,松難深矣。……(先生)自庚戌通籍,至於丁酉,四十八年矣,所變亦已廣矣,所取亦已侈矣。醜於記而給於辨,游人文吏亦内服矣。宜乎動爲人師,言爲人則,而乃不能割帷薄之愛,負難受之聲,忘其蘧蒢,而傲其謔浪。是以謗言流傳,達於行路,使我三吳之薦紳,言及變色,無以應四方之長者。先生雖不自愛,其若虞山之水何?嗚呼,鬼神不吊,延先生以年,其將益其疾,而降之大罰耶?抑使先生自播其行,以戒我吳人耶?未可知也。然如先生者,可以歸矣,可以休矣!"又見林屋文稿卷十六。

宋徵輿(1618—1667),字轅文。華亭人。順治四年(1647)進士,官至都察院副都御史。與陳子龍、李雯並稱,號雲間三子。

人日,龔鼎孳攜牧齋書信至海幢示華首和尚。

嘉興藏憨山老人夢遊集載今釋録夢遊全集小紀云:"丁酉人日,中丞龔公孝升過海幢,出宗伯錢公牧齋書。其於大師遺稿,流通之心真切無比。華首和尚觀之,亦讚歎無比。既以海幢所藏者,簡附龔公矣,復刊布諸刹。爲博訪全收之計,又以八行致端州棲壑禪師索其全集。禪師慮失原稿,未發也。二月之望,前孝廉萬公履安來,以錢公曾有專囑,爲謀之方伯曹公秋岳,作書重請。於是再奉華首書,遣喻如筏,知客往,稿乃發。而曹公與學憲錢公黍谷,各捐資爲繕寫費。適會城方有試事,諸士子之歸依華首者,聞之皆至,舐筆落墨,數日而畢。……三月初六日,比丘今釋書。"

又云:"夢遊全集日錄編輯重較諸名,幸各存之。通烱,號寄菴,爲大師首座。今海幢諸僧,皆其諸孫也。劉起相,號中當,起家乙榜,任撫州司李。大師靈龕還曹谿,及收藏遺稿,皆與有力耳。今釋再白。"

萬泰亦有書相寄。

夢遊全集卷四十下萬泰跋云:"台論憨大師全集,泰處署中,搜羅咨訪,非力所及。適金道隱在此,知中丞傳台札於海幢法侶。其堂頭宗寶老人,歡喜讚歎,焚香設拜,屬道隱題跋付梓,布告諸方。俾凡有收藏大師法語者,單辭片紙,皆來聚集,現在數種,附中丞行笥。此外更有所得,泰當爲續上也。門人萬泰頓首。"

萬泰(1598—1657),字履安,號悔庵。鄞縣人。崇禎九年(1636)舉人。入復社。國變後從錢肅樂起兵,師潰,隱居不出。晚年從人游粵,次年十月死於江西舟中。

花朝,作吳子制義序(牧齋補遺)。

序云,吳子無念摳衣張天如溥、楊子常彝兩家,年未弱冠,而輝映江左。天如逝而無念奉瓣香不衰,子常且老,無念以內子姪侍杖履。當爲復社或應社中人。考復社姓氏傳略卷二蘇州有吳世培,字無念,當即此人。

仲春二月望日,爲梁維樞作玉劍尊聞序(有學集卷十八)。

玉劍尊聞有刻本存世,牧齋序署"順治丁酉仲春二月望日,通家眷社弟虞山蒙叟錢謙益謹序"。

其母該年九十,又爲作壽序(有學集卷二十九)。

牧齋序云:"梁母吴太夫人者,太子太保吏部尚書贈少保真定梁公之子婦,今備兵使者慎可之母,而少宰、司馬之祖母、從祖母也……又十年丁酉,太夫人壽九十"。

三月,作范長倩石公集序(有學集卷二十二)。

范允臨(1558—1641),字長倩,號長白老人。吴縣人。范仲淹十七世孫。萬曆二十三年(1595)進士。歷官南京兵部主事、雲南提學僉事,遷福建參議,未至任而歸。築室天平山之陽,流連觴詠,數與故人及四方知交來吴者遊山水間。工書畫,與董其昌齊名。

范氏此集有刻本,即輸寥館集,卷端牧齋序與有學集所載略有不同。其序云:"其子羽玄胚胎前光,撰次遺集,而屬余序之。"末署"强圉作噩之歲月旅姑洗,年家眷家虞山蒙叟錢謙益謹序"。

范羽玄(1631—1692),名必英,原名雲威,字龍仙,又字秀實,號伏庵、秋濤。順治十四年(1657)舉人。康熙十八年(1679),舉博學鴻詞科,授檢討,與修明史。告歸後,儲書萬卷,日夕誦讀。

三月八日,跋釋道開藏逸經書標目(大藏經補編)。

跋云:"藏師蒐輯藏外經書,有標目一册,平湖陸季高藏本。余從吴江周安石借閱。丁酉三月,屬子晉侍史繕寫。

此中剖明禪、講二家流弊,剋骨見髓,知爲紫柏老人親承衣鉢,觀者當知寶之重之。是歲三月八日,牧翁題。"

作禮記會通序(牧齋外集卷二)。

序云:"歲在辛酉,余典試浙,得趙子禹欽。與之談三禮之學,三科經緯,瞭若指掌,知其爲有本之學也。山河邈然,轉盻三紀。今春屛居荒墅,其仲幼俞氏以禹欽所纂會通來質余。"故繫此。

乾隆震澤縣志卷十八節義:"趙君鄰,字禹欽。五都人。天啟二年進士。授行人,衣羹食淡,不輿不僕,以風節自持。時魏忠賢肆毒,賊害忠良,常恨身無言責,捫心欲絕。四年,奉使慶成王府,掌行喪禮。明年,奉命册封蜀府,冒暑過潞沱河,駐井陘。猝聞同鄉周宗建、周順昌爲魏忠賢所殺,哭之嘔血,不數日遂卒。所著有禮記正業。其弟聖鄰,又著禮記會通,並行於世。"

康熙吳江縣志續編卷六名臣:"(趙君鄰)所著有禮記正業行世。弟聖鄰,字幼俞。博學通經,著禮記會通輔之以行。遭鼎革,以高尚終。"皆與牧齋所敍有異。

春,與錢陸燦等鳳凰山掃墓,有興復鳳凰山永慶寺之舉。

鳳凰山永慶寺志卷二有戴元美代錢宗伯重修永慶寺疏。又同卷錢陸燦同叔祖牧齋、會嘉、叔子飛遊河陽山寺方議工重葺詩:"先期上巳襲春風,車騎河陽衆妙從。名宅衣冠存碩果,空山官殿撞洪鐘。中興禮數人天供,大老風流士女宗。欲撼蟲沙增願力,須知此地有仙蹤。"

錢陸燦鳳凰山永慶寺志序又云:"河陽山即志所謂鳳凰

山之北,負海,有宮保牧齋之祖塋,初學集河陽上冢詩是也。"卷一又有丁酉歲修寺恭請江上大圓居士大司農張老先生諱有譽,號静菴講經啟,及張有譽復錢嗣聖、湘靈、黍谷三公書,故繫之今年。

四月五日,作傅文恪公文集序(有學集卷二十)。

年月據傅文恪公文集順治刻本定。牧齋序云:"先師定襄傅文恪公文集二十卷,公歿後十一年,得諸其冢子庭詩,藏弆書樓,貯以篋衍,封題護惜,比于河圖琬琰。庚寅孟冬,不戒于火,新宫三日之哭,於吾師之文,有深恫焉。又五年乙未,公次子庭禮訪舊入吳,執手問故,相向而哭。歸而搜討遺集,兵殘火燼,蟲穿蠹蝕,蠟車障壁之餘,十存四五。公之壻方伯馮君宦于白門,爲鏤版行世,而辱謙益爲其序。"

傅新德集有明末刻本,爲其長子庭詩所刻;順治時,其壻馮如京再爲梓行,錢謙益作此序;民國時,有鉛字重排。三書皆存。

佛生日,作素華法師像贊(牧齋外集卷二十四)。

題於蘇州華山之彈指閣。

四月,至無錫訪華時亨。華氏時年六十,盲目,作矐目篇以贈(有學集卷二十七)。

有學集卷三十五華徵君仲通墓誌銘:"丁酉四月,予訪仲通于錫山,仲通扶攜及席,納履再拜,故國老民,垂白相向,夜分愴悽別去。予告王子雙白:'此老雖盲,方抵掌時,目光閃閃射燈檠上,可畏也。'是歲仲通年六十,予爲矐目篇以壽,仲通喜曰:'青天白日,予自茲可以引鏡矣。'"

華時亨(1598—1659),字仲通。無錫人。高攀龍弟子。

崇禎二年(1629)入復社，十年(1637)與錢陸燦等十七人結聽社，十一年(1638)列名留都防亂公揭。入清，杜門不出，日坐劍光閣，聚徒講攀龍之學。兩次被清廷逮捕，皆得免。晚年目盲，仍不廢著述。

  王雙白(1604—?)即王廷璧。武進人。

薛寀六十，作歲星解贈毘陵薛諧孟先生(有學集卷二十七)。

  薛寀(1598—1663)，字諧孟，號歲星。武進人。薛敷教之孫。崇禎四年(1631)進士。以比部郎擢知開封府。明亡後棄家為僧，法名米，號堆山。隱居於靈岩間，不復問山外事。當道及門下士登門拜訪，不得一見。後佯狂以終。

夏五月端陽日，撰陳方溪先生集敘(牧齋外集卷六)。

  陳儒，字宗道，號方溪。常熟人。嘉靖三十七年(1558)貢生。授東陽訓導，甫十八日卒於官。有留餘堂集存世。

夏五，因蕭孟昉之請，作蕭伯玉春浮園集序(有學集卷二十二)及祭文(有學集卷四十一)。

  鈔本有學集序文末署"丁酉五月五日"。序云："今年夏五，伯玉之猶子伯升蒐輯遺文，屬余刪定，且為其序。余得而論次之。"祭蕭伯玉文云："歲在丁酉，吾友泰和蕭伯玉順世而去者七年于此矣，其猶子孟昉遣力貽書，以遺文來請序。友人虞山蒙叟錢謙益發函哭之，過時而悲。序既削艸，以其間漬淚執筆，為文攄哀，俾孟昉讀而焚之，以告諸宿艸之墓。"春浮園集附祭文，後又有牧齋自注云："壬辰(辛卯)春，石濤上人自廬山持伯玉書來，漫興十二絕句送之，兼柬伯玉，以代滿紙之書、一夕之話。比至，而伯玉已化去矣。

今年得見孟昉,感歎存没,書此詩於扇頭,歸時以吾集敘、祭文並詩寫作一通,焚之殯宫,亦少見吾兩人素車白馬之誼也。"故繫此。詩在有學集卷四。

牧齋外集卷十慧命篇贈孟昉世友四十稱壽云:"自吾友伯玉西歸,而海内文章性命之友盡矣。孟昉惇篤風義,不愧伯玉猶子。去年訪余荒村,丰容咳唾,如見故人。余爲之嗚咽沾巾,所謂'喜心翻倒極'也。"

夏五月,作華山講寺新建講堂記(有學集卷三十一)。

鈔本有學集署"歲在丁酉夏五月,佛弟子虞山蒙叟錢謙益拜手謹書"。記云:"歲丙申之冬,大中丞遼海張公,保釐政成,建立佛事,申命捐俸,尅期繕完。落成之日,汰公之徒舍光渠公,即於此堂重宣大鈔,户牖開豁,天宇呈露,圓音落落,林木交應。黑白聚觀,合掌禮佛,咸謂最後檀越功歸撫軍也。"張公即張中元。

夏五月十九日,作坐脱比丘尼潮音塔銘(有學集卷四十)。

鈔本有學集署"丁酉夏五十有九日"。净土聖賢録卷六:"潮音,姓金,蘇州常熟人。適龔氏,寡居守節。與子端吾同發心出家。端吾既爲僧,音亦至蘇州,禮尼真如爲師。既而還里,蹴屋焚修,晝夜六時,佛聲浩浩。一日示微疾,沐浴披衣,堅坐中堂,日晡時,計曰:'亥時去矣。'斂手入袖,端坐而化,年七十三。事在我朝順治中。"又有學集卷四十六有潮音尼畫像贊,疑亦作於此時,附此。

五月十九日,作重建包山寺大殿募緣疏(有學集卷四十五)。

鈔本有學集署"丁酉五月十九日"。疏云："崇禎己卯，中吴明公過訪遺跡……于是命其徒達鎔，專勤葺搆，造禪堂五楹，以安清衆。惟大殿上雨旁風，梁陊棟泐，金容寶座，日就崩壓，將建鼓以號于四衆，懼弗吾無也。于是偕其徒腰包扣余，以唱導之詞爲請。"

通明(？—1663)，字固如。崑山周氏子。汰如明河弟子。

夏五月十九日，作徐女廉遺集序(有學集卷二十二)。

徐氏此集即思勉齋集，鈔本有學集署"丁酉夏五月十九日"。序云："門人潘潤、從子士亮，能于沈灰餘燼、螢乾蠹老之餘，搜採遺集，傳諸青簡，其風義大有過人者。"潤即應鯉子。

牧齋又爲徐女廉撰寫墓誌，不知作於何時，附此。有學集卷三十六潘文學墓誌："君既與女廉交好，遣潤師事焉。女廉歿，其子永亦殀，君經紀其孤嫠凡廿餘年，老而不倦。潤又捐束修羊爲女廉刻其遺集。而君之既葬也，女廉之次子京介潤以來請銘，曰：'藉手爲女廉報地下也。'蓋潘、徐兩世，交誼終始，有足稱者。"

按：據唐時昇三易集卷十八徐女廉墓誌銘，女廉有二子，永京、永邑，長子既婚而夭。牧齋墓誌稱永、京，必有闕字。

夏五月十九日，因黄翼聖之請，作茶供説贈朱汝圭(有學集卷十六)。

鈔本有學集署"丁酉夏五十九日"。序云："汝圭精于茶事，謀于翼曰：祖以菊隱，吾將以茶隱。今之通人，能爲我授記茶隱如伯虎者誰乎？子爲我請虞山老人證明其説,願歲歲採渚山青芽爲虞山老人作供。"

朱汝圭,大經孫。太倉人。唐寅曾爲大經作菊隱記。

五月(皋月)二十一日,爲顧有孝作唐詩英華序(有學集卷十八)。

唐詩英華刻本序後署"强圉作噩之歲皋月二十一日,虞山蒙叟錢謙益謹序"。顧有孝(1619—1689),字茂倫,號雪灘釣叟,更號雪灘頭陀,又號抱甕老人。吳江人。陳子龍弟子。子龍死難,謝諸生,隱居釣雪灘,以選詩爲事。康熙十七年(1678),舉博學鴻儒,不就。

文瀫初編卷六收此文,錢肅潤評曰:"茂倫英華一書,真詩學宗也。牧齋先生復爲之發明,將作詩之旨與輯詩之旨一一寫出,詩道于是大光已。"

五月,道源石林圓寂,年七十二。

有學集卷四十石林長老塔銘:"今年五月,師又示寂。……世壽七十二,僧臘四十五。……歲在丁酉九月,海印弟子虞山蒙叟錢謙益製。"

因朱鶴齡之請,作吳江朱氏杜詩輯注序(有學集卷十八)。

鈔本有學集署"强圉作噩□月五日,虞山蒙叟錢謙益謹序于碧梧紅豆之村莊"。序云:"余箋解杜詩,興起于盧德水,商榷于程孟陽,已而學子何士龍、馮已蒼、族子夕公遞代讎勘,蕆有成編,猶多闕佚。老歸空門,不復省視。吳江朱子長孺,館余荒邨,出所撰輯注相質。余喜其發凡起例,小異大同,敝簏蠹紙,悉索舉似。長孺騳蘗詮次,都爲一集。

書成,謂余宜爲序。"

有學集卷十八朱長孺箋注李義山詩序:"丁酉歲,朱子長孺訂補余杜詩箋輟簡,將有事于義山。"

朱鶴齡愚菴小集卷七箋注李義山詩集序:"申酉之歲,余箋杜詩于牧齋先生紅豆莊,既卒業,先生謂余曰……"箋注李義山詩集凡例:"余合箋義山詩文,始于丁酉孟冬。"

又愚菴小集卷四有投贈錢宗伯牧齋先生二十五韻:"耆舊今誰在?巋然獨海虞。聖時留碩老,天末遘潛夫。道詘風塵日,名垂造化鑪。儒衣推祜襘,學海仰蓬壺。早歲斑三殿,英聲播九區。博聞徵貳負,閎覽識鐏于。鈴索聞風動,花磚候景趍。蘭臺披秘簡,槐市定師模。丹穴翔高鳳,黃沙射短狐。屢勢與貝錦,終見止甌臾。流丸止于甌臾,見荀子。公望原無對,清流實有徒。號弓天響急,遷鼎日輪扶。北斗懸衡正,南宮聽履孤。玉璜參國寶,金礪應時須。世變分涇渭,人倫異菀枯。衡門安故柳,野服感新蒲。舊史存周柱,遺書抱魯儒。神傷燕市筑,望斷日南珠。漸與樵漁狎,惟將竹素俱。橫經來子慎,前席進王符。媿我存微尚,何當側大巫。披離同汎梗,決起笑搶榆。橐罄形容改,書成歲月徂。序希皇甫重,車候彥和紆。倘許東家卜,探奇老薄軀。"似亦作於此時。

又愚菴小集卷五又有呈牧齋先生一詩:"山堂半似野人家,閒拾瑤芝遣鬢華。玉佩罷來裁羽服,琅函鈔後飯胡麻。丹房只許調霞杵,逝景誰當挽日車。藥圃竹洲堪送老,休論猿鶴與蟲沙。"附此。

六月十三日,作季公道兄畫像贊(牘雋卷四)。

季公,即蕭士珂。

作書邀請含光法師來虞,解析楞嚴疑難。

錢牧齋先生尺牘卷二與含光師:"弟以長夏屏居荒村,思卒業楞嚴蒙鈔,以了夙願。草本署具,疑意弘多,非得面聆慈誨,手授筆削,故未可以會通諸家,折衷近德也。……秋風已至,倘得飛錫邨莊,盤桓數日,俾得從容扣擊,諮決積疑。此經得卒業流通,過恒河沙功德,故知無量無邊矣。又去冬發願會鈔金剛論疏,已具草本,是中章門,正待商榷。知爲法門弘度,不憚煩勞也。身非梵志,敢請法輪。"

七月初一,楊無補卒,年六十。

有學集卷三十六明處士楊君無補墓誌銘:"年六十,寢疾十日,自定終制,口誦佛號,正定而逝。……卒于丁酉歲七月初一日,葬在長洲十五都之新阡。"

七月,作石夢語録小引(有學集卷二十五)。

鈔本有學集署"丁酉七月"。石夢不詳。馮廷賓虞牧公詩集有春垂盡,偕放齋、愿中步興福山路,經舜井,訪石夢、圓鑑二和尚詩,又有愿中茅堂遇石夢和尚詩,據後詩小註,石夢擅種蘭菊。

七月,再跋釋道開藏逸經書標目(大藏經補編)。

文見萬曆十七年(1589)條。

七月十八日,作春浮園別集小序(春浮園別集卷端)。

序云:"秋窗小極,輟兩日翻經功課,删定伯玉春浮園遺集,遂得綴簡。集中詩文,度可二百紙,而雜著如南歸、汴遊諸録,卻與相半。"

中元後二日,爲陳允衡作愛琴館評選詩慰序(有學集卷

十八)。

　　詩慰刻本署"歲在丁酉中元後二日,虞山蒙叟錢謙益爲序於碧梧紅豆之邨莊"。陳允衡(？—1672),字伯璣。江西南城人。諸生。明亡,棄舉子業,遊走江淮吳越間。順治十一年(1654),忽赴秋試,既而悔之,以母命爲解,因刻是歲詩,以愛琴爲名。寓居白下,以詩名。晚年歸里。有願學堂集、愛琴館集。

七、八月間,校正首楞嚴經疏解蒙鈔。

　　見國家圖書館藏稿本大佛頂首楞嚴經疏解蒙鈔目錄後記卷端,自題"丁酉七夕,紅豆軒較對畢工,十一日輟簡,中秋十五日訂正圓滿"。

毛晉補刻十七史成,請序。時毛晉將往南京,作書答之,並請其尋訪釋典。

　　錢牧齋先生尺牘卷二與毛子晉："蓉莊南望,文星正指湖南,郎君聯袂歌鹿鳴,老人潔桂醑以介燕喜,其樂爲何如也！藉茅、孟昉附去二書,幸勿浮沉。春浮集扶病料理,放筆改抹,曲折如意,良可報吾友於九京矣。二書所屬,一一如命。惟十七史序,以辦下後頭涔涔不能屬思,必須少寬之。稍閑當捉筆,不敢忘也。南中焦家釋典書尚在,可一訪之。釋摩訶衍論二藏所無,彼中似尚可一訪求。又楊復輯訓行錄,皆開國釋門事典,千萬覓一册見示,可問之丁函生也。沈雪樵一字奉覽,貧士孤踪,幸足下稍有以慰之。"

　　王無咎,字藉茅。孟津人。王鐸次子,無黨弟。順治三年(1646)進士。

　　毛晉重鐫十三經十七史緣起："迨至庚辰除夕,十三部板斬新插架，賴鉅公淵匠不惜玄晏，流布寰宇。不意辛巳、壬午兩歲災浸，資斧告竭，亟棄負郭田三百畝以充之。甲申春仲，史亦奄然成帙矣。豈料兵興寇發，危如累卵，分貯版籍於湖邊巖畔、茆庵草舍中，水火魚鼠，十傷二三，呼天號地，莫可誰何。猶幸數年以往，邨居稍寧，扶病引雛，收其放失，補其遺亡，十七部連牀架屋，仍復舊觀。……順治丙申年丙申月丙申日丙申時，題於七星橋西之汲古閣中。"汲古閣十三經崇禎十三年（1640）庚辰刻成，十七史崇禎十七年甲申刻成，順治五年（1648）戊子重訂補板，至十三年丙申尚完工。

中秋十有一日，大佛頂首楞嚴經疏蒙鈔輟簡，作後記於碧梧紅豆莊（牧齋外集卷二）。

記云："蒙之鈔是經也，創始于辛卯歲之孟陬月，至今年中秋而始具艸。歲凡七改，藁則五易矣。七年之中，疾病侵尋，禍患煎逼，僦居促數，行旅喧呶，無一日不奉經與俱。細雨孤舟，朔風短檠，曉窗雞語，秋戶蟲吟。暗燭暈筆，殘膏漬紙，細書飲格，夾注差行。每至目輪火爆，肩髀石壓，氣息交綴，憊而就寢。蓋殘年老眼，著述之艱難若此。今得潰于成焉，幸矣！"又云："是鈔也，激賞諮決，親加標目，慇懃卒業，發願流通者，蒼雪徹師也。指決三摩，冥符古義，相期揚搉，未覩厥成者，蕅益旭師也。與聞草創，共事藍縷，采掇清涼，依助旁論者，含光渠師也。指瑜伽之教相，考匿王之生年，搜剔小宗，旁資引證者，楚松影省師也。明鏡清流，不辭披拂，霜天雪夜，共許參求者，長干社中晁伊開師、介立旦師、雪藏韶師、介丘殘師也。耳目濡染，晨夕扣擊，歡喜讚歎，異口同音者,里中石林源師及亡友孟鳧陸銑也。"可見其用力之勤,請益者之多。

道韶,字雪藏。

中秋十三日,作題龔孝升書近詩册子(有學集卷四十八)。

鈔本有學集署"丁酉中秋十三日"。文云:"頃孝老過吳門,出素册屬寫近詩。扁舟細雨,聊爲命筆。"

秋日,作秋日遇廣陵顧舍人於虎丘別後卻寄詩一首(牧齋外集卷一)。

苦海集此詩題作贈螺舟。螺舟名不詳,施男邛竹杖卷五顧螺舟:"螺舟,南通州人。其曾祖冲庵先生,有大勳勞于國,爲萬曆間名臣。其尊甫珠巖,亦成壬戌進士,給事省中。螺舟與余齊齒均年,相遇虎丘,屬余作歌,漫爲賦之。"

顧養謙(1537—1604),字益卿,號冲庵。嘉靖四十四年(1565)進士,官至薊遼總督,卒贈兵部尚書,謚襄敏。明史有傳。國寶(1592—1641),字元善,號廓庵,一號珠巖。養謙孫。天啟二年(1622)進士。官吏科給事中。

八月二十一日,作華仲通詩文集序(有學集卷二十三)。

鈔本有學集署"彊圉作噩之歲壯月二十一日,虞山蒙叟錢謙益謹序"。

八月晦日,爲陸仲德作本草拔萃序(牧齋有學集卷十九)。

鈔本有學集署"丁酉八月晦日"。陸仲德名不詳,牧齋外集卷九爲王兆吉贈陸仲德序云:"仲德爲吾同年友之孫,舍儒而醫。讀吾友繆仲淳本艸經疏諸書,得其不傳之妙。

余向爲敘纂輯本艸，頗能發明其指意。學老而聖，醫老而神，余亦自喜殘生之有託也。故于兆吉之請，直書之以爲贈，并以爲兆吉贈焉。"

王夢鼎槐川堂留稿卷一壺隱圓機序："吾虞陸仲德氏，大參羽明先生之孫也。入新朝後棄去舉子業，遂以壺隱，於繆仲淳先生經疏一書，閉户覃思，心領手輯，著本草拔萃，牧齋先生既序而傳之矣。而又以辨脉處方之要，引而未宣，復爲脉論之全，旁搜遠撼，疏通而證明之，題曰壺隱圓機，可謂深造自得，資深逢源者矣。"

可知仲德爲陸化熙孫。

中秋，爲孫永祚作孫子長六十序（有學集卷二十七）。

鈔本有學集署"丁酉中秋"。

八月，蔡士英因病免漕運總督。

世祖章皇帝實録卷一百十一："（順治十四年八月二十八日）漕運總督蔡士英引疾乞休，命回京調理，病痊起用。"

佚叢贈蔡總河其二："三年龍節離淮陽，野老扶筇黯自傷。"

九月十一日，作明處士楊君無補墓誌銘（有學集卷三十六）。

墓誌云："將葬，炤哭而告余：'吾父乙酉以來，飾巾待期，以死爲幸，祈死而死，不待皋某之日也。微夫子，其誰銘？'嗚呼，無補之爲詩人也，吾能徵之。其爲處士也，徵諸文靖，又徵諸文靖之子與其子。略詩人之名，諡之曰明處士，君子以爲允。無補名補，別自號古農。其先臨江之清江人。父潤，賈于吴，娶周氏，生無補，家焉。卒于丁酉歲七月初一日,葬在長洲十五都之新阡。娶袁氏,生五子:炤、烜、熺、㸌、燕。"鈔本有學集署"是歲九月十一日,虞山友人蒙叟錢謙益製文"。

楊炤懷古堂詩選卷一陸墓自註:"錢大宗伯撰先君子墓誌銘,自謂此文極真。"卷五顧雲美許寫先君子墓誌銘敬賦乞書:"誌銘無愧色,宗伯有真文。"自註:"虞山先生自語。"

文靖即徐汧。楊補與徐氏交甚篤。徐枋居易堂集卷一楊無補傳:"(弘光)時賊臣搆文靖公甚急,而楊文驄爲柄國者至親,官武部郎,貴用事,所言無不得當於柄國者。無補曰:'龍友不言,可以絶交矣。'……文驄曰:'子責某是也。微子言,吾已謁之相君,此非相君意,尋當解耳。'於是即出金陵而歸。……徐枋者,文靖公長子也。年二十餘避亂隱居,無補雅重其人,遊處如兄弟,相得甚歡。……初,無補病,即自知不起,呼家人預屬家事,數語而已;既病篤,乃復召其子,而命之曰:'吾交天下士多矣,今固未有如孝廉昭法者,即書畫小道,彼亦將繼數百年之絶業矣。蔡邕曰:吾家書籍當盡與之,惟得所歸耳,徒藏無益也。吾愧無藏書可以益孝廉者,所有畫本數十百幅,可盡歸之,可盡歸之,無忘吾言。'言已,遂不復開口。其篤好人物如此,而其子亦能遵父遺言,卒以其家所藏盡歸孝廉。所謂孝廉昭法者,即徐文靖公長子枋也。"

九月,作石林長老塔銘(有學集卷四十)。

鈔本有學集署:"歲在丁酉九月,海印弟子虞山蒙叟錢謙益製。"寄巢詩卷下亦附此文。

九月十三日,題楊補小像(牧齋外集卷二十四楊曰補小像)。

　　文曰:"負聖予之文而兼其畫,抱皋羽之志而不敢哭。嗤吳兒之好冠,謝魯人之儒服。"以龔開、謝翺作比,可見其遺民形象。

　　又佚叢有題楊無補小像詩:"卻掃焚香意,倏然輪鞍邊。畫常疑失妙,詩到欲參禪。盤礴形骸外,風流吐納先。舊題團扇句,應任老夫傳。"似作於楊補生前。

九月望日,爲汲古閣所刻十七史作序(有學集卷十八)。毛晉上壽,又有書致毛晉。

　　序曰:"崇禎庚辰之歲,汲古毛氏重鐫十三經,余爲其序。越十有七年歲在丙申,十七史告成,子晉復請余序。"末署"强圉作噩之歲九月望日,舊史官虞山蒙叟錢謙益再拜謹序"。十七史實際完成於順治十三年(1656)。

　　牧齋先生尺牘卷二與毛子晉:"足下獨鄭重枉存,稱千金之壽,世路悠悠,良未足以語此也。舟次草十七史序,老生常談,迂腐滿紙,恐未足增册府之光也。如何如何?心經小鈔,閲完送去。……白門之行,定在二十左右。頃藉茅爲賤降遺信,已與訂之矣,更須一面而行也。"

九月,作題費所中山中詠古詩(有學集卷四十八)。

　　費誓,字所中,號仲雪。吳江人。明諸生。入清後棄儒冠,服野服,徜徉山水間。好談兵,能急友朋之難,爲徐晟所重。年五十卒。詩名寒松堂集,魏叔子作序。

作繆母張太孺人六秩壽序。

　　見江陰東興繆氏宗譜卷四十,有學集未收。據宗譜,張太孺人生萬曆二十六年(1598)十月初十,死於康熙元年

(1662)十月十六。爲張履坦女,繆純白繼室,繆疇之母。因繫此。

秋,在金壇,讀于氏雲林園事略,追敍昔遊,作千字詩一首(有學集卷八)。

此園爲于玉德所建,其子某撰記。詩云:"昔與于潤甫,論交定縞紵。招邀游雲林,爲我道羅縷。……于公有收子,跌碭不莽鹵。胸破千卷書,手張百石弩。撰述園亭記,甲乙次州部。開章一兩行,標題頌皇祖。"

秋,爲潘高詩集賦詩一首(有學集卷八秋日曝書,得鶴江生詩卷,題贈四十四韻),並作書答之(南邨詩稿卷端)。

潘高,字孟升,號鶴江。金壇人。諸生。

牧齋書不見有學集,録如下:"門下不以老耄捨我,損書及詩鄭重相投,蓋二載於此矣。久置箱篋,闕肰不報。嵇康嬾不作書,師丹老而多忘,僕何人斯,兼此二病。又以老向空門,日事鈔略,刀筆闕疎,文債堆積,實非敢橫眉豎目,妄自尊大,以開罪於斯世之賢人君子也。頃以首稜輒簡,掤擋箱簏,始得撰五言一章,以導達其吟賞諷誦之意。雖遼緩之罪不可勝誅,而推獎之深、懺摩之切,則庶幾自白於左右矣。今世詩壇錯列,啁嘈盈耳,門下獨能刊落鉛華,濯磨濃豔,而務爲清麗古淡之音,用以陶冶性情,擺脱流俗。司空表聖所謂'落花無言,人淡如菊',門下得意之詩約略近之。'天寒翠袖薄,日暮倚修竹',少陵稱絶代佳人者如是,豈可與東塗西抹、倚門賣笑之流争好而取憐哉?世無昌黎,誰知東野?惟門下勉旃自愛而已。郵簡促迫,言不盡意。未見君子,我懷如何。臨風悵肰,徒有神往。"

爲張學曾作大觀太清樓二王法帖歌(有學集卷八)。

張學曾,字爾唯,號約庵。山陰人。崇禎副榜貢生。順治十二年(1655)正月任蘇州知府,十二月被劾去官。工畫,爲吳偉業畫中九友之一(梅村家藏藁卷十一)。

鄧漢儀詩觀初集卷一評云:"但題法帖,便無意味,中間寫出喪亂時翰墨遭劫一段情事,便使人撫卷三嘆。"

題含光法師小像二首(有學集卷八)。

又作題畫詩一首(有學集卷八)。

十月,作龔孝升過嶺集序(牧齋外集卷六)。

燕子磯送客,作詩一首(有學集卷八),歸舟又作詩一首(有學集卷八)。

所送之客,即龔鼎孳,龔氏自秦淮北上。龔鼎孳祭虞山先生牧齋錢學士文:"平生讌遊,歷歷在目,最後則千里命駕,送余于燕子之磯。臨長江而執手,託感慨于將離。"

定山堂詩集卷十三有仲冬十七日長至爲予始降,舟泊陸家墩詩。有學集卷八金陵雜題絕句二十五首其八自註:"丁酉秋,與龔孝升言別金陵。"

龔鼎孳定山堂詩集卷四十牧齋先生及同學諸子枉送燕子磯月下集飲口號四首:落葉滿山江水明,玉笙霜急坐深更。難堪星外孤鴻過,萬里征人罷酒情。

客心不共大江流,重爲秋山補勝遊。惆悵月寒歌吹發,陽關送到隔宵愁。

空天蒼翠下鳴絃,月共人圍老樹邊。滿眼山川留客醉,夜潮猶似繫歸船。

故園風露暫沾衣,獨立蒼茫同釣磯。何事玉笳沙磧冷,游人偏讓雁南飛。

十月二十日，王猷定介王天佑相見，作贈王平格序（有學集卷二十六）。

鈔本有學集署"是月二十日"。序云："丁酉之陽月，余在南京，豫章王于一氏介一士以見曰：'此秦人王天佑，字平格者也。'余驚而喜曰：'是嘗爲杜蒼略敘史論者耶？余以爲古之人也，而今猶在邪？'坐而言，貌古而視端，修然自下，知其有道而文也。"康熙揚州府志卷二十五有王氏傳記。王巖，字築夫。原名天佑，字平格。陝西長安人，遷揚州寶應。著有白田詩文四十卷。

瞿綬鈔本東澗尺牘致王平格：伏讀佳刻，鏗金戛玉，洋洋盈耳。以向日欲爲令叔作序，逡巡失約，病倦筆墨，未能分草二序，聊作贈序一篇并呈之，博噴飯一笑。近來詩集序，多應酬套語，繁苀可厭。此序申寫今昔，或不爲知己所吐棄也。驟寒伏枕，疎節自媿，諸惟慈諒。雪堂、左嚴諸老，相見爲道馳企。令叔亦不復通問，并乞叱名爲幸。

吾炙集卷上王平格奉贈虞山公四十韻：憶昔雍熙日，先生觀國賓。文章通紫極，甲第重青春。運否天心見，朝危亂賊伸。攀髯悲聖祖，主器震沖人。羽翼商山績，推求戚氏肇。權歸奄尹孼，交結聖娥親。死黨名驃騎，淫祠徧海濱。封章南斗貫，矯詔北司嗔。鍛鍊尊羅吉，朦朧殺竇陳。誰能同脫兔，公幸保潛鱗。代邸重光始，潢池發難頻。疆場多孔棘，明主獨勞神。駑列皆尸位，樗材每積薪。虛名疑故舊，實禍起臣鄰。機械袁晁構，恩讎牛李屯。借端緣取士，下獄豈存身？炎暑飛霜烈，兒童墮淚新。崇寧新網釋，元祐巨碑泯。北闕天崩坼,留都事苦辛。千尋空鐵鎖,六代入秋旻。江水仍連漢,吳山不拱秦。典刑留大老,聾瞶醒斯民。劫火燒編簡,蒼穹哭鬼燐。兵殘遺蹟在,手散萬金貧。寂寂摩崖字,泠泠拂水瀕。冰堅單碩果,物換獨星辰。妙悟精禪悅,憐才訪隱淪。猥儒逢世變,古道是家珍。史續蘭臺業,詩追工部塵。有親艱負米,何意夢垂綸。酒缺愁陶令,耕難誤鄭真。吹竽非野性,滅刺避廷紳。天地雙班骘,江湖一白蘋。窮途胸鬱鬱,終歲走踆踆。岱嶽瞻夫子,春風坐此辰。騰驤空冀北,拭土出延津。甘寂潛夫論,高標國士倫。前模需後勁,合轍不傾輪。孤月翻滄海,雕雲兆紫宸。願從搜石室,相見一沾巾。"大概亦作於此時。

有學集卷八金陵雜題絶句其十六:"于一摳衣請論文,高曾規矩只云云。老夫口噤如瘖啞,夢語如何舉似君?"自註:"南昌王猷定,字于一。"

陽月二十四日,作中峰蒼雪法師塔銘(有學集卷四十)。

南來堂詩集附錄載此銘,尾署:"時在丁酉陽月二十四日,虞山蒙叟海印弟子錢謙益謹製。"

在金陵,爲鄒漪作啟禎野乘序(有學集卷十八),又作詩贈之(有學集卷八金陵贈梁溪鄒生)。

鄒漪,字流綺。無錫人。博學多聞,好著述。遊黃道周、錢謙益、吳梅村之門。著有明季遺聞、啟禎野乘、名媛詩選等。吳梅村綏寇紀聞,亦云多出其手。牧齋序云:"往余領史局,漳浦石齋先生每過余揚搉,輒移日分夜。就義之日,從容語其友曰:'虞山尚在,國史猶未死也。'劫火之後,歸老空門,每思亡友墜言,抱幽冥相負之痛。鄒子,漳浦之高弟,卒能網羅纂集,以繼其師之志。"啟禎野乘有初、二兩集,牧齋所序爲初集。初集纂輯始於崇禎十五年壬午(1642),十七年甲申冬竣工,薛寀作序。順治十七年(1660)曾有修訂,康熙五年(1666)又再次印行。

有人認爲汰如法師塔銘過於簡陋,不足以稱道德業。陽月二十六日,作書汰如法師塔銘後辨之(有學集卷五十)。

文云:"余爲汰如法師塔銘,狗蒼雪徹師之請,據其行狀而作也。後十餘年,汰師高足含光渠師來告我曰:'有人議先師塔銘,寥寥數言,不足以稱道德業,願奮筆改定。渠以爲不若仍請于公,取次增潤,不獨于先師有光,亦聊以塞謠諑之口也。'余唯唯曰:'吾文蕪漏多矣,敢不唯命。'繙經少閒,取舊藁及新所撰述,循覽反覆,啞然失笑曰:'彼何人哉!殆歐陽子論尹師魯墓誌所謂世之無識者也。'"

十月二十八日,又爲作雙河衆香菴記(有學集卷三十一)。

記云:"無錫縣城之北五里而遙,介雙河之趾,有菴曰衆香,水牿和尚棲息處也。和尚初乞食城市,不衫不履,凡多聖少,如古言法華。梁谿人異之,築菴以居,欣然至止。一日從定中起,語其徒曰:'過此五六由旬地烏目山下,有一老人,無舌解語,將没巴鼻話頭拈弄筆墨,普作佛事。汝往鄭重致吾言,請作菴記。'其徒如其言,踽門以請。"水牿和尚字號不詳。

衆香庵爲鄒式金所築。鄒式金(1596—1677),字仲愔。無錫人。漪父。崇禎十三年(1640)進士。官南京户部郎中。明亡,依隆武,官泉州知府,因忤鄭芝龍解職返。披僧服,築衆香庵于雙河口,號木石居士,三十餘年不下樓。工戲曲,著有雜劇新編。牧齋死,首刻有學集。

爲劉遠公題扁舟江上圖十首(有學集卷八)。

劉元劍,字遠公。南昌人。一燝孫,斯瑋子。流寓南京。善畫,有扁舟江上圖,名家題詠殆遍。宋琬、方文、劉城等皆有題詞。施閏章學餘堂詩集卷二十六早春懷劉遠公,題註:"劉有扁舟圖詠。"詩云:"無恙扁舟客,倦遊何處留？梅花開海畔,杜若滿江洲。避地頭將白,憂時淚獨流。亂離垂釣穩,慎莫厭羊裘。"

又有學集卷三十二有文端劉公墓誌銘,亦元劍所請。文云:"去位十三年而卒。謙益罷免家居,孤斯琭具行狀請爲隧道之銘,曰:'微公,誰銘吾先相國者？'遭世多難,未及爲,而斯琭又卒。孫元劍申請益力。"

又錢牧齋先生尺牘卷二與劉:"昨姚文初郵中傳得文端公行狀,自惟文端公館閣深知,與尊府君死生宿諾,日月逾邁,丹青宵然,用敢洗心刻腎,撰成墓誌一篇。老學荒落,質俚無文,然一字一句,流出心腑,祈以徵信史,傳汗青。一二有識者,頗謂文直事該,不減蘇子瞻之於君實、景仁,而僕不敢以自信也,謹用繕寫一通,附伯璣便郵奉致。"劉,當即劉元劍。

顧夢游留牧齋小像,爲題四絶句(有學集卷八)。

十一月,又爲顧夢游作寒松齋詞翰卷贊(有學集卷四十六)。

鈔本有學集署"丁酉冬十一月,虞山後學錢謙益贊"。贊云:"寒松齋詞翰一卷,嘉靖中,薛君采、陳魯南、蔣子雲諸公爲顧英玉先生作也。……先生歿後百有餘年,余過其曾孫夢游,循覽斯卷,先輩風流婉約如在。既而讀自礪之辭,爲之目張骨悚,肅然摳衣起立,而乃再拜而爲之贊。"

再作題畫詩一首(有學集卷八)。

十月,讀侯官許友詩,爲題詩一首(有學集卷八題許有介詩集),不久,再讀許友詩,又題詩一首(有學集卷八再讀許友詩)。時寓青溪。

吾炙集卷下:"丁酉陽月,余在南京,爲牛腰詩卷所困,得許生詩,霍然目開。每逢佳處,把搔不已,因敘徐存永詩,牽連及之。遂題其詩曰:'壇坫分茅異,詩篇束筍同。周溶(容)東越絕,許友八閩風。世亂才難盡,吾衰論自公。水亭頻剪燭,撫卷意何窮。'周溶(容)者,字茂山。明州人。嘗爲余言許友者也。既而問之君子,或過余言,又題曰:'數篇重咀嚼,不愧老夫知。本自傾蘇渙,老杜云:老夫傾倒于蘇至矣。何嫌説項斯。解嘲應有作,欲殺豈無詞。周處臺前月,常懸卞令祠。'余時寓青溪水亭,介周臺、卞祠之間,故落句云爾。"

許友,字有介,號甌香。後更名眉,字介壽,一字介眉。侯官人。許豸子。工詩善畫。著有米友堂詩集。

本年,作故孝廉内鄉許府君墓誌銘(有學集卷三十四)。

鈔本有學集署"丁酉"。銘云:"越十有七年歲在丁酉,河津敺歷中外,歷官按察使,以陝西布政司右參議兼按察司僉事,覃恩贈府君如其官,乃件繫生平,勒爲事狀,俾舊史氏謙益刻其隧道之銘。"

此爲許宸父維清墓誌。許宸,字素臣。崇禎十五年

(1640)進士。授河津令。順治十二年(1655),任江南按察使,十四年去職。

仲冬六日,爲徐延壽作徐存永尺木集序(有學集卷二十二)。

鈔本有學集署"丁酉仲冬六日,敘于秦淮水閣"。序云:"是歲絳雲樓災,存永寓書,相三日之哭。又七年,以尺木集請序。"吾炙集卷下:"丁酉陽月,余在南京,爲牛腰詩卷所困,得許生詩,霍然目開。每逢佳處,把搔不已,因敘徐存永詩,牽連及之。"

十六日小至,月蝕,作詩一首(有學集卷八小至夜月食紀事)。

長至日(十七日),宿大報恩寺(有學集卷八丁酉長至宿長干禪榻),書大佛頂首楞嚴經疏蒙鈔後記於寺之修藏社(牧齋外集卷二),又與髡殘、錢澄之、祖嵩等人禮塔,作詩一首(有學集卷八丁酉仲冬十有七日長至禮佛大報恩寺,偕石溪諸道人燃燈繞塔,乙夜放光,應願懽喜,敬賦二十韻記事),又作家書寄柳如是,並題二絕句(有學集卷八至日作家書題二絕句)。

髡殘(1612—1671),字介丘,號石溪,又號殘道人、電住道人等,法號智杲、大杲。俗姓劉,湖南武陵人。工山水,名重一時。錢澄之田間文集卷二十一髡殘石溪小傳:師武陵劉氏子,母夢僧入室而生師。稍長,自知前身是僧,出就外傅,竊喜讀佛書。里有龍半菴,儒而禪者,特奇愛師。一日,聞誦怡山願文"正心出家,童真學道",即痛哭請諸父母求出家,不許。有來議婚者,師大罵絶之。崇禎戊寅,師年廿七矣,自念居家難以脱離,一夕大哭不已,遂引刀自剃其頭,血流被面,長跪父牀前謝不孝罪。父知其志堅,且業已剃,遂聽從之。龍先生聞之大喜曰:"此大丈夫事,不可小就。"教令看話頭,有省,益令游江南參學。至白門,無所遇,遇一老髡,問師出家始末,言與己同,但己得雲棲大師爲之剃度。師因請大師遺像,拈香遥禮爲師。老髡與議名智杲,蓋雲棲派也。既返楚,卜居桃源餘仙溪上。龍先生畫夜逼拶,久之,忽有所觸,心地豁然,遂成無事道人。師生平未有師承,世出世間所以成就之者,龍先生一人而已。甲午再來白下,遂駐錫長干。戊戌往謁浪杖人於皋亭,一見皈依,易名大杲。明年,杖人示寂於天界,師自祖堂奔赴,諸弟子以杖人親書法偈及竹如意遵遺命於龕前付授,師拜而藏之,不啟,已納歸青原,終不受。師在祖堂,與諸髡不合,有爲捐資搆大歇堂以居師者,師謝以偈曰:"茶蓼生來都喫盡,身心不待死時休。借他兩板爲棺蓋,好事從頭一筆勾。"疾革時,語大衆:"死後焚骨灰,投棄江流。"衆有疑色,師大叫曰:"若不以吾骨投江者,死去亦與他開交不得!"衆遵命,舉火後,函其骨灰投燕子磯下。

錢謙益牧齋外集卷二楞嚴蒙鈔重記:"丁酉長至,遇雪藏韶師於長干,出斯鈔就正。韶師偕介丘殘師,呵凍開卷,廢寢食五晝夜。讀罷,説八偈以唱嘆。介丘告我曰:雪老教乘宿學,不妄許可一字,謂此鈔得楞嚴大全,古聖師面目各在,亟宜流布,勿復疑滯。"

錢澄之田間詩集卷三次冬至夜同介丘友蒼陪虞山翁禮

塔即事："裴公禮塔日初長，佛號魚聲夜繞廊。月出殿東清梵合，霜侵臺上戒衣香。多生緣共依三寶，未死心還待一陽。不是虞山真願力，宵深爭見白毫光？是夜仿佛有光。"

又吾炙集卷上有錢澄之呈虞山夫子二首：寒芒戴斗久迷離，霧重天南隱尾箕。鶉火三精迴宇宙，龍沙一柱壓華夷。平津事業開新閣，安石功名覆舊棋。暫駐江干望殘月，曉星早已動參旗。

甕城春色自天來，虞仲山光帶雨開。鳳闕護雲時拂躍，龍箋賜墨尚昭回。宗彝祕器先經晾，祖衸堆牀近有埃。樂土不離塵世外，香光五彩是蓬萊。

此詩不知作於何時，似作於此前不久，附此。甕城即鐵甕城，即今鎮江。

錢龍惕大充集卷上次韻牧齋先生丁酉長至禮佛大報恩寺然燈繞塔乙夜放光記事二十韻："寶塔具瞻蕭寺裏，報恩高倚石城旁。千聲鈴鐸傳風語，多級琉璃曜日光。名畫諸天排四壁，應真羅漢列前廂。簷鋪翠瓦層層碧，頂嵌風銅閃閃黃。疇昔夢遊猶復到，當年隨喜頗能詳。仄聞蓮社風流遠，堪羨花宮梵唄長。安遠慧心皈淨土，宗雷白業聚諸方。燈明迴繞浮圖火，香氣氤氳窣堵墙。感徹丁年呈異觀，誠通乙夜吐光芒。金題歷歷疑翔涌，銀樹枝枝似激昂。白月一時舒蚌色，紅雲半壁爛瓜瓤。青天忽變黃金界，大地平鋪白玉肪。髣髴蓮池千葉放，依稀寶樹七重行。騰身昱耀如開戶，彈指光明恍在牀。翹首僧徒看絕頂，冥心居士拜迴廊。現來直欲移針孔，照去誰能隱粟芒。舍利信關三世果，優曇曾見幾多場。傳聞尚自刳心喜，親炙寧無徹骨涼。地近四禪無住壞,灾經三劫又陰陽。山川祇欠雙芒屩,瓶鉢何當一布囊。他日鍾山千佛會,素衣還擬炷鑪香。"

又有信寄毛晉,請刊印十七史序。

牧齋先生尺牘卷二與毛子晉:"淹留水閣,未能即歸。……晤對之期,當在月杪。此時正與朂伊諸師商榷般若,大有相長處。歸時當面詳之耳。老盧已大擾之,不知醉翁之意不在此也。藉茅連日不見,似刻集之興頗闌珊矣,別後當再扣之。十七史序,白下多來問者,不妨付梓流傳也。"此集疑即王鐸擬山園選集。擬山園選集五律詩卷一有"海虞錢謙益受之甫閱"。

龔鼎孳自粵返金陵,爲塾師求詩,作二絕句(有學集卷八龔孝升求贈塾師戲題二絕句)。

龔鼎孳邀看丁繼之演劇,顧景星次牧齋壽丁繼之六十詩韻,作詩一首。

顧景星白茅堂集卷十合肥公邀同錢牧齋看丁繼之演水滸赤髮鬼,丁年已八十,即席次牧齋壽丁六十詩韻:"左右看君正少年,翠鬌紅袖并花前。按歌傳遍青樓曲,作使當場白打錢。酒態慣撩監史罰,舞腰猶博善才憐。貞元朝士今無幾,卻有民間地上仙。"

顧景星(1621—1687),字赤方,號黃公。蘄州人。明貢生,弘光時考授推官。入清不仕。

長至後二日,題顧與治藏黃大癡畫卷(有學集卷四十七)。

冬至後七日,作普德寺募修禪堂疏(有學集卷四十五)。

疏云:"西蜀朂伊法師聞公駐金陵城南普德寺,儀範霜肅,辯才雲湧,講法華、楞嚴、楞伽諸經,唯識諸論,如水瀉缾,如肉貫串,黑白四衆,圍繞傾聽,心開首肯,嘆未曾有。將開演華嚴宗旨,大轉法輪。寺當頹圮後,禪堂數椽,上漏旁穿,軍持漉囊,靡所栖止。寺僧自惟發願勸募修葺,用以安談筵,容聽衆,請爲唱導之文。"

仲冬晦日,作答王于一秀才論文書,與王猷定談論徐世溥對其文章的看法(有學集卷四十二)。

書云:"見徐巨源與陳伯璣書,論僕晚年文字,專好罵人,傳語相勸戒,爲之咋指吐舌、急杵擣心者累日。……昨巨源損書,盛推僕主張壇墠,鼓吹大雅,不應逃虛談空,坐視曠瘖。……俗學多種,不過一贗,文則贗秦、漢,詩則贗漢、魏、盛唐,史則贗左、馬,典故則贗鄭、賈,論斷則贗溫陵,編纂則贗毘陵,以至禪宗則贗五葉,西學則贗四韋陀,長箋則贗三倉,邪偽相蒙,拍肩接踵。一旦張目奮臂,區别稂莠,據一鬨之地,而爲四戰之國,布方寸之鵠,而招千人之射,實應且憎,號咷寡助,物莫之與而傷之者至矣,豈不岌岌乎殆哉。巨源愛我者也,憂其危,閔其獨,憚其狂易,婉約其詞,聊以微言相勸戒,其忍具曰予聖,以規瑱吾耳者乎?"

本年,作王府君墓誌銘(有學集卷三十)。

銘云:"歲在戊子十一月,遼東王府君,卒于其子江寧清軍副使言之官舍。明年己丑,葬于某山。又七年丁酉,副使君以余舊待罪太史氏,職司文字,請爲其銘。"此爲王言父可登墓誌。

壽州鄧旭置酒,作詩一首(有學集卷八水亭承鄧元昭致餞諸人偶集醉飽戲書爲謝)。

鄧旭(1609—1683),字元昭,號九日。壽州人,遷金陵。順治四年(1647)進士。仕至甘肅洮岷道按察副使。爲人常懷濟世之志,於金陵建育嬰堂,活人無算。卜居城南萬竹園,讀書課子幾三十年。家有青藜閣,藏書甚富。喜爲詩,好李賀,多奇語。

有人拈聶大年燈花詞,戲和二首(有學集卷八)。

作橋山詩一首(有學集卷八)。

詩云:"萬歲橋山莫永寧,守祧日月鎮常經。青龍閣道蟠空曲,玄武鉤陳衛杳冥。墜地號弓依寢廟,上陵帶劍仰神靈。金輿石馬依然在,蹴踏何人夙夜聽?"橋山爲黄帝陵寢所在,本不在南京。牧齋此詩,疑拜祭孝陵而作。同卷投宿崇明寺僧院有感二首亦云:"禾黍陪京夕照邊,驅車霶灑孝陵煙。"金陵贈梁溪鄒生又云:"冶城載筆霜風候,還與幽人拜鼎湖。"鼎湖爲黄帝乘龍上昇之處,亦暗指孝陵。

作一年詩,感歎福王政權的失敗(有學集卷八)。

作雞人詩,記福王夜奔事(有學集卷八)。

又作蕉園詩弔古(有學集卷八)。

蕉園在北京故宫太液池東,歷朝實録成,於此處焚燒原稿。此借蕉園弔南京故宫。

洞庭吴時德以雁字詩十二章見示,和之(有學集卷八橘社吴不官以雁字詩見示,凡十二章,戲爲屬和,亦如其數)。

吴時德,字明之,別號不官。吴縣東山鄉武山人。壯歲棄舉子業,肆力風騷,詩多苦吟。崇禎十三年(1640)流寓六合。遭喪亂,歷涉窮困,來往大江南北。與林古度、王潢、顧與治等入秦淮詩社。明亡後,每過鍾山必整衣遥拜。康熙元年(1662),由六合還里。著有吳不官遺集三卷。

吾炙集卷上錄吳時德雁字詩二首:聯翩文采更風流,遊戲雲端幾度秋。紅葉窗深先望斷,青燈工苦未經求。女媧石上堪磨勒,白玉樓前合逗留。漫道嗷嗷無定止,迴文直到楚江頭。

天風吹動列同儔,兵氣依稀掠九州。偶與斷虹連鐵畫,卻當新月借銀鉤。右軍池外翻新草,西子湖頭寫暮愁。聞道紀官蒙上古,莫將今代問公侯。

錢牧齋先生尺牘卷一復吳時德(應):"客歲采詩南中,與林茂之評定雁字詩幾千首,蜂喧雀噪,獨賞伽陵頻伽和雅之音,謂二袁諸公,猶當讓一頭地。而門下顧超然玄覽,不與詞壇爭名,益知其所存者遠矣。"

王應奎柳南文鈔卷一洞庭吳不官詩集序:"吳不官先生,吾邑錢宗伯嘗敘其集,稱許甚至。而宗伯吾炙集之選,頗極矜慎,雖當時雄長詞壇者,不敢望片字采獲,獨於先生詩,選至數首,則其工可知矣。先生之孫曰廷鶴,字晉友。爲人敦樸,有古人風,雖幼孤失學,而能保守先集,不致廢墜。迫年老而獨,恐一旦失傳,爲戾滋甚。於是削食貶衣,謀付剞氏,惟恐或後。而校讐之役,則俾其從弟友篁任之。……友篁與余善,嘗於玉峯旅次,示余以所定本,則宗伯所選著作,皆放佚不存。余甚訝之,即友篁亦不識其故何也。"友篁所訂本,今尚存刻本。

按:王晉介軒集有和錢謙益雁字詩十二首,見聶先所編百名家詩鈔。

秦淮水亭逢小李大,賦贈十二首(有學集卷八秦淮水亭逢舊院小李大賦贈十二首),杜牙有和詩。

　　金匱本有學集、牧齋詩鈔皆題作秦淮水亭逢舊校書賦贈十二首,題下註云:"女道士淨華。"余懷板橋雜記卷中:"李大娘,一名小大,字宛君,性豪侈,女子也,而有鬚眉丈夫之氣。所居臺榭庭室,極其華麗,侍兒曳羅縠者十餘人。置酒高會,則合彈琵琶、箏,或狎客沈雲、張卯、張奎數輩,吹洞簫、笙管,唱時曲。酒半,打十番鼓。曜靈西匿,繼以華燈。羅幃從風,不知喔喔雞鳴,東方既白矣。大娘嘗言曰:'世有遊閒公子、聰俊兒郎,至吾家者,未有不蕩志迷魂、沉溺不返者也。然吾亦自逞豪奢,豈效齦齦倚門市娼,與人較錢帛哉!'以此得俠妓聲於莫愁、桃葉間。後歸新安吳天行。天行鉅富,貲產百萬,體羸,素善病,後房麗姝甚眾,疲於奔命。大娘鬱鬱不樂。曩所歡胥生者,賂僕婢,通音耗。漸托疾,客薦胥生能醫,生得入見大娘。大娘以金珠銀貝納藥籠中,挈以出,與生訂終身約。後天行死,卒歸胥生。胥生本貧士,家徒四壁立,獲吳氏資,漸殷富,與大娘飲酒食肉相娛樂,教女娃數人歌舞。生復以樂死。大娘老矣,流落閭閻,仍以教女娃歌舞為活。余猶及見之,徐娘雖老,尚有風情,話念舊遊,潸然出涕,真如華清宮女說開元、天寶遺事也。昔杜牧之於洛陽城東重睹張好好,感舊傷懷,題詩以贈,末云:'朋遊今在否,落拓更能無。門館慟哭後,水雲秋景初。斜日掛衰柳,涼風生座隅。灑盡滿襟淚,短歌聊一書。'正為今日而說。余即書於素扇以貽之,大娘捧扇而泣,或據床以哦,哀動鄰壁。"

　　鄧漢儀詩觀初集卷一錄其五,評云:"已往情事總思量,不得門外人那知?"

甲乙之際宮閨録卷八:"按有學集此詩題曰秦淮水榭逢舊校書,注曰女道士淨華,而目録則曰贈小李大,合觀之,始知小李大即淨華也。"

名媛詩緯初編卷三十三:"李小大,金陵舊院妓。通文墨,工詩。從丁丑進士劉公侗。"

吾炙集卷下杜紹凱奉和牧翁先生贈舊校書二首:朱樓十里起雙扉,物換星移似鶴歸。怪底新人都媿嫮,老來能著水田衣。

北里閒提舊話長,勾闌處處説焚香。於今瓦礫風榛地,祇斷橫刀蕩子腸。

和普照寺壁間韻,邀方以智、錢澄之同作(有學集卷八和普照寺純水僧房壁間韻,邀無可、幼光二道人同作)。

葛寅亮金陵梵刹志卷三十六:"普照寺,在都門外南城。西去所領永興寺半里,北去聚寶門二里,舊名庵。元至大間,僧無盡建。成化間,僧定瑪重建,賜額。"方以智、錢澄之和詩未見。

吾炙集卷上廬山光熊幻住普照寺純水僧房次壁間韻:"江天絮被晚氛濃,何處隆中膝可容?獵火亂燒無蔕草,林霜不殺有心松。難催枕上多生夢,獅吼牀頭子夜鐘。舊隱碧山梅幾樹,別來無恙倩苔封。"牧齋評云:"獵火亂燒無蔕草,林霜不殺有心松。異哉,若人非無蔕之草,而有心之松也。傳曰:隕霜殺草。記曰:如松柏之有心。競病武夫,何以通知經術,尤可異也。人傳其哭兄詩云:身經刀過頭方貴,尸不泥封骨始香。沈着痛快,一字一血。今人點筆便稱唐詩，良可以塞口矣。"光熊幻住，姓名不詳，或以爲即錢澄之，誤。

明末忠烈紀實卷十六：張起芬，一作嘉允，錢塘人，從姚志卓起兵，爲副將。丙戌，被執至杭城，懸之樹間射死。生平不讀書，臨刑賦詩曰：頭能過鐵身常在，死不泥封骨亦香。"

海東逸史卷十一："姚志卓，字子求。長興人。乙酉閏六月，與參將方元章起兵，以錢塘人張起芬爲將，攻破餘杭，與江東諸營遥爲聲援。……至乙未冬，定西侯張名振、少司馬張煌言率水師至鎮江，志卓以其兵來會，力攻崇明，没于陣。而起芬被執至杭，懸之樹間射殺之。素不讀書，臨刑有詩云：身經刀過頭方貴，死不泥封骨亦香。"雖傳説異辭，合而觀之，光熊似爲起芬弟。

又作水亭撥悶二首（有學集卷八）。

作詩示髠殘，兼記占乩神降之語（有學集卷八）。

自註云："有神降乩云：速完經疏，天堂報汝。"

臘月八日，同髠殘、孫晉、薛正平、黄舜力、盛丹衆居士長干薰塔，作詩一首（有學集卷八），薛正平持自傳請銘。

有學集卷三十五薛更生墓誌銘："丁酉臘月八日，長干薰塔，薄暮冒雨追余，持薛公自傳，拜而屬銘。"

黄舜力待考。

爲新婚夫婦作秦淮花燭詞四首（有學集卷八）。

不知爲何人而作，疑是蕭伯升，見下年。

竹笆集載毛褒詩，句云："貝葉未酬先世願，伯玉先生與先人同發願刻大藏。雨花曾降梵天身。丁酉歲，君方花燭秦淮。"

藏書家丁菡生卒,作挽詩一首(有學集卷八)。

丁雄飛(1605—1657),字菡生,自稱倦眉居士。江浦人。明登子。少隨父宦遊溫陵,歸居南京烏龍潭之心太平庵。嗜古,樂藏書,積書四萬卷,尤多秘本。順治十一年(1654),與黃虞稷訂古歡社約,以每月十三日、二十六日互訪、互抄、互讀所藏書籍,並相考訂。撰述近百種,大多散佚。

黃師正以小桃源記見示,爲作短歌(有學集卷八)。

牧齋詩云:"未爲武夷遊,先得桃源記。小桃源在幔亭旁,別館便房列仙治。黃生卜築才十年,七日小劫彌烽煙。山神氍毹請廻駕,洞口仍封小有天。揭來奔竄冶城左,手持詩記揶揄我。"

吾炙集卷下黃師正小桃源山居詩四首:買山端爲好藏書,校勘丹鉛慰索居。未醉亦忘卿可去,相過先問客何如?紅疏藥徑尋詩處,香積蒲汀洗硯餘。不欲種松知歲月,年光自問老蟲魚。

停雲零雨感天涯,臥看天源萬樹花。鄰舍飯香炊薏苡,野人羹美煮芹芽。傳書每倩司扉鶴,押字能驚沸沼蛙。栽菊藝桑吾事了,石田空種故侯瓜。

新蟬響壑樹先秋,煙梵沉沉静夜流。自覺據梧方喪我,何須擘芷要鷗盟。移山愛著愚公號,逐日兼無夸父愁。問道仙人多玩世,竹間舒嘯有高樓。

嵐光霞氣繞青林,投榻松根抱膝吟。飲澗野麢歸洞晚,隔花啼鳥語煙深。交多溪友邀論釣,社結山家約會琴。爲愛躬耕從避世,遥遥沮溺是同心。

嘉平十一日,請山陰魯生書孫永祚壽序(有學集卷二十七孫子長六十序)。

鈔本有學集序末有跋:"子長以素卷屬余書所製壽文,客游留都,筆凍指瘃,不能命筆。山陰魯生學董華亭書法,轉乞揮洒,爛然盈卷,余不敢傗伯尊攘善,遂題其後而歸之。是年嘉平十有一日,書于秦淮丁氏水亭。"疑即魯得之。

王無咎前來送別,敘關公靈感事,爲作河南府孟津縣關聖帝君廟靈感記(有學集卷三十一)。

記云:"丁酉臘月,余自金陵遄歸,王學士藉茅過別,述關聖帝君靈感事。"

十九日,薛正平送牧齋東還。

有學集卷三十五薛更生墓誌銘:"十九日,送余東還,入清涼,憩普德,累日而後返,持經削牘如平時。"

自金陵歸,過句容,柬臨川李學使二首(有學集卷八)。

學使即李來泰,時官上江學政,欲匯刻湯顯祖玉茗堂全集。

李來泰,字仲章,號石臺。臨川城南人。順治九年(1652)進士。

嘉平二十三日,登句容崇明寺毗盧閣,作詩一首(有學集卷八)。

句容崇明寺,始建於西晉咸寧初年,初名義和寺。梁時,昭明太子曾書其額。北宋太平興國間改今名。

晚宿崇明寺僧院,有感,又作詩二首(有學集卷八)。

二十四日,薛正平卒,年八十三。

有學集卷三十五薛更生墓誌銘:"廿四日晨起,呼逢誦道德指歸序,問曰:'孔子稱老子猶龍,是許老子,未許老子?'逢未答,曰:'我方思熟睡,汝姑去。'丙夜呼燈起坐,稱佛號者三,顧逢曰:'今日睡足如意。'轉身倚逢面,撼之逝矣。"

繼丙申春留題之作,再作金陵雜題絶句二十五首(有學集卷八)。

其二自註:"舊院馬二,字鼉采。"潘之恒亘史淮豔馬鼉采傳:"馬鼉采,字宛虹,行二。金陵角妓。祖姑湘蘭,有聲教坊,近稍凌夷,而家風自在。少年有挾之鑾江游,至輒傾其曹,咸讓曰:'湘蘭孫女也。'鼉采每自下,不欲先人。飲數斗不醉,雲中君目爲女叔夜美酒態也。一日有間右招,不及赴,頗督過之。鼉采呼酒自釂,偃臥舟中如玉山之頹,雲中君泊鷁生秉燭伺,未測其踵息也。明日起,復飲如初,蓋醇醪可百觥云。"

其七自註:"紹興周錫圭,字禹錫,好聽南院頓老琵琶,曰:此威武南巡所遺法曲也。"周錫圭嘗與林古度刊訂莆田陳昂白雲集。

其七自註:"鄭如英,小名妥,詩載列朝閨集中,今年七十二矣。"列朝詩集小傳:"如英,字無美,妥,小名。十二,行也。金陵舊院妓,首推鄭氏,妥晚出,韶麗驚人。親鉛槧之業,與期蓮生者目成,生寄長相思曲,用十二字爲目,訓和成帙。冒伯麐集妥與馬湘蘭、趙今燕、朱泰玉之作,爲秦淮四美人選稿。伯麐稱妥手不去書,朝夕焚香持課,居然有出世之想。有述懷詩寄伯麐云:'浪説掌書仙,塵心謫九天。皈依元鳳願,陌上亦前緣。'良可念也。"

其十六詩:"于一摳衣請論文,高曾規矩只云云。老夫口噤如喑啞,夢語如何舉似君?"自註:"南昌王猷定,字于一。"則與王猷定亦有來往。

其十九自註:"金陵胡叟,號節軒。已下三叟,皆與余同壬午生,年七十有六。"胡叟名字待考。朱應昌洗影樓集卷五贈胡節軒註:"節軒居大中橋,豪俠好義,與盛茂開、周嘉冑稱金陵三叟。"

其二十自註:"盛叟,字茂開。子丹,亦善畫,釀百花仙酒以養叟。"盛胤昌(1582—1666),字茂開。以畫名家。子丹,字伯含;琳,字林玉,皆傳家學。

其二十一自註:"周江左,名嘉冑,鑒古工書。子運庚,字西有,亦奇士。"周嘉冑(1582—?),江都人,寓居南京。所著香乘、裝潢志二書,享譽後世。

其二十二自註:"西佩,名斯瑋,南昌劉文端之次子,丁酉嘉平歿于蕪湖旅舍。"劉斯瑋(?—1658),即元劍之父。王猷定四照堂集卷五祭尚寶丞劉公文:"丁酉冬十二月朔,尚寶寺丞劉公西佩以疾終蕪湖之邸舍。"

其二十五自註:"余於採詩之候,撰吾炙集一編,蓋唐人篋中之例,非敢以示人也。長干少年疑余復有雌黄,爰戲題其後。"吾炙集主要採于今明兩年。

鄧漢儀詩觀初集卷一錄其二、其九、其十二,其九評云:"每定山南歸,牧翁必扁舟往晤,備極綢繆,此絕殆其實譜。"

本年,作陳孟孺先生集敘(牧齋外集卷五)。

本年,王崇德卒于淮安,年七十九。

有學集卷三十四有其墓誌銘,應其子王熒之請而作,因附此。熒,字雷臣。崇禎十年(1637)進士。知祥符縣,御賊有功,擢御史,巡按兩淮。甲申,秩滿當去,念淮安爲南北要地,與路振飛歃血爲盟,誓言死守,淮郡賴其保全。入清降,擢山東巡撫,又擢操江總督,皆以疾辭。

臘月,作書含光。

牧齋先生尺牘卷二與含光師:"疏鈔講至第九會,便是色界諸天,將至有頂。蒼、汰二師誓願可了畢矣。賤體少强,俗緣得閒,便當趨侍談筵,少霑法乳也。……金剛會箋,開歲重爲整理,方有頭緒,了此再理楞嚴,完積年未了之公案。……山中監院,未可輕付善生,待再望幾夏,法力稍充,方可任此耳。撫公等書帖,如諭送上,正恐不足爲有無也。蒼師塔銘,已經法眼鑒定,料不至如汰師之文,供一輩無眼人摸索也。長干塔光詩,附上請政。"

冬,王烟客餽贈禮果,未遇。年底,自白門歸,作書答謝(牧齋外集卷二十二)。

書云:"荒村殘臘,風雪拒戶。紙窗竹屋,佛火青熒。瑶華遠存,重以餽歲。佳肴珍果,盈筐溢筥。春風滿座,椒盤郁然。……首楞一鈔,稿已五削。般若二本,幸而先成。以二經教義,最爲精奥。心經則賢首畧疏,全通法界;金剛則慈氏頌偈,親授僧法。近代大老,箋註猶多遺落,本源少有管窺,每思就正,亦以此中牛毛麟角,可與微言者良鮮也。向者村舟暫出,未奉報章。寒疾少間,專力奉復。"

本年,出面爲王夢鼎解決科考紛爭。

王夢鼎槐川堂留稿卷六生緣小記:"丁酉,歲居寳興,余仍命旅,應試江上,而攻訐紛起。大司農靜涵張公首發公函,太史翼蒼程公時司鐸郡庠,詳揭世籍始末,當事駁查如故。江令武公據辦糧户册申覆,始信旅藉非誣,乃下呈首于縣,懲其妄言。余走懇錢宗伯,札致武令,得概賜詳復。"

武茂周,字泰寰。杏山人。順治九年(1652)任江陰令。爲官清廉,任事六年,不取民衆一錢。入縣志名宦傳。

本年,作明故貴州永寧州吏封行人司行人贈吏部稽勳清吏司主事李公墓碑(有學集卷三十五)。

此爲李元鼎父尚熹而作。碑文云:"李公諱尚熹,字子昭……生嘉靖戊午,卒天啟丁卯六月,得年七十。其葬之歲爲戊辰,爲崇禎元年。……光禄公葬公之後二十九年,俾舊史官錢謙益書其隧道之碑。"

本年,應吳梅村之請,作中大夫參政陳公墓誌銘(亳里陳氏家乘)。

此宜興陳于泰父陳一教墓誌。文云:"癸酉之春,佃丁與莊奴爭餘遺升合,拿鬭不解,致嘯聚多人,皆負租惡少,白梃烈焰,莊居遂毁。其時被災者四宦之莊,知縣駱天閑承權奸之指,獨揭一門。而臺使張大其事,奏稱潢池弄兵,上干君怒。二嗣君尚在翰林,而公扶筇就理,感憤不勝,以之成疾,殁於舟中。此遠邇所稱仁者之末路也,天可問哉。余與兩翰林爲前後輩,夙昔有通門之雅,故不盡依來狀,直書余所見聞,亦以浣義興陳氏數十年不白之誣也……公之孫鉉及璿因家難,從地師之言,改葬公於潤北之小山祖壟,以僕猶在世,介吳梅村來問銘。"

吳偉業翰林院修撰陳公墓誌銘:"順治(康熙)丁酉之

秋,余繫舟於山塘,坐白椎庵,宜興同年陳謙茹之兩孤,出米和尚爲其父狀來乞銘。"因繫此。

陳于泰(1596—1649),字元長,一字大來,號謙茹。崇禎四年(1631)狀元。入清不出,匿複壁中。弟于鼎(1601—1662),字爾新,號實庵。崇禎元年進士。崇禎六年春,宜興佃户民變,焚燒挖掘,官長不能禁,陳氏受禍尤烈。巡按祁彪佳疏稱陳氏居鄉不謹,激起民變。一教病死,于泰、于鼎削職。

牧齋撰寫此誌的原因,一是吳梅村之請;二是于泰長女適陸問禮子,三女字賀世壽姪,六女字申用懋孫,都是牧齋好友;三是據吳梅村所撰陳于泰墓誌銘,一教"素稱長者,所交皆江以南理學諸君子","虞山之瞿,澄江之繆,梁溪之顧、高,自餘名公卿子弟",皆受業其門。可見,牧齋與陳氏有千絲萬縷之聯繫。

清順治十五年戊戌(1658)　明永曆十二年
七十七歲

黄翼聖購得萬曆丁巳程嘉燧倣黄公望仙山圖,睹之惘然,題詩一首(有學集卷九)。

和郭都賢補山堂歌一首(有學集卷九)。

沅湘耆舊集卷二十八郭都賢補山堂歌有序:小構沙灣,拜爾梅張公畫,懸之茅茨。千岩競秀,直補澤國所未有。因補山堂額,作歌以詠之,并謝其以烟雲供養老僧也。

山中人兮畏豺虎,橫擔柳栗飛寒羽。茫茫水雲魚龍腥,歸去閉門等逃雨。入山不得走入湖,鴻雁不來聲氣孤。蓮房藕孔藏世界,葫蘆中人知有無。沙灣隔湖望如咫,百里無山七澤耳。誅茅一片水到門,突兀奇峰掛壁起。層巒疊嶂爭豪端,置我千山萬山裏。從今莫笑愚公腐,海湖汩没三山補。九疑雲中坐立間,黃蓬培塿何須數。盈盈一水題三堂,僧繇身手開天荒。但愁山高樹老蒼,撐破太室心徬徨。

覺浪和尚亦有和詩。

春,送人還白門,作詩一首(有學集卷九)。

此詩五大家詩鈔題作送周西有還金陵,西有即周嘉胄子運庚。

又送蕭伯升還白門,作詩一首(有學集卷九)。
又作六安黃夫人鄧氏詩一首(有學集卷九)。

雍正六安州志卷二十:"鄧氏,總戎黃鼎妻,封夫人,賢淑多才,優於方略。崇禎壬午,流寇左金王訌,六城幾失守,後蹂躪四郊,諸寨悉破。夫人居白湖灣,督領子弟,率鄉民登寨,分級以守,伏奇制勝,左金王中礮死。至今村人生聚,皆食其賜,過其下者,競比之夫人城。撫軍史公可法錫扁贈曰:翟茀龍韜。"

劉獻廷廣陽雜記卷一:霍山黃鼎,字玉耳。霍山諸生也。鼎革時起義,後降洪經略,授以總兵,使居江南。其妻獨不降,擁眾數萬,盤踞山中,與官兵抗,屢爲其敗。總督馬國柱謂鼎:"獨不能招汝妻使降乎?"鼎曰:"不能也。然其子在此,使往,或有濟乎?"國柱遂使其子招之。鼎妻曰:"大厦將傾,非一木所能支,然志士不屈其志。吾必得總督來廬一面,約吾解眾,喻令薙髮。然吾仍居山中,以遂吾志,不能若吾夫調居他處也。"其子覆命,國柱自来廬州,鼎妻率眾出見,貫甲鐵兜鍪,凜凜如偉丈夫。如總戎見制臺禮,遂降,終不出山。黃鼎居江南久,後屢與鄭氏通,郎總督時,事敗,服毒死。

本年,徐世溥貽書萬言,欲東下請業,未及行而死,年五十一。

有學集卷四十一徐巨源哀辭:"戊戌歲,詒書數萬言,以斯文見推,納扁舟東下,請事函丈,未及行,而死于盜。"

熊人霖徐巨源徵君溥:"至三月,忽聞徵君以初四之夕死于盜。"

明遺民錄卷二十五:"順治初,溧陽陳名夏欲修徵辟故事,巡按御史親式其閭,又作手書遣推官持禮幣往山中致之,拒不納。推官去,盜踵至曰:'金幣安在?'世溥辭無有。盜怒,炙之死。"此文頗有誤,徐世溥並非死於順治初,陳名夏亦前死,與徐遭盜無關。

二月,門人柯元芳卒(有學集卷三十四嘉善柯君墓誌銘)。

柯元芳(1598—1658),字月傳,號楚衡。嘉興人。天啟元年(1621)舉人。崇禎十年(1637)進士。授建寧府推官。明亡,隱居不出。長子聳(1620—1679),字素培,號岸初。順治六年(1649)進士。歷官五科給事中。墓誌不知作于何時,且附此。

又錢牧齋先生尺牘卷一致柯岸回:"老世翁不遺簪履,篤念陳人,以隧道不朽之詞為託。老歸空門,舊學荒落,樸學拙筆,又不工諛墓之文,謹援據行狀,補綴成篇,鼠唧有言,蟲書為字,殊不足以副仁人孝子之用心。"岸回,不知是岸初之誤否。

仲春,爲含光法師作題華嚴法會箋啟(有學集卷五十),又作書含光(有學集卷四十)。

鈔本有學集署"戊戌仲春二十四日"。文云:"含光法師,坐蓮子峰頭,宣演清涼大鈔,畢汰、蒼二師未了誓願。學徒英敏者,翹勤啟請,連章累牘,爛然可觀。法師劇喜爲法筵盛事,馳示聚沙居士。居士繙閱一過,熙恬微笑,贊嘆不已。"

有學集卷四十與含光法師:"大教弘演,慶雲凝空。腰包漉囊,即當馳赴法席,惟傷兩耳隔垣,爲雙卷荷所苦,正不妨作難陀龍王無耳而聽也。學徒箋啟,尺幅爛熳,讚歎之餘,漫題數言。"

三月(季春)二十有一日,爲趙士冕作稼庵近草序(牧齋外集卷八)。

序云:"今年遊吳門,介曰補之子明遠,得讀其詩。"

趙士冕,字汝儀,號赤霞。山東東萊人。胤昌幼子,士亮弟,士喆從弟。崇禎庚辰(1640),以超貢授浙江湖州府推官,陞鎮江府知府。爲人豪宕,去官後益好客,有置驛投轄之風,與施閏章、顧夢游、楊補皆有交往。著有稼菴餘草、吳越吟、三山草、白門草、半塘唱和集等。

同日,又爲趙士喆作建文年譜序(有學集卷十四)。

咸豐四年(1854)習勤堂刻本建文年譜有牧齋序,末署"歲在戊戌春王三月二十有一日,石渠舊史蒙叟錢謙益謹譔"。

趙士喆(1593—1655),字伯濬。崇禎十五年(1642)超貢，以軍功授知縣，不就。明亡，偕子隱居松楸山。著作甚多，有皇綱録、東山詩史、石室談詩、觀物齋詩文集等。殁，顧炎武爲撰墓表。

何雲自粵東歸家，牧齋與錢龍惕挐舟杭州西湖相迎。

錢龍惕大凫集卷上士龍兄歸自粵東，適叔父宗伯公有湖上之遊，約余挐舟赴之，喜而有作："楝花風急雨初收，寂寂橫塘水漫流。萬里歸人重秉燭，十年蓬鬢一孤舟。離情此夕常懸口，客興明朝在渡頭。最是錢塘湖上約，一尊猶及對葵榴。"何雲順治三年（1646）赴隆武之召，本年方回，前後十四年。

吾炙集卷上何士龍詩小序：士龍嶺表歸來，相見已隔生矣。婦見余喜，賀曰："公門下，今日纔得此一人。"余曰："如得習鑿齒，才半人耳。"婦問何故，余笑曰："彼半人即我身是也。"解裝得新詩一卷，才情意匠，蒼老雄健，尤喜其七夕行，感激用壯，有玉川子月蝕之遺音。他日采詩，可以繼元和之後塵，非如西臺、井史之流，幽憂偪塞，與吟螿寒蟬，索然俱盡者也。録以弁吾炙集，藏之篋衍中，并不與士龍見之。或當村醪沉醉後，放墨添屏風上，供雞毛筆草書耳。

楞嚴蒙鈔卷一末有"戊戌夏，佛弟子虞山何雲校勘于武林報恩院"，則何雲此行，尚有校書任務。

本年，作嘉興高氏家傳（有學集卷四十一）。

文云："越十有四年戊戌，虞衡子佑釲以余舊待罪太史氏，乞爲家傳，以徵野史，乃按而次之。"

按：康熙廣信府志卷二十有牧齋、高念祖白法琛禪師談道小影贊，牧齋贊曰：

坐穩加趺，床據曲盝，如入禪定，枯藤槁木者，長老尊宿耶？深沈其息，凝眸其眸，摳衣斂容，有請有求者，俊人勝流耶？蒲團寂蔑，香篆帖妥，搖松非人，握塵喪我，默然無言，則知其爲許可也。

與性琮過訪丈雪法師。

昭覺丈雪醉禪師年譜：戊戌……一日，白法大師偕牧齋錢宗伯見訪。牧問："和尚貴處？"師以手向西一指。牧云："是壁上人耶？"師云："當地貨也不識。"牧大笑，攜手深談，不忍分袂，遂成莫逆。時白法大師建東塔寺大悲閣，以完破老人未了公案。高念祖護法施石重築閣基，以資冥福，遂送祀其祖父明水、寓公兩大夫木主於功德林。師喜曰："破老人昔日之願力，今得居士勸成，勝事方可無憾矣。"因和司業譚掃庵紀事詩贈之。

昭覺丈雪醉禪師語錄："予泰居盛世，往寓嘉禾陪牧齋錢老先生東塔，話及蜀中太白、東坡，非雷非霆而天下震驚者，皆以忠義之效與天地相始終耳。如宗門之馬祖一、德山宣鑒（鑒真），賣死貓頭漢耶？"

丈雪（1610—1696），字通醉。四川內江人，俗姓李。六歲出家，破山海明弟子，密雲徒孫。此時主持嘉興青蓮寺。著有語錄、西還草等。

暮春，在杭州，張次仲來訪，爲其周易玩辭困學記作序。

朱彝尊經義考卷六十三附錄此文："天啟辛酉，余典浙闈，得元岵文，許其必冠南宮。乃屢上公車，而余言不果驗，是亦遇之窮也。……戊戌暮春，泛舟西湖，元岵過訪，問其家居何爲，對曰：'讀易。'出其周易玩辭困學記相正。"

初夏,作題邵得魯迷塗集(有學集卷四十九)。

鈔本有學集署"戊戌初夏"。

邵以貫,字得魯。餘姚人。國變後,以不肯薙髮,下獄瀕死,遂出家爲頭陀。

四月,在杭州,訪黃宗羲,請教楞嚴"流變三疊"算法。

南雷文定附錄牧齋書:"湖上接手教,爲之盱衡擊節,歎賞稱快,不謂高明意見,與鄙人符合如此。自國家多事以來,每謂三峰之禪,西人之教,楚人之詩,是世間大妖孽。三妖不除,斯世必有陸沈魚爛之禍。今不幸而言中矣。邇來則開堂和尚,到處充塞,竹篦拄杖,假借縉紳之寵靈,以招搖簧鼓。士大夫掛名參禪者,無不入其牢籠。此時熱喝痛罵,斥爲魔民邪師,不少假借者,吳越間只老夫一人耳,何幸而又得一太沖。……注楞嚴經,正要宣明此一部經,殺盡天下妖魔和尚。……楞嚴流變三疊,雖畫圖見示,覽之尚自茫然。乞將長水注文詳細疏解,如何是一橫一豎,如何是進動算位,圖形指示,確實訓詁,使鈍魯人一見了了,尚可了此一段公案。……清和廿日燈下,通家老人錢謙益頓首奉啟於昭慶僧房。"

南雷文定前集卷三答錢牧齋先生流變三疊問:"問:長水註楞嚴,九變三疊,所謂進動算位,一橫二豎,一豎二橫者,未知其義。又徐岳所謂橫板爲九道五道,及豎以爲柱以爲位者,與長水橫豎進動,都相合否?幸爲剖析源流,詳明示之。"

又錢牧齋先生尺牘卷一寄姚文初:"十八午謁撫公後,即趨赴虎丘。城外糧艘填塞,憒悶返棹。仍由婁、盤諸門城河,間道奔歸。世界促促,吾輩求一聚首不能得,可歎也。……所詢三世四方一段,以長水注用筭法,無人能曉,黃太沖解爲即今筭法,非古周髀筭也,故列其言以質智者。大抵以長水爲正。"此書作日不詳,大概在自武林返蘇之時。

又浙江通志記載,牧齋楞嚴多抄錄黃宗會之作,而續姚江逸詩卷八則曰"虞山錢牧齋註楞嚴,欲引以自助,澤望不就"。宗會,字澤望,宗羲弟。

又同黃宗羲救濟忠臣妻子。

南雷文定書澹齋事:歲戊戌四月,余寓昭慶寺,澹齋來求募疏,欲泥金佛首,余作一偈與之。一日,澹齋衡袖,墮一紙,拾之,則兩人姓名。余驚問:"此□□妻與子也,汝何自書之?"澹齋僞爲不知狀。余固問之,始曰:"兩人在仁和獄中,僧因飯囚,故習之,知其爲忠臣家屬也。今開贖例,得四十金,則兩人可出矣。世路悠悠,無可告語,書之以識吾願耳。"余曰:"此吾輩事也,奈何累子!"時錢虞山亦寓武林,余弟晦木往告之,以五十金俾澹齋。過三日,□□之子來告得贖,勸之他往,遷延不決,復見收捕,然澹齋之心盡矣。

金鶴沖年譜:"戊戌,七十七歲,季春游武林,訪黃太沖兄弟于昭慶寺。已而晦木來告,張蒼水妻董、子祺在仁和獄中且十年矣,今開贖,例得五十金,則二人可出也。先生慨然畀以五十金贖之。"然徐定寶黃宗羲年譜引張蒼水年譜云:"時大吏已籍公家,夫人董氏及子萬祺逮繫鎮江。據此,仁和獄中似非蒼水家屬。"

孟夏,與覺浪和尚相識于武林。

有學集卷二十五松影和尚報恩詩艸序:"戊戌歲,與覺浪和尚劇談,舉揚在龍湖時與梅長公諸人夜話,笑語和尚:'安所得麻姑長爪,爬我背癢邪?'"

有學集卷二十六贈覺浪和尚序:"今年孟夏,會覺浪和尚于武林,數年相聞,握手一笑。觀其眉宇疎疎落落,如有一往冰雪之韻,沁入人心腑間。退而繙其書,得其與吾友梅長公問答一則,快讀一過。殘燈明滅,霍然如電光得路,愈讀愈快,亟呼自釀椹酒澆之,乃就寢。"

覺浪與梅長公問答之事,屢見牧齋文中。其文云:"長公嘗問和尚:'如此世界壞極,人心壞極,佛菩薩以何慈悲方便救濟?請明白提醒,勿以機鋒見示。'和尚以手作圓相曰:'國初之時,如一錠大元寶相似。……這一錠銀,十成足色,斬碎來用,却塊塊是精底,人見其大好,乃過一爐火,攙入一分銅,是九成了也。九成銀還好用,再過第二手,又攙一分,是八成了。八成後攙到第三、第四,乃至第七、八手,到如今只見得是精銅,無銀子氣矣。'長公曰:'然則如何處之?'和尚曰:'如此則天厭之,人亦厭之,必須一併付與大鑪火烹鍊一番,銅鉛鈨錫都銷盡了,然後還他國初十分本色也。'長公曰:'如此則造物亦須下毒手也。'和尚曰:'不下毒手,則天地不仁,造物無功,而天地之心亦幾乎息矣。'長公與李孟白諸老相顧嘆息曰:'不知吾輩還能跳出此造化一番鑪錘否?'"

孟夏佛成道日,跋憨山老人自序年譜實錄。

憨山老人自序年譜實錄卷下:"大師年譜自序實錄,向有手筆草藁。爲大師首座寄菴通炯所藏。炯師歿後,法孫今照、今光住海幢寺。華首和尚從二僧取得此藁,繕寫封寄。今遵依元稾付梓。天啟三年癸亥實録,乃大師入滅後,上首弟子福善等續記,附刻於後。以大師爲中興龍象,一言一行,關係人天眼目。文取足徵,事貴傳信,不敢扳緣葛藤,添附蛇足,以滋法門增益之謗。後有正眼,幸鑒别焉。戊戌孟夏佛成道日,海印弟子錢謙益櫜談謹書。"

作書内衡法師,以般若、蒙鈔草稿求正(有學集卷四十四)。

鈔本有學集署"四月十二"。書云:"恭聞大德繼紹、新兩公之後,樹法幢于武林,慈恩一宗,遂如驪珠獨耀,桂輪孤朗。益希風望塵,爲日已久。頃過湖上,方擬摳衣咨請,而侍者已先期渡江,遥望法筵,如在天外。……蒙于二經疏解,僭有鈔略。般若則以偈論爲大宗,首楞則以長水爲綱要,自兹以往,諸宗异説,皆爲薙其繁苁,攝其要領。辛勤數年,略具艸稿,擔囊負笈,願就正于有道,而惜其不相值也。……承聞合響之後,更有述義,舊疏新章,咸歸智鏡。請以暇日,刳心誦習,終當重跰布髮,面請諮决也。……湖上尚有旬日淹留,翹勤頂禮,佇俟來教。"

内衡(1609—1669),字智銓,俗姓揚,吴興人。著有成唯識論音響述義、法華經玄籤證釋等。

本年,張縉彦由浙江左布政使遷工部右侍郎,有書來求序,爲作張坦公集序(牧齋外集卷六)。

序云:"坦公書來曰:'公知我者,幸爲我詩序。'余雖老廢,歸向空門,不敢謂不知坦公也。孟津已矣,今所謂高、李者,有行屋及安丘二公在。坦公將還朝,共理承明著作之事,試相與評吾言,以爲何如也?"

孟夏二十一日,跋舊藏宋雕兩漢書(有學集卷四十七)。

　　文云:"今年遊武林,坦公司馬攜以見眎,諮訪真贋。余從史勘亟取之。司馬家插架萬籤,居然爲壓庫物矣。嗚呼!甲申之亂,古今書史圖籍一大劫也。吾家庚寅之火,江左書史圖籍一小劫也。今吳中一二藏書家,零星捃拾,不足當吾家一毛片羽。"天禄琳琅書目著録此書,跋文後署"歲在戊戌孟夏二十一日,虞山蒙叟錢謙益重跋於武林之報恩院"。

　　周容春酒堂文存卷三宋刻兩漢書記:"戊戌春,張新鄉招錢虞山先生集藩司署齋,出宋刻兩漢書。問虞山曰:'聞是書向屬先生藏弆,然否?'先生曰:'然也。是書原趙吳興物,故上存吳興畫像。凡十篋,王鳳洲司寇粥一莊以得之陸太宰家,後歸予絳雲樓中。癸未質千金於四明謝氏,今竟屬公耶?'因共展玩,果見吳興畫像,撮笠而縵纓。虞山爲作文題其後,皈諸佛教,欲以忘得失也。此如目前事。不數年,新鄉以文字中蘖,死塞外,不知是書所歸矣。"

　　謝爲雯春草堂文約宋刻兩漢書序:"此書自錢虞山歸爲雯伯祖岡卿公,質錢千金,時在崇禎癸未。公扃於西泠書室。迨順治戊戌春,新鄉張司馬坦公攜是書訪真贋於虞山,虞山慫恿取之,綴文三百三十五言跋其尾。"

　　馮舒懷舊集卷上郭際南小傳:"君子春卿,先君子之執友也。……性好班氏漢書,嘗得半部,字體多與今體殊。每詫人曰:'此即西晉過江時葫蘆中本也。'行動挈以自隨。牧齋錢尚書,請以五十金購之,不可。比卒,殉焉。"

夏四月二十六日,作贈覺浪和尚序(有學集卷二十六)。

　　鈔本有學集署"戊戌夏四月二十六日"。文云:"和尚攜覺浪另有書信一通,談及刊刻宗門語録之事:"山僧昔年,以痛念法門濫壞,故於植聖草中有五大著述之作。今幸老居士具擇法眼,見此深爲擊節。當不畏百倍之難,於集景德傳燈時,且欲多方身贊其事。……吾宗洞下諸祖語録,著述甚少。獨投子青、丹霞淳、天童覺、真歇了四祖有拈古頌古,與雪竇顯並傳於世。而宏智、真歇二祖語録,久已散失。近聞毛子晉居士有舊刻本,正擬求之。晉公與老居士最是密邇,乞轉致之,使得重梓。又使二祖再生,而法乳橫流於無盡也。"見天界覺浪盛禪師全録卷之二十七復錢牧齋老居士書,疑亦在此時。

夏四月,作書蕅益道人自傳後(有學集卷五十)。

本篇作於杭城報恩院。文云:"道人辭世之日,遺囑諸弟子勿起塔,勿刻銘,荼毘之後,以肉骨施禽鳥,豈復有意于身後名哉。此傳是癸巳歲手書,以遺其上足聖可者,聖可出以眎余,請書其後。"

五月(皋月)上浣,作季氏修譜序(牧齋集補)。

序云:"今以世代滄桑,子姓蕃衍,其裔孫虎溪氏,同其子元裳又爲之銓敘繼續。戊戌春,介翁子克凡攜其重修世譜,徵余言爲序。"

季廷纓,又名嬰,字宣赤,號虎溪。常熟梅李人。所居曰樂野齋,有古松秀挺,名四拜松。性愛武林山水,與同里王古臣時往遊焉。子才,字元裳,一作元長,號北園。諸生。工詩,與長洲尤侗遊。

翁嗣聖(1607—1672),字克凡。懋祥孫。順治三年

(1646)舉人。官無錫教諭。

夏五望日,在杭州報恩院,作覺浪和尚天界初錄題語(有學集卷五十)。

鈔本有學集署"戊戌夏五望日,書于杭城之報恩院"。文云:"頃又見其天界初會語,是四十餘年前,與焦弱侯諸先生聚首提唱者也。迄今藏弆篋笥,未有人著語。而公之上首鶴谿,猥以見屬。"四十餘年,或作三十餘年,焦竑死于萬曆四十八年(1620),至本年已三十八年,疑四十是。

夏五,校正首楞嚴經疏解蒙鈔。

見國家圖書館藏稿本大佛頂首楞嚴經疏解蒙鈔目錄後記卷端,自題"戊戌夏五,訂于杭城之報恩道院"。

本年,作佟中丞壽詩八首(牧齋外集卷一)。

詩序云:"匯白佟公,秉鉞閩、虔,移旌江、浙,當元戎啓行之候,正皇覽初度之辰。"詩云:"閩海舊諳魚鳥陣,越江新領鸛鵝軍。""華筵綺席逼除開,玉律青陽應候催。"佟國器順治十五年(1658)六月任浙江巡撫,十七二月革職。

又錢陸燦調運齋集卷一佟中丞匯白六十初度序:"大中丞匯白佟公以嘉平十日爲嶽降之辰,今康熙七歲戊申,爲甲子一週。"則牧齋所壽爲國器五十生日。

爲佟國器作撫虔奏疏序(牧齋外集卷四)。

此序不知作於何時,佟國器順治十二年(1655)三月任南贛巡撫,十五年六月改浙江巡撫,故繫于此。佟國器尚有三撫捷功奏疏、三撫密奏疏稿存,然皆未載牧齋此序。據牧齋此文,奏疏尚有韓詩序,亦未見。

夏五,遇蕭瑂湖上,作蕭五雲先生集序(牧齋外集卷

七)。

作於杭城之報恩院。蕭琯,字五雲。思南人。崇禎十年(1637)舉人。順治初年,任滁州知州,十年(1637)陞揚州知府,十二年被羅大猷所代。

按:瞿綬鈔本東澗尺牘有與揚州守書信一通:"門生明經顧生苓,文湛如相國之甥,以文行稱于吳門。瞿稼軒之幼子鏡,失怙孤貧,苓收爲贅壻,養而教之,其立誼甚高。今介恃公祖垂念世誼,率其壻叩謁臺端,惟老公祖與進垂青,則稼軒忠魂,可少慰九京矣。諸俟面請,不多及。"疑即蕭琯。

夏五,作題官和尚天外遊草(有學集卷五十)。

"夏五",一本作"夏至"。文云:"往年遊南北兩都,劍叟和尚摳衣謁余,是時爲秦川貴公子,爲山東英妙。已而爲西東京循吏,爲西臺遺老。今遂壞衣鬄髮,修頭陀行,挂杖拈錐,揚眉瞬目,作堂頭老和尚。一生面目,斬眼改換,使人有形容變盡之感。……劍叟今年晤余武林,出天外遊艸示余。"

官撫辰(1594—1671),又名德星,字凝之,號知劍道人。黃岡人。應震子。萬曆歲貢,官桃源知縣、徐州知府。明亡出家。

詩觀初集卷三釋空昱:"劍叟,湖廣蘄水人。天外遊。"並錄其詩與錢牧齋宗伯話舊:"燕市秦淮話渺茫,空餘殘淚灑衣裳。好尋一片清涼地,破衲芒鞵度夕陽。"

應虞黃昊之請,爲汪淇作徐伯魯詩體明辨序(牧齋外集卷六)。

序云:"西陵汪子右子、葉子又生評詩體明辨成,因虞子景明問序于余。"此書即錢塘汪淇、葉生所評徐師曾詩體明辨。

徐師曾(1517—1580),字伯魯,號魯庵。吳江人。嘉靖三十三年(1554)進士。官至吏科給事中。世宗殺戮諫臣,言官緘口,遂乞休。著作甚多。詩體明辨原二十六卷,汪氏等人截爲十卷,有順治十五年(1658)還讀齋刻本。謙益此年游杭州,故繫之此。

汪淇(1604—?),字右子,號憺漪,後改名象旭。錢塘人,原籍安徽休寧。與汪汝謙爲兄弟行。喜交遊,陳子龍、李漁皆與之訂交。編刻書籍多種,有尺牘新語、西陵十子詩選、重訂濟陰綱目等。汪淇與錢謙益的交往,亦見汪氏所編尺牘新語二編,中有汪淇復錢謙益書一篇。

葉生,字又生,號耿著。順治十八年(1661),汪氏輯錄地理碎事,亦葉生作序。

虞黄昊,字景明。浙江石門人。順治間,與沈謙、陸圻、柴紹炳、吳百朋、陳廷會、孫治、張綱孫、丁澎、毛先舒結詩社,十人皆出雲間陳子龍之門,稱西陵十子。西陵十子詩選十六卷,亦汪淇還讀齋所刻,今存。

五月廿四日,作書覺浪和尚(有學集卷四十四)。

書云:"每思紫柏大師謂本朝單傳一宗,幾乎滅熄,傳燈未續,是出世一大負。今世魔外交作,狂瞽橫行,宗師如林,付拂如葦,如公所云,校正五家宗派,判定一書,作錄以繼傳燈,作傳以續僧寶,使綱宗決定,眼目分明,一切僭竊禪販,無所忌憚之徒,如堅冰之入沸湯,不日消殞。則永明之教,再見于斯世,諸佛正泐眼藏,不憂沈没無日月墨穴世界中矣。當今之世,非公其誰。當仁不讓,幸爲努力。……本師夢遊全集,空隱師頃從嶺南寄到,即當校刻流通。承示大序,正是函蓋相合,法門中機應感召,良非偶然也。"

有學集卷十覺浪和尚挽辭八首其八錢曾註:"紫柏大師謂本朝單傳一宗,幾乎滅熄,傳燈未續,是出世一大負。公嘗以此言語浪丈人,囑其校正五家宗派,作録以繼傳燈,作傳以續僧寶,科揀綱宗,區別邪正,庶幾正法眼藏,不爲魔外之所嬈亂。今也浪老云亡,墨穴世界中狂禪橫行,是非黑白將使誰正之?公能不爲之心傷乎?"

五月二十八日,又作書覺浪和尚求夢遊集募刻疏(有學集卷四十四),次韻酬覺浪道盛詩一首(有學集卷九)。

書云:"承示續燈緣起凡例,精詳楷當,確然爲人天眼目,知妙吉祥乘狻猊,已將自口中出矣。……憨大師夢遊集,憑仗空隱、栖壑二公,得窺全寶。……今欲流通大師全集,廣募衆緣,仰求老和尚拈起筆管,即以屠刀而爲説法,使現在世間屠兒書生,不改各人面孔,人人作賢劫一佛,不亦快乎!扇頭佳什,次韵奉和,落句有燕石題評一語,亦是老書生一把屠刀也。"

天界覺浪盛禪師全録卷之二十七復錢牧齋老居士書:"屢接台教,何深心至此。正以從上諸宗語録,行實機緣。如紫柏大師、密藏開公遺稿,皆當到處采訪,以存此大法慧命。聞吴中有續古高僧傳,如惲道生家,多藏舊本,或得便求之,共成勝事。此全在大護法垂手遍索也。承命作募刻夢遊全集疏。并讀澹歸釋公記事,得此緣起甚妙。如貴邑瞿幻寄編指月録,此公手眼,不讓古人。已爲彼采集作傳,稿在白門,當即彙出,一大快事也。拙作幸而引玉,又特作獅子一吼矣。"疏未見。

尺牘新鈔卷八覺浪寄曹秋岳居士:"錢牧老數會省中,以憨大師全集屬爲序,極稱粵中幸大護法得傳寫正本,來江南校梓,使法乳流通,則曹溪肉袒,儼然未壞也。"

蕭孟昉金陵就婚,衆人競作秦淮花燭詞,亦和之(有學集卷九)。

牧齋作詩十二首,其餘作者尚有李元鼎、顧夢游、朱鶴齡、馮班、毛晉、馮武等,見隱湖倡和集卷上。

有學集卷四十八跋蕭孟昉花燭詞:"孟昉自西昌來,就婚南都,詞人才士,有名士悅傾城之羡,並賦花燭詞,流豔人口。孟昉要予繼聲,暑夜酒闌,拍蚊揮汗,勉如卷中之數。諸公之詩,類皆鮮榮妙麗,反商下徵,幽蘭白雪之曲。而余以兔園邨夫子,摇腐毫,伸蠹紙,頌斯男而祝偕老。譬如樂工撒帳歌滿庭芳,匠人抛梁唱兒郎偉,雖其俚鄙號嘎,不中律吕,而燕新婚者、賀大厦者,亦必有取焉。……孟昉歸,屬子晉刻其詩,趣爲跋語甚急。余語子晉:'子當是衛符卿、李八百也。'并書之以博孟昉一笑。"跋文應作於夏間。

秋,天童密雲禪師嫡子道忞具師行狀、年譜,請爲塔上之銘,牧齋回書應允。

有學集卷十己亥夏五十有九日靈巖夫山和尚偕魚山相國静涵司農枉訪村居雙白居士確庵上座諸清衆俱集即事奉呈四首錢曾注:"戊戌冬,天童密雲禪師嫡子道忞具師行狀年譜,請公爲塔上之銘。"

道忞布水臺集卷二十二柬牧齋錢虞山:"今先師示寂且

十七年,墳上之銘亦有操觚以論次者,而先師之道德終暗昧不彰也。竊謂人如先師,非先生之文不足以光揚……末後光明,點出筆尖頭,俾伊照天照地,非不孝一人之幸,實天下後世學者之幸也。"

錢牧齋先生尺牘卷二與木陳和尚:"密雲尊者塔銘,十五年前,已諾江上黃介子之請矣。重以尊命,何敢固辭。第以此等文字,關係人天眼目,豈可取次命筆。年來粗涉教乘,近代語錄都未省記。須以三冬歲餘,細加簡點,然後可下筆具稿。謹與曉上座面訂,以明年浴佛日爲期。"又布水臺集卷二十二復西遯超道人:"去秋所以重請虞山者,不過借託文言以光昭先老人之徽烈,庶幾有以行遠耳。"與錢曾所注"戊戌冬",略有出入。

道忞(1596—1674),字木陳。俗姓林,潮州人。密雲弟子,與漢月法藏爲師兄弟。順治間入宮説法,賜號弘覺禪師。

牧齋對漢月頗爲不滿,列朝詩集丁集譚元春小傳:"天喪斯文,餘分閏位,竟陵之詩與西國之教、三峰之禪,並爲孽於斯世。"南雷文定附錄牧齋書札:"自國家多事以來,每謂三峰之禪,西人之教,楚人之詩,是世間大妖孽。三妖不除,斯世必有陸沈魚爛之禍。"通門嬾齋後集卷六攝魔論:"方漢公之悖洞祖也,邑中君子將鳴當事以叛師之罪懲漢公。……即三峰,乃亦洞祖授漢公,使住山避人事,非一日之弟子也。至是跋扈,士庶咸惡而薄之,太史錢牧翁特甚。"木陳請牧齋重新爲密雲撰寫塔銘,有挑起争論之意。

陳夫人卒(葛萬里年譜)。

錢牧齋先生尺牘卷二與大可:"伏承存念,教以達觀不二之言,可謂先得我心者矣。敬謝,敬謝! 犬子居喪,頗能循禮,嘉其至性,亦頗以毀瘠爲憂,計必宗衮之所深念耳。"似爲陳夫人居喪時作。大可,即錢廣居。

中元,寓居僧舍,毒熱難耐,見王孟端畫竹,漫題二絶(有學集卷九)。

王紱,字孟端,號石友,又號九龍山人。無錫人。明初以墨竹名天下。

新秋,吳巽之持程嘉燧畫扇索題,爲賦十絶句(有學集卷九)。

吳士權,字巽之。歙縣人。

題吕天遺菊齡圖(有學集卷九)。

題歸玄恭僧衣畫像四首(有學集卷九)。

陳瑚確庵文藁卷四上戲和錢宗伯題玄恭僧服小像四絶句:年年涕淚灑冬青,摇落江潭老客星。四十二章君不解,一心持誦十空經。

引鏡聲聲好尚書,遠公沽酒印公豬。破除五戒都無分,一劍霜寒只自如。

文虎人龍是此人,未逢風雨困沙塵。亦知忍辱波羅蜜,全我金剛不壞身。

飢來吃飯醉來眠,箇是君家上乘禪。若使時官追度牒,料應花費賣文錢。

陳瑚詩繫年在順治十六年己亥(1659)。

作吳江吳母燕喜詩(有學集卷九)。

吳母不知何人,查吳江吳氏族譜亦未得。詩中云:"聞居賦裏長筵早,野史亭前視膳餘。歲晚雞豚存漢臘,夜闌燈火續班書。"疑是吴炎之母。

鄧旭約過村莊,卻寄二首(有學集卷九)。

戲付衣小師,作詩一首(有學集卷九)。

作婁江謠十首(有學集卷九、牧齋外集卷一)。

孫本芝先生詩稿次錢牧齋婁江十謠韻贈太倉白州尊:
昔日民愁面似灰,如今笑口一齊開。自因慈父升公座,不向泥神擲珓杯。

流亡歸聚似魚倉,共道婁東化日長。但得春陵落落布,人間何自有冰霜。

入井堪憐赤子獸,人人盡予炤心杯。蒲鞭不到窮黎背,祇爲田疇教訓來。

盜息衣裝不用藏,更無失狀到公堂。含飴父老無餘事,醉與童孫舞一場。

范甑生塵大瘦生,恐人知道是臣清。只應丈二車前蓋,戰得西風獵獵聲。

多材藝圍較瑤琨,喜得文星仔細論。摸索暗中知沈謝,一時桃李在公門。

堂中明鏡絕纖埃,胥吏長衣辟易開。霽色與民商稅納,人人勝似看花回。

長橋架海赫如虹,保護園廬幾許弓。河潤鄰邦交口誦,西人遙指袞衣東。

祥如威鳳壯如羆,休怕揚波羽檄馳。二十四番花信至,村沽只辦暨春旗。

連年大水白茫茫,爲軫窮荒兩鬢蒼。只是三刀難展驥,竚看霖雨坐中堂。

此爲孫朝讓定稿,原稿十二首亦存,不錄。

據孫詩,知牧齋此詩爲太倉知州白登明而作。嘉慶直隸太倉州志卷十名宦:"白登明,字林九,奉天人。由柘城知縣陞授知州。甫下車,立四禁:一衙毒,一地棍,一賭博,一姦淫。浹旬試諸生,令于卷尾陳利弊,以次摘發無遺。時大蠹五六人,盤踞州境,搆陷良善,人不自保。復邀結撫按衙門,操官吏短長,莫敢詰。登明先後計擒之,杖斃通衢。又姦人專以假盜假命,或群撼陰事,思興大獄,鞫訊得實,必立斃之,剖斷若神,伺察辭色,片言摘發,無不奇中。鄰境有冤,咸請上官付州質審。尤以德教民,立講院,舉同善會,賑孤貧,旌孝義無虛日。催科自正供外,毫無羨餘,州民之以條丁銀自封投櫃,自登明始。岡身高仰,水利壅塞,登明用銷圩法,先浚朱涇,既浚劉河六十里,不兩月工竣,實爲東南七郡水利。會以逋賦劾去,士民祖道闐咽,鄉城皆立祠。今祀名宦祠。"

作石鏡詩一首(有學集卷九)。

秋,送黃生達可歸嶺南,並索荔枝酒,作詩一首,後又續作一首(有學集卷九)。

達可,生平不詳。又有黃羽可,見康熙二年(1663)條。

中秋日,採花釀酒,酒成,作采花釀酒歌示柳如是(有學集卷九)。

中秋日,長孫佛日殤,效孟東野杏殤詩,前後作桂殤詩四十五首(有學集卷九)。

序云:"桂殤,哭長孫也。孫名佛日,字重光,小名桂哥,生辛卯孟陬月,殤以戊戌中秋日。聰明勤敏,望其早成。擬作志傳,毒痛憑塞,啜泣忍淚。以詩代之,效東野杏殤之作,凡七言長句十二首,斷句三十三首。"有學集四十五首,牧齋外集另有原稿兩首,即七言斷句第九、第十首。

嚴白雲詩集卷二十七悼幼孫二首:佳孫玉樹真堪比,不道狂風折一枝。老淚已枯將見血,從今不展桂殤詩。先師牧公有悼桂殤詩。

世上無如爲祖好,人間只有哭孫悲。桂殤詩中句。兩言説盡傷心處,才盡江淹莫賦詩。

趙水部雜誌牧齋遺事四則:"錢受之謙益生一孫,生之夕,夢赤脚尼解空至其家,解空乃謙益妻陳氏平日所供養者也。孫生八歲,甚聰慧,忽感時疫,云有許多無頭無足人在此,又歷歷言人姓名。又云:'不是我所作之孽。'謙益云:'皆我之事也。'於中一件爲伊父親孫愛南京所殺柳氏姦夫陳姓者,餘事祕不得聞。其孫七日死,果報之不誣如是。"乃無根之誹謗。

毛晉前來吊唁,作書謝之。

錢牧齋先生尺牘卷二與毛子晉:"承枉唁,未及伸謝。頃以奴種侵伐墓脉致有殤孫之禍。傷心慘目,不得不與搆訟。文宗未能面訴,恐尋常片紙,未能徹其斧斷。……憨大師集,日下料理畢,馳上。吳中文獻稿,在許孟宏家者甚備,多人間未見之文,必須盡力取之,方可成書。"

又一通云:"桂殤詩實哀痛之餘,假此少遣鬱塞。又辱兄丹青妙筆,爲此兒傳神寫炤。而此中頗有一二語爲傍人指摘者,殊非意中之事。然老年暮景,恐此詩一出,便有許多葛藤,卻生家庭中荆棘。此實一往哀傷,點簡不到,悔之莫及。今乞仁兄爲我將此刻收起,萬勿流布。待面時一訴委曲,然後知此詩之不可出也。然道誼骨肉之感,則銘之無盡矣。"

又牧齋外集卷一桂殤所删詩注:"先生柬潛在云:'九、十絕句,城中纖兒指老窮、尺土等字譏誚豚兒,不覺發風動氣,旋亦付之一笑。'又云:'細閲九、十兩絕句,殊亦淡率,無怪乎纖人以爲口實,因易以銅山、大野二首,屬潛在改刻焉。'"

九月望日,作鼓吹新編序(有學集卷十八)。

鈔本有學集署"戊戌九月望日,虞山蒙叟錢謙益謹序"。此書爲施誾、程棟合選,今存順治十五年(1658)金閶沈定宇刻本。

程棟,字杓石。長洲人。

季秋,作南來堂拾稿題辭(有學集卷四十八)。

有學集各本皆署"戊戌季秋日",但南來堂詩集署"大清順治十五年歲次戊戌季春穀旦,虞山俗衲錢謙益敬書"。牧齋入清後不用年號,署名當有改作。文云:"蒼老之孫行敏,掇拾其遺文,頂禮悲泣,乞余一言,以流通于世。"

季秋,袁駿持施有一詩來請序,作小山堂詩引(有學集卷二十四)。

鈔本有學集署"戊戌季秋日,虞山蒙叟錢謙益書于紅豆莊"。施有一,名咸,見相城小志卷五,生平不詳。姜宸英亦有序。

石在閶父卒,唁之吳門,答應爲其父作墓誌(牧齋外集

卷十七)。

　　石在閭,陝西富平人。貢生。授内閣中書,遷福建督糧道,順治十四年(1657)任蘇松糧道。父孚玉(1583—1658),字乾籙。

季秋,作吴門泰徵袁翁遺稿小引(牧齋外集卷二十五)。

　　泰徵(?—1614),即袁駿之父。駿三歲,泰徵酒醉落河死。

季秋,題吴江趙砥之靈巖偶論屈陶有感詩册(牧齋外集卷二十五)。

　　趙瀚(1605—1680),字砥之,號二持,又號銅谷卧樵。士諤孫。諸生,需次當貢,不就,退耕於野,盡亡其世業。爲人和粹,不以氣節自高。

九月二十八日,作程翼蒼詩集序(牧齋外集卷五)。

　　程邑,字幼洪,號邑蒼。新安人,上元籍。順治九年(1652)進士。十三年,出爲蘇州府學教授。鼎革後,府學堂廡悉毁,祭器圖籍無一存者,力爲修葺,始復舊制。十八年,巡撫朱國治窮究哭廟之人,邑爲與鑰之人,不得推脱,遂將士子盡列其上,爲錢中諧所止,僅供出金聖歎、丁子偉二人。康熙二年(1663),升國子助教去,尋卒。吴偉業亦有程翼蒼詩序。

　　錢牧齋先生尺牘卷一致程翼蒼:"辱道義深愛,遠示記存,酌大斗以介眉壽,敢不拜嘉明德。俟過吴門,便當趨侍絳帳之下,以踵謝盛雅。"大概即作於此時。

十月,作趙景之宫允六十壽序(有學集卷二十八)。

　　鈔本有學集署"戊戌十月"。趙士春生萬曆二十七年

(1599)十月二十九日,卒康熙十四年(1675)十月十三日。有子四,女二,一適錢孫保,爲牧齋從弟謙貞子,一適華亭董含。牧齋壽序云:"余兒時,受先官保負劍之訓曰:'孺子如有聞也,必以趙先生爲師。'少從景之尊人敍州昆仲遊,服習其餘風緒言。壯而出耀州王文肅之門,其事文毅,猶先河也。余于趙氏,祖子孫三世矣。"文毅即趙用賢,敍州昆仲,即趙琦美、趙隆美兄弟。

孟冬良月,作蕭伯玉墓誌銘(有學集卷三十五)。

鈔本有學集末署"著雍閹茂孟冬良月,虞山契家友兄蒙叟錢謙益製"。墓誌亦見春浮園集附錄。

孟冬十六日,偕柳如是自芙蓉莊泛舟拂水,瞻拜先塋,效蘇軾上巳之作,作詩一首(有學集卷九)。

勘讎憨山大師夢遊集,累夢曹溪僧攜卷册付囑,感而有作(有學集卷九)。

十七日,作書陳式,請其爲大學衍義補序捉筆。

錢牧齋先生尺牘卷二與陳金如:"昨日同内子自村莊泛舟過拂水,初不知從者候我於新塔,不及一艤舟相晤,殊爲怦怦也。頃以先塋修葺之始,偕二三紀度相謀,即日便欲歸鄉,允德師伊蒲之供。待此番來領之如何?……大學衍義補序,待之甚迫,貧女借光,幸即爲脱稿見付,所深望也。切切。"

陳式,字金如,號絳趺。至善子。崇禎六年(1633)副榜。與錢謙益陳夫人同支,遊謙益門,文辭富贍。謙益應酬之作,多假其手。

王應奎海虞詩苑卷一:"式,字金如,號絳趺。從錢宗伯受業，下筆華贍，長於詩。時宗伯應酬之文，多出其手。宗伯亟賞之曰：'能如我腹中所欲言者，必陳生也。'"

作大學衍義補删序（有學集補）。

序云："於是漕撫大中丞蔡公，留思正學，兼修政教，得廬陵聶子大學衍義删補一書，偕諸同志鐫校流傳，既手弁簡端，以闡揚道法治法之關楗，經經緯史，理無不貫，事無不通矣，辱問序於余。"此書未見，序作日不詳，參上條附此。蔡士英順治十二年（1655）二月由江西巡撫遷漕督，十四年八月因病免。

無錫張夏祖父振吳翁九十，爲作壽詩（有學集卷九）。

張夏，字秋紹，號菰川。諸生。初受業於馬世奇之門，已而入東林書院，從高世泰學。世奇既殞，推爲講席。湯斌撫江南，甚重之，延至蘇州學宫，講孝經及小學，學者以爲大師。著有洛閩源流録以及年譜多種。年八十六卒。

十月晦日，武張聯來訪。十一月（辜月）二日，作讀武閽齋印心録記事（有學集卷五十）。

鈔本有學集署"辜月二日"。文云："戊戌良月之晦，有偉丈夫，扣我柴門，拱揖肅拜，捧持所著書，出而就正于予。……紹介丈夫來者，陳子金如，趣呼予曰：'是夫也，非他人，兖之曹縣武閽齋先生名張聯者也，是東魯洙泗之古儒，而先皇帝玄纁之遺臣也，是曹安邑之入室弟子，張藐山、黄石齋之畏友也。'"

十一月初，杜濬遊攝山，有詩相贈。

變雅堂遺集詩十攝山游詩佛殿："大樹風多葉盡飄，莊嚴猶是建前朝。黑頭江令殘碑在，不記君王舊姓蕭。"此詩一名題廢寺寄錢宗伯牧齋。卷前有杜濬小序:"其游以戊戌十一月初六日往,初九日返,何其速歟。"故繫此。

十一月(辜月)八日,作慧命篇贈孟昉世友四十稱壽(牧齋外集卷十)。

壽序:"孟昉年才四十,彼都人士,莊事之如先生長者。于其生辰,胥往執爵稱壽。毛子子晉來請曰:'四十稱壽,禮乎?夫子其何以致辭?'余曰:'子以爲必六十,若七八九十、百歲而後爲眉壽乎?余則有以壽孟昉矣。'"

錢牧齋先生尺牘卷二與毛子晉:"今歲風潮,出自意外。……孟昉四十,理當稱賀,得借東壁餘光,代草一敘,甚爲愜當。但伊使尅後日啟行,恐不能及,或少留之,待此文繕寫而後發也。司理之册,乃欲求佟撫處賀文也。今佟已移鎮於浙,此事已無干矣。若欲求贈司理之詩,亦須借重捉刀也。"佟國器本年自南贛轉浙撫。

據廖逢吉竹苞集序,蕭孟昉生日在"臘月十有二日"。

吳偉業竹苞集序:"紫柏刻大藏方册於吳中,卷帙未半,宗伯之門人毛子晉謀續之。伯玉與兩弟發願蕆事,經營伙助之尤力。滄桑而後,孟昉扁舟東來,商度先公之所未竟,宗伯以爲續佛慧命,作文壽之。其時年甫壯也。"

十一月,作王海宇六十序(牧齋外集卷十一)。

康熙重修常熟縣志卷二十一耆碩:"王蕃錫,字海宇。爲人厚重少文,居家坦率,與人和易,而尤孝於事親。家本素封,寬租薄歛,一鄉皆敬愛之,兩舉鄉飲賓。年八十一而卒。"蕃錫(1599—1679)即錢曾岳丈。

按:歸起先天山集有壽王海宇暨夫人六十,文云:"時維丁酉之冬,爲王親母某夫人初度之辰,越明年戊戌,又爲海宇親翁杕卿之年。"

作書沈節母事(有學集卷五十)。

文云:"吳江民沈臣,有母王氏,夫亡自誓,事姑育子,茹茶飲泣者四十有七年。戊戌季冬,自知時至,堅坐念佛,泊然而逝。一時開士縉紳,爲之傳敘。"因附此。

金之俊金文通公集卷十沈母王氏節孝編引:"今按吾邑沈母王孺人,一生苦節,暨孝子沈臣終日孜孜汲汲,爲其母遍求碑記詩歌,以垂不朽事,余竊幸生逢其時,目擊其人矣。"

心經略疏小鈔著成,十二月(臘月)二十五日,作緣起後記(牧齋外集卷二)。

記云:"蒙讀賢首心經畧疏,徵義玄奧,消文簡約,研求經年,矻矻不能入。一夕讀杜順法界觀,觸目心開,掩卷深思,忽悟及真空法界,一門深入之旨。由是按經披疏,觀智乍生,重門欲闢,旋觀會師連珠記,惜其未剖觀門樞要,徒盤洄文句中也。循文下筆,勒成小鈔二卷。持示含光渠師,師出玄鏡私記相質,推求義門,彼此符順,乃驚喜相告也。……鈔始于丙申之痾月,畢于是歲之涂月。毛子子晉乃心法乘,屢請鏤版流通。蒙辭之弗獲,乃于嚴冬逼除,亡孫盡傷之後,焚膏炙硯,力疾勘讎,以授子晉。"

有學集卷四十與含光法師:"來教云爾,恐未覼讚述元文耳。三性權實,人所易了。清凉疏文減損佛性,乃是正斥三藏,非旁指學人之語,亦非玄談所謂如有破斥,須存禮樂者,此所以成疑也。"即與含光論學之事。

冬，毛晉來訪，講汰如法師神異之事。

有學集卷五十又書汰如墖銘後："戊戌冬，毛子晉過邨莊，備道其親聞于講席者，乃知此師深心淵識，具正法眼，迥絕于流俗若此。"

與錢澄之論詩。

田間文集卷十六龍眠詩録引："戊戌冬夜，予與虞山牧齋先生抵足長干僧舍中，相與論詩。予猝問曰：'先生之爲列朝詩選，詩盡於此乎？'先生踖然曰：'烏能盡？然予亦第據吾家之所藏，與吾目力之所到耳。以子視之，將有不足於兹選耶？'予曰：'然。他吾不知，第以吾龍眠稱詩幾百年，作者如林，而先生所選，不及數人，人數篇，詩又不佳，由是觀之，選之不足以盡詩，明矣。'先生復踖然曰：'有是哉，然如子之言，子鄉有佳詩而無傳本，吾烏乎得而選之？表章之任，將在吾子。及吾之在吾，猶可以補吾之過也。'予心感其言，慨然有龍眠詩學之選。"按：戊戌疑是丙申之誤。

又田間文集卷四與方爾止論虞山説杜書："據其言，中興之中，當作去聲……弟向在長干時，曾與力辯。"

吳道新龍眠風雅序："潘子又曰：虞山列朝選，龍眠詩登載寥寥，由吾鄉前輩率尚闇修，流布稀少，誠哉是言。虞山列朝選，祖石倉十二代選，而益以絳雲之藏弆。石倉選云十二代，實則明詩之大全。予常侍函丈校閲之。漢魏六朝唐宋元爲一集帙百，二集至八集皆明詩，帙千有二百。其郵寄虞山者，止明詩四集五百帙也。而先生于龍眠詩，未嘗有檄取，惡從翼飛脛走，而乞其捃拾哉？"潘子，即潘江。字蜀藻。桐城人。康熙時兩舉博學鴻詞。

秋,南雲和尚自楚來。仲冬,作題南雲集(牧齋外集卷二十五)。

有學集卷十送南雲和尚錢曾詩註:錢畹曰:南雲和尚者,長沙攸縣人也。戊戌秋,乞食吳中,予遇之于尚湖之濱,衲衣破帽,晤對無一言,酒酣耳熱,語剌剌不休,所言皆非當世事,拾紙爲詩,意隱怪。又以禿筆書,纍纍如枯藤亂葉,不可句讀者。或曰先生擬古詩,人多不解,彼亦不求人解也。牧齋先生題其詩曰:"大慧禪師云,予雖學佛者,然愛君憂國之念,與忠義士大夫等。紫柏老人讀李江州傳涕淚交下,侍僧有不哭者,便欲推墮萬丈深坑中。余觀南雲破衲如敗芭蕉葉,悠悠忽忽,不顛不狂,其爲詩,寄託超然,忠義之義蟠結於筆端,其亦今世之徑山、紫柏與?"明年遊武林,復從吳還楚,謂予曰:"此行至滇池,過雞足山,入五印度國,乃吾終老之處,與君相見無期矣。"別去數月,有楚人云見之于辰州,行未及滇而病卒。和尚姓陳氏,名五篦,字逸子,父孝廉公來學,崇禎丁丑臨藍賊陷攸縣,罵賊而死。死後七年而國變,和尚麻鞋走西粵,爲御史大夫。桂林破,與乘輿相失,薙髮爲僧,改名拾殘,南雲其別號也。

冬,作書毛晉,討論南雲之詩。

錢牧齋先生尺牘卷二與毛子晉:"南雲舉止,如言法華,正未知爲凡爲聖也。志書不妨載去,俟小价下鄉,再面喻之,即可命舟來取。病目,草草不次。"

又一通:"逼除,心緒不佳,雖有目花喉啞之病,坐此不能相聞也。南雲窮途可念,賣字亦非長策,何不留之近地小庵院中,少資薪水,令其度歲。待元夕,僕當津遣之,庶不負安期、茂之輩相託也。"

冬,縣令陸錫去職,作苕溪陸侯去思碑記(牧齋集補)。

  陸錫,字禹疇。烏程人。貢監。順治十四年(1657)九月至十五年十二月任。民國重修常昭合志卷十九:"苕谿陸侯去思碑記,順治十五年,錢謙益撰,石在舊縣署追糧所,今移道前。"

本年,作與吉水李文孫書,討論忠文李公神道碑撰寫之事(有學集卷四十二)。

  書云:"忠文公神道之文,去歲剋期下筆。然而命筆之期,所以遷延改歲者,以斯文之作,殊非聊爾,用以證明信史,刊定國論,其考訂不得不詳,而敘述不得不慎也。"又云:"僕今年餘殃未盡,長孫夭折。一切世事,冰銷灰冷。"故繫於此。

作李公神道碑(有學集卷三十八)。

  文云:"甲申四月,公之喪至自北京,詔贈少保、吏部尚書,諡忠文,贈葬,予祭六壇,廕一子,建祠京師,賜額精忠。十一月二十四日,葬仁壽鄉鰲山釣魚臺之諭塋。……孫男九人,長世以嫡長承世廕,……公既葬,長世採集行事,撰次爲狀,泣而言曰:'隧道之碑銘,有與吾祖游而載史筆者誰乎?'謀于諸父,渡江來請者至再。謙益辱公末契,踰壯迄老,函丈晤對,竿牘往來,師友篤論,家兒絮語,惟是憐才憂國,語不及私。……偷生假年,移日視息,生我知我,辜負良友,傷心剡骨,有餘痛焉,徬徨執筆,老淚漬紙,而不忍終辭者,以爲比及未死,效隻字于青簡,庶可以有辭于枯竹朽骨也。"此文作日不詳,據前與李文孫書,疑在本年。

李長世，字聞孫，一作文孫，南渡後入史可法幕，福王敗歸隱。

蘇祖蔭卒，作户部主事焦川蘇君合葬墓誌銘（牧齋外集卷十六）。

蘇祖蔭（1605—1658），字眉孫，一字苣詒。父希式，號蛟峰，鄉飲大賓。祖蔭爲瞿式耜弟子。崇禎九年（1636）舉人，順治九年（1652）進士。官户部主事，督理清江糧餉，爲人所梗鎸級，屬泰安州事。又與上官牴牾，憤懣卒。妻包氏，先其二月卒於家。子鳴皋、鳴岐、鳴霄扶柩歸里，合葬於破山之萬松院。

按常熟縣志，祖蔭子翔鳳，字苞九，康熙二十一年（1682）進士，疑即鳴霄。

本年，邵燈祖母錢太孺人九十，作邵母錢太孺人九十壽言序（牧齋外集卷八）並壽詩（有學集卷九九旬五代詩壽邵母錢太孺人）。

壽序云：“邵母錢太孺人者，吾邑邵進士薪傳之祖母也。太孺人今年壽躋九十，其二子，伯七十三，仲七十二，而薪傳之子亦既抱子矣。薪傳登上第，奉簜節過家，爲太孺人稱壽。三事大夫，以迨桑梓朋好，咸作爲詩歌，以侑萬年之觴。薪傳誇詡盛事，釐爲三集，而屬予序之。”

牧齋序未署年月，考康熙重修常熟縣志卷十九：“邵梁，字公輿，號雪樵。……中歲，盡發篋衍之書以授其子燈。順治壬辰，燈舉進士，時梁母錢耄年，尚康健。……歲戊戌，錢母年九十，梁年七十三，弟年七十二，燈簜節過家，奉觴上壽，五世一堂，朝野推爲盛事，咸作歌詩以侑之，幾累千篇，哀成三集行世。"故繫此。

縣志又云："初，茂齊先生濂與尚書錢謙益卒業北山，梁以族子時時從游。濂語謙益曰：'勿易此少年，攻苦績學，吾家千里駒也，不發於身，必發於子。'其言果售。梁葬，謙益誌其墓，亦盛述其孝友云。"

本年，塗應旂任吳江縣令。

錢牧齋先生尺牘卷三有答吳江塗邑尊書。塗應旂，字道合，鐵嶺衛人。貢生。本年十二月任，十七年十月休致去官。

本年，雷班因均田遭人指責，請牧齋作書郡守辨白。

錢牧齋先生尺牘卷一致吳江雷邑尊："老父母循異之政，籍甚江左。均田之役，扶貧抑橫，所利賴於民間。謂當有不次之擢，而不免反挂吏議，信哉，良吏之不可爲也。此番會勘，知已澈底洗雪。……郡公祖不敢輕以尺一相聞，無以仰副來命。然公論昭然，仁聲載道，當亦無藉於旁議也。"

雷班，字笏山，順治八年（1651）舉人。起劍子。乾隆蘇州府志卷三十五職官四："雷班，元方，井陘人，舉人，順治十三年八月任，十五年十二月去。"

乾隆吳江縣志卷四十四："大清順治十四年，知縣雷班采鄉紳孫志儒、生員王文、沈自復等條議，倣浙嘉興、湖州屬縣明季成法，均圖均役，五十日書成。"又卷二十三名宦："班洞悉情形，令每圖以二千畝爲額，田均而役亦均，論者以爲百世良規，有均田圖、均役全書，惜以詿誤被劾，既復職而去。"

又牧齋外集卷四胡菊潭文集序，又見秀巖集卷端，無撰寫年月。序云："先生全集，久閟篋衍，松陵雷令君得其副墨，梓以行世。以余爲知文者也，俾爲其序。"大概作於順治十三年至十五年間，附此。

牧齋又曾向雷斑推薦張奕、姚宗典二人，應該也在這兩三年間。錢牧齋先生尺牘卷一致吳江雷邑尊："寒門羅雀，辱枉軒車，棄屣遺簪，重荷慈念。……吳門數君子，皆在高賢臭味中，其子弟皆束修自好，如張異度之子奕，文行兼美，食貧攻苦，爲諸生中眉目。特令奉謁鈴閣，所望念名賢之後，破例培獎，俾不至抱影寒廬，則不肖亦借光多矣。孝廉中如姚文初者，文學行誼，師友千古。當爲下陳蕃一榻，以單父之禮待之，所裨於彈琴之治，良非淺鮮。"

清順治十六年己亥（1659） 明永曆十三年 七十八歲

正月，至無錫訪華時亨，已病不能出（有學集卷三十五華徵君仲通墓誌銘）。

端月望日，作花山常住募緣疏（有學集卷四十五）。

鈔本有學集署"己亥端月望日"，疏云："沙彌善生，剃染未久，臥病出界，慨然來歸，推法眷佛居法師補其處，誓欲修頭陀行，單丁行腳，以乞食等供爲己任。"善生，含光弟子。

正月十三日，過毛晉湖南草堂，作詩四首（有學集卷十己亥正月十三日，過子晉湖南草堂，張燈夜飲，追憶昔遊，感而有贈凡四首）。

詩後自注云："飲罷歸舟，被酒不寐，申旦成詠。越七日廻舟過玉峯，捉筆書之，以貽子晉，聊博一笑，兼祈繼聲。"

毛晉和詩，見其和友人詩首春日錢夫子枉棹隱湖，懷舊感新，示教四章，敬步原韻酬謝：應真高掛憶當年，禪月通靈點筆前。濃繪焜煌宗立本，白描冥鬱隸龍眠。爐燒薰陸霞光接，南詔木生白遠貽薰陸，普薰諸像前，煙達天半，香聞里許。人插茉萸爇蘂偏。今日南山一片石，蘇公作供米公顛。崑山正南對吾廬，獲一雞骨片石，宛如小山，亦顏曰怪石，供置諸几上，徧插菊花名品。

六十年華愧及辰，師恩弟紀倍情親。千年城郭知經徧，七椀旗槍喜任真。橋外揚舲無俗駕，尊前釃酒半幽人。祝延相戒喧鉋竹，莫道南村式燕貧。辛巳秋，祝延法席，遐邇弘道明教之士往往效法。明年師八十矣，再申前請。

郊原雲色漸童童，喜接高軒春雨中。往事東湖分棹月，巳秋夜半，送師至湖口而別。新情南浦打頭風。玄亭廢學嗟猶白，田舍炊香笑二紅。提抱孫雛前裦音報拜，及門小子亦呼翁。

芬敷華座海茫茫，豈是尋常過草堂。替庆岡宜聽九子，雨淋鈴莫信三郎。展開屏障占星象，演說雷音發妙香。從此向師傳唱字，月明船子擊滄浪。經云：此方真教體，清淨在音聞。第四唱者字，第十三唱也字。時師將往華亭。

隱湖倡和詩卷下又有陳瑚和詩，題云潛在見示牧齋先生載德堂張燈夜讌詩四首，次韻敬和，以申瞻仰：欲識荆州向立年，牀頭還欠拜公前。雨敲桑戶兼旬病，雪滿袁門盡日眠。湖北烟霞塵事少，山南風月賞心偏。放翁老學真先進，壓帽梅花不道顛。

银花火树恰芳辰,尊酒温温语笑亲。乱後山川如梦觉,老来师弟倍情真。貂裘风雪长征客,油壁城闉不寐人。何似杯湖兼退谷,琴牀茗椀去来频。

新桃爆竹乱儿童,剪燕鞭牛过眼中。户户帘栊歌夜月,村村箫鼓醉春风。珠屏翡翠当筵豔,玉椀葡萄射蜡红。回首廿年成一笑,再来同是白头翁。

云山羃羃水茫茫,不及追陪载德堂。一代周官存柱史,五朝汉记属中郎。心依白社宗风远,手擘红牋得句香。醉墨淋漓争诵习,如何子美在沧浪。

灯夕,为黄申作舫阁记(有学集卷三十)。

钞本有学集署"己亥灯夕"。

正月,作故明死事孝廉陈君墓表(有学集卷三十九)。

钞本有学集署"己亥春王正月,有吴遗民石渠旧史虞山钱谦益谨譔"。

陈来学,字开之。攸县人。五箴父。天启七年(1627)举人。崇祯十年(1637)死於兵。

山晓阁明文选续集卷六评云:"孝廉非有守土之责,而能挺身击贼,且筹画优长,以不见信用而败,乃至与徒旅俱死,其风烈有足多者。起手悼赠邮之莫及,後幅借楚歌以生情,愤歎激昂,总是欲因孝廉以声动天下。嗟乎,官守奔溃相属,局外仗义捐躯,朝家憖若罔闻,而犹欲乞灵以鼓动後死,吾恐死者有知,即不至频颥而悲,当必掩口而笑。"

作张中丞奏疏序(牧斋外集卷四)。

序云:"公之将行也,余以绛县之老,与班白秀眉,沐浴恩波,不胜扳辕留牍之思。"

張中元順治十一年(1654)八月任江寧巡撫,十六年正月以病免,故繫此。

二月七日,作天童密雲禪師悟公塔銘(有學集卷四十)。

鈔本有學集署"歲次己亥春王二月七日,海印弟子虞山蒙叟錢謙益槃談謹造"。

二月,作何君實墓誌銘(有學集卷三十五)。

鈔本有學集署"歲次己亥春王二月,從舅弟籛後人錢謙益謹述"。即表弟何玬枝。

仲春,作高玄期景玄堂集序、高寓公稽古堂詩集序、高念祖懷寓堂詩序(有學集二十)。

鈔本有學集三篇皆署"己亥仲春"。

嘉興竹林廟高氏,是當地名族。高道素(?—1629),初名斗光,字如晦,一字明水,後更字玄期。萬曆四十七年(1619)進士。官至工部郎中,以督造桂府大殿坍塌論死。

高承埏,字澤外,號寓公。道素長子。崇禎十三年(1640)進士。歷官遷安知縣、寶坻知縣、工部虞衡司主事。

高佑釲,字念祖。承埏長子,譚貞默婿。貢生。考授州判。

高承埏三大師傳讚有牧齋題跋:"余於三大師,宿有因緣。雲棲曾侍巾瓶,海印親承記莂,而紫柏入滅之歲,夢中委受付囑。今讀高大夫寓公傳三大師,揚眉瞬目,如在尺幅間,不覺肅然起拜。若三老之外,特標雪嶠信公,豈所謂楚石之後,獅絃絕響者,於此另豎眼目耶?念祖世繼金湯,當自悉此中微指,余未敢妄議也。"不詳年月,附此。

仲春,題鶴如禪師詩卷(有學集卷四十八),又爲題像贊

（牧齋外集卷二十四）。

鈔本有學集署"己亥仲春"。像贊云："昔我邁爾,年方驅烏。字以鶴如,皎潔僧雛。"知鶴如二字爲牧齋所取。

去歲冬,嚴熊有詩來投,仲春,作題嚴武伯詩卷(有學集卷四十八)。

鈔本有學集署"己亥仲春,蒙叟錢謙益書于紅豆閣之雨窗"。文云："武伯遊吳江,過周安石齋中,大書一絶句于壁,余愛其詞氣朴直,有宋名人之風。去年冬,以詩卷投余,凡數百篇,披華落實,明玕青瑶,落落于行墨之間,信武伯之昌于詩而殖于學也。"

春王二月,題瞿有仲詩卷(有學集卷四十八)。

瞿有仲(1626—?),字有仲,號健谷。常熟人。純仁孫。遊陳瑚之門。著有焚餘集。

又王應奎海虞詩苑卷六瞿有仲仲春訪錢宗伯於芙蓉莊,口占奉贈四首之一:典型猶在足吾師,斯世關心祇自知。一代文章高北斗,五湖事業付西施。總無史繼春正筆,猶有人傳夏五詩。公詩有夏五集。收拾殘棋多少恨,空緘三局更遺誰?

春,作書毛晉。

錢牧齋先生尺牘卷二："風雨連綿,都無春和節氣,殊爲悶悶,且悁悁也。王雙白兄,吾黨文章節義之友,慨慕風義,思一投分,知當把臂入林。渠往吳門,欲問星橋間道,幸遣一介爲指南,僕亦借爲前茅矣。楚詞四本附去,瞿有仲詩序一紙,乞轉致之。"

春,木陳再遣弟子山曉來取密雲禪師塔銘。

道忞布水臺集卷二十二柬牧齋錢虞山："山曉回，披讀教箋，惠貺賜諾，許銘先師，真令不孝式謌且舞，辟踊俱興者矣。……再遣山曉擁篲龍門，恭俟奎璧，佇雨遲雲，惟高空其沛貺早及之。春風尚寒，有冀頤神善攝，長爲南邦文獻，是祝是禱。"

本晳（1620—1686），字山曉。四川長壽人，俗姓魏。曾隨木陳入京，於龍安寺開堂。後爲天童住持。

二月十五日，姪奎炳來請壽序，作吾宗篇壽族姪虎文八十（有學集卷二十三）。

鈔本有學集署"屠維大淵獻之歲如月十五日"。序云："虎文貽余書曰：'昔楊子雲作法言，富人以百金請載名，弗許，叔父倘不吝一言，某雖貧，賢于成都富人遠矣。'客見之，以告余曰：'兔園先生能雒誦法言，知楊雄爲子雲，少陵詩曰：語及君臣際，經書滿腹中。豈不亦信而有徵乎？'余筦爾笑曰：'有是哉。'并書之以爲序。"考海虞錢氏家乘卷三："奎炳，傳霖長子，字虎文，聘夏氏。"與牧齋正差一輩，應即此人。

二月望日，爲木陳文集作序（有學集卷二十一天童木陳禪師文集序）。

又爲山曉詩文作序（有學集卷四十八題山曉上座嘯堂詩）。

亦見天童寺志卷八，題嘯堂初集序，其文與有學集頗多差異。寺志引文云："曉公此行，將木陳和尚命請余作天童密翁塔銘，余不能如無盡居士爲石門點出金剛眼睛，卻與點綴詩卷，作餘塵瞥起因緣，持歸見木陳老人，定當爲破顏一笑。"

木陳收到文序、塔銘後，大加讚賞。

　　錢牧齋先生尺牘卷二與木陳和尚："恭承嘉命，令補造密雲老人塔銘，以償十五年舊逋。每一下筆，輒爲戰掉。……不揆固陋，奮筆讚述。……竊自謂心平如地，口平如水，任彼百舌瀾翻，千喙剝啄，亦可以譬諸一咉，付之一笑矣。布水二集，繙閱再三，偶一根觸，放筆作序。大率皆撑腸拄腹，薄喉衝口之談。……曉師還，信筆奉復，并以爲約。"

　　道忞布水臺集卷二十二柬牧齋錢虞山："開歲以來，翹瞻雲漢，以日爲年，不意王君、山曉奉璋疊至，盥手開函，焚香展讀，儼若赫赫明明，天王復辟，黭胈而黑，頎胈而長，眼如望羊，心如王四國，而我師復生焉。中間發微闡幽，或貶或諱，文約指博，義正詞嚴，所謂法用春秋，以繩當世，則又雖有游夏，不能贊一詞矣。……至若拙集加評，卷端授弁，亂九天之華雨，飛六月之嚴霜，此則老先生之正氣丹衷，自橫自溢，却不關不孝事也。……銘藁即依後命繡鑴，雙白歸，忙艸艸布復，嗣容專謝，不宣。"

　　又黃宗羲思舊録："方外交遊，如木陳，初求牧齋文字，視若天人，繼而指摘，蹄尾紛然。"

如月二十二日，爲馮文昌作跋紫柏大師手札（有學集卷四十七）。

　　鈔本有學集署"屠維大淵獻如月二十二日"。文云："右紫柏大師手札十二通，故祭酒馮公開之家藏，其孫研祥裝裱爲一册。"

張有譽有書質問天童塔銘之事，仲春廿三日，作答張靜菴司農第一札，予以解釋（有學集卷四十四）。

書云："天童老人墖銘，是十五年未了宿逋。山翁復申前盟請，不敢固辭。……通篇序次，援據行狀、年譜，不敢增益一字。……昨與覺浪兄年廣額屠兒公案，漫云屠兒多生用屠刀殺生，我輩多生用筆管殺人。我輩之筆管，即屠兒之屠刀也。浪亦印可其言。……卻苦兩日前付山曉小師齎去，不得重與台慈商榷刪定。然此文末後著語，魔佛兼行，揀收互用，正欲聽其吹萬，付之兩行，意在調人，非爲佐鬭。亦正是放下筆管，不妨借屠刀説法也。知台翁與蘖菴諸上善人，咸當破顔微笑，不作金剛努目耳。"

二月二十三，華時亨卒，年六十二，其子介王廷璧來請墓誌銘。

有學集卷三十五華徵君仲通墓誌銘："越一月，雙白以訃來，仲通二月二十三日卒矣。其二子毀瘠踰禮，將葬，泣血撰事狀，介雙白來，哭而有請。"

如月（二月）二十五日，作桂殤四十五首小序（有學集卷九）。

二十七日，再作書張有譽（有學集卷四十再答張靜菴書）。

書云："循覽來教，主于消釋異同，破除鬭諍。此固鄙人意中之事，不妨搔著背癢。樸學老生，憒無知識，每作法門文字，誓欲以世間綺語戲論，消歸佛乘，安敢私心逞臆，信口雌黄。恭承慈命，再三紬繹，既不敢護短憑愚，亦未嘗改頭換面。點筆之餘，正與初心符合，焚膏呵硯，不免沾沾自喜。"

本日，又作書木陳和尚，對塔銘改動數字（有學集卷四十四再與木陳和尚書）。

書云："上座歸後，數日內再接張靜翁手書，謂天童、鄧尉兩家子孫，已成水乳。恐老耄未能悉知，摇筆弄墨，重起風浪，誨示諄複，心血沾洒。其爲法門眷屬，破除鬭諍，不啻救焚拯溺，甚盛心也。因將墖銘原稿，再一簡點，但是文字中槎牙頭角之語，改竄數行耳。是中君臣賓主，眼目歷然，殊非婀阿兩可，自附調人。更于老人激揚提唱，一片苦心，重爲洗發。所謂頰上三毛，傳神寫照，未必不差勝于元文。"

面對弘儲等人的不滿，木陳作書狡辯。

道忞布水臺集卷二十二復西遯超道人："去秋所以重請虞山者，不過借（僧）託文言，以光昭先老人之徽烈，庶幾有以行遠耳。西遯固信山翁決，不幸虞山舞弄筆舌，而雌黃天下也。況三峰爲先師行二之子，則於山僧爲同氣連枝，手右而戕其左，葉滋而掊其根，在他人或恬肰爲之不顧，辱在西遯見諒之，山僧斷不出此矣。或虞山信筆直書，不留餘地，而猶子中如玄墓、如霛隱，即猶孫中如豁堂、如仁菴輩，走一使持片楮焉而問山僧，豈可不手勒八行，專人請改，矧霛嵒之與山僧，猶稱當世籍咸者乎？見不出此，乃規爲布置，斡旋虞山，又動勞足下之管城君，是爲無識，且昧山僧。夫以明白之山僧，往往見疑於世，獨一不虧道、不喪真之西遯諦信之，可慶也，亦可弔也。改易之銘，即如命定刊。雙白遠來，多媟嫚，乞爲山僧修飾。弗備。"

同卷復霛嵒儲姪禪師：先老人墖銘，去秋始託虞山屬筆,七裏之報,諾以今夏浴佛爲期,中間詞鋒有礙漢兄和尚,則山僧都未省覽。老姪既陰得其事狀,何不移牘山僧,俾爲刪改。乃假手張靜翁,幹旋錢牧老,抑復何也?雖老姪出乎機,入乎機,妙有化裁,但用之以待老阮籍,則所謂附同氣、荷同心之語,又似信不由中矣。老姪自是天生妙慧,山僧深媿賦性顓愚,肰則患難欲其相成,德業欲其相勖,無乃太孤老姪之心邪!老姪言滿天下,道播江湖,先老人可謂有子有孫,是則借光多矣。區區十八年來,松柏既實之,枯骨寒原,遠煩玉步,或有蝶嫚,得不深山僧之罪,而消老人之福哉!乞泯此念,荷感尤多。改定銘詞,謹依雙白頒宣口諭,即如命施行矣。"西遜即祁駿佳,字季超。山陰人。彪佳弟。

作光祿大夫贈少保兼太子太保吏部尚書謚文通鐵山王公墓誌銘(有學集卷三十四)。

此王永吉墓誌。王永吉(1599—1659),字修之,一字六謙,號鐵山。高郵人。天啟五年(1625)進士,授大田知縣,仕至薊遼總督。入清,累官至國史院大學士,領吏部尚書。順治十五年(1658),以兄子科場關節事自劾,左遷太常寺少卿,復擢左副都御史。卒謚文通。

王永吉死於本年二月初六日,牧齋銘云:"公之喪至自燕,嗣子明德奉敕寵命,大葬于時躅山之原,屬龔大憲孝升序次行狀,而以隧道之銘來請。"據世祖章皇帝實錄卷一百二十四:"順治十六年己亥三月壬辰朔,予故少保兼太子太保吏部尚書王永吉祭十三次,立碑,謚文通,遣官護其喪歸葬。"因繫於此。

錢牧齋先生尺牘卷二與王:"尊府君大葬,同軌畢至,聊申穉子生芻之誠,尚闕巨卿素車之誼。每一念及,忽忽如有所失。過承嘉命,以隧道之石見委,此遺民野史,所欲嘔心鉥腎,以自效于知己者也。循覽來教,所欲暴白於身後者,惟督薊一段公案,此意正與愚見脗合,故臨文不憚鄭重別白,複累分疏,而其他歷官行事,但撮舉其大署。"

三月朔日,爲介立達旦作揚州石塔寺復雷塘田記(有學集卷三十一)。

鈔本有學集署"屠維大淵獻之歲三月朔日,海印弟子蒙叟錢謙益熏沐謹記"。記云:"近寺有雷塘田一千二百五十五畝,寺僧開墾作常住田。乃者開荒清丈,僧奉甲令估納價銀一千四百五十九兩,土人以備賑礙塘爲口實,蜚訟不已。節鎮牒下道府,往復勘覈,斷歸常住,立榜曉諭,勒石寺門,曰:自今豪右奸人借端吞占者,罪無赦。高座法師介立旦公住持是刹,屬余記其事,以示永久。"

三月九日,作題吳門吟社雅集小引(牧齋外集卷二十五)。

文云:"晦木偕蘭生薄遊吳下,進恥脫粟之食,退羞彈鋏之歌。重其、偉楚、又王諸君,杯酒留連,倡和成卷。"

黃宗炎(1616—1686),字晦木,一字立溪。學者稱鷓鴣先生。宗羲弟。明末貢生。弘光朝亡,毀家紓難,迎立魯王。被清兵所縛,幾死,宗羲以計出之。精於易,著有憂患學易等。生平作詩幾萬首,沉冤淒結,不忍卒讀。晚更頹唐,大似誠齋。

施譚,字又王。長洲人。曾參閱南詞新譜。與陳濟生、錢肅潤等入驚隱詩社。與彭士望、顧有孝亦有交往。

偉楚，名營，長洲人。陳維崧湖海樓詩集卷十侯六丈宅看牡丹五首自注云："丙申春，同吳門諸子看花於薛偉楚含綠堂。"陳維崧又有重陽後一日同魏雪竇、胡彥遠、施又王、陳鶴客，宴集薛偉楚含綠堂分賦。徐增九誥堂集卷十一甲午春，余有月下梅花詩，客有悮傳其韻于起頑先生者，起頑爲和三十律，托薛偉楚寄示，余感其意，爲錄舊作呈正，併次來韻奉酬。

蘭生，疑徐之瑞。臨安人。崇禎九年（1636）舉人。甲申後隱居不出。與汪楓、萬泰、巢鳴盛並稱爲四先生。著有橫秋堂詩詞稿。

季春九日，作書王泰際，請其接濟袁駿。

錢牧齋先生尺牘卷一與王内三："頃見亡友徐女廉集序，猶齒錄衰朽，不勝足音跫然之喜。……吳門袁子重其，白華之孝子，古之遺民也。而門下能賞識之，又飲食而教誨之，至於憐其母老，恤其無兒，此真仁人君子之用心矣。今重其之窮日甚，其自勵益苦，而又不肯仰面看人，徒有束手待命。倘門下能以穎封人錫類之孝，始終其德，俾節義之母子，不至於立槁，此鄙人所仰藉東壁餘光也。"此文亦載牧齋外集卷二十三。別本署"□□季春九日，謙益頓首再拜。"

王泰際（1599—1676），字内三，號研存。嘉定人。崇禎十六年（1643）進士。明亡隱居不出。著有過目詩選、四書廣古註、冰抱集。其女廉先生遺集小序云："況網羅遺逸，有信史錢牧齋先生在，一言襃衰，搜採賴之。"故牧齋有"齒錄衰朽"之言。

本年，吳門申繼揆七十，作自壽詩四首，袁駿持詩索和，

亦作二首(外集卷一)。

傅社唱和詩:老歸空門,香燈貝葉,日夕向折脚鐺過活。忽袁重其扁舟訪我紅豆邨庄,出有道勗庵世翁七十自壽詩索和,顧余衰颯,榛苓之感,實有同心,冗次勉成二律,敬呈笑正:盛代含香自昔年,至今袍笏大瓜綿。家居不礙秦源隱,身放何期雒鼎遷。樂志仲長疏後沼,達生莊叟汎虚船。他年定兆非熊夢,久把綸竿笠澤邊。

燕喜時時夜度歌,春風偏拂後堂多。仙家日月留朱户,帝杼雲霞曳絳河。禹柱祇看三極近,朔桃不畏六丁訶。嵩高特爲生申祝,寧待斜陽一挽戈。

申繼揆(1590—1674),字維志,號勗庵,晚號蘧園。吴縣人。時行孫,用嘉長子。承祖蔭補中書科舍人。授征仕郎,遷刑部主事、員外郎,再升郎中。任廣東恤刑。入清未仕,歸於里,兩舉鄉飲大賓。據申氏世譜,其生日在萬曆十八年二月二十二,故繫此。

三月(季春)十日,作吕全五二集序(牧齋外集卷七)。

吕陽(1613—1674),字全五,又字詹望,號薪齋。無錫人。崇禎十三年(1640)進士。入清,官至浙江布政司參議。著有薪齋初集八卷二集八卷三集八卷。

屈大均持覺浪書來訪,三月十六日清明節,作羅浮種上人詩序(有學集卷二十五)。

序云:"余爲木陳山翁序其文集,援引妙喜老人忠君憂國之言,將以諗當世士大夫,如有宋之張德遠、子韶者。有客見之,舌吐不能收,曰:'安得頂戴壞衣鬆髮,而詆諆士大夫?'余隱几不答,惘然而去。已而一靈種上人持浪丈人書來訪,出其詩讀之,嘆曰:'此非少年上人邪?何其詩之似山翁也?'"

屈大均(1630—1696),原名紹隆,字介子,又字翁山。番禺人。諸生。明亡參與抗清,削髮爲僧,名今種,字一靈。中年還俗,遊歷四方。

屈大均道援堂詩集卷六訪錢牧齋宗伯芙蓉莊作:"四面煙波繞,藏書有一樓。興亡元老在,文獻美人留。橋細穿荷葉,舟輕及素鷗。愛予初命筆,交廣有春秋。"

錢牧齋先生尺牘卷二與毛子晉:"昨得泛兩湖而還,深賴導師之力也。羅浮一靈上座,真方袍平叔。其詩深爲于王所嘆,果非時流可及。浪老近泊吳門,欲徵曹洞舊語録,何以應之?"

春,陳瑚作虞山歌上牧齋。

陳瑚確庵文藁卷四上:"虞城之西烏目峰,崢嶸插入青雲中。四十五里根盤折,百六十丈岩玲瓏。明昏頃刻無停態,奇文異狀施神功。或時娟好如靜女,或時夭矯如游龍。或斷巘岩如忽裂,或連陘匜如相從。或走烟雲萬馬驟,或號林木千濤漎。有時春風繪錦繡,圍芳錯翠流殷紅。有時秋雨洗塵翳,遠眉淡掃鉛華空。有時發發破囊口,碎撒泉珠石亂走。雷車喧隱紫電馳,光怪神奇無不有。由來畫工畫不成,此語聞之亦良久。余從灰劫拜兹山,登高尋勝長回首。上有東魯學士祠,下有西京公子阜。馬嘶草没壁半敧,兔走狐號骨已朽。山川衰盛豈有時,憯淡淒其山亦醜。欲歌欲泣不自禁,劃然舒嘯驚山神。山神向余若余唔,汝識虞山真乐無?真乐在人不在山,神山自有神仙守。仙人棄人與天遊,仙人邈今與古儔。芙蓉爲冠薜荔服,朝饗木蘭夕秋菊。玉書金簡護匡牀,絳雪玄雲滿空谷。偶從流目俯九州,無端爲世生閒愁。海淺河清未可問,仙人且樂林泉幽。余聞未既笑曰是,仰止兹山有日矣。彷彿仙源如可求,扁舟上下桃花水。"

作酒逢知己歌,贈馮文昌(有學集卷十)。

林古度八十,作乳山道人勸酒歌(有學集卷十)。

南雲和尚回楚,作詩送之(有學集卷十)。

泰和楊弱生千里來訪,以詩求正,爲作楊弱生且吟序(有學集卷二十四),臨別,又作載花易書詩送之(有學集卷十)。

且吟序云:"泰和楊弱生不遠二千里,訪余于江邨,問其何以治行,曰:'漳江多茉莉花,吳中多書,載花滿棹,易書盈車,謁夫子而還,吾事辦矣。'余听然喜之。已而出其詩爲贄,且請一言。……楊子避席曰:'雖然,請終教某以詩。'余展卷快讀曰:'信矣,余故前知子之能詩矣。'遂抽初學集一編酬所贈花,而酌酒以爲別。"弱生,名敉。

梅庚知我錄:楊弱生孝廉以珠蘭抹麗至吳下市書盈船,虞山錢宗伯賦載花易書詩,一時屬和者數十人。時予弱冠,有句爲人轉誦。吉水施偉長值予於高阮懷坐,問:"爲誰?"高曰:"是道得'三徑春風去不旋'者。"

又贈同行康小范孝廉詩一首(有學集卷十)。

春暮,顧湄來訪,次牧齋過子晉南湖草堂韻四首。

水鄉集過牧翁老師紅豆莊敬次原韻四首:懷刺囊詩已十年,扁舟今喜拜牀前。青藜閣上攤書坐,紅豆窗中聽雨眠。島索鐫除刪閏統,蠹魚論勘到旁偏。靈光劫火知無恙,醉眼摩挲雪滿顛。

地老天荒及此辰,追陪末席話偏親。五溪雲物應誰在,六詔風沙或未真。異代衣冠推晉世,同時雞犬避秦人。東皇一去春將盡,燕子楊花卻耐貧。

佛閣淒涼憶聖童,桂殤詩卷淚痕中。師近刻桂殤詩,爲哭文孫桂哥作也。執經人立門前雪,載酒船來江上風。宿麥漸漸平野綠,飛花冉冉曲欄紅。陽秋逸事分明記,留訊開元鶴髮翁。

魚河龍漢總茫茫,四海聲華舊玉堂。夜省圖書留侍史,晨闈鐘鼓對緇郎。棊敲沁石機心净,酒沸清尊笑語香。秖是江山亂離日,一竿投老卧滄浪。

又和四韻贈毛晉,其三注云:"將過紅豆訪牧老師。"從詩意看,此次應是顧湄初見牧齋。在這之前,曾有詩投贈。水鄉集上錢牧翁老師:"地遠天高思渺茫,碧梧紅豆老村莊。名家風雅推宗主,昭代人文屬表章。典籍曾傳周柱史,劫灰猶識魯靈光。白頭不問興亡事,一任殘鴉噪夕陽。"

又錢牧齋先生尺牘卷二與陸敕先:"承示婁東顧君論文書序,深訝其胸次繁富,識見超越。又復記存老朽,不惜告之話言,賜以箋砭,其用意良厚。"顧君應即顧湄。

余月望日,題毛黼季所藏麻姑仙壇記(牧齋外集卷二十五)。

又同卷有題毛黼季所藏定武蘭亭,疑作於同時。

四月十九日,題毛晉藏大悲心陀羅尼經(有學集卷五十書大悲心陀羅尼經秘本後)。

文云:"毛子子晉得此本于蒼雪法師,余見而歎曰:靈文秘典,僅存于後五百歲。東夏之人有如一行、慧朗者,傳教金輪,用以顯神功而求軌迹,其必有取于此乎?子晉其善護持之,余敬書其後以竢。"

錢牧齋先生尺牘卷二與毛子晉:"老體畏熱,今年特甚。手足瘡疥,十指如錐,言之悶悶。大悲跋少留几上,稍閒當點筆也。心經序刻鏤甚佳,法寶爲之增重矣。……天童塔銘,是靈岩刻者,附上一册。"

四月二十一日,作題顧伊人近詩(有學集卷四十八)。

鈔本有學集署"屠維大淵獻余月二十一日,虞山蒙叟錢謙益謹序"。

四月二十一日,作陳確菴集序(有學集卷二十四)。

鈔本有學集署"屠維大淵獻余月二十一日"。

四月二十一日,又作從遊集序(有學集卷二十四)。

鈔本有學集署"屠維大淵獻余月二十一日,虞山蒙叟錢謙益謹序"。從遊集是陳瑚門下弟子詩集。

四月(余月)二十三日,作唐詩鼓吹序(有學集卷十八)。

序云:"里中陸子敕先、王子子澈、子籲,偕予從孫次鼐,服習鼓吹,重爲校讐,正定注解,而請序于余。"

錢朝鼐,字次鼐。朝鼎弟。

王清臣(1619—1674),字子澈。嘉言孫,維翰子。

王俊臣(1622—1706),字子籲,號用三。清臣弟。

錢牧齋先生尺牘卷二與陸敕先:"鼓吹序,乘興改作一篇,以貶剥滄浪輩之語,前已數見,不欲重複耳。村莊杜門,但畏俗客,豈敢以此例拒賢士耶?拙集既經批抹,且付一看,斷不以直筆爲諱也。石塔書,日下即奉寄耳。"

本年徐延壽再過虞山,有詩。

> 徐延壽尺木堂集三過虞山訪牧齋先生:"憶昔己卯春,龍門登在始。小子將父車,躋堂拜夫子。時有林逋翁,殷勤相導指。拂水啟山莊,醉臥梅花裡。別去十二霜,庚寅夏月四。問渡喚扁舟,再經虞仲里。偕行有陳生,同執弟子禮。林翁尚矍鑠,依然陪杖履。握手問存亡,先嚴痛逝矣。重開半野堂,宴集多賢士。檀板按吳歈,華筵列羅綺。茲來隔十秋,亥歲又逢己。靈光尚巋然,芙蓉開別墅。挈伴無良朋,擔簦獨至止。林翁跨鶴去,陳生歎蘭萎。再拜函丈前,從容問起居。神仙陸地如,宰相山中是。屈指追昔遊,日月如電駛。二十一年中,三度昆湖水。互訊舊藏書,絳雲一炬耳。予家宛羽樓,已做牧芻地。典籍亦忌盈,聚散乃常理。惟有願吾師,壽增千百紀。窮鳥歸失巢,三匝無依倚。皋廡可賃春,攜家當過此。"

> 按:尺木堂集有己亥三月紀伯紫別于長安爲閩游,予時有大梁之行,今歲春暮,予歸閩,伯紫又還白門,因作長歌以送之,又作己亥夏五到家,贈紀伯紫長歌,推敲其至吳門乃在四月間,故繫此。

夏間,多次作書毛晉。

> 錢牧齋先生尺牘卷二與毛子晉:"荒邨佳節,蒲榴寂寞,而吉中楊弱生、康長孺適來,舉盃相向,差不爲文人所笑也。弱生載花換書,是詞林一佳話,知必動斐然之興,僕亦願倚韵以和也。閩中已爲碻庵作序,并更定大悲跋語。"

> 又一通:"載花詩聊以相試耳,不謂潘江陸海,斐然如

此。昨有二律,卒卒應酬,不堪呈醜也。爲作一序,差可觀,少暇當錄出請教。言夏兄序已削稿,俾即回,不及作八行,希爲道意。德操墓文,待繙經有隙,當即命筆,不敢負諾責也。……大悲呪跋,後一段要刪改數句,乞仍付來改過,方可付梓,且勿裝裱入卷也。揮汗草謝。"

又一通:"毒熱如甑,闔門病卧。仲德刀圭,所至立起。仲淳一燈重餤,吾輩可安枕矣。日來筆硯塵生,早起改定大悲呪跋,以觀音説呪處的在西竺,此中有誤故也。"

性琮示疾,病七日而愈,作灑病十偈。牧齋作書白法老人灑病十偈(有學集卷四十六)。

牧齋云:"病既愈已,作灑病十偈,粘壁示儆。聚沙居士,多病多惱,懵瞪潦倒,不知治療。偶謁老人,傳誦此偈。如錍刮目,如水澆背,渙然汗下,霍然良已。信筆信口,奉和二偈,以博老人一笑。"

有學集卷四十嘉興營泉寺白法長老塔表:"己亥三月,病眩運,坐東塔妙喜堂,布被蒙頭,七日而愈,作灑病十偈。"金匱本塔表作十二偈,誤。又塔表記性琮逝世前有"示疾百日,不受惡纏,加持佛號,時至即行"之語,性琮八月去世,大概示疾在五月。

五月八日,作蔡大美集序(有學集卷二十三)。

鈔本有學集署"屠維大淵獻五月八日"。序云:"若宣城蔡子大美者,江山迢然,書問間歲一至,愛而好我,謦欬欠申,晨夕如在書筴之前,余亦忘其非舊相識也。"

蔡蓁春,字大美,號芹溪。宣城人。善屬文,喜交遊。著有來諗居集、續宛雅、灊山雜著等。

夏五十一日，校正首楞嚴經疏解蒙鈔。

見國家圖書館藏稿本大佛頂首楞嚴經疏解蒙鈔目錄後記卷端，自題"己亥夏五十一日，校訂畢"。

夏五月十九日，弘儲與張有譽、王廷璧、鑒青至常熟，商量塔銘之事（有學集卷十）。

有學集卷十己亥夏五十有九日靈巖夫山和尚偕魚山相國靜涵司農枉訪村居雙白居士確庵上座諸清衆俱集即事奉呈四首錢曾注：戊戌冬，天童密雲禪師嫡子道忞具師行狀年譜，請公爲塔上之銘。己亥二月七日，公製塔銘成，末後著語云："禪販弘多，智惠輕薄。花箭突發于室内，疑綱交絡于道旁。於是乎三玄三要辨析三幡，七書三錄折衝四戰，狀稱相軋者，至爲狂詈，爲兇短折，爲吐紅光爛盡。斯則弓折矢盡，樹倒藤枯之明驗也。師不借彼之鋒鏑，則金翅之威神何由窮搜于海底；彼不犯師之穀率，則波旬之氣勢何由竭盡于藕絲？天其或者，倒用魔印，逆宣正法，於彼何尤？於師何有？"公意蓋有所指。此文之原本然也。塔銘甫出，靈岩弘儲和尚爲漢月法嗣，見之急挽靜涵司農兩致手札於公，力請刪改。公不得已，爲易其文云："後五百年鬭諍牢固，機鋒激射，妨難弘多。師以慈心接之，以直道御之，以正理格之，以妙辯摧之，消有无于三幡，窮玄要於四戰，務使其霜降水涸，智訖情枯而後已。初雖攝折多門，終乃鎔融大冶。事有激而相濟，理有倒而相資。非鐵石之鑽磨，則火光不發；非峽崖之束鬭，則水勢不雄。天其或者，假借碪錐，助揚水乳，用縱奪爲正印，化同異爲導師，於人何尤？於師何有？"凡易一百二十六字，此文之改本然也。公再答靜涵書云："恭承慈命,再三紬繹,既不敢護短憑愚,亦未嘗改頭換面,點筆之餘,恰與初心相合。"再與木陳書云:"所謂頰上三毛,傳神寫照,未必不差勝于元文。"詳公語句,鄭重命筆,不相假借如此。然公平生撰述,初非黨枯竹、仇朽骨,有私意存乎其間也。予編次有學集,于天童塔銘原本、改本并列之,而不敢逸其一者,蓋不忍負公手薰付囑之意,亦以見公點定之際,原無一字出入,初未嘗婟嫿兩可,自犯岐舌之規。此文中眼目歷然,兩存以示後之知言者,亦公之志也。畢陵伽婆蹉嘗渡恒河,咄恒河神爲小婢,住莫流水。佛令懺謝,合掌語恒河神:"小婢莫嗔。"大衆笑之云:"何爲懺謝耶?"眼闊心平,公安肯以墨兵佐鬭,當街之叫,畫角之争,殊不滿明眼人一笑耳。

　　弘儲(1605—1672),字繼起,號退翁。俗姓李。興化人。曾住夫山祥符寺,故又稱夫山和尚。漢月法藏弟子。順治六年(1649),駐錫靈巖,大宏宗風。

　　曉青(1629—1690),字僧鑒,又字鑒青,號碻庵。吳江人。張有譽、王廷璧、鑒青三人皆弘儲弟子。

題荷花畫扇詩五首(有學集卷十)。

六月十五日,作華徵君仲通墓誌銘(有學集卷三十五)。

　　鈔本有學集署"歲在己亥夏六月十有五日,虞山友人錢謙益撰文"。

六月,鄭成功、張煌言率軍溯江而上,克瓜州、鎮江,往攻江寧。

作書錢叚。

　　錢牧齋先生尺牘卷一復錢梅仙:"日來偶有伸寫,皆出漫浪。每一落筆，輒爲人所傳笑，甚至加以詬罵。而吾子獨越衆而取之，在不肖以爲良知，而嗜痂逐臭之譏，恐不能免於時人矣。閑中抵掌，當共爲一笑也。京口、白門，似有微風摇動。江南黄葉村中，尚得高卧晚食，差足自幸，亦未知究竟如何也。涼風將至，倘得扁舟過從，尚可傾倒心曲。"

錢陛(1625—1694)，字子純，一字梅仙，號堪齋。太倉人。陳瑚高弟。學有本原，從瑚講學，文行第一。康熙十八年(1679)詔徵山林隱逸士，弗就。後遷虞山卒。錢陛詩集又名堪齋集，尚存清初刻本。

錢陛堪齋集卷一有春日過族祖牧齋宗伯紅豆村莊詩："名高何處可逃名，況復文章海内驚。綠野縱能舒嘯傲，華胥只好夢生平。花漂漢地春來水，犬吠秦人亂後聲。多聲卻通漁父棹，尚知人世有紛争。"不知何年春，附此。

曾燦攜彭士望手書來訪，六月十八日，作答彭達生書，托曾燦轉交(有學集卷四十二)，又作曾青黎詩序及彭達生晦農艸序(有學集卷二十三)。

答彭達生書鈔本有學集署"六月十八日，謙益再拜"，兩序皆署"歲在己亥夏六月十八日"。書云："謙益再拜，達生友兄足下：頻年阻絶，迢然天外。每思廣陵僧舍，風雨促别，分手前期，自分此生遂永訣矣。青黎來，忽接手書，又得見詩文累帙，掉頭狂喜。此生復得與吾友相聞問，開緘怳惚，如再度一世。循覽來書及文，不惟如聞謦欬，而年來學問之剛强、志氣之堅忍，畫然成就，具見於此，尤可喜也。僕西垂之歲，皈心空門，于世事了不罣眼。獨不喜觀西臺、皆井諸公之詩，如幽獨君鬼語，無生人之氣，使人意盡不歡。而亦以立夫桑海之編,克勤遺民之録,皆出於祥興澌滅之後,今人忍于稱引,或未之思耳。今日爲詩文者,尚當激昂蹈厲,與天寶、元和相上下,足下有其質也。僕故爲之揚厲其辭,以張吾軍,知不以我爲誇爲誕,而河漢其言也。數年結客,落落可人者,一黄冠,一鞾韋耳,百里比肩,談何容易,今又悉歸倉海君矣。天下大事,終不出儒生手。孔明、景略不用長槍大劍,何自待之薄也?【此語爲海上儒生吐氣,勿以尉遲公不伏老傳爲笑端。】一笑,一笑!"所謂一黄冠,一鞾韋,疑指姚志卓、張充符。"此語爲海上儒生吐氣,勿以尉遲公不伏老傳爲笑端",此句鈔本有學集無,似與鄭成功有關。

彭達生晦農艸序云:"今年長夏卧病,忽得達生書,則大喜。"

山曉閣明文續集卷四評晦農詩艸云:"人生境遇何常,轉盼即爲陳跡,故從衰晚以思壯盛,每不禁老大之傷。達生遭時顛躓,而風雅力追盛唐,是志氣不肯放倒處。則因其言以得其心,知夫千里之志,不以伏櫪而少貶。中間寫得蕭瑟,則後幅之激壯,愈襯得出。此前後相形之法,不是截然兩橛文字。"

曾燦(1626—1689),初名傳燦,字青藜,號止山。寧都人。易堂九子之一。曾策應楊廷麟抗清,兵敗後隱居寧都。後僑居江蘇二十餘年,客死北京。

別後,曾燦又寄彭士望山居詩及贈詩三首,作書答謝(有學集卷四十二)。

書云:"足下記存衰朽,不嗇千里枉駕。狗馬屬疾,扶攜一見,不能具賓主禮。別後簡達生山居詩……枉贈三章,激昂魁壘。'詩書可卜中興事，天地還留不死人。'壯哉，其言之也……達生報章，敢煩侍史。"

六松堂集卷六奉贈錢牧齋宗伯：憶昔神宗射策初，蒼生屬望在安車。響言空著五千字，錢著響言規切時事。家食已傷三十餘。寶曆朝廷日多故，景靈黨錮未全疎。可憐黃閣勳名重，半入京鐺告許書。

北道應知少主人，滹沱麥飯益沾巾。詩書可卜中興事，天地還留不死身。暫托柴門耽地僻，敢將槐板望車塵。江山廿載連烽火，帳下能容賤子陳？

又寄彭士望桂殤詩。

彭士望恥躬堂集卷十二桂子梅花詩：虞山曾寄桂殘詩，尺一初傳頗自疑。把誦爲哀孫幼慧，行吟不憚楚江辭。己亥，錢牧齋先生寄予桂殘詩，悼厥孫也。

曾燦作書答謝牧齋爲其詩作序，論及今世才人。

六松堂集卷十一再上錢牧齋宗伯書："自芙蓉莊拜別，曾兩奉啟事，皆匆匆據案，未皇畧陳悃素。罪甚，罪甚！監寐之懷十餘年所，不意再見斯事。……伏承賜以詩敘，時於人定長跪展誦，涕洟交面，慚感所并，不知紀極。……竊以爲居今之世，足當天下事者，其人有二，而言心者不與焉。……所謂才者，必天下少年英偉之人足以當之……所謂望者，必天下老成碩德之人足以當之……某粗涉交游，未能盡見天下事，所謂才者，不敢易言，身屬天下之望，而足以奔走天下之才，則明公其人已。明公遵養道譽，使天下才不才，皆有所恃。某在下風，當先驅犬馬，以報知己。"

曾燦過日集凡例云："余選虞山詩，皆其晚年所作。蓋初學集久膾炙人口，不必余選而已知其工。虞山才大學優，作宋詩而能不蹈宋人鄙俚淺陋之習。然喜摭拾故實，刻畫古人，又未免爲學府書廚所累。至其七言絶句，風流慰藉，一唱三歎，則純乎其爲唐人詩矣。"

六月二十日，作太僕寺少卿寧侯席君家傳（牧齋外集卷十九）。

席本楨（1601—1655），字寧侯，號香林。吳縣東山人。端樊子。少負才略，讀書通大義。崇禎十四年（1641），江南大祲，以大學生捐八千金賑饑，予以官，以親老辭，並言願傾家佐軍，即家授文華殿中書，兼太僕寺少卿。明亡後，歸卧莫釐峰下，協助路振飛抗擊太湖湖匪。家傳稱其"教戒鄉人子弟，謹斥堠，助守望，峙餱糧，庀租庸，恪恭敬慎，以俟天命。鄉之暴子弟、輕俠少年，皆奉約束唯謹。既而餘艎搜山，揚颿西向，株連五百餘人，骸骨撐拒，而東山無犬吠之警"。死後，牧齋爲作家傳，吴梅村爲墓誌銘。

今年，重修秋水閣。

有學集卷四十七題李長蘅畫扇册其三："今年枝葺秋水閣，少還舊觀，松圓亦爲古人久矣。"參見下條。

本年六月，李來泰任蘇松糧道，作書相賀。

牧齋先生尺牘卷一致李石臺："今果聞節鉞近涖虞山，瞽史之言有徵。……台旌下車，草木皆爲動色。……心經小箋二册，奉求法眼印正。村居多暇，料理宿逋，草得貴鄉李忠文、劉文端二公碑志，稍閒當繕寫以求斧削。"

道光蘇州府志卷二十一公署三："李來泰，字石臺，江西臨川人。進士。順治十七年任。盧絃，蘄州人。進士。順治十八年任。"世祖章皇帝實錄卷一百三十七:"(順治十七年六月十七):江南上江提學道僉事李來泰爲江南布政使司參議,分守蘇松常鎮督糧道。"

黃翼聖收藏李流芳畫扇十幅,夏六月立秋後四日,題其後(有學集卷四十七題李長蘅畫扇册)。

文云:"子羽收畫扇十册,上有鄒氏(孟陽)圖記,余撫之憮然而嘆。……子羽,達人也,書其後而歸之。"跋文一共十篇。

其十又云:"方爲子羽題册,人從京江來,傳言白帝倉空,放筆一笑,并書於尾。"應該指鄭成功入長江之事。

黃公渚評云:"題李長蘅畫扇册,信手點綴,澹蕩有致,在謙益文中,別稱一格。謙益富藏弄,精鑒賞,故其評畫語俱有妙理。按此題共十則,今選其四則。"

立秋後六日,爲錢祖壽五子取名,作五子字辭(有學集卷十六)。

五子分別爲象升,字爾階;象晉,字爾介;象蒙,字爾克;象臨,字爾敦;象鼎,字爾實。

再作答木陳和尚書(有學集卷四十四)。

書云:"雙白回,奉慈誨滿紙,兼得暮春十九佛事。長跪展讀,老淚哽咽。……雪鑑上座來,重接翰貺,獎許過當。正揮汗時,不免身毛俱豎。每自愧生平虛名滿世,谷譽叢集,偷生視息,老爲陳人,此世界中,塊然一物,無有頑陋于僕者。……塔銘稿出,有人自武林來,盛言磨刀鏃矢,勢焰洶洶,談已,輒爲口噤手戰。僕應之曰:'吾文字之寫于胸,猶彈丸之脱于手也。彈丸脱手,手中無復有彈丸矣。文字寫胸，胸中無復有文字矣。彼將尋聲問影，覓彈丸于吾手，不已愚乎？'其人茫然而去。"

秋，再作書張有譽，準備秋涼往靈巖（牧齋外集卷二十二）。

　　書云："荒村屏居，重辱長者車騎。……涼風旋至，賤體稍強，便欲拉雙白先扣靈巖，次詣丈室，謝過從之鄭重，訓往教之殷勤。……秋熱未解，揮汗奉復。蘗庵元老，并希叱名道意。"

新秋日，題尹子求臨魏、晉名人帖（有學集卷四十七）。

　　文云："子求謝黔兵事還蜀，不遠東吳萬里，弔我于削杖中。期以三年後攜家出蜀，相依終老，而不得遂，卒罵賊盡節而死。此帖則子羽宦蜀時，書以相貽者也。"

七月一日，開始撰寫後秋興組詩。

　　有學集卷十二金陵秋興八首次草堂韻，自註："己亥七月初一日作。"此詩爲鄭成功入長江而作。

　　有學集卷十三秋日雜詩二十首其二十："旁行側理紙，堆積秋興編。發興己亥秋，未卜斷手年。"

李遜之刻其父李應昇遺言于石，七月朔日，作李忠毅公遺筆跋（有學集卷四十七）。

　　李遜之（1618—1677），字虞公。江陰人。篤守家學，隱居没世。著有三朝野記、崇禎朝紀等。

　　山曉閣明文選續集卷四評云："忠毅見義慷慨，不必以遺筆重。遜之守忠毅家訓，不必以鈎摹遺筆增重也。因遺筆而追思前此犖節長歎，推本神廟之化成和平，總是胸中有忠毅一番故事，觸於遺筆而發之。至以國家遺恨，爲忠毅隱恫,刻劃忠臣心曲,真可動天地而泣鬼神,似此鉅儒鴻筆,非復尋常小品,所可一例而觀。"

七月朔日,應王榮之請,作芥葊道人塔前石表辭(有學集卷三十九)。

  鈔本有學集署"屠維大淵獻之歲壯月朔日,虞山友弟錢謙益表"。介葊道人即崑山王在公。牧齋辭云:"道人長余二十年,晚托末契。……道人以憨山和尚爲本師,以聞谷諸上人爲法侶,以朱鷺白民爲善友。"與牧齋爲同志。辭又云:"孫榮,舉于崇禎末年,棲遲席帽,甘爲遺民。今年過余而泣曰:先祖塔在西山竺塢三十餘年,歲時麥飯,非首陽之薇也。請得夫子刻辭,以代仁者之粟,庶或饗焉。"

  王榮(1608—1675),字偉長,號詠易。崇禎三年(1630)舉人。授仁懷知縣,因鼎革未赴。著有易漢學、詠易集。

七月,鄭成功敗于江寧,率殘兵出海,倒戈諸城再爲清兵所有。

七月,徐波七十生日,爲作勸酒詞十首(有學集卷十)。

  徐波落木菴存詩七十生日答虞山先生勸酒十絕:飲濕時乎更啜醨,杯來刻畫見銀螭。頓償村市尋常債,不待他年羽化期。銀杯羽化,見唐舊書。

  鱔慕椒蘇蟹有脂,動人食指正愁伊。老饕略守烹撝戒,聞說寧忘一朵頤。答酒海一絕。

  羅浮一樹竟何如,未畢輪歡已夢餘。華表不堪重化鶴,人間無復有前魚。羅浮樹雙僮合葬事,見續酉陽。答短袖一絕。

  秋晚花情哀祖庭,法幢坐斷鬼精靈。憑將紅豆相拈示,撥盡爐灰見一星。

遮表森如筆未停，山神捧踊釋深經。不辭反覆人頭白，正爲莊嚴佛頂青。近注入楞嚴。

當年泣舜感新蒲，倐捧徵書便北徂。從此臣僧惟頌聖，可能更道廓然無。答新蒲一絕。甲申崩坼，有知識製哀辭，用新蒲命篇，未幾奉詔渡江，矜喜過甚，翁詩中及之。

許可承君意不輕，堪將格調與誰爭？流傳少作今知悔，庶幾新篇老更成。

國秀英靈玄又玄，本朝篇什賴君傳。非關匠石能相棄，未捨餘生草木年。昭代詩集惟選已故者。

時有遺民入社來，斜陽吊影上荒臺。浮游欸爾蓬瀛客，又見扁舟興盡迴。答耆井一絕。

江山殘破菊花新，舊約重溫事在人。擬致小鮮酬令節，敢將全菜惱嘉賓。舊約重陽集小菴。

七月二十七，毛晉卒，年六十一。

有學集卷三十五毛子晉墓誌銘："生于己亥歲之正月五日，卒于己亥歲之七月二十七日，年六十有一。"

毛晉去世後，其子毛扆等人曾拜訪牧齋，見汲古閣影宋鈔本毛扆趙孟奎唐歌詩後："此書係牧翁先生藏本，後歸先君。先君見背後，余兄弟往見先生，問及遺書，答以宋本皆先君手授。問趙孟奎唐歌詩屬誰，答云：'屬扆。'又問施註蘇詩，云：'亦屬扆。'先生注目視扆，曰：'汝何幸也！此二者皆良書也。余與君家俱有之，余爲六丁下取，惟君家獨存，故問。唐歌詩吾家故物，尊府君見而奇之，後余又得綿紙強半部，從内府流出，紙白墨新，燦然奪目，尊府君因求此本。適床頭金盡，遂以相質。内府藏本有序目，並抄去。猶憶其序云一千三百五十三家,四萬七百九十一首。'又云:'蘇詩王注荒陋,施注典核,即如吹洞簫之客,姓名藝能甚悉,他可類推矣。君家有缺卷,屢從余借抄,未與也,今深悔之。'辰聞之,茫然不知所謂。"

相月,作王德操墓誌銘(有學集卷三十五)。

　　鈔本有學集署"歲在己亥相月,虞山友人蒙叟錢謙益謹製"。

相月晦日,作薛更生墓誌銘(有學集卷三十一)。

　　鈔本有學集署"己亥相月晦日,虞山友人蒙叟錢謙益製"。

八月初二日聞警,作後秋興八首之二(有學集卷十二)。

　　其一"戒備偶然疏壁下,偏師何意潰城陰",其四"小挫我當嚴警候,驟驕彼是滅亡時",其八自註"役惟伏波殿後,全軍而返"。伏波,金鶴翀年譜認爲是鄭成功左提督馬信。

八月初四日,鄭成功收拾殘餘,泊吳淞港。

八月初四日,鄭成功至崇明,攻城數日不下,不久,班師回廈門。

中秋八日,爲錢曾作交蘆言怨集序(有學集卷十九)。

　　鈔本有學集署"己亥中秋八日,錢後人蒙叟錢謙益書于碧梧紅豆莊中。"序云:"余年來採詩,撰吾炙集,蓋興起于遵王之詩。所至採掇,不能盈帙。然所採者多偃寒幽仄,么絃孤興之作,而世人之通人大匠,掉鞅詞壇者,顧不與焉。……今年秋,遵王復以近作見眎,且屬余爲剪削。余告之曰:古人之詩以天真爛熳自肰而肰者爲工,若以剪削爲工,非工于詩者也。"

八月八日,性琮去世前十日,寄三教圖于牧齋。

　　有學集卷四十嘉興營泉寺白法長老塔表:"師未化前十日,出所藏三教圖寄余,命法孫昭南筆授爲書曰:'示疾百日,不受惡纏。加持佛號,時至即行。'師末後一著,蓋盡此四言矣。"

八月初十日,作後秋興八首之三(有學集卷十二)。

　　題下自註云:"八月初十日,小舟夜渡,惜別而作。"其一:"憐君應是齊梁女,樂府偏能賦藁砧。"其六自註:"丁亥歲有和東坡西臺韻詩。"可知爲柳如是而作,此行當是聯絡鄭成功軍。

　　其三:"北斗垣牆闇赤暉,誰占朱鳥一星微?破除服珥裝羅漢,姚神武有先裝五百羅漢之議,内人爲余盡槖以資之,始成一軍。減損齋鹽餉伕飛。娘子繡旗營壘倒,張定西謂阮姑娘:'我當派汝捉刀侍柳夫人。'阮喜而受命。舟山之役中流矢而隕,惜哉!將軍鐵稍鼓音違。乙未八月,神武血戰,死崇明城下。鬚眉男子皆臣子,秦越何人視瘠肥?夷陵文相國來書云云。"姚神武即姚方卓,見錢曾註,張定西即張名振(1601—1656)。阮姑娘不詳何人,陳寅恪以爲"其爲阮進之女或姪女,似無可疑"。文安之(?—1659),字汝止,字鐵庵。天啓二年(1622)進士。永曆立,拜東閣大學士。又加封太子太保,兼吏、兵兩部尚書,總督四川、湖廣軍務,但爲孫可望所抑,不得舒展。後因部將叛亂降清,鬱鬱而終。

中秋夜,江村作後秋興八首之四(有學集卷十二)。

　　疑作於吳淞。

八月十八日,性琮去世,世壽八十四(有學集卷四十嘉兴营泉寺白法长老塔表)。

塔表:"八月上旬復病,營泉法眷問疾,期十八日候我。至日,付囑後事,與朱葵石太守端坐晤言,拱手而逝。三七日龕歸營泉,全身塔于寺北。世壽八十四,僧夏六十四。"

十九日,回村莊作後秋興八首之五(有學集卷十二)。

席本楨下葬,作書席啟寓。

錢牧齋先生尺牘卷一答席:"尊府君大葬,榮哀兼備。正擬扁舟執紼,從四方觀禮之後。江海騷動,風鶴震驚,株守荒村,不敢出柴門跬步。伏承來教,深荷體恤至情。待警報少息,湖波如練,生芻一束,漬酒於京兆之阡,固有日也。志文領教,重以金幣,謹對使衹領。諸凡節哀強飯,以襄大事。不悉。"瞿綬鈔本題作答席文夏。

吳偉業梅村家藏藁卷四十七席寧侯墓誌銘:"墓在東山之陽,葬以己亥八月之某日。"時間相合。

席啟寓(1650—1702),字文夏,號治齋。本楨四子,吳偉業妹夫。監生。在鄉設義學義倉,卓然有父風。後移居常熟,室名琴川書屋。所刻唐詩百名家集,享有盛名。

九月初六,泛舟吳門,作後秋興八首之六(有學集卷十二)。

一本作初二日。

九月初七,覺浪和尚卒。聞說,作挽詞八首(有學集卷十)。

挽詞小序云:"予與浪上人武林邂逅,契在忘言。吳苑睽違,跡同交臂。俄聞順世,早已隔生,嘆夜壑之負趨,感晨鐘而深省。刹竿卻倒,智鏡云亡。斯世同長夜之熄燈,伊余如跛人之奪杖。未能免俗，敬製挽辭，以哭吾私，非誰爲慟云爾。"

劉餘謨傳洞上正宗二十八世攝山棲霞覺浪大禪師塔銘："師生明萬曆壬辰十二月十六，示寂清順治己亥九月初七，世壽六十有八，僧臘四十有九。"

九月，在吳門，欲往靈巖訪弘儲，因兵未果。

錢牧齋先生尺牘卷二與繼起和尚："餘暑未除，兵塵乍起。荒村寂寞，息影杜門。擬即麻鞋竹杖，奉叩精廬，以謝飛錫之勞，尚未能腰包出門。……雙白居士行，託致鄙衷。竊欲其急往雞足山探金襴袈裟消息，不欲其淹留獅子座下也。……元歎生日，偶作勸酒詩，在雙白郵中，可以寓目以發一笑。"

有學集卷四十四與靈巖和尚書："菊月初過吳門，已擬登臺入院，踐腰包扣訪之約。軍聲初解，干戈充斥，胥江毳帳，盡如儲胥。問訊友人，皆言不應以老命試虎吻。翹首望崖，悵然而返。"

九月十八日，跋黃翼聖王稚子石闕碑(牧齋外集卷二十五)。

黃氏拓本今存藝苑真賞社影印本，有顧苓、黃翼聖、翁方綱、黃易等人跋，翁方綱兩漢金石記卷十四、黃易小蓬萊閣金石文字亦載。顧跋云："崇禎十三年，太倉黃翼聖知四川之新都縣，以拓本見寄。余按隸續以二闕字屬之，至十七年解縣事歸，出此爲贈，云闕已橫臥榛莽中，各失其下半截矣。此後四川兵戈雲擾，人煙斷絕，正不知此後二闕尚存否也。洪、趙所藏二闕俱有全文，故知其名泱。歐陽所藏，止刺史一闕，而又失去王君下二字，遂不知爲何人，止據雉字去水加佳，爲光武以後字，定爲後漢人耳。苟非洪、趙兩君子，則今之見二闕者，何從知其爲稚子哉。丁酉正月顧苓記。"黄跋云："漢王稚子石闕，載洪、趙二錄甚詳。崇禎庚辰，余之官新都，即古郫縣，道旁二闕儼然在焉。……癸未余量移郫南，命工拓數本以歸。中間殘闕共十一字，據葛君常云，吴中藏本皆同。其漫漶自何年，已不可考矣。歲次屠維大淵獻如月望日，絸六老人識。"外集署"是歲玄月十八日"，故繫之此。

九月，膳清首楞嚴經疏解蒙鈔。

見國家圖書館藏稿本大佛頂首楞嚴經疏解蒙鈔目錄後記卷端，自題"己亥秋九月，清寫玄旨畢功"。

九月，木陳應召入京，應對稱旨，封爲弘覺禪師。

按：木陳入京後，一改以往遺民姿態，爲清廷鼓吹，恬不知恥。參見楊旭輝先生細柳新蒲爲誰綠——清初禪門詩界一樁公案的考索。

弘儲有書問訊，冬，作書弘儲，告知冬日須校正蒙鈔，來春將往相訪。

鈔本有學集卷四十四復靈巖和尚書："箋注首楞，已五易稿，而未能愜當。聲聞大定力，聞乾闥婆王奏樂，心蕩不自持，忽忽閣筆。頃乃收召魂魄，誓以餘冬了此宿債，寒燈老眼，尋行數墨，非夜分不就枕。笑語雙白兄：'無謂我白衣説法，仍是老秀才之乎者也。業債未了，仗緣補足耳。'殘歲杜門禁足，以圖輒簡。獻歲發春，便當摳衣納履，長侍法筵矣。"

又作書徐元歎。

　　錢牧齋先生尺牘卷一與徐元歎：＂楞嚴疏稿，五削草而未定。餘冬三月，重加刪定，了此因緣。……子晉逝後，子羽又以危篤見告。撥忙往看，見其志氣清强，可以升際神明，尚可望有起色也。……勸酒詩信口胡謅，不謂遂爲時賢傳誦，當是物以人重耳。＂

十月（陽）二日，跋黃翼聖宋版法華經（牧齋外集卷二十五）。

　　跋云：＂子羽方便現病，烟客奉常馳贈宋版法華經，以代文殊師利詣彼問疾。昔者智者大師誦經至藥王品，悟知靈山一會，儼然未散。子羽今于病榻受持，便當不離一床而現蓮華國士。始知老維摩隨心净土，非爲虛語，庶不虛奉常問疾一段因緣也。＂黃翼聖娶王錫爵孫女，即王時敏姐妹。

十月八日，黃翼聖去世。

　　有學集卷三十五黃子羽墓誌銘：＂卒于己亥十月八日，春秋六十有四，其所享年也。＂

　　黃翼聖孫偘，字孝直，亦有文名，王掞任浙江学政，延之入幕。牧齋外集卷一有子羽攜文孫孝直過訪口占爲贈詩。

十月二十九日，跋趙玉森魯遊稿（有學集卷四十九）。

　　文云：＂越二十有一年歲在己亥，錫山趙太史，渡淮泗，抵東兗，肅謁林廟，禮成而言歸。作記一篇，賦詩數十章。……余深望于太史，故謹書其後以有竢焉。是歲易月二十九日。＂

　　趙玉森（1601—1668），字君立，號月潭，又號榕齋。無錫人。崇禎十三年（1640）進士。生萬曆二十九年五月十四,卒康熙七年十一月初五。有子三,少子管(1648—?),字西音,取柳如是所生女,後遷居常熟。

十一月望日,爲王夢鼎作王氏南軒世祠記(有學集卷三十一)。

記云:"吾里中山塘王氏,稱喬木世家。有祠在虞山城西,劉武穆廟之右个。王氏四世,自竹溪府君已下,簪纓蟬聯,皆作主享祀于斯,歲久漸圮。王之俊賢司銓兆吉氏,夙夜明發,永懷先德,量工命日,斥其舊而新之。"

錢牧齋先生尺牘卷二與王兆吉:"生平有二債,一文債,一錢債。錢債尚有一二老蒼頭理直,至文債,則一生自作之孽也。承委南軒世祠記,因一冬來文字宿逋未清,俟逼除時,當不復云祝相公不在家也。一笑。"

王夢鼎槐川堂留稿卷六生緣小記:"(癸巳)余同無盡遂各捐金相地,於昭明書臺之左搆祠堂三楹,遷二巫木主祀焉,謁錢宗伯爲記。"似請序在順治十年。又同卷:"己亥……集宗人議于南偏故址重建世祠,奉先世之受國榮及崇廟貌者,以春秋行祀事。孫方伯本芝題曰南軒……不數日,錢宗伯文成,且囑曰:'吾及門嚴子張善書,故人子馬嘉善鑴,尚慎爲之。'余剋期告成事。"

十二月三日,作顧象垣墓誌銘(有學集卷三十六)。

鈔本有學集署"祝犁大淵獻之歲涂月三日,虞山舊史氏蒙叟錢謙益製文"。墓誌云:"長洲顧君諱維鼎,字象垣,以己亥歲四月十七日卒于家,長子苓將葬父于支硎山之新阡,啟其母陸孺人之兆而合窆焉。卜葬日,得十二年正月丁酉。于是具狀數千言,稽首求請銘。"按,"十二年正月丁酉",金匱本作"明年十二月癸酉",邃漢齋本作"明年正月癸酉",疑邃本是。

顧維鼎(1584—1659),字象垣。顧苓父。妻陸氏,爲陸師道女孫,士仁女。

十二月二十八日,作閣學文文肅公畫像贊(有學集卷四十六)。

鈔本有學集署"屠維大淵獻之歲涂月二十八日"。

嘉平月,題懷素草書卷(有學集卷四十七)。

十二月,作讀豈凡先生息齋集質言(牧齋外集卷二)。

此文即金文通公集序,康熙刻本金文通公集載此文,署"順治十有六年己亥嘉平,年家眷侍弟虞山蒙叟錢謙益再拜謹書"。

金之俊(1594—1670),字彥章,一字豈凡,號息齋。吳江人。萬曆四十七年(1619)進士。官至兵部右侍郎。李自成破京師,被執受刑,自成敗乃降清,官至吏部尚書、中和殿大學士、秘書院大學士。卒謚文通。

十二月十八日,爲黃翼聖作蓮蕊居士傳(有學集卷四十一)。

傳云:"子羽今年六十有四,臥疾浹月,書尺貽訣別,屬其子以生誌爲請。"牧齋因作此文。鈔本有學集署"屠維大淵獻之歲亥月十有八日,虞山老友蒙叟錢謙益謹序"。

歲末,校訂繕寫蒙鈔。

牧齋外集卷二蒙鈔重記:"踰三年己亥,江邨歲晚,覆視舊稿,良多駾駭,抖擻筋力,刊定繕寫。寒燈黮淡,老眼昏花,五閱月始輟簡,卷帙粗了。"

又作書含光。

　　錢牧齋尺牘卷二與含光師:"寒窗課經,無片晷餘暇。藏其書,漫題數字,殊不能爲長價也。懸鏡流通,俟子晉諸郎來,當爲勸發,未知便可令首肯否?"

本年,徐增有詩贈牧齋。

　　徐增九誥堂集卷十六寄錢牧翁師:名山第一數崑崙,韓氏空將北斗尊。弱羽豈能翔鳳嶺,病鱗常想到龍門。鶩冠童子曾來告,玉案仙人未敢言。自是有唐文字海,蒼茫萬里接星源。

　　放歸慷慨謁高陽,薑桂由來老愈香。李杜齊名無怨恨,馬班底事有文章?久懸天下蒼生淚,寧博千秋白玉堂。一代史書成羽化,人心不免費商量。

　　清净如来富貴仙,華嚴輪轉侍經筵。百千萬劫才人果,五十三參童子緣。世外大僧咸就正,法中居士最爲賢。玉堂只當前生事,春夢無勞話木天。

　　芙蓉莊即是瀛洲,莊上仙人好坐遊。文筆金鍼鴛對繡,鏡囊魚袋錦相誂。碧山雲氣空中麗,白晝經聲閣內流。史玉吹簫騎鳳去,瑶臺明月至今羞。

　　琴川流水最知音,慚愧平生一片心。祇爲飢寒驅道路,並無事業在山林。青雲欲附愁天遠,靈藥將尋畏嶺深。昨日出門今日老,應憐風雪鬢毛侵。

　　布衣兩袖淚難盛,貧病無家世又更。煮熟羹湯偏遇鼠,栽成柳樹不啼鶯。扶風別後時存念,江夏聞来欲失聲。腸斷七星橋下水,吳閶空剩老門生。

　　末一首,即指毛晉、黃翼聖之卒。江夏、扶風爲黃氏、毛氏郡望。

本年，王紀任蘇、松兵備道，作書相賀。

　　王紀，字若樸，號子魯。山西沁水人。順治九年(1652)進士。後陞山東左參政。

　　錢牧齋先生尺牘卷三致王道尊："平生師表，本在汾陽；仕路知交，尤深澤沁。"

本年，袁駿五十，作詩壽之（牧齋外集卷一袁孝子五十）。

歲暮，作書蔡士英，擬明春相訪。

　　錢牧齋先生尺牘卷一致蔡魁吾："自老公祖旌節還朝，不肖弟瞻企德輝，雲泥迥絕。……頃者恭聞榮命，再蒞長淮……餘生暮年，踴躍稱慶，當如何也？歲聿云暮，未能即叩堂階，謹裁里言，具粗幣，附敝相知黃甫及便郵，奉候萬福。青陽發春，便當扁舟野服，躬詣雄門，祇聆教言，申寫契闊。"柳如是別傳繫年在十二年冬日，誤。

　　據世祖章皇帝實錄卷一百二十七，蔡士英在今年八月重新起用，仍以兵部左侍郎，兼都察院左副都御史，總督漕運，巡撫鳳陽等處。

　　又佚叢贈蔡總河二首，疑亦作於此時。詩云：臺階星指斗牛躔，旌節重臨比穎川。半壁東南收蜑戶，長淮西北走狼煙。雲帆鐵甕千艘集，羽檄金堤萬戟傳。鈴閣蕭閒尋舊許，胡牀猶向後堂懸。

　　三年龍節離淮陽，野老扶筇暗自傷。茅屋秋風懷廣廈，華門春樹守甘棠。白頭漫許題鸚鵡，青女頻催典鷫鸘。數日向公開口笑，車茵醉吐莫辭狂。

清順治十七年庚子(1660) 明永曆十四年 七十九歲

元日,作錫山趙太史六十序(有學集卷二十四)。

鈔本有學集署"上章困敦之歲春王正月元日"。

正月五日,爲梁維樞作内閣小識序(有學集卷十九)。

鈔本有學集署"上章困敦之歲孟陬五日,石渠舊史虞山錢謙益謹序"。内閣小識共十卷,分題名、書目、典儀三部分,上海圖書館藏其書目一卷、典儀一卷。

王正功中書典故彙記三梁氏題詞云:"余少觀國史經籍志史類簿,録内開文淵閣書目十四卷。及備員東曹典籍編,察文淵閣書止存書目三册,後有閣臣題藁,無所謂十四卷,而書又已損失過半。崇禎十一年,上命盡取閣中書籍置乾清宫御覽,因命維樞校理纂釋,照經史子集分部外,復加十四部,仿讀書志作題解,以便御覽。乃録此目,並録舊書目題藁冠其首進呈。後拜疏請詔搜求四方書籍,奉旨允行。維樞就除禮部,竟不可行。簡策未興,璧奎無色,請求無力,樞竊追悔溺其職焉。"鼎革後,維樞爲整理國故,重編爲此書。

趙而忭奉父命來爲母親請銘,正月十二日,作長沙趙夫人張氏墓碑(有學集卷三十七)。

鈔本有學集署"上章困敦之歲孟陬十有二日"。張氏爲趙開心之室,而忭之母,死於順治十六年(1659)。

趙開心(1602—?),字丹舒,一字靈伯,號洞門。湖南長沙人。崇禎七年(1634)進士。入清官至户部侍郎。

正月望日，爲李應昇作福建道監察御史贈通議大夫太僕寺卿謚忠毅李公墓誌銘，并修書一封予其子（有學集卷三十三）。

銘云："又十三年丁酉，遜之乃卜諭塋于曹莊之新阡，備禮大葬，奉大父母窆主穴，而公與淑人窆昭穴，昭國恩、成先孝也。于是整齊遺文，論次年譜，以許光禄譽卿之狀請銘。余爲之執簡欷歔，泣而受命。"遜之，應昇子。

錢牧齋先生尺牘卷一復李膚公："得見足下，風神氣骨，宛然忠毅，眉目生動，不覺悲喜交集也。隧道之石，謹受嘉命。涕淚漬紙，久而削稿……心經小箋，附供法喜。"

春初，游靈巖，於弘儲禪榻，得徐波詩一帙，歸舟誦讀不置（有學集卷四十八香觀説書徐元歎詩後）。

贈弘儲釋文琇增集續傳燈錄、釋無愠山菴雜錄，弘儲後梓行之。又作詩二首贈弘儲（有學集卷十）。

弘儲增集續傳燈錄序："余己丑住吴之靈嵒山，永樂間爲南石和尚道場，讀和尚語錄，想見其人。庚子，虞山錢宗伯惠我二書，一日增集續傳燈錄，出南石和尚，一日山菴雜錄，出恕中和尚。讀二書，又想見許古人。恕中前住瑞嵒，南石前住靈嵒，余在吴在越，實主二嵒，於二老俱爲前後住持，以余想見二老，想見許古人，則知後人則想見今人，感慨略同也。……後三年，以增集續傳燈錄先付諸梓而序之。"

靈巖方丈，遲張有譽司農未至，作詩一首（有學集卷十）。

有學集卷十題下註云："起己亥，盡一年。"卷十一註：

"起庚子年,盡辛丑年。"而卷十一第一首爲辛丑二月四日宿遵王述古堂張燈夜飲酒闌有作四首,並無庚子。遲静涵詩云:"巖扉春淺日初遲,接足高僧晏坐時。丈室衹應禪老共,琴臺曾與片雲期。梅横縞袂迎人笑,鶴戛玄裳入夢疑。吟望空庭指頑石,兩人心跡有君知。"可知時在初春,故繫此。

正月廿四日,淹留徐波落木庵,許爲盛伯含立傳。

天池落木菴存詩甲申、戊戌首尾十五年,兩度浪游白門,初邂逅道人盛白含,嘗詣我鳳凰臺寓所,拉至其家茶話。正坐淮水上,過午,貧不能設供。輒過吾宗州來飯,未嘗間三日。戊戌再往,復值莫秋,渠二人交益昵,向坐客處已讓出,與其弟相對向北檐下,酸風射眸。仍拉至松年閣,咀嚼而散。又四十許日別,相約入吴度歲于天池落木菴。久乏聞問,己亥秋有傳其危篤者,冬月接州來信,則竟死矣,似在江上有事時也。庚子正月廿四日,牧翁入山,淹留小菴,相與歎述其生平,許爲立傳。故録寄輓辭,促疏伊家世來。松年,州來閣名也:金雪珠塵著意研,楊花槌搗勝于綿。可憐製出猩紅色,嘗伴時流書畫傳。牧翁稱其印色之美,用楊花代艾。(其五)釀法相傳已入神,從來仙酒造逡巡。甘香只合先生饌,一斛殘梅斷送春。授牧翁釀法,半日可就。攊取小園梅瓣數樹,將去試之。(其六)

按:牧齋傳未見。

正月,作貞敏梁公墓誌銘(有學集卷三十二)。

鈔本有學集署"歲在庚子正月□□日,石渠舊史虞山蒙叟錢謙益再拜謹譔"。貞敏梁公即梁夢龍。夢龍(1527—1602),字乾吉。真定人。嘉靖三十二年(1553)進士。官至兵部尚書。銘云："今距梁公歿，五十有八年矣。……公生四子，忠、思、慈、志……忠生維本，禮科都給事中。思生維基，南雄府知府。志生維樞，山東武德道僉事。而維本之子清寬，維樞之子清遠，今皆吏部左侍郎。維基之子清標，今兵部尚書。于是參政增修家狀，司馬暨兩少宰，撰幣致辭，實來請銘。"

春，偶遇陳孝逸，詢及彭士望近況。

陳孝逸癡山集卷六答彭躬庵："白下、金閶兩地坊賈，絕不理古文事，亦其時爲之。偶於姑蘇遇錢牧齋宗伯，以此就商，始作一書送去虞山毛子晉宅，似須弟備資而往，約今夏再東，然而弟窘矣。牧老向弟處問躬庵來否，彼中有意思舊人出處自明。弟雖忙遽，少所接洽，而大概知之。"此函不署年月，據後文"去歲海濤異常，龍宮甲馬隱隱時鳴"，可推知作於鄭成功入長江之次年，即本年。

陳孝逸，原名士鳳，字少游，號癡山。臨川人。際泰子。明諸生。

正月，爲張賁作白雲集序（白雲集卷端）。

仲春，作贈程穆倩序（有學集卷二十六）。

鈔本有學集署"庚子仲春"。

二月，在廣陵舟中，爲程邃作唐人新集金剛般若經石刻跋（有學集卷四十七）。

文云："穆倩少多病骨立，從其父遊天目，遇異人于陰林席箭之間，顧穆倩曰：'兒骨峭而方，終期壽且昌。'又曰：'記取一人口千人，六譯七譯之晉王。'三十餘年，穆倩貧病益甚，感異夢，購得是刻于新安故家，病不藥而愈，敷腴如壯盛時,連舉四丈夫子,始悟異人讖記云云。所謂一人口千人者,即太和年號也。……余竊謂是刻,在今已爲絶編蠹軸,而師心刪略之文,又不可以行遠。穆倩工二王書,當鈎搨此碑書法,依秦譯經文,摹而刻之。"

春,至淮陰,逢王燮侍御五十,作詩二首爲壽(有學集卷十)。

淮陰舟中,憶龔聖予遺事,作詩贈張伯玉(有學集卷十)。

光緒淮安府志卷二十八:張璵若,字伯玉,郭允觀之甥。幼負才氣,曾以白衣參某閣部軍事,後辭去,鏟名匿跡,而吟諷不衰。

在淮陰舟中,與杜濬、戴蒼等人相見(有學集卷十)。

戴梓耕煙草堂詩鈔隨家嚴赴詩社與錢牧齋、杜于皇、程穆倩、汪湛若諸前輩賦淮陰釣臺得寒字時年十二歲:"嘗笑淮陰拙,生涯守釣竿。有能匡社稷,無計退饑寒。存楚心難定,封齊禍已安。可憐臺畔水,千古響哀湍。"

戴梓(1649—1726),字文開,號耕煙老人。仁和人。自幼喜書,無所不讀,尤好兵家之言。以布衣討三藩,製造火器連珠銃。回朝授翰林院侍講,入直南書房。後遭讒遣戍遼東,貧病以卒。父戴蒼,字葭湄。工繪畫。

汪湛若,休寧人。以書名。

爲黃甫及祝壽。

有學集卷二十七黃甫及六十壽序:"甫及自金陵歸淮安,余再過其居,疏窗砥室,左棋右書,庭竹數竿,自汲水灌洗,有楚楚可憐之色。名刺謁門,賓從填塞。軒車之使,彈铗之客、游閒淪落之徒，奔趨望走，如有期會。甫及通行爲之亭舍，典衣裘，數券齒，傾身農力，皇皇如也。"

　　錢牧齋先生尺牘卷一與黃甫及："當此蕭辰，寄居蕭寺。幸有賢地主謬恭長卿，當不至十分大落寞。僕脚氣乍發，晏臥維摩一榻，不能强起周旋，良自媿耳。鄉村一毛，聊餉從者，幸笑而置之。軒車如遄發，須一往晤，尚有多言欲面罄也。專此草草，不一。"

二月十四日，作詩苑天聲序（牧齋外集卷四）。

　　此書有刻本，署"歲在庚子二月十四日，虞山蒙叟錢謙益書於八寶舟中"。卷前有海内訂正諸先生姓氏，首即牧齋。

　　范良（？—1664），字眉生。休寧人。寓居山陽。望社重要成員。

　　范良幽草軒詩集上錢牧齋先生二十二韻："鳳紀需時晚，龍沙應識長。微言裨聖遠，該輔係邦昌。神廟榮句唱，詞林叩典章。位虛枚卜久，志未宰衡償。松柏三冬秀，滄溟百谷王。宵人顛鼎鼐，中土蹙邊疆。遂使瀦池盜，浸成畿甸狂。髻攀黄帝阻，淚洒白雲滂。社稷思重造，京都望一匡。何知疑鹿馬，終見食魚羊。庾信偏憔悴，溫嶠轉激昂。後生争仰斗，勁節本凌霜。著作尊初學，丹鉛紀列皇。議每輕何李，人今軼漢唐。簡編災武庫，金石擅文場。天地干戈滿，風雨四七當。且需娱拂水，未覺邈昆陽。京兆還眉嫵，磻溪故釣璜。朋來求力牧，名比大巫彭。小子瞻東岱，先生許互鄉。巍巍崇丈席，蕩蕩識門墙。短棹虞山下，蒼茫敢望洋。"

　　訪蔡士英，以瘡疥作苦，匆匆而别。

《錢牧齋先生尺牘》卷一致蔡魁吾："春初，摳衣奉謁，得覲台顏，深慰積想。以病疥趣理歸棹，不遑叩別戟門，殊耿耿於懷也"。

又一通："弟以老病衰顏，瘡疥作苦，委頓舟次。伏承老祖臺設席寵招，萬萬不能趣赴。用敢九頓固辭，伏祈慈照。軍務旁午，戟門森嚴，不敢躬詣叩辭，以涸典謁。即日解維南下，《楞嚴疏》謹泊舟候領，伏乞立賜簡發，以便啟行。"

又瞿綬鈔本東澗尺牘致蔡魁吾：旌節再臨，德星在望，衰病支離，跋涉數百里，幸得一見台光，稍慰頻年渴仰。承諭《楞嚴經解》，此乃會聚古今註疏，撮其精要，爲人天眼目之書，望老公祖以金剛眼睛，特加教正，則法寶中從此放無量光明矣。台覽一周，祈即發還，解維南下，當再叩戟門言別。不盡瞻企之至。

李來泰去職，作書送別。

《錢牧齋先生尺牘》卷一送李道尊："恭聞天書內召，鋒車戒行。……不日即借重開府，以使相新銜，重臨舊地。……頃在淮上，喧傳前旌將至，沿途迎候，未能相值。抵家眩暈大作，潦倒支牀，謹遣一介奉候道左，伏惟垂鑒。"

柳如是勸流通《蒙鈔》，決計刻板，蕭伯升首先唱導。三月三日，作《大佛頂首楞嚴經疏蒙鈔緣起重記》（《牧齋外集》卷二）。

記云："丁酉長至，遇雪藏韶師於長干，出斯鈔就正。韶師偕介丘殘師，呵凍開卷，廢寢食五晝夜。讀罷，說八偈以唱嘆。介丘告我曰：'雪老教乘宿學，不妄許可一字，謂此鈔得楞嚴大全，古聖師面目各在，亟宜流布，勿復疑滯。'踰三年己亥，江邨歲晚，覆視舊稿，良多騶駮，抖擻筋力，刊定繕寫,寒燈黯淡,老眼昏花,五閱月始輟簡,卷帙粗了。韶師順世之音旋至,及門之士,伙加鉛槧,若毛晉、黃翼、何雲者,一歲中相繼捐舘。法將徂謝,伴侶凋零,少分繙經,殺青未憖。逝川藏舟之感,迢然如積劫矣。明歲余年八十,室人勸請流通法寶,以報佛恩,遂勉徇其意。然此鈔不敢終閟者,以韶師及諸方敦趣之故。而韶師囑累一念,逾于肉燈身座,尤不忍其抑没也。韶師偈有曰:'七處徵心妄本空,八還何處覓行蹤。不知身在含元殿,更問披簑釣雪翁。'又曰:'不生不滅是因根,三世如來共一門。欲識劫前無混濁,一聲羌笛閩銷魂。'讀斯鈔者,知韶師爲法深心。八偈在卷端,一一皆發妙高頂槌椎聲矣。韶師住匡山,爲蕭伯玉所諮請。今兹刻經,伯玉猶子孟昉首先唱導,亦緣因也。上章困敦之歲三月三日,敬他老人謙益焚香再拜,重記歲月。"

此書現有刻本,卷首卷末鐫"佛弟子虞山毛鳳苞發願流通",又有卷鐫"佛弟子蕭孟昉開板""蕭伯升開板",蓋毛晉驟亡,未及畢其工。其他資助者皆牧齋友人或學生,包括陸貽典、嚴熊、王時敏、吴偉業、陳瑚、徐波、顧湄、錢曾、毛扆等數十人。

三月望日,作閔川十萬程氏宗譜序(閔川十萬程氏宗譜卷端)。

序云:"文學叔達氏,恐其渙而無稽,則恩禮或替,而傅會假借者將作。又恐子孫散處四方,不復知先世之故宫丘墓,與其流風遺俗也。積數歲之力,舉舊譜而新之,偕其弟師錫請爲之序。……叔達堉於余叔氏,師錫幼從余游,每聽其言家訓謹嚴,及救灾邺患之故,未嘗不喟然興嘆也。"此序不見有學集、外集。

　　程以進(1614—?)，字叔達，一字上卿。穎悟絕群，弱冠補虞庠。善書法，著有六官輯畧、四書字彙。兵燹後，于虞城北郭闢地建就梅軒，鑿池養魚，砌石栽花，吟詠其間。娶奚浦錢氏登萊女。程氏系出新安閔川，懼子孫不知所自，故修是譜。

　　程士祚(1618—?)，字士關，號師錫。牧齋弟子。元配金氏，繼娶錢氏、徐氏。

春，玉林通琇葬母虞山之麓，緇素雲集，心非之。

　　有學集卷十一恤廬詩爲牧雲和上作也，和上有懷二人，將結廬祀奉以没其身，作衡恤詩十章，牧翁讀之而讚許焉，故作是詩也，錢曾註云："庚子春，僧玉林應召赴闕，歸而葬母虞山之麓，緇白四衆，弔送填咽。公心非之，故此詩及焉。"

　　通琇(1614—1675)，字玉林。江陰人。俗姓楊。康熙重修常熟縣志卷二十二："通琇，號玉林，江陰楊氏子。年十九禮磬山天隱和尚薙染，知爲法器，辣手鉗錘，未幾大悟，即付衣拂。住武康報恩寺，宗風大振。母繆氏，感而出家，亦了悟，琇爲立草堂終養焉。順治戊戌秋，上聞其名，頒勅遣官，召入大内。……己亥夏，勅封大覺禪師。冬，加封大覺普濟禪師，再加封大覺普濟能仁國師，賜紫衣一、金印三。先是，母卒，靈龕未葬，乃力懇歸，賜銀一千兩。己亥冬，徧擇勝地，來遊虞山，樂拂水巖山水清淨，因卜藏海禪院之後，建窣堵波，上命金之俊書'報恩草堂大慈老人之塔'，而是院遂開法接衆，屹成叢席。庚子夏，又蒙勅召，奉御筆於京師內啟建普渡幽魂道場,又立皇壇,命僧一千五百人受具,恩禮愈隆。辛丑春,給驛南歸。乙巳夏,杭州紳士請住天目山。……壬子冬,母廿年忌日,命法子行演,率緇素建大悲懺期四十九日。……甲寅夏來掃塔,乃曰:'他日願附爪髮以報罔極。'乙卯秋,示寂清江浦慈雲庵。……世壽六十二,僧臘四十三,全身塔在天目之東塢。"

爲文石上人題像贊。

孫雪屋文集贈文石上人畫像序:"東塔禪林文石嵜公既得東澗老人牧翁像贊,而復請於予。……雖然,予與兆吉、中恬、南陔諸君子偕文石結華嚴社,則蓮社友也。文石禪誦之餘,喜讀儒書,學詩於石林源公,時時是正於予,則又文社友也。"孫氏此文作於庚子春日,文石早沒,牧齋像贊未見,且繫此。道源遺詩,即得自文石法孫。文石(1624—1660),太倉陳氏子。早卒,詩附道源寄巢詩後。

四月既望,因各處流傳憨山大師託生事,作憨山大師託生辯駁之(有學集卷十七)。

寫作年月見夢遊全集附錄。文云:"湖南顓愚衡公作曹谿中興憨大師傳,盛談靈異,宿生爲陳亞仙,歿後應現爲蕭公子。諸方頗疑其誕,天童木陳忞公見聞褘記云:'大師託生桐鄉,爲顏司理俊彥少兒。三歲不語,一日呼其父名曰:汝,我前身弟子也。司理登第授官廣州,皆先知之。病痘不起,召魏學使浣初至榻前,執手道故,囑撰銘證明末後事。'余讀而心訝之。學使,余里人也。大師東游,未嘗摳衣禮足,安得有執手道故之事。司理屏居石門,馳書往詢其詳,遂以崇禎二年七月南華僧智融、本昂申報文牒及塔記石本寄余。……塔記則曰：顏氏子名祉，小字虎子，生於天啟六年丙寅二月，實大師示寂後三年，生四歲而殤。司理之官曰，虎子私語家人，吾乘便得往曹溪矣。以此言證知大師再來。若忞公所載，呼名敘昔云云，則未之前聞也。……吾謂是子也，多生此世，必入大師室，著大師衣，受大師戒，遣來作使，告報异生，即事徵理，無可疑者。嗚呼。我大師人天之師，末法中第一龍象也。末後轉輪，法門一大事因緣也。僧徒無識，縈心香火，指法城爲首丘，認寶坊爲華表。章句小儒，眼如針孔，景掠李源、圓澤身前身後剩語。緇白郵傳，寐言夢斷，海形牛迹，不已遼乎！俗語不實，流爲丹青。吾思後之修僧史、撰佛錄者，採獵異聞，而訛濫正信也。既屬忞公門人告于其師，請爲刊正。而又書其説詒南華僧，鑱諸塔院，昭示後人，俾勿惑。"

夏五，孫永祚來請，作嗜奇説題陸元泓水墨菴詩卷（有學集卷四十八）。

    陸元泓，字秋玉，號畢水漁人。常熟人。生平以志節自勵。圖己像於水墨尺幅中，自號水墨道人。詩近長吉、東野。晚年寄居吳門。

仲夏，錢嘏攜其師陳瑚書來訪，作錢梅仙詩藁序（有學集卷二十四），又復書陳瑚（錢牧齋外集卷二十三）。

    鈔本有學集署"庚子仲夏，蒙叟謙益書于紅豆閣之雨牕"。尺牘云："自秋徂春，忽忽如魘人未寤。雖復暫遊西山，亦如夢中遊歷耳。梅仙來，得手教，知山中杖履，不能相值，更爲悵然。喜得讀觀梅詩，玉顏素手，依稀在心目間，差足慰夢中識路也。梅仙文心道韻，信爲河汾之薛收、姚義，輒以數言題其詩卷。……廣陵返櫂，正當兩月，把臂之期，當在涼風至日耳。"本年初，陳瑚往洞庭西山觀梅，有梅遊紀事詩。

五月（蒲月），題吳歷所繪岑蔚居產芝圖。

　　吳歷此畫現存日本京都國立博物館，有錢謙益、吳偉業、嚴栻多人題詞。錢謙益題詞云："吾虞張君春培，依山築室，名花竹樹，徧繞其廬。時以詩酒自怡，意致灑如，有古隱君子風焉。己亥秋，堂有褐芝，森森挺茁，見於其所。復產數莖，五色陸離。觀者以爲休徵美報，咸歌詩以紀盛事。聖姪爲余言，因占短句以贈之。扶輿淑氣，幸屋人英。惠和胥應，厥草惟茵。丹崖仙種，一本九莖。祥逾兩穗，色暎五雲。擬諸飛走，爲鳳爲麟。珠露未晞，紫靄方蒸。仁趾克類，纏只蘭馨。惟德是致，用錫長生。庚子蒲月，蒙叟錢謙益題。"

端午，侯性有果品及詩餽贈，請作其母墓誌及路振飛神道碑，作書答謝。

　　錢牧齋先生尺牘卷一與侯月鷺："五日江村，衰殘屏迹。……信使遠存，得佳果佳品之貺。山妻稚子，歡笑鬧堂。……太夫人不朽之託，已承尊命，敢復固辭？……道隱文殊爲簡畧，向日口語，未能一一記憶，乞爲詳悉手疏，以片紙見示，便可放筆作一篇大文字。期以長夏了此功課，并路文貞神道碑，次第具藁……白沙枇杷飽啖甚快，秋間欲得洞庭葡萄釀酒，苦不能得其熟候，彼時得多餉，以訓潤筆，知不厭其貪也。內子辱深念，並此馳謝。安卿昆仲，煩爲致聲。芙蓉莊詩絕佳，但籠中鸚鵡，未曾罵客，殊不肯伏罪耳。"

五月念五日，紅豆閣下作香觀說題徐元歎詩後（有學集卷四十八)。

五月二十八日,作書歸起先,討論震川集編校之事(有學集卷四十二與歸進士論較震川集書)。

文曰:"謙益白:荒邨僻遠,伏承親枉玉趾,命校讎震川先生文集,不敢以荒落爲辭。尋繹舊學,排纘累日,乃告成事。應酬文字,間有率易冗長者,僭以臆見,洮汰四分之一,披金揀沙,務求完美,以一生師承在茲,良欲效攻玉之勤于遺編也。編次大意,略序梗概,以求正於法眼。或召玄恭詳審商榷,如有未當,不妨改正。"

起先(1611—1664),字裔興,號律庵,晚自號易民。常熟人。崇禎十六年(1643)進士,官至刑部主事。丁艱,阻兵未歸。明亡,杜門著述以老。刻本附起先識語:"先太僕震川公集,最初閩中有刻,既而公之子伯景、仲教刻於崑山,先伯祖泰巖刻於常熟。閩本地遠不傳,崑山、常熟本互有異同,然公之遺編剩簡,尚餘十之八九。牧齋先生與公之孫文休旁求廣采,得公藏本,幾倍於刻本。先生手自校勘,珍如祕書。無何絳雲樓之災,盡毀於火,賴文休副本存,余從玄恭得而錄之。念文章顯晦有數,恐遂湮沒無聞,爲請於先生,求壽諸梓。而先生以刻本位置多訛,意象尚隔,乃爲合併而次第之,得正集三十卷別集十卷,餘集存之家塾,未能悉出也。"

五月晦日,作新刻震川先生文集序(有學集卷十八)。

鈔本有學集署"歲在庚子五月晦日,虞山年家後學錢謙益再拜謹序",刻本震川先生集及京兆歸氏族譜卷十七作"順治庚子五月晦日",爲改作。序云:"往余篤好震川先生之文，與先生之孫昌世訪求遺集，參讀是正，始有成編。昌世子莊游于吾門，謂余少知其先學，摳衣咨請，歲必再三至。既而與其從叔比部君謀重鋟先生全集，以惠後學，而比部君以讎勘之役屬余。余老而歸佛，舊學蕪廢，輟禪誦之功，紬繹累日，條次其篇目，洮汰其繁苁，排纘整齊，都爲一集。"

黃公渚評云："震川先生文集序，詳論有光之學術源流、文章造詣，因以見當日文派之背景。後以非敢援儒入墨，忽側入私淑及表彰作結，尤突兀爭奇。"

作書侯性，請其與路振飛、席本楨子弟助刊金剛、楞嚴二疏（錢牧齋先生尺牘卷一與侯月鷺）。

書云："村莊多暇，訂正金剛、楞嚴二疏，已付梓人矣。因毛子晉去歲捐館，家計倥傯，刻貲未能相繼，不得不爲勸募之計，而又不能強干不相知者。席氏昆仲翩翩，能世其家，又聞頗留意法門，得吾丈與安卿昆仲出廣舌相勸，成圓滿功德。此經得流通人間，利益不淺。知必爲首肯，不笑其沿門持鉢也。刻成經本三册，希爲轉致，亦不敢輒具竿牘，統望致意。外附心經一册，祈法眼爲點正。"

又錢牧齋先生尺牘卷二與陸敕先："黃册歌不勝嘆賞，却效一語規砭，知高明不爲張目也。金剛刻工，幸爲催促令坦，有信示報。"陸貽典女婿即毛扆。

夏，錢曾開始箋注牧齋詩集。

錢曾判春集判春詞二十五首其十八註："初學、有學詩集箋註始於庚子之夏，星紀一周，薿得告藏。"

蘇州知府鄒蘊賢離任，作蘇州郡侯鄒公德政碑（牧齋外集卷十八）。

鄒蘊賢，字甫閣。遼陽人。貢生。順治十四年（1657）四月任蘇州知府，十七年六月因遲誤欽件降調。碑文云："乃以牽連量移，橐裝蕭然，無以治行。吳民攀轅塞路，呼天無由，恨未有能列鬚眉，繪圖像，披肝輸膽，而入告於御屏殿柱之前者。"故繫此。

錢牧齋先生尺牘卷二與陳金如："昨見教糧事，深荷盛意，乞呼小僕喻以斡旋之法，庶不致疏失也。鄒郡公一時良吏，以小誤罪去，吏議不明如此。今有去思一碑，假手如椽，幸爲慷慨洗發，亦可少扶公論也。"瞿綏鈔本此書末有"昨已約浮老赴齋，不謂靈巖繼老忽至，坐次不便，只得過一日另延浮老，恐蹈不恭，乞爲婉曲致意。"知弘儲亦曾來訪。

又一通："郡侯碑文早乞付下，并借送此文，了前件耳。"知此文爲陳金如代筆。

本年，馬進寶因陰附逆賊下獄。

七月初八日，應周永肩、永言之請，作周安期墓誌銘（有學集卷三十五）。

鈔本有學集署"上章困敦之歲相月初八日"。有學集卷四十六又有周安期畫像贊、周安石畫像贊，周安期畫像贊云："此吾友安期之遺照也。"疑亦作于此時。

七月，題張善士墨書華嚴經後（牧齋外集卷二十五）。

七月，爲袁駿婿錢壘作錢右尊文引（牧齋外集卷八）。

文云："重其持伊壻右尊文來……婁江之錢，梅仙特聞，今又得右尊焉，漢東之國有人矣。"

太倉州儒學志卷二康熙十四年（1675）舉人："錢壘，右尊，一字夏尊。桓曾孫。吳縣籍，府學。現任無錫教諭。"徐鈕南州草堂集卷一有秋日同程崑崙郡丞曁重其、杓石、然明、右尊諸子遊大石山作。

　　光緒無錫金匱縣志卷十八名宦："錢壘，字夏尊。太倉人。舉人。康熙三十五年任教諭。敦樸有古風。所屬一廩生遭官課，見辱縣吏，爲質子錢償之。嘗聘校浙闈，稱得士。再轉安慶教授，未赴卒。"

七月二十一日，爲毛襃作西爽齋後記（有學集卷三十）。

　　記云："子晉之長子華伯顏其讀書之齋曰西爽，厭烏目之囂塵，招延郡西山于百里外，移置筆牀硯池間，其託寄甚遠。確菴記之備矣。……余於子晉之亡也，一哭之後，舍南社北，不忍扁舟過湖南。今于華伯之請記，稱道古人之言以懸勉之，既以幸子晉之不亡，而山陽聞笛之悲，亦可以少自解也。作西爽齋後記。"

　　毛襃，字華伯，號質庵。爲毛晉次子，非長子。

七月（相月）二十九日，作朱長孺箋注李義山詩序（有學集卷十八）。

　　序云："往吾友石林源師好義山詩，窮老盡氣，注釋不少休。丁酉歲，朱子長孺訂補余杜詩箋綴簡，將有事于義山，余取源師遺本以畀長孺。長孺先有成藁，歸而錯綜讎勘，綴集異聞，敷陳隱滯，取源師注，擇其善者，爲之剗其瑕礫，搴其蕭稂，更數歲而告成。于是義山一家之書粲然矣。……書此貽長孺，聊以補前序之闕。又竊念吾遠祖思公與楊、劉諸公，倣義山詩剙西崑體。余爲耳孫，老耄多忘。玉臺風流，邈然異代，徒假手于長孺以終源師殺青之託，此則爲之口沫手胝，撫卷而三嘆者也。"鈔本有學集署"上章困敦之歲相月二十九日,虞山蒙叟錢謙益序"。

朱鶴齡凡例云:"近海虞釋石林道源鋭意創爲之,洵爲罕覯,惜其用就而終未及。牧齋先生授余是正,余因大加翦薙,遴其當者録之,不敢掠美。"

汪琬鈍翁前後類稿卷四十八跋李義山詩注:"常熟釋道源解義山詩,未竟而歿,吴江朱子長孺作箋注,頗采用之。而錢夕公、馮定遠及陳氏、潘氏諸説亦附焉,未嘗拚没其姓氏,雖於道源亦然。長孺示予道源注原本,頗多蕪累,且間有所遺漏。長孺翦剺裒益,不啻什之六七,其用意良亦勤矣。吴人不察,往往竊議其後,幾使長孺如郭象之於向秀,此皆耳剽目竊之論,不足信者也。長孺每爲予言道源所引釋氏書,最稱灝博,非得此注,某書亦不能就也。蓋其通懷樂善如此,而忌者猶呶呶焉。予恐後進有惑其説者,故題於箋注之後。"

四庫全書總目亦云:"明末釋道源始爲作注……然其書徵引雖繁,實冗雜寡要,多不得古人之意。鶴齡删取其什一,補輯其什九,以成此注。後來注商隱集者,如程夢星、姚培謙、馮浩諸家,大抵以鶴齡爲藍本,而補正其闕誤。……鶴齡又引龍惕之語不加駁正,亦未免牽就其詞。然大旨在於通所可知,而闕所不知,絶不牽合新舊唐書,務爲穿鑿。其摧陷廓清之功,固超出諸家之上矣。"

錢龍惕大兗集卷下朱注李義山詩集序:"今長孺不没源公之長,多所稱引,并以余之戔戔者亦爲茞菲之採焉,足以見其虛懷樂善,而余之厚幸,得藉以不朽者也。"可見朱鶴齡之注,雖引用牧齋所贈道源、龍惕注本,但並不全襲。但牧齋弟子錢曾卻指責朱鶴齡,今吾集中有敕先編次石林上人寄巢集成,詩題其後,要余和之,爲次韻,注云:"石公有西昆箋注,近爲松陵所取,牧翁序有'假手以終殺青'之歎。"嚴熊詩集卷一陸敕先哀石林禪師遺稿請牧翁爲序有作次韻注也說:"石公李義山詩注爲吳江朱鶴齡竊取,刊行吳中。"竊取之說,源自錢、朱所注杜詩之争,二人曲護其師,並非公允之論。

七月(相月)三十日,袁駿持徐開任詩來,作愚谷詩藁序(有學集卷二十二徐季重愚谷詩集序)。

徐開任(1611—1695),字季重,號愚谷。崑山人。應聘孫,乾學從父。明諸生。入清後絶意仕進。避地婁東,與吳偉業唱酬切磨。肆力於詩,尤專史學。序云:"新秋病足,適袁子重其來鹿城,得徐子季重詩,伏枕聽之,忽然而睡,渙然而興。"

作書嚴某。

錢牧齋先生尺牘卷一復嚴:"荒村寂寥,重辱枉駕。別後繙閲大集,知南金東箭,固自有人,而不得試鉛刀一割之用,則時命將有待也。……大丹謹拜領,以識明德,恐又當作第四人耳。湖上自佟撫行後,彼中官長,無有知不祥姓名者矣。拜命之辱,惟有慚汗。脚氣忽發,力疾奉復。"佟撫,即佟國器,順治十五年六月至十七年二月任浙江巡撫。嚴疑是嚴熊,參見有學集卷四十八記與嚴子論詩語。

又葛譜:"秋足疾,詩文名脚氣漫稿。"此名未見。

又請陳金如代筆,賀新知府上任。

錢牧齋先生尺牘卷二與陳金如:"新郡公到,欲作一四六賀啟,并小啟一通。四六不過套數,小啟只自敘老病鄉居,帶少間謁見之意耳。非借重如椽,不足以增東壁之光也。脚氣作苦,近方稍舒,得枉顧快談一日,望之。"該年六月,余廉徵任蘇州知府。

中秋,再爲孫永祚作詩序(有學集卷二十三)。

此集即雪屋二集,有刻本,末署"歲在庚子中秋,江邨老友蒙叟錢謙益序"。

邵潛寄詩集及書來乞序,中秋十二日,作邵潛夫詩集序(有學集卷二十三)。

鈔本有學集署"庚子之歲中秋十有二日,虞山老友蒙叟錢謙益序"。

山曉閣明文續集卷四評云:"先生因鄒、李以知潛夫,至其詩集,又得之最晚,撫卷徬徨,大約是從鄒、李注意。通篇凡興廢之感,存亡之悲,亦只就鄒、李流連往復,而於潛夫,則喜其新知,幸其得見。辭若爲生者致慶,意實爲往者唧哀也。結處重贊其詩,雖曰興致不淺,但恐婆娑久之,又不免有悼亡之感,則奈何?"

中秋,作戲詠雪月故事短歌十四首(有學集卷十)。

小序云:"謝康樂言:天下良辰美景、賞心樂事,四者難並。中秋脚病,伏枕間,思良辰美景,無如雪月。此中樂事可以快心極意者,古今亦罕。尋繹各得七事,系短歌以資調笑。若夫山陰、藍關之雪,牛渚、赤壁之月,不免寒餓。雖可以清神濯骨,今無取焉。庚子中秋十三夜書。"

中秋,再與嚴熊論詩,作記再與嚴子論詩語(有學集卷四十八)。

鈔本有學集署"庚子中秋"。

中秋，錢肅潤喪親，題其哀言（有學集卷四十九）。

鈔本有學集署"庚子中秋日"。

錢肅潤(1619—1699)，字季霖，又字礎日，號十峰居士、萬峰山人、浮游子、曲江遺叟、南明子等。無錫人，幼學東林。既補諸生，值明亡，棄去。順治十一年(1654)，以不改服飾，被解押南京刑訊，遭笞折脛，怡然曰："夔一足，庸何傷。"因自號跛足生。與歸莊、陸世儀、徐增、王士禛等交遊。居京師，教授生徒，從者甚眾。晚歲學益高，學者尊爲東林老都講。康熙十七年(1678)，與顧炎武、呂留良等人同辭博學鴻儒薦。生平著述甚富，有尚書體要、十峯集等。

瞿綬鈔本東澗尺牘：誦慕高誼，積有年歲，未遑覯止，吊問闕如。兩奉手教，鄭重記存，不以老耄舍我，而置之齒頰間，不自知感愧之交并也。哀詞題語，聊用續貂。老儒腐語，殊堪一噱。金石之託，雙白重致來命，方今作者壇坫如林，樸學拙筆，豈能仰副盛心，徒有跋踖而已。

又有學集卷四十四有與錢礎日書："春寒料峭，便如雞窠中老人。光風轉蕙，桃雨舒花。青陽布令，當亦不遠。當要足下與仲通徵君酌二泉酒，開口一笑也。"應作於順治十六年華仲通去世前，附此。

中秋，作毛子晉真贊（有學集卷四十六）。

鈔本有學集署"庚子中秋"。

中秋，作後秋興之七（有學集卷十二）。

金之俊北上，作書送行。

錢牧齋先生尺牘卷一致金豈凡："台翁賜沐錦旋，幸於西山舟次……一覩光儀。正擬趨侍函丈……倏過炎夏。頃乃聞玉節趨朝,鋒車塞路,不意昔年脚氣,頻煩發動,行步欹危,不能扶杖策足,參預金閶亭祖道之列。……長明燈下,繡佛齋中,惟有瞻望九霄,誦祝萬壽而已。"金之俊乞假遷葬,本年春假滿回京。

陳朝典本年八十,中秋十七日,作蔚村溫如陳翁八十壽序(有學集卷二十七)。

鈔本有學集署"上章困敦之歲中秋十有七日,通家蒙叟錢謙益再拜謹序"。序云:"蔚村溫如陳翁,孝廉碻菴子之父也。今年陽月,春秋八十,碻菴子之門人,族孫嘏、毛子褒、表,徵余文以爲壽。"

陳朝典(1581—1662),字徵五,號溫如。太倉蔚村里人。以經學重鄉里,著書授徒五十餘年。先世本姓張,過繼陳氏。有兩子,長瑚,次璉。

中秋日,題馮行賢永日草(有學集卷四十八)。

馮行賢爲馮班長子,字補之,號無咎。尚有餘事集存世。

雍正昭文縣志卷七文苑:"行賢,字補之。弱冠能詩,錢宗伯序之。舉博學宏詞。工書法,尤精篆刻,匹文三橋。"民國重修常昭合志卷十八藝文:"永日草,未冠時作,錢謙益題辭。"

中秋,跋東坡延州來季子贊(有學集卷十五)。

中秋二十二日,跋自作留侯論(有學集卷四十八)。

鈔本有學集署"庚子中秋二十二日"。

中秋二十三日,作紀郢嫠婦贊(有學集卷四十六)。

钞本有學集署名"庚子中秋二十三日,錢謙益記"。

黄公渚評云:"紀鄳嫠婦贊,簡潔而沈摯。謙益此文,蓋有所感,故礧砢不平之氣,字裏行間,時有流露。贊語悲壯激昂,如聽易水之歌。"

中秋二十三日,作嶺南刻憨山大師夢遊全集序(有學集卷二十五)。

序云:"憨山大師夢遊集,吴中未有全本。丙申冬,龔孝升入粤,余託其訪求海幢華首和尚,得鼎湖棲壑禪師藏本。曹秋岳諸君集衆繕寫,載以歸吴,余校讎刊定,勒成四十卷,毛子晉請任開版。子晉殁,三子繼志,告成有日矣。己亥秋,王大峜自粤歸,言彼有潭柯上人名濟航者,自東兖入蜀,精研宗教,棲壑化去,購得夢遊集本於鼎湖,捐衣貲付梓,以余爲白衣老弟子,俾序其緣起。……歲在庚子中秋二十三日,虞山白衣弟子蒙叟錢謙益焚香禮拜,謹序。"

又智旭靈峰蕅益大師宗論卷七之一募刻憨山大師全集疏:"而法語詩文等四十二卷,皆老人隨自意語,尤多醒發人處。法卷虚中繕寫成帙,呈諸牧齋錢太史。一無賴沙門,冒從太史公處詒稿而去。今高足某,繼乃師志,乞余一言,轉白檀信。余感師翁夢中接引深恩,愧無以報,爰涕泣書此。"虚中,即憨山五乳弟子廣益。

中秋二十四日,題史記齊太公世家後(有學集卷十五)。

钞本有學集署"庚子中秋二十四日書"。文云:"今秋脚病,蹒跚顧影。明年八十,耻隨世俗舉觴稱壽,聊書此以發一笑,而并以自厲焉。"

歸莊某先生八十壽序"先生近著有太公事考一篇",即此文。

中秋二十五日,作四皓論(有學集卷十五)。

鈔本有學集署名"庚子中秋二十五日"。

黃公渚評云:"四皓論,開首即斷定四皓非隱者,然後暢敘當日之事勢,高帝、留侯之心事,以證實斯語。其議論馳騁處,與蘇洵權書論高帝相頡頏,而瑰麗過之。"

中秋二十五日,又跋汰如塔銘,記汰如逸事(有學集卷五十)。

族弟君鴻作長律六百言,欲明年爲牧齋八十上壽,牧齋作書拒之(有學集卷四十三與族弟君鴻論求免慶壽詩文書)。又爲君鴻詩題數語。

書云:"錢後人謙益白君鴻賢弟秀才足下,昨得書,撫教甚至。惠長律六百言,期以明年初度,長筵促席,歌此詩以侑觴。開函狂喜,笑繼以抃。俄而悄然以思,又俄而蹙然以恐,蓋吾爲此懼久矣。犬馬之齒,幸而及耄,四方知交,不忘陳人長物。或有稱詩撰文,引例而相存者,良欲致辭祈免,而未敢先也。今此言自吾子發之,則吾得間矣。敢藉子爲鼛鼓,以申告于介衆,吾子其敬聽之無忽。"

又錢牧齋先生尺牘卷二與君鴻:"日月逾邁,忽復八旬,敕斷親友,勿以一字詩文枉賀。大抵賀壽詩文,只有兩字盡之,一曰罵,二曰咒。本無可頌而頌,本無可賀而賀,此罵也。老人靠天翁隨便過活,而祝之曰長年,曰不死,此咒也。業已遍謝四方,豈可自老弟破例耶?若盛意,則心銘之矣。來詩佳甚,漫題數語,勿怪佛頭拋糞也。詩箋已領,不煩再加繕寫也。謝謝!題語并上。"

题语云:"余向题奚川八景诗云:清平之世忠孝家,有此识字耕田夫。今君鸿遭世界沧桑,躬耕读书,作春农秋田绝句以咏歌其志意,吾祖风流,居然不坠,良可羡也。余退耕江村,日以繙经礼佛为事,视君鸿乃不识字耕田耳,聊书以志余愧。"

据以介编,君鸿名鸿。

又作后香观说题介立旦公诗卷(有学集卷四十八)。

文云:"余用隐者之教,以鼻观论诗,作香观说序元欤诗卷,灵岩退老叹曰:'此六根互用,心手自在法也。'金陵介立旦公遣其徒携所著诗属余评定,余自己丑读江上诗,叹其孤高清切,不失蔬笋风味,庶几道人本色,今十余年矣。"

又作书徐元欤。

牧斋外集卷二十二答徐元欤:"近来索诗序者颇众,每一捉笔,便为攒眉。独于吾元欤放笔,殊有生气。……然毕竟嬾出柴门,视虎丘、天池,如在天外。未知中秋前后能破此铁门限否?……华山、天池,便应艸深一丈,意欲介立、雪藏辈来此,作山中好主人,而雪老又化去矣。旸伊起华严讲期,又须三年。那得有一二闲僧,占此闲地?言至此,可为一浩叹也。……后香观说,在和尚函中,可索一看。诸俟面时方可倾倒耳。……李秋孙常相见否?念之。昨有辞庆寿诗文一首,即日呈看,却要求袁重其作说帖传送也。一笑。"

李秋孙,名圣芝,原名王烨。李流芳孙,僧筏子,陈瑚弟子。乙酉国变,僧筏为乱民所害,秋孙年止十四,为仇家所迫,避至崑山、太仓等地,后又徙居天平山中。与徐波、徐枋相交。康熙时,曾举博学鸿词,为忌者所沮。晚归嘉定,精研周易之學。

中秋，弘儲駐錫虎丘，本擬到寺道賀，因足病未成行。

錢牧齋先生尺牘卷二與繼起和尚：“日來脚氣作苦，幸兩腕尚健，稍稍料理筆墨，又作後香觀説，録呈奉博一笑。……中秋入院，當攜一盞供千人石上，庶可當西域葡萄漿，作老三藏上等供養也。”

又一通：“虎阜名藍，惠邀飛錫。緇白僉從，人天頂禮。而不肖以足病纏綿，不獲與摳衣捧足之列。不能奮飛，徒有瞻企。……辭壽小箋一紙，附博破顔一笑。”

又同卷與王雙白：“頃得信，知已定山棲之計，收拾身心，親近知識，此是中年第一好着數，更不可放袋裏猢猻東跳西踍也。敬慎二字，自是我輩安身立命。……老和尚中秋入院，虎丘酒肉道場，變作清净佛國，聞之亦爲之色飛，寧有不願隨喜耶？静、魚二老，更得把晤，尤爲快事。”

同卷與王雙白：“十九日之尅期赴會，不意中秋足疾又發，大抵腫脹之苦，時止時作，不可爲典要。行步欹危，足脛無力，恐其遂爲痼疾。只得扶牀繞榻，蹣跚而止，謹遣一价奉告堂頭和尚，兄當爲鄭重委曲，布此苦衷。”

顧苓塔影園集卷一靈巖退翁和尚别傳：“庚子秋住虎丘，馬國博端言欲爲虎丘修舉廢墜，必資大貴人力，翁言大貴人皆石火電光。……虎丘進院日，瞻禮者數萬人。”

爲張印頂作大育頭陀詩序（有學集卷二十五）。

序云：“今年江上夏輿先選刻其詩百篇，其友陳菊人爲其序。”

夏世名（1630—1706），字輿先，號蕉皋，自號最閑俗衲江陰人。寶忠子。張印頂死後，爲其殮葬。

陳芝英（？—1676），字英儒，號菊人。江陰人。有文名，七試棘闈不遇。編纂有江陰詩粹、江陰縣志等。

錢牧齋先生尺牘卷二與吳："秋來脚氣作苦，困坐小樓。玉頭陀來，得手教甚喜。……夏興先風氣日上，孝琛有子，深喜故人之不亡也。"故係于此。書中云"兄老年作子衿，仍奉二侯香火，不失小侯舍人本色"。知吳某爲明初功臣江國公吳良、海國公吳禎後裔，然不詳何人。

又康熙江陰縣志卷十八有牧齋陳江村集序：江陰自席帽山人王梧溪而後，予得一人焉，曰徐子仲昭，嘗序其集以行。其後又得兩人焉，曰朱子玉汝、陳子鴻寶。……抑陳子爲汝良先生之文孫，吾徒菊人之令子。予常讀菊人之書，異之曰："此文章真種子也。"六家一派，顯顯不誣。又憶前此五十年，嘗序汝良制義，以爲春雲浮空，流水行地。今後五十年，而復讀陳子之詩。人生不百歲，而見其祖若父、子若孫三世，則予之閱世，亦已老矣。

此文不見有學集，陳子爲芝英之子陳玫。芝英父明時（？—1650），字汝良。諸生。博綜文史，尤精易學。牧齋爲其所作制義序未見。

朱廷鉉，字玉汝，號近庵，一作覲庵。康熙八年（1669）舉人，二十一年進士。官至奉天府丞，大理少卿。有南樓集存世。

又作書弘儲，讓其督促雙白居士修行（牧齋外集卷二十三復夫山和尚）。

書云："生平潦倒，儒風梵行，一往決撒。唯是一點血心,遠依佛祖,近對祖宗。今得和尚徹底證明,千生萬劫,仗此良導,豈獨如虞仲翔謂當世有一人知己不恨哉!……足疾新可,便思赴龍華大會。正苦腰酸腿軟,尚須扶床拄杖,殊不能奮飛也。如何如何!雙白素心苦行,白衣中那有兩人?但嫌其聰明流動,如水銀拋地,方員不定,須和尚痛下鉗錘,爲設一死關,勿令出虎丘寸步,乃可望其竿頭轉身耳。……信手奉謝,外附貴州邵潛夫書,乞于郵中遞去。"

作書邵潛夫,請弘儲轉致。

錢牧齋先生尺牘卷一與邵潛夫:"瞿生渡江回,得手教滿紙。……佳集諷詠一過,居然正始之音……信筆作一序,□□已經斷手,不復增益,無可以報來命也。……久不得便郵,因思靈巖退老是貴地人,倩其便郵,以答芳訊。明年八十,有謝稱壽牋一通,附博一笑,勿謂此老倔強猶昔也。"

周永肩七十,作詩賀喜(有學集卷十),並作書一通,邀衆人合力完成嘉興藏。

錢牧齋先生尺牘卷一與周安石:"弟以明年八旬,痛絶稱壽之客,以此決不爲人作壽詩,而不能不爲仁兄破例,口占一律,以爲元歎續貂,并辭壽小箋奉上。……戚右朱附去小箋一紙,恐其愛我,不免依樣葫蘆,作子路乘肥馬對聯也。吴天章知爲英少,那得肯就江村老翁鑽研故紙?晤時多爲致意。徐敬可皆法門領袖,甚難希有。經坊事魔强佛弱,全仗一二有心血人,爲末法作砥柱。仁兄可致鄙意力爲贊成,即黄觀止,亦吾門矯矯者,若肯作金湯,便是人天眼目,何必功歸於一臂耶?尚須邀朱子佩、馮茂遠諸公合力護持,度紫柏老人一腔熱血,不致化作寒灰也。脚疾作苦,絮叨不已,種種壽光師能悉之。"

吳之紀(1629—?),字天章,一字小修,號慊庵。吳江同里人。順治六年(1649)進士。授工部主事,遷湖廣按察司僉事。喜書法,摹米芾酷似。詩秀婉,古文擬歐陽修。

徐善,字敬可。嘉興人。父世淳,死國難。遂棄舉業,精研易學。撰有徐氏四易。

黃觀止、朱子佩待考。疑是秀水黃氏、朱氏族人。

馮洪業,字茂遠,號兼山。平湖人。萬曆四十三年(1615)舉人。襲祖父產業,家累萬金。家有耘廬,擅林木園池之勝。爲人樂善好施,年七十八卒,無子,家業爲族人瓜分殆盡。刻有佛經多種。

又一通云:"承示司成公手書,歡喜無量。楞嚴經坊,從此獨有長城。紫柏、密藏及五臺諸老弘法大願,當不至唐捐矣。……兄當會同刻藏諸護法,奉司成公爲導師。……此大事壽光樸誠可任,一聽司成公指揮,不憂孤子。"亦作於此時。司成即朱滄起。

九月二十七日,爲朱之俊作瑯嬛類纂序(有學集卷十四),並修書一封。

鈔本有學集署"上章困敦玄月二十七日,虞山通家蒙叟錢謙益謹序"。序云:"少司成朱滄起先生以終、賈之年,蜚聲史館,名高媒忌,忤觸網羅,歸隱于汾水之陽,自老于縑緗油素之間,著書一百三十餘卷,名曰瑯嬛類纂,而馳書屬余序。"

朱之俊(1596—1671),字擢秀,號滄起。山西汾陽縣人。文翔鳳門生。少負笈走金陵,訪奇人名德。天啟二年

(1622)中進士,官至國子監司業。因阿諛魏忠賢,爲人所不齒。崇禎元年(1628),任會試分校官。四年,處理閹黨,罷官歸里。順治二年(1645),清廷起用爲秘書院侍講,兼修國史副總裁,以繼母喪回里,遂不出。熱心鄉里事業,著述亦繁。

康熙汾陽縣志卷三文行:"有五經四書纂註、吳越遊草、排青樓詩集、瑯嬛問奇、峪園草、硯廬全集等書行世。"瑯嬛類纂當即瑯嬛問奇別名。

錢牧齋先生尺牘卷一復朱滄起:"恭承嘉命,輒撰類纂序一篇呈正。真所謂佛頭着糞,知己當爲魏公藏拙也。……心經小箋及醉壽一通,奉呈台覽,亦可想見老人心跡也。"

九月二十八日,作吉水李氏旌門銘(有學集卷十六)。

鈔本有學集署"上章困敦之歲玄月二十八日,虞山舊史錢謙益謹序"。

李邦華長子士開,因救弟士國,落水而死。崇禎元年(1628)旌表爲孝友。其副室宋氏,斷髮自誓,撫育弱子長世,病瘁以死,准建坊旌表。長世因請作此文。

十月朔,作梅村先生詩集序(有學集卷二十一),又附書一封(梅村家藏藁卷端)。

鈔本有學集署"庚子十月朔日,虞山蒙叟錢謙益謹序"。書云:"荒村草具,樵蘇不爨……別後捧持大集,坐卧吟嘯,如渡大海,久而得其津涉。清詞麗句,層見疊出,鴻章縟繡,富有日新。……豫章徐巨源規切不肖,爲文晚年好罵,此序一出,恐世之詞人樹壇立坫者,又將鉗我於市矣。不敢自祕,輒繕寫求政。……大集謹封題奉歸記室。禪誦之暇,未能釋然。或鏤版,或副墨,早得賜教,以慰渴飢,是所顒望也。"

十月初一日,拂水拜墓,作後秋興之八(有學集卷十二)。

十月朔日,作虎丘退翁儲和尚語錄序(有學集卷二十五)。

鈔本有學集署"庚子十月朔日"。序云:"青陽、嘉魚二元老,師左右面弟子也,錄既成,屬雙白居士告我……今可無言乎?"

熊開元(1599—1676),字魚山。嘉魚人。天啟五年(1625)進士。授崇明知縣,調吳江縣。擢吏科給事中,因疏論周延儒,杖譴。唐王時官至太常卿。閩陷,棄家為僧,號蘗庵。後投弘儲門下,改名正志。青陽為江陰鎮名,此指張有譽。

陽月五日,作李忠文公文水全集序(有學集卷二十)。

鈔本有學集署"上章困敦陽月五日,石渠舊史虞山通家子友弟蒙叟錢謙益再拜謹序"。序云:"崇禎壬午,吉水李忠文公勤王北上,訣其孫長世于石鍾山下,授以文水文集若干卷,長世頂戴捧持,罔敢失墜。頃乃殺青繕寫,以傳後世,而屬余為其序。"又云:"今余既以長世之請撰神道之銘,而又為敘其遺文,實兼皋羽、聖予之為,長世曰:'此吾王父之志也。'故不敢辭,而又以忍死餘生,挂名謝、龔之後,未嘗不重自愧也。遂牽連書之如此。"

山曉閣明文續集卷四評云:"前幅信國、忠文相對比擬,中幅極稱忠文之文,後幅自述作序之意,次敍秩如,情致淒惻。此三間遺音,不意於集序見之。"

錫山徐鳳儀八十,爲作勸酒歌(有學集卷十),又爲作雲閒道人生壙志(有學集卷三十六)。

生壙志云:"雲閒道人,錫山徐氏子,少工筆札,妙解書翰,精于牡丹亭樂府,搜遯隱互,宿工老師,莫能置喙。通輕俠,重志氣,柳市毬場,推爲渠帥。破千金之產,如揮唾洟。萬曆季年,余識之鄒彥吉席間,輕衫白帢,眉目軒軒然,籠蓋坐客。亂後見之惠山,則頺然老僧,竹徑香燈,坐對移日,相與循鄒園遺址,指點昔游,愴歎而別。庚子歲,道人年八十,客謂曰:'君幸與虞山公游,人貌榮名,盍少自敍述,乞一言以志陵谷。'道人笑曰:'……父命名鳳儀,參密雲、靈巖二和尚,更名載,又曰玄熙,晚自號雲閒,如雲之閒也。……'道人墓在馬塢山,去惠山三里許。此邦士大夫,議推子立主墓事,歲時澆奠。虞山蒙叟錢謙益書礦石以誌之,爲文之日,庚子歲十月初八日也。"

彭士望恥躬堂文鈔卷九長洲舊文學顧君生壙誌:"司空表聖作生壙,達而弗貞;虞山蒙叟爲雲閒道人生壙記,蕩而弗徵。"

文瀠初編卷十五收此文,錢肅潤評曰:"道人高風清節,落落行徑,固錫山一畸人也。得虞山先生文而益傳,不獨道人傳也,其僮子立亦傳。是主是僕,允足千古。"

十月望日,作後秋興之九(有學集卷十二)。

七、八、九三組詩,對永曆王朝尚抱有幻想。

陽月十九日,作徐巨源哀辭(有學集卷四十一)。

钞本有學集署"上章困敦之陽月十有九日,通家友兄蒙叟錢謙益再拜爲文"。文云:"巨源姓徐氏,吾師季良先生第三子也。余鄉舉出師門,巨源二兄皆師事余。"季良,即徐良彦。

十月,作黄陶庵先生全集序(有學集卷二十)。

陶庵全集刻本署"庚子冬十月,虞山錢謙益譔",鈔本有學集署"上章困敦涂月二十三日,虞山友人蒙叟錢謙益再拜謹序"。序云:"殁後十餘年,而其徒侯子玄泓作爲行狀,文直事核,無愧良史。陸子元輔、侯子玄汸、張子理相與排纘遺文,刊爲全集。"

康熙十五年(1676),張懿實重刻陶氏全集,有識云:"兹集鋟工始于乙丑,後安亭張理以私淑之故,取先生詩同其先世公路集别爲小板,校讐頗精,乞序于牧翁。牧翁遂舉此序以應,先已行世。今此集中有數詩,爲先生子塈所闕者,不敢復補,可以參攷。行狀亦載安亭本中,俟與墓表及鄉賢錄、私謚議彙刻附後。"知牧齋所序本乃嘉定張理所刻。

張理,字元曜,張名由從孫,與名由孫昉刻張公路集,牧齋與歸莊作序。

本年,作錢孫保妻趙氏壙誌銘(有學集卷三十七)。

趙氏,趙士春之女,錢孫保之妻,興祖之母。銘云:"歲在甲午,年三十二。陳衣蕭然,顧燭永訣。庚子十月,龍尾伏辰。白楊悲風,埋此勞人。"故繫此。

周永肩採世揚古史談苑入歷代禪徵,辜月初四日,作古史談苑摘錄後記(有學集卷十六)。

鈔本有學集署名"庚子辜月初四日吉旦,錢後人謙益百拜謹識"。文云:"古史談苑十卷,我先君官保公晚年讀史,採別正史中異聞奇事,可以聳見聞,資勸戒者,有旌行、物差、神速、咫聞四部之目,吴江周永肩安石摘錄其唱導因果,輔翊教乘者,彙爲一卷,厠諸歷代禪徵之集……安石家世禀承上師,故能郵傳其緒言,以證明我先君旌行之微指,謙益謹洮黷繕寫,鏤板流通,庶幾附麗弘明二集,少神法海,不徒傳示子孫而已。"

九月十一日,孫愛及桂哥蒙師謝恒卒,仲冬八日,作教讀謝君墳表(有學集卷三十九)。

鈔本有學集署"歲在庚子仲冬八日,虞山蒙叟錢謙益爲文"。墳表云:"謝君名恒,字行甫,長洲人。本朱氏,從姑姓爲謝。讀書識字,謹謹爲童子師,教授我兒孫愛及孫桂哥。桂哥早慧,戊戌秋病殤,君窮老失所倚,哭而神傷,踰二年遂不起,庚子九月十一日也,年七十七。……君無子,以女爲子,而女又無子。既葬,其女與其夫皆穿穴墓傍,他日以次祔焉。"

仲冬十有二日,作樂安唐君合葬墓誌銘(有學集卷三十四)。

唐映奎,字聚升。有學集卷三十四樂安唐君合葬墓誌銘:"吴郡唐景錢、景宋葬其父母于婁門之新阡,屬梁谿進士華君撰行狀,而來請銘。"華君,即華時亨。景錢,字時若,號容齋;景宋,字邢若,號默齋。皆名士。

梅村家藏藁卷四十一吴郡唐君合葬墓誌銘:"自裕文下十有七世,海虞牧齋錢先生所誌晉陽唐君聚升墓,諱映奎,則君之父也。……余讀海虞之文,固已心儀其爲人,且曰吾郡之葬其親者，好竊公孤名氏以爲重，唐君獨知牧齋爲可傳，斯之爲好文，抑亦足爲孝矣。"

　　文瀫初編卷十五亦收此墓誌，錢肅潤評曰："奇而法，正而嚴，韓退之誌銘中最得意之文，先生乃以蘇明允自居，謙也。唐公得此文不朽矣。"程㭎石曰："于法度嚴整中寫出唐公有道氣象，無不神似，非獨鬚眉面目聲欬舉止之形似已也。此非大手筆莫辦。"

仲冬，作嶜城張孝子錫類編序（牧齋外集卷八）。

　　張適，字鶴民。嘉定人。善琴，傳自虞山嚴天池一派。後遷居蘇州閶門。見歸莊張鶴民傳。尤侗有鼓琴圖詞贈張鶴民，蔣伊有贈張鶴民孝子。

　　民國崑新兩縣續補合志卷十一人物孝友云："張鶴民長於詩畫，父敬修，以琴擅名，鶴民能繼之。順治甲申、乙酉間，父與母費先後病，鶴兩刲臂肉以進，俱霍然起。士林贈詩甚夥，曰錫類編。"

十一月長至日，作募刻大藏方册圓滿疏（有學集卷四十五）。

　　疏云："大藏之改梵夾爲方册，自紫柏尊者上首弟子密藏開公始也。……六十年來，物變錯愕，而經藏一燈相傳未熄。庚子歲，壽光上人以律行推擇住持寂炤，嘉郡諸善信，翕然顧化，謀裏盛舉。于是四方經版，若寒山趙氏、平湖馬氏、金沙于氏，咸薜輪輻輳，歸于化城。壽光剖心佛前，誓捐軀盡年，爲可、開二大士了此弘願，海印弟子錢謙益乃拜手稽首而颺言曰……"

仲冬長至日，作憨山大師夢遊全集序（有學集卷二十文云:"憨山大師夢遊全集,嘉興藏函,止刻法語五卷。丙申歲,龔孝升入粵,海幢華首和尚得余書,梃椎告衆,訪求鼎湖栖壑禪師藏本,曹秋岳諸公繕寫歸吴。謙益手自讎勘,撰次爲四十卷。……夢遊集本,初傳武林,天界覺浪和尚見而歎曰:'人天眼目,幸不墜矣。'亟艸一疏,唱導流通。毛子子晉,請獨任鏤版,以伸其私淑之願。子晉歿,三子聿追先志,遂告成事。其在嶺表共事搜葺者,孝廉萬泰、諸生何雲、族孫朝鼎也。其伙助華首網羅散失者,曹溪法融、海幢池月及華首侍者今種、今照、今光也。"

黄宗羲對憨山詩文頗有不滿,其天嶽禪師詩集序云:"錢牧齋搆憨山未刻之集,余繙不過數葉,龎厲呶叫之音,觸目生憎,絶不似道人語,況于下此者乎?"

十一月長至日後二日,作密藏禪師遺藁敘(有學集卷二十五)。

嘉興藏有具體時間,作:"上章困敦之歲辜月長至後二日,海印弟子虞山錢謙益謹敘。"

長至後七日,作紫柏尊者別集序(有學集卷二十五)。

鈔本有學集署"歲在庚子十一月長至日後七日來復之日,虞山白衣私淑弟子蒙叟錢謙益焚香肅拜謹序"。序云:"金壇刻紫柏尊者全集,已行叢林。此外有錢啓忠集鈔四卷,陸符心要四卷。壽光上人携吴江周氏藏本,乃尊者中年之作,白衣弟子繆仲淳執侍左右,手自繙寫者。余爲會粹諸本,取全集所未載者,排爲四卷,名曰紫柏別集。"

按:此文"壽光上人携吴江周氏藏本,乃尊者中年之作,白衣弟子繆仲淳執侍左右,手自繙寫者",紫柏尊者別集刻本作"按指上人携吴江周氏藏本,乃尊者中年之作,白衣弟子繆仲淳、周季華、周子介執侍左右,手自繙寫者"。按指契穎,爲密藏開法孫,見有學集卷二十五密藏禪師遺藁序。壽光爲契穎法姪。

十一月長至後來復之日,作憨山大師曹溪肉身塔院碑(有學集卷四十)。

鈔本有學集署"上章困敦之歲十一月長至後來復之日,虞山白衣弟子錢謙益薰沐稽首謹譔"。碑文云:"先是,五乳塔成,謙益徇福善之託爲銘,南海陳相公子壯鑱石于曹谿,而甲申供奉之事,未有撰第二碑者。歲在庚子,謙益既訪求夢游全集較讐卒業,乃略記最後因緣,而論次之曰……"

長至後八日,作藏逸經書標目後記(有學集卷五十)。

"八日",鈔本有學集作"六日"。

涂月朔日,作毛子晉墓誌銘(有學集卷三十五)。

鈔本有學集署"上章困敦之歲,涂月朔日"。鈔本與金匱本頗多出入,"孫男女八人,卒于己亥歲之七月二十七日,年六十有二,葬於某地之某阡",金匱本作"孫男女十一人人,生于己亥歲之正月五日,卒于己亥歲之七月二十七日,年六十有一。越三年辛丑十一月朔,葬于戈莊之新阡",金匱本應爲增補本。墓志拓本亦存。

山曉閣明文選續集卷五評云:"良朋凋謝,四顧寂寥,追念夙因,惟搔首踟躕,付之浩歎而已。"

錢牧齋尺牘卷二與毛華伯、奏叔、黼季:"逼除,爲文債所苦……尊府君墓志,謹具草呈上。文頗詳於學問大指,意欲推明所以刊正經史之故,以徵於儒者,故於尋常行履,未免闕略。此亦爲文之體如是,高明好古者,當一覽而知之也。"

繆荃孫雲自在堪隨筆卷四:"廿九日。毛子晉,邑中富人也。亂時曾有小德於予家,往年死,予不弔。是日葬于戈莊,因一行以盡故舊之情。然子晉尚以財自豪,今諸子又不逮,將來毛恐不昌矣。嗟乎!錢受之書於校范書上。"

嘉平十六日,作朝議大夫廣西布政使司右參議贈中大夫太僕寺卿王君墓誌銘(有學集卷三十三)。

此爲王奕昌墓誌。鈔本有學集署"歲在庚子嘉平十有六日,石渠舊史年家蒙叟錢謙益再拜撰文"。王奕昌(1593—1649),字德符。常熟人。嘉言孫,取錢時俊女。國學生,謁選江西布政司理問,署高安令,遷廣西都司斷事。南明時,官柳州同知,爲滇潰兵所殺。

銘云:"君初歿,其子蘭以陽朔爲桐鄉也,權厝山城外,而奉母恭人寓興平剪刀原。……壬辰歲,長子英重跰奔喪,謀歸葬。……遂定計,英、蕙侍母,蘭扶柩,捐生誓死,剋期以行,甲午之春及秋相繼抵家。……恭人歸五年,以己亥五月二十二日卒,年六十五。某月某日,合葬于羅墩之新阡。"牧齋敍王氏功有三:瞿式耜被靖江王朱亨嘉囚禁,設法相救;李明忠叛,拒守柳州;以按察司僉事監陽朔軍,與焦璉收復平樂。

王夢鼎槐川堂留稿卷六生緣小記:"(己丑)夏,姪孫德符參議粵西,六月一日致命王事。二子蘭、蕙隨侍其母,道梗未歸。越五年,長子英重跰遠赴,與弟蕙侍母先歸,叔子蘭扶父櫬而返。至己亥，余同其子經營入土，並懇錢宗伯銘其藏。"

錢牧齋先生尺牘卷二與陳金如："逼除爲文債所窘，頗似往年管外制……兆老所委二文具草，專人馳上。記中已點綴安吾一段，其少年即敚同年翼老也。德符在粵，不意其豎立卓犖如此。頗爲極力描寫，已盡心思。但老筆禿拙，恐不能稱耳。"

十二月十七日，爲王夢鼎作王氏枕蔭樓世祠記，感歎王氏之盛（有學集卷三十一）。

記云："吾里司銓王兆吉氏，立世祠于虞山之南軒，祀高祖竹溪公而下四世，復構樓于西偏，列祀同堂兄弟十一人。……余衰頹耄忘，憖負葛藟，于兆吉之請記也，有深慨焉。"

王夢鼎槐川堂留稿卷六生緣小記："（庚子）題曰萼蔭……是役也，經始于春，告成于夏，丹艧于秋，奉祀于冬……斯樓之記，仍出宗伯公手筆，詳言吾兩家故實。"

十二月（涂月）十八日，應陸貽典之請，爲道源作寄巢詩序（有學集卷二十五）。

序云："石林源上人，吾里中清净僧也。喜獵外典，好苦吟，余每見必痛規之。既歿，篋中無片紙半偈，深以爲惜。陸子勑先錄寄巢詩請曰：源師亡矣，夫子幸以一言存之。"

錢牧齋先生尺牘卷二與陸敕先："客歲見上巳文讌詩，勝流高會，猶念記存衰朽。吟咀數四，慨當以慷。每願思促席一話，以暢菀結，而未遑也。石林遺詩，深荷剪拂。悠悠世路，但思錦上添花，寧有肯啄冰嚼雪，從寒灰枯木中著眼者乎？承命自當效一言於簡端。若新篇郁郁，富有日新，則老眼枯腸，爲之煥然生色。更當從容題品，以識緇衣之好，非敢自附於玄晏也。鼓吹郝注，乃有兩天挺，荒村無書失攷，序須改正。何時得一握手，念之念之。"鼓吹序，即爲陸貽典所刻唐詩鼓吹所作序。

陸貽典寄巢詩小引云："師固卓品，受知於牧翁先生，其孤情絕照，著見於先生壽言傳銘中，余不敢贅。……自丁酉順世，遺稿悉歸其學人石，而石又已物化，師之詩，其不爲廣陵散者幾希矣。客歲有事於斯集，從石法嗣法具搜訪遺集，得詩幾四千首，子晉毛子隱湖社刻又百餘首，彙稡採輯，得如干篇，分爲上下二卷，請錢先生爲之序。"

寄巢詩卷下附錄陸貽典錢宗伯許爲石林詩序奉簡申請："阿師曾不廢長吟，句後聲前意自深。枯木沉灰慚著眼，寒冰素雪愜盟心。來札有'悠悠世路，寧肯琢冰嚼雪，從枯木寒灰中著眼'之語。朱門劉卞從諮語，白社宗雷舊賞音。還仗濡毫傳梗槩，重看遺稿出東林。孫荊南白蓮集序云：'久栖東林，不忘勝事；濡毫梗槩，良深悲慕。'石公久栖虞之東林塔院，故以爲比。"

寄巢詩卷下附錄錢曾讀石林寄巢詩次敖先韻："繙罷遺詩憶苦吟，煩君剪拂意尤深。交蘆枯雪前塵事，凍柏疎雲後夜心。祭獺殘編供假手，石師義山詩注，爲人襲取。塗鴉小字遇知音。遺稿塗注莫辨，尋繹而出。寄巢記得尋師路，山寺秋高日照林。"

寄巢詩卷下附錄嚴熊次和哀集石林遺稿請敘之作："親承餅拂憶高吟，應是多生結契深。世幻廿年迷道貌，蘭盟終古見初心。成書已作波中緶，有襲師義山詩注者，余首爲辨正。

殘稿幾同爨下音。邀得椽文重拂拭,永留佳話譜祇林。"此詩又見嚴白雲詩集卷三,"有龔師義山詩注者,余首爲辨正",嚴白雲詩集作"石公李義山詩註,爲吳江朱鶴齡竊取,刊於吳中"。

寄巢詩卷下附錄馮班奉和編次石林源公遺詩韻:"丈室頻年伴苦吟,小窗燈火夜深深。水禽馴養憐高韻,師少年時好養鸑鷟。故紙鑽研怕累心。蓮社有人偷講義,廣陵失譜絶知音。少兼善琴。繩床畫像今存否,思向霜縑禮道林。"

十二月十九日,作陸敕先詩稿序(有學集卷二十三)。

序亦見刻本覲庵詩鈔,署"庚子嘉平月十有九日,江村老友蒙叟錢謙益序"。序云:"余老歸空門,迢然以前塵影事,洮汰一切,顧于生平舊游昔友,未能舍旃,風前月下,時時餘塵瞥起,自知猶落情網中,悔懺除不早也。陸子敕先别余垂二十年,客歲賦上巳文宴詩,連章及余,余心爲癢癢然。頃手排其詩稿眎余,寒窗短檠,讀之分夜,不忍釋手。"崇禎十五年壬午(1642),牧齋嘗爲陸貽典虞山詩約作序,至今不足二十年。

錢牧齋先生尺牘卷二與遵王:"敕先詩序,正欲捉筆,苦枯腸無佳思,又重以來命,益復縮手,容少撐扎具艸也。潤筆太奢,没加料物相償,如何?"

陸貽典遥擲稿敘:"余向以詩乞敘於東澗先生,有'懷中四本心何限'之句,每俯仰於鍾士季而不能自已云。"陸貽典此詩未見。

十二月(涂月),題陳南浦山曉窗詩藁(有學集卷四十八)。

陳南浦即陳帆，字際遠，號南浦。常熟人。聞善任。諸生。篤學好修，詩宗晚唐，畫宗梅道人，字宗柳誠懸，時稱三絕，書法尤勝。陳瑚敘其詩，比之盧仝、李商隱。

嘉平月，題吳歷桃溪詩稿（有學集卷四十八）。

此文亦見吳歷墨井詩鈔卷端，署"庚子嘉平"。

嘉平月，作吳節母王氏贊（有學集卷四十六）。

鈔本有學集署"庚子嘉平二十日"。王孺人爲吳歷之母。

本年，多次致書毛表。

錢牧齋先生尺牘卷二與毛奏叔："梅仙來，得手教。……詩卷爲題數行，并書扇頭，且附確庵一函，幸爲轉致。心經小箋改正訛舛，幸命刻工細爲剜補，便可流通矣。大師夢遊集，繕書人多寫難字，不便誦讀，必須改正，此等尚是寒山之流毒也。楞嚴首冊，乞付潘老。金剛藁已有次第，即日可奉覽也。"

又一通："潘老來，知憨大師全集梓工過半，賢昆仲乃心法門如此，爲之喜而不寐。大師小像，應刻卷首，并托生辦一篇，乞付潘老入梓。金剛疏解，亦即日刊正奉覽也。"

又一通："脚病幸得痊可，苦無明醫診視也。夢游集諸刻，一一領到，因少遲，未及寄嶺南司理，且待後郵。唯集中爲繕書人多寫扭體別字，讀者殊爲不便，必須發令改正，以便流通，功德不淺也。尊公卜地事，不可不留心。江右熊渭生，今之名家，偶到郡中，似宜延之相宅，以迓元吉也。"

十二月二十日，爲錢曾作述古堂記（有學集卷三十）。

鈔本有學集署"歲在庚子冬十有二月二十日，錢後人謙益記"。記云:"族孫曾,字遵王,糞除厥父室廬,讀書其中,以新堂來請名,余遂名曰述古。……昔之以述古名堂者有矣,習于錢之故,數祖典,遵聖謨,考德問業,莫斯堂宜也。謹書之以爲記,俾刻石陷置壁間,而余亦將游息于斯以交儆焉。"

逼除,作書錢曾。

錢牧齋先生尺牘卷二與遵王:"新堂名曰述古,名雖舊而意頗新。以吾家子孫,但知誇張錦車駟馬,無有追及於老人者,故爲此文,以洗後人勢利揀擇祖宗之誚,勿如唐人題壁,以玄元皇帝某代裔孫繼至爲口實也。逼除冗沓,頗無作詩況味。……敕先、石林二序,亦并脫稿,試一覽之。"

逼除,王時敏明年七十,來書請文,作書答之,並答應爲周雲驤父親作銘。

錢牧齋先生尺牘卷一與王烟客:"祝嘏之文,仰體仁人君子一腔忠孝,遂放筆極言之,亦自分必有當於高明。……孝逸爲其尊人乞銘,涕泗橫集,何忍顧惜老鈍,不爲載筆?少間當具草請政,用以廣老仁翁錫類之孝也。"

嘉平二十三日,爲申繼揆作申比部詩集序(有學集卷二十一)。

鈔本有學集署"庚子嘉平二十三日",題下另注"一作申比部蘧園詩鈔序"。序中云:"余初入史館,謁文定于里第,稟承其訓辭,所謂'昔我有先正,其言明且清'者也。"但不知見申時行于何時。

錢牧齋先生尺牘卷一復申維志:"今得讀元氣集,如入珠樹之林,闖群玉之府,賞心奪目,應接不暇。又復承嘉命,俾爲乘韋之先，得以挂名其間，何厚幸也！"

歲除，性琮弟子昭南來請塔銘。

有學集卷四十嘉興營泉寺白法長老塔表："庚子歲除，昭南始奉遺言，請爲塔石之文，余泫然流涕久之。"

本年，作李秀東六十序（有學集卷二十七）。

序云："君今年春秋六十，大哉王君，君故宗兄也，請余文以稱壽，不知余故樂道之也。"

錢牧齋先生尺牘卷三致李秀東："不肖交同管鮑，誼重貢王，謹稱祝嘏之詞，遠致岡陵之頌。江南臘破，一枝傳庾嶺之春，嶺表香回，萬里入羅浮之夢。"

又作書王大哉。

錢牧齋先生尺牘卷一："客歲恭承示問，重以嘉貺。……所託撰秀東壽章，謹以具艸書冊，專力馳上。……伏乞轉付郵筒，稍見區區萬里故人一念也。……吳中喧傳■■移鎮八閩，老公祖定有確信，自可不致浮沉。其憨山大師全集敘，有敝年姪回粵，已函送海幢華首和尚矣。""■■"，瞿綬鈔本作"耿藩"，耿繼茂本年移鎮福建，憨山大師全集敘亦作於今年，因繫此。

王言，字大哉，與張學禮爲姻親，生平不詳。

冬，與王大哉相約吳門，爲丁某所誤，未能相見。

錢牧齋先生尺牘卷一與王大哉："客歲冰雪載途，彼此相失，頗爲丁老所誤。"

又錢牧齋先生尺牘卷一與丁："十二日衝寒冒險，星夜到吳門，踐老兄之約，不謂已先期逃去，竟無隻字相聞，真信人也，真好人也，真至誠君子，一言不苟者也。敬之服之，愛之信之。凡事且置不論,祇是大岢公祖,如此情誼,使我踪跡疏闊,不能申杯酒之敬,使我得罪於知己,老兄心上安乎不安乎?請老兄仔細思之,我不敢一字批點也。"吳門丁氏人才甚多,不詳此是何人。

本年,爲松影和尚詩集作序(有學集卷二十五松影和尚報恩詩艸序)。

鈔本有學集署"歲在庚子"。

爲石在閭作富平石府君墓表(牧齋外集卷十七),又爲作南北記事題辭(牧齋外集卷二十五),並修書一封。

南北記事題辭云:"余初登第……去今五十年。"因附此。

又錢牧齋先生尺牘卷一與石糧道:"老公祖哀毀骨立,見星奔赴,猶能眷念先德,以不朽之責屬之鄙人,此真仁人孝子之用心也。……謹承命撰墓表一篇,援據行狀,不敢以一字粉飾,他日或可以徵諸惇史也。南北記事,敬題數語,不足以揄揚盛德,聊以致緇衣之好耳。"

本年,作海宴亭頌并序(牧齋外集卷二十四)。

虎阜志卷二名蹟:"海宴亭在山街西,國朝順治十七年爲都督梁化鳳建,吳偉業銘。"吳偉業銘曰:"矧吳屬禹跡……越自天朝初載,已列職方。耆定既久,人民懷安柔服,不異承平之日。惟是閩嶠肆孽,遊魂假息,阻鯨波爲窟宅,嘯逋亡之族,以頻騷我傳遽。順治己亥夏六月,大舉入犯,聯艨艟巨艦,循海道而浮江。潛軼瓜步,危檣雙櫓,徑薄石頭,分兵署姑孰。以西郡邑,緣江步集,皆聲制府檄徵援師,繼發奔命,四出告急。我大都督西安梁公夜半聞命,即部勒所統見旅,星馳赴難,轉戰進道,穿突重圍。用諜者言,奇兵衝其中堅,醜徒惶駴疾鬭。公提戈駛馬,當先陷陳,飛矢雨下,短兵急接。麋紫荆山下,兩晝夜不解甲,大破其衆,生縛渠帥若干人,折馘執俘無算。遂使棄仗山齊,焚舟宵遁,餘衆自相轢藉,咸擠于江。是役也,不旋踵而墮壞轉爲金城,嚴疆安于覆盂。東南自是障候肅清,烽燧無數發之警矣。天子嘉特將功高,特詔晉公數秩,中尊重錦,錫命軍前相望,行且疏封策勳,示剖符冊書之信。此邦之人幸已,得公而更生也,相率謀葺亭于虎丘之高原。"

牧齋先生尺牘卷一致梁鎮臺:"海晏亭記,得見松陵相公大作,莊重典雅,信是館閣巨手。碑刻之示,不容有一,謹作頌序一篇。"金之俊記未見,金文通公集卷十有跋沈賁園海宴亭賦。

本年,有人上告牧齋欠糧。

錢牧齋先生尺牘卷二與陳金如:"戶糧事已悉其詳,所云欠至六十者,皆已付而未納,尚挂欠額,管糧人可恨如此。今盡數追清,度不致貽累也。震川先生集須得數日空閑,方可料理,幸爲轉致文老。"

又錢牧齋先生尺牘卷二與□□□:"雙白來,得手教,諄諄如面談。……近日一二梟獍,蜚語計窮,創爲一說,謂寒家戶田欠幾萬金,將有不測之禍。又託言出自縣令之言,簧鼓遠近,試一問之,戶有許多田,田有許多糧?若欲盈欠萬之額,須先還我踰萬之田而後可。小人嚼舌,不顧事理,一至於此。……海晏河清,杜門高枕,卻苦脚氣纏綿,步履艱澀,此天公妒其安閒,以小疾相折抵也。"此書瞿綬鈔本作與趙月潭。

按：欠糧應是牽入奏銷之案，但巡撫朱國治發文嚴查實在下年六月。據下文張奕借糧事，開歲將爲武林之行，似應在本年。蓋本年即已催繳，但仍有拖欠者，故朱國治方上疏以示嚴懲。

張奕來書借糧，作書答之。

錢牧齋先生尺牘卷一復張綏子："閉戶寫經，無寸晷之暇。却以三空四盡，官逋如火，譙訶催索，時復聒耳。雖復付之罔聞，不免時一懊惱也。來諭極欲相應，奈正當此窮極之時，倉箱未能充盈，已盡歸催科之吏，不能作無米之炊，以應水火之求也。如何如何！武林之行，且待開歲更爲之計，未能預爲定期。外附脱粟一石，聊充盤飧之敬，幸笑置之。食品二種，附謝。"

本年，作文貞路公神道碑銘（有學集卷三十八）。

文云："庚子二月二十九日，葬公于東洞庭法海塢之新阡，以王夫人祔，禮也。"歸莊爲作行狀。

牧齋外集卷二十二與路澤溥："文貞公墓隧之文，伏承尊委，不辭固陋，謹艸勒輓簡呈上。"此書錢牧齋先生尺牘卷一作與侯月騖。

又作侯母田氏墓誌銘（有學集卷三十七）。

田氏，爲工部右侍郎田珍之女，侯性之母。侯性輔永曆於桂，隨行，侍奉寧聖太后。兩粵陷，削髮爲尼。寧聖賓天，一慟而卒。性奉柩葬於洞庭東山。

田珍（1577—1631），字子聘，號待溪。河南虞城人。與牧齋爲同年進士。

錢牧齋先生尺牘卷一與侯月鷺："太夫人志銘，伏承尊委，不揆固陋，勉強載筆。……太夫人南寧侍奉三宮，未知何時復抵會城？又不載年壽幾何，紀載之文，不應如此疏闊。今但影略序次，所謂依樣葫蘆，未知應參訂補入否？"

本年，姪孫錢祖壽妻兒往彰德探親，作書蔡士英，請其照應。並修書一封，勸祖壽懸車歸里。

錢牧齋先生尺牘卷一致蔡魁吾："春初，摳衣奉謁，得觀台顏……茲啟，舍姪孫某，深荷台臺累年培植。今覊宦彰德，旅況蕭條，其妻兒欲往覲省，道路迢遙，恐有艱阻。特求老公祖一符驗護行，庶關津不致留滯。"

考乾隆彰德府志卷十二，錢祖壽順治十六年（1659）因事貶彰德府照磨，至十八年方解職。因繫本年。

錢牧齋先生尺牘卷二與福先："量移之後，聲塵寂蔑。頃才一接手書，欣慨交集，潸然欲涕。宦海升沉，人所時有。而此時此世，尤非所堪。加以物情澆惡，徵索填委，雖以尊閫賢能，能爲無米之炊，而剜肉補瘡，將火炙穴，既無點金之法，又無避債之臺，決意欲親抵任所，訴其苦辛。僕以關河間阻，干戈載道，再三轉囑山妻，力爲勸阻，而卒未肯轉圜。此僕心所深憂也。仕路險惡，業已備嘗，如欲循資依格，取次遷轉，昔人所謂鮎魚上竹竿，大爲費力。若得乞假移疾，脫身南歸，有田可耕，有子可教，吾輩朝夕相依，討論詩文，研窮佛法，便是三十三天，到處有隨身宮殿。何苦戀戀雞肋，碌碌馬蹄，側塞鼠穴中，作寬藪活計耶？雖功令嚴切，恐有鐫責，若其究竟，止於罷免，則吾以爲勝於一日九遷也。僕自戊戌秋殤一亢宗之長孫，自此益厭薄世事，專向空門。

附去心經小箋并桂殤詩二種,聊以見老人近況。"

本年,呂奇齡任嘉定知縣。

　　錢牧齋先生尺牘卷二與致嘉定邑尊:"恭惟老父母臺下,道亞黃中,文高白璧。練川小邑,借重分符。循異之聲,流傳吳下。而某居屬鄰邦,誼同邑屋。譬諸密雲之雨,先被於西郊;隣火之光,近照於東壁。其爲欣幸,可得而言。不謂遠辱記存,先蒙示問。禮當肅謁鈴下,躬請教言。而以病體衰殘,疥瘍爲苦。望雲就日,未能奮飛。謹先遣一介,恭申燕賀。少致願見之悃,聊逭後至之誅。伏惟臺下原而鑒之。令親滄老一函,專祈郵致。憑楮不勝馳企。"

　　呂奇齡,山西汾陽人。崇禎十二年(1639)舉人。滄老即朱之俊,亦汾陽人。

清順治十八年辛丑(1661)　明永曆十五年

八十歲

正月初七,順治帝崩。

正月,發去道開遺文數篇,刻入密藏開禪師遺稿中(嘉興藏密藏開禪師遺稿)。

正月,顧湄來爲其父詩集請序,作顧麟士詩集序(有學集卷二十三)。

　　鈔本有學集署"重光赤奮若孟陬月"。

　　錢牧齋先生尺牘卷一與顧伊人:"賤體憊甚,屢辱記存。兩王生傳,文戞體潔,描寫一種忠驅義感氣象,湧現筆端。字句之間,畧爲刪定,竊效攻玉,勿嗤販針。沈休文謂王元禮曰：不謂疲暮，復逢於君。僕於伊人，良有同感。後來之秀，實在足下。……序文尚未屬稿，少間當力疾報命。"應在此前不久。

正月，爲周雲驤父作周參軍墓表成（有學集卷三十九）。

鈔本有學集署"重光赤奮若孟陬之月，石渠舊史虞山錢謙益表"。

周敏成(1580—1652)，字政甫，號存梧。太倉人。萬曆四十六年(1618)舉人。四上春官不第。謁孫承宗，辟爲遼撫贊畫。子雲驤，字孝逸。諸生。有孝逸文稿傳世。

應歸莊、周雲驤諸人之請，作王烟客奉常七十壽序（有學集卷二十八）。

序云："余庚戌二座主，皆出太原文肅公之門。次世誼，二公於辰玉先生輩行，而余於烟客奉常則兄弟也。奉常又命二子挺、揆執經余門。蓋余與王氏交四世矣。辛丑歲，奉常年七十，門人歸子玄恭、周子孝逸輩請余爲祝嘏之文。"王時敏生辰爲萬曆二十年壬辰(1592)八月十三。

文肅公即時敏祖錫爵，辰玉先生，即時敏父衡。

又贈王時敏西方十六妙觀圖，並自作頌十二章（有學集卷四十六）。

小序云："歲在辛丑，太原奉常卿烟客先生，春秋七十。奉常身藉高華，心栖禪悅。曾授西方十六觀門於聞谷印公，深味其要妙。……從孫遊鄴歸，持西方十六觀畫册爲余壽。睟容觀相，金碧交光，蓋趙藩居敬堂物也，謹以獻于奉常，以無量壽佛觀門，當寶掌千儀之祝。"從孫，疑是錢延宅。

錢牧齋先生尺牘卷一與王烟客："長至之後，便傺拏舟挈榼,登堂再拜,獻西方妙觀之圖,致南極老人之祝。月之十三日,舟至吳門,封船驅迫,勢如豺虎,宵遁晝伏,僅而得免,心悸魂搖。加以寒風砭骨,僵臥委頓,匍匐而返。祇得先遣一介,賫捧頌圖,九頓堂下,以告不寧。嚴寒稍解,賤體健飯,即當躬詣潭府,搏顙拜手,以請後至之罰。……孝逸、伊人常在侍右,并道積悃。"

又作書顧湄,請其將所藏牧齋詩文交錢曾參訂。

錢牧齋先生尺牘卷一與顧伊人:"衝寒挐舟,爲煙老稱壽。自吳門發舟,遇酋長封船,勢如哮虎。宵遁入滸關幸免。朔風切骨,驚魂悸心,寒噤委頓,幾有性命之憂。只得蒼黃返棹,以脩後期。……拙集未刻者,舍姪孫遵王近爲排續繕寫,兄處藏本,可悉付來。彼此參訂,或可無闕落也。"

正月十五(元夕),作譜圖後序(牧齋晚年家乘文)。

序云:"余初入翰林,會稽相公在右坊,語余曰:'吾家當稱宗,今筮仕服官,銜門有資地,科試有引避,故不敢也。'于時館閣遂有四錢皆不稱宗,亦猶行古之道也。余家居數年,四方錢姓舉子集都下者,往還暄熱,相與邀福假靈,招搖通譜,而以吾宗爲嚆矢。余再入長安,以子姓自通,僂而伏謁者,麾之不肯去,而莫知所由來也。邑之後門小生,介恃宗盟,侵漁閭里,擇人而食。上官或咎余不鉗束屬籍,而小民有侯詛相及者。通譜之爲宗法蠹也,豈不甚哉!"

元夕,錢曾等攜樂府賀牧齋八十壽辰。

陸敕先覿菴詩鈔卷二辛丑元夕遵王攜樂府往壽牧翁八十,再集紅豆莊,敬呈四首:昨日玄亭一問奇,今宵重赴隔年期。暗塵明月論佳句,先生鮮此二語,卓有新意。法曲仙音記舊時。弈到東山真國手,綸憑渭水是漁師。雲房還結昇平願,簫鼓喧喧傍武夷。

靈璈玉管喜相將,花饌何煩辟穀方。紅豆滿枝遲度曲,芙容出水稱爲裳。紅豆庄,里人舊稱芙容庄。清江火樹明華席,碧海冰輪照壽觴。不數魯陽廻日馭,相隨總轡到扶桑。

佳麗爭看歌舞筵,扁舟重喜泛江天。燈燒絳蠟偏能豔,月照流霞自解圓。銅狄摩挲論百歲,玉枝攀賞驗千年。西涼此夕輝輝路,還憶樓中鳳駕旋。

鼉鼓鯨尊不解愁,燈清月白映中流。陶潛柳接仙家樹,殷浩籤分海屋籌。鶴髮當年繡嶺畔,梨園何處碧池頭。裁書漫欲醉多富,牧翁有醉書書。函谷騄來紫氣浮。

歸莊作壽序(歸莊集卷三某先生八十序)。

序云:"先生於辛丑歲年登八十,厭人之以詩文爲壽,有答其從弟一書堅拒之,先期刻之傳於世,蓋恐人之贈之以言也。"可知爲牧齋壽。

靈巖和尚送如意爲壽,作老藤如意歌一首(有學集卷十三)。

詩小序云:"余年八十,靈巖和上持天台萬年藤如意爲壽。余識之,曰:此金華吳少君遺物也。歌以記之。"詩云:"唾壺擊缺非吾事,指顧或可麾三軍。"尚有壯氣。此詩有學集編排在癸卯年(卷十三),不在辛丑年,疑誤。

弘儲又作偈語稱壽,廿一日,又答書謝之(牧齋外集卷二十三)。

書云:"稱壽之詞,一句一偈,便堪作轉輪授記,不獨文句之妙,壓倒詞場而已。……因壽光扣請之便,先致數行,以當九頓首。……壽光乃一真實僧,頃載經版歸化城,深以浮圖合尖望于座右。……落木翁并爲致聲。"

正月廿一日,作書王雙白(牧齋外集卷二十三)。

書云:"錫山送舟,尚未回報,想足下已回雲巖矣。……山中上座諸師兄,一一爲弟致聲。和上處已作一字先謝,偈語懸之堂中,此中少年揞勉播兩者,無不交口嘆服。……周茇蘆文字未及捉筆,實以多冗之故,少遲之,或更有一篇大文字,不須汲汲也。……壽光師便,卻附數行。"和上即弘儲,周茇蘆疑即下文周雲驤。

廿一日,作書王喜賡及王澧。

牧齋外集卷二十三與王中恬:"兹有徑山壽光上人載經版過關門,輒以一言通于長公。蓋書本刻藏,乃紫柏大師及陸五臺諸老未了公案,今已及什之八九,望爲愬愿長公,發心唱導,爲浮圖合尖之舉。八十年法門盛事,賢喬梓得收其成功,豈非靈山付囑一大事因緣耶?此僧真誠樸茂,肩荷佛法,殊非緇衣裨販之流,幸具隻眼待之。"

牧齋外集卷二十三與王楚先:"徑山壽光上人,律行高峻,此土真清净僧也。近以載經版經過關門,輒以一言爲先容。不但求免榷税,意欲求爲金湯護法,了大藏浮圖合尖之舉,庶幾現宰官身,不負靈山付囑耳。"文鈔補遺亦收此文,末署"燈後廿一日,謙益再拜。"

又作書黃觀止。

牧齋外集卷二十三與黃觀止:"壽光上人來,得手教,具知金湯護法盛心。……今毛氏經版,已一一送歸化城,合算已得什之八九。正浮圖合尖之日,惟足下努力唱導,即五臺、了凡再見于今日矣。祝之望之。憨山大師全集，工已告竣，須亟付經坊流通，此今日人天眼目也。計偕想已就道，數行屬壽光轉致。……陬月廿一日。"亦見牧齋先生尺牘卷一。

又作書馮秋水。

牧齋外集卷二十三："一水相望，又同出高陽先師之門，而踪跡差殊，不獲一侍函丈，心甚愧之。頃因壽光上人載經東還，謹託通音問於左右。經藏改梵，是紫柏大師及陸莊簡諸公未了因緣。今已功在九仞，仁兄夙受靈山付囑，浮圖合尖，非大檀越誰能任之？壽光乃真實僧，非緇衣神販者比，知法眼能鑒別也。心經小箋，專呈求正……拙集一部，附塵清覽。"秋水即馮如京，錢牧齋先生尺牘卷一作復吳時應（德），疑是。

又作書周永肩。

錢牧齋先生尺牘卷一與周安石："賤誕辱存念，貺以新刻合論。……虞山經板，壽光師已料理入山。浮圖合尖，希賢昆仲努力唱導。仍輯成紫柏別集并藏師二書，共爲之序，頗於法門小有關係也。大兄墓銘，逼除撥冗，自了平生心期，不復計其文之工拙。乞與二哥及右朱、長孺共定之。……壽光師行，草附數行，諸候面盡。廿一日，謙益再拜。"又見牧齋外集卷二十三。大兄即周永年，二哥即周永言。周永年墓誌，作於上年七月，可能臘月尚有改定。

又同卷牧齋與周安石書："損庵飽參紫柏，爲維識一宗導師，其細密堪與尊翁老伯相匹。但觀其筆塵，盛稱西人之學，豈尚無正知見耶？如令安期少參紫柏，記莂法乘中，旁蒐近日狐禪涎唾,與本師並列,豈是眼内無珠?正不免將佛法作人情耳。仁兄鑒别,真具佛眼人,以爲如何?"此書不知作於何時,附此。損庵指王肯堂,字宇泰,號損庵。金壇人。萬曆十七年(1589)進士。官至福建參政。又精研醫理,有證治準繩傳世。肯堂爲紫柏弟子,專攻唯識,著有成唯識論證義。

二月朔日,作嘉興營泉寺白法長老塔表(有學集卷四十)。

鈔本有學集末署:"重光赤奮若之歲如月朔日。"

二月朔日,因陳允衡爲介,作施愚山詩集序(有學集卷二十三)。

鈔本有學集署"重光赤奮若之歲如月朔日,年家老生虞山蒙叟錢謙益謹序"。序云:"西昌陳子伯璣來告我曰:宛陵施愚山先生,今之梅聖俞也。聖俞之詩,得歐陽子之文而益顯。今愚山不敢自定其詩,而有待夫夫子。衡之敢助之以請,夫子其無辭!"

施閏章(1619—1683),字尚白,一字屺雲,號愚山、媿蘿居士、蠖齋。晚號矩齋。宣城雙溪里人。順治六年(1649)進士。歷官刑部主事、山東學政、江西布政司參議。後罷官。康熙十八年(1679),應召博學鴻儒。授翰林院侍講,陞侍讀。

二月四日,錢曾在述古堂設宴,作詩四首(有學集卷十一辛丑二月四日宿遵王述古堂張燈夜飲酒闌有作四首)。

錢曾有和詩辛丑二月四日牧翁先生止宿述古堂,張燈夜飲,酒闌有作,依韻奉和四首,見今吾集:芳條淑氣正葱龍,春色先歸函杖中。文羨陸機陳世德,詞推潘岳述家風。松聲入硯烟浮綠,香篆縈簾日映紅。江左龍門慚奉袂,詩壇軒鬻許誰同?

雲容淡沲日冥冥,獨抱遺編欲受經。郭泰亭前新草碧,江淹宅畔舊苔青。撐腸少字譌三豕,劃肚無書昧一丁。從此問奇須載酒,縹囊古帙有乾螢。

清寒未過落梅時,二月祠山風信遲。鳥語欺人啼欲絕,花容笑我坐如尸。歌殘白雪雲猶戀,醉倒清罇月暗窺。良夜迢迢更漏水,檢書燒燭不容辭。

酒闌無睡夢魂清,忍聽悲笳咽五更。幾度鶯花迷澤國,一番蝦菜到江城。懶抛紅豆翻新曲,笑破黃柑解宿醒。最是討春風景好,尚湖排日釣船橫。

錢龍惕大充集卷上次韻奉和述古堂夜晏醉後而作:奎壁干宵紫氣蘢,德星輝映畫堂中。簾衣蕩漾笙歌月,燭淚淋漓鼓角風。花壓帽簷憨鬂白,酒粘衫袖借顏紅。尊前傳倡高難和,魚目驪珠訝許同。

擁旄湘瑟久冥冥,千載箕裘祇一經。花發便如看石錦,曲終猶似詠峯青。衰容骨相非壬申,俗學繁蕪合丙丁。憑伏龍門數千尺,杖頭藜火息秋螢。

正是鶯啼燕語時,畫樓歌板拍遲遲。茶澆鴻漸爐邊偶,酒配無功廟裏尸。桃坼絳唇當户笑,柳含青眼隔墻窺。濃檀一抹何年事,今日重聞絕妙辭。

堆垛春盤昔酒清,舞雲歌月已三更。烏衣甲第留遺搆,白紵新詞出石城。傳盃欲醫元凱癖,酒龍難醒次公酲。不須吹盡關山笛,窗外梅枝雪正橫。

酒罷,作後秋興之十八首(有學集卷十二)。

其二:"而今建女無顏色,奪盡燕支插柰花。"其三:"卻笑帝豻成倒載,骷髏生草不能肥。"其四:"氈帳喧呼夜賭棋,朝來剺面枕屍悲。"皆指順治之死。其八:"日吉早時論北伐,月明今夕穩南枝。"希望永曆能藉機北伐。

作書姚宗典。

瞿綏鈔本東澗尺牘寄姚文初:臥病經年,支離一榻,發函得法乳之意,如明珠布地,爲之狂喜。白法長老詩,有體有要,不文不質,雖使王仲該綜,孝季染毫,未能及也。鄙作繁冗,幸託貞珉,愧矣。憨大師夢遊集,以華首諸師之託,勉爲刪葺,自慚薄劣,不稱爲師末後弟子,梓成之後,即歸雙徑,淆訛舛誤,都爲校讐,尚祈仁兄以擇法具眼,詳加刊定,則法門幸甚。壽光是真實僧,努力法藏,當令造請,以圖藏事也。大師文不加點,隨手散去,今所搜簡,皆是遺珠剩玉,另附一集于夢遊之後可也。年譜出海幢舊本,依大師手筆,不敢增損一字,如有別本異同,或不妨詳看參補。若以鋪張門庭,標表衣鉢,則嘉興已有成書,良無取乎別本之瑣瑣也。雲谷歸塋因緣,向亦略之。紫柏不欲嗣法徧融,海印豈必瓣香雲谷,正須俟明眼再訂耳。邑子著作,都不過目,何足以辱清問。散藏書,刻遺文,自是菽林佳話。族孫好古成癖,或能典衣買書,僕爲老牙郎,得從旁縱觀玉府,何快如之。

春,張鴻磐來訪,作吁嗟行(有學集卷十一)。

詩中云:"松圓一坏掩寂寞,孫枝兩葉悲流亡。又不見程善長,布衣俠骨今無兩。傭保雜作購童稚,新安江頭命孤槳。"又云:"丹陽朋舊不可得,勝華通子誰省識?"哀傷程嘉燼後人窮困潦倒。

二月十日,又作張子石西樓詩艸序(有學集卷二十三)。

鈔本有學集署"重光赤奮若之歲如月十日,虞山通家老友蒙叟錢後人謙益書于碧梧紅豆邨莊"。

二月十二日,作戴母錢孺人五十初度序(牧齋外集卷十二)。

序云:"戴母錢孺人者,余同年臨淄鳳伯公之婦、文學伯興之配,吾宗侍御汝瞻之曾孫女、憲副用章之孫女也。"即錢岱之曾孫女、時俊之孫女,嫁戴元威子興伯。據海虞錢氏秀峰公支譜,孺人爲時俊次子裔穆女,適戴兆楨。

二月,姪孫錢裔嘉六十,作詩賀之(苦海集次前韻祝嗣隆六十)。

二月,作王烟客像贊(有學集卷四十六)。

鈔本有學集署"辛丑如月"。

錢牧齋先生尺牘卷一與王烟客:"昨始强起握管,作報書一封,并繕寫像贊,屬東牀遣信馳致。忽奉翰貺,珍羞錯列,寒廬病榻,暄如陽春。"

仲春,題巨方上人淨土詠懷詩(有學集卷四十八)。

文云:"楚石琦公作西齋淨土詩,備陳樂邦之妙,使人聞迦陵頻伽和雅仙音,心神熙怡,便欲從之西逝。巨方上人飽參經論,專修念佛三昧,作淨土詠懷詩,名曰蓮券,殆亦聞楚石之風而興起邪?"

梵琦,字楚石,小字曇曜,象山人。俗姓朱。明初僧。

照南,字巨方。智旭弟子。

三月,呂留良來訪。

吕留良晚村先生文集卷五秋崖族兄六十壽序:"辛丑三月,予過虞山紅豆山莊,蒙叟先生時八十,辰在重九之後,請以數言壽先生。先生曰:'子休矣,壽余者無過以吾家彭祖爲徵……'予謝曰:'誠如先生言,此非上壽時,願先生力自愛,以副宇内望。'"

吕留良(1629—1683),又名光輪,字莊生,一字用晦,號晚村。崇德人。明亡僅十餘歲,散家財抗清。兵敗,入山爲僧,名耐可,字不昧。後隱居不仕,以著述爲事。雍正時,因曾静案牽連,遭開棺戮尸。

暮春,李元鼎來遊虞山,訪牧齋,並祝八旬初度,牧齋作詩二首贈答(有學集卷十一梅公司馬枉訪江村,賦詩見贈,奉答二首,公以午節歸里,爲遠山夫人稱壽,故次首及焉)。

李元鼎石園全集卷十暮春偶過琴川,漕使石臺姪招同我菴、辰玉二宗丈遊虞山,歸舟酒酣,詩以紀之二首其二:盤盤徑折入高峰,勝具還堪謝短笻。望海祇疑來別島,銜杯恰喜集同宗。星分檜葉寒幽壑,風勒泉聲響亂松。不盡探奇原有約,涉江猶自采芙蓉。時訪牧翁於芙蓉園。

同卷訪錢牧翁於芙蓉莊兼祝八旬初度:一水灣環正到門,蕭然第宅即林園。滄桑閱盡人難老,文獻留來達有尊。草滿長湖明綠野,烟分綺陌擁紅邨。邨名紅豆。蓬萊似覺仍清淺,但説磻谿未可論。

有學集卷十一:"豹尾追遊四十春,銅駝金馬總成塵。誰憐短髮今宵客?還是長安舊雨人。門第何須問豚犬,衰殘無復畫麒麟。公詩犬子泥金之信,且以磻溪相擬,皆非老人所樂聞也。荒村剪燭渾如夢,贏得天涯白首新。"又:"石榴花綻柳縷絲,暈碧裁紅燕喜時。五日宮中長命縷,數峯江上遠山眉。含桃寫似朱唇色,萱草描如翠黛姿。聞道麻姑約相過,餘杭媼擬助天廚。夫人傳語內人,許他年相訪,故云。"據牧齋詩自註,元鼎詩似有兩首,一首望其子孫愛進士及第。

又有學集卷二十四有李梅公唱和初集序,疑亦作於此時。此集即李元鼎與其妻遠山夫人朱中楣唱和之詩,俱載石園全集中。

讀豫章仙音譜,作絕句八首(有學集卷十一讀豫章仙音譜,漫題八絕句,呈太虛宗伯,并雪堂、梅公、左嚴、計百諸君子)。

仙音譜,應是李元鼎攜帶而來。

西江詩話卷十李明睿:"字太虛,南昌人。天啟進士。歷官少宗伯。歸里構亭蓼水,榜曰滄浪。家有女樂一部,皆吳姬極選。……公嘗于亭上演牡丹亭,及新翻秣陵春二曲,名流畢集,競爲詩歌,以志其勝。"

販書偶記卷十九:"仙音譜無卷數,南昌李明睿輯,天中葛菴逸客點定,康熙間刊。熊雪堂六十八首,朱遂初四十七首,黎博菴五十首,陳士業十五首,沈仲連二首,羅約齋二首,李梅公四首,李叔則十二首,孫豹人十首,宋澄嵐一首,程鳴東四首,靳茶坡五首,熊漢若八首,周計百四首,王于一三首,歸玄恭四首,程婁東四首,趙國子八首,李太虛三十四首。"

李明睿(1585—1671),字太虛,號閶翁。天啟二年(1622)進士。官至禮部侍郎。師湯顯祖,又爲吳偉業座師。雪堂即熊文舉,梅公即李元鼎。

周令樹(1633—1688)，字計百，號拙庵。河南延津人。順治十二年(1655)進士。官贛州府推官，後陞太原知府。

暮春起，跋述古堂所藏宋版書，並爲作序(有學集卷四十七述古堂宋刻書跋)。

序云："辛丑暮春，過遵王述古堂觀所藏宋刻書，縹青介朱，裝潢精緻，殆可當吾絳雲樓之什三。……乃先就所見，各書數語歸之。"

錢牧齋先生尺牘卷二與遵王："端節損餉，皆精妙之品，不敢不拜，聊辭二幣，少解面長而已。宋刻藏書計十一種，共二百三十四冊，沉閣有日，茲因順使，亦并完上。"

牧齋所跋書，錢仲聯先生以爲二十一則，鈔本有學集作二十七則，是。二十七則爲玉臺新詠、戰國策、東都事略、春秋繁露(二則)、吳越春秋、方言、揚子法言、列女傳、新序、三禮圖、道德經指歸、十家道德經注、抱朴子、本草、王右丞集、中說(二則)、國史補、禮部韻略、酒經、吟窗小會前卷、營造法式、真誥(二則)、高麗板柳文、皇華集。

所跋並非都是宋本，跋文亦非作於一時，其中有年月可考者，跋東都事略(今年初夏)、跋吳越春秋(辛丑夏五)、跋抱朴子(歲在壬寅正月四日)、跋李肇國史補(壬寅正月)，酒經(辛丑初夏，見皕宋樓藏書志卷五十四，宋刻藏國家圖書館)，道德經指歸(辛丑除夕，見士禮居藏書題跋記卷四)、新序(辛丑夏五，宋刻本尚存國家圖書館)，中說(玄黓攝提格之歲陬月四日，宋刻本尚存國家圖書館)，三禮圖(辛丑夏四月四日，書於胎仙閣，宋本藏國家圖書館)。

跋文與錢曾讀書敏求記相校，可印證者有如下數種，另有數種因文中事實可繫於他年,遂散見譜内,不贅。

跋玉臺新詠云:玉臺新詠宋刻本出自寒山趙氏,本孝穆在梁時所撰。卷中簡文尚稱皇太子,元帝稱湘東王,可以考見。今流俗本,爲俗子矯亂,又妄增詩幾二百首,賴此本少存孝穆舊觀,良可寶也。凡古書一經妄庸人手,紕繆百出,便應付蠟車覆瓿,不獨此集也。

讀書敏求記卷四:玉臺新詠十卷,是集緣本東朝,事先天監。流俗本妄增詩幾二百首,遂至子山竄入北之篇,孝穆濫觱篴之曲,良可笑也。此本出自寒山趙氏,余得之於黃子羽。卷中簡文尚稱皇太子,元帝稱湘東王,未改選録舊觀。牧翁云:"凡古書一經庸妄手,紕謬百出,便應付蠟車覆瓿,不獨此集也。"披覽之餘,覆視牧翁跋語,爲之掩卷憮然。

又康熙硯豐齋刻本玉臺新詠,有馮舒序:"嘗憶小年侍先府君,每疑此集緣本東朝,事先天監,何緣子山竄入北之篇,孝穆濫觱篴之曲,意欲諦正,時無善本,良用憮然。己巳早春,聞有宋刻在寒山趙靈均所,乃于是冬,挈我執友,偕我令弟,造于其廬。既得奉觀,欣同傳璧。于時也,素雪覆堵,寒凌觸研,合六人之功,鈔之四日夜而畢。"又有馮班跋云:"己丑歲,借得宋刻本校過一次。宋刻訛謬甚多,趙氏所改,得失相半,姑兩存之,不敢妄斷。至於行款,則宋刻參差不一,趙氏已整齊一番矣。宋刻是麻沙本,故不佳。舊趙靈均物,今歸錢遵王。少年兄弟多學玉溪生作儷語,因讀是集,并摘其豔語可用者,以虛點志之。馮班二癡記。"知馮舒兄弟曾有校本,錢曾提要即綜合馮舒、牧齋跋語而成。錢曾藏本,今不知所在。但崇禎間趙氏小宛堂翻刻本,民國時徐乃昌據趙本影刻本,今皆存。

跋營造法式云:營造法式三十六卷,予得之天水長公。長公初得此書,惟二十餘卷,遍訪藏書家,罕有蓄者。後於留院得殘本三册,又於內閣借得刻本,而閣本却闕六七數卷。先後搜訪,竭二十餘年之力,始爲完書。圖樣界畫,最爲難事,用五十千購長安良工,始能厝手。長公嘗爲予言購書之難如此。長公殁,此書歸於予。趙靈均又爲予訪求梁谿故家鏤本,首尾完好,始無遺憾。恨長公之不及見也。靈均嘗手鈔一本,亦言界畫之難,經年始竣事云。

讀書敏求記卷二:營造法式三十四卷目錄看詳二卷,牧翁得之天水長公,圖樣界畫最爲難事。己丑春,予以四十千自牧翁購歸。牧翁又藏梁溪故家鏤本,庚寅冬不戒于火,縹囊緗帙盡爲六丁取去,獨此本流傳人間,真希世之寶也。

讀書敏求記卷二:古列女傳七卷續列女傳一卷,牧翁亂後入燕,得于南城廢殿。

跋王右丞集云:王右丞集,宋刻僅見此本。考英華辨證,字句與此互異,彼所云集本者,此又不載,信知右丞集好本,良不易得也。

讀書敏求記卷四:王右丞文集十卷,寶應二年正月七日王縉搜求其兄詩筆十卷,隨表奉進。此刻是麻沙宋板,集中送梓州李使君,亦如牧翁所跋,作"山中一半雨,樹杪萬重泉",知此本之佳也。

跋方言云:余舊藏子雲方言,正是此本,而楮墨尤精好,紙背是南宋樞府諸公交承啓劄,翰墨燦然。于今思之,更有東京夢華之感。

讀書敏求記卷一："方言十三卷,舊藏宋刻本方言,牧翁爲予題跋,紙墨絕佳,後歸之季滄葦,此則正德己巳從宋本手影舊鈔也。"周叔弢批注："宋本藏江安傅氏,已精印行世。牧翁跋惜已割去。"

跋東都事略云:今年初夏,見述古堂東都事略宋刻,即呂九如家鈔本之祖也,爲之撫卷愾嘆久之。

錢曾讀書敏求記卷二:東都事略宋刻僅見此本,先君最所寶愛,榮木樓牙籤萬軸,獨闕此書。牧翁屢求不獲,心頗嗛焉,先君家道中落,要索頻煩,始終不忍捐棄。吾子孫其慎守之勿失。

有學集卷三十五族孫裔肅墓誌銘:"天啓間官史局,與中州王損仲商訂宋史。損仲言王偁東都事略藏呂少卿家,搜篋中獲之,繕寫以歸。人言嗣美家有宋刻善本,而未信也。辛丑春,從其子曾見之,刻畫精好,闕文具在,則其捐館舍已十有六年矣。"

春,南昌丁時之持詩來謁。

有學集卷二十六送南昌丁景呂序:"今年春,伯勉弟時之持詩文卷謁余,讀其贈從子景呂之文曰:'虞山先生今之昌黎、廬陵也,子適吳,爲我過而請焉。'余爲之憖沮,齒戰不能句。稍定,進曰:'先兄伯勉之子也,奉其父之墜言,思納履門下久矣。'"

孫朝肅次子孫藩三十,作孫郎長筵勸酒歌(有學集卷十一)。

詩有云:"孫郎三十英妙年,蘭成射策爭先鞭。"據孫氏宗譜,孫藩(1632—1685),字孝維,號燕玉。國子生。本年正三十。

孫本芝先生詩稿有錢牧齋先生贈長筵稱壽歌因步韻爲孝維壽："吾祖善嘯非關口,泰和布氣移童叟。辟如淮南門下仙,變易老少雲時有。古來年少怪稱翁,做翁須要學癡聾。三十離童尚未遠,安用稱壽祝還童。堪笑阿咸而立年,如雲意氣豈須鞭。卻厭周妻併何肉,合掌時時向佛筵。如此足音震空谷,將毋辜負鬢邊綠。今朝忽發自度心,千里黃河又一曲。遣人跋涉晡復晞,乞言不論文與詩。四方名篇未即到,盥手先誦宗工詞。宗工之詞盛莫當,點竄曹卿抹錢郎。涓言滴字如山重,況復天長繞漢光。休嫌處世多偏側,掌上摩尼無定色。不見粉澤信手施,嫫母俄然貌傾國。化工化物曾何待,聚沫搖空歸大海。能令豎子作耆觀,恃有此篇章句在。且勿華池頻嚥津,且勿空門斷根塵。汝今嬰兒顔未換,領取藥内真君臣。姪言人事幻如黽,難保生來具犀浦。請看冀莢堦前生,一舒一落隨晦朔。趁此流年體骨輕,恒言稱老非我盈。三十便作六十算,何必甲子週天行。達哉此言真堪老,老非醜惡少非好。"

華笑廎雜筆卷一載黄宗羲說法,以爲爲孫承恩作,誤。

四月,尤侗來游拂水、紅豆莊。

悔菴年譜卷上:"順治十八年辛丑……四月,至虞山,游拂水巖、紅豆莊。"尤侗與牧齋交往,未見證據,但其竟遊歷拂水巖、紅豆莊兩處,應與牧齋有關。

尤侗(1618—1704),字同人,更字展成,號悔庵、艮齋、晚號西堂老人。長洲人。以鄉貢謁選,授永平府推官。吏治精敏,不畏强梁,坐撻旗丁歸。康熙十七年(1678)以博學鴻詞召試,授檢討,分修明史,居三年告歸。三十八年,帝南巡,獻平朔頌、萬壽詩,御書"鶴棲堂"賜之。四十二年,復南巡,即家晉侍講。明年卒。爲文才思富贍而新警,體物言情,精切流麗,一篇出,即傳遍人口。

四月八日,作遠山夫人四十初度頌(有學集卷二十九)。

文云:"重光赤奮若之歲,文水梅公李公之佳耦遠山夫人四十初度,端陽前二日,其誕辰也。搢紳學士從梅公游者,相率謀舉觴稱壽,旅進致辭者三,夫人三辭焉。……梅公扁舟來訪江邨,以其言告蒙叟。叟曰……于是梅公之從子石臺使君命余次其語,爲夫人獻一觴,而系以頌曰……"鈔本有學集末署"是歲四月八日"。

四月望日,通門來訪,贈其心經鈔一部。

牧雲和尚四悉書卷八禪教同源論小序:"歲在辛丑清和之望,余以治墓歸虞山,謁錢侍郎聚沙居士於北山別墅。居士授余般若心經新鈔一册,蓋廣賢首略疏古義也。發緘披覽,至緣起初章,居士以賢首疏色空之旨,即疏華嚴法界之義,深觀妙理,一以貫之,令人眼目爲之一新。執經以游法界,廓徹無礙,不勝忭舞之至。緣起末章,居士復憫禪人不諳教觀之理,影掠心宗,又爽然自失。"

文末跋云:"虞山錢牧翁初疑禪不及教,今古尊宿語錄,一槩蔑視,黜爲無利益語。讀此論與文,大爲歎賞,遂致書老人,定爲禪教同源論。由是篤信禪學,尊禮參究,是(士)茲論有以啓之也。橫山果得識。"

按:牧齋對禪學的態度,主要是否定的。他覺得"居今之世,而欲樹末法之津梁,救衆生之狂易,非反經明教,遵古德之遺規，其道無由也"（初學集卷八十一北禪寺興造募緣疏），對近人語錄尤爲厭惡。果得所説，似有拔高尊師之嫌。

初夏，祝茹穹如約來訪。四月望日，作祝茹穹丹藥記（牧齋外集卷十三）。

牧齋記云："茹穹先生念我衰老，扁舟訪我虞山。余觀先生雙瞳如漆，鬚髮鬢黑，神氣益溢，視三載前，德充之符，又加粹矣。……余向辱先生執贄，師資之敬甚嚴。今效陽明還拜董蘿石故事，以壽衣一襲爲贄，反執弟子禮。先生不欲當，乃以還丹真訣見授，許以舐丹鼎上昇，作淮南雞犬也。"

錢牧齋先生尺牘卷一簡祝茹穹："前舍姪遊婺，特附數行奉候，計此時正達高齋。而手書及丹藥遠至，知故人念我，不啻千里神交也。承賜藥九兩，即是九轉神丹，即當如法服食。……來教示以初夏見訪，敬當掃門奉候。"

黎元寬進賢堂稿卷十七祝茹穹先生傳："先生祝氏，名登元，別號茹穹，龍丘人也。多知博覽，以道爲歸。少起諸生，在無雙之目。即經義詩古文而外，貫三才，淹百氏矣。猶最精堪輿、醫藥，以之專家。兵法學焉而不議，弈品時第一、時第二，進退眎諸疏數。嘗聞戰失利，挾策錢塘，遊屺瞻葛公之門。……甲乙之際，先生有事閩、越，大氐無慮如一木支傾。丙戌，清師東下，大將軍物色得先生，假漳州守，已而即真。……先生歸錢塘，益料理藥務。醫門多疾，不如多醫，故嘗懸講書看病。……先生所著，静功祕旨、心醫集、冰暑集、日用必需、醫書精義、鏡古録，諸名公序而行之。"按：黎氏此文，多仙家異聞。

祝茹穹先生醫印沈朝璧序："夫子學貫天人，靜坐之餘，即有著述，如天文秘占、地理碻義、鏡古篇、冰暑集、字學考諸刊久已行世，其未刊者，尚有四書講成、通鑑紀實、字畫廣彙數種，區區心醫紀驗，謂足見夫子乎？"

民國龍游縣志之卷十七：祝登元，字茹穹。幼嗜學，弱冠爲諸生。崇禎十七年選貢。平生淡於仕進，又值世亂，乃閉户著書，思以澤今傳後。刻有鏡古篇八十卷、心醫集六卷、人道始終四卷、功醫合刻十二卷、日用必需六卷、靜功秘旨二卷、字學考十四卷，一時聲名藉甚。清順治三年，龍游既入版圖，於是臺府交薦，聘爲浙閩參謀，旋授延平推官，擢兵部主事，授福建漳州府知府，兼署監軍漳泉道。政簡民安，稱盛治焉。復著有署閒詩稿六卷。未幾，解組歸田，頗盡心地方之事。嘗遊京師，名公鉅卿，爭相結納。金之俊、楊廷鑑、嚴我斯諸人咸有贈答。登元既負盛名，凡顯宦道經龍游，必詢知縣以祝先生安否云。

又爲其作鏡古篇序（有學集卷十九）。

牧齋序云："（祝太守）獨閔重其所謂鏡古篇者，自天文地理以迄異聞，釐爲十門，蓋鄭廣文薈蕞、段柯古雜俎之流。"據此，鏡古篇實爲類書。但牧齋通篇談仙儒之説。"祝子告余曰：'儒之於仙，其道一也。儒不通仙，螢乾蠹死，腐儒也。仙不通儒，龜息爲伸，頑仙也。'"其晚年醉心仙佛如此。序文無寫作年月，附此。

夏初，陳允衡到訪，爲題浣花君小影四首（有學集卷十一）。

施閏章施愚山詩集卷四十八有爲伯璣悼姬人浣花、石園全集卷十八有朱中楣題陳伯璣浣花君圖、花朝攜陳浣花君、朱女琴士讌集熊姑母東湖草堂，隨過杏花邨，第風雨驟作而歸，因訂尼菴之約詞二首，可知浣花君爲允衡小妾。

考余懷板橋雜記："又有小馬孋者，輕盈飄逸，自命風流，眞州鹽賈用千金購得，奉溧陽陳公子。公子昵之。未久，並奩具贈豫章陳伯璣，生一子一女，如王子敬之有桃根也。"浣花君當即此人。

又魏禧魏叔子詩集卷六有陳伯璣爲浣君修佛事走筆奉柬兼應輓詩：之子辭朝市，佳人向夜臺。已明三世事，還散八關齋。白袷新被體，青眸舊愛才。浣君昔以憐才歸陳。秣陵花落後，親揮浣君來。

錢曾今吾集胎仙閣贈別陳伯璣兼訂十月再晤之約："雨暗山城夜塹移，胎仙閣上送君時。孤帆明日雲千里，殘燭今宵酒一巵。白練裙留前代曲，青琴賦擬遠山眉。君攜浣花君小影自隨，牧翁題詞有"不唱前朝白練裙"之句。白練裙，鄭應尼所作樂府。與君把臂重相約，丹葉黃花是晤期。"白練裙爲名妓馬湘蘭作，牧齋此典，亦可爲浣花君姓馬之旁證。

作熊雪堂恥廬近集序（牧齋外集卷七）。

此第三次爲熊文舉文集作序。文云："李石臺使君攜至吳門，偕陳子伯璣丹鉛勘讎，精心刊定，排纂爲近集行世，而屬余爲序。"

四月二十九日，作李香岩蕊香幢閣稿序（有學集卷二十）。

李香岩生平不詳，爲慈聖李太后諸孫，吏部郎，以春秋起家。李太后爲神宗生母，通州人。父李偉，兄弟文全、文貴、文進。文全授武清侯,子誠銘繼爵。誠銘卒,子國瑞與庶兄國臣争産,奪爵。後皇五子疾,李太后顯靈,帝懼,復爵。

孟夏,山莊遭强盜洗劫。牧齋入城赴李來泰之約,倖免于難。李來泰得知,捐俸爲之置衣,並爲治裝往武林。

  錢曾讀書敏求記卷二重編義勇武安王集二卷:"辛丑孟冬初旬,吾邑西鄉迎神賽會。先期王示夢里人云:'紅豆莊有警,廿八至初二,須往護持,過此方許出會。'是日,牧翁赴李石臺使君之約,入城止宿,山莊其夜盜至,而公無虞,王之靈實庇焉。公齋心著是書者,蓋所以答神佑也。"孟冬,乃孟夏之誤。

  錢牧齋先生尺牘卷二與陳金如:"又云廿九日,官屬錢相突有黑夜大盜之報。"

  顧鎮虞東先生文録卷五周翁傳,記芙蓉莊遭盜,周翁負河東君決圍而出,亦小説家言,不可信。

趙玉森得知山莊遭劫,欲來慰問,作書婉拒(錢牧齋先生尺牘卷一與趙月潭)。

  書云:"逆賊之來,焚如突如,意誠不在貨財也。僕以石臺公祖赴酌,倉卒入城,彼不及知,幸免於難。數日前,敝鄉迎關帝賽會,示夢社人云:'錢家莊上有大難。廿八至初二日,要往救護,過此方許出會。'則此日之得免,與一家之九死不死,大帝之救護昭昭矣。方以爲幸,方以爲感,豈復有芥蒂於中乎?舉家狼狽,五月披裘。石臺公祖分俸爲製絺綌,少可蔽體。而家中百物罄盡,賤内累年爲嫁女奩具,亦一卷而去。……雙老阻台駕之來,實出鄙意。以鄉城殘破,无一枝可依,亲知枉临,深为不便。且吾辈休戚相关,正不在促数往返,以一执手欷歔为亲热也。"

托李来泰将楞严注疏转交蔡士英指正。

钱牧斋先生尺牍卷一致蔡魁吾:"奉别台颜,忽已隔岁。荒村匿迹,日与蒲团贝叶作缘。惟有向长明灯前,遥祝覆载而已。一室萧然,复遭盗劫。残年衣食,俯仰无计。幸少知禅理,万法俱空,五月披裘,付之一笑而已。楞严注已刻就,因石台公祖便邮,附呈法眼,以求教正。"

五月五日,瞿昌文以粤中纪事来请,作角黍词哀瞿临桂(有学集卷四十一)。

小序云:"瞿临桂以庚寅十月殉义于桂林。越十年辛丑,厥孙昌文以粤中纪事一编缮写来请。于时五日,方食角黍,放箸而欷,援笔凭吊,以角黍命篇。"

五月五日,作杜工部草堂诗笺原本序(有学集卷十八)。

钞本有学集署"重光赤奋若之岁夏五端阳日,虞山蒙叟钱谦益谨书"。牧斋序云:"吴江朱长孺苦学强记,冥搜有年,请为余摭遗决滞,补其未逮。余忻然举元本畀之。长孺力任不疑,再三削稿,余定其名曰朱氏补注,举陆务观注诗诚难之语以为之序,而并及'天西采玉''门求七祖'二条,以道吾所以不敢轻言注杜之意。今年长孺以定本见眎,亟请锓梓,仍以椎轮归功于余,余蹵然不敢当,为避席者久之。……余既不敢居注杜之名,而又不欲重拂长孺之意,老归空门,撥弃世间文字,何独于此书护前鞭后,顾视而不舍。然长孺心力专勤,经营惨淡,令其久锢不传,必将有精芒光怪,下六丁而干南斗者,则莫如听其流布,而余为冯轼寓目之人,不亦可乎?"然又借錢曾之口曰:"族孫遵王謀取同人,曰:艸堂箋注原本具在,若玄元皇帝廟、洗兵馬、入朝、諸將諸箋,鑿開鴻濛,手洗日月,當大書特書,昭揭萬世,而今珠沉玉錮,晦昧于行墨之中,惜也。考舊注以正年譜,倣蘇注以立詩譜,地理姓氏,訂譌斥偽,皆吾夫子獨力創始,而今不復知出于誰手,愼也。句字釋詮,落落星布,取雅去俗,推腐致新,其存者可咀,其闕者可思。若夫類書讕語,掇拾補綴,吹花已萎,饎飯不甘,雖多,亦奚以爲?今取箋注原本孤行于世,以稱塞學士大夫之望,其有能補者續之,則聽客之所爲。道可兩行,羅取衆目,瑜則相資,纇無相及,庶不失向者讀杜之初指,而亦吾黨小子之所有事也。"貶斥朱注無所發明,同於類書讕語。

夏五,將絳雲爐餘之書,俱送錢曾(有學集卷三十五)。

愛日精廬讀書記卷三十六:"辛丑夏五,牧翁宗伯以絳雲樓爐餘諸書俱歸遵王,中有元刻陽春白雪,借校此本。是月二十五日識,勅先。"

錢曾讀書敏求記卷二楊銜之洛陽伽藍記五卷:"然絳雲一爐之後,凡清常手校秘鈔本,都未爲六丁取去,牧翁悉作蔡邕之贈。天殆留此以佽助予之詩注耶!何其幸哉,又何其幸哉!"

錢曾判春集寒食行自註:"絳雲一爐之後,所存書籍大半是趙玄度脉望館校藏舊本,公悉舉以相贈。"

五月,邨莊紅豆樹二十年不花,忽放數枝,折供胎仙閣,邀弟子錢曾、陸貽典等觀賞,衆弟子作紅豆詩,自和八首(有學集卷十一遵王、勅先共賦胎仙閣看紅豆花詩,吟嘆之餘,走筆屬和八首)。

鄧漢儀詩觀初集卷一録其一、其三、其六,評云:"絶妙詩題,那得不有此感愾。"

錢曾今吾集紅豆樹二十年不花,今年夏五,忽放數枝,牧翁先生折供胎仙閣,邀予同賞,飲以仙酒,酒酣,命賦詩,援筆作斷句八首:白檀濃炷緑雲叢,最愛當心一縷紅。應是花神高品格,不隨桃李嫁春風。

弄雪攀枝未足誇,胎仙閣上即仙家。誰言廿四橋邊月,偏照揚州玉蘂花?

奇種應栽忉利天,香雲涌出玉生烟。滄桑歲月何須記,一度花開二十年。

天寶繁華跡已陳,凄涼往事欲沾巾。秋風南國多愁思,腸斷當筵唱曲人。

燭夜花傾瑞露濃,仙人庀酒有奇功。憑將紅豆新開蘂,添入修羅釀法中。

好風吹夢落塵寰,群玉山頭覓往還。八百樵陽有名記,琪花先許到人間。

書樓簾額夕陽斜,密葉層枝曲曲遮。衣錦城中春萬樹,光風久已屬吾家。

天酒三杯花一枝,憎騰暫作有情癡。後時結得相思子,報與金籠鸚鵡知。

陸貽典次和遵王飲胎仙閣看紅豆花八絶句兼呈牧翁:禪燈齋閣見芳叢,的爍花房一點紅。廿載分明遲獻壽,碧桃管領醉春風。

仙酒仙山鎮足誇,武夷端的是君家。閑人只向詩中賞,容易來看紅豆花。

　　根株蟠覆向江天，東蓋從看草野煙。一朵輕紅歌一曲，的應愁絕李龜年。

　　一花今昔總難陳，不飲真辜頭上巾。試問秋來南國句，相思畢竟爲何人？

　　毛畫山光撲酒濃，醉鄉日月問無功。我來已是看花後，若木瑤華似夢中。

　　璚英玉蕊即瀘寰，大小丹應驗九還。漢武不來金母去，歲星原自著人間。

　　望裏山城粉堞斜，仙村遙破晚雲遮。要知白首繙經處，認取江村獨樹花。紅豆在村莊，胎仙閣，其城居也。

　　瓊漿瀲灩泛瓊枝，笑指書堆未是癡。憶得紅紅曾記曲，多情只有好花知。

　　錢龍惕大充集卷下胎仙閣看紅豆花同遵王題絕句八首：淡白濃香一縷霞，攀枝猶訝日西斜。胎仙閣上清和月，把酒來看紅豆花。

　　閬苑桃花紅頰新，千年一度見來真。莫言紅豆非仙樹，也占人間二十春。

　　生來南國幾爭妍，嫩蕊濃枝劇可憐。何事當筵最腸斷，人間唯有李龜年。

　　天上香來玉樹春，檀心金粟迥無塵。也應名品堪相亞，引得藏花洞裏人。

　　春生秋發正相宜，榴實榴枝也並時。就裏何人安綵繢，幾回吟斷右丞詩。

　　白雪歌成一串珠，青蛾慢態起來遲。休嫌舊曲無人愛，红豆抛残记得时。

一树纍纍萬顆同，百花開盡豆枝紅。誰憑爲斷相思骨，安放玲瓏骰子中。

驚怪名花未浹晨，好風吹風逐飛塵。一枝遮護風流在，倩取丹青爲寫真。

馮班鈍吟集中和牧翁紅豆花詩八首：廿載方看白玉叢，人間桃李幾回空。何因結得相思子，應爲當心一綫紅。

洞府春秋世不知，濃香淡色發來遲。莫言滄海揚塵日，只是仙人罷弈時。

香粉生光月影微，分明玉女瞰窗扉。侍兒應待珊瑚寶，擬向金籠打雪衣。

方丈蕭蕭翠影遮，隨緣説法住毘邪。默然不語支頤坐，香散天風一樹花。

摘得仙花似粉姿，更看緑葉似仙衣。香風一陣前庭起，三素雲中玉女歸。

雞犬桑麻共幾家，仙村不合種凡花。漁舟若向當時見，枉煞溪邊兩岸霞。

遼鶴休言世事非，一枝重見雪霏微。無緣夢裏成蝴蝶，長向花間冉冉飛。

容易非時不肯開，人間地薄偶能栽。但令斲雄人長在，堪向花莊醉幾回？

嚴熊亦有詩，不存。嚴白雲詩集卷九嚴虞惇識云："順治■■，芙蓉莊紅豆花開，牧翁首倡八首，諸詞人和之，各得十絶句。虞惇幼時猶及見之，先府君詩已散佚不可考，僅記年字韻二句云：迴思前度花開日，正是崇禎十七年。嗚呼，千載而下,與麥秀黍離同其悲惋矣。"按:"正是崇禎十七年"兩句,爲方文句,非嚴熊所作,虞悖誤記。

又孫致彌秋左堂集卷一奉和錢大宗伯八十壽筵紅豆花八首此花素瓣丹心,二十年一開,出南海:瓊海名花小閣前,稱鵤花底即神仙。上林別有長生樹,烽火凋殘二十年。

瑤花容易落黃塵,烏目山邊別墅春。恰稱漢家遺老在,丹心一點白頭人。

雕檻相思一顆紅,黃圖遺事劫灰空。炎風亦是天王地,荔子休嗟命不工。

兩度花香對壽筵,期頤還擬醉花前。可知八百彭城老,花落花開不記年。

暈白輕黃縷絳霞,細枝黛葉半橫斜。胎仙閣上重回首,腸斷隋宫玉樹花。

碧落紅泉子夜通,吹笙人度萬花叢。依稀夢裏清微洞,却似芙蓉小院中。予嘗夢游清微洞。

花散春衣總不霑,湘簾綈几讀楞嚴。若非梵苑娑羅法,見水經注。那得天人帶笑拈。

一樹相思隔柳枝,白華金穗共垂垂。樓頭更羨韓湘在,頃刻花題幼婦辭。謂柳夫人及遵王也。

孫致彌(1642—1709),字愷似。嘉定人。康熙二十七年(1688)進士。官至侍讀學生。

過靈巖山遇徐增,徐增感而賦詩。

九誥堂集卷十九錢宗伯來靈嵒相會口占呈二首:一別門墻二十秋,病中世事總悠悠。種松舊作朝家柱,立雪今成海國鷗。渭水八旬方入夢,吳門五月正披裘。天山閣下重相見,何似當年在虎丘。

已拼溝壑尚風煙,無力躬耕擲研田。大澤蛟龍何處問,空山雨雪有誰憐?十年不踏江東地,一日來參濟北禪。貧病死生齊放下,且同佛子去隨緣。

徐增亦有紅荳花詩。

九誥堂集卷十九紅荳花芙蓉莊植,十七年無花,今始開:"有美嫣然洵足誇,芙蓉莊上老人家。江南留得相思樹,研北題爲忠節花。十七年來鸚鵡餓,五千里外子規嗟。湖湘抱怨知何似,記曲頻教玉指斜。"

過松陵,與朱鶴齡夜談,以杜詩輯注成書請牧齋過目,牧齋頗爲不滿,欲取朱注精髓附錢註元本之後,朱鶴齡未應允。

見下與錢曾書。

作佟夫人錢太君五十序(牧齋外集卷十二)。

序云:"錢夫人者,大中丞遼海匯白佟公之嘉耦也。今年五十初度,五月初九日,爲設悅之辰。"即佟國器夫人。又云:"夫人發祥石鏡,毓秀錦城。……(中丞)以奉揚德意之故,誤被急徵。震電不寧,疾雷交作。夫人有籲天泣血之誠,有引繩束髮之節,閨門肅穆,道路欷嗟。而中丞徼如天之賜,澣汗載頒,寵命洊至。"

順治十七年(1660)二月,佟國器因未按律流徙陳之遴老母,以徇情延緩被免。因附此。

名媛詩緯卷四十二王端淑錢牧齋宗伯爲柳夫人徵予詩畫爲其長姑佟匯白撫軍配錢夫人壽:"慚予彤管濫吹竽,澹寫溪山入畫圖。班史雄文兄有妹,謝庭高詠嫂酬姑。清新開府西湖在,南國佳人間世無。青鳥雲搏徵翰墨,可容王母備雲衢。"

在湖上,作書錢曾,授意其重訂錢註杜詩。

錢牧齋先生尺牘卷二與遵王:松陵遇沛國,招提夜談,直述所聞,以相質正,遂無一語相撑柱。久之,慨然曰:"如此則遂不當成書耶?"又久之,憤然作色曰:"如曠原二字,出穆天子傳,箋注不曾開出,豈亦門生誤耶?許多考訂,皆元本所無,便可一筆抹殺耶?"徐告之曰:"吾意不如取兄補注最用意處,爲元箋所未有者,開寫幾十欵,俟僕爲採酌,附之箋中,似爲兩便。"渠期期不答。以此觀之,則元本之必不可刻,斷然可知矣。然必須仔細檢點一過,無多有闕誤,可爲彼口實,此則足下與二三子之責也。箋注二字,不如以小箋易之,以明不敢當注之意可也。類書學問,盛行於松陵,又與他處迥別,長孺其魁然者也,勿漫視之。湖上囂塵滿眼,少日盤桓,便作歸人。偶因便郵,附此以發一笑。

沛國即朱氏郡望,此指朱鶴齡,或以爲寺名,誤甚。

在湖上見施閏章,爲其詩文作序,並向其介紹蕭孟昉。

施愚山年譜卷二順治十八年條:"是歲春夏,先生遊西湖,有湖上吟小刻……宗伯牧齋錢公序之。……又有江行詩,錢牧齋先生序之。"

施閏章竹苞集序:"辛丑之夏,余自山左量移湖西,道出錢塘。時虞山錢宗伯相謂曰:'泰和蕭奉常之猶子孟昉,孝友好義人也。子必識之。'比至湖西,緘詩問孟昉,致虞山相與引重之言。久之,孟昉始見余。"

同馮雲將觀妓,見陸圻贈范郎詩,用范蠡、西施事,亦戲

题四首(有學集卷十一、牧齋外集卷一)。

外集有自註:"偕馮雲將觀妓傅園,見陸麗京贈范郎詩,用范蠡、西施事,戲題絕句。"

六月,江南"奏銷案"發,衆多士人因拖欠錢糧革去功名。

聖祖仁皇帝實錄卷三:"(順治十八年六月三日)江寧巡撫朱國治疏言,蘇、松、常、鎮四府屬并溧陽縣,未完錢糧文武紳衿共一萬三千五百一十七名,應照例議處。衙役人等二百五十四名,應嚴提究擬。得旨:紳衿抗糧,殊爲可惡,該部照定例嚴加議處。"

六月望,因陳允衡之請,作海陽孫徵士照鄰墓表(有學集卷三十九)。

鈔本有學集署"重光赤奮若之歲六月望,石渠舊史虞山蒙叟錢謙益撰"。孫徵士,即休寧孫光宗。光宗字照鄰,爲人孝友節俠,蘊義生風。先世有荆園,盡歸其世父,自闢地爲奕園,一時名士如李流芳、王穉登、李維楨、葛一龍、程嘉燧皆有題詠,詩文具載奕園雜詠一書中。子丕燦,字韞生,買宅金陵朱雀航,亦名士。牧齋文云:"于是照鄰之子丕燦,以照鄰之墓石請于松圓程孟陽,孟陽歿,又倩乳山道士林古度(作狀)。……而孫子之意不但已也,介陳子伯璣請余爲其傳。……乃按乳山子之狀而敘之曰……"

山曉閣明文選續集卷六評云:"文可不朽其親,則文之權固重。但此碑之作,因於孟陽,故反覆以文之輕爲言。總要趺出是終孟陽遺意耳。文中實敘處少,虛折處多,蓋於常蹊之外,獨覓生趣,澹筆閒情,都成異樣奇峰。"

又據牧齋此文,丕燦曾奉父命從學於項仲展,而仲展又牧齋之門人。

項仲展,初名鼎愛,字仲展,後更名聲國,字牧公。嘉興人。崇禎七年(1634)進士。雅州知州。

季夏,爲呂留良更字留侯,作呂留侯字說(有學集卷十六)。

鈔本有學集署"辛丑季夏日,虞山老友錢謙益奉贈"。

六月十三,作宋玉叔安雅堂集序(有學集卷二十一)。

鈔本有學集署:"辛丑六月十三日。"序云:"萊陽宋先之與余爲縞紵交。先之稱其家司勳有二才子,玉叔尤雄駿。陵谷遷改,宋氏長老取次彫謝,玉叔遂以文章氣誼羽儀當世。辛丑夏,余過武林,俛仰今昔,悽肮有雍門之悲。已得盡讀其詩文,而玉叔屬余爲其序。"

宋繼登(1579—1642),字先之,號道岸。萬曆三十二年(1604)進士。官至南京鴻臚寺正卿。著有松蔭堂詩集。

又有學集卷四十九讀宋玉叔文集題辭,不知作於何時,附此。文云:"豫章王于一,文士之不苟譽人者也,來告我曰:'玉叔不獨詩擅場也,其文章卓然名家。惟夫子有以表之,俾後學有職志焉。'……玉叔攜其文過余,摳衣避席,引古人後世誰定吾文之語。誘之使言,余故敢自朂爲識道之老馬,略舉生平所知者以告之,亦于一所更端請益,而未能更僕者也。"

宋琬嚴武伯詩序:"歲辛丑,先生顧余於湖上。辟咡之暇,語及當代人物,先生曰:吾虞有嚴生武伯者,縱橫迭宕,其才未易當也。"

夏六月十八日,作卓去病墓誌銘(有學集卷三十六)。

鈔本有學集署"歲在辛丑夏六月十有八日,虞山同志友人錢謙益載拜述"。

夏六月,作五石居詩小引(有學集卷二十四)。

鈔本有學集署"辛丑夏六月"。序云:"往遊雲間,見生甫屠羊、食牛詩,愛其以詩句作佛事,可作此土伽陀。今來錢城,讀五石居詩,風神散朗,意匠蕭閒,乃知生甫真詩人也。……雲將年九十,亦吾老友也,書此于生甫詩後,把示雲將,開顏一笑,他時以躍馬食肉責報于蔡澤,恐不吾償也,則以雲將爲徵。"

陳紹英,字生甫,號瓠庵。錢塘人。崇禎間,以父蔭官南京刑部郎,擢平越知府。工詩畫。

六月二十日,黃宗羲之子正義來訪,作書黃正義扇(有學集卷十六)。

文云:"餘姚黃子正義,忠端之孫,太沖之子,非聊爾人也。奉其父叔之命,過余請益。余爲書所誦慕于三國者,以廣其志。"

黃正義,一作正誼,字直方。宗羲次子。工詩,有黃山行脚詩草。

黃公渚評云:"書黃正義善,以三國人才之盛,而歎後世無人才之禍,則其期望於正義者可知,妙在不即不離,故有言外之旨。按此篇雖書扇,實贈序體也,故入此類(贈序類)。"

作書憨山大師十六觀頌後及題十八祖道始頌(有學集卷五十)。

書憨山大師十六觀頌後末云:"杭城毒熱如焚,聖可上座以大師手跡見示,不覺涼風沁骨,謹書其後。"題十八祖道始頌云:"蕅益法師旭公請鄭千里繪西方此土諸祖,凡十八人,作序頌以志皈依。旭公歿,弟子聖可藏弆供奉,請余題其後。"又云:"余頃者刊定憨山大師全集,撰曹溪肉身記及紫柏密藏遺集序。"兩文皆在庚子,見前,故繫此。聖可權,智旭法嗣,生平不詳。

爲虎林江氏族譜作序。

此文見虎林江氏族譜,譜爲江鎏所編,江之浙、江傑增訂。序云:"余浙闈門人江生思令與其弟江生之浙以修家譜成,請余弁言。余史官,奚能醉不文?……余諸生時,猶及見少司馬纘石公備兵吾郡,抵掌時事,慷慨明決。孝廉守淳公,余庚戌計偕,獲式金玉。孝廉澹如公,執拂水社牛耳,博學貞操,古人之遺。江氏多材,可謂譜以美媲矣。"

江思令,字子九,號固庵。天啟元年(1621)舉人。時牧齋典浙江鄉試,故稱門人。

纘石公,即江鐸,字士振,萬曆二年(1574)進士。十九年,備兵蘇松。

守淳公,即江鎏,萬曆二十五年(1597)舉人,三十八年牧齋北上應試,得與相交,當年九月病卒。江鎏有三子,之淮、之浙、之漢,取妻金氏,崇禎九年(1636)卒,錢謙益曾應之浙之請,爲作江母金孺人墓誌銘,文在初學集卷五十九。

澹如公,名鏷,萬曆四十年(1612)舉人。

又之浙增訂族譜後跋云:"是譜成于萬曆丙午,甫伍年,而先君殂,迄今五十餘載矣。"考牧齋行跡,故繫於此。

朱鶴齡聽聞牧齋欲自刻杜箋，與同人商議後，亦決意付梓。

朱鶴齡杜詩輯注卷首識："時虞山方刻杜箋，愚亦欲以輯注問世。書既分行，仍用草堂原本，節采箋語，間存異説。謀之同志，咸謂無傷。"

朱鶴齡並請牧齋爲杜詩輯註作序，牧齋作書回絶。

錢牧齋先生尺牘卷一與長孺書：辱示草堂會箋，必欲首冠賤名，輾轉思之，彌增惋悚。此事發起於德水，牽引於孟陽，漫興隨筆，棄置已久。偶於集中覆視，見其影畧脱誤，每自哂昔學之陋。修遠不察，誤録一二册，附時賢後，方爲頳泚背汗。况足下高明淵博，累年苦心攢集，以成此書。僕以伏生之老病，師丹之多忘，突出而踞其上，鵲巢鳩居，無實盜名。晚年學道，深識因果。此等虛名，皆足以摧年損筭，僕所以深懼而不敢居也。此書之出，期於行遠。諺有之，身穿大紅圓領，頭戴開花氈帽，才一展卷，便令觀者揶揄一笑，可不慮乎？來教念及周餘，迫思蓽路，特承齒録，以存餼羊，其用意良厚。生平倔强，不受人憐。老耽空門，一切如幻，良不欲以編摩附名，取憐于知己。惟以我爲老髦而舍我，則憐我之深者耳。華嚴、宗鏡，方事研求，義門深微，卷帙浩繁。遵王刻杜之役，止之不獲，期以秋深歲盡，偷翻經餘晷，爲作一序，以副其意。僕之不敢自居注杜，與不欲成書之故，向爲兄作序，既已反復自明。撫卷三歎，有識者皆能了其微意。今再一申明，吾事畢矣。此中學者多好摭拾利病，是非蜂起，雖老成人未免。義山注改竄之後，尚多剥啄。子長云云，當廣爲傳示，風諭後來英少，俾皆塞聰蔽明，仍爲七日以前之渾沌，亦一大快也。毒日少退，當扁舟過池上，散髮快談。不多及。

潘耒章爲朱鶴齡求序，亦遭拒絕（有學集卷四十三復吳江潘力田書）。

書云："長孺授書江邨，知其篤志注杜，積有歲年，便舉元本相付曰：'幸爲我遂成之。'略爲發凡起例，摘抉向來沿襲俗學之誤。別去數年，來告成事，且請爲序。妄意昔年講授大指，尚未遼遠，欣然命筆，極言註詩之難，與所以不敢注杜之本意，其微指具在也。既而以成書見示，見其引事釋文，楦釀難出，間資啳嗽，令人噴飯，聊用小籤標記，簡別泰甚。長孺大愠，疑吹求貶剥，出遵王、夕公諸人之手，亦不能不心折而去。亡何，又以定本來，謂已經次第芟改，同里諸公商榷詳定，釀金授梓，灼然可以懸諸國門矣。乘間竊窺其藁，向所指紕繆者，約略抹去，其削而未盡者，瘡瘢痂蓋，尚落落卷帙間。竊自念少學荒落，老眼迷離。諸公皆博雅名家，共訂此書，吾所欲刊削者，未必諸公之所非，而所指削而未盡者，無乃諸公之所是？……來教謂愚賤姓字挂名簡端，不惟長孺不忘淵源，亦諸公推轂盛意。詞壇文府，或推或挽，鵲巢鳩居，實有厚幸。僕所以不願厠名者，捫心撫己，引分自安，不欲抑没矜慎注杜之初意，非敢倔强執拗，自外于衆君子也。來教申言，前序九鼎也，已冠首簡。斯文也，殆慮僕憨有後言，而執爲要質者。若是，老夫亦有醉矣。未見成書，先事獎許，失人失言，自當二罪並案。及其見聞違互，編摩庬雜，雖復兩耳聾瞶，亦自有眼有口，安能糊心眛目，護前遮過，而喑不吐一字？……今以前序爲息壤，而借以監谤,则此序正可作忏悔文,又何能终锢之勿出乎?"

钱牧斋先生尺牍卷二与遵王:"松陵信到,此人借重同里诸人气焰,以旧序刲我。性发不能忍,作一书舒发愤懑,乞为我详定来稿,商榷停妥,方可缮写致去。日下与长孺往返小札,亦有存稿否?有之,可为检出。前序稿乞改正刻好。"

又计东改亭文集卷十与钱础日书:"敬启,敝邑朱隐君长孺,吾党所推为儒林祭酒,笃学方闻之士也。生平酷嗜杜诗,尝点校草堂诗笺,广采诸家之说,名为辑注。虞山牧翁先生在郡城假我堂见之,亟为许可。乙未年,延致家塾。举所藏宋刻九家注,及吴若本,命之合钞,间出新笺,再三商榷,卒业而为之序。此通国所共知也。壬寅,复馆先生家。时虞山有人以中有异同之说,谋专刻钱笺,先生乃命分行,有小剖促梓,可覆视也。长孺之好学深思,与先生之通怀乐善,盖两得之。而忮者必欲尼长孺之注,使之不出,忽有覆吴江友人长牍,传示吴门书贾,其意在阻挠剞劂,乃泰兴季沧苇侍御不辨而梓之杜笺,东适在维扬,与侍御往复证论,其书遂辍不行。今锡山邹氏复为忮者所惑,又不辨而梓之有学集,改题为复吴江潘力田书,书辞与季刻绝不同。先生墓木拱矣,谁起之重泉,而握笔涂窜于其间乎?此书所由来,亦了然可见矣。夫长孺杜注,始之汇成一集也,先生命之,既而各自分行也,亦先生命之。长孺前后馆榖三年,从无牴牾。牧翁易箦前,令嗣孺饴到敝邑,牧翁手书謑詬,东辈共见之。今观此书,其辞愤然,其气勃然,无怨之叫呼,不争之诟厉,恒人犹且不为,何况大雅君子乎?此以情揆之,而知其必無者也。書辭繁沓回互，所云檢別太甚，大慍而去，頭目頓改，心神俱惘，及憤而求敵等語，如捕風，如説鬼，茫然不知所謂。若以長孺之注多謬誤，瘡瘢痂蓋落落行間，正當條件刊正，教以未逮，何至如後生輕薄，供噱笑之資，扇澆浮之氣。此以理揆之，而知其必無者也。若謂未見其書，先獎借作序，及見其書，遂以作懺悔文，則古人未嘗有此作文之法。先生文章宗匠也，而乃爲此言乎？知道翁與鄒氏爲通家，幸以忠言告之，立將此書削去，毋爲忮者所終惑。"以爲與潘力田書是僞作。

牧齋指示錢曾抓緊刊刻讀杜小箋。

牧齋外集卷二十三與遵王：杜箋聞已開板，殊非吾不欲流傳之意。正欲病起面商行止，長孺來，云松陵本已付梓矣。繆相引重，必欲糠秕前列，此尤大非吾意。再三苦辭，而堅不可回，只得聽之。僕所以不欲居其名者，其説甚長。往時以箋本付長孺，見其苦心搜掇，少爲規正，意欲其將箋本稍稍補葺，勿令爲未成之書可耳。不謂其學問繁富，心思周折，成書之後，絶非吾箋本來面目。又欲勸其少少裁正，如昨所標舉云云。而今本已急付剞劂，如不可待，則亦付之無可奈何而已。晚年學道，深知一切皆空，呼牛呼馬，豈憚作石林替身。以此但任其兩行，不復更措一詞。若箋本既刻，須更加功治定。既已賣身佛奴，翻閲疏鈔，又欲參會宗鏡，二六時中，無晷刻偷閒。世間文字，近時看得更如嚼蠟矣，杜注之佳否，亦殊不足道也。或待深秋初冬，此刻竣事，再作一序，申明所以不敢注杜與不欲流傳之故，庶可以有辭於藝林也。昨夕公云義山注改竄後，又有紕繆許多云云。

彼能爲義山功臣，獨不肯移少分於少陵乎？治定之役，令分任之何如？熱毒欲死，揮汗作字，閱過毀之。

又一通云："杜詩松陵悍然付梓，我竟作石林替身矣，可爲一笑。秋興舊本乞付看，即欲改定相商也。皎然詩式，簡來一看。"

又一通云："長孺引子長爲長城，盛詩其議論，可爲絕倒。覽過一笑，即付來手，以便作答也。即此一端，邪氛甚熾。吾黨寥寥，可爲嘆息。晚涼可來一談，箋中有柏茂林五言古及過始興寺與李秘書二首，簡來看。"

又一通云："有人云：子長之語殊可思，常熟人注詩，只好常熟人看，正謂吳江人註詩，只好吳江人看也。雖爲子長解嘲，亦頗有致。舊序曾改正否？或可使之聞之，以寒其膽也。一笑。"

又一通云："杜箋一册，略爲校對送去。恐中間疏誤處不少，更煩高明詳細刊定，庶可不遺人口寔耳。全本標題，仍云艸堂詩小箋爲妥。下一小字，略見箋者之意，不欲如彼以李善自居也。一笑！"

在湖上，作書與陳金如，論失盜之事。

錢牧齋先生尺牘卷二與陳金如："失盜一案，承縣父母留心，爰書已具，感甚感甚。但此四人皆家生之子，背恩作逆，所犯雖有重輕，而平日懷奸作歹，無不串同。僕知之最真，言之最確。而爰書力爲出脱，曰異居不知情，則僕爲主人，其言一無足取信，而反取信於二奴。長者爲行，不使人疑之。不足取信，何以至此？又云廿九日，官屬錢相突有黑夜大盜之報。盜情非常，不妨累報，非比他獄，但貴初詞耳。

火光之下,楊志面認張璧,張璧亦口供確實,此可以突報爲疑乎?又云王中靈、徐述各有生女楊佛歸寧,此窩藏文飾之詞,而據以入招,暗爲他日翻案之地。此或者取供之巧妙,而非神明之本意也。縣父母道義之知,臭味之好,不後于他人。秦鏡當空,三尺在手,豈敢以堂下之人,敢望那移隻字。但此事親丈備知本末,又爲里中太丘、彦方公議所自出,敢爲親知私言之。倘便中微露此意,無令仁聲播之後,獨有一人向隅,亦吾丈錫類之仁也。"

六月,爲王端淑作明媛詩緯題辭(有學集卷四十七)。端淑又以小像索題,奉贈十章(有學集卷十一)。

王端淑(1621—?),字玉映,號映然子。山陰人。王季重三女,適丁肇聖。與肇聖偕隱徐天池青藤書屋。善書畫,作詩亦高致。著有吟紅集三十卷。

請王端淑和錢曾紅豆詩,未果。

有學集卷十一遵王敕先共賦胎仙閣看紅豆花詩吟嘆之餘走筆屬和八首其七:"老去羞花嬾賦詩,拼將才盡爲君嗤。東中大有司花女,愁絶吟紅閣筆時。"錢曾註云:"公在湖上,書予紅豆絶句于扇頭,示玉映索和,不得,故有吟紅閣筆之句。吟紅,玉映詩名也。"

錢牧齋先生尺牘卷二與遵王:"紅豆詩潦草捉筆,真所謂東家效顰,不若王玉映閣筆吟紅,差能免俗也。梅聖俞集,可覓一部見示。"

作詩金華祝子石,約中秋見相見(有學集卷十一走筆贈祝子堅兼訂中秋煉藥之約)。

詩云:"相期八九月,訪我紅豆村。白月正中秋,玉盤承方諸。我家虞山側，藥草多於蔬。自從虞仲來，采藥皆仙儒。"祝生此來，當是爲牧齋看病。牧齋好談仙佛，浪云煉藥尋仙。

祝堅(1602—?)，字子石。蘭溪人。少從朱大典游，性倜儻，爲文有奇氣。尤擅醫術，浪遊江湖間，所交皆知名士。有稿本知好好學錄傳世，藏柏克萊加州大學東亞圖書館。

知好好學錄有與牧齋論文書，摘錄附此。卷一與錢牧齋先生書："古今人性一也，一於理也。性動爲情，情發於其所向，遂結成意，意豈有能不各異哉？凡行事固然，即文亦因之。乃言文者，必首五經，亦思何經之語句相猶者乎？其同者理也，文則不同。即今之所謂八大家者，有一人爲同者哉？乃疊觀諸君子論文，必欲出一己之情意，以衡定古今，總在抑人高己，亦可謂陋矣。夫人之續句延章，皆在情意之好惡以爲去取，而論者不言其論理道之淺粗是非，紀事寫景物之俗鄙抄襲，止於聲調求其影似，曰必如此始爲大家耳。無理文章，味同蔗壳，何以折服天下人心哉！夫情意之不同也，不特作文，即閱文亦然。……金之周昂曰：文可驚四筵，難於動獨座。石見驚四筵者不乏也，獨座得動者，易言乎哉！"

又一通："來教似以石不喜八大家，石豈不猶心之人哉！……乃讀書者，既不得師承以求理於奧窔，以得其真其是，更人人挾夜郎王之心，既用於讀書，因即以行文，是其爲文，止得云套，不可曰作。蓋作者，乃發其思，出其能，以行其所明者也。若割剥六朝、左史，人易見也。至套襲八家，曰我文大家矣，鄙哉，文不發理味，則識者唾也。……書作於古人,讀者以其推求辨證,務在得其理之精微,此名曰作明;及既得理之不假與虛非者,在我之明,此之謂受明也。"

又汪森小方壺存稿卷三有贈祝翁子石(堅)次錢牧齋先生韻,作於多年以後,詩略。

夏日,作李笠翁傳奇序(牧齋外集卷六)。

作於杭城之適軒。李漁(1611—1680),原名仙侶,字謫凡,號笠翁。浙江蘭溪人,生長江蘇如皋。諸生,明亡,決意仕進。往返杭州、金陵間。李漁長於戲曲、小説,著有閒情偶寄、笠翁十種曲等。

六月,作歎譽贈俞次寅(有學集卷十六)。

鈔本有學集署"辛丑六月,虞山蒙叟錢謙益書于錢城之寓軒。"序云:"往余讀明州周茂山詩,嘆其如獨鳥呼春,九鐘鳴霜,近代才子無出其右。已而群公嘆茂山者,皆以余言爲然。今年偶遊錢城,有人告我曰:'杭、越之間,群毁茂山,以爲其人可殺而詩可放也。衆怒匈匈,將及子,子其戒諸。'或又曰:'吾子不自量,採列朝詩,結彈斯世之所謂宗主者,雜然欲殺,而以茂山爲頓刃。茂山懼,殆將進子以自免也。'錢唐俞次寅者,茂山之友也。次寅詩名獨噪于杭、越間,相與斂手推服無異詞。夫次寅、茂山,皆余之所嘆也。今也毁一而嘆一……今得見次寅,猶見茂山也。于其別也,作歎譽一篇以詒之,並以詒其徒王備五、馮道濟者,共爲歎息也。"茂山即周容。

俞泰(1623—1673),字次寅,號牧雲。與嚴沆爲表兄弟。有滌煙樓集。

王典,字備五,號慎齋。仁和人。官永興令,改杞縣。

有慎齋詩存。

馮愷愈(？—1667)，字道濟。慈溪人。元飆子。

周容春酒堂詩話：＂虞山選列朝詩，或刻或濫，可議者十之三。作歷朝傳，隨意寫生，可誦者十之七。余嘗於晉中，將列傳稍爲刪節，手録一過，信非近代人所辨。世之挾其弱姿淺調，而欲撼之者，固可笑。乃有步其體例而成書者，秖見其俚鄙耳。＂

王典有贈詩。

王典慎齋詩存呈牧齋先生：長夏來湖上，山川感慨生。此時在天地，不覺悔才名。一代人皆往，中流運忽爭。大賢曾論定，反覆獨深情。

故人慈水至，鄭重拜公車。論事原從世，稱詩亦及余。干戈成管葛，學問入孫吴。秋盡虞山路，芙蓉蔽草廬。

評定西湖竹枝詞。

静志居詩話卷二：辛丑夏，留湖上昭慶僧舍，時錢受之、曹潔躬、周元亮、施尚白諸先生，先後來游。杭人有持西湖竹枝集請錢先生甲乙者，先生謂曰：＂和者雖多，要不若老鐵。＂

有學集卷四十八有題西湖竹枝詞，不知此時作否。

將離杭，作書宋琬，請其免除馮雲將徭役。

錢牧齋先生尺牘卷一與宋玉叔：＂不肖在杭，有五十年老友曰馮鵷雛字雲將者，故大司成開之先生之仲子也。年八十有七矣，杜門屏居，能讀父書，種蘭洗竹，不媿古之逸民。開之故無遺貲，雲將家益落，有薄田三十餘畝，在餘杭山中，僅給饘粥。意欲介恃寵靈片語，囑餘杭令君，以名賢之後，免其徭役，俾得優遊蔗境，脫追呼踐更之苦，拜賜無窮矣。……挐舟將歸，留此數行奉瀆。"

與李振裕相見於西泠，修書其父李元鼎。

李振裕白石山房稿卷九上虞山錢宗伯："振裕在涇河初謁龍光，年纔總角，即知見先生而喜。辛丑再謁福履於西泠，因念切庭幃，遄歸南浦，弗克朝夕侍側。悉所請事，承先生藹然眷注，不以孺子為不足教，諄諄懇懇，似欲進之講德問業之列。且小人有母，錫以璀璨華章，末技雕蟲，賁以品題佳語。竊思先生碩望冠冕，人倫文章，式型百世，海内冀得片語吉光，奉為丹書鴻寶。某何人斯，而重荷先生嘉與攸隆若是乎？"李振裕初次與牧翁相見，時間已不詳。

李振裕(1642—1710)，字維饒，號醒齋。江西吉水人。元鼎子。康熙九年(1670)進士。歷官刑、工、户、禮四部尚書。

錢牧齋先生尺牘卷一與李梅公："相知聚首，樂極生悲。山堂燕及之辰，即江村肰篋之夕。山妻稚子，匍匐荒田。片紙寸絲，雖無餘剩。幸以扁舟早出，免於白刃。關帝降靈呵護，靈響赫然。不然殆矣。……被劫之後，五月披裘，石臺公祖推屋烏之愛，捐俸解橐，為舉家製衣。絺兮綌兮，始得蔽體。更治裝為武林之遊，此中士大夫，無不跂踵頌高誼也。杭城旬月，逼暑促回。遇賢公子南還，得一執手，鳳毛麟角，風采秀出，歎老眼尚自有珠也。因此便，聊附數行。"

六月晦日，題顧與治遺藁（有學集卷四十九）。

作于錦城寓軒。顧與治詩刻本題辭云："晚年屢遭坎陷，困于蒺藜，卒無子，窮老以死。施愚山學憲經紀其喪，又属其友方爾止、沈子遷網羅放失舊稿,手自排纂爲集,刻而傳之。"鈔本有學集無方爾止、沈子遷之名。

　　沈希孟,字子遷。六合人。

王端淑夫婦生日,作詩賀之(有學集卷十一王玉映夫婦生日)。

　　名媛詩緯初編卷端王猷定王端淑傳:"辛酉秋七月八日,感神夢,誕端淑。"毛西河全集五言律詩三有丁司理偕內君王夫人玉映四十初度,一在九月,一在七月詩,故繫此。

七月十三日,金聖歎因哭廟案被殺于南京,年五十四。

秋月,作書陳璧。

　　錢牧齋先生尺牘卷二與陳崑良:"湖上游客如林,老人無處着脚。從宋玉叔索得百餘金,僅供往還之費。落得與一二名僧俊人,盤桓一番耳。洞庭舊遊,一切如夢,今歲亦無一人以片紙相聞者。八十老人,世皆唾爲長物,何堪爲人作曹丘生耶?拜命之辱,幸勿以爲訝云云。此格外存問之禮。當歲凶盜劫,百費蝟集之候,自謂不遺餘力矣。昧來教,似猶存乎見少,此非所望於知已也。秋熱未退,伏枕草草。歸時,幸一枉晤,爲荷。"

作書陸貽典(錢牧齋先生尺牘卷二)。

　　書云:"西湖之行,天時人事,俱在爐炭地獄中。閉門閣筆,不能拈一韻。讀暮春薄遊詩,深情苦語,都在阿堵中。令渠述作與同遊,殊不勝少陵之嘆羨也。紅豆花絶句,婉而多風,可與吾家曾孫並美,此花真不負三千年一度矣。石林詩遂成佳集,此詞苑之美談,不獨此老開眉地下也。新涼乍雨,殘荷滿池。暇日偕同人一遇,何如?"寄巢詩亦附此書,文字略有不同。

爲嚴熊題家慶圖（有學集卷十一）。

閏七月，梁化鳳因守崇明有功授爵，作梁提督累廕八世序（牧齋外集卷九）。

敘云："未幾海氛大作，蹂躪瓜步，摇撼南服。公出奇奮擊，雷劈電奔。斧螗鋒蝟，江水爲赤。已而復窺崇川，公隨飛援追剿，海波始靖，而東南獲有安壤。……朝廷寬南顧之憂，高爵榮廕，以報膚公。"

聖祖仁皇帝實録卷四："（順治十八年閏七月二十五日）壬寅，敘崇明守城功。授提督梁化鳳三等阿思哈尼哈番，襲替八次。文武官弁，各依功次授世職。"所謂襲替八次，即累廕八世之義。

閏七月十三日，作黄子羽墓誌銘（有學集卷三十五）。

鈔本有學集署"辛丑閏七月十有三日，虞山蒙叟錢謙益爲文"。

秋，陳瑚自楚歸，使弟子錢嘏攜書來訪。

錢牧齋先生尺牘卷一復陳確庵云："仁兄囊書橐筆，爲三湘、五湖之遊，吞雲夢八九於胸中……梅仙來，深致記存之意。……紅豆和詩，風華映帶，尤深仞期望之厚。"陳瑚行跡見安道先生年譜卷下。

秋，周亮工來常熟請墓誌。

賴古堂集十六送王庭一入楚序："又二年辛丑，先皇帝釋予獄。……予於是年暮春返白門，廬居高座。秋往虞山乞先人隧誌。"

八月（壯月），作牧豕集序（牧豕集卷端）。

戴淙,字介眉,晚字稼梅。常熟人。元威孫。康熙二十年(1681)舉人,榜姓劉,故又名戴劉淙。順治六年(1649),與同邑孫暘、陸慶曾、崑山葉方藹、吳縣章在茲等結同聲社,與慎交社抗。愛聚書,尤喜鼎彝古玩。家有白醉樓,四方知名之士,登樓唱和,盤桓不忍去。詩以晚唐爲宗,見賞於吳梅村。嘗北遊燕趙,南涉楚粵,卒以客死。海虞詩徵云集名白雪樓集。

八月,作黃柱源八十序(牧齋外集卷十一)。

序云:"重光赤奮若之壯月,爲柱源黃翁八十初度。邑之俊彦,與其令子尚默秀才游者,如余甥歸司李,曁太守陸君輩,乞余爲祝嘏之詞。余少與耀軒黃君交,知翁爲耀軒之中表昆弟。其祖爲主政雲川李公,以遺腹子育于舅氏大參黃公,遂與耀軒爲雁行。不忘所生,以懷李自名。"又云:"余年與翁齊,得翁爲世外道侶,惠車之虹景,招真之銀筒,余兩人訪求于丹泉、雪井間,又安慕乎古之左拍洪崖、右把浮丘也哉!"

康熙重修常熟縣志卷二十一耆碩:"黃懷李,字柱源。嘉靖戊戌進士李遇春之孫,萬曆甲戌進士黃時雨之甥。父夢庚卒,遺腹生懷李于時雨家,遂姓黃。不忘所自,因名懷李。性孝友,爲鄉黨所重,三舉鄉飲賓,撫按額旌之。年八十三卒。"

九月朔,作海寧安國寺祖庭修造記(有學集卷三十一)。

記云:"海寧安國寺創始于唐,爲齊安國師道場。宋熙寧中,律師居則造大悲閣,蘇文忠公子瞻爲記。我明天啟中,一松法師性公,闡台教于茲。一松之徒愚菴藏公,飽參宗匠,發明心地,來主法席,以興復祖庭爲己任。于是寺之殿堂樓閣,應緣一新,介吾門張子次仲乞文以記。"

九月,熊文舉過吴門,扁舟過訪。

熊文舉侶鷗閣近集卷二征途記:"(辛丑九月)戊子,舟過滸墅關,錢牧老自虞山掉扁舟相訪,年登八十,神明烱烱,談諧竟日。惟兩耳重聽,老成凋落,俯仰慨然。"

熊文舉侶鷗閣集自序:"憶壬寅召起中樞,秋過吴門,虞山牧翁特棹扁舟過訪,時年踰八十,兩耳重聽,而諄諄以後來古文詞屬予,予謝不敢當。蓋先生前此三序拙集,今先生往矣,誰復定吾文者?"壬寅應是誤記。

九月十三日,作牧雲和尚全集序(有學集卷二十五)。

鈔本有學集署:"歲在辛丑九月十有三日,虞山白衣八十老人蒙叟錢謙益謹序。"

懶齋遺藁卷三復虞山錢牧翁老護法:"九月廿三日,得接大作,承揄揚獎飾,諷誦再四,愧無以當也。……味'徵召四出'至'何有哉'一段,則某之心曲,固已攝諸大圓鏡中矣。"

九月望日,作吴郡西園戒幢律院記(有學集卷三十一)。

鈔本有學集署"歲在辛丑九月望日,虞山白衣蒙叟錢謙益謹記"。記云:"郡城閶門外一拘盧舍而近,有招提曰西園戒幢律院,故工部屯田司員外郎徐君溶之别業。房宇靚深,樹石古秀,員外慕古人捨宅,斥之以供佛也。員外初請報恩茂林衹公,宣木叉戒于斯,繼之者,戒初最、不二同,皆以明律主持。稱律院者,所以揀别禪講也。律院而系之西園者,佛以二人共搆精舍,名衹樹給孤獨園,名從主人,不忘始也。

院之有禪堂，兩廡藥師殿、淨土大悲堂，以及齋厨湢浴百有餘間，皆員外布金締搆。繼志而相厥成者，其子樹紀也。大雄之殿，雲水之堂，鐘鼓方丈，以次落成。助緣者，緇白善信，而爲之植者，朱某、張某也。捐俸錢造觀音大殿者，撫院、織造張、周兩侍郎也。院基址四十餘畝，施供僧田三百畝者，亦周侍郎也。同公承茂林之後，戒力圓明，道風遐暢，院衆恒二千餘指，歲時奉戒者五千餘指。法筵清嚴，七衆雲聚，吳中毘尼窟宅，于斯爲盛。于是聚沙居士受同公啟請，爲略記其始末。"撫院即張中元，織造即周天成。寂同，字不二。時爲住持。

秋，李念慈來謁，贈詩二首。

李念慈谷口山房詩集卷六小序："閏七月納妾，未兩旬，卻到金閶過謁錢牧齋先生。"卷七奉贈錢牧齋先生其一："當代文章伯，巋然魯殿存。崔巍瞻嶽表，浩蕩抉河源。譽望千秋重，乾坤一老尊。虞山雲物好，詞客簇金尊。"其二："秦淮唱和日，回首六年餘。椒酒迎春至，梅花照歲除。書生霑緒論，長者枉高車。嚮往懷真切，重來願不虛。"

本年，陳璧來訪，作書張奕。

錢牧齋先生尺牘卷一復張綏子："武林得一把晤，再遣候掌亭，則聲跡邈然矣。悠悠世界，轉眼炎涼，慟西州而懷東閣者，復有何人？每一念及，輒黯然低徊也。此中崐良、金如，皆諄切念舊。崐良奉訪，附八行奉訊起居。雲山阻隔，我懷如何！"此書不知作於何年，當在遊武林後不久，附此。掌亭爲侯研德。金如，即陳式。

黃與堅作詩四首祝壽，作書謝之，答應爲其文集作序。

有學集卷二十四黃庭表忍庵詩序:"余年八十,避人稱壽,庭表獨賦四章枉贈,金春玉應,鏘然盈耳。南豐一瓣香,深有託寄,非苟爲贊頌而已。"

錢牧齋先生尺牘卷一與黃庭表:"介壽四章,雄健蒼老,在劉禹錫、杜牧之之間。……近作學益富、才益老,從容卒業,當草數語爲序,聊當乘韋之先,新秋便可具草請政也。毒熱揮汗,幸恕草率。"

黃與堅(1620—1702),字庭表,號忍菴。通理孫,婁東十子之一。世居常熟,徙嘉定,再徙太倉。順治十六年(1659)進士。官知縣。奏銷案起,罷官。康熙十八年(1679),舉博學鴻儒,與修明史。二十九年,典試貴州。又督學黔省,遷右春坊右贊善。以葬親辭歸。著有大易正解、論學三說、願學齋文集、忍菴集等。

黃與堅對牧齋有些評價,見於願學齋文集,附錄於此。卷八:"程孟陽嘗云:唐人舍元集爲五律樣子。牧齋極宗孟陽,五律却無一首與舍元相似,亦一欠事。"同卷:"文之病不潔也,不獨以字句。若義理叢煩而沓複,不潔之尤也。故行文以秒貴爲至要。明初宋濂溪文以淵博稱,而鋪敘繁蕪,較以方正學,即欠其風骨。錢牧齋先生文欲以大家包舉六朝爲古今第一流,而品格適已落第二。嘻,多才多學,而不審所以行之者,其爲患也,亦豈細故哉!"又:"梅村詩多借用牧齋,以爲陽移陰換,又以爲換步移形,不無寓意,然實借字,於義無妨。余嘗語梅村曰:先生之詩,妙在搜奇採勝,儘古今所有奔湊腕下,所謂錯綜萬象,賦家之心也。若茗文集中,以五城兵馬爲司城,以鳩爲鷓鴣之類,是事物名借用,尤不可。"

卷十五又有與宋荔裳論錢牧齋文書:"今之學者,其詆諆錢牧齋也實甚,……僕聞其說矣,曰:今之以牧齋爲大家者非也。大家之文,恢奇譎幻,出而無窮,舉一集之全,無片語之複。今牧齋所爲文,殘膏剩馥,錯互於行墨,其複者或數篇而一見焉,或數十篇而數見焉,是烏得謂之大家乎?……牧齋之學,穿穴左史,淫佚於唐宋諸大家。其爲文也,譬之於水,發乎源,灌注乎百谷,瀰演溟涊,浩浩然莫窮其所往。此至於海者之水也。溪澗溝壑,盈於春夏,涸於秋冬,其或鑿陂以爲池,瀉鹵以爲田,日以桔槔運水,水常不足。未濬於源,而末以求之也。牧齋之文,舒徐容與,而出之有餘,若水之行於地,久而不竭,遠而不困,随其所曲折,而不能以閼止也,可不謂之逢原乎?逢原矣,而爲文之道,不已盡矣乎。僕交牧齋先生晚,知其老也貧,無以自給。其文之複者,大率骫骳於請乞,非意之所屬。故其所刪存者,止於什之四,而世或不察,猥以其複訾議之,亦過矣。"

丁繼之來虞賀壽,將還金陵,爲作丁老行(有學集卷十一)。

作書方文,邀其明年春夏相見,又作讀方爾止嵞山詩稿卻寄二十韻(有學集卷十一)。

尺牘新鈔二集藏弆集卷十一與方爾止:"夏初陳伯璣來,得奉翰教。爾時江邨遇盜,五月披裘。憤悶之餘,草次裁苔。秋深還鄉,收召魂魄,翻經餘晷,卒業佳刻,始知今日詩壇中復有此人,歡喜讚歎,語不能悉。扇頭二十韻,聊陳鄙懷。雖潦草不工,然大意盡此矣。僕學貧才龐,本非詩人,中年得聞先生長者之緒言,頗知近代俗學之謬,而指陳其所以然。如弇州定論,標于采詩之小傳者,實深知弇州之晚悔。援據其遺文,碻有來自,非苟然而已也。流俗痼疾,傳染膏肓,眼見方隅,橫肆詆讕,摇頭掩耳,付之不見不聞,不則楚人又將箝我於市矣。捧誦來教,似不以鄙言爲紕繆,有意疏通證明之者,此番揚㩁,實詩家慧命絶續之關,以只手障東逝之瀾,非巨靈仙掌,誰能任之?幸哉,吾有望矣。"藏弆集誤作李清作。

方文嵞山續集西江遊草喜錢牧齋先生惠書復寄:少年曾作虞山客,親見先生半百時。稍長服膺初學集,近來心醉列朝詩。琴川不遠難重到,鍾阜相望一寄詞。何物腐儒蒙記憶,謾勞千里報瓊枝。

屈指今秋是八旬,先朝耆舊更無倫。擬同詞客來爲壽,卻訝長書寫所親。實有群言思就正,肯當吾世失斯人。相過定在明春夏,猶及磻溪垂釣辰。

應含光法師之請,作化城庵主悟宗墓銘(有學集三十六)。

銘云:"菴主名性静,字悟宗。吴江金氏子。數歲,事化城菴芝亭爲沙彌。十六歲落髮披衣,……卒崇禎壬申二月,世壽六十二。越三十餘年辛丑,剃度孫法師照渠,始卜葬於受字圩芝亭墓旁,請余爲銘。"知其爲含光法師(1599—?)之祖。

含光法師作文賀壽,牧齋以爲不當,作書駁之。

牧齋外集卷二十三與含光法師書:"艸木餘年,慈光加被,介壽之文,鋪敘教典,爛然盈篇,蓋欲於世諦文字中,宣說勝義,使世間窮兒得乳,黑眼見光,其用意良厚,頂禮之餘,再三繙閱。此中以華嚴序文成益頓超十義,配合楞嚴、觀音圓通,揆諸教理,似有未必然者。既已灼知之矣,而有過不說,是非混同,則非公所以枉教之本意也。是以敢直布之。……公如果以圭峰自命,尚請精研,極慮繹思所以爲圭峰者,視其後而鞭之。……唯公以老耄而舍我,俾得安愚分,則厚幸矣。……令師祖墓銘,乘命載筆,屬詞簡質,無一長語,知不爲俗眼所喜,未審法眼以爲何如?"

又作書含光,言辭激烈。

牧齋外集卷三十二回含光師:"法門情誼,關切救失長善,不惜一片婆心,效此忠告,不謂公貢高自是,愎諫遂非,一至于此也。來教但展首行耳報圓通四字,不但笑破人口,正恐大妄語成,業報凜然。哀哉惜哉,良可悲愍。其他滿紙葛藤,一經點筆,應手破碎,逐段批駁,便成一篇大文字,姑留篋中,且未流布。奉清涼凡有破斥,須存禮樂之訓,不欲盡情發揮,不留餘地耳。度公見地,只是尔尔,决不能見鞭影而馳,不以我爲不忍苔,不欲苔,而以爲不能置苔也。則當傾囊倒篋,與文初輩諸法友有心有眼者,共爲撫掌耳。寒窗逼歲,晨夕料理大經,古人云,那有閒工夫與俗人拭鼻涕耶。聊此裁苔,此後無煩往復。如有智人見此,亦當解頤一笑耳。如何如何!""耳報圓通",楞嚴本作"耳根圓通",故牧齋極盡挖苦。

陶㸌作書賀壽,作書謝之。

錢牧齋先生尺牘卷一復陶:"別後觸熱還鄉,索居抱病……賤降之日,長筵兒女,雖復喧闐,有顧影長歎而已。

遠承存念，重以瑤章，捧誦一過，不覺温風徐來，暄景照座。通懷若此，感銘可知。"瞿綬鈔本作陶冰修。

陶愶，字冰修。嘉善人。順治十一年（1654）舉人。官天台教諭。

陸弘定有詩上壽。

寧遠堂詩集寄壽虞山大宗伯：簪筆先朝識履年，親從天府踐中垣。山川變後留泉石，戎馬時危自管絃。南還後，與河東君倡和拂水山莊。白髮千秋論事去，青樽十載向人前。于今四海分謠祝，欲寫憂心捴未然。

埸圍儀型絕代誇，蜀文垂劍想天家。黃石齋先生推先生海內文章第一。芝蘭歧路摧殘日，桃李公門爛熳花。金谷曉雲迴妙舞，瑤池秋雨醉流霞。玉書好向靈籛得，不取丹砂駐鬢華。

石馬秋寒故國悲，江籬薛芷更貽誰？文章噫氣還天地，丘壑風流且歲時。夜火尚餘天禄閣，深雲長護峴山碑。甲申金陵之難，先生一言存活者數萬家。期頤踴踖心難問，異地何由採玉芝？

自昔河梁問轉蓬，因攀楊柳石城東。敢言過潁違陳寔，計托登龍愧孔融。舊雨欲移滄瀣舄，丙丁之際，從故人向吾里覓居。仙臺仍隔錦帆風。南山把酒遥相望，縹緲方瀛紫霧中。

徐波有壽詩。

天池落木菴存詩虞山先生八十初度小詩奉祝：多人同夢卯辰年，推枕方知夢境空。誰激江湖成遍吼，無端霜雹笑重瞳。覽輝獨鳳迴翔久，接翼連雞墮落同。從此希夷春睡穩,不須憒憒怨天公。戊辰之讖。

　　部帙高名視若浮,緇黃隱逸屬冥搜。吟魂各領微辭去,定論難從現世求。競揀碎金鐫小傳,共推合璧繼中州。祝公久視司風雅,續上斯編人未休。指明朝詩選,生存者概不入選。金陵止將小傳刻成一部。

　　百花充釀造逡巡,滿酌仙翁陡健身。業尚進趨難自老,交如雅素不妨新。望來潮信通寒澗,喜見蘭芽媚早春。不少羨魚情事在,捧持香□□□綸。

　　楞嚴陳解猥相從,正義刊成限舊冬。□□□裁今共幅,衆流朝會始稱宗。月輪一向依稀指,佛頂俄呈尊特容。人意盡推功倍古,釋疑無滯賴文鋒。

秋,送林枋孝廉歸閩葬親,作絕句四首(有學集卷十一)。

　　林枋待考。

贈寒山僧凝遠、知妄詩四首(有學集卷十一贈寒山凝遠、知妄,二僧兄弟也,凝遠建華嚴長期,而弟善畫,凡四首)。

　　凝遠、知妄生平待考。

　　有學集卷四十五寒山報恩寺募建大悲殿疏:"吳郡寒山,相傳爲支公道場。趙徵君凡夫結隱於此。疏泉剔石,蔚爲名區。凡夫歿,改爲僧廬。凝遠上人杖錫至止,發願建大悲殿,攝淨信人,修大悲懺。此山之麓,有觀音殿,靈響殊勝。春時,士女焚香膜拜,項背相望,以故寒山俗號爲觀音山。今于此地啟建懺場,仗託因緣,弘法利生,甚盛舉也。"此疏不知作於何時,附此。

九月,紅豆樹結子一顆,正值牧齋八十壽辰,賦詩十絕句,請錢曾等人和之(有學集卷十一紅豆樹二十年復花,九月賤降時,結子纔一顆,河東君遣僮探枝得之,老夫欲不誇爲己瑞其可得乎,重賦十絕句示遵王,更乞同人和之)。

錢曾奉和紅豆詩十首:苞含奇瑞應離明,似借丹砂點得成。留取他年記仙曲,瑤臺月下贈飛瓊。

絳雪枝頭佳氣開,長筵光映紫霞杯。登真宴上群真笑,不放良常日月催。

佛燈禪室妙香薰,排日繙經到夜分。應供淨筵紅一點,諸天長護吉祥雲。

萬國兵塵草木前,止留紅豆向江天。水村路與仙源接,花合花開不計年。

南方花木竟如何?異卉奇葩浩劫過。錄記紅蕉餘北戶,日南天地已無多。

葉落秋槐御苑西,江潭殘曲意萋迷。承平佳話難忘卻,紅藥春風印紫泥。

桑海茫茫度劫遲,欲將歲月算花期。麻姑定指人間笑,三見前朝結子時。

高枝遮護摘來難,仙果須應供玉盤。多事笑他劉子駿,上林草木借人看。

秋院蕭晨香母微,疏窗佛日影暉暉。蓮花國土真無恙,一顆相思寄雪衣。

異種流紅照坐隅,廿年一子世間無。若教修靜當時見,寫入神仙芝草圖。

陸貽典覿菴詩鈔卷二東澗先生邨莊紅豆樹二十年復

花,時當季秋,結子一顆,適八十懸弧之月,有詩紀事奉和十首:秋風南國綻新枝,正是長筵讌賞時。珍果祇應仙樹有,人間何事唱相思。

小劫花期二十年,靈光終古自巍然。可知桃實千齡熟,未抵相思一顆圓。

吳地名園似洛陽,疏林一點發朱光。重疏草木南方狀,南極先看起角芒。

桐君桂父莫相誇,奇樹常思洞裏花。大似麻姑曾擲米,還留一粒變丹砂。

火中生樹本菩提,布葉連枝會有期。紅綻一枝遲度曲,人間盡道是摩尼。

靈和柳色正相當,疏葉高柯覆苑牆。若入平泉花木譜,當時肯數紫丁香。

紅泉雙屐悟前因,應有靈烏採食頻。檢點啄餘鸚鵡粒,莫憑香稻誤詩人。

曾記思惟樹不凋,伽陀銀塔影岧嶢。依稀熾焰枝頭見,可待千年乳汁澆。

日服丹砂面似童,朱顏鶴髮是仙翁。憑將江上芙蓉色,染取梢頭一點紅。

山中無曆不知時,頗訝花開結子遲。更待一回紅滿樹,何人不省是期頤。

錢龍惕大凟集卷下奉和牧翁紅豆詩十首:風日晴明照畫樓,殷紅一顆掛枝頭。金盤摘獻非凡果,便是莊椿八百秋。

蟠桃結實幾千春,金母瑤池捧出新。爭似今番紅豆子,擲來還自月夫人。

　　一顆勻圓琥珀紅,秋風披拂綠叢叢。只應九轉丹砂就,特向人間現化工。

　　仙洞靈芝熒火如,紅豆還待紫花舒。直教七孔通明了,會見先生徹夜書。

　　曾薦朱櫻赤玉盤,秋風蕭瑟茂陵寒。誰將一粒相思子,依舊金輿從漢官。

　　藍田綵纈裹相思,綠樹流丹挂小枝。一蒂縱教三十子,梁家荊橘未爲奇。

　　不數珊瑚與木難,枝頭一點手親攀。留將十八餘年後,也向窗中覷阿環。

　　七重行樹子離離,共命迦陵鳥徧窺。紅比車磲香比玉,看來說法已多時。

　　一株擎出似丹砂,較得朱兒色更加。今夜易遷明月裏,安妃新法似餐霞。

　　已過重陽半月天,茱萸黃菊罷鮮妍。劇憐一樹神仙果,赤日烘明照綺筵。

徐開任愚谷詩藁卷二和紅豆詩爲牧翁八旬作:故國飄零二十年,奇花寂寞老江邊。恰因王母瑤池宴,朱實離離薦列仙。

　　平泉竹木總烟荒,紅豆依肰綴草塘。自是天恩饒雨露,故留碩果鎮炎方。

　　江南風景近如何,一曲吳儂帶恨歌。望斷蒼梧雲不見,丹心依舊夕陽多。

　　葉落深山萬木稠,一枝忽報漢宮秋。酒闌(蘭)卻唱相思曲，不是龜年亦淚流。

　　莫道年來結子遲，花開花落自無私。麻姑遙指方平笑，滄海揚塵更有時。

　　玉輦金輿迹已移，且將紅豆譜相思。榮枯草木關天意，說向旁人那得知？

　　誰云一顆直千金，爲是南方日色侵。欲並朱櫻羞寢廟，夏家天子在斟尋。

　　芙蓉莊上隱神仙，赤玉靈文下九天。不遇璜溪垂釣歲，春風肯借一枝妍？

　　折來先獻玉皇前，異彩流紅照綺筵。恰似校文天祿夜，一燈藜火豔將肰。

　　雲外風飄一粒丹，高枝輕摘供金盤。殷勤寄與司花女，留待仙翁百歲看。

　　吳綃嘯雪菴題詠奉和牧翁錢宮保紅豆花原韻十首之八：火齊輕含簇翠華，爭如雪乳裏丹砂。胎仙閣設南山宴，樂聚群仙頌豆花。

　　仙仙珠果綴繁纓，縱倩邊鸞畫不成。莫道東皇偏自拙，應憐騷客愛秋明。

　　幾度期空不捲簾，今朝喜見紗華嚴。酹醽百斗長生慶，介壽仙禽繞畫簷。

　　海內名花能幾枝，春風珍重欲開遲。當時若在唐昌觀，應哂虛吟玉蕊詩。

　　露洗芳姿夜色賒，鋪堦涼月似銀沙。桂枝蕭索嫦娥老，不及胎仙解語花。

　　記得花開半暖天，好風引韵入新篇。香魂一去無尋處，蝶怨蜂愁二十年。

　　名花偏稱謫仙詩，燕燕昭陽漫見嗤。試問昔年花放日，何如經見太平時？

　　仙邨一樹莫嫌遲，桃熟千年自有期。誰指南山稱萬壽，靈謠應咏白雲詩。

　　又孫致彌杕左堂集卷一再和紅豆十首：

　　檀板金尊介壽初，相思子落晚風餘。玉盤傳出人爭羡，白橘朱梅總不如。

　　尚父垂綸拂水前，霱光此日正巍然。南方草木餘紅豆，摇落秋風也廿年。

　　應是天家雨露濃，丹砂一點綴秋風。傾離豆只是尋常種，不及相思顆顆紅。

　　只合承恩植上闌，蕭森玉露老江干。金籠鸚武休輕啄，留待玲瓏骰子安。

　　莫問崤嶔棗熟時，且將小刼算花期。誰言紅豆非僊果，六十年來結子遲。

　　湘中紅豆若爲傳，記拍拋來也自圓。綵筆休翻新樂府，傷心不獨李龜年。

　　的皪流丹殷畫闌，摘來真合薦金盤。莫因不入虞淵簿，却作尋常草木看。

　　不隨玉樹共凋殘，七寶闌前幾度看。却羨荔枝生處遠，紅塵一騎到長安。

　　瑶池雲散綺窗開，阿母新妝玉鏡臺。琪樹枝頭懸火齊，親教青鳥爲衘來。

　　清秋院落碧梧陰，一粒相思百種心。檢點啄餘香稻句，祗應鸚武是知音。

陳伯璣與程士喆有耦耕之約,命畫史作圖,戲賦短歌以贈(有學集卷十一)。

程濬沖,字士喆。新安人。

錢曾今吾集題陳伯璣耦耕圖:天蒼浪,地偪窄,雞豚社在東阡與北陌。牛角休掛漢書,牛背休歌白石。鴻鵠之志燕雀不可得而知,笑彼輟耕壟上西風客。長爲農夫滋味長,人間留得耦耕堂。抱膝而坐意似欣然有所會,殘山剩水總在牛欄秋草傍。周原膴膴,禹甸茫茫。群鳥獸而不返,又何用指禾黍以弔夕陽?種豆須近南山下,種稻須近要離野。傷哉亢陽歲惡獲夫悲,草盛苗稀使我淚盈把。觀君此圖載誦耒耜經,予亦滔滔没世者。

九月晦日,作乾元道人祠屋疏(有學集卷四十五)。

鈔本有學集署"歲次辛丑九月晦日,東吳白頭老叟錢謙益謹疏"。乾元道人不知何人,疏云:"於乎!天傾西北,地坼東南。捐採芝服朮之身,抱寢苫卧薪之痛。嗟南風之不競,無救陸沉;抱明月而長終,居然水解。文履善黄冠柴市,了宿願于他生;陸君實紫服珠崖,現幻身于異代。騎鯨一往,猶祈帝命于寥陽;跨隺重來,忍睹人間之腥穢。次上公之班列,終比玉晨;播十賚之寵章,尚紆金薤。修三間之老屋,懸一領之道衣。採首陽薇,媲積金澗之蒼朮;酌良常酒,侑華陽洞之白雲。望美人兮未來,思夫君兮太息。"此人當與茅山有關,似投水殉國,不知是茅山乾元觀道士張充符否。

本年,縣令張燮離任。前此,上台有置換之意,孫奇逢作書牧齋，請爲挽留。牧齋又作書吳偉業與總督郎廷佐，請他們周旋（錢牧齋先生尺牘卷一）。

與吳偉業書云："（容城孫徵君鍾元）頃有書來，盛稱敝邑新令君。……頃聞制府公祖微有推敲之語，蓋以書生初任，地方繁劇，未能一切治辦。若其居身端謹，和易近民，當地方凋殘之後，正賴以撫綏鰥寡，培養元氣，則在敝邑百姓，不可一日無此令也。……敢乞老先生俯念鄰壤，轉達本道公祖，矜恤窮鄉，保全賢令。……鍾元所撰去思碑，附致一通。"

與郎廷佐書："治某奉辭鈴閣，已四易歲。……茲有啓者，敝邑新任張知縣，北方素著才品，容城掌教，士類歸仁。……伏惟老公祖曲賜培植，另其殫力從事，乂安凋瘵，敝邑兆民幸甚！"

同卷與張邑尊："恭惟臺下，以金鐘玉鉉之品望，小試牛刀……（某）未能從黄髮父老，執瓣香以候飛鳥，席門蓬户，反荷式廬，遥聆德音，感愧無地。……鍾老回啓一函，敬煩記室，乞爲轉致。"鍾老即孫奇逢，奇逢號鍾元，故名。

張燮，字理菴。大興人。拔貢生。自容城教諭陞常熟縣令，臨去，孫奇逢爲作去思碑。據康熙重修常熟縣志，張燮順治十七年（1660）八月任，十八年十月去。

又錢牧齋先生尺牘卷三也有致張邑尊書一通，疑亦是張燮。

陽月朔日，爲王士禛作王貽上詩序（有學集卷二十一），又作古詩贈新城王貽上（有學集卷十一）。

王貽上詩序，鈔本有學集署"辛丑陽月朔日"。序云：

"貽上以余爲孤竹之老馬,過而問道于余,余遂趣舉其質言以爲敘。"又云:"余八十昏忘,值貽上代興之日,向之鏚礪知己,用古學勸勉者,今得于身親見之……豈不有厚幸哉!"

錢牧齋先生尺牘卷一與王貽上:"僕與君家文水,爲同年同志之友,而司馬、中丞曁令祖,皆以年家稚弟,愛我勗我。草木臭味,不但孔、李通家也。……舍甥北歸,奉大集見示,如遊珠林,如泛玉海。耳目眩運,且驚且喜。舍甥郵傳嘉命,鵠索糠秕之導,屏營彷徨,未敢拜命。丁繼之自金陵來,道門下駐節水亭,燈炧酒闌,未嘗不顧念耄老,思以文事相商榷。……遂力疾草序文一通,託丁老附呈侍史。"

又一通:"玉峯郵中,忽奉長箋。溫文麗藻,曄如春花。東風入律,青雲干呂。奉讀數過,笑繼以抃。……近日詩家,如稻麻葦粟,狂易瞽眩。今得法眼刊定,又有伯璣玄覽,共爲鑒裁,廣陵當又築文選臺矣。西樵詩渴欲請教,郵中都未見寄,怒如調饑,我勞如何。邢溝一水,不能辦十日舂糧,趨侍鈴閣。京江間阻,便如明河天塹,可一嘆也。……杜詩非易註之書,註杜非小可之事,生平雅不敢以註杜自任,今人知註杜之難者亦鮮矣,可嘆也。西江王于一苦心學四大家文字,其佳者可謂合作。滃逝之後,遺文散佚,倘得屬伯璣搜輯,序而傳之,俾此子不爲草亡木卒,誠蓺林所仰望也。"上二通書亦見古夫于亭雜錄卷三,文字頗多差別。

王士禛古夫于亭雜錄卷三:"予初以詩贄於虞山錢先生,時年二十有八,其詩皆丙申後少作也。先生一見,欣然爲序之。又贈長句,有'騏驥奮蹴踏,萬馬喑不驕。勿以獨角麟,儷彼萬牛毛'之句,蓋用宋文憲贈方正學語也。又採其詩入所撰吾炙集,方夵山自海虞歸,爲余言之,所以題拂而揚詡之者,無所不至。"

又王士禛居易錄卷十:"牧翁於余有知己之感,順治辛丑序予漁洋詩集,有代興之語。寄予五言古詩云:勿以獨角麟,儷彼萬牛毛。"故繫之此,士禛時任揚州推官。

王士禛(1634—1711),字子真,一字貽上,號阮亭,愛洞庭漁洋山之清幽,又號漁洋山人。順治十五年(1658)進士。官至刑部尚書。祖父王象晉,與牧齋有交。從祖王象春,字季木,爲牧齋進士同年。

陽月望日,聞牧雲和尚將結廬祀奉二親,作恤廬詩贊之(有學集卷十一)。

南昌丁弘誨來,十月十八,作送南昌丁景呂序(有學集卷二十六)。

鈔本有學集署"歲在辛丑陽月十八日"。序云:"孟冬,景呂至,摳衣奉手,如其叔之云。爲余言伯勉從茂齊諸人譚余童年事甚悉,不啻連袂接席也。……景呂言伯勉晚猶藏弆篋衍,時時出示子弟,以吾童稚時抛磚浣璧之餘,猶爲人矜重如此。"

茂齊,邵濂。

丁弘誨,字景呂,號循庵。伯勉子。順治八年(1651)舉人。官臨川教諭,陞獲鹿知縣。

丁景呂詩集登虞山寄呈錢牧齋先生:奇峰插雲雲不奇,峰頭故壓雲頭低。海潮抱日曉相盪,紅碧閃爍如玻瓈。溟渤須彌在吾目,俯視城市皆町畦。風流地主客不惡,新酒可篘柑可攜。婆娑坐卧未忍去,眼光先爲山靈迷。姿神秀净骨嶔崎,江有匡廬閩武夷。石敧苔滑更攀躋,晴蟾皎出翠巒西。誰言看山秋不宜,兹山體氣備四時。天下文章莫大是,觀止應看山與齋。

作懸蛇行贈周茂廬(有學集卷十一)。

周茂廬與金聖歎有交往,生平待考。牧齋詩云:"周君賣藥楓橋下,長身歷落氣瀟灑。要離伯鸞古有之,悠悠末俗誰知者?"應是蘇州人。

李權部饋貂帽繭紬,口占一首爲謝(有學集卷十一),又爲其作望古齋集序(牧齋外集卷八)。

李繼白(1618—1663),字荆品,號夢沙。河南臨漳人。順治十二年(1655)進士。授山西陽城知縣,以卓異擢户部主事。十七年任滸墅關榷使,十八年去。據范韓范氏記私史事,繼白實因購買莊氏明史被殺。

道光滸墅關志卷十八雜記:"庚子督理滸關。自公之暇,輒與士子談藝,晨夕晉接,未嘗告倦。一時知名之士,悉遊其門。繼白賦姿敏異,讀書過目不忘,所著有四書折衷、詩集江南遊草行世,遊草爲監督時所作也。"牧齋序有"日余遊武林,敘萊陽宋玉叔詩",故繫於此。

牧齋外集卷二十二復李夢沙:"捧讀大集,驚嘆交并。較貝葉之餘工,繹粲花之緒論。禪定未深,獵心猶喜。輒拈長語,以塵簡端。……小春餘日,負暄少暇,當奉扣丈函。"

同卷上李夢沙:"猥以衰朽,深荷記存。念其艸木之年,重以繡段之贈。酌以大斗,侑以兼金,遂使蓬蒿生春,兒童忭舞。"因牧齋本年八十,故有餽贈。

望古齋集卷四上大宗伯錢牧翁先生:虞山先生百代宗,

矯矯天際人中龍。東臨滄海萬物小,高峰無上登崆峒。才大譽高衆所忮,鷟羽被擊道莫容。黨禁方解坼地維,翱翔千仞凌秋空。勁骨不隨天地晦,峻節一任山河窮。文獻兩朝一線存,天隆平格白頭翁。牀繩高卧平泉笑,緑墅青山絲竹中。爲此至人臻大耋,當爲貞元百六齊化工。人生重此三不朽,立言將與并德功。手提玉尺量賢豪,粲若列宿羅心胸。石渠天禄徒往事,乙籤蔾火烽霄紅。初學一編自手授,誰爲竊此商賢公。願慚小巫生鄴下,七步不就愧遺風。秋蟲嘖嘖技止此,愿乞金鎞開愚矇。仰止龍媭望無垠,中有蓮幕隱芙蓉。何時錯屐過明月,追隨講席同師崇。

爲王撰題所畫四君子圖(有學集卷十一)。

王撰(1623—1709),字異公,號隨庵。太倉人。時敏三子。工隸書山水,平時喜作淺絳山水,得時敏家法。爲"婁東十子"之一。

題金孝章生挽册(有學集卷十一)。

詩云:"六十要生挽,趣我屬和之"。陸貽典覿菴詩鈔卷二亦有金孝章六十生挽詩,錢曾今吾集亦有金孝章六十乞人作生輓詩爲作五言二百字。

汪琬鈍翁續稿卷二十四金孝章墓誌銘:"先生年七十,徧乞常所往來者賦生輓詩,引陶淵明自祭文爲況,蓋其風流雅趣如此。"或誤記。

十月,徐芳過虞山,謁牧齋于半野堂,爲之上壽,並請序。嗣後,作壽錢牧齋宗伯序。

徐芳懸榻編卷二壽錢牧齋宗伯序:"歲在辛丑十月,予以嘉定山水之役,還過虞山,牧齋先生聞而見訪。翌日,報谒半埜堂之胎偓閣。先生飲之酒，布席豁牖，烏目晚翠，蒼然入座。先生攜予起，循檻西折，指點形勝，倚徙良久。日暮燒燭，命兒更酌，予謝弗勝。獨記先生之年，于今秋八十，予與在坐陳伯璣、朱望子皆以地遠，不及觴祝，則更酌先生之兒以壽先生。先生亦喜，爲連引數滿，極歡而罷。越數日，先生爲予序藏山稿，併跋先人傳後一首。又以予有天目遊，錫之贈言以別。"朱陞，字望子，隗弟。

懸榻編卷五與錢牧齋宗伯："丙戌以前，小有囈語，皆燬于寇。亥子以來，摧悴兀兀，才思缺敗，間有所涉筆，與世多忤，又輒焚棄。所可存者，纔得十冊，名曰藏山稿，散在白下諸知己處。篋中隨攜，僅存二冊。又近有眩病，不及繕寫，冒昧以上。昔李翱、張籍以遊昌黎之門，其爲文章，皆有法度，而昌黎亦時稱引之，故能稍稍有聞于世。僕不敏，不足以備翱、籍之列，如先生者，今日昌黎之目，豈得辭乎？既幸及之矣，其亦進而教之否也。再有請者，先君子生平行履，頗多不媿古人，雖伏在草莽，而忠孝至性，于時無匹，苦寒落餘生，無能揚述萬一。向曾乞輓言于四方同人，頗已成帙。兹不揣，欲得一言弁冕之，倘不靳揮灑，是先生之矜念存殁，而重錫之以不朽也。"

徐芳（1619—?），字仲光，號愚山子、拙庵。江西南城人。崇禎十三年（1640）進士。同治南城縣志卷八：徐芳，字仲光，號拙庵。生有異骨，警敏絶倫，淹通典籍。文章舒徐條達，有吐納百川之勢。爲人慷直廉介，不墮流俗。崇禎己卯，鄉試第二，明年成進士。尋授澤州知州，以治行第一聞。丁內艱歸。唐王僭立，起驗封司，擢文選郎。首薦揭重熙、傅振鐸、傅鼎銓。會有劾重熙守州時事者，芳言於冢宰曾櫻，白其誣。繼薦重熙爲江撫，櫻具如其言用之。御史汪觀請用劉中藻、朱從議、李藎三人同撫浙，曾櫻不可，觀因論其誤國。芳謂櫻重臣，要地用人，自宜參與。浙西民困甚，多一官即滋一擾，三人者，未見其可。不聽。林友蘭按江西，遁還閩，懼劾，上章極詆曾櫻及楊廷麟、萬元吉等。芳言友蘭奸邪黨比，誣陷正人，降友蘭光祿錄事。由是奸人切齒，謂芳與湯來賀等爲江西黨，改芳翰林編修。留延津，以病乞歸。國朝順治七年，分巡道莫可期以遺逸薦，起翰林院左春坊，不就。生平於書無不讀，於諸先儒同異，具能晰其源流，而獨宗良知學。晚年有以講席請者，則曰："學不在多言，顧力行何如耳。"洞桑梓利病，如馬政、清軍、均丁等，剴切指陳於當事。邑令苗蕃知其賢，特敬禮之。所著有藏山稿、行腳篇、傍蓮閣草、砌蛩吟、憩龍山房制藝。苗嘗選刻藏山稿文十之一曰懸榻編以行世。

按：徐光生年，壽錢牧齋宗伯序曰："予之生，後先生三十七年。"爲萬曆四十七年(1619)。而與錢牧齋宗伯書則云："某不肖，今年四十四矣。"則爲萬曆四十六年(1618)，略有差別。

十月二十五日，應徐芳請，跋南城徐府君行實（有學集卷四十九）。

府君即徐芳之父。文云："南城徐銓部仲光敘次其尊府君行實，少服牛行賈，以紓其親。長束修鐱礪，以立其身。晚教忠訓廉，以成其子。今之士大夫，墻高基下，蠟言栀貌，爲土龍致雨者，視府君何如也。府君有勇知兵，馬上舞雙刀如輪,昏黑中能挾彈取物。其平居俯躬摳衣,斷斷如也。南渡日,弘光改元,歲時家祭,稱崇禎年如故。嗟嗟,稱弘光猶不忍,況忍改王氏臘耶?

是日,又爲作贈愚山子序(有學集卷二十二)。

鈔本有學集署"辛丑陽月二十五日,虞山契末老友蒙叟錢謙益撰"。

又于胎仙閣作戲題徐仲光藏山稿後(有學集卷四十九)。

十月晦日,爲沈自南藝林彙證作序(有學集卷十九)。

沈自南(1612—1667)字留侯,號恒齋。吳江人。自然弟。順治九年(1652)進士。性恬静,寡言笑,惟好著書。兀坐一室,雖當道聞風請謁,罕見其面。後迫於功令,授知蓬萊縣,卒於官。著有明五朝國史紀事本末、藝林彙考(又名藝林彙證)等。此書尚存刻本,鈔本有學集署"辛丑十月晦日,虞山東澗遺老蒙叟錢謙益題于碧梧紅豆村莊"。

國朝松陵詩徵卷二沈自南春莫錢宗伯牧齋過訪因贈:"登仙曾羨李膺舟,何幸停橈復此留。下士昔傳東閣盛,著書終許石渠收。花飛江上銜泥燕,柳縮亭邊狎浪鷗。擬得三都待題品,當時玄晏最風流。自註:藝林考證欲求先生弁言。"

本年,作余母毛太夫人表節詩序(牧齋外集卷八)及表節頌(牧齋外集卷二十四)。

詩敘云:"遂安澹公余公,以進士高第,擢守吾郡,下車踰年,風和霜肅,百廢咸舉,政聲籍甚,爲海内循良之冠。"

余廉徵,字澹公。浙江遂安人。順治六年(1649)進士。十七年六月任蘇州知府,署蘇松兵備道,十八年十二月離任。哭廟諸生,當時即由余氏覊留府治花亭。

　　錢牧齋先生尺牘卷二與陳金如:"郡守之母,想已物故矣,未知二難俱有甲科否?今何故忽要作詩?昨放四屁,已不中用,今再放,恐有如前樣,乞詳示之。詩册中可鈔一二篇見示,以作樣子,尤所望也。詩題云恭頌余太母云云,又似現在之論,殊難作依樣葫蘆,幸無罪絮叨也。因往杭,匆匆奉教,一切未及端詳耳。"

　　又與素昭:"余太尊以太夫人千秋之託下委,聞命悚慄。履歷未詳,不能立傳,謹作表節頌一首。以文體言之,則頌詞似鄭重於作傳也。"孫致彌有先中丞得歐羅巴雙劍,以贈門人錢素昭志,至今尚在,感而作歌詩,知素昭名志,孫元化門人。

　　又卷三復余太尊:"太夫人墓銘,敬承千秋之託,敢不如命。但以衰病,觸暑染疾,醫者戒謝絕一切,静事調攝,掩關息機,料理湯藥。諸公有以文字下委者,悉收藏元稿,待秋盡冬初,方可力疾舉筆。此時賤體委頓,萬萬不能破例從事筆研也。"

本年,作絳跗山房詩藁序(牧齋外集卷八)。

　　序云:"今歲,明經久次,膺貢上庠。次子溯潢,以終、賈之年,驤首天路。"又云:"友人王君兆吉輩,搜羅篋衍,得詩數百篇,喜曰:'此金如載贄之先資也。'相與刻而傳之,屬余爲敍。余于金如爲外家懿親,辱有一日之長,知其生平,循墻畏影,重自抑損,非若唐之正字,破千金之琴,市聲名于雒下者。……今金如膺貢北上,值破格求士之會,安知不如宗海、敏德以玄纁起家?"

陳溯洸，字宿源。弍子。順治十八年（1661）會魁，未與殿試。故繫之此。

冬日，有石城學人來訪不遇，題詩二首而去（有學集卷十三拂水竹廊下，有石城學人題壁云：辛丑冬日過此，追憶二十年舊遊，口占二首，牧翁先生見而和之，勿令埋没苔蘚中也。感其雅意，依韻遥和，他日以示茂之諸子）。

錢曾詩註云：石城學人題拂水竹廊原韻：罄歲頻過樂未休，文壇綺席集名流。風前桃李花盈座，夜半笙歌月滿樓。問字人來留隔歲，乞詩僧到住經秋。繁華回首吾能記，二十年前是舊遊。

堂閣蕭條烏雀新，入門憶是舊時春。繞廊修竹筠粗減，傍户流泉硐道塵。四壁雲林誰是主，一庭香雪若爲鄰？斜陽秋水堪登眺，寄語東山好避秦。

冬，錢曾爲其父請銘，作族孫裔肅墓誌銘（有學集卷三十五）。

山曉閣明文選續集卷五評云："以宗老誌族孫，着不得一飾詞，須看此文之詳覈。起手從好書説入，先説自己之好，再説族孫有同好，既説族孫有藏書而己不知，必既久而後得知而見之，蓋好書已是高人韻事，有書而不使人知，則既無矜張之名，且藏之身後，猶是精好可觀，則又無漫漶之失。委曲説來，深情遠致。族孫身分，已是峨嵋天半，正如子長寫四皓，只言其鬚眉皓白，衣冠甚偉，固已令人想見商山丰度也。"

長至日，作讀歸玄恭看花二記（有學集卷四十九）。

文云："玄恭今歲飽看牡丹、菊花，紀其游最詳，屬余評定。歲暮侷塞，卒卒未遑點筆，姑書此以復之。然玄恭看牡丹詩云：亂離時逐繁華事，貧賤人看富貴花。此二句，可當紀游數十紙矣。"

李來泰卸職蘇松糧道，十一月二十八，作督漕李使君去思記（有学集卷三十一）。

鈔本有學集署"歲在重光赤奮若月旅黄鐘二十八日"。記云："督漕憲司江右李使君視事經年，漕政治辦，考課當第一，用漕折不中額免官。余衰病閉户，邑之耆老子弟踵門請曰……余懼然授簡……遂援筆書其語，俾刻石以爲記。"

道光蘇州府志卷二十一公署三："李來泰，字石臺，江西臨川人。進士。順治十七年任。盧綋，蘄州人。進士。順治十八年任。"

作尹孔昭墓誌銘（有学集卷三十五）。

銘云："己亥十二月，自道之子□□謀諸婚家尚書清和公，庀治窀穸，卜葬某地之新阡。蓋孔昭之歿，至是三十九年而始克葬。"尹嘉賓死於天啟二年（1622），故繫此。

十二（嘉平）月，題王元初塞上吟卷（有学集卷四十八）。

婁東詩派卷十四："王元初，字瑞徵，國初以武功署末將銜，有塞上吟。"注云："瑞徵工六法，得王圓照指授。吴元朗、振西集中有贈紫厓將軍詩，即瑞徵也。"

嘉慶直隸太倉州志卷六十雜綴："（吴氏私志）又云，順治乙酉六月十三，周荃奉命安撫太倉。荃，郡人，居虎邱，原任蕪湖船政通判。至州，坐堂諭百姓，民皆香燭結綵，門書順民字。繼往嘉定，復來任，至十九日去。招浦嶼等出兵保桑梓，嶼善武藝，豫王任以副總兵銜，駐州，禦勤有功，殺叛奴爲首者,殺毒紳之首惡陶二、張明宇等,州賴以安。王元初,字邃徵,能文章,補武學廩,數考第一,武略過人。隨王總兵之仁勒兵勤王,臨陳獲級,以首將未敘,故功不及。後祁撫軍辟守京口,受委爲游擊,與嶧同事。按荃名靜香,其按撫諸屬,於興朝固有功,而綏靖民生亦有德。"

　　壬辰志稿卷十四:"浦嶧,字君書,勇力絕倫。順治二年夏,大兵南下。嶧同王元初、吳體元等團練鄉勇,奉書幕府,率先郊迎。用捍衞城門功,署末將銜。尋被曹耦所許,不及仕卒。元初,字邃徵,廩生。國初中武進士。"

王士禎見牧齋題沈朗倩石厓秋柳小景,有和詩。牧齋聞知,冬日又作書寄王士禎。

　　王士禎帶經堂詩話卷十二:"順治辛丑,客秦淮丁翁邀笛步水閣,見錢牧翁題沈朗倩石崖秋柳絕句云:'刻露巉巖山骨愁,兩株風柳曳殘秋。分明一段荒寒景,今日鍾山古石頭。'予援筆和云:'宮柳烟含六代愁,絲絲畏見冶城秋。無情畫裏逢搖落,一夜西風滿石頭。'袁荆州見之,戲曰:'忍俊不禁矣。'"袁荆州即袁于令。

　　錢牧齋先生尺牘卷一與王貽上:"伏讀佳集,泱泱大風。青丘、東海,吞吐於尺幅之間,良非筆舌所能贊嘆。詞壇有人,餘子皆可以斂手矣。……八十老叟,餘年幾何,既已束身空門,歸心勝諦,義天法海,日夕研求,刳心刻腎,如恐不及,何暇復沈湎筆墨,與文人才子爭目睫之短長哉。……秋柳新篇,爲傳誦者攫去。"此書亦見古夫于亭雜錄卷三、牧齋外集卷二十二,文字略有差異。

　　又錢牧齋先生尺牘卷一與王貽上:"謹拜嘉什襲,傳示子孫而已。令兄年翁大集，郵中未曾頒賜，恐有浮沈，敬胥後命。伯璣想尚在舍，幸道相念。寒窓裁謝，臨風悵然。"按：此書與牧齋外集卷二十二復王貽上頗有類同，但外集文字更多，疑有錯簡。

十二月二十二日，作華母龔夫人八十壽序（有學集卷二十九）。

鈔本有學集署"辛丑嘉平二十二日"。壽序："壬寅正月，華渚方雷之母龔夫人，春秋八十，吳趨士大夫，徵余爲稱壽之文者凡十人。"則華母之壽辰實在明年。

乾隆蘇州府志卷五十四："華渚，字方雷。其先自無錫徙吳。渚少穎悟，弱冠補諸生，有名。時張溥、張采、楊廷樞方主盟文社，渚皆游其門。鼎革後棄諸生，屏居，六經子史及醫卜種植之書靡不蒐討。文筆古峭，兼工書法。康熙初，嘗預修府志。所著有逸民傳、勾吳華氏本書、復社紀事。年六十九卒。"

華渚（1607—1675），字方雷，一字方來，明亡易名冠，字匏伯，再字子進，又稱旅隱子，更號平莊。徵獻孫。

十二月二十四日，作張公路詩集序（有學集卷二十三）。

鈔本有學集署"歲在辛丑嘉平二十有四日，虞山蒙叟錢謙益謹序"。序云："萬曆丁巳，余邀程孟陽結夏拂水，孟陽爲余言，菰蘆中有張公路先生，褐衣蔬食，衡門兩板，諳曉王霸大略，談古今兵事，指陳其勝敗之所以然，星占分野，關塞阨塞，皆能指掌圖記，若繩裁刀解，粉畫線織。去年九十有一，死安亭江上矣，惜乎吾子之不獲見其人也。余心識其言，訪其遺詩，得五十餘篇。亂後輯歷朝詩集，援據唐叟叔達之序,略而存之。又十餘年,公路之孫昉與其從孫理刻其遺集行世,以余知公路者,請爲其序,而余亦已八十老矣。"

張名由(1526—1616),字公路。嘉定人。諸生。有張公路集八卷傳世。

涂月廿四日,作葉九來經鋤堂詩序(有學集卷二十一)。

年月見鈔本有學集,經鋤堂詩刻本但作"涂月"。序云:"葉子九來以近刻詩見貽,開卷見得下敘,讀之而歎。"

葉奕苞(1629—1687),字九來,號二泉,別署群玉山樵。崑山人。學有根柢,工詩善書,博雅擅歌。康熙十八年(1679),應博學鴻儒試,懷才不遇,放歸。歸葺半蘭園,與名流姜宸英、施閏章、陳維崧、歸莊、徐開任輩,流連觴詠,極一時之盛。著有金石録補、崑山縣志、經鋤堂集,以及樂府四種。

得下,一作德下,即呼谷,亦崑山人。

涂月二十五日,作許夫人嘯雪菴詩集序(有學集卷二十四)。

此集有刻本,末署"歲在辛丑涂月二十五日,籛後人八十叟謙益序"。

許夫人,即吳綃(1615—1671),字素公,一字冰仙,又字片霞。長洲人。默女,常熟許瑤妻。後因與同里陶子齊通姦被出。工詩,善書畫,兼喜絲竹。

十二月二十五日,作地藏菴記(有學集卷三十一)。

記云:"縣西城即阜以陴,旁陂立東嶽殿,面勢軒豁,直西十五步,有地藏菴。菴西二十步抵西譙門,而山城盡。菴故大石山居隙地,孫氏長者齊之,施無盡上人,剏菴供地藏菩薩。架閣繚垣,農力者事,今比丘象游也。……象游扣請老人,俾爲菴記,乃書此語,刻陷壁間,用告來游來觀之人,并以勸勉護持此菴者。"此碑尚存拓本,嚴熊書,馬嘉刻石。牧齋記署"歲在辛丑涂月二十五日,虞山白衣老人錢謙益謹記"。

民國重修常昭合志卷十九:"地藏菴記跋,康熙元年,施男跋,程嵋書,刻錢謙益記碑陰。"施男跋在碑陰,署康熙元年正月,有"辛丑冬,余從鳩茲來,蒞止西堂。迫歲除,適邁牧翁錢大宗伯爲記以紀其實"云云。

嚴家、毛家甥舅有隙,嚴伯玉請牧齋主持,作書答之。

錢牧齋先生尺牘卷二與嚴伯玉:"舟次枉顧,不獲倒屣,朔風塞路,相望凄然。頃接手教,以毛氏糧務相聞。僕八十衰老,絶口不談户外事久矣。毛氏昆仲,以子晉遺命,許刻金剛箋註,間一會面。自刻經之外,不復闌及他語,近亦久不聞問矣。舅甥至戚,豈須外人關説。況少年盛氣,老人多口,徒供其挪揄耳。拜命之辱,俟諸面請。"

又一通云:"道尊頃以訟牒下詢,髻珠、黍谷當有成議,僕只藉手報命耳。雖有小忿,不廢懿親。兩家舉動,皆是畫蛇添足。惟望高明宥其童稚,嘉與更始,以仰副道尊質成盛意。想諸公定無後言也。"

嚴瑋(一作煒),字伯玉,又字劉中。訥曾孫,栴長子。以蔭官中書舍人。與祁陽王善,與共艱難。後依瞿式耜于桂林,官至太僕寺正卿。桂林陷落,爲清兵所執,不屈,清兵禮而縱之。著有滄浪集、蘇山草。栴有四女,一適毛晉爲繼妻。故嚴煒于毛家諸子爲母舅。

本年,編纂義勇武安王集。

錢曾讀書敏求記卷二重編義勇武安王集二卷:"辛丑孟夏(冬)初旬,吾邑西鄉迎神賽會。先期王示夢里人云:紅豆莊有警,廿八至初二,須往護持,過此方許出會。是日,牧翁赴李石臺使君之約,入城止宿。山莊其夜盜至,而公無虞,王之靈實庇焉。公齋心著是書者,蓋所以答神祐也。元季巴郡胡琦編刻關王事跡,嘉靖四年,高陵吕楠復校次刊之,名義勇武安王集。公取二書,次第釐定,考正删補,而謂之重編者,因名仍吕公之舊耳。公又取錢唐羅貫中撰通俗演義三國志及內府元人雜劇,摭拾其與史傳牴牾者,力爲舉正。"

本年,張燦然來任知縣。

張燦然,字闇公。北直隸通州人。拔貢。牧齋外集卷一有贈邑尊張闇公詩。

牧齋以爲朱註杜詩必遭他人恥笑,決計暫停刊刻錢註杜詩。

牧齋外集卷二十三與遵王:"昨有一字復之,可謂痛切矣。其意堅不可回,刻成必遺四方姍笑。而彼意殊歸怨於此中之刻,謂我輩忌其分功而故阻之也。愚意不如且停此中之刻,使彼無所藉口。然後申明不欲列名之正意,以分別涇渭,則彼無所辭矣。細思畢竟如此方爲制勝之上策,不然終成一話柄也。如何如何?明日更須一面,或偕夕公來共商。"

又一通:"昨晚匆匆,有數行却留几上。停刻之說,最爲有理。俟面談,方知不其謬也。杜詩昨送去一本,再付一看,尚有好檢點處也。"

歲末,作後秋興之十一(有學集卷十二)。

題註云:"辛丑歲逼除作,時自紅豆江村徙居半野堂絳雲餘燼處。"

年底,趙玉森欲爲牧齋孫作婚姻之計,牧齋作書答之(錢牧齋先生尺牘卷一與趙月潭)。

書云:"阽危之後,重覯清平。信宿過從,契闊談燕。此世界中便是諸天善侶,共會普光明殿矣。別後掩迹荒村,自了繙經公案。……人世有八十老書生,未了燈窗業債,如此矻矻不休者乎?朔風日競,青陽逼除,俯仰乾坤,又將王正。……稺孫頑魯,未敢爲伉儷之計。承諭具見骨肉之愛,敢不銘切。但婚姻大事,未敢臆決,必須請諸神明,決之詹尹,然後鄭重奉復,想老親翁不哂其過慎也。"

本年,趙管入贅錢家。

錢氏家變錄:"孝女揭云:我父不忍嫁氏,因贅翰林院趙月潭公之第三子爲壻,依依膝下者,四歷寒暑。"

除夕,將道德經指歸贈與錢曾(讀書敏求記卷三)。

錢曾云:嚴君平道德指歸論七卷至十三卷,谷神子序云,道德指歸論陳、隋之際已逸其半,今所存者止論德篇。近代嘉興刻本,列卷一至六,與序文大相逕庭,其中闕落者尤多。牧翁從錢功甫得其乃翁叔寶鈔本,自七卷訖十三卷。前有總序,後有"人之飢也"至"信言不美"四章,與總序相合。焦弱侯輯老氏翼,亦未見此本,真秘書也。辛丑除夕,公于亂帙中檢得,題其後而歸之余。來札云:"此夕將此殘書商榷,良可一胡盧。"嗟嗟,公之傾倒於蘇至矣,憗予湮厄無聞,爲里中所賤簡,未能副公仲宣之托。撫今念昔,回首泫然。抱此殘編,徒深侯芭之痛而已。

有學集卷四十七跋道德經指歸:嘉興刻道德指歸,是吾邑趙玄度本。後從錢功甫得乃翁叔寶鈔本,自七卷迄十三卷,前有總序,後有"人之饑也"至"信言不美"四章,與總序相合,其中爲刻本所闕落者尤多。焦弱侯輯老氏翼,亦未見此本,良可寶也。但未知與道藏本有異同否?絳雲餘燼亂帙中得之,屬遵王遣人繕寫成善本,更參訂之。

錢牧齋先生尺牘卷二與遵王:"亂帙中檢出道德指歸,尚人馳去。此夕撫此殘書商榷,良可胡盧也。諸侯獻歲面盡。"

黃丕烈蕘圃藏書題識卷六道德真經指歸十三卷:"此書亦出郡城顧氏,而忘其爲某房矣。頃顧氏爲任蔣橋一房分支而遷居在濂溪坊者,有書欲消,余往觀之,於叢殘中檢得嚴君平道德指歸論,係錢東澗手跋本,內黏附與遵王札一條,想經遵王繕寫既成,而倩東澗跋之,以原札附入之本也。後書主欲并他書總去,爲他人所得。余蹤跡是書所在,假歸覆勘,中有一二誤字及脫校處,復用朱筆正之。校畢因記。時嘉慶甲戌秋重陽日也,復翁。"據江澄波吳門販書叢談記載,此書後歸吳門管氏,最終爲收藏家張蔥玉所得。

本年,作書吳江教諭洪天開。

牧齋外集卷二十二復洪天開:"艸木之年,忽復八旬。老而不死,自知可厭。不意曠代相感,重辱記存。先之以佳什,重之以長牋。金石鏗鏘,珠璣錯互。真使人應接不暇,憖愧無地。……松陵一水,絳帳非遙。尚當趨侍函丈,親承誨迪。拙集一部,奉求斧削。"

洪天開,字攬漣。歙縣人。崇禎九年(1636)舉人。順治十一年(1654)至十八年任吳江教諭,陞永定知縣。

本年,作吳母徐太孺人八十壽序(有學集二十九)。

徐太孺人爲吳适之母,壽序云:"劫運促數,殺機臚突,太孺人母子,脱離氛浸,保養天和,余亦以八十老人,偸生視息,相從于此堂也。"

趙士春保閒堂集卷十八吳母徐太夫人壽序:"同年吳君幼洪以獻歲辛卯壽其母夫人,乞言於余。"又云:"今太夫人七十矣。"又顧苓塔影園集卷一前文林郎兵科右給事中吳君行狀:"癸卯二月,太孺人壽登八十有二,無疾而逝。"知吳母八十在順治十八年(1661)辛丑,因繫此。

錢牧齋先生尺牘卷二復□□□:"士友從吳門來,每道老先生殷勤獎借,殘生餘息,不知何以辱高賢記存?惟於長明燈下,合掌遥謝而已。太夫人盛德高年,禮當致祝嘏之詞,况又恭承寵命,重以嘉貺。第以足疾初愈,筆墨抛殘,尚須少日經營,方能執筆。長至後,當從事研削,以附致南山之祝,不敢自以能事而受促迫也。令弟世兄,并此致意。諸多不及。"應即爲吳适而作,令弟即吳邁。

爲錢蝦書舫小像題二絶句(有學集卷十三)。

此詩有學集在卷十三,繫年在壬寅、癸卯間,疑在本年。陸貽典亦有二絶。

又牧齋外集卷一余宗老蘭泉居士,貧老耽詩,以賦遠湖詩得名,諸孫蝦,字梅仙,好古能詩畫,書舫小像,余爲題于圖右:"吾家宗老際休明,放飲狂歌了一生。留與孫枝無長物,傳來詩骨有餘清。半篷落日天邊坐,兩岸新秋鏡裏行。蘭泉句。書舫只應題此句,長吟因見古人情。"頸聯二句,即出自錢籌遠湖爲文先生賦一詩。

錢籌,字汝猷,號蘭泉。常熟人。家貧,好吟詠。後遷太倉雙鳳。

本年,趙玉森赴閩,作書李秀東,請其照拂(錢牧齋先生尺牘卷一)。

序云:"客歲花甲初周,有介壽鄙言,託大哉兄郵致。……敝親家趙太史月潭,赴貴同年臬司之約,單車入閩,爲武夷、九曲之遊……屬不肖爲介紹。"李秀東六十,在順治十七年庚子(1660),見前。方良以臬司爲趙玉森同年趙進美,誤。進美官福建按察使在康熙二十一年(1682)。順治十八年至康熙三年(1664)福建按察使爲王原臚。

瞿綬鈔本東澗尺牘與趙月潭:傳聞軒車有嶺南之役,未知信否。如行期已決,僕有故人在懷藩邸中,儘可爲東道主人。但此中委曲,非面談不能罄,必須枉駕江村,爲一夕之話,少爲征車指南,或有涓埃之助也。介侍親誼,敢此奉邀,知不以坐邀爲罪。若行計尚在狐疑,不敢重煩御人也。專此奉啓,不敢多及。

又作書王大哉(錢牧齋先生尺牘卷一)。

書云:"客歲冰雪載途,彼此相失,頗爲丁老所誤。頃以就醫過吳門,歸日得奉翰貺,深悔知之不早,又不獲把臂周旋,殊爲悵然也。……過承潤筆之賜,即付酒家,便可以數日醉飽,不憂硯田常荒矣。……敝親家行,托致近況,又不得達,更當與老公祖謀之也。鑑五公祖,夙仰高誼,不獲一識荊州,深用悵怏,伏乞諄切致意。"鑑五即張思明。

客歲之事,見前。

清圣祖康熙元年壬寅(1662)　八十一歲

正月,梁化鳳父卒,令在任守制,化鳳以墓誌相委。夏間,爲作誥封都督梁公墓誌銘(牧齋外集卷十六)。

聖祖仁皇帝實錄卷六:"(康熙元年正月十五),江南提督梁化鳳丁父憂,令在任守制。"

錢牧齋先生尺牘卷一致梁鎮臺:"春間以杖藜野老,晉謁戟門。猥蒙車乘之招,重荷鼓鐘之饗。……墓銘躬承台命,深愧譾劣。令兄世丈,以碩德雅望,謹於列名下添入兩行,文體已定,不克多有揄揚也,惟祈原而諒之。揮汗草草,不盡馳企。"

卷二與□□□:"梁鎮臺太翁志文,頗費苦心,未知不負千秋之託否也?志文署名,不稱通家弟而稱生者,乃後輩謙退之詞也。年家字則刻石時宜爲補入,惟門下酌裁轉示,日下待津途少通,即當往弔,面盡區區也。"此書瞿綬鈔本作與素昭。

卷三與梁鎮臺:"頃聞封翁太公之訃,不勝震悼。徒以老病荏苒,歲序淹留,未遂奔訃之誠,深懷同軌之誼。伏承高厚,不即誅夷。以衰殘失學之人,承勒銘千秋之託。聞命惶恐,執筆屏營。謹援據行實,撰述誌銘,再拜削稿,呈上幕府。"

春初,過嚴訥錦峰書院,敬題十韻(有學集卷十三)。

一月五日,山莊作詩一首(有學集卷十三)。

一月六日，述古堂文讌，欣然有作（有學集卷十三）。

　　錢曾有次東澗老人壬寅一月六日述古堂文讌詩韻，兼邀邛竹公屬和，載今吾集：“年華斗指東，燕譽此宵同。柳滴三危露，花遲四照風。水紋依檻上，香霧隔窗通。入盞屠蘇淺，堆盤粔籹工。銘中新柏綠，誦裏舊椒紅。夜氣凝芳沼，春條發故叢。邀頭歡上客，婪尾醉家翁。斂舞殘更盡，停歌小劫終。漆書留柱史，邛竹隱壺公。自喜追陪數，時依笑語中。”邛竹公，即施男。

　　錢龍惕大兗集卷下奉和述古堂文讌十韻：“壬歲春猶淺，辛盤會已同。星河分乙夜，簾幞障東風。小閣局來密，長廊曲處通。梅殘看雪綻，柳醒倩煙籠。壺瀉缸醅綠，鑪燒餤餅紅。清香聞墨藪，古色映書叢。弟子三千列，神仙八百翁。燭痕高易刻，梁韵響難終。羹淺斟堯帝，杯深酌鄭公。休言蓬島樂，只在此堂中。”

　　錢牧齋先生尺牘卷二與遵王：“既醉之後，草得十韻，殊不成章，但取市利十倍耳。諸侯面談。”

春，作圮橋行贈李條侯父母八十（有學集卷十三）。

　　詩序云：“予方以八十衰老，戒人稱壽，卻破例作此詩。條侯長筵燕喜，歌之以侑一觴。聞條侯應玄纁之聘，觀國之光。老人俚語，不合時宜，爲一捧腹也。”詩又云：“早春忽接郎君書，鄭重江淮問索居。”知爲春天。

　　錢牧齋先生尺牘卷一致李條侯：“頃接手書，記存衰老，賜以錦字，侑以良藥。……高堂眉壽，漫作短歌，以侑一觴。野人浪語，不足效千金萬年之祝，幸笑而置矣。紅豆詩一册呈覽，其二册附致崔、吳二公，俾知老人迂誕如此，共一噴飯也。舍姪孫樸邅書生,深荷冶鑄,因其郵便,附此奉謝。"

題破山四高僧圖(有學集卷十三)。

四高僧,指唐懷述、常達、朱梁彥俱、宋悟恩。

浮石和上七十,作偈二首(有學集卷十三)。

通賢(1593—1667),字浮石。當湖人。俗姓趙。年十九出家,後參密雲于天童,爲圓悟法嗣。歷當湖青蓮、吴江報恩、海門廣慧、嘉禾棲真、虞山福城等寺,晚居白馬澗。

浮石禪師語録卷十過芙蓉莊訪錢牧齋太師:柴門流水杏花香,絶勝當年緑野堂。一代經營真事業,片言嬉笑即文章。非因避俗居東海,且爲怡神對夕陽。放鶴養魚閒不了,樂遊原上望晨光。

壬寅元夕,賦燈樓行示施男(有學集卷十三)。

錢牧齋先生尺牘卷一與施偉長:"長安三布衣,累得合肥幾死,君去又欲摻豚蹄而享千金,金鮀雖澤,誰爲聽者?無已連留幕府。高適、杜牧,亦古之聞人也。然丈不耐又不屑,世無嚴武、牛僧孺輩可語,不如還艤舟來吴,聽荷風稻香,喫折脚鐺冬春米飯,閒挑冷語荒史,過却長夏三秋,再作計較若何?如必欲行,涿州雖謝政,手段還有一二分像,蒙當破格爲兄惓切數行也。"

上元日,作張子石徵君七十壽序(有學集卷二十七)。

鈔本有學集署"歲在玄黓攝提格之王正上元日,虞山老友蒙叟錢謙益謹序"。序云:"壬辰歲,子石年六十,余爲文以稱壽,略道其生平志節與師資友誼之槩。又十年壬寅,子石壽七十矣。"

正月,題瞿氏家乘(瞿氏家乘)。

文云:"壬寅歲,稼軒長君伯申持其家乘,問序于余,且曰:是書刻於崇禎十六年,恩綸志銘,皆先君子手編,錫承先志,罔敢或墜,纂輯而增補之,謹再拜泣血以請。"

正月,作屈毓庵像贊(牧齋外集卷二十四)。

屈坦之(1570—1644),字毓庵。復顯子。常熟人。性耿介,邑有大興革,指陳利弊,不避嫌怨。李自成破北京,絕食死。

爲呂小隱作後觀棋六絕句(有學集卷十三)。

錢龍惕大充集卷下和得觀棋六首贈呂小隱:黑白分明落子遲,一枰方罫有餘思。豈知天上棋童子,已住人間七十期。

手執枯棋白日長,領巾猶帶瑞龍香。須臾便是滄桑後,獨向茅檐記數行。

爭先賭勝已忘機,僧帽儒衣獨杖藜。誰識洞中瞿道士,手拈一子是仙梯。

暗長春泉橫火燒,此中消息更誰饒。不須苦記乘除語,天眼唯觀肉柱搖。

玉麈賭罷兩奩空,白石清泉夢覺中。蓋妃覆圖誇底事,誰將一著勝仙翁。

曾提楸局過函關,一粒壺中好駐顏。我亦青霞洞天客,爲君拋下斧柯還。

顧君升改葬,爲作明明經君升顧君改葬墓誌銘(有學集卷三十六)。

墓誌云:"君歿踰年,癸未,卜葬于齊女門外,形家言水泉不利。越二十年,歲在壬寅正月,輂始得吉壤于陸墓廿三都北七圖之窴字圩，奉君柩改葬，而具狀請銘于余。"

顧君升(1595—1642)，原名延祐，改名世駿，長洲人。諸生。祖道隆，與祝允明、文徵明交，家富藏書，積之萬卷。子韡(1615—?)，字開林。甲申後謝諸生。亦好書，耳目所及，必購得而後快。力所不逮，輒手自抄寫。彭士望爲作長洲舊文學顧君生壙誌。

聞錢祖壽自彰德歸，喜而作書。

錢牧齋先生尺牘卷二與福先："頃得范三兄札，知有錦旋之信，爲之狂喜。此時得歸故園，骨肉團圞，此人間第一吉祥。八十衰翁，有種種事件，欲待足下商榷。今得遂此願，餘生暮年，亦第一可喜也。原約歸里之日，先到村莊，後入城市，此言萬萬不可爽約。專率稚孫，掃門酌春酒，以待車騎之至，勿令老人望眼欲穿也。呂小隱頃在村中，知足下歸信，不勝雀躍。故人朋舊，盼望如此。東阡南陌，殊不寂寞也。"

初春，王士禎有詩寄牧齋。

阮亭壬寅詩蓉江寄牧翁先生："芙蓉江上雨廉纖，東望心知拂水巖。共識文章千古事，直教仙佛一身兼。夜聞寒雪推蓬笠，春惜濃花側帽簷。兩到江南不相見，少微空向老人占。予先以探梅入吳。"

二月朔日，爲施男題吉州施氏先世遺册(有學集卷四十九)。

文曰："獨吉州施氏，累世圖像遺文，散失者十有三載，裔孫偉長，一旦得之僧舍。豈非施氏風流弘長，先人靈爽憑依，不與劫灰俱泯？抑亦偉長抑塞磊落，龍蛇起陸，天實護持以畀之與？"

又《錢牧齋先生尺牘》卷一《與施偉長》："吾炙集如吾家幼光，真不可多得。若邛竹君，則又當孤行天壤，弗宜以此集拘者。……故得光是集者惟幼光，不必光是集而望光欲憎者，惟邛竹君。此雖私語，然實千秋定評。今人聞者，未必樂舉是議而衷之也。"邛竹君，即施偉長。

又一通："假鬐詞，《列朝詩》誤刊張東海，僕心疑之久矣。得君家世澤圖，定爲曾忠愍作，然是宋人詩也。此後遇此等，惟有一意刊去爲是耳。"

二月，鄭成功收復臺灣。

二月，作《吴越錢氏旁支圖序》（牧齋晚年家乘文）。

序云："余入翰林，會稽相君在右坊，相戒勿私通譜牒，詞垣四錢，皆不稱宗。及再入長安，四方舉子以子姓通刺，伏謁如家人禮，不知所由來也。閭閻小子，竊負宗盟，神販祖先，博易聲勢，流俗相沿，以爲故事。不及百年，華戎同貫，胥行路之人而兄弟之，而伯叔之，而祖父之，禽獸知母而不知父，野人曰父母何算焉，天下蕩蕩，無紀綱文章，此之謂也。……是用敘次宗、支二圖，而謹書其後，以申告當世之君子。"

二月五日，錢曾第四郎試周，宴牧齋於述古堂，喜而有作（《有學集》卷十三），牧齋又爲四子取名，作《遵王四子字敘》（《有學集》卷十六）。

錢曾有《二月五日東表試周宴東澗老人於述古堂敬次原韻》，載今《吾集》："裹錦推江左，懸弧指海東。晬盤慚草草，嘉宴笑匆匆。麟定追先烈，龍媒憶故宫。仙桃應曲檻，人杏倚雕欂。祖德歌長發，孫謀託小同。花明策驌日，柳漾釣鰲風。竹葉分波綠，蘭膏射席紅。那容誇似鳳，不敢說維熊。譜録傳芳後，枝分慶系中。無聞過三十，何以荅家公？"

錢龍惕大充集卷下奉和仲春五日述古堂周睟置讌十韻："時序春行半，年華日正東。試啼方啞啞，摩頂又匆匆。樂奏停雲響，筵鋪曲沼宮。甗甂呈舞玉，屈戌閉簾欂。南極星應照，東山興屢同。擁旄傳祖德，鼓瑟繼宗風。淥水瞳猶碧，丹砂頰更紅。問名排列雁，入夢兆非熊。周鼎千年烈，唐封百世功。赤松如可覓，吾亦笑從公。"

牧齋敍云："遵王以辛丑二月五日舉第四子。是日，燕余于述古堂。佳氣充閭，殊有抱送之喜。今年周歲，大設睟盤之會，請余名其四子……以名四子：曰東夏，字思祚；曰東鎮，字思烈；曰東漢，字思光；曰東表，字思勳。"錢曾共有八子。

錢肅潤以詩上壽，二月二十一日，爲其詩集作序（十峯詩選卷端）。

刻本十峯詩選，牧齋序末署"玄黓攝提格如月二十一日，虞山蒙叟錢謙益謹敍"。序又云："昨者磑日自梁溪來訪余於半野堂，贈以長律六十韻，鋪張揚厲，藻繢滿眼。"

錢肅潤十峯詩選卷五恭贈虞山牧齋宗伯八十壽詩：龍門依咫尺，烏目表嶙峋。讓國基猶在，絃歌教未泯。錦峯含秀麗，拂水見清淪。地僻因人重，風高爲道淳。鴻文開八代，神範鑄群倫。賜姓從姬水，錢氏出軒轅後。分支始富春，漢富春侯分爲六望。彭城遺澤遠，天目發源真。静海流靡竭，奚川景悉遵。宗伯先世在通州，後移常熟奚川，有八景圖。一經傳祖訓，三世播王綸。門第崔盧並，科名韋杜鄰。盛朝稱鼎甲，壯歲羨垂紳。玉筍盈班少，金鑾降輦頻。雲騰五采夜，日過八磚晨。郟水醪融雪，蓬池鱠隱鱗。襴袍花似錦，餅餡色如銀。瞻仰天顏近，追隨講幄親。歐陽能得士，陸贄號知人。榜上皆龍虎，庭前盡鳳麟。和光勤晉接，正氣賴持循。碩果留君子，楊園疾近臣。錮賢爭索黨，樂聖且爲民。婦寺俄冰泮，膺滂復響臻。彈冠欣作覦，臨陛急咨詢。周禮官居伯，虞廷帝命寅。天章雖屢眷，枚卜竟何因。放浪搴長佩，優游掛角巾。十年棲谷口，一曲度湖濱。道大人多忌，才通運獨迍。犬猶狺白日，虎直踞丹宸。密網驚罹雉，私圖快窟貆。羑囚讀易歲，梁獄上書辰。患難非無主，文章自有神。潛藏知蠖屈，浩蕩識鷗馴。膚髮叨君賜，田園荷聖仁。矢忠懷曝日，植節砥霜筠。呼吸原通座，飛揚信絕塵。嚮言忠愛至，初學訓辭醇。豈獨林泉瑞，還推廊廟珍。鳳樓才奉召，玉曆遂成屯。梅市仍歸漢，桃源暫避秦。素書圮上授，詩史草堂陳。吐字垂金薤，摛華壽翠珉。輝煌齊日月，鏗鏘應韶鈞。人自堪千古，年方躋八旬。聞風深嚮往，望氣竊逡巡。幸附錢塘泒，相招琴水津。到門何肅肅，入戶倍恂恂。北道寧輸阮，西豪豈讓荀。賓朋諧聚會，子姓慶繩振。黃髮衣冠舊，青春莢芙新。仙踪追地隱，古道和天均。不受宣尼杖，安遭林類嗔。絳雲圍畫閣，紅豆映花茵。斝雉羹應獻，迴潮弩必伸。懶殘占後運，智永問前身。五百有名世，八千爲大椿。星分重費説，嶽降再生申。莘野將醻未，磻谿欲捲緡。商山陪鶴馭，魯國駕蒲輪。賚錫由天降，光芒動海瀕。

聞許譽卿死，往松江弔之（有學集卷十三茸城弔許霞城)。

　　錢牧齋先生尺牘卷二答□□□:"霞老行狀,尚未見委,亦須待春和,賤體少強,方可從事執筆也。"似當時有請牧齋爲行狀之事。瞿綬鈔本作與梅仙。

　　三月二日,遵王生第五雛,走筆馳賀,作詩一首(有學集卷十三)。

　　爲錢曾第五子取名東周,字思卜(有學集卷十三)。

　　詩云:"我命四子名,肇錫本澗東。今名第五郎,瘖嘆念周宗。東周字思卜,卜以九鼎同。周書記卜洛,亦識瀍澗東。"知此名取自書洛誥:"乃卜澗水東,瀍水西,唯洛食。"此亦牧齋東澗老人得名之由。

　　錢牧齋先生尺牘卷二與遵王:"別後遂有充閭之慶,不敢云抱送,亦願爲老人摩頂作湯餅客也。肇錫嘉名,當精思以復耳。和詩清麗婉至,所謂珠玉在側也。漢玉程墨皆上品,附謝不一。"

　　又一通:"佳兒已彌月,承湯餅之惠,正愁錯寫弄麞書也。製得嘉名,當不愧西域同時。容另書以上。宋板十九卷,少日奉納。"

　　朱鶴齡再館錢氏。

　　朱鶴齡杜詩輯注卷首識:"壬寅,復館先生家,更錄呈求益,先生謂所見頗有不同,不若兩行其書。"

　　計東改亭文集與錢礎日書亦云:"敝邑朱隱君長孺,……虞山牧翁先生在郡城假我堂見之,亟爲許可。乙未年,延致家塾。……壬寅,復館先生家。"

　　朱鶴齡再館常熟,一是調和兩人矛盾,二是應牧齋之請來教趙管尚書。

　　錢牧齋先生尺牘卷一與朱長孺："令親壽文，勉承嘉命，蒼皇捉筆，幸爲改削付之。……小婿自錫山入贅，授伏生書，欲得魯壁專門大師以爲師匠。恃知己厚愛，敢借重左右，以光函丈。幸慨然許之，即老朽亦可藉手沐浴芳塵也。"

三月三日（上巳），作陸敕先寫真贊（補遺）。

三月十二日，永曆在緬甸被擒，押送雲南。

三月十四日，錢曾招王揆、王撰、王抃、王摅、王昊、王曜升、許旭、顧湄過拂水山莊，即席分韻賦詩。

　　錢曾今吾集太原王端士、異公、懌民、虹友、瑯琊王惟夏、次谷、許九日、顧伊人同過拂水，載酒山莊，清宵雅集，即席分題，拈得支韻：賓筵初啟正芳時，載酒行廚敢後期。花盡山房春去早，藤垂澗戶雨來遲。深慚清宴無絲竹，緬想高人憶履蒌。諸君問孟陽耦耕舊處。語笑未闌重洗斝，停杯休問夜何其。

　　王昊碩園詩薁卷十六三月望日錢遵王招同端士諸子拂水山莊社集分韻得十三元：尚湖湖上綠當門，春盡重將禊事論。三月鶯花晴帶雨，十年縞紵弟連昆。勝遊未廁東山席，將謁牧齋先生。良會先移北海尊。最好日斜香草路，青衫狼籍醉名園。

　　同卷偕九日、伊人夜宿秋水閣：此閣名秋水，誰曾住宿同？三人清話裏，一夜雨聲中。寒燭燃難續，飛泉聽不窮。壁間題墨在，拂拭仰宗工。

　　王昊（1627—1679），字惟夏，號碩園。王世懋曾孫。太倉十子之一。以奏銷案破家。後舉博學鴻詞，受命病卒。

王攄蘆中集卷二三月望日錢遵王招集拂水山莊,同馮定遠、錢夕公、鄧肯堂、許九日、王惟夏、次谷、顧伊人、兄芝麓、隨菴、巢松即席分得一東:傍巖雲樹入空濛,客至堂開罨畫中。百尺泉飛山閣雨,一番花信酒樓風。市朝遷變名園在,觴詠招尋勝侶同。盛事應知傳太史,今宵星聚尚湖東。

同卷又有弔松圓詩老詩一首,略。

王撰揖山集卷一三月望日,錢遵王招集拂水山莊,同馮定遠、錢夕公、鄧肯堂、許九日、顧伊人、瑯琊維夏、次谷、兄芝麓、弟鶴尹、虹友即席分韻,得十四寒:樹色淒迷花事殘,曉風猶自怯餘寒。春山載酒逢錢起,別墅圍棊有謝安。勝地煙霞樓閣古,清宵觴詠主賓歡。南皮高會今重邁,豈作尋常讌集看?

王揆芝廛集卷一三月望日錢遵王張燈招飲拂水山莊,同馮定遠、錢夕公、鄧肯堂、許九日、王惟夏、次谷、顧伊人、家異公、鶴尹、虹友即席分韻得十二文:尚湖烟景暗斜曛,北海賓朋總不群。秋水篇章層閣見秋水閣壁間有牧翁夫子記,春風簫管隔溪聞。庭無明月偏如畫,屋有青山盡入雲。卻憶耦耕高臥日,白頭此地共論文。

鄧林梓(?—1679),字肯堂,號玉山。常熟人。韍曾孫。年十三作空谷詩,見賞於程嘉燧,人以鄧空谷呼之。康熙十八年(1679)薦舉博學鴻詞。王應奎海虞詩苑卷七鄧徵士林梓:"嘗為瞿桂林作年譜,紀事本末,纖悉不謬,錢宗伯極稱之。"

諸人所記與牧齋有一日之差。

十五日,再集述古堂,錢龍惕、鄧林梓、馮班亦在座。

錢曾今吾集有次日再集諸君於述古堂又分得蕭韻詩。

錢龍惕大充集卷下有春盡日同婁東王端士、異公、懌民、虹友、王惟夏、次谷、許九日、顧伊人述古堂文讌分得青字詩。

王抃自訂巢松年譜:"三月初,虞山錢遵王托伊人道意,折柬相招。余兄弟暨瑯琊昆仲、九日、伊人俱赴其約。惟子俶、庭表兩公以遠遊不與。初到第一夕,集拂水山莊。第二夕,集述古堂,馮定遠、錢夕公、鄧肯堂皆在座。第三日集牧翁夫子胎仙閣,出新題先文肅南宮墨卷。夫子即席首唱七律四首。一代鉅公,得登龍望見顏色,真非常幸事也。"

十六日,諸人集胎仙閣,朱鶴齡、趙管座陪,牧齋題王時敏所藏王文肅公南宮墨卷,並作詩四首(有學集卷十二壬寅三月十六日太倉太原王端士、異公、懌民、虹友、瑯琊王惟夏、次谷、許九日、顧伊人、吳江朱長孺、族孫遵王、婿微仲集於小閣,是日敬題烟客奉常所藏文肅公南宮墨卷,論文即事,欣然交並,予爲斐然,不辭首作,卷四十九書王文肅公會試墨卷真本後),眾人皆有和作。

牧齋文曰:"故少保太原王文肅公,以嘉靖壬戌首舉會試。試卷流布華夏,經生學子,家户誦習。而南宮故牘,鎖院手書者,兵燹臚突,尚在人間。公之孫奉常時敏購得之,捧持以示謙益。……奉常少侍文肅,曾覩此卷,謂出嚴文靖家,亂後乃得之不知何人。"

王昊碩園詩藁卷十六三月十六日宗伯錢牧齋先生留飲胎仙閣,偕朱長孺、錢遵王、趙微仲及端士諸子,是日牧齋出所題太原文肅相公南宮墨卷,傳玩讚嘆,因成首唱,敢次原韻四首：楝花風暖雨花微，吟賞休嫌展齒稀。苔徑踏殘逢一水，竹陰穿盡見雙扉。人從函谷瞻文字，地似磻溪隱釣磯。回首紅塵朝市滿，可能無憶芰荷衣。

海濱百里動星芒，履道池邊白傅堂。子弟風流推羯末，文章典則在曾王。朱欄畫閣鶯花日，錦軸牙籤翰墨場。自幸駑才陪末座，已蒙拂拭過孫陽。

遇合風雲世莫知，當年盛典尚弓車。三朝國史勳無憾，四葉家聲慶有餘。政府仰思調玉燭，講筵遥想侍金輿。摩挲遺墨同欣慨，鄭重標題制擧書。

淹留蘿薜興猶新，落絮殘鶯好送春。敢爲酒多憎易困，總緣才薄媿難伸。杜詩：方覬薄才伸。境當觸撥俱蕭瑟，詩到雕搜自苦辛。他日武陵尋勝事，身非漁父也知津。

王昊子繹高碩園詩藁跋云：時虞山宗伯錢公謙益爲詩文宗匠，先弇州稿多爲所抨彈，先君於其座上步其首唱原韻，即刻賦詩四章，錢公大加歎服。

王攄廬中集卷二十六日牧翁夫子招同朱長孺、錢遵王、許九日、王惟夏、次谷、顧伊人、家兄弟集貽仙閣，是日夫子題先文肅南宮墨卷，首倡四律，敬和原韻：空濛山閣雨霏微，春盡殘紅檻外稀。遂有壺觴留竟日，乍操几杖款雙扉。花香錦里新詩卷，草色磻溪舊釣磯。聞道掩關方結夏，將從初地問傳衣。

落落星辰嘆掩芒，風流無恙浣花堂。石渠舊署存三史，玉册遺忘紀四王。筆墨西清雄藝苑，衣冠東下老詞場。可憐已墮虞淵日，駐景猶思奮魯陽。

丙魏遭逢歎未如，苦心論定待懸車。品題價從千秋後，卷牘榮加五世餘。今昔高情增感慕,人文淑氣見扶輿。愧無佳句酬鴻筆,勝事流傳異代書。

促坐飛觴雨色新,殘山今日送殘春。風塵道合尊龍卧,身世愁難望蠖伸。酒後情懷殊慷慨,亂餘詩句總悲辛。桃源即在人間世,願逐漁郎一問津。

陸貽典覿菴詩鈔卷二次和牧翁三月十六日召集婁東諸詞人論文即事四首:麈尾清言喜入微,玄亭俗客駕來稀。山光獨隱烏皮几,世事雙扃白板扉。寥落關河聞戰壘,蒼茫天地剩漁磯。春風片席高人語,千仞分明一振衣。

風雅繁星起角芒,趨隅聞上讀書堂。烏衣半屬元臣胄,錦樹曾誇異姓王。馬隊閒堪開講肆,龍門高欲壓詞場。餘春一自經裁賦,晞髮依然日戴陽。

留滯湖村縶葉如,蹉跎戴笠訂乘車。風流王謝衣冠後,題跋蘇黃筆牘餘。是日牧翁題王文肅南宮墨卷。象緯至今尊帝闕,支祁何處鎮坤輿。乳旁若有光明穴,好共中宵照讀書。

門館清閒彥會新,情多正值哭殘春。空山虎豹無文質,濁水蛟龍有屈伸。玉版譚禪共調笑,朱櫻薦食動酸辛。荒塗今古明明在,策足何知要路津。

王抃巢松集卷二春季謁牧翁錢夫子,同朱長孺、錢遵王、許九日、瑯琊維夏、次谷、家端士、異公、虹友集胎仙閣,出新題先文肅南宮墨卷,夫子即席首倡,敬和原韻四律,存二首:雄文光燄吐星芒,大雅猶存舊草堂。江冷魚龍悲杜老,雲深雞犬憶淮王。白頭施帳衣冠會,青眼傳觴翰墨場。桃李公門殊自媿,祇同葵藿一傾陽。

郯子能知媿不如，追思祖德肇公車。文章獨砥狂瀾後，科第猶尊浩劫餘。喬木空存非故國，平泉雖在等寒墟。一經椽筆標題過，墨蹟重新得異書。

王撰揖山集卷一十六日牧翁夫子招同朱長孺，暨遵王、九日、維夏、次谷、伊人家兄弟集胎仙閣，出所題先文肅南宮墨卷於座次傳玩，首倡四律，敬次原韻，存二首：檻外層陰護翠微，嵯峨山閣劫塵稀。擔囊問字傾松醞，揮麈談經啓竹扉。砌草綠依新藥圃，澗花香繞舊漁磯。追陪杖履玄亭畔，分得輕雲上袷衣。

鎖院文章衆不如，早占霖雨在公車。官評漸定紛紜後，國本終安密勿餘。千載品題增氣象，百年家世重權輿。開函深荷榮華衮，寶篋長藏太史書。

卷七又有重過拂水山莊詩，自註："壬寅三月，社集於此。"

王揆芝廛集卷一十六日，同朱長孺、錢遵王、許九日、王維夏、次谷、顧伊人、家異公、鶴尹、虹友集牧翁夫子胎仙閣，是日牧翁題先文肅南宮墨卷，首倡四律，敬和原韻，存二首：吳越星文夜吐芒，履聲常滿讀書堂。登峰便覽千山小，觀海方知百谷王。願學傾心分末座，不才跼步怯當場。堦前咫尺容頻到，乘興扁舟泛夕陽。

祖德孫謀媿不如，敢誇漢相賜公車。傳家幸有絲綸在，完璧偏從兵火餘。此卷乙酉亂中得之。華國文章同琬琰，濟川舟楫此權輿。品題天與留鴻筆，忠孝重看金管書。

按：謝正光錢遵王詩集校箋謂遵王詩題不及朱長孺，乃因其竊取道源義山詩註，爲遵王所不齒，故不列名。此亦發掘太過,遵王召集諸人本無長孺,長孺十六日雖與筵,遵王卻無有詩紀其事。

有學集卷四十九書王文肅公會試墨卷真本後署"三月望日",亦有一日之差。

三月二十三日以後,作後秋興之十二(有學集卷十二)。

題註:"壬寅三月二十三日以後,大臨無時,啜泣而作。"其四云:"百神猶護帝臺棋,敗局今成萬古悲。身許沙場橫草日,夢趨行殿執鞭時。忍看末運三辰促,苦恨孤臣一死遲。惆悵杜鵑非越鳥,南枝無復舊君思。"對永曆政權已徹底失望。

三月廿九日,作吟罷自題長句撥悶二首(有學集卷十二)。

其二云:"不成悲泣不成歌,破硯還如墨盾磨。判以餘生供漫興,欲將禿筆掃群魔。途窮日暮聊爲爾,髮短心長可奈何?賦罷無衣方卒哭,百篇號踊未云多。"

春,潘檉章持國史考異來訪。

有學集卷三十八與吳江潘力田書云:"春時枉顧,深慰契濶。老人衰病,頭腦冬烘,不遑攀留信宿,扣擊緒論,別後思之,重以爲悔。"

潘檉章(1626—1663),字更生,又字力田,一字聖木。吳江人。潘耒兄。入清隱居著述,尤長於考訂之學。莊廷鑨明史案發,牽連遇難。

潘耒遂初堂文集卷六國史考異序:"亡兄力田以著作之才,盛年隱居,潛心史事,與吳赤溟先生搜討論撰,十就六七。亡兄尤博極群書,長於考訂。……於是博訪有明一代之書,以實錄爲綱領,若志乘,若文集,若墓銘、家傳,凡有關史事者,一切鈔撮薈萃,以類相從,稽其異同,核其虛實,積十餘年,數易手藁,而成國史考異一書,盛爲通人所稱許。……方諸近代,惟王弇州二史考、錢牧齋實錄辨證,體制畧同。然王氏畧發其端,而未及博考,錢氏止成洪武一朝而餘者缺如。兹編中亦援引二書,而旁羅明辨,多補二家所未及,且有駁二家所未當者。牧齋嘗見此書,而貽書亡兄,極相推服,有周詳精密,不執不偏,知史事必成,可信可傳之語。藉令天假之年,從容撰次,俾有完史,縱未敢上追班、陳,下匹歐、宋,而視近代諸家之書,或當差勝。無端遭潯溪之難,不與其事,而横罹其禍,併自著之書亦從灰燼。天實爲之,謂之何哉!考異全書合有三十許卷,今惟存六卷,高皇、讓皇、文皇三朝之事,當考正者畧具焉。不忍其泯滅,支綴舊刻,使之流通。"

春,閻爾梅來虞山,與牧齋、嚴熊相見。

閻爾梅錢牧齋招飲池亭,談及國變事,慟哭,作此志之,時同嚴武伯熊:"絳雲樓外鑿山池,剪燭春宵念昔時。鼎甲高題神廟榜,先朝列刻黨人碑。邵侯無奈稱瓜叟,沈令何言答妓師?大節當年輕錯過,閑中提説不勝悲。"

閻爾梅嚴白雲詩集序:"予與牧翁言不契,臨行遺書誚讓之。牧翁滋愠,武伯曲爲調劑。昔人所謂兩姑之間,難爲婦者。予雅重之。"

白牟山人年譜:"山人六十歲。春,過崑山、虞山,會錢牧齋。"注云:"寅賓録:常熟錢牧齋謙益帖:日來悶坐無聊,不獲追陪談笑。東亭欲别,殊爲悵然。别後益復委頓,加以眼暗足酸,種種苦惱,風燭之年,死期已至,雖欲尋好死,不能得矣。辜負德音,不勝痛惜。惟待台丈補浩功成,片語攴拭,令腐肉朽骨,少知慶忭,則所竊望也。奇窮窘極,四壁蕭然,惟叔向深知之,此中人不知,知亦不肯言也,可爲一笑。諸惟慈恕,不一。弟謙益頓首。又:日來憒悶掩户,苦無所聞見。得來信,少爲舒眉也。此中都無可語,僕早知之。芒碭雲氣,下邳流水,曷不往弔古悲歌,而刺促此地乎?恃知愛,僭進一言,知不罪唐突也。謙益再拜奉復。"

春,宋徵輿見牧齋所輯列朝詩集,作書錢牧齋列朝詩選後,侈口詆毁(林屋文稿卷十五)。

　　文云:"康熙元年春,客有以列朝詩集見贈者,錢所撰也。……婁東王岡伯名士騄,官吏部郎,弇州先生長子也。家有一書,乃編輯先朝名公卿碑誌表傳,如焦氏獻徵録之類,而益以野史,搜討精備,卷帙頗富。岡伯甚秘惜。錢牧齋知其有是書,不得見也。岡伯殁,後人不肖,家漸落,先世所藏圖籍次第流散,錢乃令人以微貲購得其書,欲攘爲己有,乃更益以新稗及聞見所記,傅會其中。尤喜述名賢隱過,每得一事,必爲旁引曲證,如酷吏鍛鍊使成獄而後已。其意以爲彼名賢實然,於己行乃便,以是掊撦十餘年,書未就,漫題卷上曰諱史,俟成擇令名名之,如秦阿房宫云。庚寅,錢壽七十,欲於懸弧日成書,因置酒高會,竟以篇目繁多,不能如期。後數日,乃告成,書成之夕,其所居絳雲樓災,即編纂之地也。是夕大雨如注,而火勢更猛,亦不旁延他所,惟此樓盡爐。于是所謂諱史者,遂不復可見,而王氏舊本亦亡矣。錢意猶未已,乃取嘉定筆傭程孟陽所撰列朝詩集一書,于人名爵里下各立小傳,就其爐餘所有及其記憶所得,差次成之。小傳中將復及人隱過,會有以鬼神事戒之者,乃不敢。然筆端稍濫,則不能自禁,蓋天性然也。丙申予在京師,吳梅村祭酒言如是。"

朱鶴齡愚菴小集卷十與吳梅村祭酒書:"乃客有從雲間來者,傳示宋君新刻,於虞山公極口詬晉,且云其所選明詩,出於筆傭程孟陽之手。所成諱史,乃掩取太倉王氏之書。愚閱之不覺噴飯。夫虞山公生平梗槩,千秋自有定評,愚何敢置喙。……先生夙重虞山公文章著作,豈有郭象莊解,齊丘化書,輕致訾警者?愚以知先生之必無是言也。先生誠無是言,當出一語自明,以間執讒慝之口。如其默默而已,恐此語熒惑見聞,好事之徒將遂以先生爲口實,而語穽心兵之險,流於筆墨文字間者,間起競作,無已時也。"

追和辛丑冬日學人題壁二首(有學集卷十三拂水竹廊下,有石城學人題壁云:辛丑冬日過此,追憶二十年舊遊,口占二首,牧翁先生見而和之,勿令埋没苔蘚中也。感其雅意,依韻遥和,他日以示茂之諸子)。

春盡,送施偉長還蕪湖客舍(有學集卷十三)。

作書錢曾。

錢牧齋先生尺牘卷二與遵王:"聞有奇本後漢書,可付一看否?杜詩注尚有種種欲商,須面盡也。偉長扶病而行,尚欲到此而去,可憐哉!"

寒夜記夢,題沈士柱土音詩稿(有學集卷十三)。

浴佛日,作婁江十子詩序(有學集卷二十四)。

此書即吳偉業所輯太倉十子詩選,選太倉周肇、王揆、許旭、黃與堅、王撰、王昊、王抃、王曜升、顧湄、王攄十家詩，刻本尚存，牧齋序末署"壬寅浴佛日，東澗遺老虞山錢謙益序"。

閱胡文學兩淮鹽政條例新編，爲作序（牧齋外集卷二）。

胡文學，字道南，一字卜言。鄞縣人。順治九年（1652）進士。十八年官兩淮鹽運御史，革除積弊，民困得蘇。所著淮鹺本論兩卷，有刻本，牧齋、嚴沆、梁清標作序。

四月二十五日，永曆父子被吳三桂用弓弦勒死。

錢牧齋先生尺牘卷二與遵王："明日有事於邑中，便欲過述古，了宿昔之約。但四海遏密，哀痛之餘，食不下咽，只以器食共飯，無廢內廚，所深囑也。"可能因永曆而發。

五月朔日，作浮石禪師諸會語錄序。

此書有刻本，序云："浮石禪師刻福城語錄竟，請余爲之序。既而欈李、松陵、廣陵諸會語錄次第刻成，復以全錄序爲請。……歲在壬寅五月朔日，虞山蒙叟錢謙益撰。"

五月初八，鄭成功卒於臺灣，年三十九。

五月，吉安施偉長在顧苓處見瞿玄鏡，喜而相告。

牧齋外集卷十六明經顧云美妻陸氏墓誌銘："壬寅五月，吉安施偉長見玄鏡於云美之側，喜而告余。"玄鏡即瞿式耜幼子，顧苓贅婿。

吳偉業生子，作詩賀之（有學集卷十三梅村宮相五十生子，賦浴兒歌十章）。

此詩鈔本繫年在壬寅，刻本在癸卯，疑壬寅是。吳偉業艱於得子，晚生三子。長子暻（1662—1708），字元朗，號西齋，康熙二十七年（1688）進士，康熙元年（1662）壬寅生，吳偉業當時五十四歲。次子瞵,字中麗,康熙二年生,早卒;三子暄(1664—1733),字少融,康熙三年生。

  錢牧齋先生尺牘卷二與遵王:"梅村浴兒詩,具草附覽,中有一首,是借來者,試一辨何如? 欲和但隨意拈韻,不必依韻自窘也。十子序容寫出付往。"

  同卷:"梅邨處賀册,已料理完備否? 諸詩可付來一看,長孺有一卷,欲附郵中。中有珠玉,殊爲珍重,深以浮沈爲慮。幸付一字確報,以慰安之。切囑。"

贈張翁敬修詩一首(有學集卷十三)。

  敬修,即張鶴民之父,善彈琴。

六月初一,魏耕因通海被凌遲處死,年四十九。

題王烟客畫扇詩一首(有學集卷十三)。

以嶺南黄生所遺酒譜釀荔枝酒成,請顧湄、錢曾各飲一觴,顧湄有詩,亦和一首(有學集卷十三)。

  錢牧齋先生尺牘卷二與遵王:"定老一册,便郵附去。前日得無受渠一拳,撞碎烟樓耶? 伊人尚在否? 梅村亦有梁上之厄,便中須一寄慰也。荔枝詩,少間奉和,即書小册呈政可耳。"

七月朔日,作書潘檉章,討論太祖實錄辯證之事,並答應借書潘氏(有學集卷三十八)。

  書云:"伏讀國史考異,援據周詳,辯析精密,不偏主一家,不偏執一見,三復深惟,知史事之必有成,且成而必可信可傳也。……牆角殘書,或尚有可資長編者,當悉索以備蒐采。西洋朝貢典録,乞仍簡還,偶欲一考西洋故事耳。赤溟同志,不復裁書,希道鄙意。"

牧齋外集卷八修史小引，又名爲吴潘二子徵書引："近得松陵吴子赤溟、潘子力田，奮然有明史記之役，……數過予索爐餘，及訊往時見聞。……予因思瀚内藏書諸家，及與二子講世好者，……使各出所撰著及家藏本授之二子，二子必不肯攘善且忘大德也。"

按：據曹溶記載，絳雲樓焚餘史書被潘氏席捲而去，見順治七年(1650)條。

七月朔，作黄庭表忍菴詩序(有學集卷二十四)。

鈔本有學集署"壬寅七月朔日"。

有書致顧湄。

錢牧齋先生尺牘卷一與顧伊人："世界在熱沙地獄中，赤日炙人，亦助彼爲虐。幸有數卷宗鏡，可以消遣也。……但年來文字，動筆便有觸忤，又草草命筆，煩冘滿紙，須待繙經少暇，寒窗無事，痛加删削，此時方可請教，以副知己惓惓至意。……庭表詩序，已託舍姪郵致，幸爲改削付之。中秋得偕梅老促席談讌，差可少紓惡抱也。"

應崑山盛符升、徐履忱之請，作按察司僉事提督江南學政江陵胡公德政碑(牧齋外集卷十八)。

胡在恪，字念蒿。江陵人。順治十二年(1655)進士。十五年督學江南，選拔號稱得人，有"三吴台閣半門生"之譽。康熙元年(1662)去職。年四十即乞養，八十四卒。生平著作甚多，多毁於火。有真懶園詩集。

盛符升(1615—1700)，字珍示，號誠齋。少補諸生，從張溥、夏允彝遊。順治十七年舉人，出新城王士禛之門，益殫究詩學。康熙三年(1664)進士。授内閣中書，禮部主事，纂修會典。二十八年,官廣西司御史,旋罷歸。三十八年車駕南巡,獻賦,御書"年登大耋"賜之。著有江左興革事宜略、誠齋詩集。又與葉奕苞等纂修縣志。

徐履忱(1629—1700),字孚若,一字鶴心,號匏叟。乾學從兄。順治二年(1645),依其舅顧炎武避兵常熟語濂涇,朝夕討論。嘗北渡江淮,遊汴梁、亳、潁之墟。又南渡錢塘,抵閩、粤。入成均後,往來齊、魯、燕、趙間,著述益富。有耕讀草堂詩。

錢牧齋先生尺牘卷三復胡督學:"某菰蘆老民,滄桑長物。通姓名於鈴閣,自哂衰遲,頌功德於豐碑,終慙樸學。畏承示問,重荷記存,老病人扶,未能馳送於淮海,干旄感切,徒有瞻企於江天。敬拜多儀,重叨佳詠。草次馳謝,不盡名言。外舍甥葛雲鶡,深感獎拔。尚有餘懇,詳盛、徐兩兄札中,并祈照拂。"

葛雲鶡,字揆需,號緘三,一號耕巖。崑山人。康熙十六年(1677)舉人。官中書舍人。

卷一與盛珍示:"豐碑之役,勉承台命。枯腸禿筆,不堪覆瓿。而重爲貞珉之災,負媿多矣。胡公祖推屋烏之愛,鄭重見存,禮當渡江奉謁。衰老杜門,未能泛邗溝之棹。……舍甥葛雲鶡,深荷宗師國士之知。近蒙批遇缺詳補,今該縣適有現缺具申,祈兄始終噓植,俾即照詳批頂實廩註册,感德不獨在舍甥也。"

又一通云:"司李公書,乞付郵筒。轉致壽詩,勉强塞白,那得有佳句,真操布鼓過雷門也。"司李公疑即王士禛,時官揚州推官。壽詩未見。附此。

作秋日雜詩二十首(有學集卷十三)。

其九："衰晚寡末契,但論飲食交。馮老今則亡,餔餕傷老饕。白首拉紅裙,弓兵滿六橋。畫師補此景,可以當大招。"馮老即馮雲將。

其十七："尹二淡蕩人,好爲竹枝歌。江干殘雪後,春淺水微波。吹笛看群山,那山出雲多？李三愛此詞,側帽長吟哦。興酣爲點染,潑墨生烟蘿。江上無兩人,風月皆蹉跎。"尹二,尹嘉賓；李三,李流芳。

其十八："落落湖海士,奮髯談握奇。三載邈聲塵,宿昔夢見之。或云赴海死,抱石與世辭。或云盡室去,滄波逐鴟夷。"此人待考。

其十九："吾徒劉漁仲,漳海一怪民。尊已卧百尺,蔬人直半文。但求一人知,不願舉世嗔。石齋禮法人,天刑戒諄諄。灑泣作劉招,未死招其魂。西陵短馮生,卓犖亦等倫。亂世干網羅,傭雇全其身。舉舉鮮華子,蒙頭灰涴塵。吾衰失二子,跉踔嗟半人。馮生盍歸來？從我東海濱。"二人即劉履丁、馮文昌。馮生,錢曾有註："馮文昌,字硯祥,開之先生諸孫也。"

歸莊五十,作贈歸玄恭八十二韻戲效玄恭體(有學集卷十三)。

詩末云："我年八十一,子亦五十矣。"歸莊生萬曆四十一年癸丑七月十四。嚴白雲詩集卷九歸玄恭輓詞十首其四："叉手詩成有別才,驅韓駕杜似轟雷。時人莫訝玄恭體,也被虞山戲效來。牧翁有贈玄恭長篇戲效玄恭體。"

七月十八日,因空隱弟子天然函昰遣侍者今覵來求空隱塔銘，作華首空隱和尚塔銘（有學集卷四十）。

　　鈔本有學集署"歲在壬寅七月十有八日，海印弟子虞山東澗遺老錢謙益槃談謹譔"。塔銘云："於是昰公奉師全身，塴于羅浮華首臺西麓之南，手次行狀，遣侍者今覬，間關五千里，撰書幣而謁銘于余。"今覬，或作今睍，疑誤。

　　有學集卷十三秋日雜詩二十首其十一："華首上座來，錫帶羅浮雨。秋風藏衫袂，肅肅條衣舉。"錢曾註："華首空隱和尚弟子天然昰公，遣侍者今覬謁塔銘于公。時壬寅七月十八日也。"

　　廬山天然禪師語錄卷十與錢牧齋宗伯："去春捧心經鈔，居士真我法龍象也。……遠辱翰諭，適先師示疾，未能裁答，轉盼秋風，遽丁大事。收涕正惟求所以銘吾師者，今釋推文章高妙。貧道謂此居士緒餘，空智蕩群疑，精識邁前哲，天下後世，鼎重一言，吾師其不朽矣。謹勒行狀，尚侍僧馳謁，伏惟垂念法門，俯賜允俞。"

　　天然和尚年譜："聖祖康熙元年壬寅，五十五歲。……三月，出主海幢，遣侍者今覬入金閶，撰書幣乞錢謙益作道獨塔銘。"大概指出發時間。

　　釋今無阿字無禪師光宣臺集卷十五壬寅春三月石鑑覬弟奉師命入閶門為先師翁乞塔銘於錢牧齋先生賦此為贈："吾翁早具金剛眼，照耀大千無間歇。去秋忽唱還鄉行，誰識雙林未入滅。四百羅浮山君長，守護無縫威凜烈。譬如皓月被雲掩，是月光明豈曾歇。眼光所照亦復然，妄情瞥起即區別。還將佛子區別智，消盡妄情光不二。江南姑熟有虞山，山中長者名遠被。如椽大筆干雲漢，電抹風搖生妙義。點筆此光出筆端,恰與長者同巴鼻。石弟克紹吾家種,代師遠走五千里。襁褓久藏妙喜機,笑揎張君等兒戲。出門一句爲余言,始信腳根方點地。"

今無(1633—1681),字阿字。番禺萬氏子。天然法嗣。石鑑,即今覬字。

又作書天然函昰(有學集卷四十四)。

書云:"墻上之銘,按狀申寫,全是依樣葫蘆。……楞嚴蒙鈔是蒙童訓解之書,非没量大人所可著眼。……幸俯賜證明,重爲刊定。……上座歸,封題墻銘,炷香遥禮,一片心香,隨之渡南海矣。"

又作書金道隱(有學集卷四十)。

書云:"東皋一别,閒雲野鶴,行跡相聞,卻如時時在瓶拂前。……華首和上,仗昔年楔椎告衆因緣,今復承天然和上偕老兄鄭重付託,銘何敢辭。……楞嚴蒙鈔附上座腰包呈覽。……今年八十有一,色力尚健。每思比趙州行腳,侍立左右,白首驅烏,雖未敢刻期,亦非是夢中囈語也。憨山老人集刻成,首以大序冠之,明年并金剛會鈔陸續郵寄。"

又作南海王說作詩序(牧齋外集卷四)。

序云:"海幢石鑑上人,奉天然和尚命,不遠五千里,請銘華首之塔。上人致命已,復曰:南海王孝廉說作,華首白衣弟子,法門之眉目也。有詩數百篇,瀕行九頓首,貯腰包中,屬請政於夫子,幸有以教之。"

王邦畿(1618—1668),字說作。番禺人。隆武元年(1645)舉人。著有耳鳴集。

耳鳴集七律二奉訓錢牧齋宗伯:"宇宙鴻名五十年,小生猶在未生前。著書後進推宗匠,典禮先朝識大賢。歷世見聞成信史,老臣心事付枯禪。何期俚語承優獎,玄晏先生序滿篇。"

中秋日,爲陸廷保作司契集序(司契集卷端)。

陸廷保,字定爾,號㲋菴。常熟人。問禮子。以蔭候補推官。

牧齋外集卷五作陸定爾集唐詩序,孫永祚孫雪屋文集亦有陸定爾集唐詩序,繫年爲"壬寅"。

又外集卷二十五又有題陸定爾明詩集句,云:"定爾集唐詩句成編,余喜而爲之序,今見其集明詩,句益奇。"大概作於壬寅、癸卯之間。歸莊集卷三陸定爾集句序:"癸卯冬,至虞山,定爾邀至其齋,出一編以示,乃所集唐人句若干首,余固奇其富且工矣。已復出一編,則集國朝詩二百首,工尤甚。……詩已有牧翁先生序,余之不敏,何能贊一辭,聊志其仰服云爾。"

秋,過蘇州顧苓塔影園,顧苓出玄鏡拜床下,歸而貽云美書:"忠貞之後,僅存一綫。今得端人正士,以尊親爲師保,稼軒忠魂,亦稍慰於九京矣。"(牧齋外集卷十六明經顧云美妻陸氏墓誌銘)

七月,開始撰寫後秋興之十三(有學集卷十二)。

題註云:"自壬寅七月至癸卯五月,譌言繁興,鼠憂泣血,感慟而作,猶冀其言之或誣也。"

中元日,作葉梅友詩序(吳中葉氏族譜卷五十七)。

葉松(1615—1674),字梅友,譜名貴松,號淳庵,一作籾庵。吳縣東山人。爲人重氣節,遁跡於山巔水湄間,不事舉子業。詩文疏宕有豪氣。康熙二年(1663)後，倦遊旋里，究心江海兵防漕運實用之學。葉松此書尚存乾隆五年(1740)刻本，有林古度、沈德潛諸人序，未見錢謙益序。

又爲吳時德作蘆中草序。

此序未見。錢牧齋先生尺牘卷一復吳時德（應）："一別八年，滄桑日改。……蘆中草作一敘請教，乞爲傳示茂之，共一慨然。……梅友詩如乳山請爲作序，并爲郵致。"

作書林茂之，答應爲其詩文作序。

牧齋先生尺牘卷一復林茂之："洞庭郵中，得和詩長篇。……詩集排纘已定，是大好事。此今日一部井中心史也。翁詩非吾，誰當序者？不但翁生平一腔熱血，非我不能發揮，即如弟年來苦心，灰頭土面，不求人知，惟兄爲海内一人知己，亦須借此序發揮一番。但以看經課程嚴，自朝至夕，無暑刻之暇。即如兄命作洞庭一友詩序，便費我繙經兩日工夫，殊爲懊惱。此序又不敢隨手應付，須待秋冬經課少緩，料理一年宿逋，定以兄序作黄巢開刀樹也。……弟年來窮困，都無人理。盜刼歲荒，催徵疊困。上下無交，困無斗粟，天地間第一窮人，人不知也。案頭無墨，每向人乞墨，如尺璧斗金，莫有應者，不能有餘墨奉寄也。可笑如此，亦復可歎！爾止已遊齊矣，秋期未可刻定。奈何奈何！"

林茂之詩後有王士禎選訂本，删汰過多，實有愧所託。牧齋約丁繼之、林古度、方文在今秋相聚常熟，因方文北遊齊、魯，未能如願。

中秋，作汪雲憑晴香閣詩草序（牧齋外集卷七）。

又名嶹城汪雲憑詩引。汪楷，字雲憑，號雪菴。嘉定人。諸生。專意學詩，以程孟陽爲宗。僦僧舍以居，顏曰二碧軒，與朋好吟詠其間。所著晴香閣詩鈔，凡三刻，手自刪定。時有東岡詩社，或推雲憑爲首，恐雲憑不任受也，改推陳瑚主盟評閱。

率兒子孫愛往崑山賀壽，並作奉祝李太親姆王老夫人七十榮壽序（牧齋外集卷十二）。

序云："歲在壬寅中秋二十日，李太母王夫人春秋七十。夫人生婺東王氏，歸玉峯李氏。余家與二氏，年家世誼，高曾重疊。夫人祖奉常公與先祖同籍，父孝廉公爲余公車執友。李氏中丞、太史二公，先輩羽儀，太史後人，世篤薑桂。夫人之夫三益明府，與其子爾公、賓侯，皆辱以父行交余。爾公之子象極，字余之長孫女。"又云："余惟瑯琊之王，弇州爲之兄，澹圃爲之弟，凤、麟二洲，海內有丹山軒囿之目，而夫人爲之女。"

王夫人爲王世懋子士騄女，嫁李胤昌之子。士騄，字閒仲。萬曆二十二年（1594）舉人。李同芳，字濟美，號晴原。萬曆八年（1580）進士。官至山東巡撫。長子胤昌（1571—1622），字文長，號集虛。萬曆二十九年（1601）進士，授翰林院編修。胤昌長子孟涵，字大函，號三一。崇禎十二年（1639）副榜。考授知縣，未任卒。有子二，長可衛，字爾公，號養拙。入復社，通青烏術。次可汧（1615—1675），榜名開鄴，字賓侯，改字元仗，號處厚。順治十二年（1655）進士。官擢湖廣提學僉事。可衛子象極，字佐均，號敬堂。取牧齋女孫。學道於馮班之徒，每著靈異。

壯月，跋邵北虞築城議（牧齋外集卷二十五）。

邵圭潔(1510—1563),字伯如,號北虞。常熟人。嘉靖二十八年(1549)舉人。官德清教諭。與瞿景淳、嚴訥等結社會文,時稱十傑。工古文辭,留心經濟。倭寇進犯,上築城之策。

九月十五日,翁天游請文,作太學生約之翁君墓表(有學集卷三十九)。

翁彥博(1601—1657),字約之,號青崖。吳縣東山人。爲人有才幹,鼎革時,山中奸徒爲亂,聚義兵識其魁,一山始安。家富資財,築湘雲閣,以湘妃竹鋪地,如錦緞繡錯。内置法書名畫、彝器古玉甚富,人比之倪瓚清閟閣。歸莊爲之記。有子十人,天游其長子。

翁天游(1631—1670),字元雯,號心齋。康熙間歲貢生,授内閣中書舍人,出爲大梁司馬。詩文清雋拔俗。有古香堂存稿,編有振綺類纂、賦學蓄錦。牧齋此文有學集鈔本署"歲在壬寅十月,而成文于九月十五日",故繫此。

金匱本此文翁應玄部分盡行刪去,和鈔本差別甚大。

又牧齋外集卷二十四有題洞庭翁玄聞耕讀圖小像,玄聞不詳何人,疑即元雯,歸莊湘雲閣記又寫作元聞。

陽月四日,作新安范劬淑詩草序(牧齋外集卷五)。

序云:"新安范眉生攜從妹劬淑詩草,就正於余。"劬淑,名滿珠,適戴邵庵。

錢牧齋尺牘卷一與范眉生云:"草木餘年,偷生視息,殊以不死爲愧。乃重辱知己記存,寵以名篇,侑以嘉貺,深荷錯刀之贈,而愧無瓊英之報。惟有藏弆篋笥,永以爲好耳。令妹佳集,承命輒作一弁。日來有文字戒,破例命筆,欲爲古來閨秀洗濯本來面目,非漫爲許可也。"

陽月五日,作陳喬生詩集序(有學集卷二十四)。

序亦見中洲草堂遺集,署"歲在壬寅陽月五日漏下二鼓,虞山蒙叟錢謙益書于絳雲餘爐之東廂,時年八十有一"。序云:"詞林資序班列,先後隔越,余于南海文忠公禮先一飯,握手傾肺腑若兄弟然。喬生雖未識半面,余以爲南海之弟猶吾弟也……年家子黃羽可,念我八十耋老,渡嶺相存,攜喬生手書及詩集見貺。展卷吟諷,涕洟浥漬紙不能收。"

陳子升(1614—1692),字喬生,號中洲。南海人。子壯弟。隆武時拜中書舍人,桂王時拜兵科給事中。桂王西行,追之不及,入山爲僧。

山曉閣明文續集卷四評云:"文忠捐軀殉國,大義凜凜不磨,而喬生爲其難弟,故序喬生詩,通篇俱以文忠立説,且誓師伐鼓,揚水揮戈,有此詩料,自與尋常著述不同,則就文忠擊節忼慨,而喬生身分,已在百尺樓頭。文章善於踞勝,覺一切繁辭,俱可芟卻。舉體純是六代,亦以激楚悲壯,音節爲相近耳。若其神氣振盪,筆致翔舞,則虞山本色仍自在。"

中洲草堂遺集卷十二寄錢牧翁:"虞山遠見紫芝榮,鶴髮人間有老成。眉宇欲開枚叔賦,齒牙曾添謝公情。縹緲字化千編蠹,絲竹歌殘百囀鶯。誰共容臺高典禮,鈞天回首醉咸英。弘光時,牧齋大宗伯、先兄同官,掌詹事府。"

陽月七日,又作書陳子升。

書亦見中洲草堂遺集:"羽可來,得奉手書及扇頭佳什……且感且歎。新詩累卷,出風入雅,所謂軒鬻詩人之後，奮飛詞家之前……乘興作敘文一篇，方寸五岳，吐茹不能，聊亦伸寫一二，借他酒柸，澆我塊壘也。"

中洲草堂遺集卷十三得錢牧齋宗伯書爲拙集作序："吳江飛雪上梅枝，海曲人歸積雨時。霜淚正緣烏哺盡，尺書還爲鴈行悲。生身金粟能深信，博物張華謬見知。遠目不堪迷匹練，夢周今已覺吾衰。"

康熙十年(1671)，陳子升過吳門，有詩懷牧齋。中洲草堂遺集卷十四過虞山憶錢牧齋先生："日淡寒皋雪樹枯，若爲千里進生芻。絳雲樓筆求難再，先生有絳雲樓，曾爲予序詩集。黃牡丹詩賞遂孤。故友黎美周於揚州鄭超宗園，同四方名士賦黃牡丹詩十首，糊名請先生鑑閱，取黎詩爲狀頭。他日藏山司馬在，而今述古老彭無。脊令原外悲鳴遠，那答先生以弟呼。詩序云：南海之弟猶吾弟也。"

十月（陽月）二十六日，作異夢記（牧齋外集卷十三）。

記云："婁東黃進士庭表未第時，僑居吳門。丙申七月，夜夢赤日中涌現寶塔，放大光明，照曜此方世界。光頂現觀世音菩薩像，妙好莊嚴，于寶蓮華上結跏趺坐。兩金色童子夾侍，執旛垂蓋，種種嚴飾。庭表身在清淨光中，頂禮尊容，踴躍歡忭，得未曾有。自此染神刻骨，皈向三寶。酉戌以來，洊經憂虞，身心輕安，福緣增上，知爲佛菩薩慈光加被，非人力也。乃命工繪墭光聖像，朝夕瞻拜，并以啟告清信四衆。"

十月二十八日，爲王夢鼎作太原王氏始祖祠堂記（有學集卷二十七）。

鈔本有學集署"是歲十月二十八日，石渠舊史同里年家生錢謙益謹述"。記云:"歲在壬寅,王子兆吉立八世祖學錄公祠堂于先墓之側。……遂序次其語爲記,俾刻石陷置屋壁,且以徇夫邦人之子弟。"

王夢鼎槐川堂留稿卷四王氏家祠述略始祖祠述:"越三載壬寅,始克偕弟姪輩卜度三世先墓之西偏,有從父之遺構在焉,勉復三楹,顓修祀事,宗伯錢公爲之記。"卷六生緣小記:"(壬寅)仍請錢宗伯爲之記,記成,宗伯來謁祠,低徊久之。歷石級,登書臺,覽昭明遺像及碑記名姓始末,慨然曰:'譔文者鄧先輩文度也,題像并書者吳門許初元復也。鄧爲有本之學,元復品行書法爲吾吳冠,此碑可稱雙絶。'縱談往事,盤桓竟日而別。"

民國重修常昭合志卷十九:"太原王氏始祖祠堂記,康熙元年,錢謙益撰,孫朝讓書,石在讀書里王氏家祠。"

冬,錢曾獲褚遂良西昇經,攜之胎仙閣請牧齋鑒定。牧齋先有是帖,順治二年(1645)城陷失去。

有學集卷八大觀太清樓二王法帖歌牧齋自註:"褚河南西昇經,余購得之新安,乙酉城陷失去。"錢曾詩註:"褚河南小楷西昇經真跡,壬寅冬日予以無意購得之,攜至胎仙閣呈正,牧翁摩挲嘆息云:不意稀世墨寶得歸于汝,吾猶及親見之,亦一奇事也。"

十二月,跋廣宋遺民錄(有學集卷四十九)。

廣宋遺民錄爲興化李盤所著,因其曾祖春芳曾官内閣首輔,如張良先世相韓,故以此寄意。

牧齋文云:"小有歿,以其稿屬王于一,于一轉以屬毛子晉,而二子亦奄逝矣。余問之子晉諸郎,止得目錄一帙。後有君子,能補亡刊正,聲爲全書,則小有猶不死也。"按:小有此書尚有鈔本存世。

錢延宅假歸,王崇簡作詩相送,並懷牧齋。

青箱堂詩集卷十七送錢大士侍御假歸竝懷牧齋先生:豸繡翩翩出鳳樓,霜天寒日迥增愁。抗章夙擅烏臺譽,攬轡初歸紫塞遊。時巡茶馬歸。驛路山河新著作。江城詩酒舊風流。起居宗伯爲相訊,知己當年媿莫酬。

本年,作旌孝編序(牧齋外集卷二)。

序云:"黄蘊生之弟上枝,于兵後歉年,葬其祖父母、父母,盡儀而中節,襄事者皆歌詩以紀其事。一時觀察使者,郡邑之長,及以使節過吳門者,競爲屬和,積成卷帙,將分體付梓,而乞序于余。"

歸莊集卷三旌孝編序:"丑、寅之間,友人或以黄上枝葬親之事,求余作詩表章之。余謂葬親常事耳,何以詩爲?乃爲古薨里曲而跋其後。已而上枝介吾友陳子静以所刻旌孝編一卷求序,閲之,詩與文合數百首。"

康熙蘇州府志卷七十三獨行傳:黄承祜字上枝,嘉定人。性孝友,慷慨尚氣節。官崇明遊擊時,逃卒叛民倚海爲亂,承祜計殲除之,事遂定。力舉三世八喪,邑遭兵燹,燔燒廬舍,及承祜家,天忽反風,四襯咸免,人異之,以爲孝感。值歲飢,傾囷散給,全活甚衆。編竹爲桿,掩埋骴骼者以千計。有婦負官逋,自到爲代,贖鍰以完婚。買婢有妊,立還其夫,不索身值。其行善類如此。以子貴封明威將軍。

又朱鶴齡愚菴小集卷二有黄陶菴先生殉節乙酉兩世未葬懿弟上枝拮據舉襄賦此志感詩:嗚呼江夏英,磊落青雲器。持此歲寒心，慷慨赴明義。晶熒練水濱，碧血照天地。獨憐淺土中，四喪未歸瘞。夜臺遺恨深，耿耿目猶眠。有美見天倫，嬴鳳營其事。靈輀出郊原，執紼四遠至。鬱鬱京兆阡，宛宛延陵字。庶以答義昆，貞魂可稍慰。弔鶴空飛廻，束芻阻迢遞。遥瞻隴雲高，攬筆發深喟。

本年，爲盧絃父作蘄州盧府君家傳（牧齋外集卷十九）。

文云："壬寅歲，奉命督糧蘇、松，建節海虞，具府君行狀，謁舊史氏謙益，俾爲立傳。"

盧絃，字元度。湖北蘄州人。順治六年（1649）進士。有四照堂集。父如鼎，字呂侯。崇禎十六年（1643）蘄州城破，死難。闔門殉節者八九人。

牧齋先生尺牘卷一致盧澹巖："頃蒙翰教，謹於尊府君志中，添入合葬一段，以文體冗長，但撮畧序次，不能如梅村志文之詳贍也。知老公祖具眼，能裁鑒耳。"

盧絃江左三大家詩鈔題辭："憶絃于虞山相遇最晚，壬寅歲以駐節海虞，始得近趨函丈。初見懽若生平，勤勤慰勉，不二年且奄然逝矣。易簀前二日，貽手書以後事見囑，不可謂不知己也。"

盧絃又請盧氏二烈婦傳（牧齋外集卷十九）。

二烈婦，即絃弟綏妻楊氏，綏子媳袁氏。

錢牧齋先生尺牘卷二致□□□："軒車過存，重以嘉貺。力疾奉謝，祇一俟雉門。以台駕有課士之役，不得瞻拜光儀。尊太公及二烈婦家傳，如命具草。老學荒落，謹撮錄行狀，補綴不文。伏惟如椽大筆，削而正之。即日面請，不盡縷縷。"

正譜·一六六二

四照堂文集卷十一復錢大宗伯牧齋先生書:"承錫瑤篇,真不啻袞争榮而彝並重也。計先人暨二婦泯泯泉下者二十年,即不肖絃之鬱鬱在懷者,亦二十年矣。一旦忽借董狐直筆,闡幽擷芳,頓於尺幅間勃覩生氣。捧讀再過,感泣交并矣。"

盧絃四照堂文集卷二十二祭内翰林秘書院學士錢牧齋誄章小序:"己丑春,絃從罹難後,倖與春官選,而公之猶子肖巖氏適同出一師門,因得詢公起居,知無恙,且道近況甚悉也,爲之甚快。辛丑秋,絃奉命督儲江南,所駐虞山,即公里,方未赴,芝麓師即遺書囑曰:彼所有牧齋先生,鉅望也,子宜致尊仰焉。既抵虞,造廬而請者再,方得見公于庭。公推肖巖猶子誼,進而教之,爲加篤。絃兼以先君子及二烈婦殉難狀陳情,公爲欣然許作傳。"

另錢牧齋先生尺牘卷二有與□□□書:"總河公祖壽章,承台命草率具稿。伏生年耄,江淹才盡,尋行數墨,殊不成章,惟老公祖削而教之。邑令德政,詳在公揭,已屬犬子面陳,不敢贅及。"瞿綬鈔本題作與盧澹巖。壽文未見,不知爲總河是朱之錫否。之錫(1623—1666),字孟九,浙江義烏人。順治十八年十二月,正好四十。此時常熟邑令爲趙育溥,字大生,山西沁水人,入名宦。

本年,宗人有譏君鴻白首無成者,牧齋作君鴻七十壽序贈之(牧齋外集卷十)。

敍末署"彭祖九十九世吴越二十六世東澗遺老八十一叟謙益再拜奉祝",故繫此。然敍云:"歲次閼逢□□月,族弟君鴻年七十,將席長筵,列子孫,舉觴稱壽。"則君鴻七十壽辰,當在康熙三年甲辰(1664)。

本年,陳式來請父銘,作介卿陳府君墓誌銘(補遺)。

　　陳至善(1583—1625),字介卿,號用拙。常熟人。嘗與牧齋、石門、稼軒共結放生蓮社,爲諸上善人之首。

　　文云:"(君)吉祥而逝,蓋天啟五年十二月之朔也。……取程……後君三十八年而卒。生四子,長子式,恩貢生,從余遊最久。今偕其子進士溯潢來請銘於余者。"

　　光緒常昭合志卷三十一陳燦傳:"錢宗伯朒放生會,亟訪一善信董厥事,僉曰:'無如陳用拙。'因悉以畀之。"

冬,朱鶴齡辭館,以杜詩輯注刻樣呈牧齋,牧齋手書答復,可以兩行其稿。

　　朱鶴齡杜詩輯注卷端識語:"是冬館歸,將刻樣呈覽,先生手復云云。見者咸歎先生之曲成後學,始終無異如此。"

　　牧齋回信亦見杜詩輯注卷端:"杜注付梓甚佳,但自愧糠粃在前耳。此中刻未必成,即成,不妨兩行也。益草後。"

冬,病足,讀弘明集。十二月望日,作遠法師書論序贊(有學集卷四十六)。

　　鈔本有學集末署"歲次玄黓攝提格涂月望日,聚沙居士錢謙益謹序"。序云:"東晉末,遠法師在廬山,與桓玄書問往復,具在弘明集。暇日披尋,慨然見遠公心事于千載之上,乃撰次而序之。……今年壬寅,余年八十有一,實元興三年甲辰後之千二百五十九年也。回環展讀,涕泗橫流,謹再拜而作贊。"

　　有學集卷四十六報慈圖序贊:"壬寅冬,余八十餘生,中寒病足,繙弘明集遠公與桓靈寶往復書問,至沙門盡敬論末简,覆卷鸣咽。既而思陶淵明不應徵命,作天子諸侯卿大夫士庶人五孝傳,實唯其時。遠公以忠,淵明以孝,悠悠千載,孰有知兩人心事,比而同之者邪?"

有學集卷五十書遠公明報應論後:"遠公明報應論載在弘明集,但書爲遠公之作。攷出三藏記目錄云:遠法師答桓玄明報應論,論中問曰者,皆玄之文也。玄之難問報應,可謂精矣。"疑亦作於此時。

有學集卷二十六贈雙白居士序:"余每觀慧遠法師念佛三昧詩序、西方誓文,迢然飄雲衣,汛香風,悵津寄之末由。去年脚氣作苦,繙沙門抗禮五論,兼與桓玄往復書問,愾嘆其抵突凶渠,搘柱名教,爲著論以剖之而未詳也。"

又作顏延年論(有學集卷十五)。

文云:"余讀弘明二集,推明遠公抗論,枝柱桓玄,與延年抨擊慧琳二案,皆祐、宣二公所未發者。"聯繫上文,故繫此。

孫朝讓七十,作詩二首賀之(牧齋外集卷一)。

冬日,作釋迦方誌辨(有學集卷十五)。

文云:"元儒有吳萊立夫者,援據班氏漢書,抉擿宣律師釋迦方誌與前史不合,而陰肆其排佛之詞,其言可謂辨矣。"

再作釋迦方誌續辨(有學集卷十五)。

文云:"余讀釋迦方誌後序,憤作者之邪説,奮筆而爲之辨。既而攷班、范二書,及晉、宋以後西域諸傳,彼此舛忤,誠有難于通會者。"此文末署"壬寅冬日"。

十二月,應嚴熊之請,爲其母文氏作哀辭(有學集卷四十一)。

鈔本有學集署"歲次閼逢執徐冬十有二月,通家八十一叟東澗遺老錢謙益製"。小序云:"宜人姓文氏,東閣大學士謚文肅諱震孟之長女,嫁兵部主事嚴栻。……宜人從夫官信陽,哭其父,過時而毀,忽忽如不欲生。越九年而卒,崇禎甲申之十一月也,年四十有六。日月有時,卜葬于虞山祖塋之側。哀子熊屬其舅氏秉撰行狀,來請爲誌,伏地哭,不能起。余爲感而泣下。往文肅輟講筵歸,改葬陸夫人,以丘嫂之誼謁余爲銘。今老居此世,忍復執筆而銘其女乎?宮隣金虎,感倚伏于前,左帶沸脣,悼橫流于後。茲么徽急,墠嘆壑盈。俯仰三世,于余心有戚戚焉。彈毫綴思,百端交集,聊爲哀辭一通,以寫余懷。"

按,"閼逢執徐"爲甲辰,十二月牧齋已死,據"八十一叟"四字,則在今年,附此待考。

歲末,有書致陳式。

錢牧齋先生尺牘卷一與陳如金:"昨見庭表兄新詩,深爲嘆服,不意所造一至於此。因與梅村言之,亦深以爲然也。鄒奎服役已久,惡其心狠,近遂飽老拳二次矣。昨已遣犬子處分此事,吾丈可往與解其膠結,勿使大喫虧也。天寒足疾又發,日以擁爐閉關爲事。新塔道場,當遣犬子代往頂禮。"

又一通云:"新正六日,設齋新塔,約楚老相晤,并附一二北訊。皇華期逼,匆匆治裝,不復敢煩村答也。若相知有欲拜年者,并於此日一揖,亦甚省便。"

本年,張奕來書,請引薦于梁化鳳,作書答之。

錢牧齋先生尺牘卷一復張綏子:"扇頭佳詠,金春玉應,讀之如見枚生七發,氣浸淫滿大宅。……梁玠老戟門森嚴,不便通書,兼以尊人之喪,尚未赴弔,未敢輕有引薦也。"國朝先生事略卷十二梁壯敏公事略:"康熙元年,丁父憂,令在任守制。"故繫此。

本年,佟彭年任江南右布政,來書問訊,作書答之。

佟彭年,字壽民。遼東人。錢牧齋先生尺牘卷三復佟方伯:"老公祖臺下,學林淵海,文府珪璋。以經邦斷國之才,試澄清幹辦之用。江南半壁,仰賴旬宣。……正翹仰延佇時,而台翰儼然臨之。溫諭綢繆,嘉貺優渥,長跪捧讀,欣感交并。"

又牧齋外集卷一有贈義翁父母五十初度四首,後兩首云:"金章紫綬擁朱旛,管轄江南第一藩。綸綍遥連東壁府,台階近接太微垣。徵輸百里通青海,杼軸千家省白門。自昔中書出行省,鋒車徵馬仰殊恩。""醫間文譽重琨璜,遼海神珠覺夜明。牛斗恩波覃半壁,卯金藜火照西京。端居皓月臨鍾阜,坐嘯光風滿石城。官燭宵焚簾閣靜,銅籤猶應讀書聲。"丁祖蔭牧齋外集校云:"一、二首苦海彙編作'鄭方伯,廣東人',三、四首作'□□方伯'。"疑爲佟而作。

本年,孫胤驥任江南學政。

孫胤驥(1625—1665),字天閒,號淵溪,福建南安人。順治十二年(1655)進士。

錢牧齋先生尺牘卷三致孫督學:"恭聞鋒車促召,前驅居行。尚當匍匐以候旌麾,傴僂而親函丈。庶幾傾倒宿誼,亦以慰藉生平。"

作明經顧云美妻陸氏墓誌銘(牧齋外集卷十六)。

文中記有本年秋日事,且繫此,而顧苓請銘實在順治十六年己亥(1659)。

顧苓妻陸氏(1616—1659),名宜,字山淑。崑山陳墓人。世鈺女。葬塔影園之北,顧苓自撰行略,閻爾梅作墓表。

本年,錢朝鼎欲驅逐破山興福寺住持鶴如,作書爭辯。

牧齋外集卷二十三與禹九:"病廢臥榻,不復問人間事。適犬子來,言足下不愜意於鶴如,不欲其居此寺。此寺自先祖創修,愚父子三世爲檀越,親見鶴如苦心爲衆撐柱山門,毫無過舉。必有僉人以浮言中傷,致有譴怒。然此僧無罪而去,則山寺無人料理,立致傾頹,恐非足下護法盛心。若老病檀越剝盡面皮,又不足置喙也。種種遣犬子面悉,并詢福先、大士,可以知公道也。"

同卷二十三致福先、大士:"昨犬子歸傳命,即削牘致都憲公,宛轉啟請,求其勿急逐寺僧,以全薄面。旋奉報章累紙,詞嚴氣厲,凜凜乎金科玉條,不可干犯。僕爲心折氣盡,慚悚無地,今不敢更有陳奏,竊平心降氣,爲兩足下私言之。亦非敢違憲臺嚴命,觸冒爲此僧申雪也。……破山爲寒門三世檀越,間里所通知也。僕雖老朽,尚在人間,何不走一介之使,將尺一之詔,好言諭之曰:'寺僧不法,當驅遣之,以淨山門。'即旁人有慫恿者,正告之曰:'彼自有檀越在,當令彼善遣。'以全老人體面,旁人亦無所置其喙矣。今悻悻然不通一信,不致一詞,震霆憑怒,立刻驅逐。此其爲抹殺老朽,借逐僧以逞其咆哮凌厲,居可知也。乃云仰體護法盛心,非有異同。此不可欺黃口豎子,而可以欺八十老人乎?

又謂輿論嘖嘖，賣菜傭、三尺子皆悉其顛末。老人龍鍾衰邁，兩耳雙聾，受欺受蔽，無足怪也。兩足下聰明絕世，持公秉直，亦頗為此僧稱冤。豈兩足下之見聞，反不如賣菜傭、三尺子，而主持名教，為邦之司直者，獨都憲公一人耶？又云千餘年破山寺，百餘年叔翁護法，乃出此無行妖僧，玷辱剎宇。則鶴如之奸淫無行，乃老人百餘年護法養成之也。斧鉞之誅，市朝之撻，不在鶴如，而反在老人。倒行逆施，亦已甚矣！衰殘病榻，屏迹匿影，無因無緣，惡口辱罵，此亦世間希有之事也。書詞反覆，意氣高張，儼然以金湯護法自命。請問都憲公平日于興福寺曾捨一粒米，施一分香否？何勞挺身護法，如此迫切？又請問都憲公，平日參諸方善知識幾人？護海內道場幾處？佛法囑咐國王大臣，今日誰為推擇？誰為保證？此法印便獨歸于都憲公耶？……病甚，不能延晤。種種遣犬子面告，不復贅及。"

嚴熊嚴白雲集卷十七喜鶴如禪師諸弟子復還破山，歷敘緣起，成古體一章："晚年喜習靜，力願卸巨肩。舉智以自代，脫屣無留連。智公住未久，衲子多播遷。其徒四五人，智力無殊懸。相繼來主席，繁手少安弦。殿宇日頹廢，未聞添寸椽。器物各星散，錢穀私坑填。檀護盡解體，瓦鉢冷粥饘。最後有平巖，翼虎挾戎旃。不調和合衆，但見鬭詩堅。手拈一莖草，殺人干鏌銛。陽逃金木誅，陰犯韋陀鞭。兩入王舍城，夏臘寧久延。予忝世外護，目擊心憂煎。欲援手無力，欲置難恝然。中宵布誠懇，額榻青天箋。何時旃檀風，迅掃諸腥羶。今年十月吉，喜事等病痊。鶴如諗徒衆，襪被歸聯翩。何勞檀護請，奚藉官長權？子孫守祖業，僧俗同杯卷。鶴如清規在，洞聞法重宣。"張旭東兄據此認爲鶴如最終被錢朝鼎趕出破山，此説可商。嚴詩之意，指鶴如子弟不才。且康熙三年(1664)春，因鶴如老病，牧齋有招牧雲重回破山之意，可見未曾離去，詳見康熙三年條。

有蘇眉山書金剛經跋（絳雲樓題跋）。

跋云："偶在苕溪僧舍，覓得蘇眉山所書彌勒下生經一卷，嗣後逢人説項，即片紙隻字，亦以白鏹易歸，數年間，所得全卷，十僅二三。徐孺安之長君聖木，持眉山手書金剛經一卷授余，余以赤金一握贈之，喜而忘寐，日爲展誦。……八十一蒙叟錢謙益書。"

清康熙二年癸卯(1663)　八十二歲

正月，程邑陞國子監助教，有書相送，並向其推介沈祖孝。

錢牧齋先生尺牘卷一致程翼蒼："頃聞追鋒之車旦夕就道，菰蘆老人，不能折柳長亭，以壯行色，燕樹江雲，徒有馳企耳。苕上沈生祖孝，以才品領袖三吴，爲此中之僑、肸，慨慕龍門，願一登陟。渠將挾策遠遊，驪首天路，後車之載，東壁之光，所仰望於門下不淺，茂倫當能詳言之。……寒窗捉筆，不盡縷縷。"據乾隆蘇州府志卷三十五，程邑本年正月陞國子監助教，因繫此。

又一通云："頃承翰教，所索唐詩，以數十年編集之書，幸逃煨燼。禪誦之暇，晨夕檢括，不離几案。半千兄如欲校讐，必須身至虞山，假館數日，便可卒業而去。若欲取全本奉閲，則萬萬不能也。學使尊公詩序，乞屬門能文者爲之，则衰朽借光多矣。敝门生吴兴沈祖孝字雪樵者，博雅名流，制义诗篇，皆为霅川领袖……今以遭丧失馆，羁栖流寓，一时能人，无肯少为援手者。……倘得收置门下，曲赐培植，目前以一馆地资之，俾其稍济涸辙。"

半千即龚贤(1619—1689)，又名岂贤，字半千，又字野遗，号有柴丈人、钟山野老、半亩居人、清凉山下人。祖籍昆山，崇祯五年(1632)迁居南京。乱后流浪四方，曾客居扬州十余年。康熙三年(1664)回南京，筑半亩园，以卖画及授徒为生。山水宗董源，负有盛名。龚贤编有中晚唐诗纪，故有向牧斋借唐诗之举。

学使尊公，即学政孙胤骥之父刚毅。

为徐树丕作埋菴老人曾孙歌(有学集卷十三)。

徐树丕有稿本杜诗执鞭录存世，今在南京图书馆。未有翁同龢题跋，称徐树丕"高蹈不仕，宜其尊须溪(刘辰翁)而薄东涧也"。然徐树丕跋云："读杜两笺其解释杜诗，多发人所未发，于当时朝野大事，批剥豁露，殆无遁情，可谓独见大头胪，直当与诗史相辅而垂不朽，非复昔人所谓风云月露之区区而已。杜注人皆推重刘须溪，而此乃驳其不学，攻其纰缪，即起须溪于地下，当亦心服。盖须溪之评论，实多孟浪，所笺所纠，恨未能尽也。第其人，则实高，非虞乡老民所及……此词题云丁酉，实元成宗大德元年，亦渊明书甲子之意也。词意悽切，与麦秀歌何殊？以视虞乡老民之潦倒一官，手修降表，希踪长乐者，殆有径庭矣。故予于须溪，不以其纰缪而没其人，于虞乡老民，不以其狼狈而废其言。此予尚论古人，并不薄今人之旨也。"并不薄视牧斋。

仲春八日,書蔚村溫如陳翁八十壽序。

　　鈔本有學集壽序末署"癸卯仲春上浣之八日,雪窗呵凍重錄。"

二月,作陳鴻文像贊(牧齋外集卷二十四)。

　　陳煌圖(1618—1694),字鴻文,後更名鴻,自號于木老人。常熟人。國華孫。崇禎十五年(1642)副榜。官翰林院典籍,兼待詔事。明亡,歸隱以終。工篆隸。其鶯嘯齋藏書甚富,凡遇秘本,必影寫手鈔,至老不倦。著述亦豐,有隸釋篆韻、甲子編年、吳中往哲小記、經史子集印可等。

二月既望,又作陳鴻文詩稿敘(牧齋外集卷七)。

三月,作都察院右僉都御史巡撫天津慈谿馮公墓誌銘(有學集卷三十二)。

　　銘曰:"歲次癸卯,愷章屬通家子姚江黄宗羲撰次行狀,請余追銘其墓。"愷章,即馮元颺長子。末署"癸卯三月,舊部民虞山錢謙益再拜謹造"。

三月六日,爲弘儲作報慈圖序贊(有學集卷四十六)。

　　鈔本有學集署"癸卯春三月六日"。序云:"靈巖退翁和尚,既爲其父母立傳,香晨燈夕,有懷不忘。小師越祖,請畫工爲輪珠小影,曰報慈圖,而退翁復爲之序。"弘儲父李嘉兆,亦愛國志士,私諡孝敏。

　　錢牧齋先生尺牘卷二與繼起和尚:"地水火風,忽然抗手告別,勉強扳留,只得停住,却復氣息支綴,行步攲危,依傍病榻,不能出房櫳咫尺。從此閉關匿影,與人世隔絕。……應酬詩文,雖復潦草,亦未免驅迫心神,遂用發誓,一切斷絕,胸中亦不留一元字脚矣。燒絕棧道,便請從報恩圖贊始,知當爲破顏印可也。"

三月七日,因前陳允衡請銘,作雲南按察司僉事陳君墓表(有學集卷三十九)。

鈔本有學集署"歲在癸卯三月七日,舊史氏虞山錢謙益謹述"。陳君名本,字深之。允衡父。萬曆二十二年(1594)舉人。官至雲南按察司僉事。天啟六年(1626)十二月二十八日,因母喪哀毀卒。

錢牧齋先生尺牘卷一與陳伯璣:"頃知即日返棹白門,歲暮作客,兼復善病,歸時擁鑪煨芋,消遣旅懷,卻勝參藥物也。尊府君志文,待料理行狀見付,便當命筆。"

三月八日,方文擬往虞山,因孫枝蔚來訪,推遲至十五日登舟。孫枝蔚爲題牧齋與方文書札。

方文嵞山再續集卷二喜孫豹人見訪予爲稍遲虞山之行因作歌:"三月八日天氣晴,方子將作虞山行。虞山老人八十二,郵書期晤情非輕。吳魃已買泊江口,卻有王郎飲我酒。牽衣不忍遽離別,初八改期於初九。故人孫老廣陵來,知我欲行船未開。黃昏策蹇入城市,馳書告我且徘徊。詰朝見枉桃花渡,預勅山妻手具治。五年魂夢只思君,豈有君來我翻去。信信宿宿爲君留,十五始上江口舟。不教虛此數日夜,日日痛飲青溪樓。昔王百穀將之越,艤櫂閶門待明發。忽逢元美兄弟來,復返蘇臺醉旬月。我今情事正相同,又見鶯花二月中。只合持杯共傾倒,那堪分手各西東。王郎謂山史。"

孫枝蔚溉堂續集卷一題錢虞山先生與爾止手書卷:"風雨蕭蕭話所思,知音將老失鍾期。頻看尺素明鐙下,傾倒長如對面時。

因師好問序中州,遺事蒐羅盡始休。妄學東坡笑文選,諸君輕薄劇堪羞。

雙鯉魚傳字數行,荔支紅酒待君嘗。爲求鐵矢醫聾藥,先送藍田種玉方。後二首皆書中所道事。"

三月初九日,應方有章之請,爲其父應祥作方孟旋先生墓誌銘(有學集卷三十三)。

銘云:"今歲癸卯,件繫事狀,裹糧渡江,請余追銘其墓,距孟旋殁,三十有七年矣。"

三月十三日,孫洮聞爲其父請銘,作孫長君墓誌銘(有學集卷三十三)。

孫之㳺(1618—1662),字洮聞。孫承宗孫,銓子。孫承宗集,即其所刻。

三月望日,爲王與胤作王侍御遺詩贊(有學集卷四十六)。

此文又見新城王氏家乘,鈔本有學集署"歲在癸卯三月望日,舊史氏虞山錢謙益謹贊"。文云:"從子士禛,刻其遺詩二十餘章,皆奉使關隴之作……余讀侍御遺詩,感詩人之義,惻惻然擣余心焉,遂捧筆爲之贊。"

王與胤(1591—1644),字百斯,一字永錫。象晉仲子。崇禎元年(1628)進士。官湖廣道監察御史。李自成破京師,與其妻子皆自盡。

三月望日,爲施閏章作就亭銘(有學集卷十六)。

鈔本有學集署"癸卯三月望日,東澗遺老錢謙益撰"。

書云:"愚山子分司臨江,亭于聽事之側,以登高騁望,名曰就亭,而自爲之記。東澗遺老讀而嘆曰……"

三月十九日,又爲施閏章作愚樓對(有學集卷十六)。

　　鈔本有學集署"癸卯三月十九日,虞山蒙叟錢謙益撰"。書云:"愚山子治臨江之公廨,撤故亭爲愚樓。山陰徐伯調記其事于石,余讀而美其文,傳示坐客。……東澗老人與客同夢,蹶然而起,燈明風肅,神告在耳。幸斯文之未喪,知皇覽之不可以忽遺也。命筆書愚樓對,以復于愚山子。"

三月,錢延宅攜李楷書信及霧堂集來。二十二日,作李叔則霧堂詩序(有學集卷二十四)。

　　鈔本有學集署"昭陽單閼病月二十二日"。序云:"河濱李子叔則,不遠數千里,郵寄所著霧堂集,以唐刻石經爲贄,而請序于余。叔則手書累幅,執禮甚恭。以余老于文學,略知利病,謂可以一言定其文。余讀之報然,感而卒業,欷歔嘆息焉。"文中提到"天地變化,與人心之精華,交相擊發,而文章之變,不可勝窮",作文須區分正僞,不得墨守七子陳規。

　　李楷(1602—1670),字叔則,號霧堂,陝西朝邑人。天啓四年(1624)舉人。順治二年(1645)任江蘇寶應知縣。後滯留江南,晚年始歸。著述甚富,有河濱全書一百卷。錢延宅官陝西茶馬道,故得傳書,見下文。

三月二十三日,又復李叔則書一封(有學集卷四十三)。

　　鈔本有學集署"癸卯三月二十三日,謙益再拜"。書云:"竹屋紙窗,中寒僵卧,繙李小有宋遺民傳目録,得河濱序文,至'宋存而中國存,宋亡而中國亡',撫卷失席曰:'此元經陳亡而書五國之旨也。'……浹兩月,族孫侍御攜手教及霧堂全集至,風床雪被,扶病開卷,感慨則涕泣橫流,賞心則笑抃俱會,幽憂之疾,霍然有喜。"

有學集卷四十九書廣宋遺民錄云:"余問之子晉諸郎,止得目録一帙。……撰序者李叔則氏,謂宋之存亡爲中國之存亡,深得文中子元經陳亡具五國之義,余爲之泣下霑襟。……玄黓攝提格之涂月。"玄黓攝提格即康熙元年壬寅(1662),時間相合。

三月二十四日,爲周雲驤作周孝逸文藁序(有學集卷二十三)。

鈔本有學集署"歲在昭陽單閼病月二十四日,虞山友生錢謙益序"。序云:"婁江周孝逸學文于余,余以韓、李之學告之。……孝逸之從父參軍及其父孝廉皆遊于高陽之門,薰染其流風緒論。"可見二人關係,不僅是師生。文中以"養氣""尚志"爲勉。

補遺與周孝逸:"足下不以老耄舍我,以所著古文詞屬爲刊定。……僕觀近來有一種不今不古、半真半假之學問,以爲經則非經,以爲史則非史,以爲子則非子,旁穿邪出,並作者亦不自知所從來,而人不敢以爲非,又相率而尊且宗之,此亦所謂憎圖狗馬,而好貌鬼魅者也。掃除袚濯,以一清學者之耳目,是在諸君子,吾有望矣。先集二種,已經確菴評定,不復贅有贊述。伊人便,草草附復。方當閉關結夏,不復多及。"

四月初八日,作桃源澗佛日詩(牧齋外集卷一)。

此詩一題癸卯佛日隨喜桃源澗贈睿公講席十韻,詩云:"隨喜出郊壚,忻同浴佛緣。可應三劫後,重記二莊年。夏日明金像，春城涌法筵。灌鉼分大海，澡豆雨諸天。鳥語參歌笑，人聲夾管絃。看場支項背，游女踏行蹤。巢燕營林木，栖烏集豆田。新謌淥水外，舊曲白楊邊。華表虛傳鶴，枝頭怯聽鵑。且扶春病去，歸擁一燈眠。"

錢曾今吾集癸卯佛日遊北郭奉和東澗先生韻："灌木迎初夏，涼風四月天。西郊遊已盡，北郭興相牽。浴佛仍遺俗，傳經記往年。鉢分高澗水，香涌法堂筵。地漏蒼涼日，天低密幕烟。山空催急鼓，谷響應繁絃。鳥語長松下，人歌古墓邊。行觴拋令急，分席占場先。坐帶憕騰醉，歸應酩酊眠。遊人占一老，盡説地行僊。"

睿公不知何人。黃儀紉蘭集有次睿公上人詩二首，寫作時間在順治十八年除夕、康熙元年元旦，應即此人。

夏間，作答山陰徐伯調書，講述自己學文經歷，自謙不及古人有四，並有重訂文集之意，請徐氏幫忙（有學集卷四十三）。

書云："八十餘老人，偷生視息，悠悠人世，何所當于高賢，而重煩獎拂，以爲質言乎……今更重有屬于足下，初學往刻，稼軒及諸門人取盈卷帙，遂至百卷。敢假靈如椽之筆，重加刪定，汰去其蘩莠踳駁，而訂其可存者，或什而取一，或什而取五，庶斯文存者，得少薙稂莠，而向所自斷者，亦藉手以自解于古人。則足下昌歜之嗜，庶乎不虛，而僕果可以自附于知己矣。愚山有志古學，其愛我良不減于足下，刊定之役，兩賢共之，其信于後世必也。長夏端居，幸爲點筆，以代拭汗。新秋得輳卷見示，幸甚。"

"愚山有志古學，其愛我良不減于足下，刊定之役，兩賢共之,其信于後世必也",金匱本作"今之好古學者,有叔則、愚公、確菴、孝章、玄恭諸賢,其愛我良不減于足下,刊定之役,互爲訂之,其信于後世必也",應是改定之本。

徐緘(?—1670),字伯調。山陰人。勤於著述,有經史傳註數百萬言。

諸匡鼎選今文短篇卷九徐緘上錢宗伯書:"先生盛稱宋景濂、歸太僕之文,緘曩者亦嘗略觀之。今因先生之言,於南昌人家借得學士集,反復覽觀。竊以爲唯聖人之文,言理則極其精醇,即以文章言之,其神妙亦如化工之肖物,此六經筆墨之所以爭光日月也。……(景濂)凡序事議論宗史、漢、八家者,皆卓然可觀,而言理之文,自附于明道、紫陽者,則往往卑薾熟爛,老學究振筆綽然而有餘。由此觀之,二者之不可合併也決矣,景濂之不及古人明矣,遂欲懸此以爲質的,使後學咸宗之,緘不能無少惑也。震川文未能即得,俟熟觀之後,苟有所窺,當再以質諸左右焉。"

黃公渚評云:"答山陰徐伯調書,述生平爲學之程序,歷歷如繪。後幅分四段,論今之不逮古,雖謙詞,亦實語也。通篇藻麗芊緜,無一滯筆。"

瞿綬鈔本東澗尺牘與邑侯:"新歲累蒙記存,病榻頹然,不能摳衣謁謝,徒有馳企。兹啟山陰徐伯調兄,高才博學,爲盧公祖所契重,盧公祖念其客邸寂寞,意欲臺下稍爲津助,既已面囑,復托不肖轉達。伏乞老父母即爲留神,不惟伯調佩感,盧公祖亦仰借東壁餘光矣。草草冒昧,伏惟垂鑒。"盧即盧絃,邑侯自是趙育溥。

題滕相士寫真(有學集卷十三)。

滕相士待考。方文嵞山再續集卷四有贈滕鍊師:仙觀仍從大宋開,道衣不學至元裁。問君可是林靈素,曾見奎星奏事來?

五月,因去歲中寒,雙耳病聾。

上圖抄本程崑崙詩文集序末附牧齋答金俊明書:"僕去冬中寒,入夏頭眩足弱,百病交集。五月初二日,眩暈之症聚于兩耳,昔猶單聾,今則雙聾,大聲疾呼,直如充耳。雖犬子侍側,必用書版畫字,始得通一語。真衰真廢,不復自比于人,想仁兄亦爲我攢眉也。"

又方文嵞山再續集卷二錢牧齋先生招飲荔枝酒酒後作歌自註:"先生時病耳。"

五月六日,作癸卯中夏六日重題長句二首(有學集卷十二)。

其二云:"百篇學杜擬商歌,墨沈頻將漬淚磨。世難相尋如鬼挂,國恩未報是心魔。射潮霸主吾衰矣,觀井仙人奈老何?取次長謠向空闊,江天雲物爲誰多?"頗爲傷感。

仲夏,方文自金陵過訪,作紅豆詩,又爲牧齋孫取字霸先。臨別,牧齋開新釀荔枝酒,作詩送行(有學集卷十三方生行送方爾止還金陵)。

方生行送方爾止還金陵詩云:"我有羊城荔支酒,故人嶺表來稱壽。瓶眉聊可謝世人,缸面祇應飲好友。經年封固爲君開,莫惜臨岐盡一杯。憑君鑒我區區意,卻寄青州從事來。"

尺牘新鈔二集藏弆集卷十一與方爾止:"荔支酒歌,可爲此酒生色。若鐵矢果能治聾,便當寄信嶺表,乞欒園釀數石,作兜玄國中大慶賀筵,與兄爛醉百日也。"此酒即黃生達可所贈。此札題李清撰,誤。

鑫山再續集卷二常熟訪錢牧齋先生:"賤子童年性超忽,特地辭家泛溟渤。曾向虞山訪鉅公,絳雲樓上瞻風骨。是時姩淺無所知,莫測高深惟歎咨。及壯始窺初學集,朝吟夕誦勞吾思。厥後爲儒逢世難,衣冠文物皆塗炭。巋然獨有魯靈光,顛頓支離東海岸。每愁風雅道紛綸,品定列朝諸詩人。不辭好辨爲剖晰,遂令蓺苑開荆榛。前歲磻溪介眉壽,遠近争趨如恐後。欲偕林叟來持觴,先遣長書謝親舊。卻寄鑫山詩一章,謬稱國手何敢當?私喜平生説詩意,與公符合争微芒。去年九月期相訪,作客山東絆塵網。今年仲夏身蕭閒,始到琴川擊雙槳。三十年來臭味同,好將疑義質宗工。忽聞都市焚書令,鐵篋惟應瘞井中。"

鑫山再續集卷二錢牧齋先生招飲荔枝酒酒後作歌:"有客來自五羊城,手攜荔枝酒一罌。云是荔枝漿所釀,以餉虞山錢先生。先生安置牀頭久,欲飲還須待良友。忽聞我到意欣然,亟唤侍兒開此酒。我從未啖鮮荔枝,今茹此味方知之。色如玉露初寒日,香似輕紅乍擘時。古甕頻勸不肯止,先生愛我乃如此。何以報之惟藥方,社酒治聾加鐵矢。先生時病耳。"

鑫山再續集卷四別錢牧齋先生:"我客虞山暑正煩,十朝九扣先生門。持杯不惜荔枝酒,穿徑如入桃花源。古人命駕輕千里,烈士酬知重一言。臨別依依更回首,相期冬月再過存。"

鑫山再續集卷五紅豆詩有小序:虞山之東三十里有芙蓉

莊,乃牧齋先生讀書處也。莊前紅豆樹一株,高數丈,圍數尺,枝葉蒼翠,不花者二十年矣。辛丑三月,忽開花。是年九月,爲先生八十初度,枝頭又結一子,似特爲先生壽者,先生暨諸同志各爲詩以張之。踰年癸卯,予至虞山,聞其事,亦補八首。

秋來紅豆生南國,恰遇仙翁大耋時。樂府重翻新製曲,莫教仍唱右丞詩。

花似揚州玉蘂開,實如南海紺珠來。秖因五百年前樹,曾作君家錦綉堆。

猶記朱櫻出上闌,寢園薦罷賜千官。誰將一粒相思子,依舊雙擎赤玉盤。

狂風吹屋捲衡茅,一點猩紅綴樹梢。莫是天公有深意,萬年枝上蘂重苞。

天寶開元迹已陳,閒思往事淚沾巾。秋風南國吹禾黍,愁殺當筵唱曲人。

荆棘銅駝絕可憐,江村璚樹尚依然。從今逆數花開日,正是崇禎十七年。

二十年來始一花,花開結子類丹砂。憑誰記曲屏風後,自有仙人萼綠華。

君家遠祖年八百,應見枝頭四十紅。八十老人凡四見,再回便是百齡翁。

翕山再續集卷五贈錢二郎_{牧齋先生之孫也,先生屬予字之,字曰霸先:}錢郎十歲五經通,鄉里皆知是聖童。自合玉堂繩祖武,不應金鏡被塵蒙。

松圓詩老善風騷,乃祖推尊義更高。我有遺烟剛四笏,殷勤贈爾助揮毫。松圓詩老,程孟陽也,手製墨極佳,予以四笏贈二郎。

吳越稱王志未申,耳孫英絶悟前因。霸先字汝非無意,莫忘髫年取字人。錢乃吳越王鏐之後,故云。

趙某欲請牧齋徵壽序,作書拒之。

錢牧齋先生尺牘卷一復趙:"一別七年,音徽遼絕。爲方爾止來,得聞起居,少慰契闊耳。神仙宗伯,夙負心知,介壽之詞,何煩徵索。但僕累年積疴,真病真衰,真聾真瞶,日啜粥糜半盂,兩臂瘦如削蔗,已自分飾巾待盡。醫者教以守心魂,斷筆墨,或可支綴餘生。今只得謹守其戒,偶一犯之,頭眩脅脹,百病交作。恭承來命,責以飛文遣詞,實不能勉強從事,徒有浩嘆而已。經年一榻,斷絕交遊,又豈能招搖詞壇,徧徵歌頌?"趙某疑是趙澄。

黎元寬、黃文星亦有書求文,亦拒之。

錢牧齋先生尺牘卷三復黎元寬黃文星:"某罪廢餘生,沈疴積歲,耳既困於雙聾,咽更苦於容粒。支綴代盡,動止須人。頃者收召心魂,誓斷筆墨,冀得少延弱息,聊乞殘生。嘉命賁臨,徵書下逮,欲使遙譜樵陽之籍,仰和步虛之聲,回顧衰頹,徒有浩歎而已。拜命之辱,無以爲詞,但九頓以自陳,匪一言而可既。"

黎元寬,字博菴,號左巖。南昌人。崇禎元年(1628)進士。官至浙江提學副使。明亡隱居不出。有進賢堂集。

黃文星,字子威。孝感人。官江夏教諭。與黎元寬善。有楚望堂集。

五月十七日,作送方爾止序(有學集卷二十六)。

鈔本有學集署"是歲五月十有七日，東澗遺老老友錢謙益再拜奉贈"。序云："今年癸卯，(爾止)自金陵過訪，又二十年矣。……今爾止蒼顏皤髮，巋然爲遺民宿老。余衰殘荒耄，病臥一榻，執手欣慨，言可極邪！余向苦半聾，今特甚，用稚孫書版畫字，如隔重譯。……爾止笑顧稚孫，酌酒引滿，觀其意，未嘗不愀然閔余也。家貧不能留千里客，爾止將卒卒別去。古之人莫重于離別，行者曰何以贈我，居者曰何以處我。爾止之訪余也，告于其友。其友孫豹人賦詩以張之，今其還也，余可以無言乎？"

五月十九日，又作書與方文論詩（有學集卷二十二）。

鈔本有學集署"五月十九日，謙益再拜"。書云："頃見足下酬遵王詩，次章頗似何將軍園林第十。……足下深於杜者，聊復拈此以相嘆賞。古人詩，暮年必大進，詩不大進必日落，雖欲不進，不可得也。欲求進，必自能變始，不變則不能進。……能棄能捨，則能變矣。足下今亦晚年，若能捨詩入道，可用此言爲筏喻也。"

方文贈錢曾詩見嵞山續集，其次章云："君家東磵老，屢日共婆娑。牧齋先生自號東磵老人。群從有才子，新詩亦和歌。祇應長聚此，無奈欲歸何？既醉猶餘酒，來朝訪再過。"

五月二十六，吳炎、潘檉章因牽涉明史案被殺於杭州弼教坊。

五月，完成後秋興之十三（有學集卷十二）。

放歌行爲絳跌堂主人姚文初作（有學集卷十三）。

爲魏氏作四書字彙賦序（牧齋外集卷八）。

此文爲魏鶴仙而作，鶴仙爲浣初仲子，早卒。鶴仙有子日勳,岳父爲牧齋甥瞿子令秀才,故作此文。

陳瑚因父卒卧病荒村,作書牧齋。

陳瑚確庵文藁卷六上以詩代書奉候牧齋宗伯:"東山高卧意何如,聞道南村別有廬。帶草碧深春雨後,豆花紅襯晚霞初。巡檐健廢過頭杖,燒燭閒抄夾注書。應恕比來音問少,三年攀柏涕莪餘。時予卧疴荒墅。"

七月三日,作書錢曾,敘述自己學問淵源,告誡錢曾詩註當留心揀擇,毋氾濫末流(有學集卷四十三)。

鈔本有學集署"七月三日"。書云:"來教論吾詩,深相推挹,所謂愛而忘其醜也。然足下好學深思,虛己求宗,必非諂曲以相抵者,政恐愛我之過,于生平學問,尚未委悉本末。近有答山陰徐伯調、河濱李叔則二書,頗約略言之,足下試覽之,而知吾學之所不至,與今之老而不能竟其所至者,可以爲鑒,亦可以爲勸也。……古人論詩,研究體源。……留心採擇,但見其上,勿氾濫末流,爲有識所笑。"

七夕後一日,錢曾以詩註稿本見示,作與遵王書,以示感謝(有學集卷四十三)。

鈔本有學集署"七夕後一日"。書云:"昨得手書,循覽再三,深喜足下好學深思,助我良多,而惜余實固不足以承之也。……袁小修嘗論坡詩云:他詩來龍甚遠,一章一句不是他來脈處。余心師其語,故于聲句之外,頗寓比物託興之旨。廋辭讔語,往往有之。今一一爲足下拈出,便不值半文錢矣。王老師修行無力,被鬼神覷破,只得向土地前也下一分齋,此可爲噴飯一笑也。居恒妄想,願得一明眼人,爲我代下注脚,發皇心曲,以俟百世,今不意近得之于足下。然探符取代,登臺觀莒,人固不可與微言,則亦殆乎岌岌矣。少暇當抵掌盡之。"

錢曾判春集判春詞二十五首其十八註:"初學、有學詩集箋註始於庚子之夏,星紀一周,甫得告蕆。癸卯七夕後一日,以箋註稿本就正牧翁,報章云:居恒妄想,願得一明眼人,爲我代下注腳,發皇心曲,以俟百世,今不意近得之於足下。今牧翁仙去數年,而詩箋掛一漏萬,殊不足副公之意,未知後人視之,虎狗雞鳳,置之於何等耳。"

七月中元日,錢孫保請作接待菴記(牧齋外集卷十三)。

萬曆間,牧齋從祖順德鳩善友八十一人,買三里橋金氏廢地,謀建接待菴。僧性鎮首任其事,順德弟順化、牧齋父世揚後先襄助,萬曆二十六年(1598)六月開建,次年冬竣工。此後順德子婦徐氏歲貢銀米,並施田若干畝,維持香火。不久,孼僧盜鐘魚什物,以奔豪右。徐氏孫孫保,又請普潤理菴事,欲重加修葺,而請牧齋爲記。

七月望日,作溫如先生陳公墓誌銘(有學集卷三十六)。

溫如先生即陳朝典。墓誌云:"壬寅七月初二日,考終正寢,享壽八十二。十二月,葬使字圩新阡。"鈔本有學集署"癸卯七月望日"。

又作書毛表。

錢牧齋先生尺牘卷二與毛奏叔:"溫如先生志文,力疾具草,乞爲轉呈確庵先生。老學荒眊,柴荆滿紙,但以相知見委,不敢爲世俗諛墓之文。未知可徼惠如椽大筆,削而正之否?金剛經想已卒業,有感應四則,全稿所無,幸補刻入之,亦頗有勸發也。"

金剛經會鈔有刻本,共三卷,每卷末有牌記。卷上作:"佛子毛褒奉子晉府君遺命刻金剛經疏記會鈔,冥資福德往生者。"卷中爲毛表施,卷下爲毛扆施。

七月既望,作中大夫光祿寺卿奉詔起南京工部右侍郎贈一級徐公墓誌銘(有學集卷三十二)。

此徐如珂墓誌。文云:"(次子)廷柱泳經禍亂,大懼先人風烈湮没,件繫事狀,漬血成書,將謁銘舊史氏,而廷柱又卒。子世奉其墜言,請追銘。"鈔本有學集署"歲在癸卯七月既望,石渠舊史虞山通家友弟錢謙益再拜謹述"。

七月二十五日,作贈雙白居士序(有學集卷二十六)。

序云:"癸卯中秋,居士六十初度。諸士友請余稱壽,聊書此以復之"。鈔本有學集署"是歲七月二十五日"。

方文過常州,與潘江談及牧齋賞識其詩。

木厓集卷十三有方爾止自虞山歸舟過毘陵過訪寓齋酬談竟夕。又一首爾止爲言虞山先生垂注不置感賦:"當代推詞宿,虞山碩果遺。文瀾初學集,史筆列朝詩。先生列朝詩選,人立小傳,有史裁。老我同顏駟,勞君説項斯。爾止爲誦予詩十數篇,先生首肯者至再。代興吾豈敢,或可奉槃匜。"

方文訪王士禛,告知吾炙集載有其詩,王士禛感激不已,作詩兩首相寄。

漁洋詩集卷十四方爾止言虞山先生近撰吾炙集,謬及鄙作,因寄二首:"不薄今人愛古人,龍門登處最嶙峋。山中柯爛蓬萊淺,又見先生製作新。"

"白首文章老鉅公,未遺許友八閩風。如何百代掄騷雅,也許憐才到阿蒙。先生寓書云:偶愛許友詩,因仿篋中集例爲此書。許友八閩風,先生句也。

漁洋詩話卷下云:"順治辛丑,方爾山文自虞山過廣陵,言牧齋先生近撰吾炙集,載阮亭詩數篇,此集竟未之見。"辛丑爲誤記。古夫于亭雜錄卷三平生知己條,所記同,不復錄。

八月,作張鑑五四十序(牧齋外集卷十)。

序云:"頃吾友王君大哉爲余稱道使君之賢,并敘其家世。使君本平原世家,隸籍遼左。其叔父以扈從積勞,開府八閩。使君與其父叔,同登丁亥賢書。父立庵公歷官臺諫,奉使海藩。而使君宰京邑起家,出守馮翊,由江寧建節,以及饒南永平,所至大著聲跡。"又云:"今年八月廿四日,使君年四十初度。大哉大會詞客于虎丘,觴使君于二丘之堂,而屬余爲之敘。"

立庵,即張學禮,錦州人。康熙元年(1662)十月,與王垓奉使册封琉球。著有使琉球記。弟學聖,順治五年(1648)任福建巡撫,十年革職。學禮有子六,長子思明(1624—?),字鑑五。貢生。康熙元年(1662)分守饒南道。

按,據張學禮使琉球記,學禮元年十月出使,二年冬日方歸。出使期間,思明留浙等待。牧齋三年春去世,故繫此。

中秋,題錢曾秋懷詩(有學集卷四十八)。

書于雲上軒。文云:"遵王近作秋懷十三首,余觀其有志汲古,味薄而抱明,冏冏乎南山之遺志也。故亟取焉,而遵王避席請未已。昔退之夢吞丹篆,旁一人撫掌而笑,似是孟郊。余老矣,無以長子,他日丹篆文成,余爲夢中旁笑之人,不亦可乎?"

仲秋,作題王石谷畫卷(牧齋外集卷二十五)。

牧齋外集卷二十五、清暉贈言卷八皆署"癸卯中秋,東澗遺老錢謙益題於雲上軒",金匱本有學集卷四十六無落款。錢仲聯先生所見文鈔補遺末署"癸卯仲冬十七日",疑有誤。

王翬(1632—1717),字石谷,號耕煙散人、烏目山人、清暉主人。常熟人。早年爲太倉王鑒所賞識,收爲弟子。後轉師王時敏,臨摹宋、元名跡。康熙三十年(1691),以布衣徵至京,主繪南巡圖。御賜"山水清暉"匾額。與王時敏、王鑒、王原祁合稱"四王"。

跋云:"石谷子受學于玄炤郡守,又從奉常烟客遊,盡發所藏宋元名蹟,匠意描寫,烟雲滿紙,非畫史分寸渲染者可幾及也。"

外集卷一另有贈王石谷詩一首,疑亦在此時。

秋,柳如是下髮入道。

有學集卷十四病榻消寒雜詠四十六首其三十五、三十六:"一剪金刀繡佛前,裹將紅淚灑諸天。三條裁製蓮花服,數畝誅鋤稑穄田。朝日粧鉛眉正嫵,高樓點粉額猶鮮。橫陳嚼蠟君能曉,已過三冬枯木禪。二首爲河東君入道而作""鸚鵡疏窗畫語長,又教雙燕話雕梁。雨交澧浦何曾濕,風認巫山別有香。初著染衣身體澀,乍拋綢髮頂門涼。縈烟飛絮三眠柳,颺盡春來未斷腸。"

顧苓河東君傳:癸卯秋下髮入道,宗伯賦詩云云。

邑人喧傳瞿式耜降靈郡城西,相率往東皋招魂,塑像迎請。九月朔,作詩十二首(有學集卷十四)。

　　鈔本有學集詩序云:"吴人喧傳稼軒留守降靈于城西,相率詣東皋招魂,塑像迎請上任。聾駿道人驚喜嗚咽,放言作絶句十二首,用代里社迎神送神之曲。癸卯九月朔。"

　　趙士春保閒堂續集卷四讀錢牧齋有學詩集其四:瞿稼軒桂林死難,先于城外築小東皋,艱難中舉動若此,失守之罪,未可盡委之驕兵悍將也。吴俗譌言成神,旋以土偶擲置丘舍中,絶無影響。集中作迎神詩以實之,蓋己巳枚卜,錢、瞿立黜,鼎革後彼此殊途,而香火之情固在。

　　一死封疆自可褒,令人遺恨小東皋。無端唱作迎神曲,死黨依然在爾曹。

九月七日,跋新語(國家圖書館藏本)。

　　即十五歲時所收書。

秋,作翁季霖詩序(牧齋外集卷七)。

　　序云:"乙未九日,許無功奉其尊人,典衣沽酒,邀余登高莫釐峰。……距今九年所矣,清秋卧病,追思昔游,山川笑語,歷歷在眼耳間。"

　　又,牧齋外集卷二十四有翁季霖像贊。

　　翁澍(1640—1703),字季霖,號胥母山人,譜名天澍。吴縣東山人。彦博子、天游弟。少時學詩於吴偉業。博古嗜學,不求仕進。喜結納,所交率當世賢士大夫,與下堡金侃最善。著有具區志、胥母山人集。

陽月朔日,作袁節母吴太君八十壽頌(有學集卷二十九)。

　　序云:"有明萬曆四十年壬子,吴縣民袁應詔物故,妻吴氏年二十九歲,生二男子,駿三歲,驤一歲。母家欲奪其志,剠面劗耳,與孤存亡。駿稍長,傭書以養母,人稱袁孝子。今歲癸卯,吳年八十,駿徧走學士大人,請乞詩文,煌煌乎盈門塞屋,俛仰周覽,喟然太息。"鈔本有學集末署"歲在癸卯易月朔日,石渠舊史虞山錢謙益撰"。

又作袁節母吳太君八十序(牧齋外集卷十一)。

序云:"歲癸卯初冬,郡人袁駿母吳孺人上八十觴,駿乞言於東澗遺老曰:願夫子之有言也。非夫子言,不足爲駿母重。"

陽月七日,作文稱讚周雲驤所作袁節母八十壽序甚佳。

此文附見周雲驤逸園文稿,云:"今觀孝逸袁母諸敘,翻潘江、傾陸海,倒三峽之水而注之,滾滾乎其不竭也。菰蘆百里中,詞壇有人。"

陽月望日,爲盧紘作四照堂文集序(牧齋外集卷八)。

按,年月見四照堂文集刻本。

四照堂文集卷十一復錢大宗伯牧齋先生書:"如紘者,反荷老年伯謬賜矜容,稱譽過當,硞硞因人,曾何治狀,而津津不寘也,適滋愧恧。"

新安方熊來訪,並索詩爲人稱壽(有學集卷十四答新安方望子投詩枉訪、卷十四新安潘子倫,故人景升之孫也,年六十矣,方望子索詩爲壽)。

方熊,字望子,一作望紫。歙縣人。有侑靜齋詩文集。後客死吳門,友人李果經紀其喪。錢陸燦調運齋集卷五送方望子道士歸黃山二首小序:"望子在崇禎初元游學宮保先公之門,後又以禪皈依先師檗菴老人于黃山。"知其爲牧齋及熊開元門生。景升即潘之恒。

作楊枝挑牙杖歌(有學集卷十四)。

嘉平十一日,作新安方氏伯仲詩序(有學集卷二十四)。

  鈔本有學集署"癸卯嘉平月十有一日"。序云:"新安方望子攜乳山書來訪,……望子奉乳山之教,以詩道相叩擊,且屬序其弟寶臣屾園詩,則余有嘆焉。"寶臣,名淇蓋,又名夏,又名兆瑋。

十一月十六日,作普禪昌上人詩序(有學集卷二十五)。

  此人不詳。

仲冬十七日,作吳漁山臨宋元名畫卷跋(有學集卷四十七)。

  跋云:"冬日屏居,漁山吳子畀予手臨宋、元畫卷,烘染敲皴,窮工盡意。筆毫水墨,皆負雲氣。向之慨慕子久與華亭所手摹心追者,一旦攢聚尺幅,如坐鏡中,豈不快哉!漁山古淡安雅,似古圖畫中人物,人將謂子久一派,近在虞山,吾深望之。然此卷真蹟,皆烟客奉常藏弆,又親傳華亭一燈,密有指授,故漁山妙契如此。奉常跋尾,不欲以斲輪之妙示人,故隱而不書。余聊及之,以信吾熏習之說。"

  吳歷(1632—1718),字漁山,號墨井道人、桃溪居士。常熟人,吳訥裔孫。學詩于陳瑚,學畫于王時敏,學琴于陳岷。後入天主教。以畫名,爲"清六家"之一。著有墨井詩鈔、三巴集、桃溪集等。

馮班與嚴熊等人結和成社,有長至日文讌、臘梅、燒香曲初會詩,和之(有學集卷十四)。

  詩序云:"定遠帥諸英妙結社賦詩,武伯以初會詩見畀。

寒窗病氣,聊蘸藥汁屬和。勞人之歌,不中玉律,聊以代邪許而已。"

馮班鈍吟集外詩卷一蠟梅:叢叢依淡日,拂拂帶微霜。檀炷輕含紫,凝膏透著黃。蘭芳饒作佩,菊淺稱爲裳。借問深宮女,何如額上粧?

長至日文讌:寘列朱盤展酒場,嶺梅猶自滯寒香。芳醪到手盈樽綠,愛日臨窗一線光。世事休言更岸谷,斯文且莫感彭殤。頻干觴政非關拙,欲假殘杯入醉鄉。

燒香曲:武皇七夕降靈人,高熖如山爇降真。紫爐勃欝羽衣下,雙成獨跨黃麒麟。歲星舊向東隣住,爐中一笑情相親。吾聞麟洲有藥稱卻死,仙人短髮儋雙耳。未央殿下玉墀前,四兩靈膠獻天子。一丸如棗玉爐中,瑞氣紛紜充百里,病滿長安一時起。

嚴白雲詩集卷一長至日文讌:地凍天凝乍轉陽,良宵良友集茆堂。輸君肝膽憑樽酒,照我鬚眉賴燭光。壁上松枝空抱節,齋中懸石田先生畫松,亦長至日所作。窗前梅蘂自含香。論文析義從茲始,莫遣愁隨一線長。

燒香曲:君不見賈家小女花盈盈,青瑣窺郎目已成。異香珍重千萬意,才著郎衣四座驚。又不見荀令香爐旦夕薰,中然朱火颺烟青。旁人聞香不知價,但見過處三日餘芳馨。燒香自古有佳話,賈家荀家最知名。長安甲第制度精,螻蟻蜥蜴難潛形。紅簾翠幕窗户閉,蹲猊睡鴨煖氣徐徐生。濃香豔膩長淫思,飛仙墮地不復行。我有一香非世情,我歌君試洗耳聽。青州布衫重七斤,鳩柴架屋四兩輕。空山隆冬雪三尺,狐兔蜎縮鳥雀凍無聲。鴟鵬啼風虎倀舞,佛燈鬼燐相晶熒。地鑪騰騰煨榾柮，此香此味當與賈家苟家誰弟兄。

蠟梅三首：偶得蘇黃愛，佳名千載傳。蠟梅古稱黃梅，坡公、山谷始定今名，見瀛奎律髓註。色居籬菊後，香占嶺梅前。建子偏當令，和羹合避賢。美人珍乍拆，顆顆綴鳴蟬。

一種梅花異，先春已滿枝。葉彫寒范叔，花淡病西施。戲雀嫌頻啄，遊蜂苦未知。隴頭消息近，珍重避幽姿。

蜂採花成蠟，蠟還開作花。蜂寒翻不見，花自傲霜華。黯淡籠烟曉，輕明映日斜。最憐曾折處，鶴膝又勾芽。蠟梅折處，重生者如鶴膝然。

許世忠綺合集卷五長至日文讌：茝蘭芳席倚湘簾，日影磚堦一線添。西使石榴紅露冷，楚臣嘉橘玉漿甜。酒傾竹葉傳盃數，詩寫桃花擘紙纖。應有文光牛斗分，串珠雙璧共燒炎。

蠟梅：霜條頻墜葉，密綴蠟花黃。靜掩無聊色，寒凝有意香。叢枝森曉霧，一樹照斜陽。匜鬌重圍處，新翻月暈粧。

燒香曲：芙蓉紫幄周遮邐，桂發芝生九微火。六曲屏風翠黛深，雲雨巫山幽夢鎖。蕭郎瓊琯吹來罷，銀箭玉壺遲一夜。尺錦中間睡鴨爐，美人撥火燒檀麝。殷紅一點烟生濃，銀虬盤盤上虛空。香飛染衣似藍艸，沉沉共醉非霧中。文犀合子安香滿，百和辟邪兼甲煎。合自鹽池西又西，烹煎龍腦燒麟脂。一片香焦一片添，青白雙蜺遶玉纖。可憐萬籟寂然處，夜珠八定花無語。崑崙山上真仙子，坐臥銀樓遊鏡水。此際風流較欲勝，鬱金堂在蓮花裡。

許世忠，字貞服。瑤子，嚴栻壻。副貢生，授州同。以詩名,力摹香山。

　　李岳瑞春冰室野乘:"錢蒙叟有學集以有指斥國朝之語,遂被厲禁,焚書毁板,幾與吕晚村、戴南山諸人等。二百年後,遺集始稍稍復出。嘗取集中諸詩文,一一勘校,雖指斥之詞觸目皆是,然大抵憤激詛罵之語,未嘗有實事之可指,尚不如翁山詩外所詠軼事有神霸勝異聞,不知身後受禍,何以如此其酷。唯有學集第十三卷中有和燒香曲一首,詞氣惝恍迷離,若有所指。疑當時宫闈中,必有一大事,為天下所駭詫者。雖以東澗老人之顔厚言巧,謬託殷頑,亦不敢質言其事,而託之擬古耳。義山集中有燒香曲,故此以和名。東澗生平不作昌谷、玉溪體,尤見此詩之有爲而發也。"此詩並非和玉溪,而是和馮班,李岳瑞所説宫中事,亦屬牽强。

和錢曾述懷詩四十韻,兼示錢龍惕、陸貽典(有學集卷十四)。

　　錢曾原唱述懷詩四十韻呈東澗先生,載今吾集:感極翻垂涕,啣悲祇自知。顓愚蒙品藻,侗直荷恩私。入室容窺秘,登樓與析疑。篇章煩往復,格律鬭新奇。壓卷標吾炙,開編戒汝欺。縹囊題古帙,絳雪和清詞。書竟傳王粲,人誇説項斯。有文先許讀,無席不容追。雲上軒中酒,胎仙閣裏詩。客來招共話,賓至唤相隨。更喜經過數,偏憐光景移。晬盤春盎盎,夜宴漏遲遲。却月停歌扇,風光泛酒卮。紅燈依笑語,清醥照鬚眉。鼓急花争放,絃么柳暗垂。翻思賓作主,猶記祭爲尸。酒罷扶床坐,詩成剪燭窺。墨莊香馣馣,文海字淋漓。宇宙存洪筆,乾坤剩絳帷。捫心驚報答,没齒戴榮施。豚犬安名字,泉臺勒銘碑。沉吟雙淚涸,感激一身危。竊嘆懸如磬,堪嗟鈍若鎚。百年寧肯負,千載更從誰?蜮影憑人射,鼇僵笑我癡。謗傷殊可謂,欲殺又何辭?俗子添蛇足,狂奴竊虎皮。石浮心獨省,金鑠志全虧。巧立詞壇幟,難降辨囿旗。拍肩悲瞽相,借目笑癡兒。卬首徒軒激,低眉嫉喔咿。讒言興白璧,古道托朱絲。謠諑誠多矣,疏狂或有之。交遊雲汗漫,貧賤日支離。瑟縮中懷惡,憀騰壯志衰。舌存空嘯傲,筋倦强扶持。霜戛窗楞夜,冰澌簷瓦時。歲寒松影直,月淡竹痕欹。卷籍能忘食,琴書可樂饑。平生仰止意,只是奉洪規。

錢龍惕大充集卷下次韻族姪述德感懷四十韵呈東澗先生:數仞牆逾峻,千年調許知。龍彪徵有兆,烏兔照無私。六籍文傳奥,三倉字辨疑。飛騰餘綺麗,平淡出新奇。僞體親裁别,群兒絕詆欺。五千老子籍,九十武公詞。燕許何慙昔,韓曾獨擅斯。鵬摶寧假息,駿走實難追。執卷容編稿,攜箋得受詩。垂髫從辟呀,白首尚追隨。藥喜壺公借,山任北叟移。沂風樂曾點,農圃笑樊遲。剩有縗稱劍,愁無當號卮。時便邊氏腹,笑指馬家眉。鴛忘羊腸困,蠅因驥尾垂。高僧詩作塔,指源公。舊士筆輿尸。指士龍。孫子吾宗秀,風騷已暗窺。學關分雅俗,文體别淳漓。轉箄登高閣,聞歌入絳帷。雕鐫辭下里,刻畫誚西施。共定青緗業,同押黄絹碑。沉酣歷寒暑,桑海聽安危。笑我空囊潁,嗟君處世鎚。南箕哆宛爾,貝錦織因誰?山海由來大,虯蚋枉自癡。關弓騰巧舌,轉式駕虛辭。弟子彭兼戴,交游陸與皮。羊何格可並,馬鄭道奚虧?有志窮經史,無心建鼓旗。箕裘慙祖德,書劍付男兒。衰晚常憂戚，窮愁任喔咿。無言堪握塵，有淚但看絲。路阻真窮矣，禪逃尚有之。幡幢雲靄靄，燈焰影離離。慧遠年方盛，圖澄力未衰。塔鈴方替戾，蓮漏足攜持。香案繙經候，雲堂誦咒時。何生腥味薄，陶令酒巾欹。已杜三緘口，兼忘一食饑。嚴霜中夜靜，又見月如規。

陸貽典覯菴詩鈔卷三遵王見示述德感懷呈牧翁先生之什，不勝斐然，用韻書情，奉呈牧翁，兼贈遵王：髦士多承學，輇材亦受知。玄珠憝未得，鴻寶喜能私。嘗手錄先生詩文集。匡翼尊經術，班楊析異疑。繁星寒八極，清露浥三危。錦繡千金字，龜螭百尺碑。磨天揚刃壯，截海掣鯨奇。御李寧徒爾，推袁斷在斯。瓣香真有託，大樹撼焉施。時有妄議先生文者。夫子誠韓筆，生徒媿董帷。户中投本論，賦裡溯微詞。竟識前賢在，難容偽學欺。廿年空契闊，三載重攀追。薦士曾登剡，操觚幾序詩。壽觴欣共汎，文讌快相隨。山閣烟光合，江村日影移。新篇出袖數，絮語舉杯遲。摘抉蕪詞在，封題短札垂。編詩憐警俗，謂刻石林師詩草。哭子慰臨尸。余連喪子，先生慰唁甚殷。勸取風騷究，邀將佛乘窺。格言傾悃欵，真意挽澆漓。鑒貌當明鏡，論才近漏巵。敢忘鐫肺腑，誓欲刻鬚眉。良冶工陶鑄，純金出鍊鎚。華宗偏得念，吾黨更推誰？佳句耽成癖，奇書嗜欲癡。苟爐香不散，庾筆綺何辭。壯志歌牛角，閒情冠鹿皮。看花兼旦暮，賞月匝盈虧。並執文場幟，同搴藝苑旗。宗工尊一老，愚豎笑群兒。物態多讒嫉，余心獨懊咿。時有間遵王于先生者。瑕瑜從指玉，蒼素摠悲絲。蘭佩誠紉矣，荃情實察之。雨雲虛翻覆，膠漆詎攜離。意氣迴波靡，文章翼道衰。吟腸泉沁溢，狂舌酒禁持。芳草凋零候,美人遲暮時。倚寒修竹勁,索笑老梅欹。雲藻君騰麗,山薇我樂飢。願言俱努力,崇德是良規。

仲冬晦日,周永肩爲其父周祝遺詩請序,作空一齋詩序(有學集卷二十四)。

鈔本有學集署"閼逢執徐之歲仲冬晦日,虞山契家子東澗遺老錢謙益謹序"。序云:"余與季華之子安期遊,爲誌其墓。安期歿十餘年,而安石以季華遺詩畀余。"

十二月朔日,吕留良爲其兄願良詩請序,作吕季臣詩序(有學集卷二十四)。

鈔本有學集署"歲次閼逢執徐冬十有二月朔日",序云:"語溪之士游于吾門者十餘人,皆懷文抱質,有鄒魯儒學之風,吕願良季臣,其衰然者也。……往者余道武林,季臣病劇,扶攜出見,氣息支綴,屏人執手,閱默無一言,寒燈青熒,惟兩淚覆面耳。又十餘年,季臣之弟留良蒿目江河,橫流未返,憂其兄之遂抑没于土中也無已,而思刻其遺詩,以傳于後。又以爲不得余敘,季臣之視不受含者猶未既也。"

吕願良(?—1651),字季臣。留良三兄。有天放翁集。

上兩條,繫年皆甲辰,時牧齋已故,不詳何故,附此待考。

嚴熊示梅遊詩一帙,題其後(有學集卷四十八題梅花遊卷)。

鈔本有學集署"癸卯中秋",文鈔補遺作"癸卯臘月"。

嚴熊詩未見,嚴白雲詩集卷六有癸卯歲同王子餘、人英弟探梅鄧尉,得詩一帙,呈之牧公,極蒙賞譽。今春復遊,則牧公墓草已宿,人英亦殁,子餘貧老居鄉,無從覓晤,風雨歸舟,凄其成咏得四首詩,作於康熙九年庚戌(1670)。

又嚴熊嚴白雲詩集卷一秋日十咏和歸玄恭韻有牧齋跋:"余往作交蘆集,有悲秋二十章,通人覽之,以爲纏綿惻愴,一往情深。然余讀退之秋懷詩'清曉卷書坐,南山見高稜',及'歸愚識夷塗,汲古得修綆',則又知退之之所謂秋懷,非猶夫人之坎壈失職,悲湮阨而歎窮愁已也。秋窗閒坐,白雲在天,木葉微脱,吟武伯和玄恭詩,風味蕭瑟,凄然有言外之致,信武伯之深於秋也。黄花將放,當與武伯掇英浮白,咏退之秋懷之句以交勉焉。蒙叟錢謙益。"按,牧齋無交蘆集,查錢曾有交蘆言怨集,中有悲秋詩二十首,則此跋爲錢曾所作。

十二月十二日,許士柔子瑤請銘,病中撰許士柔墓誌(有學集卷三十二石門許公合葬墓誌銘)。

鈔本有學集署"歲在癸卯嘉平月十有二日,石渠舊史通家老友蒙叟錢謙益撰"。銘云:"瑤鵲起科第,歷官方岳,覃恩及三代,乃修諭塋、開神道,奉母柩祔葬。排纘行狀,而請銘于余。"

有學集卷十四病榻消寒雜咏四十六首其十四自註:"病中撰許司成墓誌,輟簡有感。"

十二月十三日,作固如法師塔銘(有學集卷四十)。

鈔本有學集署"癸卯十二月十三日,筆雲道人虞山錢謙益製"。

十二月十九日,作重修蘄州志序(牧齋外集卷五)。

外集未署年月,州志刻本作"歲在癸卯嘉平臘十有九日,石渠舊史虞山錢謙益謹序"。此志爲督理蘇松常鎮糧儲道兼巡視漕河江南布政司左參政盧紘所編。

牧齋先生尺牘卷一致盧澹巖:"老公祖以遷、固雄文,發軔蘄志,樸學謏聞,謹承台命,聊援禿筆,以弁簡端。幸如椽之筆,削而教之。"

又一通:"辱委蘄志序,須數日内力疾載筆,當九頓首以復。"

四照堂文集卷十一謝錢宗伯牧齋作蘄志書:"惟老年伯一代宗工,凡經筆削,自堪爲國門之懸。如兹蘄志弁言,不止紘一片苦心庶幾不没,並不腆小郡數千年以蠻方屏棄,不齒上國者,人始豁然知原在冠裳之列……昨者薄獻,知老年伯淡素自甘,聊供禦寒小酌。"

十二月,陳式請文,爲通徵作秀松軒記。

此文不見初、有學集,拓片藏常熟市博物館。文略云:"吾邑宣化門外,距一牛鳴地,有古庵曰報慈,斷碣載宋崇寧間重葺。余内家陳氏丙舍在庵左,子孫上冢來遊蘭若,多與住持覺師爲支、許交。一日絳跗陳子爲師請余記秀松軒。余聞此松之得存也,夫己氏曾鬻於人,將尋斧斤矣。師愛之弗忍,告諸檀蠋金,倍酬其價而歸松於庵。布金割地,繚以垣牆,亭亭千尺,聳翠寒蒼,籠覆梵宫,如幢如蓋。師坐石而撫龍麟虬榦,如道人净侣,息機相對。憩房廊而聽之,時若鳴弦生風,流爲梵響;時若沸濤驚浪,洗耳盪胸,而此松遂與趙州之柏並稱宗風絶秀。……師名通徵,字覺照。昔吾友大參仲雪、孝廉叔子兩魏君,司理許進侯,比部邵薪傳,孫子子長、殷子汝若亦嘗讀書是庵,有功於松,并及之。昭陽單閼歲嘉平月,虞山聾駼道人錢謙益譔,潁川陳溯潢拜手書,東海徐州刻字。"

　　許孟卿,字進侯。崇禎十年(1637)進士。建寧府推官,卒於任。有豔雪集。

　　殷汝若,名待考。與孫永祚善,家有夕舫。

臘月二十五日,序王挺文稿(有學集卷四十九題王周臣文稿)。

　　文云:"周臣示余新文數首,筆勢俛仰,精强之氣,猶在眉睫間。讀不盲道人説,爲慨歎久之。"

　　王挺(1619—1677),字周臣。時敏長子。以蔭授中書舍人。在官七月,疏請破格用人。奉使兩浙,廉潔自守,復命即告歸。入清,杜門卻軌,舉賢才,不就。晚年廢目,日使家僮誦書以聽,爲文口占使書之。有滅庵詩文集。

冬,錢曾來雲上軒,見有張以寧春王正月考一書,欲借不果。

　　錢曾述古堂藏書目自序:"癸卯冬,余過雲上軒,見架上列張以寧春王正月考一書,援據詳洽。牧翁歎其絶佳。少間走札往借,已混亂帙中,老人懶于檢覓而止,耿耿挂胸臆間者五六年。"

　　述古堂藏書目録題詞:"春王正月考……予昔侍牧翁於雲上軒,晨夕伏承緒言,每嘆此書絶佳,問津知塗,幸免冥行擿埴,皆先生之訓也,撫卷流涕者久之。"

年底,周雲驤持王時敏書來,作書答之,重申改訂文集之意,並邀顧湄、雲驤參與(有學集卷四十三)。

　　書云:"孝逸來,得手書勞問,情事委折,如侍函丈。迴還捧誦,拊掌太息。……來教指用事奥僻,此誠有之。其故有二,一則曰苦畏,一則曰苦貧。……初學之刻,稼軒爲政。取盈卷帙,未薙榛蕪。此後艸薙叢殘,都無詮次。累承嘉命,不敢自棄。擬以湯液餘晷,少爲排纘。初集剷削煩冗,汰其强半,效廬山內外之例,釐爲二集。後集亦效此例。俟有成編,專求是正,然後寫以故紙,藏諸敝篋。……一二族子,有志勘雠,意欲請孝逸、伊人共事油素,惟仁兄力爲獎勸,俾勿以槐市爲醑,則厚幸矣。……方當餞歲,共感流年,窮冬惟息勞自愛。"知作於年底。但書中又云:"客歲答李叔則、徐伯調二書,頗詳言之,今安敢有不盡干知己者?"答二人書,實在今年夏天。

按,前陸貽典詩、牧齋致龔鼎孳書皆提及有人對牧齋文不滿,牧齋刪定初學集,與此有關。此人應即吳殳,詳見下年。

冬,作病榻消寒雜詠四十六首(有學集卷十四)。

序云:"癸卯冬,苦上氣疾,卧榻無聊,時時蘸藥汁寫詩,都無倫次。昇平之日,長安冬至後,內家戚里競傳九九消寒圖,取以諗詩,志夢華之感焉。亦名三體詩者,一爲中麓體,章丘李伯華少卿罷官後,好爲俚詩,嘲謔雜出。今所傳閒居集是也。其二爲少微體,里中許老秀才好即事即席爲詩,杯盤梨栗,坐客趙李,臚列八句中,李本寧序其詩,殊似其爲人。其三爲怡荊體。怡荊者,江村劉老,莊家翁不識字,衝口哦詩,供人姗笑,間有可爲撫掌者。有詩一册,自謂詩無他長,但韻脚熟耳。余詩上不能託寄如中麓,下亦不能絕倒如劉老。揆諸季孟之間,庶幾似少微體,惜無本寧描畫耳。或曰:三人皆准敕惡詩,何不近取佳者,如歸玄恭爲四體耶?

余矍然笑曰：有是哉！並識其語於後。臘月廿八日東澗老人戲題。"組詩追述昔遊，感慨生平，沉鬱蒼涼。

李開先(1502—1568)，字伯華，號中麓。章丘人。嘉靖八年(1529)進士。著有寶劍記、斷髮記、閒居集等。

許儁，字伯彥，自號少微。常熟人。增生。廣涉經史，貫穿時務。著有高卧齋集、許生詩史。王應奎柳南隨筆卷三：許儁，字伯彥，祭酒石門士柔之父也。高才強記，落魄好大言，里中呼爲狂生。嘗以省試之白下，作書寄家人云："一到京中，飯量大長，早晨三碗，日中三碗，晚間三碗。如此吃飯，精神安得不足，如此精神，文章安得不佳。如此文章，今科安得不中。籬笆爲我拔去，牆門爲我刷黑，士剛、士柔打點作公子可也。"其筆墨多此類，見者輒爲絕倒。某宗伯集中所云："里中許老秀才，好即事即席爲詩，杯盤梨棗，坐客趙、李，臚列八句中。"蓋即指伯彥也。

劉老怡荆，見下。

其五自註："答乳山道士問病。"知林古度有問病之事。

其十憶泰和蕭士瑋、德州盧世㴶、山陰徐緘、朝邑李楷、太倉王烟客五友人。

其二十二："推蓬剪燭夢悠悠，舊雨依稀記昔遊。南國梟盧誰劇孟，北平雞酒有田疇。霜前啼鳥皆朱嚙，月下飛烏盡白頭。病樹枝顚天一握，爲君吹笛上高樓。"自註："廣陵人傳研祥北訊。"然不知何事。

其二十八自註："小盡夜靈巖長老送參。"長老即弘儲。

其三十二："高枕匡牀白日眠，閒看世態轉頹然。湛河不信多爲石，賣鬼還愁少得錢。鑿空舊能雕混沌，舞文新擬案丁零。睡餘偶憶柴桑集,畫扇蕭疏仰昔賢。"自註:"示遵王、敕先。"

其三十三自註:"聞馮定遠讀道書,戲示。"

其四十一自註:"懷落木菴主。"即徐波。

又跋江陰劉怡荆詩,並作詩一首。

清光緒江陰劉氏樹德堂刻本劉氏宗譜卷十八寄東澄江劉貽荆:劉君少小居涇里,被褐懷珠躬秉耜。憤俗炎涼運策籌,中年積鏹高于壘。良田廣寘萬六千,折節恭儉稱好禮。閒觀景物信口吟,聲韻鏗鏘溢人耳。我欲傲之輒不能,詩出性靈真可喜。東方詼諧淳于笑,老境優游無與比。塵世滄桑付不知,八十餘年同刻晷。仙耶隱耶難定君,暮天但見雲山紫。

卷十九題劉怡荆詩帙後:冬杪山居無事,作消寒吟一帙,題曰倣怡荆體,蓋因不忘素交,以致其拳懷。然怡荆之詩,固有不可及者。本於性靈妙悟,玲瓏透徹,觸景接物,匠心會意,信口吟成,而機趣盎溢,以當齊髡之滑稽,方朔之説諧,非其得於天者獨優乎?方今登壇坫,主盟社,而以雕飾為工者,誰能及之?予聞宋葉水心言曰:"昔人律絕詩,妙處惟在體物切近。"斯言真抉三唐之秘矣。況怡荆精於韻學,發聲吐音,而律呂相調,宫商叶應,聞者僉云可詠可歌,其傳於後無疑也。盈盈一水間,愛而不見,姑綴數語簡末以識之。

兩文皆不見有學集、外集。據家譜,劉汝模(1523—1605),一名柏,字叔範,號怡荆。繆昌時為作墓誌。江陰劉氏與鹿苑錢氏世為婚姻,怡荆母即錢姓。

卷十九又有劉汝模寄上錢大宗伯牧齋詩：生遭陵谷變，天幸免飢寒。韻語供嘲謔，朋來共笑謹。流傳學士側，採録紫毫端。草野懷私淑，何時拜杏壇？

按：家譜生卒年與汝模、牧齋詩文時間不能相符，疑是僞作，權附此。

除夕，馮班、錢龍惕、錢曾過訪。

有學集卷十四病榻消寒雜詠四十六首其四十二："丈室挑燈餞歲餘，披衣步屧有相於。詩詮麗藻金壺墨，謂編次唐詩。史覆神邅玉洞書。余將訂武安王集。窮以文章爲苑囿，老將知契託蟲魚。無終路阻重華遠，自合南村訂卜居。除夜定遠、夕公、遵王見過。"

按：錢謙益剪貼唐詩稿本，經季振宜遞輯，共七百餘卷，今在台灣圖書館。季振宜唐詩敘云："常熟錢尚書曾以唐詩記事爲根據，欲集成唐人一代之詩，蓋投老爲之，能事未畢，而大江之南竟不知其有此書。予得其稿子于尚書之族孫遵王。其篇帙殘斷，亦已過半。遂踵事收拾，而成七百一十七卷。"

冬，訂正義勇武安王集，請顧湄搜訪碑志。

武安王集卷八顧湄己酉二月二十七日録東澗夫子重編義勇武安王集成敬題紙尾注："夫子於癸卯冬力疾訂是集，屬湄搜訪碑志，數遺書往復，遺墨具存，曷勝悲愴。"

錢延宅葬其母及妻，爲作贈孺人張氏墓誌銘及贈太孺人趙氏墓表（有學集卷三十七）。

錢延宅（1623—1668），字大士，號咸亭。時俊孫，裔文子，與錢曾爲同祖兄弟。順治九年（1652）進士。授行人，陞祠部主事。考授御史,巡視陝西茶馬道。妻張氏(1625—1645),張文麟後,年二十一死於圍城,生子世嚴。母趙氏(1601—1628),隆美之女,士春妹。

張氏墓誌銘云:"癸卯歲,(延宅)請假葬母,卜地殿橋新阡,營孺人之兆域于其旁。"趙氏墓表云:"延宅舉壬辰進士,由行人擢江南道御史,再命封父如其官,母贈太孺人。出視茶馬報竣,請假歸葬,卜地于殿橋之新阡,請其舅氏宮允士春具狀,而謁余表其墓。"

又作書龔鼎孳,爲錢延宅母請墓誌。

牧齋外集卷二十二致龔芝麓:"仁兄以台衡宿望,正席柏臺。……從孫侍御,深荷國士之知。項歸葬母,願邀千秋不朽之筆,以報少孤罔極之恩,其誠孝一念,良可感也。弟先爲表墓,以代乘韋。所託重者,在隧道銘章耳。弟樸學不文,衰晚廢業。初學一集,賴海内鉅公大匠過分贊許,得廁于詞壇枒、苴之末,心實愧之。不意三家村中,突出一作家,放筆批抹。每有撰述,爲之心悸手戰。敢借重如椽大筆,畧爲掃除。"龔鼎孳本年六月,官都察院左僉都御史。

冬,又作書龔鼎孳,推薦邑人陳某。

錢牧齋先生尺牘卷一致龔芝麓:"日者從孫郵筒,畧附數行金石之文。……邑子陳生某,本儒家之子,頗負才諝,饒有幹辦……項挾策遊長安,慨慕一世龍門,思呈身於左右,以見其短長,斯亦可取也。……獻春擬遣豚犬奉叩,所借東壁餘光,此未敢闌及也。"

錢孫愛再次會試北上。

錢牧齋先生尺牘卷二有多封錢孫愛計偕北上,牧齋寫給友朋當事的信札，然多不能紀年，收信人姓名亦皆闕如。

本年，爲鄧林梓題勸酒歌、跋丹井詩（牧齋外集卷二十五題鄧肯堂勸酒歌、爲鄧肯堂跋丹井詩）。

題勸酒歌云："余酒户略似東坡，頃又以病耳戒酒。"因附此。

本年，作贈馮文學序（有學集卷二十六）。

文云："吴門馮君亮工，以博士弟子從事中丞幕府，故中丞閩中鄭公待以殊禮，用年勞敘題福建游擊。今不書，書文學，貴之也。何貴乎馮君？君少以純孝聞，刲股療父母至再。經明行修，兼通法律。比在幕府，常引大體，多所匡正。制府議辟五十人，力請覆案，平反幾半。己亥秋，京口潰，宵人密上變告吴人翻城謀叛，法當屠。主者且恚且悸，刃將斬矣，君泣血叩頭，以闔門百口力争，事得解。又四年，君年六十，宗人素昭同事戟門，具知本末，嘆美其子孫多賢，食報未艾，請余爲祝壽之辭。生辰祝壽之文，非古也。如君之爲，不可莫之表也。"亮工生平不詳。

本年，作李緝夫室瞿孺人墓誌銘（有學集卷三十七）。

鈔本有學集另注："一本有署文：石渠舊史通家八十二叟東澗遺老錢謙益謹撰。"瞿氏爲李胤熙之妻，卒於康熙二年（1663）六月十五，年八十四。瞿氏女配牧齋弟二酉，而二酉早夭。子象壁，娶陸孟鳬之女，崇禎十二年（1639）舉人，亦不幸早卒。

本年，彭士望遊吴，作書倪制臺，請其向席本楨子弟推薦。

錢牧齋先生尺牘卷一致倪制臺云："與臺下不相聞問，

十五易寒暑矣。……江右彭達生,三十年來宿名之士,與黎左嚴爲石交。頃遊吴閶,欲一登龍門,乞不肖之言紹介,病榻爲作數行問訊。此兄以文行推重西江,今更精堪輿術,思借重鼎言,薦引於席寧侯諸郎君,筆底春風,知不難嘘枯吹生也。"

彭士望耻躬堂詩集自序:"癸卯,留京口半歲主潘名陸,談子遠客不得見允謙,即遊吴門主陳名璧,晤顧名有孝、陳名濟、程名朽【石】、施名誙。"尺牘中倪制臺不知何人,查明、清職官年表,無有倪姓官至制臺者。瞿綬鈔本作與李灌溪,即李模,應是。

去秋十月六日,梁維樞死。本年,其子清遠來乞銘。

梁清遠袚園集卷四與錢牧齋宗伯:"先兵憲夙荷高雅,契結芝蘭,每稱先生爲一代偉人,精神嚮注,無日不能望。不意客秋一病,遂乃不起。凶禍至此,摧痛難堪。夢夢彼天,於我何哉!先生聞之,定爲隕涕。……敬用齋心,遣使上懇,伏望特奮如椽,撰一誌銘,勒之貞珉,用垂奕世,豈特不孝子子孫孫永銘高厚,即先君亦當感結於九原矣。"此銘最終由吴偉業撰寫,見梅村家藏藁卷四十二。

梁清遠(1606—1684),字邇之,號葵石、袚園。順治三年(1646)進士。官至吏部侍郎。

又錢牧齋先生尺牘卷二致□□□:"往年寄孥雕陵,荷賢喬梓道誼之愛,家人婦子,仰賴鴻慈。雲樹風煙,每紆燕素。惟尊太翁老世兄郵筒不絶,翰墨相商,時詢鯉庭,遥瞻鷥披,寸心繾綣,未嘗不往來函丈也。不孝某草木殘年,菰蘆朽質,業已撥棄世事,歸向空門,而宿業未亡,虚名爲祟,謠諑間發,指畫無端。所賴台翁暨司馬公愛惜孤踪,保全善類,庶令箕風罷煽,畢口削芒。此則元氣所關,海内瞻仰。不肖潦倒桑榆,無能報稱,惟有向繡佛齋前,長明燈下,稽首齋心,祝延介福而已。犬子計偕,尚叩鈴閣。黄口童稚,深望如天之覆。其爲銘勒,何可名言。臨楮不勝馳企。"此書作日不詳,從文義看,應是寄與清遠。司馬公即清標,順治十三年(1656)任兵部尚書。

作吳君二洪五十序(牧齋外集卷十)。

吳邁(1614—?),字二洪。長洲人。之佳孫。之佳字公美,萬曆八年(1580)進士。授襄陽知縣,擢兵科給事中,歷刑科給事中。時册立久稽,都給事李獻可以力争得重譴,之佳與葉初春、張棟上疏救之,並削職,時稱"吳中三諫"。後復官,尋卒。

牧齋序云:"母夫人壽八十,越二年,二洪年五十。"考趙士春保閒堂集卷十八吳母徐太夫人壽序:"同年吳君幼洪以獻歲辛卯壽其母夫人,乞言於余。"又云:"今太夫人七十矣。"故吳母八十在順治十八年(1661)辛丑,二洪五十當在康熙二年(1663)。

作雪樵邵封君合葬墓誌銘(牧齋外集卷十六)。

邵梁(1586—1663),字公輿,號雪樵。燈父。葬茆塘,與妻周氏同穴。

墓誌云:"余弱冠,從邵兄茂齋卒業北山。茂齋族子雪樵君少余三四年,盤辟雅拜側立,不敢以輩行進。茂齋語余:勿易此少年,攻苦續學,吾家千里駒也。"

作申包胥論(有學集卷十五)。

黄公渚所選錢牧齋文署康熙二年癸卯,且從之。黄公渚評云:"申包胥論,先敘諸國之關係,以見楚之謀吳為最甚,次引吳語以見其有成言豫戒,復插入申公巫臣、伍員,使知行人之重要,然後以勾踐之言斷定包胥之為謀主,筆勢廉悍,如老吏斷獄。"

山曉閣明文續集卷四評云:"吳、越為世讐,而楚、吳交搆,又在其先。包胥志復楚,則其仇吳必深,仇吳既深,則為越謀者自無遺策。越戒師而楚聘適至,此非偶然相值,必夙有成言也。論列情事,層層披剝,比擬引證,無不確切。老吏斷獄,一字不可移易。秦庭乞師,此包胥大節也。忠憤激烈,自不至沼吳,不止其存心與少伯同,故疑其末路,亦與少伯同。至伍相以忠謀擯斥,千古含冤,怒濤震盪,固所遭不幸,非智計之絀也。後幅增作餘波,自爾煙雲繚繞。"

本年,作程昆侖詩文集序(牧齋外集卷七)。

程康莊,字坦如,號昆侖。山西武鄉人。崇禎八年(1635)拔貢。啟南孫。順治十七年(1660)任鎮江通判。康熙六年(1667),陞安慶同知,謫耀州知州。著有自課堂集。啟南(1562—1650),字開之,號鳳庵。萬曆二十九年(1601)進士。官至工部尚書。

上圖一抄本,此文末附牧齋答金俊明書:"程昆崙公祖,僕于令祖司空公有薑桂之好。往年曾辱枉駕,偶游湖上,有失逢迎。但聞其文行卓絕,治理流聞,文翰涌發,散華落藻,映帶南徐、北固間,恨衰老避人,不能摳衣往謁。今若車過虞,禮當灑掃迎候,而龍鍾潦倒,萬無晉接使君之理,則奈之何。若其斯文,則已掉鞅詞壇,壓倒元、白。捧誦少間,當附一言于末簡,以此贖衰廢之愆,可乎?病榻捉筆,草草不次,唯知己諒之。"

自課堂集題"虞山錢謙益牧齋選",中有牧齋評語多條,瘞鶴銘跋評云:"焦山雖奇,瘞鶴銘字蒼古有法,尤山中之第一奇觀。崑崙補刻海雲堂内,既不没古人之用心,而山靈實藉以生色矣。行文有斷、有擊、有源、有流,自是作家之文。"瘞鶴銘跋云:"爲石十有三,横亘五丈有奇,經始于辛丑陽月,至壬寅上巳畢工,謀置海雲堂兩廡,與衆賞之。"結合前病耳之語,可知作于今年。

清康熙三年甲辰(1664)　八十三歲

元日,作詩二首。

即有學集卷十四病榻消寒雜詠四十六首其四十五、四十六。

錢龍惕大充集卷下除夕元旦和東澗老人韻:旬日冬温硯解冰,門符新换竈烟凝。向平累畢將遊岳,龐藴齋空擬續燈。兒獻椒盤遲夜寢,孫聞爆竹喜晨興。休嗟婪尾唯吾老,共向人間一歲增。

筆研疎蕪豈論工,蟬吟蛙噪等閒同。衰殘已分麋毻鶴,彳亍還嗟蝟蝟蟲。留酒文藏塵篋裏,先祖嗜酒,貧不得時,作留酒蟲文以自廣。送窮詩爇草船中。厭厭一樣醵年飲,撥盡寒罏滿筯紅。

閲盡狙公四與三,老來情緒剩癡憨。青鞋布襪輕千里,茗椀蒲團祇一擔。梅謝玄冥初放白,柳迎青帝漸授藍。年華如繡溪山浄,招倩吟魂影在潭。

一樹窗前疎影停，弄晴初日送玄冥。驚鴻一一如佳伎，語鳥關關似小伶。邀約東風遮繡幌，斟量明月放新燈。勾芒已逗重衾暖，弱足何愁困履冰。

錢龍惕所和即病榻消寒雜詠四十六首其四十三、四十四、四十五、四十六。

立春日，口占一首（補遺）。

詩序曰："立春日，早誦金剛經一卷，適河東君以棗湯餉余，坐談鎮日。檢趙文敏金汁書蠅頭小楷楞嚴經示余。余兩眼如蒙霧，一字不見。腕中如有鬼，字多舛謬，歎筋力之衰也。口占一絕，并志跋後。"詩云："老眼模糊不耐看，繙經盡日坐蒲團。東君已漏春消息，猶覺攤書十指寒。"

錢燕喜遊燕，作書龔鼎孳，請其照拂。

牧齋外集卷二十二致龔芝麓："族孫燕喜，挾策遊燕市。……此來欲覓一館地，或曳裾于王門，或掌記于節使，飛書艸檄，皆多優為。知不惜齒牙餘論，玉成此子，不令作萬卷書生劉魯風也。貧老近況，侍間或能少陳其概。西爁近託沈友聖相聞，似不以吹噓餘論作春風過耳，須留神更一囑付耳。聞孫北海著述甚富，閒中思得以發皇耳目，可借翁兄大力，搜其副本見示否？又搜訪釋門文字，急欲得耶律楚材集，長安中尚有人藏內閣鈔本，可爲一訪求否？"文中有"寒窗""柏烏之門"等語，疑在此時。

友聖即沈麟，西爁即顧如華（？—1667），字質夫。漢川人。順治六年（1649）進士。如華六是堂詩選，卷端有沈麟序，閱訂姓氏爲錢謙益、吳偉業、沈麟、王于蕃。

錢孫愛北歸，又作書趙開心，賀其升職。

錢牧齋先生尺牘卷一與趙洞門："江村僻處,渺然天末。犬子北歸,荷手教盈紙,兼爲豚犬饘粥之計,闐扃盈篋衍中。至如友竹大兄,以長驅遠馭之資,遭掩芒絶鍔之痛,忘年末契,一旦奄絶,老淚填咽,尚未能如退之作歐陽詹哀詞,以寫其存歿之恨,此所爲宵旦屛營者也。山中閉關,有人喧傳邸報,知翁兄與芝老遂有同升之喜。天地變化,草木蕃昌,斯世其有隆平之兆乎?……餘語多在芝老札中,不能多及也。族孫燕喜遊燕,願一登龍門,附候起居。"

　　聖祖仁皇帝實錄卷九:"(康熙二年八月十日)以原任太僕寺少卿趙開心爲總督倉場户部右侍郎,加工部尚書銜。"

　　按:信中"友竹"二字誤,當作"友沂",即趙開心之子而忭。據李聖華方文年譜考證,而忭卒於順治十八年(1661)十月。而冒襄巢民詩集卷三哭陳其年太守倡和詩自註爲"癸卯冬",即康熙二年(1663)。

歸莊送春聯。

　　有學集卷十四病榻消寒雜詠四十六首其四十四自註:"歸玄恭送春聯云:居東海之濱,如南山之壽。"

　　阮葵生茶餘客話卷十二錢謙益壽聯:"蒙叟亂後生日,獻壽者猶如山海。歸玄恭贈一聯云:居東海之濱,如南山之壽。無耻喪心,必蒙叟自爲。"此種皆侈口污衊之詞。

　　陳寅恪柳如是别傳云:"又鄙意恒軒此聯,固用詩經、孟子成語,但實從庾子山哀江南賦'畏南山之雨,忽踐秦庭;讓東海之濱,遂餐周粟'脱胎而來。其所注意在秦庭、周粟,暗寓惋惜之深旨,與牧齋降清,以著書修史自解之情事最爲切合。吾山拘執孟子、詩經之典故,殊不悟其與史記、列女傳及哀江南賦有關也。"亦牽強。

爲婁江朱公曉畫題詩。

吳綃嘯雪菴題詠婁江朱公曉以東澗先生序示之,亦效顰書贈,求寫揮絃圖:"朱君公曉,婁之名士也。甲辰春,橐筆遊姑蘇,余寓止百花巷,留寓居者旬日。其人愷愷君子,溫雅自好,略無邇時習態。所學皆別開門戶,仙仙風韻,另成一家,雖徐、王之花鳥,顧、陸之人物,荆、關之山水,兼通博識。其間靈氣自化,下筆欲飛,更上古人一乘也。妙在乎阿睹中,若逢迎宛轉,流動生波,奪江郎之夢筆,駕僧繇之點龍。腕內有神,豈可以塵世名家較量哉!……公曉尊人六如有大名,遠振四方,公曉繼之,宜其超絕矣。東澗先生作序以贈公曉,唯稱其善山水。東澗之識公曉,由於王奉常、吳司成,兩公皆山水名家,故爾以此稱之,實未盡其所長也。恨無才,如杜拾遺作長歌快賞,謹序微詞,聊補東澗之所未既云。"又詩贈和東澗先生韻:"不是關仝即巨然,淋漓潑墨滿山川。胸中谿壑層層活,筆底雲霞片片妍。桂發淮巔宜隱士,芝生商谷有神仙。煩君爲寫嵇康句,目送飛鴻向碧烟。"

公曉、六如生平皆不詳,待考。牧齋詩文亦未見,且附此。

正月,作歷朝應制詩序(有學集卷十八)。

鈔本有學集署"甲辰正月"。此書爲延陵吳英、吳汶合選,鑒定者錢謙益、吳偉業、楊廷鑑。吳英字石林,吳汶字秋林。其凡例云:"自茲選自漢魏迄唐,已經蒐閱全集,收錄稍備,至五代宋元明選輯已定,行將成帙。但昭代宗工佳詠,尚未及彙徵，統祈海内名公郵寄吴門文彙堂，以便付梓。延陵吴汶、吴英仝識於文彙堂。"據此，二人當爲吴門書商。

正月二十七日，作壽量頌，爲靈巖弘儲六十稱壽（有學集卷二十五）。

文云："歲在甲辰，靈巖退翁和尚俗歲六十，其誕辰爲二月初八日，緇白四衆，胥炷香稱壽，致千歲寶掌之祝。東澗居士錢謙益合十而言曰：……乃依般若四句，及西方三啓之制，焫（焫）香佛前，焚香作禮，而祝頌曰……"鈔本有學集署"是歲正月二十七日，海印弟子東澗遺老虞山法弟錢謙益合十謹頌"。

釋曉青高雲堂詩集卷八輓錢牧齋先生四首其四："瀾翻千偈筆端成，鷲子阿難盡喫驚。甲辰春仲，老人六十，翁作壽量頌數千言。欲對毘邪今長者，還須天竺古先生。祛華空負餐香侣，置鉢難當問疾名。慧性於翁能自了，去來無相入圓明。"

嚴熊嚴白雲詩集卷一與靈巖本師和尚夜話，有懷牧翁，時法堂懸翁手書壽量頌："梁木云摧日，清燈話舊時。無依欸魚鳥，狂叫騁狐狸。契自三生結，恩堪没齒思。摩娑玩遺筆，一字一漣洏。"

百城烟水卷二徐崧壽靈岩繼和尚六十注云："時錢牧齋、張静涵兩先生，惲仲升居士俱在。"

惲日初（1601—1678），字仲升，號遜庵。武進人。惲壽平父，劉宗周弟子。中崇禎六年（1633）副榜。明亡後，輾轉福建、廣東等地抗清。廣州破，削髪爲僧。遜庵先生稿有靈巖山賦，題下注："甲申中春，爲退翁和尚壽。"

徐崧(1617—1690)，字松之，一字嵩之，號臞庵。吴江人。少從史玄游，有詩名。著有詩風初集、詩南初集、百城烟水等。徐崧早年即與牧齋相識，詩風初集凡例："順治中，淮陰倪子天章來吴門，與余同寓虎丘，甚善，相訂同選詩風初集。余即撰徵引，刻作一箋。此引曾于白堤舟中，虞山牧翁極爲稱賞。不意己亥江上之變，天章典業盡在京口，蕩然無遺。"天章名之煌。

仲春朔，跋織簾居倡和册(牧齋外集卷二十五)。

　　金匱本有學集卷四十八題作題顧伊人詩。外集、金匱本皆無年月，錢仲聯所見文鈔補遺末署"甲辰仲春朔，東澗老人謙益書"。

二月朔，爲顧湄作陶廬記(有學集卷三十)，並請代爲搜羅關聖帝詩文。

　　記云："顧子伊人得宋刻蘇長公所書陶淵明集，藏弆齋中，晨夕吟諷，名其處曰陶廬，而請余爲記。"鈔本有學集署"甲辰二月朔，東澗遺老錢謙益記。"

　　錢牧齋先生尺牘卷一與顧伊人："陶廬記信筆作一篇，未知可疥壁否？唱和册並題去。燈夕詩清綺多風，愧不能屬和也。消寒近什，多打油咬鐵之作，不欲傳遠，待足下來，當出以一笑也。關廟三記，領到當採入集中。"

　　又一通云："關廟碑三篇領到，幽贊錄隨來伻奉還。此書出楚人瞿九思之手，麈糟鄙俚，可嗢可恥，不謂天地間有此等惡物也。然得一見而痛削之，亦有助於正神矣。諸多不及。"

仲春，作詩爲梁化鳳上壽(苦海集上梁提督壽)。

王兆吉年七十，士友請序於牧齋，牧齋拒之。

牧齋外集卷九爲王兆吉贈陸仲德序："夫兆吉今年七十，諸士友請生辰爲壽之詞，余惡其俗而弗爲也。余今會華嚴疏鈔已畢，將頂戴以往，散華作禮，誦如來壽量品，以代南山之祝，而以斯言先之。"

今中山圖書館有華嚴經隨疏演義鈔六十三卷，佚名題跋，云柳如是、錢謙益抄寫。

熊開元開堂説法，因病不能前往，作書謝之（錢牧齋先生尺牘卷一與熊魚山）。

書云："老父母以宰官身現比丘相，開堂説法，如雷如震。四衆雲集，人天頂禮。弟以老病積疴，閉關服餌，遂不能躬詣獅座，沾被華雨。城東老嫗，獨不見佛，惟有炷香遥祝而已。意欲從此結夏，了華嚴會鈔公案。腰包奉扣，尚未有期。謹先遣一介，殷勤禮足，用告不寧。"

又一通："冰雪拒門，寒風砭骨。塞户伏枕，縮如猬毛。且當支持老病，餞送殘臘。佳客遠臨，重以翰教，不能驅策扶曳出户，惟有諷誦高篇，聊當燕玉而已。呵凍草復，諸俟接足面盡。"此書似作於上年，附此。

春，太倉吳殳作正錢録抨擊牧齋，遭到計東、錢陸燦、歸莊、王士禎等人的批駁。

吳殳（1611—1695），一名喬，字修齡。太倉人，贅於崑山。於書無所不窺，自天文、樂律、兵法、地理，下至醫藥、卜筮，靡不探原竟委。著有圍爐詩話、西崑發微、服膺録等。正錢録作日不詳，吾兄毛文鰲定爲康熙三年春，且從之。疑自去年冬即有此事，見前。

王士禛帶經堂詩話卷二："吳人吳殳字修齡，予少時友其人。嘗著正錢錄以駁牧齋，予極不喜之。觀洪文敏容齋五筆所載嚴有翼者，著藝苑雌黃，頗務譏訕坡公，名其篇曰辨坡，文敏以爲蚍蜉撼大樹。乃知此等不度德、不量力，古人亦有之矣。"

　　計東改亭文集卷十與周櫟園書："惟念前歲春間在都門，有婁東吳修齡作正錢錄，攻摘虞山老人不遺餘力。吾郡茗文、訒菴復助其焰，吹毛索瘢，自喻得志。東徐語茗文曰：'僕自山東來，曾游泰山，登日觀峯，神志方悚慄，忽欲小遺，甚急。下山且四十里，不可忍，乃潛溺於峯之側。恐得重罪，然竟無恙，何也？山至大且高，人溺焉者衆，泰山不知也。'茗文躍起大罵。然昨聞吳梅村先生盛稱東言是也，敢以質之先生。并憶昌黎蚍蜉大樹之喻，必大笑。東與虞山未稱相知，與茗文交二十年餘矣。竊見茗文著作已成大樹，何苦操戈以攻前輩？今之視昔，即後之視今，將來有爲蚍蜉以相犯者，即無損毫髮，亦可憎，乃自我教之耶？知與先生善，併乞言之。"

　　汪琬鈍翁前後類稿卷十八與梁御史論正錢錄書：別後再讀吳氏正錢錄，其例甚嚴，其詞甚辨，誠有功於斯文不小……夫琬之於錢，非有門牆之雅，桮酒殷勤之歡也。平時所以刺譏其文章，殆不遺餘力，而於此反爲異論，豈有左右袒於其間哉？誠欲吳氏和平其心，博大其識，往復曲折，以得錢之是非所在，而徐徐筆之於書，則庶乎其無憾矣。不然此書一出，必無以服錢之心而杜其口也。琬嘗恨文章之道，爲錢所敗壞者，其患不減於弇州、大函，而錢門徒方盛，後生小子莫不附和而師承之，故舉世不言其非，幸而有一吳氏，不量氣力以與之爭，而又不得其要領，豈不大可惜哉！故琬之言此，亦欲護持斯文，而助吳氏之不逮於萬一也。

歸莊集卷十難壬："甲、乙、丙、丁、戊五人者，皆東南之士，以文章著稱於時，而甲爲之宗主。有壬者，傾險反覆無行之人也，而粗有文筆，少時挾其微能以干乙，乙惡其人而絕之。壬大恨怒，遂詆毀乙，而上書數千言於甲，盛相推許，以爲必得甲之歡心，因可借甲之名以抗乙矣。顧甲、乙同在詞林，乙雖晚進而相善，語次及乙，乙不隱壬之爲人，具言其所以見絕於士君子之由，以故甲亦不禮焉。壬於是以恨乙者恨甲，而加甚焉。丙於甲亦詞林後輩，又乙之門人也。壬無釁可乘。會丁與戊後起有文名。而甲於出處之際，取譏君子。壬於是特撰一書專詆甲。丁、戊皆官京師，壬挾其書入都，獻於丁、戊，如昔年之毀乙以媚甲者。丁、戊非不知己之文不及甲也，然好諛喜名，人之常情，暴人之短，以形己之長，亦文士之故習。於是頗然其言，遂留之長安邸中。丁之南歸也，壬嘗爲門下客。丁居憂不茹葷，壬亦持齋焉。夫文章之事難言矣！……壬之有憾於甲，余久已聞之，乃其始之見絕於乙而求媚於甲之事，近日丙向余言，始知之。其上甲之書稿，至今在某孝廉所也。在□□，壬與丁相應。今壬日進其蚍蜉撼樹之言於丁之前，余與丁交厚，恐其爲所眩惑，輕於立論，致蹈文人相輕之習，此余所深慮者也。"毛文鰲兄以爲甲即牧齋、乙爲吳偉業、丙爲計東、丁爲徐乾學、戊爲徐文元、壬爲吳殳。

錢陸燦彙刻列朝詩集小傳序："八年冬，汪鈍菴招余，與計甫草、黃俞邰、倪闇公夜飲,論詩於戶部公署。出其集中有與梁侍御論吳氏正錢錄書,錢則心知其爲牧齋公,未知吳氏何人也。比余去金陵,館常州董侍御易農家,易農爲余言,吳氏名殳,字修齡,工於詩,深於禪,其雅游也。遂就求其是錄觀之。大抵吳氏之論文,專主歐、蘇,故譏彈詩集傳不遺餘力,亦不知吳君蓋有爲言之。一時走筆,代賓戲、客難,駁正如干條。駁正者,駁其'正'也。……當是時,余猶未識吳君也。十七年,始與君會於東海尚書、相國之家,易農適亦以事至,置酒相歡也。君慨然曰:'曩殳以詩文謁牧齋公於虞山,不見答,不平之鳴,抨擊過當,亦竊不意公等議其後矣。'易農曰:'無庸,是書具在。竊虞學者之擇焉而不精,存吳氏之正,則讀書家之心眼日細;又虞學者之話焉而不詳,存錢氏之駁,則著作家之風氣日上。'一時以爲篤論。"

錢陸燦調運齋集答許青嶼侍御書詳論正錢錄之非,文甚長,略云:"吳殳吾不知何人也,或曰太倉人,董侍御易農云,曾遇其人於京師,深於內典,而長於七言律詩。若是,則亦吾黨之畏友也,特於其所爲正錢錄,則不得不亟起而駁之。正錢錄者,正牧齋列朝詩選小序也。夫牧齋之學,海涵地負,其於爲文,倒庋傾囊,無所不有,人莫窺其涯涘。其爲初學及受病之人,昌言排擊俗學,主張歐、蘇門戶,而以熙甫之文爲嫡子。然公之自爲文,則上擬范曄,而下極於三國南北史六朝唐宋之作,稗家小說,盡入其中,蓋不可以一體一例拘。雖晚年之文,參用佛乘,然以原本於眉山,濫觴於金華,要不足爲病。今欲以學歐、蘇之說律之,是不知牧齋者也,而敢於論其得失,則自吳殳始。曩見汪戶部苕文集中有與某人論正錢録書，因得求其書觀之，因就其所正者而駁之，今得畧舉數條以復足下。"

黃宗羲思舊錄：主文章之壇坫者五十年，幾與弇洲相上下。其敘事必兼議論，而惡夫剿襲，詩章貴乎鋪序，而賤夫凋巧，可謂堂堂之陣，正正之旗矣。然有數病：闊大過於震川，而不能入情，一也；用六經之語，而不能窮經，二也；喜談鬼神方外，而非事實，三也；所用詞華每每重出，不能謝華啟秀，四也；往往以朝廷之安危，名士之隱亡，判不相涉，以爲由己之出處，五也。至使人以爲口實，掇拾爲正錢録，亦有以取之也。"

春，方文在金陵送趙玉森歸無錫，有新秋重訪牧齋之意。

崙山再續集卷四送趙月潭太史歸無錫兼懷牧齋先生："桃葉渡頭鉏小圃，鳩峯寺裏寓高人。幾回相訪無多路，忽漫言歸各損神。江國風濤渾朔氣，家園花鳥正陽春。開尊若見虞山老，爲説新秋再問津。"

春，聞陸仲德治愈王夢鼎之疾，代夢鼎作序贈之（牧齋外集卷九）。

序云："甲辰春，余方有幽憂之病。聞王子兆吉病，病且亟，爲之失席駭嘆。既而聞其良已，喜滿大宅。……兆吉告我曰：'鼎沈痾再生，陸子仲德之力也，請夫子一言以贈。'……仲德爲吾同年友之孫，舍儒而醫。讀吾友繆仲淳本艸經疏諸書，得其不傳之妙。余向爲敘纂輯本艸，頗能發明其指意。學老而聖，醫老而神，余亦自喜殘生之有託也。故于兆吉之請，直書之以爲贈，并以爲兆吉贈焉。"

王夢鼎槐川堂留稿卷一壺隱圓機序:"今年春,予病血蚓,醫不戒,幾瀕於殆,獨仲德定息靜氣,再三診而後處方,投一二劑良已。牧齋先生聞之,而贈以言,并以贈予。予媿不敢當,而不能不服膺仲德。"

作葉母姚太孺人七十序(牧齋外集卷二)。

牧齋序云:"今崑山葉君訒庵第三人及第。……葉君授官太史,儤直踰年,奉英蕩之節,歸省太孺人。太孺人以四月二十六日爲七十設帨之辰,崑之士大夫考鐘伐鼓,歌壽豈,頌介福,其詞不可勝書。"

孺人爲重華側室,方藹生母。葉重華(1588—1655),字德玄,號香城。崇禎元年(1628)進士。官廣西按察使。

葉方藹(1629—1682),字子吉,號訒庵。崑山人。盛七世孫,重華四子。順治十六年(1659)一甲三名探花及第。官至禮部尚書。屢柄文衡,稱得人。歷充孝經衍義、鑑古輯覽、明史館總裁。卒謚文敏。

據徐秉義訒菴葉公墓誌銘:"先帝知公有素,殿試拔置進士第三人,授翰林院編修,尋以紳戶奏銷,公名掛籍中,祇欠銀一釐,吏議左官,改上林苑蕃育署丞。會江南巡撫核公戶,實完有餘,特疏題明,得復官翰林院。甲辰,充會試同考官,是年以姚太夫人病,請終養。"因疑在此時。

四月,黃宗羲再到常熟,爲牧齋作文三篇。

黃梨洲先生年譜卷中:"四月杪,益以呂用晦、吳孟舉同至常熟。"

黃宗羲思舊錄:"甲辰余至,值公病革。一見即云以喪葬事相託,余未之答。公言顧鹽臺求文三篇,潤筆千金,亦嘗使人代草，不合我意，固知非兄不可。余欲稍遲，公不可，即導余入書室，反鎖於外。三文，一顧雲華封翁墓誌，一雲華詩序，一莊子註序。余急欲出外，二鼓而畢。公使人將余草謄作大字，枕上視之，叩首而謝。余將行，公特招余枕邊云：'唯兄知吾意，歿後文字，不託他人。'尋呼其子孫貽，與聞斯言。其後孫貽別求於龔孝升，使余得免於是非，幸也。是時道士施亮生作法師，燒紙惟'九十'二字不毀，公已八十有五，人言尚餘五年，亦有言'九十'乃'卒'字之草也，未幾果卒。"亮生即穹窿山道士施道淵。

又王應奎柳南續筆卷三賣文："東澗先生晚年貧甚，專以賣文爲活。甲辰夏，卧病，自知不起，而喪葬事未有所出，頗以爲身後慮。適鑒使顧某求文三篇：一爲其父雲華墓誌，一爲雲華詩序，一爲莊子註序，潤筆千金。先生喜甚，急倩予外曾祖父陳公金如代爲之，然文成而先生不善也。會餘姚黄太冲來訪，先生即以三文屬之。太冲許諾，而請稍稽時日。先生不可，即導太冲入書室，反鎖其門，自晨至二鼓，三文悉草就。先生使人以大字謄眞，從枕上視之，稱善，廼叩首以謝。越數日而先生逝矣。"

本年，李元鼎七十，振裕作書來求壽序。

李振裕白石山房文稿卷九上虞山錢宗伯："敬啟者，老父今年仲冬幸居七旬初度，愚兄弟既不克徼恩禄養，又無足承歡萊綵，早夜思惟，冀得仁人君子片語隻辭以先酌者。……謹將熊雪翁少宰爲老父六袠祝言繕呈，約略伏祈俯賜採擇，不靳華袞。愚兄弟頓首數千里外，翹企竢之矣。"

初夏，招牧雲重回破山，牧雲拒之。

懶齋遺藁卷二甲辰初夏奉訊錢牧翁護法兼謝招還故山之命：一榻高齋示病因，淨名居士果何人。維持劫運空諸有，屏翰禪林結法親。香飯自然爲佛事，天花曾不著衣巾。應真五百瞠乎後，只共曼殊唱和頻。

佛頂重疏筆墨新，汪洋義海得通津。望隆山斗時方仰，詞瀉河源世所珍。函丈卻容三萬座，昆邪能隔幾由旬。病軀分活埋丘壑，蹤跡何堪問水濱。

午夜窗前竹露寒，篝燈在几月窺局。多生入佛言詞海，晚歲遊神帝網經。幸覯西乾菩薩手，載瞻南極老人星。禪房四月清和候，深樹黃鸝正好聽。

緇衣軒冕說同鄉，相去牛鳴隔市梁。禮重蒸嘗思薦芰，詩言恭敬賦維桑。晴雲四望含暉閣，夏木千章半野堂。翹首碧天殊不遠，忘言猶憶對爐香。

卷三復虞山錢牧翁老護法："但鶴師會下既有能者，儘可支持山門。病軀顛連，懼不能有所荷負，以紹先烈。承諭門下人或可肩任，奈鞭箠所及，率皆駑駘，容更察相宜者，以聽裁擇。先此報命，伏惟台亮。"

又附牧齋來書："破山一席，代主高賢，其禪房花木，久而彌芳者，實藉洞大師爲中興開化。會下稱神足者，惟和尚與鶴師耳。鶴師住持多年，苦心拮据，頃爲多病所侵，屢乞退閒，但此山主法，非和尚不可，因念洞大師一脉耳。故遥奉數行，專期旋錫。倘得惠然，不獨山門之幸，抑亦闔邑者幸也。曾與鶴公商之，即和尚志在高尚，不欲開堂聚衆，是亦超出諸方萬萬，如座下門人助揚高風者亦不少，可任意攜來，分心肩任，在和尚何妨坐鎮養静乎？若捨故山而遠是圖,豈不佞所願聞哉?卧病一春,百事屏絕,爲山門計,未敢默默。一俟舍姪孫大士歸,便同諸檀信奉書公請,以俟法幢莅止也。諸惟不一。"

五月十一日,致書龔鼎孳,以身後之事相托。

龔鼎孳定山堂文集卷二十四祭宗伯錢虞山先生文:"通家後學都察院左都御史龔鼎孳發函卒讀,則先生五月十一日手書儼然在焉。鄭重諈託,叮嚀身後之事甚具。"

五月二十二日,作書盧紘,以後事相囑。

盧紘江左三大家詩鈔題辭:"易簀前二日,貽手書以後事見囑,不可謂不知己也。"

盧紘四照堂文集卷二十二祭内翰林秘書院學士錢牧齋誄章小序:"甲辰春季,公適寢疾。及仲夏之廿二,公以書來告曰:余疾殆將革矣,孺子弱,不足支門户。余没後,扶而植之,繫惟君是賴,君其勿辭!紘爲愴然感,隨報書曰:公盛德宜享無疆。寒暑之沴,尋卜勿藥矣。長公重厚,固足爲公後昌,世澤之綿,方未艾也。其奚憂?越二日,而公竟以疾終于正寢。"

爲錢肅潤作無錫錢氏譜序。

錢肅潤十峯詩選卷四過虞山吊牧齋宗伯詩三首其三:"平生獎許本優崇,絶筆文辭更麗雄。"自註:"錫山譜序係絶筆。"查錫山錢氏宗譜,未見此序。

五月二十四日病逝。

六月,錢氏家難,柳如是自縊。

柳如是自縊,與錢曾、錢謙光、錢朝鼎逼迫有關。

顧苓河東君傳:"宗伯薨,族孫錢曾等求金於君,要脅蠭起。六月二十八日自經死。宗伯子曰孫愛,及婿趙某爲君訟冤,邑中大夫士謀爲君治喪葬。"

宋琬嚴武伯詩序:"越乙巳,始與武伯定交於吴門,而先生之撤琴瑟已再閏矣。武伯身長八尺,眉宇軒軒,驟見之,或以爲燕、趙間俠客壯士也。酒酣已往,爲言先生下世後,其族人某,先生平日遇之甚恩厚,一旦妄意室中之藏,糾合無賴少年,囂于先生愛妾之室所謂河東君者,詬詈萬端,迫令自殺。武伯不勝其憤,鳴鼓草檄,以聲厥罪。其人大慙無所容。聆其言,坐客無不髮上指者。嗚呼,何其壯哉!"

錢氏家變録嚴熊負心殺命錢曾公案:"牧齋錢公主海内詩文之柄五十餘年,同里後學硯席侍側者,熊與錢曾均受教益,今公甫逝,骨肉未寒,反顔噬肆,逼打家人徐瑞,寫身□詐銀三十六兩。今月廿八日,復誣傳族勢赫奕,同錢天章虎臨喪次,立逼柳夫人慘縊,亘古異變,宇宙奇聞。熊追感師恩,鳴鼓討賊,先此布告。"

同書歸莊與錢遵王書:"遵王足下,先師牧翁先生之于足下,非特骨肉之親,所謂翼而長之者也,有事則覆庇之,平日提挈之,不惜齒牙,假之毛羽。足下因得有微名於士林,足下亦盡態極妍,以求媚于先師,此不獨虞山之人知之,境内之人皆知之矣。……不意足下果遂負心反噬,始則借先師之孤寡爲贄,以媚族貴,【既而假族貴】之威令,以詐未亡,乃至田房箱篋俱盡,又迫索三千金,立逼副室柳夫人以蔴經自縊而絶。足下立心之惡,行逕之賤,作事之悖,手段之狠如此,此真狗彘不食其餘者也。……爲足下計,上則從柳夫人之後,閉口咋舌,自殺以謝死者;次者挺身伏罪公庭,使三尺得伸，九原差慰。庶幾四方之士，咸諒足下出於一時之悮，而寬身後之誅。足下來生，尚或不至爲異類也。"

同書顧芩致錢遵王書："芩適以吊喪至虞，及老師之門，而聞有族兇逼命之説，不勝驚駭，未知主名。既而邑中親疎貴賤，衆口一詞，歸獄于兄，芩甚惑之。……乃年兄日夜膏唇拭舌以媚老師，老師亦左提右挈，以爲年兄立名延譽……詎老師骨肉未寒，几筵甫列，而昔日之奴顏婢膝，受哺乞憐者，遂挺刃而交殺其寵人於靈几之側？"

同書瞿邑尊公揭："及問致死者誰，則貪惡族紳錢朝鼎也。……故雖躐升副憲，並未到任，旋奉令嚴旨，何嘗一日真都憲哉？今猶硃標都察院封條告示，封芙蓉莊房屋。其逼死柳夫人實案一也。……當夫子疾篤卧牀，即遣狠僕虎坐中堂，朝暮逼索，致含憤氣絶。隨逼柳塽趙生員含淚立虛契，奪田四百畝。其逼死柳夫人實案二也。夫子生前分授柳家人張國賢，以知數久，家頗溫，夫子亡未及二七，朝鼎遽拏國賢于靈柩前，杖八十，夾兩棍，逼獻銀四百六十兩、米二百石，柳母子痛苦求情，面加斥辱，穢媟不堪。其逼死柳夫人實案三也。凡此三案，法應按律治罪，追贓充餉，朝鼎何辭？乃僅治虎翼之罪，卸禍錢謙光、錢曾二人，欲草草了此大獄？"按：瞿四達早已離任，不知何有此揭。

同書孝女揭："如今日活殺吾母柳氏一案，操戈而殺母者，獸族謙光與獸姪孫曾也。主謀而令其殺者誰？呼其名無不疾首痛心，稱其爵無不膽戰股慄，敘其惡無不髮竪眥裂。在今血控，不敢顯觸其兇鋒，嗣後登聞，誓必直陳其惡款。止就二獸之罪案，涕泣而歷陳之。……康熙三年七月，嫡女錢氏謹揭。"

同書公塾趙管揭:"岳母柳氏有糶米納官銀兩,向貯倉廳,張國賢收管,錢曾、錢謙光探知,廿六日擒國賢妻并男張義至半野堂,官刑私拷,招稱倉廳上有白銀六百兩,錢曾即遣家人陸奎先索去銀盃九隻,此廿六日午後也。黃昏後復令陸奎押張義到倉廳取前銀,義將蒲包裹木匣,付陸奎手持去。……廿七日,曾遣奎來傳言,其話比前尤甚。……黃昏時,曾復喚徐瑞來傳述云:'要我主持,須先將香爐古玩價高者送我。'廿八日,謙光先來向管云:'汝與岳母說,云速速料理貴人,否則禍即到矣。'言畢竟出。頃之曾來,直入孝幕,坐靈牀前大呼曰:'止隔明日一日矣,各貴諸奴俱已齊集,即來吵鬧,不得開喪。'復至書房內,大張聲勢……坐逼良久,曾方出門,而謙光又踵至矣,云汝家事大壞,遵王現在坊橋上,須請遵王來,方可商量。適曾亦令奎來,謙光隨令請至。二人一唱一和,皆云我奉族貴令,必要銀三千兩,如少一厘,不了事。……復命管催促幾次,許之田房,謙光云:'芙蓉莊已差十六人發四舟去搬矣,誰要汝田?'管復力懇,一時無措。二人云:'三千兩原有幾分分的,斷少不得。'……復喚王進福妻傳話,大聲叱咤:'今日必等回報,然後去得。'岳母云:'稍靜片刻,容我開帳。'攜筆紙登樓。二人在外大咤管云:'初一日先要打汝夫妻出門,還不速速催促。'被逼不過,只得入戶,見樓緊閉,踢開時,岳母已縊死矣。管急趨出,二人棄帽逃竄,趕至坊橋,二人拼命逃奔,躲匿族貴家中,不能追獲。"

同書柳如是遺囑:"某某還道我有銀,差遵王來逼迫。

遵王、某某,皆是汝父極親切之人,竟是如此詐我。錢天章犯罪,是我勸汝父一力救出,今反先串張國賢,騙去官銀官契,獻與某某。當時原云諸事消釋,誰知又逼汝兄之田獻與某某,賴我銀子,反開虛賬來逼我命,無一人念及汝父者。家人盡皆捉去,汝年紀幼小,不知我之苦處。手無三兩,立索三千金。逼得汝與官人進退無門,可痛可恨也。……我來汝家二十五年,從不曾受人之氣,今竟當面凌辱,我不得不死。"

　　按:若據家變錄所言,錢朝鼎、錢曾人品極為不堪,但此後嚴熊等人與錢曾仍有交往,似錢曾亦未如此作惡。

　　河東君殉家難事實後又有督糧道盧(盧紘)、江寧巡撫韓世琦、江南總督郎廷佐、刑部尚書龔鼎孳等人批文、駁語,不錄。

邑人王夢鼎、陳式為柳如是治喪。

　　顧苓河東君傳:"長子孫愛與所生女,暨宗伯門下嚴熊為君訟冤,邑之士大夫王夢鼎、陳式等為君治喪葬。靈巖儲和尚聞之曰:善哉,愧宗伯矣。"

　　王夢鼎槐川堂留稿卷六生緣小記:"(甲辰)是夏,宗伯錢師歿,方嘆斯文墜地,而家難旋作,自河東君以義殉,事遂寢。余以病軀半載,唇焦足繭,從諸公後,焚偽券,歸手澤,陳于宗伯柩前,寔為師門抒夙憤云。"卷三又有祭宗伯牧齋錢公文。

李涍兩次作書錢延宅,請其主持公道。

　　書云:"扶孺飴之孤弱,誅發難之元兇,此三代直道之遺,俱以之仰望于門下……豈區區一攫金逼縊之遵王輩,而不能直告當道，按其罪狀以伏法乎？今孝女迫于和議，已免首聽命矣。但死者不可復生，而生者之就吏議，必無所軒輊於其間，始爲順天理而符公論。抑門下曾念及牧翁之品望爲何如人乎？其門生故舊，徧滿宇内，聞茲慘變，必曰：牧翁之族有御史、憲副、計都三公在，必能大放霹靂手爲牧翁九原吐氣。即爲戎首者，亦必聽命三公，甘心伏法而無異言。……今議和諸公意，以遵王已托命祭奠矣，天章已薄杖示懲矣，【但能】挽留孝女之控冤，塞責二犯之請托，不圖後慮，掩飾目前。……伏望秉持以大義，獨展雷霆，勿徇私以分輕重，須據實以定爰書。遠近聞之，舉手加額，豈特彈丸虞邑景服御史公也哉，公是公非，不在一家一邑，而在天下，門下以爲然乎否乎？"

李涍，字習之。臨弟。臨，字大宜，號惺菴。順治八年（1651）舉人。

五六月間，歸莊兩次來常熟祭拜。又作祭錢牧齋先生文（歸莊集卷八）。

錢氏家變錄歸玄恭與錢遵王書："僕于五月杪，初赴哭先師時，聞盛族貴人將與喪家有言，特奉訪相諮，方欲足下爲之排解。六月中，弔祭先師，復同嚴武伯兄相訪，時友朋有疑足下者。"

六月，盧綋作誄以悼。

盧綋四照堂文集卷二十二祭内翰林秘書院學士錢牧齋誄章小序："越二日，而公竟以疾終于正寢。長公以訃來報，綋亟趨而弔，撫棺哭之。越月始獲爲牲醴之奠，陳以誄章。"

馮廷賓作詩挽牧齋。

馮廷賓虞牧詩集甲辰輓牧齋老師：物望彭城蓋世聞，八旬新上玉樓文。一生遺事存明發，萬卷奇書委絳雲。先代絲綸猶顯顯，時流風月枉紛紛。劇憐錦里高山没，目斷西巖下西曛。

世路于君每不平，翻因多難起名聲。風波匝地常瀕死，羅網瀰天幾再生。玉有光華終不泯，山無烟霧自還明。如今朝露驚秋至，馬帳虛來倍愴情。

交知輕重念存亡，意氣雲霄感激昂。哭友江干詩百韻，奠師山上淚千行。祥鸞應向清時出，丹鳳終爲末世藏。地下若逢蕭伯玉，殷然話故倍難忘。

忠孝相傳譜系中，白頭猶念黍禾宮。闕前枉獻登州策，獄底虛推德水功。自有文章騰濟北，可無旗鼓壓婁東？多生金馬從君夢，仍躡仙蹤返太空。三章哭友謂季穆，奠師謂高陽；四章濟北指于鱗，婁東指元美。

龔鼎孳爲作祭文，又作詩悼河東君。

龔鼎孳定山堂文集卷二十四祭宗伯錢虞山先生文：“惟康熙三年歲在甲辰五月二十四日，皇清嘉議大夫禮部右侍郎管内翰林祕書院學士事虞山牧齋錢先生以疾終於里第，其遺孤遣使告哀……於是爲位而哭，悲不自勝。且徧告同朝之與先生遊者，而先瓣香授使者，敬告於先生之靈曰……”

定山堂詩集卷十四輓河東夫人：驚定重揮涕，蘭萎恰此辰。甘爲賣志事，應愧受恩人。石火他生劫，蓮華悟後身。九原相見日，悲喜話蕐巾。

豈少完人傳，如君論定稀。朱顏原獨立，白首果同歸。絕胭心方見，齊牢寵不非。可憐共命鳥，猶逐絳雲飛。

朱鶴齡聞訃，作詩二首。

　　愚菴小集卷四聞牧齋先生訃二首：燕許推今代，龍蛇厄此辰。牙籤誰撿點，斑管竟沉淪。客斷西州路，山韜谷口春。斯文嗟不起，嗣響屬何人？

　　音旨應難沬，空庭慘綠苔。架殘韋述史，編賸子山哀。黯淡叢蘭色，徘徊粉蝶灰。傷心白茆水，猶繞畫堂回。

楊焺作詩挽牧齋。

　　懷古堂詩集卷一奉挽錢大宗伯牧齋先生三首：述作長存宇宙間，大名終古有虞山。詩篇窮力追韓杜，史學研精在馬班。釋典箋成諸佛喜，明書裁就百神慳。祇今文字稱宗匠，嶽降斯人豈等閒？

　　力排王李正文風，睨視溫周作相公。天下英才瞻北斗，人間司命領江東。飛騰莫上淩煙閣，放逐長居磨蠍宮。初學集中經濟在，耄期猶冀遇非熊。

　　研硃點筆澤猶新，展卷燈前淚滿巾。漸近自然蒙鑒賞，先生手評余詩，有妙處漸近自然之語。別裁偽體荷陶甄。癸巳夏，侍飲半野堂，因請問作詩之法。先生曰：別裁偽體親風雅，此千古作詩法也。齒牙不惜餘波及，先生嘗向石林禪師屈指近代詞人孰爲有後，而歎先君之有子。苦向頻虛立雪親。只道謫仙常在世，騎箕一旦上星辰。

曹爾堪亦有挽詩。

　　補石倉詩選曹爾堪錢牧齋先生挽詞："入世雄心老漸灰，昔年鉤黨競風雷。俊廚何救東京沒，刁頋還從北渡來。天爲文章留末路，人推碑版冠群材。先朝實錄尤淹貫，多少微醺紀定哀。"

曹爾堪(1617—1679)，字子顧，號顧庵。嘉善人。順治九年(1652)進士。

陸元泓有挽詩一首。

水墨廬詩甲辰四月錢牧齋太史以大壽終於家河東君烈殉之賦弔：山中松老作龍鱗，久學龐公結淨因。太史自來非烈士，文君今已是忠臣。絳雲光燄樓先冷先生藏書不戒于火，紅豆歌聲閣亦塵與柳如是偕隱處。地下有靈如對語，死生不負定何人。

李明睿有挽詩二首。

閩園四部稿詩選卷一聞錢虞山訃：八十三年重海虞，東南文獻獨操觚。文章力盡騎箕尾，意氣神交策蹇駑。天下偶然稱二老，中原從此失三吳。天涯有淚君知否，今日方知吾道孤。

列朝詩選爲詩歸，獨闢鍾譚似亦非。程孟陽推真作手，王思任恠不皈依。前頭杳杳知難見，後會悠悠願已違。牖下死來終不服，當年恨未早知機。

其他友朋、門人紛紛作文悼念牧齋。

錢肅潤十峯詩選卷四過虞山吊牧齋宗伯詩三首：故家遺老半凋零，獨有靈光尚典刑。天上急需白玉賦，吳中驚隕少微星。東流江漢悲淪寂，西望丘原接杳冥。何處遠山風色好，依稀空染野堂青。半野堂中望見虞山。

今朝重上胎仙閣，閣上神仙已脫胎。鑄鼎既成原不死，流沙一去復何回？鑑亡恰叶龍蛇夢，道喪還興山木哀。一望故園偏慘淡，同心相對幾徘徊。時同月潭趙太史。

平生獎許本優崇，絕筆文辭更麗雄。錫山譜序係絕筆。

已藉品題扶末學,且邀玄晏振宗風。湘靈有瑟誰爲鼓,潮水無聲總是空。豈爲吾私徒一哭,也因天下嘆文窮。

同卷輓柳夫人詩:忠孝從來説姓錢,河東節烈更稱賢。終拼一死辭多難,始羨三生結勝緣。白髮有心留碧血,紅顏飲恨訴黃泉。鹿門此日重隨倡,攜手同遊洞府天。

歸莊評云:"宗伯文章、河東節烈,俱堪不朽,何可無础日詩傳之?"

潘高南邨詩稿卷十輓虞山錢牧齋先生:廿載心期著死灰,黃冠皁帽亦徒哉。義熙甲子桃花記,天寶淒涼荔子哀。身寄塵埃遷北冥,戊子春被急徵。詩多比托當西臺。平生惟有雙行淚,一灑言公舊里來。

憶曾相對淚潺湲,留宿漁邨水一灣。當日柏臺已分死,餘年江畔偶生還。淒涼文藻悲南國,愛惜頭顱老北山。寂寂草玄人不見,侯芭今日亦蒼顏。

先輩風流轉眼空,霜凋澤國舊芙蓉。公別業名芙蓉莊。論心慟世匆匆老,命酒稱詩事事憉。公豈爲儒憋郭泰,我應識字學茅容。細推一代文章手,不數當年范蔚宗。

夢斷更闌鐙炷時,懶殘心意復何之。馬牛南北非風及,烏鵲飛棲有月知。人澹落花無客問,天寒修竹竟誰思?何時絮酒虞山下,紅豆莊前一涕洏。辱書以司空表聖語及少陵佳人詩見許,故有五六之句。

此詩作於康熙四年乙巳。

釋曉青高雲堂詩集卷八輓錢牧齋先生四首:江南耆舊漸凋亡,明主求賢孰可當。此夜文星同月墜,平生詩草有人藏。未甘誤國分權寵,自幸歸耕足稻粱。不奪龍頭儒者怨,心知學佛亦能忘。

名翼退飛接大荒,少年身是探花郎。書生豈乏臨淵羨,城客偏多照鏡狂。天上定生餘氣節,人間不死是文章。月明花落空齋靜,添得階前鶴唳長。

記得隨師訪道玄,邵莊紅豆試花天。葡萄味美留清供,絲竹音沉啟淨緣。烈燄未能拋舊疏,絳雲樓火,典籍俱燼,唯諸經錄點畫無損。殘燈如待續新編。翁有增集傳燈藏本,老人攜歸巖上授梓。法門盛事殊難沒,鼎足文和與大年。二公在皇宋時,俱結集傳燈。

瀾翻千偈筆端成,鷲子阿難盡喫驚。甲辰春仲,老人六十,翁作壽量頌數千言。欲對毘邪今長者,還須天竺古先生。袪華空負餐香侶,置鉢難當問疾名。慧性於翁能自了,去來無相入圓明。

老人指弘儲,翁即牧齋。

馮武遥擲集卷十二冰鷺集東澗老人輓辭:"鹿蕉一夢不成眠,聲氣文章久爛然。海內文人皆弟子,閣中緗帙付雲煙。彥回何事饒名德,彭祖猶嫌不大年。可惜東山堪坐隱,澗聲嗚咽淚漣漣。"此詩作於康熙三十一年(1692)左右。

馮武(1627—?),一名長武,字竇伯,號簡緣。清常熟人。復京孫,舒、班侄。家世多書籍,喜校讎。隱湖毛氏刊書,多經其校定。

年月不詳

顧生北上,有詩送別。

見海虞文苑卷四長歌送友人別上,此詩不見初學集,詩略云：" 顧生別我向燕市，半是壯遊半客子。中夜置酒金昌亭，坐客淒其但相視。……坐中龔何慘不言，陸生掩袂更悽惻。……憶余初從都下歸，黑貂敝盡無顏色。骯髒不禁世人殺，低廻苦爲妻孥抑。垂頭仰面百不稱，對君往往抽胸臆……" 海虞文苑成於萬曆三十八年（1610），此前萬曆三十五年（1607），牧齋入京會試下第，故此詩作於三十五年至三十八年間。詩中又言"二十騫騰已較遲，只今三十尚如此"，疑此人是顧大韶。

作故廣西道監察御史高陽李府君墓誌銘（有學集卷三十三）。

銘云："余往與高陽李文敏公同出吾師孫文正公之門，文敏以長兄事余。即貴，滋益共。……御史没，既葬，其子琰、琯撰述行狀以上史館，琯遂踰淮涉江，重跰入吳，介文敏舊誼，請銘于余。"

御史李發元（1578—1647），字元毓。高陽人。崇禎七年（1634）進士。授寧波府推官。入清官至廣西道監察御史。

李文敏，即李國櫅（1585—1631），字元治，號續溪。發元從父。萬曆四十一年（1613）進士。官至禮部尚書、東閣大學士。

銘文又説："長琰，舉人。"琰爲順治十一年（1654）舉人。故此文應作於順治十一年後。

題大悷夢禪吟（牧齋外集卷二十五）。

此序作於釋大悷歸楚時。大悷（1592—1658?），字以明，號夢父。楚人，老死虞山。

葉紹袁湖隱外史飛錫篇記載："廬山僧夢父，名大惺，本楚人，碧雲之什，不減惠休也。……初寓圓通庵，後住泗州寺。"大惺與毛晉交密，順治三年(1646)元宵，大惺、毛晉、馬弘道、顧夢麟、顧慈明、施于民、陸銑、戈汕、楊彝、釋道源、顧德基、何適、嚴陵秋十三人曾結尚齒會，見陳瑚所輯隱湖唱和詩卷中。毛晉詩文集中，亦有壽夢父六十、夢父師持坐石圖索題，時南來法師在坐說詩，偶及天界靈山二老夢中倡和，得"深林坐石生秋隱"之句，同用成篇爲合夢詩，遂書卷上，放筆大笑曰：夢父亦同夢否？余不揣口上續尾，以博一粲詩。

作馬人伯像贊(牧齋外集卷二十四)。

馬弘道(1594—?)，字人伯，號退山。長洲人。移居虞山。著有採菊雜詠。

跋朱漳浦贈言卷(牧齋外集卷二十五)。

朱召，字東可。常熟人。監生。嘉靖二十四年(1545)任漳浦主簿，創修邑志。

爲黄宗炎改字扶木，作黄扶木字説(有學集卷十六)。

里人顧伯永捐三百畝佛田，爲作書捨田册子(有學集卷十七)。

伯永生平不詳。道忞布水臺集卷五亦有題虞山顧伯永飯僧慎保籍詩。

跋羅近溪記張賓事(有學集卷十六)。

以張賓、王猛皆事虜主，抒發降臣終天之恨。

跋馮留仙和和陶詩後(牧齋外集卷二十五)。

文云："留仙保全東南善類，觸忤權臣，謫官左宦，作和和陶詩。感時危,憂國慼,風塵行役,杯酒淋漓,長歌浩歎,申寫胸臆。此留仙之和和陶詩也。……二十年來,陵谷遷移,人才道盡,吾眼中豈復見此忠誠奇偉之男子乎?"馮元颺因復社事謫官在崇禎十一年(1638),見前,則此文作於順治末康熙初。錢肅潤亦有馮公和和陶詩序。

跋江陰李爾承詩(牧齋外集卷二十五)。

李奕茂(1586—1629),字爾承。江陰人。如一子。能詩,著有松韻齋稿。

袁駿持楊大鶴詩過訪,題其梅花百詠(牧齋外集卷二十五)。

文云:"重其過,持楊子九皋詩示余,且云年始髫歲。"

楊大鶴(1646—1715),字九皋,號芝田。武進人。康熙十八年(1679)進士,官至左春坊左諭德。博覽群籍,所選劍南詩抄風行一時。亦工書,得晉、唐遺意。

作德馨齋稿題辭(牧齋外集卷二十五)。

作於榮木樓下,文云:"里中陸子善長,蔭藉高華,而修韋布君子之行,著書數篇,有薙淫戒殺醒貪之目,蓋率循儒門三戒、佛門五戒,而歸宗於太上感應篇。"

查陸氏世譜卷六,陸曜,字善長,號日華,乃陸崇禮之孫。又蔣伊莘田文集卷六有陸善長薙淫編序,則此書又名薙淫編。

又嘉定亦有一陸曜,字君暘,精音律,著有清寧集。錢芳標湘瑟詞卷二憶舊遊注:"北曲六宮惟道宮失傳,君暘得虞山家宗伯藏本,有平仄而無字句,每欲索當世周郎盡補其缺。"似亦與牧齋有接觸。

金國用母五十，爲作壽序（牧齋外集卷十二奉壽金母管太孺人五十初度序）。

民國橫金志卷十三文學："金國用，字嘉實，又字核菴。順治丁酉舉人，戊戌御試第九名，己亥成進士。入翰林，從獵南苑，賜號五化道人。授編修。充辛丑科會試同考官。尋告歸，卒年二十有九。著有紀恩詩、核菴稿。"

據牧齋序，管太孺人爲太倉管志道曾孫女，金豫章妻，嘉實母。牧齋早年遊學志道之門，與管氏爲世交。國用此時"休沐里中"，當作於順治十八年辛丑(1661)以後。

作阮母劉太安人六十壽序（牧齋外集卷十二）。

安人爲劉胤昌之女，敦甫之母。劉胤昌(1569—1609)，字燕及，號淯水。桐城人。萬曆三十二年(1604)進士。任宜黃、臨川等地知縣，終興化知府。著有劉氏類山、學庸口義、遷草、遊草、觀草等。敦甫，名不詳，伏波（馬進寶）幕僚，官職方郎。馬進寶被逮，亦牽連下獄。

爲同學高志道作高孝子詩（牧齋外集卷一）。

光緒常昭合志稿卷二十九：高志道，舉孝子，同學錢受之贈詩……云云，瞿稼軒爲作生傳。

爲孫文胤作傷寒捷徑書序（牧齋有學集卷十五）。

孫文胤，字對薇，號在公，又號尊生主人。安徽新安人。著有丹臺玉案、傷寒捷徑書等。

錢牧齋先生尺牘卷二與毛子晉："別後毒發右足，呼號竟日夜，足不履地。今幸無他，然尚在床褥也。新安孫在公，其還丹大藥，呼爲無上真人。茲攜雷孝廉書過訪，試一接席，面盡九轉之秘。僕亦願乞刀圭，作雲中雞犬也。"牧齋外集卷二十四另有孫對薇行樂圖贊。

作四書傳火集序(牧齋外集卷三)。

此書未見傳本，牧齋序云："是集也，蓋選刻隆慶戊辰以來至於今日傳寫殺青之文，長蘅、淑士互相刊定，而靜之、平仲爲之卒業授梓者也。刻既成，淑士抵書告予：'子其序矣。'"

淑士即王志堅，平仲即其弟志長，靜之即其内弟朱日燦。

作譚立生文序(牧齋外集卷三)。

譚貞竑(1605—1644)，字立生。嘉興人。昌言六子。娶宋應昌孫女。爲人淳謹忠厚，博古好學。嗜山水，徙居杭州之西溪。有清音閣詩草。

爲秦坊作飲宴約鈔序(牧齋外集卷六)。

序云："儼塵先生閉户息交，枕經籍史，萬卷俱破，而嘗鼎一臠。"

秦坊(1593—1661)，字表行，號儼塵。無錫人。堈弟。貢生。授光禄寺監寺。操履純正，長厚樂善，嘗舉鄉飲大賓。此書疑即範家集略。範家集略前有陳卿茂、趙玉森、秦坊等序，皆作於順治十三年(1656)至十四年間。

作書沈伯和逸事、書盧孔禮事(初學集卷二十五)。

兩文應作於同時，皆在崇禎十年(1637)後。

作丁丑獄志(初學集卷二十五)。

作於崇禎十年(1637)後，記周應璧事。

作徽士録(初學集卷二十五)。

記徽州程元初事。

作東征二士録(初學集卷二十五)。

  記山陰馮仲纓、吳縣金相事。

作黄母張夫人七十序(初學集卷三十八)。

  文云:"給諫萬安黄君公讓抗疏,極論權相,幾蹈不測,賴聖天子保全,得薄譴量移,至南吏部郎,復歷清班。"知此文爲黄紹杰作。

  黄紹杰,字公讓。江西萬安人。天啟五年(1625)進士。官刑科給事中。崇禎七年(1634)、八年數次疏參溫體仁,貶應天府檢校,累遷南京吏部郎中。明史有傳。

作吳母程孺人七十序(初學集卷三十八)。

  孺人十八而嫁,二十一而寡,撫育子吳祚成人。吳祚,字長孺。休寧人。去非(聞禮)父。復社成員。康熙休寧縣志卷六:"吳懷慎妻程氏。芳千孝廉懋德女,十七適商山。舉二子。年廿一,慎歿,誓以身殉。蔬食六十餘年,足不踰閫,教子孫成立,皆列雍庠。崇禎間,直指請于朝,詔旌表。後孫聞禮登癸未進士,疏聞,奉旨准自建坊。年八十二。"

  牧齋文有"今年三月,爲設帨之辰。其子長孺排纘其苦節懿行,告於四方,請爲稱壽之文",疑作於崇禎十四年(1641)黄山之行。

作潘母湯節婦序(初學集卷三十九)。

  文云:"渤海張任甫來告我曰:新安潘生令範母湯氏,年六十矣。湯之歸于潘也,三年而生令範,又三年而寡,自誓立孤。三十有七年,而旌門之典不舉,有司之過也,願吾子賜之言,將以爲徵。"令範不詳何人。

爲法藏作山居詩引(山居詩卷端)。

作於萬曆間,山居詩尚存刻本,另有萬曆四十四年(1618)丙辰新秋文震孟序。

作譚照兄弟並祀錄(補遺)。

錢仲聯牧齋全集云此文引自錢陸燦常熟縣志,檢志未見。

松窗快筆卷九:"譚曉、譚照兄弟俱有智算,家傍南湖,共修陶猗之術,累貲數十萬。嘉靖中,島夷犯境,倉卒築城,曉獨任其半,費四萬餘金。至今鐫像城門,春秋祭享,以酬其勞云。"

作雙節堂銘(初學集卷二十七)。

文云:"永樂初,常熟民朱昌、朱亮應詔徙家京師,兄弟相繼歿,昌婦錢、亮婦陳皆盛年,自誓鞠其遺孤曰良曰鉉,皆克有成。鉉中進士,拜御史,奏旌其門閭,爲堂號曰雙節,倪文僖諸公爲記傳,胡忠安、商文毅諸公爲詩與頌,而前塘戴進爲之圖。此天順間事也,耳孫某出以示余,余拜而展視,絹素完好,風烈如在。"

參閱許之吉麗句集。

按:麗句集大概刻於天啟五年乙丑(1625)前後,天象卷端署"虞山錢牧齋閱",剜改本作"寧都謝于教閱"。

許之吉,字伯隆。宜黃人。

題鈔本滏水文集(楹書隅錄續編卷四)。

文云:"元遺山中州集、劉祈歸潛志均稱趙閑閑滏水集三十卷,或並外集計之耳。此本由金槩過錄,篇次全備,乃完本也。牧翁記。"

題二陳子英社詩集(補遺)。

文云："司空陳旦融昆季，以詩先後起家。……今其子姓愷、惊輩，走鋭策精，聚通國專業者，共繼起聲焉。"愷、惊爲陳必謙後人。惊，字次杜，有天啟宫中詞，實竊之秦蘭徵。

民國重修常昭合志卷十八："英社詩集一卷，陳愷、陳惊倡立詩社，正月詩，作者孫永祚等十九人，錢謙益等序，附嚴熊悲悱詩十二章，傷錢宗伯作。"

又天啟宫中詞卷端有牧齋題辭，不見初、有學集，疑是僞作。

作徐元歎詩序（初學集卷三十二）。

文云："徐元歎少工爲詩，隱長城藝香山中，築室奉母，數年而其詩益進。……余故於元歎之刻其詩而舉以告之，且以爲學元歎之詩者告焉。"

徐波天池落木庵記云："中歲卜故鄆之畫溪山水絶勝處，而無終焉之志者，以有心事，方欲用其身，未肯與草木同盡。奄忽數年，自戊辰至丙子，提攜老幼，復從古鄆還吴。"據此，錢序似作於崇禎元年（1628）戊辰以前。徐波有新舊浪齋詩，刻於天啟七年（1627），然未見錢序。

作華聞修詩草序（初學集卷三十二）。

華淑（1589—1643），字聞修，自號閑道人、斷園居士。無錫人。賦性静穆，篤於孝友。平居讀書作詩，考據古今得失，名利事不入胸臆。家有小園名曰斷園，引客倡和其中。編纂有盛明百家詩、快書六種、閒情小品等。

華淑與袁宏道、潘之恆皆有交情。

爲雷起劍作瑞芝山房初集序（初學集卷三十三）。

雷起劍，字雨津。四川井研人。崇禎七年（1634）進士。

时官镇江司理。擢兵部郎中。十七年，从张国维讨贼，积瘁而卒。尝与毛晋、徐波重修唐寅墓。

跋华州郭氏五马荣归集（有学集卷四十九）。

文云："郭氏此卷放失已久，乱后得之败屋坏垣中，裔孙总戎光复属余书其后。总戎今年六十有九，据鞍上马，矍铄哉是翁。"钱龙惕西湖杂兴组诗有赠郭氏诗一首，作于顺治十五年（1658）与牧斋游西湖之时。

理学张抱初先生年谱天启四年条："秦华州郭光复来马岭商学。附记：号振寰。冯少墟先生高弟。"当即此人。

曾房仲来信请序，作曾房仲诗序（初学集卷三十二）。

序云："泰和曾棠芾先生有才子曰房仲，敏而好学，以应举之隙攻比兴，不远四千里，再拜遣使，奉其尊人之简牍，械致其诗若干首，以求是正于余，且请为序。"

曾汝召，字棠芾，一作棠芾。诗学竟陵。万历二十九年（1601）进士。出宰吴县。陞兵科给事中，因忤魏削籍。魏诛，进太常寺卿。房仲，名不详。谭元春集卷二十四閒园诗选序，即为房仲而作。与吴应箕亦善。

作郑孔肩文集序（初学集卷三十二）。

序云："孔肩没数年，其子某收拾遗文刻之，凡若干卷，而余为之序。"郑圭，一名之惠，字孔肩，一字翁复。钱塘人。著有易臆、檀弓注、柳柳州合作、苏长公合作等书。其子名寿昌，字寿子。钱塘知县顾咸建殉国，寿昌哀求当道，收敛其尸。

作王元昭集序（初学集卷三十二）。

序云："河东王元昭少负軼材，每思以尺蹄寸管，笼挫吞吐古今之作者。一旦偕其友韓次卿南游，下衝關，登太行，渡河涉淮，憇戲馬臺，弔古于金墉、隋堤之間，其游益壯，詩文日益多，自徐走書千餘里，端拜命使，而謁余序之。"

王溯元，字元昭。蒲州人。參見崇禎十年(1637)徐州建保我亭記條。

作黃孝翼蟬窠集序(初學集卷三十二)。

黃以陞(1587—?)，字孝翼。福建龍溪人。喜遊歷，所過天下名區，皆有題詠。嘗官寧波知府。與陳子龍、黃道周、張燮、倪元璐等皆有交情。其蟬窠集尚存，諸人序多在崇禎四年辛未(1631)，然尚未見牧齋此序。

爲馮班作馮定遠詩序(初學集卷三十二)。

王應奎柳南隨筆卷一："某宗伯詩法受之於程孟陽，而授之於馮定遠。兩家才氣頗小，筆亦未甚爽健，纖佻之處，亦間有之，未能如宗伯之雄厚博大也。然孟陽之神韻，定遠之細膩，宗伯亦有所不如。蓋兩家是詩人之詩，而宗伯是文人之詩。"

又："吾邑之詩有錢、馮兩派。余嘗序外弟許日滉詩，謂'魁傑之才，肆而好盡，此又學錢而失之；輕俊之徒，巧而近纖，此又學馮而失之'。長洲沈確士德潛深以爲知言。"

爲徐增作徐子能集序(初學集卷三十二)。

此序一名徐子能松門集序，云："更數年，而子能之著作益富，名益成，南昌徐巨源爲之序，頗引余言以爲子能重，吾郡張異度既爲之序，又爲子能索序于余，且死，猶以爲屬。"

張世偉死於崇禎十四年(1641)正月，此文當在十四年至十七年間。

爲王人鑑詩集作序（初學集卷三十三）。

錢牧齋先生尺牘卷二與王德操："紙窗竹屋，歲莫都無一事。篝燈爲吾兄作詩序，放筆蕭然，頗堪自傲也。專使奉覽，未知吾兄以爲何如？不至作佛頭著糞否？朱雲子詩絕佳，意象深厚，皆從古人得之，而其序乃稱述楚中儉父，殆英雄欺人耳。如何如何！獻歲可放棹過拂水，弟與孟陽當掃衡門以相候也。"

爲王人鑑作王氏世德贊（初學集卷八十二）。

山曉閣明文選續集卷四評云："王氏世德，參議已有敘，若只贊世德，似忘了前此之敘。若只贊其敘，則世德畢竟所當重。看此文布置，詳略之間，王氏世德，既悠然在其中，而參議之敘，亦自隱隱聲實俱隆。閒情雅致，蕭蕭散散，自有餘妍，文品最爲高貴。"

爲張大復作張元長真贊（初學集卷八十二）。

爲張世偉作張異度真贊（初學集卷八十二）。

贊云："年七十餘，巋如魯靈光，爲鄉先生。"世偉崇禎十四年（1641）正月卒，年七十四，可知此文作於崇禎十年（1637）至十三年間。

題汪明哲像（牧齋外集卷二十四）。

汪明哲，新安人。早年入大藩幕，退而隱居嘉定之槎溪。黎元寬進賢堂稿卷十二有汪明哲五十壽序。

王猷定攜劉斯瑋放生閣賦來，跋其後（初學集卷八十六）。

文云："豫章王于一持劉西佩放生閣賦示余，以錦繡綦組之文，宣揚戒殺放生第一義諦。"

作劉西佩僧相贊(初學集卷八十二)。

作御史族兄汝瞻畫像贊(初學集卷八十二)。

  作於錢岱去世後。

作宋主事畫像贊(初學集卷八十二)。

  贊云："天門峩峩，一夫九首。君折其角，負創以走。皇明天咫，洞燭謾讕。以此幽縶，當彼寄館。"應是忤溫體仁而被逮者，疑是宋學顯。

作廣陵張、李二生像贊(初學集卷八十二)。

  不詳何人。

作張中吴真贊(初學集卷八十二)。

  此人以醫擅名，爲顧德基表叔，生平不詳。

戈汕造傑閣供奉阿彌陀佛，爲作偈(初學集卷八十二莊樂居士命工采畫阿彌陀佛丈六身，形相殊妙，普勸道俗，造傑閣以安之，欲使見聞隨喜，禮拜讚嘆，各乘願力，往生安樂，聚沙居士謙益歡喜踴躍，謹再拜稽首，而作偈曰)。

慈門上人寫華嚴經八十一卷，爲作偈(初學集卷八十二)。

  慈門爲法鎧弟子。

跋淳熙九經(初學集卷八十三)。

  淳熙九經，爲吴郡俞琰舊物，牧齋得之無錫安氏。初學集卷二贈硯詩提及此書，"更有淳熙九經在，歸裝已足又何求"，知其得之崇禎二年(1629)以前。

作左傳隨筆六條(初學集卷八十三)。

跋史記項羽、高祖本紀(初學集卷八十三)。

跋季氏春秋私考（初學集卷八十三）。

  牧齋對季本、豐坊解經頗多不滿，文集中屢有提及。

題何平子禹貢解（初學集卷八十三）。

  何檝，字平子。龍溪人。楷弟。楷精于易學。此書尚存刻本，有曹學佺、陳騰鳳、柯虞等人序。陳序署"崇禎辛未初夏"。

跋王右丞集（初學集卷八十三）。

作讀南豐集（初學集卷八十三）。

作讀蘇長公文（初學集卷八十三）。

跋王原吉梧溪集（初學集卷八十四）。

  錢曾讀書敏求記卷四："先君留心國初史事，訪求王逢、陳基等集，不遺餘力。然惟絳雲樓有之，牧翁秘不肯出，未由得睹。先君歿，予於劍吷齋藏書中購得梧溪集前二卷，是洪武年間刻本，如獲拱璧，恨無從補録其全。越十餘年，復與梁溪顧修遠借得後五卷鈔本，亟命侍史繕寫成完書。閱時泣下漬紙，痛先君之未及見也。"

跋朱長文琴史（初學集卷八十四）。

跋錢叔寶手書續吳郡文粹（初學集卷八十四）。

  文云："吳郡錢穀叔寶以善畫名家，博雅好學，手鈔圖籍至數十卷。取宋人鄭虎臣吳都文粹，增益至百卷，以備吳中故實。余從其子功甫借鈔，與何季穆、周安期共加芟補，欲成一書，未就也。"

跋趙忠毅公文集（初學集卷八十四）。

  即趙南星文集。

跋傅文恪公文集(初學集卷八十四)。

跋傅文恪公大事狂言(初學集卷八十六)。

跋王損仲詩文(初學集卷八十四)。

題程孟陽贈汪汝澤序(初學集卷八十四)。

  汪應臬,字汝澤。休寧人。以刻書著名。與程嘉燧、董崇相交好。文中有"崇相老矣"等語,當作於崇禎十二年(1639)董崇相去世之前。

跋東坡志林(初學集卷八十五)。

跋東坡先生詩集(初學集卷八十五)。

跋渭南文集(初學集卷八十五)。

題詹希文楷書千文(初學集卷八十五)。

跋中書科書卷(初學集卷八十五)。

跋劉媛畫大士册子(初學集卷八十五)。

  劉媛不詳何人。

跋張日永詩草(初學集卷八十五)。

  文云:"樂清張日永渡江應省試,裹十日糧,徒步訪余虞山,且將游福山,觀大海,望狼五山而還,余甚壯之。"

  張暘昶,字日永。薦授中書舍人。負氣節,工詩,有和熊堂集、海上草、渡江詩等。

徐復祚以其所作小令,託徐于王交牧齋指正,題數行(初學集卷八十五題徐陽初小令)。

  徐復祚,初名篤孺,字陽初,改字訥川,號暮竹,又號三家村老,別署破慳道人、陽初子、洛誦生、休休生、忍辱頭陀等。常熟人。栻孫。博學能文,尤工詞曲。著有紅梨記、投梭記、一文錢等。

題程士顓印譜(初學集卷八十五)。

　　程士顓,字孝直。程嘉燧子。工書法篆刻,亦擅山水。

跋雪浪書黃庭經(初學集卷八十六)。

跋清教錄(初學集卷八十六)。

　　清教錄記胡惟庸交結僧徒謀反之事,乃從南京禮部庫中鈔得者。

跋米元章記顏魯公事(初學集卷八十六)。

楊一鵬遇峨眉仙人萬大傅,作文記其事(初學集卷八十六)。

　　楊一鵬(？—1635),字大友。巴陵人。萬曆三十八年(1610)進士。累官至户部尚書。崇禎八年(1635),因李自成焚燒鳳陽陵寢,以失救論死。此文記其遇峨眉仙人萬大傅之事。

題胡梅六言詩(初學集卷八十六)。

題顧夢游偶存稿(初學集卷八十六)。

題嚴澂獨寐寤言(初學集卷八十六)。

題同學會言(初學集卷八十六)。

　　文云:"自梁溪有東林之會,顧端文、高忠憲以明善爲宗,力闢吴門無善無不善之宗旨,皋比之席,海内望風奔赴,忌者側目,遂合道學、黨錮而爲一禁,迄於今未衰。毘陵孫文介公生同時,講同學,而其意旨有異焉。其論學以易爲宗,其論易以艮背爲宗。端居索處,窮理盡性,不聚徒,不設教,一二同人布席函丈,覃思瞑目,相與疏通證明而已。……諸子生毘陵之鄉，學文介之學，又有張席之、吳巒稚兩公導其先路，離經辨志，繇制科之業，而視歸乎聖賢也不遠矣。於其以文來謁也，書此以諗焉。"

孫文介公即孫慎行。張瑋(1587—1643)，字席之，號二無。武進人。萬曆四十七年(1619)進士。授户部主事。後官廣東提學僉事。因反對建魏忠賢生祠，辭職。崇禎再起，官至左都御史。嘗講學東林書院，師孫慎行，其學以慎獨研幾爲宗。

題吳太雍集（初學集卷八十六）。

吳太雍生平不詳，牧齋文中稱西吳，當是湖州人。

作蔣仲雄詩序（初學集卷三十三）。

本文作於崇禎間。蔣鉞，字仲雄。長洲人。諸生。

作佛母大準提王菩薩贊（補遺）。

爲屠象美秦楼路史作序（初學集卷三十三）。

序云："平湖屠幼繩釋褐爲行人，奉命册封韓府，自京師抵平涼，往還萬里，登臨跋履，吊古撫今，歡娱慮嘆，必發之于詩。讀其詩，而幼繩之志其可知也。"

屠象美(1594—1648)，字幼繩，號愚仙。平湖人。天啓元年(1621)舉人，爲牧齋門人。崇禎四年(1631)進士。次年四月，册封韓府。後官至翰林院檢討。明亡在嘉興起兵抗清，兵敗被殺。

文德翼被誣逮治，事白，門人作詩賀喜，爲作詩册序（初學集卷三十五）。

序云："崇禎十三年五月，浙江撫按臣上言：'臣等伏奉聖旨，按驗嘉興府推官文某被言事狀，下所司逮繫雜治，再三駁政,皆鑿空架虛,一無左證,臣等恭承明命,矢天誓日,安敢上下其手以自取罪戾。謹合詞覆奏,以明文某之無他。'疏入,上赫然震怒,下言者于獄。而文君故以廉辨考最,將入爲天子之近臣。行有日矣,文君之門人嚴子渡、沆、吳子聞禮輩作爲歌詩誦美其事,而請余爲其敘。"疑作於崇禎十四年(1641)前後。

文德翼,字用昭。江西德化人。崇禎七年進士。明亡隱居不出。

嚴沆(1617—1678),字子餐。餘杭人。武順子。順治十二年(1655)進士。

明史卷二七八:"胡夢泰,字友蠡,廣信鉛山人。崇禎十年進士。除奉化知縣。邑人戴澳官順天府丞,怙勢不輸賦。夢泰捕治其子,其子走京師,訴澳,令劾去夢泰。澳念州民不當劾長吏,而劾於其子,姑出一疏,言天下不治由守令貪污,以陰詆夢泰。及得旨,令指實。其子即欲訐夢泰,而澳念夢泰無可劾,乃以嘉興推官文德翼、平遥知縣王凝命實之。給事中沈迅爲兩人訴枉,發澳隱情。澳下詔獄,除名。"文所牽涉案件即此。

卓爾康爲祥符知縣請文,作賀祥符李明府三年考績序(初學集卷三十五)。

序云:"仁和卓去病清嚴,慎許可人也。司教河南之祥符,亟稱李明府世臣之賢,請爲其考績之序。"

李喬(1593—1654),原名長喬,字世臣。興化人。長科弟。萬曆四十七年(1619)進士。天啟元年(1621)至五年,任祥符知縣。

作徐弘祖傳(初學集卷七十一)。

　　文云:"余之識霞客也,因漳人劉履丁。履丁爲余言霞客西歸,氣息支綴,聞石齋下詔獄,遣其長子間關往視,三月而反,具述石齋頌繫狀,據牀浩歎,不食而卒。……霞客紀游之書,高可隱几,余屬其從兄仲昭讎勘而存之,當爲古今游記之最。霞客死時,年五十有六,西游歸以庚辰六月,卒以辛巳正月,葬江陰之馬灣,亦履丁云。"據陳函輝霞客徐先生墓誌銘:"霞客生於萬曆丙戌,卒於崇禎辛巳,年五十六。以壬午春三月初九日,卜葬於馬灣之新阡。"則此傳當作於崇禎十五至十六年間。

　　傳記多牧齋耳食之事,其中有些細節不免失實,爲人詬病。文中稱:"繇雞足而西,出玉門關數千里,至崑崙山,窮星宿海,去中夏三萬四千三百里。"潘耒遂初堂文集卷七徐霞客遊記序:"往年錢牧齋奇霞客之爲人,特爲作傳,略悉其生平。然未見所撰遊記,傳中語頗有失實者。余求得其書,知出玉門關、上昆侖、窮星宿海諸事皆無之,足跡至雞足山而止。"汪琬、全祖望等對本文亦皆不滿。

　　文瀫初編卷十五收此文,錢肅潤評曰:"霞客所歷名山大川,爲張騫諸人所未經之處,是千古第一游人。所著溯江記源等篇,爲桑經酈注著書所未載之事,是千古第一游記。得虞山大手筆傳,其人其記不更足千古耶?"

爲徐遵湯作徐仲昭詩序(初學集卷三十三)。

　　徐遵湯(1580—1653),字仲昭。江陰人。復社成員,崇禎九年(1636)副貢。爲人口吃,不能言,及爲文,則風發泉湧,傑出一時。曾與族弟徐弘祖兩遊浙江。晚歸,主修江陰縣志，又應邀修靖江縣志。詩序疑與徐霞客傳作於同時。

白椎菴建造彈指閣、華嚴堂，作文募捐（有學集卷四十五）。

疏云："去虎丘一牛鳴地，有菴曰白椎，相傳晉生公放生池。……聞照法師傳賢首宗旨于南來，出世爲人，分座説法，津梁稍疲，退而焚修于此。……將于菴之隙地，面勢引繩，建造彈指閣、華嚴堂，以爲供養結習之地，而請余爲唱導之文。"

寂覺，字聞照，一作文照。俗姓朱。蒼雪弟子。據介爲舟禪師語錄卷八禹門影堂集，聞照圓寂于順治十五年戊戌（1658）七月初三，世壽四十九，此文當在十五年前。又據蒼雪大師行年考略，聞照崇禎十六年掩關白椎菴，順治三年丙戌，新殿落成，蒼雪、徐波皆有詩。

跋遵王絶句，以陸龜蒙相比擬（金匱本有學集補）。

文云："斷句詩神情軒舉，興會絡繹，頗似陸魯望自遣詩三十首，殊非今人格調，良可喜也。"應據錢曾江邨自遣三十首而發，詩見懷園小集，作於順治八年（1651）前。

題丁雄飛自家話（有學集卷五十）。

作建吕真人祠紀事（牧齋外集卷二）。

祠在破山，趙彥清有碑，記僧慈悦遇吕仙事。

作黄奉倩詩序（牧齋外集卷六）。

黄承聖（？—1653），字奉倩。太倉人。翼聖兄。諸生。文云："余聞黄奉倩，好學者也。訪于其廬，值病中，強出見客，左手尚執卷，喜溢出顏色，談吐不已。觀余與金孝章飲酒爲快，其好善又如是。……奉倩既老且病，病而又貧，其猶子公瑕思所以娱奉倩之志，爲之刻而傳之。"

徐增九誥堂集卷七哭奉倩伯舅自註："癸巳元日故。"牧齋此序疑作於前一年壬辰(1652)。

詩風初集卷十一黄承聖同何慈公李孟芳登秋水閣："高閣巍巍聳碧潯，得從勝友共披襟。日沉西嶺千家暮，雲向南湖一片陰。載酒客來菱葉亂，網魚船泊荻蘆深。秋蟲節變餘音促，感此能無擁鼻吟。"

作熊雪堂文集序（牧齋外集卷七）。

牧齋三次爲熊文舉文集作序，此是首序。次即雪堂選集題辭，作於順治十一年(1654)甲午四月晦日。

傳向錢岳借鈔詩藁，遭其痛罵。

上海博物館藏禹之鼎東臯三酒徒圖洪燦跋："東臯三酒徒，秀才錢五長、皂隸王振川與燦三也。五長名岳，家南通州，父某，以進士官於朝，忤魏閹落職，未幾卒。五長工制藝，能詩善畫，自少承父志，往來東林諸君子間，與董思白、瞿稼軒兩先生尤善。鼎革後，遷居如皋之東城，悉棄其舉子業，無所事事，惟寄情詩酒，而貧不能多得，時時以畫易酒。虞山錢宗伯與五長同姓兄弟之行，選列朝詩，馳書五長索其藁，五長不屑，對使者詈罵之。所居屋三楹，不避風雨，而名人筆蹟遍滿墙壁間。朝夕昏然醉，頭面徑旬不澣沐，衣巾垢敝不肯濯。每踉蹡道上，忽歌忽泣，道途目之，或云狂生，或云酒徒，無知五長者。五長亦多否少可，獨善王振川，兩人得酒，即相呼同醉，人益恠之。"

五長，庠名起元，號循陔。著有漁素閣十六種。其父良心，字沃明。泰昌元年(1620)進士。

吴骥来访，爲作吴白雪遺集引（初學集卷四十）。

吴文企（1564—1624），字幼如，號白雪。竟陵人。萬曆二十六年（1598）進士。官寧波、湖州知府，終陝西按察副使。次子骥，字既閑。崇禎三年（1630）舉人。有文名，隱居不仕。文中云："余最愛吴興山水，嘗與范東生、程孟陽再泛夾山漾，詠歐陽公'吴興水晶宫，樓閣在寒鑑'之句，倚櫂扣舷，徘徊不忍别。"檢錢、程二集，皆未有記録，不知何時。

又列朝詩集丁十四吴居士鼎芳："嘗與東生及予游苕溪，泛碧浪湖，入夾山漾，往返二十日，風清月白，苦吟清嘯，僅得七言絶句一首，其矜重自愛如此。"

范汭，字東生。烏程人。徙居吴門。列朝詩集丁十四范太學汭松陵舟中遲錢受之太史："幾家閒夜停機杼，支枕蓬窗風許許。吹盡蘋香不見人，繞塘寒月鵁鶄語。"

吴鼎芳月夜候牧齋。

吴鼎芳（1582—1636），字凝父，號卍庵居士。年四十爲僧，名大香，號唵囕。洞庭東山人。詩蕭閑簡遠，有出塵之致。

七十二峯足徵集卷四十六吴鼎芳舟中遲錢受之内翰："長塘露白烏啼樹，短棹夷猶歌何處。月光并在水聲中，一夜蓬窗流不去。"

爲馮舒作馮已蒼詩序（初學集卷四十）。

楊承祖來訪，兼有餽贈，作書答謝（錢牧齋先生尺牘卷一答楊鎮臺）。

書云："江村荒僻，重辱玉趾過存。蔬食菜羹，轎藜長者。方欿然負罪，而台貺儼然臨之，何存念之厚也。……昨縣父母見顧,深荷高雅,了無芥蒂,真所謂淑人君子,民之父母也。"不知縣令何人。

作書江南總兵張大治(錢牧齋先生尺牘卷一答張鎮臺)。

書云:"頃承台諭漁船一事,此必出奸人假託,伏乞老公祖重加懲治,以警將來,則治益亦受賜多矣。"漁船事不詳。

張大治,字君平。三韓人。順治十七年(1660)任總兵。嘉慶太倉州志卷十名宦有傳。

張大受孫涉及訟事,作書盧紘,請其幫忙(錢牧齋先生尺牘卷一致盧澹巖)。

書云:"老公祖深仁厚澤,頌聲載道。虞邑萬人,家户頌祝。昨者推士民之意,勒碑頌德。恨拙筆無文,不足以發揚萬一,殊自愧也。頃有請者,里人張某,乃孝廉鴻所之孫,其子出嗣於伊嫂陳氏,本一家至戚,而其嫂之僕陳某,與某以細故相争,陳氏聽其膚愬,致有院詞。……老祖臺庭訊之下,細鞫三黨,自當洞悉情僞,究治唆棍,保全家門。一舉筆間,造福無窮也。"

張大受,字君可,號鴻所。萬曆二十二年(1594)舉人。官嘉興教諭。與牧齋爲舊交。頌德碑文未見。

瞿綬抄本作與魯明府,則爲海防同知魯超,康熙三年(1664)二月任。

作書王宇春,談張氏兄弟事(錢牧齋先生尺牘卷一與王季和)。

書云:"張氏兄弟,告哀不止。而令公之意,不欲其縱捨之權,出於朱虛輩,此實意也。兄前云昇宇丈有菩提心,此其時矣,幸力勸成之。如此夜叉,不是老佛出世,救不得也。一笑!"此不知何事。昇宇,即翁應祥。

作贈王孝子乞財葬親引(牧齋外集卷二十一)。

文云:"余往從吾友王季和識王君臻得……荏苒四十餘年,季和久歸樂邦。人間遷改,忽忽如往劫。而臻得坎壈失志,蒼顏白髮,栖遲兔園册中,古人作士不遇賦,良有以也。臻得善事父母,以孝行聞于鄉。身老食貧,四棺委置雲間。漬淚塡咽,寢食俱廢者,亦四十年于此矣。日暮塗遠,無可奈何,乃思效秦庭之哭,冀范舟之助。"臻得,不詳生平。

作常熟縣重修城隍廟記(牧齋外集卷十三)。

此文作日不詳。康熙重修常熟縣志稱"國朝康熙年重修,孫朝讓有記",乾隆志改爲順治時建。

道友戴雲洲子應童子試,作書翁應祥,請他照顧(錢牧齋先生尺牘卷一與翁兆吉)。

書云:"夏初辱手教記存,則弟方惙惙臥病,至今猶就醫不能去藥物也。……弟有道友雲洲戴翁者,的有長生之訣……其少子瑞麐,攻苦力學,應童子試。弟向已爲兄面言之,玆試期已近,有可提掇,幸仁兄惟力是視。此翁與撫、道二公祖皆世外之交,得其一言不難,顧不屑耳,此亦可以觀其爲人矣。何父母高明府君,必能知戴翁於物外,則仁兄齒牙亦易爲力也。"

翁應祥,萬曆四十四年(1616)任無錫教諭。

何父母即何舜岳,字越畸。臨海人。萬曆四十一年(1613)進士。四十四年至四十七年官無錫縣令。

爲胡復祖作菊花詩一首(牧齋外集卷一)。

詩序云："源之胡兄，新安產也。高懷遠韻，推重士林，於我故友孟陽有渭陽之誼，其淵源漸漬遠矣。且精於蓺菊，邑中名流多爲詩篇以頌美之，余亦屬和焉，惜不得吾孟陽一品題也。泚筆慨肰，情見乎詞。"

康熙新刊常熟縣志卷五寓公："胡復祖，字源之，新安人。讀書負氣，謹然諾，慎取與。從其舅程孟陽遊虞山，遂好之弗去。種菊千本，多異種。灌畦之暇，觴詠間作，陶然自得也。子孫並以醇謹著邑中。"

又乾隆常昭合志卷九："復祖有藝菊贈言三卷，皆國初諸大家真蹟，玄孫培庚珍藏。"牧齋詩或在其中。

邑子顧文蔚往淮上，作書巡撫鄭瑄，請他照顧（錢牧齋先生尺牘卷一復鄭撫軍）。

書云："敝邑諸生顧文蔚，讀書自好之士，遊於門墻久矣。茲以外家服賈，薄遊淮上。欲望見旌節之餘光，乞一言以通於典謁。……鈔關主事蕭鴻靖（鳴清），敝座師玄圃宗伯之子也。不知何故，遂致白簡。念其名家之子，可以委曲保全，仁人君子之用心所不辭也。半舫身後，家門凌替可念。"半舫，即劉榮嗣之號。

贈高元侯振生詩一首。

不詳何人。

作書劉通判（錢牧齋先生尺牘卷三）。

此人不詳。

作書嘉定李邑尊，請他照拂張鴻磐（錢牧齋先生尺牘卷一）。

書云："而敝門生張鴻磐（槃），今已爲老師宿儒。此輩皆幸在宇下,荷如天之覆。惟老父母曲加採訪,賜之盼睞。"

查康熙嘉定縣志,無李姓縣令。惟崇禎朝有縣丞李玉森。縣志云:"李玉森,字木公。廣東高要人。貢士。署縣篆。敬賢禮士,操守貞潔,大得民心。"應即此人。

作書縣令周敏,請他懲治惡徒(錢牧齋先生尺牘卷三)。

書云:"頃者,□□□狂悖無狀,老父母以覆載洪恩,付之不較。第此人欺主罔上,罪在不赦。若不重治,并及其共事者,何以懲創姦宄,使魑魅寒心。又口稱有兩宮書帖,其中不無假冒。某鄉居不知城邑之事,若有不得已相聞,必有手書印記。并祈老父母留神查覈,勿爲黎丘之鬼所眩,此尤所禱祀而求者也。"陳寅恪稱此事與牧齋通海有關。

周敏,字芷間。武康人,拔貢生。順治十五年(1658)十二月至十七年八月任常熟縣令。又牧齋外集卷一有贈周邑侯詩。

縣令周敏助言氏修建言子家廟,作周邑侯重建言氏家廟碑記(言氏家乘)。

文云:"周侯來,顧而歎曰:'余身生浙壤,叨令名邦,坐使先賢子孫憔悴,廟貌榛蕪,余小子所羞也。'於是蠲俸鳩工,畀金量直,不日而神座肅穆,堂廡陸離,缺者備,礩者平,漫漶者翬飛,黯没者霞舉。告成之日,勒石紀事,徵予言爲惇史。……其大宗裔孫生員森,森之子煌,並得牽連書之,以志其盛云。"

言氏家乘奉祀生:"順治十六年,林墓奉祀生言端,專祠奉祀生言森具呈巡撫馬,亦循例批給。"此文大概作於此時。

福山建二楊公祠,爲作碑記(補遺)。

文云:"管常熟福山兵馬把總張其威,立祠祠二楊公。"二楊,即知縣楊漣、楊鼎熙。

張其威,松江人。崇禎八年(1635),賊攻桐城,張國維檄之趨太湖,遇賊宿松五里鋪,戰死。

民國重修常昭合志卷十九:"二楊公祠堂碑記,崇禎□年,錢謙益撰,鍾鼎書,碑在福山馬王廟。"

作雲間沈長公七十序(有學集卷二十三)。

序云:"余屏居江邨,雲間沈生份摳衣來謁,請爲尊甫堯天長公七十稱壽之文。"沈份、沈堯天生平皆不詳。

作孫迂公移居詩(牧齋外集卷一)。

迂公待考。

壽淳化禪師(牧齋外集卷一)。

淳化禪師待考。歸起先天山集有壽淳化上人,紀年署"己亥"。

異公七十,作長詩賀喜(牧齋外集卷一)。

異公,別本或作興公、或作與公,外集目錄又作王異公,不知何是。詩中云"吳門近說麻姑過",應是蘇州人。或以爲王撰,誤。撰七十,牧齋不及見。

又作陳碻庵六十詩(牧齋外集卷一)。

陳瑚六十,牧齋已死,此詩有誤。

作程以中移居二首(牧齋外集卷一)。

以中待考,自詩意看,此人自新安篁墩移居常熟。又同卷有程九如徵君五十,或是一人。

贈張伯起六十詩一首(牧齋外集卷一)。

張伯起不詳何人,或以爲張鳳翼,非。張鳳翼六十時,牧齋尚幼。

贈張將軍詩一首（牧齋外集卷一）。

不詳何人。

贈閩帥王振宇詩一首（牧齋外集卷一）。

王振宇，延綏人。熊廷弼遼中書牘有與王振宇多通信札。

王庸若七十，作詩兩首相賀（牧齋外集卷一）。

徐增九誥堂集卷二十八畫社序："衡山先生人品尤卓越，子孫世以書畫著，四傳則有明經彥可先生。……得其傳者，乃有王丈庸若。庸若，明經甥也。少不可一世，今老而好學，不獨畫似舅，而人亦似之。以故畫苑稱長者。"知其為文從簡之甥，餘不詳。

陳漢聞四十，作詩相賀（牧齋外集卷一）。

陳漢聞不詳，據詩中"蘭亭""禹穴"等詞，應是紹興人。同卷又有題漢聞陳君引兒走馬看桃花小像詩一首。

朱璞菴遊虞，賦詩一首（牧齋外集卷一）。

按，此詩又見殷鐘聲聞詩稿鈔本。外集又有贈不二仙翁詩，亦見殷鐘聲聞詩稿。孫雪屋文集題朱璞菴尊人希古先生傳誌後："璞菴朱生，為紫陽夫子苗裔，好挾詩文走四方，與海內諸名公遊，而足跡亦於吳越為多。即虞山，曾一過再過焉。"

嘉定潘雨臣六十，作詩相賀（牧齋外集卷一）。

潘潤，字雨臣。諸生。性至孝，學使旌其廬。順治七年（1650），聘修啟禎實録，康熙十二年（1673），同修邑乘。程昆侖先生詩集贈潘雨臣有"拂水老臣同靜便，梅村學士共詩名"之句。

次沈石田韻二首,爲葉白泉上壽(牧齋外集卷一)。

葉國華(1587—1672),字德榮,號白泉。崑山人。盛六世孫,奕苞父。萬曆四十三年(1615)舉於鄉,授定海教諭。入爲國子監學錄,轉刑部主事,因坐累免官。尋事白,改工部,出榷杭州南關。明亡歸里。爲詩力掃鍾、譚之風,亦不染王、李習氣。善草隸,乞者無虚日。

詩云"猶記生年斗指丁""天地烽煙猶戴甲",應作於順治三年(1646)或十三年,國華六十或七十時。

鄭元勳子掌和來訪,爲作素心集序(牧齋外集卷四)。

鄭星(？—1664),字掌和,號井鐵。江都人。有樹夢堂詞、素心集。

作小周郎畫像贊(有學集卷四十六)。

按:錢龍惕大充集卷上西湖雜興其七自註:"贈秣陵周西有運庚。西有自號小周郎,宗伯公題其畫像,有'誰哉紫髯兮,分汝小喬'之句。"知爲周西有而作。

作雪夜訪趙普圖贊(有學集卷四十六)。

作袁叔言小影贊(有學集卷四十六)。

贊云:"袁孔彰字孔昭,更字叔言,故儀部補之之曾孫也。年十五有塵外之思,學沈石翁、文待詔畫,妙得意象。……(卒)年四十八。……叔言之子卧生,抱像來請,慨然爲之贊。"

據吴門袁氏家譜,孔彰又字昌甫,爲袁袠曾孫。子雲,字卧生。究心篆刻,吴梅村稱文三橋後,當爲獨步。

作何總戎畫像贊(有學集卷四十六)。

贊云："總戎名大謀,字愚公,潮之寧波人。"餘不詳。

致何二如書二首(錢牧齋先生尺牘卷一)。

二如姓名不詳,住錢塘。一通云："山中草木之年,重蒙遺賀。故人情誼,真與明聖湖俱長矣。承委小像傳贊,知吾丈以千秋爲託,用意深遠。禪誦之餘,不覺此心勃發,遂奮筆作像贊一篇,文不加點,詞多激昂,信是尉遲公不服老也。相知彦遠、冰修,可傳示之,共一抵掌。勿示俗人,資其齒冷也。拙集一部致郎君,但堪覆瓿,恃通家厚愛,不欲煩嗤點耳。"

陸嘉淑(1619—1684),字孝可,改字冰修,號辛齋。海寧人。諸生。入清棄舉業,以遺民終。著有辛齋遺稿。

胡介,字彦遠,號旅堂。錢塘人。有旅堂詩文集。

又一通云："頃來謝絶人事,一意繙經。……西湖一水,盈盈如在天外。頃聞有受恩之人,欲反唇相向者,走奴子與辨析。知門下義薄雲天,定不惜拔刀相助也。種種事非筆墨所盡,但以窮老爲嘆。念子繇甚切,不能少爲援手,良可媿也。呵凍草草相聞,不一。"子繇,即盧之頤。

牧齋遣孫愛往杭州,竟不知何事,參加下條。

又致卓爾康書(錢牧齋先生尺牘卷一)。

書云："僕夫東還,深傳足下相念,輒以近况報足下。……卻聞有昔年水火緩急之人,反唇相向,此理所必無,而人言頗爲娓娓,因遣奴子來爲剖析一番。足下畧知此事因由,公正發憤,當不惜慧燈一照,破彼迷妄也。"

作顧子東畫像贊(有學集卷四十六)。

顧子東,生平不詳,蘇州人。與子千一皆精裝潢。

自題小像（有學集卷四十六）。

題江龍吉輿地歌（有學集卷四十八）。

  江龍吉，原名龍震，字位初，太倉人。士韶子。著有學軒詞。

作鄭閑孟時文序（牧齋外集卷三）。

  序云"吾友鄭閑孟攜所作四書義過余"，則時文即四書義也。閑孟，即鄭允驥。序當作於明末，然不詳何年。

作和州魯氏先塋神道碑銘（有學集卷三十九）。

  此爲魯可藻而作。可藻，字孺發。和州人。以明經授新寧知縣。永曆時官至南京兵部尚書。桂林陷，出家爲僧。崇禎八年（1635），張獻忠下和州，魯氏一家多人遇難。

邀請檗嚴大師入主寳嚴寺（錢牧齋先生尺牘卷三）。

  本黃（1622—?），字檗嚴，號古求，又號蒿庵。常熟人。本姓許，名琬，字琬玉，號蒿庵。士柔幼子，瑤弟，家譜作士儉子。初學教於達月大師。年二十一，入天童山，求道忞剃度。後住廣陵萬壽、吳門虎丘、崑山安禪等處。平生以禪律並行爲己任，自稱"非聖賢不師，非豪傑不友"。著有學餘集。本黃之義，不忘其師黃蘊生也。

爲郎廷佐作籌海鴻猷圖冊序（牧齋外集卷四）。

  牧齋此序極盡媚諛之詞，然未及大敗鄭成功之事，當作於順治十六年（1659）前。

  又錢牧齋先生尺牘卷三致郎制臺，佚叢有贈郎制臺二首，亦極盡諂媚。

作侯母申太孺人八秩榮壽序（牧齋外集卷十一）。

  文云："侍御蓮嶽侯公，督漕江左，母申太孺人，壽開八秩。"侯于唐,字虞明,號蓮嶽。三原人。順治九年(1652)進士。由庶常授御史,十三年再起巡漕。毛晉所刻十七史前有侯序,署"順治丁酉春杪之五日,督漕使者關中侯于唐書於檇李舟次"。

作朱母王太宜人貞徽詩序(牧齋外集卷五)。

朱孔照,字浴曙,號雲臺。應山人。順治十二年(1655)進士。十七年六月任蘇州海防同知。十八年,海防同知遷往常熟縣。康熙二年(1663)六月,以署理刑贓罰事降調。故此序當作於順治十八年至康熙二年間。

文王輔任杭州通判,作書賀之。

錢牧齋先生尺牘卷三作答杭州通判王文輔,人名誤。民國灌陽縣志卷十二:"文王輔,字四友。登天啟辛酉賢書。供職京師,官內閣中書。秩滿遷職方員外郎,歷任杭州通判、蘇州同知、溫州知府。所至政聲卓著。擢溫、台兩府錢鑄道,兼浙江按察副使。清刑慎獄,人困稱冤。因老解組歸里。修族譜一卷,姑蘇文相國震孟為敘之。"查杭州府志,通判有其人,但不詳上任年月。

又海角遺編:"乙酉五月十八日,明常熟知縣曹元方逃……時明蘇州各官守,巡撫霍達、巡按周元泰、知府陳師泰、同知文王輔、推官萬選、長洲縣知縣李寔、吳縣知縣吳夢白等,十七日一夜逃空。"

作書文桂林(汪淇分類尺牘新語第八冊)。

致文氏書云:"不肖之舉南宫,實出宣化夫子之門,於粵西之人士,猶草木有臭味也。門下含章挺生,才品雙絕,吳仁和每亟稱之。今得因硯祥以投分於左右,箕風畢雨,聲氣叶應,文章有神交有道,豈偶然哉!"杭、蘇一衣帶間,循異之聲,流聞籍甚,真與兩峰俱高、湖水俱清矣。緇衣之好,心有同然,苟可頌述,寧敢自愛齒牙,硯祥、夢䇲當能悉鄙意也。草草謝復,不盡馳企。"文氏所求,似爲詩文集請序之事。宣化夫子,即蕭雲舉。文桂林疑是杭州通判文王輔。

爲歸學周作四書考編序(同治京兆歸氏族譜卷十七)。

歸學周,字道濂,號蓮峰。常熟人。恩貢生。長子紹隆,字從之,號齋喬。萬曆三十七年(1609)舉人。官至雲南通省清軍驛傳道按察司副使。

紹隆長子士琚,字楚白,即牧齋妹婿,牧齋外集卷十四先父景行府君行狀作士琮,恐有誤。學周此書,歸氏世譜皆作四書考編二十三卷,光緒常昭合志稿作四書人物考三十三卷,刻本作四書考編修飾二十三卷,由其子紹隆、婿韓光龍校正,前列錢謙益此序。民國重修常昭合志卷十八藝文志考證云,修飾疑即人物考改正本,或是。

作明濱州刺史具茨翁公墓誌銘(牧齋外集卷十五)。

翁懋祥(1559—1630),字兆嘉,號具茨。拱極三子,憲祥弟。萬曆四十三年(1615)舉人。授淳安知縣,擢濱州知府。序云:"其葬也,朔州具事狀。率其孤請銘於余。"朔州即其弟應祥。

作明故文學鳳林戴公暨配平孺人墓誌銘(牧齋外集卷十五)。

戴尚綱(1536—1601),字國章,號鳳林。元威父。世君潛鳳里。幼從牧齋祖順時學,治易。屢試不售。牧齋文有"(元威)爲臨淄令,有聲實,既左遷,民益懷之。"則此文作於元威謫官之後。

作明處士周鳳岐墓表（牧齋外集卷十七）。

周子京(1531—1599)，字念甫，號鳳岐。家鉅萬，而好行其德，邑長吏倚爲左右手。子景星。康熙新刊常熟縣志卷五："周景星，字岐雲，年十二遊太學，與一時名士友善，南都公卿皆愛重之。顧高情逸致，雅不在塵俗間。闢萬竹草堂，搆清遠樓、晚香亭諸室，吟咏其中，自謂咫尺間有江湖之樂也。"墓誌云："君殁而内外變作，不克葬。已，又二十餘年，其幼子景星成立，乃始庀葬事，屬余伐石而表其墓。"據此，墓表大概作於啟、禎間。

作祭張子崧文（牧齋外集卷十七）。

張維申(1572—?)，字子崧，一字山甫。崑山人。與嘉定李流芳、常熟瞿景淳交，搆留蘅閣以住流芳，流芳爲作留蘅閣記。牧齋墓誌云："惟余與君，意氣稠密。託以婚姻，我之自出。執手告我，非敢牽率。我孫若塏，我子若姪。"牧齋外集卷十四先父景行府君行狀："孫女一，許崑山張□□，爲孝廉凝宇曾孫，太學子崧公之孫，文學孚孟公之子。"然不知子崧殁於何時。

作江浦循吏黏府君家傳（牧齋外集卷十九）。

黏洪録，號拙庵。泉州晉江人。萬曆四十六年(1618)舉人。授江浦知縣，有惠政，入名賢祠。長子本盛，字道恒。崇禎十二年(1639)舉人。順治初，授河南推官。入爲給事中，歷吏户禮兵刑五垣，陞京堂，年六十七卒。家傳云："本盛即諫垣君，今官刑科給事中，奏疏卓犖，爲六垣人才第一云。"

王士禛池北偶談卷一:"順治十七年,上允刑部給事中黏本盛之請,罷曲陽廟祀,祀渾源,千年因循之訛,至是始釐正焉。"則家傳當作於順治十七年(1660)前後。

錢牧齋先生尺牘卷二致黏:"逆旅邂逅,得快覩鳳文麟采。仰韓慕李,大慰生平。更辱以尊府君千秋之託,下詢蒭蕘。受命飲冰,慚悚無地。老體畏炎,即日促裝返舍。以召命不敢久稽,遂采擷事狀,倉皇載筆。當台翰未頒,已先具稿付侍史。繕寫畢工,謹再拜奉致記室。"

因顧言請,爲其父雲竹翁作家傳(牧齋外集卷十九)。

顧儒(1533—1618),字成憲,號雲竹。江陰人。八歲知醫,博通三世之書。著有簡明醫藥五卷。子言(1558—1627),字尚實,號中瑜。萬曆二十年(1592)進士。官至戶部郎中。此傳作於顧言官戶部郎中時。

重修顧氏宗譜卷九西林記:"封公以壽考終,大參公從榆邊啣卹歸。病骨跟蹌,非杖不能起,猶強起營丙舍、樹若堂,扶服乞言,董玄宰、陳仲醇、姚甡、繆當時、錢受之、周玉純諸名家舉裏而會葬者千餘人。"大參即顧言,時督餉延綏。繆昌期有顧太公傳,見從野堂存稿。

爲梅磊作梅杓司詩序(有學集卷十八)。

梅磊(1620—1665),宣城人。梅氏詩略前集卷十:"梅磊,字杓司,號響山。生平好遊,喜結納。長安名公鉅卿交相推重。嘗於吳門呼集名流,品題諸妓,名花筵大會,一時傳爲盛事。著有響山集,稿未刻者,尚有數卷。"牧齋序云:"而杓司來游吳,復見其詩。……杓司每過余論詩,請余評騭,則余得而言之。"

爲智操禪師語録作序（寒松操禪師語録卷端）。

智操（1626—1688），字寒松，號隱翁。桐城人。年十八因寇亂出家，嗣法百愚和尚。坐靈山安樂、弁山龍華、白雲香山等寺。工詩文，吴梅村等皆稱讚之。序云："方今教外別傳之書，流爲世間，何啻千萬，識者憂其多而不可程也。余獨以爲不然，蓋佳言玅句，並非文字，無絲毫意識之可尋。故古之今之金聲玉振，放之瀰綸宇宙，收之不存涓滴，千燈千照，皆可以存其心，養其性。寒松大師蓋其人矣。師神充氣浩，眼正心空，係洞宗正傳第三十世瑞老人之冢孫、百和尚之嫡嗣也。屢遷名刹，倒卓烏藤，啟天下之聾聵。其垂手年深，機辨縱横，雲蒸霞變，四方問道者，接踵而至。其一言半句，如珠在淵，如寶在山，雖欲隱藏沉痼，詎可得耶？信乎佳言玅句，照世明燈，開人心目，豈小補哉！虞山錢謙益沐手拜撰。"

陳璧有温州之行，取道金華，作書友人照拂。

錢牧齋先生尺牘卷二致□□□："餘姚黄晦木奉訪，裁數行附候，計已達鈴閣矣。友人陳崑良赴温處萬道尊之約，取道金華，慨慕龍門，願一投分。此兄志節軒鷟，不肯低眉謁權貴，介恃道誼之雅，輒爲紹介。緇衣之好，知有同然。自當把臂入林，水乳相契也。晦木知必荷眄睞，先爲遥謝。臨楮不盡馳企。"瞿綬鈔本題作再與張元芳。

萬代尚，字開來。長治人。順治十四年（1657）官温州分巡道，十六年爲孟泰所替。

金鶴沖錢牧齋先生年譜："（辛卯），爲黄晦木作書紹介，見馬進寶於金華。尺牘。"以此書爲證，繫年誤。馬進寶順治十三年已改任蘇松提督。方良以爲此行,陳璧與黃宗炎同行,非。據尺牘,陳璧顯在黃宗炎之後。

又同卷致姜:"廻思蘭水執別,邈如隔世。……友人陳崐良,吳下志節之士,慨慕龍門,思一登其阪,屬一言爲介紹,知不吝函丈之席,慰其叩擊也。"瞿綬鈔本作致姜吏部。或以爲陳璧此行目的,與抗清有關,然尚乏確證。

又作書張元芳,請他接濟沈守正之子。

錢牧齋先生尺牘卷一致張元芳:"初秋,通家子黃晦木持數行奉謁。此子向抱奇節,不得已而相干,故知高明不以茂陵劉郎遇之也。武林沈廣文英多,敝社友無回之子也。無回向與令祖先生有紵縞之交,今英多蒐輯其遺文,來請正於記室,幸進而敎之。英多才行端謹,老困寒氈,求一館以糊其口,不識能少借齒牙否?"

沈尤含,字英多。守正長子。沈尤含所刻沈守正雪堂集尚存,前有崇禎三年(1630)李邦華序。

應孫銓之請,爲其妹婿作博野王秀才墓誌銘(初學集卷五十二)。

文云:"秀才王姓,不知其名,博野人。王教官之第三子也。娶吾師高陽公側室之女。崇禎戊寅,吾師闔門死虜,秀才亦死焉。高陽公之長子銓以高苑令奔喪歸,渴葬以俟天子之恩命,哀其妹之早寡,懂而不死也,屬余志其夫之葬。"

牧齋此文不知作於何時,考孫文正公年譜,孫承宗葬於崇禎十二年(1639)七月六日,孫銓服闋後不久即離世。崇禎十五年五月,銓仲子之藻請孫奇逢重訂銓所撰年譜,則此文大致作於崇禎十二年七月至十五年五月間。

應王季和之請,作杭州黃鶴山重建永慶寺記(初學集卷四十二)。

此寺一名龍居庵,在杭州府城東北六十里黃鶴山上,萬曆間,僧一濂慎公、一江湘公等重建,王季和與其事,歸而徵文。會稽雲門湛然澄禪師語録卷八龍居庵普同塔銘:"兹者皋亭山之東黃鶴峰之下,古有永慶寺,爲元兵燹廢,故址已屬民間,一濂慎公訪求復得,謀於文谷印師。里人共相畫計,改寺爲菴,署曰龍居,蓋取龍象共居之意也。慎公辭世,餘願未果,囑諸弟子曰:'此菴當與十方共選有德者主之,毋令甲乙相承。'於是共議擇一江湘公代領其事,弘廣慎公之業。前後一新,内外肅如,衆盈百數,勝出他刹矣。……予縣東魯回,湘公迎余至龍居,再三誠懇屬余以銘,因序其事,而爲之銘。"

據湛然澄禪師行狀:"己未,山東德王刺血寫書,請師至府,殷勤修敬,問道受戒。師至杭州,聞谷師、慧聞師等數員知識法師,及諸縉紳護法,各命侍者持柬迎師。"則澄禪師此文作於萬曆四十七年(1619)己未以後不久,牧齋文大致亦在此時。

作贈舊父母鍾黃初(牧齋外集卷一)。

鍾人鏡,字黃初。歸安人。順治十二年(1655)任常熟知縣,次年陞泰州知州而去。

又過雲樓舊藏名賢書翰收牧齋書札一通,不詳收件人:"書函如命改去,荒邨僻處,不知鍾父母在邑,又以臥疴不能出晤,書一扇以見意,幸代致之。作書恐煩裁答,但具名刺,知不以太簡爲罪也。見試題,舉家爲色喜,家鷃中乞道意。

期服謙益再拜,沖。"鍾父母,應亦即鍾人鏡。此書疑作於順治十五年(1658),時陳夫人新卒。

作東武山人詩集序。

朱公節,字允中,號東武山人。浙江山陰人。嘉靖十年(1531)舉人。官彭澤縣令、泰州知府。子賡(1535—1609),字少欽。隆慶二年(1568)進士。官至內閣首輔。此文見東武山人集卷端。

同書許景仁後序云:"東武山人集,贈太師朱公居近東武山,因自號以名集者也。曾孫朗詣先生以集問序於虞山錢宗伯,而宗伯序之,稱學殖深厚,骨氣清真。"則請序乃朱士稚所為。

為于穎作于氏日鈔序(初學集卷二十九)。

于穎,字穎長,號九瀛。金壇人。崇禎四年(1631)進士,授工部主事,以工部員外郎差督南中河道。升郎中,歷順德、西安二府。十五年任紹興知府。清兵至杭,密謀舉義。魯王至越,擢右僉都御史,督師抗清。魯王航海去,扈從不及,由海道還京口,以黃冠終。著有今魯史、拂黛齋稿。

序云:"金壇于穎長舉進士高第,服官廉辦,聲跡茂著。益以其間鏃礪問學,搜次古人嘉言善行,自事君立身以至于居家養生,撮其精實切要,可以勵志而矯時者,手自繕寫,都為一集,屬余序而傳之。"

李寅為其嫡母沈氏請壽序,作瑤華集序(初學集卷二十九)。

序云:"瑤華集者,長水李生寅生乞言於海內之名人魁士,以壽其嫡母沈夫人,而刻之以傳者也。"李日華恬致堂集卷二十二壽宗從霞舉沈夫人序：“霞舉年方剛，偶遲胤育，夫人多方爲覓宜男以進，霞舉初難之，已不能違，未幾果獲佳兒，則今寅生也。……寅生曰：'母恩深矣厚矣，即摩頂踵，鐫肌膚，何以圖報？'……於是旦夕焚香仰首，爲母夫人千秋之祝，而遍走海内文章之司，乞其琳瑯絢績之語，以爲稱觴之侑。亦既成帙矣，則又介其二叔青來、石友而謁余。”然兩序皆不知作於何年。

李寅（？—1650），字寅生，號令曉、珠仍。嘉興梅里人。士標子。爲牧齋弟子。明亡後，家道中落，依外父粵東，感疾而卒。有視彼亭詩存、魚嚘草。

視彼亭詩存有牧齋先生枉道過荒齋喜賦：“書畫船從畫裏行，中流忽訝到柴荆。江干佳句濡豪出，坐裏餘香竟日清。出處東山謝安石，門墻北海鄭康成。十年忝竊逢青眼，脱略能寬地主情。”

李士標（？—1642），字霞舉，號篷菴。取嘉興沈瓚之女。無子，沈氏爲納妾，生寅。崇禎十五年（1642）二月，士標任山東寧海同知，清兵陷城，與沈氏同殉難，闔門死者二十三口。

蔣薰李篷菴公傳：“安人爲江西參政吴江沈定菴公女，而詞隱先生寧菴公從女也。故與其從姊宛君立傳家學，妙解音律，嘗爲詩詞，婉静而理。”亦才女也。

爲吴希哲作麟旨明微序（初學集卷二十九）。

序云：“淳安吴君睿卿，世授春秋，起家成進士，以治行第一，擢居掖垣。條上天下大計，剴切詳盡，皆可見之施行。天子知其能，特命督賦江南，爬搔勾稽，勤恤民隱，傳遽促數,食飲錯互。時時以其閒手一編,據案呻吟,援筆塗乙,如唐人所謂兔園册者,則其所著麟旨明微也。……余家世授春秋,約略如給諫,衰遲失學,不能有所譔著,給諫是書,於余一言之弋獲,必有取焉。"

吴希哲,字睿卿。淳安人。崇禎四年(1631)進士。初任惠州司理,擢刑部給事中,轉吏科給事中。福王敗,辭歸。著有雲起堂集、麟旨明微等。麟旨明微尚存崇禎刻本,前有崇禎十四年(1641)壯月(八月)吴門張我城序。

爲范鳳翼詩集作序(初學集卷三十一范璽卿詩集序)。

序云:"余知異羽之深者也,故於異羽之集成,而序之如此。"

作孫靖自文序(初學集卷三十一)。

序云:"今年夏,楚惟之子靖自,郵致其文辭,就正於余。"不知何年之夏。楚惟即孫承宗次子鉁,據高陽孫文正公年譜,鉁有二子,長子之沆(1609—1638),次子之㴋(1621—1638),皆死於崇禎十一年(1638)家難。之㴋死時只十餘歲,疑靖自爲之沆之字。

謝三賓作詩上壽。

一笑堂集卷三壽錢牧齋座師:"天留碩果豈無爲,古殿靈光更有誰? 渭水未嘗悲歲晚,商山寧復要人知。秋風名菊三杯酒,春雨華鐙一局棋。遥向尊前先起壽,敬爲天下祝耆頤。"疑作於牧齋七十歲時。

又同卷壽座師錢牧齋先生:"一代龍門日月懸,宴居人望似神仙。道同禹稷殊行止,文與歐蘇作後先。夜雨溪堂收散帙,秋風山館聽調絃。不知誰爲蒼生計,須與先生惜盛年。"似作於入清之前。

作書與慈溪葛某。

錢牧齋先生尺牘卷一回慈溪葛："不佞經年臥病,衰殘聾瞶,已成廢人。上下無交,聞問都絕。足下高才博學,辱在泥塗,無能援手。遠承來教,有撫紙嘆息而已。世道休明,登用有日,靜以需之,不必泣血以相明也。"

作詩李華午。

孫徵君日譜錄存卷三十三書李異幹卷："余平生五值患難,賴祖父之靈皆有良友護持,幸不罹於禍。壬午、癸未在五峯,甲申在凌雲栅,實借異幹父子之力,天山三箭卷,已詳其事。每誦錢牧齋'地老天荒事總非,尚留陣血漬戎衣。秋風三箭如鴟叫,閒向西郊射兔歸',異幹之父華午君已賫恨而没,英雄壯志,付之寒烟冷草,所望光大而發舒之者,全在後人,大易所以重幹蠱也。"牧齋此詩不見初、有學集。

據孫奇逢歲寒居年譜："聞三月十九日都城不守,余決計入山。時途路梗塞,同人星散,稍待,夏鼎、李子靖、陳小安奔至,張果中、鹿善治、耿榷諸人各攜家以從。至凌雲栅,遇賊百餘騎,賴夏、李、陳諸壯士,得免於掠。至山中,未幾,逃寇肆掠,夏、李禦之。"子靖應即華午,子名祁,亦見日譜錄存。

倪鉅過訪,為置飯。

倪鉅,字偉長,號雲岩。常熟人。慶孫。稟性寡諧,勤苦好學。時依人遠遊,足跡幾遍天下。萬曆三十五年(1607)客滇南,遇阿克之亂,著滇南紀亂錄。老年益貧,然不肯屈折他人。

列朝詩集丁十三下倪學究鉅:"今年過余,余止之飯,放箸而歎曰:'此中飽糠籺久矣,今日驟享肉味,殆過分也。'病痢數日而卒。"大概在順治九年(1652)前後。

書生時,長洲徐桂屢次問訊。

徐桂,字茂吳,一字子華。長洲人,後移家武林。國華次子。萬曆五年(1577)進士。官袁州府推官。詩與屠隆抗行。

列朝詩集丁十四徐推官桂:"茂吳爲人通敏好士,余爲書生,茂吳數從人問訊,有李邕識面之語,余至今念之不能置也。"

替徐增向毛晉求館。

錢牧齋先生尺牘卷二與毛子晉:"徐子能,吳中之俊人也。食貧介居,求一館地。勿齋諸公,咸以爲商榷風雅,勘讐書籍,於高齋最爲相宜,屬不肖爲一言。子能之文采性行,璧甫丈深知之,詢之璧甫,爲下一榻。賓主東南,傳爲美談,亦不虛爲諸公雅意也。"此書大概作於明末。據九誥堂集,徐增曾於崇禎十三年(1640)冬拜訪毛晉。

作韓撫軍榮任序(牧齋外集卷九)。

韓世琦,字心康。正紅旗,原籍山西蒲州。順治十八年(1661)十月改江寧巡撫,康熙八年(1669)免職。

季總徹禪師贈柳如是詩。

季總徹禪師語録卷第四示錢牧齋夫人:"鴻鈞轉處露陽春,好聽鶯啼綠柳陰。驚起渠儂無背面,一輪依舊落西林。"行徹(1606—?),字季總,湖廣衡州人。劉姓子。南嶽山茨弟子。順治八年(1651)東來,住興化普渡、姑蘇慧燈、當湖善護等寺。

與休寧程可中相交。

程可中,字仲權。初入白榆社,繼遊四方,將卜築雨花臺下,未果而卒。著有程仲權先生詩文集,尚存。

列朝詩集丁十四程布衣可中:"仲權嘗語余:李本寧以詩文雄伯,人莫敢置一辭,余得其贈詩,直規之曰:'公才不遜古人,亦落弇州、大函窠臼耶?'本寧拱手歎服。"

又湖北詩徵傳略卷十五王一翯:"素與虞山錢牧丝先生善,錢使東粵,過黃州,相見賦詩,極懽。或曰:上巳時佳,黃州地佳,子雲人佳,錢公詩焉得不佳?"按,錢從未出使東粵,應是龔鼎孳之誤。鄧漢儀慎墨堂筆記亦記龔孝升見王一翯事。

王一翯,字子雲。黃岡人。崇禎三年(1630)解元。著有智林等集。

與許煥相交。

許煥竹苞集序:"余鄉虞山牧齋錢宗伯前向余語:西昌蕭太常伯玉先生,文章風度,爲時所宗。其精深内典,園池之勝,實今之王輞川。仲季氏次公、季公皆窮研禪理,與太常公舉揚唱酬無虛日,不異無著、天親,誠一時之盛也。"

許煥,字堯文。太倉人。順治二年(1645)舉人,四年進士。福建莆陽知縣,升浙江嘉興知府。

天啟中,張民表寄來所抄書目。

張民表(1570—1642),字林宗,一字法幢,一字塞菴,號原圃。萬曆十九年(1591)舉人,十上公車不第。家富藏書。李自成圍開封,以水淹城,漂没死。

列朝詩集丁十五張先輩民表:"余之交於林宗,以損仲也。宗蔚、西亭多藏書,余屬林宗購其書目。天啟中,余以奄禍里居,客從大梁來,林宗繕寫,間關寓余,酒間片語,皎如信誓,林宗之生平爲可知矣。"牧齋奄禍里居,在天啟五年(1625)至七年。

蔣鑨登虞山,有詩相寄。

蔣鑨(1573—1643),字公鳴,號二魯。長洲唯亭人。夢龍子。萬曆三十七年(1609)舉人。歷官寧遠知縣、福州同知。

鄧巷蔣氏宗譜卷九蔣鑨仲秋登虞山西麓寄錢受之:"指點蒼山逈,蕭森白露零。苔迎人面濕,草掠客衣腥。遠道悲騏驥,高原賦鶺鴒。何當五湖長,霄漢一揚舲。"

蔣鑨重刻從祖蔣燾東壁遺稿,爲作序(初學集卷三十三)。

序云:"燾之從孫鑨,字公鳴,重刻燾所著東壁遺稿,而屬余序之,曰以永燾也。"大概作於天啟初年蔣鑨任寧遠知縣時。

鄧巷蔣氏宗譜卷十蔣鑨東壁遺稿跋:"從祖事載郡乘,其遺書自母夫人藏之,先君子懼其久而湮也,梓行於岳陽官舍,行於世殆四十餘年,而刻者復蠹且盡,今更命剞劂。"

卷十蔣鑨【與】錢受之:"別後竟困於行李,尚棲棲水濱,旅況可知。徙倚清風,秋容澹蕩,殊自媵人。一轉睫,南荒小吏,憶此況味,了不易得,作一詩留別仁兄,忽遽未及呈教。弟生平面目,仁兄所悉,豈堪作薄書中物。仁兄幸矜其愚,而以鼎呂重之,莫逆交千古高誼,敢不銘之?先從祖遺稿,前附季昌呈覽,欲得珠玉冠其首,今梓人告竣,玄晏豈有意乎？先從祖不朽,豈醫不肖,實佳賴之。"

卷十陳元素重梓東壁遺稿序:"於吾友公鳴稱從祖矣,稿則先參知魯山公梓行之,板久蠹蝕幾盡,公鳴乃庚授剞劂氏,出示余,命題一言簡端。"

蔣鏶娶趙用賢女,季昌即用賢三子趙隆美。

蔣燾(1482—1498),字仰仁。祝允明表弟,有文才,年十七卒。

作書與唐汝諤論文(初學集卷七十九)。

書云:"門下兄弟以雄才博學,掉鞅藝苑,所著古今詩解,各出手眼,務爲世之承學啟聾發聵,其爲功於斯文也,可謂專且博矣。反覆來教,穿穴數千載,極論本朝諸公,而以王弇州爲依歸,殆以爲至於斯極者。……今觀弇州之詩,無體不具,求其名章秀句可諷可傳者,一卷之中不得一二。其於文,卑靡冗雜,無一篇不偭背古人矩度,其規摹左、史不出字句,而字句之譌繆者,累累盈帙。聞其晚年手東坡集不置,又亟稱歸熙甫之文,有久而自傷之語。然而歲月逾邁,悔之無及,亦足悲矣。夫本朝非無文也,非無詩也,本朝自有本朝之文,而今取其似漢而非者爲本朝之文,本朝自有本朝之詩,而今取其似唐而非者爲本朝之詩,人盡蔽錮其心思,廢黜其耳目,而唯繆學之是師。在前人猶倣漢、唐之衣冠,在今人遂奉李、王爲宗祖,承譌踵僞,莫知底止。"對唐汝諤、汝詢兄弟復古理論進行了批判。

康熙松江府志卷四十四:"唐汝詢,字仲言。華亭白沙人。五歲而盲,以耳受書,博通群籍。弱冠著唐詩解,交遊日廣。萬曆間,御史楊鶴、駱駸曾聞汝詢名,皆肅禮幣見之,甚加歡異。兄汝諤,字士雅,博學好古,爲青浦知縣屠隆所重,以貢歷常熟、宿遷教諭,後晉安慶府教授,年老不赴。亦能詩。"

　　欽定續文獻通考卷一百四十九:"汝諤,字士雅,華亭人。天啟中以歲貢官常熟縣教諭。"唐汝諤另有古詩解。查常熟縣志,並無唐汝諤任職記錄,按續文獻通考所載,牧齋此文或作於天啟間。

　　列朝詩集丁十唐瞽者汝詢:"汝詢,字仲言。……嘗過余山中,酒間誦子虛、上林諸賦,杜、白諸長篇,鏘金戞玉,琅琅不遺一字,留校杜詩,時有新義。如解'溝壑疏放'之句,云出於向秀賦'嵇志遠而疏,呂心放而曠',亦前人所未及。"

　　黃公渚評云:"答唐訓導汝諤論文書,多作排偶語,以開拓其文勢,用筆沉鬱頓挫。"

臘月小歲,詹兆恒父士龍七十,作永豐詹京兆七十壽帳詞(初學集卷八十)。

　　兆恒父士龍,字雲從,號見五,萬曆三十五年(1607)進士。官淮安知府,轉漳泉海道。再歷山西右布政、陝西左布政,以應天府尹致仕。此文大致作於崇禎末年。

應左佩琰之請,爲其父左史作扶溝知縣贈南京湖廣道監察御史左府君墓誌銘(初學集卷五十三)。

　　左史(1555—1619),字子箴。耀州人。起家明經,初除光州訓導,遷扶溝知縣,卒於任。仲子佩玹,萬曆四十三年(1615)舉人。次子佩琰,崇禎六年(1633)舉人。佩玹子重光,崇禎三年(1630)舉人。墓誌云:"佩琰與佩玹之子重光亦舉于鄉,而佩琰實來謁銘。"則作於崇禎六年以後,疑在崇禎十年繫獄之時。

爲無生上人作募鑄鐵瓦疏(徑山志卷五)。

此文不見初學集,文曰:"無生上人住徑山之萬壽寺,以行解聞於諸方。頃持錫謁余于虞山,莊嚴衍裕,具大人相,使人見而意清。上人發願,欲易殿瓦以精鐵,爲永久計,乞余一言,以爲唱導。夫大千界中,不離一念,上人願力堅固,即兜率天宫下移人世,亦一彈指間耳,於以鐵易瓦乎何有?或謂世界依幻,蓋苪鎔鐵摠歸變壞,了無實相,不知上人一念,劫火洞然,不與大千俱壞,不應作如是戲論也。"志尚有釋傳如、文震孟、沈淮、沈演、黄汝亨、周祇等人募疏。傳如疏云:"雙徑興聖萬壽禪寺,……得吴門中丞沈公之捐資,鳳郡知識無邊之殫力,遽傷蓮臺之西逝,乃當紺殿之垂成,但期勝境彌新,愈喜哲人間出。承常住廊庵而接武,兼無生精進以同盟。地匪乞緣布金,瓦必易泥爲鐵。"卷十二又云:"萬曆戊申,吴江沈中丞季文,請僧無邊海公,更舊向鼎新之。未幾,海公遷化,廊庵觀公繼之,丹堊金碧,稱大備焉。"則募疏當在萬曆三十六年戊申(1608)以後。

又浄慈寺志卷四黄汝亨題懺堂緣册:"浄慈無生上人普緣甫在茂年,遂思覺路,就所住室作懺堂。"徐增、翁長庸、吴偉業皆有贈無生上人詩,程穆衡疑是浄慈寺虚舟和尚。釋際祥浄慈寺志卷九:"無生正願,錢塘張氏子。【崇禎】壬申入院,修穿堂。"

又爲法鎧作化城寺迎佛飯僧募緣疏(徑山志卷五)。

此文亦不見初學集,文曰:"藏經之以書本行也,自紫柏道人始也。其自清涼而之徑山，以其便于刻也。自徑山而之化城，則以其便于藏也。化城之名起于宋賜御書二字，遂爲寺額，燬于元，而興于明，後稍稍湮廢矣。澹居鎧公暨諸金湯案故而克復之，築垣搆屋其中，鳩工藏板，各有其所，於是焕然重爲名刹，而海内稱弘法之區，無化城匹矣。法具矣，不可無佛。適有比丘慈門造大像一於虞山之麓，思爲室以居之，而度不能辦也，遂舉而歸之鎧公，而化城于是不患無佛矣。佛具矣，不可無僧。包腰行脚者，朝夕過化城，安所取饘粥焉？鎧公乃乞粟四方以給之，而化城于是不患無僧矣。佛法僧三寶具，則是化城也，即謂之寶所可矣。嗟夫！事以時興，時以緣會，道法之有顯晦，猶寒暑之有進退，果實之有生熟，不可强也。自世尊説經，慶喜結集，垂千年而入震旦。聖僧輩出，易梵爲華，而經始便於誦説。又數百年，而有鏤板以傳，印代書寫，而經始便於流布。又數百年至今，復以書本代卷帙，而經始便於印造，便於蓄貯。從源遡流，愈變愈巧，愈簡愈妙，紫柏之利益群生，豈有量哉！然刻藏之功，必待化城而後畢；化城之美，必待迎佛飯僧而後備。則地利、天時、人事固有相須而成者，故愚謂鎧公斯舉也，于過去世必有希有奇特之因，於現在世即爲希有奇特之緣，於未來世必有希有奇特之果。凡捐施貲米乃至一錢一粒之微，與夫隨喜勸導一筆一舌之勞，皆當於龍華會上，歷歷證盟，功不唐捐也。願我善信聞且見者，作希有想，作奇特想，如趨晨市，如赴選場，庶不虚度此福田也。"法鎧興復化城寺在萬曆三十九年（1611），天啟元年（1621）去世，此文當作於此間。

爲僧大舟作徑山募造大悲閣疏(初學集卷八十一)。

大舟生平不可考,文作於崇禎間。

作天台山天封寺修造募緣疏(初學集卷八十一)。

天封寺在天台縣北五十里,陳太建七年(575)智者大師建,萬曆間遭火,寺僧發願興復。

作北禪寺興造募緣疏(初學集卷八十一)。

疏云:"本朝興圮不一,隆慶、萬曆之間,三空恩公、量虛惠公、野懷果公相繼住持,三公之後,有熙遠胤公深修五定,净持七支,盡力宏護,以起廢接衆爲事,而屬余爲唱導之文。"

此文作於崇禎間,康熙長洲縣志卷十八寺觀:"北禪寺,在齊門內利字三圖,晉處士戴顒宅也。……崇禎年間,僧熙遠募蜀巨材重建大殿。"

作明故陝西鞏昌府通判錢君墓誌銘(初學集卷五十三)。

錢應昌(1546—1622),字翊之,鎮江人。以明經起家,官膠州州同、鞏昌府通判。文云:"其子玄以户部郎中賀君烺之狀來請銘。"賀烺,即牧齋同年賀世壽,初名烺。

作繆祉生視烈草序。

見江陰東興繆氏宗譜卷四十,初學集、有學集未收。繆疇(1607—1662),字祉生,號書敔,自號耐辱居士。繆昌期孫,純白長子。

族姪用佛六十,作詩賀之(牧齋外集卷一)。

用佛不詳。

顧仲白六十,作詩賀之(牧齋外集卷一)。

顧仲白不詳。

坐雨胎仙閣,懷覺凡上人,作詩一首(牧齋外集卷一)。

覺凡上人,包山僧。

友徐昭泰亡,醵金葬之(牧齋外集卷一)。

王聞修先生河渚集卷十二徐然明墓志銘:"某年某月,其友人李流芳、錢謙益、王瑞璋等醵金以葬之。"

徐昭泰,字然明。崑山人。父死,遂斷血葷。早卒。

王瑞璋,字子顒,太倉人,世懋孫、昊父。萬曆三十七年(1609)舉人,以心疾廢仕進。

作汪長公畫像贊(牧齋外集卷二十四)。

汪一鑑,休寧人。在鄉里推仁存義,年八十餘卒。其子某來請像贊,因作此文。

洞聞禪師贈詩一首。

見破山雪柏乘禪師語錄卷九贈錢太史尚湖:"落落英才滿世途,誰來此地著功夫。如君不負三生約,顧我曾參一字無?道念人心何可別,市朝泉石暫分殊。他時脫卻塵埃網,儘把蓮華植京都。"此詩作於萬曆三十八年(1610)至四十八年間。

嘉定陳卜湖爲父母作壽,作書賀之(錢牧齋先生尺牘卷三)。

此人不詳。書云:"恭維臺下,珪璋國器,杞梓楚材。東南推幕府之英,輦轂重干城之寄。"似是某幕僚。

作書王總捕(錢牧齋先生尺牘卷三)。

據康熙蘇州府志卷十八,順治時王姓清軍水利總捕同知共有四人,王志古(字思齊,崑山人,順治二年六月至三年二月)、王吉人(字鳳雛,山西清源人,順治六年十一月至八年十二月)、王胄(字士華,陝西醴泉人。順治十四年八月至十五年六月)、王祚昌(字永錫,錦州人,順治十六年四月至十七年七月),不知是何人。

馬進寶爲牧齋祝壽(錢牧齋先生尺牘卷三答馬提督)。

書云:"乃復睠念衰殘,寵光初度,惠我袞衣,酌以大斗。"馬進寶順治十三年(1656)任蘇松提督,祝壽不詳何年。

作誥封恭人顧氏墓誌銘(初學集卷五十八)。

顧氏爲參政黄時雨妻,天啓某年葬。"參政公於先人爲友,而余與其諸子游最舊",牧齋因作此文。

黄時雨,字化之,號潤寰。常熟人。萬曆二年(1574)進士。授刑部郎中,遷惠州知府,再陞雲南布政司左參議致仕。其子可考者,一曰慶生,號夢寰。官浙江都司副斷事。一曰代玄,字報西,娶趙用賢女。

作徐孺人墓誌銘(初學集卷五十八)。

徐氏(1536—1611)爲錢泮妻。錢泮(1493—1555),字鳴教,號雲江。常熟人。錢陸燦之曾祖。嘉靖十四年(1535)進士。歷侯官、慈溪知縣,官至江西布政左參政。三十四年五月,家居禦寇,力戰而死。此文作於錢陸燦父顯忠(?—1631)身後。

門人陸三接。

乾隆沙頭里志卷六:"陸三接,字晋侯,號緘庵。順治甲午副榜。是科擬元,房評有才堪八斗、學富五車,以後中有傷時語,不便解部,姑置副車。三接少負雋才,遊錢宗伯牧齋之門。時吴下文社角下諸公,以牛耳推讓三接。甲午之秋,遇而不遇,志不自振。同里芝麈王公、姑蘇文恪宋公,欲延爲子師,俱以禮聘,皆不就,輒以歌聲自娛。由歲貢候選訓導,部催至,已年老不能任事矣。"

作通議大夫兵部右侍郎兼都察院右僉都御史贈副都御史梅公神道碑銘(初學集卷六十四)。

此文爲麻城梅國楨神道碑,應其子之煥之請。麻城縣志及梅氏宗譜都署名葉向高撰,當是牧齋代筆。碑銘云:"公歿十餘年,猶子之煥縣諫垣歷邊撫,功名志節,赫奕相望。"之煥由吏科給事中陞南贛巡撫在天啟三年(1623)五月,七年八月葉向高去世,碑文當作於此間。

梅國楨(1542—1605),字客生。萬曆十一年(1583)進士。與李如松平定寧夏之亂,官至兵部右侍郎、都察院右僉都御史。

梅之煥(1596—1565),字惠連。明亡後披緇隱居囊山,別號槁木。著有春秋因是。

梅氏宗譜首卷中梅惠連先生行略:"既不就武蔭,又不就小試。……會有武襲久曠降奪之旨,錢牧齋、周仲馭兩先生合詞勉曰:'先令君嘗監軍寧夏,親冒矢石,萬死一生,乃得獻俘奏績,止此竹帛一線,茲不勉就,爲請謚地,恐後没没,悔亦無及。'公因就職。"

嚴熊和袁海叟八新詩,跋其後。

嚴白雲詩集卷一:"袁海叟作白燕詩過于時大本,今武伯和袁八新詩,復過于袁。夫體物之作,在于若遠若近,離形而得神。坡公云,作詩必此詩,定知非詩人,爲粘皮綴肉者下一鍼也,武伯真得之矣。鐵崖復起,亦當遍書以示座客耳。牧翁蒙叟錢謙益書。"另毛晉、許世忠亦有和詩,大約作於順治初年。

過張灝學山堂,作詩一首。

學山題詠錢謙益秋夜過夷令詞兄鷗社玩月:"與鷗同泊待清暉,戶滿金波冷照衣。石勢蒼蒼雲則暇,松蕤策策鶴多歸。星田夜動搖斜白,露氣宵留濕翠微。虛影在杯難問別,殘弦輕暈兩相依。"此詩不見初學集。

張灝,字夷令。太倉人。輔之子,張溥堂兄。以冑子入監,見時事甚棘,無意仕進。築學山園,縱情詩酒。好篆刻,著有承清館印譜、學山堂印譜。學山堂印譜另有錢謙益序,年月亦不可考。

作書李清,論國史的編寫(補遺與李映碧論史書)。

其一曰:"滄桑之餘,繼以劫火,萬卷五車,化爲焦土。始自知衰遲庸劣,天不復假我以斯文。……三百年信史,非老親翁其誰任之。……吳門袁重其叩謁龍門,託令代問起居。倘有著作,便可置郵傳示。"

另一曰:"史事之難,不在旦夕成書,而在討論貫穿,先理長編事畧之屬。……群雄事畧,今有傳者,似是初稿,向後增補更定,大非舊觀。即國初事畧亦然。惜哉盡付六丁,無可問矣。……後有實錄辨證及功臣廟、致身錄諸考,少有關於國故,則蕫菲之采,或亦大君子所不遺也。……女世說香豔僑冷,當與臨川抗行,亦見三長一班矣。南唐書兼綜馬、陸,尤是千秋一快,亦不肖意中事也。何時得一惠教?望之望之。"

道源赴牧齋齋頭有作。

道源寄巢詩卷下赴牧翁齋有作:"文人學佛重浮屠,日可中時折簡呼。庭柏偶拈西意問,刹竿重取兩宗扶。李侯乳泛瑠璃盞,荀令香熏鵲尾鑪。會飽醍醐談法喜,要知身幻是交蘆。"此詩大致作於順治二年(1645)至三年間。

作書瀛國公事實(初學集卷二十五)。

文云:"余得庚申大事記,以余應之詩疏通證明,然後知信以傳信,可備著國史,不當以稗官瑣錄例之也。元史潦草卒業,實本朝未成之書,後之君子有事於纂述,庚申帝之事,亦其大者,故不厭其詳複云。"庚申大事記,即庚申外史,絳雲樓書目著錄此書。

作佟母封孺人贈淑人陳氏墓誌銘(有學集卷三十七)。

陳氏(1589—1646)爲佟卜年之妻,國器之母,文中已稱國器爲中丞,當作順治十年(1653)以後。

徐晟持文指正,作答徐禎起書(有學集卷四十三)。

書云:"讀所示古文不數篇,輒拊掌太息,文皆奇麗,志節盤鬱,方寸五岳,隱然不平。而辨博之學、雄駿之氣,又足以發之。眼中之人,無此久矣。足下通懷挹損,敦複下問,老學昏耄,未有以相長也。……今足下之文,雄矣壯矣,關合怪駭,驅濤湧雲,天吳罔象,滅沒行墨,氣之不貫,而以編珠貫玉爲嫌者,則無之矣。若夫言繁理富,奔放諧合,漂浮不歸之病,或時有焉。……豐山之鐘,知霜則鳴,豐城之劍,入水則化。足下之文,霜水之遇廼矣,亦在乎善候之而已。"

爲族侄虎文題董其昌書山谷題跋(有學集卷四十七)。

冬日,題張子石臨蘭亭卷(有學集卷四十七)。

文云:"今年冬日,紙窗孤坐,忽見子石所臨蘭亭卷,追憶四十年前，山園蕭寂，松栝藏門，二老幅巾憑几，摩挲古帖，面目咳唾，宛如昔夢。覽子石斯卷，恨不得見孟陽昂首聳肩，撫卷而嘆賞也，爲泫然久之。"此文作於順治末康熙初。

嘉平廿日，題張子石湘遊篇（牧齋外集卷二十五）。

不詳何年。據光緒嘉定縣志，張尚有後湘遊篇，王泰際序。

爲沈春澤祖沈應科作墓表（初學集卷六十六廣西布政使司左參政沈公墓表）。

沈應科，字獻夫。隆慶五年（1571）進士。年八十六卒。辭官後家居三十餘年，牧齋得侍其几杖。

爲張文奇作墓表（初學集卷六十六中憲大夫廣西按察司副使張府君墓表）。

張文奇，字元正，號日觀。長洲人。萬曆五年（1577）進士。歷官寧波知府、廣西副使。墓表應其孫中翰某之請。

山曉閣明文選續集卷六評云："表張君之墓，特地從吳中風俗説起，蓋以其人爲風俗攸繫也。中間敘事用實發，前後映帶用陪客，敘事則老榦扶疎，映帶則丰姿秀逸，人品文品，相得而益章。曾子固寄歐陽舍人書，致歎於傳之難而遇之難，於此可無餘憾。"

門人李逢春爲其父李仲明請墓表，作李德遠墓表（初學集卷六十六）。

李春逢，新安人。程百二刻方輿勝略，輯卷十三。

福城僧正願爲新安吳聞喜請墓表，作吳君俞墓表（初學正願，即無生上人。吴聞喜，字君俞，早卒，婦程氏，亦殉節。吴氏生時，以不得見牧齋一面爲憾，故正願爲之請序。

山曉閣明文選續集卷六評云："此表因正願而作，先生未嘗交君俞，由正願而知君俞，故通篇以正願之言爲主。前半君俞之賢，都是正願説來，先生只從而信之，後半論歐公好士，是借浮屠以駡士夫，以士夫善負人也，正願可方惠勤，尤令人所難得，其言自可信，此表遂可作。於無因處説出有因，於無情處説得有情，文心屢變而屢異，讀先生諸作，真是出奇無窮。"

作張季公墓表（初學集卷六十六）。

張希厚，字與載，號淳齋。常熟人。一桁少子，故稱季公。有文名，與牧齋父交好。家有荷亭，召客燕遊之地。生平見常熟縣私誌卷十二。子紹慶，與牧齋同學。

山曉閣明文選續集卷六評云："季公亭館，只是燕游之地耳。於此看出合族之義來，便是小中現大處。逮觚篸更而絃誦，則其爲詒謀可知。至季公行誼，見於鄉評，敦厚樸誠，可垂模範，作者用以告於鄉，殆痛澆俗而欲進之淳古乎？"

作雷孝子傳（初學集卷七十）。

雷孝子，華陰人，嘗刲肉療父。牧齋同年楊呈秀爲牧齋道其事，因作此傳。楊呈秀（1584—1634），字實甫。萬曆三十八年（1610）進士。任長山、大谷、武強等地知縣，擢户部主事。崇禎二年（1629）革職。七年，與農民軍戰于縣，不勝,磔殺之。

作吳孝子家傳(初學集卷七十)。

孝子吳士志,字伯高,常熟人。以父亡哀毁卒。

與吳道配交往,且有贈詩。

馮班鈍吟老人文稿卷十一書吳浩然逸事:"越期年,偶過錢宗伯紅豆村。適几上有七言近體詩,爲吳某題,其頸聯云:'堪與西山分義字,還同錐邑得頑名。'宗伯云:'此當今之高士也,定遠識之乎?'因是浩然二字記胸臆間,究不詳爲何許人。又越三四年,訪來鶴軒主人,適壁上懸前宗伯所贈詩,主人曰:'浩然先生館於余家者也。先生本新安人,出太伯,明季四方騷動,里中有爲捍禦計者,慕先生之爲人,欲羅而致之幕下,先生拂衣起,擔簦之琴川,愛琴川之佳山水,因居焉。滄桑頓改,閉門著書,大約輟耕錄、井中心(新)史之流,俱爲友人取去,僅有存者,春秋析(拆)義一書而已。'"牧齋詩未見。

康熙新刊常熟縣志卷五寓公:"吳道配,字浩然。休寧人。明末避亂來虞。嘗被白布袍之市上飲,飲輒醉,醉輒哭,或與談説經義,則娓娓不倦,人號爲白衣先生。錢謙益贈之以詩,士大夫咸頌其高節,謂是謝皋羽、鄭所南之流也。"

作節孝堂記(牧齋外集卷十三)。

表揚譚光宗母周氏節孝事。譚光宗,字起宇。官霸州知州。光宗有三子,牧齋稱,"長伯隆,與余同遊於庠;次仲名,余之篤友也;叔子叔楚,與余相謂曰婭"。長名胤昌,次名胤揚,叔名胤翹。

作丁節婦傳(初學集卷七十)。

節婦龔氏,龔立本祖姑,嫁同邑丁奉孫高,苦節五十餘年。丁奉,字獻之,號南湖。正德三年(1508)進士,官至南京吏部郎中。喜藏書,沈酣典籍。

作孝女荆觀傳(初學集卷七十)。

荆觀(1602—1616),丹陽人。燼女,賀寳仲甥。年十五,以哭父卒。范允臨妻徐媛爲作傳,牧齋以其多有粉澤之語,重作此傳。

作楊烈婦傳(初學集卷七十)。

楊烈婦(1582—1617),四川富順人。郭懋宏妻。夫早亡,無子,立弟懋相子爲後,遂自經。

嘉定張載元欲移居虞山,作書毛晉,爲尋居地。

錢牧齋先生尺牘卷二與毛子晉:"練川張君載元,精於方藥,其大丹可以卻老返童而度世,爲人亦忼爽端謹,非凡流也。慨慕高誼,願一謁見。日下將卜居虞山,閶門下頗多空宅,思賃居度歲。"

張載元生平不詳,張岱亦有姑蘇張載元攜琴訪余,今年政七十六壽,作詩賀之,且自註云:"載元有丹藥,能起死回生。"

與陳士元交往。

陳士元(1561—1630),字循道,字景宇。常熟人。錢陸燦岳父。精醫,授太醫院吏目。在京十三年,名公上卿爭欲結交。晚年迷戀煉丹術,往來松江、海上。後移居木瀆善人橋。

錢陸燦調運齋集卷八明故太醫院吏目陳府君墓誌銘:

"有張公宗衡者，亦好是術，出守松江府，必偕府君而南。時同鄉王二溟方伯、家牧齋太史公相勸駕。府君亦倦遊，往來松江、海上，即又去而居木瀆之善人橋。"

題青林高會圖。

凌竹卹浮集卷二有題嚴武伯所藏青林高會圖，題下注云："圖爲黃君存吾所畫，圖中凡七人，張伯（百）起、趙凡夫、董思白、王百谷、陳眉公、嚴天池、蓮池大師，後有牧齋錢宗伯題跋。"此跋未見。

王應奎柳南續筆卷一青林高會圖："圖爲黃存吾手筆，會者七人，爲張伯起、王百穀、趙凡夫、董思白、陳眉公、嚴天池、蓮池大師。蓋存吾仰慕七人，乃合繪其像于一卷，而即請思翁題署者也。七人各有詩，皆手書，惟蓮公獨闕。後有某公題跋，謂當精于揀擇，勿濫入，恐爲蓮公笑，蓋有所指也。或曰指凡夫而言，以凡夫所著説文長箋杜撰不根，爲某公所深非也。今圖藏天池後人，而諸公手書已失，僅存臨本矣。"

嚴白雲詩集卷一觀青林高會圖，小序云："明萬曆中，有存吾黃君善寫生，慕蓮池大師與一時名流，乃合繪其像一卷，董文敏題曰青林高會圖，共七人，皆有作，惟蓮公缺焉。先師錢宗伯跋其後，謂當精於揀擇，勿濫入，恐爲蓮公笑，蓋有所指也。夏日納涼竹下，與唐仙佩、錢湘靈、陳太邱諸君展玩，系之以詩。同觀者咸和，以記一時之勝云。"

按：此圖尚存，無牧齋跋。

作題鄭千里畫卷（有學集卷四十七）。

文云："丁南羽、鄭千里皆與予善，而篋中無一縑片素。

今王君藏千里小景百幅,裝褫褾識,卷帙精好。人之好事與不好事,相去若此。然君既善收藏,又樂與人賞鑒。晴窗棐几,焚香展玩,百幅中雲舫烟海,時時與余共之。……君寶愛此册,屬余題其端。"王君不詳。

鄭重,字重生,號千里、天都懶人。歙縣人,流寓金陵。善畫佛像,兼作小景。

丁雲鵬(1547—1628),字南羽。休寧人。亦以人物見長。繪有養正圖解、觀世音菩薩三十二變相。

爲聞照法師題所藏畫册(有學集卷四十七)。

文云:"聞照法師精通性相,開演唯識,苦愛無補畫册,不忍去手。其高足瓊師丹青特妙,余恐世之觀者,以二師皆有畫癖,非衲衣本色也,故書以示之。"

題王撰補書金剛經(有學集卷四十七)。

文云:"此吴人杜大綬所書金剛經不全之本,太倉王異公補成之,以追薦其母夫人者也。"

作古源上人募緣引(牧齋外集卷二十一)。

古源上人,常熟結草菴僧,餘不詳。

讀卓爾康經解數篇,以詩傳傳自子貢,不自子夏,作書與卓爾康爭辯(初學集卷七十九與卓去病論經學書)。

卓爾康貧困,作爲卓去病募飯疏(初學集卷八十一)。

作關壯繆侯畫像贊(初學集卷八十二)。

作憨山大師真贊(初學集卷八十二)。

作於憨山死後。

作漢武帝論上下(補遺)。

黄公渚評云:"漢武帝論,以史證史,層層駁詰,以破史家漢武黷武之譏,末引孔子大齊桓做結,贊歎得體。按此論分上下兩篇,今選其下篇。"

作匡辨上下(補遺)。

考證齊桓討伐山戎諸事。

作景教考(有學集卷十五)。

作原諱贈歸莊(有學集卷十六)。

文云:"崑山歸子莊,字玄恭,吳、越間傳知其姓字,唐人所謂不以名而知其人也。士友筆札忽改稱爲元恭,歸子錯愕不置答,謂余習于禮者,而問焉。廣昌黎之辯,作原諱以告之。"此文當作於康熙元年以後,因避玄燁諱,故友朋改歸莊字爲元恭。

吳趨張爾泓持馬湘蘭舊扇請柳如是繪畫,作詩一首(易順鼎琴志樓編年詩錄卷十八題蘭蘭柳柳合璧扇面)。

易詩小序云:"壬辰秋九月過長沙,程海年持此畫來索題。係兩扇面。一畫蘭,題云:'李青蓮酒邊橫眼,卓文君鏡裏舒眉,是何情景!戲寫幽蘭,以貽賞心旁觀者。侍兒倩扶,當掩袖竊笑也。湘蘭女史馬守貞。'一畫柳,雙鈎,題云:'仿唐法,如是。'又後題云:'吳趨秋水張子,以湘蘭舊扇倩河東君補畫其背,書一絕以志:幽草化煙香在扇,柔條垂綠繫新絲。前生變相今生影,證與菩提喝棒時。虞山俗衲謙益。'問其價,則白金二十兩。時行囊奇窘,解裘易之。狂喜之餘,兼以幽感,輒題四律,不知足當賞心、證喝棒否也。"

張爾泓,字硯雨,一字秋水。吳縣木瀆人。爾溫弟。諸生。工詩,善琴。有澹然吟。

錢孫保選制科文字,請牧齋作序,作家塾論舉業雜說(有學集卷十六)。

文云:"兒子孫愛,偕二三群從,時時肄業擊扣,茫然無以應也。老人多忘,覽塵偶憶,襍書聞見數條,傳示家塾,并以告諸世之問業者。"

金匱本作"從子孫保讀書纘言,胚胎前光,評選皇明制科文字,請余爲序,茫朕無以應也。老人多忘,覽塵偶憶,雜書聞見數條,并示吾兒孫愛,俾傳諸塾耳。"今錢孫保書尚存,故以錢孫保爲是。

文中對制舉文字大加批判,認爲科舉文字必不能傳。

作首楞二十五圓通揀法解(有學集卷十七)。

作海印憨山大師科經總義或問(有學集卷十七)。

作海印憨山大師遺事記(有學集卷十七)。

共十六條,中有自註"事詳託生辨中",託生辨作於順治十七年(1660)庚子四月,則此文更在其後。

爲張登子作萃止軒說(有學集卷十六)。

文云:"山陰張登子以瑚璉接神之器,棲遲冗散,未老倦遊,將歸隱東中,取良朋萃止之義,名其軒曰萃止。"

張陛,字登子,號小隱。張岱族弟。家有恒產,崇禎間大饑,賣田賑災,全活萬人。入清官至延平同知。

爲戴國士作戴初士文集序(初學集卷三十三)。

永曆實錄卷十九:"時有戴國士者,字初士,江西南昌人。中天啟辛酉鄉試第一。頗有文譽,善結納爲聲望。解學龍巡撫江西時,降禮與交,學龍以薦。黃道周被逮,國士經營其間,因以清流自標榜,馳書四方,迎送賓客,日不暇給,時稱其家爲東林茶館。相傳其緘書糇日用麪五升。南昌陷,國士降於虜,爲辰沅道兵備副使。已見江西反正,湖南恢復,陳友龍兵且壓沅,遂舉沅州歸順。上疏行在,自署銜云比例部院舉人臣戴國士,奏稱袁彭年爲總憲,曹曄爲樞部,臣始末視彭年、曄,宜得如二人官。知者莫不笑之,竝爲彭年愧。內批以硃斥其銜。彭年顧不恤物議,爲之護飾,授巡撫偏沅僉都御史。湖北再陷,國士復據沅州入于虜,自言通權變以緩明兵,爲虜保全土地人民。事覺,爲虜所殺,没其家。"

卓回持與孫爽所作秋懷倡和詩來,爲作序(初學集卷三十三),孫爽有長詩答謝。

文云:"錢塘卓方水作秋懷詩十七首,桐鄉孫子度從而和之。……讀之再四,徘徊吟咀,悽然泣下,信二子之深於秋也。方水不鄙余,摳衣而請益。"卓回,字方水。明卿孫。貢生。

孫爽有秋懷詩敘,作於崇禎七年甲戌。其容菴詩集卷五有賦贈虞山先生:"大賢天生實惠民,先生獨閒尚水濱。岑崟清光積衣裾,貞冲厚氣扶群倫。著書閉户已盈尺,動持大義堅于石。殷勤劈畫空寄言,落落誰聞救時策。雖無聲妓東山比,賴得棲遲緣拂水。林亭會托虞山漘,水雲浩浩奔屏几。高柳妮烟沙鳥卧,閒花護月孤光以。先生于此欲忘出,詎知時事方堪恤。赤幘憑陵勢行潰,黑烏盤措膠逾漆。措舉紛紜名洵美,欸實繩源皆所失。大臣憂悴小臣懣,辛苦聖明不遑盥。艸茅未測碧翁意,但卜先生爲治亂。只此蒼生雅足哀,那容安石暫徘徊。讜言艸就崇寬大,要論裁成辨驥駘。嗟爽愚迂背時利,日坐沈淪不敢貳。一廬偃仰雜風雨,百指饑虚慣憒欪。爲文每恥事妍麗,起目有司如避祟。獨抱方心儼臨敵,更茲呐舌如含荻。自分虞翻骨節疎,死待青蠅相弔覓。唯將嘯咏得曠朗,寧以蹭蹬衡閿恘。偶觸秋懷一韵之,何圖忽受先生知。却愁坎壈難自力,還稱往哲俾攀追。世輕寒士如寒葉,先生爲國痛援接。當年韓愈尚三獻,今我無因輒蒙獵。摇摇蒲柳媚柔風,何似孤貞傲楚叢。便使柳黄蒲萎落,要令蒼碧領霜鑹。撫膺慷慨私爲矢,矢篤忠公報知己。先生切莫賦招隱,我願上書陳國是。"

孫爽容菴文集卷上又有與虞山錢宗伯書:"若爽者,腹無文章,身鮮懿行,迂鈍固陋,見者棄去,而將求大君子之知難矣。故雖地邇若此,而猶徘徊不敢進,實懼無以當大君子之知也。乃不意先生一接同盟過許之言,而猥錫大序,引借拙謬,唯恐其沉淪杳冥而急出之。然則先生下士之誠,遠邁前賢,又特爽一人所鼓舞而忭戴也哉!"

袁素亮贈牧齋詩。

湖北詩徵傳略卷十八:"袁素亮,字公寥,貢生。素亮負才,磊落不羈,詩古文詞,援筆數千言。錢牧齋、譚友夏多所唱和,晚與艾千子、陳大士結天下文社,值寇亂,遇賊,不屈死。……贈錢受之云:招我皮冠意已疎,須君牀上廣何如。自存天素非忘物,聊爲中原苦讀書。世界蓮花共履屐,工夫楮葉著樵漁。智雖不用何能腐,留待浮雲竟有餘。"扶輪集卷十亦載此詩。

姚文燮請序,並呈詩四首。

姚文燮(1627—1692),字經三,號羹湖。安徽樅陽人。

順治十六年(1659)進士。官至雲南開化府同知。

薙簏吟卷六寄虞山牧翁錢先生：夢裏虞山席正遥,幾年未上木蘭橈。白頭舊史歸宗伯,血淚編珠續列朝。小閣秋深延夕照,高峯天外落寒潮。瑯玕手種孤生竹,老檜星星共不凋。虞山有七星檜,爲梁時物。

哀音未許聽箜篌,一代風烟涕淚收。歲晏漫勞書甲子,詩存何必作春秋。梅花亭畔閒招鶴,菰蔣汀邊久狎鷗。争指丹梯高莫並,他時親上絳雲樓。爲先生著書處。

賦就先須玄晏文,恐疑儈父漫紛紜。偶新昌谷千年血,試染龍眠半嶺雲。書上朝宗勞引譽,馬思伯樂欲空群。詞章應自師先輩,筆硯何爲浪説焚。時予以長吉註及詩畫寄政,並爲拙集請序。

莫向詞源歎逝川,迴瀾當代杜陵篇。東西京後無鍾吕,南北朝來剩粉鉛。腕底江山寒益好,意中衣鉢許誰傳？從前吟罷從今學,尚早滄州十六年。

此詩大概作於順治十八年。薙簏吟所收皆十八年及以前詩,姚氏無異堂文集卷三賀季參戎加銜序,有牧齋評語,文中有"朝廷錄順治十八年松溪之戰"句。

作書表彰江雍世。

錢牧齋先生尺牘卷二："敝鄉衝疲,地瘠糧重。邇來仍歲洊饑,漕事滋困。……今幸邁下江總司江雍世,通才介節,迥出流輩。簡良黜蠢,嚴謝私謁。弁旗肅然,民樂輸輓。至其調停協濟,不激不隨,戮力儹催,群艘將竣。從來未有如此嘉弁。……益等緇衣之好,不禁鼓舞,伏冀破格獎植,上以酬賢勞之績,下以慰輿情之慕。"

乾隆太倉衞志卷三建置:"江雍世,字和伯,由世職授江夏都使,陞浙直水師營副總兵。"此文大致在明末。

周星贈牧齋書。

九煙先生遺集卷二復錢牧齋:"昌黎月直南斗,東坡命居磨蝎,毀譽固是生前帶來,但木偶人之造言可耐,青瑣蘭臺之彈射不可耐。奈何!或曰青瑣蘭臺正是木偶耳,何必作分別觀。可爲絶倒。"

周星(1611—1680),字景虞,號九煙。本湖南湘潭人。父育于上元黃氏,故又冒姓黃。崇禎十三年(1640)進士。入清不仕。變名黃人,字略似,號圃庵,又號汰沃主人、笑蒼道人。年七十,忽有感于懷,作解脱吟十二章,投水而死。

作書王涣後人。

錢牧齋先生尺牘卷一致王:"往年採詩,敘列吴中先哲,僅收錄墨池公一詩,序傳數語,聊見顯微闡幽之意。頃承翰教,鄭重推挹,良有愧色矣。來書及詩,敘致典雅,知爲讀書汲古之士,墨池公可謂有後矣。絳雲一炬,雖無遺燼,先哲遺文,盡爲六丁收去,愧無以應來命矣。"

王涣(1483—1535),字涣文,一字文通,號墨池。長洲人。正德十四年(1519)舉人。官至嘉興府通判。博綜群集,尤工古賦。少與文徵明齊名。吴俗祀神必祝云:"生子當如陸南、王涣、文徵明。"著有兩晉南北奇談、墨池瑣錄、墨池堂集等。

作序壽沈孺人六十序(牧齋外集卷十一)。

文云:"孺人,中丞沈公之愛女,中翰徐君之元配也。"疑是吴江沈珣之女。檢吴江沈氏家譜,沈珣六女,第五女適長洲縣監生,仕中書舍人徐溶。與文相合,應是此人。徐溶即太僕徐時泰之子,西園主人。

陶某作書賀壽,作書謝之。

錢牧齋先生尺牘卷一復陶:"別後觸熱還鄉,索居抱病……賤降之日,長筵兒女,雖復喧闐,有顧影長歎而已。遠承存念,重以瑤章,捧誦一過,不覺温風徐來,暄景照座。通懷若此,感銘可知。"

馬嘉標爲先人詩集請序,作書拒之。

錢牧齋先生尺牘卷一答馬:"伏承翰教,頒示先集。奉常公清名直節,炳著青史,流傳篇詠,良足鼓吹休明。但詩集竣事,已越數年。衰年繙閲内典,焚棄筆硯,不復能仰承台命,頌述先猷也。原稿恐有遺失,謹封識仍還典府。"

馬德灃,字澹真,號以容。平湖人。萬曆三十五年(1607)進士。官刑部郎中、太常寺少卿。子三,嘉棟、嘉標、嘉柱。

錢素昭爲巡撫張中元求墓誌,拒之。

錢牧齋先生尺牘卷二與素昭:"辱示張撫公墓文,極當載筆,以副盛意。但現任督撫大官金石之刻,必須當代館閣元老撰文,非山林廢退之人所敢代庖也。此係向日舊例,斷不可違,豈敢冒昧執筆,惟高明深諒之。"

張中元,順治十六年(1659)卸直隸巡撫,不久因江南按察使盧慎言貪污案牽連革職,旋卒,盧慎言被凌遲處死。牧齋可能不願捲入風波,故藉故推辭也。

有詩贈嚴公偉。

龔鼎孳定山堂詩集卷三十追和牧齋先生贈嚴公偉:"雪

霪油幢試馬秋,春笳迎雁古城頭。軍書晝靜閒烽鼓,幸舍人來解散裘。懷袖字香三歲滿,俠遊佳氣五陵浮。西州未了封侯望,珍重籌兵百尺樓。"牧齋詩未見。

康熙重修常熟縣志卷二十武略:"嚴宏,字公偉。餘姚人。工部右侍郎時泰之孫,少保文靖公之從孫也。國初來游縣,愛其山川土風,遂家焉。仕鑾儀衛治儀正。順治十二年奉旨內外兼轉,出爲宣府前衛守備,歷參將,管湖廣宜都水師游擊事。"嚴宏工畫,善山水,近董其昌一派。

錢孫臨主家塾。

康熙新刊常熟縣志卷五:錢孫臨,字允大。少多病,而好讀書。與陳確菴瑚、翁鐵菴叔元,及其族兄陸燦、孫保相師友,砥厲文行。其從父宗伯器之,俾主紅豆家塾。時時病,亦時時讀,自謂非此不生也。與馮定遠班唱和,著近體詩,卒發作長吉之血,以顏子之年終。

家塾又有老師馮寳。

徐晟存友札:馮開之寳,本虞山耕犢之農。錢宗伯家人見其字畫端整,告主人翁,命之記帳。叩其經史,悉皆諳記。宗伯大奇之,延致爲令孫師,授十三經。爾雅、儀禮最難讀,馮指授無不精當。余嘗叩先生何時讀書,答云:'予家在水濱,時有書賈往來,停舶久之不去,因借書讀。每一字句,叩之義學師,師不能誦。後得字書一本,悉得其來歷。如是者五十年,日校手讎,不敢暫止。'史學亦極精貫。耕田讀書以外,一事不能。柳如是亦嘗問奇字焉。"

牧齋外集卷一有贈馮闇之詩:"緩帶褒衣鼓篋餘,草玄(一作問奇)人比子雲居。博(一作論)文定許過袁豹,識字還能辨魯魚。蕙帳風和(一作清)方丈室,竹窗月照半牀書。老人不淺三冬興,汗簡相從計未疎。"應即爲馮竇而作。

作書顧苓,詢問"爲人後者爲之子"何解。

塔影園集卷三與錢宗伯書:"徐禎起來,承詢爲人後者爲之子。禮經無明文……"末附牧齋復書:"初與友人論世廟大禮,以此語相質,得來示,具見腹笥之富,考據之確,不能復贊一辭矣。"

與顧雲嶠交往。

王應奎海虞詩苑卷五顧文學雲嶠:"雲嶠字又貞,號二白。少負才華,爲諸生祭酒。與其兄心白齊名,錢宗伯有大小白之目,謂如古者雙丁、二到云。"

與陳祺芳交往。

王應奎海虞詩苑卷六陳文學祺芳:"祺芳字子壽。爲諸生,有聲黌序間。制義外,復善書能詩。嘗從錢東澗、龔芝麓兩宗伯遊,並有國士之目。美鬚髯,邑人皆呼爲髯,不以名字。每議論鋒起,髯輒戟張,四座皆爲竦聽。客游幾徧天下,所至輒交其名人魁士。嘗自圖其石曰三岳山人,所以志也。著有韜庵集若干卷。"

與徐甡交往。

王應奎海虞詩苑卷三徐山人甡:"甡,字林邱,號耦生。書畫兼工,而臨池尤勝。兼衆體,備諸家,一時稱能品。家貧,以賣字餬口,每歲逼除,輒設几案於縣署之儀門,爲人書春聯,終日揮灑,手腕欲脫,得錢藉以卒歲。人或以其不自貴重,少之,然視世之掃門曳裾,冀分富貴餘潤者,君所爲,不遠出其上乎?錢宗伯序其詩,以爲古之貧士,今之遺民,庶幾彷彿其風概云。"

與陶開虞交往。

乾隆直隸南通州志卷十五人物下:"陶開虞,字爾裨,號月橋。工詩文,性嗜飲,飲滿其量,詩文亦滿其量,故索文索詩索書者咸置酒招之,醉後能自競惕。虞山錢牧齋邀至其家,歲必盤桓,旬日始返。著有詩筏八卷。"

長洲縣學教諭劉永錫窮困,欲接濟之,劉永錫不受。

沈德潛歸愚文鈔卷十六明學博劉先生傳:"先生名永錫,字欽爾,號剩菴,魏縣人。中崇禎丙子鄉試,癸未選長洲縣學教諭,署崇明縣事,庭無留獄。未幾遭鼎革,隱居相城。……先生既無家,買一破船往來江湖間……某尚書念其窮,招之往,先生曰:'尚書爲黨魁,受主眷枚卜時,天子以伊、傅期待,彼豈忘之邪?'卒不往。志老而彌堅,後幾年訖窮餓死。弟子徐晟、陳三島、友人陸泓經紀其喪,葬先生于虎邱之山塘。"

傅林時對不願與牧齋來往。

鮚埼亭集卷二十六明太常寺卿晉秩右副督御史繭庵林公逸事狀:"常熟□侍郎□□聞公名,招致之,公不往。"

林時對(1623—1664),字殿颺,號繭菴。鄞縣人。崇禎十三年(1640)進士。官行人司行人。弘光立,擢吏科給事中,爲阮大鋮所惡,罷歸。魯王時,官至右僉都御史。紹興陷,不復出。

與郁祖徵交往。

錢陸燦調運齋集卷五太學生鄉飲賓郁君墓誌銘:"君諱祖徵,字念之。……無錫顧文端公來唁,一見君,許以其兄之子妻之,會夭不克字。而文貞時雖爲諸生,隱然負公輔望,與先官保牧齋公常在文端坐中,文端顧問文貞:'子愛女擇婿,孰如郁生者?'官保亦參語,而文貞故前知君才子,遂以女諾君。……君以上世爲常熟人,故數往來虞山。崇禎初,過先官保問訊,相與拭涕置酒爲歡而別。自是君常在虞山也。……晚尤精修持誦,年七十六示微疾,以康熙丙午二月六日卒。元配繆孺人,文貞第三女。"

與嘉善計家交往。

詩風初集卷十二計善奉懷錢牧齋先生先生爲先君子座主:"南國星旻動上京,東山高卧繫蒼生。白衣舊屬中朝望,綠野猶殷聖主情。十載雲深言偃宅,三秋花炤闔閭城。典型賴有高賢在,何日虞山采杜蘅。"此詩大概作於崇禎間。

計善,字廉伯。嘉善人。然查府縣志,天啟元年(1621)浙江並無計姓舉人。

與瞿涵交往。

詩持三集卷九同錢牧齋宗伯秣陵話別:"晚峰相對送新晴,壓樹殘霞映水明。茗話六朝遺逸事,菊荒三徑久要盟。寒蛩寂寞秋無語,落葉依稀月有聲。我欲南歸君欲北,江流已下石頭城。"小傳云:"瞿涵,止菴,松江人,所著有守雌草。"

陶孚尹過拂水山莊,有詩。

欣然堂集卷一拂水山莊謁錢蒙叟先生坐次賦呈七律三首:"靈光劫後尚巋然,笑向洪崖更拍肩。一代人文歸藻鑑,千秋騷雅待薪傳。風翻拂水閒聽瀑,柳暗重湖好放船。雛社香山君不讓,黑頭今已到華顛。

滄海橫流身世艱,孤懷只合老湖山。事當鑿枘贏藩易,時逼乘除砥柱難。石馬任教眠古塚,金魚空惜點朝班。祗餘滿眼河山淚,灑向春明落照間。

天南隱見少微星,品概真宜畫作屏。紅豆拈時還記曲,青編叢處更譚經。針砭詩律歸醇雅,弘獎風流識典型。樗櫟自慚邀拂拭,午橋莊畔重逡巡。

此組詩疑在康熙初年。陶孚尹(1635—1709),字誕仙,號篛陂,又號白鹿山人。江陰人。貢生。康熙二十三年(1683)官桐城訓導。

爲張若麒止足軒偶存草作序。

文不見初、有學集。文云:"往在京師,膠西天石張公過余……別幾二十年,各備歷嚚虞,余歸田匿影,公躋華膴爲納言名卿,令子俱以文噪世。次公登館局,取士最得人,上書直聲震天下。公年未艾,忽請告歸,有牢溟渤之奇,倘佯笑傲,宜爽籟發而雅風存,洋洋乎東海雄矣。乃立起踰淮泗,涉大江,如吳、越之市,憑弔登臨,意不盡東南之勝不止。余方扶杖從公,忽以思母去。蒼寒秋水,遺我一卷書,則止足軒偶存草也。"

張若麒,字天石。膠州人。崇禎四年(1631)進士。授清苑令。陞刑部主事,調兵部。松山之戰逃歸,下獄論死。李自成破北京,降,授山海防禦使。再降多爾袞。補順天府丞。再陞太僕寺卿、通政使。順治九年(1652)八月,乞假省母。遂以久病休致。長子應甲,字先三。順治貢生。以善行名鄉里。次子應桂,字元林,號復我。順治九年進士。充十二年會試同考官。同年三月,上書請旌表左懋第,赦免其親屬,以妄言混瀆貶官。牧齋此文未署年月,疑在順治十二年以後。牧齋京師見張若麒,當在因張漢儒告訐下獄之時。

與黄國琦交往。

尺牘新編外集黄國琦與錢牧齋先生:"得先生書,謂人言先生與黄生非一人,交如一人,則駐顔有藥,及有秘方,自應亟授,何至嗒焉相向,如當面打墻。琦以爲此言非也。……琦姓名不齒於當世,山川閉塞,聲氣不通,又眼中半字不入胸中,半字不出此心,不受此身之徵調久矣。駐顔奈何,其或駐心,他不能爲先效也。"

黄國琦,字石公。南昌人。崇禎十年(1637)進士。曾任建陽令,校刻册府元龜一千卷。

傳與劉獻廷交往。

楊大瓢雜文殘稿劉繼莊傳:"言釋兼禪與教,曰:'吾幼閲藏,與錢侍郎語,侍郎皆知之,餘無可與語者。'錢侍郎者,謂謙益也。"劉獻廷(1648—1695),字君賢,號繼莊。順天大興人。先世本吴人,年十九再返吴中。爲學主經世,于天文地理、軍事賦税、岐黄釋道、小學音韻無不深究。著有廣陽雜記等。

按:牧齋死時,劉獻廷虚歲十七,據全祖望劉繼莊傳,"繼莊年十九復寓吴中",不知何時得見牧齋。存疑。

與錢塘柴紹炳交往。

柴省軒先生文鈔卷前有評閲仝人姓氏,中有牧齋之名。柴紹炳(1616—1670),字虎臣,號省軒。錢塘人。諸生,與東林諸君子及二三同學以志行相砥礪,爲西泠十子之一。

工詩文，尤通音韻之學。

與山陰呂師濂交往。

河山草堂詩集錢虞山先生屬題書榻之幬：入暑新幬霧縠懸，屬吾題詠墨親研。欲留高士誰徐穉，若揖奇人必魯連。酒滿痳頭容易醉，月窺牕裏不難圓。東山夙負匡時畧，何日蒼生盡穩眠？

呂師濂，字黍字，號守齋。山陰人。好談兵，明亡，破家結客。後遊歷四方，至雲南，吳三桂奉爲上賓。工詩詞。著有河山草堂詩集、守齋詞等。

跋金氏貞壽堂册子。

牧齋先生尺牘卷二與王兆吉："老眼昏花，每一展卷，輒欲揩摩，不能已已。承示金氏貞壽册子，的係國初時手筆，起部伯熙在洪、永間爲一時名臣。張修撰止庵每嘆爲公忠廉介，通達治體，止於郎署，命也。今讀其示姪五言詩，孝友至性，奕奕紙上，惜乎其見之晚，不及編入列朝詩選中，殊爲可嘆耳。容作數語跋其後，今姑歸上，俾其後裔速爲整頓，裝演成帙，藏弄爲拱璧可也。"時日不詳，跋文亦未見。

考王夢鼎槐川堂留稿卷三跋金氏貞壽堂藏册，則云："右貞壽堂詩文一册，邑先達起部郎伯熙先生手筆，暨諸名賢贈章。三百年，金氏子姓，世世藏焉。今年夏，先生十世孫奏偕其弟秀士以余爲金氏之彌甥也，攜以見示。拜讀之下，竦然起敬曰……"末署"康熙六年丁未小春"，牧齋已前死。

從弟公遠六十，作序賀喜（牧齋外集卷十）。

序云："余與公遠之族屬，七世而分。自曾祖以迨祖父，婉孌敦睦，世篤友于之誼，壎箎花蕚如也。余往忤權相，構牢修、朱並之難，强近之親，至有掉臂橫目，操戈以相向者。公遠與其兄公磐，奔走禦侮，不遺餘力。比年，余再罹大獄，銀鐺逮繫，命如懸絲。公遠獨身任橐饘之責，拮据捃拾，迨獄解而後已。余獄既得解，會當獻歲春，公遠六十初度，宗人子弟，咸往稱觴，屬余爲文以介壽，余其可以無言乎？"

公遠生平不詳，檢錢岱海虞錢氏家乘亦未見。其子之觳，爲趙士春弟士功婿。

題鄒震謙雲石山房詩集。

壯陶閣書畫録卷十五："王氏之子，琪珪玘瑾，器盡璠璵。韓氏之宗，綜絳縝維，才皆經緯。乾一爲道鄉後裔，家學淵源，宜其詩之高華鴻朗，出入三唐也。虞山蒙叟錢謙益書於紅豆莊。"另有吴偉業、陸世儀等題詞。

又葉昌熾緣督廬日記鈔卷四："謝瀛士見示鄒乾一詩題詞，詩集已亡，惟存題詞，共裝四册，皆手跡也。始于錢東澗，最後一跋名舒，不知何人也。"即此本。

鄒震謙，字駿侯，一字乾一。崑山人。補太倉州增生，入成均，考授州同知，改縣丞，不就。

題巢雲卷。

姚希孟風唫集卷六巢雲卷頌："眉公、受之諸君子，所題巢雲卷，説法熾然，不妨效維摩卷舌矣。然諸篇皆以言相贈，其將母之思未及也。"

按：牧齋題贈未見，巢雲亦不可考。據姚文，當是出家乞食奉母者。

作按察使黃公八十壽序（初學集卷三十六）。

序云：“廬陵海茹黃公，舉進士高第，爲令畿輔，以治行第一擢拜御史。敭歷中外，拂衣高卧，歸享山林之樂。又十有餘年，而稱八十之觴……余之知公久矣，而公亦時時念余。余邁黨禍，幽于請室，商侯推公之意，不遠三千里詒書見存。余高商侯之誼，幸公之有子，而益知公之家風爲可尚也。於公之稱壽，爲縣車之説，以侑一觴。”

海茹不詳何人，考蒲秉權碩薖園集卷四有賀黃海茹父母考績序，卷七又有復賀黃海茹父母，查永州府志，知此人爲黃憲卿，而道光吉安府志無傳。黃憲卿，萬曆四十四年(1616)進士，授永州永明知縣。後官巡城御史、湖廣按察使。其任巡城御史，建生祠以媚璫。崇禎即位，革職。此文應作於崇禎十二年以後。子商侯，亦有名公卿間，與龔鼎孳、徐世溥都有交往。

與里人有墓道之争，請孫朝讓、王夢鼎、陳式諸人主持。

瞿紹鈔本東澗尺牘與陳金如：衰年薄祚，遭此荼毒。光、吉二丈，發憤援手，此世世子孫之感，匪可言報。但彼人多財而奸狡，其依倚訪行，營求多竅，必須確立罪案，明正册書，然後可爲縱舍之地。此于理于法宜然，非敢違親知之命，執意過求也。乞親丈爲鄭重道謝，并商萬全至當之策，以終此局。

又一通：鄉村盛傳邑侯有調任之信，知是齊東之語，果爾，可無保留之舉耶？沈、朱兩家，並係周親，昨光老特以公書相囑，遣信鄭重，已力辭之矣。墓道之訟，各爲其祖先，吾丈爲邦之司直，何不與兆、光兩老共爲調停，俾使當事者質虞、芮之成，豈非美事耶？村居禁足，收拾楞嚴付梓，不敢與聞戶外片語。

又南圖鈔本牧齋尺牘付孫愛：沈育萬來，以禁足不能接見。孫光老特遣使來，求爲公書領袖，已力辭之矣。更致數行于金如，囑爲周旋也，可以吾意復之。

沈道成(1606—1687)，字育萬，號悔菴，又號净明道人。常熟人。生平無他好，惟喜收藏，藏有宋板楞嚴經。死後，錢陸燦爲作墓誌。

作江陰趙濽墓誌。

崇禎江陰縣志卷三："趙濽，字道昭，富陽訓導，轉教諭。前後十載，士愛敬，立祠祀之。轉教授致仕。太史錢謙益爲墓誌。"墓誌未見。

申芝芳父七十，請陸元輔代作壽序。

申芝芳，字素公。嘉定人。崇禎四年(1631)進士。授萬安知縣。見陸菊隱先生文集卷九。同卷又有代牧齋所作張君式之六十壽序。張式之，原籍新安，因商僑居嘉定。

跋汪鶴孫詞。

見聶先百名家詞鈔。鶴孫(1643—?)，字雯遠，號梅坡。錢塘人。汝謙孫。康熙十二年(1673)進士。著有延芬堂集、蔗閣詞、匯香詞。

孫國敉有詩寄牧齋。

陳濟生啓禎兩朝遺詩卷十孫國敉即事奉贈錢受之先生二首："文心亮節早干霄，赫赫師臣重四朝。青出數峰湘水瑟，雪回萬弩浙江潮(以下皆闕)。"四朝，即萬曆、泰昌、天啓、崇禎。

孫國敉(1584—1651)，字伯觀，原名國光。六合人。拱辰子。幼穎異,善屬文,爲巡撫周乾教所重。天啟五年(1625)廷試貢生第一,除福建延平府學訓導。七年,擢內閣中書舍人。曾上書駁正三朝要典,名動朝廷。精鑒賞,於碑板法書無所不通,董其昌重之。篤嗜詞翰,著述頗富,凡天文、地理、樂律、兵法等皆有撰述,然多不存。

譜　後

康熙三年(1664)閏六月七日,顧苓作河東君傳。

　　書於虎丘貞孃墓下,一本作七月七日。

康熙三年(1664)歲暮,方文作詩弔牧齋。

　　嵞山續集卷三歲暮哭友錢牧齋宗伯:"八十三齡叟,何勞淚滿襟。獨憐投分晚,頗覺受知深。筆札猶盈笥,聲詩最賞音。許爲吾集序,醖釀轉浮湛。先生云:應酬之文,俄頃可就,若序君集,必醖釀半年始成。今已矣。"

康熙四年(1665)正月,張次仲往虞山弔唁,作弔虞山錢老師文。

　　張次仲張待軒先生遺集卷四弔虞山錢老師文小序:"熹宗改元辛酉,老師奉命典浙,海寧獲雋四人:陳之伸、許令瑜、叔氏鴻羽及次仲也。數年後,叔氏早世。庚寅冬,令瑜亦歿。今存者,惟伸與仲耳。仲少老師七齡,壯時之期許甚高,老年之憐惜倍至。每過杭郡,必招面談。當在家居,嘗惠尺素,且與仲感慨於得失之故,勸勉以解脱之語。其相契之深,固有踰於等倫者。甲辰龍蛇之月,上乘箕尾,生平風義,一旦忽焉。方其屬纊之際,家難頻乘,計報不及,不得爲寢門之哭,得之傳聞,久而信然矣。即與同年友訂期往弔,累以事辭。越乙巳孟陬,獨買扁舟,束芻致哀,拜於靈几之下,命孫訒扶杖隨行。見其堂搆依然,而典型莫覿,棘人避仇他所,稚孫喪服欒欒,庭除蕭瑟,大非當年絳雲樓晤對時矣。噫,年齒之相去無幾,仲雖後死,不久亦當遇於九原也。退入舟中,爲文哭之,得無動怨悱牢愁之意乎!"

康熙四年(1665),徐芳聞錢氏家變,因苗蕃之請,作柳夫人小傳。

徐芳懸榻編卷三:往歲行脚三吳,聞柳夫人名甚沸。已過訪虞山,讀初學集中倡和諸篇,未嘗不歎其才之超逸香奩也。昨歲聞虞山先生變,悵嘆良久,不知柳夫人事。頃京口姜仲聯至,始備述其從死狀,蓋其末路乃能如此,是可以爲天下之須眉勸,而不止巾幗也。賁皇使者,有心人也,徵言于芳,次以應之。

柳夫人字某,虞山錢牧齋宗伯愛姬也。慧倩,工詞翰,在章臺日,色藝冠絕。一時才雋奔走枇杷花下,車馬如烟,以一廁掃眉才子列爲重。或投竿銜餌,效玉皇書仙之句,紙喁尾屬,柳視之蔑如也。即空吳越無當者,獨心許虞山,曰:"隆準公即未夐絕今古,亦一代顛倒英雄手。"而宗伯公亦雅重之,曰:"昔人以遊蓬島,宴桃溪,不如一見溫仲圭。可當吾世失此人乎?"遂因緣委幣。

柳既歸宗伯,相得歡甚,題花詠柳,殆無虛日。每宗伯句就,遣鬟矜示,柳擊鉢之頃,蠻箋已至,風追電躡,未嘗肯步地讓。或柳句先就,亦走鬟報賜,宗伯畢力盡氣,經營慘淡,思壓其上,比出相視,亦正得匹敵也。宗伯氣骨蒼峻,虬榕百尺,柳未能到。柳幽豔秀發,如芙蓉秋水,自然娟媚,宗伯公時亦孫之。于時旗鼓各建,閨閣之間,隱若敵國云。宗伯于柳不字,凡有題識,多署柳君。吳中人寵柳之遇,稱之直曰柳夫人。

宗伯生平善逋,晚歲多難,益就寠廢。嗣君孝廉某故文弱,鄉里豪黠頗心易之,又嗛宗伯公墻宇孤峻,結侶伺釁。甲辰(丙午)某月,宗伯公即世。有衆驟起,以責逋爲口實,噪而環宗伯門,搪撞詬誶,極于虧辱。孝廉魂魄喪失,莫知所出。柳夫人于宗伯易簀日,已蓄殉意,至是泫然起曰:"我當之。"好語諸惡少:"尚書寧盡負若曹金?即負,固尚書事,無與諸兒女!身在,第少需之。"諸惡少聞柳夫人語,謂得所欲,鋒稍戢,然環如故。柳中夜刺血書訟牘,遣急足詣郡邑告難,而自取縷帛結項死尚書側。旦日,郡邑得牘,又聞柳夫人死,遣隸四出捕諸惡少,問殺人罪,皆雄竄兔脫,不敢復履界地,搆盡得釋。孝廉君德而哀之,爲用匹禮,與尚書公並殯某所。吳人士嘉其志烈,爭作詩誄美之,至累帙云。

東海生曰:柳夫人可謂不負虞山矣哉!或謂情之所鍾,生憐死捐,纏綿畢命,若連理枝(梓)、雄朝飛、雙鴛鴦之屬,時有之矣。然柳于虞山,豈其倫耶?夫七尺腐軀,歸于等盡,而擲之當。侯嬴以存弱趙,杵臼以立藐孤,秀實以緩奉天之危,紀信以脫滎陽之難。或輕于鴻羽,或重于泰山,各視其所用。柳夫人以尺組下報尚書,而紓其身後之禍,可不謂重與?所云善用其死者也。夫西陵松柏才矣,未聞擇所從。耆卿、月仙、齊丘、散花女,得所從矣,而節無聞。韓香、幼玉、張紅紅、羅愛愛之流,節可錄矣,又非其人也。千秋香躅,惟張尚書燕子一樓,然紅粉成灰,尚在白楊可柱之後。夫玉容黃土之不惜,而顧以從死之名爲地下慮,荒矣。微白舍人,泉台下隨,未敢必其然也。人固不可知,千尋之操,或以一念隳,生平之疵,或以晚節覆。遂志赴義,爭乎一決。柳夫人存不必稱,而沒以馨,委蛻如遺,豈不壯哉!

此文雖稱揚柳如是,但與事實多不符,存此見意。

康熙四年(1665),黃宗羲作詩悼念牧齋。

黃宗羲南雷詩曆卷二:四海宗盟五十年,心期末後與誰傳?憑衻引燭燒殘話,囑筆完文抵債錢。問疾時事。宗伯臨歿,以三文潤筆抵喪葬之費,皆余代草。紅豆俄飄迷月路,美人欲絕指箏絃。皆身後事。平生知己誰人是,應三四句。能不爲公一泫然。應五六句。"

康熙五年(1666)中秋,嚴熊往合肥弔喪,座中有爲逼死柳如是諸人辯護者,嚴熊怒斥之。

龔鼎孳定山堂詩集卷四十二嚴武伯千里命駕,且爲虞山先生義憤,有古人之風,於其歸,占此送之:清秋紈扇障西風,紅豆新詞映燭紅。扣策羊曇何限恨,一時沾灑月明中。

死生膠漆義誰陳?挂劍風期白首新。卻笑彄弓巢卵事,當時原有受恩人。

河東才調擅風流,賭茗拈花足唱酬。一著到頭全不錯,瓣香齊拜絳雲樓。

高平門第冠烏衣,珠玉爭看綵筆飛。曾讀隱侯雌霓賦,至今三歎賞音稀。

君家嚴父似嚴光，一卧谿山歲月長。頭白故交零落盡，幾時重拜德公牀。

按：詩觀收此詩一、二兩首，題作丙午中秋營丙舍于里門，武伯年姪千里命駕，且爲虞山先生義憤，有古人之風，于其歸，占此送之。

閻爾梅嚴武伯詩序云："又三年，予往合肥，會龔司馬尊人之葬。武伯亦至，相見甚懽，痛飲于司馬齋者再四。時牧翁已經殁，會丁家難，寵姬柳氏自縊。武伯不避嫌怨，所至訟言。一日，司馬大會賓客，談及其事，或爲探巢人解紛者，武伯乘酒瞋目叱之，座中以爲狂。獨司馬感泣稱異，以爲不負知己，有古人之風，鄭重贈詩而別。"

錢氏家變錄有嚴熊痛斥錢求赤之文："往年牧翁身後，家難叢集，破巢毁卵，傷心慘目。孺貽世翁長厚素著，飲恨未伸，至不能安居，薄游燕邸。弟客春在北，每見名賢碩彦，罔不憐念之者。豈歸未逾月，仁兄首發大難，出揭噬臍，必欲斬牧翁先生之後，意何爲耶？況仁兄此揭，不過爲索逋而起，手書歷歷，要挾在前，難免通國耳目。……即如尊揭錦心繡口，出史入經，雖未全得牧公筆意，然家學淵源，非無所本，但如此叔向未免罪過，古之遺直非爲索逋而然，或亦有之，麟經爲賢者諱，鄴架多藏秘書，別有援據耶？爲仁兄計，惟有急收此揭，蛇形匍匐于牧公之柩前，三百叩乞謝唐突，庶幾可以稍收桑榆，不然不有人禍，必有天殃。"錢孫保索逋不知何時，附此。

康熙六年(1667)，錢曾託季振宜刻錢牧齋先生箋註杜工部集。

季振宜序云:"丙午冬,予渡江訪虞山劍門諸勝,得識遵王。遵王,錢牧齋先生老孫子也。入其門庭,見几閣壁架間,縹緗粲然,茶碗酒盞,無非墨香,知其爲人,讀書而外,顧無足好者。一日,指杜詩數帙,泣謂予曰:此我牧翁箋註杜詩也,年四五十即隨筆記錄,極年八十,書始成,得疾著牀,我朝夕守之,中少間,輒轉喉作聲曰,杜詩某章某句尚有疑義。口占析之以屬我,我執筆登焉。成書而後,又千百條。臨屬纊,目張,老淚猶濕,我撫而拭之曰:而之志有未終焉者乎?而在而手,而亡我手,我力之不足而,或有人焉足謀之而,何恨而!然後瞑目受含。牧翁閱世者,於今三年,門生故舊,無有過而問其書者。……丁未夏,予延遵王渡江商量雕刻,日長志苦,遵王又矻矻數月,而後託梓人以傳焉。……康熙六年仲夏,泰興季振宜序。"

康熙七年(1668),顧有孝、趙澐刻江左三大家詩鈔成。

三大家,即錢牧齋、吳偉業、龔鼎孳三人。前有康熙七年盧綋題辭:"吳江顧君茂倫、趙君山子有三大家詩鈔之輯,刻既成,乃以弁言來命。"

康熙八年(1669)秋,錢澄之作書方文,論牧齋注杜之非。

田間文集卷四與方爾止論虞山説杜書:"弟力斥虞山之説杜詩,兄以爲不然,今請更悉陳之。"文中説道:"若虞山生長華貴、沉溺於柔曼靡麗之場,又學豐才裕,每一屬思,應手敏給,不知有苦吟一路。至於子美之時地情事,生平所未嘗歷,胸中無此種境界,自無此種情思,決不能作此等語,亦豈能知此等詩之妙哉。其所知者,典故與音調而已。近日腹笥之富,討論之精,莫如虞山,其說杜詩,多所攷證,少事解釋。"與下文書有學集後略同。文末自注云:"己酉秋,困阨皖上,爾止自白門來,日與辨難,聊以解憂,因作此書。書甫成,而爾止病。未幾返棹,遂死,此書亦竟未見。"

錢澄之對牧齋詩文頗有微詞,田間文集卷二十書有學集後:"余往過虞山拂水山莊,弔之以詩曰:半生出處滋多議,一代文章定許傳。而虞山自言其詩文載在有學者遠過初學集,今一再讀之,似不盡然,而吾轉疑其詩文之未必能傳也。虞山於詩所以闢何李、王李諸家者不遺餘力,而尊少陵至矣。其詩聲調之和雅,詞藻之葩流,故實之詳核,對仗之工巧,間有規模乎白、陸,要之不失爲溫、李之遺響,以語於少陵未也,極詆嚴羽、劉辰翁分別四唐是矣。而不信詩有悟入一路,由其生長華貴、沉溺綺靡,兼以腹笥富而才情贍,因題布詞隨手敏給,生平不知有苦吟之事,故不信有苦吟後之所得耳。吟苦之後,思維路盡,忽爾有觸,自然而成,禪家所謂絕後重甦,庸非悟乎?少陵云:語不驚人死不休。驚人者,悟後句也,要自苦吟得之。虞山不事苦吟,宜其無驚人句矣。至於文章,其佳者在魏晉、六朝之間。文之波瀾曲折,矩度安詳,近代作者未能或之先也。而吾有惜焉,惜其詞勝而義掩也。譬之金屋麗人,姿本絕世,而粉膩脂香無時離手,雖欲洗盡濃華,任其本色,而習之已慣,固有所不忍耳。韓退之爲文,惟陳言之務去,蓋戛戛乎其難之。若虞山於陳言固有不能舍然者,非沿襲之陳言,而虞山自有之陳言也。蘊之既久,役之甚便,其來也,有不知其然而然者,惟不知其然而然,所由與昌黎戛戛之務去者異也。若謂取法於歸太僕，太僕文根本六經，以歐、曾之筆演周、程之理，若虞山，猶是詞章之學也。其所引經，惟考據經文耳，未嘗窮經理也。惟理不明，故見不穩，不能辨別古今之是非得失，自出一論，雖有論説，依傍而已。且不窮理，則不足以通人之情，盡物之變，審時位之殊態，識古今之異宜。故其爲詩，緣飾藻繢，徒爲雍容爾雅之章，而能深入人心足以感發其志氣者，鮮矣，由理不明而情不至也。若是，則亦何以遠軼於何、李諸家哉？"

又田間詩集卷二十三顧伊人贈詩述虞山知己之誼，漫和見意："虞山學海冠江東，一代篇章算此翁。筆有珠璣隨意給，興逢佳麗屬詞工。春風自喜花間蝶，夜雨偏哀草際蟲。見爾贈言增感慨，論詩終未敢雷同。"

康熙八年(1669)至十年間，顧湄增訂刊刻重編義勇武安王集。

重編義勇武安王集稿本尚存，在國家圖書館。刻本爲顧氏織簾居刻本，前有康熙八年至月十日周亮工重編義勇武安王集序："虞山先生易簀時，以此編並他刻，囑公子孺貽大令貽之予，予欲梓之而未逮。伊人顧子受業於虞山，慮其散軼也，與諸同志授之梓。適王子石谷赴予約，託其屬序於予。"

目錄後有牌記："武安王集爲牧齋先生增定，闡揚搜討，廼成全書，伊人手自繕寫，謀付剞劂，以廣其傳。幸同志者捐資共成，實有助於正神矣。梅村吳偉業拜書。"

附錄補遺顧湄自序："武安王集刻既成，又明年辛亥冬十月，遇昭陽李孝廉倚江于玉峰……因出所輯本授湄，捧讀讚嘆，間有虞山未見者，纂爲補遺一卷。"

武安王集卷八顧湄己酉二月二十七日錄東澗夫子重編義勇武安王集成敬題紙尾："大節雄名宇宙垂，千年憑弔不勝悲。玉泉夜月徵前志，銅柱寒雲護昔時。已識靈蹤歸佛隴，敢從遺帙覆神逵。張平子思玄賦：神逵昧其難覆兮，疇克謨以從之？傷心力疾貽書日，金管淒涼有所思。夫子於癸卯冬力疾訂是集，屬湄搜訪碑志，數遺書往復，遺墨具存，曷勝悲愴。"

康熙十二年(1673)春，嚴熊過半野堂，有詩懷牧齋。

嚴白雲詩集卷八次和友人歲暮雜懷二十首，詩序云："壬子春，友人傳示歲暮雜懷之作，余客歲曾賦八章，未罄所懷，因復次和如數。同牀異夢，曉人自能辨之，亦以見虞山之詩，牧公化後，支分派別，所謂善學柳下惠者，不必皆坐懷也。"其十六首云："胎仙閣似魯靈光，重到山寒鳥亦藏。桃李濃時籠綺席，蕙蘭深處隱都房。曾嘗佛域醍醐味，少竊龍宮禁秘方。物換時移朋舊散，風流腸斷去堂堂。重過半野堂。"十七首云："矗矗雕甍與繡楣，頻年風雨半欹垂。遠堤石供千人坐，壓壑松留百歲枝。問字賓朋曾接跡，分甘童稚幾抄匙。墓門一帶垂楊柳，又近藏鶯染麴期。重過拂水山莊。五六敘牧公戊寅歸田之況，時余方童稚也。"

又卷五元旦詩自註："予每歲朝，必詣牧公柩前叩首。"

康熙十二年，季振宜據錢謙益殘稿輯成唐詩七百十七卷。

見康熙二年條。

康熙十二年，王攄登秋水閣，緬懷往事。

王攄蘆中集卷二過拂水山莊登秋水閣感賦：瀼西風景

未凋殘,暇日登臨獨倚欄。雲氣湖天生晝暝,鳥聲山閣破春寒。十年已歎同遊盡,壬寅春,遵王招飲於此,在座者定遠、夕公、肯堂相繼殂謝。一代重追大雅難。忍對林泉成寂寞,當時車馬駐江干。

康熙十三年(1674)陽月,無錫鄒式金刊刻有學集成,共五十卷。

此書前有鄒氏序,末署"康熙甲寅陽月,梁溪後學鄒式金序",翻刻本或改爲"康熙甲辰陽月,范陽後學鄒鎡序",或改爲"康熙甲辰陽月,高陽後學李珰序",皆非原本。鄒本雖是初刻,但任意刪改,已失有學集原貌。

康熙十四年(1675)人日,牧齋下葬,陸貽典與毛扆前往相送。

陸貽典覿菴詩鈔卷五乙卯人日風雪,同黼季山中早行送東澗先生葬,兼示遵王:"腸斷梅花發故叢,空山赴哭及曈曨。百年身世悲風裏,千古文章白雪中。留謁不醉來孺子,起墳多媿葬揚雄。何人爲琢寒山石,有道碑裁第二通。時未有誌文。"

錢曾判春集寒食行:"斜行小字叢殘紙,箋注蠹魚愧詩史。未及侯芭爲起墳,不負公門庶在此。乙卯端月八日,藁葬公于山莊,故發侯芭之嘆。"

康熙十四年寒食夜,錢曾夜夢牧齋以詩箋相詢,覺而有作。

錢曾判春集寒食行序云:"寒食夜,忽夢牧翁執手諈諉,歡逾平昔。覺而作此,以寫余懷。"詩云:"淒涼情緒逢寒食,當午盲風妒晴色。望望江南寂寞春,垂楊罩遍鶯花國。秌陵草碧路迢遥,賣酒樓前旦暮潮。麥飯一盂無泣所,杜鵑新恨幾時消?硯北老生但癡坐,燈殘自剔琉璃火。銅輂孤衾夢未成,抱影將愁淚潛墮。甲帳塵埋表奏年,漢宮遺事散輕煙。撫今懷昔心悲愴,祇合憎騰中酒眠。山城漏點嚴更柝,誰信藏舟趨夜壑。一縷營魂何處飛,含悽又到胎仙閣。更端布席才函丈,絮語雄談仍抵掌。空留疑義落人間,獨持異本歸天上。夢中以詩箋疑句相詢,公所引書,皆非余所知者,絳雲秘笈,久爲六丁下取,歸之天上矣。寂歷閒房黯淡燈,前塵分別總無憑。夢廻腸斷欯然哭,忽漫披衣戒夙興。憶昔華堂屢開宴,光風朗月歡娛遍。銀箏偏嫋白頭翁,清醪盈觴照顏面。歌嬌舞健爛不妝,指顧簪花惜夜遊。喚客鸚哥窺燭跋,依人燕子踏簾鉤。酒闌斜點題詩筆,逸氣都從指端出。老眼驚看四世過,隙駒野馬飛何疾。公賦述古堂文讌詩,彈指昔遊今四世。嗟公仙去十年餘,闤闠無成轉惜予。海內知交半凋謝,一室徒煩事埽除。絳雲賑望收餘燼,緗帙縹囊喜充牣。盡說傳書與仲宣,只記將車呼子慎。絳雲一爐之後,所存書籍大半皆趙玄度賑望館校藏舊本,公悉舉以相贈。此日真過一百六,悲啼直欲枯湘竹。淚點繁花雜亂飄,洒向江天紅簌簌。斜行小字叢殘紙,箋注蠹魚愧詩史。未及侯芭爲起墳,不負公門庶在此。乙卯端月八日,藁葬公于山莊,故發侯芭之嘆。”

錢曾詩註,前後箋註三十餘年,最終未能刊行。據文學山房江澄波先生回憶,一九六五年其往常熟訪書,過顧氏小石山房,得見八冊黑格本牧齋有學集箋註,有“述古堂藏書”款識。“破四舊”時,此書被當作柴火燒了開水。

又錢嘏堪齋集卷一答遵王姪:吾家東澗先生有學集遺

稿,雖未散佚,而瑯璵混於魚目,人參亂于蕪菁,其於散佚殆有甚焉。遵王姪獨刊定真本,箋注精覈,予前有贈言志慨,亦志幸也。遵王答予有骨消積毀之句,因復抒長句,用廣其意,并示敕先。

讀罷新詩意未平,闌風伏雨暗柴扃。笑他魚目闖油素,喜子蠅頭注汗青。藜火光能消俗垢,草堂靈自護文星。扁舟擬載玄亭酒,細翦燈花醉五經。

康熙十四年(1675),錢澄之過永城,錢孫愛向其乞牧齋志銘。

田間詩集卷二十一入永城界示家孺貽其二:"麥色棠陰到縣門,騎驢客亦舊王孫。先公按籍分宗派,大令同行序弟昆。政事豈由名父教,風流終是故家存。虞山出處關吾道,一字千秋細討論。時屬為宗伯墓誌銘。"孫愛康熙七年至十四年任永城令。

康熙十五年(1676) 仲春十四日,陸貽典過明發堂有懷。

陸貽典覿菴詩鈔卷五丙辰仲春十四日過明發堂有懷東澗先生:"墓門風雨哀臨穴,不到山中隔歲強。清澗聲長聞笑語,老梅花發見文章。柴桑地僻還飛鳥,綠野堂空下夕陽。白首來遊寒食近,一杯何處覓椒漿。"

康熙十六年(1677) 春,嚴熊拜牧齋墓,作詩紀事。

嚴白雲詩集卷十三春朝拜錢宗伯墓:"夙興齋沐到山中,拜罷先塋即拜公。談笑明明如昨日,池臺處處想流風。喬松抱雪寒猶在,綠柳含春氣旋融。懸刺書香望郎主,唐人呼座主之子為郎主。此句勉文孫鏡先也。侯芭端不負楊雄。"

康熙十八年(1679),錢澄之遊吳,過虞山弔牧齋,並有詩贈顧湄、錢曾等人。

  田間詩集卷二十三過拂水山莊有感:"虞山無復舊林泉,草没空堂故嶄然。絶磵坐悲臨水日,長廊行憶詠詩年。半生出處滋多議,一代文章定許傳。贏得愛姬同域殯,凄涼長伴夕陽天。"

康熙十九年(1680)閏八月十一,陸貽典夢詠牧齋詩句,有感賦詩。

  陸貽典觏菴詩稿漸于集卷三閏秋十一夜夢,詠東澗先生"擊筑淚從天北至,吹簫聲向日南多"之句,覺而有感,書此以識之:"秋情結夢劇無聊,句詠驚人當大招。雙淚久枯新擊筑,一聲猶咽舊吹簫。閶門菜甲霜容入,奇服荷裳露氣凋。泣鬼號猿凄以厲,撐腸塊壘耿難消。"

康熙二十四年(1685)徂暑,無錫金匱山房主人獲鄒氏書板,見其錯訛百出,重爲校訂,定爲五十一卷。

  金匱山房主人即秦松期。據乾隆三十四年(1769)七月軍機處檔兩江總督高晉奏摺:"一在杭州林松年書鋪起出金匱山房訂正有學集板,此板係金匱縣秦洪緒曾祖秦漆原買自錢謙益後裔,復加訂正,嗣經秦洪緒之兄秦其雲及秦仲簡賣給蘇州書鋪趙鴻儒,趙鴻儒又轉賣於杭州書鋪林松年。"查錫山秦氏宗譜,秦松期(1640—1715),字邛仙,號漆園。爲秦松齡堂弟。其曾孫雲錦,字其倬;文錦,字仲簡;畫錦,字天衢。又秦瀛小峴山人詩集卷三詠梁溪雜事一百首之一:"金匱山房窠石邊,玉蘭如雪照嬋娟。愚公費盡移山力,十笏齋中只一拳。金匱山房,先海翁公築。山於元時爲豪民强善三所占。明時土石挖取殆盡,今一拳耳。玉蘭一株,花開如積雪。"宗譜無秦洪緒其人，考錫山秦氏家有弘緒堂（後避諱改鴻緒堂），文震孟題匾，所謂秦洪緒，即以此。

康熙三十七年（1698），錢陸燦彙刻列朝詩集小傳，並作序。

  錢陸燦序云："誦芬堂主人，余之親翁黃君，名錫紱，屬余編次，因而序之，以告於後學。康熙三十七年立春己巳，虞山八十七翁族孫陸燦書。"

康熙三十八年（1699），邑人顧械刊錢牧齋先生尺牘三卷。

  顧械，字漢章。此書與歸震川尺牘二卷合刻，卷後有顧氏序，作於康熙己卯孟秋。

康熙四十四年（1705）前後，吳興凌鳳翔、海昌朱梅在廣東刊刻錢曾牧齋詩註刪節本，即玉詔堂本。

  陳元龍愛日堂詩卷卷十三朱素培歸自粵東，旋將北上，枉詩留別，依韻送之四首其三："詩史虞山老，箋疏析瑰奇。行囊珍拱璧，重訂削繁枝。落落無知己，便便可樂飢。刻成縹帙貴，私淑未曾私。素培新刻虞山先生詩註。"

  凌鳳翔，字儀吉。朱梅，字素培。以文字獄之故，玉詔堂本對錢曾注釋刪減甚多，現存刻本卷端人名亦多有剜改，所見惟上海圖書館有一初印本，扉頁有凌氏發兌印記。

康熙五十年（1711），桐鄉沈炘如馴襄刊刻牧齋詩鈔，首次全文刊載投筆集。

康熙間，葛萬里牧翁先生年譜刊行。

  葛萬里，字翊甫，又作逸父，號夢航。清崑山人。錫璠曾孫。錫瑠第三子葛蕭,與牧齋有姻親關係,見前。故此譜雖簡,卻頗有可取。如陳夫人嫁娶死亡,僅見此譜。

乾隆二十六年(1761)十一月,高宗見沈德潛國朝詩別裁集以牧齋爲首,大爲惱怒,責令其更改。

高宗純皇帝實録卷六百四十八:"(十一月六日)庚子:諭軍機大臣等,沈德潛來京,進所選國朝詩別裁集求爲題辭,披閲卷首,即冠以錢謙益。伊在前明,曾任大僚,復仕國朝,人品尚何足論。即以詩言,任其還之明末可耳,何得引爲開代詩人之首。又如慎郡王以親藩貴介,乃直書其名,至爲非體。"沈德潛得旨後,將書板鏟改,更名欽定國朝詩別裁集,錢謙益删去,開卷第一人改爲慎郡王。

乾隆三十四年(1769)六月,高宗下旨,禁毀錢牧齋書籍。

高宗純皇帝實録卷八百三十六:"又諭曰:錢謙益本一有才無行之人,在前明時,身躋膴仕。及本朝定鼎之初,率先投順,洊陟列卿,大節有虧,實不足齒於人類。朕從前序沈德潛所選國朝詩別裁集,曾明斥錢謙益等之非,黜其詩不録,實爲千古立綱常名教之大閑。彼時未經見其全集,尚以爲其詩自在,聽之可也。今閲其所著初學集、有學集,荒誕背謬,其中詆謗本朝之處,不一而足。夫錢謙益果終爲明臣,守死不變,即以筆墨騰謗,尚在情理之中。而伊既爲本朝臣僕,豈得復以從前狂吠之語,刊入集中。其意不過欲借此以掩其失節之羞,尤爲可鄙可耻。錢謙益業已身死骨朽,姑免追究。但此等書籍,悖理犯義,豈可聽其流傳,必當早爲銷燬。著各該督撫等,將初學、有學二集,於所屬書肆及藏書之家，諭令繳出，彙齊送京。至於村塾鄉愚，僻處山陬荒谷者，並著廣爲出示，明切曉諭。定限二年之内，俾令盡行繳出，毋使稍有存留。錢謙益籍隸江南，其書板必當尚存，且别省或有翻刻印售者，俱著該督撫等，即將全板儘數查出，一併送京，勿令留遺片簡。朕此旨實爲世道人心起見，止欲斥棄其書，並非欲查究其事。所有各書坊及藏書之家，原無干礙，各督撫務須詳悉諭知，並嚴飭屬員安靜妥辦，毋任胥役人等藉端滋擾。若士民等因此查辦，反以其書爲寶，不行舉出百計收藏者，則其人自取罪戾，該督撫亦不可姑息。若將來犯出，惟該督撫是問。其京城地面，著提督衙門、五城、順天府，一體辦理。將此通諭中外知之。"自此，全國開始全面禁毁牧齋著作，書板亦無一倖免。他人著作中有牧齋序跋或引文者，亦遭全毁或抽毁。直至清末，排滿情緒高漲，牧齋詩文集才稍稍流出。

道光二十八年（1848），柳如是始得旌烈婦。

丁國鈞荷香館瑣言："錢蒙叟卒，柳河東自縊以紓家難，事詳錢氏家變録。久未請旌，道光廿八年，邑人錢彦華等始于彙藁請旌册内列入，得旌烈婦。册内作錢受之副室柳氏，家長亡，適有家難，扃户自縊死。蓋以謙益名爲先朝所斥，故避之，并柳名亦不著也。"

宣統二年（1910），吴江薛鳳昌邃漢齋鉛印牧齋全集。

薛鳳昌序云：蒙叟爲一代文宗，與梅邨、芝麓相伯仲，而蒙叟其尤也。著述宏富，流傳海内，幾於家置一編。至於今，吾人神往目想而不覯其集者久矣。蓋板銷於禁網，書亡於繳燬，江左士夫之家，所存亦僅。數十年來，京、津書估，日本行商，四出搜求，不惜懸巨金以待。一書偶出，輒爲若輩挾之去，而所存廼益如星鳳。不惟初學、有學兩集不可得，即求其遵王箋註初學、有學集之詩，亦不可得；不惟其詩之原槧本不可見，即求其翻槧本，亦不易致。如余之無力，而能一旦盡得之，以慰數十年之飢渴，不可謂非意外之幸矣。去歲冬，遇一書賈，以鈔本之投筆集及有學集補遺二册求售，閱之，楷字整潔，紙墨古舊，固一完好之未刻本也。亟購歸，以示里中諸同志，爭相傳閱，嘆爲未有，余亦頗自矜貴。然而初學、有學兩集，猶未見也。嗣過里中范氏書齋，獲見遵王箋註蒙叟詩之原槧本，喜不自勝，把玩不忍去。范君曰：「此猶非其全也。」乃啓舊篋，出初學、有學兩集數十巨册以示。展而閱之，當時各家之藏書圖記，纍纍卷首，益形踧踖。范君曰：「吾曾祖嗜書，此在爾時，已出巨金以得者。而至今珍秘，不輕示人。若以君得之鈔本合之，斯兩美矣。」諸同志胥趨其言，且慫恿印行，以公同好。范君慨然允，余亦樂爲贊成，出而付印，數月畢事。吾知世之愛蒙叟之文，恨未一覯如余者，至此可大慰其飢渴矣。乃於竣工之日，特書其緣起如此。至蒙叟之詩文，先輩早有定評，又何俟余之喋喋爲？宣統二年歲次庚戌五月，吳江鳳昌氏識於邃漢齋。

宣統間，上海扶輪社相繼刊行初學集詩註、錢牧齋文鈔、讀杜小箋、杜工部集箋註、牧齋晚年家乘文，末附彭城退士牧齋年譜一卷。

民國十七年（1928），常熟金鶴沖撰成錢牧齋先生年譜，發明牧齋抗清心跡。

金氏跋云：「宣統辛亥之春，住金閶，校讐牧齋詩文集，旁搜諸書之關涉先生者爲年譜，未竟其功。其後再三搜輯，而成此卷。予觀范蠡之入宦于吴，李陵之欲得報漢，古今豪傑，志事昭然。先生入清廷五閲月而後引退者，所以觀釁也。子姪應試，與郎廷佐、土國寶、梁化鳳周旋者，將以行其志也。乙酉以後，摇筆伸紙，多抑塞憤張之語，不知者謂其自掩投降之迹，貌爲忠憤之詞。然則先生於死國之臣，必經紀其家，輸餉義師，破産結客，舉出於僞乎？丁亥下獄，瀕死貤危，廑而獲免，而仍奔走湖海，奮髯揚袂，籌畫策略，籠絡將帥，不惜以身家性命爲孤注者，亦可以僞爲之乎？嗚呼，先生之泣血椎心，太息痛恨於天之亡我者，且不爲死生禍福動摇其心，彼專制帝王之詔令，成敗論人之故習，豈足與語先生哉？……先生當危亡之際，將留身以有待，出奇以制勝，迄無所成，而爲腐儒所詬詈，亦先生之不幸也夫！……民國戊辰，常熟後學金鶴冲謹識。"

人名索引

B

白登明（林九） 1132

白紹光（超宗，雉衡） 149

包鴻逵（儀甫，振瑞） 108

暴謙貞（襟漳） 185,189,271

畢懋康（孟侯，東郊） 174,180,181

卞日郅 912

卞賽（玉京，雲裝，賽賽） 886,956

卞氏（錢順時妻，錢謙益祖母） 3,37,38,63,305,781

卞文瑜（潤甫，浮白） 375

卜子寧 379

C

彩生 1054,1055,1056

蔡鼎（可挹，無能） 776,777

蔡士英（伯彥，魁吾） 690,994,1041,1086,1137,1186,

1189,1230,1253

蔡亦琛　671,771,773,788

蔡蓁美（大美,芹溪）　1163

曹臣（野臣,藎之）　558

曹爾堪（子顧）　1415

曹廣（遠思）　630

曹履端（慶成）　360

曹訥（忍生,三才）　385

曹溶（秋岳,倦圃）　807,812,819,843,885,1063,1073,1128

曹學佺（能始）　89,401,464,596,604,755,848

曹勳（允大,峨雪）　242,294,420

曹于汴（自梁）　65,76,337,353,432,434,568

曹元方（介皇,耘庵）　797,798

曹宗璠（汝珍,惕威）　579

柴紹炳（虎臣,省軒）　1491

昌上人　1375

巢雲　1493

陳昂（爾瞻）　133

陳本（深之）　1357

陳必謙（益吾,旦融）　111,253,311,539,682,709,746

陳璧（崑良,雪峰）　527,588,756,1001,1051,1275,1279,1453

陳卜湖　1468

陳察（原習）　119

陳朝典(徵五,溫如) 1204,1356,1369

陳悰(次杜) 1426

陳丹衷(旻昭,涉江,道昕) 911

陳迪祥(之祺,義雲) 246,280

陳遯(鴻節) 228,715

陳帆(際遠,南浦) 1223

陳公允(陳允文) 533

陳古公 1028

陳函輝(木叔,寒山) 598,611

陳漢聞 1445

陳翰(克張) 872

陳弘謐(龍甫) 495,667

陳鴻圖(鴻,鴻文) 1356

陳瑚(言夏,確庵) 903,970,1130,1146,1158,1161,1163,1191,1194,1204,1276,1362,1368,1444

陳寰(原大) 119

陳瓛(季常,增城) 220

陳煌圖(鴻文) 991

陳繼儒(仲醇,眉公) 123,574,597,1477

陳鑑(子明) 999

陳愷 1426

陳衎(磐生) 871

陳來學(開之) 1147

陳良弼(召扶) 764

陳龍正(龍致,惕龍,幾亭) 459,511

陳履謙 479,493

陳玫(鴻寶) 1209

陳盟(無盟,雪齋) 423,439

陳孟孺 145,1109

陳名夏(百史) 804,806,835,1114

陳明時(汝良) 1209

陳祺芳(子壽) 1487

陳潛夫(朱明,玄倩) 711

陳仁錫(明卿,芝臺) 271,286

陳如松(向南,笑道人) 239

陳儒(宗道,方溪) 1077

陳三島(鶴客) 978,981

陳三恪(象賢,玉淵生) 250,363,386,456,622

陳三吾(則興) 752

陳紹英(生甫,瓠庵) 1263

陳師泰(交甫) 628,1449

陳士元(循道,景宇) 1476

陳氏(顧玉柱妾,錢謙益外祖母) 5,46,119

陳氏(錢謙益妻) 7,28,293,305,1129

陳式(金如,絳跌) 1136,1137,1198,1201,1221,1228,1252,1259,1300,1348,1350,1383,1406,1412,1494

陳溯潢(宿源) 1300,1348,1383

陳台孫(階六,越庵) 712,1015

陳廷瓚（襟宇） 472

陳維崧（其年，迦陵） 99，946

陳胄樞（漢瑩，扶輿） 158

陳五箴（逸子，南雲，拾殘） 1141，1159

陳孝逸（士鳳，少游，癡山） 1187

陳訏謨（以弼，蓮湖） 132

陳玄藻（爾鑑） 453

陳恂（曹恂，子木） 752，969

陳濬（開仲） 871，872，984

陳堯仁（汝元） 7

陳一教 1111

陳以瑞 248

陳翼飛（元朋） 66

陳懿典（孟嘗） 752

陳欽光（唐父） 7，69，749

陳于鼎（爾新，實庵） 782

陳于泰（元長，大來，謙茹） 1111

陳于廷（中湛） 244，286

陳愚（元朴） 57，199，251，455

陳禹謨（錫玄） 5，375

陳與郊（廣野，禺陽） 185

陳玉陛（允升） 119

陳玉齊（在之，士衡） 656，826

陳元素（古白，素翁） 272

陳遠（于到） 915

陳允衡（伯璣） 930,1082,1094,1237,1250,1251,1261,1291,1293,1297,1357

陳肇曾（昌基） 615,931,932

陳之煌（式匡） 786

陳之遴（彥升） 783

陳之伸（申甫,魯直） 185,187

陳芝英（英儒,菊人） 1209

陳至善（介卿,用拙） 1348

陳治揆 7

陳治體 7,24

陳治猷 7

陳子龍（人中,臥子,大樽） 418,501,568,575,652,704,766,824

陳子升（喬生,中洲） 1342

陳子壯（集生,秋濤） 281,539,785,791

成基命（靖之） 195,307,352,451,750,803

成克鞏（子固,青壇） 751,803

程棟（杓石） 1134

程高明 101

程濟 227

程嘉燧（孟陽,松圓,偈庵） 80,114,115,118,133,176,191,197,206,208,211,229,241,274,276,280,287,357,364,368,370,374,375,376,377,378,381,382,383,388,

396,398,407,411,415,420,458,468,486,510,534,548,
571,576,577,582,584,593,597,599,602,604,612,623,
624,625,627,643,648,649,650,701,721,723,735,749,
866,867,971,1033,1112,1130,1169,1280,1432,1439

程堅(西剛)　585

程濬沖(士喆)　1291

程康莊(坦如,昆侖)　1393

程可中(仲權)　1461

程岷(禹開,眉山)　787

程念修　905

程鵬起(相如)　263

程啟南(開之,鳳庵)　1393

程士顒(孝直)　383,1433

程士祚(士闢,師錫)　1192

程邃(穆倩,朽民,垢道人)　613,967,1187,1188

程泰(仲來,魯瞻)　496,499,565

程先貞(正夫,葂庵)　815

程峋(士鳳,九屏,坦公)　707

程以進(叔達,上卿)　1192

程以中　1444

程邑(幼洪,翼蒼)　1111,1135,1354

程于禮　905

程元初(全之)　163,1423

程正揆(正葵,端伯,鞠陵,清溪道人)　852

楚秀　608,609,717

淳化禪師　1444

崔子忠(丹,開予,道貫)　560,809

D

戴澳　1435

戴蒼(葭湄)　1188

戴淙(介眉,稼梅)　1277

戴國士(初士)　1480

戴見龍　773

戴瑞麐　1441

戴尚絅(國章,鳳林)　1450

戴文琅(伯玉,玉宇)　680

戴元威(鳳伯,翔虞)　321,680,1240

戴雲洲　1441

戴兆楨　1240

戴梓(文開,耕煙老人)　1188

鄧大臨(西起)　850,859

鄧漢儀(孝威)　956,1065

鄧林梓(肯堂,玉山)　1322,1390

鄧氏(黃鼎妻)　1113

鄧旭(元昭,九日)　1100,1131

丁弘晦(景呂,循庵)　1246,1294

丁節婦(龔立本祖姑)　1476

人名索引

丁魁楚（中翹,光三） 505,507

丁某 1226

丁起濬（啟濬,亨文,哲初,蓼初） 320

丁紹軾（文遠） 248

丁時之 1246

丁雄飛（菡生） 842,1083,1106,1437

丁胤（繼之） 844,848,912,959,1099,1281,1293

丁永祚（爾錫,見白） 30

丁元薦（長孺） 76,378

丁雲鵬（南羽） 1478

冬哥 811,894

董漢儒（學舒,道夫） 175

董黄（律始,得仲） 1052

董其昌（玄宰,思白,香光居士） 193,275,276,1477

董思需（何思） 64

董小宛 694

董應舉（崇相,見龍） 139,141,152,157,161,179,198,202,719

杜岕（紹凱,蒼略,些山） 853,854,910,912,1024,1036,1103

杜濬（紹先,于皇,西止,茶村,半翁） 845,848,1036,1138,1188

杜松（來清） 73

杜桐（來儀） 73

杜文焕（弢武,日章） 72,674,695,869,998

杜應奎（海宇） 199

杜越（君異,紫峰） 589

段然（幼然） 40,380

段增輝（含素） 530,545,731,942

多鐸（豫王） 792,801

多爾袞 798

F

樊尚燝（明卿,鍾陽） 342

范必英（雲威,羽玄,秀實） 1074

范鳳翼（異羽,勛卿,璽卿） 223,365,367,617,697,716,885,913,915,1458 范景文（夢章,思仁,質公） 186,288,295,379,572,584,593,638,665,690,756,759

范良（眉生） 1188,1341

范滿珠（劬淑） 1341

范汭（東生） 1439

范士楫（箕生,橘山人） 532

范我躬（四如） 541

范驥（文白,默庵） 975

范允臨（長倩） 1074

方寶臣（夏,兆瑋,淇盞） 1375

方文（爾止,嵞山） 388,1275,1281,1357,1363,1366,1367,1370,1404,1497,1502

方新（子振,渭津） 838

方熊(望子,望紫) 1374,1375

方一藻(子玄) 211,229,648

方以智(密之,曼公,無可道人,藥地) 413,934,1067,1104

方應祥(孟旋,青峒) 43,50,51,62,88,96,104,105,119,172,182,206,221,299,1258

方有度(方叔,方石) 162,648

方岳貢(禹修) 322

方震孺(孩未) 175,304,638

方震仲(浣叟) 645

方中履 1067

費誓(所中,仲雪) 1088

費元禄(無學,學卿) 39

馮班(定遠,鈍吟老人) 409,417,655,1244,1257,1322,1375,1387,1388,1428,1475

馮賓(開之,閶之) 1486

馮昌曆(文孺,啟南) 246

馮爾發 190

馮復京(嗣宗) 211

馮洪業(茂遠,兼山) 1210

馮京第(躋仲,簟溪) 560

馮愷愈(道濟) 1273

馮愷章(竹相) 1356

馮亮工 1390

馮夢龍(猶龍,子猶,墨憨齋主人) 717

馮夢禎（開之，具區） 942

馮銓（振鷺，伯衡） 801

馮如京（修隱，秋水） 974,1076,1236

馮舒（已蒼，默庵，癸巳老人，孱守居士） 21,240,284,417,443,451,481,485,526,544,594,602,660,864,1244,1439

馮廷賓（于王，虞牧） 374,1413

馮文昌（研祥） 556,706,856,906,1151,1159,1335,1385,1449

馮武（竇伯，簡緣） 1418

馮孝威（子重） 658

馮行賢（補之，無咎） 1204

馮有經（正子，源明） 42,99,190,243,438,758

馮鷫雛（雲將） 641,940,971,1260,1263,1273,1335

馮元飇（爾韜，鄴仙） 668

馮元颺（言仲，爾賡，留仙） 474,475,489,503,560,770,1356,1420

馮雲驤（志楸，訥生，約齋） 975

馮仲纓 573,1424

佛海上人 726

傅朝佑（右君） 505,508,511,513,591

傅庭禮 1019

傅新德（明甫，玄明，湯銘） 41,76,589,778,1019,1076,1432

傅元初（子訒） 540

傅振商（星垣） 286

人名索引

傅宗龍　674

G

高承埏（澤外，寓公）　1148
高出（孩之，懸圃）　84
高道素（斗光，如晦，明水，玄期）　1148
高輔辰（欽亮，二亮）　967
高弘圖（研文，踁齋）　578
高名衡（平仲）　545,669,731
高攀龍（雲從，存之，景逸，忠憲公）　44,78,231,258,305,380
高世泰（彙旃）　943
高陽（庭堅、秋甫）　923
高佑釲（念祖）　1116,1117,1148
高振懷　518
高振生　1442
高志道　1422
戈汕（國祚，莊樂）　619,664,678,1430
戈氏（毛晉母）　255
葛誠　465
葛鼐（端調，蹇庵）　461
葛某　1459
葛萬里（翊甫，逸父，夢航）　461,1510
葛雲藹（揆需，緘三，耕巖）　1334

葛芝(雲芝,龍仙,瑞五)　785

葛鼒(靖調)　461

耿橘(庭懷,蘭陽)　40,41,44

耿志煒(明夫,逸園)　313,314

龔鼎孳(孝升,芝麓)　837,848,880,894,906,958,961,962,977,996,1063,1072,1499,1502,1085,1090,1099,1347,1389,1395,1408,1412,1414,1461,1485

龔復澄(清之)　441

龔立本(淵孟)　54,95,98,111,133,134,150,157,165,185,197,203,244,301,360,415,416,441

龔士驤(季良)　187,199,202

龔賢(豈賢,半千)　1354

龔用賢(國光)　416

龔雲起　762

古源上人　1478

谷琳(愧莪)　1026

顧炳(明甫)　274

顧伯永　1420

顧承學(思敏,貞白)　360

顧大韶(仲恭)　90,107,126,251,460,483,679,988,1418

顧大武(武仲)　572

顧大猷(所建,南湘外史)　84,359,394,414,565

顧大愚(道民,玉川子)　253,265

顧大章(伯欽,塵客)　104,178,197,205,207,233,247,

251,253,586

顧德基(用晦) 5,54,81,86,401,1475

顧登瀛(東壁) 949

顧玞(僧虔) 529

顧杲(子方) 769

顧耿光(介明,汝覲,曲江公) 5,12,114,991

顧國寶(元善,廓庵,珠巖) 1085

顧國縉(寅美) 192

顧嘉舜(虞工,固庵,視齋) 62

顧景星(赤方,黃公) 1099

顧曔(元朗,西齋) 1331

顧君錫 949

顧苓(雲美) 487,624,671,766,953,967,1125,1180,1497,1331,1338,1351,1408,1487

顧螺舟 1085

顧茂位(靖共,春江) 5

顧茂志(以寧) 834

顧眉(顧媚,眉生,橫波) 996

顧湄(伊人,抱山) 839,1159,1161,1191,1504,1231,1233,1321,1323,1332,1333,1384,1388,1399

顧夢麟(麟士,織簾) 239,1231

顧夢游(與治) 684,845,851,861,1021,1025,1030,1036,1094,1099,1274,1433

顧凝遠(青霞) 658

顧其仁　205

顧礽（南金）　799,940

顧如華（質夫）　1395

顧儒（成憲,雲竹）　1452

顧氏（錢謙益母）　6,42,172,217,218,219,240,250,305,420,431,464,781　顧世駿（君升,延祐）　1316

顧壽祺（庶其）　918

顧天埈（升伯,開雍）　482

顧天敍（禮初,筍洲）　473

顧維鼎（象垣）　1180

顧韠　1316

顧文蔚　1442

顧錫疇（九疇,瑞屏）　590,760

顧憲成（叔時,涇陽,端文）　5,21,23,33,41,44,77,81,82,305,348

顧行之　880

顧言（尚實,中瑜）　1452

顧炎武（寧人,亭林）　799,800,1001

顧應琨（顧琨,孝柔）　483,529

顧有孝（茂倫,雪灘釣叟）　1080,1354,1502

顧與浹（夾之,白餘）　61

顧與沐（木之,菲齋）　23,348,750

顧與淳（亭之,縝齋）　23,61

顧玉柱（臺卿,邦石,一江）　5

顧棫（漢章） 1510

顧雲鴻（朗仲，梟乙） 16,46,47,50,58,441,713,988

顧雲嶠（又貞，二白） 1487

顧在觀（觀生） 1057

顧贊（思王） 890

顧贊（蒨來） 890

顧仲白 1467

顧譔（仲晉，忍齋） 890

顧子東 1447

官撫辰（德星，凝之，劍叟） 1125

官靖共（衷寅，藏真居士） 969

管調陽 339

管效忠（懷赤） 933

管志道（登之，東溟） 53,57,322,1422

歸昌世（文休，假庵） 90,724,750,802,844,1196

歸繼登（爾復） 665,803

歸起先（裔興，律庵） 1196

歸紹隆（從之，霱喬） 1450

歸士琚（士琮，楚白） 71,450

歸學周（道濂，蓮峰） 71,450

歸昭 802

歸莊（爾禮，玄恭，恒軒，祚明） 665,673,710,799,909,936,978,1001,1043,1130,1196,1232,1234,1301,1335,1338,1362,1396,1402,1409,1413,1479

郭春卿　1122

郭都賢(天門,些庵)　997,1112

郭光復(振寰)　1427

郭際南(春卿)　98

郭天中(聖僕)　855

郭萬程(夢白)　325

郭熊(男祥,佩璆,鳴吉)　697

郭一緯(維垣)　452

郭昭封(無傷)　326,734

郭振明(博平侯)　333

郭正域(美命,明龍)　734

郭忠宁(蓋卿,履台)　697

郭宗昌(胤伯)　530,537,561,593

過文年(百齡)　899

H

韓逢禧(朝延,古洲)　882,1004

韓敬(求仲,止修,簡與)　64,66,76,209,238,310

韓爌(虞臣)　311,334

韓上桂(孟郁,月峰)　49,275

韓詩(聖秋,固庵)　856

韓世琦(心康)　1460

韓四維(張甫,芹城)　977

韓繹祖(茂貽)　785

韓昭宣（次卿，玉鉉） 632

郝鴻猷（勳甫） 551

郝傑（君萬） 551

何大成（之柱，君立，慈公） 365

何大謀（愚公） 1447

何德潤（仲容） 208

何棟如（天極） 203

何二如 1447

何鈁（子宣） 124

何剛（慤人） 786

何玠枝（君實） 30,360,421,1148

何薦可（替否，具茨） 124

何九説（兄悌） 608

何楷（玄子） 555

何槻（平子） 1431

何謙（非鳴，蓼菴） 423,591

何喬遠（稚孝，匪莪） 193,240,608

何述禹（公遠） 483

何舜岳（越畸） 1441

何吾騶（龍友，象岡） 582,617

何煜（瘄明） 836,856

何雲（士龍） 208,490,491,492,495,497,498,512,521,524,654,667,684,1116,1191,1218

何允澄（平仲） 5,133,421

何允泓(季穆)　5,28,54,55,59,103,124,139,140,141,218,228,249,250,527,1431

何允濟(商楫,還赤)　30,68,109

何周(無黨)　60

賀邦泰(道卿)　241

賀烺(世壽,函伯,中泠)　62,64,144,699,1467

賀王盛(周兼,無黨)　200,241

賀學仁(知忍)　189,241,699

賀學易(知幾,雲峰)　241

洪天開　1309

侯昌胤　391,415,548

侯峒曾(豫瞻,廣成)　157,390,439,528,760

侯方夏(赤社)　546

侯方域(朝宗)　546

侯復(伯賜)　890

侯岐曾(雍瞻,廣維)　157,816,822

侯性(月鷺,若孩)　1007,1039,1195,1197,1229

侯玄泓(研德,掌亭)　978,1215,1279

侯恂(六真,若谷)　505,509

侯于唐(虞明,蓮嶽)　1448

侯震暘(得一,起東,在觀)　157,271,390

呼谷(得下,德下)　1305

胡澂(靜夫,致果,其毅)　846,910,1030

胡復祖(源之)　1441

胡煥猷　350

胡節軒　1109

胡介（彦遠，旅堂）　1447

胡梅（白叔，清鏨道人）　450,452,851,889,1433

胡夢泰（友蠡）　1435

胡泌水　542

胡明遠（九玄）　611

胡岐山　250,285

胡麒生（聖遊，雪田）　511

胡潛（仲修）　60,426

胡世安（處靜，菊潭）　808,813

胡文學（道南，卜言）　1331

胡胤嘉（休復，柳堂）　60,92,116,640

胡在恪（念蒿）　1333

胡珍　820

胡震亨（君鬯，孝轅，赤城山人）　197

華時亨（仲通）　1076,1085,1145,1152,1165,1203

華淑（聞修）　1426

華允誠（汝立，鳳超）　429

華渚（方雷，方來）　1304

懷應聘（莘皋）　599

黄承祜（上枝）　1345

黄承聖（奉倩）　1437

黄傳祖（心甫）　706

黃淳耀（金耀，蘊生，松厓，陶庵） 599,669,679,693,696,717,779,799,1215,1345

黃達可 1132,1364

黃道琛（子珍，匪石） 700

黃道周（石齋） 244,470,553,555,621,677,688,700,710,764,775,806

黃觀止 1210,1235

黃國琦（石公） 1491

黃懷李（柱源） 1277

黃家鼎 795

黃居中（明立，海鶴） 841,844

黃侃（孝直） 1179

黃卯錫（茂仲） 598

黃明輔（斌卿，虎癡） 767,788

黃岐彬 671

黃汝良（明起，毅庵） 713

黃若（若芷，若芝） 870

黃商侯 1494

黃紹杰（公讓） 1424

黃申（甫及） 866,1015,1147,1183,1188

黃師正（帥先，澂之，波民） 1037,1106

黃時雨（化之，潤寰） 677,1277,1469

黃舜力 1105

黃濤（觀只） 599

黄文星（子威） 1366

黄希憲 611

黄錫綏 1510

黄憲卿（海茹） 1493

黄以陞（孝翼） 1428

黄翼聖（翼,子羽,攝六,蓮蕊居士） 101,141,421,434,597,843,866,912,987,1005,1059,1079,1112,1170,1171,1177,1179,1181,1191,1144,1276

黄虞稷（俞邰,楮園） 840,844

黄與堅（庭表,忍庵） 1279,1333,1343

黄毓祺（介子,大愚） 581,753,817,820,833,850,858,1129

黄元會（經甫） 30

黄媛介（皆令） 733,741,766,890,892

黄正賓（賓王,黃石） 197,198

黄正義（正誼,直方） 1263

黄宗昌（鶴嶺） 562

黄宗會（澤望） 1119

黄宗羲（太冲,南雷,梨州） 467,590,868,1118,1404,1405,1500

黄宗炎（晦木,立溪） 1119,1155,1420,1453,1454

惠世揚 196,813,824

惠香 622,681

霍達（魯齋） 906,1449

霍維華（東光） 286,298

J

姬文胤（士昌） 549

季才（元裳,元長,北園） 1123

季廷纓（宣赤,虎溪） 1123

季振宜（詵兮,滄葦） 959,971,1246,1267,1501,1505

計東（甫草,改亭） 1267,1401

計善（廉伯） 1489

紀映鍾（伯紫,戇叟） 857,1026

賈繼春（貞甫,浮弋） 297

江秉謙（兆豫,瞻城） 223

江鐸（士振,纘石） 1264

江浩（道闇,蝶庵,濟斐,弘覺,夢破） 472,643

江鎏（守淳） 1264

江龍吉（龍震,位初） 1448

江鏷（澹如） 1264

江紹前（似孫） 726

江思令（子九,固庵） 1264

江雍世（和伯） 1483

江之浙（禹甸） 472,643,1264

姜垛（如農） 718

姜垓（如須） 718

姜紹書（二酉,晏如） 1049

姜士麟(孟趾,養衲) 359

姜雲龍(神超) 199

姜志魯(景尼,儒一) 1049

蔣棻(畹先) 367,615

蔣廣生(幼輿) 749

蔣國玞(公韜) 376,749

蔣鑨(公鳴,二魯) 586,1462

蔣佳胤(五芝) 199

蔣凌雲 182

蔣燾(仰仁,東壁) 1462

蔣文運(玄扈) 592,611,634

蔣星煒(五聚,槎長) 669

蔣瑶臺 593

蔣欽(子修) 182

蔣鉞(仲雄) 1434

蔣允儀(聞韶,澤壘) 342,605

蔣之翹(楚雅,石林) 843

戒香 971

金堡(道隱,性因,澹歸,今釋) 915,931,968,1065,1073,1337

金敞(廓明,闇齋) 681

金德開(爾宗) 586,607,1012

金德衍(爾支) 586,1023

金鼎象(象之) 366

金國用(嘉賓,核菴) 1422
金鶴沖(鶴翀,叔遠) 1513
金漸皋(夢蜚) 732,856,1450
金俊明(朱袞,九章,孝章,耿庵) 978,1296,1362,1363,1393
金亮(伯熙) 1492
金人瑞(若采,聖歎,慈月夫人,泐法師) 445,948,1275
金孺人(周應璧妻) 928
金聲(正希,子駿,成先,赤壁) 649,726,729,730
金是瀛(天石) 1058
金廷策 550
金獻士(治文) 1012,1023
金相 572,1424
金熊士(渭師) 905,1012
金元復(峰石) 1012
金兆登(子魚) 541,586
金之俊(彥章,豈凡,息齋) 1181,1203,1228
金重華(又文) 1049
荆觀 1476
覺凡上人 1467

K

康范生(長孺,小范) 1024,1159,1162
康浤(文初) 303,378,427

康時萬（孟修） 303,378

康新民 337

柯聳（素培,岸初） 1114

柯元芳（月傳,楚衡） 1114

孔孟文 779

孔胤驥（天閒,淵溪） 1351

孔胤植（懋甲,對寰） 565

寇白（寇湄,白門） 261,1037

來方煒（含赤,蘭澤） 416,542

來立模（範叔,九畹） 416

來立相（夢得,九山） 416

郎廷佐（一柱） 1029,1292,1412,1448

雷起劍（雨津） 1426

雷珽（元方,笏山） 1144

雷孝子 1474

黎彭祖（務光） 1050

黎士弘（愧曾） 1034,1035

黎遂球（美周） 613,619,934

黎元寬（博菴,左嚴） 1242,1366

李邦華（孟闇,懋明） 237,317,587,588,619,721,756,759,1142,1213

李標（汝立,建霞） 298,313

李柄（汝謙） 346,413

李炳（文中） 1002

李伯元（端統,宗古）　165
李昌祚（文孫）　1034
李長庚（酉卿,夢白）　155
李長世（聞孫,文孫）　1142,1212,1213
李承祚　787
李春逢　1473
李春蓁（郁林）　554
李涪（習之）　1412
李大升（木生）　822
李發元（元毓）　1419
李反觀（守詹,二峰居士）　808
李逢申（延之,若鶴）　459
李鳳（李孝貞）　924
李光縉（衷一,宗謙）　27,50,51
李國楷（元冶,續溪）　1419
李國樑（鴻修）　513
李杭之（僧筏）　382
李毂（孟芳）　208,231,381,435,456,467,528,577,583,599,624,664,678
李華午（子靖）　1459
李繼白（荊品,夢沙）　1295
李蛟禎（得雲）　575
李九官（相虞,雍時）　180
李開先（伯華,中麓）　667,1385

李楷(叔則,霧堂)　1359,1362,1386

李可汧(開郪,賓侯,元仗)　1340

李可衛(爾公)　1340

李可灼　165,295

李來泰(仲章,石臺)　1107,1169,1190,1241,1248,1251,1252,1253,1302

李流芳(茂宰,長蘅,檀園)　35,42,46,47,49,55,58,63,64,67,80,109,135,150,166,167,198,201,232,280,287,301,326,358,377,382,412,414,449,546,604,912,1024,1170,1335,1423

李魯生(尊尼,雲許)　807

李茂英(君秀)　1015

李懋芳(國華,玉完)　503

李孟函(大函,三一)　1340

李名芳(茂材)　741

李明嶅(山顏,蓼園)　380,867

李明睿(太虛,閶翁)　1242,1416

李模(灌溪)　1391

李念慈(屺瞻,劬庵)　1029,1279

李攀龍(于鱗)　71

李盤(李長科,小有,根大)　1011,1344

李鵬翀(程叔,見復)　605

李喬(長喬,世臣)　1435

李喬新(伯榜)　5,20

李清（心水，映碧）　774,1471

李秋孫（王燁,聖秋）　1207

李日成（李日乾）　726

李日華（君實,九疑）　193,627

李如一（鶚翀,貫之）　159,163,253,256,259,370,989,990

李若星（紫垣）　358

李森先（琳枝）　897,1050,1070

李士標（霞舉,篈菴）　1457

李思聰（四卿,沮修）　75,398

李愫（素心,嗇齋）　1052

李廷諫（信卿）　619

李陀那　855

李維楨（本寧）　39,83,86,107,110,240,259,390,1461

李維柱（本石）　40,72,83,110

李雯（舒章）　538,585

李香岩　1251

李象極（佐均,敬堂）　1340

李秀東　515,1226,1311

李遜之（膚公）　1171,1185

李暘（寅谷）　1052

李宜之（緇仲）　741,932

李奕茂（爾承）　1421

李寅（寅生,令曉）　1457

李胤昌（文長,集虛）　1340

李胤熙(緝夫)　20,250,295,362,1390

李營易　390

李應昇(仲達,次見)　215,225,247,258,259,1171,1185

李漁(謫凡,笠翁)　1272

李玉(玄玉)　818,977

李玉森(木公)　1443

李玉陽　790

李元鼎(吉甫,梅公)　641,848,1111,1241,1242,1248,1274,1406

李元芳(茂初)　376,377

李藻先(黼臣,素臣,訥庵)　725,783,1015,1016,1017

李沾(公受)　764,795

李肇亨　627

李振裕(維饒,醒齋)　1274,1406

李正華(茂先)　1062

李之椿(大生,徂徠)　790

李枝翹(條侯)　965,1313

李至清(超無)　45,55

李贄(卓吾,禿翁)　26

李衷純(玄白,天虞,廣霞)　489,574,590,622

李宗延(景哲,嵩毓)　196

練國事(君豫)　528

梁化鳳(翀霄)　1062,1227,1276,1312,1350,1399

梁清標(玉立,清標)　1187

梁清遠（邇之）　1187,1391

梁世鼇（化宇）　527

梁廷棟（大胸,無他）　336

梁維樞（慎可,西韓）　560,823,830,1074,1184,1187,1391

梁子璠（兆瑚）　313,314

林枋　1285

林符卿　900

林古度（茂之,那子,乳山道士）　836,840,849,854,861,868,1036,1159,1339,1386

林銘鼎（玉鉉,自名）　609

林喬椿　336

林銓（六長）　621,676

林時對（殿颺,繭菴）　1488

林廷棟　928

林文熊（克武,青海）　136

林雲鳳（雲撫）　450,451,580,657,740,759,872,983

林增志（可任,行熾,法幢）　709

林章（春元,叔寅,初文）　836

凌鳳翔（儀吉）　1510

劉成治（廣如）　587

劉定勳（謙甫）　709

劉敦甫　1422

劉鴻訓（默承,青岳）　177,380

劉康祉（以吉,玄受）　948

劉可敩　517

劉孔昭（復陽）　1014,1051

劉履丁（庚之,漁仲）　463,465,481,561,695,1335

劉民悦（時可）　225,237

劉起　336

劉起相（中當）　734,1073

劉啟忠　734

劉榮嗣（敬仲,簡齋,半舫）　189,320,501,504,505,509,514,516,517,519,520,521,523,524,525,532,542,546,551,568,591,1442

劉汝模（柏,叔範,怡荊）　1384,1387

劉入相（文華）　736,758

劉若宰（胤平,退齋）　540,558

劉斯琜　1094

劉斯瑋（西佩）　1109,1429,1430

劉廷諫（咸仲）　357,562

劉廷訓（式伯）　596

劉廷佐（含白,瞻辰）　342

劉同升（晉卿）　555

劉文炳（淇筠）　872

劉文耀　872

劉文炤（雪舫）　872

劉無疆　451

劉錫玄（玉受,心城）　716

劉獻廷(君賢,繼莊)　1491

劉湘客(客生)　915

劉虛中(長倩,翠峰)　453

劉一燝(季晦)　112,454

劉一霖(傒仲)　225

劉胤昌(燕及,洧水)　1422

劉永錫(爾類)　1051

劉永錫(欽爾,剩菴)　1488

劉元釗(遠公)　1094

劉澤清　505,690

劉宗周(起東,念臺)　484,621,768,799

柳敬亭　906,945,987,1027

柳如是　7,135,361,559,568,596,623,624,625,631,634,635,636,639,641,643,645,654,663,674,676,679,682,703,708,715,717,728,731,737,741,758,766,791,800,801,813,814,818,820,821,823,825,845,867,882,892,1019,1096,1115,1132,1133,1136,1175,1190,1259,1286,1372,1395,1408,1460,1479,1486,1512

婁堅(子柔,歇庵)　35,86,214,218,779

盧綋(元度)　1346,1362,1374,1382,1408,1412,1413,1440,1502

盧九德(雙泉)　877

盧孔禮　164,167,500,1423

盧孔信　168,171

盧世㴶(德水)　423,427,439,472,496,497,499,560,615,814,815,895,939,1386

盧象昇(建斗)　534,606

盧瑛田(龍升,虹仲,如麓)　174

盧之頤(子繇、晉公、蘆中人)　940,1447

魯超　1440

魯得之(參,孔孫,魯山)　627,717,1107

魯可藻(孺發)　1448

陸崇禮(孟敦,衷抑)　190

陸符(文虎,君陳)　255,389,449

陸弘定(紫度,綸山)　1043,1284

陸化熙(羽明,濬源)　42,46,205,212

陸嘉淑(孝可,冰修,辛齋)　1447

陸孟珠(燕燕,綠珠)　828

陸夢龍(景鄴)　229

陸培(鯤庭,部婁)　680,711,718

陸圻(麗京)　680,1260

陸慶曾(子玄)　1054,1056

陸瑞徵(兆登,群圭)　382,395,396,407,410,415,462,487,904

陸三接(晉侯,緘庵)　1469

陸氏(文震孟妻)　415

陸世鎏(彥修,止庵)　991

陸世儀(道威,桴亭)　991

陸坦（履長） 720

陸廷保（定爾，悫菴） 1338

陸文衡（坦持） 760

陸文聲 472

陸問禮（仲謀，衷虛） 110,135,164,190,387,390

陸錫（禹疇） 1142

陸銑（孟鳧） 26,54,58,133,218,452,874,907,946,976,987,988,1084

陸曜（善長，日華） 1421

陸一鵬（六息） 712

陸宜（山淑，顧苓妻） 1351

陸貽典（敕先，覿菴） 658,701,737,843,905,930,1160,1161,1191,1197,1221,1223,1233,1254,1275,1286,1321,1325,1378,1387,1506,1508,1509

陸元輔（翼王） 993,1215,1495

陸元泓（秋玉，水墨道人） 1194,1416

陸鉞（仲威，巽菴） 54,58

陸運昌（夢鶴） 587

陸枝（達卿，培吾） 150,444

陸仲德 1085,1163,1404

陸仲子 268

鹿化麟（仁卿，怡雲） 500,588

鹿盡心（靜觀） 588

鹿善繼（伯順） 86,311,405,500,588

路澤農(澤濃,安卿,吾徵)　1007,1010

路澤溥(蘇生,安卿)　1001,1010,1197,1129

路振飛(見白,皓月)　543,768,1195,1129

潞王　791,798

呂邦燿(玄韜,九如)　213

呂純如(益軒)　162

呂霖生(兆龍)　1007

呂留良(光輪,莊生,用晦,晚村,留侯)　1240,1262,1381,1405

呂奇齡　1231

呂師濂(黍字,守齋)　1492

呂天遺　923,945,1130

呂維祺(介孺,豫石)　706

呂陽(全五,詹望,薪齋)　1157

呂應空(小隱)　970,1315

呂願良(季臣)　1381

M

馬德澧(澹真,以容)　1485

馬逢皋(千里)　174

馬國柱　833

馬弘道(人伯,退山)　1420

馬嘉(天遊)　946,1180,1306

馬嘉標　1485

馬傑　258

馬進寶（唯善，逢知）　874,882,922,976,1052,1198,1469

馬孋（浣花君）　1250

馬鳴佩（潤甫）　1062

馬某　952

馬權奇（巽倩）　201,513

馬士英（瑤草）　696,729,757,761,763,771,790,791,1057

馬世奇（君常，素修）　62,86,637

馬元俊（伯英，成巖）　58

馬甝采（宛虹）　1108

馬兆聖（瑞伯，無競）　58,112

馬之駿（仲良）　87,88,89,90

馬之騏（時良）　87

毛褒（華伯，質庵）　1105,1199,1204,1219,1369

毛表（奏叔）　1045,1204,1219,1224,1369

毛衺（補仲）　1044

毛晉（鳳苞、子晉，子久，潛在）　146,322,435,456,467,529,570,583,592,594,599,652,664,738,851,855,860,891,894,929,945,1002,1020,1044,1045,1046,1048,1060,1067,1074,1083,1088,1099,1128,1133,1138,1139,1140,1141,1145,1149,1158,1160,1162,1173,1191,1203,1219,1306,1344,1422,1460

毛九華（含章）　323

毛清（清漣，虛吾）　146,227

人名索引

毛文龍（鎮南） 185

毛戾（斧季，黼季） 1160,1173,1191,1197,1219,1369,1506

毛羽健（芝田） 314,735

茅維（孝若） 252,513,534,591,616,617

茅元儀（止生,石民） 152,213,244,353,355,356,393,413,426,593,617,662,853

冒襄（辟疆,巢民） 643,694,790

梅國楨（客生） 1470

梅磊（杓司,響山） 1452

梅之煥（彬父） 352,371,662,674,755,1120,1470

梅之熉（惠連） 1470

繆昌期（當時） 50,86,112,124,186,198,201,246,247,253,256,259,448,459,1489

繆疇（祉生） 891,1467

繆純白（采璧,去瑕） 256,687,688,698,1088

繆希雍（仲醇,慕臺） 274,427

繆虛白（采室） 256

繆雲鳳 222

繆祖命（令憲） 222,470

閔齊華（赤如,東庵） 432

木增（長卿,生白） 653,1146

N

倪燦(雁園) 1037

倪長玗 667,760

倪嘉慶(篤之,璞庵) 507,509,524

倪鉅(偉長,雲岩) 1459

倪涑(光中,晉源) 477

倪相士 393

倪元鋠(賦汝,三蘭) 477

倪之煌(天章) 1399

倪仲遐 451

黏本盛(道恒) 1451

黏洪録(拙庵) 1451

P

潘檉章(聖木,力田,更生) 886,1266,1327,1332,1367

潘高(孟升,鶴江) 1089,1417

潘江(蜀藻) 1140,1370

潘覽德 210

潘令範 1424

潘倫 1374

潘榮(顯甫,獻夫,郭指,湯鴻) 1006,1047,1050,1069,1224

潘潤(雨臣) 1079,1445

潘一桂（無隱，木公） 302

潘應鯉（汝躍） 824

潘湛（朗士） 533

潘之恒（景升） 85,138,140,141,1374

潘宗顏（士璜） 152

房可壯（海客） 244,307,312,321,336,339,357,516,813,824

龐昌胤（再玉） 753

彭城退士 1513

彭士望（躬庵，达生） 785,901,1166,1167,1168,1187,1390

彭仙翁（彭齡，幼朔，祝萬壽，海圍，海韋，一炁） 57,73,260,281

彭遵亮（元采） 203

屏石上人 591

濮澄（仲謙） 847

浦長卿 518

浦大冶（君鎔） 163,254

浦劍仙 773,776

浦嶧（君書） 1302

Q

戚右朱 930,1210,1237

祁彪佳（虎子，幼文） 422,441,467,503,579,588,590,

718,763,765,767,769,773,776,798,799

祁駿佳(西遜,季超)　1154

齊國璽(元卿)　564

錢黮(右尊,夏尊)　1198

錢曾(遵王,也是翁)　12,360,852,859,883,907,992,
1048,1050,1174,1197,1200,1222,1224,1225,1233,1237,
1243,1251,1254,1260,1267,1268,1270,1286,1301,1307,
1308,1312,1317,1320,1321,1323,1330,1331,1332,1344,
1361,1367,1368,1371,1378,1382,1384,1387,1388,1408,
1437,1501,1506

錢朝鼎(禹九,黍谷)　1050,1073,1218,1352,1408

錢朝鼐(次鼐)　1161

錢澄之(秉鐙,幼光,飲光,田間)　775,901,1502,1508,
1096,1104,1140

錢大可(廣居)　875,943,1130

錢岱(汝瞻,秀峰)　24,38,40,41,89,126,172,204,1430

錢爾光(觀伯,奚楨)　18,38,261,474

錢二酉(錢謙益幼弟)　8,71,79

錢芳標(鼎芬,葆芬,寶汾,葆盼)　1054

錢棻(仲芳,滌山)　641

錢佛霖　8

錢佛日(重光,桂哥)　8,847,1132,1152

錢公遠　1492

錢嘏(子純,梅仙,堪齋)　1165,1191,1194,1204,1276,

1310,1320,1507

錢光繡（聖月，蟄菴） 727

錢洪（理平，竹深） 2,397

錢鴻（君鴻） 1206,1347

錢繼登（爾先，龍門） 293,632

錢繼科（登甫，士登，無登，初平子，中岳山人） 18,37,38

錢錦城（霸先，鏡先，臨皋） 8,1508

錢可興（明詩，瞻雲） 1066

錢寬（理容，柳溪） 1

錢奎炳（虎文） 1150,1472

錢良翰（雲將） 778

錢龍惕（子健，夕公） 261,388,451,474,594,659,831,1098,1116,1200,1238,1256,1268,1287,1313,1315,1318,1322,1378,1388,1394

錢龍錫（稚文，機山） 298,306,314

錢龍躍（子飛） 261,451,474,658,1075

錢陸燦（湘靈，圓沙） 9,679,844,1075,1402,1469,1510

錢明相（希哲） 22,845

錢明翼 289

錢啟忠（沃心，清溪） 727

錢千秋 197,209,248,307,320,328

錢謙光 1408

錢謙益次妹 7

錢謙益大妹 7,592,756

錢謙益女　8,845

錢謙益幼妹　8

錢謙貞（履之,耐翁）　8,20,55,219,289,291,292,293,294,360,373,378,381,395,406,451,747,814

錢時俊（用章,仍峰）　5,33,38,40,41,77

錢士貴　1054

錢士晉（康侯,昭白）　629

錢士升（抑之,御冷）　305,469

錢世臣（忠甫,荆珍,徐州）　6,26,40

錢世美（霸,世淳,濟甫）　5,6,253

錢世熙　6,460

錢世顯（令甫,豐穎）　6,22,219,884

錢世揚（士興,孝成,儔孝,景行子,聱隅子）　5,29,38,40,48,63,68,69,98,172,197,240,305,781,1215

錢壽耆　8,216,253,257,275,276,277,295

錢順德（道充,春池）　4,29,40,240

錢順化（道光,存虛）　4,18,20,40

錢順理（道行,觀海）　4

錢順時（道隆,行所）　3,305,781

錢順治（道安,見素）　4

錢肅潤（季霖,礎日,十峰居士）　1203,1267,1318,1408

錢肅樂（希聲,虞孫）　629,1416

錢孫艾（孫謀,頤仲）　8

錢孫愛（上安,孺貽）　8,361,402,460,572,579,623,669,

720,774,815,825,1130,1340,1389,1406,1447,1480,1495,1508

錢孫保(容保,求赤)　8,868,1215,1369,1480,1501

錢孫臨(允大)　1486

錢孫娠　8,424

錢台孫　928

錢泰(嵩嶽,益齋)　2

錢檀僧　8

錢體仁(長卿,虛菴,虛中子)　2,405

錢位坤(與立,大鶴山人)　620

錢文光(純中)　168,362,382

錢希言(簡棲)　48,91

錢玄(密緯)　231

錢延宅(大士)　1232,1345,1352,1359,1388,1408,1412

錢燕喜　1395,1396

錢頤　2

錢裔嘉(嗣隆)　460,893,1240

錢裔肅(嗣美)　98,470,815,1246,1301,1431

錢應昌(翊之)　1467

錢鏞(通九公,國器,靜閒)　1

錢用佛　1467

錢友義　1

錢元孫(千一公,亨父)　1,24

錢元禎(士爵,濱江)　2

錢岳(起元,五長,循陔)　1438

錢允鯨(長卿)　326

錢允治(功甫,少室山人)　122,188,236,808,1308,1431

錢增(哀卿,曼修)　777,943,1020

錢珍(通十公,時用)　1

錢志(素昭)　1300,1312,1390,1485

錢志騫(集之)　255

錢祖壽(福先,三峰)　970,976,1170,1230,1316,1352

喬可聘　772

喬允升(吉甫,鶴皋)　342

秦坊(表行,儼塵)　1423

秦堈(器新,儼海)　630

秦鎬(周京)　89

秦世禎　905,935

秦松期(邳仙,漆園,金匱主人)　1509

秦鏞(大音,若水,弱水)　418

丘雋(慎夫)　504

丘兆麟(毛伯)　186

屈大均(紹隆,翁山,今種,一靈)　1157

屈坦之(毓庵)　1315

瞿昌文(壽明)　736,852,915,935,1253

瞿純仁(元初)　5,17,31,50,51,96,103,114,140,157,271,377,723

瞿涵(止菴)　1489

瞿孺人(李胤熙妻)　71

瞿汝稷(元立)　5,40,68

瞿汝夔(太素)　68

瞿汝説(星卿,達觀)　16,40,104,265,448

瞿汝益(静觀)　68

瞿式黼　68

瞿式穀(起邰)　517

瞿式耒(起周,少潛)　68,268,424,677

瞿式耜(起田,稼軒,忠宣公)　19,39,80,98,104,105,111,121,296,297,298,305,306,307,311,313,315,320,324,357,371,410,442,448,479,500,505,511,519,538,539,571,576,578,602,610,631,635,652,681,708,713,732,733,743,756,757,758,770,773,789,815,862,889,903,913,929,1372

瞿式鉉　68

瞿四達　862,913,1410

瞿玄鏡(端叔)　953,1125,1331,1338

瞿玄錫(伯申,曇谷)　694,697,903,1314

瞿有仲(有仲,健谷)　1149

瞿元錫(伯申)　367

R

任氏(陸銑母)　133

任濬(海王,文水)　557,628

任贊化（參之）　318,323
任僎（文昇）　416
阮大鋮（集之，圓海）　297,554,665,770,775,801,1057
阮姑娘　1175
阮漢聞（太沖）　706
阮進（大橫）　908,1051,1175
睿公上人　1360

S

桑悅（民懌，号思玄居士）　105
商家梅（孟和，那庵）　88,89,90,93,95,99,102,103,104,105,136,214,230,302,303,474,490
邵燈（薪傳，無盡）　920,945,1143
邵圭潔（伯如，北虞）　1340
邵堅（不磷）　654
邵濂（茂齊）　16,29,58,71,79,158,1294,1392
邵梁（公興，雪樵）　1143,1392
邵梁卿　646,647,678
邵彌（僧彌，瓜疇）　273,286,287,293,563,687
邵潛（潛夫）　98,1202,1210
邵世茂（羽萬，松如）　367,998,1071
邵叟（康衢）　273
邵以貫（得魯）　1118
邵幼青　646,647,678

邵仲範 293

單良佐 407

佘書陛(掄仲) 646

申甫 182

申繼揆(維志,昷庵,蓬園) 1157,1225

申紹芳(維烈,青門) 454,782

申用懋(敬中,玄渚) 390,442,621

申芝芳(素公) 1495

沈份 1444

沈昌時(逢可,葵陽) 922

沈春澤(雨若,竹逸) 58,136,141,1473

沈道成(育萬,悔菴) 1495

沈德符(虎臣) 66,89,209,216,659

沈德潛(確士,歸愚) 1511

沈光裕(仲漣) 1007

沈顥(朗倩,石天) 850,898,899

沈璜(璧甫) 583,584,636,683,684,1460

沈麟(友聖) 1056,1057,1395

沈明掄(伯敘) 720,791

沈明揚(玉當) 720

沈榮(彥威,誰庵) 567

沈孺人(徐溶妻) 1484

沈士柱(崑銅,惕庵) 1026,1330

沈氏 368

沈守正（允中，無回）　60,67,123,125,211,213,640
沈廷揚　493,707
沈希孟（子遷）　1275
沈希詔　328
沈炘如（馴襄）　1510
沈演（叔敷，何山）　567
沈揚　258
沈堯天　1444
沈應科（獻夫）　1473
沈應奎（伯和）　164,1423
沈尤含（英多）　640,1454
沈自南（留侯，恒齋）　1299
沈宗培（伯吹，不傾）　117
沈祖孝（沈果，因生，雪樵）　918,1038,1063,1083,1354
盛丹（伯含）　1037,1105,1109,1186
盛符升（珍示，誠齋）　1333
盛斯唐（集陶，雪坡）　836,853
盛文琳（九容）　157
盛胤昌（茂開）　1109
盛遠（子久，鶴江）　994
施道淵（亮生）　1406
施鳳儀（孟祥）　502
施洪烈（仲芳）　1062
施男（偉長）　11,930,1006,1012,1038,1306,1313,1314,

1316,1330,1331

施閏章（尚白,屺雲,愚山） 1237,1260,1274,1358,1359,1361

施咸（有一） 1134

施秀才 956

施諲（又王） 1134,1154

石電（敬巖） 363,443

石濤 893

石映星（光壁） 921

石應嵩（兆甫,澹寧） 628

石在閶 1134,1227

時敏（子求） 433,728,764,800

時雍（伯和,邵庵） 108,111

史鑑（明古） 225

史可程（赤豹,蓮庵） 1007

史可法（憲之,道鄰） 757,760,761,763,789

史孟麟（際明,玉池） 100,136

史兆斗（辰伯） 226,851,1002

釋□德（慈門） 220,232,1430,1466

釋□權（聖可） 1123,1264

釋□胤（熙遠） 1467

釋寶金（壁峰） 108

釋本黃（檗巖,古求,蒿庵,許琬,琬玉,蒿庵） 1448

釋本晳（山曉） 1150

釋潮音　1078

釋達旦(介立)　858,1084,1155,1207

釋大悲　774,782,784

釋大楫(濟舟)　642

釋大寂(鶴林)　413

釋大嵩(友蒼,祖庭)　910

釋大惺(以明,夢父)　1419

釋大雲　82,92

釋大舟　1467

釋道獨(宗寶,空隱)　1063,1072,1120,1336

釋道衡(方平,西吾)　451

釋道開(得心,密藏)　18,1074,1082,1218,1219,1231

釋道開(自扃,閩庵)　337,567,928,939

釋道忞(木陳)　924,1128,1149,1150,1151,1153,1170,1178

釋道丘(離際,棲壑)　1063,1073

釋道韶(雪藏)　1084,1097,1190

釋道盛(覺浪)　1119,1122,1124,1126,1127,1157,1176

釋道源(石林)　369,533,558,591,739,826,831,893,913,948,990,1005,1046,1069,1080,1084,1087,1199,1221,1472

釋德清(澄印,憨山)　12,109,113,114,115,120,144,160,172,219,229,280,367,443,734,1063,1120,1136,1193,1205,1217,1219,1263,1478,1480

釋德宗　901

釋讀徹（蒼雪）　57,322,586,951,1002,1043,1044,1084,1092,1134

釋法鎧（澹居）　107,220,1465

釋法乘（雪柏,洞聞）　95,114,215,1468

釋法藏（漢月）　109,114,267,1129,1424

釋佛閒（旭伊,晶伊）　1037,1099

釋孚如　83,84

釋福善（知微）　229,280,367,1121,1219

釋廣傳（濟川）　149

釋廣潤（等慈）　103,140,158,377

釋廣益（虛中）　1205

釋海正（印初）　956

釋函可（祖心,剩人,韓宗騋）　1036

釋函昰（天然）　1335,1337

釋弘徹（幻空,頂目）　24,832

釋弘儲（繼起,退翁）　1153,1164,1177,1178,1185,1198,1208,1209,1213,1234,1356,1385,1398,1412

釋弘濟　285

釋弘禮（具德）　941

釋洪恩（雪浪）　55,57,1433

釋幻住（光熊）　1104

釋慧浸（巢松）　82,92

釋慧秀　66

釋即中（乾三，管士瓏）　701,1068

釋寂光（三昧）　760

釋寂覺（聞照，文照）　1437,1478

釋寂同（不二）　1279

釋濟航（潭柯）　1205

釋今無（阿字）　1336

釋今覡（石鑑）　1335,1337

釋髡殘（介丘，石溪，大杲，智杲）　910,1015,1019,1023,1084,1096,1105,1190

釋藍園（遠公）　25

釋靈晟（蒼暉）　1060

釋妙象　513

釋明河（汰如）　322,627,1093,1140,1206

釋明盂（三宜）　941

釋明昱（無著，高原）　37,99

釋明湛（見源）　176

釋内衡（智銓）　1121

釋凝遠　1285

釋平方　140,141

釋普淳（心函，心涵）　878

釋契德（鶴如）　746,948,1148,1352,1407

釋契穎（按指）　1219

釋清珙（石屋）　269

釋如圓　116

釋善繼　107

釋善生　1110,1145

釋石夢　1082

釋壽光　1211,1217,1218,1234,1235,1236,1239

釋松影（大麟）　1017,1084,1227

釋通門（牧雲，澹雲）　626,651,753,757,827,862,1048,1248,1278,1294,1406

釋通明（固如）　1078,1382

釋通容（費隱）　941

釋通潤（一雨）　58,236,322

釋通賢（浮石）　1314,1331

釋通琇（玉林）　1192

釋通徹（覺照）　1383

釋惟謣　1060

釋文石　1193,1222

釋聞谷（廣印）　231,458,481,629

釋象游　1306

釋曉青（僧鑒，鑒青，碓庵）　1165,1398,1417

釋行徹（季總）　1460

釋性琮（白法）　924,990,1116,1117,1163,1175,1226,1237

釋性恒　1038

釋性静（悟宗）　1282

釋性融（太空）　376,421

釋性鎮　40

釋雪徑　142

釋雪屋　115

釋一超（金五川）　145

釋一乘　85

釋元賢（永覺）　630

釋圓福　437

釋圓靜（竺璠）　25,394,489,593

釋丈雪（通醉）　1117

釋照南（巨方）　1240

釋照渠（含光）　970,983,986,995,1044,1046,1068,1078,1082,1090,1093,1110,1115,1139,1182,1282

釋真可（達觀,紫柏）　33,39,1151,1218

釋真詮（微密）　984

釋正願（無生上人）　442,914,1465,1473

釋知妄　1285

釋智操（寒松,隱翁）　1453

釋智旭（際明,素華,蕅益,振之）　25,924,944,983,994,1076,1084,1116,1123,1264

釋袾宏（佛慧,蓮池）　72,98,107,108,1477

釋宗乘（載之）　478

釋宗林（大風,朽庵）　337,353

釋祖嵩（友蒼）　1096

舒策（仲符,五岳）　451,453

水牯和尚　1093

宋存標（子建，秋士）　1054,1056,1059

宋德宜（右之，蓼天）　989

宋鳳翔（羽皇）　199

宋璜（玉仲）　714,723

宋繼登（先之，道岸）　1262

宋珏（宋瑴，比玉）　119,133,364,365,368,684

宋奎光（元實，培巖）　201,208,231,912

宋思玉（楚鴻，棣萼）　1054

宋琬（玉叔，荔棠）　714,1262,1273,1281

宋賢（又希）　221

宋獻（獻孺，如園）　200,691

宋學顯（令申，爾庵）　710,1430

宋學朱（用晦，旭初）　989

宋應亨（嘉甫，長元）　714,723

宋之繩（其武）　613

宋徵璧（存柟，尚木）　782

宋徵輿（轅文）　1071,1329

宋祖舜（淑哲，鹿游）　502,504,505

蘇先（子後，墨莊）　191,197,263,268,288,291,371,395,403,444,446,450,468,473,488,503,552,636

蘇祖蔭（眉孫，芑詒）　1143

孫必顯（克孝）　379,557,595

孫昌齡（二如，念劬，元嶽）　524

孫朝讓(光甫,本芝)　367,530,615,676,866,915,1131,1247,1349,1494

孫朝肅(恭甫,功父)　393,530

孫承澤(耳伯,退谷)　805

孫承宗(稚繩,愷陽)　64,65,169,208,210,237,363,563,567,579,587,593,690

孫傳庭(伯雅,白谷)　564

孫道人(汝忠,以貞)　520

孫藩(孝維,燕玉)　1246

孫光宗(照鄰)　1261

孫國敉(國光,伯觀)　1495

孫鎗　443,544

孫漢卿　106

孫肩(培庵,詮勝,大山)　925

孫介(石父)　607,1012

孫晉(明卿,魯山)　1055,1056,1105

孫居相(伯輔)　67,520

孫林(子喬,芝房)　530

孫臨(克咸,武公)　1055

孫魯(孝若,沂水)　697,866,894

孫丕燦(韜生)　1261

孫丕揚(孝叔,立亭)　17,67,76

孫奇逢(啟泰,鍾元)　500,544,562,853,1291,1395

孫榮(曙東)　599

孫潛(潛夫) 862

孫銓 1358,1454

孫森(子桑,蘭畹) 38,42

孫慎行(聞斯) 463,1433

孫生 363

孫鉌(幼度) 543

孫爽(子度,容庵) 487,1481

孫文胤(對薇,在公,尊生主人) 1422

孫鑰(紫冶) 435

孫胤伽(唐卿,東川居士) 159

孫永祚(子長) 367,383,431,486,529,566,621,625,626,652,664,682,766,827,1086,1194,1202,1269

孫迂公 1444

孫鉁(楚惟) 434,544,1458

孫之澇(洸聞) 1358

孫之沆(靖自) 1458

孫之益(思謙,六吉) 236

孫枝蔚(豹人) 1357

孫致彌(愷似) 1258,1290

T

譚昌言(聖俞,凡同) 32,719

譚光宗(起宇) 1475

譚吉璁(舟石) 870

譚曉　1425

譚胤昌（伯隆）　1475

譚胤翹（叔楚）　1475

譚胤揚（仲名）　1475

譚元春（友夏）　138

譚照　1425

譚貞竑（立生）　1423

譚貞良（元孩,築巖）　870

譚貞默（梁生,譚埽）　204,487,718,719,747

湯賓尹（嘉賓,睡庵）　76,85

湯大耆（尊宿）　178

湯鶴翔（雪翎）　136

湯家相（泰瞻）　913,949

湯孺人（吳維祺母）　667

湯顯祖（義仍,若士）　45,55,96

唐昌世（興公,存我）　418

唐公靖（一相,君平,中臺）　628

唐鶴徵（元慶）　150

唐景錢（時若,容齋）　1216

唐景宋（邢若,默齋）　1216

唐汝諤（士雅）　1463

唐汝詢（仲言）　1463

唐時昇（叔達）　217,220,288,300,369,393,420

唐玄真（雲龍）　383

唐映奎（聚升） 1216

唐允甲（祖命，耕塢） 628,858

陶愕（冰修） 1283

陶崇道（路叔，虎溪） 233,340

陶孚尹（誕仙） 1489

陶珙（紫闓，仲璞） 700,714

陶開虞（爾禆，月橋） 1488

陶康侯 1007

陶式玉（玉章） 859

陶珽（葛闓，不退，稚圭） 254,701

陶希皋（直甫） 254

陶子齊 1305

滕相士 1362

田弘遇 662,812

田見龍 575

田時震（出孟，御宿） 351

田珍（子聘，待溪） 1229

佟卜年（于周，觀瀾） 167,204,207,253,986,1472

佟國蕭（懷東） 873,909

佟國器（思遠，匯白） 873,909,986,1124,1138,1201,1259,1472

佟彭年（壽民） 1351

涂一榛（廷薦，淑任） 689

涂仲吉（德公） 688,689

屠隆(長卿,赤水,緯真)　37,38
屠象美(幼繩,愚仙)　1434
塗應旂(道合)　1144
土國寶　817,913

W

萬大傅　1433
萬代尚(開來)　1453
萬壽祺(年少,介若,慧壽)　976
萬泰(履安,悔庵)　1073,1218
萬有孚　532
萬尊師(萬國樞,環中)　408
汪邦柱(如石)　122,134
汪鶴孫(雯遠,梅坡)　1495
汪景純(宗孝)　856
汪楷(雲憑,雪菴)　1339
汪烈婦　392
汪明際(無際,雪菴)　201
汪明哲　1429
汪某　169
汪淇(右子,憺漪,象旭)　1125
汪喬年(歲星)　207,675,731
汪汝祺(石公)　912,1062
汪汝謙(然明)　559,623,641,844,860,876,883,927,936,

971,1003

汪三益　589

汪琬（苕文,鈍翁）　182,409,447,1401

汪文言（士光）　247

汪一廉（幼清）　245,384,838,1029

汪逸（遺民）　81,84,114,151,386

汪應皋（汝澤）　1432

汪雲卿　518,903

汪湛若　1188

汪宗文（景謨）　377

王邦畿（説作）　1337

王抃（懌民,鶴尹,巢松）　1005,1321,1323

王昺　558

王伯稠（世周）　87

王鐀（叔聞）　830

王承曾（岕庵）　558,559

王崇簡（敬哉）　567,787,1345

王典（備五,慎齋）　1272,1273

王端淑（玉映）　1259,1270,1275

王鐸（覺斯,十樵）　462,547,680,770,789,795,800,801,824,920

王璠（王藩,吴震,伯如）　493

王逢年（舜華,明佐,玄陽山人）　22

王槩（安節,東郭）　624

王光承(玠右)　981

王翰明　883

王昊(惟夏,碩園)　1321,1323

王鶴年　166

王浼(浼文,文通,墨池)　1484

王煥如　125,237

王翬(石谷,耕煙散人,清暉主人)　1372

王紀(若樸,子魯)　1183

王嘉定(毅庵)　455

王稼(紫稼、子介、子嘉、子玠)　894,962,1070

王節(貞明,惕齋)　667

王介福(受茲)　797

王君采　1038

王俊臣(子籲,用三)　1161

王肯堂(宇泰,損庵)　1237

王揆(端士)　1321,1323

王澧(王李,楚先,芳洲,蘭陔)　703,884,933,1070,1235

王良臣(忠亮,翼儆)　198,200,366

王臨亨(止之)　746

王懋明　1060

王夢鼎(兆吉)　455,470,818,945,988,1040,1111,1180,1220,1221,1300,1343,1400,1404,1412,1492,1494

王夢蕭(兆隆)　455

王民(王度,式之,玉式)　1024

王明德 1154

王鳴野(鹿年) 498

王命新(坦山) 286

王乃昭(慎德,嬾髯) 1069

王榮(偉長,詠易) 1172

王洽(和仲) 318,352,370,371,386

王清臣(子澈) 1161

王人鑑(德操) 387,393,435,452,621,860,1163,1174,1429

王瑞璋(子顯) 1468

王紹徽 238

王生 481

王時敏(贊虞,烟客) 442,909,1110,1179,1191,1225,1232,1240,1323,1332,1384,1385

王士騄(閒仲) 1340

王士騏(冏伯) 884,1329

王士禛(貽上,阮亭,漁洋山人) 9,850,1292,1303,1316,1334,1358,1370,1401

王氏(錢謙益妾) 7

王氏(沈臣母) 1139

王世騏 884

王世仁(元夫,二溟) 476,486,516,698

王世貞(元美,鳳洲) 19,26

王叔承(子幻) 1038

王淑抃(符清)　412

王攄(虹友)　1005,1321,1505,1323

王溯元(元昭)　1427

王璲(元配,子荆)　495

王泰際(内三,研存)　1156

王泰徵(蘆人,半士)　776

王天佑(平格,王巖,築夫)　1091

王廷璧(雙白)　1076,1152,1153,1164,1177,1178,1208,1209,1235,1252,1349,1370

王挺(周臣,減齋)　1385

王圖(則之)　65,76,277,412,436

王微(修微,草衣道人)　387,617,876,1055

王惟儉(損仲)　193,211,1432

王溈(僧祐)　435,860,951

王維祺(介甫,完吾)　366

王無咎(藉茅)　1083,1088,1107

王錫蕃(海宇)　1138

王錫爵(元馭,荆石,文肅公)　146

王獻吉(徵美)　199

王相説(戀弼,鞠劬)　318

王象春(季木)　170,414,422

王象恒(微貞,立宇)　236

王象乾(子廓,霽宇)　520

王燮(雷臣)　1110,1118

人名索引

王心一(純甫,玄渚) 760

王秀才 1454

王言 892,1100

王言(大哉) 1205,1226,1311,1371

王彥芹(獻臣) 531

王曜升(次谷) 1321,1323

王一鑑 1468

王一經(予傳) 667

王一廉(幼清) 384

王一翯(子雲) 1461

王奕昌(德符) 1220

王庸若 1445

王永光(有孚,射斗) 308

王永吉(六謙,修之,鐵山) 1154

王永祚(承祚,元昌) 531

王猷定(于一) 1015,1091,1100,1109,1262,1293,1344,1429

王宇春(季和) 50,58,88,90,104,109,114,131,208,251,535,1440,1455

王宇熙(伯明) 202

王與胤(百斯,永錫) 1358

王元初(邃徵) 1302

王元翰(伯舉) 380,633

王曰俞(中恬,喜賡) 367,433,703,1070,1235

王允成（述文） 224,271

王運昌（符乾） 98,366,509,547

王在公（孟夙,中條,竻菴） 208,232,1172

王臻得 1441

王袗（章甫） 82

王振宇 1445

王志長（平仲） 1423

王志堅（弱生,淑士,聞修） 35,63,73,232,425,437,746,1423

王撰（異公,隨庵） 1296,1321,1323,1478

王宗德（崇德,明庵） 518,1109

王總捕 1468

惟新和尚 937

衛守誠（見魯） 676

魏沖（叔子） 30,273,367,406,615

魏大中（孔時,廓園） 199,217,247,251

魏耕（時珩,楚白,野夫,雪竇） 918,1332

魏光國（士爲,合虛） 425

魏光緒（孟韜） 342

魏廣微 237,238

魏浣初（仲雪） 31,98,111,198,201,287,291,292,293,294,406

魏允升（升之,吉菴） 1071

魏忠賢（完吾） 283

温體仁(長卿)　307,323,333,347,367,454,479,591

文安之(汝止,鐵庵)　1175

文乘(應符)　809

文德翼(用昭)　1435

文烈(建威)　810

文氏(姚希孟母)　123,140,247,300

文王輔(四友)　1449

文翔鳳(天瑞,大青,西極)　90,94,170

文熊(建周)　810

文震亨(啟美)　216,275,463,559

文震孟(文起,湛持)　149,199,216,218,225,226,227,232,271,275,290,296,352,405,418,420,428,430,442,448,454,463,464,467,470,809,975,1181

聞啟祥(子將)　201,505,878

聞元亮(淡明)　879

翁秉鑒(于止,愚菴)　1007

翁長庸(玉子,山愚,子虛)　820,953

翁逢春(景先)　261

翁漢麐(子安,瘁區)　700

翁懋祥(兆嘉,具茨)　98,1450

翁澍(季霖,胥母山人)　1373

翁嗣聖(克凡)　1123

翁天游(元雯,玄聞,心齋)　1341

翁萬春(伯生)　953

翁憲祥（兆隆） 5,38,40,104,105,112,207

翁彥博（約之,青崖） 1341

翁應祥（兆吉,昇宇） 5,141,207,219,453,1440,1441,1450

翁應玄（繼春,孝先） 261,1341

吳百朋（錦雯） 724

吳昌時（來之,竹亭） 623,637,652,755,881

吳大洲（季立） 140,141

吳道南（會甫） 67

吳道配（浩然） 1475

吳道新（湯日,無齋） 837

吳德輿（玄潤,原任） 537

吳鼎芳（凝父,卍庵居士,大香,唵囋） 1439

吳光龍（用潛） 171

吳國輔（期生） 942,971

吳驤（既閑） 1439

吳嘉胤（繩如） 792

吳适（幼洪,靜齋） 779,1310

吳琨（禹玉,蘊玉,約菴） 945

吳歷（漁山,墨井道人） 1195,1224,1375

吳邁（二洪） 1392

吳孟明（文徵,祖洲） 316,512,942

吳夢白（可黃,華崖） 597,1449

吳默（因之,無障） 418,442

吳母　1130

吳訥（敏德,思庵,文恪公）　2

吳培昌（坦公）　642

吳其貞（公一,寄谷）　652,698

吳綺（薗次,園次,豐南,聽翁,紅豆詞人）　959

吳汝第（及甫）　42

吳牲（鹿友,柴庵）　342

吳生　377

吳時德（明之,不官）　1101

吳時雅（份文,斌雯）　1011,1048

吳士諤（蹇叔）　192

吳士權（巽之）　1130

吳士志（伯高）　1475

吳世培（無念）　1073

吳拭（去塵）　644

吳殳（喬,修齡）　1400

吳太雍　1434

吳統持（巨手,卍齋）　926

吳偉業（駿公,梅村）　480,515,570,689,760,811,880,886,895,918,939,945,946,1111,1191,1212,1227,1280,1292,1330,1331,1401,1502,1504

吳文企（幼如,白雪）　1439

吳聞禮（去非）　644,1435

吳聞詩（子含）　644

吳聞喜（君俞） 1474

吳汶（秋林） 1397

吳希哲（睿卿） 1457

吳銛 667

吳綃（素公，冰仙，片霞） 1289,1305,1397

吳炎（赤溟） 990,999,1333,1367

吳一位 994,1042

吳弈（世于，敏所） 1049

吳英（石林） 1397

吳用先（體中，本如） 220,232

吳正志（徹如） 66

吳正宗（興公） 965

吳之紀（天章，小修，慊庵） 1210

吳之甲（元秉，茲勉） 79

吳鍾巒（巒稚，霞舟，峻伯） 62,1434

吳重舉（颭庵，三府） 947

吳宗榮（能遠） 658

吳祖修（慎思） 794

吳祚（長孺） 644,1424

吳焯（啟明） 731

伍柳（柳門） 755

武茂周（泰寰） 1111

武張聯（燦垣、閻齋） 927,1137

X

西隱長老　609

席本楨（寧侯,香林）　1169,1176,1197,1391

席琮（宗玉,遲仙）　964

席啟寓（文夏,治齋）　1176

席允信（字任夫,順懷）　964

夏寶忠（孝琛）　762,1209

夏斗（華甫）　368

夏時中（庸父）　482

夏士瑚　482

夏世名（興先,蕪皋）　1208

夏樹芳（茂卿,習池）　762

夏完淳（存古,端哥）　540,827

夏允彝（彝仲,瑗公）　418,803

夏緇（幼青,雪子）　725

咸默（大咸）　907

項鼎愛（仲展,聲國,籽公）　418,565,1262

項嘉謨（君禹）　714

項蘭貞（孟畹）　599

項聖謨（孔彰,易庵）　714

項煜（仲昭,水心）　460,557,637

蕭伯升（孟昉）　931,1013,1077,1083,1105,1113,1138,1190,1260

蕭瑄(五思)　1125

蕭鴻靖　1442

蕭來儀(松門,星巖)　1002

蕭士珂(季公)　540,568,577,1081

蕭士瑋(伯玉)　182,317,338,353,371,384,456,461,540,568,570,571,576,577,582,583,641,661,674,735,737,893,899,1077,1082,1136,1386

蕭世忠　765

蕭應宮(仲和,觀復)　278,300,361

蕭雲舉(允升)　65,76,272,388,575

小李大(淨華)　1103

謝陛(紫宸,丹楓)　821

謝恒(行甫)　1216

謝良琦(仲韓,獻庵)　940

謝三賓(象三)　244,368,408,420,594,630,732,830,1458

謝陞(廷揚,青墩)　565,686

謝錫教(洪伯,容城)　169

謝一爵(君錫)　630

謝兆申(伯元,耳伯)　70,144,154,184,284

辛綿宗(茂聞)　531

邢昉(孟貞,石湖)　845

熊開元(魚山,蘗庵,正志)　1171,1213,1400

熊文舉(公遠,雪堂)　896,898,967,1025,1041,1242,1278,1438

徐㷆(興公) 580

徐彬臣(亦于) 926

徐波(元歎,浪齋) 386,656,827,843,861,889,909,910,1172,1179,1185,1186,1191,1195,1207,1284,1386,1426

徐晟(禎起,損之) 978,1472

徐從治(仲華) 436

徐待聘(廷珍,紹虹) 190,389

徐待任(廷葵) 42,217

徐芳(仲光,愚山子) 1498,1296,1298,1299

徐枋(昭法) 1087

徐鳳儀(載,玄熙,雲閒) 1214

徐復祚(篤孺,陽初,訥川,三家村老) 1432

徐光啟(子先,玄扈) 162

徐桂(茂吳,子華) 1460

徐弘祖(振之,霞客) 442,598,638,890,1436

徐鴻儒 233

徐季白 1057

徐緘(伯調) 1359,1361,1386

徐開任(季重,愚谷) 1201,1288

徐可久(復貞) 157

徐恪(公肅) 4

徐賚(次桓) 926

徐良彥(季良) 41,101

徐冽(仲容) 134

徐履忱（孚若，鶴心，匏叟） 1333

徐汧（九一，勿齋） 418,442,463,474,589,596,637,760,799,1087

徐日久（子卿） 156

徐日隆（從道） 654

徐如珂（季鳴，念陽） 179,267,1370

徐三 550

徐善（敬可） 1210

徐牲（林邱，耦生） 1487

徐聖木 1354

徐石麒（文治，寶摩，虞求） 653,685,694,698,722,754,760,763,799

徐時進（元修） 579,581

徐氏（錢謙貞母） 382,868

徐氏（錢順理妻） 4,595

徐世淳（仲明） 749

徐世溥（巨源） 332,409,426,432,1032,1033,1034,1100,1114,1214

徐樹丕（武子，牆東居士） 418,667,794,1002,1355

徐崧（松之，嵩之，朣庵） 1398

徐同貞 436

徐文龍（田仲） 64

徐文任（元晦） 57,58,88,96,103,105,119,124,157,165,214,389

徐握卿　118,133

徐錫球（叔鳴）　436

徐錫胤（爾從,文虹）　281,377,395,604,626,725

徐錫祚（徐于,于王）　145,250,269,275,276,280,281,282,290,291,292,293,377,550,1432

徐延壽（存永,無量）　580,871,872,885,984,1096,1162

徐彥博　1019

徐永邑　1079

徐允祿（女廉）　34,50,53,180,218,235,241,1079

徐增（子益,無減,子能,而庵）　439,490,574,684,735,740,770,921,998,1009,1182,1258,1259,1428,1460

徐昭泰（然明）　1468

徐肇彬（忠可）　749

徐肇樑（文可）　749

徐肇森（質可）　749

徐之瑞（蘭生）　1155

徐之垣（維翰,心韋）　644

徐致遠（武靜）　1051,1056,1059

徐遵湯（仲昭）　890,1436

許宸（素臣）　1095

許成器　23

許重熙（緝美,子洽）　96,111,367,686

許煥（堯文）　1461

許經（令則）　660

許僎（伯彥，少微）　5,165,1385

許令典（稚則，同生）　338,359

許令瑜（鍾叔，元忠，容菴，遯翁）　187,582,879

許孟卿（進侯）　1384

許名允（玠孚）　1057

許琪（嘉生）　442,684

許虬（竹隱，敏庵）　920

許士柔（仲嘉，石門）　38,111,157,317,395,407,458,502,684,1382

許世忠（貞復）　913,1377

許旭（九日）　839,1321,1323

許瑤（文玉，蘭陵）　367,528,684,1382

許友（有介，甌香，許眉，介眉，介壽）　1095

許譽卿（公實，霞城）　298,454,810,1055,1056,1059,1319

許元功（茂勳，無功，更生）　1007,1010,1011

許元溥（孟泓，孟宏）　1048,1060

許齋（大辛，鐵函）　879

許振光（起文，心耕）　1009,1014

許之吉（伯隆）　1425

許之漸（儀吉，青嶼）　810,1403

許自表（文叔）　499

許自強（健衡）　475

薛寀（諧孟，歲星，米，堆山）　1077

薛鳳昌（硯耕，公俠）　1512

薛岡（千仞） 844

薛國觀（廷賓,家相） 618

薛所蘊（子展,行屋） 969

薛維巖 862

薛胤龍（雲卿,澗宇） 268,292

薛甇（偉楚） 1155

薛正平（更生,那谷） 1036,1105,1107,1174

薛志學（希之） 172

Y

言森 1443

閻爾梅（用卿,古古） 418,1328,1501

閻紹慶（康侯） 1062

閻世科（伯登） 1016

閻修齡（再彭,容庵） 1016

顏佩韋 258,295

嚴炳（孚文） 433

嚴澂（道澈,天池） 109,233,1433,1477

嚴敕（無敕） 709

嚴調御（印持,缶,廢翁） 208,437,505,631,709

嚴杜（樞、柞,子若,隱芝） 7,756

嚴渡（子岸） 631,1435

嚴沆（子餐） 1435

嚴宏（公偉） 1486

嚴訥(敏卿,養齋,文靖公)　3,7,16,1312

嚴啟隆(爾泰,開止)　1040

嚴柛(儒棟)　72

嚴栻(子張,髻珠)　433,652,767,800,827,934,1180

嚴瑋(伯玉,剡中)　1306

嚴武順(忍公)　709

嚴熊(武伯,白雲)　710,820,1149,1191,1201,1202,1222,1257,1276,1306,1328,1349,1353,1375,1381,1398,1409,1470,1477,1499,1505,1508

嚴貽吉(子六,香山)　700

嚴有翼(詒孫)　483,756

嚴澤(開宇,道普)　385,433

嚴治(道隆)　7

晏交輝(懷泉)　158

楊補(無補,曰補,古農)　339,898,1001,1082,1086,1087

楊昌齡(三開,吉公)　950,967,1063

楊呈秀(實甫)　1474

楊承祖(大宗)　966,1067,1439

楊大鶴(九皋,芝田)　1421

楊大瀠(子澄)　713

楊鼎熙(緝庵)　452,1444

楊鶚(子玉,無山)　557

楊漣(文孺,大洪)　40,57,72,74,85,147,244,247,251,455,1444

楊烈婦　1476

楊龍徵（伯龍）　531

楊敉（弱生）　1159,1162

楊念如　258,442

楊清（澹孺）　220

楊仁愿（内美）　748

楊時偉（去奢，去華）　389

楊嗣昌（文弱，肥翁）　102,553,555

楊天成　148

楊廷麟（伯祥，兼山，機部）　605

楊廷樞（維斗）　418,473,589,824

楊亭（玄草）　1037

楊文驄（龍友）　581,582,795,1058,1087

楊文昭（震寰）　184

楊梧（鳳閣，念劬）　950,1063

楊一鵬（大友）　1433

楊儀（夢羽，五川）　260

楊彝（子常，穀園，萬松老人）　239,367,686,1067

楊元勳（世功）　733

楊焻（潛夫，明遠）　922,944,1086,1115,1415

楊之易（元仲）　455,534

姚端（以式）　915

姚鷃　303,378

姚方階　142

姚澣（公潄） 747

姚茂之 1043

姚士粦（叔祥） 617

姚思孝（永言） 438

姚文燮（經三,羹湖） 1481

姚希孟（孟長,現聞,文毅公） 30,36,53,123,134,140,150,200,218,246,247,282,300,405,418,420,429,430,443,470,483,975

姚以高（汝危,抑高） 747

姚永濟（汝楫） 504,1052

姚元吕（仲宣） 425

姚元台（子雲） 425

姚允明（汝服） 534

姚志卓（姚神武,子誠） 901,934,1105,1166,1175

姚宗典（文初） 483,1118,1145,1239,1283

葉重華（德玄,香城） 1405

葉方藹（子吉,訒庵） 1401,1405

葉方恒（嵋初,在東,學亭） 785

葉國華（德榮,白泉） 1446

葉茂才（參之,玄室,閒適） 429

葉培恕（行可） 482

葉生（又生,耿著） 1125

葉樹聲（唱于,瞻山） 552

葉松（貴松,梅友,淳庵） 1338

葉襄(聖野)　886,930,969,977,978

葉向高(進卿,臺山)　92,134,202,900

葉修(祖德)　833,913

葉奕(林宗)　485,833

葉奕苞(九來,二泉,群玉山樵)　1305

葉翼雲(載九)　633

葉裕(祖仁)　833,913

易應昌(白樓,瑞芝)　186

殷汝若　1384

殷鐘(聲遠)　624

尹長庚(西有)　607,725

尹嘉賓(孔昭,澹如)　42,150,166,358,1302,1335

尹伸(子求)　439,607,725,1171

尹先覺(長思,天愚)　43,99

印司奇(雪浪)　494

應喜臣(聚奎,廷吉,棐臣)　542

尤侗(同人,展成,艮庵,悔庵,西堂)　1247

游士任(肩生)　174,250

于嘉(惠生,褒甫)　568,579

于鑒之(昭遠,西梵)　277,294,829

于鑾(御君)　829

于謙(廷益,忠肅公)　156

于蒨(季鑾)　385

于鏽(季鷟)　335

于舜玉（執侯） 427

于穎（穎長，九瀛） 1456

于玉德（潤甫） 274,364,416,490,706,1089

于玉立（中甫） 76

于之鏞（程現） 595

余光（希之） 783

余懷（澹心，板橋老人，寒鐵道人） 794,1031,1033

余廉徵（澹公） 1202,1299

余颺（虞之） 783

余鈺（式如） 759

余元煮（公炤） 776

俞泰（次寅，牧雲） 1272

俞仲麟（昭彥） 449

俞咨皋（克邁） 504

虞大復（來初，元建） 44,832,989

虞黃昊（景明） 1125

郁褒（子弁，迅庵） 1052

郁起麟（振公） 187,597,610

郁祖徵（念之） 1488

喻昌（嘉言） 908,953

愈光上人 495

袁崇煥（元素，自如） 179,198,255,277,336,363,364,375

袁繼咸（季通） 786

袁駿（重其） 477,943,966,978,981,983,989,995,1134,

1135,1155,1156,1183,1198,1201,1207,1373,1421,1471

袁孔彰（孔昭，叔言） 1446

袁祈年（未央，田祖） 242

袁樞（伯應，環中） 763

袁素亮（公寥） 1481

袁雲（卧生） 1446

袁中道（小修） 62,64,77,82,84,92,104,105,106,169,216,235,260

越其傑（卓凡，自興） 452

惲厥初（衷白，臑原，知希居士） 597

惲日初（仲升，遜庵） 1398

Z

臧照如（明遠，醒涵） 290

曾燦（傳燦，青藜） 1166,1167,1168

曾道生（立甫） 17

曾道唯（原魯，自菴） 786

曾房仲 1427

曾化龍（大雲，霖寰） 515,608

曾鯨（波臣） 1037

曾汝召（棠苢，棠棐） 1427

曾沂（漱雲，懶雲） 1037

曾肇甲（先乙） 17

翟凌玄（鳳翀） 244

詹士龍（雲從，見五） 1464
詹兆恒（聖兆，月如） 552,1464
章允儒（珍甫，魯齋） 307,357
張賁（賁孫，祖明，繡虎，白雲道人） 927,957,958,1187
張陞（登子，小隱） 1480
張炳璿（儀昭） 531,543
張伯起 1444
張采（受先） 239,418,525,671
張燦然（闇公） 1307
張宸（青琱） 837,848,959
張珵（元曜） 1215,1304
張充符（沖甫，充甫，中符，仲符） 496,761,901,1166,1291
張春培 1195
張次仲（允昌，孺文，元岵，待軒） 187,242,405,566,582,746,753,879,1117,1277,1497
張大復（元長） 32,46,98,102,258,288,374,663,1429
張大受（君可，鴻所） 1440
張大猷（武程） 109
張大治（君平） 1440
張爾泓（硯雨，秋水） 1479
張鳳翔（稚羽） 751,779
張鳳翼（伯起，靈虛） 31,1477
張勇孟 98
張綱孫（張丹，祖望，秦亭山人） 957

張拱端(孟恭) 692

張光前(爾荷,崢西) 271

張國維(其四,玉笥) 187,205,459,481,493,496,499,514,526,539,609,748,811

張果中(于度) 500,502,562

張漢儒 173,479,501,539

張浩(義卿) 459

張灝(夷令) 1471

張鴻舉(子羽) 117

張鴻磐(子石,忍庵) 427,464,905,936,937,1239,1240,1314,1442,1472,1473

張鴻羽(越萬) 187

張基遠 1062

張吉士(松霞) 951

張季(季奇) 273

張紀(齊芳) 657

張節(符禺) 110,156

張進諫 755

張縉彥(坦公,濂源) 849,998,1121,1122

張景溪 299

張敬修 1332

張九如(石初) 1006

張居正(叔大,太岳) 10,131

張可度(二嚴) 1028

張可仕（文寺,文峙）　842,1028

張漣（南垣）　475

張龍翼（羽明）　734

張履端（雲翎）　459

張民表（林宗,法幢,塞菴,原圃）　1461

張名由（公路）　115,1304

張名振（侯服）　908

張寧生　705

張溥（天如）　238,295,367,418,525,619,620,637,653,671,687

張岐然（秀初）　117,534

張其威　1444

張起芬　1105

張全昌　532

張塙（冲倩,静主）　118

張如蘭（子馨）　705

張若騏（天石）　1490

張三策　497

張三光（冶生,九水）　975

張善士　1198

張尚友（益之）　227,425,482

張紹謙（道益,牧夫）　712,713

張紹慶　1474

張慎初　299

張慎言（金銘,藐姑）　271,321,339,352,391

張世鶚（峙君）　708

張世俊（孟舒）　424,461,470,601

張世偉（異度）　198,203,227,376,418,422,441,457,461,463,474,481,502,567,568,596,601,635,713,977,1429

張式之　1495

張適（鶴民）　1217

張思明（鑑五）　1371

張思任（任甫）　173,1424

張遂辰（相期,卿子）　937

張天機（石平）　1025

張同敞（仍高,別山）　889,913

張宛（宛仙,小青）　971

張維（叔維）　81,84,87,141,151,293,371

張維申（子崧,山甫）　1451

張瑋（席之,二無）　1434

張文煇　497

張文奇（元正,日觀）　1473

張文珽（彥彪,湛生）　497

張希厚（與載,淳齋）　1474

張希詠（與元,治齋）　79

張夏（秋紹,菰川）　1137

張曉（明衡）　199

張燮（理菴）　1292

張爕(紹和)　50,69,152,205,206,230

張新標(鞠存,淮山)　1016

張學曾(爾唯,約庵)　1090

張學典(羽仙)　693

張學禮(立庵)　1371

張恂(穉恭)　967

張弇之(昭子)　751

張彥(伯美)　414

張彥之(慤,洮侯)　1052

張燕筑　844,982,997

張暘昶(日永)　1432

張養(浩庵)　507

張一如(來初)　1007

張宜人(顧大章母)　627

張奕(綏子)　635,927,978,1145,1229,1279,1350

張印頂(應鼎,大玉,大育)　1030,1208

張永基(特倩,止庵)　118

張有譽(誰譽,靜涵,圓覺居士)　779,1076,1111,1152,1164,1171,1185

張璵若(伯玉)　1188

張元芳　1454

張運泰(來倩)　776

張載元　1476

張肇(玄著)　844

張稚昭　982

張中吳　1430

張中元（魁軒）　1062,1078,1147,1279,1485

張仲孝（百原,純所）　254

張子鵠　204

張祚先（念瞿）　975

趙邦清（仲一,乾所）　177,234

趙澄（雪江,湛之）　1028,1366

趙而忻（友沂）　961,962,1184,1396

趙管（微仲,西音）　8,1180,1308,1321,1323,1411

趙國琦（伯玉）　28,144,156

趙瀚（砥之,二持）　1135

趙洪範（元錫,芝亭）　349,426

趙錦（元樸）　186

趙均（靈均,墨丘生）　387,616,1244

趙君鄰（禹欽）　1075

趙開心（丹舒,靈伯,洞門）　1184,1396

趙隆美（文度,季昌）　31,627,651,734

趙南星（拱極,夢白）　209,572,1431

趙琦美（開美,玄度,清常道人）　94,222,224,1245,1254

趙潛（道昭）　1495

趙聖鄰（幼俞）　1075

趙士春（景之）　8,311,367,555,662,677,721,737,745,755,763,800,826,1135,1215,1373,1389

趙士璜（介之）　662

趙士錦（前之）　741

趙士履（坦之，南屏）　463

趙士冕（汝儀，赤霞）　1115

趙士喆（伯濬）　1115

趙士震　224

趙文學（彥叔）　426

趙延年（秋屋）　934,935

趙延先（讓卿，石麟）　952

趙宧光（凡夫，寒山長）　90,196,387,1477

趙嶷（國子，一蒼子）　929

趙應旟（敏卿）　124

趙用賢（汝師，定宇，文毅公）　430

趙玉森（君立，月潭）　1179,1184,1228,1252,1308,1311,1404,1416

趙育溥　1362

趙澐（子山）　1502

趙之龍　791,793

趙祖美（叔度，繼仲）　31

鄭成功（森，大木）　768,1165,1171,1172,1174

鄭敷教（士敬，桐庵）　474,663,748,752,1000

鄭圭（之惠，孔肩，翁復）　1427

鄭鄤（謙止，峚陽）　233,271,430

鄭如英（鄭妥，無美）　1108

鄭三俊(玄岳,用章) 722
鄭師玄(德傳) 510
鄭壽昌(壽子) 1427
鄭廷橒 910
鄭心材(敬仲,恩泉) 616
鄭星(掌和,井鐵) 1446
鄭瑄(漢舉) 730,733,760,1442
鄭仰田 478,497,505,585,708
鄭欽諭(三山、保御) 888,956,984,987,1003
鄭元亨(世貞,海若) 1009
鄭元勳(超宗,惠東) 566,613,616,690
鄭允驤(閑孟) 36,1448
鄭之洪(青山) 1003
鄭之惠(聖允) 514
鄭之謨(仙弢) 781
鄭之文(應尼) 670
鄭芝龍(曰甲) 717
鄭仲夔(龍如) 123
鄭重(重生,千里) 1478
鍾人鏡(黃初) 1455
鍾惺(伯敬) 89,137,138,216,230,386,425
周安錫 905
周鑣(仲馭) 711
周炳(似虞) 143,288

周鳳岐（彝仲） 578,723

周國佐（振宇） 938,959

周淮安 528

周嘉冑 1109

周景星（岐雲） 1451

周葵（鄰藿,子丹） 657,976

周亮工（元亮,櫟園,減齋） 939,982,984,985,1014,1023,1024,1276,1401,1504

周令樹（計百,拙庵） 1242

周茂蘭（子佩,芸齋） 667

周茂廬 1295

周敏（芷閭） 1443

周敏成（政甫,存梧） 1232

周丕顯（君謨,知微） 460

周起元（仲先,綿貞） 205,237

周荃（子静,静香,花溪老人） 795,1302

周銓（簡臣） 316

周容（鄮山,茂山,躄翁） 945,1095,1272

周召詩（二南） 316

周甯雍（芭烝） 687

周順昌（景文,蓼州） 86,199,232,258,712

周天成（凝圖） 950,955,1279

周文郁（蔚宗） 710,758

周文元 258

周午陽 391

周錫圭(禹錫) 1108

周星(景虞,九煙,黃人,略似) 1484

周延儒(玉繩) 86,198,307,309,442,584,637,649,663,722

周一梧(唐珪) 876

周應璧 492,928,1423

周應秋(茂實) 316

周永肩(安石) 774,1014,1074,1198,1210,1215,1236,1381

周永年(安期) 399,440,636,639,661,825,843,1198,1431

周永言(安仁) 661,1198

周雲驤(孝逸) 1225,1232,1360,1374,1384

周運庚(西有) 1109,1113,1446

周在勋(仲賜,雷澤) 875,973

周之德(旋谷,和烟野人) 105

周之綱(沖白) 286

周之夔(章甫,五溪) 483,503

周鍾(介生) 316,509

周祝(季華) 639,1381

周子京(念甫,鳳岐) 1451

周宗建(季侯) 117,259,414

朱必掄(珩璧) 1010

朱陞宣（德升）　135,441,948

朱大啟（君輿,廣原）　590

朱大治（君平,修能,逃禪）　926

朱公節（允中,東武山人）　1456

朱公曉　1397

朱國弼　492

朱國盛（盛國華,敬韜,雲來）　212

朱國治　1229,1261

朱鶴齡（長孺,愚菴）　978,1009,1010,1020,1043,1060,
1069,1080,1199,1236,1253,1259,1260,1265,1320,1323,
1330,1345,1348,1415

朱陵（望子）　1297

朱孔照（浴曙）　1449

朱萊　283

朱鷺（家棟,白民）　392

朱梅（素培）　1510

朱夢弼　632

朱謀瑋（明父,鬱儀）　111

朱木（子喬）　7

朱璞菴　1445

朱全古　934

朱日燦（靜之,雪巖）　284,933,1423

朱汝圭　1079

朱士稚（伯虎,朗詣）　979,1456

朱氏（陳欽光妻，錢謙益岳母） 7,145
朱氏（一作王氏，顧憲成妻） 23,132,750
朱壽陽 667
朱廷鉉（玉汝，近庵，覲庵） 1209
朱維章 844,982
朱隗（雲子） 418,656,714,835
朱虛（若虛，劭齋，介庵） 1070
朱鉉 1425
朱鎰（彥兼） 948
朱欽相（戀忠，如容） 178
朱玉耶 855
朱召（東可） 1420
朱之俊（滄起，擢秀） 1211,1231
朱之錫（孟九） 1347
朱之裔（之馮，德止，樂山） 243
朱治憪（子暇） 370,624,677
朱中楣（懿則，遠山） 641,1241,1248
朱子佩 1210
諸壽賢（延之，敬陽） 77
祝登元（茹穹） 1249
祝化雍（謙吉，尊光，仲求） 741
祝堅（子石） 1270
莊繼光（斂之） 427
卓爾康（去病） 116,534,640,707,773,949,1263,1435,

1447,1478

卓發之(天星,左車) 125

卓回(方水) 1481

卓敬(惟恭) 126

卓人皋(有牧) 949

卓彝(辛彝,静巖) 870

卓禺(肖生,海幢) 870

自休長老 287

鄒德溥(汝光,泗水) 423

鄒迪光(彦吉,愚谷) 98,141,153,216,453,1214

鄒式金(仲愔) 1093,1267,1506

鄒漪(流綺) 1092

鄒元標(爾瞻,南皋) 196,676

鄒蘊賢(甫閣) 1197

鄒震謙(駿侯,乾一) 1493

鄒之麟(虎臣,衣白) 1019

鄒之嶧(孟陽) 421,429,604,726

祖重曄 345

左光斗(浮丘) 200,247,251

左良玉(崑玉,寧南) 716,786,1027

左佩玹(栗仲) 531,1464

左佩琰 1464

左史(子箴) 1464

左永圖(綿歷) 590